法信智慧办案助手系列

民法总则
观点集成与审判实务指引

人民法院出版社法信编辑部·编

人民法院出版社

图书在版编目（CIP）数据

民法总则观点集成与审判实务指引／人民法院出版社法信编辑部编.
—北京：人民法院出版社，2017.10
ISBN 978－7－5109－1929－9

Ⅰ.①民…　Ⅱ.①人…　Ⅲ.①民法—总则—案例—中国　Ⅳ.①D923.15

中国版本图书馆 CIP 数据核字（2017）第 253951 号

民法总则观点集成与审判实务指引

人民法院出版社法信编辑部　编

责任编辑：	李安尼
出版发行：	人民法院出版社
地　　址：	北京市东城区东交民巷27号（100745）
电　　话：	（010）67550579（责任编辑）　67550558（发行部查询）
	65223677（读者服务部）
客 服 QQ：	2092078039
网　　址：	http://www.courtbook.com.cn
E - mail：	courtpress@sohu.com
印　　刷：	三河市国英印务有限公司
经　　销：	新华书店
开　　本：	787×1092 毫米　1/16
字　　数：	1100 千字
印　　张：	57.75
版　　次：	2017 年 10 月第 1 版　2017 年 12 月第 2 次印刷
书　　号：	ISBN 978－7－5109－1929－9
定　　价：	178.00 元

版权所有　侵权必究

编者的话

十二届全国人大五次会议表决通过了《中华人民共和国民法总则》（以下简称民法总则）。民法总则作为民法典的开篇之作，体现了党执政为民的根本宗旨，落实了我国宪法所确立的保障公民人身权利和财产权利的重要原则，完善了中国特色社会主义法律体系民商事领域的基本规则。为便于广大法律职业群体准确把握立法精神，更好地学习、适用民法总则，我们依托中国首家深度融合法律知识服务与案例大数据服务的数字化网络平台——"法信"平台，编辑了《民法总则观点集成与审判实务指引》一书。

本书共11章206条，包括基本规定、自然人、法人、非法人组织、民事权利、民事法律行为、代理、民事责任、诉讼时效、期间计算、附则。每一条文项下设有条文主旨、新旧法条对比、相关规定、相关观点、相关文献、相关案例。全书内容体例紧紧围绕民法总则条文编排设计。

本书具有以下特色：

1. 权威准确。本书由人民法院出版社法信编辑部专家、学者共同编选和审定。通过把握立法精神，努力做到观点的权威性和内容解释的准确性。

2. 实用全面。本书对民法总则进行逐条梳理，通过与民法通则的对比，精选契合民法总则规范的法律规定、专家观点、相关文献和权威案例。突出实用性，是一本广大法律职业群体掌握民法总则的"百科全书"。

3. 编排合理。本书的体例编排严格按照民法总则条文的章节设计，并对每一条文进行全方位的解读阐释。逻辑清晰，结构合理，方便读者查阅、理解与掌握。

4. 传统纸媒与数字内容深度结合。由于本书涉及的案例和文献体量庞大，悉数收录全文将影响图书篇幅，不便于图书出版，因此对部分案例和文献，书中仅提供了基本信息，详细内容读者可扫描相应位置的二维码，进入"法信"平台阅读全文并查看相关信息。

本书由人民法院出版社法信编辑部编。编选成员有：范俊、张然、常紫云、党静、刘晓宁、巩雪、尹立霞、沈国婧等。从民法总则颁布至今，编辑部成员为本书的编撰辛勤耕耘，我们希望本书的出版能够为广大读者及时了解、全面掌握、准确适用民法总则带来帮助。

编者

2017年10月

目 录

第一章 基本规定 …………………………………………（1）
- 第一条　立法目的和依据 …………………………………（1）
- 第二条　民法调整范围 ……………………………………（4）
- 第三条　民事权益受法律保护 ……………………………（8）
- 第四条　平等原则 …………………………………………（10）
- 第五条　自愿原则 …………………………………………（13）
- 第六条　公平原则 …………………………………………（16）
- 第七条　诚实信用原则 ……………………………………（19）
- 第八条　守法和公序良俗原则 ……………………………（23）
- 第九条　绿色原则 …………………………………………（28）
- 第十条、第十一条　民事法律的适用规则 ………………（30）
- 第十二条　民法的效力范围 ………………………………（33）

第二章 自然人 ……………………………………………（35）
第一节 民事权利能力和民事行为能力 ………………（35）
- 第十三条、第十五条　自然人民事权利能力的起止时间及其确定规则 …………………………………（35）
- 第十四条　自然人民事权利能力平等 ……………………（41）
- 第十六条　胎儿利益保护 …………………………………（42）
- 第十七条、第十八条　法定成年年龄与完全民事行为能力人 …（44）
- 第十九条、第二十条　未成年人的民事行为能力 ………（47）
- 第二十一条、第二十二条　无民事行为能力、限制民事行为能力的成年人 ………………………………（55）
- 第二十三条　无民事行为能力人、限制民事行为能力人的法定代理人 ………………………………（58）
- 第二十四条　无民事行为能力人或限制民事行为能力人的认定制度 …………………………………（63）
- 第二十五条　自然人的住所 ………………………………（69）

第二节 监 护 ……………………………………………（73）
- 第二十六条　父母子女之间抚养赡养义务 ………………（73）
- 第二十七条　未成年人的监护人的范围及顺序 …………（75）

第二十八条　成年人的监护人的范围及顺序 …………………（81）
　　第二十九条　遗嘱指定监护制度 ………………………………（84）
　　第三十条　协商确定监护人 ……………………………………（85）
　　第三十一条　监护争议解决程序 ………………………………（86）
　　第三十二条　民政部门或居民委员会、村民委员会担任
　　　　　　　　监护人 ……………………………………………（90）
　　第三十三条　成年人意定监护 …………………………………（93）
　　第三十四条、第三十五条　监护人的职责范围及履职原则 …（95）
　　第三十六条　撤销监护人资格 …………………………………（100）
　　第三十七条　被撤销监护资格的法定义务人继续负担抚养费
　　　　　　　　等义务 ……………………………………………（105）
　　第三十八条　恢复监护人资格 …………………………………（106）
　　第三十九条　监护关系终止 ……………………………………（108）
　第三节　宣告失踪和宣告死亡 ……………………………………（110）
　　第四十条、第四十一条　申请宣告失踪的条件及下落不明的
　　　　　　　　起算时间 …………………………………………（110）
　　第四十二条、第四十三条　财产代管人的范围及其职责 ……（114）
　　第四十四条　财产代管人的变更 ………………………………（118）
　　第四十五条　失踪宣告撤销 ……………………………………（121）
　　第四十六条　申请宣告死亡 ……………………………………（123）
　　第四十七条　宣告失踪和宣告死亡的关系 ……………………（131）
　　第四十八条　被宣告死亡人的死亡时间 ………………………（132）
　　第四十九条、第五十条　宣告死亡对民事法律行为效力的影响
　　　　　　　　及死亡宣告的撤销 ………………………………（133）
　　第五十一条、第五十二条、第五十三条　撤销死亡宣告的法律
　　　　　　　　后果 ………………………………………………（135）
　第四节　个体工商户和农村承包经营户 …………………………（138）
　　第五十四条　个体工商户 ………………………………………（138）
　　第五十五条　农村承包经营户 …………………………………（142）
　　第五十六条　个体工商户和农村承包经营户的债务承担 ……（145）
第三章　法　人 ………………………………………………………（149）
　第一节　一般规定 …………………………………………………（149）
　　第五十七条　法人概念界定 ……………………………………（149）
　　第五十八条　法人成立条件 ……………………………………（156）
　　第五十九条　法人的民事权利能力和民事行为能力 …………（171）
　　第六十条　法人独立承担民事责任 ……………………………（174）

第六十一条　法定代表人 …………………………………………（179）
第六十二条　法人侵权责任 ………………………………………（188）
第六十三条　法人住所 ……………………………………………（191）
第六十四条　法人变更登记 ………………………………………（195）
第六十五条　法人登记公信力 ……………………………………（205）
第六十六条　法人登记公示制度 …………………………………（209）
第六十七条　法人合并、分立及其法律后果 ……………………（212）
第六十八条　法人终止事由 ………………………………………（218）
第六十九条　法人解散的情形 ……………………………………（223）
第七十条　法人解散时的清算义务及其责任 ……………………（229）
第七十一条　法人的清算程序和清算组职权的法律适用 ………（238）
第七十二条　法人清算期间法律地位、剩余财产分配和法人
　　　　　　清算终止 ……………………………………………（247）
第七十三条　法人破产清算及终止 ………………………………（252）
第七十四条　法人分支机构及其责任承担 ………………………（258）
第七十五条　设立人的责任承担 …………………………………（264）

第二节　营利法人 …………………………………………………（269）

第七十六条　营利法人的定义及类型 ……………………………（269）
第七十七条　营利法人的登记 ……………………………………（275）
第七十八条　营利法人的营业执照 ………………………………（280）
第七十九条　营利法人的章程 ……………………………………（283）
第八十条　营利法人的权力机构 …………………………………（289）
第八十一条　营利法人的执行机构 ………………………………（295）
第八十二条　营利法人的监督机构 ………………………………（301）
第八十三条　营利法人的出资人滥用权利的责任承担 …………（307）
第八十四条　限制不当利用关联关系 ……………………………（313）
第八十五条　营利法人权力机构、执行机构决议的撤销 ………（320）
第八十六条　营利法人的社会责任 ………………………………（324）

第三节　非营利法人 ………………………………………………（327）

第八十七条　非营利法人的定义及类型 …………………………（327）
第八十八条　事业单位法人的资格取得 …………………………（333）
第八十九条　事业单位法人的决策机构和法定代表人 …………（340）
第九十条　社会团体法人的资格取得 ……………………………（344）
第九十一条　社会团体法人的章程和组织机构 …………………（350）
第九十二条　捐助法人的资格取得 ………………………………（355）
第九十三条　捐助法人的章程及组织机构 ………………………（359）

第九十四条　捐助人对捐助法人的监督及决定撤销 …………… (362)
　　第九十五条　非营利法人终止时剩余财产分配 ………………… (365)
 第四节　特别法人 ………………………………………………………… (367)
　　第九十六条　特别法人的类型 …………………………………… (367)
　　第九十七条　机关法人的设立 …………………………………… (372)
　　第九十八条　机关法人终止后的责任承担 ……………………… (375)
　　第九十九条　农村集体经济组织法人 …………………………… (377)
　　第一百条　城镇农村的合作经济组织法人 ……………………… (379)
　　第一百零一条　基层群众性自治组织法人 ……………………… (380)
第四章　非法人组织 ………………………………………………………… (386)
　　第一百零二条　非法人组织的定义和类型 ……………………… (386)
　　第一百零三条　非法人组织的设立 ……………………………… (394)
　　第一百零四条　非法人组织的责任承担 ………………………… (400)
　　第一百零五条　非法人组织的代表人 …………………………… (405)
　　第一百零六条　非法人组织的解散情形 ………………………… (408)
　　第一百零七条　非法人组织解散清算 …………………………… (414)
　　第一百零八条　非法人组织参照适用法人规则 ………………… (421)
第五章　民事权利 …………………………………………………………… (424)
　　第一百零九条　自然人的人身自由、人格尊严受法律保护 …… (424)
　　第一百一十条　自然人、法人、非法人组织的人格权 ………… (428)
　　第一百一十一条　自然人的个人信息受法律保护 ……………… (447)
　　第一百一十二条　基于婚姻、家庭等亲属关系产生的身份权 … (456)
　　第一百一十三条　财产权利受法律平等保护 …………………… (465)
　　第一百一十四条　民事主体依法享有物权 ……………………… (474)
　　第一百一十五条　物权的客体 …………………………………… (478)
　　第一百一十六条　物权法定原则 ………………………………… (484)
　　第一百一十七条　征收、征用 …………………………………… (487)
　　第一百一十八条　债权 …………………………………………… (492)
　　第一百一十九条　合同的约束力 ………………………………… (497)
　　第一百二十条　侵权责任承担 …………………………………… (500)
　　第一百二十一条　无因管理 ……………………………………… (507)
　　第一百二十二条　不当得利 ……………………………………… (512)
　　第一百二十三条　知识产权 ……………………………………… (517)
　　第一百二十四条　继承权 ………………………………………… (525)
　　第一百二十五条　股权和其他投资性权利 ……………………… (528)
　　第一百二十六条　其他民事权益受法律保护 …………………… (532)

第一百二十七条　数据、网络虚拟财产 …………………… (538)
　　第一百二十八条　弱势群体的民事权利保护 ……………… (550)
　　第一百二十九条　民事权利取得方式 ………………………… (555)
　　第一百三十条　民事权利行使的自愿原则 ………………… (567)
　　第一百三十一条　民事主体行使权利应当履行义务 ……… (571)
　　第一百三十二条　民事主体不得滥用民事权利 …………… (576)
第六章　民事法律行为 …………………………………………………… (582)
　第一节　一般规定 ……………………………………………………… (582)
　　第一百三十三条　民事法律行为的定义 …………………… (582)
　　第一百三十四条　民事法律行为的成立 …………………… (586)
　　第一百三十五条　民事法律行为的形式 …………………… (591)
　　第一百三十六条　民事法律行为的法律约束力 …………… (603)
　第二节　意思表示 ……………………………………………………… (608)
　　第一百三十七条　有相对人的意思表示的生效时间 ……… (608)
　　第一百三十八条　无相对人的意思表示的生效时间 ……… (613)
　　第一百三十九条　以公告方式作出的意思表示的生效时间 …… (616)
　　第一百四十条　作出意思表示的方式 ……………………… (620)
　　第一百四十一条　意思表示的撤回 …………………………… (624)
　　第一百四十二条　意思表示的解释 …………………………… (627)
　第三节　民事法律行为的效力 ………………………………………… (632)
　　第一百四十三条　民事法律行为有效要件 ………………… (632)
　　第一百四十四条　无民事行为能力人实施的法律行为的效力 … (635)
　　第一百四十五条　限制民事行为能力人实施的法律行为的效力 … (638)
　　第一百四十六条　以虚假意思表示实施的法律行为的效力
　　　　　　　　　　及隐藏行为的效力 …………………………… (643)
　　第一百四十七条　基于重大误解实施的法律行为的效力 … (647)
　　第一百四十八条　欺诈情形下，表意人实施的法律行为
　　　　　　　　　　的效力 …………………………………………… (652)
　　第一百四十九条　第三人欺诈，表意人实施的法律行为
　　　　　　　　　　的效力 …………………………………………… (656)
　　第一百五十条　当事人或第三人胁迫，表意人实施的法律行为
　　　　　　　　　的效力 ……………………………………………… (659)
　　第一百五十一条　显失公平时成立的法律行为的效力 …… (664)
　　第一百五十二条　撤销权的消灭 …………………………… (668)
　　第一百五十三条　违反强制性规定或违背公序良俗的法律
　　　　　　　　　　行为的效力 ……………………………………… (672)

第一百五十四条　恶意串通的法律行为的效力 …………………（678）
　　第一百五十五条　无效或可撤销的法律行为自始无效 …………（684）
　　第一百五十六条　法律行为部分无效 ………………………………（686）
　　第一百五十七条　法律行为无效、被撤销或确定不发生效力后的
　　　　　　　　　　法律后果 ………………………………………（689）
　第四节　民事法律行为的附条件和附期限 ………………………（694）
　　第一百五十八条　附条件的法律行为 ………………………………（694）
　　第一百五十九条　条件成就或不成就的拟制 ………………………（700）
　　第一百六十条　附期限的法律行为 ……………………………………（703）
第七章　代　理 …………………………………………………………（706）
　第一节　一般规定 …………………………………………………（706）
　　第一百六十一条　代理制度的适用范围 ……………………………（706）
　　第一百六十二条　代理的效力 ………………………………………（708）
　　第一百六十三条　代理的类型 ………………………………………（711）
　　第一百六十四条　代理人违反代理职责的法律后果 ………………（716）
　第二节　委托代理 …………………………………………………（719）
　　第一百六十五条　授权委托书 ………………………………………（719）
　　第一百六十六条　共同代理 …………………………………………（722）
　　第一百六十七条　代理事项或代理行为违法的责任承担 …………（724）
　　第一百六十八条　禁止自己代理和双方代理 ………………………（726）
　　第一百六十九条　复代理 ……………………………………………（728）
　　第一百七十条　职务代理 ……………………………………………（733）
　　第一百七十一条　无权代理 …………………………………………（738）
　　第一百七十二条　表见代理 …………………………………………（748）
　第三节　代理终止 …………………………………………………（752）
　　第一百七十三条　委托代理的终止 …………………………………（752）
　　第一百七十四条　被代理人死亡后，代理行为有效的情形 ………（755）
　　第一百七十五条　法定代理的终止 …………………………………（759）
第八章　民事责任 ………………………………………………………（761）
　　第一百七十六条　民事主体依法承担民事责任 ……………………（761）
　　第一百七十七条　按份责任 …………………………………………（768）
　　第一百七十八条　连带责任 …………………………………………（773）
　　第一百七十九条　承担民事责任的方式 ……………………………（780）
　　第一百八十条　不可抗力 ……………………………………………（789）
　　第一百八十一条　正当防卫 …………………………………………（793）
　　第一百八十二条　紧急避险 …………………………………………（800）

第一百八十三条　受益人对见义勇为者的适当补偿义务 …… （807）
第一百八十四条　紧急救助行为人的豁免规则 …………… （812）
第一百八十五条　英雄烈士等的人格利益保护 …………… （813）
第一百八十六条　违约责任与侵权责任的竞合 …………… （816）
第一百八十七条　法律责任的聚合与民事责任优先原则 … （824）

第九章　诉讼时效 ……………………………………………… （828）

第一百八十八条　普通诉讼时效期间及起算规则、最长权利
　　　　　　　　保护期间 ……………………………………… （828）
第一百八十九条　同一笔债务约定分期履行的诉讼时效期间的
　　　　　　　　起算规则 ……………………………………… （838）
第一百九十条　行为能力欠缺者基于法定代理所产生的请求权
　　　　　　　诉讼时效期间的起算规则 …………………… （841）
第一百九十一条　未成年人遭受性侵害所产生的损害赔偿
　　　　　　　　请求权诉讼时效期间的起算规则 ………… （842）
第一百九十二条　诉讼时效期间届满的法律后果 ………… （844）
第一百九十三条　诉讼时效的援引 ………………………… （849）
第一百九十四条　诉讼时效的中止 ………………………… （851）
第一百九十五条　诉讼时效的中断 ………………………… （854）
第一百九十六条　不适用诉讼时效制度的请求权类型 …… （860）
第一百九十七条　诉讼时效法定性及时效利益不得预先放弃 … （866）
第一百九十八条　仲裁时效 ………………………………… （869）
第一百九十九条　除斥期间不适用诉讼时效制度 ………… （872）

第十章　期间计算 ……………………………………………… （880）

第二百条　期间的计算单位 ………………………………… （880）
第二百零一条　期间起算 …………………………………… （881）
第二百零二条、第二百零三条　期间截止日的计算方法及
　　　　　　　　　　　　　　特殊规定 …………………… （882）
第二百零四条　期间可以法定或约定 ……………………… （883）

第十一章　附　　则 …………………………………………… （884）

第二百零五条　法律术语的含义 …………………………… （884）
第二百零六条　生效施行时间 ……………………………… （885）

附　录 …………………………………………………………… （886）

参考图书推荐 …………………………………………………… （886）
专家文章摘要 …………………………………………………… （893）

第一章 基本规定

第一条 立法目的和依据

为了保护民事主体的合法权益,调整民事关系,维护社会和经济秩序,适应中国特色社会主义发展要求,弘扬社会主义核心价值观,根据宪法,制定本法。

【新旧法条对比】

《中华人民共和国民法通则》

第一条 为了保障公民、法人的合法的民事权益,正确调整民事关系,适应社会主义现代化建设事业发展的需要,根据宪法和我国实际情况,总结民事活动的实践经验,制定本法。

【相关观点】

一、民法立法宗旨

(一)保障民事主体的合法的民事权益

民事主体是民事活动的参加者,是民事法律关系的主体性要素。所谓民事权益,是指民事主体在民事活动中享有的权利和利益。民事主体合法的民事权益,如公民的财产所有权、姓名权、生命健康权等,国有企业法人的财产经营权,农民的承包经营权,个体工商户的合法权益等等,都受到法律保护。民法的人法性决定了民法对人的保护的一种必然,在各项具体制度中无不体现这一要求。

第一,民法通过民事权利能力制度和民事行为能力制度,确立民事主体的可能的行为范围。"民法在整体上就是一个关于标准的人的样板规定,为人立了一个法"[①],此观点高度赞扬了民法对人的意义。

第二,民法通过民事权利制度,保障了人的利益。确立民事权利制度,是将人的主体多样性、利益多元化的特点在法律上给予整合,确立了人自由活动的范围,并以法律所具有的国家强制力保障人的自由。确立人的民事权利,可以很好地防止公权力对市民社会私生活的干预。民事权利在民事立法中具有核心地位,其他各项制度均围绕民事权利展开,在此意义上,民法又

---

① 杨振山:《论民法是中国法制改革的支点》,载《政法论坛》1995 年第 1 期。

可称为权利法。

民法以行为制度为中介，确保民事权利实现。在民事法律行为制度中，民事主体，即人，可以充分考虑其各项具体利益，从自身利益出发而从事各项民事法律行为，既实现了自身的民事权利，又不妨碍他人的权利之行使，在发生权利冲突时，通过民法中其他制度相互妥协而使之各得其所。民事法律行为制度以意思自治为核心，充分体现了人的主体性。人可以充分发挥自身主观能动性，以自身的意志为出发点而为各项具体行为。其典型代表即合同法上的合同自由原则。

（二）调整民事关系

社会关系中，平等主体之间的财产关系和人身关系被统称为民事关系，民法的调整对象是平等的民事主体之间的财产关系和人身关系，即民事关系，经民法调整而形成的社会关系即成为民事法律关系。所以，民事法律关系就是民事关系平等主体之间的财产关系和人身关系在法律上的具体表现。民法所调整的各种社会关系只有借助民事法律关系这种法律形式，才能受到法律的承认和保护，而民法调整社会关系的目的只有通过民事法律关系的形式才能得以实现。因此，正确调整民事关系是本法的立法宗旨之一。

（三）维护社会和经济秩序

民法保护单个主体的民事权利，调整民事主体之间的关系，从而确立并维护整个社会的民事生活秩序。民法总则以私法"基本法"形式反映和巩固我国改革开放取得的举世瞩目的伟大成就，并通过确认和规定诚实信用原则、公序良俗原则、民事主体平等原则、所有权保护制度、合同自由制度以及法律行为效力、民事责任等进一步维护社会和经济秩序，确立市场规则，促进公平正义，制裁违法行为，保障市场经济健康发展，巩固国家长治久安。

（四）适应中国特色社会主义发展要求

新中国成立以来，特别是改革开放以来，中国特色社会主义建设取得了举世瞩目的成就。在当前中国特色社会主义初具规模的条件下，民法总则将成功的经验，特别是改革开放38年来取得的成果，通过立法予以制度化、体系化、法制化，为中国特色社会主义的发展奠定法治基础。目前，中国特色的社会主义已经开始在世界治理体系中显示出独特的魅力，体现中国特色社会主义特点的民法典必将成为21世纪世界上最重要的法律。

（五）弘扬社会主义核心价值观

社会主义核心价值观是中国特色社会主义法治的价值内核，是中国特色社会主义法治建设的灵魂。民法总则将社会主义核心价值观作为立法宗旨，实现了核心价值观入法，树立了民事立法正确的价值导向。民法总则通过规定平等、自愿、公平、诚信、合法、公序良俗、绿色等原则，法律行为、民事责任等制度，发挥民事法律对民事活动、民事权利行使等民事行为的规范、引领、保护作用，对于强化规则意识、引领社会风尚、维护公共秩序具有重大意义。

——贾东明主编：《〈中华人民共和国民法总则〉释解与适用》，人民法院出版社2017年版。

二、民法的立法依据

宪法是规定国家社会制度、国家制度、公民基本权利和义务、国家机关的组织与活动的基本原则等法律规范的总和。其特点在于它涉及国家的政治、经济、社会文化等方面的根本问题，是一个国家的根本大法，是制定一切部门法的依据。我国亦不例外。《宪法》是制定《民法总则》的依据，同时《宪法》的某些规定直接构成民事法律规范的渊源。如，自然资源的所有权（第9条、第10条等）、对民事权利的法律保护（第12条、第13条等）、自然人的人身权（第37条、第38条、第40条等）、住宅不受侵犯权等。

在理解和处理宪法与民法的关系时，一个重要的问题即应区别二者的效力。在整个法律体系中，宪法是位阶最高的法律，它是其他法律文件的效力根据。《宪法》第5条规定："国家维护社会主义法制的统一和尊严。一切法律、行政法规和地方性法规都不得同宪法相抵触。一切国家机关和武装力量、各政党和各社会团体、各企业事业组织都必须遵守宪法和法律。一切违反宪法和法律的行为，必须予以追究。任何组织或者个人都不得有超越宪法和法律的特权。"《民法总则》第1条规定："为了保护民事主体的合法权益，调整民事关系，维护社会和经济秩序，适应中国特色社会主义发展要求，弘扬社会主义核心价值观，根据宪法，制定本法。"可见，后者的合法性及其效力均来源于前者。在实务中均应注意民事法律规范是否违宪。我国法院并无违宪审查权，在具体案件操作中，法官应注意适用法律，以妥善解决纠纷案件，同时又不违背法律规定，起到法院的社会仲裁人的作用。

——唐德华、高圣平主编：《民法通则及配套规定新释新解（上）》，人民法院出版社2003年版。

第二条 民法调整范围

民法调整平等主体的自然人、法人和非法人组织之间的人身关系和财产关系。

【新旧法条对比】

《中华人民共和国民法通则》

第二条 中华人民共和国民法调整平等主体的公民之间、法人之间、公民和法人之间的财产关系和人身关系。

【相关观点】

一、民法调整的对象中对"平等主体"的理解

平等主体,要求两个以上民事主体在民事活动中的地位是平等的,在从事这种活动时有自己独立的意志自由。地位平等,强调任何一方都不得凌驾于另一方之上,把自己的意志强加于另一方,即使他们之间存在着行政隶属关系、尊卑血亲关系、经济实力强弱关系等,都不能改变他们在民事活动中的平等地位。意志自由,强调民事主体在民事活动中是自愿的,既可以不受非正当行使的国家权力的干预,也可以不受来自其他民事主体的非法干预。

民法规定的平等主体,是指这些主体在设立、变更、终止民事法律关系时,相互之间不是一方领导另一方,或者一方服从另一方,而是相互之间没有领导和服从关系而言的。在民事关系中,民法不承认任何一方当事人领导对方当事人,任何一方当事人不得命令对方当事人,即不承认民事关系中任何一方当事人享有任何特权,而且坚决反对任何一方当事人凭借某种权力,强制对方当事人服从自己。

平等主体之间在建立民事法律关系的时候,不得破坏国家经济计划。国家指令性计划,当事人必须执行。基于计划这一原因而产生的经济关系并不都是民事关系,比如依计划所进行的财政拨款等经济关系,就不是民事关系;而依计划并通过商品货币关系形成的商品经济关系,比如依计划所订立的合同关系则是民事关系。合同关系双方当事人在法律上没有隶属关系,而是处于平等地位。当事人之间在经济利益上是等价有偿的。双方当事人执行国家计划和双方当事人依照合同相互承担权利义务是两个不同的范畴。计划只是订立合同的原因和依据,至于合同关系本身仍是在计划关系之外独立存在的民事关系,合同双方当事人间的权利义务关系的发生,是由于合同的订立而不是直接由于计划的规定。指令性计划对双方当事人都有约束力,执行计划

是双方当事人对国家的义务。任何一方当事人不能因计划而获得什么特权。服从和执行国家计划是一个行政问题,依计划订立合同而形成的权利义务关系是民事问题。不执行国家计划,要承担行政责任;不执行合同,要承担民事责任。

二、对平等主体之间的"财产关系"的理解

财产关系指具有经济内容的社会关系,即人们在社会生活和生产中,因对财产的占有、支配和交换、分配而发生的社会关系。简单说,财产关系是一种经济关系。按照马克思关于财产关系"只是生产关系的法律用语"的论述,也可以说,财产关系就是经济关系的法律用语。财产关系是一种物质的社会关系。一定社会的财产关系,是不以人的意志而客观存在的。当这些财产关系(经济关系)经法律确认和调整后,即形成财产所有权、债权等法律关系和法律制度。法律关系体现着统治阶级的意志和当事人的意志,所以称为思想社会关系。

财产关系分为两大类型:(1)具有行政隶属性质的纵向财产关系,即国家财政、税收、劳动和其他必须以行政手段调整的财产关系,凡属于具有行政隶属性质的纵向经济关系,不属于民法调整的范围。(2)不具有行政隶属性质的横向财产关系,即平等主体之间的财产关系,具体指财产所有、财产流转、财产继承等横向的经济关系。平等主体间的财产关系属于民法调整的范围。受民法调整的这种横向经济关系的最本质的特点是:①双方当事人没有隶属关系,处于平等地位;②这种财产关系的产生、变更和消灭是自愿的;③在这种关系中,除继承、赠与等少数关系外,就一般情况来说,当事人之间在经济利益上是等价有偿的;④这种财产关系中当事人的权利义务是对等的;⑤对这种财产关系中当事人的权利和义务的保护是平等的。

三、对平等主体之间的"人身关系"的理解

人身关系是指基于权利的人格和身份而产生的,不具有直接经济内容的社会关系。因此,又称人身非财产关系,如基于人的生命健康、姓名、肖像、荣誉、名誉、著作、发明等而发生的社会关系。这些关系在民法上则表现为生命健康权、姓名权、名誉权、荣誉权、著作权、发明权等。

人身关系分为两大类型:(1)政治性的和隶属性的人身关系。有政治性的人身关系,如选举与被选举关系;有隶属性的人身关系,如国家机关内部处长与科长之间的关系等等,这类关系均不由民法调整。(2)不具有政治性和隶属性质的平等主体间的人身关系。前面列举的生命健康、姓名、肖像等人身关系都不具有政治性和隶属性质,这类关系由民法调整。

民法调整的人身关系是指平等主体之间的人身关系。平等主体之间的人身关系不具有政治性质和行政隶属性质,相互之间没有依赖关系的基础,并且是不可剥夺的。它包括两个方面的内容:一是人格权关系;二是身份权关系。

1. 人格权关系。人格权关系，指与每一个民事主体的人格尊严相联系而产生的权利关系。人格权是法律赋予公民和法人直接享有的、作为民事权利主体的资格不受侵犯的权利。主要包括公民的生命权、健康权、姓名权、名誉权、荣誉权、肖像权、婚姻自主权等和法人的名称权、名誉权、荣誉权等。自然人一出生即依法获得人格权；法人依法成立即取得人格权。

2. 身份权关系。身份权关系，指与自然人或法人特定的身份相联系而产生的权利关系，身份权是法律赋予具有特定身份利益的公民或者法人对他的身份利益的排他性的独占权利，包括著作权、发明权、发现权、专利权、商标权等。例如，某人写了一部作品，他就是该作品的作者，就享有该作品的著作权。该作品的著作权只与作者这种特定的身份相联系，不是该作品的作者，不能享有该作品的著作权。同样，发明权、发现权分别属于发明者、发现者享有，这些权利分别与发明者、发现者的身份相联系。此外，自然人还有夫妻、父母子女间的相互权利和义务。

平等主体间的人身关系具有以下特点：（1）人身权与权利主体的人身不能分离，离开权利主体的人身，就无这种权利。（2）人身权没有直接的经济内容，不能用金钱来评价它的价值。（3）人身权与财产关系又有直接或者间接的联系，可以成为发生财产关系的前提。它的改变或者遭到侵犯，可能有使受害人在财产上遭受损失的后果，影响受害人的经济利益。（4）人身权不能转让、继承。

人身关系作为我国民法调整对象，首先表明了在我国社会主义制度下，人民是社会主义国家的主人，人与人之间是真正平等的关系，人格尊严和身份利益具有完全的、独立的社会价值和法律价值，决不允许非法侵犯公民和法人的人身权利，以保证人民群众当家作主的权利。这是总结了我国历史发展中的深刻的教训之后得出的必然结论。

民法正是通过调整平等主体之间的财产关系和人身关系而发挥自己的作用的。就调整财产关系和人身关系的法律手段来说，除宪法规定外，不外两种：一是民事法律手段；一是行政法律手段。至于刑事法律手段，不是一般意义上的调整手段，而是惩罚和保护手段。所谓法律调整，是指法律对某种社会关系及当事人的地位加以规定，并确定这种社会关系中当事人的权利和义务，平等主体的公民之间、法人之间、公民与法人之间的财产关系和人身关系之所以由民法来调整，正是由这种关系的性质、内容和特点决定的。

——唐德华、高圣平主编：《民法通则及配套规定新释新解（上）》，人民法院出版社2003年版。

【相关案例】

股份合作制企业职工向企业索要股权收益产生的纠纷，属于民法调整的范围

——全卓慧诉烟台华东电子技术研究所索要红利纠纷案

案例要旨：根据股份合作制企业的基本特征，职工具有双重身份，一是企业的劳动者，二是企业的股东，故与单位形成两种法律关系，即劳动合同关系和出资关系。职工基于出资关系向单位主张股权收益的，属于民法调整的范围，法院应予受理。

审理法院：山东省烟台市中级人民法院

来源：邹川宁主编：《典型新型疑难案例评析》，人民法院出版社2005年版

第三条　民事权益受法律保护

民事主体的人身权利、财产权利以及其他合法权益受法律保护，任何组织或者个人不得侵犯。

【新旧法条对比】

《中华人民共和国民法通则》

第五条　公民、法人的合法的民事权益受法律保护，任何组织和个人不得侵犯。

【相关观点】

一、民法总则中基本原则的规定

民法基本原则是民事主体从事民事活动和司法机关进行民事司法活动应当遵循的基本准则。全国人民代表大会《关于〈中华人民共和国民法总则（草案）〉的说明》（以下简称"草案"）第一章以确立基本原则为核心，并就立法宗旨、法律适用规则作出规定。草案在民法通则的基础上，结合30多年来民事法律实践，进一步明确了民事主体的人身权利、财产权利以及其他合法权益受法律保护，任何组织或者个人不得侵犯，并确立了平等原则、自愿原则、公平原则、诚信原则、守法原则、绿色原则等基本原则。需要指出的是，将绿色原则确立为基本原则，规定民事主体从事民事活动，应当有利于节约资源、保护生态环境，这样规定，既传承了天地人和、人与自然和谐共生的我国优秀传统文化理念，又体现了党的十八大以来的新发展理念，与我国是人口大国、需要长期处理好人与资源生态的矛盾这样一个国情相适应。

————2017年3月8日在第十二届全国人民代表大会第五次会议上，全国人民代表大会常务委员会副委员长李建国：全国人民代表大会《关于〈中华人民共和国民法总则（草案）〉的说明》，载新华网，最后访问时间：2017年3月19日。

二、体现保护民事主体的合法权益的两个方面

1. 规定民事主体可以充分自主地行使自己的合法民事权利，实现其合法的利益，以满足自身的各种需要。《民法通则》以专章较多的条文具体规定了民事主体的各种民事权利，如财产所有权和与财产所有权有关的财产权（即传统意义上的物权）、债权、知识产权和人身权等，这就为保护民事主体的合法权益提供了依据和可能性。

2. 当民事主体的合法民事权益受到侵害时，法律采取强有力的保护措

施，对违法者给予法律制裁。如《民法通则》以专章规定了民事责任制度，就是针对在民事主体的民事权利及利益受到不法侵害时，可以依法请求侵权行为人承担相应的民事责任予以恢复和补救，对不履行民事义务妨害他人合法权益实现的公民和法人，也一律追究其相应的民事责任。

民法保护合法民事权利的基本途径是：确认主体利益权利化，界定权利的范围、种类和形态；规定并保障人们依法取得、享有、行使权利及对权利的依法处分，承认行为的法律效力；赋予民事主体对受到侵害的民事权利以自力救济和公力救济，并对侵权者给予法律制裁。从而为民事权利的实现提供全面的民法保障。

——唐德华、高圣平主编：《民法通则及配套规定新释新解（上）》，人民法院出版社 2003 年版。

【相关文献】

1. 许中缘、王崇敏：《论民法典中民事权益受法律保护原则的立法设计》，载《河南财经政法大学学报》2012 年第 3 期。

2. 赵秀梅：《民法基本原则司法适用问题研究》，载《法律适用》2014 年第 11 期。

【相关案例】

承运人对患有急病的旅客不尽救助义务的，旅客可以向承运人要求精神损害赔偿

——朱杭诉长阔出租汽车公司、付建启赔偿纠纷案

案例要旨：承运人在运输过程中不履行救助的法定义务，侵犯了旅客的合法权利，给旅客的精神造成了损害，应当承担精神损害赔偿责任。

审理法院：北京市朝阳区人民法院

来源：《最高人民法院公报》2002 年第 3 期（总第 77 期）

第四条 平等原则

民事主体在民事活动中的法律地位一律平等。

【新旧法条对比】

《中华人民共和国民法通则》

第三条 当事人在民事活动中的地位平等。

【相关规定】

1. 《中华人民共和国合同法》

第三条 合同当事人的法律地位平等,一方不得将自己的意志强加给另一方。

2. 《中华人民共和国宪法》

第三十三条 凡具有中华人民共和国国籍的人都是中华人民共和国公民。中华人民共和国公民在法律面前一律平等。

国家尊重和保障人权。

任何公民享有宪法和法律规定的权利,同时必须履行宪法和法律规定的义务。

【相关观点】

一、平等原则的概念及意义

所谓平等原则,就是指民事主体在法律地位上是平等的,其合法权益应当受到法律的平等保护。平等原则作为民法的首要原则加以确定,凸显了平等原则在民法基本原则中的地位。平等原则作为民法首要原则的原因是:一方面,其最直接地反映了民法调整对象和方法的特征。我国民法将平等主体之间的财产关系和人身关系作为其调整对象,而民法的平等原则集中反映了民法所调整的社会关系的本质特征,该原则也是全部民事法律制度的基础。另一方面,平等原则充分反映了市场经济的本质要求,也是构建市场经济秩序的基础。市场经济最本质的特征就体现在主体之间的平等性上。还要看到,平等原则体现了现代法治的基本精神,也有助于建设社会主义的政治文明。现代法治社会以贯彻"平等原则"为特征,而公民在法律面前的平等,必然要求具体体现为民法所确认的主体的平等地位和责任自负原则、造成损害应根据损益相当的准则进行赔偿的原则、对公民和法人的合法权益平等保护的原则等,民法的这些原则都是平等原则的具体体现。平等原则最本质的内涵就是人格的平等,它是对封建等级制度的否定,也是对宗法制度下人与人的依附关系的否定。

需要指出,民法的平等原则虽然与政治上的平等具有一定的联系,但其仍然主要强调民事法律关系中主体地位的平等和法律保护的平等,而一般不涉及政治权利的平等。各项民法基本原则和基本的民法制度都建立在民事主体平等的假定之上,没有民事主体之间的平等,民法也就丧失了存在的前提。正因为这样,平等原则作为民法第一项基本原则加以规定,是不无道理的。

二、平等原则的内容

平等原则是指民事主体在法律地位上是平等的,其合法权益应受到法律的平等保护。平等原则的内容主要包括:

(一) 民事主体的民事权利能力平等

1. 自然人的民事权利能力平等。公民的民事权利能力一律平等。在我国,任何公民不论其性别、年龄、民族、宗教信仰、政治地位、文化程度、财产状况有何不同,也不论有无民事行为能力,其民事权利能力一律平等。尽管公民的政治权利可依法被剥夺,但任何组织或个人均无权剥夺公民的民事权利能力,公民即使被判刑并剥夺了政治权利,其民事权利能力也并不因此而丧失。尽管公民可能不具有民事行为能力或民事行为能力受到限制,但其权利能力与生俱来,终身享有,且不受限制。公民的权利能力在范围上也是平等的,没有区别。此外,外国公民在我国从事民事活动,与我国公民一样,享有平等的民事权利能力。但是,给予外国公民的这种待遇,是以该外国公民所属国家对等地给予我国公民国民待遇为前提的,而且,根据法律特别规定,外国公民不能成为某些特殊民事权利的享有者和义务的承担者。

2. 法人的民事权利能力平等。任何社会组织,只要符合法人的成立要件,都可以取得法人资格,具有平等的民事权利能力,法人不存在大小和级别之分。至于法人的目的事业范围,不是对法人民事权利能力的限制,而是对法人民事行为能力的限制。

3. 自然人与法人的民事权利能力平等。既然和法人都是民事主体,都具有民法的人格,而民法只调整平等主体之间的财产关系和人身关系,那么公民与法人的民事权利能力也是平等的,平等地享有民事权利和承担民事义务的资格。

(二) 在具体的民事法律关系中,民事主体的地位平等

不同的民事主体参与民事关系,适用同一法律,具有平等的地位。在我国,参与民事关系的有各种类型的法人、自然人、合伙组织、个体工商户和农村承包经营户,国家也可以作为特殊的民事主体。无论是何种主体,在参与民事关系时都要适用民法的规定,不允许有任何特殊之处。任何民事主体

在民事关系中的地位都是平等的,即使是具有隶属关系的上下级单位,在民事关系中,其法律地位也一律平等,无领导者和被领导者之分。上级单位不能因为其享有行政权力而凌驾于下属单位之上。

应该指出,民事主体在法律地位上的平等,不等于在实际的民事法律关系中,每个当事人所享有的具体的民事权利和民事义务都是一样的。在具体的民事法律关系中,各个当事人根据法律和自身的意志,享有不同的权利和义务。有的享受更多的民事权利,有的要承担更多的民事义务,有的只享受权利而不承担民事义务或只承担义务而不享受权利(比如在赠与合同中,赠与人就只承担义务而不享有权利)。由此可见,法律地位的平等,并不是指实际享受的权利和承担的义务均等。

(三)民事主体受平等的法律保护

民事主体法律地位平等也意味着对不同的民事主体实行平等的法律保护。不同的民事主体在参加具体的民事法律关系时,不仅同样受法律之约束,也同样都受法律之保护,无论是国家财产、集体财产还是个人财产在受法律保护方面是没有差别的。但民事主体地位平等,并不等于平等主义,并不意味着结果平等。

——唐德华、高圣平主编:《民法通则及配套规定新释新解(上)》,人民法院出版社2003年版。

【相关案例】

餐厅对教师和学生的就餐优惠规定,是合法经营行为,不构成对其他群体的歧视,未违反平等原则

——郭刚诉成都府河竹苑餐饮娱乐有限公司案

案例要旨:平等原则是民事活动的基本原则,自由也是法律价值的重要体现。在市场经济环境下,消费者享有自主选择权和公平交易权,而作为市场主体的餐厅,则享有自主经营权,其有权合法地谋取经济利益,确立企业的经营特色,选择利己的营销策略和经营方式。餐厅对教师和学生的就餐优惠规定,是一种让利和促销行为,按照社会一般生活经验和善恶观念进行判断,该行为客观上没有在社会生活中对其他职业人员产生不良评价,没有违反社会道德和公序良俗。所以,餐厅对教师和学生的就餐优惠规定,是合法经营行为,不构成对其他群体的歧视。

案号:(2009)武侯民初字第4680号

审理法院:四川省成都市武侯区人民法院

来源:《中国审判案例要览案例》2011年商事审判案例卷

第五条　自愿原则

民事主体从事民事活动，应当遵循自愿原则，按照自己的意思设立、变更、终止民事法律关系。

【新旧法条对比】

《中华人民共和国民法通则》

第四条　民事活动应当遵循自愿、公平、等价有偿、诚实信用的原则。

【相关规定】

《中华人民共和国合同法》

第四条　当事人依法享有自愿订立合同的权利，任何单位和个人不得非法干预。

【相关观点】

一、自愿原则的概念与内容

自愿原则是指民事主体在民事活动中，充分表达自己的真实意志，根据自己的意愿设立、变更和终止民事法律关系。我国民法的自愿原则，是商品经济的内在要求在法律上的表现。商品交换本质上要求交换者对其交换的商品享有占有、使用和处分的自由，并且要求商品交换者之间意思表示一致，这种意志自由就表现为民法的自愿原则。自愿原则本质上就是给予商品生产者和经营者以充分的自主，鼓励和保证民事主体自由地从事商品生产和经营活动。

自愿原则包括以下内容：

1. 民事主体在民事活动中有表达自己意思的自由。凡违背真实意愿所为的民事行为不受法律保护，在民事活动中任何人不得将自己的意愿强加给对方当事人。因此，民事主体在受欺诈、胁迫、乘人之危、强迫命令情况下所为的民事行为无效，对双方当事人都没有法律拘束力。

2. 民事主体在民事活动中有决定自己意思的自由。

（1）当事人有权依法从事某种民事活动和不从事某种民事活动。亦即当事人有权根据自己的意志和利益，决定是否实施某种民事法律行为，参加或不参加某种民事法律关系。民事权利可以由主体在法定的范围内依自身意志取得，也可以依自身意志转移和抛弃；民事法律关系可以由主体在法定的范围内依自己的意志产生，也可以依自己的意志而变更和终止。

（2）当事人有权选择其行为的内容和相对人。当事人可以通过平等协商，为自己设定权利和承担义务，当客观情况发生变化以后，可以依法变更权利和义务的内容。当事人有权自愿选择他们联系的伙伴，通过协商一致达成合同条款，并自愿接受这些条款的约束，在等价交换的基础上交换各自的产品和劳务。当事人之间的协议一经合法成立就具有法律效力，并可以改变民法的任意性规定。当然，根据国家定货和指令性任务签订的合同，当事人必须根据国家定货和指令性任务的要求选择其联系的伙伴及行为的内容。

（3）民事主体有权选择其行为的方式，民事主体从事法律行为，除法律法规有特定要求外，有权选择对口头形式、书面形式、公证和鉴证形式。

3. 认许民事主体依法设立的民事法律行为具有法律效力。民事法律关系的设立、变更和终止是基于当事人的自愿，而民事法律关系的设立、变更和终止主要是通过民事法律行为来实现。《民法总则》第135条规定，民事法律行为自成立时生效。行为人非依法律规定或者未经对方同意，不得擅自变更或解除民事法律行为。此外，我国《合同法》不仅确认"依法成立的合同，对当事人具有法律约束力。当事人应当按照约定履行自己的义务，不得擅自变更或者解除合同"，而且规定了严格的实际履行原则和违约责任制度。

4. 意思表示的内容具有优先于法律推定条款或任意性规范而适用的效力。既然民事法律关系的设立、变更和终止是基于当事人自愿的结果，那么在意思表示与任意性规范并存的情况下，应首先适用基于自愿而为意思表示中的具体约定，只有在意思表示中未加约定或约定不明时，才适用任意性规范。现代民法中的全部任意性规范仅仅建立在意思推定原理的基础之上，它们仅为弥补当事人意思不明确而设立，其作用在于拟制意思表示。如我国法律规定：在合同关系中，法律承认当事人特约条款的优先效力，而大量的任意性规范仅在"合同中有关质量、期限、地点、价款或者报酬、方式、履行费用的负担"等内容约定不明确，才具有补充当事人意思表示的作用；在继承关系中，只有在不存在遗嘱或遗嘱无效的情况下，才能适用法定继承的规定。

当然，民法赋予当事人的自由并不是绝对的自由，而是相对的、有限制的自由。当事人根据自己的意志从事某种民事活动，不得违背法律的规定，不得损害国家利益。

二、自愿原则的限制

自愿原则的限制主要表现在以下方面：

1. 强制订立某些种类的合同，限制和剥夺了某些合同当事人决定是否订立合同和选择合同相对人的自由，如果拒绝订立合同，则要承担相应的责任。例如我国《合同法》规定，国家根据需要下达指令性任务或者国家订货任务的，有关企业、事业单位之间应当依照有关法律、行政法规规定的权利和义务签订合同。我国《合同法》还规定，从事公共运输的承运人不得拒绝旅客、托运人通常、合理的运输要求。

2. 规定一些强制性规范，禁止当事人违反这些规范或规定当事人违反强制性规范的合同条款一律无效。这在诸多法律里均有规定，例如《担保法》规定，定金不得超过合同标的额的20%。《合同法》规定，有下列情形之一的，合同无效：（1）一方以欺诈、胁迫的手段订立合同，损害国家利益的；（2）恶意串通，损害国家、集体或者第三人利益的；（3）以合法形式掩盖非法目的；（4）损害社会公共利益的；（5）违反法律、行政法规的强制性规定的。合同中下列免责条款无效：（1）造成对方人身伤害的。（2）因故意或者重大过失造成对方财产损失的。（3）规定一些监督管理部门，对民事法律行为进行约束。如我国《合同法》规定，法律、行政法规规定应当办理批准手续才能生效的，自批准时生效。

虽然自愿原则受到了诸多限制，但这都是为维护国家利益、社会公共利益和他人的合法权益所必须的，并没有动摇自愿原则的地位，自愿原则仍然是民法的一项极其重要的原则。

——唐德华、高圣平主编：《民法通则及配套规定新释新解（上）》，人民法院出版社2003年版。

第六条 公平原则

民事主体从事民事活动，应当遵循公平原则，合理确定各方的权利和义务。

【新旧法条对比】

《中华人民共和国民法通则》

第四条 民事活动应当遵循自愿、公平、等价有偿、诚实信用的原则。

【相关规定】

1. 《中华人民共和国合同法》

第五条 当事人应当遵循公平原则确定各方的权利和义务。

2. 《中华人民共和国侵权责任法》

第二十四条 受害人和行为人对损害的发生都没有过错的，可以根据实际情况，由双方分担损失。

【相关观点】

一、公平原则的内容

1. 民事主体有同等机会参与民事活动，实现自己的经济利益。

2. 民事主体享有的民事权利和承担的民事义务要对等。在双务民事法律行为中，任何一方当事人都是既要享有权利，也要承担相应义务，权利义务要对等，不能一方承担义务另一方享有权利，也不能一方享受的权利和义务相差悬殊。对于相互独立平等的民事主体，不得强迫他们进行不等价的交换。虽然公平原则要求当事人的权利义务要对等，但是不能对此作绝对的理解，在市场关系中，商品的价格受诸多因素的影响，总是围绕着价值上下波动，并没有绝对的等价交换。

我国《合同法》规定，对于显失公平的合同，当事人一方有权请求人民法院或者仲裁机关变更或者撤销。对于显失公平的合同，法律以变更或撤销的方法予以救济，然而对于此处的显失公平的合同，必须是因一方当事人的意思表示有瑕疵而造成的。因为合同是建立在当事人完全自愿的基础之上，当事人的意思表示无瑕疵，该合同不能被认为显失公平。

3. 合同关系存续期间，客观情势因不可归责于当事人的事由，发生事先不可预料的异常变化，从而导致原来的合同关系显失公平时，应变更原来的合同关系。情势变更原则实际上是公平原则的具体体现。在合同法律关系存在期间，如发生特殊情况使双方当事人的利益严重失去平衡时，处于优越地位的一方不得利用对自己有利的客观情况威逼对方，而应通过协商对合同关系的内容进行调整，求得双方利益的重新平衡。运用情势变更原理，其目的在于消除合同因情势变更造成的不公平后果。

4. 公平原则不仅体现在对待给付的平衡、情势变更的具体运用，还体现在对免责条款的限制、违约责任的承担和风险的承担等方面。免责条款是当事人在合同中约定的，在合同履行过程中出现约定的免责事由时，免除当事人的违约责任、侵权责任的条款。对于当事人约定的免责事由，法律一般承认其效力，但是为了追求公平，以下的免责条款无效：（1）因故意或者重大过失给对方造成财产损失的；（2）造成对方人身伤害的。另外，当违约情况出现时，违约的一方当事人承担的违约责任应当公平合理，因违约而产生的损害赔偿责任，要受到法定规则的限制，如果约定的违约金过分高于或者低于造成的损失的，当事人可以请求人民法院或者仲裁机关予以适当减少或者增加。如果双方当事人都违反合同的，应当各自承担相应的责任。当风险出现，造成财产损失时，如果法律对损失的承担没有规定，当事人对损失的承担也没有约定时，应按照公平原则要求当事人合理地承担或分担损失。

5. 人民法院审理民事、经济纠纷案件要公正、合理，不偏不倚，依法保护民事主体的合法民事权益。"公平"一词的模糊度很大，因此相应地授予法官很大的自由裁量权，在法律缺乏明确具体规定的情况下，法官可根据公平原则作出判断，确定合同当事人之间的权利和义务，以补救法律规定的不足。

——唐德华、高圣平主编：《民法通则及配套规定新释新解（上）》，人民法院出版社2003年版。

二、公平原则和其他原则的关系

1. 公平原则和平等原则极为类似，因为平等和公平都强调了公平、正义的价值理念。据此有许多学者认为，公平原则应当包括在平等原则中，认为公平就是平等的具体化。但两者是有区别的：一方面，平等原则注重的是地位的平等，而公平原则注重的是结果的公平。另一方面，平等注重的是形式上的平等，而公平注重的是实质上的公平。所以这两项原则是不能相互替代的。

2. 公平原则和意思自治原则是相辅相成的。意思自治原则要求当事人在从事民事活动中表达出自己的真实意志，公平原则要求当事人在民事活动中以公平、正义观念指导自己的行为。在当事人的真实意志与其外在的表示不一致，而局外人又往往无从得知时，应本着公平原则，从行为的结果是否公平合理判断该行为是否出于当事人的自愿。还有一种情况是，某些看起来是出于当事人自愿的民事活动，对于双方当事人产生的经济利益，显失公平，从而和民法的公平原则相悖，根据法律的规定，对于这种民事行为可以撤销。可见，公平原则能够切实保护当事人在民事活动中的自主自愿，弥补意思自治原则适用的不足。

【相关案例】

1. 不定期房屋租赁合同终止时，未就租赁添附物处置约定的，可运用公平原则确定各方费用承担

——赣榆县工商局行政管理局诉伏开贵房屋租赁合同纠纷案

案例要旨： 在不定期房屋租赁合同中，添附使用时间较为长久的固定设备，双方未对添附物的处置进行约定，租赁合同终止后，可结合实际情况运用公平原则对损失问题进行处理。

案号：（2005）连民一终字第498号

审理法院： 江苏省连云港市中级人民法院

来源：《江苏省参阅案例》

2. 存在多笔到期债务未清偿的债务人将大部分财产抵偿给一名无优先权利的债权人，可认定单独清偿的行为违反公平原则

——孙献钢诉楼仁君民间借贷纠纷案

案例要旨： 一、债务人存在多笔到期债务未清偿的情况下，将其大部分财产抵偿给单一无优先权利债权人，这种单独清偿行为实质上损害了其他债权人债权的实现，结合案件其他情节，可认定这种单独清偿行为违反了公平原则。二、适用2012年修订前民事诉讼法生效的民事调解书，当事人未申请再审，而人民法院发现确有错误必须提起再审的，可根据《最高人民法院关于适用〈中华人民共和国民事诉讼法〉审判监督程序若干问题的解释》第三十条的规定，依职权提起再审。

案号：（2012）浙民再终字第1号

审理法院： 浙江省高级人民法院

来源：《浙江省高级人民法院案例指导》2013年第3期（总第27期）

第七条　诚实信用原则

民事主体从事民事活动，应当遵循诚信原则，秉持诚实，恪守承诺。

【新旧法条对比】

《中华人民共和国民法通则》

第四条　民事活动应当遵循自愿、公平、等价有偿、诚实信用的原则。

【相关规定】

《中华人民共和国合同法》

第六条　当事人行使权利、履行义务应当遵循诚实信用原则。

【相关观点】

一、诚实信用原则的内容

1. 民事主体在民事活动中应以诚实信用为准则，处理好两个利益关系即首先在处理当事人之间的利益关系时，按诚信原则要求，一方民事主体应以对待自己事务的注意来对待他方的事务，做到不欺不诈，不损人利己，使各方当事人都能得到自己应得的合法利益。其次，在处理当事人与社会利益的关系时，遵循诚信原则就表现为当事人不得通过自己的民事活动损害社会的利益和他人的合法权益。因此，民事主体无论是行使权利，还是履行义务，都必须以善意为方式，既尊重国家的、集体的和他人的合法权益，又诚实地履行自己的义务。

2. 当事人在民事活动中应依据诚实信用原则，讲究信用、恪守诺言。在当事人有悖于自己的诺言或有为意思表示之不当时，应依诚信原则即应予以禁止和制裁，或确认意思表示无效，或依真意解释之。

3. 贯彻诚信原则以弥补法律规定的不足。当法律规定不清或相互不协调时，可依诚信原则解释之。

二、诚实信用原则的主要功能

（一）要求当事人在民事活动中讲究信用，恪守诺言

依据诚实信用原则，当事人必须具备诚实、守信、善意的主观心理状态，在从事民事活动的过程中，应当忠于事实的真相，不能欺骗他人、损人利己。要保证民事行为的真实性，即民事行为应体现当事人的真实意思，不能采用欺诈胁迫等手段促成民事行的订立；要从善意的心态出发，保护相对人的利

益,要求当事人以善意的心态尽必要的注意义务,包括保护义务、告知义务、保密义务、协助义务等;双方当事人均应保证民事行为的合法性,即民事行为的主体、客体、内容诸方面不得违背法律的禁止性规定,不得违背国家利益和社会公共利益;在民事行为订立后至履行前,当事人双方都应当严守诺言,认真做好各种履行准备;在民事行为的具体履行过程中,更应严格按照民事行为的标的、履行期限、履行地点、履行数量、履行方式具体操作;即使在民事行为的变更或解除过程中,也应当依据诚信原则,如遇情势变更,应当允许当事人变更或解除民事行为;此外在民事行为终止后,双方当事人仍应承担某些附随义务,如保密义务等。在当事人有悖于自己的诺言或意思表示不当时,应予以禁止和制裁,或确认意思表示无效,或按其真实意旨进行解释。

(二)平衡当事人之间以及当事人与社会之间的利益关系

在处理当事人之间的利益关系时,按照诚信原则要求,一方民事主体应当以对待自己事务的注意来对待他方的事务,不得欺诈他人,不得损人利己,使各方当事人的利益达到平衡,因为各方当事人之所以要进行交易,主要还是为了实现自己的利益,但在实现自己的利益时,不能以损害对方的利益为代价;另外,当事人在从事民事活动中,还要充分尊重他人和社会的利益,不得滥用权利,民事主体无论是行使权利还是履行义务,都必须以善意的方式,尊重他人和社会利益,诚实地履行自己的义务,正确地行使自己的合法权利,不得损害社会公共利益,扰乱社会经济秩序和违反社会的公共道德准则。诚信原则在平衡当事人之间的利益以及当事人与社会之间的利益方面起着积极的作用。

(三)弥补法律规定之不足

当法律规定不明确时,法院可依据诚实信用原则行使公平裁量权,直接调整当事人之间的权利义务关系;当合同约定不明确时,法院或仲裁机关在解释合同时也应依诚信原则,探求当事人的真实意旨,正确地解释合同,正确地解决当事人之间的纠纷。

——唐德华、高圣平主编:《民法通则及配套规定新释新解(上)》,人民法院出版社2003年版。

【相关案例】

1. 被异议商标申请人在同类商品上注册、使用有关商标时，应当遵守诚实信用原则，注意合理避让而不是恶意攀附引证商标的知名度和良好商誉，从而造成相关公众混淆误认

——北京福联升鞋业有限公司与国家工商行政管理总局商标评审委员会、北京内联升鞋业有限公司商标异议复审行政纠纷案

案例要旨：被异议商标申请人作为同地域的同业竞争者，理应对引证商标的知名度和显著性有相当程度的认识。因此，被异议商标申请人在同类商品上注册、使用有关商标时，应当遵守诚实信用原则，注意合理避让而不是恶意攀附引证商标的知名度和良好商誉，从而造成相关公众混淆误认。虽然被异议商标经过一定时间和范围的使用在客观上形成了一定的市场规模，但是有关被异议商标的使用行为大多是在被异议商标申请日之后，尚未核准注册的情况下发生的。被异议商标申请人在其大规模使用被异议商标之前，理应认识到由于被异议商标与引证商标近似，并且引证商标具有较高的知名度和显著性，故存在被异议商标不被核准注册，乃至因使用被异议商标导致侵犯引证商标注册商标权的法律风险。被异议商标申请人未能尽到合理的注意和避让义务，仍然申请注册并大规模使用被异议商标，由此带来的不利后果理应自行承担。

案号：（2015）知行字第116号

审理法院：最高人民法院

来源：《最高人民法院公报》2016年第6期

2. 不可归责于双方主观上的恶意或怠于履行义务导致合同解除后应根据诚实信用原则，调整与平衡合同双方之间的利益

——河北省石油化工设计院有限公司上海分公司诉湖北富兴化工有限公司建设工程设计合同纠纷案

案例要旨：合同履行中出现无法克服的困难导致不能继续履行实现合同目的情形，且不可归责于双方主观上的恶意或怠于履行义务，合同应予解除。并且应根据诚实信用原则，辨析合同双方是否善意地履行协助、减损等法定义务，调整与平衡合同双方之间的利益。

案号：（2014）宜中民三终字第00330号

审理法院：湖北省宜昌市中级人民法院

来源：《人民法院案例选》总第94辑（2015.4）

3. 关联公司人格混同的违反诚实信用原则

——指导案例 15 号：徐工集团工程机械股份有限公司诉成都川交工贸有限责任公司等买卖合同纠纷案

案例要旨： 关联公司人格混同，严重损害债权人利益，违反诚实信用原则的，关联公司应对外部债务承担连带责任。

案号：（2011）苏商终字第 0107 号

审理法院： 江苏省高级人民法院

来源： 最高人民法院指导性案例

4. 最高应价未达到保留价时拍卖师落槌，该拍卖生效

——邓国根诉南昌市农业局、江西宏隆拍卖有限公司拍卖合同纠纷案

案例要旨： 在拍卖中，拍卖师应在最高应价下落槌，落槌即表示拍卖成交，最高应价不得低于保留价，但如果最高应价并未达到保留价时拍卖师未停止拍卖而是落槌了，该拍卖生效。同时，结合拍卖过程的实际情况、当事人的过错程度等因素，根据公平原则和诚实信用的原则平衡并判定相关责任。

案号：（2013）赣民一终字第 42 号

审理法院： 江西省高级人民法院

来源：《人民法院案例选》总第 85 辑（2013.3）

5. 无主财产的善意占有人在符合公平有偿、诚实信用原则下可以获得无主财产所有权

——胡德开等人申请确认房屋所有权案

案例要旨： 行为人长期以自己名义占用、管理无主财产，并未有人提出异议，系善意占有。现行为人愿补足该房屋差价款以取得该房屋所有权，符合公平有偿、诚实信用原则，应予准许。

审理法院： 福建省厦门市思明区人民法院

来源：《最高人民法院公报案例》1998 年第 4 期

第八条 守法和公序良俗原则

民事主体从事民事活动,不得违反法律,不得违背公序良俗。

【新旧法条对比】

《中华人民共和国民法通则》

第六条 民事活动必须遵守法律,法律没有规定的,应当遵守国家政策。

第七条 民事活动应当尊重社会公德,不得损害社会公共利益,扰乱社会经济秩序。

【相关规定】

1. 《中华人民共和国合同法》

第七条 当事人订立、履行合同,应当遵守法律、行政法规,尊重社会公德,不得扰乱社会经济秩序,损害社会公共利益。

2. 《中华人民共和国物权法》

第七条 物权的取得和行使,应当遵守法律,尊重社会公德,不得损害公共利益和他人合法权益。

【相关观点】

一、守法原则的内容

民事主体从事民事活动不得违反法律规定。这里的法律应作广义理解,既包括由国家立法机关制定的民事法律、国务院制定的行政法规,也包括不与法律、行政法规相抵触的规章以及地方权力机关和地方人民政府制定的地方性法规和其他规范性文件。

(一)宪法

宪法是我国民法的一个重要渊源。一方面,宪法以其最高的法律效力明确规定了我国的财产所有制形式、所有权类型、对国家、集体、个人财产的保护、公民的基本权利和义务等等,是调整我国民事关系的最高行为准则;另一方面,作为国家根本大法的宪法,是任何有关民事的法律、法规、条例、决议、命令、指示等的制定基础。上述规范性文件都不得与宪法的精神和原则相抵触。

(二)法律

法律是全国人民代表大会和全国人民代表大会常务委员会制定的一般规

范性文件。法律中有关民事部分，是我国民法的主要渊源。在我国，只有全国人民代表大会和全国人民代表大会常务委员会依立法程序制定和颁布的规范性文件才称法律。具有基本法地位的本法，在民事法律中具有特殊重要的意义，因为它把各主要民事法律制度系统地编纂在其中，是人们从事民事活动最基本的行为准则。

（三）国务院制定和批准的行政法规

国务院根据宪法、法律和法令制定和批准的行政法规是我国民法的重要渊源，在实践中起着特别重要的作用。

（四）国务院所属各部、各委员会的行政规章

国务院各部、委在本部门权限内，在实现各项管理职能的过程中，根据法律、法规精神制定的行政规章等，其中有关民事部分，都是民法的渊源。

（五）地方各级人民代表大会的决议，地方各级人民政府的决议、民族自治地方的各级自治机关的自治条例和单行条例

值得注意的是，民事活动属于私法规制的范畴，只有法律和行政法规才能约束平等主体当事人间的意志，地方性法规、行政规章、地方规章无权对民事活动中当事人间的权利义务作出设定，这是法秩序原理的必然要求，也为我国立法法所采纳。1999年11月19日《全国民事案件审判质量工作座谈会纪要》对法律适用问题作出明确规定：在适用法律时，一定要正确区分不同法律规范的层次和效力，理解它们之间的相互关系。在认定民事合同的效力时，要严格依照国家法律、行政法规规定的条件和标准，特别是要认真研究法律、行政法规的规定是将合同应当办理批准或登记等手续作为合同生效的条件，还是只把是否登记、备案作为能否对抗第三人来处理。对于地方性法规和部门规章、地方规章中的有关规定，不能作为认定民事合同无效的依据。在处理各类民事案件时，对于国家法律、行政法规有规定，而地方性法规和各种规章中规定的内容，属于结合当地实际情况而对有关立法精神和原则具体化、条文化，加以明确范围和标准的，应当适用或者参照；对于国家法律、行政法规尚无明确规定，地方性法规或规章的规定不违反国家法律的基本原则的，可以适用或者参照；与法律、行政法规规定的基本原则和精神相抵触的，不能适用或者参照。对于一些地方性立法机关对地方性法规所作的解释，超出地方性法规权限，或者就全国性通用法律术语所作的解释，不能作为人民法院审理民事案件的法律依据。

（六）最高人民法院关于具体应用法律的司法解释

最高人民法院是我国最高审判机关，并有监督地方各级人民法院和专门人民法院的审判工作的职责。根据《法院组织法》第33条规定，最高人民法院对于在审判过程中如何具体应用法律的问题，有进行解释的职权。这些解释一般通过指示性的决定、批复，下达各级人民法院遵行。在我国民事法

律、法规尚不完备的情况下，最高人民法院在综合审判实践经验的基础上，规定了许多立法上尚无规定，但本质上是由法律中引申出来的原理，作为审判实践依据的原则。这些也是民法的渊源。

应当注意的是，遵守法律是指遵守法律的强制性规定，民事主体不可依其意思而排斥其适用。至于法律的任意性规定，民事主体则可以依其意志加以改变或者选择适用。

二、公序良俗原则的内容

在《民法总则》颁布之前，我国法律并未明确采用公序良俗的概念，而是在《民法通则》第7条规定："民事活动应当尊重社会公德，不得损害社会公共利益，扰乱社会经济秩序。"迄今为止，关于公序良俗的含义并无统一的规定。史尚宽先生认为，公序良俗是维持吾人社会共同社生活应遵守的一般规范。

公序良俗作为传统民法中一项重要的法律概念和法律原则，其内容包括公共秩序和善良风俗两部分。公共秩序是指政治、经济、文化等领域的基本秩序和根本理念，是与国家和社会整体利益相关的基础性原则、价值和秩序，在以往的民商事立法中被称为社会公共利益，在英美法系也被称为公共政策。善良风俗是基于社会主流道德观念的习俗，也被称为社会公共道德，是全体社会成员所普遍认可、遵循的道德准则。公共秩序与善良风俗二者相辅相成、互为补充，共同构成公序良俗原则。

关于公序良俗的规定在性质上为一般条款，鉴于立法者不可就损害国家一般利益和违反社会一般公德准则的行为作为具体的禁止规定，因而通过规定公序良俗这样的一般条款，授权法官针对具体案件进行价值补充，以求获得判决的社会妥当性。因此，公序良俗规定相对于法律强行性和禁止性规定而言，具有补充规定的性质。其作用对于弥补强行性和禁止性规定之不足，以禁止现行法上未做禁止规定的事项。更有学者进一步指出，公序良俗原则的作用，恰在于限制意思自治原则，所以也就当然具有足以与司法自治原则相匹配的强行法性格。

——沈德咏主编：《〈中华人民共和国民法总则〉条文理解与适用》，人民法院出版社2017年版。

三、公序良俗原则的司法适用

公序良俗原则是较为抽象的原则，只有在现行法缺乏相关规定或者发生规范冲突时才能适用。原则上，现行法有具体规定的，优先适用法律的具体规定。

公序良俗原则既是一个基本原则，又是一个不确定概念，此种概念无法通过定义的方式确定其内涵，因此在具体适用中，必须要通过对概念的类型化，从而使法官在适用中能够寻找到更为确定的标准。在对概念进行类型化时，首先应当以一个社会特定时期的主流价值观念为基础，因为道德观念本身是在不断发展变化的，所以应当以当下的价值观念作为标准。其次，要把握善良风俗的变动性，根据特定历史时期人们主流的道德观念、价值观念等进行判断。善良风俗的内涵会随着社会变迁而变化，而且这种变化会独立于实证法本身的变化。所以，法官在解释公序良俗原则时不能以过去的价值观念为依据。

从我国的实际出发，可以对违反公序良俗的行为进行以下类型化：一是危害婚姻法、损害正常的家庭关系秩序的行为。二是违反有关收养关系的规定。三是违反性道德的行为。如有偿性服务合同等。四是赌债偿还合同。五是贬损人格尊严和限制人身自由的合同。六是限制职业选择自由的合同，如在合同中规定不准另一方选择任何合法的职业。七是违反公平竞争的行为，如拍卖或招标中的串通行为①，数个企业互相约定共同哄抬价格、操纵市场等。八是违反劳动者保护的行为。例如，订立生死合同条款，即只要发生工伤事故雇主概不承担责任。九是诱使法务人违约的合同。十是禁止投诉的合同。例如，在合同中约定，禁止一方投诉另一方的某种违法行为。公序良俗原则在债法中主要运用于判断法律行为的效力，从而作为限制私法自治的工具。所以，如果当事人实施了违反道德的事实行为，则无法适用公序良俗原则。

对公序良俗原则，法官需要通过利益衡量等方法充分衡量个案因素，以作具体化处理与适用。需要探讨的是，违反善良风俗是否有主观要件的要求？笔者认为，公序良俗原则的适用是为了维护社会公共道德，如果考虑主观要件，则在有些情况下无法实现这一制度的目的。

【相关文献】

蔡唱：《公序良俗在我国的司法适用研究》，载《中国法学（文摘）》2016年第6期。

【相关案例】

1. 遗赠的内容和目的违反法律规定和公序良俗，应属无效

——张学英依与其同居人所立遗嘱诉遗嘱人之妻蒋伦芳给付受遗赠的财产案

案例要旨：遗赠人的遗赠行为虽系其真实意思表示，但其内容和目的违反了法律规定和公序良俗，损害了社会公德，破坏了公共秩序，应属无效民事行为。

---

① 参见梁慧星：《市场经济与公序良俗原则》，载《民商法论丛》（第1卷），法律出版社1994年版，第57~58页。

审理法院：四川省泸州市中级人民法院
来源：《人民法院案例选》总第 40 辑（2002.2）

2. 双方当事人订立的以"婚外情"为基础的协议有违公序良俗，不受法律保护

——张正青诉张秀方民间借贷纠纷案

案例要旨：双方当事人订立的协议表面上为借贷，实际上系以保持情人关系作为赠与条件的协议，该协议建立在"婚外情"这一基础之上，不具有正当性，违反公序良俗的原则，不受法律保护。

案号：（2009）浙杭商终字第 1138 号
审理法院：浙江省杭州市中级人民法院
来源：《人民法院案例选》总第 80 辑（2012.2）

第九条 绿色原则

民事主体从事民事活动，应当有利于节约资源、保护生态环境。

【相关规定】

《中华人民共和国环境保护法》

第六条 一切单位和个人都有保护环境的义务。

地方各级人民政府应当对本行政区域的环境质量负责。

企业事业单位和其他生产经营者应当防止、减少环境污染和生态破坏，对所造成的损害依法承担责任。

公民应当增强环境保护意识，采取低碳、节俭的生活方式，自觉履行环境保护义务。

【相关观点】

一、绿色原则纳入民法典的价值意义

观点一：绿色原则不仅是民法典回应环境问题挑战的一个鲜明标志，也是中国制定面向生态文明新世纪的民法典的应有态度。绿色原则的确立，在民法典中引入可持续发展理念，承认环境资源的生态价值、人格利益属性，确立特殊侵权行为规则，为建立专门的环境资源准物权制度、环境合同制度、环境人格权制度以及环境侵权行为制度留下空间；同时，提供对传统权利进行有利于环境保护解释的一般性条款，为民法和专门环境法建立沟通与协调的基础与管道。其实质是顺应21世纪信息化、大数据、高科技、知识经济的发展要求，适应经济全球化、资源环境逐渐恶化以及风险社会的时代特征，回应当前人民群众对清新空气、干净饮水、安全食品、优质环境的迫切需求，实践绿色发展理念，促进生态文明建设，促进人与自然共处，实现现代公平。

——沈德咏主编：《〈中华人民共和国民法总则〉条文理解与适用》，人民法院出版社2017年版。

观点二：绿色原则是贯彻宪法关于保护环境的要求，同时也是落实党中央关于建设生态文明、实现可持续发展理念的要求，将环境资源保护上升至民法基本原则的地位，具有鲜明的时代特征，将全面开启环境资源保护的民法通道，有利于构建生态时代下人与自然的新型关系，顺应绿色立法潮流。正如李建国副委员长在《民法总则》草案说明中所指出的，《民法总则》将绿色原则确立为基本原则，规定民事主体从事民事活动，应当有利于节约资源、保护生态环境。这样规定，既传承了天地人和、人与自然和谐共生的优

秀传统文化理念,又体现了党的十八大以来的新发展理念,与我国是人口大国、需要长期处理好人与资源生态的矛盾这样一个国情相适应。

——贾东明主编:《〈中华人民共和国民法总则〉释解与适用》,人民法院出版社 2017 年版。

二、绿色原则在民法具体制度中的体现

民法典编纂的"绿色化"是一个系统化工程,设计价值观念的生态化、基本原则的绿色化、民事主体的适当扩张、权力体系的拓展和环境权利的司法体系构造等多方面的问题。绿色原则在民法具体制度中体现,主要有以下几个方面:(1)民法调整对象中埋伏着绿色问题。民法通过自身各种制度,成人资源的稀缺性、耗竭性,缓解"人"与"财"这两大调整对象之间的紧张,促进人与自然的和谐共处,实现可持续发展。(2)《民法总则》第三章第三节非营利法人一节的规定,为民事诉讼法、环境保护法规定的环境民事公益诉讼主体的社会组织的诉讼主体资格,提供了实体法层面法律依据。(3)环境资源作为民事法律关系客体,具有经济和生态双重价值。为进一步衡平这两种价值的利益关系,环境资源被纳入民法尤其物权以及合同制度之中,建立相应交易和保护机制的尤为重要。(4)物权法上的准物权制度以及相邻关系制度,其设置的目的均是为了"物尽其用",使社会财富得到充分利用。(5)从民事责任的角度看,环境保护法没有直接规定环境污染损害赔偿制度,而是运用转致的理发技术,将其交由侵权责任法解决。

三、绿色原则在审判实践运用中应注意的问题

绿色原则作为民法总则明文规定的基本原则之一,不仅应为民事主体从事民事活动所遵循,司法实践中进行法律适用、法律解释、法律漏洞填补以及在利益冲突时的价值判和选择,也应充分考量,用以指导审判。人民法院在审理环境资源纠纷案件尤其是矿产资源纠纷案中,特别是重点生态功能区、生态环境敏感区和脆弱区以及自然保护区、风景名胜区等特殊区域内开发利用自然资源引发的相关案件时,应当依法妥当衡量合同生效的客体依托要件,不能仅局限于当事人合同目的的实现,还应将保护生态环境和自然资源作为重要因素综合考量,正确处理好生态环境保护与资源开发利用之间的关系,维护环境公共利益。

——沈德咏主编:《〈中华人民共和国民法总则〉条文理解与适用》,人民法院出版社 2017 年版。

【相关文献】

《全国人大常委会委员苏泽林代表认为:制度创新是民法总则草案最大亮点》,载中国人大网,最后访问时间:2017 年 4 月 11 日。

第十条、第十一条　民事法律的适用规则

第十条　处理民事纠纷，应当依照法律；法律没有规定的，可以适用习惯，但是不得违背公序良俗。

第十一条　其他法律对民事关系有特别规定的，依照其规定。

【新旧法条对比】

《中华人民共和国民法通则》

第六条　民事活动必须遵守法律，法律没有规定的，应当遵守国家政策。

【相关观点】

一、条文概述与解读

《民法总则》第10条是法律适用规则。本条规定，人民法院、仲裁机构等在处理民事纠纷时，首先应当依照法律。这里的法律指广义上的法律，包括全国人大及其常委会制定的法律和国务院制定的行政法规，也不排除地方性法规，自治条例和单行条例等。此外，本条还规定，法律没有规定的，可以使用不违背公序良俗的习惯。《民法总则》增加规定习惯作为民法的渊源，是一次重大的改变。确认习惯作为民事法律渊源，主要考虑：一是承认习惯的法源地位与我国现行立法是一致的。《合同法》《物权法》等法律已明确规定习惯法作为判断当事人权利义务的根据。二是承认习惯的法源地位也符合现实需要。习惯可以在一定程度上弥补法律的不足。三是根据习惯裁判更贴近社会生活，有利于定纷止争，且在司法实践中有时确有必要更具习惯处理民事纠纷。

《民法总则》第11条是关于一般法与特别法关系处理原则的规定。《立法法》第92条规定，同一机关制定的法律法规，特别规定与一般规定不一致的，适用特别规定。在《民法总则》制定过程中，有的意见提出，《立法法》已经对特别法与一般法的关系作了规定，建议删除本条。考虑到我国制定了诸多民商事单行法，对特定领域的民事法律关系作出规范。民法典出台之后，将作为一般法，各民商事单行法作为特别法，根据《立法法》的规定，特别法的规定将优先适用。本条明确强调特别法优先的法律适用规则，也有助于减少认识上的分歧。

——贾东明主编：《〈中华人民共和国民法总则〉释解与适用》，人民法院出版社2017年版。

二、民俗习惯在民事审判中的运用

习惯是社会生活中经过长期实施而形成的为人们共同信守的行为规则，是在实践中被反复适用和遵循的做法。应当说，习惯是一种不仅古老而且普遍的法律渊源，没有对习惯的记录和吸收就不可能有法律的产生，这一点在法国法的形成和发展过程中尤为突出。习惯虽然是法律的初级阶段，但是真正能够走进法典，成为法律的渊源的习惯却为数极少，这是因为习惯的升格需要具备诸多条件，包括：（1）习惯的升级最首先要的条件是习惯效力的普遍性，即使习惯在大部分地区得到遵守，这是习惯本身存在的前提，也是法律将其确认的一个前提。（2）习惯的内容具有比较明确的规范性，因为法律是一种高度抽象的行为规范，有很强的逻辑性，如果该习惯的内容比较零散，则法律将其确认的过程就较为困难，甚至不可能。（3）习惯所涉及的行为在法律上没有规定，并且习惯与现行法的基本原则不相抵触，同时不能违背公共秩序和善良风俗。（4）须经过国家认可并由国家强制力保证其实施。而在实践中，现存的习惯却多数是零乱的，具有很大的区域性。

习惯在某些情况下是审判案件中的评价依据。在民事领域，由于民事关系的复杂性和内容的丰富性，习惯有其相应的存在空间。在基层法院的司法实践中，习惯经常成为司法者评价民事行为的依据之一。尊重习惯，甚至将习惯作为裁判依据在我国立法中也可以得到确证，如《合同法》规定在寻找不到规则或者规则不相适宜的时候，可以依照习惯处理相关的纠纷。但是多数人仍认为，对于现实生活中大量存在的习惯，既要尊重与承认，更要留心考察习惯影响司法的形式与特点，分析在每一个个案中适用法律与习惯之间的冲突，谨慎取舍。特别是对当前一些习惯势力和影响特别强的特定地区、特定行业或者特定领域，更要善于协调司法在习惯与法律之间的冲突。法官运用习惯处理案件的方式，其实就是对法律与习惯冲突的一种选择，之所以选择习惯而放弃法律，是为了满足当事人通过习惯处理纠纷时确定谁事谁非的心理要求，实际上达到了定纷止争的社会效果，但是作为正当选择的首先还是法律而并非习惯。

——孔祥俊：《法律规范冲突的选择适用与漏洞填补》，人民法院出版社2004年版。

【相关文献】

1. 曹守晔：《民法总则十个方面的创新》，载《人民法院报》2017年3月24日，第2版。

2. 梁慧星：《民法总则立法的若干理论问题》，载《暨南学报（哲学社会科学版）》2016年第1期。

3. 姚辉、梁展欣:《民法总则中的法源及其类型》,载《法律适用》2016 年第 7 期。

4. 钱炜江:《论习惯在民事司法中的运用》,载《法律适用》2016 年第 3 期。

5. 陈国猛、黄鸣鹤:《习惯在司法过程中的适用——以厦门法院的司法调解与判决为分析样本》,载《法律适用》2015 年第 11 期。

第十二条 民法的效力范围

中华人民共和国领域内的民事活动,适用中华人民共和国法律。法律另有规定的,依照其规定。

【新旧法条对比】

《中华人民共和国民法通则》

第八条 在中华人民共和国领域内的民事活动,适用中华人民共和国法律,法律另有规定的除外。

本法关于公民的规定,适用于在中华人民共和国领域内的外国人、无国籍人,法律另有规定的除外。

【相关观点】

一、条文概述与解读

《民法总则》第12条是在首先确定本法的空间效力的基础上,即适用于"中华人民共和国领域内"的民事活动,规定了"但书",即"法律另有规定的,依照其规定",是对《民法通则》第8条的继承和完善。关于本条"但书"的规定,最为重要的就是涉外民事关系的法律适用问题,关于涉外民事关系的法律适用,《涉外民事法律关系使用法》有专门的规定。除此之外,有些单行民事法律也对涉外民事关系的法律适用有规定。根据这些涉外民事关系适用的特别规定,在中华人民共和国领域内的涉外民事活动,法律适用应当跟库特定的民事法律关系类型不同而具体确定适用相应的法律规范,并非一概必须适用中国法律。

——贾东明主编:《〈中华人民共和国民法总则〉释解与适用》,人民法院出版社2017年版。

二、民法在空间上的适用范围

民法在空间上的适用范围即民事法律规范发生法律效力的空间领域。民法在空间上的适用范围可分为两种情况:

(一)在我国主权管辖所及的全部领域生效

凡是由中央国家机关制定的规范性文件,除自身有特殊规定者外,在我国全部领域内有效。我国全部领域包括我国的全部领陆(陆地表面和底土)、领水(内水、领海和底土)和领空(领陆和领水上空)。此外还包括驻外使、领馆,航行于公海或停泊于外国港口的我国军用舰船、飞机或者悬挂我国国旗的船舶、飞机。由于历史原因,我国一些全国性民事法律在台湾、香港、澳门等地并未发生事实上的效力，这已超出本书研讨范围。

（二）在我国局部区域有效

民法是国内法，根据国家的主权原则，我国民法适用于中华人民共和国一切领域。但是，我国幅员辽阔，民族众多，各地区的政治、经济、文化发展不平衡，风俗习惯不尽一致，特别是实行对外开放，设立了不少经济特区。为了照顾各地区的实际情况，宪法规定了我国的多级立法体制。除了最高国家权力机关、国务院以及国务院所属各部、委颁布适用于一切领域的民事法律及其他包含有民事法律规范的各种法规外，根据我国宪法精神，省、直辖市的人民代表大会和他们的常务委员会，在不同宪法、法律、行政法规相抵触的前提下，可以制定地方性法规，报全国人民代表大会常务委员会备案；为了照顾少数民族的特殊情况，《民法通则》第151条规定："民族自治地方的人民代表大会可以根据本法规定的原则，结合当地民族的特点，制定变通的或者补充的单行条例或者规定。自治区人民代表大会制定的，依照法律规定报全国人民代表大会常务委员会批准或者备案；自治州、自治县人民代表大会制定的，报省、自治区人民代表大会常务委员会批准。"上述地方性法规、规章，其生效的地域范围即为其制定者的管辖范围。

此外中央国家机关制定，但法律本身明确其适用范围也属此列。如香港和澳门两个特别行政区的基本法分别在两个特别行政区生效。又如《村镇建房用地管理条例》第2条规定"本条例适用于农村村庄和集镇。县城和设镇建制的镇不适用本条例。"

——唐德华、高圣平主编：《民法通则及配套规定新释新解（上）》，人民法院出版社2003年版。

【相关文献】

梁慧星：《民法总则立法的若干理论问题》，载《暨南学报（哲学社会科学版）》2016年第1期。

第二章　自然人

第一节　民事权利能力和民事行为能力

第十三条、第十五条　自然人民事权利能力的起止时间及其确定规则

第十三条　自然人从出生时起到死亡时止，具有民事权利能力，依法享有民事权利，承担民事义务。

第十五条　自然人的出生时间和死亡时间，以出生证明、死亡证明记载的时间为准；没有出生证明、死亡证明的，以户籍登记或者其他有效身份登记记载的时间为准。有其他证据足以推翻以上记载时间的，以该证据证明的时间为准。

【新旧法条对比】

《中华人民共和国民法通则》

第九条　公民从出生时起到死亡时止，具有民事权利能力，依法享有民事权利，承担民事义务。

【相关规定】

1.《最高人民法院关于贯彻执行〈中华人民共和国民法通则〉若干问题的意见（试行）》

第一条　公民的民事权利能力自出生时开始。出生的时间以户籍为准；没有户籍证明的，以医院出具的出生证明为准，没有医院证明的，参照其他有关证明认定。

2.《最高人民法院关于贯彻执行〈中华人民共和国继承法〉若干问题的意见》

第二条　相互有继承关系的几个人在同一事件中死亡，如不能确定死亡先后时间的，推定没有继承人的人先死亡。死亡人各自都有继承人的，如几个死亡人辈份不同，推定长辈先死亡；几个死亡人辈份相同，推定同时死亡，彼此不发生继承，由他们各自的继承人分别继承。

【相关观点】

一、《民法总则》中关于自然人制度的完善

《民法总则》在《民法通则》的基础上对自然人制度作了以下完善：一是增加了自然人出生时间和死亡时间的推定。二是增加了保护胎儿利益的规定。涉及遗产继承、接受赠与等胎儿利益保护的，胎儿视为具有民事权利能力。三是下调了限制民事行为能力的未成年人的年龄标准。这样规定是为了更好地尊重未成年人的自主意识。四是完善了监护制度。监护是保护无民事行为能力人或者限制民事行为能力人的合法权益，弥补其民事行为能力不足的法律制度。《民法总则》以家庭监护为基础，社会监护为补充，国家监护为兜底，对监护制度作了完善。明确了父母子女间的抚养、赡养等义务，扩大了被监护人的范围，强化了政府的监护职能，并就监护人的确定、监护职责的履行、撤销监护等制度作出明确规定。

二、民事权利能力的概念和含义

自然人的民事权利能力，是法律赋予自然人享有民事权利、承担民事义务的资格。民事权利能力是自然人取得具体民事权利和承担具体民事义务的前提或可能性。自然人享有具体的民事权利和承担具体的民事义务则是实现民事权利能力的表现。自然人的民事权利能力包括两种含义：一是主体资格；二是主体享有权利的范围。

自然人只有具有民事权利能力，才能成为民事主体参加民事法律关系，享受民事权利和承担民事义务。因此，民事权利能力对于自然人来说，是其作为民事主体，进行民事活动的前提条件。同时，自然人只能在法律赋予其能够享有民事权利和承担民事义务的范围内进行民事活动，不得违反法律的规定，否则就可能因违法而受到法律的制裁或不发生法律效力。自然人民事权利能力主要有以下几方面含义：

1. 自然人的民事权利能力是法律赋予的。自然人的民事权利能力是自然人权利能力的一个重要组成部分。在我国，赋予自然人民事权利能力的法律主要有宪法、民法及其他一些民事单行法律，尤其是民法和民事单行法律规定了自然人民事权利能力的具体内容，包括广泛的人身权利、财产权利及其参与民事活动的范围、行使民事权利的要求等。

2. 自然人的民事权利能力是自然人成为民事权利主体的前提条件。只有具备民事权利能力的人，才能作为独立的民事权利主体，参与民事活动，享有民事权利，承担民事义务。如果没有民事权利能力，就不具有法律上的人格，无法进行其维持生存，从事工作和生产所必需的活动。

3. 自然人的民事权利能力包括自然人享有民事权利、承担民事义务两方面的资格。我国民法强调权利和义务的统一性，要求自然人在享有民事权利

的同时承担相应的民事义务。因此有人主张民事权利能力应称为"民事权义能力"。通常所称的"民事权利能力"是沿用传统用法。

三、民事权利能力的内容

自然人民事权利能力的内容是自然人能够享受民事权利和承担民事义务的总和。

我国自然人民事权利能力内容的范围是由我国宪法和有关民事法律加以规定的。根据宪法和有关法律的规定，公民享有劳动报酬权、休息权、对个人财产的所有权、财产继承权、公共财产的使用权；有组织公益的或生产经营组织的权利；有从事法律所不禁止的职业的权利；在年老、生病或丧失劳动能力时有获得物质帮助的权利；有受教育权和从事科学研究、文艺创作和其他文化活动的权利；有为满足个人需要参与种种民事法律关系的权利；还享有姓名权、荣誉权、名誉权、著作权、发明权、发现权等人身权利；当公民的民事权利受到侵犯时，有向各级人民政府或人民法院请求保护的权利等等。

应当指出，自然人可以享有的民事权利，是法律允许的民事权利。自然人不能享受法律没有规定和不允许的"权利"。国家禁止任何组织或者个人利用任何手段扰乱社会经济秩序，破坏国家计划，侵吞、挥霍国家和集体财产，危害公共利益的行为。投机倒把、行贿、受贿、贪污、盗窃等都是与我国公民权利能力的本质不相容的。国家法律给予人们参加有利于社会和个人活动的广泛的、真实的、平等的权利，但是。任何人不能借此损害公益或他人合法权益。

国家确认自然人享有权利能力，同时，国家不允许自然人抛弃和限制权利能力。自然人的权利能力是依附于自然人人身的，具有不能转让的性质。自然人有权在法律规定的范围内处分其具体民事权利，如出售自己所有的物品；但不能放弃或缩小自己的权利能力，比如放弃自己的诉讼权利能力或参与民事活动的权利能力等。自然人的权利能力，除法律特别规定的以外，其他机关或个人不得加以限制或剥夺。非法限制或剥夺自然人民事权利能力的行为，不仅是无效的，也是非法的。

对自然人权利能力的强行限制不能与剥夺自然人的某些具体权利混同起来。比如，根据人民法院判决剥夺某甲对其父母的遗产继承权，但某甲对其妻、子女的遗产继承权没有被剥夺。所以，他的继承权利能力仍然存在。如果在继承遗产方面限制某甲的权利能力，就是无论他对任何人的遗产都不得继承。因为自然人的民事权利能力是作为一个整体依附于自然人的人身的，所以对自然人民事权利能力的限制就是对其享有某些权利的剥夺，他就在这个领域中不能取得具体民事权利，这种剥夺是暂时的。

四、自然人的民事权利能力的开始

《民法通则》第 9 条规定,公民的民事权利能力从出生时起开始。出生是指胎儿脱离母体成为有生命的个体的事实,出生作为一种法律事实能引起民事法律关系的产生、变更和消灭。《最高人民法院关于贯彻执行〈中华人民共和国民法通则〉若干问题的意见(试行)》第 1 条规定,公民出生的时间以户籍证明为准;没有户籍证明的,以医院出具的出生证明为准;没有医院证明的,参照其他有关证明认定。而《民法总则》则对该条作了修改,将出生证明而非户籍作为认定出生时间的首要依据。

一般而言,自然人因出生而取得民事权利能力。但一些特别的民事权利能力则必须到法定年龄才能享有。如劳动的权利能力和结婚的权利能力就必须达到法定年龄才能享有。

出生是自然人作为权利主体生存的开始,因而人的权利能力也必须从出生开始。因为人一出生就要参与社会法律生活,即与社会上其他人发生民事法律关系。比如新生婴儿,他(她)首先要作为他(她)父母的子女。这就发生法律上规定的亲属关系,同时就享有父母对他(她)抚养的权利和他(她)对财产的继承的权利。所以,他(她)也就在法律上取得了作为民事主体的资格。这是保障他们得以正常生活的条件。

出生,是指胎儿自母体分离出来且能呼吸。出生后有呼吸的婴儿即使短时间就死亡,在其短促的生命期间也仍然取得了民事权利能力。这一点在法律上是有意义的,特别是在婴儿有可以继承的遗产的情况下,若婴儿死亡,其所继承的遗产就成了他(她)的遗产,由其法定继承人继承。

五、自然人的民事权利能力的终止

自然人的民事权利能力到死亡时止。自然人的死亡是自然人的民事权利能力终止的唯一根据。人的死亡是一个法律事实,属于事件的范畴,能引起相应的法律后果,如婚姻关系的消灭、遗产继承的开始、债权债务的清偿等等。

自然人的死亡在法律上分为两种情况:即生理死亡和宣告死亡。但《民法总则》第 13 条所称民事权利能力到死亡时止的"死亡"仅指生理死亡。因为"有民事行为能力人在被宣告死亡期间实施的民事法律行为有效。"一个没有民事权利能力的人(在近代民法中根本不存在)却可以实施有效的民事法律行为(还可以自行向法院申请撤销对他的死亡宣告,即实施有效的诉讼行为),这在近代民法中是不可思议的。

因此,宣告死亡不能使被宣告人的权利能力终止,宣告死亡同生理死亡的法律效果不同,《民法总则》第 13 条中的"死亡"不包括宣告死亡。这样才能与《民法总则》第 49 条的规定在理论上符合起来。

死亡时间的确定直接关系到公民民事权利能力的终止,因此也极为重要。

关于此问题历来有各种学说，如：（1）脉搏停止说，以脉搏停止作为死亡的时间；（2）心脏跳动停止说，以心脏停止跳动断定为死亡；（3）呼吸停止说，以呼吸停止作为死亡的时间；（4）脑死亡说，这是随着现代医学的发展而出现的一种新学说。因为随着医学技术水平的提高，脉搏停止、心脏跳动停止或呼吸停止后又抢救过来的不乏其例，以上述标准来认定死亡就不再科学。因此，死亡的认定标准是由医学发展程度决定的。我国目前适用呼吸停止、心脏停止跳动作为认定死亡的标准。死亡的时间一般以死亡证书上记载的时间为准。如果死亡证书中记载的时间与公民死亡的真实时间有出入，则应以事实为据。

由于死亡的具体时间有时对有关利害关系人具有重要意义，比如相互有继承关系的几个人在同一事件中死亡，就要确定谁先死，谁后死。公民若死于医院，则以医院医生开具的死亡证明书上的时间为准；自杀、他杀、事故等非正常死亡的，以有关机关出具的死亡证明书的时间为准。在共同死亡中，不能确定死亡时间的，以有关机关出具的死亡证明书的时间为准。在共同死亡中，不能确定死亡时间的，除无人继承的遗产外，只要有继承人，一般应该按以下原则确定死亡时间的先后：（1）推定没有继承人的人先死亡；（2）死亡人各自都有继承人的，如几个死亡人辈分不同，推定长辈先死亡；（3）如果几个死亡人辈分相同，推定同时死亡，彼此不发生继承，由他们各自的继承人分别继承。

公民死亡后，他的财产权按继承法规定开始转移，著作人死亡后，著作权在法律规定的保护期限内受到侵犯，其继承人依法要求保护的，应予支持。公民的肖像权、名誉权在其死亡时消除，但其肖像、姓名、名誉受到侮辱、诽谤，客观上对其造成不利影响时，人民法院可根据其配偶、子女或者父母的要求，责令行为人停止侵害、恢复名誉、消除影响。

在许多国家的法律中，常可见到这样的现象：自然人死亡，其生前所享有的某些权利仍然受到法律保护，如果发生侵权行为，法律亦要提供相应的救济手段。例如，根据我国的《著作权法》的规定，作者的署名权、修改权、保护作品完整权的保护期不受限制；公民的作品，其发表权、复制权、发行权、出租权、展览权、表演权、放映权、广播权、信息网络传播权、摄制权、改编权、翻译权、汇编权以及应当由著作权人享有的其他权利的保护期为作者终生及其死亡后50年。再如，根据有关司法解释，死者名誉受到损害的，其近亲属有权向人民法院起诉。面对此种现象，有人认为，已故自然人在某些民事领域为法律拟制的特殊主体，仍享有一定的权利能力，也就是说，自然人的民事权利能力终于死亡是有例外的。有学者还据此提出身后权（即死者的权利）这一概念。

我们认为，民事权利能力终于死亡没有例外，自然人既已死亡，权利主体就不存在了,由谁来享有权利呢?皮之不存,毛将焉附?之所以出现上述所谓"身后权"的现象,实质上是因为,民事权利并不单纯是民事主体个体的利益,其中还包括社会利益和其他人的利益。自然人死亡后,不可能再享受权利中的利益,但如果从维护社会秩序、社会利益和已故自然人的生存亲属及相关人员利益的角度考虑,仍需对这种权利加以保护,法律可以规定继续保护这种权利。在此情况下,与其说是该自然人的某些具体民事权利受法律保护,毋宁说是与该自然人有关的某些社会利益和其他人的利益受到法律的保护,就以公民的名誉权而言,如果死者的名誉受到损害,所造成的影响不仅仅是死者本人蒙受否定的社会评价,而且往往会给其近亲属带来巨大的精神痛苦。所以,侮辱、诽谤死者的行为主要侵犯了生者的利益,故此法律赋予死者的近亲属以诉权。总之,认为公民的民事权利能力在其死亡后仍然存在的观点是不能成立的。

——唐德华、高圣平主编:《民法通则及配套规定新释新解(上)》,人民法院出版社2003年版。

【相关案例】

1. 胎儿能够独立呼吸之时为出生时间,享有民事权利

——武某诉苏某医疗损害责任纠纷案

案例要旨: 对于出生的认定,我国民法界采取的是"独立呼吸说",该说认为应以胎儿能够独立呼吸之时为出生时间。所以自然人在独立呼吸之时才能享有民事权利能力,依法享有民事权利,承担民事义务。

来源: 河南法院网

2. 在同一事件中死亡的互有继承关系的案件中,被继承人死亡时间和顺序直接关系着继承人的继承顺序和份额

——宋梦诉李登辅、朱蕴文遗产纠纷案

案例要旨: 对于同一事件中死亡的被继承人的遗产纠纷案件,我国法律规定相互有继承关系的几个人在同一事件中死亡,如不能确定死亡先后时间的,推定没有继承人的人先死亡。死亡人各自都有继承人的,如几个死亡人辈分不同,推定长辈先死亡;几个死亡人辈分相同,推定同时死亡,彼此不发生继承,由他们各自的继承人分别继承。

审理法院: 四川省高级人民法院

来源: 《人民法院案例选》总第12辑(1995.2)

第十四条　自然人民事权利能力平等

自然人的民事权利能力一律平等。

【新旧法条对比】

《中华人民共和国民法通则》

第十条　公民的民事权利能力一律平等。

【相关观点】

自然人的民事权利能力，是法律赋予自然人从事民事活动，享有民事权利和承担民事义务的资格。具备了民事权利能力，才具备参加民事法律关系并在其中取得民事权利、承担民事义务的可能性。

自然人的民事权利能力不是天赋的，而是由法律规定的。因此，民事权利能力在根本上要受到社会经济条件的制约，不可避免地要打上时代和社会制度的烙印。我国《宪法》第33条第3款规定："中华人民共和国公民在法律面前一律平等。"《民法总则》沿用了《民法通则》的内容，《民法总则》第14条规定，自然人的民事权利能力一律平等。自然人的民事权利能力不因民族、种族、宗教、性别、年龄、职业、职务、家庭出身、政治地位、教育程度、健康状况、劳动能力、自由状况和财产状况等区别而有所不同，具有广泛性和现实性的特征。但同时也要明确由于民事权利能力不等同于民事权利，"能力平等"也不等同于"权益均等"。如我国《继承法》第13条规定："同一顺序继承人继承遗产的份额，一般应当均等。对生活有特殊困难的缺乏劳动能力的继承人，分配遗产时，应当予以照顾。对被继承人尽了主要扶养义务的或者与被继承人共同生活的继承人，分配遗产时，可以多分。有扶养能力和有扶养条件的继承人，不尽扶养义务的，分配遗产时，应当不分或者少分。继承人协商同意的，也可以不均等。"这就是在民事继承权利能力平等的条件下，具体继承权益有所不同的情况。

——唐德华、高圣平主编：《民法通则及配套规定新释新解（上）》，人民法院出版社2003年版。

第十六条 胎儿利益保护

涉及遗产继承、接受赠与等胎儿利益保护的，胎儿视为具有民事权利能力。但是胎儿娩出时为死体的，其民事权利能力自始不存在。

【相关规定】

1. 《中华人民共和国继承法》

第二十八条 遗产分割时，应当保留胎儿的继承份额。胎儿出生时是死体的，保留的份额按照法定继承办理。

2. 《最高人民法院关于贯彻执行〈中华人民共和国继承法〉若干问题的意见》

第四十五条 应当为胎儿保留的遗产份额没有保留的应从继承人所继承的遗产中扣回。

为胎儿保留的遗产份额，如胎儿出生后死亡的，由其继承人继承；如胎儿出生时就是死体的，由被继承人的继承人继承。

【相关观点】

一、条文概述与解读

本条是关于胎儿利益的保护规定。我国《民法通则》未承认胎儿具有权利能力。《民法总则》颁布之前，涉及胎儿的立法只有《继承法》第28条规定，遗产分割时，应保留胎儿的应继承的份额。胎儿出生时是死体的，保留的份额按照法定继承办理。《民法总则》在此次立法中采取个别保护主义立法模式，对于保护的范围，本条列举了"遗产继承"和"接受赠与"两种情形。具体来说，一是涉及遗产继承的，胎儿视为具有民事权利能力。也就是说，胎儿是继承人之一，继承开始后，可以参加遗产分割，而不仅仅是现行《继承法》第28条规定的"保留继承份额"的问题。二是涉及接受赠与的，胎儿视为具有民事权利能力。也就是说，胎儿可接受赠与，以胎儿作为受赠人的赠与合同的效力不因胎儿的身份受到影响。此外，本条还规定"胎儿娩出时为死体的，其民事权利能力自始不存在。"对于此内容的理解注意两点：一是涉及本条规定的胎儿利益时，胎儿在被孕育期间视为具有民事权利能力。二是在娩出时为死体的，其已经取得的民事权利能力才溯及消灭，视为自始不存在。因此，其法定代理人代为受领的给付，应按不当得利之规定予以返还。已经接受的遗产份额，应按照法定继承办理；已经接受的赠与，应返还赠与人。

二、审判实践中应注意的问题

涉及胎儿利益的案件中诉讼主体的确定。胎儿因尚未出生，不可能保护自己的权利，必须由其法定代理人代为完成。在涉及胎儿利益的案件，进行起诉或者应诉，宜以其法定代理人的名义进行。在胎儿出生后，出生后的婴儿可以以当事人的身份出现在诉讼中，其法定代理人可以婴儿的名义起诉或者应诉。

——沈德咏主编：《〈中华人民共和国民法总则〉条文理解与适用》，人民法院出版社2017年版。

【相关案例】

1. 对被害人死亡时尚未出生的非婚生子女，加害人负有赔偿责任

——王德钦诉杨德胜、泸州市汽车二队交通事故损害赔偿纠纷案

案例要旨：《民法通则》第119条规定的"死者生前扶养的人"，既包括死者生前实际扶养的人，也包括应当由死者抚养，但因为死亡事故发生，死者尚未抚养的子女。

审理法院：四川省泸州市江阳区人民法院

来源：《最高人民法院公报》2006年第3期

2. 夫妻一方订立的遗嘱未为胎儿保留遗产份额的，该部分内容无效

——指导案例50号：李某、郭某阳诉郭某和、童某某继承纠纷案

案例要旨：（1）夫妻关系存续期间，双方一致同意利用他人的精子进行人工授精并使女方受孕后，男方反悔，而女方坚持生出该子女的，不论该子女是否在夫妻关系存续期间出生，都应视为夫妻双方的婚生子女。（2）如果夫妻一方所订立的遗嘱中没有为胎儿保留遗产份额，因违反《继承法》第19条规定，该部分遗嘱内容无效。分割遗产时，应当依照《继承法》第28条规定，为胎儿保留继承份额。

审理法院：江苏省南京市秦淮区人民法院（原白下区法院）

来源：《最高人民法院指导性案例》

第十七、第十八条　法定成年年龄与完全民事行为能力人

第十七条　十八周岁以上的自然人为成年人。不满十八周岁的自然人为未成年人。

第十八条　成年人为完全民事行为能力人，可以独立实施民事法律行为。

十六周岁以上的未成年人，以自己的劳动收入为主要生活来源的，视为完全民事行为能力人。

【新旧法条对比】

《中华人民共和国民法通则》

第十一条　十八周岁以上的公民是成年人，具有完全民事行为能力，可以独立进行民事活动，是完全民事行为能力人。

十六周岁以上不满十八周岁的公民，以自己的劳动收入为主要生活来源的，视为完全民事行为能力人。

【相关规定】

《最高人民法院关于贯彻执行〈中华人民共和国民法通则〉若干问题的意见（试行）》

第二条　十六周岁以上不满十八周岁的公民，能够以自己的劳动取得收入，并能维持当地群众一般生活水平的，可以认定为以自己的劳动收入为主要生活来源的完全民事行为能力人。

【相关观点】

一、条文概述与解读

《民法总则》第十七条是关于自然人法定成年年龄的规定。"成年人"与"未成年人"是法律概念，是由法律直接规定的。本条沿用了《民法通则》第11条的规定，将十八周岁作为法定成年年龄。

《民法总则》第十八条是关于完全民事行为能力人的规定。《民法总则》延续了《民法通则》的做法，根据自然人辨识能力的不同，将自然人的民事行为能力分为完全民事行为能力、限制民事行为能力和无民事行为能力，学理上称之为"三分法"。本条规定承袭了《民法通则》第11条关于完全民事行为能力人的规定。

二、自然人的民事行为能力概述

自然人的民事行为能力,指自然人通过自己的行为取得民事权利和设定民事义务的能力。自然人的民事行为能力以意思能力为基础。那么,自然人的民事行为能力如何确定呢?有两个尺度:一是以年龄为尺度,这是一般尺度。在一般情况下,自然人的意思能力是随着年龄的增长而逐步健全的,达到成年后,就有了正常的意思能力,法律赋予其完全民事行为能力;未成年人不具有完全民事行为能力,按照年龄情况赋予限制民事行为能力或使其处于无民事行为能力状态。二是以理智(精神)是否正常为尺度,这是非一般尺度。有些人即使达到成年人年龄,但由于智力很低、精神不正常,仍然没有正常的意思能力,法律就不赋予其具有完全民事行为能力状态。本法正是根据上述原则来规定自然人的民事行为能力的。

自然人的民事行为能力包括下述四个方面的内容:(1)意思能力,即自然人具有认识能力和判断能力,并能够将自己的内心意愿通过一定形式正确加以表达的能力。(2)取得权利的能力,即自然人以自己的行为独立取得民事权利和承担民事义务的能力,简称取得能力。(3)处分权利的能力,即民事主体以自己的行为独立地行使民事权利、履行民事义务的能力,简称处分能力。(4)承担责任的能力,即自然人对自己的不法行为独立承担民事责任的能力,简称责任能力。

三、完全民事行为能力人

1. 完全民事行为能力人。完全民事行为能力又称有民事行为能力,是指自然人有能力以自己的行为取得和行使法律所允许的权利,承担和履行义务,就是说,有能力充分地实现他所具有的权利能力。在一般情况下,自然人随着年龄的增长,智力也在发育,到达成年的时候,人们不仅能够有意识地实施民事法律行为,并且能够理智地判断和理解法律规范和社会共同生活规则的精神,能够估计到这种行为可能发生的后果及对自己的影响。因此,已达到成年的自然人,被认为是具有完全行为能力的人。

2. 视为完全民事行为能力人。《民法总则》第18条第2款规定,16周岁以上的未成年人,以自己的劳动收入为主要生活来源的,视为完全民事行为能力人。这条规定也可以看做是劳动成年制。16周岁的未成年人一般已完成国家的义务教育,达到初中毕业,可以继续升学,也可以劳动就业。劳动就业的16周岁以上不满18周岁的未成年人,能以自己的劳动取得固定的或者连续、稳定的收入,维持当地群众的一般生活水平的,可认定为以自己的劳动收入为主要生活来源的完全民事行为能力人。

——贾东明主编:《〈中华人民共和国民法总则〉解释与适用》,人民法院出版社2017年版。

【相关案例】

十六周岁以上不满十八周岁，以自己的劳动收入为主要生活来源的未成年人应独立承担民事责任

——方严父母诉林欣盈、陈家兴机动车交通事故责任纠纷案

案例要旨：十六周岁以上不满十八周岁，以自己的劳动收入为主要生活来源的未成年人无驾驶证，造成交通事故致人损害的，应独立承担民事责任，对死者家属进行赔偿。

审理法院：福建省福州市马尾区人民法院

来源：福建法院网

第十九条、第二十条 未成年人的民事行为能力

第十九条 八周岁以上的未成年人为限制民事行为能力人，实施民事法律行为由其法定代理人代理或者经其法定代理人同意、追认，但是可以独立实施纯获利益的民事法律行为或者与其年龄、智力相适应的民事法律行为。

第二十条 不满八周岁的未成年人为无民事行为能力人，由其法定代理人代理实施民事法律行为。

【新旧法条对比】

《中华人民共和国民法通则》

第十二条 十周岁以上的未成年人是限制民事行为能力人，可以进行与他的年龄、智力相适应的民事活动；其他民事活动由他的法定代理人代理，或者征得他的法定代理人的同意。

不满十周岁的未成年人是无民事行为能力人，由他的法定代理人代理民事活动。

【相关规定】

1. 《最高人民法院关于贯彻执行〈中华人民共和国民法通则〉若干问题的意见（试行）》

第三条 十周岁以上的未成年人进行的民事活动是否与其年龄、智力状况相适应，可以从行为与本人生活相关联的程度、本人的智力能否理解其行为，并预见相应的行为后果，以及行为标的数额等方面认定。

第六条 无民事行为能力人、限制民事行为能力人接受奖励、赠与、报酬，他人不得以行为人无民事行为能力、限制民事行为能力为由，主张以上行为无效。

2. 《中华人民共和国合同法》

第四十七条 限制民事行为能力人订立的合同，经法定代理人追认后，该合同有效，但纯获利益的合同或者与其年龄、智力、精神健康状况相适应而订立的合同，不必经法定代理人追认。

相对人可以催告法定代理人在一个月内予以追认。法定代理人未作表示的，视为拒绝追认。合同被追认之前，善意相对人有撤销的权利。撤销应当以通知的方式作出。

【相关观点】

一、《民法总则》第十九条的立法背景

本条(《民法总则》第19条,下同)将限制民事行为能力的未成年人的年龄下限标准由《民法通则》规定的10周岁下调为8周岁。本条在起草过程中,引起了广泛的社会关注。

提交全国人大常委会审议的《民法总则》草案一审稿,将限制民事行为能力的未成年人的年龄下限规定为6周岁。全国人大常委会法制工作委员会主任李适时在《民法总则》草案一审稿的说明中提出,将《民法通则》规定的限制民事行为能力人的年龄下限标准从"十周岁"降到"六周岁",主要考虑是:随着经济社会的发展和生活教育水平的提高,未成年人生理心理的成熟程度和认知能力都有所提高,适当降低年龄有利于其从事与其年龄、智力相适应的民事活动,更好地尊重这一部分未成年人的自主意识,保护其合法权益。这一调整也与我国《义务教育法》关于年满6周岁的儿童须接受义务教育的规定相呼应,实践中易于掌握、执行。

(一)各方面意见

一些全国人大常委会组成人员、全国人大代表、地方以及社会公众提出不同意见,认为将限制民事行为能力人的年龄下限从10周岁调整为6周岁,要有充足的依据。建议适当上调限制民事行为能力的未成年人的年龄下限。理由包括:

一是未成年人生理心理成熟程度和认知能力都有所提高的说法,有些片面。6周岁儿童有了一定的学习能力,开始接受义务教育,但认知能力和辨识能力仍然不足,不具备独立实施民事法律行为的基础。《民法通则》规定为10周岁有一定的科学依据和实践基础。10周岁的儿童一般进入小学高年级就读,受教育的程度与获取知识的能力有了提高,单独接触社会的机会相对较多,有了一定的社会阅历,能够初步了解自己行为的一般性质和相对后果。

二是未成年人生理、心理的承受程度和认知能力在城市和农村是存在差异的,特别是城市与那些社会环境相对封闭、教育水平相对低下的偏远农村牧区相比较,其差异是比较大的。

三是如果把6周岁作为限制民事行为能力的年龄下限,可能会不利于保护6周岁儿童及其家庭的合法权益,也给欺诈行为留下一定的空间。

四是降低限制民事行为能力的年龄下限标准不是单纯的儿童判断力提高问题,一方面可能将来要跟刑事责任能力对应起来,另一方面调低年龄对保护未成年人的利益是有利还是不利,利多还是利少,需要评估。

有的心理学专家认为,这些年来儿童认知能力有了很大提高,6周岁以

上的儿童完全可以自主进行一定的民事活动，例如购买一些小商品等，他们是具有相应的辨别能力的。同时，现在儿童的权利意识也都很强，将限制民事行为能力的年龄下限调整为6周岁，既有利于尊重他们的自主意识，又有利于促进自主能力的培养。也有的心理学家认为，10周岁的儿童与6周岁的儿童在认知能力和判断能力方面，存在着一定的差距，建议对下调限制民事行为能力人的年龄标准慎重研究。

不少法学专家和有的教育学专家认为，1986年《民法通则》将限制民事行为能力人的年龄下限规定为10周岁，应当是对当时儿童的身心发育情况进行了认真的研究论证，符合当时实际情况。30年来，随着学前教育的普及、物质文化生活的极大丰富以及信息化社会的到来，儿童的身心发育情况与当年相比已经不可同日而语，儿童的认知能力、适应能力和自我承担能力都有了很大提高。下调限制民事行为能力的年龄下限是非常必要的。赞成调整为6周岁，或者入学一年后的年龄即7周岁。

有些社会与人口学专家认为，一是6周岁的儿童已经开始上学接受义务教育，在一些时间内脱离了父母，有一定独立处理日常生活事务的机会，自身也已经具有了一定的辨识能力，例如可以用零花钱购买冰棍、一些学习用品等，应当赋予6周岁以上的儿童从事一定民事法律行为的资格。二是对6周岁的儿童从事民事法律行为应当有一定的限制，草案将其范围限制为"与其年龄、智力相适应的民事法律行为"是合适的，从社会学角度来说，也是没有问题的。

（二）其他国家和地区的相关规定

从其他国家和地区的相关规定来看，也有一些国家和地区民法典规定，年满6周岁或者7周岁的未成年人可以独立作出一定的意思表示，从事与其年龄相适应的一定法律行为，例如购买日常生活用品等法律行为。

《德国民法典》第106条规定："满7周岁的未成年人依照第107条至第113条的规定为限制行为能力人"；《俄罗斯联邦民法典》第28条第2款规定："年满6周岁不满14周岁的幼年人有权独立实施下列法律行为：（1）小额的日常生活性法律行为；（2）无须公证证明的或者无须进行任何国家登记的旨在无偿获利的法律行为；（3）为了一定的目的或者为了自由支配而处分由法定代理人提供的或者经法定代理人同意由第三人提供的资金的法律行为。"《越南民法典》第22条第1款规定："年满6周岁不满18周岁的未成年人，设立、实施民事交易必须得到其法定代理人同意，但从事与其年龄相适应的为满足日常生活需要的交易者，不在此限。"我国台湾地区"民法典"第13条第2款规定："满7岁以上之未成年人，有限制行为能力。"第77条规定："限制行为能力人为意思表示及受意思表示，应得法定代理人之允许。但纯获法律上之利益，或依其年龄及身份、日常生活所必需者，不在此限。"

此外，一些国家对自然人的民事行为能力采取"两分法"，未成年人均为限制民事行为能力人，没有进一步区分年龄，未成年人可以独立从事一定的民事法律行为。《法国民法典》第388条规定："年龄未满18周岁的男或女是未成年人。"第389-3条第1款规定："在所有民事行为中，法定代理人均代理未成年人，但法律或者习惯允许未成年人实施的民事行为除外。"《荷兰民法典》第233条规定："未成年人是未满十八周岁的人，不能登记结婚，也不能注册登记为合伙人。"第234条第1款规定："未成年人经过法定代理人的许可，可以以自己的名义从事法律行为。"第3款规定："未成年人所从事的法律行为，如果根据常例判断，被认为与其年龄相适应，视为经过法定代理人的许可。"《日本民法典》第5条第3款规定："法定代理人以划定目的而允许处分的财产，在其目的范围内，未成年人可以任意处分。对于未划定目的而允许处分的财产进行处分时，亦同。"《韩国民法典》第6条规定："法定代理人确定的一定范围内许可处分的财产，未成年人可任意处分。"根据日本、韩国民法典的规定，如果父母给一个5周岁的儿童一定的零花钱，该儿童是可以用这些零花钱独立从事购买商品等民事活动的。

依据本条规定，8周岁以上的未成年人为限制民事行为能力人，心智发育仍然不够成熟，实施民事法律行为一般应当由其法定代理人代理，或者经其法定代理人同意、追认。同意是指事前同意，即限制民事行为能力的未成年人实施民事法律行为要经法定代理人的事前同意；追认指事后追认，即限制民事行为能力的未成年人实施的民事法律行为要经过法定代理人的事后追认，才能对该未成年人发生效力。但是，8周岁以上的未成年人已经具有一定的辨认识别能力，法律应当允许其独立实施一定的民事法律行为。可以独立实施的民事法律行为包括两类：一类是纯获利益的民事法律行为，例如接受赠与等。限制民事行为能力的未成年人通常不会因这类行为遭受不利，可以独立实施。另一类是与其年龄、智力相适应的民事法律行为，例如8周岁的儿童购买学习用品等。限制民事行为能力的未成年人对实施这类行为有相应的认知能力，可以独立实施。

——贾东明主编：《〈中华人民共和国民法总则〉释解与适用》，人民法院出版社2017年版。

二、不满八周岁的未成年人应由其法定代理人代理实施民事法律行为

无民事行为能力是指不具有以自己的行为取得民事权利或者承担民事义务的资格。8周岁的以下的未成年人，生理心理发育仍然很不成熟，对自己行为的辨认识别能力以及行为后果的预见能力仍然非常不够，为了避免他们的权益受到损害，法律将其规定为无民事行为能力人。

依据本条（《民法总则》第20条，下同）规定，8周岁以下的儿童不具有独立从事民事法律行为的资格，要由其法定代理人代理实施民事法律行为。

例如，儿童购买玩具行为，都需要由父母等法定代理人代理实施。

在本条起草过程中，对8周岁以下的儿童是否可以独立实施纯获利益的民事法律行为，有的意见建议明确儿童可以独立实施纯获利益的民事法律行为，应在本条增加但书规定"但纯获利益的民事法律行为除外"。理由是，6周岁以下的儿童独立实施的纯获利益的民事法律行为，例如接受赠与、奖励等行为，对儿童的利益并无损害，相反是增加儿童利益，法律应当予以支持。《最高人民法院关于贯彻执行〈中华人民共和国民法通则〉若干问题的意见（试行）》第7条规定，无民事行为能力人接受奖励、赠与、报酬，他人不得以行为人无民事行为能力为由，主张以上行为无效。

也有的意见认为，8周岁以下的儿童辨认识别能力仍然非常欠缺，即使是纯获利益的民事法律行为，例如接受赠与的行为，也是需要对该行为以及行为后果有充分认识和判断的。要区分接受赠与的民事法律行为与接受赠与物的行为。低龄儿童接受了别人给的玩具，可以看作是事实行为，不等同于儿童实施了接受赠与的民事法律行为。此外，有些纯获利益的行为往往要等到事后根据具体情况才能判断出来，如果所获的收益远大于所承受的负担，就属于纯获利益。这类民事法律行为对儿童的辨识能力要求更高。如果赋予8周岁以下的儿童可以独立实施这些民事法律行为，容易使这些儿童的合法权益受到侵害。从我国实践情况来看，8周岁以下的儿童处于父母或者其他监护人的全面保护之下，极少有独立实施民事法律行为的机会，由法定代理人全面代理实施民事法律行为是符合我国国情的。

经反复研究讨论，从有利于保护儿童合法权益的角度，本条没有规定8周岁以下的儿童可以独立实施纯获利益的行为。

——贾东明主编：《〈中华人民共和国民法总则〉释解与适用》，人民法院出版社2017年版。

三、未成年人的民事行为能力

（一）限制民事行为能力

限制民事行为能力是指公民享有的民事行为能力是不完全的，受到一定限制的。在某些场合具有民事行为能力，他可以独立进行民事活动，通过自己的行为取得民事权利和履行民事义务，其实施的民事法律行为符合法定条件，具有法律约束力；在另一些场合又没有民事行为能力，他不能通过自己的行为独立进行民事活动，应由他的法定代理人代理，或者征得他的法定代理人的同意。

《民法总则》第19条规定："八周岁以上的未成年人为限制民事行为能力人，实施民事法律行为由其法定代理人代理或者经其法定代理人同意追认，但是可以独立实施纯获利益的民事法律行为或者与其年龄、智力相适应的民事法律行为。"8周岁以上的未成年人，体力、智力都达到一定的发育阶段，开始了学习生活，有一定的自我照顾能力，因此，法律允许他们可以独立地进行一些与他的年龄、智力相适应的民事活动。人民法院对未成年人进行的与其年龄、智力相适应的民事活动，可以从标的数额、行为与本人生活相关联的程度，以及未成年人的智力能否理解其行为，并预见一定范围的行为后果等方面认定，同时还要考察不同地区环境、风俗习惯、文化教育、家庭等多种因素的影响。

根据我国的实际情况。年满8周岁的未成年人可以从事以下几个方面的民事活动：

1. 进行为满足其生活需要且行为标的能够为其理解、行为后果能够为其预见的民事行为，如购买数额不大的学习用品、食品和日用生活杂品等；

2. 从事只取得利益而不承担义务，且不损害他人的某些民事行为，如接受物质奖励、赠与、报酬等；

3. 接受以自己的行为获得的民事权利，如获得荣誉，因智力活动而产生的知识产权等。

由于8周岁以上的未成年人智力尚不成熟，又缺乏社会经验，不能充分预料自己行为的法律后果，因此，对他们的民事行为能力给予必要的、适当的限制，不能让他们独立实施那些公认的比较重要、比较复杂、牵涉到钱财数额较大的民事活动，他们的这些民事活动由其法定代理人代理，或者征得他的法定代理人的同意后进行，正是为了保护未成年人的合法权益，稳定社会经济秩序，同时也是对他人合法权益的尊重和保护。

（二）无民事行为能力

无民事行为能力是指公民不能以自己的行为取得民事权利和承担民事义务。

《民法总则》第20条规定："不满八周岁的未成年人为无民事行为能力人，由其法定代理人代理实施民事法律行为。"不满8周岁的未成年人，由于他的年龄太小，没有意思能力，还不能独立进行民事活动。从保护他们的利益和保障社会经济秩序出发，法律不赋予他们民事行为能力。他们所需要进行的民事活动，同他们父母或者负责教养的近亲属，或者其他监护人作为法定代理人，代为进行民事活动。

无民事行为能力的未成年人虽然不能独立进行民事活动，但他们接受奖励、赠与、报酬、赔偿，或者其他对本人有利而不损害他人权益的行为，应予以保护。

——唐德华、高圣平主编：《民法通则及配套规定新释新解（上）》，人民法院出版社2003年版。

四、限制民事行为能力人可以实施的民事行为

对于限制民事行为能力人来说，法律只允许其从事与其年龄、智力及精神健康状况相适应的民事行为，这些行为主要包括如下几项：

1. 纯获利益的行为。所谓纯获利益的行为，是指能够获得利益，但不负有法律上的负担。所谓纯获法律上利益之无偿行为，即限制行为能力人，既不负担义务，也不发生权利丧失之结果，而可以获取利益之行为。① 考虑某种行为是否是纯获利益的行为，主要不在于其是否可能给限制行为能力人带来某种利益，关键要看其是否给限制行为能力人施加负担，尤其要考虑这种负担的承担最终是否使限制行为能力人获取利益，例如，无负担的赠与可以使限制行为能力人纯获利益，但附负担的赠与不能被认为是纯获利益的行为。但如果负担与获得的利益相比，明显不相称，限制行为能力人获得的利益远远高于其承受负担所遭受的不利益，那么这种合同也可以被认为是纯获利益的合同。

2. 日常生活必需的行为。限制行为能力人应当可以从事一些日常生活所必需的交易，否则，会不当限制其行为的自由，也会给其生活造成不便。在王泽鉴教授看来，此类行为如理发、购买零食、学生购买文具用品、少女购买脂粉等，固不待言；就现代社会生活而言，它尚应包括看电影、适当玩玩电动玩具、在儿童乐园坐云霄飞车等在内。②

3. 在法定代理人确定的目的范围内，对自己财产的处分行为。例如，父母授权子女在300元范围内购买一辆自行车，只要其子女是在300元内购买的自行车，就应认为已得到父母的许可而有效。法定代理人事先为其子女确定目的范围，允许子女在该范围内处分财产，实际上是事先授权子女从事某种行为，此种情况下其子女的处分行为应当有效。

4. 依法请求支付劳动报酬。③ 笔者认为，我国《劳动法》规定禁止使用童工，这是一条强制性规范，因此，未成年人不得单独订立劳动合同，但《劳动法》规定年满16周岁的未成年人享有劳动权，所以，16周岁以上的未成年人可以订立劳动合同，并且在完成一定的工作以后，应有权请求支付劳动报酬。

---

① 梅仲协：《民法要义》中国政法大学出版社1998年版，第108页。
② 王泽鉴：《民法学说与判例研究》，中国政法大学出版社1998年版，第4页、第40页。
③ 《德国民法典》第113条规定："法定代理人授权未成年人从事劳务或者劳动的，未成年人对于缔结或者废除获得许可的那种劳务关系或者劳动关系，或者为履行由此种关系产生的义务的法律行为，具有完全行为能力。但法定代理人需取得监护法院许可始得订立的合同除外。"据此一些德国学者认为，未成年人有权订立雇佣合同。

【相关案例】

1. 未成年人的大额借贷行为与其年龄和智力不相适应且未征得法定代理人的同意或追认的，该民事行为无效

——张彩格诉许璐曼借款合同纠纷案

案例要旨：限制民事行为能力人从事民事活动应当与其年龄、智力和精神状况相适应，其他民事活动由其法定代理人代理，或者征得他的法定代理人的同意。当限制民事行为能力人书写大额欠条时，其行为与其年龄和智力不相适应，并且也未征得其法定代理人的同意或追认，此时其从事的民事行为应当认定为无效。

案号：（2013）禹民一初字第4484号

审理法院：河南省禹州市人民法院

来源：《河南审判研究》2014年第7期（总第42期）

2. 未成年人购买彩票中奖的，彩票合同有效

——何荣、何建荣诉周剑锋、陈文艳、周长生彩票案

案例要旨：未成年人购买彩票后彩票中奖的，属于纯获利益的合同，不需要征得法定代理人同意，彩票合同有效。

案号：（2009）玉中民一终字第465号

审理法院：云南省玉溪市中级人民法院

来源：《中国审判案例要览》（2010年民事审判案例卷）

第二十一条、第二十二条　无民事行为能力、限制民事行为能力的成年人

第二十一条　不能辨认自己行为的成年人为无民事行为能力人，由其法定代理人代理实施民事法律行为。

八周岁以上的未成年人不能辨认自己行为的，适用前款规定。

第二十二条　不能完全辨认自己行为的成年人为限制民事行为能力人，实施民事法律行为由其法定代理人代理或者经其法定代理人同意、追认，但是可以独立实施纯获利益的民事法律行为或者与其智力、精神健康状况相适应的民事法律行为。

【新旧法条对比】

《中华人民共和国民法通则》

第十三条　不能辨认自己行为的精神病人是无民事行为能力人，由他的法定代理人代理民事活动。

不能完全辨认自己行为的精神病人是限制民事行为能力人，可以进行与他的精神健康状况相适应的民事活动；其他民事活动由他的法定代理人代理，或者征得他的法定代理人的同意。

【相关规定】

《最高人民法院关于贯彻执行〈中华人民共和国民法通则〉若干问题的意见（试行）》

第四条　不能完全辨认自己行为的精神病人进行的民事活动，是否与其精神健康状态相适应，可以从行为与本人生活相关联的程度、本人的精神状态能否理解其行为，并预见相应的行为后果，以及行为标的数额等方面认定。

第五条　精神病人（包括痴呆症人）如果没有判断能力和自我保护能力，不知其行为后果的，可以认定为不能辨认自己行为的人；对于比较复杂的事物或者比较重大的行为缺乏判断能力和自我保护能力，并且不能预见其行为后果的，可以认定为不能完全辨认自己行为的人。

第六条　无民事行为能力人、限制民事行为能力人接受奖励、赠与、报酬，他人不得以行为人无民事行为能力、限制民事行为能力为由，主张以上行为无效。

第七条　当事人是否患有精神病，人民法院应当根据司法精神病学鉴定或者参照医院的诊断、鉴定确认。在不具备诊断、鉴定条件的情况下，也可

以参照群众公认的当事人的精神状态认定,但应以利害关系人没有异议为限。

第八条 在诉讼中,当事人及利害关系人提出一方当事人患有精神病(包括痴呆症),人民法院认为确有必要认定的,应当按照民事诉讼法(试行)规定的特别程序,先作出当事人有无民事行为能力的判决。

确认精神病人(包括痴呆症人)为限制民事行为能力人的,应当比照民事诉讼法(试行)规定的特别程序进行审理。

【相关观点】

一、不能辨认自己行为的成年人、八周岁以上的未成年人的民事行为能力

无民事行为能力,是指完全不具备以自己的行为从事民事活动以取得民事权利和承担义务的能力。无民事行为能力的公民为无民事行为能力人。

《民法总则》第21条规定:"不能辨认自己行为的成年人为无民事行为能力人,由其法定代理人代理实施民事法律行为。"民法上所说的不能辨认自己行为的精神病人,是指缺乏判断能力和自我保护能力,不能作出正确的主客观一致的意思表示,不知其行为后果的人。由于不能辨认自己行为的精神病人(包括患有痴呆症的人)丧失了意思能力而不能独立处理自己的事务,因此,法律为了维护他的利益和社会的正常经济秩序而认定他为无民事行为能力人,他不能进行民事活动,要由他的法定代理人代理民事活动。

对于不能辨认自己行为的精神病人,其利害关系人可以向人民法院申请宣告他为无民事行为能力人。人民法院在查明事实后,应当宣告其为无民事行为能力人,并对他设置监护人。

宣告无民事行为能力是对精神病人不能辨认自己行为这个事实的确认。根据他健康恢复情况,经本人或者利害关系人申请,人民法院可以宣告他为限制民事行为能力人或者完全行为能力人。

未成年人中若患有不能辨认自己行为的精神病的,如果是在8周岁以下,他原本就无民事行为能力,当然无须他家庭成员向人民法院申请宣告其为无民事行为能力人。如果是8周岁以上的未成年人,患有精神病,而且需要宣告其为无民事行为能力的,就应该依法定程序宣告其为无民事行为能力人。

二、不能完全辨认自己行为的成年人的民事行为能力

《民法总则》第22条规定:"不能完全辨认自己行为的成年人为限制民事行为能力人,实施民事法律行为由其法定代理人代理或者经其法定代理人同意、追认,但是可以独立实施纯获利益的民事法律行为或者与其智力、精神健康状况相适应的民事法律行为。"

精神病人的情况很复杂。不能完全辨认自己行为的精神病人进行的民事活动,是否与其精神健康状态相适应,可以从行为与本人生活相关联的程度,本人的精神状态是否理解其行为,并预见相应的行为后果,以及行为标的数额等方面认定(见《最高人民法院关于贯彻执行〈中华人民共和国民法通则〉若干问题的意见(试行)》第4条)。

对于不能完全辨认自己行为的精神病人,其利害关系人可以向人民法院请求宣告他为限制民事行为能力人,并可以申请人民法院为他设定监护人。限制民事行为能力人的监护人是他的法定代理人。

间歇性精神病人在未发病期间进行的民事行为,应认定有效;精神衰弱、神志不清的人所为的民事行为,可以认定其行为无效。

当事人自己服用药物或者醉酒后进行的民事行为,一般不应认定为无效。因为当事人在这种状态下,一般只能减弱其辨认能力和控制能力,而不能使其完全丧失这些能力;同时,自服药物或者醉酒是当事人人为造成的,不是由客观的人力所不能控制的原因造成的;因此,对于这种人的行为法律是不给以保障的。例如,如果双方均无恶意,在醉酒状态下签订的合同是有效的,发生的买卖关系是成立的。如果借着醉酒打伤、打死他人,酒后开车撞伤、撞死他人,不仅要承担民事责任——赔偿损失;行政责任——降级、开除等,还要承担刑事责任。我国《刑法》第18条第4款规定:"醉酒的人犯罪,应当负刑事责任。"所以,任何人都不得以醉酒为由而逃避法律责任。

——唐德华、高圣平主编:《民法通则及配套规定新释新解(上)》,人民法院出版社2003年版。

【相关案例】

经鉴定确认呈持续性植物状态的自然人可以认定为无民事行为能力人
——罗仕林申请宣告呈持续性植物状态的罗某某为无民事行为能力人案

案例要旨:无民事行为能力人的本质特征在于"不能辨别自己的行为",经鉴定确认呈持续性植物状态的自然人符合我国关于无民事行为能力人特征的规定,可以依照《民法通则》第13条的规定,认定为无民事行为能力人。

案号:(2003)盱民一特字第424号
审理法院:江苏省盱眙县人民法院
来源:《人民法院案例选》总第51辑(2005.1)

第二十三条　无民事行为能力人、限制民事行为能力人的法定代理人

无民事行为能力人、限制民事行为能力人的监护人是其法定代理人。

【新旧法条对比】

《中华人民共和国民法通则》

第十四条　无民事行为能力人、限制民事行为能力人的监护人是他的法定代理人。

【相关规定】

1. 《中华人民共和国民事诉讼法》

第五十七条　无诉讼行为能力人由他的监护人作为法定代理人代为诉讼。法定代理人之间互相推诿代理责任的，由人民法院指定其中一人代为诉讼。

2. 《最高人民法院关于适用〈中华人民共和国民事诉讼法〉的解释》

第八十三条　在诉讼中，无民事行为能力人、限制民事行为能力人的监护人是他的法定代理人。事先没有确定监护人的，可以由有监护资格的人协商确定；协商不成的，由人民法院在他们之中指定诉讼中的法定代理人。当事人没有民法通则第十六条第一款、第二款或者第十七条第一款规定的监护人的，可以指定该法第十六条第四款或者第十七条第三款规定的有关组织担任诉讼中的法定代理人。

【相关观点】

一、如何理解本条中"无民事行为能力人、限制民事行为能力人的监护人"

监护是对无民事行为能力人、限制民事行为能力人的人身、财产及其他合法权益进行监督和保护的民事法律制度。其中，履行监督和保护职责的人是监护人，包括自然人或组织；被监督和保护的自然人则为被监护人。学理上，监护的性质观点不一。主要有：（1）权利说；（2）义务说；（3）权利义务一体说等。其中，权利说认为，监护是基于监护人与被监护人之间一般具有特定的身份关系，故监护权为一种身份权。而且我国《民法通则》第18条第2款也规定，监护人依法履行监护的权利，受法律保护。义

务说认为，监护的本质是法律给监护人规定的单方义务，而非民事权利。这是因为，监护制度的重点在于保护被监护人的合法权益，而不是监护人自身利益。这显然与权利人为自身利益而设不一致。而且，监护人不能基于自身利益而考虑是否履行监护职责，这与权利可以放弃也有冲突。权利义务一体说则试图弥补前述两种学说的不足之处，认为监护的权力性体现在其履行由监护人依自己的意思而行为，而义务性体现在监护人没有正当理由不能放弃监护。从《民法总则》规定来看①，监护制度设立目的就是为了保护被监护人的利益，不允许监护人借监护谋取个人利益。监护人应按照最有利于被监护人的原则履行监护职责，而所谓监护的权利，也只是在履行监护职责过程中产生，目的也是为了更好地履行监护职责。可见，我国现行立法采纳的是职责说。

监护制度的功能主要有：（1）补救被监护人行为能力的缺陷。被监护人虽然亦具有民事权利能力，即为民事主体，但其行为能力往往欠缺，不能独立有效地实施许多类型的民事法律行为，其民事权利能力不能得到完美的实现。为此，民法特设监护制度，通过监护人代理、同意或者辅佐被监护人进行民事活动，从而补充被监护人行为能力的欠缺，满足其物质和精神生活的需要，使其从抽象的民事主体变为现实的民事主体，民事权利和利益得以落实归位。（2）保护被监护人的人身或财产等合法权益。如当被监护人的人身或财产受到不法侵害时，监护人得履行监护职责，以法定代理人的身份请求致害人承担损害赔偿等侵权责任。②

根据《民法总则》相关规定可知，监护人的选定原则上按法定顺序。具体为，以下人员按顺序担任未成年子女监护人：父母；祖父母、外祖父母；兄、姐、其他愿意担任监护人的个人或者组织。以下人员按顺序担任无民事行为能力或者限制行为能力的成年人的监护人：配偶；父母、子女；其他近亲属；其他原因担任监护人的个人或者组织。上述顺序可因被监护人父母遗嘱指定监护人、有监护资格的人协议确定监护人、有关组织指定监护人或者成年人事先与他人书面协议确定监护人而改变。没有上述具有监护资格的人时，监护人由民政部门或具备履行监护职责条件的被监护人住所地居民委员会、村民委员会担任。

---

① 《民法总则》第34条规定，监护人的职责是代理被监护人实施民事法律行为，保护被监护人的人身权利、财产权利以及其他合法权益等。监护人依法履行监护职责产生的权利，受法律保护。监护人不履行监护职责或者侵害被监护人合法权益的，应当承担法律责任。

② 余延满：《亲属法原论》，法律出版社2007年版，第471页。

二、如何理解监护人与法定代理人的关系

代理，是指代理人于代理权限内，以本人（被代理人）名义向第三人所为意思表示或由第三人受意思表示，而对本人直接发生效力的行为。学理上，代理分为委托代理、指定代理和法定代理。但根据《民法总则》第163条规定，立法只承认委托代理和法定代理。委托代理，顾名思义，是指代理人根据委托人的委托，在其委托事项范围内进行的代理。而法定代理是指根据法律直接规定而发生的代理关系。法定代理主要是为无民事行为能力人和限制民事行为能力人设立代理人的方式。这主要是因为他们没有民事行为能力或者没有完全民事行为能力，不能为自己委托代理人。法定代理产生的根据是代理人与被代理人之间存在血缘关系、监护关系等。法定代理人所享有的代理权是由法律直接规定的，与被代理人的意志无关。[1] 可见，法定代理的作用则在于补充司法自治。自然人有权利能力，得为权利义务的主体。但为保护意思能力不足之人，民法设有行为能力制度，为使未成年人及禁治产人亦得参与社会活动，法律特设法定代理，由法定代理人代为意思表示，并代受意思表示，直接对本人发生效力。[2]

诚如前言，立法设立监护制度是为弥补被监护人行为能力不足，有效保护其合法权益。而监护人对被监护人的合法权益保护则既包括以监护人名义直接保护和管理被监护人的财产，又包括代理被监护人进行民事活动或参加诉讼。对此，《民法总则》第34条已经规定，监护人的职责是代理被监护人实施民事法律行为，保护被监护人的人身权利、财产权利以及其他合法权益等。这里的代理实施各种民事法律行为，囿于被监护人行为能力的瑕疵，不可能采取委托代理方式。而只能通过立法方式直接规定监护人即为法定代理人，从而让监护人取得代理资格。

无民事行为能力人、限制民事行为能力人的监护人作为法定代理人其代理权限和代理终止情形均与委托代理不同。就代理权限而言，委托代理的代理权限应基于委托人意思表示范围而定。而监护人作为法定代理人的代理权限则由法律直接规定。根据《民法总则》第34条、第35条可知，现行立法并未明确细化监护人作为法定代理人可以代理无民事行为能力人、限制民事行为能力人实施的民事法律行为的范围，只是在笼统规定监护人应按照最有利于被监护人的原则履行职责的前提下，实施代理行为，并应区分情况，尊重被监护人的意愿：对未成年人的监护人，其在实施代理行为时，应根据被监护人的年龄和智力状况，尊重被监护人的真实意愿；对成年人的监护人，其在实施代理行为时，应最大程度尊重被监护人的真实意愿。对被监护人有

---

[1] 魏振瀛：《民法》，北京大学出版社2006年版，第174页。

[2] 王泽鉴：《民法总则》，北京大学出版社2009年版，第349页。

能力独立处理的事务，不得干涉等。

至于代理权终止情形，《民法总则》区分委托代理和法定代理分别在第173条和第175条作了规定。两者的共同终止情形为：（1）代理人丧失民事行为能力；（2）代理人或被代理人死亡。法定代理与委托代理不同的终止情形为：被代理人取得或者恢复完全民事行为能力。除此之外，监护人的监护资格被撤销时，其自然也就不符合本条规定的主体资格要求，不能再继续担任无民事行为能力人或限制行为能力人的法定代理人。

——沈德咏主编：《〈中华人民共和国民法总则〉条文理解与适用》，人民法院出版社2017年版。

【相关案例】

1. 离婚后不直接抚养无行为能力人一方不能认定为监护人

——李飞诉王新红监护权纠纷案

案例要旨：离婚后不直接抚养无行为能力人的一方不应认定为监护人，由此也不应认定为无行为能力人的法定代理人，因而其无权代表无行为能力人提起诉讼。对已经受理的，应驳回起诉。

案号：（2014）修民初字第201号

审理法院：河南省修武县人民法院

来源：《人民司法·案例》2015年第20期

2. 未成年人父母未尽监护人职责的，不能作为法定代理人代表未成年人参加诉讼

——宋宇杰诉宋长富、陈珍女财产分割纠纷案

案例要旨：未成年人父母的监护责任具有法定性和确定性，但其监护资格可因死亡和监护能力的缺失而消灭，或因不履行监护职责而丧失，其相应的作为未成年人的法定代理人的诉讼主体资格也随之丧失。

案号：（2009）甬慈民初字第98号

审理法院：浙江省宁波市慈溪市人民法院

来源：《人民法院案例选》总第72辑（2010.2）

3. 无民事行为能力人的法定代理人在自己也是当事人的案件中，不得替无民事行为能力人行使诉讼权利

——黄金莲等诉童翠生房屋产权登记侵权案

案例要旨：无民事行为能力人的法定代理人在自己是当事人的案件中，不得替无民事行为能力人行使诉讼权利，因为其在案件处理上与无民事行为能力人有利害关系，所以其代行诉讼权利可能会

损害到无民事行为能力人的合法权益,因此,不能既作原告又作他人的法定代理人参加诉讼,类似案件中的无民事行为能力人的诉讼代理人只能由人民法院指定。

案号:(1996)永民再字第 01 号

审理法院:福建省三明市永安市人民法院

来源:《中国审判案例要览》(1997 年民事审判案例卷)

第二十四条　无民事行为能力人或限制民事行为能力人的认定制度

不能辨认或者不能完全辨认自己行为的成年人，其利害关系人或者有关组织，可以向人民法院申请认定该成年人为无民事行为能力人或者限制民事行为能力人。

被人民法院认定为无民事行为能力人或者限制民事行为能力人的，经本人、利害关系人或者有关组织申请，人民法院可以根据其智力、精神健康恢复的状况，认定该成年人恢复为限制民事行为能力人或者完全民事行为能力人。

本条规定的有关组织包括：居民委员会、村民委员会、学校、医疗机构、妇女联合会、残疾人联合会、依法设立的老年人组织、民政部门等。

【新旧法条对比】

《中华人民共和国民法通则》

第十九条　精神病人的利害关系人，可以向人民法院申请宣告精神病人为无民事行为能力人或者限制民事行为能力人。

被人民法院宣告为无民事行为能力人或者限制民事行为能力人的，根据他健康恢复的状况，经本人或者利害关系人申请，人民法院可以宣告他为限制民事行为能力人或者完全民事行为能力人。

【相关规定】

1. 《中华人民共和国民事诉讼法》

第一百八十七条　申请认定公民无民事行为能力或者限制民事行为能力，由其近亲属或者其他利害关系人向该公民住所地基层人民法院提出。

申请书应当写明该公民无民事行为能力或者限制民事行为能力的事实和根据。

第一百八十八条　人民法院受理申请后，必要时应当对被请求认定为无民事行为能力或者限制民事行为能力的公民进行鉴定。申请人已提供鉴定意见的，应当对鉴定意见进行审查。

第一百八十九条　人民法院审理认定公民无民事行为能力或者限制民事行为能力的案件，应当由该公民的近亲属为代理人，但申请人除外。近亲属互相推诿的，由人民法院指定其中一人为代理人。该公民健康情况许可的，还应当询问本人的意见。

人民法院经审理认定申请有事实根据的，判决该公民为无民事行为能力或者限制民事行为能力人；认定申请没有事实根据的，应当判决予以驳回。

第一百九十条　人民法院根据被认定为无民事行为能力人、限制民事行为能力人或者他的监护人的申请，证实该公民无民事行为能力或者限制民事行为能力的原因已经消除的，应当作出新判决，撤销原判决。

2.《最高人民法院关于适用〈中华人民共和国民事诉讼法〉的解释》

第三百四十九条　在诉讼中，当事人的利害关系人提出该当事人患有精神病，要求宣告该当事人无民事行为能力或者限制民事行为能力的，应由利害关系人向人民法院提出申请，由受诉人民法院按照特别程序立案审理，原诉讼中止。

第三百五十二条　申请认定公民无民事行为能力或者限制民事行为能力的案件，被申请人没有近亲属的，人民法院可以指定其他亲属为代理人。被申请人没有亲属的，人民法院可以指定经被申请人所在单位或者住所地的居民委员会、村民委员会同意，且愿意担任代理人的关系密切的朋友为代理人。

没有前款规定的代理人的，由被申请人所在单位或者住所地的居民委员会、村民委员会或者民政部门担任代理人。

代理人可以是一人，也可以是同一顺序中的两人。

【相关观点】

一、条文概述与解读

本条源自《民法通则》第19条"精神病人的利害关系人，可以向人民法院申请宣告精神病人为无民事行为能力人或者限制民事行为能力人。被法院宣告为无民事行为能力人或者限制民事行为能力人的，根据他健康恢复的状况，经本人或者利害关系人申请，人民法院可以宣告他为限制民事行为能力人或者完全民事行为能力人。"在2016年1月的《民法总则》征求意见稿中，本条的表述为"不能辨认或者不能完全辨认自己行为的成年人的利害关系人，可以向人民法院申请宣告其为无民事行为能力人或者限制民事行为能力人。被人民法院宣告为无民事行为能力人或者限制民事行为能力人的，根据其智力、精神健康恢复的状况，经本人、利害关系人或者有关组织申请，人民法院可以宣告其为限制民事行为能力人或者完全民事行为能力人。"2016年5月20日的《民法总则》征求意见稿（修改稿）中将前稿中的本条规定增加了一款"前款规定的有关组织包括：被监护人住所地的居民委员会、村民委员会、学校、医疗卫生机构、妇女联合会、残疾人联合会、老年人组织、民政部门等。"2016年12月的全国人大法律委审议稿中将该条中的"申请宣告"修改为"申请认定"，将"被监护人住所地"修改为"本人住所地"；并在"老年人组织"前面增加"依法设立的"。2017年2月的全国人大法律委审议稿中将申请认定的主体增加了"有关组织"，并将"本人住所地""卫生"删除。再提交全国人大表决的《民法总则》（草案）中，对本条的修改只有条文序号和语序的修改。全国人大审议后未再作修改，最终定稿。比较《民法通则》和《民法总则》关于本条的规定可知，后者对前者的改动主要表现为：（1）将"精神病人"修改为"不能辨认或者不能完全辨认自己行为的成年人"；（2）申请认定的主体增加了"有关组织"；（3）将"申请宣告"修改为"申请认定"；（4）在"健康恢复"前面增加"智力、精神"；（5）另单独增加了一款即列举了"有关组织"的范围。下面将围绕上述条文增、改、删的内容，作一简要解析。

二、如何理解本条中申请认定有无行为能力的对象

自然人的民事行为能力以自然人对客观事物的判断和认知能力即意思能力为依据。只有有意思能力的人才有行为能力。自然人具有意思能力，必须达到一定的年龄、智力发育到一定程度，而且还要有正常的精神状态。因此，自然人的民事行为能力受其年龄、智力和精神健康状况的影响，并非人人相同。[①] 从各国立法对行为能力的规定来看，依据年龄作为主要标准进行类型化区分是通常做法。一般而言，达到成年所要求的年龄标准，即为完全民事行为能力人。但除此以外，智力、精神健康状况也是影响自然人行为能力的重要因素。进而，即便达到成年年龄标准的自然人如果智力、精神健康状况存在问题，也可能属于限制民事行为能力人或无民事行为能力人。对此，我国《民法通则》将这类人简单定义为"精神病人"。其实，精神病人只是日常称谓，甚至带有歧视性，并非法律概念。事实上，精神病在临床上的表现为幻觉、意识障碍、行为混乱等，其范围过于狭窄，不足以包括所有需要保护的意思能力欠缺的人。例如，植物人就很难归类到上述精神病人范畴。而且，在社会生活中，除了未成年人和精神病人欠缺周全保护自己的能力因而行为能力受到限制以外，还有一些因生活态度与习惯不良而欠缺意思能力的人，如浪费成性、酗酒成性、赌博成性、吸毒成瘾之人等。这些人的生活习性与常人有异，其行为能力因为受到其对某些物质的依赖而经常处于不稳定状态，因此大多数国家都选择将其列入行为能力受限制的范围。[②] 基于以上原因，本条规定将原来《民法通则》规定的"精神病人"修改为"不能辨认或者不能完全辨认自己行为的成年人"。

---

① 王全弟：《民法总论》，复旦大学出版社2004年版，第95页。
② 朱涛：《自然人行为能力制度研究》，法律出版社2011年版，第203页。

三、如何理解本条中申请认定有无行为能力的主体

毫无疑问，一个成年人如被认定为限制行为能力人或无民事行为能力人，将对其处理自身人身或财产权益产生严重影响。甚至会危及交易安全，损害与之交易相对人利益。故应对申请主体严格限定。之前《民法通则》规定有权申请认定自然人为无民事行为能力人或者限制民事行为能力或完全民事行为能力的为利害关系人及其本人。虽然《民法通则》没有明确界定何谓"利害关系人"，但在《最高人民法院关于贯彻执行〈中华人民共和国民法通则〉若干问题的意见（试行）》第24条中则列举了申请宣告失踪的利害关系人范围可供参考。即利害关系人包括：被申请认定无民事行为能力人或者限制民事行为能力人的配偶、父母、子女、兄弟姐妹、祖父母、外祖父母、孙子女、外孙子女以及其他与被申请人有民事权利义务关系的人。从司法实践反馈情况看，将申请人限定在利害关系人范围，确实较好地实现了对成年人认定为限制行为能力人或无民事行为能力人应审慎处理的立法目的。但必须承认，实务中存在成年人客观上已符合无民事行为能力或限制民事行为能力认定标准，但没有利害关系人或利害关系人不愿向法院提出认定申请的情形。如果任由该情形发展下去，则一方面不利于保护该成年人的合法人身或者财产权益，另一方面，也不利于维护交易安全。更重要的是，如果该成年人不被马上认定为无民事行为能力人或限制民事行为能力人，则无法及时确定其监护人。进而，该成年人因缺乏意思能力可能作出失控行为，危及他人人身财产安全、危及公共安全。对此，《民法总则》将申请认定自然人为无民事行为能力人或者限制民事行为能力人的主体增加一类：有关组织，并在本条第2款对有关组织的范围明确界定为：居民委员会、村民委员会、学校、医疗机构、妇女联合会、残疾人联合会、依法设立的老年人组织、民政部门等。

居民委员会是居民自我管理、自我教育、自我服务的基层群众性自治组织。村民委员会是村民自我管理、自我教育、自我服务的基层群众性自治组织。可见两者除了服务的对象所在区域不同之外，其他基本一致。居民委员会、村民委员会的任务之一就是宣传宪法、法律、法规和国家的政策，维护居民（村民）的合法权益，教育居民（村民）履行依法应尽的义务，爱护公共财产，开展多种形式的社会主义精神文明建设活动。由于居民委员会（村民委员会）是最贴近本居住地区（本村）居民（村民）的一级组织，其最先也最全面了解本居民（村民）地区（本村）个别居民（村民）是否具备完全民事行为能力。一旦个别居民（村民）不具备完全民事行为能力，除了其自身利益受损之外，所在居住地区（本村）其他居民（村民）利益也可能因此受害，故应允许居民委员会、村民委员会申请认定本居民地区（本村）居民（村民）为无民事行为能力或限制民事行为能

力以及恢复完全或限制民事行为能力。本条所指学校，主要是指高中以上学历教育的学校。因为成年人学生一般在高中以上学历教育的学校学习和生活的居多。上述学校因直接接收、交易、管理成年学生而更容易了解其行为能力状态，为避免成年学生自身利益受损、防止其危害其他学生的人身财产安全，维护校园正常教学秩序，而有必要允许学校也可以申请认定。医疗机构目前主要包括从事疾病诊断、治疗活动的医院、卫生院、疗养院、门诊部、诊所、卫生所（室）以及急救站等机构。医疗机构以救死扶伤、防病治病、为公民的健康服务为宗旨。成年人在医疗机构求医问诊时，医疗机构可以第一时间发现并确认该成年人是否具备完全民事行为能力。因此，允许其申请认定既符合医疗机构宗旨也便于法院查明是否真正具备行为能力。中华全国妇女联合会和各级妇女联合会代表和维护各族各界妇女的利益，做好保障妇女权益的工作。一旦发现成年女性不具备完全民事行为能力，可能使其自身利益受损时，妇女联合会作为专门维护妇女合法权益的社会团体组织，当然有义务站出来，通过申请认定该妇女无民事行为能力、限制民事行为能力并确定监护人的方式，维护该妇女合法权益。当然，如果出现无民事行为能力、限制民事行为能力妇女恢复民事行为能力时，妇女联合会也应有权申请恢复该妇女的民事行为能力。中国残疾人联合会及其地方组织，代表残疾人的共同利益，维护残疾人的合法权益，团结教育残疾人，为残疾人服务。一旦成年残疾人失去意思能力，符合无民事行为能力、限制民事行为能力构成标准时，残疾人联合会基于维护残疾人的合法权益出发，也可以申请认定该成年残疾人是否具备民事行为能力或者是否恢复民事行为能力。根据《老年人权益保护法》第7条的规定，依法设立的老年人组织应当反映老年人的要求，维护老年人合法权益，为老年人服务。因此，老年人组织具有维护老年人合法权益法定职责。但这里的老年人组织必须是依法设立，与之相区别的是老年人自行设立的未经有关部门批准或登记备案的组织。例如，老年人门球队、老年人秧歌队等。后者属于松散型的民间组织，不具备通过申请认定有无民事行为能力、维护老年人合法权益的职能，不能依据本条提出申请。至于民政部门，目前承担的工作中为社会救济、社会福利事业、社区服务工作、流浪乞讨人员收容遣送、指导中国残疾人联合会工作等均与成年人有无民事行为能力有关联，故应允许民政部门可以申请认定成年人有无民事行为能力或恢复民事行为能力。

——沈德咏主编：《〈中华人民共和国民法总则〉条文理解与适用》，人民法院出版社2017年版。

【相关案例】

公司与其员工有直接利害关系时，具备申请确认其为限制民事行为能力人的主体资格

——厦门经济特区机械冶金进出口公司申请认定其职工谢松为限制民事行为能力人案

案例要旨：申请确认某人为限制民事行为能力人的申请人须与被申请人有利害关系才具备申请人的主体资格，该限制民事行为能力人为某公司员工，其行为能力状态的认定直接决定其与公司的劳动关系是否存在的情况下，视为该公司与该限制民事行为能力人有直接的利害关系，该公司具备申请资格。

审理法院：福建省厦门市思明区人民法院（原厦门市思明区、鼓浪屿区、开元区合并）

来源：《人民法院案例选》总第24辑（1998.2）

第二十五条 自然人的住所

自然人以户籍登记或者其他有效身份登记记载的居所为住所；经常居所与住所不一致的，经常居所视为住所。

【新旧法条对比】

《中华人民共和国民法通则》

第十五条 公民以他的户籍所在地的居住地为住所，经常居住地与住所不一致的，经常居住地视为住所。

【相关规定】

1.《最高人民法院关于贯彻执行〈中华人民共和国民法通则〉若干问题的意见（试行）》

第九条 公民离开住所地最后连续居住一年以上的地方，为经常居住地。但住医院治疗的除外。

公民由其户籍所在地迁出后至迁入另一地之前，无经常居住地的，仍以其原户籍所在地为住所。

2.《最高人民法院关于适用〈中华人民共和国民事诉讼法〉的解释》

第三条 公民的住所地是指公民的户籍所在地，法人或者其他组织的住所地是指法人或者其他组织的主要办事机构所在地。

法人或者其他组织的主要办事机构所在地不能确定的，法人或者其他组织的注册地或者登记地为住所地。

第四条 公民的经常居住地是指公民离开住所地至起诉时已连续居住一年以上的地方，但公民住院就医的地方除外。

第七条 当事人的户籍迁出后尚未落户，有经常居住地的，由该地人民法院管辖；没有经常居住地的，由其原户籍所在地人民法院管辖。

【相关观点】

一、住所的概念及在民法上的意义

住所是指公民长期居住生活的地点。在社会生活中，公民所进行的民事活动和社会生活，总是以一定的地域为中心。他所参与的各种法律关系集中发生在这一中心地域。这一中心地域在民法上即称为住所。

住所与住址不同。住址是指一个人居住的具体地点，如某省某市某街某号。住址可以频繁更动，而住所则不同，它在相当时期内具有相对稳定性。住所是公民进行各种活动，参与各种法律关系的中心地域，而住址则未必属于这种中心地域，不一定成为公民活动的主要场所。

住所与籍贯也不同。公民的籍贯是指其祖居或出生的地方，不一定就是公民生活和活动的中心。一般而言，公民的籍贯与其所参与的民事活动和民事权利义务关系的得丧变更并无很大联系。而住所则直接关涉公民有关民事权利的行使和民事义务的承担。

住所与居所也不尽相同。居所是指公民的居住地点，它可以是公民长期居住的地点，也可以是一时居住的地点或场所。只有经常居住的居所才视为法律上的住所，具有与住所相同的法律效力。明确公民的住所，在民法上具有重要意义。概括说来，住所的确定在民法上的意义有：（1）它是决定失踪的空间标准，认定公民是否失踪，应以其是否离开住所地下落不明为前提；（2）它是决定婚姻登记管辖和决定个体工商户登记管辖的空间标准；（3）它是决定债务清偿地的标准；（4）它是决定民事诉讼地域管辖的标准以及决定诉讼文书送达的空间标准；（5）它是决定涉外民事关系法律适用的空间标准。

——唐德华、高圣平主编：《民法通则及配套规定新释新解（上）》，人民法院出版社2003年版。

二、如何理解户籍登记或者其他有效身份登记记载的居所为住所

自然人的住所是指自然人生活和法律关系的中心地。一个人在生活中总要和其他人有多种交往，会有多种法律关系，为了便于交往和确立正常的法律关系，就需要确定法律关系的中心地，在法律上将法律关系的中心地称为住所[1]。住所包括两层涵义：一是要求自然人在一地有一个居所，即实际居住在某地（客观要求）；二是要求自然人具有永久或无限期居住在该地的意图。（主观要求）。住所在法律上具有重要意义。在民法上，住所是决定监护、决定宣告失踪、宣告死亡，决定债务履行地，决定诉讼管辖地，决定涉外法律适用之准据法的重要因素。此外，住所在公司法、国际法、选举法、税法等，都有重要意义。[2] 根据我国《民法通则》等法律规定，公民从事一定的政治活动和经济活动的地点，以及诉讼管辖等，原则上是以公民户籍所在地的居住地为依据的。所以通常情况下，公民户籍所在地的居住地就被法律确认为公民的住所。公民的住所，除法律另有规定外，每人只能有一个。如果需要变更住所，也必须经过户籍登记方能生效。如果公民长期离开户籍

---

[1] 魏振瀛：《民法学》，北京大学出版社2006年版，第67页。
[2] 梁慧星：《民法总论》（第四版），法律出版社2011年版，第116页。

所在地,则可视为变更住所。①

居所是自然人经常居住的场所,其表明自然人居住在特定地方一段时间的行为或事实。一般而言,如果某个自然人实际居住在某地,该地就可被称为居所。《民法通则》中只有"居住地"而无"居所地"这一概念。最早在立法层面规定居所的是2010年颁布的《中华人民共和国涉外民事关系法律适用法》,其在第11条和第12条关于自然人的民事权利能力和民事行为能力的规定中,使用了"居所地"一词。在随后颁布的《最高人民法院关于适用〈中华人民共和国涉外民事关系法律适用法〉若干问题的解释(一)》第15条"自然人在涉外民事关系产生或者变更、终止时已经连续居住一年以上且作为其生活中心的地方,人民法院可以认定为涉外民事法律关系适用法规定的自然人的经常居所地,但就医、劳务派遣、公务等情形除外"中对居所地进行了细化解释。将之对比《最高人民法院关于贯彻执行〈中华人民共和国民法通则〉若干问题的意见(试行)》第9条"公民离开住所地最后连续居住一年以上的地方,为经常居住地。但住医院治病的除外"可知,两者实质并无大的区别。只不过"居所"比"居住"用语更准确,更符合国际法惯例。将居所与住所相比较可知,居所并不要求特定长度的居住时间,更不要求有永久居住的意图,而只要求实际居住即可。换言之,自然人可以拥有多处居所。

长期以来,我国司法实践中都是以户籍所在地的居住地为住所。这在早期人员流动、异地就业不多的情形下,问题不大,但随着社会经济的发展,现在人员流动、异地就业趋势频繁,尤其是在农村,大量青壮年外出务工,常年不回户籍所在地的情况十分常见。对他们而言,户籍所在地已不是其生活和法律关系的中心地。此时,如果还固守户籍所在地的居住地作为认定住所的标准,则可能造成立法与实践的脱节。对此,我国目前在大力推进户籍制度改革,积极推行居住证制度,以缓解户籍制度不能适应人口高频流动带来的弊端。根据2016年开始施行的《居住证暂行条例》规定,公民离开常住户口所在地,到其他城市居住半年以上,符合有合法稳定就业、合法稳定住所、连续就读条件之一的,可以申领居住证。其他城市,是指公民常住户口所在地城市以外的其他市、县(不含常住户口所在地城市内部跨行政区域)。居住半年以上,是指在居住地居住并办理暂住登记满半年。合法稳定就业,是指被国家机关、社会团体、事业单位录用(聘用),或者被国家机关、社会团体、企事业单位招收并依法签订劳动合同,或者在城镇从事第二、三产业并持有工商营业执照等,各地可以根据实际情况具体合理确定。合法稳定住所,是指公民在居住地实际居住具有合法所有权的房屋、在当地房管

---

① 民法通则讲话编写组:《民法通则讲话》,经济科学出版社1986年版,第56页。

部门办理租赁登记备案的房屋、用人单位或就读学校提供的宿舍等。连续就读,是指在全日制小学、中学、中高等职业学校或普通高等学校取得学籍并就读。符合上述条件后,公民本人或代办人到居住地公安派出所或者受公安机关委托的社区服务机构申请办理居住证。居住证是持证人在居住地居住、作为常住人口享受基本公共服务和便利、申请登记常住户口的证明。根据该条例第 4 条"居住证登载的内容包括:姓名、性别、民族、出生日期、公民身份证号码、本人相片、常住户口所在地住址、居住地住址、证件的签发机关和签发日期"。由上,居住证制度作为一种针对流动人口的身份登记制度将日益淡化户籍制度的身份登记功能,两者间可能出现此消彼长的局面。为因应户籍制度这一重大变化,本条增加了"其他有效身份登记"这一表述。

但必须承认,现行居住证制度的推行并不是要完全取消自然人的户籍。多年的司法实践足以证明户籍仍反映了大多数自然人与居所地长期稳定的联系。而且,婚姻、继承、收养等纠纷的处理,仍与其户籍登记情况紧密相关。因此,本条保留将户籍登记记载的居所作为住所,还有其现实积极意义。

——沈德咏主编:《〈中华人民共和国民法总则〉条文理解与适用》,人民法院出版社 2017 年版。

【相关案例】

1. 公民离开户籍所在地至起诉时连续居住一年以上才能认定为程序法意义上的经常居住地

——黄某诉龚某合伙协议纠纷管辖权异议案

案例要旨:被告在非户籍所在地连续居住一年以上,应覆盖原告"起诉时"这个时点,才能认定为程序法意义上的经常居住地。

审理法院:江西省南昌市中级人民法院

案号:(2015)洪立终字第 38 号

来源:《人民法院报》2015 年 5 月 7 日,第 6 版

2. 无法证明公民在住所以外的地方连续居住一年以上的,户籍所在地仍为其住所

——姜春梅与李国民名誉权纠纷案

案例要旨:公民的经常居住地是指公民离开住所地至起诉时已连续居住一年以上的地方,若无证据证明公民已在住所以为的地方连续居住一年以上的,其户籍所在地仍为其住所。

案号:(2015)一中民终字第 06196 号

审理法院:北京市第一中级人民法院

来源:中国裁判文书网

第二节 监 护

第二十六条 父母子女之间抚养赡养义务

父母对未成年子女负有抚养、教育和保护的义务。

成年子女对父母负有赡养、扶助和保护的义务。

【相关规定】

1. 《中华人民共和国宪法》

第四十九条 婚姻、家庭、母亲和儿童受国家的保护。

夫妻双方有实行计划生育的义务。

父母有抚养教育未成年子女的义务，成年子女有赡养扶助父母的义务。

禁止破坏婚姻自由，禁止虐待老人、妇女和儿童。

2. 《中华人民共和国婚姻法》

第二十一条 父母对子女有抚养教育的义务；子女对父母有赡养扶助的义务。

父母不履行抚养义务时，未成年的或不能独立生活的子女，有要求父母付给抚养费的权利。

子女不履行赡养义务时，无劳动能力的或生活困难的父母，有要求子女付给赡养费的权利。

禁止溺婴、弃婴和其他残害婴儿的行为。

第二十三条 父母有保护和教育未成年子女的权利和义务。在未成年子女对国家、集体或他人造成损害时，父母有承担民事责任的义务。

【相关文献】

王利明：《民法总则草案十大亮点解读》，载中国人大网，最后访问时间：2016年6月28日。

【相关案例】

子女患病所需要的医疗费应当由父母双方共同负担

——施某某诉施承骏追索抚育费案

案例要旨：父母对子女有抚养教育的义务。抚养费包括教育费、生活费和医疗费。子女患病期间，父母一方擅自改变治疗地点的，不能成为另一方不支付医疗费的抗辩理由。

案号：(1995) 济法民初字第 11 号
审理法院：山东省济南市中级人民法院
来源：《中国审判案例要览》(1996 年民事审判卷)

第二十七条　未成年人的监护人的范围及顺序

父母是未成年子女的监护人。

未成年人的父母已经死亡或者没有监护能力的，由下列有监护能力的人按顺序担任监护人：

（一）祖父母、外祖父母；

（二）兄、姐；

（三）其他愿意担任监护人的个人或者组织，但是须经未成年人住所地的居民委员会、村民委员会或者民政部门同意。

【新旧法条对比】

《中华人民共和国民法通则》

第十六条　未成年人的父母是未成年人的监护人。

未成年人的父母已经死亡或者没有监护能力的，由下列人员中有监护能力的人担任监护人：

（一）祖父母、外祖父母；

（二）兄、姐；

（三）关系密切的其他亲属、朋友愿意承担监护责任，经未成年人的父、母的所在单位或者未成年人住所地的居民委员会、村民委员会同意的。

对担任监护人有争议的，由未成年人的父、母的所在单位或者未成年人住所地的居民委员会、村民委员会在近亲属中指定。对指定不服提起诉讼的，由人民法院裁决。

没有第一款、第二款规定的监护人的，由未成年人的父、母的所在单位或者未成年人住所地的居民委员会、村民委员会或者民政部门担任监护人。

【相关规定】

《最高人民法院关于贯彻执行〈中华人民共和国民法通则〉若干问题的意见（试行）》

第十一条　认定监护人的监护能力，应当根据监护人的身体健康状况、经济条件，以及与被监护人在生活上的联系状况等因素确定。

第十三条　为患有精神病的未成年人设定监护人，适用民法通则第十六条的规定。

【相关观点】

一、监护的概念、特征及在民法上的意义

监护是为无民事行为能力人和限制民事行为能力人的人身和财产权益设定监督和保护人的一项制度。所设定的监督保护人称为监护人，被监督和保护的无民事行为能力或限制民事行为能力的人称为被监护人。

各国民事立法中几乎都规定了对无民事行为能力人和限制民事行为能力人设立监护人的制度，但在具体做法上有所不同。有的国家对无民事行为能力人设置监护人，而对限制民事行为能力人设置保佐人。我国无此区分，对无民事行为能力人和限制民事行为能力人设定的保护人统称为监护人。

监护具有以下法律特征。

第一，监护是一项重要的民事法律制度。将监护归入民事法律规范的范畴是世界各国的普遍做法，对此基本上没有太大的异议，只是具体归入到哪一项法律制度中，属于民事主体制度还是身份权制度，有不同的主张。本法将监护规定在民事主体部分，即第二章"公民"之中，定位在民事主体制度的范畴里。

第二，监护的目的在于保护无民事行为能力人和限制民事行为能力人的合法权益，这是监护制度最基本的、最终的目的。在一定意义上讲，监护制度有维护社会正常经济秩序的作用，但这只是该制度带来的结果，而并非是设立监护制度的目的。把维护被监护人的合法权益与维护经济秩序并列，是对监护制度立法目的的错误认识。

第三，监护制度的基本内容是对被监护人的合法权益进行保护和监督，防止被监护人的合法权益受到非法侵害，保障被监护人的正常生活。它的具体内容，包括保护被监护人的人身，管理被监护人的财产，代理被监护人进行法律活动，承担被监护人致人损害的民事法律责任等。这些内容共同构成了监护制度的内容，不能单列其中的某一项，如代理被监护人进行法律活动，这样是不全面的，不能反映监护制度的全貌。

监护人与抚养人、法定代理人既有联系又有区别。抚养人是法律规定的对未成年人具有抚养义务的近亲属。一般情况下抚养人同时又是未成年人的监护人，不但要给予被抚养人以物质上的养育和生活上的照料，还应对其人身、财产及其他合法权益进行保护。但有时法律规定的抚养人无监护能力，如未成年子女的父母患精神病等，有关单位或法院依法指定其他近亲属或朋友担任监护人。在这种情况下，监护人就不是法律规定的抚养人。而监护人与法定代理人亦非同一概念。无民事行为能力人或限制民事行为能力人的监护人是其法定代理人，即监护人必定是法定代理人，但法定代理人则不一定是监护人。如正在服刑的父母是未成年子女的法定代理人，但由于无监护能

力，不能成为未成年子女的监护人。

在法律上设立监护制度是极其必要的，具体表现在以下两方面。

（1）保护无民事行为能力人和限制民事行为能力人的合法权益

公民的民事权利能力是平等的，但民事行为能力却随年龄及智力状况不同而不尽相同。无民事行为能力人和限制民事行为能力人不能进行或不能完全独立地进行民事活动，就不能以自己的活动，可以解决无民事行为能力人和限制民事行为能力人不能自已行使民事权利的问题，以满足其物质和精神生活的需要。

（2）约束无民事行为能力人和限制民事行为能力人的行为

无民事行为能力人和限制民事行为能力人也不具有完全的民事责任能力，当其实施了不法行为，对他人的人身或财产造成损害时，其没有能力承担相应的民事责任，这不利于保护他人的合法权益，维护社会经济秩序的稳定。设置监护制度，由监护人对无民事行为能力人和限制民事行为能力人进行管教和约束，可在很大程度上防止和避免其实施不法行为。

——唐德华、高圣平主编：《民法通则及配套规定新释新解（上）》，人民法院出版社2003年版。

二、《民法总则》第二十七条的解释与适用

本条（《民法总则》第27条，下同）第1款规定，父母是未成年人的监护人。父母具有抚养、教育和保护未成年子女的法定义务，与未成年子女的关系最为密切，对未成年人的健康成长至关重要。基于此，父母无条件成为未成年人的法定监护人。只有在父母死亡或者没有监护能力的情况下，才可以由其他个人或者有关组织担任监护人。

本条第2款对父母之外的其他个人或者组织担任监护人作出规定。第2款在《民法通则》相关规定的基础上，主要从两个方面进行了完善：一是规定父母之外具有监护能力的人"按顺序"担任监护人；二是增加规定了有关"组织"担任监护人的规定。

（一）关于"按顺序"担任监护人

实践中，有些情况下具有监护资格的人互相推脱，都不愿意担任监护人，导致监护无从设立，无民事行为能力人或者限制民事行为能力人的权益得不到保护。针对以上问题，本条明确具有监护资格的人按照顺序担任监护人，主要目的在于防止具有监护资格的人之间互相推卸责任。如果两个或者两个以上具有监护资格的人，都愿意担任监护人，也可以按照本条规定的顺序确定监护人，或者依照本法第30条规定进行协商；协商不成的，按照本法第31条规定的监护争议解决程序处理，由居民委员会、村民委员会、民政部门或者人民法院按照最有利于被监护人的原则指定监护人，不受本条规定的"顺序"的限制，但仍可作为依据。

依照本条规定的顺序应当担任监护人的个人认为自己不适合担任监护人，或者认为其他具有监护资格的人更适合担任监护人的，可以依照本法第30条规定进行协商；协商不成的，通过本法第31条规定的监护争议解决程序处理，由居民委员会、村民委员会、民政部门或者人民法院综合各方面情况，根据最有利于被监护人的原则在依法具有监护资格的人中指定监护人。例如，未成年人的祖父母作为第一顺位的监护人，认为自己年事已高，未成年人的姐姐各方面条件更好，由其姐姐担任监护人更有利于未成年人成长，可以先与其姐姐进行协商，协商不成的，依法通过监护争议程序解决。但在法院依法指定监护人前，未成年人的祖父母不得拒绝履行监护职责。

（二）关于"愿意担任监护人的组织"担任监护人

随着我国公益事业的发展，有监护意愿和能力的社会组织不断增多，由社会组织担任监护人是家庭监护的有益补充，也可以缓解国家监护的压力。本条第2款第（3）项以及第28条第（4）项规定的"愿意担任监护人的组织"是指这类社会组织。但是，监护不同于简单的生活照顾，还要对被监护人的财产进行管理和保护，代理被监护人实施法律行为，对未成年被监护人的侵权行为承担责任等，自愿担任监护人的社会组织要具有良好信誉、有一定的财产和工作人员等，这些条件都需要在实践中严格掌握，由未成年人住所地的居民委员会、村民委员会或者民政部门根据实际情况作出判断。

本条第2款第（3）项将《民法通则》规定的自愿担任监护人的"关系密切的其他亲属、朋友"修改为自愿担任监护人的"个人"，进一步扩大了监护人的范围，尽量避免无人担任监护人的情况。依据本法规定，"自愿担任监护人的个人"成为监护人，也必须经过未成年人住所地的居民委员会、村民委员会或者民政部门同意，要具有监护能力，有利于未成年人健康成长。

本条在起草过程中，还有两个反映较多的意见：第一个是关于"监护能力"的界定。有的意见提出，监护一节多次提到"监护能力"一词，而且将监护能力作为是否具有担任监护人资格的重要标准，但是没有对"监护能力"作出明确的界定，在具体认定上可能会出现争议，建议明确监护能力的认定标准。

经研究认为，具有监护能力首先要具有完全民事行为能力，至于如何判断是否具有监护能力的其他条件，在实践中情况较为复杂，需要综合考虑多种因素，法律可不一一作出界定，在实践中根据具体情况进行判断。《最高人民法院关于贯彻执行〈中华人民共和国民法通则〉若干问题的意见（试行）》第11条对此作出了相关规定，即"认定监护人的监护能力，应当根据监护人的身体健康状况、经济条件，以及与被监护人在生活上的联系状况等因素确定"。

第二个反映较多的意见是，建议在本条第2款关于具有监护资格的人中增加"其他近亲属"。经研究认为，司法实践中近亲属的范围包括配偶、父母、子女、祖父母、外祖父母、孙子女、外孙子女、兄弟姐妹。未成年人的近亲属范围只有父母、祖父母、外祖父母、兄弟姐妹。本条第2款规定的具有监护资格的人的范围已经涵盖了未成年人的所有近亲属，无需再单列一项"其他近亲属"。

——贾东明主编：《〈中华人民共和国民法总则〉释解与适用》，人民法院出版社2017年版。

【相关文献】

王利明：《民法总则草案十大亮点解读》，载中国人大网，最后访问时间：2016年6月28日。

【相关案例】

1. 与代孕子女生父有合法婚姻关系的养育母亲，可与代孕子女形成有抚养关系的继父母子女关系，根据儿童最大利益原则，其可获得监护权

——罗荣耕、谢娟如诉陈莺监护权纠纷案

案例要旨：在现有政策、法律规定下，代孕子女的亲子关系，生母应根据分娩说认定为代孕母亲，有血缘关系的委托父亲认领的，应认定为生父，所生子女为非婚生子女。根据婚姻法关于"有抚养关系的继父母子女关系"这一条款的立法目的及立法意图，其子女范围可扩大解释至包括夫妻一方婚前婚后的非婚生子女，其形成以同时具备父母子女相待的主观意愿和抚养教育的事实行为为要件，故与代孕子女生父有合法婚姻关系的养育母亲，可基于其抚养了丈夫之非婚生子女的事实行为及以父母子女相待的主观意愿，而与代孕子女形成有抚养关系的继父母子女关系。代孕行为的违法性并不影响对代孕子女在法律上给予同等保护，在确定其监护权归属问题上应秉承儿童最大利益原则，尽最大可能地保护未成年子女的利益。

案号：（2015）沪一中少民终字第56号
审理法院：上海市第一中级人民法院
来源：《人民司法·案例》2017年第2期

2. 他人受夫妻一方委托行使监护权，不得对抗夫妻另一方固有的监护权

——夏英诉包伯民、陈正华监护权纠纷案

案例要旨：未成年人的父母是法定监护人。夫妻双方尚未离婚时，夫妻一方不可以要求将未成年子女交由自己单独监护。当他人

受父母一方委托对未成年子女行使监护权与父母另一方固有的监护权产生冲突时，后者的监护权优先。

案号：（2006）锡民一终字第 0859 号

审理法院：江苏省无锡市中级人民法院

来源：《人民司法·案例》2008 年第 6 期

3. 未成年人的父母是其第一顺位的法定监护人，不因婚姻结束而终止监护人的身份、权利和义务

——姚某、冯某与李某甲监护权纠纷案

案例要旨：父母是未成年人子女的第一顺位法定监护人，父母离婚的不影响监护权的行使，除非一方有不利于未成年人成长等法定可以撤销监护的情形，否则一方申请撤销另一方的监护的法院不予支持。

案号：（2014）阳阳民初字第 136 号

审理法院：山东省阳信县人民法院

来源：中国裁判文书网

第二十八条　成年人的监护人的范围及顺序

无民事行为能力或者限制民事行为能力的成年人，由下列有监护能力的人按顺序担任监护人：

（一）配偶；

（二）父母、子女；

（三）其他近亲属；

（四）其他愿意担任监护人的个人或者组织，但是须经被监护人住所地的居民委员会、村民委员会或者民政部门同意。

【新旧法条对比】

《中华人民共和国民法通则》

第十七条　无民事行为能力或者限制民事行为能力的精神病人，由下列人员担任监护人：

（一）配偶；

（二）父母；

（三）成年子女；

（四）其他近亲属；

（五）关系密切的其他亲属、朋友愿意承担监护责任，经精神病人的所在单位或者住所地的居民委员会、村民委员会同意的。

对担任监护人有争议的，由精神病人的所在单位或者住所地的居民委员会、村民委员会在近亲属中指定。对指定不服提起诉讼的，由人民法院裁决。

没有第一款规定的监护人的，由精神病人的所在单位或者住所地的居民委员会、村民委员会或者民政部门担任监护人。

【相关规定】

《最高人民法院关于贯彻执行〈中华人民共和国民法通则〉若干问题的意见（试行）》

第十一条　认定监护人的监护能力，应当根据监护人的身体健康状况、经济条件，以及与被监护人在生活上的联系状况等因素确定。

第十二条　民法通则中规定的近亲属，包括配偶、父母、子女、兄弟姐妹、祖父母、外祖父母、孙子女、外孙子女。

第一百五十九条　被监护人造成他人损害的，有明确的监护人时，由监护人承担民事责任；监护人不明确的，由顺序在前的有监护能力的人承担民事责任。

【相关观点】

本条（《民法总则》第28条，下同）在《民法通则》规定的基础上，增加了具有监护资格的人"按顺序"担任监护人、"愿意担任监护人的组织"担任监护人的规定，并将自愿担任监护人的"关系密切的其他亲属、朋友"修改为自愿担任监护人的"个人"，扩大了监护人的范围。具体说明可以参见第27条规定的释义。

本条规定的需要设立监护的成年人为无民事行为能力人或者限制民事行为能力人，包括因智力、精神障碍以及因年老、疾病等各种原因，导致辨识能力不足的成年人。对成年人监护，要正确区分失能与失智的区别。失能是失去生活自理能力，失智即辨识能力不足。失能的成年人未必需要监护，只有失智的成年人需要监护。此外，还应当区分长期照护（护理）和监护的区别：从对象上看，照护的对象既包括失智成年人，也包括失能成年人；监护的对象针对失智成年人。从内容上看，照护仅限于生活上的照料和安全上的保护，不涉及人身权益保护的安排、财产的管理等事项；监护是对失智成年人人身、财产等各方面权益的保护和安排。

本条规定的前三项具有监护资格的人，都是成年被监护人的近亲属。近亲属往往与被监护人具有血缘关系、密切的生活联系和良好的情感基础，更有利于被监护人的身心健康，也更有利于尽职尽责地保护被监护人的合法权益，因此适宜担任监护人。依据本条规定，具有监护资格的人有以下几类：

一是配偶。成年男女达到法定婚龄，通过结婚登记程序，缔结婚姻关系，产生法律权利义务关系。《婚姻法》第20条第1款规定："夫妻有互相扶养的义务。"夫妻共同生活，具有相互的扶养义务，对共同的财产享有支配权，具有良好的感情基础，由配偶担任监护人有利于保护被监护人的人身、财产及其他合法权益。

二是父母、子女。父母子女之间既具有天然的情感，又具有法定的抚养、赡养关系，适宜担任监护人。

三是其他近亲属。包括祖父母、外祖父母、孙子女、外孙子女、兄弟姐妹。本条将"其他近亲属"列为具有监护资格的范围，主要是基于血缘关系、生活联系以及情感基础等因素，有利于保护被监护人的合法权益。

四是其他愿意担任监护人的个人或者组织，但是须经被监护人住所地的居民委员会、村民委员会或者民政部门同意。"愿意担任监护人的组织"主要指公益组织，其能否担任监护人，在实践中由被监护人住所地的居民委员会、村民委员会或者民政部门根据该组织的设立宗旨、社会声誉、财产或者经费、专职工作人员等情况进行判断。

——贾东明主编：《〈中华人民共和国民法总则〉释解与适用》，人民法院出版社 2017 年版。

【相关案例】

1. 监护人的确定以有效照护被监护人权益为根本考量，应高于民事行为能力标准

——宗美菊诉吴仙凤、宗云红、宗云田、宗云苏、宗云铨生命权纠纷案

案例要旨：监护人应同时具备监护资格和监护能力，仅有监护资格而不具备监护能力的，不能认定为监护人；监护能力的认定，应当根据监护资格人的身体健康状况、经济条件及与被监护人在生活上的联系状况等因素确定，以有效照护被监护人权益为根本考量，应高于民事行为能力标准。

案号：（2014）浙金民终字第 365 号

审理法院：浙江省金华市中级人民法院

来源：《浙江省参阅案例·案例指导》2016.1（总第 37 期）

2. 一方诱使限制民事行为能力人脱离法定监护人的监护而与之同居，对限制行为能力人侵害他人民事权益的后果应承担主要责任

——刘某诉白某、廖某赔偿其女死亡造成的经济损失案

案例要旨：一方在明知对方为限制民事行为能力人的情况下，诱使其脱离法定监护人的监护而与之同居，进而伪造结婚证，使用欺诈手段使监护人误以为被监护人已经结婚，监护权应由其配偶行使的情况下，对于被监护人出现的侵害他人民事权益的后果，应当承担主要责任。

来源：《民事审判指导与参考》总第 45 辑（2011.1）

3. 无民事行为能力人的离婚诉讼，应由除其配偶外的其他监护人代为提起

——陈某某诉吕某某离婚纠纷案

案例要旨：夫妻关系存续期间，夫或妻一方因疾病或外力损伤而出现无民事行为能力或限制民事行为能力状态时，离婚只能通过诉讼来解决，虽然其第一顺序监护人系配偶，但为了保护无民事行为能力人的权益，应由除其配偶外的其他监护人代为提起离婚诉讼。

审理法院：山东省枣庄市山亭区人民法院

来源：最高法院公布婚姻家庭纠纷典型案例

第二十九条 遗嘱指定监护制度

被监护人的父母担任监护人的，可以通过遗嘱指定监护人。

【相关观点】

一、遗嘱监护的含义及适用

即父母以遗嘱的方式指定未成年子女的监护人的监护。本法虽未规定遗嘱监护，但现实生活中有遗嘱监护的存在。为父母遗嘱所指定的人同意作为监护人，其他有监护资格的人没有异议，而且该项指定不违反有关法律的规定，对被监护人并无不利，那么这种遗嘱应具有法律效力。这种指定即应得到法律的确认，可以认定监护关系成立。

对未成年子女的监护权属于亲权，夫妻离婚后，抚养子女的一方用遗嘱取消生父或者生母对该子女的监护权，应认定为无效。但被遗嘱取消监护权的监护人对被监护人有犯罪行为，受长期监禁或者无监护能力的除外。

——唐德华、高圣平主编：《民法通则及配套规定新释新解（上）》，人民法院出版社 2003 年版。

二、遗嘱监护在审判实践中应注意的问题

遗嘱的内容和订立程序须合法。无民事行为能力或者限制民事行为能力人所订立的遗嘱无效，被监护人的父母担任监护人通过遗嘱指定监护人的，订立遗嘱时应当具备完全行为能力。遗嘱必须表明遗嘱人真实意愿，受胁迫、骗取订立的遗嘱无效。被遗嘱指定担任监护人的，若以书面或者口头形式通知了被指定人的，应当认定指定成立。但民法总则并未规定担任监护人的父或母遗嘱指定监护人不一致时如何处理，结合民法总则草案征求意见稿及国外立法例，一方面，应尊重被监护人的意愿，根据最有利于被监护人的原则确定；另一方面，一般应以后死亡一方的指定为准。

——沈德咏主编：《〈中华人民共和国民法总则〉条文理解与适用》，人民法院出版社 2017 年版。

【相关文献】

1.《通则到总则有何新看点》，载中国人大网，最后访问时间：2017 年 3 月 22 日。

2. 尹志强：《未成年人监护制度中的监护人范围及监护类型》，载《华东政法大学学报》2016 年第 5 期。

第三十条 协商确定监护人

依法具有监护资格的人之间可以协议确定监护人。协议确定监护人应当尊重被监护人的真实意愿。

【相关规定】

《最高人民法院关于贯彻执行〈中华人民共和国民法通则〉若干问题的意见（试行）》

第十五条 有监护资格的人之间协议确定监护人的，应当由协议确定的监护人对被监护人承担监护责任。

【相关观点】

我国监护制度注重包括协议确立监护人在内的各个方面尊重被监护人的真实意愿。特别是对于成年被监护人，其民事行为能力往往并非突然丧失，而是逐步减弱的，应当尽可能理解成年人从限制民事行为能力到无民事行为能力人的变化过程，对于被监护人有能力独立处理的事务，应当尊重其真实意愿，成年被监护人实施的与其认知水平、判断能力、行为能力相符合的行为，尤其是实施的与日常生活相关的行为，监护人不应干涉。在协议确定监护人时，应当结合多种情况综合考量判断，探求其内心真实愿望，尊重被监护人的意愿。

——沈德咏主编：《〈中华人民共和国民法总则〉条文理解与适用》，人民法院出版社2017年版。

【相关文献】

《通则到总则有何新看点》，载中国人大网，最后访问时间：2017年3月22日。

第三十一条　监护争议解决程序

对监护人的确定有争议的，由被监护人住所地的居民委员会、村民委员会或者民政部门指定监护人，有关当事人对指定不服的，可以向人民法院申请指定监护人；有关当事人也可以直接向人民法院申请指定监护人。

居民委员会、村民委员会、民政部门或者人民法院应当尊重被监护人的真实意愿，按照最有利于被监护人的原则在依法具有监护资格的人中指定监护人。

依照本条第一款规定指定监护人前，被监护人的人身权利、财产权利以及其他合法权益处于无人保护状态的，由被监护人住所地的居民委员会、村民委员会、法律规定的有关组织或者民政部门担任临时监护人。

监护人被指定后，不得擅自变更；擅自变更的，不免除被指定的监护人的责任。

【新旧法条对比】

《中华人民共和国民法通则》

第十六条　未成年人的父母是未成年人的监护人。

未成年人的父母已经死亡或者没有监护能力的，由下列人员中有监护能力的人担任监护人：

（一）祖父母、外祖父母；

（二）兄、姐；

（三）关系密切的其他亲属、朋友愿意承担监护责任，经未成年人的父、母的所在单位或者未成年人住所地的居民委员会、村民委员会同意的。

对担任监护人有争议的，由未成年人的父、母的所在单位或者未成年人住所地的居民委员会、村民委员会在近亲属中指定。对指定不服提起诉讼的，由人民法院裁决。

没有第一款、第二款规定的监护人的，由未成年人的父、母的所在单位或者未成年人住所地的居民委员会、村民委员会或者民政部门担任监护人。

第十七条　无民事行为能力或者限制民事行为能力的精神病人，由下列人员担任监护人：

（一）配偶；

（二）父母；

（三）成年子女；

（四）其他近亲属；

（五）关系密切的其他亲属、朋友愿意承担监护责任，经精神病人的所在单位或者住所地的居民委员会、村民委员会同意的。

对担任监护人有争议的，由精神病人的所在单位或者住所地的居民委员会、村民委员会在近亲属中指定。对指定不服提起诉讼的，由人民法院裁决。

没有第一款规定的监护人的，由精神病人的所在单位或者住所地的居民委员会、村民委员会或者民政部门担任监护人。

【相关规定】

1.《最高人民法院关于贯彻执行〈中华人民共和国民法通则〉若干问题的意见（试行）》

第十四条　人民法院指定监护人时，可以将民法通则第十六条第二款中（一）（二）（三）项或第十七条第一款中的（一）（二）（三）（四）（五）项规定视为指定监护人的顺序。前一顺序有监护资格的人无监护能力或者对被监护人明显不利的，人民法院可以根据对被监护人有利的原则，从后一顺序有监护资格的人中择优确定。被监护人有识别能力的，应视情况征求被监护人的意见。

监护人可以是一人，也可以是同一顺序中的数人。

第十七条　有关组织依照民法通则规定指定监护人，以书面或者口头通知了被指定人的，应当认定指定成立。被指定人不服的，应当在接到通知的次日起三十日内向人民法院起诉。逾期起诉的，按变更监护关系处理。

第十八条　监护人被指定后，不得自行变更。擅自变更的，由原被指定的监护人和变更后的监护人承担监护责任。

第十九条　被指定人对指定不服提起诉讼的，人民法院应当根据本意见第十四条的规定，作出维持或者撤销指定监护人的判决。如果判决是撤销原指定的，可以同时另行指定监护人。此类案件，比照民事诉讼法（试行）规定的特别程序进行审理。

在人民法院作出判决前的监护责任，一般应当按照指定监护人的顺序，由有监护资格人承担。

2.《最高人民法院关于适用〈中华人民共和国民事诉讼法〉的解释》

第三百五十一条　被指定的监护人不服指定，应当自接到通知之日起三十日内向人民法院提出异议。经审理，认为指定并无不当的，裁定驳回异议；指定不当的，判决撤销指定，同时另行指定监护人。判决书应当送达异议人、原指定单位及判决指定的监护人。

【相关观点】

一、有权指定监护人的主体发生变化

民法总则实施后,未成年人父、母所在单位和精神病人所在单位,基于时代发展与职工之间主要为劳动合同关系,缺乏履行监护职责的意愿及能力,已不适宜作为指定监护的主体担任监护人,因此,取消了所在单位作为指定监护人的主体。

增加民政部门作为指定监护人主体。民政部门目前承担的工作包括社会救济、社会福利事业、社区服务工作等,均与自然人有无民事行为能力有关联。民政部门在实际工作中,往往比较了解辖区内未成年人和丧失民事行为能力人的家庭关系、健康状况等,有能力指定合适的监护人,且权威性较高。

二、临时监护人概念

民法总则为加强被监护人临时保护,规定依照本条第一款规定指定监护人前,被监护人的人身权利、财产权利以及其他合法权益处于无人保护状态的,由被监护人住所地的居民委员会、村民委员会、法律规定的有关组织或者民政部门担任临时监护人。推动建立以家庭监护为主体,以社区等有关单位和人员监督为保障,以国家监护为补充的监护制度。

三、监护人变更的限制与责任的承担

在监护人被指定后,从保护被监护人利益出发,不得擅自变更监护人。擅自变更的,不免除被指定的监护人的监护责任。

——沈德咏主编:《〈中华人民共和国民法总则〉条文理解与适用》,人民法院出版社2017年版。

【相关文献】

《民法总则草案十大亮点解读》,载中国人大网,最后访问时间:2016年6月28日。

【相关案例】

多人承担监护人职责会对被监护人的权益保护更加有利时,可由非同一顺序的监护人成为共同监护人

——郭凤武申请确定监护人纠纷案

案例要旨:被监护人的配偶、父母、子女无法担任监护人时,其其他近亲属及关系密切的其他亲属、朋友中在履行相关手续后均

可以成为监护人,如果发生争议,则应当按照法律规定的顺序予以确定。按照法律规定,其他近亲属的序位列于关系密切的其他亲属之前,但因为监护本质是一种职责,多人承担监护人职责会对被监护人的权益保护更加有利,故可以由非同一顺序的监护人成为共同监护人。

案号:(2012)房民特字第04389号

审理法院:北京市房山区人民法院

来源:《中国审判案例要览》(2013年民事审判案例卷)

第三十二条　民政部门或居民委员会、村民委员会担任监护人

没有依法具有监护资格的人的，监护人由民政部门担任，也可以由具备履行监护职责条件的被监护人住所地的居民委员会、村民委员会担任。

【新旧法条对比】

《中华人民共和国民法通则》

第十六条　未成年人的父母是未成年人的监护人。

未成年人的父母已经死亡或者没有监护能力的，由下列人员中有监护能力的人担任监护人：

（一）祖父母、外祖父母；

（二）兄、姐；

（三）关系密切的其他亲属、朋友愿意承担监护责任，经未成年人的父、母的所在单位或者未成年人住所地的居民委员会、村民委员会同意的。

对担任监护人有争议的，由未成年人的父、母的所在单位或者未成年人住所地的居民委员会、村民委员会在近亲属中指定。对指定不服提起诉讼的，由人民法院裁决。

没有第一款、第二款规定的监护人的，由未成年人的父、母的所在单位或者未成年人住所地的居民委员会、村民委员会或者民政部门担任监护人。

第十七条　无民事行为能力或者限制民事行为能力的精神病人，由下列人员担任监护人：

（一）配偶；

（二）父母；

（三）成年子女；

（四）其他近亲属；

（五）关系密切的其他亲属、朋友愿意承担监护责任，经精神病人的所在单位或者住所地的居民委员会、村民委员会同意的。

对担任监护人有争议的，由精神病人的所在单位或者住所地的居民委员会、村民委员会在近亲属中指定。对指定不服提起诉讼的，由人民法院裁决。

没有第一款规定的监护人的，由精神病人的所在单位或者住所地的居民委员会、村民委员会或者民政部门担任监护人。

【相关文献】

《民法总则草案十大亮点解读》，载中国人大网，最后访问时间：2016年6月28日。

【相关案例】

1. 未成年人的父母和近亲属没有监护能力，且没有关系密切的其他亲属、朋友愿意承担监护责任的，可由民政部门担任监护人

——张琴诉镇江市姚桥镇迎北村村民委员会撤销监护人资格纠纷案

案例要旨：认定监护人的监护能力，应当根据监护人的身体健康状况、经济条件，以及与被监护人在生活上的联系状况等综合因素确定。未成年人的近亲属没有监护能力，亦无关系密切的其他亲属、朋友愿意承担监护责任的，人民法院根据对被监护人有利的原则，可以直接指定具有承担社会救助和福利职能的民政部门担任未成年人的监护人，履行监护职责。

案号：（2014）镇经民特字第0002号

审理法院：江苏省镇江市经济开发区人民法院

来源：《最高人民法院公报》2015年第8期

2. 判决撤销监护人资格没有合适人员和其他单位担任监护人的，法院应当指定民政部门担任监护人

——卢某某被撤销监护人资格案

案例要旨：判决撤销监护人资格，未成年人有其他监护人的，应当由其他监护人承担监护职责；没有合适人员和其他单位担任监护人的，人民法院应当指定民政部门担任监护人，由其所属儿童福利机构收留抚养。

审理法院：四川省泸州市纳溪区人民法院

来源：最高人民法院关于侵害未成年人权益被撤销监护人资格典型案例

3. 判决撤销监护人资格没有合适人员和其他单位担任监护人的，法院应当指定民政部门担任监护人

——耿某某、马某被撤销监护人资格案

案例要旨：判决撤销监护人资格，未成年人没有合适人员和其他单位担任监护人的，人民法院应当指定民政部门担任监护人，由其所属儿童福利机构收留抚养。

审理法院：黑龙江省鹤岗市兴山区人民法院

来源：最高人民法院关于侵害未成年人权益被撤销监护人资格典型案例

4. 身份不明流浪人员作为民事权利人生命健康权应受保护，救助管理站作为社会救助组织，具有监护人的资格

——无名氏诉房盡、李刚锋、西安亚辉汽车客运有限责任公司、渤海财产保险股份有限公司陕西分公司生命权、健康权纠纷案

案例要旨： 流浪人员虽身份不明，但作为民事权利人其生命健康权应受保护；救助管理站作为社会救助组织，具有流浪乞讨人员监护人的资格；机动车与非机动车、行人发生交通事故造成人身伤亡，若非机动车、行人有过错，在保险公司清偿后的不足部分，可以适当减轻机动车一方的赔偿责任；雇员因故意或者重大过失致人损害，应与雇主承担连带赔偿责任；原告身份不能确定时，残疾赔偿金应按农村居民标准计算。

案号：（2016）陕0102民初668号

审理法院： 陕西省西安市新城区人民法院

来源：《人民司法·案例》2017年第5期

5. 判决撤销监护人资格没有合适人员和其他单位担任监护人的，法院应当指定民政部门担任监护人

——邵某某、王某某被撤销监护人资格案

案例要旨： 判决撤销监护人资格，未成年人有其他监护人的，应当由其他监护人承担监护职责；没有合适人员和其他单位担任监护人的，人民法院应当指定民政部门担任监护人，由其所属儿童福利机构收留抚养。

审理法院： 江苏省徐州市铜山区人民法院

来源： 最高人民法院关于侵害未成年人权益被撤销监护人资格典型案例

第三十三条　成年人意定监护

具有完全民事行为能力的成年人，可以与其近亲属、其他愿意担任监护人的个人或者组织事先协商，以书面形式确定自己的监护人。协商确定的监护人在该成年人丧失或者部分丧失民事行为能力时，履行监护职责。

【相关规定】

《中华人民共和国老年人权益保障法》

第二十六条　具备完全民事行为能力的老年人，可以在近亲属或者其他与自己关系密切、愿意承担监护责任的个人、组织中协商确定自己的监护人。监护人在老年人丧失或者部分丧失民事行为能力时，依法承担监护责任。

老年人未事先确定监护人的，其丧失或者部分丧失民事行为能力时，依照有关法律的规定确定监护人。

【相关观点】

一、意定监护制度

意定监护制度是指被监护人在具有完全的判断能力时，依自己的意思能力预先选任信赖之亲朋作为将来自己被判断为能力丧失或衰退时之监护人（并不限于法定的监护人），并与之订立委托监护合同，由本人将有关自己的监护事务（关于生活、疗养看护和财产管理的事务）的全部或部分代理权授予监护人，在本人因年老、精神障碍或其他丧失判断能力的事实发生后，合同生效。即在本人能力不充分之前，事先设置好处理这种问题的应对措施。

意定监护优先于法定监护，这是对本人自我决定权的尊重。

二、成年人意定监护的注意点

本条主要适用于当事人因年老、精神疾病或意外事故等原因丧失或者部分丧失民事行为能力的情形，审判时要注意以下两个问题：

1. 协商确定监护人须具备书面形式这一特殊要件，即当事人应当在有完全民事行为能力时，以书面形式对确定自己的监护人进行意思表示。书面形式既可以是一般书面形式，如书面合同、授权委托书、信件、数据电文（包括电报、电传、传真、电子数据交换和电子邮件）等，也可以是公证文书等特殊书面形式。

2. 丧失或者部分丧失民事行为能力的认定。一般而言，心智丧失，不具有识别能力和判断能力，即为丧失民事行为能力；未完全丧失意思能力，能够进行适合其智能状况的民事行为，即为部分丧失民事行为能力。如何判断当事人是否能够辨认自己的行为比较困难，民法总则第 24 条规定，由当事人的利害关系人或者有关组织向人民法院申请认定该成年人为无民事行为能力人或者限制民事行为能力人。

——沈德咏主编：《〈中华人民共和国民法总则〉条文理解与适用》，人民法院出版社 2017 年版。

【相关文献】

杨立新：《〈民法总则（草案）〉自然人制度规定的进展与改进》，载《法治研究》2016 年第 5 期。

第三十四条、第三十五条　监护人的职责范围及履职原则

第三十四条　监护人的职责是代理被监护人实施民事法律行为，保护被监护人的人身权利、财产权利以及其他合法权益等。

监护人依法履行监护职责产生的权利，受法律保护。

监护人不履行监护职责或者侵害被监护人合法权益的，应当承担法律责任。

第三十五条　监护人应当按照最有利于被监护人的原则履行监护职责。监护人除为维护被监护人利益外，不得处分被监护人的财产。

未成年人的监护人履行监护职责，在作出与被监护人利益有关的决定时，应当根据被监护人的年龄和智力状况，尊重被监护人的真实意愿。

成年人的监护人履行监护职责，应当最大程度地尊重被监护人的真实意愿，保障并协助被监护人实施与其智力、精神健康状况相适应的民事法律行为。对被监护人有能力独立处理的事务，监护人不得干涉。

【新旧法条对比】

《中华人民共和国民法通则》

第十八条　监护人应当履行监护职责，保护被监护人的人身、财产及其他合法权益，除为被监护人的利益外，不得处理被监护人的财产。

监护人依法履行监护的权利，受法律保护。

监护人不履行监护职责或者侵害被监护人的合法权益的，应当承担责任；给被监护人造成财产损失的，应当赔偿损失。人民法院可以根据有关人员或者有关单位的申请，撤销监护人的资格。

【相关规定】

《最高人民法院关于贯彻执行〈中华人民共和国民法通则〉若干问题的意见（试行）》

第十条　监护人的监护职责包括：保护被监护人的身体健康，照顾被监护人的生活，管理和保护被监护人的财产，代理被监护人进行民事活动，对被监护人进行管理和教育，在被监护人合法权益受到侵害或者与人发生争议时，代理其进行诉讼。

第二十条　监护人不履行监护职责，或者侵害了被监护人的合法权益，本法第十六条、第十七条规定的其他有监护资格的人或者单位向人民法院起

诉要求监护人承担民事责任的,按照普通程序审理,要求变更监护关系的,按照特别程序审理;既要求承担民事责任,又要求变更监护关系的,分别审理。

第二十二条　监护人可以将监护职责部分或者全部委托给他人。因被监护人的侵权行为需要承担民事责任的,应当由监护人承担,但另有约定的除外;被委托人确有过错的,负连带责任。

【相关观点】

一、监护人的职责

监护人的职责,就是监护关系存续期间监护人应当承担的义务。《民法通则》第18条第1款规定:"监护人应当履行监护职责,保护被监护人的人身、财产及其他合法权益,除为被监护人的利益外,不得处理被监护人的财产。"《最高人民法院关于贯彻执行〈中华人民共和国民法通则〉若干问题的意见(试行)》第10条规定:"监护人的监护职责包括:保护被监护人的身体健康,照顾被监护人的生活,管理和保护被监护人的财产,代理被监护人进行民事活动,对被监护人进行管理和教育,在被监护人合法权益受到侵害或者与人发生争议时,代理其进行诉讼。"概而言之,监护人的职责包括以下几个方面:

(一)保护被监护人的身体健康,照顾被监护人的生活

作为被监护人的未成年人和精神病人,不具备完全民事行为能力,他们对其自身身体健康的保护能力是有欠缺的。因此,需要由监护人来保护被监护人的身体健康和人身安全,使其免受不法的人身侵害。同时,监护人必须在日常生活中给予被监护人必要的关心和爱护,以保证未成年人的健康成长和促进精神病人的康复。监护人不得有虐待和遗弃被监护人的行为。

(二)管理和保护被监护人的财产

监护人是被监护的财产的合法管理人,他有权排除他人对被监护人的财产的非法侵犯,否定被监护人作出的与其民事行为能力不相适应的处分财产的行为,并有权向不当得利人进行追索。当然,这里所说的管理和保护,不仅仅是消极的保管,也包括必要的经营行为和处分行为,但须符合为被监护人的利益目的,否则,造成被监护人的利益损失的,监护人应当承担相应的民事责任。

(三)代理被监护人进行民事活动

《民法通则》第14条规定:"无民事行为能力人、限制民事行为能力人的监护人是他的法定代理人。"代理被监护人进行民事活动是监护人的重要职责。根据法律对代理问题的有关规定,代理人须具有完全民事行为能力,因此,监护人也必须是完全民事行为能力人。在监护人代理参加的民事活动

中，监护人与被监护人是代理人与被代理人的关系。作为代理人，监护人不得滥用代理权或者作出有损于被代理人利益的行为。

（四）对被监护人进行管理和教育

监护人应当通过对未成年人和精神病人的管理、教育和约束，以防止他们实施侵害国家、社会利益和其他公民的合法权益的不法行为。为了督促监护人尽到管教责任，《民法通则》第133条第1款特别规定："无民事行为能力人、限制民事行为能力人造成他人损害的，由监护人承担民事责任。监护人尽了监护责任的，可以适当减轻他的民事责任。"

（五）代理被监护人进行诉讼

按照民事诉讼原理，无民事行为能力人和限制民事行为能力人均为无诉讼行为能力人。因此，在民事诉讼乃至行政诉讼中，监护人必须代为实施被监护人的诉讼行为，以维护被监护人的合法权益。

二、监护人的权利

为了保护被监护人切实履行自己的职责，《民法通则》第18条第2款规定："监护人依法履行监护的权利，受法律保护。"如果监护人行使权利受到非法干涉，监护人有权通过诉讼途径获得权利救济。

三、监护人的民事责任

我国关于监护人的民事责任综合起来主要是：（1）监护不履行监护职责或者侵害被监护人的合法权益的，应当承担法律责任。（2）给被监护人造成财产损失的，应当赔偿损失。（3）被监护人造成他人损害的，由监护人承担民事责任。监护人尽了监护职责的，可以适当减轻其民事责任。有财产的被监护人，造成他人损害时，从本人财产中支付赔偿费用。不足部分，由监护人适当赔偿，但单位担任监护人的除外。

《民法通则》第18条第3款规定："监护人不履行监护职责或者侵害被监护人的合法权益的，应当承担责任；给被监护人造成财产损失的，应当赔偿损失。人民法院可以根据有关人员或者有关单位的申请，撤销监护人的资格。"本法侵权责任中的第133条规定："无民事行为能力人、限制民事行为能力人造成他人损害的，由监护人承担民事责任。监护人尽了监护责任的，可以适当减轻他的民事责任。""有财产的无民事行为能力人、限制民事行为能力人造成他人损害的，从本人财产中支付赔偿费用。不足部分，由监护人适当赔偿，但单位担任监护人的除外。"

从这些法律规定中，我们可以发现，我国法律对监护人的责任规定以过错原则为一般原则，以无过错原则为补充。过错原则是指以过错为归责原则的民事责任，无过错原则是不以过错为归责原则的民事责任，即不论行为人主观上是否有过错，都应就其损害后果承担民事责任。本条规定的是一般原则，即过错原则。监护人不履行其监护职责或者侵害被监护人的合法权益，主观上存在过错,因此应承担民事责任;给被监护人造成财产损失的,应赔偿损失。而第133条的规定则是采用了无过错原则。如对未成年人所实施的侵权行为,即使父母亲作为监护人已尽到监护职责,也不能完全免除。这与世界上其他一些国家的做法有所不同。国外有些法律规定:监护人只要尽到了监护职责,对被监护人的损害行为不负赔偿责任。从某种意义上说,我国的监护责任制度更接近于亲权责任制度。

——以上观点均摘自唐德华、高圣平主编:《民法通则及配套规定新释新解(上)》,人民法院出版社2003年版。

四、"最有利于被监护人的原则"和"尊重被监护人的真实意愿"原则

这两个原则是对《民法通则》第18条的完善。设置监护的目的是保护无民事行为能力人和限制民事行为能力人的合法权益,因此监护人在履行职责时,应当遵循最有利于被监护人的原则和尊重被监护人的真实意愿。

【相关文献】

王中伟、王伯文:《我国〈民法通则〉人身监护责任的缺失与完善》,载《法律适用》2009年第9期。

【相关案例】

1. 监护人非为未成年人利益对其财产的处置行为构成无权代理

——郭超诉中国建设银行股份有限公司舟山城关支行确认合同无效纠纷案

案例要旨:为保护未成年人利益,监护人除为未成年人利益外,不得处理未成年人的财产,否则构成无权代理,监护人与他人签订合同的效力依照无权代理的相关规定予以认定。

案号:(2015)浙舟商终字第58号

审理法院:浙江省舟山市中级人民法院

来源:《人民司法·案例》2016年第8期

2. 监护人签订的调解协议约定侵害残疾人财产权益时,法院应不予支持

——王某甲诉王某乙请求履行人民调解协议纠纷案

案例要旨:残疾人的监护人之间私自签订调解协议,约定处分残疾人个人财产并将所得款项归监护人所有,监护人起诉要求其他监护人履行该调解协议的,法院不予支持。

来源:最高人民法院公布10起残疾人权益保障典型案例

3. 在以监护人的名义管理被监护人财产不影响被监护人的权益且更为便利时，可以以监护人的名义进行，诉讼中应当以监护人为当事人

——王成全等诉北京市通州区台湖镇台湖村民委员会房屋拆迁补偿纠纷案

案例要旨：监护人是被监护人民事活动的法定代理人，但是并非任何民事活动均需以被监护人的名义进行，在以监护人的名义管理被监护人财产不影响被监护人的权益且更为便利时，可以以监护人的名义进行。此种情形下，诉讼中应当以监护人为当事人。

案号：（2008）通民初字第 02430 号

审理法院：北京市通州区人民法院

来源：《人民司法·案例》2009 年第 2 期

4. 应当有条件地认可无民事行为能力人的监护人代其订立的遗赠扶养协议的效力

——张道根与张琴娣等遗赠扶养协议纠纷上诉案

案例要旨：遗赠扶养协议的本质是合同，应当有条件地认可无民事行为能力人的监护人代其订立的遗赠扶养协议的效力，若代为订立遗赠扶养协议的被监护人符合有一定财产，但缺乏劳动能力和生活来源又无法定扶养义务人的范围，且监护人代为订立遗赠扶养协议的过程中通知了其他法定继承人并征求其同意以及以书面形式订立的条件，遗赠抚养协议应认定为有效。

案号：（2010）沪二中民一（民）终字第 2498 号

审理法院：上海市第二中级人民法院

来源：《人民司法·案例》2011 年第 14 期

5. 监护人除为被监护人的利益以外，不得随意处理被监护人的财产

——林书耕、张青华与张书仁返还原物纠纷案

案例要旨：监护人应履行监护职责，保护被监护人的人身、财产及其他合法权益。监护人为自己的利益处分被监护人的财产的，应及时予以返还。

案号：（2015）仓民初字第 2077 号

审理法院：福建省福州市仓山区人民法院

来源：中国裁判文书网

第三十六条　撤销监护人资格

监护人有下列情形之一的，人民法院根据有关个人或者组织的申请，撤销其监护人资格，安排必要的临时监护措施，并按照最有利于被监护人的原则依法指定监护人：

（一）实施严重损害被监护人身心健康行为的；

（二）怠于履行监护职责，或者无法履行监护职责并且拒绝将监护职责部分或者全部委托给他人，导致被监护人处于危困状态的；

（三）实施严重侵害被监护人合法权益的其他行为的。

本条规定的有关个人和组织包括：其他依法具有监护资格的人，居民委员会、村民委员会、学校、医疗机构、妇女联合会、残疾人联合会、未成年人保护组织、依法设立的老年人组织、民政部门等。

前款规定的个人和民政部门以外的组织未及时向人民法院申请撤销监护人资格的，民政部门应当向人民法院申请。

【新旧法条对比】

《中华人民共和国民法通则》

第十八条　监护人应当履行监护职责，保护被监护人的人身、财产及其他合法权益，除为被监护人的利益外，不得处理被监护人的财产。

监护人依法履行监护的权利，受法律保护。

监护人不履行监护职责或者侵害被监护人的合法权益的，应当承担责任；给被监护人造成财产损失的，应当赔偿损失。人民法院可以根据有关人员或者有关单位的申请，撤销监护人的资格。

【相关规定】

1.《最高人民法院关于贯彻执行〈中华人民共和国民法通则〉若干问题的意见（试行）》

第二十一条　夫妻离婚后，与子女共同生活的一方无权取消对方对该子女的监护权，但是，未与该子女共同生活的一方，对该子女有犯罪行为、虐待行为或者对该子女明显不利的，人民法院认为可以取消的除外。

2.《最高人民法院　最高人民检察院　公安部　民政部关于依法处理监护人侵害未成年人权益行为若干问题的意见》

第二十七条　下列单位和人员（以下简称有关单位和人员）有权向人民

法院申请撤销监护人资格：

（一）未成年人的其他监护人，祖父母、外祖父母、兄、姐，关系密切的其他亲属、朋友；

（二）未成年人住所地的村（居）民委员会，未成年人父、母所在单位；

（三）民政部门及其设立的未成年人救助保护机构；

（四）共青团、妇联、关工委、学校等团体和单位。

申请撤销监护人资格，一般由前款中负责临时照料未成年人的单位和人员提出，也可以由前款中其他单位和人员提出。

第三十一条 申请撤销监护人资格案件，由未成人住所地、监护人住所地或者侵害行为地基层人民法院管辖。

人民法院受理撤销监护人资格案件，不收取诉讼费用。

第三十二条 人民法院审理撤销监护人资格案件，比照民事诉讼法规定的特别程序进行，在一个月内审理结案。有特殊情况需要延长的，由本院院长批准。

第三十四条 人民法院根据案件需要可以聘请适当的社会人士对未成年人进行社会观护，并可以引入心理疏导和测评机制，组织专业社会工作者、儿童心理问题专家等专业人员参与诉讼，为未成年人和被申请人提供心理辅导和测评服务。

第三十五条 被申请人有下列情形之一的，人民法院可以判决撤销其监护人资格：

（一）性侵害、出卖、遗弃、虐待、暴力伤害未成年人，严重损害未成年人身心健康的；

（二）将未成年人置于无人监管和照看的状态，导致未成年人面临死亡或者严重伤害危险，经教育不改的；

（三）拒不履行监护职责长达六个月以上，导致未成年人流离失所或者生活无着的；

（四）有吸毒、赌博、长期酗酒等恶习无法正确履行监护职责或者因服刑等原因无法履行监护职责，且拒绝将监护职责部分或者全部委托给他人，致使未成年人处于困境或者危险状态的；

（五）胁迫、诱骗、利用未成年人乞讨，经公安机关和未成年人救助保护机构等部门三次以上批评教育拒不改正，严重影响未成年人正常生活和学习的；

（六）教唆、利用未成年人实施违法犯罪行为，情节恶劣的；

（七）有其他严重侵害未成年人合法权益行为的。

第三十六条 判决撤销监护人资格，未成年人有其他监护人的，应当由其他监护人承担监护职责。其他监护人应当采取措施避免未成年继续受到侵害。

没有其他监护人的，人民法院根据最有利于未成年人的原则，在民法通则第十六条第二款、第四款规定的人员和单位中指定监护人。指定个人担任监护人的，应当综合考虑其意愿、品行、身体状况、经济条件、与未成年人的生活情感联系以及有表达能力的未成年人的意愿等。

没有合适人员和其他单位担任监护人的，人民法院应当指定民政部门担任监护人，由其所属儿童福利机构收留抚养。

第三十七条　判决不撤销监护人资格的，人民法院可以根据需要走访未成年人及其家庭，也可以向当地民政部门、辖区公安派出所、村（居）民委员会、共青团、妇联、未成年人所在学校、监护人所在单位等发出司法建议，加强对未成年人的保护和对监护人的监督指导。

【相关观点】

《民法总则》根据实际情况，在《民法通则》等有关规定的基础上，对撤销监护人资格诉讼作出进一步明确的规定。

1. 申请主体。申请撤销监护人资格的主体较为宽泛，本条列举的个人组织都负有保护被监护人的特定职责，规定他们可以申请撤销监护人资格，目的是为了保证被监护人中存在的问题被及时披露，对监护权的行使起到监督和制约作用，避免监护人滥用权利侵害被监护人利益。民政部门是申请撤销监护人资格的兜底单位。

2. 必要的临时监护措施，指的是被监护人在权益受到监护人侵害之后，人民法院在指定监护人之前，为避免被监护人处于无人监护的状态中，可以临时指定被监护人的亲属、居民委员会、村民委员会、民政部门等担任临时监护人，履行法律规定的监护职责。

3. 撤销监护人资格诉讼的适用情形。撤销监护人资格应当非常慎重，本条列举的三种情形，都属于严重侵害被监护人权益的情形，这是"最有利于被监护人原则"的要求。

——沈德咏主编：《〈中华人民共和国民法总则〉条文理解与适用》，人民法院出版社2017年版。

【相关案例】

1. 父母拒不履行监护责任或者侵害被监护人合法权益的，民政局可申请撤销未成年人父母的监护权并成为监护人

——江苏省徐州市铜山区民政局诉邵某某、王某某申请撤销监护人资格案

案例要旨：当父母拒不履行监护责任或者侵害被监护人合法权益时，民政局有权依法申请撤销父母的监护权。在未成年人的其他近亲属无力监护、不愿监护和不宜监护，临时照料人监护能力又有限的情形下，应判决民政局履行带有国家义务性质的监护责任，指定其作为未成年人的监护人。参考社会观护报告的建议以及听取未成年人的意愿，民政局可以通过家庭寄养、自愿助养的方式，委托临时照料人继续照料未成年人的生活，并履行监护保障义务，承担相应的国家救助责任。

案号：（2015）铜民特字第0001号

审理法院：江苏省徐州市铜山区（县）人民法院

来源：《人民司法·案例》2015年第14期

2. 监护人经常虐待未成年子女，严重影响未成年子女身心健康的，居委会可以向法院申请撤销其监护资格

——无锡市大同路社区居民委员会申请撤销丁建华的监护人资格案

案例要旨：父母作为未成年子女的法定监护人，理应保护其身体健康，照顾其生活，管理和保护其财产，对其进行教育，维护其合法权益，履行相应的监护职责。对于父母不认真履行监护义务，对未成年子女长期实施体罚等虐待行为，严重影响未成年子女身心健康，明显对其不利的，居委会可以向法院申请撤销其监护资格。

审理法院：江苏省无锡市崇安区人民法院

来源：《人民法院案例选》总第44辑

3. 监护人没有监护能力，自愿放弃监护权的，法院可撤销其监护权

——吴某某被撤销监护人资格案

案例要旨：监护人没有监护能力，自愿放弃孩子抚养权和监护权的，法院可撤销其监护权，指定未成年人救助保护机构担任监护人。

审理法院：海南省琼海市人民法院

来源：最高人民法院关于侵害未成年人权益被撤销监护人资格典型案例

4. 父母作为监护人长期怠于履行监护职责，祖父母愿意承担监护责任，法院可变更监护人

——王某被撤销监护人资格案

案例要旨：父母作为监护人长期怠于履行监护职责，将可能给被监护人造成损害的或者已给被监护人造成损害的，祖父母愿意承担监护责任，法院可撤销父母监护权，变更监护人。

审理法院：浙江省义乌市人民法院

来源：最高人民法院关于侵害未成年人权益被撤销监护人资格典型案例

5. 监护人长期不尽抚养义务法院可变更监护人

——周某被撤销监护人资格案

案例要旨：监护人长期不尽抚养义务，将可能给被监护人造成损害的或者已给被监护人造成损害的，关系密切的其他亲属、朋友愿意承担监护责任，经未成年人住所地的居民委员会同意的，法院可撤销原监护人监护权，变更监护人。

来源：最高人民法院关于侵害未成年人权益被撤销监护人资格典型案例

审理法院：上海市长宁区人民法院

6. 监护人暴力伤害被监护人法院可判决撤销其监护人资格

——何某某被撤销监护人资格案

案例要旨：监护人应履行对被监护人的监护职责，监护人暴力伤害被监护人，严重损害被监护人身心健康的，法院可以判决撤销其监护人资格。

审理法院：浙江省乐清市人民法院

来源：最高人民法院关于侵害未成年人权益被撤销监护人资格典型案例

7. 监护人不履行监护职责导致未成年人身心健康受到侵害的，法院可撤销其监护权

——徐某被撤销监护人资格案

案例要旨：监护人不履行监护职责，导致未成年人身心健康受到侵害的行为，应认定为监护侵害行为。法院可撤销其监护权，指定未成年人救助保护机构担任监护人。

审理法院：江苏省常州市天宁区人民法院

来源：最高人民法院关于侵害未成年人权益被撤销监护人资格典型案例

第三十七条　被撤销监护资格的法定义务人继续负担抚养费等义务

依法负担被监护人抚养费、赡养费、扶养费的父母、子女、配偶等，被人民法院撤销监护人资格后，应当继续履行负担的义务。

【相关规定】

1. 《中华人民共和国反家庭暴力法》

第二十一条　监护人实施家庭暴力严重侵害被监护人合法权益的，人民法院可以根据被监护人的近亲属、居民委员会、村民委员会、县级人民政府民政部门等有关人员或者单位的申请，依法撤销其监护人资格，另行指定监护人。

被撤销监护人资格的加害人，应当继续负担相应的赡养、扶养、抚养费用。

2. 《最高人民法院　最高人民检察院　公安部　民政部关于依法处理监护人侵害未成年人权益行为若干问题的意见》

第四十二条　被撤销监护人资格的父、母应当继续负担未成年人的抚养费用和因监护侵害行为产生的各项费用。相关单位和人员起诉的，人民法院应予支持。

【相关观点】

一、法定义务人主体

继续负担抚养费、赡养费、扶养费的主体，仅限于父母、子女和配偶。其中，父母与子女，既包括亲生父母与亲生子女，也包括养父母与养子女，以及继父或继母与受其抚养教育的继子女。

二、争议程序

人民法院审理撤销监护人资格案件，比照民事诉讼法规定的特别程序进行；审理要求监护人承担民事责任的案件，适用民事诉讼法的普通程序或者简易程序；既要求承担民事责任，又要求变更监护关系的，分别审理。

——沈德咏主编：《〈中华人民共和国民法总则〉条文理解与适用》，人民法院出版社2017年版。

第三十八条 恢复监护人资格

被监护人的父母或者子女被人民法院撤销监护人资格后,除对被监护人实施故意犯罪的外,确有悔改表现的,经其申请,人民法院可以在尊重被监护人真实意愿的前提下,视情况恢复其监护人资格,人民法院指定的监护人与被监护人的监护关系同时终止。

【相关规定】

《最高人民法院、最高人民检察院、公安部、民政部关于依法处理监护人侵害未成年人权益行为若干问题的意见》

第三十八条 被撤销监护人资格的侵害人,自监护人资格被撤销之日起三个月至一年内,可以书面向人民法院申请恢复监护人资格,并应当提交相关证据。

人民法院应当将前款内容书面告知侵害人和其他监护人、指定监护人。

第三十九条 人民法院审理申请恢复监护人资格案件,按照变更监护关系的案件审理程序进行。

人民法院应当征求未成年人现任监护人和有表达能力的未成年人的意见,并可以委托申请人住所地的未成年人救助保护机构或者其他未成年人保护组织,对申请人监护意愿、悔改表现、监护能力、身心状况、工作生活情况等进行调查,形成调查评估报告。

申请人正在服刑或者接受社区矫正的,人民法院应当征求刑罚执行机关或者社区矫正机构的意见。

第四十条 人民法院经审理认为申请人确有悔改表现并且适宜担任监护人的,可以判决恢复其监护人资格,原指定监护人的监护人资格终止。

申请人具有下列情形之一的,一般不得判决恢复其监护人资格:

(一)性侵害、出卖未成年人的;

(二)虐待、遗弃未成年人六个月以上、多次遗弃未成年人,并且造成重伤以上严重后果的;

(三)因监护侵害行为被判处五年有期徒刑以上刑罚的。

【相关观点】

故意犯罪和悔改表现的认定

根据刑法规定,故意犯罪是指行为人明知自己的行为会发生危害社会的结果,并且希望或者放任这种结果发生的行为。通常监护人对被监护人实施的故意犯罪包括：故意伤害、遗弃、虐待、性侵害、出卖等。

当事人申请恢复监护人资格，应当向人民法院提交书面申请，提交其对行为危害性的认识、悔改的决心、接受教育辅导情况以及后续表现情况等证据材料，一般还需要提供其他亲属、居民委员会、村民委员会、民政部门、所在单位、被监护人所在社区、所在学校的证明等。如果居民委员会、村民委员会及民政部门对监护人开展指导、心理疏导等教育辅助工作并取得效果的，申请人还应当向法院提交上述报告。

——沈德咏主编：《〈中华人民共和国民法总则〉条文理解与适用》，人民法院出版社2017年版。

第三十九条 监护关系终止

有下列情形之一的,监护关系终止:
(一)被监护人取得或者恢复完全民事行为能力;
(二)监护人丧失监护能力;
(三)被监护人或者监护人死亡;
(四)人民法院认定监护关系终止的其他情形。

监护关系终止后,被监护人仍然需要监护的,应当依法另行确定监护人。

【相关观点】

一、监护的终止

监护因一定的事实而发生,也因一定的法律事实而终止。监护设立的根据不同,终止的原因也不相同。监护主要因下列原因而终止:

(一)被监护人获得了完全民事行为能力

对于未成年人的监护,自被监护人成年之日起,监护即终止。成年是一个法律事实,受监护的未成年人一旦年满18周岁,就成为成年人,具有完全民事行为能力,可以独立地进行民事活动。这时,监护当然终止。如果受监护的未成年人是不能辨认或者不能完全辨认自己行为的精神病人,即使他已成年,也不具有正常人的认识能力,因此,在他成年后,仍然不能具有完全民事行为能力,还需要继续设立监护人。但是,在这种情况下,对未成年人的监护也已终止,因为自成年之时起,他就不再是未成年人。如果他是一个精神病人,只有在精神病人痊愈以后,经利害关系人申请,由人民法院撤销对其作出的监护裁决,才能导致监护关系终止。

(二)监护人丧失完全民事行为能力

监护关系的成立以监护人具有完全民事行为能力为条件。监护人如果不具有完全民事行为能力,也就根本不可能履行监护职责,从而自然应当导致监护关系终止。

(三)监护人被人民法院剥夺监护资格

如果监护人不依法履行其监护职责,或者滥用监护资格损害被监护人的利益,人民法院可以根据有关人员或者单位的申请,经查明事实撤销监护人的监护资格,从而导致监护关系终止。

(四)监护人有正当理由辞去指定监护

监护人在一般情况下,不得抛弃其监护资格,也不得要求辞去监护,但如果确有正当理由使其不能履行监护职责,可以向指定机关提出申请,请求辞去监护资格。一般来说,辞去监护仅适用于指定监护的情况,而不能适用于法定监护。

二、监护关系终止的法律后果

如果监护关系终止后就有关财产问题发生纠纷,则可责令原监护人对财产进行清算,以明确其就职中监护财产的变更以及现有财产的状况,从而确定监护人与被监护人之间应给付或应偿还的金钱以及应移交或交还的财产。监护人死亡时,清算责任可由监护人的继承人承担。清算的费用,原则上由被监护人承担;但若由于监护人的过失而产生的费用,则由监护人承担。监护相对终止后经财产清算后的剩余财产,应返还给新的监护人。

——沈德咏主编:《〈中华人民共和国民法总则〉条文理解与适用》,人民法院出版社 2017 年版。

【相关案例】

被监护人取得完全民事行为能力时,监护关系自然终止

——唐某甲与王某甲、王某乙监护权纠纷案

案例要旨:被监护人取得完全民事行为能力时,与监护人之间的监护关系自然终止,无须向人民法院申请解除。

案号:(2011)镜民一初字第 00995 号

审理法院:安徽省芜湖市镜湖区人民法院

来源:中国裁判文书网

第三节 宣告失踪和宣告死亡

第四十条、第四十一条 申请宣告失踪的条件及下落不明的起算时间

第四十条 自然人下落不明满二年的,利害关系人可以向人民法院申请宣告该自然人为失踪人。

第四十一条 自然人下落不明的时间从其失去音讯之日起计算。战争期间下落不明的,下落不明的时间自战争结束之日或者有关机关确定的下落不明之日起计算。

【新旧法条对比】

《中华人民共和国民法通则》

第二十条 公民下落不明满二年的,利害关系人可以向人民法院申请宣告他为失踪人。

战争期间下落不明的,下落不明的时间从战争结束之日起计算。

【相关规定】

1.《最高人民法院关于贯彻执行〈中华人民共和国民法通则〉若干问题的意见(试行)》

第二十四条 申请宣告失踪的利害关系人,包括被申请宣告失踪人的配偶、父母、子女、兄弟姐妹、祖父母、外祖父母、孙子女、外孙子女以及其他与被申请人有民事权利义务关系的人。

第二十六条 下落不明是指公民离开最后居住地后没有音讯的状况。对于在台湾或者在国外,无法正常通讯联系的,不得以下落不明宣告死亡。

第二十八条 民法通则第二十条第一款、第二十三条第一款第一项中的下落不明的起算时间,从公民音讯消失之次日起算。

宣告失踪的案件,由被宣告失踪人住所地的基层人民法院管辖。住所地与居住地不一致的,由最后居住地基层人民法院管辖。

2.《中华人民共和国民事诉讼法》

第一百八十三条 公民下落不明满二年,利害关系人申请宣告其失踪的,向下落不明人住所地基层人民法院提出。

申请书应当写明失踪的事实、时间和请求,并附有公安机关或者其他有关机关关于该公民下落不明的书面证明。

第一百八十五条　人民法院受理宣告失踪、宣告死亡案件后，应当发出寻找下落不明人的公告。宣告失踪的公告期间为三个月，宣告死亡的公告期间为一年。因意外事故下落不明，经有关机关证明该公民不可能生存的，宣告死亡的公告期间为三个月。

公告期间届满，人民法院应当根据被宣告失踪、宣告死亡的事实是否得到确认，作出宣告失踪、宣告死亡的判决或者驳回申请的判决。

3.《最高人民法院关于适用〈中华人民共和国民事诉讼法〉的解释》

第三百四十七条　寻找下落不明人的公告应当记载下列内容：

（一）被申请人应当在规定期间内向受理法院申报其具体地址及其联系方式。否则，被申请人将被宣告失踪、宣告死亡；

（二）凡知悉被申请人生存现状的人，应当在公告期间内将其所知道情况向受理法院报告。

第三百四十八条　人民法院受理宣告失踪、宣告死亡案件后，作出判决前，申请人撤回申请的，人民法院应当裁定终结案件，但其他符合法律规定的利害关系人加入程序要求继续审理的除外。

【相关观点】

宣告公民失踪的条件

申请宣告公民失踪，依照《民法通则》第20条和民事诉讼法规定，应当具备实质条件和形式条件。实质条件是宣告公民失踪的必备的实体法规定的条件，不具备实质条件，不能宣告公民失踪。形式条件是申请宣告失踪，应当具备的程序条件。形式条件不具备，可以补正的，由申请人补正。

1. 宣告失踪的实质要件

（1）该公民须有下落不明的事实。即该公民离开自己的住所或者经常居住地，杳无音讯，既不知其去向和归宿，又无任何通讯联系，这种事实状态的存在，形成了公民下落不明的事实。如该公民离开自己的住所或经常居住地，其去向明确，又有一定的归宿地，仅仅音讯阻绝，和利害关系人失去联系，不能认为已出现了下落不明的事实。

（2）下落不明的时间，须持续满2年。下落不明时间的计算：在通常情况下，从公民最后离开住所或经常居住地之日起算；下落不明时断时续的，从最后下落不明之日起算；在战争期间下落不明的，从战争结束之日起算。

2年期间的计算，不论在哪一种情况下，从开始之日至届满之日，都要保持连续性，不能断档，不能把时断时续的时间，累积计算。有断档和时断时续现象的，应从最后下落不明之日起计算。

（3）须由该公民的利害关系人提出申请。人民法院在无人申请时，不能以职权宣告公民失踪。该公民的利害关系人，通常认为，是指该公民的配偶、父母、成年子女或者与其关系密切的其他近亲属。按照《最高人民法院关于贯彻执行〈中华人民共和国民法通则〉若干问题的意见（试行）》规定，"申请宣告失踪的利害关系人，包括被申请宣告失踪人的配偶、父母、子女、兄弟、姐妹、祖父母、外祖父母、孙子女、外孙子女，以及其他与被申请人有民事权利义务关系的人"，范围很宽。几个利害关系人对是否申请该公民失踪意见不一致等，其申请权的行使按以下顺序：①配偶；②父母、子女；③兄弟姐妹、祖父母、外祖父母、孙子女、外孙子女；④其他有民事权利义务关系的人。

（4）由人民法院依法定程序宣告。宣告公民失踪，除应具备上述要件外，还必须履行法定程序，即必须由人民法院依法定程序宣告。其他任何单位都无权作出这种宣告。根据《最高人民法院关于贯彻执行〈中华人民共和国民法通则〉若干问题的意见（试行）》的规定，审理宣告失踪案件应比照《民事诉讼法（试行）》规定的特别程序进行。本法颁布时，民事诉讼法尚未颁布。1991年颁布的民事诉讼法对宣告失踪、宣告死亡的程序作了专门规定，因此，这里的比照《民事诉讼法（试行）》规定的特别秩序，应为依照民事诉讼法的有关规定。这类案件，由下落不明人住所地的基层人民法院管辖。住所地与居住地不一致的，由最后居住地基层人民法院管辖。依照民事诉讼法规定的特别程序审理时，首先应当查清被申请宣告失踪人的财产，指定临时管理人或者采取诉讼保全措施，并发出寻找失踪人的公告。公告期间为3个月。公告期间届满，人民法院根据被宣告失踪人失踪的事实是否得到确认，作出宣告失踪的判决或者终结审理的裁定。如果判决宣告为失踪人，应当同时指定失踪人的财产代管人。

以上4个要件，是宣告公民失踪的实质要件，必须同时具备，否则，不能宣告该公民失踪。

2. 宣告公民失踪的形式条件

（1）利害关系人申请该公民失踪，不能口头申请，必须向下落不明人住所地的基层人民法院提出申请书。申请书应当写明：该公民失踪的事实，下落不明的时间和宣告失踪的请求。

（2）提出公安机关或者其他有关机关于该公民下落不明的书面证明。利害关系人的申请，应当具备实质要件和形式要件。不具备实质要件的申请，人民法院可以不经审理，裁定驳回。形式要件有欠缺的，可以令申请人补正，补正后，立案审理。

——唐德华、高圣平主编：《民法通则及配套规定新释新解（上）》，人民法院出版社2003年版。

【相关案例】

公民下落不明满两年的,其父母可以向人民法院申请宣告其为失踪人
——王豫英请求宣告梁和春失踪案

案例要旨:申请人民法院宣告公民失踪,必须具备三个条件:(1)必须有公民下落不明满2年的事实。(2)必须是与下落不明的公民有利害关系的人向人民法院提出申请。(3)必须采用书面形式提出申请。

案号:(1994)杨法民初字第1394号
审理法院:上海市杨浦区人民法院
来源:《中国审判案例要览》(1995年综合本)

第四十二条、第四十三条　财产代管人的范围及其职责

第四十二条　失踪人的财产由其配偶、成年子女、父母或者其他愿意担任财产代管人的人代管。

代管有争议，没有前款规定的人，或者前款规定的人无代管能力的，由人民法院指定的人代管。

第四十三条　财产代管人应当妥善管理失踪人的财产，维护其财产权益。

失踪人所欠税款、债务和应付的其他费用，由财产代管人从失踪人的财产中支付。财产代管人因故意或者重大过失造成失踪人财产损失的，应当承担赔偿责任。

【新旧法条对比】

《中华人民共和国民法通则》

第二十一条　失踪人的财产由他的配偶、父母、成年子女或者关系密切的其他亲属、朋友代管。代管有争议的，没有以上规定的人或者以上规定的人无能力代管的，由人民法院指定的人代管。

失踪人所欠税款、债务和应付的其他费用，由代管人从失踪人的财产中支付。

【相关规定】

1.《最高人民法院关于贯彻执行〈中华人民共和国民法通则〉若干问题的意见（试行）》

第三十条　人民法院指定失踪人的财产代管人，应当根据有利于保护失踪人财产的原则指定。没有民法通则第二十一条规定的代管人，或者他们无能力作代管人，或者不宜作代管人的，人民法院可以指定公民或者有关组织为失踪人的财产代管人。

无民事行为能力人、限制民事行为能力人失踪的，其监护人即为财产代管人。

第三十一条　民法通则第二十一条第二款中的"其他费用"，包括赡养费、扶养费、抚育费和因代管财产所需的管理费等必要的费用。

第三十二条　失踪人的财产代管人拒绝支付失踪人所欠的税款、债务和其他费用，债权人提起诉讼的，人民法院应当将代管人列为被告。

失踪人的财产代管人向失踪人的债务人要求偿还债务的，可以作为原告

提起诉讼。

2.《最高人民法院关于适用〈中华人民共和国民事诉讼法〉的解释》

第三百四十三条　宣告失踪或者宣告死亡案件，人民法院可以根据申请人的请求，清理下落不明人的财产，并指定案件审理期间的财产管理人。公告期满后，人民法院判决宣告失踪的，应当同时依照民法通则第二十一条第一款的规定指定失踪人的财产代管人。

【相关观点】

一、宣告失踪后产生的法律后果

（一）对失踪人的财产确定代管人

失踪人的财产处于无人管理的状态，因此，宣告某公民为失踪人后，首先要确定其财产的代管人。《民法总则》第42条所列举的财产代管人是具有顺序性的，即首先由失踪人的配偶作为失踪人的财产代管人；如果失踪人无配偶或者其配偶无能力代管的，就由失踪人的成年子女代管；余下类推。无民事行为能力人、限制民事行为能力人失踪的，其监护人即为财产代管人。所谓"无能力代管"，不仅是指无民事行为能力，也包括不宜代管，即没有管理失踪人的财产的能力，如需要经营性管理而没有经营性的管理能力等。对确定代管人有争议的，由争议各方协商确定代管人；协商不成，由有争议的各方申请人民法院指定。在下列情况下，由人民法院指定财产代管人：（1）上述近亲属或朋友对代管有争议的；（2）没有近亲属或朋友代管的；（3）近亲属或朋友无能力代管的，或者不宜作代管人的。

对于（2）（3）两种情况，人民法院可以指定有关组织为失踪人的财产代管人。人民法院指定失踪人的财产代管人，应当根据有利于保护失踪人财产的原则指定。

财产管理人的设立不限于1人，可以设立2个或者2个以上的人共同代管。失踪人的财产若分散在几个地方，应在每一个财产所在地设立1个财产代管人。

财产代管人确定后，不能随意更换。代管人如因某种情况不能继续代管失踪人的财产，必须向其他利害关系人提出或向人民法院提出，由失踪人的亲友共同协商另立代管人或由人民法院变更代管人。

财产代管人的职责是：管理和保护好失踪人的全部财产，清偿失踪人失踪前欠的税、债和其他费用。遇有失踪人的财产被侵犯的情形，有权向人民法院提起诉讼，请求排除侵害，依法保护；造成损害的，应请求赔偿。失踪人对他人享有债权的，代管人可以请求债务人还债，也可以作为原告向人民法院提起诉讼。失踪人所欠的税款，代管人应从代管财产中清偿。失踪人应当支付的其他费用，包括赡养费、扶养费、抚育费和因代管财产所需的管理费等必要的费用。代管人拒绝支付所欠税款、债务和其他费用，税务机关和债权人可以以代管人为被告向人民法院提起诉讼。

财产代管人应当尽职尽责，管理好失踪人的财产。代管人不履行职责或者侵犯失踪人合法的财产权益的，失踪人的其他利害关系人可以向人民法院请求代管人赔偿损失，承担相应的责任，也可以向人民法院请求变更财产代管人。代管人承担管理职责后，认为自己无力履行代管职责时，可以向人民法院提出申请，要求变更财产代管人。变更财产代管人的请求或申请，由宣告该公民失踪的人民法院受理。因其和宣告失踪的判决紧密联系，受理变更代管人请求或申请的人民法院应当按特别程序审理，不能按通常的诉讼程序审理，以免裁判互相矛盾，浪费时日，影响对失踪人财产的管理。

（二）代管人有义务依法从失踪人的财产中支付应付的费用

《民法总则》第43条规定："失踪人所欠的税款、债务和应付的其他费用，由财产代管人从失踪人的财产中支付。"因此，代管人依法从失踪人的财产清偿失踪人应当缴纳的税款和应当偿还的债务，以及支付应付的其他费用的行为，应受法律的保护。债权人要求失踪人缴纳税款、清偿债务的，可以直接向代管人请求，代管人拒绝支付的，可以将代管人列为被告提起诉讼。失踪人的财产不足缴纳税款和清偿债务的，按照民事诉讼法的规定进行清偿。失踪人应付的其他费用，包括赡养费、扶养费、抚育费和因代管财产所必需的管理费和劳务费等费用。

——唐德华、高圣平主编：《民法通则及配套规定新释新解（上）》，人民法院出版社2003年版。

二、失踪人财产代管人的责任承担问题

首先，失踪人财产代管人在代管财产过程中因故意或重大过失造成失踪人财产损失或他人损失时，应根据侵权责任法一般归责原则，由财产代管人自行承担责任。

其次，失踪人财产代管人在无偿代管失踪人财产过程中，没有故意或重大过失，但仍造成失踪人财产损失时，应区分具体代管的类型作出不同处理。

1. 财产代管人对失踪人财产仅进行一般性保管造成损害时的处理。可考虑类推适用合同法第374条关于"保管期间，因保管人保管不善造成保管物毁损、灭失的，保管人应当承担损害赔偿责任，但保管是无偿的，保管人证明自己没有重大过失的，不承担损害赔偿责任"的规定，只要财产代管人能证明其在无偿保管失踪人财产过程中没有重大过失，就不对其承担损害赔偿责任。

2. 财产代管人对失踪人财产进行必要的经营行为和处分行为造成损害时，则应尽到善良管理人的注意义务。

——沈德咏主编：《〈中华人民共和国民法总则〉条文理解与适用》，人民法院出版社2017年版。

【相关案例】

1. 自然人被宣告失踪后，人民法院应为被宣告失踪人设定财产代管人

——黄美林申请宣告黄伯俊失踪案

案例要旨：人民法院在宣告自然人为失踪人时，必须为其设定财产代管人，以免造成其财产的流失和损坏。在指定财产代管人时，人民法院应当从有利于保护失踪人合法权益和稳定社会关系的角度出发，选择最为合适的人选，并征求有关人员的意见。

案号：（1992）民特字第1336号

审理法院：重庆市市中区人民法院

来源：《中国审判案例要览》

2. 财产代管人应协助与被宣告失踪人订立买卖协议的相对方依约办理相关手续

——张庆福与钟能标、叶发英船舶买卖合同纠纷案

案例要旨：被宣告失踪人在失踪前与他人订立买卖合同的，被宣告失踪后，财产代管人应按照之前双方协议的约定协助合同相对方办理相关手续。

案号：（2015）海商初字第234号

审理法院：北海海事法院

来源：中国裁判文书网

第四十四条　财产代管人的变更

财产代管人不履行代管职责、侵害失踪人财产权益或者丧失代管能力的，失踪人的利害关系人可以向人民法院申请变更财产代管人。

财产代管人有正当理由的，可以向人民法院申请变更财产代管人。

人民法院变更财产代管人的，变更后的财产代管人有权要求原财产代管人及时移交有关财产并报告财产代管情况。

【相关规定】

1.《最高人民法院关于贯彻执行〈中华人民共和国民法通则〉若干问题的意见（试行）》

第三十五条　失踪人的财产代管人以无力履行代管职责，申请变更代管人的，人民法院比照特别程序进行审理。

失踪人的财产代管人不履行代管职责或者侵犯失踪人财产权益的，失踪人的利害关系人可以向人民法院请求财产代管人承担民事责任。如果同时申请人民法院变更财产代管人的，变更之诉比照特别程序单独审理。

2.《最高人民法院关于适用〈中华人民共和国民事诉讼法〉的解释》

第三百四十四条　失踪人的财产代管人经人民法院指定后，代管人申请变更代管的，比照民事诉讼法特别程序的有关规定进行审理。申请理由成立的，裁定撤销申请人的代管人身份，同时另行指定财产代管人；申请理由不成立的，裁定驳回申请。

失踪人的其他利害关系人申请变更代管的，人民法院应当告知其以原指定的代管人为被告起诉，并按普通程序进行审理。

【相关观点】

一、财产代管人的变更和财产代管人的民事责任

变更财产代管人和要求追究其法律责任，是审理涉及宣告失踪人的案件时经常碰到的问题。在审判实践中应当注意的是，要根据《最高人民法院关于贯彻执行〈中华人民共和国民法通则〉若干问题的意见（试行）》，按照不同情况，分别适用不同的诉讼程序。

1. 对于失踪人的财产代管人以自己无力履行代管职责，申请变更代管人的，或者失踪人的其他利害关系人申请变更代管人的，应当依照民事诉讼法规定的特别程序进行审理，而不能适用普通程序。因为这种申请本质上不是

基于当事人对民事权益发生争议，仅仅是就代管权予以重新确认。

2. 对失踪人的利害关系人因为失踪人的财产代管人拒不履行代管职责，或者在代管期间，利用代管之便侵犯失踪人的财产权益而向人民法院起诉，要求追究财产代管人的民事责任的，则应按照民事诉讼法规定的普通程序或简易程序进行审理。

3. 对失踪人的利害关系人在控告财产代管人侵犯失踪人的财产权益，要求追究其民事责任的同时，一并提出申请，要求变更财产代管人的，由于它们是各自独立的不同性质的诉，不能合并审理，不能同时适用某一种诉讼程序，应区别情况，单独审理，分别适用特别程序和普通程序。

在审理中，对要求变更财产代管关系的，一般应掌握以下点：财产代管人依法确立后，不能随便变更；有正当理由需要变更，可先由失踪人的利害关系人共同协商解决，协商不成，向人民法院申请，则根据情况，依法裁决。对失踪人的利害关系人向人民法院提起诉讼，控告失踪人的财产代管人拒不履行代管职责，或者侵犯失踪人的财产权益，要求追究其民事责任的案件，在实体审理中，要着重注意区分财产代管人的行为是不履行法定的代管义务，还是侵害失踪人的财产权益。因为两种行为的性质不同，法律责任也不同，另外，还须注意查清财产代管人和行为是否构成侵权损害的民事责任，是否有免除责任的情况。在具体处理时，要根据情况，具体确定承担民事责任的方式。如果利用代管之便，以失踪人的财产进行违法活动，除依法责令代管人赔偿给失踪人造成的财产损失外，还应依法追究其他法律责任。

——唐德华、高圣平主编：《民法通则及配套规定新释新解（上）》，人民法院出版社2003年版。

二、申请变更财产代管人适用的审理程序

人民法院指定失踪人的财产代管人后，代管人可能因丧失代管能力或其他原因而申请变更，其他利害关系人也可能主张代管权。这两种情况在性质上是不同的：前一种情况，申请人只是请求人民法院确认他不再是财产代管人这一事实，而不是请求解决其与他人的民事权益争议，这符合特别程序的适用条件，可以比照特别程序进行审理；后一种情况，其他利害关系人是就代管权与被指定的财产代管人发生争议，这不符合特别程序的适用条件，应依普通程序审理。

审判实践中应当注意：人民法院适用特别程序，是为了确定某种法律事实是否存在，确认某种权利的实际状态；而适用普通程序，是为了解决当事人之间的民事权利义务争议。因此，对于财产代管人自己向人民法院申请变更的情况，应当比照特别程序审理；对于其他利害关系人要求人民法院变更财产代管人的情况，应当按照普通程序审理。

——沈德咏主编：《最高人民法院民事诉讼法司法解释理解与适用》，人民法院出版社 2015 年版。

【相关案例】

财产代管人以无力履行代管职责为由申请变更的，法院应予支持
——谭二女与林碧娴变更财产代管人纠纷案

案例要旨：财产代管人因年事已高，体弱多病，已无法为财产代管事务提供足够精力和体力保证，申请变更财产代管人的，法院应予支持。

案号：（2014）江新法会民特字第 5 号

审理法院：广东省江门市新会区人民法院

来源：中国裁判文书网

第四十五条　失踪宣告撤销

失踪人重新出现，经本人或者利害关系人申请，人民法院应当撤销失踪宣告。

失踪人重新出现，有权要求财产代管人及时移交有关财产并报告财产代管情况。

【新旧法条对比】

《中华人民共和国民法通则》

第二十二条　被宣告失踪的人重新出现或者确知他的下落，经本人或者利害关系人申请，人民法院应当撤销对他的失踪宣告。

【相关规定】

《中华人民共和国民事诉讼法》

第一百八十六条　被宣告失踪、宣告死亡的公民重新出现，经本人或者利害关系人申请，人民法院应当作出新判决，撤销原判决。

【相关观点】

失踪宣告撤销应符合的条件

宣告失踪是对失踪人失踪事实的确认，如果被宣告失踪的人重新出现或者有人确知他的下落，就说明人民法院对失踪事实的推定已被新的事实推翻。在这种情况下，人民法院应当根据本人或者利害关系人的申请，作出新的判断，撤销对他的失踪宣告。

《民法通则》第22条失踪宣告的撤销必须要符合下列三方面的条件：

1. 必须有被宣告失踪的人重新出现或确知他的下落的事实存在。这里包括两种情形：（1）被宣告失踪的公民重新出现，已经返回其原来的住所地、经常居住地或其工作单位，为其亲属、朋友、同事等亲眼见到；或者失踪人在原住所地或经常居住地亲自参加民事活动和其他活动，表明自己的出现和存在。（2）确知失踪人的下落，是指失踪人的亲属、朋友、同事等通过广播、电视、报纸、杂志及走访等渠道，得知了失踪人目前的确切情况；或者失踪人自己以通信、电话、电报、传真等方式向其亲属、朋友、同事或其工作单位等告知了其目前的确切情况。上述事实只要有一种存在，即说明失踪宣告的事实依据已不存在。

2. 由被宣告失踪人本人或者他的利害关系人提出要求撤销失踪宣告的申请。这里所说的利害关系人，包括失踪人的配偶、父母、子女、祖父母、外祖父母、兄弟姐妹以及与失踪人有民事权利义务关系的其他公民或组织。他们有权向人民法院申请撤销失踪宣告。此外，被宣告失踪人自己也可以提出撤销失踪宣告的申请。如果没有被宣告失踪人本人的要求撤销失踪宣告的申请，也没有其利害关系人的撤销申请，即使失踪人重新出现或确知他的下落，人民法院也不会主动撤销对该公民的失踪宣告。在法律上，该公民仍为失踪人。

3. 必须由人民法院撤销失踪宣告。这里所说的人民法院是指作出失踪宣告的人民法院，也即失踪人住所地的基层人民法院。受理了撤销失踪宣告的申请后，人民法院应对该申请进行审核，对于被宣告失踪人重新出现或得知其确切下落的事实进行认真查证。查证属实后，人民法院即依法作出撤销失踪宣告的判决。

失踪宣告一经撤销，财产代管人的代管权随时终止。他应当将代管的财产交还给被撤销失踪宣告的人，并将代管期间对财产管理和处置的详细情况告知该公民。只要财产代管人不是恶意的，被撤销失踪宣告的公民不得要求代管人为他支付的费用负责和赔偿损失。

——唐德华、高圣平主编：《民法通则及配套规定新释新解（上）》，人民法院出版社 2003 年版。

第四十六条　申请宣告死亡

自然人有下列情形之一的，利害关系人可以向人民法院申请宣告该自然人死亡：

（一）下落不明满四年；

（二）因意外事件，下落不明满二年。

因意外事件下落不明，经有关机关证明该自然人不可能生存的，申请宣告死亡不受二年时间的限制。

【新旧法条对比】

《中华人民共和国民法通则》

第二十三条　公民有下列情形之一的，利害关系人可以向人民法院申请宣告他死亡：

（一）下落不明满四年的；

（二）因意外事故下落不明，从事故发生之日起满二年的。

战争期间下落不明的，下落不明的时间从战争结束之日起计算。

【相关规定】

1.《最高人民法院关于贯彻执行〈中华人民共和国民法通则〉若干问题的意见（试行）》

第二十五条　申请宣告死亡的利害关系人的顺序是：

（一）配偶；

（二）父母、子女；

（三）兄弟姐妹、祖父母、外祖父母、孙子女、外孙子女；

（四）其他有民事权利义务关系的人。

申请撤销死亡宣告不受上列顺序限制。

第二十六条　下落不明是指公民离开最后居住地后没有音讯的状况。对于在台湾或者在国外，无法正常通讯联系的，不得以下落不明宣告死亡。

第二十七条　战争期间下落不明的，申请宣告死亡的期间适用民法通则第二十三条第一款第一项的规定。

第二十八条　民法通则第二十条第一款、第二十三条第一款第一项中的下落不明的起算时间，从公民音讯消失之次日起算。

宣告失踪的案件，由被宣告失踪人住所地的基层人民法院管辖。住所地与居住地不一致的，由最后居住地基层人民法院管辖。

2.《中华人民共和国民事诉讼法》

第一百八十四条　公民下落不明满四年，或者因意外事故下落不明满二年，或者因意外事故下落不明，经有关机关证明该公民不可能生存，利害关系人申请宣告其死亡的，向下落不明人住所地基层人民法院提出。

申请书应当写明下落不明的事实、时间和请求，并附有公安机关或者其他有关机关关于该公民下落不明的书面证明。

第一百八十五条　人民法院受理宣告失踪、宣告死亡案件后，应当发出寻找下落不明人的公告。宣告失踪的公告期间为三个月，宣告死亡的公告期间为一年。因意外事故下落不明，经有关机关证明该公民不可能生存的，宣告死亡的公告期间为三个月。

公告期间届满，人民法院应当根据被宣告失踪、宣告死亡的事实是否得到确认，作出宣告失踪、宣告死亡的判决或者驳回申请的判决。

3.《最高人民法院关于适用〈中华人民共和国民事诉讼法〉的解释》

第三百四十五条　人民法院判决宣告公民失踪后，利害关系人向人民法院申请宣告失踪人死亡，自失踪之日起满四年的，人民法院应当受理，宣告失踪的判决即是该公民失踪的证明，审理中仍应依照民事诉讼法第一百八十五条规定进行公告。

第三百四十八条　人民法院受理宣告失踪、宣告死亡案件后，作出判决前，申请人撤回申请的，人民法院应当裁定终结案件，但其他符合法律规定的利害关系人加入程序要求继续审理的除外。

4.《最高人民法院关于失踪人的工作单位能否向人民法院申请宣告失踪人死亡的批复》

湖北省高级人民法院：

你院鄂法（1985）民行字第14号《关于失踪人的工作单位能否向人民法院提出申请宣告失踪人死亡》的请示报告收悉。经我们研究认为：《中华人民共和国民事诉讼法（试行）》第一百三十三条所指的利害关系人，必须是与被申请宣告死亡的人存在一定的人身关系或者民事权利义务关系的人。宣恩县人大常委会为解决减员增补以及停发失踪人聂××的工资等问题不宜作为利害关系人向人民法院申请宣告失踪人死亡，应按《中华人民共和国地方各级人民人民代表大会和地方各级人民政府组织法》及我国劳动制度的有关规定处理。

【相关观点】

一、宣告死亡的概念和条件

宣告死亡是法院依利害关系人申请，按照审判程序宣告下落不明满一定期间的公民死亡的一项法律制度。

宣告死亡制度是为结束因公民长期下落不明而使某些法律关系处于不稳定状态而设立的法律制度。公民下落不明满一定期间，可以被依法宣告为失踪人，但是宣告失踪的法律后果仅在于为失踪人设立财产管理人，保护其合法权益，以及以其财产清偿其债务，并不能使失踪人参与的各种法律关系归于结束。这种权利义务不稳定的状态不利于社会经济秩序的稳定，因此有必要设立宣告死亡制度，使长期下落不明的人所参与的法律关系确定下来。

（一）宣告死亡的实质条件

1. 须有该公民下落不明的事实存在。公民下落不明事实的出现，有三种不同情况：一是在正常情况下离开自己的住所或经常居住地去向不明，从离开其住所或经常居住地之次日起杳无音讯；二是因意外事故离开该公民的所在地去向不明，从离开所在地之日起杳无音讯；三是因意外事故离开所在地去向不明，有关机关证明该公民不可能生存的。有此三种情况之一，该公民的归宿未卜，生死未定的，下落不明的事实即为存在。

2. 下落不明需满法定期间或者有关机关证明其不可能生存。《民法通则》第23条对下落不明的期间规定两种：（1）在正常情况下，该公民下落不明的事实状态需满4年，从该公民失去音讯之次日起持续时间届满四年。（2）因意外事故该公民下落不明的事实状态需满2年，从该公民失去音讯之次日起持续时间届满2年。

此外，因意外事故下落不明，有关机关能证明其不可能生存的，不受2年法定期间的限制。

3. 必须由利害关系人向人民法院提出申请。公民下落不明满一定时间后，利害关系人可以向人民法院申请宣告其死亡。这里的"利害关系人"，是指在法律上与失踪人有一定人身权利义务关系或民事权利义务关系的人。由于公民被宣告死亡与被宣告失踪不同，宣告死亡将会引起一系列更加严酷的法律后果，如被宣告死亡人的民事权利能力终止、以被宣告死亡人为一方当事人的民事法律关系消灭、继承开始等，因此对宣告死亡比宣告失踪更应当慎重对待。为此，《最高人民法院关于贯彻执行〈中华人民共和国民法通则〉若干问题的意见（试行）》第25条对申请宣告死亡的利害关系人规定了一个顺序，即：（1）配偶；（2）父母、子女；（3）兄弟姐妹、祖父母、外祖父母、孙子女、外孙子女；（4）其他有民事权利义务关系的人。根据上述的顺序规定，人民法院在审理宣告死亡案件时，一定要对提出宣告死亡申请人的身份资格进行严格的审理，在前一顺序利害关系人未提出宣告死亡的情况下，其他利害关系人不得提出申请。《最高人民法院关于贯彻执行〈中华人民共和国民法通则〉若干问题的意见（试行）》将配偶列为第一顺序，主要是考虑到申请宣告死亡的利害关系人中，配偶具有特殊的利害关系，宣告失踪人死亡将引起被宣告死亡人与其配偶之间婚姻关系的终止，因此，对其权益应格外慎重地予以保护。

4. 必须由人民法院依法宣告。人民法院根据申请宣告死亡的利害关系人的申请，查明事实，发出寻找失踪人的公告满1年后，失踪人仍无生存消息的，才可以作出宣告死亡的判决，判决宣告之日为失踪人死亡的日期。判决书除发给申请人外，还应在被宣告人住所地和法院所在地宣告。因意外事故下落不明的几个人，人民法院在宣告他们死亡的判决中，一般可以推定他们同时死亡。如果相互有继承关系的几个人因同一意外事故而下落不明，推定没有继承人的人先死亡；被宣告死亡的人各自都有继承人的，如果几个人辈分不同，推定长辈先死亡；辈分相同的人，推定同时死亡。

（二）宣告死亡的形式要件

1. 利害关系人必须以书面向下落不明人住所地基层人民法院提出申请，申请书应写明：申请人的姓名、性别、年龄、与被申请宣告死亡人的关系，被申请宣告死亡人下落不明的事实、时间，申报申请该公民被宣告死亡的请求。

2. 提出公安机关或其他机关出具的关于该公民下落不明的证明书。因意外事故下落不明，经有关机关证明其不可能生存的，应提出有关机关出具的该公民不可能生存的证明书。

人民法院对利害关系人的申请，认为不符合宣告死亡的实质要件的，裁定不予受理，实质要件具备，形式要件有欠缺的，限期令其补正，补正后，立案受理；逾期不补正的，裁定不予受理。

二、对宣告死亡案件的审理

利害关系人的申请符合实质要件和形式要件的，人民法院应当立案受理，依法审理。

首先，应当发出寻找下落不明人的公告。公告的内容：

1. 申请人的姓名、年龄、性别，与被申请宣告死亡人的关系。

2. 下落不明人的姓名、年龄、性别、籍贯、相貌特征，离开其住所、经常居住地或所在地失去音讯的时间。

3. 公告期间：因下落不明的原因不同而有所不同。在正常情况下，或因意外事故下落不明宣告死亡的公告期间为1年。因意外事故下落不明，经有关机关证明其不可能生存的，宣告死亡的公告期间为3个月。应根据下落不明的原因，写明其公告期间。

4. 下落不明人得知后,应于公告期间向人民法院陈述其生存,不陈述的,应受死亡的宣告。

5. 凡知道下落不明人生死情况的,应当在公告期间内向人民法院陈述所知道的事实。

公告期间届满,无人提供下落不明人确实情况,下落仍然不明时,宣告死亡的事实,即为得到确认,人民法院应作出宣告死亡的判决。判决书除送达给申请人外,还应当在被宣告死亡人住所地和人民法院所在地公告。宣告死亡的判决,自宣告之日起发生法律效力。判决宣告之日,为该公民的死亡日期。公告期间有人提供下落不明人的确实情况,确知其下落所在,或生或死的真实情况的,宣告死亡之事实无法得到确认,人民法院应当作出判决,驳回申请。此项判决,从宣告之日起发生法律效力,不得声明不服,不得提起上诉。

宣告死亡,是人民法院根据法律规定推定下落不明人为死亡,但事实是否死亡,仍然无法确定。因此宣告死亡后,下落不明人可能重新出现或者确知其所在地的,该公民本人或利害关系人可以向作出宣告判决的人民法院提出申请,请求撤销原判决,作出新判决。

三、宣告死亡的法律后果

被宣告死亡的公民,在他原来的住所地、居所地等活动范围内就失去了法律上的人格,与自然死亡产生同样的法律后果:

1. 被宣告死亡的公民和其配偶的婚姻关系消灭,其配偶可以再婚,受法律保护;

2. 被宣告死亡的公民的继承人可以依照继承法规定开始继承其遗产;没有继承人的或者继承人放弃继承权的,按照继承法的规定,其遗产应归国家或者集体所有制组织所有;

3. 被宣告死亡的公民的债权、债务要进行清理。他的债权人和受扶养人有权要求继承人用该被宣告死亡的公民的遗产支付该被宣告死亡的公民所欠的债务和扶养费;同时,继承人也有权要求被宣告死亡的公民的债务人偿还债务。

由于宣告死亡只是对公民死亡的一种法律推定,与自然死亡这种公民生命的绝对的终结还有不同。有的公民被宣告死亡,在事实上其自然生命也终结了;有的公民被宣告死亡,在事实上其自然生命并未终结,即被宣告死亡的公民在事实上仍生存于世。因此,对于被宣告死亡但客观上仍然生存的公民,在其生存与活动的所在地,法律仍然承认其为民事主体,如果他是具有民事行为能力人,他所实施的民事行为是有效的。这不仅是为了保护该公民的合法权益,也是为了维护正常的社会经济秩序,正是基于此,《民法通则》第 24 条第 2 款作了如下规定:"有民事行为能力人在被宣告死亡期间实施的民事法律行为有效。"

——以上观点摘自唐德华、高圣平主编：《民法通则及配套规定新释新解（上）》，人民法院出版社 2003 年版。

【相关案例】

1. 人民法院应对符合条件的失踪人宣告死亡

——张月英申请宣告陈炎死亡案

案例要旨： 宣告死亡是指自然人离开住所，下落不明达到法定期限，经利害关系人申请，由人民法院宣告其死亡的法律制度。宣告失踪人死亡，必须由利害关系人向失踪人的住所地或最后居住地的基层人民法院提出宣告死亡的申请。人民法院应当发出寻找失踪人的公告，公告期间为 1 年。寻找失踪人公告期限届满仍无失踪人生存消息的，便可作出死亡宣告判决之日期为失踪人死亡的时间。

审理法院： 江苏省淮安市淮阴区（县）人民法院

来源： 《最高人民法院公报》1996 年第 3 期

2. 不能证明公民已经失踪或者死亡的情形，行政机关不能自主认定公民失踪或者死亡

——重庆市云阳县高阳镇团堡村一组姜礼昌移民户诉重庆市云阳县高阳镇人民政府、移民局认定死亡案

案例要旨： 在移民补偿过程中，对不能证明公民已经失踪或者死亡的情形，行政机关不能自主认定公民失踪或者死亡。对公民失踪或者死亡的认定，需要按照民事诉讼法关于失踪或者死亡的规定，依法由人民法院进行宣告。行政机关只通过调查询问的方式认定公民已经死亡，不履行移民补偿义务，不符合法律规定。行政机关与公民或者其他社会组织签订行政合同，非经法定情形及法定事由，不得拒绝履行行政合同义务，否则将承担败诉风险。

案号： （2013）云法行初字第 00003 号

审理法院： 重庆市云阳县人民法院

来源： 《人民司法·案例》2015 年第 8 期

3. 满足下落不明法定期间的犯罪嫌疑人或被告人，可经利害关系人申请宣告死亡

——吴广德申请宣告其子吴加洪死亡案

案例要旨： 逃匿的犯罪嫌疑人或被告人下落不明的事实状态已满法定期间，符合被申请宣告死亡的实质要件，其利害关系人提出宣告死亡的申请，人民法院应当依法受理和判决。宣告逃匿的犯罪

嫌疑人或被告人死亡并不妨碍追究其刑事责任。

案号：（2002）兴法民特字第 1 号
审理法院：江苏省兴化市人民法院
来源：《人民法院案例选》总第 55 辑

4. 因意外事件下落不明经有关机关证明不可能生存的，申请宣告死亡不受二年时间的限制

——杨某某、邹某某申请宣告死亡案

案例要旨：自然人因意外事件下落不明的，且经有关机关证明不可能生存的，申请宣告死亡不受二年时间的限制。

案号：（2014）慈民特字第 10 号
审理法院：湖南省慈利县人民法院
来源：中国裁判文书网

5. 关于申请宣告死亡利害关系人顺位要求的规定过于绝对化，不利于保护一部分顺位在后利害关系人的合法权益

——虞某某宣告死亡案

案例要旨：申请宣告死亡的利害关系人有严格的顺位要求，顺序在先的申请人有排他效力，但该规定过于绝对化，不利于保护一部分顺位在后的利害关系人的合法权益。如果允许后顺位利害关系人在能证明前顺位利害关系人有不法目的不申请宣告死亡，损害了后顺位者合法权益的情况下可行使宣告权，可以更好地实现保护其他利害关系人的立法目的。

来源：人民法院报 2014 年 4 月 10 日，第 7 版

6. 申请宣告死亡应是利害关系人按照顺序申请，但一定条件下允许越位申请

——潘宝某申请宣告潘某死亡案

案例要旨：申请宣告死亡的利害关系人应当有先后顺序之分，但在失踪人长期下落不明已经符合宣告死亡的法定条件，第一顺序利害关系人基于掌控财产等目的拒不行使申请权，致使其他利害关系人的合法权益遭受损害时，应当给予第二顺序的利害关系人必要的救济手段，允许第二顺序继承人越位申请。

来源：最高人民法院民事审判第一庭编著：《最高人民法院民一庭民事典型案例精选（2008—2011）》，人民法院出版社 2014 年版。

7. 宣告军人死亡案件应由军事法院专门管辖
——张某申请宣告军人死亡案

案例要旨： 宣告死亡案件，是适用特别程序审理的民事案件。地方人民法院在审理涉军民事案件时普遍存在送达难、取证难、执行难等问题。2012年9月17日，最高人民法院发布实施《关于军事法院管辖民事案件若干问题的规定》，赋予军事法院对4类民事案件行使专门管辖权、对6类民事案件享有选择管辖权，宣告军人死亡案件被纳入其中。

案号：（2012）军成直民特字第2号

审理法院： 中国人民解放军成都军区军事法院

来源：《人民司法·案例》2012年第20期

第四十七条 宣告失踪和宣告死亡的关系

对同一自然人,有的利害关系人申请宣告死亡,有的利害关系人申请宣告失踪,符合本法规定的宣告死亡条件的,人民法院应当宣告死亡。

【相关规定】

1.《最高人民法院关于贯彻执行〈中华人民共和国民法通则〉若干问题的意见(试行)》

第二十九条 宣告失踪不是宣告死亡的必经程序。公民下落不明,符合申请宣告死亡的条件,利害关系人可以不经申请宣告失踪而直接申请宣告死亡。但利害关系人只申请宣告失踪的,应当宣告失踪;同一顺序的利害关系,有的申请宣告死亡,有的不同意宣告死亡,则应当宣告死亡。

2.《最高人民法院关于适用〈中华人民共和国民事诉讼法〉的解释》

第三百四十六条 符合法律规定的多个利害关系人提出宣告失踪、宣告死亡申请的,列为共同申请人。

【相关案例】

有的利害关系人申请宣告死亡,有的不同意的,法院应宣告死亡

——朱建国、朱建起申请宣告朱建忠死亡案

案例要旨:对同一自然人,有的利害关系人申请宣告死亡,有的利害关系人不同意申请宣告死亡,且该自然人符合宣告死亡条件的,人民法院应当宣告死亡。

案号:(2014)滴民特字第00001号

审理法院:黑龙江省鸡西市滴道区人民法院

来源:中国裁判文书网

第四十八条 被宣告死亡人的死亡时间

被宣告死亡的人,人民法院宣告死亡的判决作出之日视为其死亡的日期;因意外事件下落不明宣告死亡的,意外事件发生之日视为其死亡的日期。

【相关规定】

1.《最高人民法院关于贯彻执行〈中华人民共和国民法通则〉若干问题的意见(试行)》

第三十六条 被宣告死亡的人,判决宣告之日为其死亡的日期。判决书除发给申请人外,还应当在被宣告死亡的人住所地和人民法院所在地公告。

被宣告死亡和自然死亡的时间不一致的,被宣告死亡所引起的法律后果仍然有效,但自然死亡前实施的民事法律行为与被宣告死亡引起的法律后果相抵触的,则以其实施的民事法律行为为准。

2.《最高人民法院关于适用〈中华人民共和国保险法〉若干问题的解释(三)》

第二十四条 投保人为被保险人订立以死亡为给付保险金条件的人身保险合同,被保险人被宣告死亡后,当事人要求保险人按照保险合同约定给付保险金的,人民法院应予支持。

被保险人被宣告死亡之日在保险责任期间之外,但有证据证明下落不明之日在保险责任期间之内,当事人要求保险人按照保险合同约定给付保险金的,人民法院应予支持。

【相关文献】

薛军:《论被宣告死亡者死亡日期的确定——以中国民法典编纂为背景的论述》,载《政治与法律》2016年第6期。

第四十九条、第五十条　宣告死亡对民事法律行为效力的影响及死亡宣告的撤销

第四十九条　自然人被宣告死亡但是并未死亡的，不影响该自然人在被宣告死亡期间实施的民事法律行为的效力。

第五十条　被宣告死亡的人重新出现，经本人或者利害关系人申请，人民法院应当撤销死亡宣告。

【新旧法条对比】

《中华人民共和国民法通则》

第二十四条　被宣告死亡的人重新出现或者确知他没有死亡，经本人或者利害关系人申请，人民法院应当撤销对他的死亡宣告。

有民事行为能力人在被宣告死亡期间实施的民事法律行为有效。

【相关规定】

1.《最高人民法院关于贯彻执行〈中华人民共和国民法通则〉若干问题的意见（试行）》

第三十六条　被宣告死亡的人，判决宣告之日为其死亡的日期。判决书除发给申请人外，还应当在被宣告死亡的人住所地和人民法院所在地公告。

被宣告死亡和自然死亡的时间不一致的，被宣告死亡所引起的法律后果仍然有效，但自然死亡前实施的民事法律行为与被宣告死亡引起的法律后果相抵触的，则以其实施的民事法律行为为准。

2.《中华人民共和国民事诉讼法》

第一百八十六条　被宣告失踪、宣告死亡的公民重新出现，经本人或者利害关系人申请，人民法院应当作出新判决，撤销原判决。

【相关观点】

一、死亡宣告的撤销

死亡宣告的撤销是指宣告死亡后，被宣告死亡的人出现或有人确知其没有死亡时，经本人或利害关系人申请，由法院撤销对其的死亡宣告，从而恢复原状的民法制度。及时撤销不真实的死亡宣告，目的在于保护受到不真实死亡宣告的人及其亲属的利益，同时兼顾善意相对人的信赖利益。

撤销死亡宣告的申请人可以是本人或利害关系人。利害关系人的范围与

申请宣告死亡的利害关系人相同,但是没有顺序限制。撤销死亡宣告的效力具有溯及力,溯及至死亡宣告之日。

宣告死亡的目的在于结束失踪人所参加的以其住所地为中心的民事法律关系,包括财产关系和人身关系。其他领域的法律关系如刑事法律关系、行政法律关系等不受其影响。该公民在其他地区进行的民事行为也不受影响,仍然有效。

二、宣告死亡与自然死亡(生理死亡)的联系

宣告死亡与自然死亡的相同点:二者都是自然人权利能力终止的原因,都结束以死亡人住所地为中心的民事法律关系。

宣告死亡与自然死亡的不同点:

1. 效力不同。宣告死亡仅仅结束当事人以住所地为中心的民事法律关系,其他法律关系和当事人在其他地区进行的民事法律关系仍然有效;自然死亡结束当事人的民事权利能力和他参与的一切法律关系。

2. 性质不同。宣告死亡是一种法律推定;自然死亡却是真实的事件。

三、宣告失踪与宣告死亡的联系

宣告失踪与宣告死亡的相同点:二者都是为保护失踪人和相对人利益,作出对失踪人下落不明状态的法律推定。

宣告失踪与宣告死亡的不同点:

1. 目的不同。宣告失踪旨在为失踪人设立财产代管人;宣告死亡则旨在结束失踪人参与的以其住所地为中心的民事法律关系。

2. 条件不同。宣告失踪的失踪期间为2年;宣告死亡的失踪期间一般为4年。

3. 公告期间不同。宣告失踪的公告寻找期间为3个月;宣告死亡的公告期间一般为1年(特殊情况下为3个月)。

4. 撤销后果不同。宣告死亡的撤销具有溯及力,最终将恢复原状;宣告失踪则无此效力。

——唐德华、高圣平主编:《民法通则及配套规定新释新解(上)》,人民法院出版社2003年版。

第五十一条、第五十二条、第五十三条　撤销死亡宣告的法律后果

第五十一条　被宣告死亡的人的婚姻关系，自死亡宣告之日起消灭。死亡宣告被撤销的，婚姻关系自撤销死亡宣告之日起自行恢复，但是其配偶再婚或者向婚姻登记机关书面声明不愿意恢复的除外。

第五十二条　被宣告死亡的人在被宣告死亡期间，其子女被他人依法收养的，在死亡宣告被撤销后，不得以未经本人同意为由主张收养关系无效。

第五十三条　被撤销死亡宣告的人有权请求依照继承法取得其财产的民事主体返还财产。无法返还的，应当给予适当补偿。

利害关系人隐瞒真实情况，致使他人被宣告死亡取得其财产的，除应当返还财产外，还应当对由此造成的损失承担赔偿责任。

【新旧法条对比】

《中华人民共和国民法通则》

第二十五条　被撤销死亡宣告的人有权请求返还财产。依照继承法取得他的财产的公民或者组织，应当返还原物；原物不存在的，给予适当补偿。

【相关规定】

《最高人民法院关于贯彻执行〈中华人民共和国民法通则〉若干问题的意见（试行）》

第三十七条　被宣告死亡的人与配偶的婚姻关系，自死亡宣告之日起消灭。死亡宣告被人民法院撤销，如果其配偶尚未再婚的，夫妻关系从撤销死亡宣告之日起自行恢复；如果其配偶再婚后又离婚或者再婚后配偶又死亡的，则不得认定夫妻关系自行恢复。

第三十八条　被宣告死亡的人在被宣告死亡期间，其子女被他人依法收养，被宣告死亡的人在死亡宣告被撤销后，仅以未经本人同意而主张收养关系无效的，一般不应准许，但收养人和被收养人同意的除外。

第三十九条　利害关系人隐瞒真实情况使他人被宣告死亡而取得其财产的，除应返还原物及孳息外，还应对造成的损失予以赔偿。

第四十条　被撤销死亡宣告的人请求返还财产，其原物已被第三人合法取得的，第三人可不予返还。但依继承法取得原物的公民或者组织，应当返

还原物或者给予适当补偿。

【相关观点】

宣告死亡是依法推定公民死亡，被宣告死亡的公民可能确已死亡，也可能并未死亡，这就产生被宣告死亡的公民重新出现的问题。被宣告死亡的人重新出现或者确知他没有死亡，经本人或者利害关系人申请，人民法院应当撤销对他的死亡宣告。撤销死亡宣告，是对宣告死亡这一法律推定的否定，必将产生新的法律后果。

一、财产返还

被撤销死亡宣告的人有权请求返还财产。依照继承法取得他的财产的民事主体，应当返还财产。无法返还的，给予适当补偿。如果原物已被第三人合法取得，第三人可不予返还。但依继承法取得原物的公民或者组织，应当返还原物或者给予适当补偿。审判实践中，如果经查明属于利害关系人隐瞒真实情况，使他人被宣告死亡而取得了他人的财产的，除应由该利害关系人返还原物及孳息外，还应对造成的损失予以赔偿。

——唐德华、高圣平主编：《民法通则及配套规定新释新解（上）》，人民法院出版社2003年版。

二、《民法总则》对婚姻关系变动问题的完善

完全吸收的由两个方面：一是自然人被宣告死亡后，其婚姻关系自然消灭；二是自然人的宣告死亡虽然被撤销，但是其配偶再婚的，则该婚姻关系不自行恢复。在吸收基础上加以完善的有：如果自然人的宣告死亡被撤销，且其配偶未再婚的，一方面原则上婚姻关系自撤销死亡宣告之日起自行恢复；另一方面，考虑到对配偶一方意思的尊重，如果配偶明确向婚姻登记机关书面声明不愿意恢复婚姻关系的，则该婚姻关系不恢复。

三、《民法总则》对收养关系效力的新规定

本条明确了收养关系的效力，且规定此种效力不因当事人的意思而改变。主要理由在于，只要符合法律规定的实质要件和程序要件，收养一旦成立且合法有效则不能再行改变，更不能以当事人的意思来改变已经成立的收养关系的效力。就此而言，《最高人民法院关于贯彻执行〈中华人民共和国民法通则〉若干问题的意见（试行）》所规定的"收养人和被收养人同意的除外"系依当事人的意思自治来决定收养关系的效力，法理依据不足。

——沈德咏主编：《〈中华人民共和国民法总则〉条文理解与适用》，人民法院出版社2017年版。

【相关案例】

1. 死亡宣告被撤销的人与其再婚的配偶之间不存在婚姻关系

——谷××与王××离婚纠纷案

案例要旨： 被宣告死亡的人与配偶的婚姻关系自死亡宣告之日起消灭。死亡宣告被撤销的，其配偶已再婚的，双方之间不存在婚姻关系。

案号：（2015）南民初字第4214号

审理法院： 天津市南开区人民法院

来源： 中国裁判文书网

2. 被撤销死亡宣告的人有权请求依继承法取得财产的人返还财产

——周树森与全利青、庞海荣物权保护纠纷案

案例要旨： 被撤销死亡宣告的人请求依据继承法取得其财产的人返还财产的，法院应予支持，但有关确认财产权属所产生的纠纷属于另一法律关系，法院不予处理。

案号：（2015）北民初字第927号

审理法院： 河北省唐山市路北区人民法院

来源： 中国裁判文书网

第四节　个体工商户和农村承包经营户

第五十四条　个体工商户

自然人从事工商业经营，经依法登记，为个体工商户。个体工商户可以起字号。

【新旧法条对比】

《中华人民共和国民法通则》

第二十六条　公民在法律允许的范围内，依法经核准登记，从事工商业经营的，为个体工商户。个体工商户可以起字号。

【相关规定】

1.《最高人民法院关于贯彻执行〈中华人民共和国民法通则〉若干问题的意见（试行）》

第四十一条　起字号的工商户，在民事诉讼中，应以营业执照登记的户主（业主）为诉讼当事人，在诉讼文书注明系某字号的户主。

2.《最高人民法院关于适用〈中华人民共和国民事诉讼法〉的解释》

第五十九条　在诉讼中，个体工商户以营业执照上登记的经营者为当事人。有字号的，以营业执照上登记的字号为当事人，但应同时注明该字号经营者的基本信息。

营业执照上登记的经营者与实际经营者不一致的，以登记的经营者和实际经营者为共同诉讼人。

3.《个体工商户条例》

第二条　有经营能力的公民，依照本条例规定经工商行政管理部门登记，从事工商业经营的，为个体工商户。

个体工商户可以个人经营，也可以家庭经营。

个体工商户的合法权益受法律保护，任何单位和个人不得侵害。

【相关观点】

一、个体工商户概念及特征

个体工商户，是指公民以个人财产或家庭财产为经营资本，依法经核准登记，在法律允许的范围内从事工商业经营的一种特殊民事主体。由此可见，个体工商户具有如下特征：

1. 个体工商户的经营资本直接来自个人财产或家庭共有财产，财产所有者与经营者和劳动者不分离，其性质属于个体经济范畴。

2. 个体工商户依法从事工业和手工业、建筑业、交通运输业、商业、饮食业、服务业、修理业等非农业性经营活动，这与农村承包经营户依法从事农、林、牧、副、渔业等生产经营活动有所区别。

3. 个体工商户对外以户的名义独立进行民事活动，这里的"户"的含义是指工商登记上的户。个体工商户以户的名义对外从事经营活动，这与公民以个人的名义对外从事经营活动是不完全相同的。

4. 个体工商户必须依法核准登记。个体工商户必须依《个体工商户条例》的规定办理工商注册登记后，方可成立。

5. 个体工商户可以起字号。所谓"字号"就是个体工商户的商号，它是经营者的一个外部标记。在"字号"名义下进行的一切民事行为都是个体工商户的行为。

二、个体工商户的法律地位

关于个体工商户的法律地位，可以从以下方面说明：

（一）个体工商户享有民事主体资格

公民以个体工商户的资格从事商品生产和经营活动，就成为民事主体的一种特殊形式。公民在一定条件下成为个体工商户，并没有改变其一般民事权利能力和民事行为能力，只是取得了从事某些商品生产和经营活动的民事权利能力和民事行为能力。它是一种既不同于公民，也不同于法人的特殊民事主体。

（二）个体工商户的权利和义务

个体工商户除了享有公民的一切权利外，还享有如下权利：（1）个体工商户享有合法财产权，即包括对自己所有的合法财产享有占有、使用、收益和处分的权利，以及依据法律和合同享有各种债权；（2）个体工商户享有工商经营权，在法律规定和核准登记的经营范围内，充分享有自主经营的权利，并经批准可以起字号、刻图章、在银行开立账户，也可以请帮手、带学徒，以便开展正常的经营活动；（3）个体工商户有权申请从事生产经营所需场地、原材料和货源，有权向银行申请贷款，以及申请减税、免税等；（4）个体工商户有权拒绝有关部门和单位的不适当干涉，以及非法侵占、摊派等现象。个体工商户也要履行下列义务：（1）在经核准登记的范围内，从事合法经营的义务；（2）认真履行纳税的义务；（3）遵守国家法律、法规和政策性规定的义务。

（三）个体工商户的民事责任

个体工商户的债务，个人经营的，以个人财产承担；家庭经营的，以家庭财产承担。个人经营的个体工商户，是以全部个人财产承担无限清偿责任，其全部财产包括作为投资经营的全部资本和家庭公共财产中的应有份额。清偿债务的顺序首先以投资经营的资本清偿，不足时再以共有财产中的应有份额清偿。家庭经营的个体工商户，属于家庭合伙经营的性质，他们的债务首先应以投资经营和全部资本抵债，如果资不抵债，就应以家庭共有财产中划分他们的应有份额承担无限连带责任。一般来说，未参加经营的家庭成员，对其经营债务不承担清偿责任。在实践上，个人经营的个体工商户，其个人财产与家庭财产是难以区分的，应以家庭财产承担债务清偿责任。

——唐德华、高圣平主编：《民法通则及配套规定新释新解（上）》，人民法院出版社 2003 年版。

三、个体工商户与自然人相比所具有的特征

个体工商户，是指有能力的公民，依照法律规定经工商行政管理部门登记，从事工商业经营活动。依据《个体工商户条例》的规定，个体工商户可以自然人经营，也可以家庭经营。根据《个体工商户条例》第八条的规定，个体工商户登记事项包括经营者姓名和住所、组成形式、经营范围、经营场所。个体工商户使用名称的，名称作为登记事项。因此，对于个体工商户而言，司法解释不再使用"业主"一词，而改用《个体工商户条例》的表述，统一称为"经营者"。

个体工商户是一种我国特有的公民参与生产经营活动的形式，也是个体经济的一种法律形式。个体工商户与一般的自然人的特殊性体现在以下几个方面：第一，个体工商户依法核准登记。也就是说，个体工商户只有经过核准登记才具备从事工商业经营资格。第二，个体工商户必须在依法核准登记的范围内，享有从事个体工商业经营的民事权利能力和民事行为能力。个体工商户的正当经营活动和合法权益受法律保护，对其经营的资产，个体工商户享有所有权。第三，个体工商户对外以户的名义独立进行民事活动，并可拥有自己的字号。个体工商户的经营者和字号为个体工商户经营者依法律规定取得的身份和称谓，其中字号作为个体工商户以市场经营主体身份在营业活动中使用的表征自己的名称，是区别其他市场经营主体及其营业的主要标志，因而也是确定个体工商户的诉讼主体地位和承担法律责任的重要依据。《劳动争议司法解释（二）》第 9 条规定："劳动者与起有字号的个体工商户产生的劳动争议诉讼，人民法院应当以营业执照上登记的字号为当事人，但应同时注明该字号业主的自然情况。"《最高人民法院关于适用〈中华人民共和国民事诉讼法〉的解释》第 59 条即是借鉴了《劳动争议司法解释（二）》的规定，确定有字号的个体工商户为诉讼中的当事人。当然，为全面保护当事人的合法权益，在以营业执照上登记的字号为当事人的同时，还应当注明经营者的基本信息，包括姓名、性别、民族、出生年月日、家庭住址等。这主要是为防止有些有字号的个体工商户将执照转包或者出租给他人经营使用，

或者以更换字号的方式，逃避债务及法律责任的行为。

——沈德咏主编：《最高人民法院民事诉讼法司法解释理解与适用》，人民法院出版社2015年版。

【相关文献】

曹兴权：《民法典如何对待个体工商户》，载《环球法律评论》2016年第6期。

【相关案例】

个体工商户营业执行登记的户主应对外承担法律责任

——武汉居然之家家居市场有限公司武昌分公司与武汉市武昌区方园冠牛建材经营部、周文莉合同纠纷案

案例要旨：起字号的个体工商户应以营业执照登记的户主为诉讼当事人。营业执照登记的户主以自己不是实际经营者主张不对外承担法律责任的，法院不予支持。

案号：（2016）鄂0106民初142号

审理法院：湖北省武汉市武昌区人民法院

来源：中国裁判文书网

第五十五条 农村承包经营户

农村集体经济组织的成员，依法取得农村土地承包经营权，从事家庭承包经营的，为农村承包经营户。

【新旧法条对比】

《中华人民共和国民法通则》

第二十七条 农村集体经济组织的成员，在法律允许的范围内，按照承包合同规定从事商品经营的，为农村承包经营户。

【相关规定】

《中华人民共和国农村土地承包法》

第二条 本法所称农村土地，是指农民集体所有和国家所有依法由农民集体使用的耕地、林地、草地，以及其他依法用于农业的土地。

第三条 国家实行农村土地承包经营制度。

农村土地承包采取农村集体经济组织内部的家庭承包方式，不宜采取家庭承包方式的荒山、荒沟、荒丘、荒滩等农村土地，可以采取招标、拍卖、公开协商等方式承包。

第四条 国家依法保护农村土地承包关系的长期稳定。

农村土地承包后，土地的所有权性质不变。承包地不得买卖。

第五条 农村集体经济组织成员有权依法承包由本集体经济组织发包的农村土地。

任何组织和个人不得剥夺和非法限制农村集体经济组织成员承包土地的权利。

第六条 农村土地承包，妇女与男子享有平等的权利。承包中应当保护妇女的合法权益，任何组织和个人不得剥夺、侵害妇女应当享有的土地承包经营权。

第七条 农村土地承包应当坚持公开、公平、公正的原则，正确处理国家、集体、个人三者的利益关系。

第八条 农村土地承包应当遵守法律、法规，保护土地资源的合理开发和可持续利用。未经依法批准不得将承包地用于非农建设。

国家鼓励农民和农村集体经济组织增加对土地的投入，培肥地力，提高农业生产能力。

第九条 国家保护集体土地所有者的合法权益，保护承包方的土地承包经营权，任何组织和个人不得侵犯。

【相关观点】

一、农村承包经营户的特征

（一）农村承包经营户是农村集体经济组织的成员

农村承包经营户是农村集体经济的一个经营层次，所以，农村承包经营户一般为农村集体经济组织的成员。农村承包经营户是由作为农村集体经济组织的成员的一人或多人所组成的农户，但它和以往的农户不同，农村承包经营户是在推行联产承包责任制中，通过承包合同的形式，把农民家庭由生活单位变成了生产和生活相结合的单位所产生的。在承包合同中，一方总是集体经济组织，另一方是承包经营户，他们或者是本组织的内部成员，或者是非本组织的内部成员，但他们都是农村集体经济组织的成员。

（二）农村承包经营户以户的名义从事承包经营

农村承包经营户的"户"，可以是1个人经营，也可以是家庭经营，但须以户的名义进行经营活动。

（三）农村承包经营户依照承包合同的规定从事经营

农村承包合同是农村集体经济组织与农村承包经营户之间，为完成某项农业生产任务所签订的协议。农村承包经营户在生产和经营活动中所享有的权利和义务，是根据其与集体经济组织之间订立的承包合同来确定的。根据农村土地承包法的规定，发包方应当与承包方签订书面承包合同。根据《最高人民法院关于审理农业承包合同纠纷案件若干问题的规定（试行）》的规定，承包合同，包括书面合同、口头合同、任务下达书以及其他能够证明承包经营关系的事实和文件。

农村承包经营户是通过承包合同产生的，其所利用的是集体的资源。根据承包合同，集体经济组织的大部或全部生产资料要转归承包经营户占有、使用和收益，承包经营户享有合法的经营权。在合同规定的范围内，承包经营户自主地安排生产计划、作物布局、增产措施，并统一支配户内劳动力，组织生产协作，独立或相对独立地完成生产任务。承包经营户也要承担经营风险，若违反了承包合同，要承担财产责任。承包经营户依据合同享有权利，也应依据合同承担义务。

（四）农村承包经营户必须在法律允许的范围内，从事生产和经营活动

农村承包经营户承包集体所有的或集体所有的生产资料，从事生产和经营活动时，必须符合国家法律和政策的规定。从事承包经营的家庭或个人，对于承包的生产资料不享有所有权，只享有经营权。任何人不得买卖土地，不得在承包地上建房、起土、造坟、建坟，更不得哄抢、私分属于集体或国家的财产。对于少数承包经营户因经营不善造成土地荒芜或地力严重下降的，

所有权人有权进行干涉或给予惩罚,以至收回土地。承包经营户在从事经营活动中,不能搞歪门邪道、损人利己,甚至以种种非法手段,挖国家集体的墙脚,牟取暴利,否则,将依法受到法律的制裁。

二、农村承包经营户的法律地位

本法对农村承包经营户的法律地位、民事权利和民事责任作了明确规定,这对于保护农村承包经营户的合法权益,促进农村商品经济的发展具有重要意义。

关于农村承包经营户的法律地位,可以从以下方面说明:

(一)农村承包经营户应具有民事主体资格

关于农村承包经营户是否具有民事主体资格,一直有争议。有人认为,它不具有独立的民事主体地位,只是作为公民(自然人)的一种特殊形态;有人认为,它应具有民事主体地位。我们认为:从农业经济发展的历史来看,古代的家族、家庭长期是社会的主要经济单位,在法律上具有一定的民事主体地位。直到现代资本主义国家,农业生产组织也仍然是以家庭农场为主要形式。前苏联也首先在立法上确认了农户或庄员家庭的民事主体地位。在我国,随着农村经济体制改革的不断深入,农村承包经营户已不再是一个单纯的家庭生活消费单位,而成为一个相对独立的商品生产者和经营者。农村承包经营户这种经济上的独立地位,必然要求民法赋予它以民事主体的资格。不过,农村承包经营户并不是法人,也不是公民之间的一般结合,而是一种基于承包经营合同关系建立的家庭劳动组织。这一组织具有农业承包经营的权利能力,在法律上享有民事主体的资格。

(二)农村承包经营户享有广泛的民事权利,也要履行合同所规定的各项义务。

《农村土地承包法》第 16 条规定:"承包方享有下列权利:(一)依法享有承包地使用、收益和土地承包经营权流转的权利,有权自主组织生产经营和处置产品;(二)承包地被依法征用、占用的,有权依法获得相应的补偿;(三)法律、行政法规规定的其他权利。"这些民事权利均应受到国家法律的严格保护。同时,农村承包经营户必须在合同规定的范围内进行经营活动,全面履行合同中规定的各项义务,不得损害发包人的合法权益,否则,将依法承担民事责任。

——唐德华、高圣平主编:《民法通则及配套规定新释新解(上)》,人民法院出版社 2003 年版。

第五十六条　个体工商户和农村承包经营户的债务承担

个体工商户的债务，个人经营的，以个人财产承担；家庭经营的，以家庭财产承担；无法区分的，以家庭财产承担。

农村承包经营户的债务，以从事农村土地承包经营的农户财产承担；事实上由农户部分成员经营的，以该部分成员的财产承担。

【新旧法条对比】

《中华人民共和国民法通则》

第二十九条　个体工商户、农村承包经营户的债务，个人经营的，以个人财产承担；家庭经营的，以家庭财产承担。

【相关规定】

《最高人民法院关于贯彻执行〈中华人民共和国民法通则〉若干问题的意见（试行）》

第四十二条　以公民个人名义申请登记的个体工商户和个人承包的农村承包经营户，用家庭共有财产投资，或者收益的主要部分供家庭成员享用的，其债务应以家庭共有财产清偿。

第四十三条　在夫妻关系存续期间，一方从事个体经营或者承包经营的，其收入为夫妻共有财产，债务亦应以夫妻共有财产清偿。

第四十四条　个体工商户、农村承包经营户的债务，如以其家庭共有财产承担责任时，应当保留家庭成员的生活必需品和必要的生产工具。

【相关观点】

一、个体工商户的财产责任

（一）一人经营的财产责任

第二十九条个体工商户的债务，"个人经营的，以个人财产承担。"所谓"个人经营"，也就是公民一人独资经营。独资经营的权利主体是公民个人。由个人行为而产生的法律责任只能由个人承担，不能转移给其他人；另一方面，个人也仅对自己的行为负责，不因他人与自己无关的行为而受牵连——这是法治的一个普遍原则。因此，作为独资经营者的个体工商户是以全部个人财产，而不是以全部家庭财产对经营债务承担责任的。个体工商户一人经营的，其财产责任不涉及家庭共有财产，这是一般原则。个人财产既包括他自己所有的财产，也包括与他人共有的财产中应归其所有的财产部分。如果个人财产没有从家庭共有财产中分离出来，那就应该在分割家庭共有财产之后，以归属于独资经营者个人那一部分财产来满足债权人的请求。总之，个体工商户一人经营的财产责任，只涉及他的个人财产；债权人只能就独资经营者的个人财产来满足自己的全部债权请求，而不能将债权请求扩大到其他家庭成员在家庭共有财产中的"应有份"。

个体工商户的个人财产，包括他的经营资本和其他的个人财产，换言之，经营资本和属于经营者的那一部分其他财产，都是经营者的个人财产。一人经营的个体工商户，一般应首先竭尽全部经营资本来清偿债务，经营资本不足以清偿的再动用他的其他财产清偿。

这里需要注意的是，以公民个人名义申请登记的个体工商户用家庭共有财产投资，或者收益的主要部分供家庭成员享用的，其债务应以家庭共有财产清偿；在夫妻关系存续期间，一方从事个体经营，其收入为夫妻共有财产，债务亦应以夫妻共有财产清偿。

（二）家庭经营的财产责任

一个社会的家庭结构是千差万别的。在我国，既有四代同堂的大家庭，也有以夫妻关系为核心的小家庭，还有父子（女）、母子（女）家庭……；全部家庭成员的姓名可以出现在一个户籍簿上，也可以出现在两个或两个以上的户籍簿上；家庭成员之间可以有共有财产，也可以没有共有财产，诸如此类的情况在现实生活中都是屡见不鲜的。因此，如何定义本条所说的"家庭"和"家庭财产"，是一个有待于立法解释、司法解释和判例来加以明确的问题。我们认为："家庭经营"的个体工商户，是指在家庭中有两个或两个以上的公民同时作为从业人员参加经营的那一部分个体工商户。由于参加经营的家庭成员的身份关系不同，家庭经营的责任范围也不尽一致：（1）配偶双方共同经营或配偶双方与未婚子女共同经营时，一般说，全部家庭财产都应当作为履行债务的担保。全部家庭成员既作为整体从事经营，亦作为整体承担民事责任，责任限度当然涉及全部家庭财产。（2）配偶一方与未婚子女共同经营，配偶另一方并不参加经营的，不参加经营的另一方配偶对经营债务不承担责任，因此他（她）的个人财产与他（她）在家庭共有财产中的应有份不能用于清偿经营债务。（3）未婚的兄弟姐妹之间共同经营的，父母只要不加入经营活动，就不应以他们的共同财产对子女的经营债务负责。如果父母出资而不经营，就应以出资为限对子女的经营债务负责。

根据《最高人民法院关于贯彻执行〈中华人民共和国民法通则〉若干问题的意见（试行）》第44条的规定，个体工商户的债务，如以家庭共有财产承担责任时，应当保留家庭成员的生活必需品和必要的生产工具。

——唐德华、高圣平主编：《民法通则及配套规定新释新解（上、中、下）》，人民法院出版社 2003 年版。

二、农村承包经营户的财产责任

实践中，农村承包经营户多以家庭经营，须以家庭共有财产承担因经营所产生的债务。但随着农户内部人员的变化，可能会出现承包经营合同实际仅由部分农户经营的情形，且经营活动产生的收益由该部分农户员享有，在此情况下，因农村土地承包经营产生的债务也应当以该部分成员的财产承担。如果农村承包经营户与个体工商产关于债权债务如何分割存在内容约定，在以全部家庭财产承担责任后，可以按照其约定份额承担债务，但是该内部约定不能对外对抗债权人。

——沈德咏主编：《〈中华人民共和国民法总则〉条文理解与适用》，人民法院出版社 2017 年版。

【相关案例】

1. 个体工商户被注销后，应由实际经营者作为用工主体，负担未与劳动者建立劳动合同所应支付的经济补偿

——杨美诉吴铭锡劳动争议纠纷案

案例要旨：用人单位与劳动者未签订劳动合同，用人单位被注销后劳动者要求支付未签订书面劳动合同的二倍工资及经济补偿金，应由实际经营者作为用工主体，负担未与劳动者建立劳动合同所应支付的经济补偿。

案号：（2013）湖民初字第 848 号

审理法院：福建省厦门市湖里区人民法院

来源：《中国审判案例要览》（2014 年民事审判案例卷）

2. 个体工商户注销后，其经营者应向劳动者支付基于劳动关系而产生的各项赔偿

——袁某请求撤销仲裁裁决案

案例要旨：个体工商户的经营是以其经营者的全部个人资产进行担保的，经营者对个体工商户的债务承担无限责任。因此，即使个体工商户的字号已经注销，经营者仍然要对经营期间产生的债务承担给付责任。

来源：北京法院网

3. 个体工商户的个人经营债务，以个人财产承担

——藤县藤州城市信用合作社诉麦庆晚等借贷合同案

案例要旨：个体工商户为个人经营，其家庭成员未参与经营的，个体工商户产生的债务以个人财产承担，与家庭无关。

案号：（2001）梧经初字第 92 号

审理法院：广西壮族自治区梧州市中级人民法院

来源：《中国审判案例要览》（2002 年商事审判暨行政审判卷）

第三章 法 人

第一节 一般规定

第五十七条 法人概念界定

法人是具有民事权利能力和民事行为能力，依法独立享有民事权利和承担民事义务的组织。

【新旧法条对比】

《中华人民共和国民法通则》

第三十六条 法人是具有民事权利能力和民事行为能力，依法独立享有民事权利和承担民事义务的组织。

法人的民事权利能力和民事行为能力，从法人成立时产生，到法人终止时消灭。

【相关观点】

一、关于法人制度

法人制度是民事法律的一项基本制度。随着我国经济社会的发展，新的组织形式不断出现，法人形态发生了较大变化，《民法通则》关于企业法人、机关法人、事业单位法人和社会团体法人的分类已难以适应新的情况，有必要进行调整完善。草案遵循《民法通则》关于法人分类的基本思路，适应社会组织改革发展要求，按照法人设立目的和功能等方面的不同，将法人分为营利法人、非营利法人和特别法人三类（草案第三章第二节、第三节、第四节）。对营利法人和非营利法人，草案只列举了几种比较典型的具体类型，对现实生活中已经存在或者可能出现的其他法人组织，可以按照其特征，分别归入营利法人或者非营利法人。对特别法人，草案规定了以下几种情况：一是机关法人。机关设立的目的是履行公共管理等职能，这与其他法人组织存在明显差别。二是农村集体经济组织法人。农村集体经济组织具有鲜明的中国特色。赋予其法人地位符合党中央有关改革精神，有利于完善农村集体经济实现形式和运行机制，增强农村集体经济发展活力。三是基层群众性自治组织法人。村民委员会、居民委员会等基层群众性自治组织在设立、变更和终止以及行使职能和责任承担上都有其特殊性。四是城镇、农村的合作经济组织。这类合作经济组织对内具有共益性或者互益性，对外也可以从事经营活动，依照法律的规定取得法人资格后，作为特别法人。

——2017年3月8日在第十二届全国人民代表大会第五次会议上，全国人民代表大会常务委员会副委员长李建国：《关于〈中华人民共和国民法总则（草案）〉的说明》，载新华网，最后访问时间：2017年3月9日。

二、法人的分类

营利法人与非营利法人的分类与中央所确定的改革方向是一致的。改革要求社会主体的身份角色定位明晰，不能允许某些组织既营利又不纳税，同时享受公共福利待遇。此外，要让国家的公权力关在制度的笼子里面，公权力不得随意进入民事领域。

总之，改革的最终目标是确立社会组织的三种基本形态：营利组织、非营利组织和国家的公权力组织。可见，《民法总则》中的法人并非按照组织形式、内部结构、财产结构划分，而是依据其功能进行划分，立法者采用此种分类方法是为了与我国的改革目标、社会管理目标保持一致。是故，无论反对意见多强烈，都不得动摇营利组织和非营利组织的分类方法。

《民法总则》增加了一节"特别法人"，但并不影响营利法人与非营利法人的总体划分。增加这一节的原因在于，若不区分公法人与私法人，将机关法人与其他私法人一并归为非营利法人，有失妥当。若在区分公法人与私法人的基础上，将私法人划分为营利法人和非营利法人，则可解决这一问题。但官方不承认私法人和公法人的划分。理由在于，以事业单位为例，它属于公法人抑或私法人？其成立的依据是公法抑或私法？

私法即民法和商法，毫无疑问，事业单位、社会团体作为法人并非依照民法尤其是《公司法》的规定设立，而是依据特别法律设定，且需经政府相关部门批准，性质为国有，此为中国特色。

此外，有一类法人可算作准公法人，即村民委员会、居民委员会以及代行农村基层组织权力的农村集体经济组织。这类法人均具备一定的公共管理功能，但《村民委员会法》和《居民委员会法》已将其规定为群众自治性组织，故其不属于公权力机构，与国家机关地位并不等同。是故，将其与公法人或准公法人规定在一起，以弥补这一缺陷。

——张新宝：《〈民法总则〉各章重点条文解读》，载民商法前沿论坛-中国民商法律网，最后访问时间：2017年4月8日。

三、法人的民事权利能力

法人的民事权利能力是法人参加民事法律关系，享有民事权利，承担民事义务的资格。法人的权利能力与法人的职能不同。当法人为了实现其职能而进行特定的业务活动时，如行政管理、商品生产和经营及教育、科学、文化等活动，它们不是以民事主体身份出现的，这些活动则由行政法等其他法律部门来调整。只有它们为实现职能而进行民事活动时，才以具有民事权利能力的民事主体身份出现。

法人的权利能力主要是指它的经营活动和经营范围。法人只能在法律法规、行政命令、法人章程规定及核准登记的范围内活动，故法人的权利能力是一种特殊的权利能力，与公民的权利能力相比较，具有以下特征：

（一）权利能力的始期和终期不同

公民的民事权利能力从出生时产生，至其死亡时消灭。而法人的权利能力则始于法人成立，终于法人终止。具体而言，机关法人从其成立之日起即具有民事权利能力；企业法人从依法核准登记、领取营业执照之日起享有民事权利能力；需要办理登记的法人，从登记之日起具有民事权利能力。法人的权利能力从法人终止时消灭，但需要办理注销登记的法人，在其因注销歇业、撤销、破产或因其他原因终止前，法人的清算组织仍享有与清算业务有关的权利能力。

（二）权利能力的内容不同

公民可享有特有的人身权利能力，如以人身为前提条件的，在生命、健康、婚姻、家庭等方面的各种权利能力，法人对此不可能享有，但法人也可享有一些非公民专有的人身权利，如名称、名誉、荣誉等方面的权利。

（三）权利能力是否受限制不同

公民的权利能力具有广泛性，而法人只能在其设立范围内享有权利能力，因而受到相应的限制。公民的权利能力是普遍的、共同的，按法律规定，凡公民均有相同的权利能力，权利能力具有平等性，而法人因其业务性质的不同，各自的权利能力有所区别，不同的法人有不同的权利能力，权利能力存在着差异性。

1. 自然性质的限制。指因公民与法人在性质上的差异所产生的对法人权利能力的限制。某些专属于公民的权利能力，主要指以公民的生命和身体及身份的存在为基础而享有的权利能力，法人不得享有。如生命权、身体权、健康权、肖像权等，法人不得享有。但某些标表型人格权如姓名权、名誉权、荣誉权等不以身体存在为基础的其他权利，法人可以享有。反之，公民也不得享有法律专门赋予法人享有的从事某些生产经营活动的民事权利。

2. 法规的限制。法人的民事权利能力受到法律和行政命令的限制。如我国法律和政策规定国家机关法人不得从事工业和商业活动；私营企业暂行条例规定私营企业不得从事军工、金融业的生产经营；公司法规定公司不得成为他公司的无限责任股东等。

3. 目的的限制。法人的民事权利能力受到法人目的的限制。法人的成立是公民设立行为的结果，是为了实现一定的目的而设立的。法人目的的限制表现为法人经营范围的限制。法人应当在核准登记的经营范围内从事经营，经营范围就是法人权利能力的范围。对法人经营范围的登记和限制的目的，在于明确法人的权利能力范围，使其能独立自主地、有分工地从事生产经营活动，也便于国家管理，稳定经济秩序，保障投资者利益。市场经济体制建立和完善的过程当中，对法人权利能力的范围严格进行规定和限制，会破坏法人对环境的灵活适应能力，因此，法律逐渐允许法人在有主要经营范围的同时，还具有兼营范围。

——唐德华、高圣平主编：《民法通则及配套规定新释新解（上）》，人民法院出版社 2003 年版。

四、法人的民事行为能力

法人的民事行为能力是法人能够依照自己的意思独立进行民事活动，从而取得民事权利、承担民事义务的资格。

法人的民事行为能力与公民的民事行为能力有所不同，其特征如下：

（一）法人的民事行为能力与民事权利能力同时产生，同时消灭

法人的民事行为能力在法人成立时开始，在法人终止时消灭，在法人资格存续期间始终存在。因此，对于法人来说，有民事权利能力则必然有民事行为能力。而公民的民事行为能力则与年龄、精神状态等有关，只有达到法定年龄、智力健全，才具有完全的民事行为能力。因此，公民具有民事权利能力，但不一定同时具有民事行为能力。

（二）法人的民事行为能力与民事权利能力范围一致

法人的民事权利能力要受法律和行政命令以及法人的性质、业务活动范围或核准登记的经营范围的限制，法人的民事行为能力同样要受到这些限制。法人的民事行为能力既不能超出其民事权利能力的范围，又不比其民事权利能力范围更狭窄。也就是说，法人的民事权利能力与民事行为能力都具有特殊性。而公民的民事行为能力因年龄、精神状态不同而有不同分类，无民事行为能力人和限制民事行为能力人虽有民事权利能力，但很多情况下不能独立行使权利，他们的民事行为能力的范围要比民事权利能力范围小。

（三）法人的民事行为能力是以团体意志为前提，通过法人的机关来实现的

法人机关或法人代表根据法律、章程实施的民事行为认为是法人行为，其法律后果由法人承担。对于是否是法人行为的判定，应该依据以下两个要件判断：（1）必须是法人机关的行为。法人机关包括意思机关、执行机关、代表机关或临时有权代表法人实施行为的人，这些机关在对外活动中代表法人本身，二者是同一人格，因而机关行为就是法人行为。（2）代表法人行为的机关必须是在法律、章程规定的范围内的行为，即须是以法人名义进行的，执行职务的行为。法人机关在活动中以法人名义进行，或虽未言明以法人名义进行但依社会共同经验足以被认为是在执行职务的行为，都是法人行为。构成法人机关的公民进行的与执行职务无关的行为，是自己行为，不是法人

行为。应该明确,法人机关在执行职务时的行为,无论是违法行为还是合法行为都是法人行为,但如果假借法人名义或超越法人权利能力所为的行为,则不是法人行为。实践中,法人行为能力的实现更多地是由办事机构和工作人员以代理机制进行的。

——唐德华、高圣平主编:《民法通则及配套规定新释新解(上)》,人民法院出版社2003年版。

五、法人的法律特征及其社会意义

《民法总则》第57条的规定:"法人是具有民事权利能力和民事行为能力,依法独立享有民事权利和承担民事义务的组织。"根据法人的立法定义,法人具有以下法律特征:

1. 法人是一种社会组织,具有独立法律人格。法人作为公民以外的另一民事主体,其区别于公民主体的特征在于法人是依法设立的组织体。社团法人是人的组织体,财团法人是财产的组织体,同时,二者都离不开法人机关的组织、管理。因此,法人就是由法律规定具有民事权利能力的人所组成的人合组织体或以资产的组合所形成的财合组织体。

法人虽然是组织体,但它有自己的名称和机构,形成有自身信用的独立人格和独立意志,成为与公民相对应的独立民事主体。

2. 法人拥有独立的财产。法人作为民事主体,有自己的财产。该财产独立于其他法人和公民的财产,同时也独立于创立人和该法人成员的财产。即法人是一种经济实体。法人拥有独立的财产是法人人格独立的物质基础,也是法人独立进行民事活动的前提。

3. 法人独立承担民事责任。法人以自己拥有的独立财产承担民事责任,而不是以法人创始人、法人成员或其他组织的财产承担。法人成员(公司股东)只是以自己的出资为限对法人债务承担有限责任。法人独立承担民事责任是它拥有独立财产的必然反映。

4. 法人以自己的名义参加民事活动。法人人格独立、财产独立、责任独立,在民事活动中就能以自己的名义实施行为,参加民事法律关系,享有权利、承担义务,谋求自身利益的实现。法人的这一特征使法人区别于合伙和非法人的组织。

法人作为公民之外的另一民事主体,它的出现具有重要的社会意义。

1. 实行法人制度有利于促进社会主义市场经济的发展。我国实行社会主义市场经济,需要国家领导的各个部门、各类经济组织同心协力,不断扩大生产,增加国民收入。法律确认这些机关、企事业单位的民事权利主体地位,赋予它们以法人资格,依法享有与各类法人相应的民事权利能力和民事行为能力,有利于发挥它们生产、工作的积极性和创造性,履行职责,完成任务,巩固和发展以经济体制改革为先行的改革成果,实现整顿经济秩序,治理经济环境的目标，繁荣社会主义经济。

2. 实行法人制度是增强企业活力的保障。在我国社会中的企业，特别是占主要组成部分的国有企业和集体所有制企业，不仅是国民经济计划的执行者，而且是商品经济的生产经营者，应当实行独立核算，自负盈亏。它们依法登记取得企业法人资格，使有关生产经营活动的范围、自身的独立财产，以及支配这些财产以单独或联合经营等方式从事民事活动，享有相应的民事权利和承担相应的民事义务等，都得到法律的确认、保护与监督，这对实现企业的自主权利发挥着重要的保障作用。

3. 实行法人制度为国家机关、事业单位和社会团体完成任务提供了保证。机关、事业单位是依照法律行使行政管理、经济和文化教育等方面职能的组织；社会团体是人民群众自愿组成，依其设立宗旨进行活动的组织。它们以国家预算或者经费从事管理和公务活动。它们在依法取得法人资格后，通过从事广泛的民事法律行为，解决它们在工作和其他方面的需要，实现它们的行政管理和经济文化教育等方面的职能，以利于他们开展学术交流、专业探讨和工作研究等正常的公务活动。

4. 实行法人制度是开展国际经济联系的必要条件。随着我国对外开放政策的贯彻执行，我国的商品经济已不限于国内市场，与国际市场也建起了多种联系，国际贸易不断扩大，引进先进技术增多，利用外国资金以及各种形式的国际经济技术合作都在发展。我国民法确立法人制度，对于吸引外国的企业和公民投资，对他们同我国的企业法人等单位建立合资经营或合作经营企业，对外国人在我国建立独资经营企业，为中外双方法人或公民签订买卖、互易、借贷和技术转让等合同，进行广泛的经济联系，创造了必要的条件。

——唐德华、高圣平主编：《民法通则及配套规定新释新解（上）》，人民法院出版社 2003 年版。

【相关文献】

李适时：《民法总则是确立并完善民事基本制度的基本法律》，载中国人大网，最后访问时间：2017 年 4 月 14 日。

【相关案例】

1. 有限责任公司整体转让后，尚未办理股东名册和法定代表人变更登记手续前，该公司应偿还转让前所负债务

——仲伟新诉仲昭玉公司设立纠纷案

案例要旨：有限责任公司整体转让后，尚未办理股东名册和法定代表人变更登记手续前，该公司应偿还转让前所负债务。公司以

其全部财产对公司的债务承担责任，在公司法人有效成立期间，公司具有独立的民事权利能力和民事行为能力，依法独立享有民事权利和承担民事义务，应当对其借款行为独立承担责任，有限责任公司的股东只有在违反法律的强制性规定时，才应当对公司债务承担连带责任。

来源： 江苏法院网

2. 企业的开办单位无过错的，不应该对企业的债务承担连带赔偿责任

——美国矿产金属有限公司与厦门联合发展（集团）有限公司债务纠纷案

案例要旨： 经国家主管部门核准登记的具有法人资格的企业，依法应当独立承担民事责任。确定该企业的开办单位是否应当对该企业的债务承担民事责任，应严格审查开办单位对该企业的出资情况以及开办单位有无抽逃该企业注册资本、有无恶意转移该企业财产等情形。开办单位在上述方面无过错的，不应对该企业的债务承担连带赔偿责任。

案号： （2004）民四终字第4号

审理法院： 最高人民法院

来源： 《最高人民法院公报》2005年第12期

第五十八条　法人成立条件

法人应当依法成立。

法人应当有自己的名称、组织机构、住所、财产或者经费。法人成立的具体条件和程序，依照法律、行政法规的规定。

设立法人，法律、行政法规规定须经有关机关批准的，依照其规定。

【新旧法条对比】

《中华人民共和国民法通则》

第三十七条　法人应当具备下列条件：
（一）依法成立；
（二）有必要的财产或者经费；
（三）有自己的名称、组织机构和场所；
（四）能够独立承担民事责任。

【相关规定】

1.《中华人民共和国公司法》

第二十三条　设立有限责任公司，应当具备下列条件：
（一）股东符合法定人数；
（二）有符合公司章程规定的全体股东认缴的出资额；
（三）股东共同制定公司章程；
（四）有公司名称，建立符合有限责任公司要求的组织机构；
（五）有公司住所。

第七十六条　设立股份有限公司，应当具备下列条件：
（一）发起人符合法定人数；
（二）有符合公司章程规定的全体发起人认购的股本总额或者募集的实收股本总额；
（三）股份发行、筹办事项符合法律规定；
（四）发起人制订公司章程，采用募集方式设立的经创立大会通过；
（五）有公司名称，建立符合股份有限公司要求的组织机构；
（六）有公司住所。

2.《中华人民共和国全民所有制工业企业法》

第十六条　设立企业，必须依照法律和国务院规定，报请政府或者政府主管部门审核批准。经工商行政管理部门核准登记、发给营业执照，企业取得法人资格。

企业应当在核准登记的经营范围内从事生产经营活动。

第十七条　设立企业必须具备以下条件：

（一）产品为社会所需要。

（二）有能源、原材料、交通运输的必要条件。

（三）有自己的名称和生产经营场所。

（四）有符合国家规定的资金。

（五）有自己的组织机构。

（六）有明确的经营范围。

（七）法律、法规规定的其他条件。

第十八条　企业合并或者分立，依照法律、行政法规的规定，由政府或者政府主管部门批准。

3.《中华人民共和国城镇集体所有制企业条例》

第十二条　集体企业的设立必须具备下列条件：

（一）有企业名称、组织机构和企业章程；

（二）有固定的生产经营场所、必要的设施并符合规定的安全卫生条件；

（三）有符合国家规定并与其生产经营和服务规模相适应的资金数额和从业人员；

（四）有明确的经营范围；

（五）能够独立承担民事责任；

（六）法律、法规规定的其他条件。

第十四条　设立集体企业应经省、自治区、直辖市人民政府规定的审批部门批准。

设立集体企业的审批部门，法律、法规有专门规定的，从其规定。

集体企业应当在核准登记的经营范围内从事生产经营活动。

4.《中华人民共和国乡村集体所有制企业条例》

第十三条　设立企业应当具备下列条件：

（一）产品和提供的服务为社会所需要，并符合国家法律、法规和政策规定；

（二）有自己的名称、组织机构和生产经营场所；

（三）有确定的经营范围；

（四）有与生产经营和服务规模相适应的资金、设备、从业人员和必要的原材料条件；

（五）有必要的劳动卫生、安全生产条件和环境保护措施；

（六）符合当地乡村建设规划，合理利用土地。

第十四条　设立企业必须依照法律、法规，经乡级人民政府审核后，报请县级人民政府乡镇企业主管部门以及法律、法规规定的有关部门批准，持有关批准文件向企业所在地工商行政管理机关办理登记，经核准领取《企业法人营业执照》或者《营业执照》后始得营业，并向税务机关办理税务登记。

企业应当在核准登记的经营范围内从事生产经营活动。

5.《中华人民共和国中外合资经营企业法》

第三条　合营各方签订的合营协议、合同、章程，应报国家对外经济贸易主管部门（以下称审查批准机关）审查批准。审查批准机关应在三个月内决定批准或不批准。合营企业经批准后，向国家工商行政管理主管部门登记，领取营业执照，开始营业。

6.《中华人民共和国中外合资经营企业法实施条例》

第六条　在中国境内设立合营企业，必须经中华人民共和国对外贸易经济合作部（以下简称对外贸易经济合作部）审查批准。批准后，由对外贸易经济合作部发给批准证书。

凡具备下列条件的，国务院授权省、自治区、直辖市人民政府或者国务院有关部门审批：

（一）投资总额在国务院规定的投资审批权限以内，中国合营者的资金来源已经落实的；

（二）不需要国家增拨原材料，不影响燃料、动力、交通运输、外贸出口配额等方面的全国平衡的。

依照前款批准设立的合营企业，应当报对外贸易经济合作部备案。

对外贸易经济合作部和国务院授权的省、自治区、直辖市人民政府或者国务院有关部门，以下统称审批机构。

第七条　申请设立合营企业，由中外合营者共同向审批机构报送下列文件：

（一）设立合营企业的申请书；

（二）合营各方共同编制的可行性研究报告；

（三）由合营各方授权代表签署的合营企业协议、合同和章程；

（四）由合营各方委派的合营企业董事长、副董事长、董事人选名单；

（五）审批机构规定的其他文件。

前款所列文件必须用中文书写，其中第（二）（三）（四）项文件可以同时用合营各方商定的一种外文书写。两种文字书写的文件具有同等效力。

审批机构发现报送的文件有不当之处的，应当要求限期修改。

7.《中华人民共和国中外合作经营企业法》

第二条　中外合作者举办合作企业，应当依照本法的规定，在合作企业合同中约定投资或者合作条件、收益或者产品的分配、风险和亏损的分担、经营管理的方式和合作企业终止时财产的归属等事项。

合作企业符合中国法律关于法人条件的规定的，依法取得中国法人资格。

第五条　申请设立合作企业，应当将中外合作者签订的协议、合同、章程等文件报国务院对外经济贸易主管部门或者国务院授权的部门和地方政府（以下简称审查批准机关）审查批准。审查批准机关应当自接到申请之日起四十五天内决定批准或者不批准。

第六条　设立合作企业的申请经批准后，应当自接到批准证书之日起三十天内向工商行政管理机关申请登记，领取营业执照。合作企业的营业执照签发日期，为该企业的成立日期。

合作企业应当自成立之日起三十天内向税务机关办理税务登记。

8.《中华人民共和国中外合作经营企业法实施细则》

第六条　设立合作企业由对外贸易经济合作部或者国务院授权的部门和地方人民政府审查批准。

设立合作企业属于下列情形的，由国务院授权的部门或者地方人民政府审查批准：

（一）投资总额在国务院规定由国务院授权的部门或者地方人民政府审批的投资限额以内的；

（二）自筹资金，并且不需要国家平衡建设、生产条件的；

（三）产品出口不需要领取国家有关主管部门发放的出口配额、许可证，或者虽需要领取，但在报送项目建议书前已征得国家有关主管部门同意的；

（四）有法律、行政法规规定由国务院授权的部门或者地方人民政府审查批准的其他情形的。

第七条　设立合作企业，应当由中国合作者向审查批准机关报送下列文件：

（一）设立合作企业的项目建议书，并附送主管部门审查同意的文件；

（二）合作各方共同编制的可行性研究报告，并附送主管部门审查同意的文件；

（三）由合作各方的法定代表人或其授权的代表签署的合作企业协议、合同、章程；

（四）合作各方的营业执照或者注册登记证明、资信证明及法定代表人的有效证明文件，外国合作者是自然人的，应当提供有关其身份、履历和资信情况的有效证明文件；

（五）合作各方协商确定的合作企业董事长、副董事长、董事或者联合管理委员会主任、副主任、委员的人选名单；

（六）审查批准机关要求报送的其他文件。

前款所列文件，除第四项中所列外国合作者提供的文件外，必须报送中文本，第二项、第三项和第五项所列文件可以同时报送合作各方商定的一种外文本。

审查批准机关应当自收到规定的全部文件之日起45天内决定批准或者不批准；审查批准机关认为报送的文件不全或者有不当之处的，有权要求合作各方在指定期间内补全或者修正。

9.《中华人民共和国外资企业法》

第六条 设立外资企业的申请，由国务院对外经济贸易主管部门或者国务院授权的机关审查批准。审查批准机关应当在接到申请之日起九十天内决定批准或者不批准。

第七条 设立外资企业的申请经批准后，外国投资者应当在接到批准证书之日起三十天内向工商行政管理机关申请登记，领取营业执照。外资企业的营业执照签发日期，为该企业成立日期。

第八条 外资企业符合中国法律关于法人条件的规定的，依法取得中国法人资格。

10.《中华人民共和国外资企业法实施细则》

第七条 设立外资企业的申请，由中华人民共和国对外贸易经济合作部（以下简称对外贸易经济合作部）审查批准后，发给批准证书。

设立外资企业的申请属于下列情形的，国务院授权省、自治区、直辖市和计划单列市、经济特区人民政府审查批准后，发给批准证书：

（一）投资总额在国务院规定的投资审批权限以内的；

（二）不需要国家调拨原材料，不影响能源、交通运输、外贸出口配额等全国综合平衡的。

省、自治区、直辖市和计划单列市、经济特区人民政府在国务院授权范围内批准设立外资企业，应当在批准后15天内报对外贸易经济合作部备案（对外贸易经济合作部和省、自治区、直辖市和计划单列市、经济特区人民政府，以下统称审批机关）。

第十条 外国投资者设立外资企业，应当通过拟设立外资企业所在地的县级或者县级以上地方人民政府向审批机关提出申请，并报送下列文件：

（一）设立外资企业申请书；

（二）可行性研究报告；

（三）外资企业章程；

（四）外资企业法定代表人（或者董事会人选）名单；

（五）外国投资者的法律证明文件和资信证明文件；

（六）拟设立外资企业所在地的县级或者县级以上地方人民政府的书面答复；

（七）需要进口的物资清单；

（八）其他需要报送的文件。

前款（一）（三）项文件必须用中文书写；（二）（四）（五）项文件可以用外文书写，但应当附中文译文。

两个或者两个以上外国投资者共同申请设立外资企业，应当将其签订的合同副本报送审批机关备案。

11.《事业单位登记管理暂行条例》

第三条 事业单位经县级以上各级人民政府及其有关主管部门（以下统称审批机关）批准成立后，应当依照本条例的规定登记或者备案。

事业单位应当具备法人条件。

12.《社会团体登记管理条例》

第三条 成立社会团体，应当经其业务主管单位审查同意，并依照本条例的规定进行登记。

社会团体应当具备法人条件。

下列团体不属于本条例规定登记的范围：

（一）参加中国人民政治协商会议的人民团体；

（二）由国务院机构编制管理机关核定，并经国务院批准免于登记的团体；

（三）机关、团体、企业事业单位内部经本单位批准成立、在本单位内部活动的团体。

第十条 成立社会团体，应当具备下列条件：

（一）有50个以上的个人会员或者30个以上的单位会员；个人会员、单位会员混合组成的，会员总数不得少于50个；

（二）有规范的名称和相应的组织机构；

（三）有固定的住所；

（四）有与其业务活动相适应的专职工作人员；

（五）有合法的资产和经费来源，全国性的社会团体有10万元以上活动资金，地方性的社会团体和跨行政区域的社会团体有3万元以上活动资金；

（六）有独立承担民事责任的能力。

社会团体的名称应当符合法律、法规的规定，不得违背社会道德风尚。社会团体的名称应当与其业务范围、成员分布、活动地域相一致，准确反映其特征。全国性的社会团体的名称冠以"中国""全国""中华"等字样的，应当按照国家有关规定经过批准，地方性的社会团体的名称不得冠以"中国""全国""中华"等字样。

13.《基金会管理条例》

第八条 设立基金会，应当具备下列条件：

（一）为特定的公益目的而设立；
（二）全国性公募基金会的原始基金不低于 800 万元人民币，地方性公募基金会的原始基金不低于 400 万元人民币，非公募基金会的原始基金不低于 200 万元人民币；原始基金必须为到账货币资金；
（三）有规范的名称、章程、组织机构以及与其开展活动相适应的专职工作人员；
（四）有固定的住所；
（五）能够独立承担民事责任。

14.《基层工会法人资格登记办法》

第四条　基层工会申请取得工会法人资格应具备以下条件：
（一）依照《中华人民共和国工会法》和《中国工会章程》的规定成立；
（二）有健全的组织机构和经过民主程序选举产生的工会主席或者主持工作的副主席；
（三）有自己的工作场所，能正常开展工会各项工作；
（四）工会经费来源稳定，能够独立支配和使用工会经费；
（五）能依法独立承担民事责任。

第六条　基层工会申请取得工会法人资格，应向审查登记机关报送基层工会法人资格申请登记表、上级工会出具的基层工会成立的证明、自有经费和财产证明等材料。

审查登记机关自收到申请登记表之日起的 30 日内对有关材料进行审查核准，审查合格者，办理登记手续，发放《工会法人资格证书》及其副本和《工会法人法定代表人证书》，并可在地方报刊上发布公告，同时报上一级工会备案。

审查登记机关对不符合登记条件的申请，应在审查后及时通知该基层工会，并说明不予登记的理由。

15.《中华人民共和国慈善法》

第九条　慈善组织应当符合下列条件：
（一）以开展慈善活动为宗旨；
（二）不以营利为目的；
（三）有自己的名称和住所；
（四）有组织章程；
（五）有必要的财产；
（六）有符合条件的组织机构和负责人；
（七）法律、行政法规规定的其他条件。

16.《民办非企业单位登记管理暂行条例》

第八条　申请登记民办非企业单位，应当具备下列条件：

（一）经业务主管单位审查同意；
（二）有规范的名称、必要的组织机构；
（三）有与其业务活动相适应的从业人员；
（四）有与其业务活动相适应的合法财产；
（五）有必要的场所。

民办非企业单位的名称应当符合国务院民政部门的规定，不得冠以"中国""全国""中华"等字样。

第十二条　准予登记的民办非企业单位，由登记管理机关登记民办非企业单位的名称、住所、宗旨和业务范围、法定代表人或者负责人、开办资金、业务主管单位，并根据其依法承担民事责任的不同方式，分别发给《民办非企业单位（法人）登记证书》《民办非企业单位（合伙）登记证书》《民办非企业单位（个体）登记证书》。

依照法律、其他行政法规规定，经有关主管部门依法审核或者登记，已经取得相应的执业许可证书的民办非企业单位，登记管理机关应当简化登记手续，凭有关主管部门出具的执业许可证明文件，发给相应的民办非企业单位登记证书。

17.《中华人民共和国企业法人登记管理条例》

第二条　具备法人条件的下列企业，应当依照本条例的规定办理企业法人登记：
（一）全民所有制企业；
（二）集体所有制企业；
（三）联营企业；
（四）在中华人民共和国境内设立的中外合资经营企业、中外合作经营企业和外资企业；
（五）私营企业；
（六）依法需要办理企业法人登记的其他企业。

第三条　申请企业法人登记，经企业法人登记主管机关审核，准予登记注册的，领取《企业法人营业执照》，取得法人资格，其合法权益受国家法律保护。

依法需要办理企业法人登记的，未经企业法人登记主管机关核准登记注册，不得从事经营活动。

第七条　申请企业法人登记的单位应当具备下列条件：
（一）名称、组织机构和章程；
（二）固定的经营场所和必要的设施；
（三）符合国家规定并与其生产经营和服务规模相适应的资金数额和从业人员；

（四）能够独立承担民事责任；

（五）符合国家法律、法规和政策规定的经营范围。

第八条　企业办理企业法人登记，由该企业的组建负责人申请。

独立承担民事责任的联营企业办理企业法人登记，由联营企业的组建负责人申请。

第九条　企业法人登记注册的主要事项：企业法人名称、住所、经营场所、法定代表人、经营性质、经营范围、经营方式、注册资金、从业人数、经营期限、分支机构。

18.《中华人民共和国企业法人登记管理条例施行细则》

第十三条　申请企业法人登记，应当具备下列条件（外商投资企业另列）：

（一）有符合规定的名称和章程；

（二）有国家授予的企业经营管理的财产或者企业所有的财产，并能够以其财产独立承担民事责任；

（三）有与生产经营规模相适应的经营管理机构、财务机构、劳动组织以及法律或者章程规定必须建立的其他机构；

（四）有必要的并与经营范围相适应的经营场所和设施；

（五）有与生产经营规模和业务相适应的从业人员，其中专职人员不得少于8人；

（六）有健全的财会制度，能够实行独立核算，自负盈亏，独立编制资金平衡表或者资产负债表；

（七）有符合规定数额并与经营范围相适应的注册资金，国家对企业注册资金数额有专项规定的按规定执行；

（八）有符合国家法律、法规和政策规定的经营范围；

（九）法律、法规规定的其他条件。

第十四条　外商投资企业申请企业法人登记，应当具备下列条件：

（一）有符合规定的名称；

（二）有审批机关批准的合同、章程；

（三）有固定经营场所、必要的设施和从业人员；

（四）有符合国家规定的注册资本；

（五）有符合国家法律、法规和政策规定的经营范围；

（六）有健全的财会制度，能够实行独立核算，自负盈亏，独立编制资金平衡表或者资产负债表。

第十五条　申请营业登记，应当具备下列条件：

（一）有符合规定的名称；

（二）有固定的经营场所和设施；

（三）有相应的管理机构和负责人；

（四）有经营活动所需要的资金和从业人员；

（五）有符合规定的经营范围；

（六）有相应的财务核算制度。

不具备企业法人条件的联营企业，还应有联合签署的协议。

外商投资企业设立的从事经营活动的分支机构应当实行非独立核算。

19.《中华人民共和国民办教育促进法》

第九条 举办民办学校的社会组织，应当具有法人资格。

举办民办学校的个人，应当具有政治权利和完全民事行为能力。

民办学校应当具备法人条件。

第十条 设立民办学校应当符合当地教育发展的需求，具备教育法和其他有关法律、法规规定的条件。

民办学校的设置标准参照同级同类公办学校的设置标准执行。

第十二条 申请筹设民办学校，举办者应当向审批机关提交下列材料：

（一）申办报告，内容应当主要包括：举办者、培养目标、办学规模、办学层次、办学形式、办学条件、内部管理体制、经费筹措与管理使用等；

（二）举办者的姓名、住址或者名称、地址；

（三）资产来源、资金数额及有效证明文件，并载明产权；

（四）属捐赠性质的校产须提交捐赠协议，载明捐赠人的姓名、所捐资产的数额、用途和管理方法及相关有效证明文件。

第十四条 申请正式设立民办学校的，举办者应当向审批机关提交下列材料：

（一）筹设批准书；

（二）筹设情况报告；

（三）学校章程、首届学校理事会、董事会或者其他决策机构组成人员名单；

（四）学校资产的有效证明文件；

（五）校长、教师、财会人员的资格证明文件。

20.《中华人民共和国农民专业合作社法》

第十条 设立农民专业合作社，应当具备下列条件：

（一）有五名以上符合本法第十四条、第十五条规定的成员；

（二）有符合本法规定的章程；

（三）有符合本法规定的组织机构；

（四）有符合法律、行政法规规定的名称和章程确定的住所；

（五）有符合章程规定的成员出资。

第十一条　设立农民专业合作社应当召开由全体设立人参加的设立大会。设立时自愿成为该社成员的人为设立人。

设立大会行使下列职权：

（一）通过本社章程，章程应当由全体设立人一致通过；

（二）选举产生理事长、理事、执行监事或者监事会成员；

（三）审议其他重大事项。

第十三条　设立农民专业合作社，应当向工商行政管理部门提交下列文件，申请设立登记：

（一）登记申请书；

（二）全体设立人签名、盖章的设立大会纪要；

（三）全体设立人签名、盖章的章程；

（四）法定代表人、理事的任职文件及身份证明；

（五）出资成员签名、盖章的出资清单；

（六）住所使用证明；

（七）法律、行政法规规定的其他文件。

登记机关应当自受理登记申请之日起二十日内办理完毕，向符合登记条件的申请者颁发营业执照。

农民专业合作社法定登记事项变更的，应当申请变更登记。

农民专业合作社登记办法由国务院规定。办理登记不得收取费用。

21.《农民专业合作社登记管理条例》

第十一条　申请设立农民专业合作社，应当由全体设立人指定的代表或者委托的代理人向登记机关提交下列文件：

（一）设立登记申请书；

（二）全体设立人签名、盖章的设立大会纪要；

（三）全体设立人签名、盖章的章程；

（四）法定代表人、理事的任职文件和身份证明；

（五）载明成员的姓名或者名称、出资方式、出资额以及成员出资总额，并经全体出资成员签名、盖章予以确认的出资清单；

（六）载明成员的姓名或者名称、公民身份号码或者登记证书号码和住所的成员名册，以及成员身份证明；

（七）能够证明农民专业合作社对其住所享有使用权的住所使用证明；

（八）全体设立人指定代表或者委托代理人的证明。

农民专业合作社的业务范围有属于法律、行政法规或者国务院规定在登记前须经批准的项目的，应当提交有关批准文件。

22.《中华人民共和国证券法》

第一百二十二条　设立证券公司，必须经国务院证券监督管理机构审查批准。未经国务院证券监督管理机构批准,任何单位和个人不得经营证券业务。

第一百二十四条　设立证券公司,应当具备下列条件:
(一) 有符合法律、行政法规规定的公司章程;
(二) 主要股东具有持续盈利能力,信誉良好,最近三年无重大违法违规记录,净资产不低于人民币二亿元;
(三) 有符合本法规定的注册资本;
(四) 董事、监事、高级管理人员具备任职资格,从业人员具有证券从业资格;
(五) 有完善的风险管理与内部控制制度;
(六) 有合格的经营场所和业务设施;
(七) 法律、行政法规规定的和经国务院批准的国务院证券监督管理机构规定的其他条件。

23. 《中华人民共和国商业银行法》

第十一条　设立商业银行,应当经国务院银行业监督管理机构审查批准。

未经国务院银行业监督管理机构批准,任何单位和个人不得从事吸收公众存款等商业银行业务,任何单位不得在名称中使用"银行"字样。第十二条设立商业银行,应当具备下列条件:
(一) 有符合本法和《中华人民共和国公司法》规定的章程;
(二) 有符合本法规定的注册资本最低限额;
(三) 有具备任职专业知识和业务工作经验的董事、高级管理人员;
(四) 有健全的组织机构和管理制度;
(五) 有符合要求的营业场所、安全防范措施和与业务有关的其他设施。
设立商业银行,还应当符合其他审慎性条件。

第十三条　设立全国性商业银行的注册资本最低限额为十亿元人民币。设立城市商业银行的注册资本最低限额为一亿元人民币,设立农村商业银行的注册资本最低限额为五千万元人民币。注册资本应当是实缴资本。

国务院银行业监督管理机构根据审慎监管的要求可以调整注册资本最低限额,但不得少于前款规定的限额。

24. 《中华人民共和国注册会计师法》

第二十四条　会计师事务所符合下列条件的,可以是负有限责任的法人:
(一) 不少于三十万元的注册资本;
(二) 有一定数量的专职从业人员,其中至少有五名注册会计师;
(三) 国务院财政部门规定的业务范围和其他条件。
负有限责任的会计师事务所以其全部资产对其债务承担责任。

【相关观点】

一、法人应具备的条件

法人应具备的条件,是指取得法人资格所必须具备的基本条件。法人应具备的基本条件为:

(一)依法成立

依法成立是指依照法律规定而成立。首先,法人组织的设立合法,其设立的目的、宗旨要符合国家和社会公共利益的要求,其组织机构、设立方式、经营范围、经营方式等要符合法律的要求;其次,法人的成立程序符合法律、法规的规定。

(二)有必要的财产或者经费

必要的财产或者经费是法人生存和发展的基础,也是法人独立承担民事责任的物质基础。法人应有必要的财产或者经费,否则,法人无法进行各种民事活动。所谓必要的财产或者经费是指法人的财产或者经费应与法人的性质、规模等相适应。我国一些法律法规对有关法人的财产或者经费要求作了规定。如《商业银行法》第13条规定,设立商业银行的注册资本最低限额为10亿元人民币;城市合作商业银行的注册资本最低限额为1亿元人民币;农村合作商业银行的注册资本最低限额为5000万元人民币。

(三)有自己的名称、组织机构和住所

法人应该有自己的名称,通过名称的确定使自己与其他法人相区别。我国《企业名称登记管理规定》对企业名称的组成、使用等作了规定。根据该规定,企业的名称应依次由字号、行业或者经营特点、组织形式组成,并在企业名称前冠以企业所在地省或者市或者县行政区划名称。企业名称应当使用汉字,民族自治地方的企业名称可以同时使用本民族自治地方通用的民族文字。企业使用外文名称的,其外文名称应当与中文名称相一致,并报登记主管机关登记注册。可见,企业名称不是可随便确定而使用的。作为机关法人、事业单位法人、社会团体法人等非企业法人的名称,应与其活动范围、活动内容等相适应。这类非企业法人的名称,有的是由国家直接命名而无须工商登记,如国家机关法人名称;有的则应根据活动性质命名,并依法进行登记,如社会团体法人依法由民政部门登记。总之,每一个法人都应有自己的名称。

法人是社会组织,法人的意思表示必须依法由法人组织机构来完成,每一个法人都应该有自己的组织机构,如股份有限公司法人的组织机构依法应由三部分组成:权力机构——股东会;执行机构——董事会;监督机构——监事会。三机构有机地构成公司法人的组织机构,代表公司进行相应的活动。

如果没有组织机构，就不能够成为法人。

法人应该有自己的住所。作为法人的住所，可以是自己所有的，也可以是租赁他人的。法人的住所可以是一个，也可以是多个。规定有自己的住所是法人应具备的条件，主要是为了交易安全和便于国家主管机关监督。

二、法人成立的程序

（一）须有设立行为

法人必须经过设立人的设立行为，才可能成立。

法人设立的原则有：（1）自由设立主义，即国家对法人设立完全听凭当事人的自由意志，不要求具备任何形式，不加以任何干涉和限制。（2）特许设立主义，对于法人的设立采取严格的限制，未经国家或者国家元首的特许，不得设立。（3）行政许可主义，法人的设立须经行政机关的许可，否则不得设立。（4）准则设立主义，法律对于法人的设立，预先规定一定的条件，可遵照该规定的条件设立，无须经过行政机关的许可，依照法定条件设立后，向登记机关进行登记，即为设立。（5）强制设立主义，国家对法人的设立采取强制的方法，适用于特殊产业或者特殊团体。

（二）须有法律依据或经主管机关的批准

中国的法人设立不采取自由设立主义，凡是成立法人，均须依据相关的法律，以法律作为成立的依据。例如，企业法人的设立须有《公司法》或者《民法总则》的依据，机关法人须有机关组织法的依据。财团法人的设立需要获得有关主管机关的批准，公益法人成立也须获得批准。

（三）须经登记

法人的设立，原则上均须经过登记方能取得法人资格。例如财团法人的设立必须经过登记才能设立。机关法人成立不须登记。事业单位法人和社会团体法人，除法律规定不需要登记的外，也要办理登记。

【相关案例】

1. 企业法人成立及企业内部股权状况确认是以企业在主管机关登记内容为法定生效要件

——四通投资有限公司诉北京九州计算机网络有限公司借款合同纠纷案

案例要旨：企业法人成立及企业内部股权状况确认是以企业在主管机关登记内容为法定生效要件，故一方当事人违约，致使另一方股东身份无法得到确认的，公司前期运作费用应当由违约方承担。

来源：江平、李国光主编：《最新公司法案例评析》，人民法院出版社

2006年版。

2. 对于确实不具备法人条件、企业工商部门未予变更的，人民法院可直接认定其性质

——高菊兰诉郦文正以虚设股东的有限公司名义向其借款应由作为投资者的个人偿还案

案例要旨：确定企业的法人资格，原则应以工商登记为准。但对确实不具备法人条件的企业，如确属私营性质的，可以建议工商行政管理机关变更登记，如工商部门未按实际情况对企业性质加以变更，则人民法院可直接认定其为私营企业。

来源：《人民法院案例选》2001年第3期（总第37辑）

3. 企业法人资格的认定标准

——A市食品公司诉B市食品公司定购合同纠纷再审案

案例要旨：法人是具有民事权利能力和民事行为能力，依法独立享有民事权利和承担民事义务的组织。法人应当具备依法成立、有必要的财产或者经费、有自己的名称、组织机构和场所、能够独立承担民事责任等基本条件。

来源：虞政平：《公司法案例教学（上册）》，人民法院出版社2012年版。

第五十九条　法人的民事权利能力和民事行为能力

法人的民事权利能力和民事行为能力，从法人成立时产生，到法人终止时消灭。

【新旧法条对比】

《中华人民共和国民法通则》

第三十六条　法人是具有民事权利能力和民事行为能力，依法独立享有民事权利和承担民事义务的组织。

法人的民事权利能力和民事行为能力，从法人成立时产生，到法人终止时消灭。

【相关观点】

一、条文概述与解读

法人与自然人同属民事主体，都具有民事权利能力和民事行为能力。作为法律拟制的"人"，法人的权利能力和行为能力产生和消灭的时间与自然人有联系也有区别。自然人的民事权利能力从出生时起到死亡时止，而法人并非自然生命体，对法人来说，法人的成立相当于自然人的出生，此时其成为了具备法人资格的民事主体，故法人的权利能力始于其成立；法人的终止相当于自然人的死亡，此时其民事主体资格不复存在，故法人的权利能力消灭于其终止。与自然人不同的是，法人不存在年龄、健康状态的问题，故法人在其成立时即具备完全的民事行为能力。因此法人的民事行为能力和民事权利能力在时间上是一致的。

——沈德咏主编：《〈中华人民共和国民法总则〉条文理解与适用》，人民法院出版社2017年版。

二、法人民事权利能力和民事行为能力的产生和终止

法人的民事权利能力和民事行为能力，从法人成立时产生，到法人终止时消灭。就是说，法人进行民事活动的资格，自法人依法定程序成立、取得法人资格时起才能享有，没有取得法人资格时则不能享有。法人终止时，这种资格即行消灭，再也不能以法人的名义进行民事活动（不包括法人终止后进行的清算范围内的活动）。

——唐德华、高圣平主编：《民法通则及配套规定新释新解（上）》，人民法院出版社2003年版。

【相关案例】

1. 法人被依法吊销营业执照后没有进行清算，也没有办理注销登记的，不属于法人终止，依法仍享有民事诉讼的权利能力和行为能力

——广西北生集团有限责任公司与北海市威豪房地产开发公司、广西壮族自治区畜产进出口北海公司土地使用权转让合同纠纷案

案例要旨： 法人被依法吊销营业执照后没有进行清算，也没有办理注销登记的，不属于法人终止，依法仍享有民事诉讼的权利能力和行为能力。此类法人与他人产生合同纠纷的，应当以自己的名义参加民事诉讼。其开办单位因不是合同当事人，不具备诉讼主体资格。

案号：（2005）民一终字第 104 号

审理法院： 最高人民法院

来源：《最高人民法院公报》2006 年第 9 期

2. 原债务人已经依法清算且办理注销登记，债权人提起代位权诉讼不符合规定

——余姚市佳威无纺制品有限公司诉潘鑫钟、冯夏员债权人代位权纠纷案

案例要旨： 原债务人经清算注销后，其主体资格消灭，原债务人对债权人所负债务随之消灭。在原债务人清算期间，债权人未积极申报债权，原债务人法人主体资格消灭后，债权人向第三人提出代位权诉讼不符合"债权人对债务人的债权合法"的相关规定。

案号：（2009）甬慈商初字第 4488 号；（2010）浙甬商终字第 317 号

审理法院： 浙江省宁波市中级人民法院

来源：《浙江省参阅案例．案例指导》2010 年第 4 期（总第 16 期）

3. 有限责任公司整体转让后，尚未办理股东名册和法定代表人变更登记手续前，该公司应偿还转让前所负债务

——仲伟新诉仲昭玉公司设立纠纷案

案例要旨： 有限责任公司整体转让后，尚未办理股东名册和法定代表人变更登记手续前，该公司应偿还转让前所负债务。公司以其全部财产对公司的债务承担责任，在公司法人有效成立期间，公司具有独立的民事权利能力和民事行为能力，依法独立享有民事权利和承担民事义务，应当对其借款行为独立承担责任，有限责任公司的股东只有在违反法律的强制性规定时，才应当对公司债务承担连带责任。

审理法院： 江苏省沭阳县人民法院

来源： 江苏法院网

4. 经工商行政管理部门核准注销登记，公司终止，公司股东的诉讼地位不等同于公司的诉讼地位，不得以公司的股东承担公司的诉讼主体地位

——广州森润贸易有限公司诉广州市正信实业有限公司等合作开发房地产合同纠纷案

案例要旨： 法人的民事权利能力和民事行为能力，从法人成立时产生，到法人终止时消灭。因原告在向工商行政管理部门办理注销登记时，没有确定权利、义务承受人，因此法人消灭后诉讼已无法继续，应依法终结诉讼。因公司股东的诉讼地位不等同于公司的诉讼地位，以公司的股东承担公司的诉讼主体地位，缺乏法律依据，不予采纳。

案号： （2012）穗中法民五重字第1号

审理法院： 广东省广州市中级人民法院

来源： 《中国审判案例要览》（2014年民事审判案例卷）

第六十条　法人独立承担民事责任

法人以其全部财产独立承担民事责任。

【新旧法条对比】

《中华人民共和国民法通则》

第三十七条　法人应当具备下列条件：
（一）依法成立；
（二）有必要的财产或者经费；
（三）有自己的名称、组织机构和场所；
（四）能够独立承担民事责任。

【相关规定】

1. 《中华人民共和国公司法》

第三条　公司是企业法人，有独立的法人财产，享有法人财产权。公司以其全部财产对公司的债务承担责任。

有限责任公司的股东以其认缴的出资额为限对公司承担责任；股份有限公司的股东以其认购的股份为限对公司承担责任。

2. 《中华人民共和国全民所有制工业企业法》

第二条　全民所有制工业企业（以下简称企业）是依法自主经营、自负盈亏、独立核算的社会主义商品生产的经营单位。

企业的财产属于全民所有，国家依照所有权和经营权分离的原则授予企业经营管理。企业对国家授予其经营管理的财产享有占有、使用和依法处分的权利。

企业依法取得法人资格，以国家授予其经营管理的财产承担民事责任。

3. 《中华人民共和国城镇集体所有制企业条例》

第六条　集体企业依法取得法人资格，以其全部财产独立承担民事责任。集体企业的财产及其合法权益受国家法律保护，不受侵犯。

4. 《中华人民共和国中外合作经营企业法实施细则》

第十四条　合作企业依法取得中国法人资格的，为有限责任公司。除合作企业合同另有约定外，合作各方以其投资或者提供的合作条件为限对合作企业承担责任。

合作企业以其全部资产对合作企业的债务承担责任。

5.《中华人民共和国商业银行法》

第四条 商业银行以安全性、流动性、效益性为经营原则，实行自主经营，自担风险，自负盈亏，自我约束。

商业银行依法开展业务，不受任何单位和个人的干涉。

商业银行以其全部法人财产独立承担民事责任。

6.《中华人民共和国农民专业合作社法》

第四条 农民专业合作社依照本法登记，取得法人资格。

农民专业合作社对由成员出资、公积金、国家财政直接补助、他人捐赠以及合法取得的其他资产所形成的财产，享有占有、使用和处分的权利，并以上述财产对债务承担责任。

7.《中华人民共和国注册会计师法》

第二十四条 会计师事务所符合下列条件的，可以是负有限责任的法人：

（一）不少于三十万元的注册资本；

（二）有一定数量的专职从业人员，其中至少有五名注册会计师；

（三）国务院财政部门规定的业务范围和其他条件。

负有限责任的会计师事务所以其全部资产对其债务承担责任。

【相关观点】

一、法人以其全部财产独立承担民事责任

民事责任是民事主体因违反民事义务依法所应该承担的责任。法人应当能够以自己拥有的财产或经费承担它在民事活动所产生债务的财产责任。该款有两方面含义：（1）法人的责任范围是独立的，即法人只能自己承担清偿债务的责任。组成法人的个人、集体或创设法人的国家对法人债务不承担责任，法人对他们的债务也不承担责任。同时，某个法人的责任不能转嫁到另一个法人身上。（2）法人要有必要的财产或经费独立承担清偿债务的责任。没有必要的财产和经费，社会组织是无力承担民事责任的。从实质上说，独立的民事责任与独立的意志、独立的财产是联系在一起的。法人独立承担民事责任，并不意味着法人必须要对其债务承担全部给付义务，而只是意味着法人要以自己的独立财产承担清偿债务的责任。

——唐德华、高圣平主编：《民法通则及配套规定新释新解（上）》，人民法院出版社2003年版。

二、法人能够独立承担民事责任

法人是独立的实体，不仅具有独立的财产，而且能够以自己的财产对自己的行为独立承担民事责任。

法人的财产来源于法人的投资者（例如，股份有限公司的资本来源于公司的股东）。当投资者将自己的财产以入股的方式交给法人组织后，该投资财产即属于法人所有，投资者则根据其投资的数额享有权利（股权）。由投资者投资的财产和经营活动积累的财产，构成法人组织的财产，它是法人承担民事责任的基础和范围。

关于法人独立承担民事责任问题，应当区别法人的独立责任与有限责任两个概念：

（一）法人的独立责任

法人的独立责任是指法人必须用自己的全部财产独立承担民事责任。《民法通则》第48条规定："全民所有制企业法人以国家授予它经营管理的财产承担民事责任。集体所有制企业法人以企业所有的财产承担民事责任。中外合资经营企业法人、中外合作经营企业法人和外资企业法人以企业所有的财产承担民事责任，法律另有规定的除外。"即法人对外所欠债务，应由法人以其独立支配的财产予以偿还，其债务清偿责任不能由该法人之外的其他民事主体（包括法人的设立者、法人成员、法人的上级行政主管机关等）承担。法人的独立责任是法人具有独立的民事主体资格的具体表现。

（二）有限责任

有限责任是指法人的投资者对于法人的债务，仅以其投资额为限承担清偿责任，亦即法人的投资者仅以其投资部分的财产，对法人的经营活动承担风险。当法人因其全部财产不足以清偿到期债务而破产时，法人的投资者对法人不能清偿的债务不承担清偿责任。例如，甲向某有限责任公司投资10万元，成为该公司的股东之一。在公司经营过程中，甲有权按公司章程参加盈利分配。公司所欠债务，应以公司的独立财产予以偿还。如果该公司破产，甲投入的10万元不得收回，但在该10万元之外，公司的债权人无权要求作为公司股东的甲再以其他个人财产负责清偿公司的债务。

——唐德华、高圣平主编：《民法通则及配套规定新释新解（上）》，人民法院出版社2003年版。

三、法人承担民事责任的要件

本条规定，是以《民法通则》第37条和第48条的规定为蓝本，总结多年来民法学界研究共识的基础上，对法人的独立责任所作出的规定。之所以规定法人的独立责任，其立法目的在于使法人的成员（投资人）不必对法人的债务承担任何形式的责任。根据本条规定，社会组织要成为法人，必须能够独立承担民事责任。主要可以从三个方面来进行把握：首先，法人独立承担责任是法人的本质属性。法人具有主体地位，最核心的理由是其权利能力具有独立性，其中最基础的就是独立责任能力，独立责任能力是权利能力具有独立性，其中最基础的就是独立责任能力，独立责任能力是权利能力的最终体现，法人如不能独立承担责任，则表明其不具有相应的权利能力。其次，法人独立承担的责任，原则上必须是其自身的民事责任。因此，在法人为其成员、股东或他人提供担保、承担债务等例外场合，必须依法履行法律或法人章程规定的批准程序。

——沈德咏主编：《〈中华人民共和国民法总则〉条文理解与适用》，人民法院出版社2017年版。

法人承担民事责任须具备三项要件：

其一，须有加害他人的侵权行为。即应具备《侵权责任法》第6条、第7条关于侵权行为的构成要件。如果属于一般侵权行为，则依第6条的规定，应以有过错为成立要件。因法人系以代表人的行为为自己的行为，因此过错的有无，应依法人的代表人判断。如果属于特殊侵权行为，则依第7条的规定，不以有过错为构成要件。其他要件，如损害、因果关系等，与自然人的侵权行为并无不同。

其二，须因法人的代表人或其他工作人员的行为。法定代表人在代表权范围内的行为，即是法人自身的行为，法定代表人在代表权范围内的侵权行为，亦即法人的侵权行为，应由法人承担民事责任，系理所当然。此所谓其他工作人员，是否应限于有代表权人或有代理权人或法人机关，各国民法规定不同。例如依《德国民法典》第31条，限于董事会、董事或依章程所选任之其他代理人；依《日本民法典》第44条，限于理事或其他代理人。①

【相关案例】

1. 依法成立的企业法人应独立承担民事责任

——长沙市食品公司与云南一心食品开发有限公司、长沙市食品公司肉食批发部购销农副产品合同纠纷提审案

案例要旨：企业法人经工商局批准之时为成立之时，企业法人注册资金足额到位，领取了企业法人营业执照，即从其批准成立之日起享有独立法人资格，独立承担民事责任

案号：（2001）民提字第3号

审理法院：最高人民法院

来源：《审判监督指导》2001年第4期（总第4辑）

---

① 姚瑞光：《论法人》，载《法令月刊》（第44卷）第3期。

2. 公司设立瑕疵不足以否定其法人人格时，控股公司无需承担连带责任

——美国矿产金属有限公司与厦门联合发展（集团）有限公司债务纠纷上诉案

案例要旨：经国家主管部门核准登记的具有法人资格的企业，依法应当独立承担民事责任。确认该企业的开办单位是否应当对该企业的债务承担民事责任，应严格审查开办单位对该企业的出资情况以及开办单位有无抽逃该企业注册资本、有无恶意转移该企业财产等情形。开办单位在上述方面无过错的，不应对该企业的债务承担连带赔偿责任。

案号：（2004）民四终字第 4 号

审理法院：最高人民法院

来源：《最高人民法院公报》2005 年第 12 期

第六十一条　法定代表人

依照法律或者法人章程的规定，代表法人从事民事活动的负责人，为法人的法定代表人。

法定代表人以法人名义从事的民事活动，其法律后果由法人承受。

法人章程或者法人权力机构对法定代表人代表权的限制，不得对抗善意相对人。

【新旧法条对比】

《中华人民共和国民法通则》

第三十八条　依照法律或者法人组织章程规定，代表法人行使职权的负责人，是法人的法定代表人。

第四十三条　企业法人对它的法定代表人和其他工作人员的经营活动，承担民事责任。

【相关规定】

1.《最高人民法院关于贯彻执行〈中华人民共和国民法通则〉若干问题的意见（试行）》

第五十八条　企业法人的法定代表人和其他工作人员，以法人名义从事的经营活动，给他人造成经济损失的，企业法人应当承担民事责任。

2.《中华人民共和国公司法》

第十三条　公司法定代表人依照公司章程的规定，由董事长、执行董事或者经理担任，并依法登记。公司法定代表人变更，应当办理变更登记。

3.《企业法人法定代表人登记管理规定》

第三条　企业法人的法定代表人（以下简称法定代表人）经企业登记机关核准登记，取得法定代表人资格。

第四条　有下列情形之一的，不得担任法定代表人，企业登记机关不予核准登记：

（一）无民事行为能力或者限制民事行为能力的；

（二）正在被执行刑罚或者正在被执行刑事强制措施的；

（三）正在被公安机关或者国家安全机关通缉的；

（四）因犯有贿赂罪、侵犯财产罪或者破坏社会主义市场经济秩序罪，被判处刑罚，执行期满未逾五年的；因犯有其他罪，被判处刑罚，执行期满未逾三年的；或者因犯罪被判处剥夺政治权利，执行期满未逾五年的；

（五）担任因经营不善破产清算的企业的法定代表人或者董事、经理，并对该企业的破产负有个人责任，自该企业破产清算完结之日起未逾三年的；

（六）担任因违法被吊销营业执照的企业的法定代表人，并对该企业违法行为负有个人责任，自该企业被吊销营业执照之日起未逾三年的；

（七）个人负债额较大，到期未清偿的；

（八）有法律和国务院规定不得担任法定代表人的其他情形的。

第五条　企业法定代表人的产生、免职程序，应当符合法律、行政法规和企业法人组织章程的规定。

第六条　企业法人申请办理法定代表人变更登记，应当向原企业登记机关提交下列文件：

（一）对企业原法定代表人的免职文件；

（二）对企业新任法定代表人的任职文件；

（三）由原法定代表人或者拟任法定代表人签署的变更登记申请书。

第七条　有限责任公司或者股份有限公司更换法定代表人需要由股东会、股东大会或者董事会召开会议作出决议，而原法定代表人不能或者不履行职责，致使股东会、股东大会或者董事会不能依照法定程序召开的，可以由半数以上的董事推选一名董事或者由出资最多或者持有最大股份表决权的股东或其委派的代表召集和主持会议，依法作出决议。

第八条　法定代表人任职期间出现本规定第四条所列情形之一的，该企业法人应当申请办理法定代表人变更登记。

第九条　法定代表人应当在法律、行政法规和企业法人组织章程规定的职权范围内行使职权。

第十条　法定代表人的签字应当向企业登记机关备案。

第十一条　违反本规定，隐瞒真实情况，采用欺骗手段取得法定代表人资格的，由企业登记机关责令改正，处1万元以上10万元以下的罚款；情节严重的，撤销企业登记，吊销企业法人营业执照。

第十二条　违反本规定，应当申请办理法定代表人变更登记而未办理的，由企业登记机关责令限期办理；逾期未办理的，处1万元以上10万元以下的罚款；情节严重的，撤销企业登记，吊销企业法人营业执照。

第十三条　任何单位和个人发现法定代表人有本规定第四条所列情形之一的，有权向企业登记机关检举。

4.《中华人民共和国乡村集体所有制企业条例》

第十条　乡村集体所有制企业经依法审查，具备法人条件的，登记后取得法人资格，厂长（经理）为企业的法定代表人。

第二十二条　企业经营者是企业的厂长（经理）。企业实行厂长（经理）

负责制。厂长（经理）对企业全面负责，代表企业行使职权。

5.《中华人民共和国中外合作经营企业法实施细则》

第三十一条 董事长或者主任是合作企业的法定代表人。董事长或者主任因特殊原因不能履行职务时，应当授权副董事长、副主任或者其他董事、委员对外代表合作企业。

6.《中华人民共和国中外合资经营企业法实施条例》

第三十四条 董事长是合营企业的法定代表人。董事长不能履行职责时，应当授权副董事长或者其他董事代表合营企业。

7.《基层工会法人资格登记办法》

第三条 基层工会依照本办法的规定经核准登记、领取证书后，即取得工会法人资格，依法独立享有民事权利和承担民事义务。

工会主席或者主持工作的副主席为法定代表人。

8.《基金会管理条例》

第二十条 基金会设理事会，理事为5人至25人，理事任期由章程规定，但每届任期不得超过5年。理事任期届满，连选可以连任。

用私人财产设立的非公募基金会，相互间有近亲属关系的基金会理事，总数不得超过理事总人数的1/3；其他基金会，具有近亲属关系的不得同时在理事会任职。

在基金会领取报酬的理事不得超过理事总人数的1/3。

理事会设理事长、副理事长和秘书长，从理事中选举产生，理事长是基金会的法定代表人。

9.《事业单位登记管理暂行条例实施细则》

第二十九条 事业单位法定代表人是按照法定程序产生，代表事业单位行使民事权利、履行民事义务的责任人。

第三十条 事业单位的拟任法定代表人，经登记管理机关核准登记，方取得事业单位法定代表人资格。

第三十一条 事业单位法定代表人应当具备下列条件：

（一）具有完全民事行为能力的自然人；

（二）该事业单位的主要行政负责人。

违反法律、法规和政策规定产生的事业单位主要行政负责人，不得担任事业单位法定代表人。

10.《中华人民共和国城镇集体所有制企业条例》

第三十一条 集体企业实行厂长（经理）负责制。厂长（经理）对企业职工（代表）大会负责，是集体企业的法定代表人。

11.《中华人民共和国全民所有制工业企业法》

第四十四条　厂长是企业的法定代表人。

企业建立以厂长为首的生产经营管理系统。厂长在企业中处于中心地位，对企业的物质文明建设和精神文明建设负有全面责任。

厂长领导企业的生产经营管理工作，行使下列职权：

（一）依照法律和国务院规定，决定或者报请审查批准企业的各项计划。

（二）决定企业行政机构的设置。

（三）提请政府主管部门任免或者聘任、解聘副厂级行政领导干部。法律和国务院另有规定的除外。

（四）任免或者聘任、解聘企业中层行政领导干部。法律另有规定的除外。

（五）提出工资调整方案、奖金分配方案和重要的规章制度，提请职工代表大会审查同意。提出福利基金使用方案和其他有关职工生活福利的重大事项的建议，提请职工代表大会审议决定。

（六）依法奖惩职工；提请政府主管部门奖惩副厂级行政领导干部。

12.《中华人民共和国外资企业法实施细则》

第二十四条　外资企业的法定代表人是依照其章程规定，代表外资企业行使职权的负责人。法定代表人无法履行其职权时，应当以书面形式委托代理人，代其行使职权。

13.《四川省高级人民法院关于审理民间借贷纠纷案件若干问题的指导意见》

第二十九条　企业能否以其对法定代表人的任命不符合企业章程规定为由对抗善意第三人

企业的法定代表人或负责人与善意第三人签订借款合同后，企业以其对法定代表人或负责人的任命不符合公司章程规定的程序和条件为由，抗辩不应向善意第三人归还借款的，人民法院不予支持。

14.《中华人民共和国合同法》

第五十条　法人或者其他组织的法定代表人、负责人超越权限订立的合同，除相对人知道或者应当知道其超越权限的以外，该代表行为有效。

【相关观点】

一、法人的法定代表人

法人是一种组织，作为组织，它的活动必须通过法定代表人或者代理人来进行。那么，谁有资格作为法人的法定代表人呢？这一条的规定作了明确的回答，即法定代表人就是代表法人行使职权的负责人。

法定代表人可以根据两种情况产生：一种是依照法律规定产生的负责人，如依照《全民所有制工业企业厂长工作条例》的规定，全民所有制工业企业实行厂长负责制。企业的法定代表人为厂长，负责代表法人行使职权。一种是依照法人组织章程规定产生的负责人，如依照公司组织章程规定，总经理是代表法人行使职权的负责人，那么，总经理就是该公司的法定代表人。

有一点应当提出来，就是一个单位的负责人可能很多，如工厂有厂长、党委书记，还有副厂长或党委副书记等人。这么多负责人，到底谁是法定代表人呢？每个法人的法定代表人只能是一人。《民法总则》规定："依照法律或者法人章程规定，代表法人行使职权的负责人，是法人的法定代表人。"这主要是从法人进行民事活动的角度来确定的。民事活动，是指法人从事生产、经营管理等方面的民事活动，而不是政治活动，因此，这里所说的负责人，就是行政负责人，如厂长、经理等。

——唐德华、高圣平主编：《民法通则及配套规定新释新解（上）》，人民法院出版社2003年版。

二、法定代表人的概念

法定代表人是由法律直接规定，能够代表法人进行民事活动的公民。本条规定："依照法律或者法人章程规定，代表法人行使职权的负责人，是法人的法定代表人。"具体地说，法定代表人是依照法律或者法人组织章程规定，经登记主管机关核准登记注册，代表法人实施民事行为，并以法人的名义取得民事权利和承担民事义务的签字人。

法定代表人具有以下特点：

（一）法定代表人的资格是法定的

如我国企业法规定厂长（经理）是企业法人的法定代表人，公司法规定董事长是公司法人的法定代表人。至于法定代表人的具体人选可由任命、选举、招聘等方式产生。

（二）法定代表人是代表法人行使职权的负责人

法定代表人一般是执行机关的负责人，他可以依照法律或法人组织章程的规定，而无需法人机关的专门授权，就可以法人的名义，代表法人对外进行民事活动，并为签字人。《最高人民法院关于适用〈中华人民共和国民事诉讼法〉若干问题的意见》第38条规定："法人的正职负责人是法人的法定代表人。没有正职负责人的，由主持工作的副职负责人担任法定代表人。设有董事会的法人，以董事长为法定代表人；没有董事长的法人，经董事会授权的负责人可作为法人的法定代表人。"

（三）法定代表人是代表法人从事业务活动的公民

法定代表只能是公民，且该公民只有代表法人从事民事活动和民事诉讼活动时才具有这种身份。当公民以法定代表人的身份从事法人的业务活动时，并不是独立的民事主体，而只是法人这一民事主体的代表。

——唐德华、高圣平主编：《民法通则及配套规定新释新解（上）》，人民法院出版社2003年版。

三、法定代表人的条件

本条对法定代表人的条件未作规定，我们认为，基于法定代表人在法人实体中的特殊地位，法定代表人应该具备以下条件：

（一）必须是具有完全行为能力的公民

法人是一个组织体，其本身享有的民事权利以及承担的民事义务，需要通过个人的行为来实现。作为法定代表人的个人的行为，将直接对其所代表的法人产生法律后果。无行为能力人和限制行为能力人，不能独立进行民事活动，需要由他的法定代理人代理，因此，法定代表人必须首先是具有完全行为能力的人。同时，法定代表人也不能由一个组织或者一个团体来担任。一个组织或者一个团体，也是由个人组成的集合体，其本身也不能直接进行民事活动，也需要个人的行为来完成，因此，它不可能以团体或者组织的形式代表一个法人进行民事活动。所以说，能够成为法定代表人的，只能是具有完全行为能力的公民。

（二）必须是具有一定管理能力和事业知识的法人组织的内部成员

法律赋予法定代表人的权利，就是准确、全面、直接地代表法人行使职权。因此，这就必然对胜任这一职务的公民来说，具有较高的要求。不仅要有较好的政治素质，同时，还必须有较高的业务素质，也就是说，法定代表人必须是法人业务活动的内行。实践充分证明，一个企业搞得好坏，除了客观因素外，法定代表人的素质是关键，或者可以说，是企业经营好坏的主观因素。因此，必须用法律加以规定，法定代表人必须具有较好的管理能力和专业知识。同时，法定代表人还须亲身参加法人的内部及对外的各种业务活动，代表法人，维护法人的利益，这就要求，法定代表必须由法人组织的内部成员担任，以保证法定代表人正确行使职权，全面地代表法人的利益。法人的外部成员，包括管理该法人机构的负责人，都不能成为该法人的法定代表人。

（三）必须是从事法人业务活动的人

法定代表人是公民个人，这就决定了他的双重身分。当他以公民的身份，可以独立的民事主体，与其他公司或者各种经济组织，进行买卖、借贷、租赁、赠与等法律所允许的各种民事活动，这时，他所代表的是其本人，而非法人，因此而产生的法律后果，均由其本人承担，与法人组织没有任何关系。

与此同时，他又可以以法定代表人的身份，与其他经济组织或公民发生联系，从事法人的业务活动。这时，作为公民个人的法定代表人并不是独立的民事主体，只是法人这一民事主体的代表，其行为产生的法律后果直接由法人承担。因此，法定代表人必须是后一种意义上的人。

（四）必须是执行机构的主要负责人

完善的法人机关中，应该包括决策机构、经营管理机构（执行机构）和监督机构三个体系。在我国目前普遍实行的厂长负责制的企业领导体制中，厂长集决策和执行机构的负责人于一身，因此，厂长是法定代表人。在决策机构和执行机构分设的情况下，通常由决策机构负责人作为法定代表人，但法律允许法人章程另有规定的除外。

（五）必须经法律或法人章程规定的程序产生并依法登记注册

作为法定代表人除了符合前述实体条件外，还必须符合程序条件，也就是说，必须经过法定程序产生和确认。《企业法人法定代表人登记管理规定》第5条规定："企业法定代表人的产生、免职程序，应当符合法律、行政法规和企业法人组织章程的规定。"由于法人的类型不同，或者同类型中，特点、规模、行业等不同，企业的主要负责人的产生方式也不同，一般有：上级主管机关任命、指派产生；内部职工民主选举产生；通过招标投标等竞争方式产生；承包、租赁等方式产生，通过股东会的选举或董事会的选任产生，等等。无论采取哪种方式产生，必须经过登记主管机关核准登记注册，才取得法律上的确认，才能成为法定代表人。当法人的法定代表人变更时，必须向登记主管机关办理注销及变更登记。依法登记注册，是公民成为法定代表人的法律上的确认，是一种必经程序，也是公民开始成为法定代表人的标志。

上述五点，是法定代表人任职条件的一般要求。根据国务院批准修订、国家工商行政管理局发布的《企业法人法定代表人登记管理规定》的规定，有下列情形之一的，不得担任法定代表人，企业登记机关不予核准登记：（1）无民事行为能力或者限制民事行为能力的；（2）正在被执行刑罚或者正在被执行刑事强制措施的；（3）正在被公安机关或者国家安全机关通缉的；（4）因犯有贪污贿赂罪、侵犯财产罪或者破坏社会主义市场经济秩序罪，被判处刑罚，执行期满未逾5年的；因犯有其他罪，被判处刑罚，执行期满未逾3年的；或者因犯罪被判处剥夺政治权利，执行期满未逾五年的；（5）担任因经营不善破产清算的企业的法定代表人或者董事、经理，并对该企业的破产负有个人责任，自该企业破产清算完结之日起未逾3年的；（6）担任因违法被吊销营业执照的企业的法定代表人，并对该企业违法行为负有个人责任，自该企业被吊销营业执照之日起未逾3年的；（7）个人负债数额较大，到期未清偿的；（8）有法律和国务院规定不得担任法定代表人的其他情形的。

——唐德华、高圣平主编:《民法通则及配套规定新释新解(上)》,人民法院出版社2003年版。

四、一个法人只能有一个法定代表人

法人尽管由一定数量的公民及一定的职能部门组成,但它是一个整体。为了保证法人意志及行为的完整性、统一性,只能由一个人来作为法人的法定代表人与其他经济组织或者公民进行民事活动,法人的各个职能部门及其他人员应以法定代表人的授权从事民事活动。因此,法人中的副职人员,如副厂长、副经理、副院长、副校长在存在正职人员的情况下,都不能成为法定代表人,他们对外以法人的名义进行民事活动,不是直接作为法人的代表人,而是法定代表人的代理人。

——唐德华、高圣平主编:《民法通则及配套规定新释新解(上)》,人民法院出版社2003年版。

五、在实行董事会制的公司中,由董事长还是由总经理作为法定代表人,在不违反法律的强制性规定的情况下,允许企业设立和变更申请人自主决定

在实行董事会制的企业中,有的以董事长为法定代表人,有的以总经理为法定代表人,《中华人民共和国企业法人登记管理条例实施细则》第27条规定:"外商投资企业的董事长是法定代表人"。究竟谁是法定代表人,这是随着近年来公司形式的大量涌现,而出现的一个问题。对于这个问题,以前有过的是要区别情况,掌握原则,依法注册。所谓区别情况,就是不能一概地说董事长是法定代表人,或者总经理是法定代表人。有的企业,董事长不仅是企业决策的首脑,而且也是企业执行机构的负责人,亲自负责企业的日常生产经营管理活动,对外代表企业签署合同等文件;有的企业,董事长仅仅是决策机构的首脑,但并不是执行机构的指挥者,企业的日常经营管理工作则由总经理负责。因此,谁作为法定代表人也因不同的情况而有所不同。但是,按照我国公司法规定,董事长定为有限责任公司或股份有限公司的法定代表人。

根据《企业法人法定代表人登记管理规定》的规定,企业法人的法定代表人经企业登记机关核准登记取得法定代表人资格。由此可见,究竟是由董事长还是由总经理作为法定代表人,在不违反法律的强制性规定的情况下,允许企业设立和变更申请人自主决定。

——唐德华、高圣平主编:《民法通则及配套规定新释新解(上)》,人民法院出版社2003年版。

【相关案例】

1. 企业法人对它的法定代表人和其他工作人员的经营活动，承担民事责任

——樊小强诉邱祥坤合同纠纷案

案例要旨：职务行为通常是指工作人员行使职务的行为，是履行职责的活动，与工作人员的个人行为相对应。企业法人对它的法定代表人和其他工作人员的经营活动，承担民事责任。

案号：（2008）湘高法民三终字第43号

审理法院：湖南省高级人民法院

来源：法信网

2. 公司的法定代表人与他人签订合同后，公司不能以其控股股东不同意为由主张合同无效

——天津津投金厦房地产发展股份有限公司与天津市东丽软件园建设开发有限公司、天津三联投资集团有限公司合资、合作开发房地产合同纠纷上诉案

案例要旨：公司是独立于其股东的法律实体，其有权以公司自己的名义对外签订合同。公司的法定代表人是依法律或公司章程规定代表公司行使职权的负责人，公司法定代表人对外以公司名义进行民事活动时，其与公司之间并非代理关系，而是代表关系，所以公司法定代表人对外的职务行为即为法人行为，其后果由法人承担，且公司不得以对公司法定代表人的内部职权限制对抗善意第三人。因此，公司的法定代表人与他人签订合同后，该合同就在公司与合同另一方之间产生法律效力，公司不能以其控股股东不同意为由主张合同无效。

案号：（2009）民一主终字第29号

审理法院：最高人民法院

来源：法信网

第六十二条　法人侵权责任

法定代表人因执行职务造成他人损害的，由法人承担民事责任。

法人承担民事责任后，依照法律或者法人章程的规定，可以向有过错的法定代表人追偿。

【新旧法条对比】

《中华人民共和国民法通则》

第四十三条　企业法人对它的法定代表人和其他工作人员的经营活动，承担民事责任。

【相关规定】

1. 《最高人民法院关于贯彻执行〈中华人民共和国民法通则〉若干问题的意见（试行）》

第五十八条　企业法人的法定代表人和其他工作人员，以法人名义从事的经营活动，给他人造成经济损失的，企业法人应当承担民事责任。

2. 《最高人民法院关于审理民间借贷案件适用法律若干问题的规定》

第二十三条　企业法定代表人或负责人以企业名义与出借人签订民间借贷合同，出借人、企业或者其股东能够证明所借款项用于企业法定代表人或负责人个人使用，出借人请求将企业法定代表人或负责人列为共同被告或者第三人的，人民法院应予准许。

企业法定代表人或负责人以个人名义与出借人签订民间借贷合同，所借款项用于企业生产经营，出借人请求企业与个人共同承担责任的，人民法院应予支持。

3. 《中华人民共和国侵权责任法》

第三十四条　用人单位的工作人员因执行工作任务造成他人损害的，由用人单位承担侵权责任。

劳务派遣期间，被派遣的工作人员因执行工作任务造成他人损害的，由接受劳务派遣的用工单位承担侵权责任；劳务派遣单位有过错的，承担相应的补充责任。

4. 《最高人民法院关于审理人身损害赔偿案件适用法律若干问题的解释》

第八条　法人或者其他组织的法定代表人、负责人以及工作人员，在执行职务中致人损害的,依照《民法通则》第一百二十一条的规定,由该法人或者其他组织承担民事责任。上述人员实施与职务无关的行为致人损害的,应当由行为人承担赔偿责任。

属于《国家赔偿法》赔偿事由的,依照《国家赔偿法》的规定处理。

【相关观点】

一、企业法人对他的法定代表人和其他工作人员的经营活动,承担民事责任

法人的法定代表人是指依照法律或法人的组织章程的规定,代表法人行使职权的负责人。法人的法定代表人和其他工作人员是法人组织机构的组成部分,他们代表法人从事经营活动时,其职权是由法律和章程规定的。活动的内容和范围主要是由法人规定的,活动的目的是为了实现法人的经济职能。所以,他们所进行的经营活动就是法人的行为,基于这种行为而产生的权利义务也就是法人自身的权利义务。严格来讲,法人应只对法人的法定代表人和其他有权以法人的名义并代表法人从事经营活动的工作人员的经营活动承担责任。至于受法人的委托,代理法人从事经营活动的工作人员,因他们的活动而产生的责任问题,应根据本法有关代理的规定,决定法人是否应当承担责任。在法人内部职责不明的情况下,法人所有工作人员因从事法人经营活动而产生的民事责任都应由法人承担。这些应注意,并不是法定代表人和其他工作人员的所有经营活动都是法人承担责任,只有当他们是代表法人从事经营活动时,法人才承担责任,至于他们以个人身份进行的经营活动,则只能由他们个人承担责任,而不应由法人承担责任。

法人作为合同的主体,要由法人的法定代表人或法定代表人授权证明的承办人签订。法人根据它的法定代表人或者法定代表人授权的承办人,在法人职责范围内或者业务范围内订立的合同来享受权利和承担义务。社会主义市场经济大发展时期,企业活动往往要借助代理人的活动才能满足其业务上的要求,这里的代理人可以视作"其他工作人员"。

——唐德华、高圣平主编:《民法通则及配套规定新释新解(上)》,人民法院出版社2003年版。

二、执行工作任务的判断

当然,准确判断用人单位的工作人员的侵权行为是"因执行工作任务"而生或非"因执行工作任务"而生也非易事,但必须有一个大致的判断标准供实践中参考。毕竟,用人单位的工作人员都是自然人,既可以以自己的名义实施行为,又可以代表用人单位实施行为,但是只有执行职务中以用人单位名义实施的行为,才构成用人单位的侵权行为,否则不构成用人单位的侵

权行为，用人单位不承担责任。有学者认为，职务范围内的行为，应符合下列条件：（1）必须是用人单位的工作人员所为的行为。（2）必须是工作人员在执行职务的时间内所为的行为。（3）必须是工作人员在执行职务的地点所为的行为。（4）必须是工作人员在执行职务的时间和地点所为的执行职务的行为致人损害，用人单位才负责任。① 另有学者认为，执行职务的范围，应理解为但不仅限于直接与用人单位目的有关的行为，此外还包括间接与目的实现有关的行为，以及在一般客观上得视为用人单位目的范围内的行为。判断是否执行职务的标准是：（1）是否以用人单位名义；（2）是否在外观上须足以被认为属于执行职务；（3）是否依社会共同经验足以认为与用人单位职务有相当关联。② 结合上述观点及司法实践，我们认为，在判断工作人员的侵权行为是否属于执行职务范围时，除一般原则外，还必须考虑其他特殊因素，如行为的内容、行为的时间、地点、场合、行为之名义（以用人单位名义或个人名义）以及行为的受益人（为用人单位受益或个人受益），及是否与用人单位意志有关联等等。例如，工作人员在执行职务中，以执行职务的方法，故意致害他人，以达到个人不法目的，虽然其内在动机是出于个人的目的，但其行为与职务有着内在联系，因此也应认为是执行职务的行为，属于用人单位侵权行为，应由用人单位承担侵权责任。

——最高人民法院侵权责任法研究小组编著：《〈中华人民共和国侵权责任法〉条文理解与适用》，人民法院出版社2010年版。

【相关案例】

企业法定代表人以个人名义借款，对方明知借款用于单位的，责任由企业承担

——李某诉王某借款合同纠纷案

案例要旨：企业法定代表人以个人名义借款，而双方当事人均明知借款用于单位、且实际出借方和借款方均为企业的，应当认定双方的行为属于企业之间的借贷行为，由企业承担责任。

来源：法信网

---

① 刘士国：《现代侵权损害赔偿研究》，法律出版社1998年版，第302~303页。
② 马俊驹、余延满：《民法原论》（上），法律出版社1998年版，第163页。

第六十三条 法人住所

法人以其主要办事机构所在地为住所。依法需要办理法人登记的,应当将主要办事机构所在地登记为住所。

【新旧法条对比】

《中华人民共和国民法通则》

第三十九条 法人以它的主要办事机构所在地为住所。

【相关规定】

1. 《中华人民共和国公司法》

第十条 公司以其主要办事机构所在地为住所。

第七条 依法设立的公司,由公司登记机关发给公司营业执照。公司营业执照签发日期为公司成立日期。

公司营业执照应当载明公司的名称、住所、注册资本、经营范围、法定代表人姓名等事项。

公司营业执照记载的事项发生变更的,公司应当依法办理变更登记,由公司登记机关换发营业执照。

2. 《中华人民共和国公司登记管理条例》

第十二条 公司的住所是公司主要办事机构所在地。经公司登记机关登记的公司的住所只能有一个。公司的住所应当在其公司登记机关辖区内。

第二十九条 公司变更住所的,应当在迁入新住所前申请变更登记,并提交新住所使用证明。

公司变更住所跨公司登记机关辖区的,应当在迁入新住所前向迁入地公司登记机关申请变更登记;迁入地公司登记机关受理的,由原公司登记机关将公司登记档案移送迁入地公司登记机关。

3. 《事业单位登记管理暂行条例实施细则》

第二十五条 事业单位住所是事业单位的主要办事机构所在地。一个事业单位只能申请登记一个住所。

第二十六条 申请登记的事业单位住所地址应当是邮政能够送达的地址。

第四十条 根据住所权属的不同,应当分别按照下列方式提交相应的住所证明:

(一)使用自有房屋的,出示房屋产权证明并提交其复印件;

（二）使用租赁房屋的，提交房屋产权证明文件，出示有效期内租期一年以上的租赁合同并提交其复印件；

（三）无偿使用他人房屋的，出示房屋产权证明、提交其复印件，并提交房屋所有者的授权使用证明；

（四）无偿使用他人租赁房屋的，提交房屋产权证明文件和房屋承租人的授权使用证明，出示租赁合同并提交其复印件；

（五）使用国家划拨的房屋的，提交上级部门的授权使用证明。

4.《中华人民共和国民事诉讼法》

第二十六条　因公司设立、确认股东资格、分配利润、解散等纠纷提起的诉讼，由公司住所地人民法院管辖。

5.《最高人民法院关于适用〈中华人民共和国民事诉讼法〉的解释》

第三条　公民的住所地是指公民的户籍所在地，法人或者其他组织的住所地是指法人或者其他组织的主要办事机构所在地。

法人或者其他组织的主要办事机构所在地不能确定的，法人或者其他组织的注册地或者登记地为住所地。

6.《最高人民法院关于适用〈中华人民共和国公司法〉若干问题的规定（二）》

第二十四条　解散公司诉讼案件和公司清算案件由公司住所地人民法院管辖。公司住所地是指公司主要办事机构所在地。公司办事机构所在地不明确的，由其注册地人民法院管辖。

基层人民法院管辖县、县级市或者区的公司登记机关核准登记公司的解散诉讼案件和公司清算案件；中级人民法院管辖地区、地级市以上的公司登记机关核准登记公司的解散诉讼案件和公司清算案件。

【相关观点】

一、法人的住所

法人的住所，是法人进行民事活动和民事诉讼活动的需要，首先是进行民事活动的需要。法人作为民事主体，由法律赋予其人格，明确法人的住所，在法律上具有重要的意义。如法人进行民事活动时，对方能够确切地知道法人的所在地，相互间能够进行往来，有了问题也好找。同时，明确法人的住所，也有利于明确司法管辖。法人与公民、法人与法人之间发生经济纠纷，应当按照民事诉讼法的规定，由有管辖权的人民法院管辖，而人民法院的管辖，主要是根据行政区划来确定的，即一般由住所所在地的人民法院管辖。因此，规定法人的住所，在司法管辖上也具有重要的意义。

什么是法人的住所呢？根据《民法通则》规定，法人的"主要办事机构所在地"即是法人的住所,如公司的董事会、工厂的厂部等所在地。一般情况下,法人的"主要办事机构"与其他机构是在同一地方的,但也有并不在同一地方的情况,有的甚至相距甚远。这种情况,要确定法人的住所,就更需要以法人的"主要办事机构"来分辨了,既不能只从人数上来看,也不能仅从机构所占的面积来看。比如一个工厂,三个车间分为三地,厂部所在的地方可能人数比车间少,地盘也不如车间大,那么,我们就千万不要把某个车间所在地当作法人的住所,而要以厂部即主要办事机构所在地作为该法人的住所。

——唐德华、高圣平主编:《民法通则及配套规定新释新解(上)》,人民法院出版社2003年版。

二、法人以它的主要办事机构所在地为住所

法人的场所是法人开展生产、经营从事民事活动的处所。法律要求法人必须有自己的场所,这对法人自身的活动,及有关管理机关进行监督管理、确定诉讼管辖等都是必要的。法人的组织机构通常固定在一个场所,但也有法人设有数个分支机构,各分支机构场所不一,这些不同的地方均属法人的场所。法人的场所与法人的住所并不是同一概念。住所是法律上一个极为重要的概念,根据本条之规定,是指法人主要办事机构所在地。一个法人只能有一个住所,当法人只是一个办事机构时,这一办事机构所在地毫无疑问是法人的住所。但当法人有多个办事机构时,则须以其主要办事机构所在地为住所地,所以,场所的范围要远远宽于住所的范围。

(一)法人住所是法人从事民事活动的必要条件

法人从事各项民事活动,都必然要与外界发生各种各样的联系,法人住所是法人传送信件、汇款、联系业务、开展生产经营活动的场所。法人如果没有固定住所,其民事活动就无法正常进行。

(二)法人住所是法人独立承担民事责任的前提条件

法人如无固定住所,在发生民事纠纷时,由于找不到该法人,则客观上给法人逃避责任创造了条件。如果法律上允许无固定住所的法人存在,就会给投机诈骗分子以可乘之机,造成经济秩序的混乱。

(三)法人住所是确定登记注册机关就地登记进行管理的依据

法人如无固定住所,就无法确定登记注册机关,也无法对其进行登记管理。

(四)法人住所是确定诉讼法院的依据

《民事诉讼法》第22条规定:"对法人或者其他组织提起的民事诉讼,由被告住所地人民法院管辖。"由此可见,法人住所是确定诉讼法院的依据。如果一个法人无固定住所,就无法确定诉讼法院,不利于纠纷的及时解决。

此外,核定法人的住所,对于生产力的合理布局,地区经济的平衡发展,

环境、资源的保护和利用，以及人民群众生活的安定，都有重要的作用。

为保证法人有固定的住所，我国有关登记法规规定，法人住所包括自有和租赁两种。法人自有的场所，必须提交房产部门的产权证明；法人租用的场所，必须提交有效期1年以上的租赁协议。企业住所按所在市、县、乡（镇）及街道门牌号码的详细地址注册。

——唐德华、高圣平主编：《民法通则及配套规定新释新解（上）》，人民法院出版社2003年版。

三、法人或者其他组织的住所地

"办事机构所在地"是指执行法人或者其他组织的业务活动、决定和处理组织事务的机构所在地。在办事机构只有一个的情况下，该机构的所在地即为住所；在办事机构有多个并位于不同的地方时，则以主要办事机构所在地为住所。在无法确定主要办事机构所在地时，以法人或者其他组织的注册地或者登记地为住所地。

——沈德咏主编：《最高人民法院民事诉讼法司法解释理解与适用（上）》，人民法院出版社2015年版。

【相关案例】

在公司住所未办理变更登记前，法院可认定公司住所地为工商登记的住所地

——山西兴丰源房地产开发有限公司与山西省第二建筑工程公司管辖异议上诉案

案例要旨：公司的住所是公司主要办事机构所在地。经公司登记机关登记的公司住所只能有一个。公司的住所应当在其公司登记机关辖区内。公司营业执照记载的住所发生变更的，公司应当依法办理变更登记。在当事人未办理变更登记前，法院可认定公司住所地为工商登记的住所地。

案号：（2014）晋立民终字第82号

审理法院：山西省高级人民法院

来源：中国裁判文书网

第六十四条　法人变更登记

法人存续期间登记事项发生变化的，应当依法向登记机关申请变更登记。

【新旧法条对比】

《中华人民共和国民法通则》

第四十四条　企业法人分立、合并或者有其他重要事项变更，应当向登记机关办理登记并公告。

企业法人分立、合并，它的权利和义务由变更后的法人享有和承担。

【相关规定】

1.《中华人民共和国公司法》

第十二条　公司的经营范围由公司章程规定，并依法登记。公司可以修改公司章程，改变经营范围，但是应当办理变更登记。

公司的经营范围中属于法律、行政法规规定须经批准的项目，应当依法经过批准。

第十三条　公司法定代表人依照公司章程的规定，由董事长、执行董事或者经理担任，并依法登记。公司法定代表人变更，应当办理变更登记。

第一百三十六条　公司发行新股募足股款后，必须向公司登记机关办理变更登记，并公告。

第一百三十九条　记名股票，由股东以背书方式或者法律、行政法规规定的其他方式转让；转让后由公司将受让人的姓名或者名称及住所记载于股东名册。

股东大会召开前二十日内或者公司决定分配股利的基准日前五日内，不得进行前款规定的股东名册的变更登记。但是，法律对上市公司股东名册变更登记另有规定的，从其规定。

第一百七十九条　公司合并或者分立，登记事项发生变更的，应当依法向公司登记机关办理变更登记；公司解散的，应当依法办理公司注销登记；设立新公司的，应当依法办理公司设立登记。

公司增加或者减少注册资本，应当依法向公司登记机关办理变更登记。

第二百一十一条　公司成立后无正当理由超过六个月未开业的，或者开业后自行停业连续六个月以上的，可以由公司登记机关吊销营业执照。

公司登记事项发生变更时，未依照本法规定办理有关变更登记的，由公司登记机关责令限期登记；逾期不登记的，处以一万元以上十万元以下的罚款。

2.《中华人民共和国公司登记管理条例》

第二十六条　公司变更登记事项，应当向原公司登记机关申请变更登记。未经变更登记，公司不得擅自改变登记事项。

第二十七条　公司申请变更登记，应当向公司登记机关提交下列文件：

（一）公司法定代表人签署的变更登记申请书；

（二）依照《公司法》作出的变更决议或者决定；

（三）国家工商行政管理总局规定要求提交的其他文件。

公司变更登记事项涉及修改公司章程的，应当提交由公司法定代表人签署的修改后的公司章程或者公司章程修正案。

变更登记事项依照法律、行政法规或者国务院决定规定在登记前须经批准的，还应当向公司登记机关提交有关批准文件。

第二十八条　公司变更名称的，应当自变更决议或者决定作出之日起30日内申请变更登记。

第二十九条　公司变更住所的，应当在迁入新住所前申请变更登记，并提交新住所使用证明。

公司变更住所跨公司登记机关辖区的，应当在迁入新住所前向迁入地公司登记机关申请变更登记；迁入地公司登记机关受理的，由原公司登记机关将公司登记档案移送迁入地公司登记机关。

第三十条　公司变更法定代表人的，应当自变更决议或者决定作出之日起30日内申请变更登记。

第三十一条　公司增加注册资本的，应当自变更决议或者决定作出之日起30日内申请变更登记。

公司减少注册资本的，应当自公告之日起45日后申请变更登记，并应当提交公司在报纸上登载公司减少注册资本公告的有关证明和公司债务清偿或者债务担保情况的说明。

第三十二条　公司变更经营范围的，应当自变更决议或者决定作出之日起30日内申请变更登记；变更经营范围涉及法律、行政法规或者国务院决定规定在登记前须经批准的项目的，应当自国家有关部门批准之日起30日内申请变更登记。

公司的经营范围中属于法律、行政法规或者国务院决定规定须经批准的项目被吊销、撤销许可证或者其他批准文件，或者许可证、其他批准文件有效期届满的，应当自吊销、撤销许可证、其他批准文件或者许可证、其他批准文件有效期届满之日起30日内申请变更登记或者依照本条例第六章的规定办理注销登记。

第三十三条　公司变更类型的，应当按照拟变更的公司类型的设立条件，在规定的期限内向公司登记机关申请变更登记，并提交有关文件。

第三十四条　有限责任公司变更股东的，应当自变更之日起30日内申请变更登记，并应当提交新股东的主体资格证明或者自然人身份证明。

有限责任公司的自然人股东死亡后，其合法继承人继承股东资格的，公司应当依照前款规定申请变更登记。

有限责任公司的股东或者股份有限公司的发起人改变姓名或者名称的，应当自改变姓名或者名称之日起30日内申请变更登记。

第三十五条　公司登记事项变更涉及分公司登记事项变更的，应当自公司变更登记之日起30日内申请分公司变更登记。

第三十六条　公司章程修改未涉及登记事项的，公司应当将修改后的公司章程或者公司章程修正案送原公司登记机关备案。

第三十七条　公司董事、监事、经理发生变动的，应当向原公司登记机关备案。

第三十八条　因合并、分立而存续的公司，其登记事项发生变化的，应当申请变更登记；因合并、分立而解散的公司，应当申请注销登记；因合并、分立而新设立的公司，应当申请设立登记。

公司合并、分立的，应当自公告之日起45日后申请登记，提交合并协议和合并、分立决议或者决定以及公司在报纸上登载公司合并、分立公告的有关证明和债务清偿或者债务担保情况的说明。法律、行政法规或者国务院决定规定公司合并、分立必须报经批准的，还应当提交有关批准文件。

第三十九条　变更登记事项涉及《企业法人营业执照》载明事项的，公司登记机关应当换发营业执照。

第四十条　公司依照《公司法》第二十二条规定向公司登记机关申请撤销变更登记的，应当提交下列文件：

（一）公司法定代表人签署的申请书；

（二）人民法院的裁判文书。

3.《中华人民共和国企业法人登记管理条例》

第十七条　企业法人改变名称、住所、经营场所、法定代表人、经济性质、经营范围、经营方式、注册资金、经营期限，以及增设或者撤销分支机构，应当申请办理变更登记。

第十八条　企业法人申请变更登记，应当在主管部门或者审批机关批准后30日内，向登记主管机关申请办理变更登记。

第十九条　企业法人分立、合并、迁移，应当在主管部门或者审批机关批准后30日内，向登记主管机关申请办理变更登记、开业登记或者注销登记。

4. 《中华人民共和国企业法人登记管理条例施行细则》

第三十五条　企业法人根据《条例》第十七条规定，申请变更登记时，应提交下列文件、证件：

（一）法定代表人签署的变更登记申请书；

（二）原主管部门审查同意的文件；

（三）其他有关文件、证件。

第三十六条　企业法人实有资金比原注册资金数额增加或者减少超过20%时，应持资金信用证明或者验资证明，向原登记主管机关申请变更登记。

登记主管机关在核准企业法人减少注册资金的申请时，应重新审核经营范围和经营方式。

第三十七条　企业法人在异地（跨原登记主管机关管辖地）增设或者撤销分支机构，应向原登记主管机关申请变更登记。经核准后，向分支机构所在地的登记主管机关申请开业登记或者注销登记。

企业法人在国外开办企业或增设分支机构，应向原登记主管机关备案。

第三十八条　因分立或者合并而保留的企业应当申请变更登记；因分立或者合并而新办的企业应当申请开业登记；因合并而终止的企业应当申请注销登记。

第三十九条　企业法人迁移（跨原登记主管机关管辖地），应向原登记主管机关申请办理迁移手续；原登记主管机关根据新址所在地登记主管机关同意迁入的意见，收缴《企业法人营业执照》，撤销注册号，开出迁移证明，并将企业档案移交企业新址所在地登记主管机关。企业凭迁移证明和有关部门的批准文件，向新址所在地登记主管机关申请变更登记，领取《企业法人营业执照》。

第四十条　企业法人因主管部门改变，涉及原主要登记事项的，应当分别情况，持有关文件申请变更、开业、注销登记。不涉及原主要登记事项变更的，企业法人应当持主管部门改变的有关文件，及时向原登记主管机关备案。

第四十一条　外商投资企业改变登记注册事项，应当申请变更登记。申请变更登记时，应提交下列文件、证件：

（一）董事长签署的变更登记申请书；

（二）董事会的决议；

（三）变更股东、注册资本、经营范围、营业期限时应提交原审批机关的批准文件。

法律、法规及国家工商行政管理总局规章规定设立分支机构需经审批的，应提交原审批机关的批准文件。

外商投资企业变更住所，还应提交住所使用证明；增加注册资本涉及改变原合同的，还应提交补充协议；变更企业类型，还应提交修改合同、章程的补充协议；变更法定代表人，还应提交委派方的委派证明和被委派人员的身份证明；转让股权，还应提交转让合同和修改原合同、章程的补充协议，以及受让方的合法开业证明和资信证明。

外商投资企业董事会成员发生变化的，应向原登记主管机关备案。

第四十二条　经营单位改变营业登记的主要事项，应当申请变更登记。变更登记的程序和应当提交的文件、证件，参照企业法人变更登记的有关规定执行。

第四十三条　外商投资企业设立的分支机构改变主要登记事项，应当申请变更登记。变更登记的程序和应当提交的文件、证件，参照外商投资企业变更登记的有关规定执行。

第四十四条　登记主管机关应当在申请变更登记的单位提交的有关文件、证件齐备后30日内，作出核准变更登记或者不予核准变更登记的决定。

5.《中华人民共和国中外合作经营企业法》

第七条　中外合作者在合作期限内协商同意对合作企业合同作重大变更的，应当报审查批准机关批准；变更内容涉及法定工商登记项目、税务登记项目的，应当向工商行政管理机关、税务机关办理变更登记手续。

6.《中华人民共和国外资企业法》

第十条　外资企业分立、合并或者其他重要事项变更，应当报审查批准机关批准，并向工商行政管理机关办理变更登记手续。

7.《中华人民共和国外资企业法实施细则》

第十七条　外资企业的分立、合并或者由于其他原因导致资本发生重大变动，须经审批机关批准，并应当聘请中国的注册会计师验证和出具验资报告；经审批机关批准后，向工商行政管理机关办理变更登记手续。

8.《中华人民共和国城镇集体所有制企业条例》

第十五条　集体企业的合并、分立、停业、迁移或者主要登记事项的变更，必须符合国家的有关规定，由企业提出申请，报经原审批部门批准。

9.《中华人民共和国乡村集体所有制企业条例》

第十五条　企业分立、合并、迁移、停业、终止以及改变名称、经营范围等，须经原批准企业设立的机关核准，向当地工商行政管理机关和税务机关办理变更或者注销登记，并通知开户银行。

10.《企业法人法定代表人登记管理规定》

第六条　企业法人申请办理法定代表人变更登记，应当向原企业登记机关提交下列文件：

（一）对企业原法定代表人的免职文件；

（二）对企业新任法定代表人的任职文件；

（三）由原法定代表人或者拟任法定代表人签署的变更登记申请书。

第八条　法定代表人任职期间出现本规定第四条所列情形之一的，该企业法人应当申请办理法定代表人变更登记。

第四条　有下列情形之一的，不得担任法定代表人，企业登记机关不予核准登记：

（一）无民事行为能力或者限制民事行为能力的；

（二）正在被执行刑罚或者正在被执行刑事强制措施的；

（三）正在被公安机关或者国家安全机关通缉的；

（四）因犯有贿赂罪、侵犯财产罪或者破坏社会主义市场经济秩序罪，被判处刑罚，执行期满未逾五年的；因犯有其他罪，被判处刑罚，执行期满未逾三年的；或者因犯罪被判处剥夺政治权利，执行期满未逾五年的；

（五）担任因经营不善破产清算的企业的法定代表人或者董事、经理，并对该企业的破产负有个人责任，自该企业破产清算完结之日起未逾三年的；

（六）担任因违法被吊销营业执照的企业的法定代表人，并对该企业违法行为负有个人责任，自该企业被吊销营业执照之日起未逾三年的；

（七）个人负债额较大，到期未清偿的；

（八）有法律和国务院规定不得担任法定代表人的其他情形的。

11.《事业单位登记管理暂行条例》

第十条　事业单位的登记事项需要变更的，应当向登记管理机关办理变更登记。

第十九条　事业单位有下列情形之一的，由登记管理机关给予警告，责令限期改正；情节严重的，经审批机关同意，予以撤销登记，收缴《事业单位法人证书》和印章：

（一）不按照本条例的规定办理变更登记、注销登记的；

（二）涂改、出租、出借《事业单位法人证书》或者出租、出借印章的；

（三）违反规定接受、使用捐赠、资助的。

事业单位违反法律、其他法规的，由有关机关依法处理。

12.《事业单位登记管理暂行条例实施细则》

第五条　事业单位设立、变更、注销，应当依照条例和本细则向事业单位登记管理机关（以下简称登记管理机关）申请登记或者备案（以下统称登记）。登记管理机关对符合法定条件的登记申请应当核准登记。

第四十五条　事业单位的登记事项需要变更的，应当向登记管理机关申请变更登记。

变更名称、法定代表人、宗旨和业务范围、经费来源的，应当自出现依法应当申请变更登记的情况之日起30个工作日内，向登记管理机关提出申请。变更住所的，应当在迁入新住所前向登记管理机关提出申请。

开办资金比原登记的开办资金数额增加或者减少超过20%的，应当申请变更登记。

第四十六条 事业单位申请变更登记，应当向登记管理机关提交法定代表人签署的事业单位法人变更登记申请书和《事业单位法人证书》副本复印件。

因变更事项的不同，还应当提交其他相应文件：

（一）变更名称的，提交审批机关批准文件；

（二）变更住所的，提交新住所证明文件；

（三）变更宗旨和业务范围且内容涉及资质认可或者执业许可的，出示相应的资质认可证明或者执业许可证明，并提交其复印件；

（四）变更法定代表人的，提交事业单位法定代表人登记申请表、现任法定代表人免职文件、拟任法定代表人任职文件和居民身份证复印件或者其他身份证明文件；

（五）变更经费来源的，提交经费来源改变的证明文件；

（六）变更开办资金的，提交具有法定资格的验资机构出具的验资证明。

第四十七条 事业单位因合并、分立改变登记事项的，应当申请变更登记。

第四十八条 登记管理机关对事业单位变更登记申请应当自受理之日起30个工作日内办结。准予变更登记的，向其颁发变更后的《事业单位法人证书》，收缴变更前的《事业单位法人证书》，变更名称的还应当收缴变更前的单位印章。

第四十九条 事业单位变更名称和法定代表人的，应当自领取《事业单位法人证书》之日起60个工作日内，将变更后的单位印章的印迹和新任法定代表人的签字及印章的印迹向登记管理机关备案。

第五十条 事业单位变更名称、住所、法定代表人等登记事项的，由登记管理机关予以公告。

【相关观点】

一、法人登记事项的变更

登记设立的法人，其应登事项均可能发生变更，如名称、经济性质、代表机关、注册资金、开支机构、住所等，其中一项或者几项发生了变更。法人业务经营范围可因法人性质的变化、社会生产和生活的客观需要而扩大或缩小，或从事新的业务经营项目。法人业务经营范围的变更关系到法人民事权利能力和民事行为能力的范围，故属于重要事项的变更，应依法进行变更登记。法人财产的变更包括法人对其原有财产的增加或减少，发行或增发股票、债券等重大的变更。法人名称、住所的变更亦属本法所规定的"其他重要事项的变更"之列，应当向工商行政管理机关办理登记并公告，否则不能发生变更的效力。

——唐德华、高圣平主编：《民法通则及配套规定新释新解（上）》，人民法院出版社 2003 年版。

二、企业章程的有关内容和登记注册事项的变更

企业其他事项的变更，主要是指企业章程的有关内容和登记注册事项的变更。这些变更主要有：

1. 企业名称的变更。企业名称的变更是指企业改变原来登记注册的名称，而启用新的企业名称。企业名称，可以单独变更，也可以由于企业合并、分立或其他注册事项的变更而改换企业名称。

2. 企业法定代表人的变更。企业法定代表人的变更是指企业原先注册登记的法定代表人，如有限责任公司或股份有限公司的董事长或者国有企业的厂长（经理）因撤职、免职、离职，或者由于其他原因丧失了原有法定代表人资格，产生了新的法定代表人。

3. 企业注册资本的变更。企业注册资本的变更是指企业设立注册登记时，注册资本总额的变更。企业一般要遵循资本不变原则，企业注册资本的变更一般是指企业为扩大生产经营范围，增加资本投入时，而带来的注册资本的变更；或者因企业合并或分立而带来的公司注册资本的变化。当然，在坚持资本不变原则的前提下，企业由于资本过剩而防止资本浪费，或因企业亏损，注册资本事实上已减少，企业也可以按照法定的条件和程序减少注册资本。

4. 企业生产经营范围的变更。企业成立后，随着情况的变化扩大、缩小或改变原来登记注册的经营范围，这就是企业生产经营范围的变更。

除此之外，其他事项的变更还包括：企业住所的变更、分支机构的变更、经营期限的变更等等。这些变更同样要修订企业章程，并办理变更登记。

——唐德华、高圣平主编：《民法通则及配套规定新释新解（上）》，人民法院出版社 2003 年版。

三、企业法人变更登记的程序

变更登记指企业法人和经营单位因分立、合并、迁移或企业登记注册事项发生变更时所应履行的法定程序。

企业登记注册事项一经核准即具有法律效力，不得随意变更，如要变更，应按登记法规向原登记注册机关申请办理变更登记。

《企业法人登记管理条例》第 17 条规定："企业法人改变名称、住所、经营场所、法定代表人、经济性质、经营范围、经营方式、注册资金、经营期限，以及增设或者撤销分支机构，应当申请办理变更登记。"

《企业法人登记管理条例》第 19 条规定："企业法人分立、合并、迁移，应当向登记主管机关申请办理变更登记、开业登记或者注销登记。"

1. 申请变更登记应提交的文件、证件。

（1）法定代表人签署的变更登记申请书；

（2）原主管部门审查同意的文件；

（3）其他有关文件、证件。

2. 变更登记程序。《企业法人登记管理条例》第 19 条规定："企业法人申请变更登记，应当在主管部门或者审批机关批准后 30 日内，向登记主管机关申请办理变更登记。"

企业法人申请变更登记的项目不同，在变更程序上也有所区别：

（1）注册资本的变更。企业法人变更注册资本，除应提交办理一般登记事项变更所应提交的文件外，还应提交资金信用证明或者验资证明。减少注册资本不得低于法定注册资本最低限额。登记注册机关在核准企业法人减少注册资本的申请时，应重新审核经营范围和经营方式。

（2）分支机构的变更。企业法人的分支机构是本企业附属的非独立核算单位，它隶属于企业法人，在企业法人申请开业登记时已经核准，对外由企业法人统一行使职权，参与市场经济活动。

企业法人在本地增设或者撤销分支机构，变更后的分支机构仍旧同一个登记注册机关监督管理，应向原登记注册机关申请办理变更登记。

企业法人在异地（跨原登记注册机关管辖地）增设或者撤销分支机构，变更后的分支机构分别为两个或两个以上不同管辖地区登记注册机关监督管理，为此，企业法人应先向原登记注册机关申请变更登记，经核准后，再向分支机构所在地的登记注册机关申请开业登记或者注销登记。

（3）企业法人分立、合并。企业法人的分立，是指某一个企业法人分开设立成两个或两个以上的企业法人。企业法人的分立，应根据不同情况办理相应的登记。对因分立而保留的企业，应申请变更登记；因分立而新办的企业应当申请开业登记。

企业法人合并时，登记主管机关应根据不同的情况，分别办理不同的登记：

①两个或两个以上的企业法人合并后，原来的企业法人不再存在，而形成一个新的企业法人，原来的企业法人应申请注销登记，新成立的企业法人应申请开业登记。

②两个或两个以上的企业合并，其中一个企业法人仍然存在，其他企业法人并入该企业法人之中，则继续存在的企业应申请变更登记，其他企业法人应当申请注销登记。

——唐德华、高圣平主编：《民法通则及配套规定新释新解（上）》，人民法院出版社 2003 年版。

【相关案例】

1. 向公司登记机关申请变更登记的义务主体为公司

——杨华等与邵月民等请求变更公司登记纠纷上诉案

案例要旨：公司股权发生变更，公司应及时向公司登记机关申请变更登记。向公司登记机关申请变更登记的义务主体为公司，并非公司的股东，也并非案涉股权受让人或出让人。

案号：（2014）东中法民二终字第 45 号

审理法院：广东省东莞市中级人民法院

来源：中国裁判文书网

2. 公司登记事项变更的，应办理变更登记

——尚某诉吕某一般股东权案

案例要旨：公司应当将股东的姓名以及出资额向公司登记机关登记。登记事项发生变更的，应当办理变更登记。

来源：应新龙主编：《2006 年上海法院案例精选》，人民法院出版社 2008 年版。

第六十五条　法人登记公信力

法人的实际情况与登记的事项不一致的，不得对抗善意相对人。

【相关规定】

1.《中华人民共和国公司法》

第三十二条　有限责任公司应当置备股东名册，记载下列事项：
（一）股东的姓名或者名称及住所；
（二）股东的出资额；
（三）出资证明书编号。
记载于股东名册的股东，可以依股东名册主张行使股东权利。
公司应当将股东的姓名或者名称向公司登记机关登记；登记事项发生变更的，应当办理变更登记。未经登记或者变更登记的，不得对抗第三人。

2.《最高人民法院关于适用〈中华人民共和国公司法〉若干问题的规定（三）》

第二十七条　股权转让后尚未向公司登记机关办理变更登记，原股东将仍登记于其名下的股权转让、质押或者以其他方式处分，受让股东以其对于股权享有实际权利为由，请求认定处分股权行为无效的，人民法院可以参照物权法第一百零六条的规定处理。

原股东处分股权造成受让股东损失，受让股东请求原股东承担赔偿责任、对于未及时办理变更登记有过错的董事、高级管理人员或者实际控制人承担相应责任的，人民法院应予支持；受让股东对于未及时办理变更登记也有过错的，可以适当减轻上述董事、高级管理人员或者实际控制人的责任。

3.《中华人民共和国物权法》

第一百零六条　无处分权人将不动产或者动产转让给受让人的，所有权人有权追回；除法律另有规定外，符合下列情形的，受让人取得该不动产或者动产的所有权：
（一）受让人受让该不动产或者动产时是善意的；
（二）以合理的价格转让；
（三）转让的不动产或者动产依照法律规定应当登记的已经登记，不需要登记的已经交付给受让人。

受让人依照前款规定取得不动产或者动产的所有权的，原所有权人有权向无权处分人请求赔偿损失。

当事人善意取得其他物权的，参照前两款规定。

【相关观点】

一、工商机关对股权的登记是宣示性登记，未经登记或变更登记的，不得对抗第三人

工商登记机关对股权的登记只是一种宣示性登记，只要投资人认购出资或股份后，股东名册对投资人的情况进行了记载，那么投资人就可以向公司主张其股权。公司未到工商机关进行登记，则股东的权利只能向公司主张而不能对抗以工商登记为依据而主张权利的第三人。由此可见，工商登记是对股权情况的公示，与公司交易的善意第三人有权信赖依据工商机关登记的股权情况作出判断。股权变动后，如果只在股东名册上进行了变更记载，而未在工商机关进行变更登记，则善意第三人可以依据工商登记文件对原股东的记载要求其承担责任。我国《公司法》第33条规定：公司应当将股东的姓名或者名称及其出资额向公司登记机关登记；登记事项发生变更的，应当办理变更登记。未经登记或者变更登记的，不得对抗第三人。

——最高人民法院民事审判第二庭编著：《最高人民法院关于公司法解释（三）、清算纪要理解与适用》，人民法院出版社2011年版。

二、公司外部就股东身份发生争议时，应以工商登记为先

公司外部就股东身份发生争议，涉及公司以外的第三人时，应以工商登记为先。对于有限公司，法律要求该类公司将其股东姓名或者名称及其出资额向公司登记机关进行登记；登记事项发生变更的，应当办理变更登记。未经登记或者变更登记的，不得对抗第三人。虽然股东名册上记载的即可认定为公司股东，但股东名册毕竟是公司内部文件，法律不能课以公司与股东外的第三人对股东名册之审查义务，否则不仅加大了第三人交易成本，也降低了投资者积极性，并影响了商事活动之效率。因而对于公司外部第三人而言，该类有关公司股东身份及其出资份额的相关工商登记文件与资料等，当然可以作为股东身份与股权确认之效力依据。

——虞政平：《公司法案例教学（上册）》，人民法院出版社2012年版。

【相关案例】

1. 未经工商登记的股东不得对抗善意第三人
——万岩标等诉北京城南诚商贸有限公司确认股东资格案

案例要旨：有限责任公司作为借款人，为得到出借人借款，承诺无偿转让给出借人公司1%的股份，并向出借人出具了股权证明书，但未到工商机关办理股东变更登记手续。此后，该有限责任公司的注册股东陆续将股权转让给其他人，并在工商机关办理了公示登记，而最终受让人均不是原来的股东，也无充分证据证明最终受让人知道所受让股权中包含出借人1%的份额，则出借人要求该公司到工商机关为其办理股东变更手续的诉讼请求，法院不予支持。

案号：（2004）二中民终字第06770号

审理法院：北京市第二中级人民法院

来源：《中国审判案例要览》（2005年商事审判案例卷）

2. 股东变更未经工商备案登记不具有对抗第三人的效力，但可主张股利所有权
——北京银行股份有限公司与中国非金属矿工业进出口公司案外人执行异议之诉纠纷案

案例要旨：股东资格的取得并不依赖于股东在股东名册和公司登记机关的备案登记，股东变更未经工商备案登记并非股权转让行为无效，而是不具有对抗第三人的效力。股东主张股息所有权属于公司内部关系，并不涉及公司外部的第三人，因此股东虽未向公司登记机关备案登记，仍应当尊重实际存在的法律关系，认定其股东资格，享有相应的股东权利，有权主张分红派息。

案号：（2011）西执异字第08460号

审理法院：北京市西城区人民法院

来源：《人民司法·案例》2013年第22期

3. 涉及善意第三人利益时，应坚持公示主义和外观主义原则确认股东身份，不具有公示性以及使第三人信赖的外观特征的事实，不应作为判断股东身份的依据
——方建华与杭州新亚达商贸有限公司与公司有关的纠纷再审案

案例要旨：公司章程在某种意义上属于股东之间的合同，当事人签署章程的行为可反映其具有成为股东的真实意思。客观上，当事人在公司章程、股东名册、工商登记材料上等被记载为股东，属

于以法定形式公示股东身份的事实,使其在外观上具备了股东特征,善意第三人对此有充分理由予以信赖。在涉及善意第三人利益时,即便当事人主观上并不具有成为股东的真实意思,也应坚持公示主义和外观主义原则,依法确认其股东身份,以维护交易安全和经济秩序稳定。当事人是否实际出资等事实,并不具有公示性以及使第三人信赖的外观特征,不应作为判断股东身份的依据。

案号:(2009)浙民再字第 73 号

审理法院:浙江省高级人民法院

来源:《人民司法·案例》2011 年第 6 期

第六十六条 法人登记公示制度

登记机关应当依法及时公示法人登记的有关信息。

【相关规定】

1. 《中华人民共和国公司登记管理条例》

第五十六条 公司登记机关应当将公司登记、备案信息通过企业信用信息公示系统向社会公示。

2. 《中华人民共和国企业法人登记管理条例》

第二十三条 登记主管机关应当将企业法人登记、备案信息通过企业信用信息公示系统向社会公示。

3. 《中华人民共和国企业法人登记管理条例施行细则》

第五十一条 登记主管机关应当将企业法人登记、备案信息通过企业信用信息公示系统向社会公示。

4. 《企业登记程序规定》

第二十条 企业登记机关应当在企业登记场所公示以下内容：
（一）登记事项；
（二）登记依据；
（三）登记条件；
（四）登记程序及期限；
（五）提交申请材料目录；
（六）登记收费标准及依据；
（七）申请书格式示范文本。

应申请人的要求，企业登记机关应当就前款公示内容，予以说明、解释。

第二十一条 企业登记机关应当建立企业登记簿，供社会查阅。

企业登记材料涉及国家秘密、商业秘密和个人隐私的，企业登记机关不得对外公开。

5. 《中华人民共和国政府信息公开条例》

第九条 行政机关对符合下列基本要求之一的政府信息应当主动公开：
（一）涉及公民、法人或者其他组织切身利益的；
（二）需要社会公众广泛知晓或者参与的；
（三）反映本行政机关机构设置、职能、办事程序等情况的；
（四）其他依照法律、法规和国家有关规定应当主动公开的。

6. 《企业信息公示暂行条例》

第三条 企业信息公示应当真实、及时。公示的企业信息涉及国家秘密、国家安全或者社会公共利益的，应当报请主管的保密行政管理部门或者国家安全机关批准。县级以上地方人民政府有关部门公示的企业信息涉及企业商业秘密或者个人隐私的，应当报请上级主管部门批准。

第六条 工商行政管理部门应当通过企业信用信息公示系统，公示其在履行职责过程中产生的下列企业信息：

（一）注册登记、备案信息；

（二）动产抵押登记信息；

（三）股权出质登记信息；

（四）行政处罚信息；

（五）其他依法应当公示的信息。

前款规定的企业信息应当自产生之日起20个工作日内予以公示。

第十一条 政府部门和企业分别对其公示信息的真实性、及时性负责。

第十二条 政府部门发现其公示的信息不准确的，应当及时更正。公民、法人或者其他组织有证据证明政府部门公示的信息不准确的，有权要求该政府部门予以更正。

企业发现其公示的信息不准确的，应当及时更正；但是，企业年度报告公示信息的更正应当在每年6月30日之前完成。更正前后的信息应当同时公示。

7. 《中华人民共和国公司法》

第六条 设立公司，应当依法向公司登记机关申请设立登记。符合本法规定的设立条件的，由公司登记机关分别登记为有限责任公司或者股份有限公司；不符合本法规定的设立条件的，不得登记为有限责任公司或者股份有限公司。

法律、行政法规规定设立公司必须报经批准的，应当在公司登记前依法办理批准手续。

公众可以向公司登记机关申请查询公司登记事项，公司登记机关应当提供查询服务。

【相关观点】

全国企业信用信息公示系统

全国企业信用信息公示系统于2014年2月上线运行。该系统提供在工商部门登记的各类市场主体信息查询服务。查询范围包括各级工商机关登记在册的所有商事主体。该系统信息公示的法律依据为《政府信息公开条例》、国务院《注册资本登记制度改革方案》等。公示信息的主要内容包括：市场主体的注册登记、许可审批、年度报告、行政处罚、抽查结果、经营异常状态等信息。其中，工商公示信息由工商部门提供，信息来自各登记机关，主要有：登记信息，包括企业基本信息、投资人信息及企业变更信息；备案信息，包括企业主要人员信息及分支机构信息；行政处罚信息，包括企业因违反工商行政法律法规被工商部门作出处罚的记录；等等。

——江必新、刘贵祥主编：《最高人民法院关于人民法院办理执行异议和复议案件若干问题规定理解与适用》，人民法院出版社 2015 年版。

【相关案例】

1. 企业工商登记信息属于工商行政管理部门应当主动公开的信息范畴

——李昌彬与宿迁市湖滨新区市场监督管理局不履行法定职责案

案例要旨：企业工商登记信息属于工商行政管理部门在履行职责过程中产生的能够反映企业状况的信息，属于工商行政管理部门应当主动公开范畴。原告向被告申请公开企业登记档案信息，被告已在合理期限内针对原告的申请作出回复，且回复内容符合法律规定，被告不存在违法行为。

案号：（2016）苏 1302 行初 108 号

审理法院：江苏省宿迁市宿城区人民法院

来源：中国裁判文书网

2. 注册登记及备案信息应当是工商行政管理部门通过企业信用信息公示系统主动公开的内容

——赵国利与北京市工商行政管理局门头沟分局信息公开案

案例要旨：注册登记及备案信息应当是工商行政管理部门通过企业信用信息公示系统主动公开的内容。工商部门根据申请人的申请进行了答复，告知了申请人获取企业注册登记及备案信息的方式和途径，并无不妥。

案号：（2016）京 0109 行初 152 号

审理法院：北京市门头沟区人民法院

来源：中国裁判文书网

第六十七条　法人合并、分立及其法律后果

法人合并的,其权利和义务由合并后的法人享有和承担。

法人分立的,其权利和义务由分立后的法人享有连带债权,承担连带债务,但是债权人和债务人另有约定的除外。

【新旧法条对比】

《中华人民共和国民法通则》

第四十四条　企业法人分立、合并或者有其他重要事项变更,应当向登记机关办理登记并公告。

企业法人分立、合并,它的权利和义务由变更后的法人享有和承担。

【相关规定】

1. 《中华人民共和国公司法》

第一百七十二条　公司合并可以采取吸收合并或者新设合并。

一个公司吸收其他公司为吸收合并,被吸收的公司解散。两个以上公司合并设立一个新的公司为新设合并,合并各方解散。

第一百七十三条　公司合并,应当由合并各方签订合并协议,并编制资产负债表及财产清单。公司应当自作出合并决议之日起十日内通知债权人,并于三十日内在报纸上公告。债权人自接到通知书之日起三十日内,未接到通知书的自公告之日起四十五日内,可以要求公司清偿债务或者提供相应的担保。

第一百七十四条　公司合并时,合并各方的债权、债务,应当由合并后存续的公司或者新设的公司承继。

第一百七十五条　公司分立,其财产作相应的分割。

公司分立,应当编制资产负债表及财产清单。公司应当自作出分立决议之日起十日内通知债权人,并于三十日内在报纸上公告。

第一百七十六条　公司分立前的债务由分立后的公司承担连带责任。但是,公司在分立前与债权人就债务清偿达成的书面协议另有约定的除外。

2. 《中华人民共和国全民所有制工业企业法》

第二十条　企业合并、分立或者终止时,必须保护其财产,依法清理债权、债务。

3. 《中华人民共和国城镇集体所有制企业条例》

第十五条　集体企业的合并、分立、停业、迁移或者主要登记事项的变

更，必须符合国家的有关规定，由企业提出申请，报经原审批部门批准。

第十六条 集体企业的合并和分立，应当遵照自愿平等的原则，由有关各方依法签订协议，处理好债权债务、其他财产关系和遗留问题，妥善安置企业人员。

合并、分立前的集体企业的权利和义务，由合并、分立后的法人享有和承担。

4.《中华人民共和国乡村集体所有制企业条例》

第十五条 企业分立、合并、迁移、停业、终止以及改变名称、经营范围等，须经原批准企业设立的机关核准，向当地工商行政管理机关和税务机关办理变更或者注销登记，并通知开户银行。

第十六条 企业分立、合并、停业或者终止时，必须保护其财产，依法清理债权、债务。

5.《中华人民共和国外资企业法实施细则》

第十七条 外资企业的分立、合并或者由于其他原因导致资本发生重大变动，须经审批机关批准，并应当聘请中国的注册会计师验证和出具验资报告；经审批机关批准后，向工商行政管理机关办理变更登记手续。

6.《对外贸易经济合作部、国家工商行政管理总局关于外商投资企业合并与分立的规定》

第二十五条 合并后存续的公司或者新设的公司全部承继因合并而解散的公司的债权、债务。

分立后的公司按照分立协议承继原公司的债权、债务。

7.《中华人民共和国合同法》

第九十条 当事人订立合同后合并的，由合并后的法人或者其他组织行使合同权利，履行合同义务。当事人订立合同后分立的，除债权人和债务人另有约定的以外，由分立的法人或者其他组织对合同的权利和义务享有连带债权，承担连带债务。

8.《中华人民共和国农民专业合作社法》

第三十九条 农民专业合作社合并，应当自合并决议作出之日起十日内通知债权人。合并各方的债权、债务应当由合并后存续或者新设的组织承继。

第四十条 农民专业合作社分立，其财产作相应的分割，并应当自分立决议作出之日起十日内通知债权人。分立前的债务由分立后的组织承担连带责任。但是，在分立前与债权人就债务清偿达成的书面协议另有约定的除外。

9.《最高人民法院关于适用〈中华人民共和国民事诉讼法〉的解释》

第六十三条 企业法人合并的，因合并前的民事活动发生的纠纷，以合并后的企业为当事人；企业法人分立的，因分立前的民事活动发生的纠纷，以分立后的企业为共同诉讼人。

【相关观点】

一、企业的合并

企业合并是指两个或两个以上的企业为了生产经营活动的需要，通过协商，达成一致的协议，依法律规定的程序，合并为一个企业的法律行为。企业的合并能够在不增加投资的基础上，有效地利用现有资本存量，扩大企业规模，增强企业竞争能力，是提高企业营运效率的重要手段。

企业合并有两种方式，一种是吸收合并，另一种是新设合并。所谓吸收合并是指两个或两个以上的企业合并时，其中一个企业继续存在，另一个或几个企业归于消灭，即一个企业吸收另一个或几个企业的法律行为，被吸收的企业解散。所谓新设合并是指两个或两个以上的企业合并时，各个企业同时归于消灭，另外同时创设一个新的企业的法律行为。在企业合并实践中，采取吸收合并的方式居多。企业的合并有一个种类限制和不限制的问题。法律限制种类的叫做种类限制主义；种类不受法律限制的叫做种类不限制主义。由于企业种类不同，企业的责任形式不同，特别是对公司的合并，各国公司立法对此均有所规定。所谓种类不限制主义就是公司在合并时，法律不问合并的公司属何种责任形式，均可以合并。这就是说，同类型的公司可以合并，如有限公司与有限公司的合并；不同责任形式的公司同样可以合并。如无限公司与有限公司的合并，有限公司与股份有限公司的合并，等等。所谓种类限制主义，是指只有同类责任形式的公司才可以合并，这主要是指股份有限公司。种类限制主义又有两种情况：一是合并公司的责任形式必须都是股份有限公司，即只有合并的主体各方均是股份有限公司，才能互相合并为新的股份有限公司；再一种是合并时的种类不加限制，但对合并后的公司种类有所限制，如果一方或双方为股份有限公司，则合并后存续或新设的公司必须是股份有限公司。

——唐德华、高圣平主编：《民法通则及配套规定新释新解（上）》，人民法院出版社 2003 年版。

二、企业的分立

企业的分立是指已经设立的企业按照法律规定的条件和程序，依一定的方式分为两个或两个以上企业的法律行为。

企业的分立有两种方式，一种是分解分立（又称创设分立）另一种是分支分立（又称存续分立）。所谓分解分立是指把一个原有的已经设立的企业分成两个或两个以上的企业，原有企业主体资格消灭，依法分立为两个或两个以上的新企业。所谓分支分立是指把一个已经设立的企业分解出一部分或若干部分,原有企业主体资格依然存在,分解出的部分依法成为新的企业。

——唐德华、高圣平主编:《民法通则及配套规定新释新解(上)》,人民法院出版社2003年版。

三、企业法人分立或合并之后,原企业法人的权利义务由变更后的法人享有和承担

企业法人的分立、合并会对企业法人的权利义务发生影响,但并不导致企业法人权利义务的消灭。企业法人分立或合并之后,原企业法人的权利义务由变更后的法人享有和承担。首先,企业法人分立或合并,其所有权、其他物权和无体财产权由变更后的企业法人享有。其次,原企业法人的债权债务由变更后的企业法人享有或承担。再次,原企业应承担的民事损害赔偿的责任由变更后的企业法人承担。如果原企业法人的权利义务要由变更后的多个企业法人共同承担时,应通过协议和其他方式明确具体权利义务的归属。根据规定,当事人一方由于关闭、停产、转产而确实无法履行合同的,允许变更和解除合同。《合同法》第90条规定:"当事人订立合同后合并的,由合并后的法人或者其他组织行使合同权利,履行合同义务。当事人订立合同后分立的,除债权人和债务人另有约定的以外,由分立的法人或者其他组织对合同的权利和义务享有连带债权,承担连带债务。"有助于保证由于订立合同而产生的权利和利益。

如果某个企业法人实行分立或合并,其权利义务要移交给多个企业法人,则应通过协议和其他方式明确权利义务的归属。

——唐德华、高圣平主编:《民法通则及配套规定新释新解(上)》,人民法院出版社2003年版。

【相关案例】

1. 企业法人分立、合并或者有其他重要事项变更产生的权利义务后果由变更后的企业承担

——上海新华房地产发展公司、上海仲义建设实业有限公司、上海申马铜业科技股份有限公司与上海通海房地产实业有限公司、上海闰行房地产发展有限公司、上海莘闵房地产有限公司、上海闵行房地(集团)有限公司、上海闵行置业发展有限公司财产损害赔偿纠纷上诉案

案例要旨:企业法人为进行股份制改制经工商行政管理机关变更登记,没有进行清算,属于企业法人分立、合并或者有其他重要事项变更的情形,不是法人终止的情形,法人作为法律上确定的权利主体并没有消失,不影响法人承担的权利义务。因此,企业法人分立、合

并或者有其他重要事项变更的，应由变更后的企业享有和承担原企业权利和义务。

案号：（2005）民一终字第42号
审理法院：最高人民法院
来源：法信网

2. 分立企业应对分立前的债务承担民事责任

——广西南宁重型机器厂诉广西壮族自治区博白纸厂、广西博白县糖厂、博白县塑料编织厂、博白县中润资产经营有限责任公司买卖合同纠纷案

案例要旨：企业法人分立的，因分立前的民事活动发生的纠纷，以分立后的企业为共同诉讼人。企业法人分立、合并，它的权利义务由变更后的法人享有和承担。向法院请求保护该民事权利的诉讼时效期间为两年。企业被售出后，买受人将所购企业重新注册为新的企业法人，所购企业法人被注销的，所购企业出售前的债务，应当由新注册的企业法人承担。企业被售出后，应当办理而未办理企业法人注销登记，债权人起诉该企业的，应当根据企业资产转让后的具体情况，由责任主体承担民事责任。

案号：（2006）南市民二终字第195号
审理法院：广西壮族自治区南宁市中级人民法院
来源：《人民司法案例》2008年第18期

3. 对分立前的债务，分立后的企业按分得的资产比例承担债务

——天津溶剂厂诉天津市第四塑料厂、万宝墙纸厂承担企业分立前的欠款案

案例要旨：由分立后的企业法人对分立前的企业法人的债务承担按份民事责任，符合我国民法确立的公平原则和权利义务对等的原则。依照按份民事责任，分立时分得资产少的企业法人，承担债务份额小，分立时分得资产多的企业法人，承担债务份额大。因此分立后的企业可以按分立时分得的资产比例来承担民事责任。

审理法院：天津市河东区人民法院
来源：《人民法院案例选》（1998.4）总第26辑

4. 企业法人分立、合并，它的权利和义务由变更后的法人享有和承担

——金华市信托投资股份有限公司诉金华市婺城区纺织品批发公司清算小组等借款合同案

案例要旨： 企业兼并不能仅由于未办理工商登记手续而否定兼并事实的存在，对符合兼并基本特征的，应认定兼并成立。企业在分立、兼并过程中对企业财产进行分配，未经债权人及担保人同意，对外不具约束力，原企业的债权债务由变更后的企业共同承担。

案号：（1993）金中法经终字第 207 号

审理法院： 浙江省金华市中级人民法院

来源：《中国审判案例要览案例》（1995 年综合本）

第六十八条 法人终止事由

有下列原因之一并依法完成清算、注销登记的,法人终止:

(一) 法人解散;

(二) 法人被宣告破产;

(三) 法律规定的其他原因。

法人终止,法律、行政法规规定须经有关机关批准的,依照其规定。

【新旧法条对比】

《中华人民共和国民法通则》

第四十条　法人终止,应当依法进行清算,停止清算范围外的活动。

第四十五条　企业法人由于下列原因之一终止:

(一) 依法被撤销;

(二) 解散;

(三) 依法宣告破产;

(四) 其他原因。

第四十六条　企业法人终止,应当向登记机关办理注销登记并公告。

【相关规定】

1. 《中华人民共和国公司法》

第一百八十八条　公司清算结束后,清算组应当制作清算报告,报股东会、股东大会或者人民法院确认,并报送公司登记机关,申请注销公司登记,公告公司终止。

2. 《中华人民共和国企业法人登记管理条例》

第二十条　企业法人歇业、被撤销、宣告破产或者因其他原因终止营业,应当向登记主管机关办理注销登记。

3. 《中华人民共和国全民所有制工业企业法》

第十九条　企业由于下列原因之一终止:

(一) 违反法律、法规被责令撤销。

(二) 政府主管部门依照法律、法规的规定决定解散。

(三) 依法被宣告破产。

(四) 其他原因。

4.《中华人民共和国城镇集体所有制企业条例》

第十七条　集体企业有下列原因之一的，应当予以终止：
（一）企业无法继续经营而申请解散，经原审批部门批准；
（二）依法被撤销；
（三）依法宣告破产；
（四）其他原因。

5.《中华人民共和国中外合资经营企业法》

第十四条　合营企业如发生严重亏损、一方不履行合同和章程规定的义务、不可抗力等，经合营各方协商同意，报请审查批准机关批准，并向国家工商行政管理主管部门登记，可终止合同。如果因违反合同而造成损失的，应由违反合同的一方承担经济责任。

6.《中华人民共和国外资企业法》

第二十二条　外资企业终止，应当向工商行政管理机关办理注销登记手续，缴销营业执照。

7.《中华人民共和国外资企业法实施细则》

第七十二条　外资企业有下列情形之一的，应予终止：
（一）经营期限届满；
（二）经营不善，严重亏损，外国投资者决定解散；
（三）因自然灾害、战争等不可抗力而遭受严重损失，无法继续经营；
（四）破产；
（五）违反中国法律、法规，危害社会公共利益被依法撤销；
（六）外资企业章程规定的其他解散事由已经出现。

外资企业如存在前款第（二）、（三）、（四）项所列情形，应当自行提交终止申请书，报审批机关核准。审批机关作出核准的日期为企业的终止日期。

8.《中华人民共和国慈善法》

第十七条　慈善组织有下列情形之一的，应当终止：
（一）出现章程规定的终止情形的；
（二）因分立、合并需要终止的；
（三）连续二年未从事慈善活动的；
（四）依法被撤销登记或者吊销登记证书的；
（五）法律、行政法规规定应当终止的其他情形。

9.《中华人民共和国商业银行法》

第六十九条　商业银行因分立、合并或者出现公司章程规定的解散事由需要解散的,应当向国务院银行业监督管理机构提出申请,并附解散的理由和支付存款的本金和利息等债务清偿计划。经国务院银行业监督管理机构批准后解散。

商业银行解散的,应当依法成立清算组,进行清算,按照清偿计划及时偿还存款本金和利息等债务。国务院银行业监督管理机构监督清算过程。

第七十条 商业银行因吊销经营许可证被撤销的,国务院银行业监督管理机构应当依法及时组织成立清算组,进行清算,按照清偿计划及时偿还存款本金和利息等债务。

第七十一条 商业银行不能支付到期债务,经国务院银行业监督管理机构同意,由人民法院依法宣告其破产。商业银行被宣告破产的,由人民法院组织国务院银行业监督管理机构等有关部门和有关人员成立清算组,进行清算。

商业银行破产清算时,在支付清算费用、所欠职工工资和劳动保险费用后,应当优先支付个人储蓄存款的本金和利息。

第七十二条 商业银行因解散、被撤销和被宣告破产而终止。

10.《中华人民共和国证券法》

第一百二十九条 证券公司设立、收购或者撤销分支机构,变更业务范围,增加注册资本且股权结构发生重大调整,减少注册资本,变更持有百分之五以上股权的股东、实际控制人,变更公司章程中的重要条款,合并、分立、停业、解散、破产,必须经国务院证券监督管理机构批准。

证券公司在境外设立、收购或者参股证券经营机构,必须经国务院证券监督管理机构批准。

【相关观点】

法人的终止是指法人资格的消灭,即法人作为民事主体的资格丧失,法人的民事权利能力和民事行为能力不再存在。法人终止后,不能再以法人名义对外进行民事活动。

在我国,法人主要因以下原因而终止:

(一)依法被撤销

这又包括两种情形,一是法律、行政法规直接规定撤销其法人的资格。另一种情形是因法人违反法律的规定而被撤销。例如企业法人从事违法经营活动,偷漏税收,给国家、社会或他人的利益造成严重的损害,主管机关可依法撤销该企业法人。

(二)解散

法人可因下列原因而解散:

1. 因设立法人的目的事业完成而解散。如为举办某些大型基建项目而成立的项目公司在项目完成后,因其任务完成而解散。

2. 由法人的成员会议决议而解散。如有限责任公司和股份有限公司经股东会议作出决议而解散。

3. 因法人章程所规定的存续期限届满或解散事由出现而解散。如中外合资经营企业法人在成立时的合同、章程中就规定了存续期限,在期限届满之时法人解散。另外有的法人章程中还规定了解散事由。如两个或两个以上的企业组成一个联营企业法人,章程中规定任何一方退出联营企业时则解散法人。如果出现了章程中规定的解散事由,法人即解散。

4. 因法人合并或者分立需要解散的。如新设合并中,两个或两个以上的法人合并为一个新法人,原有的法人即解散。分立亦有一个法人分为两个或两个以上的法人,一般是原来的法人也解散。

法人解散通常是由法人自主决定的,体现着法人自身的意志,而法人的撤销则不由法人自己决定,而是根据法律或行政命令规定由主管机关作出的。

(三)依法宣告破产

法人在其全部资产不足以清偿到期债务时,经法人的法定代表人、主管部门以及债权人等提出申请,由人民法院依照有关法律规定,核实情况后宣告其破产。法人在被宣告进入破产程序后,由人民法院成立清算组,负责对该法人的财产、债权、债务进行清查,以破产财产公平地清偿破产债务。破产财产分配完毕,由清算组织提请人民法院终结破产程序,并向法人的原登记机关办理注销登记。

(四)其他原因

除以上原因外,法人也可能因其他原因而终止。如发生战争等等。

——唐德华、高圣平主编:《民法通则及配套规定新释新解(上)》,人民法院出版社2003年版。

【相关案例】

1. 公司被吊销营业执照后未进行清理,也未办理注销登记,不属于法人终止,仍是纳税义务的主体

——江阴市裕丰电器有限公司、钱怡、於丽琼、殷雪君、陈丽华诉江阴市地方税务局第三税务分局税务纠纷案

案例要旨:公司被吊销营业执照后未进行清理,也未办理注销登记,不属于法人终止,仍是纳税义务的主体。公司在纳税过程中,应当设置账簿但未设置、擅自销毁账簿或者拒不提供纳税资料,或者未向税务机关申报、缴纳税款,也未办理税务登记的,税务机关有权核定其应纳税额,并责令其缴纳税款。

案号:(2008)锡行终字第0005号

审理法院：江苏省无锡市中级人民法院

来源：《人民司法·案例》2008 年第 14 期

2. 经工商行政管理部门核准注销登记，公司终止，公司股东的诉讼地位不等同于公司的诉讼地位

——广州森润贸易有限公司诉广州市正信实业有限公司等合作开发房地产合同纠纷案

案例要旨：经工商行政管理部门核准注销登记，公司终止，其民事权利能力和民事行为能力消灭，因其没有确定权利、义务承受人，以公司为被告的诉讼无法继续，应依法终结诉讼。公司股东的诉讼地位不等同于公司的诉讼地位，以公司的股东承担公司的诉讼主体地位，缺乏法律依据，不予采纳。

案号：（2012）穗中法民五重字第 1 号

审理法院：广东省广州市中级人民法院

来源：《中国审判案例要览》（2014 年民事审判案例卷）

第六十九条 法人解散的情形

有下列情形之一的,法人解散:

(一)法人章程规定的存续期间届满或者法人章程规定的其他解散事由出现;

(二)法人的权力机构决议解散;

(三)因法人合并或者分立需要解散;

(四)法人依法被吊销营业执照、登记证书,被责令关闭或者被撤销;

(五)法律规定的其他情形。

【相关规定】

1.《中华人民共和国公司法》

第一百八十条 公司因下列原因解散:

(一)公司章程规定的营业期限届满或者公司章程规定的其他解散事由出现;

(二)股东会或者股东大会决议解散;

(三)因公司合并或者分立需要解散;

(四)依法被吊销营业执照、责令关闭或者被撤销;

(五)人民法院依照本法第一百八十二条的规定予以解散。

第一百八十一条 公司有本法第一百八十条第(一)项情形的,可以通过修改公司章程而存续。

依照前款规定修改公司章程,有限责任公司须经持有三分之二以上表决权的股东通过,股份有限公司须经出席股东大会会议的股东所持表决权的三分之二以上通过。

第一百八十二条 公司经营管理发生严重困难,继续存续会使股东利益受到重大损失,通过其他途径不能解决的,持有公司全部股东表决权百分之十以上的股东,可以请求人民法院解散公司。

2.《最高人民法院关于适用〈中华人民共和国公司法〉若干问题的规定(二)》

第一条 单独或者合计持有公司全部股东表决权百分之十以上的股东,以下列事由之一提起解散公司诉讼,并符合公司法第一百八十二条规定的,人民法院应予受理:

(一)公司持续两年以上无法召开股东会或者股东大会,公司经营管理发生严重困难的；

（二）股东表决时无法达到法定或者公司章程规定的比例，持续两年以上不能做出有效的股东会或者股东大会决议，公司经营管理发生严重困难的；

（三）公司董事长期冲突，且无法通过股东会或者股东大会解决，公司经营管理发生严重困难的；

（四）经营管理发生其他严重困难，公司继续存续会使股东利益受到重大损失的情形。

股东以知情权、利润分配请求权等权益受到损害，或者公司亏损、财产不足以偿还全部债务，以及公司被吊销企业法人营业执照未进行清算等为由，提起解散公司诉讼的，人民法院不予受理。

第二条　股东提起解散公司诉讼，同时又申请人民法院对公司进行清算的，人民法院对其提出的清算申请不予受理。人民法院可以告知原告，在人民法院判决解散公司后，依据公司法第一百八十三条和本规定第七条的规定，自行组织清算或者另行申请人民法院对公司进行清算。

第六条　人民法院关于解散公司诉讼作出的判决，对公司全体股东具有法律约束力。

人民法院判决驳回解散公司诉讼请求后，提起该诉讼的股东或者其他股东又以同一事实和理由提起解散公司诉讼的，人民法院不予受理。

3.《中华人民共和国中外合作经营企业法实施细则》

第四十八条　合作企业因下列情形之一出现时解散：

（一）合作期限届满；

（二）合作企业发生严重亏损，或者因不可抗力遭受严重损失，无力继续经营；

（三）中外合作者一方或者数方不履行合作企业合同、章程规定的义务，致使合作企业无法继续经营；

（四）合作企业合同、章程中规定的其他解散原因已经出现；

（五）合作企业违反法律、行政法规，被依法责令关闭。

前款第二项、第四项所列情形发生，应当由合作企业的董事会或者联合管理委员会做出决定，报审查批准机关批准。在前款第三项所列情形下，不履行合作企业合同、章程规定的义务的中外合作者一方或者数方，应当对履行合同的他方因此遭受的损失承担赔偿责任；履行合同的一方或者数方有权向审查批准机关提出申请，解散合作企业。

4.《中华人民共和国中外合资经营企业法实施条例》

第九十条　合营企业在下列情况下解散：

（一）合营期限届满；

（二）企业发生严重亏损，无力继续经营；

（三）合营一方不履行合营企业协议、合同、章程规定的义务，致使企业无法继续经营；

（四）因自然灾害、战争等不可抗力遭受严重损失，无法继续经营；

（五）合营企业未达到其经营目的，同时又无发展前途；

（六）合营企业合同、章程所规定的其他解散原因已经出现。

前款第（二）、（四）、（五）、（六）项情况发生的，由董事会提出解散申请书，报审批机构批准；第（三）项情况发生的，由履行合同的一方提出申请，报审批机构批准。

在本条第一款第（三）项情况下，不履行合营企业协议、合同、章程规定的义务一方，应当对合营企业由此造成的损失负赔偿责任。

5.《中华人民共和国保险法》

第八十九条 保险公司因分立、合并需要解散，或者股东会、股东大会决议解散，或者公司章程规定的解散事由出现，经国务院保险监督管理机构批准后解散。

经营有人寿保险业务的保险公司，除因分立、合并或者被依法撤销外，不得解散。

保险公司解散，应当依法成立清算组进行清算。

第一百四十九条 保险公司因违法经营被依法吊销经营保险业务许可证的，或者偿付能力低于国务院保险监督管理机构规定标准，不予撤销将严重危害保险市场秩序、损害公共利益的，由国务院保险监督管理机构予以撤销并公告，依法及时组织清算组进行清算。

6.《中华人民共和国商业银行法》

第六十九条 商业银行因分立、合并或者出现公司章程规定的解散事由需要解散的，应当向国务院银行业监督管理机构提出申请，并附解散的理由和支付存款的本金和利息等债务清偿计划。经国务院银行业监督管理机构批准后解散。

商业银行解散的，应当依法成立清算组，进行清算，按照清偿计划及时偿还存款本金和利息等债务。国务院银行业监督管理机构监督清算过程。

7.《中华人民共和国农民专业合作社法》

第四十一条 农民专业合作社因下列原因解散：

（一）章程规定的解散事由出现；

（二）成员大会决议解散；

（三）因合并或者分立需要解散；

（四）依法被吊销营业执照或者被撤销。

因前款第一项、第二项、第四项原因解散的，应当在解散事由出现之日起十五日内由成员大会推举成员组成清算组，开始解散清算。逾期不能组成清算组的，成员、债权人可以向人民法院申请指定成员组成清算组进行清算，人民法院应当受理该申请，并及时指定成员组成清算组进行清算。

【相关观点】

一、公司解散的方式

就公司解散方式而言，主要分为自愿解散、行政解散、司法解散三种。所谓自愿解散，是指基于公司或股东的意愿而自行以决议的方式解散公司。所谓行政解散，是指国家相关行政部门（一般是负责公司登记与注册的机构，如我国的工商行政部门）基于法定事由宣告解散公司的行为。如我国实践中经常采用的吊销营业执照，实际就是一种典型的行政解散公司方式，再如公司因违法经营而被相关行政部门责令关闭，实际也同样引发行政解散的后果。所谓司法解散，则显然是专属于司法审判部门的权利，是司法以裁判方式宣告解散公司的方式，其属于典型的强制解散公司的方式。

——虞政平：《公司法案例教学（下册）》，人民法院出版社2012年版。

二、因法人合并或者分立需要解散

此系法人变更后解散的情形。法人合并是指两个或两个以上的法人通过签订协议等方式，不经过清算程序，直接合并为一个法人的法律行为，可分为吸收合并和新设合并两种方式。前者是指一个法人吸收其他法人而继续存续，被吸收人解散的方式，又称存续合并；后者是指两个或两个以上的法人合并，合并各方解散的方式，又称新设合并。法人合并均会产生法人解散的结果。法人分立是指一个法人通过签订协议等方式，不经过清算程序分立为两个或两个以上的法人，可分为存续分立和解散分立两种方式。前者是指一个法人分离为两个或两个以上的法人，该法人本身继续存在，又称派生分立；后者是指一个法人分离为两个或两个以上的法人，该法人本身解散，又称新设分立。在解散分立的情况下，发生法人解散的结果。

——沈德咏主编：《〈中华人民共和国民法总则〉条文理解与适用》，人民法院出版社2017年版。

三、股东会或股东大会决议解散导致公司解散

股东会或股东大会决议解散同章程规定解散事由一样，也属于公司自愿解散范畴，体现了公司或股东的意思自治。由于公司解散关系到公司的生死存亡进而影响到各个股东乃至公司外部债权人的切身利益，许多立法例将解散公司的股东会决议明确为绝对多数决的特别决议，而非简单多数决的普通决议。《德国有限责任公司法》第60条规定：有限责任公司因股东会决议解

散的，若公司章程中无另外规定，须经投票的 3/4 以上多数通过。《瑞士债务法典》第 820 条规定：决议解散公司的，除章程另有规定外，须经代表至少 3/4 资本和 3/4 以上多数股东的同意。我国台湾地区"公司法"在规定股份有限公司应经股东会代表已发行股份总数 2/3 以上股东出席，以出席股东表决权过半数同意。① 我国新旧《公司法》均规定：对于有限责任公司，其解散决议必须经代表 2/3 以上表决权的股东通过，而股份有限公司的解散决议亦应由出席会议的股东所持表决权的 2/3 以上通过。

——虞政平：《公司法案例教学（下册）》，人民法院出版社 2012 年版。

四、公司章程规定的营业期限届满导致公司解散

章程是公司自治的重要依据，法律允许公司在制定章程时对解散事由进行自由规定，只要章程并不违反法律的强制性规定均为有效。一旦章程规定的解散事由出现，则公司将随之步入解散清算程序。章程规定的解散原因，最为典型的是公司的营业期限届满。如果营业期限届满，股东希望公司继续存续，就需要经过股东会特别决议，修改公司章程来延长公司的存续期限。《公司法》第 182 条规定："公司有本法第一百八十一条第（一）项情形的，可以通过修改公司章程而存续。依照前款规定修改公司章程，有限责任公司须经持有三分之二以上表决权的股东通过，股份有限公司须经出席股东大会会议的股东所持表决权的三分之二以上通过。

——虞政平：《公司法案例教学（下册）》，人民法院出版社 2012 年版。

【相关案例】

1. 股东间因利益冲突丧失基本信任不能按规定召开股东大会，公司经营管理发生严重困难且用尽其他救济无法解决，视为公司陷入僵局

——孙建以公司陷入僵局起诉张前虎要求解散公司案

案例要旨：股东之间因利益冲突已丧失了基本的信任关系，不能按公司章程的规定召开股东大会，公司的运行机制完全失灵，无法就任何事项作出决议，已实际停止经营。并且用尽其他救济仍无法解决的，应视为公司陷入僵局，此两要件缺一不可。

案号：（2006）南民二初字第 89 号

审理法院：江苏省无锡市南长区人民法院

来源：《人民法院案例选》（2007.1）总第 59 辑

---

① 梁宇贤：《公司法论》，台湾地区三民书局 2003 年版，第 143 页。

2. 股东根据公司章程规定请求解散公司的应予支持

——陈德勇诉南京轻研机电发展有限公司解散公司案

案例要旨：股东根据公司章程规定提起解散公司的请求，属于《公司法》第一百八十条第（一）项所列公司解散事由，应予支持。

案　号：（2006）白民二初字第328号

审理法院：江苏省南京市秦淮区人民法院（原白下区法院）

来　源：《中国审判案例要览》（2007年商事审判案例卷）

第七十条　法人解散时的清算义务及其责任

法人解散的，除合并或者分立的情形外，清算义务人应当及时组成清算组进行清算。

法人的董事、理事等执行机构或者决策机构的成员为清算义务人。法律、行政法规另有规定的，依照其规定。

清算义务人未及时履行清算义务，造成损害的，应当承担民事责任；主管机关或者利害关系人可以申请人民法院指定有关人员组成清算组进行清算。

【新旧法条对比】

《中华人民共和国民法通则》

第四十七条　企业法人解散，应当成立清算组织，进行清算。企业法人被撤销、被宣告破产的，应当由主管机关或者人民法院组织有关机关和有关人员成立清算组织，进行清算。

【相关规定】

1.《最高人民法院关于贯彻执行〈中华人民共和国民法通则〉若干问题的意见（试行）》

第五十九条　企业法人解散或被撤销的，应当由其主管机关组织清算小组进行清算。企业法人被宣告破产的，应当由人民法院组织有关机关和有关人员成立清算组织进行清算。

第六十条　清算组织是以清算企业法人债权、债务为目的而依法成立的组织。它负责对终止的企业法人的财产进行保管、清理、估价、处理和清偿。

对于涉及终止的企业法人债权、债务的民事诉讼，清算组织可以用自己的名义参加诉讼。

以逃避债务责任为目的而成立的清算组织，其实施的民事行为无效。

2.《中华人民共和国公司法》

第一百八十三条　公司因本法第一百八十条第（一）项、第（二）项、第（四）项、第（五）项规定而解散的，应当在解散事由出现之日起十五日内成立清算组，开始清算。有限责任公司的清算组由股东组成，股份有限公司的清算组由董事或者股东大会确定的人员组成。逾期不成立清算组进行清算的，债权人可以申请人民法院指定有关人员组成清算组进行清算。人民法院应当受理该申请,并及时组织清算组进行清算。

第一百八十四条 清算组在清算期间行使下列职权:

(一) 清理公司财产,分别编制资产负债表和财产清单;

(二) 通知、公告债权人;

(三) 处理与清算有关的公司未了结的业务;

(四) 清缴所欠税款以及清算过程中产生的税款;

(五) 清理债权、债务;

(六) 处理公司清偿债务后的剩余财产;

(七) 代表公司参与民事诉讼活动。

3. 《最高人民法院关于适用〈中华人民共和国公司法〉若干问题的规定(二)》

第七条 公司应当依照公司法第一百八十三条的规定,在解散事由出现之日起十五日内成立清算组,开始自行清算。

有下列情形之一,债权人申请人民法院指定清算组进行清算的,人民法院应予受理:

(一) 公司解散逾期不成立清算组进行清算的;

(二) 虽然成立清算组但故意拖延清算的;

(三) 违法清算可能严重损害债权人或者股东利益的。

具有本条第二款所列情形,而债权人未提起清算申请,公司股东申请人民法院指定清算组对公司进行清算的,人民法院应予受理。

第八条 人民法院受理公司清算案件,应当及时指定有关人员组成清算组。

清算组成员可以从下列人员或者机构中产生:

(一) 公司股东、董事、监事、高级管理人员;

(二) 依法设立的律师事务所、会计师事务所、破产清算事务所等社会中介机构;

(三) 依法设立的律师事务所、会计师事务所、破产清算事务所等社会中介机构中具备相关专业知识并取得执业资格的人员。

第九条 人民法院指定的清算组成员有下列情形之一的,人民法院可以根据债权人、股东的申请,或者依职权更换清算组成员:

(一) 有违反法律或者行政法规的行为;

(二) 丧失执业能力或者民事行为能力;

(三) 有严重损害公司或者债权人利益的行为。

第二十三条 清算组成员从事清算事务时,违反法律、行政法规或者公司章程给公司或者债权人造成损失,公司或者债权人主张其承担赔偿责任的,人民法院应依法予以支持。

有限责任公司的股东、股份有限公司连续一百八十日以上单独或者合计持有公司百分之一以上股份的股东,依据公司法第一百五十一条第三款的规定,以清算组成员有前款所述行为为由向人民法院提起诉讼的,人民法院应予受理。

公司已经清算完毕注销,上述股东参照公司法第一百五十一条第三款的规定,直接以清算组成员为被告、其他股东为第三人向人民法院提起诉讼的,人民法院应予受理。

第二十四条　解散公司诉讼案件和公司清算案件由公司住所地人民法院管辖。公司住所地是指公司主要办事机构所在地。公司办事机构所在地不明确的,由其注册地人民法院管辖。

基层人民法院管辖县、县级市或者区的公司登记机关核准登记公司的解散诉讼案件和公司清算案件;中级人民法院管辖地区、地级市以上的公司登记机关核准登记公司的解散诉讼案件和公司清算案件。

4.《中华人民共和国中外合资经营企业法实施条例》

第九十一条　合营企业宣告解散时,应当进行清算。合营企业应当依法成立清算委员会,由清算委员会负责清算事宜。

5.《中华人民共和国外资企业法》

第二十一条　外资企业终止,应当及时公告,按照法定程序进行清算。在清算完结前,除为了执行清算外,外国投资者对企业财产不得处理。

6.《中华人民共和国外资企业法实施细则》

第七十二条　外资企业有下列情形之一的,应予终止:

(一) 经营期限届满;

(二) 经营不善,严重亏损,外国投资者决定解散;

(三) 因自然灾害、战争等不可抗力而遭受严重损失,无法继续经营;

(四) 破产;

(五) 违反中国法律、法规,危害社会公共利益被依法撤销;

(六) 外资企业章程规定的其他解散事由已经出现。

外资企业如存在前款第(二)(三)(四)项所列情形,应当自行提交终止申请书,报审批机关核准。审批机关作出核准的日期为企业的终止日期。

第七十三条　外资企业依照本实施细则第七十二条第(一)(二)(三)(六)项的规定终止的,应当在终止之日起15天内对外公告并通知债权人,并在终止公告发出之日起15天内,提出清算程序、原则和清算委员会人选,报审批机关审核后进行清算。

第七十四条　清算委员会应当由外资企业的法定代表人、债权人代表以及有关主管机关的代表组成,并聘请中国的注册会计师、律师等参加。

清算费用从外资企业现存财产中优先支付。

7. 《事业单位登记管理暂行条例》

第十三条　事业单位被撤销、解散的，应当向登记管理机关办理注销登记或者注销备案。

事业单位办理注销登记前，应当在审批机关指导下成立清算组织，完成清算工作。

事业单位应当自清算结束之日起15日内，向登记管理机关办理注销登记。事业单位办理注销登记，应当提交撤销或者解散该事业单位的文件和清算报告；登记管理机关收缴《事业单位法人证书》和印章。

第十四条　事业单位的登记、备案或者变更名称、住所以及注销登记或者注销备案，由登记管理机关予以公告。

8. 《中华人民共和国保险法》

第八十九条　保险公司因分立、合并需要解散，或者股东会、股东大会决议解散，或者公司章程规定的解散事由出现，经国务院保险监督管理机构批准后解散。

经营有人寿保险业务的保险公司，除因分立、合并或者被依法撤销外，不得解散。

保险公司解散，应当依法成立清算组进行清算。

第一百四十九条　保险公司因违法经营被依法吊销经营保险业务许可证的，或者偿付能力低于国务院保险监督管理机构规定标准，不予撤销将严重危害保险市场秩序、损害公共利益的，由国务院保险监督管理机构予以撤销并公告，依法及时组织清算组进行清算。

9. 《中华人民共和国慈善法》

第十八条　慈善组织终止，应当进行清算。

慈善组织的决策机构应当在本法第十七条规定的终止情形出现之日起三十日内成立清算组进行清算，并向社会公告。不成立清算组或者清算组不履行职责的，民政部门可以申请人民法院指定有关人员组成清算组进行清算。

慈善组织清算后的剩余财产，应当按照慈善组织章程的规定转给宗旨相同或者相近的慈善组织；章程未规定的，由民政部门主持转给宗旨相同或者相近的慈善组织，并向社会公告。

慈善组织清算结束后，应当向其登记的民政部门办理注销登记，并由民政部门向社会公告。

10. 《中华人民共和国商业银行法》

第六十九条　商业银行因分立、合并或者出现公司章程规定的解散事由需要解散的，应当向国务院银行业监督管理机构提出申请，并附解散的理由和支付存款的本金和利息等债务清偿计划。经国务院银行业监督管理机构批准后解散。

商业银行解散的，应当依法成立清算组，进行清算，按照清偿计划及时偿还存款本金和利息等债务。国务院银行业监督管理机构监督清算过程。

11.《中华人民共和国农民专业合作社法》

第四十一条　农民专业合作社因下列原因解散：

（一）章程规定的解散事由出现；

（二）成员大会决议解散；

（三）因合并或者分立需要解散；

（四）依法被吊销营业执照或者被撤销。

因前款第一项、第二项、第四项原因解散的，应当在解散事由出现之日起十五日内由成员大会推举成员组成清算组，开始解散清算。逾期不能组成清算组的，成员、债权人可以向人民法院申请指定成员组成清算组进行清算，人民法院应当受理该申请，并及时指定成员组成清算组进行清算。

第四十七条　清算组成员应当忠于职守，依法履行清算义务，因故意或者重大过失给农民专业合作社成员及债权人造成损失的，应当承担赔偿责任。

【相关观点】

一、法人终止应依法进行清算

法人终止，应当依法进行清算，停止清算范围以外的活动。

法人清算是清理已经解散法人的财产，了结其作为当事人的法律关系，从而使该法人归于消灭的程序。根据原因不同，清算有破产清算和非破产清算两种。破产清算是依破产法规定的清算程序进行清算。非破产清算则是不依破产法所定程序进行的清算，这一程序，适用的前提是已解散的法人的财产，尚能清偿其债务。否则，应申请破产，而适用破产清算程序。本条规定，即属后者。法人终止时要成立清算组织进行清算，这时法人只能进行与清算有关的活动，其他清算范围以外的活动均应停止。清算活动由清算组织负责进行，有以下几个内容：

（一）了结法人的业务

业务了结是指法人终止时必须把尚未结束的事务予以结束，如在终止前已向他人订货，法人终止时必须与对方协商退货或将货物转给第三者以结束这项业务活动。

（二）对外收取债权，清偿债务

清算组织对于法人已到期的债权有权收取，对未到期债权，可以作价让与他人。清算组织应及时通知债权人申报债权。并规定适当的期限，逾期未申报债权的，不列入清算范围。清算组织有权请求人民法院召开债权人会议，在核实债权后，按法定顺序进行清偿。

（三）对内处理法人事务

如清理财产，整理账目，编造资产负债表和财产目录。任何人未经清算组织的同意，不得处分法人的财产。原来未履行的合同如能继续履行，可以法人的名义继续履行。清算组织并负责调查法人的机关或成员有无违法行为或重大过失，以确定其是否应承担法律责任。

（四）变卖财产

变卖的方式可以是招标或拍卖，可以整体变卖也可以分散变卖。但是法律禁止或限制自由买卖的财产，应由政府主管部门或者指定的部门处理或收购。在出价相等的条件下，全民所有制企业的财产应由国家有关部门或全民所有制企业优先购买。法人在终止前与其他企业法人联营投入的财产，不能抽回的，应当采取转让所有权的方式，出卖给其他联营人。

（五）非依破产程序进行的清算

如果清算的财产不足以清偿债务的，清算组织应申请宣告破产。在清算期间，法人不能实施清算范围以外的活动，已经实施的，应立即停止，更不得擅自处理财产、抽逃资金、隐匿财产、逃避债务。

（六）注销登记和公告

我国各级工商行政管理机关是企业法人注销登记的主管机关。

——唐德华、高圣平主编：《民法通则及配套规定新释新解（上）》，人民法院出版社 2003 年版。

二、公司解散应当成立清算组进行清算

公司清算是指公司解散后，依照法定程序清理公司债权债务，处理公司剩余财产，待了结公司各种法律关系后，向公司登记机关申请注销登记，使公司法人资格消灭的行为。清算组是负责公司清算事务的组织，是在公司清算过程中依法成立的执行清算事务，并对外代表清算中的公司的机构。为了保护债权人的合法利益，公司逾期不成立清算组进行清算的，债权人可以申请人民法院指定有关人员组成清算组进行清算。人民法院接到债权人的清算申请后，应当受理该申请，并及时组织清算组进行清算。

三、怠于履行清算义务的认定标准

首先，怠于履行义务的主体是清算义务人。有限责任公司的清算义务人是全体股东，股份有限公司的清算义务人是董事和控股股东。

其次，怠于履行义务的情形有两种，既包括怠于履行依法及时启动清算程序进行清算的义务，也包括怠于履行妥善保管公司财产、账册、重要文件等义务。

怠于履行义务中的"义务"应作广义解释，既包括怠于履行清算义务，也包括怠于履行清算外义务。怠于履行清算义务是指，公司解散后怠于成立

清算组或者在公司清算组成立后怠于妥善保管、移交公司财产、账册、重要文件等。所谓清算外义务，是指清算以外的其他义务，既包括法定义务也包括约定义务，其主要包括但不限于以下几种情形：妥善保管公司财产、依法备置公司账册、妥善保管公司重要文件、不得侵占公司财产等等。相关主体怠于履行清算外义务，多发生在公司出现解散事由前。如果有限责任公司的股东、股份有限公司的董事和控股股东在公司解散事由出现前，怠于履行清算外义务，导致公司主要财产、账册、重要文件等灭失，则势必会影响清算工作的顺利开展。要么因公司已无财产而致清算毫无意义，要么因公司已无账册、重要文件等而无法核查公司财产状况进而无法正常进行清算。因此，为了促使相关主体依法规范经营管理公司，防止其在公司解散事由出现前提前毁坏、抛弃公司财产、账册以及重要文件，《公司法解释（二）》第18条第2款的"怠于履行义务"当然应当包括怠于履行清算外义务的情形。

——徐强胜：《公司纠纷裁判依据新释新解》，人民法院出版社2014年版。

四、清算义务主体与清算人的区别

需要明确的是，清算义务主体与清算人并非同一概念。随着清算人职业化程度的提高，不少会计师事务所、律师事务所可以担任清算人之角色，但他们并不是清算义务主体。清算义务主体与清算人之区别在于：[①]

1. 产生途径不同。清算人可由公司章程或者股东会决议确定，未约定时由法定清算人担任，法定清算人不能担任或有其他障碍时可由法院指定。清算义务人则是法律直接规定的。

2. 所负义务内容和形式不同。清算人的义务是完成具体的清算事务，既包括积极的作为义务，如通知、公告债权人、清理公司资产等，也包括消极的不作为义务，如禁止自我交易、不得擅自披露公司商业秘密等。清算义务人的义务是负责启动清算程序、组织清算和产生清算人，主要是积极的作为义务。

3. 所负义务性质不同。清算人的义务是约定或指定的，是基于公司或者法院等的委任或指派产生的，因公司或者法院的解任或清算人的辞任而解除。清算义务人的义务则是法定的，不能任意解除。

4. 承担责任不同。从责任性质看，清算义务人的责任系由于违反法定义务而导致的侵权责任，而清算人的民事责任既可能是侵权责任，也可能是违反清算人与公司之间委任合同的违约责任。从责任对象看，清算义务人怠于履行义务的，赔偿对象为公司债权人或股东，但不包括公司，清算人的赔偿对象首先应当是公司。

[①] 以下参见刘敏：《公司解散清算制度》，北京大学出版社2010年版，第66页。

——虞政平:《公司法案例教学（下册）》，人民法院出版社2012年版。

五、怠于履行清算义务行为民事责任的承担

1. 承担责任的对象。此时公司已经解散，本来清算义务人应当组织清算组进行清算，清算义务中的一个重要内容就是向清算义务人主张侵权行为所生之债；但清算义务人却长期不履行清算义务，而且正是因为清算义务人的这种不作为才使公司的财产不当减少，即清算义务人也同时存在怠于主张的情形；如果仍判令清算义务人仅向公司承担侵权赔偿责任不会取得好的效果，因为赔偿的财产还可能因清算义务人的长期不履行清算义务的行为而再次减少，对债权人不利；清算义务人本来即存在长期不履行清算义务的行为，即使判令其向公司赔偿损失，清算义务人也不可能将该财产向债权人清偿，所以，根据这一侵权行为的现状，我们认为还是应当判令清算义务人直接向债权人承担侵权责任较为合理，而且这样做也符合《合同法》及《合同法解释》关于债权人代位权的规定。

2. 承担责任的方式。怠于履行清算义务而致公司财产损失的行为，本质上仍然属于侵权行为的一种，侵权行为人承担民事责任的方式，根据《民法通则》的规定来看，一般情况下还是以承担赔偿责任较为妥当。

3. 赔偿责任范围的确定。清算义务人应当在损失范围内对公司的债务承担赔偿责任。对清算义务人此种侵权行为所应当承担赔偿责任的范围应当严格掌握，不能简单地确定为债权人未实现债权的全部，而应当限于清算主体不履行清算义务而致公司财产贬值、流失、灭失等损失部分。因为清算义务人所应承担的是一种补偿责任，即首先是恢复公司的责任财产，其对债权人承担责任的实质可以认为是对公司清偿债务的债务转移过程。在侵权行为的构成方面，清算义务人的该种侵权行为直接侵害的对象是公司，是直接造成了公司的财产损失，由于原企业法人的财产损失导致债权人的债权可能不能实现。而且从《合同法》关于债权人的代位权行使的规定来看，代位权的行使不仅要以债权人的债权为限，而且还要以债务人对次债务人的债权额为限。

——褚红军主编:《公司诉讼原理与实务》，人民法院出版社2007年版。

【相关案例】

1. 营业执照被吊销后股东未及时进行清算的，应在造成损失范围内对公司债务承担赔偿责任

——浙江省义乌市黑白矿山机械有限公司诉胡荣法等清算责任纠纷案

案例要旨：公司清算义务人未及时履行清算义务，导致债权人债权难以实现，债权人主张其在造成损失范围内对公司债务承担赔

偿责任的，法院应予以支持。若清算义务人不能提供相应证据证明因其怠于履行清算义务而给公司财产及债权人造成损失的实际范围，则法院可以最后一次工商年检报告登记的资产为据推定公司的"损失范围"，判令清算义务人在此范围内对公司债务承担连带清偿责任。

案号：（2010）金婺商初字第 1420 号

审理法院：浙江省金华市婺城区人民法院

来源：《人民司法·案例》2011 年第 20 期

2. 公司被吊销营业执照后，股东未及时履行清算义务且私自处分公司财产，应承担侵权的赔偿责任

——株洲市祥瑞置业发展有限公司诉谭升明等四被告股东侵权纠纷案

案例要旨：公司被吊销营业执照后，股东不履行清算义务，而且私自处分公司财产，股东应在处分公司财产的范围内对公司的债权人承担侵权的赔偿责任。

案号：（2006）湘高法民一终字第 141 号

审理法院：湖南省高级人民法院

来源：《人民法院案例选》总第 59 辑（2007.1）

第七十一条 法人的清算程序和清算组职权的法律适用

法人的清算程序和清算组职权，依照有关法律的规定；没有规定的，参照适用公司法的有关规定。

【相关规定】

1. 《中华人民共和国公司法》

第一百八十四条 清算组在清算期间行使下列职权：
（一）清理公司财产，分别编制资产负债表和财产清单；
（二）通知、公告债权人；
（三）处理与清算有关的公司未了结的业务；
（四）清缴所欠税款以及清算过程中产生的税款；
（五）清理债权、债务；
（六）处理公司清偿债务后的剩余财产；
（七）代表公司参与民事诉讼活动。

第一百八十五条 清算组应当自成立之日起十日内通知债权人，并于六十日内在报纸上公告。债权人应当自接到通知书之日起三十日内，未接到通知书的自公告之日起四十五日内，向清算组申报其债权。

债权人申报债权，应当说明债权的有关事项，并提供证明材料。清算组应当对债权进行登记。

在申报债权期间，清算组不得对债权人进行清偿。

第一百八十六条 清算组在清理公司财产、编制资产负债表和财产清单后，应当制定清算方案，并报股东会、股东大会或者人民法院确认。

公司财产在分别支付清算费用、职工的工资、社会保险费用和法定补偿金，缴纳所欠税款，清偿公司债务后的剩余财产，有限责任公司按照股东的出资比例分配，股份有限公司按照股东持有的股份比例分配。

清算期间，公司存续，但不得开展与清算无关的经营活动。公司财产在未依照前款规定清偿前，不得分配给股东。

第一百八十七条 清算组在清理公司财产、编制资产负债表和财产清单后，发现公司财产不足清偿债务的，应当依法向人民法院申请宣告破产。

公司经人民法院裁定宣告破产后，清算组应当将清算事务移交给人民法院。

第一百八十八条 公司清算结束后，清算组应当制作清算报告，报股东会、股东大会或者人民法院确认，并报送公司登记机关，申请注销公司登记，公告公司终止。

第一百八十九条　清算组成员应当忠于职守，依法履行清算义务。

清算组成员不得利用职权收受贿赂或者其他非法收入，不得侵占公司财产。

清算组成员因故意或者重大过失给公司或者债权人造成损失的，应当承担赔偿责任。

2.《最高人民法院关于适用〈中华人民共和国公司法〉若干问题的规定（二）》

第七条　公司应当依照公司法第一百八十三条的规定，在解散事由出现之日起十五日内成立清算组，开始自行清算。

有下列情形之一，债权人申请人民法院指定清算组进行清算的，人民法院应予受理：

（一）公司解散逾期不成立清算组进行清算的；

（二）虽然成立清算组但故意拖延清算的；

（三）违法清算可能严重损害债权人或者股东利益的。

具有本条第二款所列情形，而债权人未提起清算申请，公司股东申请人民法院指定清算组对公司进行清算的，人民法院应予受理。

第八条　人民法院受理公司清算案件，应当及时指定有关人员组成清算组。

清算组成员可以从下列人员或者机构中产生：

（一）公司股东、董事、监事、高级管理人员；

（二）依法设立的律师事务所、会计师事务所、破产清算事务所等社会中介机构；

（三）依法设立的律师事务所、会计师事务所、破产清算事务所等社会中介机构中具备相关专业知识并取得执业资格的人员。

第九条　人民法院指定的清算组成员有下列情形之一的，人民法院可以根据债权人、股东的申请，或者依职权更换清算组成员：

（一）有违反法律或者行政法规的行为；

（二）丧失执业能力或者民事行为能力；

（三）有严重损害公司或者债权人利益的行为。

第十条　公司依法清算结束并办理注销登记前，有关公司的民事诉讼，应当以公司的名义进行。

公司成立清算组的，由清算组负责人代表公司参加诉讼；尚未成立清算组的，由原法定代表人代表公司参加诉讼。

3.《中华人民共和国中外合资经营企业法实施条例》

第九十二条　清算委员会的成员一般应当在合营企业的董事中选任。董事不能担任或者不适合担任清算委员会成员时，合营企业可以聘请中国的注册会计师、律师担任。审批机构认为必要时，可以派人进行监督。

清算费用和清算委员会成员的酬劳应当从合营企业现存财产中优先支付。

第九十三条　清算委员会的任务是对合营企业的财产、债权、债务进行全面清查，编制资产负债表和财产目录，提出财产作价和计算依据，制定清算方案，提请董事会会议通过后执行。

清算期间，清算委员会代表该合营企业起诉和应诉。

4.《中华人民共和国外资企业法实施细则》

第七十五条　清算委员会行使下列职权：

（一）召集债权人会议；

（二）接管并清理企业财产，编制资产负债表和财产目录；

（三）提出财产作价和计算依据；

（四）制定清算方案；

（五）收回债权和清偿债务；

（六）追回股东应缴而未缴的款项；

（七）分配剩余财产；

（八）代表外资企业起诉和应诉。

5.《中华人民共和国农民专业合作社法》

第四十二条　清算组自成立之日起接管农民专业合作社，负责处理与清算有关未了结业务，清理财产和债权、债务，分配清偿债务后的剩余财产，代表农民专业合作社参与诉讼、仲裁或者其他法律程序，并在清算结束时办理注销登记。

第四十三条　清算组应当自成立之日起十日内通知农民专业合作社成员和债权人，并于六十日内在报纸上公告。债权人应当自接到通知之日起三十日内，未接到通知的自公告之日起四十五日内，向清算组申报债权。如果在规定期间内全部成员、债权人均已收到通知，免除清算组的公告义务。

债权人申报债权，应当说明债权的有关事项，并提供证明材料。清算组应当对债权进行登记。

在申报债权期间，清算组不得对债权人进行清偿。

第四十四条　农民专业合作社因本法第四十一条第一款的原因解散，或者人民法院受理破产申请时，不能办理成员退社手续。

第四十五条　清算组负责制定包括清偿农民专业合作社员工的工资及社会保险费用，清偿所欠税款和其他各项债务，以及分配剩余财产在内的清算方案，经成员大会通过或者申请人民法院确认后实施。

清算组发现农民专业合作社的财产不足以清偿债务的，应当依法向人民法院申请破产。

【相关观点】

一、公司清算的程序

程序的价值在于保障实体价值的实现,只有依照法定清算程序进行清算才能保障公司利害关系人的合法权益,维护市场经济秩序。清算是终结公司的一切法律关系,处理公司剩余财产的程序。依照我国《公司法》的规定,公司除因合并或者分立解散无需清算,以及因破产而解散的公司适用破产清算程序外,其他解散的公司,都应当按《公司法》的规定进行清算。其程序为:

(一) 成立清算组

我国《公司法》第184条的规定:公司在任意解散的情形下,应当在解散事由出现之日起15日内成立清算组,开始清算。有限责任公司的清算组由股东组成,股份有限公司的清算组由董事或者股东大会确定的人员组成。逾期不成立清算组进行清算的,债权人可以申请人民法院指定有关人员组成清算组进行清算。

(二) 清理公司财产

清算组成立后,应当立即清理公司财产,分别编制资产负债表和财产清单。清算组在清理公司财产、编制资产负债表和财产清单后,应当制定清算方案,并报股东会、股东大会或者人民法院确认。清算组接管公司的财产后,不得擅自对公司财产进行处分,财产处分应在评估的基础上,将评估价格和变现方案提交债权人和股东大会表决通过。当评估价格和变现方案未获通过,表决不能形成多数意见时,清算组应当申请法院裁决。

清算组的清算工作可能会有许多障碍,如公司的管理层拒不提交账册,或者拒不交出财产等情形,这均应视为对法院生效裁决的拒不履行行为,应按法律追究有关人员的责任,并强制排除障碍。

(三) 通知公告债权人

公司解散的重要事项就是必须清偿债务,因此清算组应当通知债权人申报债权。我国《公司法》第186条规定:清算组应当自成立之日起10日内通知债权人,并于60日内在报纸上公告。债权人应当自接到通知书之日起30日内,未接到通知书的自公告之日起45日内,向清算组申报债权。债权人申报债权,应当说明债权的有关事项,并提供证明材料。清算组应当对债权进行登记。在申报债权期间,清算组不得对债权人进行清偿。

(四) 清理债权债务

公司解散后存在尚未了结的合同或者其他交易,对于这些合同或者交易由清算组负责处理或者清算。原则上,清算组有权决定是否执行或者履行这些合同或者交易。如不执行或者履行这些合同或者交易,而给当事人造成损失的,应由清算中公司承担赔偿责任。清算组成立后,应当立即结束公司对外的一切事务。清算组对公司资产、债权、债务进行清理。对于公司享有的债权,应予收取,对于公司所负的债务,应当在债权申报和制定清算方案的基础上予以清偿。

(五)处理公司剩余财产

清算公司的财产分配必须依据公司法规定的分配规则进行,公司财产分配的法律依据是我国《公司法》第187条的规定:清算组在清理公司财产、编制资产负债表和财产清单后,应当制定清算方案,并报股东会、股东大会或者人民法院确认。公司财产在分别支付清算费用、职工的工资、社会保险费用和法定补偿金,缴纳所欠税款,清偿公司债务后的剩余财产,有限责任公司按照股东的出资比例分配,股份有限公司按照股东持有的股份比例分配。清算期间,公司存续,但不得开展与清算无关的经营活动。公司财产在未依照前款规定清偿前,不得分配给股东。股东有权在公司解散时对公司进行法定清偿后的剩余财产请求分配,普通股的股东有权分配公司终止时清理债权债务后的剩余财产。

(六)代表公司参加民事诉讼

在处理有关事务中,清算组有权对外代表公司,以公司名义参与诉讼活动。清算期间,公司存续,但不得开展与清算无关的经营活动。清算中公司发生诉讼的,由清算组代表清算中公司参加民事诉讼活动。公司解散后一旦进入清算程序,公司原有机关为清算组替代。清算组成为清算中公司的法人机关,对内负责清算工作;对外代表公司。

(七)清算的终止

根据我国《公司法》的规定,公司清算可以因两种事由而终止:

1. 清算完结。在经过债务清偿和剩余财产分配后,清算即告终结。《公司法》第189条规定:公司清算结束后,清算组应当制作清算报告,报股东会、股东大会或者人民法院确认,并报送公司登记机关,申请注销公司登记,公告公司终止。

公司申请注销登记,应当提交下列文件:(1)公司清算组负责人签署的注销登记申请书;(2)人民法院的破产裁定、解散裁判文书,公司依照《公司法》作出的决议或者决定,行政机关责令关闭或者公司被撤销的文件;(3)股东会、股东大会、一人有限责任公司的股东、外商投资的公司董事会或者人民法院、公司批准机关备案、确认的清算报告;(4)《企业法人营业执照》;(5)法律、行政法规规定应当提交的其他文件。国有独资公司申请注销登记,还应当提交国有资产监督管理机构的决定,其中,国务院确定的重要的国有独资公司,还应当提交本级人民政府的批准文件。有分公司的公司申请注销登记,还应当提交分公司的注销登记证明。

清算组的清算工作应被限定在一定期限内完成,有特殊情形致使清算工作无法按期完成的,应由债权人或者股东会议讨论决定展期。清算组应对自己的清算工作负责,因过错给债权人造成损失的,应当承担侵权赔偿责任。

2. 公司具备破产原因。按照《公司法》第188条的规定,清算组在清理公司财产、编制资产负债表和财产清单后,发现公司财产不足清偿债务的,应当依法向人民法院申请宣告破产。公司经人民法院裁定宣告破产后,清算组应当将清算事务移交给人民法院。

(八)外国公司分支机构的清算

我国《公司法》第198条规定了外国公司分支机构的清算,即"外国公司撤销其在中国境内的分支机构时,必须依法清偿债务,依照本法有关公司清算程序的规定进行清算。未清偿债务之前,不得将其分支机构的财产移至中国境外。"根据上述规定,外国公司分支机构的清算程序应当注意:清算组在清理外国公司分支机构财产,编制资产负债表和财产清单后,应当制定清算方案,并报有关主管机关确认。外国公司分支机构的财产能够清偿其债务的,分别支付清算费用、职工工资和社会保险费用,缴纳所欠税款,清偿公司债务。如果外国公司分支机构的财产不足以按上述顺序进行分配时,由其所属的外国公司的财产来承担相应责任。外国公司分支机构在清算期间不得开展新的经营活动。未清偿债务前,外国公司不得将其分支机构的财产移至中国境外。外国公司分支机构在清算结束后,应制作清算报告,报有关主管机关确认,并报送登记机关,申请注销登记。登记机关应依法注销其登记并注销其营业执照。

——金剑锋:《公司诉讼的理论与实务问题研究》,人民法院出版社2008年版。

二、清算组对债权人的通知义务和公司债权人申报债权的程序

清算组成立后,对于住所明确的债权人,应当从成立之日起10天内以书面的方式通知债权人申报债权;对于住所不明确的,应当在60天内在报纸上公告公司解散事项,催促债权人申报债权。

公司的债权人应当从接到通知书之日起30天内,未接到通知书的应当从公告之日起45天内,向公司的清算组申报债权。公司债权人在规定的期限内向公司清算组申报债权时,应当说明债权的有关事项,特别应当说明债权的产生日期、性质、数额和到期日期等事项,并提供如债券、借据或者其他债权凭证之类的证明材料。公司清算组应当对申报的债权逐项登记。债权人未被列入清算之列的,不能在清算组清理公司债务时主张其债权。但是,公司的财产在清偿全部已经申报的公司债务后,仍有剩余财产尚未分配给公司股东时,未按时申报债权的公司债权人可以就未分配的剩余财产提出清偿请求。依照法律、行政法规的规定,一般债权人处于同一清偿顺序,为维护公司债

务清偿的公平性，在申报债权期限结束之前，清算组不得对公司的债权人进行清偿。

三、公司在清算期间清算组的职权

公司清算在经济上要公正地处分公司的财产，在法律上要消灭公司的法人资格，是一项工作量大并且复杂的工作。为了保证清算的各项工作顺利进行，提高清算效率，减少清算损失，维护债权人、股东及其他利益相关人的合法权益，赋予清算组必要的职权是应当的。

公司在清算期间行使下列职权：

（1）清理公司财产，分别编制资产负债表和财产清单。清算组成立以后，应当对公司的财产进行全面清理和核查。清算组查实公司的全部资产后，分别编制资产负债表和财产清单。查清公司的资产是公司进行清算的前提条件，没有查清公司的资产，清算工作无法继续进行。

（2）通知、公告债权人。公司解散，债权人的利益应当得到保护，因此应当将公司解散的情况通知其债权人，以便债权人及时行使权利。对于住所明确的债权人，清算组应当及时书面通知其公司解散的情况；对于住所不明确的债权人，清算组应当发出公告，以便债权人尽快参与公司财产的清算和分配。

（3）处理与清算有关的公司未了结的业务。主要是指公司解散之前已经订立的，但是目前尚未履行的有关合同事项；拖欠公司职工的工资、劳动保险费用；未结算的债权、债务及有关的纳税事宜等。

清算组处理与清算有关的公司未了结的业务，应当遵守法律、行政法规的规定，并应当有利于保护公司债权人的合法权益，有利于尽快结束公司的业务，有利于减少股东的损失。

（4）清缴清算开始前所欠税款以及清算过程中产生的税款。公司解散，清算组应当清查公司的纳税事项，发现应当缴纳的税款未缴纳的，应当报请有关税务部门查实，并依法将所欠的税款缴纳。公司在清算中产生的税款，清算组也应当依法缴纳。

（5）清理债权、债务。债权、债权人有权要求债务人按照合同的约定或者依照法律的规定履行义务。清算组清理公司的债权和债务，可以为公司的债务清偿做好准备。

（6）处理公司清偿债务后的剩余财产。公司的剩余财产，是指公司的财产在支付清算费用、职工的工资、社会保险费用和法定补偿金、缴纳公司所欠的税款、清偿公司债务后余下的财产。公司的剩余财产在有限责任公司按照股东的出资比例分配，在股份有限公司按照股东持有的股份比例分配。

（7）代表公司参与民事诉讼活动。在清算期间，如果解散公司要起诉或者被起诉，应由清算组代表公司进行。清算组在其职权范围内代表公司参与民事诉讼活动受法律的保护。

四、审判实践应注意的问题

实务中需注意法人强制清算与法人破产清算的关系。二者都是以最终消灭法人人格为目的的制度设计，在程序环节上具有相似性。如在司法领域，《最高人民法院关于审理公司强制清算案件工作座谈会纪要》第 39 条即专门规定了强制清算程序中对破产清算程序的准用规则，明确该会议纪要未予涉及的一些情形，可参照《企业破产法》及其司法解释的有关规定处理。如果在强制清算程序中，发现法人存在破产原因的，需进行程序的转换，这其中还存在相应的衔接程序，如依据《最高人民法院关于适用〈中华人民共和国公司法〉若干问题的规定（二）》第 17 条的规定，当清算组在清理公司财产、编制资产负债表和财产清单时，发现公司财产不足清偿债务的，清算组可以通过与债权人协商制作有关债务清偿方案并清偿债务的方式，避免债务人进入破产程序，节约社会资源。同时需注意的是，因强制清算程序与破产程序毕竟在适用条件、规则以及法院和债权人介入程度等多方面存在不同，在司法实务中还需清晰界分不同背景条件，以准确适用两种程序的各种制度规范，不能混淆。

——沈德咏主编：《〈中华人民共和国民法总则〉条文理解与适用》，人民法院出版社 2017 年版。

【相关案例】

1. 清算组故意未按规定履行通知全体已知债权人和公告义务造成债权人损失的，清算组成员应当承担赔偿责任

——杭叉集团股份有限公司诉范喜英、徐忠故意隐瞒清算信息侵犯债权纠纷案

案例要旨：公司清算时，清算组应当在法定期限内将公司解散清算事宜书面通知全体已知债权人，并根据公司规模和营业地域范围在全国或者省级有影响的报纸上进行公告。清算组未将清算事宜书面通知其已知的债权人，且其明知对地处浙江省的债权人负有债务，却仅在江苏省的报纸刊登公告，显属故意未按规定履行通知和公告义务。即使清算组已在债权人所在地的报纸进行了公告，也不能免除其对已知债权人的书面通知义务。因此导致债权人未及时申报债权而未获清偿，造成债权人损失的，清算组成员应当承担赔偿责任。

案号：（2011）苏中商终字第 0630 号

审理法院：江苏省苏州市中级人民法院

来源：《江苏省高级人民法院公报》2012 年第 2 辑（总第 20 辑）

2. 股东参加清算组的权利属于股权中的共益权，应遵从资本多数决规则

——周仁清诉上海新汇工程项目管理有限公司与上海文汇工程咨询有限公司、王永兴申请公司清算纠纷案

案例要旨： 有限公司自行解散的，其清算组由股东组成。这并不表明清算组必须吸收所有股东参加。股东参加清算组的权利属于股权中的共益权，应遵从资本多数决规则。清算组的职能也表明清算组是公司清算阶段的执行机构，而非议事决策机构，有限公司可以通过股东会确定由部分股东参加的清算组成员。未参加清算组的股东可以通过审议和表决清算报告及财产分配方案、对清算过程行使知情权等方式维护自身权益。

案号： （2015）沪二中民四（商）终字第569号

审理法院： 上海市第二中级人民法院

来源：《人民司法·案例》2016年第20期

3. 清算组在清算期间有权代表公司参与民事诉讼活动

——中国山东国际经济技术合作进出口公司诉中国长城信托投资公司清算责任纠纷案

案例要旨： 清算组，又称为清算人，是指在公司清算期间负责清算事务执行的法定组织。在清算期间，清算组是公司业务的执行机构，全面负责公司相关业务的处理。在清算期间，清算组代表公司从事一切对外事务。清算组有权代表公司就公司涉及的民事权利义务问题向人民法院起诉和应诉，在职权范围内清算组代表公司参与民事诉讼的活动受法律保护。

案号： （2001）一中经初字第887号

审理法院： 北京市第一中级人民法院

来源： 江平、李国光主编：《最新公司法案例评析》，人民法院出版社2006年版。

第七十二条　法人清算期间法律地位、剩余财产分配和法人清算终止

清算期间法人存续，但是不得从事与清算无关的活动。

法人清算后的剩余财产，根据法人章程的规定或者法人权力机构的决议处理。法律另有规定的，依照其规定。

清算结束并完成法人注销登记时，法人终止；依法不需要办理法人登记的，清算结束时，法人终止。

【新旧法条对比】

《中华人民共和国民法通则》

第四十条　法人终止，应当依法进行清算，停止清算范围外的活动。

第四十六条　企业法人终止，应当向登记机关办理注销登记并公告。

【相关规定】

1. 《中华人民共和国公司法》

第一百八十六条　清算组在清理公司财产、编制资产负债表和财产清单后，应当制定清算方案，并报股东会、股东大会或者人民法院确认。

公司财产在分别支付清算费用、职工的工资、社会保险费用和法定补偿金，缴纳所欠税款，清偿公司债务后的剩余财产，有限责任公司按照股东的出资比例分配，股份有限公司按照股东持有的股份比例分配。

清算期间，公司存续，但不得开展与清算无关的经营活动。公司财产在未依照前款规定清偿前，不得分配给股东。

第二百零五条　公司在清算期间开展与清算无关的经营活动的，由公司登记机关予以警告，没收违法所得。

2. 《最高人民法院关于适用〈中华人民共和国公司法〉若干问题的规定（二）》

第十条　公司依法清算结束并办理注销登记前，有关公司的民事诉讼，应当以公司的名义进行。

公司成立清算组的，由清算组负责人代表公司参加诉讼；尚未成立清算组的，由原法定代表人代表公司参加诉讼。

3. 《中华人民共和国城镇集体所有制企业条例》

第十八条　集体企业终止，应当依照国家有关规定清算企业财产。企业

财产按下列顺序清偿各种债务和费用：

（一）清算工作所需各项费用；

（二）所欠职工工资和劳动保险费用；

（三）所欠税款；

（四）所欠银行和信用合作社贷款以及其他债务。

不足清偿同一顺序的清偿要求的，按照比例分配。

第十九条 集体企业财产清算后的剩余财产，按照下列办法处理：

（一）有国家、本企业外的单位和个人以及本企业职工个人投资入股的，应当依照其投资入股金额占企业总资产的比例，从企业剩余财产中按相同的比例偿还；

（二）其余财产，由企业上级管理机构作为该企业职工待业和养老救济、就业安置和职业培训等费用，专款专用，不得挪作他用。

第二十条 集体企业终止，必须依照《中华人民共和国企业法人登记管理条例》的规定办理注销登记并公告。

4. 《中华人民共和国乡村集体所有制企业条例》

第十六条 企业分立、合并、停业或者终止时，必须保护其财产，依法清理债权、债务。

第十七条 企业破产应当进行破产清算，法人以企业的财产对企业债权人清偿债务。

5. 《中华人民共和国中外合作经营企业法》

第二十三条 合作企业期满或者提前终止时，应当依照法定程序对资产和债权、债务进行清算。中外合作者应当依照合作企业合同的约定确定合作企业财产的归属。

6. 《中华人民共和国中外合作经营企业法实施细则》

第四十九条 合作企业的清算事宜依照国家有关法律、行政法规及合作企业合同、章程的规定办理。

7. 《中华人民共和国中外合资经营企业法实施条例》

第九十四条 合营企业以其全部资产对其债务承担责任。合营企业清偿债务后的剩余财产按照合营各方的出资比例进行分配，但合营企业协议、合同、章程另有规定的除外。

合营企业解散时，其资产净额或者剩余财产减除企业未分配利润、各项基金和清算费用后的余额，超过实缴资本的部分为清算所得，应当依法缴纳所得税。

第九十五条 合营企业的清算工作结束后，由清算委员会提出清算结束报告，提请董事会会议通过后，报告审批机构，并向登记管理机构办理注销登记手续，缴销营业执照。

第九十六条　合营企业解散后，各项账册及文件应当由原中国合营者保存。

8.《中华人民共和国外资企业法实施细则》

第七十七条　外资企业清算结束，应当向工商行政管理机关办理注销登记手续，缴销营业执照。

9.《中华人民共和国慈善法》

第十八条　慈善组织终止，应当进行清算。

慈善组织的决策机构应当在本法第十七条规定的终止情形出现之日起三十日内成立清算组进行清算，并向社会公告。不成立清算组或者清算组不履行职责的，民政部门可以申请人民法院指定有关人员组成清算组进行清算。

慈善组织清算后的剩余财产，应当按照慈善组织章程的规定转给宗旨相同或者相近的慈善组织；章程未规定的，由民政部门主持转给宗旨相同或者相近的慈善组织，并向社会公告。

慈善组织清算结束后，应当向其登记的民政部门办理注销登记，并由民政部门向社会公告。

10.《中华人民共和国农民专业合作社法》

第四十六条　农民专业合作社接受国家财政直接补助形成的财产，在解散、破产清算时，不得作为可分配剩余资产分配给成员，处置办法由国务院规定。

【相关观点】

一、公司清算期间的法律地位

公司解散并不意味着公司法人资格立即消灭。公司于清算期间被称为"清算中的公司"，又称清算法人，仍然维持法人的地位，但是公司从事经营活动的权利已被剥夺，其职能只限定在清算目的范围内。对"清算中的公司"的法律地位，学者有不同看法：一是"拟制存续说"。二是"同一法人说"。三是"清算法人说"。本条规定采"同一法人说"。即公司在清算期间，法人的地位仍然存在，但行为能力受到限制，只能从事与清算有关的业务，不能开展与清算无关的经营活动。

二、公司在清算期间开展与清算无关的经营活动应承担法律责任

《公司法》第187条第2款规定：清算期间，公司不得开展与清算无关的经营活动，主要目的是保护债权人的利益不受侵害。因此，如果公司在清算期间开展与清算无关的经营活动的，由公司登记机关予以警告，并没收违法

所得。这里的"警告",是行政处罚的一种,是公司登记机关对公司开展与清算无关的经营活动行为所作的正式否定性评价,是对公司的谴责和告诫,目的是使公司认识到其行为的违法性和对公司债权人的危害性,纠正违法行为。这里的"没收违法所得"也是行政处罚的一种方式,是指公司登记机关没收公司通过开展与清算无关的经营活动取得的财产收入,属于财产罚的一种。

三、清算组报送公司登记机关,申请注销公司登记,公告公司终止

清算组制作的清算报告经股东会、股东大会或者人民法院确认后,清算组应当向公司登记机关申请注销公司登记,公告公司终止。这是公司清算组最后的一项工作。

【相关案例】

1. 解散中的公司对外的民事活动应当仅限于清算范围,不得对外提供担保

——某银行诉甲企业有限公司、乙房产有限公司特别清算委员会公司解散纠纷案

案例要旨:企业的经营期限届满后,其民事行为能力应受到限制,企业对外的民事活动应当仅限于清算范围,不得以企业之名义实施与清算无关的其他民事法律行为,因此解散中之公司不可以对外提供担保。

来源:虞政平:《公司法案例教学(下册)》,人民法院出版社2012年版

2. 公司清算完毕办理注销登记之前,公司法人人格并未终止,应以公司作为诉讼主体

——某发展公司清算组与某律师事务所委托合同纠纷上诉案

案例要旨:公司出现解散事由后,清算义务人负有组织清算、启动清算程序的义务,清算人具体执行清算事务。清算义务人不组织清算、瑕疵清算、恶意清算应当承担相应的清算赔偿责任;清算人违反信义义务,给公司造成损失,也应当承担相应的赔偿责任,但应以清算组成员作为被告。公司清算完毕办理注销登记之前,公司法人人格并未终止,仍应以公司作为诉讼主体。公司成立清算组,办理注销登记前,公司人格并未消灭,清算组并不具有诉讼主体资格,只是公司的代表机关。

来源:法信精选

3. 营利性民办学校剩余财产应在出资人之间进行分配

——莫文博诉朱儒英、周庆、张海清等剩余财产分配争议纠纷案

案例要旨：民办学校剩余财产争议的根源在于对民办学校的性质认识不同。事实上，民办学校既可以表现为非营利性，也可以表现为营利性，两者皆可从事具有公益色彩的教育事业。营利性民办学校和非营利性民办学校具有不同的法律特征。在处理民办学校剩余财产争议时，应明确界定民办学校是否具有营利性特征，从而判断其剩余财产是否应在出资人之间进行分配。

案号：（2011）武民商终字第 01164 号

审理法院：湖北省武汉市中级人民法院

来源：《人民司法·案例》2013 年第 12 期

4. 单位清算期间应终止与清算无关的劳动合同

——刘赟诉英特尔产品（上海）有限公司清算组的劳动合同终止纠纷案

案例要旨：用人单位解散的，其主体资格在清算期间虽仍存续，但权利能力已受限制，除为清算目的而必须从事的清理公司财产、通知公告债权人、清理债权债务等之外，不得经营其他业务。劳动者的岗位如与此无关，则劳动合同应予终止。但用人单位在劳动合同终止过程中应履行适当的通知、诚信磋商、及时办理退工手续、支付劳动报酬和终止补偿等义务。

案号：（2010）浦民一（民）初字第 15408 号

审理法院：上海市浦东新区人民法院

来源：《人民法院案例选》总第 77 辑（2011.3）

第七十三条 法人破产清算及终止

法人被宣告破产的，依法进行破产清算并完成法人注销登记时，法人终止。

【新旧法条对比】

《中华人民共和国民法通则》

第四十六条 企业法人终止，应当向登记机关办理注销登记并公告。

第四十七条 企业法人解散，应当成立清算组织，进行清算。企业法人被撤销、被宣告破产的，应当由主管机关或者人民法院组织有关机关和有关人员成立清算组织，进行清算。

【相关规定】

1. 《中华人民共和国公司法》

第一百八十七条 清算组在清理公司财产、编制资产负债表和财产清单后，发现公司财产不足清偿债务的，应当依法向人民法院申请宣告破产。

公司经人民法院裁定宣告破产后，清算组应当将清算事务移交给人民法院。

第一百八十八条 公司清算结束后，清算组应当制作清算报告，报股东会、股东大会或者人民法院确认，并报送公司登记机关，申请注销公司登记，公告公司终止。

第一百九十条 公司被依法宣告破产的，依照有关企业破产的法律实施破产清算。

2. 《中华人民共和国企业破产法》

第一百二十条 破产人无财产可供分配的，管理人应当请求人民法院裁定终结破产程序。

管理人在最后分配完结后，应当及时向人民法院提交破产财产分配报告，并提请人民法院裁定终结破产程序。

人民法院应当自收到管理人终结破产程序的请求之日起十五日内作出是否终结破产程序的裁定。裁定终结的，应当予以公告。

第一百二十一条 管理人应当自破产程序终结之日起十日内，持人民法院终结破产程序的裁定，向破产人的原登记机关办理注销登记。

第一百二十二条 管理人于办理注销登记完毕的次日终止执行职务。但是，存在诉讼或者仲裁未决情况的除外。

第一百二十三条　自破产程序依照本法第四十三条第四款或者第一百二十条的规定终结之日起二年内，有下列情形之一的，债权人可以请求人民法院按照破产财产分配方案进行追加分配：

（一）发现有依照本法第三十一条、第三十二条、第三十三条、第三十六条规定应当追回的财产的；

（二）发现破产人有应当供分配的其他财产的。

有前款规定情形，但财产数量不足以支付分配费用的，不再进行追加分配，由人民法院将其上交国库。

第一百二十四条　破产人的保证人和其他连带债务人，在破产程序终结后，对债权人依照破产清算程序未受清偿的债权，依法继续承担清偿责任。

3.《中华人民共和国企业法人登记管理条例》

第二十条　企业法人歇业、被撤销、宣告破产或者因其他原因终止营业，应当向登记主管机关办理注销登记。

第二十一条　企业法人办理注销登记，应当提交法定代表人签署的申请注销登记报告、主管部门或者审批机关的批准文件、清理债务完结的证明或者清算组织负责清理债权债务的文件。经登记主管机关核准后，收缴《企业法人营业执照》《企业法人营业执照》副本，收缴公章，并将注销登记情况告知其开户银行。

第二十二条　企业法人领取《企业法人营业执照》后，满6个月尚未开展经营活动或者停止经营活动满1年的，视同歇业，登记主管机关应当收缴《企业法人营业执照》《企业法人营业执照》副本，收缴公章，并将注销登记情况告知其开户银行。

4.《中华人民共和国公司登记管理条例》

第三十八条　因合并、分立而存续的公司，其登记事项发生变化的，应当申请变更登记；因合并、分立而解散的公司，应当申请注销登记；因合并、分立而新设立的公司，应当申请设立登记。

公司合并、分立的，应当自公告之日起45日后申请登记，提交合并协议和合并、分立决议或者决定以及公司在报纸上登载公司合并、分立公告的有关证明和债务清偿或者债务担保情况的说明。法律、行政法规或者国务院决定规定公司合并、分立必须报经批准的，还应当提交有关批准文件。

【相关观点】

一、公司解散清算与公司破产清算的不同

公司解散清算与公司破产清算虽然都是公司退出市场的法定程序，属于非诉案件，但两者在法院处理过程中，还是存在很大不同。（1）导致清算的

原因不同。公司解散清算的原因包括：营业期限届满、公司章程规定的解散事由出现、股东会决议解散、被吊销执照或责令关闭等等；破产清算的原因是公司资不抵债，不能清偿到期债务，即资产不足以清偿全部债务或明显缺乏清偿能力。（2）清算程序不同。解散清算按公司法及其解释规定程序进行，具有很大任意性，可以由公司自行清算，也可以在公司无法自行清算时由债权人或股东向法院提请强制清算；破产清算要严格依照企业破产法的程序进行，具有很强的规范性和强制性。（3）清算过程中异议产生的原因及法院处理的侧重点不同。破产清算由于是资不抵债，没有剩余资产可供分配，因此股东之间没有利益冲突，主要保护的是债权人的利益，法院通常处理纠纷的侧重点就是平衡债权人之间的利益。解散清算，因债权人的利益均能得到有效保护，不存在资不抵债问题，他们之间基本没有利益冲突，而股东因牵涉剩余财产的分配，所以在股东与公司之间、股东与债权人之间、股东与股东之间存在直接的利益冲突。因此，清算过程中自始至终都存在着各利益主体较为突出的利益纠纷。

——王丽芳：《公司强制清算中的法律问题处理》，载《人民司法·案例》2011年第18期。

二、管理人应当在破产程序终结后办理注销登记

企业法人是依登记成立的，企业法人破产也应当办理注销登记。注销登记是企业法人消亡的法定程序，是终止企业法人的权利能力和行为能力，即取消企业的民事主体的资格的法律形式。

根据企业法人登记管理条例和公司登记管理条例的有关规定，管理人办理破产人的注销登记应向工商行政管理部门提交以下的文件：

（1）注销登记申请书。申请书应当由管理人出具并载明企业的名称、企业类别、营业执照号码以及有效期限、注销的原因等。

（2）破产人的企业法人营业执照和副本。企业法人营业执照既是企业作为民事主体的一种许可和确认，又是法律赋予其行为能力的一种证件。当破产程序终结后，管理人在办理企业注销登记的同时，应当将营业执照和副本交回。

（3）人民法院终结破产程序的裁定书。提交终结破产程序的裁定书，用以证明破产人的债权债务已清理完毕，办理注销登记的实质条件已经具备。

（4）法律、法规规定应当提交的其他文件。

在注销登记办理完毕后，工商行政管理部门将发布公告。破产人注销登记办理完结后，管理人应当及时向人民法院报告办理注销登记的情况。

三、破产企业的注销登记

企业法人是依法登记成立的，企业法人的解散或破产，也应当办理注

销登记。本条规定:"破产程序终结后,由清算组向破产企业原登记机关办理注销登记。"《最高人民法院〈关于审理企业破产案件若干问题的规定〉》第 97 条规定:"破产程序终结后,由清算组向破产企业原登记机关办理企业注销登记。破产程序终结后仍有可以追收的破产财产、追加分配等善后事宜需要处理的,经人民法院同意,可以保留清算组或者保留部分清算组成员。"

破产企业的注销登记是破产程序终结裁定作出以后清算组的一项法定工作,也是法定义务,只有这项工作完成,整个清算组的工作才宣告结束。清算组对破产企业破产财产完成清理和分配,企业破产程序的终结才能够实现,但这一切又集中表现在企业法人资格的最终被消灭上。因此,破产企业的注销登记,就是将企业法人资格最终消灭的事实,提交有关企业登记主管部门进行法律上的确认。

在我国,受理企业注销登记的法定机关是国家和地方各级工商行政管理部门。《最高人民法院关于贯彻执行〈中华人民共和国企业破产法(试行)〉若干问题的意见》第 71 条明确规定:"破产程序终结后,清算组应当向破产企业原登记机关办理破产企业注销登记,并将办理情况及时告知人民法院。"国家和地方各级工商行政管理局针对各个企业的规模大小、行政隶属关系、营业地所在行政区划等的不同,而采取分级管理的方式。因此,办理破产企业的注销登记时要注意到这一情况,破产企业具体由哪一级别、哪一地区工商部门颁发的工商营业执照,最后仍应向该部门办理破产企业的注销登记。

根据我国《企业法人登记管理条例》和《公司登记管理条例》的有关规定,结合我们实际中的一些习惯做法,办理破产企业的注销登记应向工商管理部门提交以下的文件、证件:

(一)清算组组长签署的注销登记申请书

企业破产后由清算组全面接管,企业办理工商注销登记的申请应以清算组的名义提出,由清算组组长签署。申请书中应写明如下事项:企业的名称(包括中文、外文)、企业类别、营业执照号码及有效期限、注销的原因等。

(二)《企业法人营业执照》

《企业法人营业执照》既是企业作为民事主体的一种许可和确认,又是法律赋予其行为能力的一种证件。当企业破产财产清理分配完毕,破产程序终结后,清算组在办理最后的工商注销登记的同时应将营业执照交回。因为破产企业法人资格注销的重要标志就是缴回《企业法人营业执照》。在实际案件中,营业执照遗失或毁坏,事先应在报纸上声明遗失的执照作废,然后将此声明提交给工商部门。

(三)人民法院关于企业的破产裁定书、终结破产程序裁定书

根据法律规定,企业被依法宣告破产,清算组在破产程序终结后,方能

办理企业的注销登记，同时还应将人民法院做出的破产裁定书与终结裁定书一并提供给工商部门，否则工商部门不予办理注销登记。

（四）破产财产分配方案及人民法院对其核准生效的裁定书

工商注销登记要以企业的债权债务的清结为前提。在破产案件中，破产财产分配方案及人民法院对其核准生效的裁定，是表明企业债权债务清理完毕的法律文书，因此要将此文书提供给工商部门。

（五）税务机关出具的完税证明

在破产财产不足以支付清算费用，而终结破产程序的情况下，不存在提供完税证明的必要。如果破产财产能够使一般的破产债权人得到清偿，则需要提供上述完税证明。这是因为按清偿顺序国家税款优先于一般破产债权偿付。如果企业有权进口免税物品，还应提供海关出具的免税物品的完税证明。

（六）公安部门出具的缴回公章回执

在实践中，除特殊情况外，清算组在接管企业后，在刻制清算组公章的同时就应将原企业公章交回，由公安部门出具回执。

在办理破产企业注销登记时，除要按工商部门的要求提供以上文件、证件外，还要注意在注销登记办理完毕后工商部门发布的公告，注销公告是企业注销登记办理完结的标志。

另外，破产企业注销登记完成后，清算组应就注销登记的办理情况及时告知人民法院。

——黄赤东、杨荣新主编：《破产法及配套规定新释新解》，人民法院出版社2002年版。

【相关案例】

1. 企业因经营管理不善造成严重亏损，且不能清偿到期债务，可申请破产

——厦门厦隆毛纺织有限公司破产案

案例要旨：企业因经营管理不善造成严重亏损，负债数额巨大，且不能清偿到期债务而向法院申请破产还债，经审查属实，认定企业已出现法定破产原因，企业申请破产还债符合法律规定，依法宣告企业破产。

案号：（1997）厦经初字第123-1号、第123-2号

审理法院：福建省厦门市中级人民法院

来源：中国审判案例要览

2. 法院只有在宣告破产之后才能系统的开展清算工作

——试点城市国有企业广州异型钢材厂申请破产案

案例要旨：破产宣告是破产清算开始的标志，人民法院只有裁定宣告企业破产后才能系统地开展清算工作，没有必要待清算完毕后宣告。比较适当的时间是在债权申报期间届满后的第一次债权人会议上。

审理法院：广东省广州市中级人民法院

来源：《人民法院案例选》（1999.2）总第 28 辑

第七十四条　法人分支机构及其责任承担

法人可以依法设立分支机构。法律、行政法规规定分支机构应当登记的，依照其规定。

分支机构以自己的名义从事民事活动，产生的民事责任由法人承担；也可以先以该分支机构管理的财产承担，不足以承担的，由法人承担。

【相关规定】

1. 《中华人民共和国公司法》

第一百九十三条　外国公司在中国境内设立分支机构，必须在中国境内指定负责该分支机构的代表人或者代理人，并向该分支机构拨付与其所从事的经营活动相适应的资金。

对外国公司分支机构的经营资金需要规定最低限额的，由国务院另行规定。

第一百九十四条　外国公司的分支机构应当在其名称中标明该外国公司的国籍及责任形式。

外国公司的分支机构应当在本机构中置备该外国公司章程。

第一百九十五条　外国公司在中国境内设立的分支机构不具有中国法人资格。

外国公司对其分支机构在中国境内进行经营活动承担民事责任。

第一百九十六条　经批准设立的外国公司分支机构，在中国境内从事业务活动，必须遵守中国的法律，不得损害中国的社会公共利益，其合法权益受中国法律保护。

第一百九十七条　外国公司撤销其在中国境内的分支机构时，必须依法清偿债务，依照本法有关公司清算程序的规定进行清算。未清偿债务之前，不得将其分支机构的财产移至中国境外。

第二百一十二条　外国公司违反本法规定，擅自在中国境内设立分支机构的，由公司登记机关责令改正或者关闭，可以并处五万元以上二十万元以下的罚款。

2. 《中华人民共和国保险法》

第七十四条　保险公司在中华人民共和国境内设立分支机构，应当经保险监督管理机构批准。

保险公司分支机构不具有法人资格，其民事责任由保险公司承担。

第七十五条　保险公司申请设立分支机构，应当向保险监督管理机构提出书面申请，并提交下列材料：

（一）设立申请书；

（二）拟设机构三年业务发展规划和市场分析材料；

（三）拟任高级管理人员的简历及相关证明材料；

（四）国务院保险监督管理机构规定的其他材料。

第七十六条　保险监督管理机构应当对保险公司设立分支机构的申请进行审查，自受理之日起六十日内作出批准或者不批准的决定。决定批准的，颁发分支机构经营保险业务许可证；决定不批准的，应当书面通知申请人并说明理由。

第七十七条　经批准设立的保险公司及其分支机构，凭经营保险业务许可证向工商行政管理机关办理登记，领取营业执照。

第七十八条　保险公司及其分支机构自取得经营保险业务许可证之日起六个月内，无正当理由未向工商行政管理机关办理登记的，其经营保险业务许可证失效。

第七十九条　保险公司在中华人民共和国境外设立子公司、分支机构，应当经国务院保险监督管理机构批准。

3.《中华人民共和国中外合资经营企业法》

第十条　合营企业在批准的经营范围内所需的原材料、燃料等物资，按照公平、合理的原则，可以在国内市场或者在国际市场上购买。

鼓励合营企业向中国境外销售产品。出口产品可由合营企业直接或与其有关的委托机构向国外市场出售，也可通过中国的外贸机构出售。合营企业产品也可在中国市场销售。

合营企业需要时可在中国境外设立分支机构。

4.《中华人民共和国企业法人登记管理条例》

第三十五条　企业法人设立不能独立承担民事责任的分支机构，由该企业法人申请登记，经登记主管机关核准，领取《营业执照》，在核准登记的经营范围内从事经营活动。

根据国家有关规定，由国家核拨经费的事业单位、科技性的社会团体从事经营活动或者设立不具备法人条件的企业，由该单位申请登记，经登记主管机关核准，领取《营业执照》，在核准登记的经营范围内从事经营活动。

具体登记管理参照本条例的规定执行。

5.《中华人民共和国企业法人登记管理条例施行细则》

第四条　不具备企业法人条件的下列企业和经营单位，应当申请营业登记：

（一）联营企业；

（二）企业法人所属的分支机构；
（三）外商投资企业设立的分支机构；
（四）其他从事经营活动的单位。

第十五条 申请营业登记，应当具备下列条件：
（一）有符合规定的名称；
（二）有固定的经营场所和设施；
（三）有相应的管理机构和负责人；
（四）有经营活动所需要的资金和从业人员；
（五）有符合规定的经营范围；
（六）有相应的财务核算制度。

不具备企业法人条件的联营企业，还应有联合签署的协议。

外商投资企业设立的从事经营活动的分支机构应当实行非独立核算。

第十九条 外商投资企业设立的分支机构登记注册的主要事项有：名称、营业场所、负责人、经营范围、隶属企业。

第三十二条 外商投资企业申请设立分支机构，应当提交下列文件、证件：
（一）隶属企业董事长签署的登记申请书；
（二）原登记主管机关的通知函；
（三）隶属企业董事会的决议；
（四）隶属企业的执照副本；
（五）负责人的任职文件；
（六）其他有关文件、证件。

法律、法规及国家工商行政管理总局规章规定设立分支机构需经审批的，应提交审批文件。

第三十七条 企业法人在异地（跨原登记主管机关管辖地）增设或者撤销分支机构，应向原登记主管机关申请变更登记。经核准后，向分支机构所在地的登记主管机关申请开业登记或者注销登记。

企业法人在国外开办企业或增设分支机构，应向原登记主管机关备案。

第四十三条 外商投资企业设立的分支机构改变主要登记事项，应当申请变更登记。变更登记的程序和应当提交的文件、证件，参照外商投资企业变更登记的有关规定执行。

第四十八条 外商投资企业撤销其分支机构，应当申请注销登记，并提交下列文件、证件：
（一）隶属企业董事长签署的注销登记申请书；
（二）隶属企业董事会的决议；

6.《中华人民共和国担保法》

第二十九条 企业法人的分支机构未经法人书面授权或者超出授权范围与债权人订立保证合同的，该合同无效或者超出授权范围的部分无效，债权人和企业法人有过错的，应当根据其过错各自承担相应的民事责任；债权人无过错的，由企业法人承担民事责任。

7.《最高人民法院关于民事执行中变更、追加当事人若干问题的规定》

第十五条 作为被执行人的法人分支机构，不能清偿生效法律文书确定的债务，申请执行人申请变更、追加该法人为被执行人的，人民法院应予支持。法人直接管理的责任财产仍不能清偿债务的，人民法院可以直接执行该法人其他分支机构的财产。

作为被执行人的法人，直接管理的责任财产不能清偿生效法律文书确定债务的，人民法院可以直接执行该法人分支机构的财产。

8.《中华人民共和国商业银行法》

第十九条 商业银行根据业务需要可以在中华人民共和国境内外设立分支机构。设立分支机构必须经国务院银行业监督管理机构审查批准。在中华人民共和国境内的分支机构，不按行政区划设立。

商业银行在中华人民共和国境内设立分支机构，应当按照规定拨付与其经营规模相适应的营运资金额。拨付各分支机构营运资金额的总和，不得超过总行资本金总额的百分之六十。

第二十条 设立商业银行分支机构，申请人应当向国务院银行业监督管理机构提交下列文件、资料：

（一）申请书，申请书应当载明拟设立的分支机构的名称、营运资金额、业务范围、总行及分支机构所在地等；

（二）申请人最近二年的财务会计报告；

（三）拟任职的高级管理人员的资格证明；

（四）经营方针和计划；

（五）营业场所、安全防范措施和与业务有关的其他设施的资料；

（六）国务院银行业监督管理机构规定的其他文件、资料。

第二十一条 经批准设立的商业银行分支机构，由国务院银行业监督管理机构颁发经营许可证，并凭该许可证向工商行政管理部门办理登记，领取营业执照。

第二十二条 商业银行对其分支机构实行全行统一核算，统一调度资金，分级管理的财务制度。

商业银行分支机构不具有法人资格，在总行授权范围内依法开展业务，其民事责任由总行承担。

9.《中华人民共和国证券法》

第一百二十九条 证券公司设立、收购或者撤销分支机构，变更业务范围，增加注册资本且股权结构发生重大调整，减少注册资本，变更持有百分之五以上股权的股东、实际控制人，变更公司章程中的重要条款，合并、分立、停业、解散、破产，必须经国务院证券监督管理机构批准。

证券公司在境外设立、收购或者参股证券经营机构，必须经国务院证券监督管理机构批准。

10.《最高人民法院关于适用〈中华人民共和国民事诉讼法〉的解释》

第五十三条 法人非依法设立的分支机构，或者虽依法设立，但没有领取营业执照的分支机构，以设立该分支机构的法人为当事人。

【相关观点】

一、法人的分支机构不能以自己的名义独立对外进行民事活动

法人的分支机构，如分公司、分厂、分店，银行的分行、支行，工厂内部的车间、科室，大学里的系、处、教研室等，即使实行内部的独立经济核算，有相对独立的财产，也都不是法人，不能以自己的名义独立对外进行民事活动，只能在法人授权的条件下以法人的名义进行民事活动。分支机构未经法人授权，以自己名义进行的民事活动是无效的。但如果法人的分支机构具备了法人的条件，经过登记核准，也可与原法人分离，成为新的法人，可以独立以自己的名义参加民事活动。

——唐德华、高圣平主编：《民法通则及配套规定新释新解（上）》，人民法院出版社2003年版。

二、外国公司分支机构的法律地位及其经营活动的责任承担

外国公司属于外国法人，其在中国境内设立的分支机构不具有中国法人资格。外国公司分支机构具有以下法律特征：（1）外国公司分支机构是所属外国公司的一个组成部分，是外国法人在中国设立的派出机构，它不是外国公司依据中国法律在中国境内单独登记注册成立的子公司法人；（2）外国公司分支机构没有独立的财产，不进行独立核算，它与其总公司在财务上合为一体，其经营收入与业务开支核算纳入总公司统一进行核算；（3）外国公司分支机构不具有独立公司法人的内部组织机构，一般由总公司委派代表人或者代理人作为负责人，而不实行独立的股东会、董事会、监事会制度；（4）外国公司分支机构的名称不使用与其总公司相区别的独立的名称；（5）外国公司分支机构不独立承担民事责任，而是以外国公司的名义享受权利、承担

义务。由于外国公司的分支机构不具有法人应当具备的条件，因此它不具有中国法人资格。

外国公司对其分支机构在中国境内进行经营活动承担民事责任。根据外国公司分支机构的法律特征，由于外国公司的分支机构不具有中国法人资格，它在中国境内从事经营活动是以外国公司的名义进行的，由此产生的权利和义务均归属于设立该分支机构的外国公司，其民事责任理应也由所属外国公司来承担。实践中外国公司的分支机构在中国境内从事经营活动产生债务时，一般首先由分支机构来进行清偿，当分支机构不能清偿时，再由所属外国公司来进行清偿。所属外国公司也可以直接清偿。

【相关案例】

1. 企业法人的分支机构不能清偿债务时，企业法人要承担清偿责任

——潘文财申请执行债权转让合同纠纷案

案例要旨：企业法人的分支机构不能清偿债务时，可以裁定企业法人为被执行人，企业法人应为其设立的分支机构对外承担清偿责任。被执行人怠于履行债务，逃避执行，执行法院运用执行联动机制的多种执行措施，对被执行人及其法定代表人进行威慑，促成其积极主动履行债务。

案号：（2013）通执字第 1446 号

审理法院：北京市通州区人民法院

来源：《人民司法·案例》2015 年第 14 期

2. 不具备法人资格的分支机构的民事责任应由其法人承担

——福建建工集团总公司与陈少清买卖合同纠纷上诉案

案例要旨：工作人员因履行职务行为所产生的法律后果应由其单位承担，而不具备法人资格的分支机构的民事责任应由其法人承担。同时，买卖合同双方当事人对于违约金的约定如果偏高，一方可请求人民法院依法酌情调低。

案号：（2011）漳民终字第 510 号

审理法院：福建省漳州市中级人民法院

来源：《人民司法·案例》2011 年第 22 期

第七十五条　设立人的责任承担

设立人为设立法人从事的民事活动，其法律后果由法人承受；法人未成立的，其法律后果由设立人承受，设立人为二人以上的，享有连带债权，承担连带债务。

设立人为设立法人以自己的名义从事民事活动产生的民事责任，第三人有权选择请求法人或者设立人承担。

【相关规定】

1. 《中华人民共和国公司法》

第九十四条　股份有限公司的发起人应当承担下列责任：
（一）公司不能成立时，对设立行为所产生的债务和费用负连带责任；
（二）公司不能成立时，对认股人已缴纳的股款，负返还股款并加算银行同期存款利息的连带责任；
（三）在公司设立过程中，由于发起人的过失致使公司利益受到损害的，应当对公司承担赔偿责任。

2. 《最高人民法院关于适用〈中华人民共和国公司法〉若干问题的规定（三）》

第一条　为设立公司而签署公司章程、向公司认购出资或者股份并履行公司设立职责的人，应当认定为公司的发起人，包括有限责任公司设立时的股东。

第二条　发起人为设立公司以自己名义对外签订合同，合同相对人请求该发起人承担合同责任的，人民法院应予支持。

公司成立后对前款规定的合同予以确认，或者已经实际享有合同权利或者履行合同义务，合同相对人请求公司承担合同责任的，人民法院应予支持。

第三条　发起人以设立中公司名义对外签订合同，公司成立后合同相对人请求公司承担合同责任的，人民法院应予支持。

公司成立后有证据证明发起人利用设立中公司的名义为自己的利益与相对人签订合同，公司以此为由主张不承担合同责任的，人民法院应予支持，但相对人为善意的除外。

第四条　公司因故未成立，债权人请求全体或者部分发起人对设立公司行为所产生的费用和债务承担连带清偿责任的，人民法院应予支持。

部分发起人依照前款规定承担责任后，请求其他发起人分担的，人民法院应当判令其他发起人按照约定的责任承担比例分担责任；没有约定责任承担比例的，按照约定的出资比例分担责任；没有约定出资比例的，按照均等份额分担责任。

因部分发起人的过错导致公司未成立，其他发起人主张其承担设立行为所产生的费用和债务的，人民法院应当根据过错情况，确定过错一方的责任范围。

第五条 发起人因履行公司设立职责造成他人损害，公司成立后受害人请求公司承担侵权赔偿责任的，人民法院应予支持；公司未成立，受害人请求全体发起人承担连带赔偿责任的，人民法院应予支持。

公司或者无过错的发起人承担赔偿责任后，可以向有过错的发起人追偿。

3.《江西省高级人民法院关于审理公司纠纷案件若干问题的指导意见》

第二条 发起人为设立公司以自己的名义与他人签订合同的，由该发起人承担责任。但公司成立后对上述合同进行确认，或者已实际享有合同权利的，合同相对人可以请求人民法院判令公司和发起人共同承担责任。

第三条 发起人在公司设立过程中，以"公司"或"公司筹备组"等设立中公司的名义与他人签订合同的，公司在成立后应当承继合同的权利义务，合同相对人向发起人主张权利的，人民法院不予支持；公司未能成立的，合同相对人要求全体发起人承担连带责任的，人民法院应予支持。

公司或其他发起人有证据证明发起人冒用设立中公司的名义，为自己的利益与他人签订合同，向公司转嫁债务，公司或其他发起人请求不承担责任的，人民法院应予支持，但合同相对人为善意的除外。

第四条 发起人之间在设立公司过程中产生的纠纷按照发起人协议或投资协议处理，未订立发起人协议或投资协议的，按照公司章程处理。发起人协议或投资协议被确认无效的，按照有关法律、法规规定处理。

公司成立后，发起人协议或投资协议与公司章程规定不一致的，以公司章程规定为准。但发起人之间有特殊约定的除外。

第七条 本意见所称发起人是指公司设立阶段从事公司设立活动，制定公司章程，向公司出资或认购公司股份并对公司设立行为承担法定责任的自然人、法人或其他组织。

有限责任公司成立时的全体股东视为公司设立阶段的发起人。

4.《山东省高级人民法院关于审理公司纠纷案件若干问题的意见（试行）》

第二条 发起人为设立公司以自己的名义与他人签订合同的，由该发起人承担责任。但公司成立后对上述合同进行确认，或者已经实际享有合同权利的，合同相对人在知道该事实后有权选择公司或该发起人主张权利，但一经选定不得变更。

第三条 发起人在公司设立过程中，以"公司"或"公司筹备组"等设立中公司的名义与他人签订合同的，公司在成立后应当承继合同的权利义务，合同相对人向发起人主张权利的，人民法院不予支持；公司未能成立的，合同相对人要求全体发起人承担连带责任的，人民法院应予支持。

公司或其他发起人有证据证明发起人冒用设立中公司的名义，为自己的利益与他人签订合同，向公司转嫁债务，公司或其他发起人请求不承担责任的，人民法院应予支持，但合同相对人为善意的除外。

第四条 发起人之间在设立公司过程中产生的纠纷按照发起人协议或投资协议处理，未订立发起人协议或投资协议的，按照公司章程处理。发起人协议或投资协议被确认无效的，按照有关法律规定处理。

公司成立后，发起人协议或投资协议与公司章程规定不一致的，以公司章程规定为准。但发起人之间有特殊约定的除外。

第六条 本意见所称发起人是指公司设立阶段从事公司设立活动并对公司设立承担法定责任的自然人、法人或其他组织。

有限责任公司成立时的全体股东视为公司设立阶段的发起人。

5.《江苏省高级人民法院关于审理适用公司法案件若干问题的意见（试行）》

第三十五条 公司发起人以设立中公司名义对外为公司设立必要行为的，其法律后果应当由成立后的公司直接承担，债权人可以公司为被告要求其承担民事责任。

第三十六条 公司发起人以设立中公司名义对外为设立公司非必要的民事行为的，债权人只能要求公司发起人承担民事责任，但成立后的公司对该行为予以承认的，可以要求成立后的公司承担民事责任。

第三十七条 公司发起人以自己名义为公司设立行为的，债权人可以直接以该发起人为被告起诉要求其承担相应的民事责任。公司追认发起人行为或该行为的利益归于公司的，债权人可以选择该发起人或成立后的公司为被告要求其承担民事责任，但债权人一经选定被告后，不得再行变更。

第三十八条 公司正在设立中或公司设立失败的，发起人之间对内和对外应承担的民事责任适用有关合伙组织或合伙型联营的法律规定：

（1）公司发起人因设立公司的必要行为所产生的债务，应由全体发起人承担连带责任；发起人对外承担责任后，可以按协议要求其他发起人承担相应的民事责任。

（2）公司发起人以自己名义为设立公司必要行为所产生的债务，债权人有权选择由该发起人承担或要求全体发起人承担连带责任。

（3）公司发起人以设立中公司名义为设立公司非必要行为所产生的债

务，其他发起人追认的，应当承担连带责任。发起人以自己名义为设立公司非必要行为所产生的债务，由该发起人自己承担相应的民事责任。

【相关观点】

一、发起人对设立股份有限公司，应当承担法定的责任

发起人在公司设立过程中如何行为，直接影响到公司能否成立以及成立以后公司的状况。所以，发起人对设立股份有限公司，应当承担法定的责任。

（1）对设立行为所产生的债务和费用负连带责任。"债务"包括合同之债和侵权之债；"费用"是指为设立公司支付的各项费用，比如租用房屋费用、购买办公用品费用、支付验资费用、承销股票费用等。这些债务和费用，本应当由成立后的公司负担，但由于设立失败，则由发起人承担。（2）对认股人已缴纳的股款负返还股款并加算银行同期存款利息的连带责任。公司不能成立，发起人对认股人已缴纳的股款应当返还，并加算银行同期存款利息，作为对认股人的补偿。所谓连带责任，是指债权人以及认股人可以要求发起人中的任何一个人或者几个人予以清偿、返还，被要求的发起人不得拒绝。

发起人在公司设立的过程中，应当尽职尽责，使公司能够顺利成立。如果发起人未尽善良管理者的义务，就有可能使成立后的公司受到损害。为此，在公司设立过程中，由于发起人的过失致使公司利益受到损害的，应当对公司承担赔偿责任。与前述关于发起人承担连带责任的规定不同，有过失的发起人对公司承担赔偿责任。

二、公司设立阶段发起人订立合同的责任承担

发起人是设立中公司的机关，承担公司筹办事务。在公司设立阶段发起人对外订立的合同有的是为了设立公司即为了公司利益，有的则可能是为了实现自身利益。

具体来讲：其一，发起人为设立公司以自己名义订立的合同，相对人有权选择请求法人或者设立人承担合同责任。另外，如果公司成立后确认了该合同或者公司已实际成为合同主体（享有合同权利或者履行合同义务），而且合同相对人也要求公司承担责任，这表明公司愿意成为合同主体且合同相对人也愿意接受公司作为合同主体，此时由公司承担合同责任符合合同法的一般原理，故我们规定可以由公司承担合同责任。其二，发起人在公司设立阶段以设立中公司名义订立合同，由于合同中载明的主体是设立中的公司，所以原则上应当由成立后的公司承担合同责任。但是，如果公司有证据证明发起人是为自己利益而签订该合同，且合同相对人对此明知的，这表明发起人实质上不是以公司作为合同主体、合同相对人也明知公司不是合同主体，故此时不应由成立后的公司承担合同责任。所以我们规定公司有证据证明发起人存在上述情形且相对人非善意时，公司不承担合同责任，此时合同责任

仍由发起人承担。

【相关案例】

1. 发起人为设立公司以自己名义对外签订合同，债权人享有向发起人或公司主张权利的选择权

——焦作盛弘建筑设备租赁中心诉李坚租赁合同纠纷案

案例要旨： 发起人为设立公司以自己名义对外签订合同时，债权人可以向该发起人主张权利。成立后的公司对发起人行为予以追认的，债权人亦可以要求成立后的公司承担责任，但债权人享有向发起人或是公司主张权利的选择权。

案号： （2014）焦民一终字第124号

审理法院： 河南省焦作市中级人民法院

来源： 《人民司法·案例》2014年第22期

2. 明知发起人为设立公司以自己名义签订合同的相对方应向公司追责

——中房集团成都房地产开发有限公司诉张之洲、成都市时代经典餐饮有限公司房屋租赁合同纠纷案

案例要旨： 公司发起人为设立公司以自己名义对外签订合同，合同相对人是否享有主张发起人或公司承担责任的选择权，应取决于其签订合同时是否知晓发起人是为设立公司而签订合同。如果合同相对人在签订合同时明知这一情况，公司设立后实际享有了合同权利并履行了合同义务，则合同相对人不具有选择权，应由公司向合同相对人承担责任。

案号： （2015）川民终字第579号

审理法院： 四川省高级人民法院

来源： 《人民司法·案例》2016年第5期

第二节 营利法人

第七十六条 营利法人的定义及类型

以取得利润并分配给股东等出资人为目的成立的法人，为营利法人。

营利法人包括有限责任公司、股份有限公司和其他企业法人等。

【新旧法条对比】

《中华人民共和国民法通则》

第四十一条 全民所有制企业、集体所有制企业有符合国家规定的资金数额，有组织章程、组织机构和场所，能够独立承担民事责任，经主管机关核准登记，取得法人资格。

在中华人民共和国领域内设立的中外合资经营企业，中外合作经营企业和外资企业，具备法人条件的，依法经工商行政管理机关核准登记，取得中国法人资格。

【相关规定】

1. 《中华人民共和国公司法》

第二条 本法所称公司是指依照本法在中国境内设立的有限责任公司和股份有限公司。

第三条 公司是企业法人，有独立的法人财产，享有法人财产权。公司以其全部财产对公司的债务承担责任。

有限责任公司的股东以其认缴的出资额为限对公司承担责任；股份有限公司的股东以其认购的股份为限对公司承担责任。

第五十七条 一人有限责任公司的设立和组织机构，适用本节规定；本节没有规定的，适用本章第一节、第二节的规定。

本法所称一人有限责任公司，是指只有一个自然人股东或者一个法人股东的有限责任公司。

第六十四条 国有独资公司的设立和组织机构，适用本节规定；本节没有规定的，适用本章第一节、第二节的规定。

本法所称国有独资公司，是指国家单独出资、由国务院或者地方人民政府授权本级人民政府国有资产监督管理机构履行出资人职责的有限责任公司。

第一百二十条 本法所称上市公司，是指其股票在证券交易所上市交易的股份有限公司。

2.《中华人民共和国中外合资经营企业法》

第一条 中华人民共和国为了扩大国际经济合作和技术交流,允许外国公司、企业和其他经济组织或个人(以下简称外国合营者),按照平等互利的原则,经中国政府批准,在中华人民共和国境内,同中国的公司、企业或其他经济组织(以下简称中国合营者)共同举办合营企业。

3.《中华人民共和国中外合作经营企业法实施细则》

第十四条 合作企业依法取得中国法人资格的,为有限责任公司。除合作企业合同另有约定外,合作各方以其投资或者提供的合作条件为限对合作企业承担责任。

合作企业以其全部资产对合作企业的债务承担责任。

4.《中华人民共和国中外合资经营企业法实施条例》

第十六条 合营企业为有限责任公司。

合营各方对合营企业的责任以各自认缴的出资额为限。

5.《中华人民共和国外资企业法》

第二条 本法所称的外资企业是指依照中国有关法律在中国境内设立的全部资本由外国投资者投资的企业,不包括外国的企业和其他经济组织在中国境内的分支机构。

6.《中华人民共和国外资企业法实施细则》

第十八条 外资企业的组织形式为有限责任公司。经批准也可以为其他责任形式。

外资企业为有限责任公司的,外国投资者对企业的责任以其认缴的出资额为限。

外资企业为其他责任形式的,外国投资者对企业的责任适用中国法律、法规的规定。

7.《中华人民共和国乡镇企业法》

第二条 本法所称乡镇企业,是指农村集体经济组织或者农民投资为主,在乡镇(包括所辖村)举办的承担支援农业义务的各类企业。

前款所称投资为主,是指农村集体经济组织或者农民投资超过百分之五十,或者虽不足百分之五十,但能起到控股或者实际支配作用。

乡镇企业符合企业法人条件的,依法取得企业法人资格。

第九条 乡镇企业在城市设立的分支机构,或者农村集体经济组织在城市开办的并承担支援农业义务的企业,按照乡镇企业对待。

8.《中华人民共和国全民所有制工业企业法》

第二条 全民所有制工业企业(以下简称企业)是依法自主经营、自负盈亏、独立核算的社会主义商品生产的经营单位。

企业的财产属于全民所有,国家依照所有权和经营权分离的原则授予企业经营管理。企业对国家授予其经营管理的财产享有占有、使用和依法处分的权利。

企业依法取得法人资格,以国家授予其经营管理的财产承担民事责任。

9.《中华人民共和国城镇集体所有制企业条例》

第四条 城镇集体所有制企业（以下简称集体企业）是财产属于劳动群众集体所有、实行共同劳动、在分配方式上以按劳分配为主体的社会主义经济组织。

前款所称劳动群众集体所有,应当符合下列中任一项的规定:

（一）本集体企业的劳动群众集体所有;

（二）集体企业的联合经济组织范围内的劳动群众集体所有;

（三）投资主体为两个或者两个以上的集体企业,其中前（一）、（二）项劳动群众集体所有的财产应当占主导地位。本项所称主导地位,是指劳动群众集体所有的财产占企业全部财产的比例,一般情况下应不低于51%,特殊情况经过原审批部门批准,可以适当降低。

第六条 集体企业依法取得法人资格,以其全部财产独立承担民事责任。集体企业的财产及其合法权益受国家法律保护,不受侵犯。

10.《农民股份合作企业暂行规定》

第二条 本暂行规定所称农民股份合作企业是指,由三户以上劳动农民,按照协议,以资金、实物、技术、劳力等作为股份,自愿组织起来从事生产经营活动,接受国家计划指导,实行民主管理,以按劳分配为主,又有一定比例的股金分红,有公共积累,能独立承担民事责任,经依法批准建立的经济组织。

第三条 农民股份合作企业（以下简称企业）是劳动农民的合作经济,是社会主义劳动群众集体所有制经济,是乡镇企业的重要组成部分和农村经济的重要力量。

【相关观点】

一、营利法人与非营利法人

所谓营利法人,就是以分配其经营获得的经济利益给社员为目的的法人。所谓非营利法人,就是指不以社员获得经济利益为目的的法人。营利法人和非营利法人的主要区别在于:第一,设立的依据不同。营利法人的设立通常要依据特别法,如根据《公司法》而成立公司。而非营利法人一般要依据民法的规则设立,这也是区分营利法人和非营利法人的重要意义。

第二，设立的原则不同。营利法人的设立一般采取准则主义，而非营利法人的设立一般采取许可主义。第三，设立的目的和能力不同。区分这两类法人的重要标准在于是否实现社员本身的利益或者说是否满足公共利益的需要。① 目的体现了法人的权利能力，营利法人可以广泛从事各种营利活动，而非营利法人主要从事非营利活动。第四，法律形式不同。营利法人只能采取社团的形式，而非营利法人可以采取社团的形式，也可以采取财团的形式。②

二、法人分类之营利法人与非营利法人的优点

此种法人分类的优点在于：

1. 与《民法通则》的法人分类基本吻合，保持了我国法人制度的连续性和稳定性。《民法通则》将法人分为企业法人、机关法人、事业单位法人和社会团体法人四类，后三类统称为非企业法人。企业法人基本等同于营利法人，非企业法人则基本等同于非营利法人。

2. 有效地实现了民商合一，涵盖了现实中各类法人形态，符合民法总则作为基本法的地位。民法总则适用于民事领域和商事领域，营利法人是商事主体，即经济组织；非营利法人则包括各种社会组织，与非企业法人的范围大致相当（但不包括国家机关法人）。这样，民法总则就构建了非常明晰的民商合一法人主体制度。

3. 区分标准，通俗易懂，便于对法人进行区分、分类登记和监管。通常，法律对营利法人（经济组织）适用宽松的准则主义，对非营利法人（社会组织）适用较严格的许可主义。营利法人和非营利法人的法人治理结构不同，这一分类有利于健全社会组织法人治理结构，有利于加强对这类组织的引导和规范，促进社会治理创新。

依据《民法总则》营利法人和非营利法人的区分标准是法人的事业是否以营利为目的，而并非是否能从事营利活动。非营利法人也可以实施与其事业相关的营利行为（如提供收费培训服务等），但受两个限制：一是不能将其从事营利活动的营利分配给成员；二是在其注销时成员不能分配其剩余财产。

三、企业法人的特征

我国的企业法人主要有以下特征：第一，企业法人是以营利为目的法人。企业法人以营利为目的包含以下三方面的含义：（1）企业法人具有依法营业的特点。只有通过合法的营业，才能达到营利的目的。（2）企业法人具有连

---

① 参见［葡］平托：《民法总论》，澳门大学法学院、澳门法律翻译办公室1999年版，第155页。

② 参见江平主编：《法人制度论》，中国政法大学出版社1994年版，第55页。

续营业的特点,只有通过连续的营业,其营利目的才能得到实现。(3)企业法人以将其所获利润分配给出资者为目的。第二,企业法人必须具有独立财产。企业法人的财产是与其出资者的财产彼此分离的。企业法人的独立财产是其独立进行生产经营和独立承担民事责任的基础。第三,企业法人是依核准登记程序成立的法人。企业法人是生产经营活动的主要参与者,为了规范经济秩序,企业法人的成立必须经过核准登记。

四、营利法人的分类

营利法人主要包括三大类型。一是有限责任公司、股份有限公司。有限责任公司与股份有限公司是指依据公司法成立的公司。公司是企业法人,有独立的法人财产,享有法人财产权。二是其他企业法人。其他企业法人是指有限责任公司、股份有限公司之外的企业法人,包括全民所有制企业、城镇集体所有制企业、农村集体所有者的乡镇企业、三资企业等。三是其他营利法人。其他营利法人是指非企业营利法人,如营利性民办学校。根据最新的民办教育促进法,民办学校举办者可以取得合理回报,民办学校存在营利性民办学校和非营利性民办学校,营利性民办学校属于营利法人。

——沈德咏主编:《〈中华人民共和国民法总则〉条文理解与适用》,人民法院出版社2017年版。

【相关文献】

谢鸿飞:《法人分类:民法总则制定中的最大争议点》,载《法律与生活》2017年第06期。

【相关案例】

1. 公司股东依法享有利润分配权

——上海市粮食储运公司诉上海南方啤酒原料有限公司公司盈余分配权案

案例要旨:公司弥补经营亏损后,实施利润分配方案不至于减少公司注册资本的,应当给予股东利润分配。诉争利润分配方案已由股东会做出决议,当事人之间已形成债权债务关系。股东有权作为债权人提起诉讼,要求公司履行给付义务。

案号:(2000)沪一中经终字第610号

审理法院:上海市第一中级人民法院

来源:《中国审判案例要览》(2001年商事审判案例卷)

2. 以营利为目的的企业法人符合保证主体资格

——长乐自来水公司与工行五四支行借款担保纠纷案

案例要旨： 一、保证人领取企业法人执照，属于以营利为目的的企业法人，即使其经营活动具有一定的公共服务性质，亦不属于以公益为目的的事业单位；二、保证人作为具有完全民事行为能力的法人，应依法对其所从事民事法律行为独立承担民事责任，其所作保证是否受合同以外第三人影响的问题不涉及合同当事人之间的权利义务关系，亦不影响保证合同的效力。

案号：（2004）民二终字第262号

审理法院： 最高人民法院

来源：《最高人民法院公报》2005年第9期

第七十七条　营利法人的登记

营利法人经依法登记成立。

【新旧法条对比】

《中华人民共和国民法通则》

第四十一条　全民所有制企业、集体所有制企业有符合国家规定的资金数额，有组织章程、组织机构和场所，能够独立承担民事责任，经主管机关核准登记，取得法人资格。

在中华人民共和国领域内设立的中外合资经营企业，中外合作经营企业和外资企业，具备法人条件的，依法经工商行政管理机关核准登记，取得中国法人资格。

【相关规定】

1.《中华人民共和国公司法》

第六条　设立公司，应当依法向公司登记机关申请设立登记。符合本法规定的设立条件的，由公司登记机关分别登记为有限责任公司或者股份有限公司；不符合本法规定的设立条件的，不得登记为有限责任公司或者股份有限公司。

法律、行政法规规定设立公司必须报经批准的，应当在公司登记前依法办理批准手续。

公众可以向公司登记机关申请查询公司登记事项，公司登记机关应当提供查询服务。

2.《中华人民共和国公司登记管理条例》

第二条　有限责任公司和股份有限公司（以下统称公司）设立、变更、终止，应当依照本条例办理公司登记。

申请办理公司登记，申请人应当对申请文件、材料的真实性负责。

第三条　公司经公司登记机关依法登记，领取《企业法人营业执照》，方取得企业法人资格。

自本条例施行之日起设立公司，未经公司登记机关登记的，不得以公司名义从事经营活动。

第四条　工商行政管理机关是公司登记机关。

下级公司登记机关在上级公司登记机关的领导下开展公司登记工作。

公司登记机关依法履行职责，不受非法干预。

3.《中华人民共和国企业法人登记管理条例》

第二条 具备法人条件的下列企业，应当依照本条例的规定办理企业法人登记：

（一）全民所有制企业；

（二）集体所有制企业；

（三）联营企业；

（四）在中华人民共和国境内设立的中外合资经营企业、中外合作经营企业和外资企业；

（五）私营企业；

（六）依法需要办理企业法人登记的其他企业。

4.《中华人民共和国乡村集体所有制企业条例》

第十条 乡村集体所有制企业经依法审查，具备法人条件的，登记后取得法人资格，厂长（经理）为企业的法定代表人。

5.《中华人民共和国中外合资经营企业法》

第三条 合营各方签订的合营协议、合同、章程，应报国家对外经济贸易主管部门（以下称审查批准机关）审查批准。审查批准机关应在三个月内决定批准或不批准。合营企业经批准后，向国家工商行政管理主管部门登记，领取营业执照，开始营业。

6.《中华人民共和国乡镇企业法》

第八条 经依法登记设立的乡镇企业，应当向当地乡镇企业行政管理部门办理登记备案手续。

乡镇企业改变名称，住所或者分立、合并、停业、终止等，依法办理变更登记、设立登记或者注销登记后，应当报乡镇企业行政管理部门备案。

7.《中华人民共和国全民所有制工业企业法》

第十六条 设立企业，必须依照法律和国务院规定，报请政府或者政府主管部门审核批准。经工商行政管理部门核准登记、发给营业执照，企业取得法人资格。

企业应当在核准登记的经营范围内从事生产经营活动。

【相关观点】

一、公司设立必须符合法定条件并依法登记

公司设立是公司取得法人资格的法律行为，必须符合法定条件，按照法定的程序进行。公司设立的一般条件是：股东符合法定人数；股东的首期出资符合法定注册资本最低限额的规定；有公司章程；有公司名称及与生产经营活动相适应的组织机构；有公司住所。股份有限公司的设立，其股份发行、筹办事项还应符合有关法律的规定。

设立公司，股东或发起人必须到公司登记机关办理登记手续。公司登记机关应当审查所申请设立的公司是否符合公司法规定的设立条件：对符合规定的，应予登记；不符合规定的，不得登记。未尽登记义务的，一是有些事项如股东的名称或姓名等不得对抗第三人；二是将依本法受到公司登记机关的处罚。

除法律、行政法规另有规定外，具备了公司法规定的设立条件，即可设立公司，无须经过审批。对法律、行政法规规定设立公司必须报经审批的，在公司登记前应当依法办理审批手续。

二、公司设立登记的法律效力

一般认为，公司设立申请经公司登记机关核准并登记注册后，即发生以下法律效力：

1. 公司取得从事经营活动的合法凭证。《公司法》第7条规定："依法设立的公司，由公司登记机关发给公司营业执照。公司营业执照签发日期为公司成立日期。"公司凭据此执照刻制印章、开立银行账户、申请纳税登记。公司在登记注册的范围内从事经营活动，受国家法律的保护。

2. 公司取得法人资格。公司设立申请经公司登记机关核准登记，领取企业法人营业执照后，公司即具有企业法人资格。

3. 公司取得名称专用权。申请设立登记的公司，其名称经公司登记机关核准登记后，公司可以使用该名称并以其名义从事经营活动，享有权利，承担义务。公司对登记的名称享有名称专用权并受法律保护。

三、企业法人的设立程序之登记

企业法人的设立除了需要行政机关特别批准的以外，大多采取准则主义，只要符合法律规定的条件，就可以经过登记而成立。在我国，法人的成立，大都必须经过登记，方能取得法人资格。事业单位法人和社会团体法人，除法律规定不需要登记的外，均须办理登记。财团法人的设立，如基金会，必须要订立章程，而且要经过登记，才能设立。

法人登记包括设立登记、变更登记和消灭登记。其中，关于设立登记的效力，大陆法系国家一般采取成立要件主义，[1] 即法人如未经登记，纵其设施内容极臻完备，亦只能认为事实上成立，属于一种团体，而不得成为团体法人，亦即不能取得团体法人资格。[2]

---

[1] 参见《德国民法典》第21条、我国台湾地区"民法典"第30条。
[2] 参见郑玉波：《民法总则》，台湾地区三民书局1998年版，第157页。

四、对于不同营利法人的设立分别进行规定

营利法人包括有限责任公司、股份有限公司和其他企业法人等，法律对于不同营利法人的设立分别进行规定。

1. 公司的设立。根据《公司法》第6条第1款，有限责任公司和股份有限公司采准则主义。《公司法》第23条和第76条分别规定了有限责任公司和股份有限公司设立的一般条件。根据《公司法》第6条第2款，一些公司的设立采许可主义，设立前需办理批准手续，至于哪些公司的设立需要办理批准手续，应由法律、行政法规进行规定。

2. 其他企业法人的设立。其他企业法人包括全民所有制企业、城镇集体所有制企业、农村集体所有者的乡镇企业、三资企业等。根据《企业法人登记管理条例》第14条规定，全民所有制企业、集体所有制企业、联营企业、在中华人民共和国境内设立的中外合资经营企业、中外合作经营企业和外资企业的设立需要经主管部门或有关审批机关批准，该部分法人的设立属于行政许可主义。

3. 其他营利法人的设立。根据民办教育促进法第12条，举办民办学校，需要经有关部门的审批，故无论是营利性民办学校还是非营利性民办学校，其设立均采行政许可主义。

——沈德咏主编：《〈中华人民共和国民法总则〉条文理解与适用》，人民法院出版社2017年版。

【相关案例】

1. 审理设立登记案件时，除了审查设立登记行为本身的合法性还应当考虑公司、其他股东、员工以及债权人等相关主体的正当利益

——徐旭礼诉上海市工商行政管理局金山分局行政登记纠纷案

案例要旨：与变更登记不同，设立登记是公司法人格存续的法律基础，判决撤销设立登记是对所有登记事项的全盘否定，将导致公司法人格的消灭。因此，在审理设立登记案件时，不能仅仅考虑设立登记行为本身的合法性，还应当考虑公司、其他股东、员工以及债权人等相关主体的正当利益，以最终实现对原告诉请的适度保护。

案号：（2011）金行初字第11号
审理法院：上海市金山区人民法院
来源：《人民司法·案例》2012年第16期

2. 乡镇企业股份制改造应先进行法人登记，才能认定股东资格

——黄克勤与沛县东方化工厂盈余分配权纠纷再审案

案例要旨：我国企业法人均适用法人工商登记，工商登记的法律性质体现在它是导致企业主体设立、变更、终止的法律行为。工商登记还是一种要式法律行为，它必须按照法定的要求将法定事项在法定主管机构办理，其行为的内容、行为的方式以及行为的生效都必须符合法律的要求。由于股份制企业必须具有法人资格，因此乡镇企业股份制改造也需要工商登记，只有经过登记方可发生该事实的法律效力。如果法人未能成立，设立行为就不产生法人成立后所应产生的法律后果，也就无投资人为法人的股东之说，因此股东资格的确定需要先成立法人。

审理法院：江苏省徐州市泉山区人民法院

来源：《审判监督指导与研究》（2003年第4卷）（总第12卷）

第七十八条　营利法人的营业执照

依法设立的营利法人，由登记机关发给营利法人营业执照。营业执照签发日期为营利法人的成立日期。

【相关规定】

1. 《中华人民共和国公司法》

第七条　依法设立的公司，由公司登记机关发给公司营业执照。公司营业执照签发日期为公司成立日期。

公司营业执照应当载明公司的名称、住所、注册资本、经营范围、法定代表人姓名等事项。

公司营业执照记载的事项发生变更的，公司应当依法办理变更登记，由公司登记机关换发营业执照。

2. 《中华人民共和国企业法人登记管理条例》

第三条　申请企业法人登记，经企业法人登记主管机关审核，准予登记注册的，领取《企业法人营业执照》，取得法人资格，其合法权益受国家法律保护。

依法需要办理企业法人登记的，未经企业法人登记主管机关核准登记注册，不得从事经营活动。

3. 《中华人民共和国外资企业法》

第七条　设立外资企业的申请经批准后，外国投资者应当在接到批准证书之日起三十天内向工商行政管理机关申请登记，领取营业执照。外资企业的营业执照签发日期，为该企业成立日期。

4. 《中华人民共和国全民所有制工业企业法》

第十六条　设立企业，必须依照法律和国务院规定，报请政府或者政府主管部门审核批准。经工商行政管理部门核准登记、发给营业执照，企业取得法人资格。

企业应当在核准登记的经营范围内从事生产经营活动。

【相关观点】

一、公司成立日期和营业执照应当载明事项

公司登记机关签发的营业执照是确定公司成立的法律文件，营业执照的签发日期为公司成立之日。公司自成立之日起成为独立享有民事权利、承担民事责任的法人，凭公司登记机关核发的《企业法人营业执照》刻制印章，开立银行账户，申请纳税登记，开始经营活动。

公司营业执照，既是公司成立的法律依据，又是对外证明公司是企业法人、有资格从事经营活动的资格证书。公司在其经营场所应当悬挂公司营业执照。因此，公司的营业执照具有公示性。为了增加公司经营的透明度，让公众通过公司营业执照即可了解公司的基本情况，公司营业执照应当载明的法定内容，包括：公司的名称、住所、注册资本、实收资本、经营范围、法定代表人姓名等。公司营业执照中所载明的事项应为法定登记事项。除营业执照中应载明的事项外，公司还应当就有关行政法规中要求的其他法定登记事项进行登记。

从公司营业执照签发之日起，公司登记机关对公司各主要事项所做的登记，同时产生法律效力，对公司具有约束力。公司营业执照记载的事项及其他法定登记事项发生变更的，公司应当依法办理变更登记；涉及营业执照记载事项的，由公司登记机关换发营业执照。未经变更登记，公司不得擅自改变营业执照所载明的事项。

二、企业法人营业执照的法律性质

企业法人设立登记的最终效果集中体现为《企业法人营业执照》的颁发。营业执照具有三层法律意义：

第一，企业法人营业执照是企业法人的成立要件。即营业执照的签发是企业法人成立并获得法人资格不可或缺的条件。企业法人营业执照签发日期为企业法人的成立日期。营业执照的签发日期不仅是企业法人营业资格期限的起点，同时也是企业法人存续期限的起点。

第二，企业法人营业执照是企业完成设立登记、取得法人资格的证明性文件，具有证明企业已经获准注册，并具有法人人格的证据效力。

第三，企业法人营业执照是企业法人取得营业许可，获得经营能力，可以从事合法经营活动的法定依据和公示性文书。企业法人只有在取得营业执照后，才可以凭营业执照刻制公章、开立银行账户、申请纳税登记、进行经营活动。对于企业经营活动的相对人来说，企业法人营业执照是一种公示文书，可以为相对人判断企业法人是否具有合法经营资格提供依据。

【相关案例】

公司成立的标志是依法经工商机关登记，取得公司法人营业执照

——北京首汽集团公司诉四川省经济技术协作开发公司公司不能成立返还已缴纳股款纠纷案

案例要旨：设立公司，应当依法向公司登记机关申请设立登记。依法设立的公司，由公司登记机关发给公司营业执照，营业执照签发日期为公司成立日期。

审理法院：四川省成都市中级人民法院

来源：《人民法院案例选》总第17辑（1996.3）

第七十九条　营利法人的章程

设立营利法人应当依法制定法人章程。

【相关规定】

1. 《中华人民共和国公司法》

第十一条　设立公司必须依法制定公司章程。公司章程对公司、股东、董事、监事、高级管理人员具有约束力。

第二十五条　有限责任公司章程应当载明下列事项：
（一）公司名称和住所；
（二）公司经营范围；
（三）公司注册资本；
（四）股东的姓名或者名称；
（五）股东的出资方式、出资额和出资时间；
（六）公司的机构及其产生办法、职权、议事规则；
（七）公司法定代表人；
（八）股东会会议认为需要规定的其他事项。
股东应当在公司章程上签名、盖章。

第六十条　一人有限责任公司章程由股东制定。

第六十五条　国有独资公司章程由国有资产监督管理机构制定，或者由董事会制订报国有资产监督管理机构批准。

第八十一条　股份有限公司章程应当载明下列事项：
（一）公司名称和住所；
（二）公司经营范围；
（三）公司设立方式；
（四）公司股份总数、每股金额和注册资本；
（五）发起人的姓名或者名称、认购的股份数、出资方式和出资时间；
（六）董事会的组成、职权和议事规则；
（七）公司法定代表人；
（八）监事会的组成、职权和议事规则；
（九）公司利润分配办法；
（十）公司的解散事由与清算办法；
（十一）公司的通知和公告办法；
（十二）股东大会会议认为需要规定的其他事项。

2.《中华人民共和国城镇集体所有制企业条例》

第十二条　集体企业的设立必须具备下列条件：
（一）有企业名称、组织机构和企业章程；
（二）有固定的生产经营场所、必要的设施并符合规定的安全卫生条件；
（三）有符合国家规定并与其生产经营和服务规模相适应的资金数额和从业人员；
（四）有明确的经营范围；
（五）能够独立承担民事责任；
（六）法律、法规规定的其他条件。

第十三条　集体企业章程必须载明下列事项：
（一）企业名称和住所；
（二）经营范围和经营方式；
（三）注册资金；
（四）资金来源和投资方式；
（五）收入分配方式；
（六）组织机构及其职权和议事规则；
（七）职工加入和退出企业的条件和程序；
（八）职工的权利和义务；
（九）法定代表人的产生程序及其职权范围；
（十）企业终止的条件和程序；
（十一）章程的修订程序；
（十二）章程订立日期；
（十三）需要明确的其他事项。

3.《中华人民共和国中外合作经营企业法实施细则》

第十三条　合作企业章程应当载明下列事项：
（一）合作企业名称及住所；
（二）合作企业的经营范围和合作期限；
（三）合作各方的名称、注册地、住所及法定代表人的姓名、职务和国籍（外国合作者是自然人的，其姓名、国籍和住所）；
（四）合作企业的投资总额，注册资本，合作各方投资或者提供合作条件的方式、期限。
（五）合作各方收益或者产品的分配，风险或者亏损的分担；
（六）合作企业董事会或者联合管理委员会的组成、职权和议事规则，董事会董事或者联合管理委员会的任期，董事长、副董事长或者联合管理委员会主任、副主任的职责；
（七）经营管理机构的设置、职权、办事规则，总经理及其他高级管理人员的职责和聘任、解聘办法；

（八）有关职工招聘、培训、劳动合同、工资、社会保险、福利、职业安全卫生等劳动管理事项的规定；

（九）合作企业财务、会计和审计制度；

（十）合作企业解散和清算办法；

（十一）合作企业章程的修改程序。

4.《中华人民共和国中外合资经营企业法实施条例》

第十三条 合营企业章程应当包括下列主要内容：

（一）合营企业名称及法定地址；

（二）合营企业的宗旨、经营范围和合营期限；

（三）合营各方的名称、注册国家、法定地址、法定代表人的姓名、职务、国籍；

（四）合营企业的投资总额，注册资本，合营各方的出资额、出资比例、出资方式、出资缴付期限、股权转让的规定，利润分配和亏损分担的比例；

（五）董事会的组成、职权和议事规则，董事的任期，董事长、副董事长的职责；

（六）管理机构的设置，办事规则，总经理、副总经理及其他高级管理人员的职责和任免方法；

（七）财务、会计、审计制度的原则；

（八）解散和清算；

（九）章程修改的程序。

5.《中华人民共和国外资企业法实施细则》

第十五条 外资企业的章程应当包括下列内容：

（一）名称及住所；

（二）宗旨、经营范围；

（三）投资总额、注册资本、出资期限；

（四）组织形式；

（五）内部组织机构及其职权和议事规则，法定代表人以及总经理、总工程师、总会计师等人员的职责、权限；

（六）财务、会计及审计的原则和制度；

（七）劳动管理；

（八）经营期限、终止及清算；

（九）章程的修改程序。

【相关观点】

一、公司章程及其拘束力

公司章程是关于公司组织和行为的自治规则，设立公司必须有公司章程。章程是公司设立的法定必备文件之一。公司章程必须依法制定。公司章程的修改程序必须遵守公司法的有关规定。

公司章程是公司的行为准则，对公司具有约束力。公司的董事、监事及其高级管理人员因其执行公司职务，而受到公司章程的制约。同时，公司章程又具有契约的性质，体现了股东的共同意志；因此，对股东也具有约束力。公司及其股东、董事、监事及经理等高级管理人员必须遵守和执行公司章程。

二、有限责任公司章程的法定事项

公司章程是重要的法律文件，其主要内容由法律规定，是法定记载事项。公司章程的记载应当符合法定格式和要求。公司章程应当载明八项内容：

一是公司名称和住所。载明公司的名称和住所，是标识公司、确认其权利义务归属的依据。

二是公司经营范围。在法律上又称为公司的行为能力。经营范围要依法经过登记，有些还需要依法经过审批。载明公司经营范围是明确公司开展业务活动的界限，便于政府监督管理，也便于经营管理人员执行。

三是公司注册资本。注册资本是指以货币表示的各股东认缴的出资额的总和。公司章程中应载明公司的注册资本的数额。

四是股东的姓名或者名称。自然人股东应载明姓名，法人股东应载明名称。这样是为了表明哪些是本公司投资者。

五是股东的出资方式、出资额和出资时间。出资方式是指出资的种类，不论股东是以货币、实物还是无形财产作为出资，都应当在公司章程中载明。出资额是指各类出资的价值金额，应当以货币表示。出资时间是指股东出资的年月日，在股东分期缴付出资的情况下，股东应当将各期出资的时间在公司章程中载明。

六是公司的主要机构及其产生办法、职权、议事规则。公司主要机构是指股东会、董事会、经理、监事会等。这些机构要依法设置。具体的产生办法应当在公司章程中载明。同时，这些机构的职权、议事程序和规则，也应依法在公司章程中做出具体规定。

七是公司的法定代表人。公司法定代表人是法人的代表，也就是公司对外发生法律关系时，由法律规定代表其做出法人意思表示的人。法定代表人应是具有完全民事行为能力的自然人。按照本法规定，公司法定代表人是公司章程规定并在公司登记机关依法登记的董事长、执行董事或者公司经理。

八是股东会会议认为需要规定的其他事项。

公司章程按照法律规定的事项记载完成以后,股东应当在公司章程上签名、盖章。

三、股份有限公司章程的法定事项

股份有限公司的章程是记载有关公司组织和行动基本规则的文件。根据本条规定,股份有限公司章程的内容包括:(1)公司名称和住所,即公司用来代表自己以区别于其他公司的文字符号以及公司的主要办事机构所在地。(2)公司经营范围,即公司可以从事哪些经营活动。(3)公司设立方式,即公司是以发起设立的方式设立,还是以募集设立的方式设立。(4)公司股份总数、每股金额和注册资本,即公司的资本总共有多少股、每一股所代表的金额为多少、向公司登记机关登记的财产总额。(5)发起人的姓名或者名称、认购的股份数,即自然人发起人的姓名、法人发起人的名称、各发起人所认购的股份数额。(6)董事会的组成、职权和议事规则,即董事会成员的具体数额和人员、董事会所享有的职权、每一届董事任职时间以及董事会召集、举行会议、做出决议所应遵守的准则。(7)公司法定代表人,即代表公司行使职权的人员。根据本法规定,公司法定代表人依照公司章程的规定,由董事长、执行董事(公司不设董事会的)或者经理担任。公司章程应当按照上述规定,确定本公司是由董事长、执行董事或者经理担任法定代表人。(8)监事会的组成、职权、任期和议事规则,即监事会成员的具体数额和人员、监事会所享有的职权、每一届监事任职时间以及监事会召集、举行会议、做出决议所应遵守的准则;根据本法规定,监事会成员不得少于3人,其中职工代表的比例不得低于1/3,董事、高级管理人员不得兼任监事,监事任期每届为3年,可以连选连任,并对监事会的职权等做了规定。公司章程应当按照本法规定对这些事项做出具体规定。(9)公司利润分配办法,即公司弥补亏损和提取公积金后所余税后利润,按照股东的持股比例进行分配,或者按其他办法进行分配。(10)公司的解散事由与清算办法,即导致公司解散的情形以及公司在解散后如何进行清算。(11)公司的通知和公告办法,即公司具体通过何种方式进行通知和公告。(12)股东大会认为需要规定的其他事项,即股东大会根据公司的具体情况,认为除上述内容外,还需要在章程中规定其他事项。

【相关案例】

1. 公司章程无效案件的适格被告为公司

——北京市八大处农工商总公司与北京治政工贸发展有限公司确认公司章程无效纠纷上诉案

案例要旨：公司章程是公司成立的制度基础，起着规范公司与有关各方权利义务关系的作用，系公司的宪法。作为公司章程无效后果的承受主体，公司理应作为被告参与诉讼。

案号：（2013）一中民终字第2695号

审理法院：北京市第一中级人民法院

来源：《人民司法·案例》2013年第12期

2. 公司章程应依据公司法制定

——王莉英诉邵武福莲有限公司案

案例要旨：设立公司必须依照公司法制定公司章程。公司章程对公司、股东、董事、监事、经理具有约束力。公司章程是公司的最重要、最基本的自律性规范，它规定公司组织、内部关系和开展业务活动的基本准则，规定了股东的基本权利和义务。股东必须遵守公司章程，依照章程享有权利，承担义务。如股东违反公司章程规定的应承担的义务，损害公司或其他股东的合法权益，公司有权对其作出相应的处分。

案号：（2001）民初字第180号

审理法院：福建省南平市邵武市人民法院

来源：《中国审判案例要览》（2002年民事审判案例卷）

第八十条 营利法人的权力机构

营利法人应当设权力机构。

权力机构行使修改法人章程,选举或者更换执行机构、监督机构成员,以及法人章程规定的其他职权。

【相关规定】

1. 《中华人民共和国公司法》

第三十六条 有限责任公司股东会由全体股东组成。股东会是公司的权力机构,依照本法行使职权。

第三十七条 股东会行使下列职权:

(一)决定公司的经营方针和投资计划;

(二)选举和更换非由职工代表担任的董事、监事,决定有关董事、监事的报酬事项;

(三)审议批准董事会的报告;

(四)审议批准监事会或者监事的报告;

(五)审议批准公司的年度财务预算方案、决算方案;

(六)审议批准公司的利润分配方案和弥补亏损方案;

(七)对公司增加或者减少注册资本作出决议;

(八)对发行公司债券作出决议;

(九)对公司合并、分立、解散、清算或者变更公司形式作出决议;

(十)修改公司章程;

(十一)公司章程规定的其他职权。

对前款所列事项股东以书面形式一致表示同意的,可以不召开股东会会议,直接作出决定,并由全体股东在决定文件上签名、盖章。

第三十八条 首次股东会会议由出资最多的股东召集和主持,依照本法规定行使职权。

第一百零四条 本法和公司章程规定公司转让、受让重大资产或者对外提供担保等事项必须经股东大会作出决议的,董事会应当及时召集股东大会会议,由股东大会就上述事项进行表决。

2. 《中华人民共和国中外合资经营企业法》

第六条 合营企业设董事会,其人数组成由合营各方协商,在合同、章程中确定,并由合营各方委派和撤换。董事长和副董事长由合营各方协商确定或由董事会选举产生。中外合营者的一方担任董事长的,由他方担任副董事长。董事会根据平等互利的原则,决定合营企业的重大问题。

董事会的职权是按合营企业章程规定,讨论决定合营企业的一切重大问题:企业发展规划、生产经营活动方案、收支预算、利润分配、劳动工资计划、停业,以及总经理、副总经理、总工程师、总会计师、审计师的任命或聘请及其职权和待遇等。

正副总经理(或正副厂长)由合营各方分别担任。

合营企业职工的录用、辞退、报酬、福利、劳动保护、劳动保险等事项,应当依法通过订立合同加以规定。

3.《中华人民共和国中外合作经营企业法》

第十二条 合作企业应当设立董事会或者联合管理机构,依照合作企业合同或者章程的规定,决定合作企业的重大问题。中外合作者的一方担任董事会的董事长、联合管理机构的主任的,由他方担任副董事长、副主任。董事会或者联合管理机构可以决定任命或者聘请总经理负责合作企业的日常经营管理工作。总经理对董事会或者联合管理机构负责。

合作企业成立后改为委托中外合作者以外的他人经营管理的,必须经董事会或者联合管理机构一致同意,报审查批准机关批准,并向工商行政管理机关办理变更登记手续。

4.《中华人民共和国中外合作经营企业法实施细则》

第二十四条 合作企业设董事会或者联合管理委员会。董事会或者联合管理委员会是合作企业的权力机构,按照合作企业章程的规定,决定合作企业的重大问题。

第二十九条 下列事项由出席董事会会议或者联合管理委员会会议的董事或者委员一致通过,方可作出决议:

(一)合作企业章程的修改;
(二)合作企业注册资本的增加或者减少;
(三)合作企业的解散;
(四)合作企业的资产抵押;
(五)合作企业合并、分立和变更组织形式;
(六)合作各方约定由董事会会议或者联合管理委员会会议一致通过方可作出决议的其他事项。

5.《中华人民共和国中外合资经营企业法实施条例》

第三十条 董事会是合营企业的最高权力机构,决定合营企业的一切重大问题。

第三十三条 下列事项由出席董事会会议的董事一致通过方可作出决议:

(一)合营企业章程的修改;

（二）合营企业的中止、解散；
（三）合营企业注册资本的增加、减少；
（四）合营企业的合并、分立。
其他事项，可以根据合营企业章程载明的议事规则作出决议。

【相关观点】

一、有限责任公司股东会的组成和性质

股东会是由股东组成的机构。股东会的成员是全体股东，因为股东是实际出资人，并以其出资额为限对公司债务承担责任。《公司法》条36条用"公司的权力机构"一词来界定股东会的性质。所谓权力机构，是指公司的一切重大问题，需要由该机构来做出决议，权力机构既区别于执行机构，不执行日常业务，也区别于监督机构和咨询机构。股东会只负责就公司的重大事项做出决议，集体行使投资者权益。股东会以会议的形式行使权力，而不采取常设机构或日常办公的方式，是由股东会的权力性质和所有权与经营权相分离的现代公司制度的基本原理所决定的。

二、有限责任公司股东会的职权

股东会的职权，归纳起来有以下六个方面的内容。

（一）投资经营决定权

投资经营决定权指股东会有权对公司的投资计划和经营方针做出决定。

（二）人事权

股东会有权选任和决定本公司的非由职工代表担任的董事、监事。对于不合格的董事、监事可以予以更换。在现代社会竞争日益加剧的情况下，股东会拥有用人权是必需的。

（三）审批权

本条规定的审批权包括两个方面：一是审批工作报告权，即股东会有权对公司的董事会、监事会或监事向股东会提出的工作报告进行审议、批准。这体现了工作责任制和股东的投资者权益。二是审批相关的经营管理方面的方案权，即公司的股东会有权对公司的董事会或执行董事向股东会提出的年度财务预算方案、决算方案、利润分配方案和弥补亏损方案进行审议，股东会认为符合要求的予以批准；反之则不予批准，而责成董事会或者执行董事重新拟定有关方案。

（四）决议权

决议权，即股东会有权对公司增加或者减少注册资本、发行公司债券、公司合并、分立、变更公司形式、解散和清算等事项进行决议。这里列举的几项事项都有关公司股东的投资者权益，应由公司股东会议决。

（五）修改公司章程权

公司章程是由公司股东会在设立公司时制定的，所以应由公司股东会来修改。并需要由代表2/3以上表决权的股东赞成通过方为有效。

（六）公司章程规定的其他职权

这是一个未尽事项的规定，由于股东会是有限责任公司的权力机关，公司章程规定公司的一切活动，公司章程规定股东会的职权，股东会有权力也应当履行这一职权。

股东会根据公司章程的规定行使职权。所涉及事项既重大又较多，股东会又是以会议方式履行职权。为了节省人力、物力，考虑到有限责任公司的人合特点，本条第二款规定，股东对本条第一款所列事项书面一致同意的，可以不召开股东会会议，直接做出决定，由全体股东在决定文件上签字、盖章。

三、股份有限公司股东大会的组成及其地位

股份有限公司的股东大会由全体股东组成，股东大会是股份有限公司的权力机关——股东大会集合股东的意志，决定公司的重大事项。

由于公司是由全体股东出资设立的，公司虽对公司财产独立享有法人财产权，但公司股东对公司享有最终所有权，这就决定了股东大会作为公司权力机构的地位。股东大会作为公司权力机构的地位体现在以下几个方面：（1）公司的"宪法"——公司章程由股东大会制定和修改；（2）公司的经营管理机构、监督机构的成员由其任免，对其负责；（3）股东大会根据法律和章程的规定，决定公司的重大事项。同时，股东大会应当依法行使其权力，即应当行使法律规定的职权，并在行使职权时遵守法律规定的议事方式、表决方式及程序。

四、股份有限公司股东大会的职权

股东大会的职权归纳起来有以下几项：

（一）投资经营决定权

是指股东大会有权对公司的投资计划和经营方针做出决定。

（二）人事任免权

公司的董事、监事是公司的经营管理者和监督者，对公司的经营状况起着决定性作用，其选举、更换和报酬，应当由股东大会决定。对由职工代表担任的董事、监事，根据法律规定，由公司职工通过职工代表大会、职工大会或者其他形式民主选举产生，股东大会没有选任、更换权。

（三）批准权

一是审批董事会、监事会工作报告。二是审议批准公司的年度财务预算方案、决算方案。三是审议批准公司的利润分配方案和弥补亏损方案。公司的利润分配方案和弥补亏损方案，关系到公司的经营成果的分配是否合理，各股东是否能够公平地取得收益，事关股东的根本利益，应当由股东大会审

议批准。四是对公司增加或者减少注册资本做出决议。五是对发行公司债券做出决议。发行公司债券会对公司的财务和经营产生较大影响，应由股东大会做出决议。六是对公司合并、分立、解散、清算和变更公司形式做出决议。这些事项直接涉及公司资本的重新组合甚至公司的终止、公司最终债权、债务的清理和财产的分配，与股东权益有重大关系，应当由股东大会做出决议。

（四）章程修改权

公司章程是公司的"宪法"，确定公司的组织规范和股东、各机构以及董事、监事、高级管理人员的行为准则，由公司股东大会在公司设立时制定，也应由公司股东大会修改。

（五）公司章程规定的其他职权

股东大会除具有法律规定的职权外，公司的出资人——股东还可以从公司实际出发，在不违背法律强制性规定的情况下，通过章程为股东大会规定必要的职权，如规定由股东大会决定承办公司审计业务的会计师事务所的聘任或者解聘等。

五、公司法关于权力机构职权的规定属于强制性规范还是任意性规范的争论

公司通过修改公司章程或者股东（大）会决议的方式，将公司法规定的属于股东（大）会的职权授权董事会行使，是否违法？对此存在不同观点。一种观点认为我国公司法关于股东会职权的规定属于强制性规范，当事人不得以公司章程或股东决议的形式予以限制或剥夺，其他公司机关不能超越自己权限来决定股东会职权范围内的事项。另一种观点则认为，权力机构的职权范围属于公司自治范畴，应当允许股东会将部分职权下放董事会行使。此问题目前在理论界和实务界争议较大，也有观点认为应当区分不同的公司类型来对待，还有观点认为应区分不同的职权内容分析。对此仍有待进一步研究和探讨。

——沈德咏主编：《〈中华人民共和国民法总则〉条文理解与适用》，人民法院出版社2017年版。

【相关案例】

1. 股东会会议作出修改公司章程、增加或者减少注册资本的决议，必须经代表三分之二以上表决权的股东通过

——吴国璋诉厦门市同安区捷强市政工程有限公司决议效力确认纠纷案

案例要旨：股东会会议作出修改公司章程、增加或者减少注册资本的决议，以及公司合并、分立、解散或者变更公司形式的决

议，必须经代表三分之二以上表决权的股东通过。

案号：（2013）厦民终字第 668 号

审理法院：福建省厦门市中级人民法院

来源：《中国审判案例要览》（2014 年商事审判案例卷）

2. 董事长从事损害股东利益的行为，股东自行召集股东会并通过解除董事长职务的决议，可以认定有效

——南京市金陵轧钢联合公司、江苏冷弯型钢协会诉王锡根履行董事会、股东会决议案

案例要旨：我国《公司法》对董事长职务的解除并无规定，可以参照股东会"选举和更换董事"的规定。当董事长从事损害股东利益的行为，股东自行召集股东会并通过解除董事长职务的决议，可以认定有效。

案号：（2003）宁民二终字第 17 号

审理法院：江苏省南京市中级人民法院

来源：《人民法院案例选》2005 年第 2 辑（总第 52 辑）

第八十一条 营利法人的执行机构

营利法人应当设执行机构。

执行机构行使召集权力机构会议，决定法人的经营计划和投资方案，决定法人内部管理机构的设置，以及法人章程规定的其他职权。

执行机构为董事会或者执行董事的，董事长、执行董事或者经理按照法人章程的规定担任法定代表人；未设董事会或者执行董事的，法人章程规定的主要负责人为其执行机构和法定代表人。

【相关规定】

1. 《中华人民共和国公司法》

第十三条 公司法定代表人依照公司章程的规定，由董事长、执行董事或者经理担任，并依法登记。公司法定代表人变更，应当办理变更登记。

第四十四条 有限责任公司设董事会，其成员为三人至十三人；但是，本法第五十条另有规定的除外。

两个以上的国有企业或者两个以上的其他国有投资主体投资设立的有限责任公司，其董事会成员中应当有公司职工代表；其他有限责任公司董事会成员中可以有公司职工代表。董事会中的职工代表由公司职工通过职工代表大会、职工大会或者其他形式民主选举产生。

董事会设董事长一人，可以设副董事长。董事长、副董事长的产生办法由公司章程规定。

第四十六条 董事会对股东会负责，行使下列职权：

（一）召集股东会会议，并向股东会报告工作；

（二）执行股东会的决议；

（三）决定公司的经营计划和投资方案；

（四）制订公司的年度财务预算方案、决算方案；

（五）制订公司的利润分配方案和弥补亏损方案；

（六）制订公司增加或者减少注册资本以及发行公司债券的方案；

（七）制订公司合并、分立、解散或者变更公司形式的方案；

（八）决定公司内部管理机构的设置；

（九）决定聘任或者解聘公司经理及其报酬事项，并根据经理的提名决定聘任或者解聘公司副经理、财务负责人及其报酬事项；

（十）制定公司的基本管理制度；

（十一）公司章程规定的其他职权。

第四十九条 有限责任公司可以设经理，由董事会决定聘任或者解聘。经理对董事会负责，行使下列职权：

（一）主持公司的生产经营管理工作，组织实施董事会决议；

（二）组织实施公司年度经营计划和投资方案；

（三）拟订公司内部管理机构设置方案；

（四）拟订公司的基本管理制度；

（五）制定公司的具体规章；

（六）提请聘任或者解聘公司副经理、财务负责人；

（七）决定聘任或者解聘除应由董事会决定聘任或者解聘以外的负责管理人员；

（八）董事会授予的其他职权。

公司章程对经理职权另有规定的，从其规定。

经理列席董事会会议。

第五十条 股东人数较少或者规模较小的有限责任公司，可以设一名执行董事，不设董事会。执行董事可以兼任公司经理。

执行董事的职权由公司章程规定。

第六十八条 国有独资公司设经理，由董事会聘任或者解聘。经理依照本法第四十九条规定行使职权。

经国有资产监督管理机构同意，董事会成员可以兼任经理。

第一百一十三条 股份有限公司设经理，由董事会决定聘任或者解聘。本法第四十九条关于有限责任公司经理职权的规定，适用于股份有限公司经理。

第一百一十四条 公司董事会可以决定由董事会成员兼任经理。

第一百二十三条 上市公司设董事会秘书，负责公司股东大会和董事会会议的筹备、文件保管以及公司股东资料的管理，办理信息披露事务等事宜。

第一百二十四条 上市公司董事与董事会会议决议事项所涉及的企业有关联关系的，不得对该项决议行使表决权，也不得代理其他董事行使表决权。该董事会会议由过半数的无关联关系董事出席即可举行，董事会会议所作决议须经无关联关系董事过半数通过。出席董事会的无关联关系董事人数不足三人的，应将该事项提交上市公司股东大会审议。

2.《中华人民共和国中外合作经营企业法实施细则》

第三十二条 合作企业设总经理1人，负责合作企业的日常经营管理工作，对董事会或者联合管理委员会负责。

合作企业的总经理由董事会或者联合管理委员会聘任、解聘。

3.《中华人民共和国中外合资经营企业法实施条例》

第三十五条 合营企业设经营管理机构，负责企业的日常经营管理工作。

经营管理机构设总经理1人,副总经理若干人。副总经理协助总经理工作。

第三十六条 总经理执行董事会会议的各项决议,组织领导合营企业的日常经营管理工作。在董事会授权范围内,总经理对外代表合营企业,对内任免下属人员,行使董事会授予的其他职权。

【相关观点】

一、有限责任公司董事会的设立、组成

董事会的设置和人数。公司有大有小,各公司可根据实际需要确定董事会的组成人员人数,少则可以5人,最多可以13人。董事会成员人数通常应为单数,以防止董事会在做出决定时出现赞成、反对各半的僵局出现。

职工董事。两个以上的国有企业或者其两个以上的国有投资主体设立的有限责任公司的董事会中必须有职工董事,其他有限责任公司的董事会中也可以有职工董事,以有利于职工参与公司的民主管理。

董事长、副董事长的设置和产生。董事会作为有限责任公司法定、必备且常设的集体行使公司经营决策权的机构,采取会议体制,有必要设置董事长,在董事会内部负责董事会会议的召集、主持等程序事务,协调董事会成员之间的关系,检查董事会决议的执行情况。公司还可以根据实际需要设副董事长,协助董事长工作。董事长、副董事长的产生办法,法律中未作规定,应由公司章程规定。

二、有限责任公司董事会的职权

董事会的11项职权,归纳起来,包括以下五个方面:

1. 负责召集股东会会议,并向股东会报告工作,执行股东会的决议。董事会作为公司的经营决策机构,对公司的权力机构——股东大会负责,有权召集股东会,并向股东会报告工作,执行股东会的决议。这既是董事会的职权,也是其法定职责。

2. 决定公司的经营计划和投资方案。在股东会决定了公司的经营方针和投资计划后,董事会据此决定公司的经营计划和投资方案,并组织实施,是董事会经营决策权最重要的体现。

3. 制定有关股东会决议的重大事项的方案,包括年度财务预算方案、决算方案,利润分配方案和弥补亏损方案,增加或者减少注册资本以及发行公司债券的方案,公司合并、分立、变更公司形式、解散的方案。对于这些事项,股东会具有最终决定权,但公司董事会可以通过制订方案,并提交股东会审议、表决,来施加影响,参与公司重大事项的决策。

4. 决定公司内部管理机构、基本管理制度和重要管理人员,包括决定公司内部管理机构的设置,聘任或者解聘公司经理,根据经理的提名,聘任或者解聘公司副经理、财务负责人,决定其报酬事项,制定公司的基本管理制度。

5. 公司章程规定的其他职权。公司股东可以根据公司的具体情况,通过公司章程授权董事会其他职权,如规定由董事会决定承办公司审计业务的会计师事务所的聘任或者解聘等。

三、股份有限公司董事会的设置和人数、职工董事、董事任期和董事会职权

股份有限公司为资合公司,通常股东人数较多,规模较大,不可能使每一股东都参加公司经营管理,因此需要实行所有权与经营权相分离原则,由股东选任董事组成董事会作为公司的决策机构,负责公司经营管理。公司有大有小,各公司可根据本条规定和实际需要确定董事会的组成人员人数,少则可以5人,最多可以19人。董事会成员人数通常应为单数,以防止董事会在做出决定时出现赞成、反对各半的僵局。

股份有限公司董事会成员中可以有公司职工代表(职工董事),以有利于职工参与公司的民主管理。

董事任期,是指担任董事职务的时间限制。股份有限公司董事任期适用有限责任公司董事任期的规定,即董事任期由公司章程规定,但每届任期不得超过3年。董事任期届满,连选可以连任。董事任期届满未及时改选,或者董事在任期内辞职导致董事会成员低于法定人数的,在改选出的董事就任前,原董事仍应当依照法律、行政法规和公司章程的规定,履行董事的职务。由此可以看出,股份有限公司董事每届法定任期最高年限为3年,公司章程可以规定短于3年的任期。董事任期届满,可以连选连任,可以连任的届数,本法未做规定,公司也可以根据本公司的情况,在章程中确定。董事任期届满或者辞职,其职责自动终止。但在出现董事任期届满未及时改选,或者董事在任期内辞职导致董事会成员低于法定人数的情形时,如果董事职责自动终止,则董事会将因董事缺额而无法履行职权,影响公司的正常运营,因此要求在改选出的董事就任前,原董事仍应当依照法律、行政法规和公司章程的规定,履行董事的职务。

具体来说,董事会的职权包括:

1. 负责召集股东大会会议,并向股东大会报告工作,执行股东会的决议。董事会的这些职权,体现了董事会与股东大会的实质关系。

2. 决定公司的经营计划和投资方案。在股东大会决定了公司的经营方针和投资计划后,董事会据此决定公司的经营计划和投资方案,并组织实施,是董事会经营决策权最重要的体现。

3. 制订有关股东大会决议的重大事项的方案,包括年度财务预算方案、决算方案、利润分配方案和弥补亏损方案,增加或者减少注册资本以及发行公司债券的方案,公司合并、分立、变更公司形式、解散的方案。

4. 决定公司内部管理机构、基本管理制度和重要管理人员,包括决定公

司内部管理机构的设置,聘任或者解聘公司经理,根据经理的提名,聘任或者解聘公司副经理、财务负责人,决定其报酬事项,制定公司的基本管理制度。这些职权也是董事会经营决策权的重要体现,是董事会执行股东大会决议、实施公司经营计划和投资方案,保障公司良好运行的基础。

5. 公司章程规定的其他职权。公司股东可以根据公司的具体情况,通过公司章程授权董事会其他职权,如规定由董事会决定承办公司审计业务的会计师事务所的聘任或者解聘等。

四、营利法人执行机构概述

执行机构是营利法人的必设机构。从公司实际运行情况看,股东(大)会往往由于股东人数众多和分散,具有召集不易的特点,股东通过股东(大)会表达的意愿和决策必须通过董事会来具体贯彻执行。因此,董事会具有常设机构的性质。董事会是公司的业务执行机关,对公司股东(大)会负责。董事会成员是由公司股东(大)会选举而产生的,同时,也可由股东(大)会解任。对于实践中股东人数较少或者规模较小的有限责任公司来说,如果强制性要求其设立多数人组成的董事会,不仅可能加大公司的运作成本,而且不一定能够达到平衡股东利益和提高公司运作效率的目的。因此,公司法规定,股东人数较少或者规模较小的有限责任公司,可以设一名执行董事,不设董事会。这不仅符合公司效率的原则,也符合法律上的意思自治和为当事人提供更多选择的原则。

——沈德咏主编:《〈中华人民共和国民法总则〉条文理解与适用》,人民法院出版社2017年版。

【相关案例】

1. 董事会依法对公司内部治理结构制度作出的决议应认定为有效

——杨国清诉马百祥等要求确认董事会决议无效案

案例要旨:董事会是公司的执行机构,有权对公司的日常管理制度作出决议。公司董事会决议的内容未违反法律、行政法规的强制性规定,且公司的大多数股东认可董事会作出的决议,因此认为该决议内容合法有效。

案号:(2007)二中民终字第2687号

审理法院:北京市第二中级人民法院

来源:《中国审判案例要览》(2008年商事审判案例卷)

2. 董事会决议调整公司总经理人选,未违反法律、行政法规强制性规定,此决议应当有效

——李建军诉上海中南环保科技有限公司董事会决议效力确认案

案例要旨:系争董事会决议内容为调整公司总经理人选,并不具备违反法律、行政法规强制性规定的法定情形，当事人亦未举证证明系争董事会决议确定的新总经理人选存在任职资格上的瑕疵，故难以认定系争董事会决议属无效决议。是否免除公司管理人员，属公司内部管理事务，亦系公司董事会、股东会的权利，即使公司高管任职资格无瑕疵，亦履行了其相应义务，公司董事会、股东会仍然有权免除其职务。

案号：（2010）沪一中民四（商）终字第852号

审理法院：上海市第一中级人民法院

来源：《中国审判案例要览》（2011年商事审判案例卷）

第八十二条 营利法人的监督机构

营利法人设监事会或者监事等监督机构的,监督机构依法行使检查法人财务,监督执行机构成员、高级管理人员执行法人职务的行为,以及法人章程规定的其他职权。

【相关规定】

1. 《中华人民共和国公司法》

第五十一条 有限责任公司设监事会,其成员不得少于三人。股东人数较少或者规模较小的有限责任公司,可以设一至二名监事,不设监事会。

监事会应当包括股东代表和适当比例的公司职工代表,其中职工代表的比例不得低于三分之一,具体比例由公司章程规定。监事会中的职工代表由公司职工通过职工代表大会、职工大会或者其他形式民主选举产生。

监事会设主席一人,由全体监事过半数选举产生。监事会主席召集和主持监事会会议;监事会主席不能履行职务或者不履行职务的,由半数以上监事共同推举一名监事召集和主持监事会会议。

董事、高级管理人员不得兼任监事。

第五十二条 监事的任期每届为三年。监事任期届满,连选可以连任。

监事任期届满未及时改选,或者监事在任期内辞职导致监事会成员低于法定人数的,在改选出的监事就任前,原监事仍应当依照法律、行政法规和公司章程的规定,履行监事职务。

第五十三条 监事会、不设监事会的公司的监事行使下列职权:

(一)检查公司财务;

(二)对董事、高级管理人员执行公司职务的行为进行监督,对违反法律、行政法规、公司章程或者股东会决议的董事、高级管理人员提出罢免的建议;

(三)当董事、高级管理人员的行为损害公司的利益时,要求董事、高级管理人员予以纠正;

(四)提议召开临时股东会会议,在董事会不履行本法规定的召集和主持股东会会议职责时召集和主持股东会会议;

(五)向股东会会议提出提案;

(六)依照本法第一百五十一条的规定,对董事、高级管理人员提起诉讼;

(七)公司章程规定的其他职权。

第七十条 国有独资公司监事会成员不得少于五人，其中职工代表的比例不得低于三分之一，具体比例由公司章程规定。

监事会成员由国有资产监督管理机构委派；但是，监事会成员中的职工代表由公司职工代表大会选举产生。监事会主席由国有资产监督管理机构从监事会成员中指定。

监事会行使本法第五十三条第（一）项至第（三）项规定的职权和国务院规定的其他职权。

第一百一十七条 股份有限公司设监事会，其成员不得少于三人。

监事会应当包括股东代表和适当比例的公司职工代表，其中职工代表的比例不得低于三分之一，具体比例由公司章程规定。监事会中的职工代表由公司职工通过职工代表大会、职工大会或者其他形式民主选举产生。

监事会设主席一人，可以设副主席。监事会主席和副主席由全体监事过半数选举产生。监事会主席召集和主持监事会会议；监事会主席不能履行职务或者不履行职务的，由监事会副主席召集和主持监事会会议；监事会副主席不能履行职务或者不履行职务的，由半数以上监事共同推举一名监事召集和主持监事会会议。

董事、高级管理人员不得兼任监事。

本法第五十二条关于有限责任公司监事任期的规定，适用于股份有限公司监事。

第一百一十八条 本法第五十三条、第五十四条关于有限责任公司监事会职权的规定，适用于股份有限公司监事会。

监事会行使职权所必需的费用，由公司承担。

2.《中华人民共和国商业银行法》

第十八条 国有独资商业银行设立监事会。监事会的产生办法由国务院规定。

监事会对国有独资商业银行的信贷资产质量、资产负债比例、国有资产保值增值等情况以及高级管理人员违反法律、行政法规或者章程的行为和损害银行利益的行为进行监督。

【相关观点】

一、有限责任公司监事会

在所有权与经营控制权分离的现代公司里，股东并不直接管理或者控制公司，公司被交由董事会治理。《公司法》第51条第1款明确规定：有限责任公司设立监事会。

监事会作为公司的专门监督机构，其规模应根据公司的具体情况而定，不应过大也不应过小。《公司法》第51条仅规定监事会的成员不得少于3

人，而未对其具体规模做出规定，公司可以根据其具体情况对监事会成员的人数做出规定。同时，对于股东人数较少和规模较小的有限责任公司，《公司法》第51条第1款规定其可以不设立监事会，而是设立1~2名监事，负责履行监督职能。

《公司法》第51条第2款是关于监事会组成结构的规定。根据该款规定，监事会由两类监事组成：第一类是股东代表，为了防止公司的经营管理层如董事、经理滥用权利，损害股东利益，股东必然要选派代表自己利益的人员作为监事参加监事会。第二类是职工代表，让职工代表参加监事会，主要基于几个方面的原因：首先，在公司中，职工是除了股东以外最关心公司兴衰的群体，公司经营的好坏直接关系着职工利益。其次，职工熟悉本公司的情况，让职工参加监事会，能够更好地发挥监事会的监督作用。最后，通过各种形式发挥职工在公司民主管理中的作用，让职工参与公司的经营监督，体现职工利益，也符合各国公司法发展的趋势。

监事会的成员的产生途径根据类别分为两种。根据《公司法》第51条第2款和《公司法》法有关条款的规定，监事会中的股东代表由股东会选举产生；监事会中的职工代表由公司职工通过职工代表大会、职工大会或者其他形式民主选举产生。同时，职工监事的比例不得低于监事会成员的1/3，具体比例由公司章程规定。

《公司法》第51条第3款是关于监事会主席的规定。根据该款规定，监事会主席从监事会成员中选举产生，须经全体监事的过半数同意。监事会主席仅负责召集和主持监事会，其他权利与普通监事相同。在监事会主席不能履行或者不履行召集和主持监事会的职权时，半数以上的监事可以共同推举1名监事来召集和主持监事会。

监事会设立的目的在于监督公司经营管理层。为了保证监事会、监事行使职权的独立性、公正性，各国公司法通常都限制董事、经理、财务人员与监事相互兼职。《公司法》第51条第4款明确禁止董事、高级管理人员兼任监事。

二、股份有限公司监事会的设置、成员人数、组成以及监事任期

股份有限公司采取所有权与经营权相分离的方式，根据权力制衡原则，选任监事组成监事会或采取其他方式组成公司监督机构，对公司的董事、高级管理人员及公司的经营活动实施监督，以维护公司和股东权益。我国公司监督机构采取监事会制度，要求股份有限公司必须设置监事会，集体行使监督权；监事会成员不得少于3人，公司章程可以规定具体人数，但通常应为单数，以避免在监事会会议表决时出现赞成和反对的人数各半的情况。

监事会由两部分人员组成：一部分是股东代表，即由股东通过股东大会选出的代表；另一部分是职工代表，职工代表由公司职工通过职工代表大会、

职工大会或者其他形式民主选举产生。

《公司法》规定：监事会设主席1人，可以设副主席。监事会主席和副主席由全体监事过半数选举产生。监事会主席召集和主持监事会会议；监事会主席不能履行职务或者不履行职务的，由监事会副主席召集和主持监事会会议；监事会副主席不能履行职务或者不履行职务的，由半数以上监事共同推举一名监事召集和主持监事会会议。

公司的董事以及经理、副经理、财务负责人等高级管理人员是监事会监督的对象，如果同时兼任监事，将导致监事会起不到监督作用，对此应予禁止。

根据《公司法》第52条和第53条的规定，监事的任期每届为3年。法律规定监事的任期，可以防止监事任期过长，其与公司的董事、高级管理人员联系过于紧密而影响监督效果。同时，考虑到维护股东对监事的选任权，在一定程度上维持公司内部监督工作的连续性，允许监事任期届满后，可以连选连任。而在监事任期届满未及时改选，或者监事在任期内辞职导致监事会成员低于法定人数时，为了保证公司监督工作不致中断，任期届满或者在任期内辞职的监事在改选出的监事就任前，仍应当依照法律、行政法规和公司章程的规定，履行监事的职务。

三、监事会的职权

根据本条规定，有限责任公司监事会的职权主要包括以下几类：

1. 财务监督权，即监事会可以对公司的财务状况进行检查，如查阅公司账簿和其他会计资料，核对公司董事会提交股东会的会计报告、营业报告和利润分配方案等会计资料，发现疑问可以进行复核等。

2. 对公司经营管理活动的监督。其具体包括：（1）对董事、高级管理人员执行公司职务时违反法律、行政法规、公司章程或者股东会决议的行为进行监督，并可以提出罢免违规的董事、高级管理人员的建议；（2）纠正或者停止董事、高级管理人员侵害公司利益的行为。

3. 提案权，即监事会可以向股东会提出提案，供股东会讨论。

4. 召开临时股东会会议的提议权和特定情况下股东会的召集、主持。按股东会会议分为定期会议和临时会议，定期会议按照公司章程的规定召开；代表1/10以上表决权的股东、1/3以上的董事以及监事可以提议召开临时股东会。因此，监事会为履行其监督职能，认为需要召开临时股东会会议对有关事项进行讨论的，可以提议召开临时股东会会议。

在公司的运营实践中，如果监事会发现董事会成员有违规行为，提议召开临时股东会会议进行讨论时，董事会为避免被追究责任，可能怠于召集和主持股东会，从而使监事会的监督职能无法实现。此次修改公司法，针对实践中存在的这种具体情况，专门在监事会的职权中增加了召集和主持股东会的权利。这样，在董事会不履行法律规定的召集和主持股东会职责时，由监事会召集和主持股东会，从而更好地实现其监督职能。

5. 代表诉讼权。监事会是公司的内设监督机关，通常情况下是无权代表公司行使权利的。但在公司行为针对的是董事和高级管理人员时，让董事会或者经理代表公司，难以保证公司的利益。因此，当董事、高级管理人员执行公司职务时违反法律、行政法规或者公司章程的规定，给公司造成损害的，监事会可以代表公司向人民法院提起诉讼，请求其承担赔偿责任。这实际上有限度地赋予了监事会代表公司的权利。

6. 公司章程规定的其他职权。公司可以根据其自身情况和实现监事会监督职能的需要，在公司章程中对监事会职权做出其他规定。

根据《公司法》第51条的规定，股东人数较少和规模较小的有限责任公司，可以不设立监事会，只设立1~2名监事。此时，监事会的职权由这1~2名监事单独行使。

《公司法》第53条虽然是关于有限责任公司监事会职权的规定，但依照《公司法》第118条的规定，对于股份有限公司的监事会也是适用的。

【相关案例】

1. 监事任期届满但在公司股东大会选举出新的监事之前，发现公司经营异常后仍然有权行使对公司的监事检查权

——金广福诉同创公司监事检查权纠纷案

案例要旨：根据《中华人民共和国公司法》规定，监事会、不设监事会的公司监事发现公司经营情况异常可以进行调查。依据公司章程监事虽然任期届满，但在公司股东大会选举出新的监事之前，如发现公司经营异常，为保护公司正常运转和股东合法权益，其仍然有权行使对公司的监事检查权。

案号：（2013）扬商终字第0009号

审理法院：江苏省扬州市中级人民法院

来源：《江苏省高级人民法院公报》（2013年第2辑）（总第26辑）

2. 监事并非劳动法意义上的劳动者，与公司之间的关系并非劳动关系

——上海富呈企业管理咨询有限公司诉施伟明劳动合同案

案例要旨：公司的监事由股东会选举，并由股东会决定监事的报酬，且监事与公司之间没有管理与被管理的关系，缺乏人身隶属性，所以公司监事并非我国劳动法意义上的劳动者。其在控制公司公章、法人章及营业执照期间与公司签订的劳动合同无公司法定代表人签名，

且合同落款中作为公司一方代表签名的人亦未得到公司法定代表人或其他负责人的授权，应认定监事与公司签订的该合同并非公司的真实意思表示，此时公司监事无权要求公司按照该合同约定的工资标准支付其工资。

案号：（2010）沪二中民三（民）终字第376号

审理法院：上海市第二中级人民法院

来源：《中国审判案例要览》（2011年民事审判案例卷）

第八十三条　营利法人的出资人滥用权利的责任承担

营利法人的出资人不得滥用出资人权利损害法人或者其他出资人的利益。滥用出资人权利给法人或者其他出资人造成损失的,应当依法承担民事责任。

营利法人的出资人不得滥用法人独立地位和出资人有限责任损害法人的债权人利益。滥用法人独立地位和出资人有限责任,逃避债务,严重损害法人的债权人利益的,应当对法人债务承担连带责任。

【相关规定】

1. 《中华人民共和国公司法》

第二十条　公司股东应当遵守法律、行政法规和公司章程,依法行使股东权利,不得滥用股东权利损害公司或者其他股东的利益;不得滥用公司法人独立地位和股东有限责任损害公司债权人的利益。

公司股东滥用股东权利给公司或者其他股东造成损失的,应当依法承担赔偿责任。

公司股东滥用公司法人独立地位和股东有限责任,逃避债务,严重损害公司债权人利益的,应当对公司债务承担连带责任。

2. 《最高人民法院关于适用〈中华人民共和国公司法〉若干问题的规定(三)》

第十二条　公司成立后,公司、股东或者公司债权人以相关股东的行为符合下列情形之一且损害公司权益为由,请求认定该股东抽逃出资的,人民法院应予支持:

(一)制作虚假财务会计报表虚增利润进行分配;

(二)通过虚构债权债务关系将其出资转出;

(三)利用关联交易将出资转出;

(四)其他未经法定程序将出资抽回的行为。

3. 《重庆市高级人民法院关于审理股东滥用公司法人独立地位和股东有限责任赔偿纠纷案件的指导意见》

第一条　公司债权人无充分证据证明股东滥用公司法人独立地位和股东有限责任且其利益受到严重损害的,人民法院不应否认公司法人的独立人格并追究股东的民事责任。

能够适用其他民事法律规定对债权人利益进行救济的,人民法院不应适用公司法第二十条第三款的规定。

第二条 股东滥用公司法人独立地位和股东有限责任赔偿纠纷案件是指公司债权人以公司法第二十条第三款为请求权基础规范起诉的案件。

股东滥用公司法人独立地位和股东有限责任赔偿纠纷一审案件由公司住所地中级人民法院管辖。公司住所地是指公司主要办事机构所在地。公司办事机构所在地不明确的，由其注册地中级人民法院管辖。

第五条 公司股东具有下列行为之一，严重损害债权人利益的，应当认定股东滥用公司法人独立地位和股东有限责任：

（一）违反公司法、公司章程关于公司法人治理结构的规定，过度控制与支配公司，致使公司法人独立地位徒具形式的；

（二）自身收益与公司盈利不加区分，致使双方财务账目不清；

（三）与公司资金混同，并持续地使用同一账户的；

（四）与公司之间业务持续混同，具体交易行为、交易价格受同一控制股东支配或者操纵的。

第七条 具有下列情形之一的，不属于股东滥用公司法人独立地位和股东有限责任，不适用公司法第二十条第三款之规定：

（一）股东为了逃避自身债务而将自己的财产无偿或以明显不合理的低价转移给公司的；

（二）注册资金虽未全额到位，但已达到公司法规定的最低限额的；

（三）公司被吊销营业执照，股东未尽清算义务的；

（四）其他非滥用公司法人独立地位和股东有限责任的情形。

第九条 人民法院作出的公司股东滥用公司独立地位和股东有限责任，公司股东对公司债务承担连带责任的判决仅对该案的公司债权人发生效力。公司其他债权人诉请同一股东滥用公司独立地位和股东有限责任，请求其对公司债务承担连带责任的，人民法院应当另行审理。

第十条 一人公司债权人既可依据公司法第二十条第三款，也可依据公司法第六十四条主张一人公司股东滥用公司独立地位和股东有限责任，请求其对公司债务承担连带责任。一人公司的债权人以财产混同为由主张股东滥用公司独立地位和股东有限责任，请求其对公司债务承担连带责任的，优先适用公司法第六十四条。

第十一条 债权人以集团母公司滥用下属子公司法人独立地位和股东有限责任为由，诉请集团母公司对下属子公司债务承担赔偿责任的案件，人民法院应当按照本指导意见第五条之规定审查集团母公司是否有滥用下属子公司独立地位和股东有限责任的情形，不能仅以集团母公司对下属子公司的人、财、物等采取统一管理模式为由而否认子公司法人独立地位。

【相关观点】

一、公司股东应当依法行使权利

公司股东依法和依章程正当行使权利，是股东的基本义务。本着权利、义务平等的原则，公司股东在享受各项权利的同时，负有正当行使权利的义务。股东在行使权利时，一是要遵守法律有关权利行使的规定；二是要依照法律规定的程序行使。股东行使权利不得损害公司和其他股东的利益。例如，根据《公司法》相关规定，股东在涉及公司为其担保事项进行表决时，应当回避；如股东违反这一规定强行参与表决，则构成滥用股东权利。股东滥用权利的行为，给公司和其他股东造成损失的，滥用权利的股东应承担赔偿责任。这样规定有利于规范股东行为，促使股东依法、正当行使权利。

股东不得滥用公司法人独立地位和股东有限责任损害公司债权人的利益。公司法为保护和鼓励投资，同时也保证公司经营的灵活性和高效性，创制了股东有限责任和公司独立法人地位的制度。但是，实际经济生活中，有的公司的股东通过各种途径控制公司，为赚取高额利润或逃避债务，常常擅自挪用公司的财产，或者与自己的财产混同、账目混同、业务混同。有的股东为达到非法目的，设立一个壳公司从事违法活动，实际控制该公司，但又以有限责任为掩护逃避责任。在这些情况下，公司在实际上已失去了独立地位，该独立法人地位被股东滥用了。面对这一现实问题，一些国家在维护公司股东有限责任的基本原则的同时，本着权利和义务相一致的原则，为切实保护债权人的利益、维护正常的交易秩序，创制了公司法人人格否认（在普通法系国家称为"揭开公司面纱"）的制度。即当符合法定条件，将公司股东和公司视为一体，追究股东和公司共同的法律责任。

股东滥用公司法人独立地位和股东有限责任的，应当对公司债务承担连带责任。

在司法审判实践中已经开始运用这一原则。因此，应当在新公司法中建立这一制度，并明确规定股东对公司承担的责任。关于在这种情况下应如何追究股东的责任，理论界有不同的认识：第一种意见认为，应当直接追究股东的责任；第二种意见认为，应当先追究公司责任，股东承担补充清偿责任；第三种意见认为，基于公司已失去法人人格的现实，应当追究股东和公司的共同责任，国外的审判实践多数采用这种意见。经过研究，本条采用上述第三种意见，规定股东滥用公司法人独立地位和股东有限责任，对公司债务承担连带责任。对于第二个问题，许多部门、地方和专家建议在法律中明确规定股东滥用公司独立法人地位和有限责任的具体行为，避免司法审判实践中对这一原则的滥用。经研究认为，实践中股东滥用公司法人独立地位和有限责任的表现形式多样，在法律中难以一一列举。我国刚刚开始实行这一制度，法律只做原则规定，由最高人民法院根据审判实践的情况做出具体规定较为稳妥。因此，本条并未列举确定股东滥用公司法人独立地位和有限责任的具体标准。

——法信网。

二、公司法人人格否认的适用条件

公司法人人格否认的法律依据主要是《公司法》第 20 条第 3 款之规定。该条规定：公司股东滥用公司法人独立地位和股东有限责任，逃避债务，严重损害公司债权人利益的，应当对公司债务承担连带责任。在诉讼过程中否认法人人格，一般应符合以下条件：第一，公司法人已经取得独立人格；第二，股东实施了滥用公司人格的行为，如人格混同、财产混同、虚拟股东、不正当控制等；第三，上述行为造成了债权人利益或社会公共利益的损害；第四，滥用公司人格行为与债权人利益或公共利益损害之间具有因果关系；第五，人格否认制度仅在公司无清偿能力时才能适用。可以诉请否认法人人格的当事人，只能是因股东滥用公司人格的行为而受到损害的公司债权人，包括自然人、法人和其他组织。在中小股东因控制股东的违法行为而受到损害时，其可以直接向侵害其权益的控制股东提起损害赔偿之诉，而不能提起否认公司法人人格的诉讼。就被告而言，也应只限于实施了滥用公司人格和股东有限责任行为的积极控制股东。

在适用法人人格否认时应当注意的是，尽管修订后的公司法规定了公司法人人格否认制度，但在公司法人人格独立制度和公司法人人格否认制度的关系上，前者始终属于本位的主导性规则，后者仅为适用于特定场合和特定事由的例外性规定而已。所以在审判实践中一定要审慎适用，防止滥用，不完全符合适用条件的，绝不能适用法人人格否认制度。

——法信网。

三、司法实践中否认子公司人格的主要情形

目前我国司法实践中运用法人人格否认理论否认子公司人格主要集中在以下情形：（1）子公司法人人格的形骸化。主要表现在财产、人员与业务的混同，如子公司与母公司营业场所、办公设施同一，董事或高管完全相同，母子公司之间的业务活动完全相同，具体交易行为也不单独进行。（2）过度控制。主要表现在子公司的决策权掌握在母公司手中，母子公司之间的合同更有利于母公司，子公司长期以无利润的方式经营。（3）子公司成立瑕疵。主要表现在子公司成立程序不合法或母公司对子公司出资不实。（4）母子公司之间关联交易。母公司任意占用子公司资金，以不利于子公司利益的方式与子公司进行交易，达到转移子公司资产的目的。

【相关案例】

1. 公司股东滥用公司法人独立地位和股东有限责任，逃避债务，严重损害公司债权人利益的，应当对公司债务承担连带责任

——浙江昌盛玻璃有限公司诉东莞市西伦电器实业有限公司、柯航承揽合同纠纷案

案例要旨：（1）明知企业法人被吊销营业执照，实际经营人员不披露该信息，仍以该法人名义经营，导致不知情交易相对人利益损失的，应承担个人责任。（2）法定代表人操纵公司混同经营，滥用法人独立人格与股东有限责任，损害交易相对人利益，应承担个人责任。股东通过对公司的控制而实施不正当影响，使公司丧失独立意志，成为股东牟利之工具，由此导致公司法人独立地位无从体现的，则公司应与操控其之股东视同一体，共同承担相应的责任。

案号：（2011）浙湖商终字第 377 号

审理法院：浙江省湖州市中级人民法院

来源：《浙江省参阅案例．案例指导》2012.1（总第 23 期）

2. 股东滥用公司独立人格，公司也应为股东的债务承担责任

——沈阳惠天热电股份有限公司诉沈阳市第二市政建设工程有限公司建筑工程施工合同纠纷上诉案

案例要旨：公司独立人格与股东有限责任是现代公司制度的两大基石，但若存在股东滥用法人格，导致股东与公司人格混同，损害债权人利益的，在特定个案中，法院可能会刺破公司面纱，否定公司独立人格的存在，使股东对公司的债务承担责任；与此扩张适用的情形则称之为反向刺破公司面纱，即在特定条件下，法律将公司与股东视为一体，令公司为股东的债务承担责任。

案号：（2010）沈民二终字第 264 号

审理法院：辽宁省沈阳市中级人民法院

来源：《人民司法·案例》2010 年第 14 期

3. 滥用股东权利导致公司财产下落不明应承担赔偿责任

——付某诉黄某、池某、某化工公司滥用股东权利案

案例要旨：根据《公司法》规定，公司股东应当遵守法律、行政法规和公司章程，依法行使股东权利，不得滥用股东权利损害公司或者其他股东的利益；不得滥用公司法人独立地位和股东有限责任损害公司债权人的利益。公司股东滥用股东权利给公司或者其他股东造成损失的，应当依法承担赔偿责任。

来源：《人民法院报》2012年3月22日，第7版

4. 关联公司的人员、业务、财务等方面交叉或混同，导致各自财产无法区分，丧失独立人格的，构成人格混同

——徐工集团工程机械股份有限公司诉成都川交工贸有限责任公司等买卖合同纠纷案

案例要旨： 关联公司的人员、业务、财务等方面交叉或混同，导致各自财产无法区分，丧失独立人格的，构成人格混同。关联公司人格混同，严重损害债权人利益的，关联公司相互之间对外部债务承担连带责任。

案号：（2011）苏商终字第0107号

审理法院： 江苏省高级人民法院

来源： 最高人民法院指导性案例（指导案例15号）

第八十四条 限制不当利用关联关系

营利法人的控股出资人、实际控制人、董事、监事、高级管理人员不得利用其关联关系损害法人的利益。利用关联关系给法人造成损失的，应当承担赔偿责任。

【相关规定】

1. 《中华人民共和国公司法》

第二十一条　公司的控股股东、实际控制人、董事、监事、高级管理人员不得利用其关联关系损害公司利益。

违反前款规定，给公司造成损失的，应当承担赔偿责任。

第二百一十六条　本法下列用语的含义：

（一）高级管理人员，是指公司的经理、副经理、财务负责人，上市公司董事会秘书和公司章程规定的其他人员。

（二）控股股东，是指其出资额占有限责任公司资本总额百分之五十以上或者其持有的股份占股份有限公司股本总额百分之五十以上的股东；出资额或者持有股份的比例虽然不足百分之五十，但依其出资额或者持有的股份所享有的表决权已足以对股东会、股东大会的决议产生重大影响的股东。

（三）实际控制人，是指虽不是公司的股东，但通过投资关系、协议或者其他安排，能够实际支配公司行为的人。

（四）关联关系，是指公司控股股东、实际控制人、董事、监事、高级管理人员与其直接或者间接控制的企业之间的关系，以及可能导致公司利益转移的其他关系。但是，国家控股的企业之间不仅因为同受国家控股而具有关联关系。

2. 《中华人民共和国保险法》

第一百零九条　保险公司的控股股东、实际控制人、董事、监事、高级管理人员不得利用关联交易损害公司的利益。

第一百五十一条　保险公司的股东利用关联交易严重损害公司利益，危及公司偿付能力的，由国务院保险监督管理机构责令改正。在按照要求改正前，国务院保险监督管理机构可以限制其股东权利；拒不改正的，可以责令其转让所持的保险公司股权。

3. 《中华人民共和国企业国有资产法》

第四十四条　国有独资企业、国有独资公司、国有资本控股公司不得无偿向关联方提供资金、商品、服务或者其他资产，不得以不公平的价格与关联方进行交易。

第四十五条 未经履行出资人职责的机构同意，国有独资企业、国有独资公司不得有下列行为：

（一）与关联方订立财产转让、借款的协议；

（二）为关联方提供担保；

（三）与关联方共同出资设立企业，或者向董事、监事、高级管理人员或者其近亲属所有或者实际控制的企业投资。

第四十六条 国有资本控股公司、国有资本参股公司与关联方的交易，依照《中华人民共和国公司法》和有关行政法规以及公司章程的规定，由公司股东会、股东大会或者董事会决定。由公司股东会、股东大会决定的，履行出资人职责的机构委派的股东代表，应当依照本法第十三条的规定行使权利。

公司董事会对公司与关联方的交易作出决议时，该交易涉及的董事不得行使表决权，也不得代理其他董事行使表决权。

4.《保险公司关联交易管理暂行办法》

第五条 中国保监会依法对保险公司关联交易实施监管。

第七条 以股权关系为基础的关联方包括：

（一）保险公司股东及其董事长、总经理；

（二）保险公司股东直接、间接、共同控制的法人或者其他组织及其董事长、总经理；

（三）保险公司股东的控股股东及其董事长、总经理；

（四）保险公司直接、间接、共同控制的法人或者其他组织及其董事长、总经理；

本条所称保险公司股东，是指能够直接、间接、共同持有或者控制保险公司百分之五以上股份或表决权的股东。

第八条 以经营管理权为基础的关联方包括：

（一）保险公司董事、监事和总公司高级管理人员及其近亲属；

（二）保险公司董事、监事和总公司高级管理人员及其近亲属直接、间接、共同控制或者可施加重大影响的法人或者其他组织。

第九条 其他关联方是指不属于本办法第七条和第八条规定的关联方范围，但是能够对保险公司施加重大影响，不按市场独立第三方价格或者收费标准与保险公司进行交易的自然人、法人或者其他组织。

第十条 保险公司关联交易是指保险公司与关联方之间发生的下列交易活动：

（一）保险公司资金的投资运用和委托管理；

（二）固定资产的买卖、租赁和赠与；

（三）保险业务和保险代理业务；

（四）再保险的分出或者分入业务；

（五）为保险公司提供审计、精算、法律、资产评估、广告、职场装修等服务；

（六）担保、债权债务转移、签订许可协议以及其他导致公司利益转移的交易活动。

第二十二条　保险公司重大关联交易应当在发生后十五个工作日内报告中国保监会。报告内容包括：

（一）交易协议；

（二）股东大会或董事会决议；

（三）独立董事的书面意见；

（四）交易的定价政策，成交价格与市场公允价格之间差异较大的，应当说明原因；

（五）交易目的及交易对公司本期和未来财务状况及经营成果的影响；

（六）本年度与该关联方累计已发生的关联交易金额总和；

（七）有助于说明交易情况的其他信息。

第四条　商业银行的关联交易应当遵守法律、行政法规、国家统一的会计制度和有关的银行业监督管理规定。

商业银行的关联交易应当按照商业原则，以不优于对非关联方同类交易的条件进行。

第五条　中国银行业监督管理委员会依法对商业银行的关联交易实施监督管理。

第二章　关联方

第六条　商业银行的关联方包括关联自然人、法人或其他组织。

第九条　本办法所称控制是指有权决定商业银行、法人或其他组织的人事、财务和经营决策，并可据以从其经营活动中获取利益。

本办法所称共同控制是指按合同约定或一致行动时，对某项经济活动所共有的控制。

本办法所称重大影响是指不能决定商业银行、法人或其他组织的人事、财务和经营决策，但能通过在其董事会或经营决策机构中派出人员等方式参与决策。

第十三条　法人或其他组织应当自其成为商业银行的主要非自然人股东之日起十个工作日内，向商业银行的关联交易控制委员会报告其下列关联方情况：

（一）控股自然人股东、董事、关键管理人员；

（二）控股非自然人股东；

（三）受其直接、间接、共同控制的法人或其他组织及其董事、关键管理人员。

本条第一款报告事项如发生变动，应当在变动后的十个工作日内向商业银行的关联交易控制委员会报告。

第三十九条 商业银行的股东通过向商业银行施加影响，迫使商业银行从事下列行为的，中国银行业监督管理委员会可以区别不同情况限制该股东的权利；对情节严重的控股股东，可以责令其转让股权：

（一）未按本办法第四条规定进行关联交易，给商业银行造成损失的；
（二）未按本办法第二十五条规定审批关联交易的；
（三）向关联方发放无担保贷款的；
（四）违反本办法规定为关联方融资行为提供担保的；
（五）接受本行的股权作为质押提供授信的；
（六）聘用关联方控制的会计师事务所为其审计的；
（七）对关联方授信余额超过本办法规定比例的；
（八）未按照本办法第三十八条规定披露信息的。

第四十条 商业银行董事、高级管理人员有下列情形之一，中国银行业监督管理委员会可以责令其限期改正；逾期不改正或者情节严重的，中国银行业监督管理委员会可以责令商业银行调整董事、高级管理人员：

（一）未按本办法第十二条规定报告的；
（二）未按本办法第十四条规定承诺的；
（三）做出虚假或有重大遗漏的报告的；
（四）未按本办法第二十六条规定回避的；
（五）独立董事未按本办法第二十七条规定发表书面意见的。

第四十一条 商业银行未按照规定向中国银行业监督管理委员会报告重大关联交易或报送关联交易情况报告的，由中国银行业监督管理委员会责令改正，逾期不改正的，处十万元以上三十万元以下罚款。

第四十二条 商业银行有下列情形之一的，由中国银行业监督管理委员会责令改正，并处二十万元以上五十万元以下罚款：

（一）未按本办法第四条规定进行关联交易，给商业银行造成损失的；
（二）未按本办法第二十五条规定审批关联交易的；
（三）向关联方发放无担保贷款的；
（四）违反本办法规定为关联方融资行为提供担保的；
（五）接受本行的股权作为质押提供授信的；
（六）聘用关联方控制的会计师事务所为其审计的；
（七）对关联方授信余额超过本办法规定比例的；
（八）未按照本办法第三十八条规定披露信息的；

（九）未按要求执行本办法第三十九条和第四十条规定的监督管理措施的。

第四十三条　商业银行有本办法第四十二条所列情形之一的，中国银行业监督管理委员会可以责令商业银行对直接负责的董事、高级管理人员和其他直接责任人员给予纪律处分；情节严重的，中国银行业监督管理委员会可以取消商业银行直接负责的董事、高级管理人员一至十年的任职资格或禁止其一定期限从事银行业工作，可以禁止其他直接责任人员一定期限从事银行业工作；未构成犯罪的，中国银行业监督管理委员会可以对商业银行直接负责的董事、高级管理人员和其他直接责任人员处五万元以上五十万元以下罚款；构成犯罪的，依法追究刑事责任。

【相关观点】

一、公司的关联方利用关联关系损害公司利益，应当承担赔偿责任

公司的关联交易一般是指具有投资关系或合同关系的不同主体之间所进行的交易，又称为关联方交易。公司关联交易是一种经济行为。正常的关联交易，可以稳定公司业务，分散经营风险，有利于公司的发展；但实务中常有控制公司利用与从属公司的关联关系和控制地位，迫使从属公司与自己或其他关联方从事不利益的交易，损害从属公司和少数股东利益的现象。

我国的公司关联交易现象是随着经济的发展、公司规模逐渐扩大、公司内部结构逐渐复杂而逐步增多的；特别是在较大的公司和上市公司中，这一现象更是较多。一些公司的大股东、实际控制人和管理层通过与公司的关联交易，随意挪用公司资金，为自己或关联方提供担保，通过操纵交易条件等将公司的利润转移至关联方，严重地损害公司、少数股东和债权人的利益。

根据《公司法》第21条第1款规定，与公司有关联关系的五种人不得利用其与公司的关联关系损害公司利益，包括：（1）公司控股股东，是指其出资额占有限责任公司资本总额50％以上或者其持有的股份占股份有限公司股本总额50％以上的股东；出资额或者持有股份的比例虽然不足50％，但依其出资额或者持有的股份所享有的表决权已足以对股东会、股东大会的决议产生重大影响的股东。（2）实际控制人，是指虽然不是公司的股东，但通过投资关系、协议或者其他安排，能够实际支配公司行为的人。（3）董事，是指公司股东会或者股东大会选举出来的董事会成员。（4）监事，是指公司股东会或者股东大会选举出来的监事会成员。（5）高级管理人员，是指公司的经理、副经理、财务负责人，上市公司董事会秘书和公司章程规定的其他人员。所谓关联关系，是指公司控股股东、实际控制人、董事、监事、高级管理人员与其直接或者间接控制的企业之间的关系，以及可能导致公司利益转移的其他关系；但是，国家控股的企业之间不仅仅因为同受国家控股而具有关联关系。

《公司法》第21条第2款规定，违反第1款规定致使公司公司遭受损害的，应当就其损害承担赔偿责任。

二、违法关联交易的主体

关联交易主体是指公司的内部人，以及与有利害关系的、对公司经营决策能够直接或间接控制或施加影响的其他人。关联关系的内部表现为控制关系和重大影响关系，外部表现为母子公司、控制公司、控股公司、参股公司、集团公司、公司集团、企业集团或者跨国公司等形态。关联交易主体包括关联自然人和关联法人两类，前者以公司的董事等高级管理人员为代表，后者以母公司或控股公司为代表。《公司法》第21条就将关联交易人界定为公司控股股东、实际控制人、董事、监事、高级管理人员等自然人和其直接控制或者间接控制的企业法人，并在第216条中对控股股东、实际控制人、高级管理人员以及关联关系进行界定。

关于关联企业及其具体范围，我国相关行政法规和规章已作出比较明确的界定。《税收征收管理法实施细则》第51条规定：关联企业是指在资金、经营购销等方面，存在着直接或间接拥有或控制关系、直接或间接地同为第三者拥有或控制、其他在利益上具有相关联的关系的公司、企业、其他经济组织。国家税务总局于2004年10月22日修订的《关联企业间业务往来税务管理规程》第4条规定，关联企业主要包括：（1）相互间直接或间接持有其中一方的股份总额达到25%或以上的；（2）直接或间接地同为第三者所拥有或控制股份达到25%或以上的；（3）企业与另一企业之间借贷资金占企业自有资金50%或以上，或企业借贷资金总额的10%是另一企业担保的；（4）企业的董事或经理等高级人员一半以上或有一名常务董事是由另一企业所委派的；（5）企业的生产经营活动必须由另一企业提供的特许权利（包括工业产权、专有技术等）才能正常进行的；（6）企业生产经营购进原料、零配件等（包括价格及交易条件等）是由另一企业所控制或供应的；（7）企业生产的产品或商品的销售（包括价格及交易条件等）是由另一企业所控制的；（8）对企业生产经营、交易具有实际控制的其他利益上相关联的关系，包括家庭、亲属关系等。

——徐强胜：《公司纠纷裁判依据新释新解》，人民法院出版社2014年版。

三、公司关联交易损害责任纠纷的构成要件

"通过关联关系"和"损害公司利益"，是证实违法关联交易的两条根本标准。根据司法实践，并参考市场经济发达国家的验证，这两条根本标准具体体现为以下几个要件：（1）交易主体。关联交易主体包括关联自然人和关联法人两类，前者以公司的董事、高级管理人员为代表，后者以母公司或控股公司为代表。（2）交易动机。人民法院应当审查关联交易的目的是否正当，交易动机是否出于诸如操纵市场、转移利润或财产、虚假报表、逃避税收等恶意，这对于判断关联交易的效力十分重要。(3) 交易行为。《公司法》所规制的关联行为主要是指关联交易中的非常规交易行为，即关联交易主体滥用集中管理、股权分散或者事实上对公司的控制力，从事损害公司利益的关联交易行为。该行为通常表现为关联公司之间就收益、成本、费用与损益的摊计不合理或不公正。实践中的主要问题在于，任何认定交易行为是否属于非常规的交易行为，对此，人民法院应当参照市场交易惯例，并参考审计、评估等专业机构的鉴定意见。(4) 交易结果。关联交易人的交易行为应当给公司带来现实的或者明显可能发生的损失。

——吕红兵、尹秀超、李继泉、吴春岐编著：《公司法适用疑难问题通览——法律原理、观点、实例及依据》，人民法院出版社 2013 年版。

【相关案例】

1. 审判实践中应从交易程序、交易对价、交易结果的角度来认定关联交易的非正当性

——上海安连信息技术有限公司诉上海安聚投资管理有限公司、魏文生关联交易案

案例要旨：关于关联交易非正当性的认定，公司法仅以"不得损害公司利益"予以规制，审判中应主要从交易程序、交易对价、交易结果的角度来认定关联交易的非正当性。此外，就股东代表诉讼的前置程序而言，在监事应股东请求提起诉讼时应以公司名义而非以自己名义提起诉讼，更为合理。

案号：(2010) 长民二（商）初字第 1742 号

审理法院：上海市长宁区人民法院

来源：《人民司法·案例》2013 年第 22 期

2. 公司董事、监事、高级管理人员利用关联关系损害公司利益给公司造成损失的应当承担赔偿责任

——南长区房地产经营公司、上海浦东国有资产投资管理有限公司诉恒通集团股份有限公司公司关联交易损害责任纠纷案

案例要旨：公司的控股股东、实际控制人、董事、监事、高级管理人员不得利用其关联关系损害公司利益。违反规定，给公司造成损失的，应当承担赔偿责任。少数股东在公司利益受到损害而怠于行使诉权的情况下，可由股东作为原告直接起诉以保护公司利益。

案例来源：江平、李国光主编：《最新公司法案例评析》，人民法院出版社 2006 年版。

第八十五条 营利法人权力机构、执行机构决议的撤销

营利法人的权力机构、执行机构作出决议的会议召集程序、表决方式违反法律、行政法规、法人章程，或者决议内容违反法人章程的，营利法人的出资人可以请求人民法院撤销该决议，但是营利法人依据该决议与善意相对人形成的民事法律关系不受影响。

【相关规定】

1.《中华人民共和国公司法》

第二十二条 公司股东会或者股东大会、董事会的决议内容违反法律、行政法规的无效。

股东会或者股东大会、董事会的会议召集程序、表决方式违反法律、行政法规或者公司章程，或者决议内容违反公司章程的，股东可以自决议作出之日起六十日内，请求人民法院撤销。

股东依照前款规定提起诉讼的，人民法院可以应公司的请求，要求股东提供相应担保。

公司根据股东会或者股东大会、董事会决议已办理变更登记的，人民法院宣告该决议无效或者撤销该决议后，公司应当向公司登记机关申请撤销变更登记。

2.《上市公司股东大会规则》

第四十六条 公司股东大会决议内容违反法律、行政法规的无效。

公司控股股东、实际控制人不得限制或者阻挠中小投资者依法行使投票权，不得损害公司和中小投资者的合法权益。

股东大会的会议召集程序、表决方式违反法律、行政法规或者公司章程，或者决议内容违反公司章程的，股东可以自决议作出之日起60日内，请求人民法院撤销。

3.《中国保险监督管理委员会关于印发〈保险公司董事会运作指引〉的通知》

第七十二条 董事会的决议内容违反法律、行政法规的无效。

董事会的会议召集程序、表决方式违反法律、行政法规，或者决议内容违反公司章程的，股东可以按照《公司法》的规定请求人民法院撤销。

4.《上市公司章程指引》

第三十四条 公司股东大会、董事会决议内容违反法律、行政法规的，

股东有权请求人民法院认定无效。

股东大会、董事会的会议召集程序、表决方式违反法律、行政法规或者本章程，或者决议内容违反本章程的，股东有权自决议作出之日起60日内，请求人民法院撤销。

【相关观点】

一、对本条的理解

本条规定，主要考虑到决议内容违反章程规定的瑕疵，是对于法人成员意思自治的违反，与决议的召集程序、表决方式违反法律、行政法规的规定和法人章程规定的性质和后果大致相同，本着兼顾公平和效率的原则，统一规定为可撤销的决议。根据本条规定，营利法人的权力机构、执行机构的决议在会议召集程序和表决方式上违反有关法律、行政法规的，任何出资人可以提起撤销之诉。上述决议无论是在内容还是在程序上有违反章程的瑕疵的，股东只能提起撤销之诉。对该撤销权的行使期间，其他法律有规定，依照其规定。其他法律没有规定的，解释上应当确定为在合理期间内行使，以免因时间过长而影响与营利法人相关的法律关系稳定。在出资人提起撤销诉讼时，其应当持有营利法人的出资份额，即具有法人成员的适格性。决议被人民法院撤销的，自撤销之日起失去效力。

——沈德咏主编：《〈中华人民共和国民法总则〉条文理解与适用》，人民法院出版社2017年版。

二、公司决议撤销判决的法律效力

一项公司决议被判决撤销，其效力及于撤销权人、公司以及第三人，即判决具有对世效力。但公司决议具有团体法上行为的性质，判决的对世效力必须符合公司法律关系的整体性、稳定性的基本要求。因此，公司法在对待以瑕疵决议为基础的行为时，不必当然将瑕疵决议的效力溯及既往，而应视具体情形尊重既成事实，承认其对善意第三人的法律效力。

第一，对公司及内部人而言，法院作出的撤销判决具有溯及力，决议对公司及其股东、董事、监事和高级管理人员自始无效。股东大会决议具有团体法上行为的性质，起着固定多数人与公司建立同种法律关系的作用。因此，当决议存在瑕疵时，也要求统一地决定其法律效果。在公司法理学上，一般认为股东大会决议诉讼具有类似必要共同诉讼的性质，判决既判力的范围及于未为诉讼的其他股东。换言之，对瑕疵股东大会决议所作的判决，对所有股东都有约束力，无论其是否参加诉讼。

第二，对公司外部的第三人而言，决议经撤销而归于无效的，属于相对无效，不得对抗善意第三人。为了平衡判决的效力和利害关系人的利益，学理上和立法上都对判决的溯及力问题区分内部人和外部人加以不同处理：

（1）对内部人，判决具有溯及力。如董事责任的免除，董事、监事的报酬，股利分配等决议，一旦判决撤销，具有溯及力。（2）对外部人，应切断此类判决的溯及力，但应限于善意相对人或者善意第三人。如公司依违法决议已经与善意第三人发生对外交易、公司发行新股等类似情形，如果不对判决的溯及力作出限制，其他人的利益和交易安全势必受到影响。

【相关案例】

1. 在未违反上述规定的前提下，解聘总经理职务的决议所依据的事实是否属实，理由是否成立，不属于司法审查范围

——李建军诉上海佳动力环保科技有限公司公司决议撤销纠纷案

案例要旨：人民法院在审理公司决议撤销纠纷案件中应当审查：会议召集程序、表决方式是否违反法律、行政法规或者公司章程，以及决议内容是否违反公司章程。在未违反上述规定的前提下，解聘总经理职务的决议所依据的事实是否属实，理由是否成立，不属于司法审查范围。

案号：（2010）沪二中民四（商）终字第436号

审理法院：上海市第二中级人民法院

来源：最高人民法院指导性案例（指导案例10号）

2. 监事自行召集并主持股东会会议违反了关于股东会会议召集和主持程序的强制性规定，该决议为可撤销决议

——刘英诉科普诺（北京）科技发展有限公司撤销股东会决议案

案例要旨：公司监事自行召集临时股东会会议并担任主持人，违反了现行法律关于股东会会议召集和主持程序的强制性规定，该次临时股东会会议所做的决议，为可撤销决议。

案号：（2009）一中民终字第929号

审理法院：北京市第一中级人民法院

来源：《中国审判案例要览》（2010年商事审判案例卷）

3. 参加股东会的通知应为实质意义通知，未经有效通知而召开股东大会所做出的决议可予以撤销

——刘庆兰等与新沂市恒大机械有限公司公司决议纠纷上诉案

案例要旨：根据公司法的立法精神，公司通知股东参加股东大会的通知，应为实质意义通知，而不能为仅走形式的程序性通知。公司因未经有效通知而召开股东大会所做出的决议，未能参会的股

东有权请求人民法院予以撤销。

案号：（2007）徐民二终字第 504 号

审理法院： 江苏省徐州市中级人民法院

来源：《人民司法·案例》2008 年第 24 期

4. 董事会召集程序和表决方式存在瑕疵的决议应予撤销

——山东省淄博市临淄区公有资产经营公司诉山东齐鲁乙烯化工股份有限公司、罗敏、盛学军公司决议撤销纠纷案

案例要旨： 董事会的召集程序应符合我国公司法及公司章程的规定，并应符合诚实信用原则，充分保障董事表达意见，行使表决权。对于召集程序、表决方式等方面存在瑕疵，与公司法及公司章程的规定及精神相违背，与公司利益不符的临时董事会决议，因其不能体现公司的团体意志，属于对董事个人表决权的滥用，应予撤销。

案号：（2007）淄民四终字第 33 号

审理法院： 山东省淄博市中级人民法院

来源：《人民司法·案例》2008 年第 12 期

第八十六条 营利法人的社会责任

营利法人从事经营活动,应当遵守商业道德,维护交易安全,接受政府和社会的监督,承担社会责任。

【相关规定】

1.《中华人民共和国公司法》

第五条 公司从事经营活动,必须遵守法律、行政法规,遵守社会公德、商业道德,诚实守信,接受政府和社会公众的监督,承担社会责任。

公司的合法权益受法律保护,不受侵犯。

2.《中华人民共和国反不正当竞争法》

第二条 经营者在市场交易中,应当遵循自愿、平等、公平、诚实信用的原则,遵守公认的商业道德。

本法所称的不正当竞争,是指经营者违反本法规定,损害其他经营者的合法权益,扰乱社会经济秩序的行为。

本法所称的经营者,是指从事商品经营或者营利性服务(以下所称商品包括服务)的法人、其他经济组织和个人。

3.《中华人民共和国网络安全法》

第九条 网络运营者开展经营和服务活动,必须遵守法律、行政法规,尊重社会公德,遵守商业道德,诚实信用,履行网络安全保护义务,接受政府和社会的监督,承担社会责任。

4.《中华人民共和国电信条例》

第四条 电信监督管理遵循政企分开、破除垄断、鼓励竞争、促进发展和公开、公平、公正的原则。

电信业务经营者应当依法经营,遵守商业道德,接受依法实施的监督检查。

5.《中华人民共和国食品安全法》

第四条 食品生产经营者对其生产经营食品的安全负责。

食品生产经营者应当依照法律、法规和食品安全标准从事生产经营活动,保证食品安全,诚信自律,对社会和公众负责,接受社会监督,承担社会责任。

【相关观点】

公司从事经营活动，必须遵守法律、行政法规，遵守社会公德、商业道德，诚实守信，接受政府和社会公众的监督，承担社会责任

公司作为社会经济活动的基本单位，作为民事主体，其合法权益受法律保护，同时也要求它承担一定的社会责任：（1）公司必须遵守法律、行政法规，其各项经营活动都必须依法进行，这是公司最重要的义务。（2）公司应当遵守社会公德和商业道德。社会公德是指各个社会主体在其交往过程中应当遵循的公共道德规范；商业道德是指从事商业活动应遵循的道德规范。这两种规范在市场主体的活动中相互交融，对法律起着较好的补充作用。在法律中明确规定应遵守社会公德和商业道德，使其成为一种法律规范，有利于促使公司形成良好的经营作风、树立商业信誉、维护社会公众利益和经济秩序。（3）公司从事经营活动，必须诚实守信。也有一些公司，采用虚假出资、虚报业绩、做假账等欺骗手段非法经营，丧失了诚实守信的原则，严重损害了有关交易相对人的合法利益。针对这一现象，公司法在总则中强调公司从事经营活动，要诚实守信，并在有关章节中规定了相应的具体制度。（4）公司的经营活动要接受政府和社会公众的监督。通过监督促使公司的行为规范化，更有效地维护国家利益、社会公众利益和公司自身的合法权益，维护市场秩序，促进公司的健康发展。（5）公司应当承担社会责任。公司在依法经营、努力实现赢利的同时，还应承担一定的社会责任，包括避免造成环境污染和维护职工合法权益等方面的责任。

【相关案例】

1. 公司解散之诉中判断公司应否解散要充分考虑公司承担的社会责任

——李秀针与青岛杰盛置业有限公司、薛晓明公司解散纠纷案

案例要旨：在公司解散之诉中，判断公司应否解散时，不仅要考虑股东的利益还要充分考虑到公司解散对社会公众利益的影响，即公司承担的社会责任。在股东个人利益与社会公众利益冲突时，应优先保护社会公众利益。

案号：（2015）鲁民再字第5号

审理法院：山东省高级人民法院

来源：《人民法院案例选》总第97辑（2016.3）

2. 违背公认的商业道德不构成具体不正当竞争行为的，构成其他不正当竞争行为，应停止侵权

——北京全盛虎安防爆科技有限责任公司诉北京纳尼能源科技发展有限公司不正当竞争纠纷案

案例要旨： 行为人利用他人的检验报告、施工图片等资料骗取行政主管部门的批准，从而获取开展业务的经营资格，不构成《反不正当竞争法》明确禁止的具体不正当竞争行为，但该行为违背公认的商业道德，构成《反不正当竞争法》禁止的其他不正当竞争行为，应停止侵权。

案号：（2013）石民初字第 00376 号

审理法院： 北京市石景山区人民法院

来源：《中国审判案例要览》（2014 年商事审判案例卷）

第三节 非营利法人

第八十七条 非营利法人的定义及类型

为公益目的或者其他非营利目的成立，不向出资人、设立人或者会员分配所取得利润的法人，为非营利法人。

非营利法人包括事业单位、社会团体、基金会、社会服务机构等。

【相关规定】

1. 《事业单位登记管理暂行条例》

第二条 本条例所称事业单位，是指国家为了社会公益目的，由国家机关举办或者其他组织利用国有资产举办的，从事教育、科技、文化、卫生等活动的社会服务组织。

事业单位依法举办的营利性经营组织，必须实行独立核算，依照国家有关公司、企业等经营组织的法律、法规登记管理。

第三条 事业单位经县级以上各级人民政府及其有关主管部门（以下统称审批机关）批准成立后，应当依照本条例的规定登记或者备案。

事业单位应当具备法人条件。

2. 《社会团体登记管理条例》

第二条 本条例所称社会团体，是指中国公民自愿组成，为实现会员共同意愿，按照其章程开展活动的非营利性社会组织。

国家机关以外的组织可以作为单位会员加入社会团体。

3. 《中华人民共和国工会法》

第十四条 中华全国总工会、地方总工会、产业工会具有社会团体法人资格。

基层工会组织具备民法通则规定的法人条件的，依法取得社会团体法人资格。

4. 《中华人民共和国公证法》

第四条 全国设立中国公证协会，省、自治区、直辖市设立地方公证协会。中国公证协会和地方公证协会是社会团体法人。中国公证协会章程由会员代表大会制定，报国务院司法行政部门备案。

公证协会是公证业的自律性组织，依据章程开展活动，对公证机构、公证员的执业活动进行监督。

5.《农村五保供养服务机构管理办法》

第二条 本办法所称农村五保供养服务机构,是指县级人民政府民政部门或者乡、民族乡、镇人民政府(以下简称主办机关)举办的,为农村五保供养对象提供供养服务的公益性机构。

符合条件的农村五保供养服务机构,应当依法办理事业单位法人登记。

6.《基金会管理条例》

第二条 本条例所称基金会,是指利用自然人、法人或者其他组织捐赠的财产,以从事公益事业为目的,按照本条例的规定成立的非营利性法人。

第三条 基金会分为面向公众募捐的基金会(以下简称公募基金会)和不得面向公众募捐的基金会(以下简称非公募基金会)。公募基金会按照募捐的地域范围,分为全国性公募基金会和地方性公募基金会。

7.《民办非企业单位登记管理暂行条例》

第二条 本条例所称民办非企业单位,是指企业事业单位、社会团体和其他社会力量以及公民个人利用非国有资产举办的,从事非营利性社会服务活动的社会组织。

第四条 民办非企业单位应当遵守宪法、法律、法规和国家政策,不得反对宪法确定的基本原则,不得危害国家的统一、安全和民族的团结,不得损害国家利益、社会公共利益以及其他社会组织和公民的合法权益,不得违背社会道德风尚。

民办非企业单位不得从事营利性经营活动。

8.《民政部关于促进民办社会工作机构发展的通知》

一、充分认识促进民办社会工作服务机构发展的重要性和紧迫性

民办社会工作服务机构(以下简称"民办社工机构"),是以社会工作者为主体,坚持"助人自助"宗旨,遵循社会工作专业伦理规范,综合运用社会工作专业知识、方法和技能,开展困难救助、矛盾调处、权益维护、心理疏导、行为矫治、关系调适等服务工作的民办非企业单位。……

二、进一步加强民办社工机构登记管理工作

做好民办社工机构登记管理工作,是民政部门促进民办社工机构发展的首要环节和重要抓手。各级民政部门要认真履行登记管理职能,准确把握民办社工机构发展需求,坚持培育发展与监督管理并重,不断完善民办社工机构登记管理政策,切实加强对民办社工机构规范化建设的指导,为民办社工机构的登记成立和健康发展创造有利条件。

(一)做好民办社工机构登记工作。要引导举办者把民办社工机构申请进行法人登记,对于社会需要而又找不到业务主管单位、登记难的民办社工机构,各级民政部门要区分情况帮助其联系或落实业务主管单位,为其顺利

登记创造条件。对于综合性或优抚安置、减灾救灾、社会救助、社区服务、社会福利、慈善公益等类型的民办社工机构，民政部门可直接担任其业务主管单位。各地在遵循《民办非企业单位登记管理暂行条例》基本精神基础上，可适当降低登记门槛，简化登记程序，充分调动社会力量兴办民办社工机构的积极性。凡申请登记的民办社工机构，应在章程中明确其社会工作服务宗旨、业务范围和服务方式，并保证发起人中至少有一人取得社会工作师职业水平证书或至少有两人取得助理社会工作师职业水平证书，专职工作人员中至少有三分之一以上通过全国社会工作者职业水平考试并在民政部门登记。鼓励社会工作专业教师依托专业资源创办民办社工机构，引导高校社会工作专业毕业生到民办社工机构建功立业。有条件的地方还可探索指导现有企事业单位与社会组织按照承担社会工作服务的要求进行调整，使之成为符合条件的民办社工机构。

9. 《中华人民共和国慈善法》

第八条 本法所称慈善组织，是指依法成立、符合本法规定，以面向社会开展慈善活动为宗旨的非营利性组织。

慈善组织可以采取基金会、社会团体、社会服务机构等组织形式。

10. 《中华人民共和国红十字会法》

第二条 中国红十字会是中华人民共和国统一的红十字组织，是从事人道主义工作的社会救助团体。

第十条 中国红十字会总会具有社会团体法人资格；地方各级红十字会、行业红十字会依法取得社会团体法人资格。

【相关观点】

一、社会团体法人

社会团体是指自然人或者法人自愿组成，为实现会员共同意愿，按照其章程开展活动的非营利性社会组织。社会团体法人应具备的条件是：（1）社会团体由会员组成。根据《社会团体登记管理条例》第10条的规定，社会团体必须有50个以上的个人会员，或者30个以上的单位会员，或者在既有个人会员，又有单位会员时，会员总数有50个以上。（2）社会团体的宗旨是实现会员的共同愿望。会员大会是决定社会团体重大事务的最高权力机关，社会团体的宗旨、业务范围、重大活动、管理机构的组成等重大问题由会员大会决定。（3）社会团体以非营利为目的。依《社会团体登记管理条例》第4条的规定，社会团体不得从事营利性经营活动，社会团体虽可收费或者从事一些赚取利润的活动，但各种活动所取得的财产只能用于其目的事业，不能分配给会员。

社会团体法人均须制定章程，并经国家主管部门审核批准予以登记后，才能在其核准登记的业务范围及活动地区进行活动。

二、社会团体法人的特点

社会团体法人是由其成员自愿组织的从事社会公益、文学艺术、学术研究、宗教等活动的各类法人，如工会、妇女联合会、工商业联合会等。社会团体法人的特点是：

1. 依法自愿成立。社会团体法人一般是由成员全体协商一致，自愿成立的组织。社会团体法人在成立时必须订立自己的章程。申请成立社团应当符合法定的条件，如有一定的会员、规范的名称和相应的组织机构、固定的住所等。申请成立社团还应当取得业务主管单位的同意，如果不需要办理登记手续，则从批准之日起就具有法人资格；如果需要办理登记手续，应当在登记机关办理登记手续。

2. 社会团体法人所从事的事项十分广泛。它们既可以从事事业单位所从事的某些事业，也可以从事其他的群众性的社会活动，但是，社会团体法人所从事的各类活动不得违反法律和章程规定。如果社会团体法人逾越其活动范围，将依法追究其法律责任，甚至撤销其法人资格。社会团体法人亦可从事某些营利活动，如行业协会从事技术咨询和服务工作，依法收取一定的报酬，但是一般不得专门以营利为目的，更不得从事大规模的生产和经营活动，否则，就逾越了其业务范围。

3. 社会团体法人拥有独立的财产或经费。许多社会团体法人的财产是通过自筹资金方式形成的。如采取募捐形式，或由成员出资，或由社会有关单位和公民个人赞助组成的，这些财产归社会团体所有，并受法律保护。

社会团体法人在从事民事活动中所形成的债务，应由社会团体以自己的财产清偿。社会团体法人终止时应当办理注销登记手续，在办理注销登记前，应当在业务主管单位及其他有关机关的指导下，成立清算组织，完成清算工作，清算期间内社会团体法人不得开展清算外的活动。

三、事业单位法人

事业单位法人是指为了社会公益事业目的，从事文化、教育、卫生、体育、新闻等公益事业的单位。事业单位法人的特征是：（1）以公益为目的，而非以营利为目的。这些法人组织不以营利为目的，一般不参与商品生产和经营活动，虽然有时也能取得一定利益，属于辅助性质，但其所获利益只能用于其目的事业，不能分配给出资人。事业单位所取得的收入可以作为预算外资金留作自用。它的独立经费主要来源于国家的财政拨款，也可以通过集资入股或者由集体出资等方式取得。（2）从事文化、教育、卫生、体育、新闻等公益事业活动。事业单位以法人名义从事民事活动所产生的债务，应以它们的独立经费负清偿责任。依照法律规定或者行政命令组建的事业单位，从成立之日起,即具有法人资格;由自然人或者法人自愿组建的事业单位,应依法办理法人登记,方可取得法人资格。

四、事业单位法人的特征

事业单位法人有如下特点:

1. 广泛从事社会各项事业活动。事业单位法人所从事的事业活动不是商品生产和经营活动,不以营利为目的,但是事业活动本身与市场经济活动不能截然分开。有些事业活动(如文化演出等),也可以取得一定的收入,但是获取盈利并不是事业单位的目的和宗旨,否则,事业单位就从性质上发生了变化,而成为企业了。

2. 拥有独立的财产和经费。事业单位主要靠国家的财政拨款进行活动,在国家财政预算支出中,事业费占据重要比重。随着我国经济的发展,国家预算将从资金供给和财务管理方面,不断提高这一项支出在整个预算中的比重,以促进我国文教、科学、卫生等事业的发展。各个事业单位通过财政拨款取得的经费,由事业单位独立支配。事业单位所有或经营的财产是其对外从事民事活动、享受权利并承担义务的物质基础。事业单位以法人的名义从事民事活动所形成的债务,由事业单位以自己经营或所有的财产承担责任。

3. 依法成立。具备法人条件的事业单位,依法不需要办理法人登记的,从设立之日起,具有法人资格;依法需要办理法人登记的,经核准登记,取得法人资格。由于我国目前尚未推行事业单位法人登记制度,哪些事业单位需要办理法人登记、哪些不需要办理法人登记,需要由法律明确作出规定。

【相关文献】

谢鸿飞:《法人分类:民法总则制定中的最大争议点》,载《法律与生活》2017年第06期。

【相关案例】

1. 经教育部门许可并通过民政部门登记设立的民办学校系公益性组织,出资人对学校财产不具有财产权益

——李稳博诉上海虹口区艺术合子美术进修学校合同纠纷案

案例要旨:(1)对于根据《民办教育促进法》等法律法规的规定,经教育部门许可并通过民政部门登记设立的民办学校,当事人以其系该民办学校的实际出资人为由诉请变更举办人身份的,属于行政许可范围,不属于民事诉讼受案范围。

(2)对于经教育部门许可并通过民政部门登记设立的民办学校,当事人以其系该民办学校实际出资人为由诉请确认其出资份额的,因该类民办学校

系公益性组织，对该类学校的出资在本质上属于向社会的捐赠，民办学校对于已投入的资产享有独立法人财产权，且投入的财产终极归属于社会而非归属于出资人，故出资人对学校财产不具有财产权益，其要求确认出资份额的诉请没有法律上的财产权依据。

（3）对于没有法律上的权利基础的事实确认，不能作为独立的诉讼请求。当事人诉请要求确认没有法律权利基础的某项事实的，人民法院应裁定不予受理或驳回起诉。

审理法院： 上海市第二中级人民法院

来源：《最高人民法院公报》2016 年第 9 期

2. 判断社会组织是否有权提起环境公益诉讼，应重点从其宗旨和业务范围、实际行动及其所维护的环境公益与其宗旨和业务的关联性等方面审查

——中国生物多样性保护与绿色发展基金会诉宁夏瑞泰科技股份有限公司环境污染公益诉讼案

案例要旨：（1）社会组织的章程虽未载明维护环境公共利益，但工作内容属于保护环境要素及生态系统的，应认定符合《最高人民法院关于审理环境民事公益诉讼案件适用法律若干问题的解释》（以下简称《解释》）第四条关于"社会组织章程确定的宗旨和主要业务范围是维护社会公共利益"的规定。

（2）《解释》第四条规定的"环境保护公益活动"，既包括直接改善生态环境的行为，也包括与环境保护相关的有利于完善环境治理体系、提高环境治理能力、促进全社会形成环境保护广泛共识的活动。

（3）社会组织起诉的事项与其宗旨和业务范围具有对应关系，或者与其所保护的环境要素及生态系统具有一定联系的，应认定符合《解释》第四条关于"与其宗旨和业务范围具有关联性"的规定。

案号：（2016）最高法民再 47 号

审理法院： 最高人民法院

来源： 最高人民法院指导性案例（指导案例 75 号）

第八十八条　事业单位法人的资格取得

具备法人条件，为适应经济社会发展需要，提供公益服务设立的事业单位，经依法登记成立，取得事业单位法人资格；依法不需要办理法人登记的，从成立之日起，具有事业单位法人资格。

【新旧法条对比】

《中华人民共和国民法通则》

第五十条　有独立经费的机关从成立之日起，具有法人资格。

具备法人条件的事业单位、社会团体，依法不需要办理法人登记的，从成立之日起，具有法人资格；依法需要办理法人登记的，经核准登记，取得法人资格。

【相关规定】

1. 《事业单位登记管理暂行条例》

第三条　事业单位经县级以上各级人民政府及其有关主管部门（以下统称审批机关）批准成立后，应当依照本条例的规定登记或者备案。

事业单位应当具备法人条件。

第六条　申请事业单位法人登记，应当具备下列条件：

（一）经审批机关批准设立；

（二）有自己的名称、组织机构和场所；

（三）有与其业务活动相适应的从业人员；

（四）有与其业务活动相适应的经费来源；

（五）能够独立承担民事责任。

第七条　申请事业单位法人登记，应当向登记管理机关提交下列文件：

（一）登记申请书；

（二）审批机关的批准文件；

（三）场所使用权证明；

（四）经费来源证明；

（五）其他有关证明文件。

2. 《国务院办公厅关于印发分类推进事业单位改革配套文件的通知》——《关于事业单位分类的意见》

二、类别划分

按照社会功能，将现有事业单位划分为承担行政职能、从事生产经营活动和从事公益服务三个类别。

（一）承担行政职能的事业单位。即承担行政决策、行政执行、行政监督等职能的事业单位。认定行政职能的主要依据是国家有关法律法规和中央有关政策规定。这类单位逐步将行政职能划归行政机构，或转为行政机构。今后，不再批准设立承担行政职能的事业单位。

（二）从事生产经营活动的事业单位。即所提供的产品或服务可以由市场配置资源、不承担公益服务职责的事业单位。这类单位要逐步转为企业或撤销。今后，不再批准设立从事生产经营活动的事业单位。

（三）从事公益服务的事业单位。即面向社会提供公益服务和为机关行使职能提供支持保障的事业单位。改革后，只有这类单位继续保留在事业单位序列。根据职责任务、服务对象和资源配置方式等情况，将从事公益服务的事业单位细分为两类。

公益一类事业单位。即承担义务教育、基础性科研、公共文化、公共卫生及基层的基本医疗服务等基本公益服务，不能或不宜由市场配置资源的事业单位。这类单位不得从事经营活动，其宗旨、业务范围和服务规范由国家确定。

公益二类事业单位。即承担高等教育、非营利医疗等公益服务，可部分由市场配置资源的事业单位。这类单位按照国家确定的公益目标和相关标准开展活动，在确保公益目标的前提下，可依据相关法律法规提供与主业相关的服务，收益的使用按国家有关规定执行。

在划分从事公益服务事业单位类型时，对完全符合某一类型条件的，直接确定其类型；对基本符合某一类型条件的，经过相应调整后确定其类型；对兼有不同类型特征的事业单位，可按主要职责任务和发展方向确定其类型。

3.《国务院办公厅关于印发分类推进事业单位改革配套文件的通知》（2011年颁发）——《关于创新事业单位机构编制管理的意见》

五、完善事业单位登记管理制度

事业单位应当进行法人登记。指导事业单位制定章程并依法核准，加强对事业单位履行章程情况的监管。改革和完善事业单位年度报告制度，建立相关信息公开制度。按照方便事业单位和节约效能原则，推进网上登记管理。转为行政机构和企业的事业单位，核销事业编制后要及时办理事业单位法人注销登记。

4.《农村五保供养服务机构管理办法》

第二条 本办法所称农村五保供养服务机构，是指县级人民政府民政部门或者乡、民族乡、镇人民政府（以下简称主办机关）举办的，为农村五保供养对象提供供养服务的公益性机构。

符合条件的农村五保供养服务机构,应当依法办理事业单位法人登记。

5.《中央机构编制委员会办公室、最高人民法院、最高人民检察院等关于〈事业单位法人证书〉使用问题的通知(2014)》

根据《事业单位登记管理暂行条例》,全国各级事业单位登记管理机关对符合条件的事业单位进行法人登记,并对核准登记或者备案的事业单位法人颁发《事业单位法人证书》。现就《事业单位法人证书》的使用问题通知如下:

一、《事业单位法人证书》是事业单位法人资格的合法凭证。经各级事业单位登记管理机关核准登记或者备案,领取《事业单位法人证书》的事业单位,取得事业单位法人资格,其合法权益受法律保护;未取得《事业单位法人证书》的单位不得以事业单位法人名义开展活动。

二、事业单位法人申办以下事宜和开展其他相关活动时,有关部门应要求其提交全国统一的《事业单位法人证书》:

(一)刻制印章、办理机动车船牌照;
(二)申领组织机构代码证相关事宜;
(三)申办有关社会保险事宜;
(四)开立银行账户、贷款;
(五)申办税务登记、减免税收及其他优惠;
(六)参与市场配置资源活动或兴办企业,申办有关执照;
(七)国有资产登记管理和统计登记;
(八)土地、房产登记管理事宜;
(九)申办收费项目及标准、收费许可证,购领收据、发票;
(十)法律诉讼、公证事宜;
(十一)人事调动和工资基金管理事宜;
(十二)申办海关事宜;
(十三)按照有关规定,要求事业单位提交《事业单位法人证书》的其他事宜。

三、《事业单位法人证书》是限期有效证书,有效期为5年,超过有效期的《事业单位法人证书》,自动废止。

6.《安徽省事业单位机构设置和编制管理规定》

第七条 申请设立事业单位,应当具备下列条件:

(一)符合法律、法规和政策规定;
(二)符合经济和社会事业发展需要;
(三)有明确的公益服务属性和职责任务;

（四）有明确的举办主体；
（五）有与其业务活动正常开展相适应的经费保障；
（六）业务范围涉及国家实行资质认可或者执业许可事项的，应当取得法定机关的资质认可或者执业许可；
（七）符合财政供养人员只减不增的要求；
（八）法律、法规规定的其他条件。

设立事业单位需要依法论证、评审的，举办主体应当一并提供依法设立的相关专门委员会或者评审委员会的论证、评审报告等材料。

新增社会公益服务事项可以由现有事业单位、社会力量或者政府购买服务提供的，不再新设事业单位。

第十七条 事业单位变更、撤销的，按照设立的审批权限和程序办理。

第十八条 经批准设立、变更或者撤销的事业单位，应当按照《事业单位登记管理暂行条例》的规定，办理设立登记、变更登记或者注销登记。

7.《中华人民共和国高等教育法》

第二十七条 申请设立高等学校的，应当向审批机关提交下列材料：
（一）申办报告；
（二）可行性论证材料；
（三）章程；
（四）审批机关依照本法规定要求提供的其他材料。

第二十八条 高等学校的章程应当规定以下事项：
（一）学校名称、校址；
（二）办学宗旨；
（三）办学规模；
（四）学科门类的设置；
（五）教育形式；
（六）内部管理体制；
（七）经费来源、财产和财务制度；
（八）举办者与学校之间的权利、义务；
（九）章程修改程序；
（十）其他必须由章程规定的事项。

第二十九条 设立高等学校由国务院教育行政部门审批，其中设立实施专科教育的高等学校，经国务院授权，也可以由省、自治区、直辖市人民政府审批；设立其他高等教育机构，由国务院授权的有关部门或者省、自治区、直辖市人民政府审批。对不符合规定条件审批设立的高等学校和其他高等教育机构，国务院教育行政部门有权予以撤销。

审批高等学校的设立，应当聘请由专家组成的评议机构评议。

高等学校和其他高等教育机构分立、合并、终止，变更名称、类别和其他重要事项，由原审批机关审批；章程的修改，应当报原审批机关核准。

【相关观点】

一、事业单位法人依照法律或行政命令成立

根据《事业单位登记管理暂行条例》的规定，事业单位经县级以上各级人民政府及其有关主管部门（以下统称审批机关）批准成立后，应当依照规定登记或者备案。国务院机构编制管理机关和县级以上地方各级人民政府机构编制管理机关是本级人民政府的事业单位登记管理机关（以下简称登记管理机关）。

申请事业单位法人登记，应当具备下列条件：（1）经审批机关批准设立；（2）有自己的名称、组织机构和场所；（3）有与其业务活动相适应的从业人员；（4）有与其业务活动相适应的经费来源；（5）能够独立承担民事责任。申请事业单位法人登记，应当向登记管理机关提交下列文件：（1）登记申请书；（2）审批机关的批准文件；（3）场所使用权证明；（4）经费来源证明；（5）其他有关证明文件。登记管理机关应当自收到登记申请书之日起30日内依照规定进行审查，作出准予登记或者不予登记的决定。准予登记的，发给《事业单位法人证书》；不予登记的，应当说明理由。事业单位法人登记事项包括：名称、住所、宗旨和业务范围、法定代表人、经费来源（开办资金）等情况。

经登记的事业单位，凭《事业单位法人证书》刻制印章，申请开立银行账户。事业单位应当将印章式样报登记管理机关备案。事业单位的登记事项需要变更的，应当向登记管理机关办理变更登记。法律规定具备法人条件、自批准设立之日起即取得法人资格的事业单位，或者法律、其他行政法规规定具备法人条件、经有关主管部门依法审核或者登记，已经取得相应的执业许可证书的事业单位，不再办理事业单位法人登记，由有关主管部门按照分级登记管理的规定向登记管理机关备案。县级以上各级人民政府设立的直属事业单位直接向登记管理机关备案。

——唐德华、高圣平主编：《民法通则及配套规定新释新解（上）》，人民法院出版社2003年版。

二、事业单位的独立经费

事业单位法人的独立经费是其从事社会事业活动的物质条件和进行民事活动的财产条件，与机关法人不同的是：

1. 事业单位的经费不仅用于一般性的费用支出，也用于某些生产经营活动的支出，如农业、林业、畜牧业的事业支出，工业、交通、商业等活动的支出。

2. 事业单位的经费，不仅来源于国家的预算拨款，也来源于事业收入，即事业单位在开展业务活动过程中，因向社会提供服务、技术和产品，依据国家规定的收费标准所取得的各项业务收入。这种收入有的属于补偿性的，如公园门票、医院的门诊收入等。有的属于生产性的，如农场校办工厂的产品收入。园林单位的苗木收入等。也有的属于服务性收入，如科研单位的科技情报、勘测设计等业务收入。这些收入除按预算管理的活动上交国家的以外由事业单位作为其预算内或预算外经费使用，因而也构成其独立经费的一部分，按照1987年2月国家科委、财政部《关于科学事业费管理的暂行规定》，各种类型的科研单位将逐步实行技术合同制、基金制（如自然科学基金）、经费包干制等解决经费来源。此外，对于捐助法人形式的民办事业单位来说，设立人和其他捐助人的捐助则是其财产的主要来源。

——唐德华、高圣平主编：《民法通则及配套规定新释新解（上）》，人民法院出版社2003年版。

三、事业单位法人的民事权利能力

事业单位法人的民事权利能力与机关法人基本相同。但事业单位法人还具有一定范围的生产经营权利能力，可以进行与其事业有关的生产经营活动，但进行这些活动的主要目的不是营利，而是向社会提供生产和生活的服务，满足人民日益增长的物质文化需要，同时也辅助国家实现其管理社会经济、文化的职能。因此，事业单位法人的生产经营活动应严格限制在与其事业有关的范围内，农林水利气象等事业单位只能从事农业、林业、水利、气象服务的生产经营。"各种类型科研单位在保证完成国家任务的前提下，可以通过技术转让、技术咨询、技术服务、技术培训、技术承包、技术出口、技术入股联合经营、成果推广和科研中间实验等科技活动取得技术性收入，也可以在小批量试生产和从事科技发展有关的经营活动中取得合法收入……。"（《关于科学事业费管理的暂行规定》）。同时，在取得这些收入时，必须根据收支相抵或适当营利的原则，按国家规定的标准收费。根据《事业单位登记管理暂行条例》的规定，事业单位可以依法举办营利性经营组织，但必须实行独立核算，并依照国家有关公司、企业等经营组织的法律、法规登记管理。

需要特别说明的是，事业单位法人中有一种实行企业化管理，即使未实行企业管理的事业单位，国家也在提倡和要求其逐步向企业化管理的形式转化。这对于调动事业单位积极性，促使其改善经营管理，减少国家财政负担扩大和发展各项事业具有重要意义。但这种事业单位仍与一般企业不同，其主要任务仍是完成其从事的事业，不得只片面地追求利润，不得改变其业务内容，而只是在管理方式上按企业对待。

事业单位在从事经营活动时，也应承担相应的法律义务和责任。其中包括依法缴纳各种税款和承担民事责任。事业单位承担民事财产责任的范围亦以其实有的经费或财产为限。

——唐德华、高圣平主编：《民法通则及配套规定新释新解（上）》，人民法院出版社2003年版。

【相关案例】

事业单位登记是对已经成立的事业单位的"登记或者备案"而不是"设立"，不可以此为由提起行政诉讼

——张树华不服东平县事业单位登记管理局事业单位行政登记案

案例要旨：事业单位登记是对已经成立的事业单位的"登记或者备案"，而不是"设立"。如果当事人以事业单位登记系"设立"行为，且该行为侵犯了其对被登记事业单位的债权为由，向法院提出行政诉讼，则其不具备原告主体资格。

案号：（2010）东行初字第9号

审理法院：山东省泰安市东平县人民法院

来源：《中国审判案例要览》（2011年行政审判卷）

第八十九条　事业单位法人的决策机构和法定代表人

事业单位法人设理事会的，除法律另有规定外，理事会为其决策机构。事业单位法人的法定代表人依照法律、行政法规或者法人章程的规定产生。

【相关规定】

1. 《事业单位登记管理暂行条例实施细则》

第二十九条　事业单位法定代表人是按照法定程序产生，代表事业单位行使民事权利、履行民事义务的责任人。

第三十条　事业单位的拟任法定代表人，经登记管理机关核准登记，方取得事业单位法定代表人资格。

第三十一条　事业单位法定代表人应当具备下列条件：

（一）具有完全民事行为能力的自然人；

（二）该事业单位的主要行政负责人。

违反法律、法规和政策规定产生的事业单位主要行政负责人，不得担任事业单位法定代表人。

2. 《中共中央、国务院关于分类推进事业单位改革的指导意见》

第十六条　建立健全法人治理结构。面向社会提供公益服务的事业单位，探索建立理事会、董事会、管委会等多种形式的治理结构，健全决策、执行和监督机制，提高运行效率，确保公益目标实现。不宜建立法人治理结构的事业单位，要继续完善现行管理模式。

3. 《中华人民共和国高等教育法》

第三十条　高等学校自批准设立之日起取得法人资格。高等学校的校长为高等学校的法定代表人。

高等学校在民事活动中依法享有民事权利，承担民事责任。

4. 《普通高等学校理事会规程（试行）》

第六条　理事会组成人员一般不少于21人，可分为职务理事和个人理事。

职务理事由相关部门或者理事单位委派；理事单位和个人理事由学校指定机构推荐或者相关组织推选。学校主要领导和相关职能部门负责人可以确定为当然理事。

根据理事会组成规模及履行职能的需要和学校实际，可以设立常务理事、名誉理事等。

第七条 理事会每届任期一般为5年,理事可以连任。

理事会可设理事长一名,副理事长若干名。理事长可以由学校提名,由理事会全体会议选举产生;也可以由学校举办者或者学校章程规定的其他方式产生。

第九条 理事会主要履行以下职责:

(一)审议通过理事会章程、章程修订案;

(二)决定理事的增补或者退出;

(三)就学校发展目标、战略规划、学科建设、专业设置、年度预决算报告、重大改革举措、学校章程拟定或者修订等重大问题进行决策咨询或者参与审议;

(四)参与审议学校开展社会合作、校企合作、协同创新的整体方案及重要协议等,提出咨询建议,支持学校开展社会服务;

(五)研究学校面向社会筹措资金、整合资源的目标、规划等,监督筹措资金的使用;

(六)参与评议学校办学质量,就学校办学特色与教育质量进行评估,提出合理化建议或者意见;

(七)学校章程规定或者学校委托的其他职能。

第十条 理事会应当建立例会制度,每年至少召开一次全体会议;也可召开专题会议,或者设立若干专门小组负责相关具体事务。

第十二条 理事会可以设秘书处,负责安排理事会会议,联系理事会成员,处理理事会的日常事务等。

高等学校应当提供必要的经费保证理事会正常开展活动。

第十三条 理事会组织、职责及运行的具体规则,会议制度,议事规则,理事的权利义务、产生办法等,应当通过理事会章程予以规定。

理事会章程经理事会全体会议批准后生效。

5.《中华人民共和国民办教育促进法》

第十九条 民办学校应当设立学校理事会、董事会或者其他形式的决策机构。

第二十条 学校理事会或者董事会由举办者或者其代表、校长、教职工代表等人员组成。其中三分之一以上的理事或者董事应当具有五年以上教育教学经验。

学校理事会或者董事会由五人以上组成,设理事长或者董事长一人。理事长、理事或者董事长、董事名单报审批机关备案。

第二十一条 学校理事会或者董事会行使下列职权:

(一)聘任和解聘校长;

（二）修改学校章程和制定学校的规章制度；
（三）制定发展规划，批准年度工作计划；
（四）筹集办学经费，审核预算、决算；
（五）决定教职工的编制定额和工资标准；
（六）决定学校的分立、合并、终止；
（七）决定其他重大事项。
其他形式决策机构的职权参照本条规定执行。

第二十二条　民办学校的法定代表人由理事长、董事长或者校长担任。

第二十四条　民办学校校长负责学校的教育教学和行政管理工作，行使下列职权：
（一）执行学校理事会、董事会或者其他形式决策机构的决定；
（二）实施发展规划，拟订年度工作计划、财务预算和学校规章制度；
（三）聘任和解聘学校工作人员，实施奖惩；
（四）组织教育教学、科学研究活动，保证教育教学质量；
（五）负责学校日常管理工作；
（六）学校理事会、董事会或者其他形式决策机构的其他授权。

6.《农村五保供养服务机构管理办法》

第二十四条　农村五保供养服务机构应当设立院务管理委员会，实行院务公开。院务管理委员会由主办机关代表、农村五保供养对象代表和工作人员代表组成，其中农村五保供养对象代表应当达到1/2以上。

院务管理委员会由农村五保供养服务机构全体人员民主选举产生，履行以下职责：
（一）监督本机构各项规章制度的执行情况；
（二）监督本机构财务收支和管理情况；
（三）监督院长和工作人员的工作；
（四）调解农村五保供养对象之间的矛盾纠纷；
（五）组织协调农村五保供养对象开展自我服务和自我管理；
（六）其他院务管理职责。

7.《中华人民共和国义务教育法》

第二十六条　学校实行校长负责制。校长应当符合国家规定的任职条件。校长由县级人民政府教育行政部门依法聘任。

【相关观点】

事业单位法人的理事会成员不一定属于清算义务人。本条规定"事业单位法人设理事会的，除法律另有规定外，理事会为其决策机构"，亦即并非所有的事业单位法人的理事会都是决策机构，有的事业单位法人的理事会仅是作为咨询、协商机构存在的。民法总则第 70 条第 2 款规定:"法人的董事、理事等执行机构或者决策机构的成员为清算义务人。法律、行政法规另有规定的,依照其规定。"鉴于并非所有事业单位法人的理事会都是决策机构,对于并非作为决策机构存在的理事会而言,其成员相应地不负有清算义务,也就不是清算义务人。

——沈德咏主编:《〈中华人民共和国民法总则〉条文理解与适用》,人民法院出版社 2017 年版。

第九十条　社会团体法人的资格取得

具备法人条件，基于会员共同意愿，为公益目的或者会员共同利益等非营利目的设立的社会团体，经依法登记成立，取得社会团体法人资格；依法不需要办理法人登记的，从成立之日起，具有社会团体法人资格。

【新旧法条对比】

《中华人民共和国民法通则》

第五十条　有独立经费的机关从成立之日起，具有法人资格。

具备法人条件的事业单位、社会团体，依法不需要办理法人登记的，从成立之日起，具有法人资格；依法需要办理法人登记的，经核准登记，取得法人资格。

【相关规定】

1. 《社会团体登记管理条例》

第三条　成立社会团体，应当经其业务主管单位审查同意，并依照本条例的规定进行登记。

社会团体应当具备法人条件。

下列团体不属于本条例规定登记的范围：

（一）参加中国人民政治协商会议的人民团体；

（二）由国务院机构编制管理机关核定，并经国务院批准免于登记的团体；

（三）机关、团体、企业事业单位内部经本单位批准成立、在本单位内部活动的团体。

第九条　申请成立社会团体，应当经其业务主管单位审查同意，由发起人向登记管理机关申请登记。

筹备期间不得开展筹备以外的活动。

第十三条　有下列情形之一的，登记管理机关不予登记：

（一）有根据证明申请登记的社会团体的宗旨、业务范围不符合本条例第四条的规定的；

（二）在同一行政区域内已有业务范围相同或者相似的社会团体，没有必要成立的；

（三）发起人、拟任负责人正在或者曾经受到剥夺政治权利的刑事处罚，或者不具有完全民事行为能力的；

（四）在申请筹备时弄虚作假的；

（五）有法律、行政法规禁止的其他情形的。

2.《宗教事务条例》

第六条 宗教团体的成立、变更和注销，应当依照《社会团体登记管理条例》的规定办理登记。

宗教团体章程应当符合《社会团体登记管理条例》的有关规定。

宗教团体按照章程开展活动，受法律保护。

3.《著作权集体管理条例》

第七条 依法享有著作权或者与著作权有关的权利的中国公民、法人或者其他组织，可以发起设立著作权集体管理组织。

设立著作权集体管理组织，应当具备下列条件：

（一）发起设立著作权集体管理组织的权利人不少于50人；

（二）不与已经依法登记的著作权集体管理组织的业务范围交叉、重合；

（三）能在全国范围代表相关权利人的利益；

（四）有著作权集体管理组织的章程草案、使用费收取标准草案和向权利人转付使用费的办法（以下简称使用费转付办法）草案。

第九条 申请设立著作权集体管理组织，应当向国务院著作权管理部门提交证明符合本条例第七条规定的条件的材料。国务院著作权管理部门应当自收到材料之日起60日内，作出批准或者不予批准的决定。批准的，发给著作权集体管理许可证；不予批准的，应当说明理由。

第十条 申请人应当自国务院著作权管理部门发给著作权集体管理许可证之日起30日内，依照有关社会团体登记管理的行政法规到国务院民政部门办理登记手续。

【相关观点】

一、社会团体的成立条件

社会团体可以是法人，也可以不是法人，但必须都是依法成立的。成立社会团体法人需具备以下条件：

1. 依法成立。成立方式有两种：一种是依法不需要办理法人登记而又具备了法人应具备的条件的，这种社会团体从成立之日起，即具备了法人资格，如共青团、妇联、工会等。工会法规定，中华全国总工会、地方总工会、产业工会具有社会团体法人资格。另一种是需要经核准登记后才能取得法人资格的，这种社会团体必须在经过核准登记后，才能取得法人资格，如根据社会团体登记管理条例规定登记的各种协会、学会等。

2. 有必要的财产和经费。社会团体要开展活动，就要有相应的财产和经费。这种财产和经费可以是国家拨给的，也可以是其他组织或公民个人捐赠的，还可以是募集得来的。按照社会团体登记管理条例的规定，成立社会团体法人的，全国性的社会团体有10万元以上活动资金，地方性的社会团体和跨行政区域的社会团体有3万元以上活动资金。

3. 有自己的名称、组织机构和场所。社会团体为了开展工作，必须要有自己的名称、有自己的组织机构和与其业务活动相适应的专职工作人员，还要有固定的场所，如果不具备上述条件，该社会团体可能只是附属于其上级单位或是某机构的一部分，不具备法人资格。

4. 能够独立承担民事责任。社会团体还要独立承担民事责任，才完全符合法人的条件，如果不能独立承担民事责任，就不具备法人资格，而必须由具有法人资格的上级单位或者机关来承担民事责任。

此外，成立社会团体还需要有一定数量的成员。如社会团体登记管理条例规定，成立社会团体要具有50个以上的个人会员或者30个以上的单位会员；个人会员、单位会员混合组成的，会员总数不得少于50个。

二、社会团体法人的登记管理

根据《社会团体登记管理条例》的规定，社会团体是指中国公民自愿组成，为实现会员共同意愿，按照其章程开展活动的非营利性社会组织。国家机关以外的组织可以作为单位会员加入社会团体。

成立社会团体，应当经其业务主管单位审查同意，并依照《社会团体登记管理条例》进行登记。但下列团体不属于登记的范围：（1）参加中国人民政治协商会议的人民团体；（2）由国务院机构编制管理机关核定，并经国务院批准免于登记的团体；（3）机关、团体、企业事业单位内部经本单位批准成立、在本单位内部活动的团体。

国务院民政部门和县级以上地方各级人民政府民政部门是本级人民政府的社会团体登记管理机关（以下简称登记管理机关）。国务院有关部门和县级以上地方各级人民政府有关部门、国务院或者县级以上地方各级人民政府授权的组织，是有关行业、学科或者业务范围内社会团体的业务主管单位（以下简称业务主管单位）。法律、行政法规对社会团体的监督管理另有规定的，依照有关法律、行政法规的规定执行。

全国性的社会团体，由国务院的登记管理机关负责登记管理；地方性的社会团体，由所在地人民政府的登记管理机关负责登记管理；跨行政区域的社会团体，由所跨行政区域的共同上一级人民政府的登记管理机关负责登记管理。登记管理机关、业务主管单位与其管辖的社会团体的住所不在一地的，可以委托社会团体住所地的登记管理机关、业务主管单位负责委托范围内的监督管理工作。

申请成立社会团体，应当经其业务主管单位审查同意，由发起人向登记管理机关申请筹备。

成立社会团体,应当具备下列条件:(1)有50个以上的个人会员或者30个以上的单位会员;个人会员、单位会员混合组成的,会员总数不得少于50个;(2)有规范的名称和相应的组织机构;(3)有固定的住所;(4)有与其业务活动相适应的专职工作人员;(5)有合法的资产和经费来源,全国性的社会团体有10万元以上活动资金,地方性的社会团体和跨行政区域的社会团体有3万元以上活动资金;(6)有独立承担民事责任的能力。社会团体的名称应当符合法律、法规的规定,不得违背社会道德风尚。社会团体名称应当与其业务范围、成员分布、活动地域相一致,准确反映其特征。全国性的社会团体的名称冠以"中国""中华"等字样的,应当按照国家有关规定经过批准,地方性的社会团体的名称,不得冠以"中国""全国""中华"等字样。

申请筹备成立社会团体,发起人应当向登记管理机关提交下列文件:(1)筹备申请书;(2)业务主管单位的批准文件;(3)验资报告、场所使用权证明;(4)发起人和拟任负责人的基本情况、身份证明;(5)章程草案。

登记管理机关应当自收到全部有效文件之日起60日内,作出批准或者不批准筹备的决定;不批准的,应当向发起人说明理由。有下列情形之一的,登记管理机关不予批准筹备:

(1)有根据证明申请筹备的社会团体的宗旨、业务范围不符合规定的;(2)在同一行政区域内已有业务范围相同或者相似的社会团体,没有必要成立的;(3)发起人、拟任负责人正在或者曾经受到剥夺政治权利的刑事处罚,或者不具有完全民事行为能力的;(4)在申请筹备时弄虚作假的;(5)有法律、行政法规禁止的其他情形的。

筹备成立的社会团体,应当自登记管理机关批准筹备之日起6个月内召开会员大会或者会员代表大会,通过章程,产生执行机构、负责人和法定代表人,并向登记管理机关申请成立登记。筹备期间不得开展筹备以外的活动。社会团体的法定代表人,不得同时担任其他社会团体的法定代表人。

社会团体的章程应当包括下列事项:(1)名称、住所;(2)宗旨、业务范围和活动地域;(3)会员资格及其权利、义务;(4)民主的组织管理制度,执行机构的产生程序;(5)负责人的条件和产生、罢免的程序;(6)资产管理和使用的原则;(7)章程的修改程序;(8)终止程序和终止后资产的处理;(9)应当由章程规定的其他事项。

登记管理机关应当自收到完成筹备工作的社会团体的登记申请书及有关文件之日起30日内完成审查工作。对符合条件,筹备工作符合要求、章程内容完备的社会团体,准予登记,发给《社会团体法人登记证书》。登记事项包括:(1)名称;(2)住所;(3)宗旨、业务范围和活动地域;(4)法定代表人；(5) 活动资金；(6) 业务主管单位。对不予登记的，应当将不予登记的决定通知申请人。

依照法律规定，自批准成立之日起即具有法人资格的社会团体，应当自批准成立之日起60日内向登记管理机关备案。登记管理机关自收到备案文件之日起30日内发给《社会团体法人登记证书》。

社会团体成立后拟设立分支机构、代表机构的，应当经业务主管单位审查同意，向登记管理机关提交有关分支机构、代表机构的名称、业务范围、场所和主要负责人等情况的文件，申请登记。社会团体的分支机构、代表机构是社会团体的组成部分，不具有法人资格，应当按照其所属于的社会团体的章程所规定的宗旨和业务范围，在该社会团体授权的范围内开展活动、发展会员。社会团体的分支机构不得再设立分支机构。社会团体不得设立地域性的分支机构。

——唐德华、高圣平：《民法通则及配套规定新释新解（上）》，人民法院出版社2003年版。

三、社会团体法人的财产或经费来源

社会团体法人的财产或经费来源十分广泛，其中主要有以下几种：

1. 国家预算拨款。党派团体和人民群众团体主要以此为经费来源，其他社会团体多数也是以此为经费来源，其中有些靠国家财政直接拨款，有的则由有关的行政机关和事业单位从预算经费中拨出一部分给它作为经费。

2. 成员或其他组织的捐助或赠与。各种社会公益团体，一般以此为财产来源。其他社会团体往往也通过交纳会员会费的形式筹集经费。

3. 社会团体的经营收入。某些社会团体在向社会提供技术、服务时，可以取得一定的收入。某些社会团体甚至也可以用其财产进行营利性投资，如儿童福利基金会可以将其财产投资营利，以维持和扩大其资助儿童福利事业的能力。

——唐德华、高圣平：《民法通则及配套规定新释新解（上）》，人民法院出版社2003年版。

【相关案例】

1. 社会团体的成立需要在民政部门进行登记

——泉州开闽三王文物保护管理处诉泉州市住房和城乡建设局等请求撤销房屋所有权证案

案例要旨：中国公民自愿组成的为了保护历史文物等的非营利性社会组织，需要在民政部门进行登记，随后方能得到文物业务主管部门的认可和支持。

案号：（2011）泉行终字第 113 号
审理法院： 福建省泉州市中级人民法院
来源：《福建审判参阅案例》2012.08

2. **应以设立登记为准判断法人单位的性质，两个独立的法人单位不能因实行一套人马、两块牌子而作为一个单位执行**

——天津泰伦特化学有限公司申请执行购销合同欠款案

案例要旨： 省工商联和省总商会是两个独立的法人单位。省工商联是党委领导下的具有统战性质的人民团体，列入省编委编制序列，为财政预算拨款单位。而省总商会是在省民政厅单独注册的社团法人，经费由会员的会费构成。省工商联与省总商会应是两个独立的法人单位，以设立登记为准，而不能因实行一套人马、两块牌子即视为省总商会是省工商联的变更，作为一个单位来执行。

审理法院： 天津市高级人民法院
来源：《执行工作指导》总第 6 辑

第九十一条 社会团体法人的章程和组织机构

设立社会团体法人应当依法制定法人章程。

社会团体法人应当设会员大会或者会员代表大会等权力机构。

社会团体法人应当设理事会等执行机构。理事长或者会长等负责人按照法人章程的规定担任法定代表人。

【相关规定】

1. 《社会团体登记管理条例》

第十四条 社会团体的章程应当包括下列事项：
（一）名称、住所；
（二）宗旨、业务范围和活动地域；
（三）会员资格及其权利、义务；
（四）民主的组织管理制度，执行机构的产生程序；
（五）负责人的条件和产生、罢免的程序；
（六）资产管理和使用的原则；
（七）章程的修改程序；
（八）终止程序和终止后资产的处理；
（九）应当由章程规定的其他事项。

2. 《民办非企业单位登记管理暂行条例》

第十条 民办非企业单位的章程应当包括下列事项：
（一）名称、住所；
（二）宗旨和业务范围；
（三）组织管理制度；
（四）法定代表人或者负责人的产生、罢免的程序；
（五）资产管理和使用的原则；
（六）章程的修改程序；
（七）终止程序和终止后资产的处理；
（八）需要由章程规定的其他事项。

3. 《中华人民共和国红十字会法》

第七条 全国建立中国红十字会总会。中国红十字会总会对外代表中国红十字会。

县级以上地方按行政区域建立地方各级红十字会，根据实际工作需要配备专职工作人员。

全国性行业根据需要可以建立行业红十字会。

上级红十字会指导下级红十字会工作。

第八条　各级红十字会设立理事会、监事会。理事会、监事会由会员代表大会选举产生，向会员代表大会负责并报告工作，接受其监督。

理事会民主选举产生会长和副会长。理事会执行会员代表大会的决议。

执行委员会是理事会的常设执行机构，其人员组成由理事会决定，向理事会负责并报告工作。

监事会民主推选产生监事长和副监事长。理事会、执行委员会工作受监事会监督。

第九条　中国红十字会总会可以设名誉会长和名誉副会长。名誉会长和名誉副会长由中国红十字会总会理事会聘请。

第十条　中国红十字会总会具有社会团体法人资格；地方各级红十字会、行业红十字会依法取得社会团体法人资格。

4.《著作权集体管理条例》

第八条　著作权集体管理组织章程应当载明下列事项：

（一）名称、住所；

（二）设立宗旨；

（三）业务范围；

（四）组织机构及其职权；

（五）会员大会的最低人数；

（六）理事会的职责及理事会负责人的条件和产生、罢免的程序；

（七）管理费提取、使用办法；

（八）会员加入、退出著作权集体管理组织的条件、程序；

（九）章程的修改程序；

（十）著作权集体管理组织终止的条件、程序和终止后资产的处理。

5.《中华人民共和国公证法》

第四条　全国设立中国公证协会，省、自治区、直辖市设立地方公证协会。中国公证协会和地方公证协会是社会团体法人。中国公证协会章程由会员代表大会制定，报国务院司法行政部门备案。

公证协会是公证业的自律性组织，依据章程开展活动，对公证机构、公证员的执业活动进行监督。

6.《中华人民共和国证券投资基金法》

第一百零九条　基金行业协会的权力机构为全体会员组成的会员大会。

基金行业协会设理事会。理事会成员依章程的规定由选举产生。

第一百一十一条　基金行业协会履行下列职责：

（一）教育和组织会员遵守有关证券投资的法律、行政法规，维护投资人合法权益；

（二）依法维护会员的合法权益，反映会员的建议和要求；

（三）制定和实施行业自律规则，监督、检查会员及其从业人员的执业行为，对违反自律规则和协会章程的，按照规定给予纪律处分；

（四）制定行业执业标准和业务规范，组织基金从业人员的从业考试、资质管理和业务培训；

（五）提供会员服务，组织行业交流，推动行业创新，开展行业宣传和投资人教育活动；

（六）对会员之间、会员与客户之间发生的基金业务纠纷进行调解；

（七）依法办理非公开募集基金的登记、备案；

（八）协会章程规定的其他职责。

7.《中华人民共和国律师法》

第四十三条　律师协会是社会团体法人，是律师的自律性组织。

全国设立中华全国律师协会，省、自治区、直辖市设立地方律师协会，设区的市根据需要可以设立地方律师协会。

第四十四条　全国律师协会章程由全国会员代表大会制定，报国务院司法行政部门备案。

地方律师协会章程由地方会员代表大会制定，报同级司法行政部门备案。地方律师协会章程不得与全国律师协会章程相抵触。

【相关观点】

一、公证协会的章程

（一）公证协会章程的法定性

章程是指书面写定的组织规程或办事条例。根据我国行政法规的规定，成立社会团体法人必须要先制定章程。在国务院发布的《社会团体登记管理条例》第14条中规定："筹备成立的社会团体，应当自登记管理机关批准筹备之日起六个月内召开会员大会或者会员代表大会，通过章程，产生执行机构、负责人和法定代表人，并向登记管理机关申请成立登记……"。公证法中对公证协会的章程做了明确的规定，"中国公证协会章程由会员代表大会制定，报国务院司法行政部门备案"，公证协会"依据章程开展活动"。

（二）中国公证协会章程制定的程序

公证法规定章程必须要由协会的最高权力机构——会员代表大会制定。与一般社会团体法人制定章程不同的是，中国公证协会作为公证业的自律组织，其章程制定生效后还须报国务院司法行政部门备案。

（三）公证协会章程的主要内容

公证协会章程一般包括以下内容：总则，职责，会员，组织机构和负责人产生、罢免，资产管理、使用原则，章程的修改程序，终止程序及终止后的财产处理和附则。

（四）章程在公证协会活动中的地位和作用

章程不仅是社会团体法人成立的条件之一，同时还是社会团体法人运转和开展一切活动的依据和准则。公证协会作为社会团体法人必须依据章程开展活动。

1. 公证协会人员、组织的产生必须按照章程运作，符合章程要求。
2. 公证协会的活动必须依据章程开展。
3. 章程还是检验公证协会活动正确与否的标准。公证协会的各种组织和各项活动是否符合协会成立的宗旨和要求，必须要通过章程来衡量，对于符合章程的继续开展下去，对于不符合章程的必须立即停止和纠正，只有这样，才能保持章程的崇高性和严肃性，才能保障协会工作的正常开展。

二、基金行业协会的权力机构和执行机构

基金行业协会的权力机构为由全体会员组成的会员大会。所谓权力机构，是指有权决定基金行业协会的重大问题的机构。这些重大问题一般是：制定、修改章程；选举会长、副会长及理事会理事；审查理事会的工作报告；确定会费的收取标准；其他重大问题。这里需要指出的是，基金行业协会的会员大会的权力有多大，应当通过章程的形式表现出来。

理事会是基金行业协会的常设机构之一，该机构一般依章程的规定执行会员大会决议。理事会成员一般为3人以上，具体数量由章程确定。理事会成员依章程的规定由选举产生。这是一个授权性决定，章程中应对此作出具体的规定。章程应当包括理事会成员的人数、选举产生的程序（比如是多数同意产生，还是2/3或者3/4以上的会员同意产生）等内容。

三、基金行业协会章程及其载明事项

所谓基金行业协会章程，是指由基金行业协会的会员大会制定的对所有会员具有约束力的会员之间的一个协议。可以将该协议称之为会员的守则、规则等。章程一般应载明下列事项：

1. 协会的名称和住所。所谓名称，是指一个市场主体区别其他市场主体的符号。所谓住所，是指协会的主要办事机构所在地。
2. 协会的宗旨和职责。所谓协会的宗旨，是指成立协会的基本目的。所谓协会的职责，是指协会对内、对外的职权和责任。
3. 协会的领导机构及其产生办法、任期。协会的领导机构是指高级管理机构，比如理事会、监事或者监事会等；产生办法是指理事会、监事或者监事会是如何成立的，其人员是如何产生的，比如理事会成员应有几个人，理

事长如何产生等。任期是指领导机构的成员的任职期间。

4. 协会的活动规则。比如如何召开会员大会，会员大会如何作出决议等。

5. 协会会员的权利和义务，对协会会员的纪律处分。

6. 协会的经费及管理。一般应包括经费的来源、开支，由什么机构进行管理等。

7. 其他，比如国务院证券监督管理机构规定的其他事项等。

【相关案例】

社会团体依章程可以从事与其职能有关的市场经营活动

——广东粤超体育发展股份有限公司与广东省足球协会、广州珠超联赛体育经营管理有限公司垄断纠纷再审案

案例要旨：非营利性社团法人虽然不以营利为目的，并不意味着其不能从事一定的市场经营活动。按照《社会团体登记管理条例》的规定，广东省足协作为社团法人，可以在章程范围内作为民事主体对外开展民事活动，独立承担民事责任。广东省足协关于其作为非营利性社团法人，不能作为法律上和经济上独立的商品生产者从事或参与经营活动并获得相关权益的主张，与有关规定和事实不符。

案号：（2015）民申字第2313号

审理法院：最高人民法院

来源：中国裁判文书网

第九十二条　捐助法人的资格取得

具备法人条件，为公益目的以捐助财产设立的基金会、社会服务机构等，经依法登记成立，取得捐助法人资格。

依法设立的宗教活动场所，具备法人条件的，可以申请法人登记，取得捐助法人资格。法律、行政法规对宗教活动场所有规定的，依照其规定。

【相关规定】

1.《基金会管理条例》

第八条　设立基金会，应当具备下列条件：

（一）为特定的公益目的而设立；

（二）全国性公募基金会的原始基金不低于800万元人民币，地方性公募基金会的原始基金不低于400万元人民币，非公募基金会的原始基金不低于200万元人民币；原始基金必须为到账货币资金；

（三）有规范的名称、章程、组织机构以及与其开展活动相适应的专职工作人员；

（四）有固定的住所；

（五）能够独立承担民事责任。

2.《中华人民共和国慈善法》

第八条　本法所称慈善组织，是指依法成立、符合本法规定，以面向社会开展慈善活动为宗旨的非营利性组织。

慈善组织可以采取基金会、社会团体、社会服务机构等组织形式。

3.《宗教事务条例》

第十四条　设立宗教活动场所，应当具备下列条件：

（一）设立宗旨不违背本条例第三条、第四条的规定；

（二）当地信教公民有经常进行集体宗教活动的需要；

（三）有拟主持宗教活动的宗教教职人员或者符合本宗教规定的其他人员；

（四）有必要的资金；

（五）布局合理，不妨碍周围单位和居民的正常生产、生活。

第十五条　宗教活动场所经批准筹备并建设完工后，应当向所在地的县级人民政府宗教事务部门申请登记。县级人民政府宗教事务部门应当自收到申请之日起 30 日内对该宗教活动场所的管理组织、规章制度建设等情况进行审核，对符合条件的予以登记，发给《宗教活动场所登记证》。

第十六条 宗教活动场所合并、分立、终止或者变更登记内容的，应当到原登记管理机关办理相应的变更登记手续。

4.《宗教活动场所设立审批和登记办法》

第二条 宗教活动场所分为寺院、宫观、清真寺、教堂和其他固定宗教活动处所两类。两类宗教活动场所的具体区分标准，由各省、自治区、直辖市人民政府宗教事务部门根据本地实际情况制定，报国家宗教事务局备案。

第三条 筹备设立宗教活动场所，一般应当由拟设立地的县（市、区、旗）宗教团体提出申请。如拟设立地的县（市、区、旗）无宗教团体的，可由拟设立地的设区的市（地、州、盟）宗教团体提出申请；拟设立地的市（地、州、盟）无宗教团体的，可由拟设立地的省、自治区、直辖市宗教团体提出申请；拟设立地的省、自治区、直辖市无宗教团体的，可由全国性宗教团体提出申请。

县级人民政府宗教事务部门是筹备设立宗教活动场所申请的受理机关。

【相关观点】

宗教活动场所的登记制度

《宪法》第 36 条第 3 款规定："任何人不得利用宗教进行破坏社会秩序、损害公民身体健康、妨害国家教育制度的活动。"根据宗教活动场所管理条例和《宗教活动场所登记办法》的规定，我国对宗教活动的管理和限制主要表现在对宗教活动场所的登记制度。

（一）宗教活动场所的登记范围

宗教活动场所主要包括佛教的寺院、庵堂、道教的宫观、伊斯兰教的清真寺、天主教和基督教的教堂以及其他固定场所。设立宗教活动场所应具备的条件是：有固定的处所和名称；有经常参加宗教活动的信教公民；有由信教公民组成的管理组织；有主持宗教活动的宗教教职人员或者符合宗教规定的人员；有管理规章。

（二）宗教活动场所登记程序

申请进行登记的宗教活动场所，由其管理组织或负责人向县以上人民政府宗教事务部门递交申请书和有关的书面材料，并经登记机关的审核，符合条件和规定的，予以登记，并发给《宗教活动场所登记证》。

（三）宗教活动必须遵守国家法律、法规

任何人不得利用宗教进行破坏社会秩序、损害公民身体健康、妨碍国家教育制度的活动。利用宗教破坏社会秩序，是指以宗教活动为名，行破坏社会公共秩序、生产秩序、工作秩序、科研、教学秩序之实的活动。利用宗教损害公民身体健康，是指假借宗教活动之名，侵害公民的体魄、危害公民的各种生理机能的正常活动和发育。宗教不得妨碍国家教育制度，是指宗教不得以任何形式阻碍、扰乱国家制定的各种教育方针、教育措施和教育内容等有关制度。

（四）宗教自治

《宪法》第36条第4款规定："宗教团体和宗教事务不受外国势力的支配。"我国宗教实行独立自主自办的方针，反对外来势力支配、干涉中国宗教的内部事务，以保护中国公民真正享有宗教信仰自由的权利。外国人在我国境内的正常的宗教活动受法律、法规的保护。1994年1月国务院发布的《中华人民共和国境内外国人宗教活动管理规定》规定：外国人在中国境内进行宗教活动，应当遵守中国的法律、法规，不得在中国境内成立宗教组织，设立宗教办事机构、宗教活动场所或者开办宗教院校，不得在中国公民中发展教徒、委任宗教教职人员和进行其他传教活动。外国人进入中国国境，禁止携带有危害中国社会公共利益内容的宗教印刷品和宗教音像制品。

1999年10月30日，第九届全国人民代表大会常务委员会第十二次会议通过了《关于取缔邪教组织、防范和惩治邪教活动的决定》，规定依法取缔邪教组织，惩治邪教活动，有利于保护正常的宗教活动和公民的宗教信仰自由。最高人民法院和最高人民检察院联合发布的《关于办理组织和利用邪教组织犯罪案件若干具体应用法律问题的解释》第1条规定：邪教组织是指冒用宗教、气功或者其他名义建立的，神化首要分子，利用制造、散布迷信邪说等手段蛊惑、蒙骗他人，发展、控制成员，危害社会的非法组织。这些决定和解释，为打击邪教，保护公民的正常的宗教信仰自由确定了法律依据。

——唐德华主编：《宪法及配套规定新释新解》，人民法院出版社2003年版。

【相关文献】

1. 吴才毓：《民法典中宗教组织的法人化类型》，载《政治与法律》2015年10期。

2. 赵旭东：《论捐助法人在民法中的地位》，载《法学》1991年第6期。

3. 莫纪宏：《论我国宗教组织的法律地位》，载《金陵法律评论》2009年第1期。

【相关案例】

1. 宗教活动场所可以成为劳动法上的劳动用工主体

——钟政舜诉梅县灵光寺劳动合同案

案例要旨： 宗教活动场所是一个常设的开展宗教活动的组织，依国务院《宗教事务条例》第3条规定，宗教团体、宗教活动场所和信教公民应当遵守宪法、法律、法规和规章。《劳动合同法》和《劳动法》属于法律范畴，同样应该适用于宗教活动场所。

案号：（2011）梅中法民一终字第177号

审理法院： 广东省梅州市中级人民法院

来源：《中国审判案例要览》（2012年民事审判案例卷）

2. 非经依法成立的宗教团体组织宗教活动及在未经依法登记的宗教活动场所内举行宗教活动，为非法宗教活动

——林某诉常州市民族宗教事务局民族宗教行政处罚案

案例要旨： 信教公民举行的集体宗教活动，一般应当在依法登记的宗教活动场所内进行，由宗教组织和信教群众自己来办理。非经依法成立的宗教团体组织宗教活动及在未经依法登记的宗教活动场所内举行宗教活动即为非法宗教活动。

审理法院： 江苏省常州市中级人民法院

来源：《行政执法与行政审判》总第21辑

第九十三条　捐助法人的章程及组织机构

设立捐助法人应当依法制定法人章程。

捐助法人应当设理事会、民主管理组织等决策机构，并设执行机构。理事长等负责人按照法人章程的规定担任法定代表人。

捐助法人应当设监事会等监督机构。

【相关规定】

1. 《基金会管理条例》

第二十条　基金会设理事会，理事为5人至25人，理事任期由章程规定，但每届任期不得超过5年。理事任期届满，连选可以连任。

用私人财产设立的非公募基金会，相互间有近亲属关系的基金会理事，总数不得超过理事总人数的1/3；其他基金会，具有近亲属关系的不得同时在理事会任职。

在基金会领取报酬的理事不得超过理事总人数的1/3。

理事会设理事长、副理事长和秘书长，从理事中选举产生，理事长是基金会的法定代表人。

第二十一条　理事会是基金会的决策机构，依法行使章程规定的职权。

理事会每年至少召开2次会议。理事会会议须有2/3以上理事出席方能召开；理事会决议须经出席理事过半数通过方为有效。

下列重要事项的决议，须经出席理事表决，2/3以上通过方为有效：

（一）章程的修改；

（二）选举或者罢免理事长、副理事长、秘书长；

（三）章程规定的重大募捐、投资活动；

（四）基金会的分立、合并。

理事会会议应当制作会议记录，并由出席理事审阅、签名。

第二十二条　基金会设监事。监事任期与理事任期相同。理事、理事的近亲属和基金会财会人员不得兼任监事。

监事依照章程规定的程序检查基金会财务和会计资料，监督理事会遵守法律和章程的情况。

监事列席理事会会议，有权向理事会提出质询和建议，并应当向登记管理机关、业务主管单位以及税务、会计主管部门反映情况。

2. 《中华人民共和国慈善法》

第十一条　慈善组织的章程，应当符合法律法规的规定，并载明下列事项：
  （一）名称和住所；
  （二）组织形式；
  （三）宗旨和活动范围；
  （四）财产来源及构成；
  （五）决策、执行机构的组成及职责；
  （六）内部监督机制；
  （七）财产管理使用制度；
  （八）项目管理制度；
  （九）终止情形及终止后的清算办法；
  （十）其他重要事项。

【相关观点】

《民法总则》第93条第1款规定，设立捐助法人，应当依法制定法人章程。对于捐助法人而言，由于没有会员大会等权力机构，关于捐助法人的组织及其管理方法，除了法律、行政法规的规定外，是由捐助人制定的捐助章程规定的。捐助章程还要规定法人的目的及所捐财产等必不可少的内容。在捐助法人成立后，章程便成为独立的文件，约束捐助法人及其决策机构、执行机构的成员等。由此可见，由于捐助法人没有权力机构，相较于其他法人类型，章程的作用尤其重要，对于实现捐助人的捐助目的不可或缺。

捐助法人没有成员，因此没有权力机构。为了维持捐助法人的正常运行，有必要设立决策机构和执行机构。关于捐助法人的决策机构、执行机构和法定代表人，慈善法有所涉及，《基金会管理条例》做了较为详细的规定。《慈善法》第16条规定："有下列情形之一的，不得担任慈善组织的负责人：（一）无民事行为能力或者限制民事行为能力的；（二）因故意犯罪被判处刑罚，自刑罚执行完毕之日起未逾五年的；（三）在被吊销登记证书或者被取缔组织担任负责人，自该组织被吊销登记证书或者被取缔之日起未逾五年的；（四）法律、行政法规规定的其他情形。"《基金会管理条例》第三章专章规定了基金会的组织机构。关于决策机构，该条例明确决策机构的组织形式为理事会。第21条规定："理事会是基金会的决策机构，依法行使章程规定的职权""理事会每年至少召开2次会议。理事会会议须有三分之二以上理事出席方能召开；理事会决议须经出席理事过半数通过方为有效。"

此外，关于宗教活动场所的决策机构，《宗教事务条例》第17条规定："宗教活动场所应当成立管理组织，实行民主管理。宗教活动场所管理组织的成员，经民主协商推选，并报该场所的登记管理机关备案。"

为了健全捐助法人的内部治理结构，《民法总则》就捐助法人的组织机构做了更为周全的规定。《民法总则》第93条第2款规定:"捐助法人应当设理事会、民主管理组织等决策机构,并设执行机构。理事长等负责人按照法人章程的规定担任法定代表人。"《民法总则》第93条第2款中出现的"理事会"和"民主管理组织",皆为指引性规定,上述指引性规定之后的"等"字,表明了并非限制性规定。如此规定,旨在尊重私法自治。关于法定代表人的人选范围,未限定为理事长等主要负责人。这是因为法定代表人由谁担任,应当交给捐助法人的设立人通过章程确定规则,不宜一概限定为主要负责人,以体现对捐助法人意思自治的尊重。但是法定代表人的人选范围关系到交易安全和交往安全,因此也不能毫无限制。依照《民法总则》第93条第2款规定,法定代表人依章程确定,但须是捐助法人的负责人。当然,如果法律认为有必要加以限制的,可以另行规定。根据民法总则第11条的规定,"其他法律对民事关系有特别规定的,依照其规定。"

——沈德咏主编:《〈中华人民共和国民法总则〉条文理解与适用》,人民法院出版社2017年版。

【相关文献】

1. 赵旭东:《论捐助法人在民法中的地位》,载《法学》1991年第6期。

2. 李凤、来文彬、黄伟萍:《基金会法人内部组织结构制度的完善》,载《法制博览》2015第15期。

第九十四条　捐助人对捐助法人的监督及决定撤销

捐助人有权向捐助法人查询捐助财产的使用、管理情况，并提出意见和建议，捐助法人应当及时、如实答复。

捐助法人的决策机构、执行机构或者法定代表人作出决定的程序违反法律、行政法规、法人章程，或者决定内容违反法人章程的，捐助人等利害关系人或者主管机关可以请求人民法院撤销该决定，但是捐助法人依据该决定与善意相对人形成的民事法律关系不受影响。

【相关规定】

1. 《中华人民共和国慈善法》

第四十二条　捐赠人有权查询、复制其捐赠财产管理使用的有关资料，慈善组织应当及时主动向捐赠人反馈有关情况。

慈善组织违反捐赠协议约定的用途，滥用捐赠财产的，捐赠人有权要求其改正；拒不改正的，捐赠人可以向民政部门投诉、举报或者向人民法院提起诉讼。

2. 《中华人民共和国公益事业捐赠法》

第二十一条　捐赠人有权向受赠人查询捐赠财产的使用、管理情况，并提出意见和建议。对于捐赠人的查询，受赠人应当如实答复。

3. 《基金会管理条例》

第三十八条　基金会、境外基金会代表机构应当在通过登记管理机关的年度检查后，将年度工作报告在登记管理机关指定的媒体上公布，接受社会公众的查询、监督。

第三十九条　捐赠人有权向基金会查询捐赠财产的使用、管理情况，并提出意见和建议。对于捐赠人的查询，基金会应当及时如实答复。

基金会违反捐赠协议使用捐赠财产的，捐赠人有权要求基金会遵守捐赠协议或者向人民法院申请撤销捐赠行为、解除捐赠协议。

4. 《救灾捐赠管理办法》（民政部令第35号）

第二十六条　县级以上人民政府民政部门根据灾情和灾区实际需求，可以统筹平衡和统一调拨分配救灾捐赠款物，并报上一级人民政府民政部门统计。

对捐赠人指定救灾捐赠款物用途或者受援地区的，应当按照捐赠人意愿使用。在捐赠款物过于集中同一地方的情况下，经捐赠人书面同意，省级以上人民政府民政部门可以调剂分配。

发放救灾捐赠款物时,应当坚持民主评议、登记造册、张榜公布、公开发放等程序,做到制度健全、账目清楚,手续完备,并向社会公布。

县级以上人民政府民政部门应当会同监察、审计等部门及时对救灾捐赠款物的使用发放情况进行监督检查。

捐赠人有权向救灾捐赠受赠人查询救灾捐赠财产的使用、管理情况,并提出意见和建议。对于捐赠人的查询,救灾捐赠受赠人应当如实答复。

【相关观点】

一、捐赠人对捐助财产有查询权、建议权,受赠人应当如实答复

受赠人对捐赠财产的使用和管理属于捐赠合同的履行。《合同法》规定,当事人应当遵循诚实信用的原则全面履行自己的义务,当事人一方不履行合同义务或者履行合同义务不符合约定的,应当承担继续履行、采取补救措施或者赔偿损失等违约责任。但《合同法》中规定的违约责任属于事后救济,即只有在违约行为发生后,当事人才可以采取救济措施。为了更好地保护捐赠人的权利,促使受赠人全面履行自己的义务,《合同法》规定了捐赠人对捐赠财产的使用和管理的主动监督制度。

捐赠人的监督权实际上是知悉真情权,它包括以下几层含义:(1)捐赠人查询的对象是受赠人。捐赠人和受赠人是捐赠合同的当事人,享有权利,承担义务,捐赠合同通常在捐赠人和受赠人之间产生法律效力,因此,捐赠人不能向除受赠人以外的其他人或单位查询捐赠财产的使用和管理情况,如捐赠人不能直接查询受赠人的银行账户。(2)捐赠人监督的形式是查询捐赠财产的使用和管理,并提出意见和建议。捐赠人查询的事项限于其捐赠财产的使用和管理,对于其他事项,受赠人可不予答复。捐赠人认为受赠人未合理使用和管理捐赠财产的,可以向受赠人提出意见和建议。(3)对于捐赠人的查询,受赠人应当如实答复。受赠人未履行如实答复义务的,如捐赠人有理由认为受赠人没有依法使用或没有按约定使用捐赠财产,有权向有关主管机关反映情况和问题。

——《中华人民共和国公益事业捐赠法释义》,载中国人大网,最后访问时间:2001年8月1日。

二、对《民法总则》第94条的理解

本条对于决议无效情形未作规定,并非疏漏。对于存在瑕疵的决议,法律规定了决议的无效和可撤销制度。决议无效制度针对的是存在严重瑕疵的决议,比如决议内容违反法律、行政法规的效力性强制规定。决议无效是对决议效力的强行干预和否定。《民法总则》第134条规定:"民事法律行为可以基于双方或者多方的意思表示一致成立,也可以基于单方的意思表示成

立。""法人、非法人组织依照法律或者章程规定的议事方式和表决程序作出决议的,该决议行为成立。"依照该条规定,决议系法律行为的一种。既然决议作为法律行为的一种,其无效判断规则与其他法律行为的无效判断规则应当是一致的,可以一并适用《民法总则》第六章"民法法律行为"部分第153条的规定,即"违反法律、行政法规的强制性规定的民事法律行为无效,但是该强制性规定不导致该民事法律行为无效的除外。""违背公序良俗的民事法律行为无效。"

相关决定被人民法院撤销后,捐助法人依据该决定与善意相对人形成的民事法律关系不受影响。这并不意味着撤销权的行使没有效果。如果决定存在瑕疵并被人民法院撤销,造成损失的,可要求有过错的决策机构成员、执行机构成员或者法人代表赔偿。

——沈德咏主编:《〈中华人民共和国民法总则〉条文理解与适用》,人民法院出版社2017年版。

【相关文献】

邹世允、关静文:《论捐赠人慈善信息知情权的保护》,载《行政与法》2014年第6期。

第九十五条 非营利法人终止时剩余财产分配

为公益目的成立的非营利法人终止时,不得向出资人、设立人或者会员分配剩余财产。剩余财产应当按照法人章程的规定或者权力机构的决议用于公益目的;无法按照法人章程的规定或者权力机构的决议处理的,由主管机关主持转给宗旨相同或者相近的法人,并向社会公告。

【相关规定】

1. 《社会团体登记管理条例》

第二十二条 社会团体处分注销后的剩余财产,按照国家有关规定办理。

2. 《基金会管理条例》

第三十三条 基金会注销后的剩余财产应当按照章程的规定用于公益目的;无法按照章程规定处理的,由登记管理机关组织捐赠给与该基金会性质、宗旨相同的社会公益组织,并向社会公告。

3. 《中华人民共和国慈善法》

第十八条 慈善组织终止,应当进行清算。

慈善组织的决策机构应当在本法第十七条规定的终止情形出现之日起三十日内成立清算组进行清算,并向社会公告。不成立清算组或者清算组不履行职责的,民政部门可以申请人民法院指定有关人员组成清算组进行清算。

慈善组织清算后的剩余财产,应当按照慈善组织章程的规定转给宗旨相同或者相近的慈善组织;章程未规定的,由民政部门主持转给宗旨相同或者相近的慈善组织,并向社会公告。

慈善组织清算结束后,应当向其登记的民政部门办理注销登记,并由民政部门向社会公告。

【相关观点】

一、关于违反本条规定分配剩余财产的后果

为公益目的成立的非营利法人终止时,如果违反本条规定,向其出资人、设立人或者会员分配剩余财产,则因无合法根据取得财产,构成不当得利,依法应予返还。拒不返还的,相关利害关系人或者主管机关应当可以向人民法院提起诉讼。

二、非为公益目的设立的营利法人剩余财产的处置规则问题

关于非为公益目的设立的非营利法人,其剩余财产的处置规则问题,本

条未设专款规定，但并非疏漏。依照法律适用规则，既然立法未就非为公益目的设立的非营利法人剩余财产的处置另设特殊规则，则应当适用第三章第一节"一般规定"部分的相应规定。《民法总则》第72条第2款规定："法人清算后的剩余财产，根据法人章程的规定或者法人权力机构的决议处理。法律另有规定的，依照其规定。"

——沈德咏主编：《〈中华人民共和国民法总则〉条文理解与适用》，人民法院出版社2017年版。

第四节 特别法人

第九十六条 特别法人的类型

本节规定的机关法人、农村集体经济组织法人、城镇农村的合作经济组织法人、基层群众性自治组织法人,为特别法人。

【相关规定】

1.《中华人民共和国宪法》

第五十七条 中华人民共和国全国人民代表大会是最高国家权力机关。它的常设机关是全国人民代表大会常务委员会。

第八十五条 中华人民共和国国务院,即中央人民政府,是最高国家权力机关的执行机关,是最高国家行政机关。

第九十三条 中华人民共和国中央军事委员会领导全国武装力量。

中央军事委员会由下列人员组成:

主席,

副主席若干人,

委员若干人。

中央军事委员会实行主席负责制。

中央军事委员会每届任期同全国人民代表大会每届任期相同。

第九十五条 省、直辖市、县、市、市辖区、乡、民族乡、镇设立人民代表大会和人民政府。

地方各级人民代表大会和地方各级人民政府的组织由法律规定。

自治区、自治州、自治县设立自治机关。自治机关的组织和工作根据宪法第三章第五节、第六节规定的基本原则由法律规定。

第九十六条 地方各级人民代表大会是地方国家权力机关。

县级以上的地方各级人民代表大会设立常务委员会。

第一百一十一条 城市和农村按居民居住地区设立的居民委员会或者村民委员会是基层群众性自治组织。居民委员会、村民委员会的主任、副主任和委员由居民选举。居民委员会、村民委员会同基层政权的相互关系由法律规定。

居民委员会、村民委员会设人民调解、治安保卫、公共卫生等委员会,办理本居住地区的公共事务和公益事业,调解民间纠纷,协助维护社会治安,并且向人民政府反映群众的意见、要求和提出建议。

第一百一十二条 民族自治地方的自治机关是自治区、自治州、自治县的人民代表大会和人民政府。

第一百二十三条　中华人民共和国人民法院是国家的审判机关。

第一百二十九条　中华人民共和国人民检察院是国家的法律监督机关。

第一百三十二条　最高人民检察院是最高检察机关。

最高人民检察院领导地方各级人民检察院和专门人民检察院的工作，上级人民检察院领导下级人民检察院的工作。

2.《中华人民共和国地方各级人民代表大会和地方各级人民政府组织法》

第一条　省、自治区、直辖市、自治州、县、自治县、市、市辖区、乡、民族乡、镇设立人民代表大会和人民政府。

第二条　县级以上的地方各级人民代表大会设立常务委员会。

第四条　地方各级人民代表大会都是地方国家权力机关。

第四十条　省、自治区、直辖市、自治州、县、自治县、市、市辖区的人民代表大会设立常务委员会。

第五十四条　地方各级人民政府是地方各级人民代表大会的执行机关，是地方各级国家行政机关。

3.《广东省人民政府关于修改〈广东省农村集体经济组织管理规定〉的决定》

第三条　本规定所称农村集体经济组织，是指原人民公社、生产大队、生产队建制经过改革、改造、改组形成的合作经济组织，包括经济联合总社、经济联合社、经济合作社和股份合作经济联合总社、股份合作经济联合社、股份合作经济社等。

4.《湖北省农村集体经济组织管理办法》

第二条　本办法所称农村集体经济组织，是指在一定社区范围内，以土地等生产资料劳动群众集体所有为基础的乡（含镇，下同）经济联合总社、村经济联合社、组经济合作社等集体经济组织。

5.《中华人民共和国村民委员会组织法》

第二条　村民委员会是村民自我管理、自我教育、自我服务的基层群众性自治组织，实行民主选举、民主决策、民主管理、民主监督。

村民委员会办理本村的公共事务和公益事业，调解民间纠纷，协助维护社会治安，向人民政府反映村民的意见、要求和提出建议。

村民委员会向村民会议、村民代表会议负责并报告工作。

【相关观点】

一、机关法人的概念、特征及分类

机关法人是指因行使职权的需要而享有相应的民事权利能力和民事行为能力的国家机关。机关法人的基本特征是：（1）机关代表国家行使职权时，并不以法人的身份出现，它与有关社会组织或者自然人之间是领导与被领导或者监督与被监督的关系。（2）机关因行使职权的需要而从事民事活动时，如购置办公用品、租用房屋或者交通工具等，便是以法人的资格进行活动的，这时它与其他当事人处于平等的法律地位。但机关不得经商办企业。（3）机关法人的独立经费是由中央或者地方财政拨款而来，它主要用于参加各项必要的民事活动。机关法人以自己的名义参加民事活动产生的债务，应用它的独立经费给予偿还，若超过经费而另需抵补的，应由国家有关立法加以保证。（4）国家机关依照法律或者行政命令设立，不需要进行核准登记程序，即可取得机关法人资格。

机关法人包括权力机关法人、行政机关法人、司法机关法人和军事机关法人。在实务中，权力机关法人是指各级权力机构，如全国人民代表大会及地方各级人民代表大会。行政机关法人包括国务院及其职能机构，如部、委、办等；地方各级政府及其职能部门。但各职能机构的所属部门及其派出机构，不为法人，如财政部各司、局，乡司法所，公安局的派出所等。司法机关法人包括各级人民法院和各级人民检察院。法院的派出法庭和检察院的派出机构，不为法人。军事机关法人是指团以上具有独立编制的军事机关，营、连、排、班不为法人。

二、基层群众性自治组织的性质

基层群众性自治组织是指城市的居民委员会和农村的村民委员会。居（村）民委员会制度是我国地方制度的重要内容之一，是根据有关法律的规定，在所居住的基层社会区域内，进行自我管理、自我教育、自我服务的一种直接民主形式，是社会主义民主在我国基层社会生活中的重要体现，也是马克思主义关于社会民主的思想与我国具体实践相结合的产物，是社会主义民主在我国实践的必然结果。

居（村）民委员会作为基层群众性自治组织，是在基层社会生活领域内人民直接行使民主权利的一种形式，它们是由特定地区的居民直接选举产生，依据自愿原则对本居住区基层社会生活进行管理的自治组织。它有以下特点：

1. 基层群众性自治组织是群众性组织，不是一级国家政权。政权是国家的组成部分，具体反映国家的暴力特权，具有强制性。国家政权机关可以制定和认可具有普遍约束力的法律和规则，并靠国家强制力保证实施。居民委员会、村民委员会是群众自我教育、自我管理和自我服务的组织，具有群众性。居（村）民委员会应在党的政策和国家法律规定的范围内活动，但其活动不能代表国家。因此，它与国家政权机关有原则区别。

2. 基层群众性自治组织是基层性群众组织，不是一般的群众团体。它建置于基层，没有全国统一组织系统，参加主体不受性别、年龄、职业等条件的限制，管理内容多样的基层社会生活。

3. 基层群众性自治组织是自治性组织。自治性是居（村）民委员会从组织功能上区别于国家政权机关的一个特征。我国的各级国家政权机关，代表人民实行管理，人民通过间接民主（代表制）的形式实现当家作主；而居（村）民委员会是社会主义直接民主的一种形式，人民群众不需要通过国家政权机关，就可以直接自我管理基层社区生活，实现当家作主的权利。当然，这种自治权不是绝对的、无限的，必须在国家法律和政策规定的范围内实行自治。

——唐德华主编：《宪法及配套规定新释新解》，人民法院出版社2003年版。

三、农村集体经济组织

农村集体经济组织在自然乡村范围内，由农民自愿联合将其各自所有的生产资料投入集体所有，由集体组织农业生产经营，农民进行集体劳动，各尽所能，按劳分配的农业社会主义经济组织。农村集体经济组织是一类组织形式的概称。农村集体经济组织主要是利用生产资料进行农业生产经营，农民进行集体劳动的场所。《湖北省农村集体经济组织管理办法》就规定农村集体经济组织是一定社区范围内，以土地等生产资料劳动群众集体所有为基础的乡经济联合总社、村经济联合社、组经济合作社等。2005年7月13日，成都新祝新现代农业开发有限公司成立，与祝新村实行"村企合一"的经营模式，属于新型农村集体经济组织。老百姓在自愿的基础上，以土地生产经营权入股，把土地交给公司经营，自己成为公司股东，经营方式上，采取"公司＋业主"、业主自主经营、公司独立经营三种方式。随着社会经济的发展，农村集体经济组织的形式也不断发展变化，出现了各种各样新的类型。

我国《民事诉讼法》第49条规定了公民、法人和其他组织可以作为民事诉讼主体。法人是指由法律规定具有民事权利能力的人合组织体和财合组织体。法人具有民事权利能力和民事行为能力，能够依法独立享有权利和承担民事义务的组织。法人的成立必须具备四个条件：依法成立；有必要的财产或者经费；有自己的名称、组织机构和场所；能够独立承担民事责任。法人分为企业法人，机关、事业单位和社会团体法人。其他组织是指法律未规定其具有民事权利能力之组织。其他组织不具备法人条件，没有法人资格，设有代表人或管理人，但并非所有的不具备法人资格的其他组织都可以作为民事诉讼主体。可以作为民事诉讼主体的其他组织须具备一定的条件：合法成立；有一定的组织机构；有自己的财产。

传统的经济联合社、经济合作社，法律未规定其具有法人资格，属于非法人的其他组织，这类组织是合法成立的，有一定的组织机构和财产，可以作为独立的仲裁或诉讼主体。因而有的法院就以经济社为不具备法人资格的其他组织对待。农村集体经济组织的组织形态随着市场经济发展的需要，呈现多样化的趋势，出现有限公司、股份制合作企业等的组织形态。虽然对于股份制合作企业，现行法律未确认其法人地位，但对于依《公司法》设立的有限公司，则完全可以在仲裁或诉讼中确认其法人性质。

——孙中华主编：《农村土地承包经营纠纷调解仲裁与诉讼教程》，人民法院出版社2010年版。

四、审判实践中应注意的问题

根据《民法总则》第97条至第101条的规定，机关、农村集体经济组织、城镇农村的合作经济组织、基层群众性自治组织在是否为特别法人上，存在一定区别。有独立经费的机关和承担行政职能的法定机构、基层群众性自治组织，是一律具有法人资格；而农村集体经济组织、城镇农村的合作经济组织，则并非一概均为特别法人，取得法人资格为一般性规定，法律、行政法规另有规定的，则依其规定，不取得法人资格。这是因为，农村集体经济组织与城镇农村的合作经济组织，在本质上均为具有集体合作特点的自治经济主体，采取何种组织形式，原则上可由其成员自由选择决定，有利于实践中各类合作经济组织的灵活发展。

——沈德咏主编：《〈中华人民共和国民法总则〉条文理解与适用》，人民法院出版社2017年版。

【相关文献】

谢鸿飞：《法人分类：民法总则制定中的最大争议点》，载《法律与生活》2017年第06期。

第九十七条　机关法人的设立

有独立经费的机关和承担行政职能的法定机构从成立之日起,具有机关法人资格,可以从事为履行职能所需要的民事活动。

【相关规定】

1. 《中华人民共和国国务院组织法》

第八条　国务院各部、各委员会的设立、撤销或者合并,经总理提出,由全国人民代表大会决定;在全国人民代表大会闭会期间,由全国人民代表大会常务委员会决定。

2. 《中华人民共和国地方各级人民代表大会和地方各级人民政府组织法》

第一条　省、自治区、直辖市、自治州、县、自治县、市、市辖区、乡、民族乡、镇设立人民代表大会和人民政府。

第二条　县级以上的地方各级人民代表大会设立常务委员会。

第四条　地方各级人民代表大会都是地方国家权力机关。

第四十条　省、自治区、直辖市、自治州、县、自治县、市、市辖区的人民代表大会设立常务委员会。

第五十四条　地方各级人民政府是地方各级人民代表大会的执行机关,是地方各级国家行政机关。

【相关观点】

一、国家机关依据法律的规定和行政命令而成立

国家机关是依据法律的规定和行政命令而成立的。我国许多法规都直接规定设立某种机关,根据《国务院组织法》和《地方各级人民代表大会和地方各级人民政府组织法》的规定,国务院和地方人民政府从工作需要和精简原则出发,可以通过行政命令而设立行政机关。机关法人一般不需要通过登记而成立。

二、机关法人的独立经费

机关法人的独立经费是其开展业务活动、完成其行政管理职能的物质条件,也是其进行民事活动,取得民事权利、承担民事义务的财产条件。机关法人在业务活动中,要购置办公用品、召开会议、修建楼舍等都需要通过一定的民事活动,通过与他人订立相应的协议或合同来进行,从而需要支付办

公费、会议费、水电费、邮电费、取暖费、差旅费、设备车船购置保修费、租赁费、学习宣传费、修缮费等各种费用，这些都必须以独立的经费作为保证。

机关法人的独立经费主要由国家预算拨款形成。机关法人根据国家核定的预算，向财政部门或上级主管部门获取所需经费，并在年度终了时，向财政部门或上级主管部门报销。此外，机关法人因向社会提供服务或采取行政措施，可依据国家规定的收费标准取得一定的收入。如出租设备、房屋、场地的租金收入、海关、工商、政法等部门的罚没收入、登记费、公证费、检验费等规费收入等。目前，对这样收入的分配，有几种不同的方式，即超收分成、结余分成、集中上缴、总额承包超额分成、总额分成等。机关法人按照上述分配形式获得的收入亦构成其独立经费的一部分。

同时，机关法人的独立经费不仅包括当年的经费，也包括往年的经费的积累，其中包括经费支出形成的固定资产，如建筑物、设备等，它们都属于该机关法人的财产。

——唐德华、高圣平主编：《民法通则及配套规定新释新解（上）》，人民法院出版社2003年版。

三、机关法人的民事权利能力

机关法人的民事权利能力由有关的政策法规和其本身的性质决定。机关法人对其独立经费享有占有、使用、收益和处分的权利。但是这种权利必须按行政财务制度的规定行使。国家对机关法人的经费拨款，都是按预算支出科目进行的，机关法人必须按照专款专用的原则使用，必须按规定的开支范围和货币额度用款。

机关法人必须承担其民事活动中产生的民事责任。这种责任包括合同责任，也包括机关法人的法定代表人或工作人员在执行公务过程中致他人财产、人身损害时的赔偿责任。机关法人清偿其合同债务时，应以其全部独立经费负责，而不应受经费支出项目的限制；机关法人的侵权损害赔偿，依国家赔偿法的规定进行。

对于机关法人的权利能力，实践中有以下几个需要充分注意的问题：

1. 机关法人不得经商、办企业。经商、办企业是营利性的经济活动，与机关法人的业务活动无关。这种活动往往是利用党政机关的特殊地位和实际握有的权力，在与一般经济组织极不平等的条件下进行竞争，因而它大大削弱了国家对经济工作的全面领导，影响了秉公办事的工作作风，助长了不正之风，损害了国家利益，同时也形成了一些仗势谋利的企业，破坏了正常的经济秩序。因此，中共中央办公厅、国务院办公厅于1984年正式发出通知，后来又陆续制定了一些政策，禁止党政机关和党政干部经商、办企业。

2. 机关法人不得乱摊派、乱集资、乱收费。国家机关向企业、农村社队和公民个人摊派、集资、收费等，如果是依照法律或国家计划进行的，属于一种行政活动，否则就是一种民事活动。而这种活动必须尊重单位和公民个人的意愿，不能利用国家机关的行政地位和行政权力强行或半强行性地进行。至于利用摊派财物用于购买轿车、建办公楼、发奖金等与群众无关的支出，更属于勒索性的违法行为。1985年10月，中共中央、国务院发布《关于制止向农民乱派款、乱收费的通知》和1986年4月国务院发布《关于制止向企业乱摊派的通知》以及此后发布的有关文件对这种行为都作过三令五申的禁止。

3. 机关法人不得违反财经纪律，滥用经费。国务院转发的《财政部关于控制行政费问题的报告》对此作了明文规定。各种挪用经费、乱上建设项目、修建楼、堂、馆、所，违反规定标准、讲排场、摆阔气、铺张浪费、买高级汽车、用公款馈赠礼品和宴请等违反财经纪律的行为，从行政法上来说，是违反财经纪律的行为，从民法上说，也是机关法人滥用其财产权的行为。

——唐德华、高圣平主编：《民法通则及配套规定新释新解（上）》，人民法院出版社2003版

四、审判实践中应注意的问题

机关法人从事民事活动的范围受到限制，只能从事为履行职能所需要的民事活动，不得超出职能范围从事与一般民事主体相同的民事活动。比如，党政机关不得投资办企业。对于机关法人超出职能范围所从事的民事活动，一般应认为为无效民事行为。

——沈德咏主编：《〈中华人民共和国民法总则〉条文理解与适用》，人民法院出版社2017年版。

第九十八条　机关法人终止后的责任承担

机关法人被撤销的，法人终止，其民事权利和义务由继任的机关法人享有和承担；没有继任的机关法人的，由作出撤销决定的机关法人享有和承担。

【相关规定】

1.《最高人民法院关于民事执行中变更、追加当事人若干问题的规定》

第八条　作为申请执行人的机关法人被撤销，继续履行其职能的主体申请变更、追加其为申请执行人的，人民法院应予支持，但生效法律文书确定的权利依法应由其他主体承受的除外；没有继续履行其职能的主体，且生效法律文书确定权利的承受主体不明确，作出撤销决定的主体申请变更、追加其为申请执行人的，人民法院应予支持。

2.《最高人民法院关于机关法人作为被执行人在执行程序中变更问题的复函》

青海省高级人民法院：

你院 2005 年 3 月 22 日的请示收函。经研究，答复如下：

鉴于在执行过程中，被执行人在机构改革中被撤销，其上级主管部门无偿接受了被执行人的财产，致使被执行人无遗留财产清偿债务，按照《最高人民法院关于适用〈中华人民共和国民事诉讼法〉若干问题的意见》（法发〔92〕22 号）第 271 条和〈最高人民法院关于人民法院执行工作若干问题的规定（试行）〉（法释〔1998〕15 号）第 81 条的规定，可以裁定变更本案的被执行人主体为被执行人的上级主管部门，由其在所接受财产价值的范围内承担民事责任。

此复。

【相关案例】

1. 提供担保的国家机关被撤销后，承接其管理职能的机关应继续承担保证责任

——中国光大银行沈阳分行与沈阳市经济贸易委员会等单位借款担保合同纠纷案

案例要旨：国家机关不得为保证人，但经国务院批准为使用外国政府或者国际经济组织贷款进行转贷的，国家机关可以为保证

人。为确保转贷资金按期清偿，维护国家外债清偿信誉，作为保证人的国家机关的保证责任不应因其被撤销而消灭，提供担保的国家机关被撤销后，承接其管理职能的机关应继续对外汇本息承担保证责任。

案号：（2007）民二终字第 161 号
审理法院： 最高人民法院
来源：《商事审判指导》2010 年第 1 辑（总第 21 辑）

2. 机关法人分立之前的债务应当由分立后的法人共同承担

——南充市高坪区发展计划局诉南充市第六建筑（集团）工程公司建设工程承包合同结算案

案例要旨： 机关法人分立后的债权债务由分立后的法人共同承担，分立后的法人属于必要共同诉讼当事人。

审理法院： 四川省高级人民法院
来源：《人民法院案例选》总第 49 辑（2004 年商事·知识产权专辑）

第九十九条　农村集体经济组织法人

农村集体经济组织依法取得法人资格。

法律、行政法规对农村集体经济组织有规定的，依照其规定。

【相关规定】

1.《中华人民共和国乡镇企业法》

第二条　本法所称乡镇企业，是指农村集体经济组织或者农民投资为主，在乡镇（包括所辖村）举办的承担支援农业义务的各类企业。

前款所称投资为主，是指农村集体经济组织或者农民投资超过百分之五十，或者虽不足百分之五十，但能起到控股或者实际支配作用。

乡镇企业符合企业法人条件的，依法取得企业法人资格。

2.《广东省农村集体经济组织管理规定》

第三条　本规定所称农村集体经济组织，是指原人民公社、生产大队、生产队建制经过改革、改造、改组形成的合作经济组织，包括经济联合总社、经济联合社、经济合作社和股份合作经济联合总社、股份合作经济联合社、股份合作经济社等。

第二十二条　农村集体经济组织合并、分立、解散，应当由成员大会表决通过，经乡（镇）人民政府审核，报县级或者不设区的市人民政府农业行政主管部门备案。

农村集体经济组织合并、分立、解散，应当依法清理债权债务；涉及集体资产的处置，应当经原集体经济组织成员大会表决通过。

3.《湖北省农村集体经济组织管理办法》

第二条　本办法所称农村集体经济组织，是指在一定社区范围内，以土地等生产资料劳动群众集体所有为基础的乡（含镇，下同）经济联合总社、村经济联合社、组经济合作社等集体经济组织。

第十条　土地依法属于村民小组（原生产队）农民集体所有的，在组一级可以设立经济合作社；土地依法属于村（原生产大队）农民集体所有的，在村一级设立经济联合社。按照自愿互利的原则，村范围内的经济合作社可以联合成立经济联合社；乡范围内经济联合社可以联合成立经济联合总社。

设立农村集体经济组织以后，原以农工商公司或农工商联合总公司名义签订的经济合同继续有效。

第十四条　农村集体经济组织改变名称、合并、分立、撤销，须向原登记机关申请办理有关手续。

农村集体经济组织合并、分立或撤销时，必须保护其资产，依法清理债权债务。

【相关文献】

1. 陈绍斌：《农村集体经济组织及其成员资格》，载中国法院网，最后访问时间：2006年6月21日。

2. 王成梅、张爱萍：《"农村集体经济组织成员资格"的界定》，载中国法院网，最后访问时间：2014年4月25日。

3. 韩俊：《在民法总则中明确集体经济组织的特殊法人地位》，载中国人大网，最后访问时间：2016年11月5日。

第一百条 城镇农村的合作经济组织法人

城镇农村的合作经济组织依法取得法人资格。

法律、行政法规对城镇农村的合作经济组织有规定的，依照其规定。

【相关规定】

1.《中华人民共和国农民专业合作社法》

第四条 农民专业合作社依照本法登记，取得法人资格。

农民专业合作社对由成员出资、公积金、国家财政直接补助、他人捐赠以及合法取得的其他资产所形成的财产，享有占有、使用和处分的权利，并以上述财产对债务承担责任。

2.《农民专业合作社登记管理条例》

第三条 农民专业合作社经登记机关依法登记，领取农民专业合作社法人营业执照（以下简称营业执照），取得法人资格。未经依法登记，不得以农民专业合作社名义从事经营活动。

【相关文献】

1. 张永丽、柳建平：《合作社立法与欠发达地区农村社会经济发展》，载《甘肃政法学院学报》2005年第6期。

2. 宋波：《农村合作经济组织立法刍议》，载《湖南警察学院学报》2003年第4期。

3. 王振华、张淑清：《积极发展农村合作经济组织 加快社会主义新农村建设步伐》，载《行政与法》2007年第10期。

第一百零一条 基层群众性自治组织法人

居民委员会、村民委员会具有基层群众性自治组织法人资格，可以从事为履行职能所需要的民事活动。

未设立村集体经济组织的，村民委员会可以依法代行村集体经济组织的职能。

【相关规定】

1.《中华人民共和国宪法》

第一百一十一条　城市和农村按居民居住地区设立的居民委员会或者村民委员会是基层群众性自治组织。居民委员会、村民委员会的主任、副主任和委员由居民选举。居民委员会、村民委员会同基层政权的相互关系由法律规定。

居民委员会、村民委员会设人民调解、治安保卫、公共卫生等委员会，办理本居住地区的公共事务和公益事业，调解民间纠纷，协助维护社会治安，并且向人民政府反映群众的意见、要求和提出建议。

2.《中华人民共和国村民委员会组织法》

第三条　村民委员会根据村民居住状况、人口多少，按照便于群众自治，有利于经济发展和社会管理的原则设立。

村民委员会的设立、撤销、范围调整，由乡、民族乡、镇的人民政府提出，经村民会议讨论同意，报县级人民政府批准。

村民委员会可以根据村民居住状况、集体土地所有权关系等分设若干村民小组。

第八条　村民委员会应当支持和组织村民依法发展各种形式的合作经济和其他经济，承担本村生产的服务和协调工作，促进农村生产建设和经济发展。

村民委员会依照法律规定，管理本村属于村农民集体所有的土地和其他财产，引导村民合理利用自然资源，保护和改善生态环境。

村民委员会应当尊重并支持集体经济组织依法独立进行经济活动的自主权，维护以家庭承包经营为基础、统分结合的双层经营体制，保障集体经济组织和村民、承包经营户、联户或者合伙的合法财产权和其他合法权益。

3.《中华人民共和国城市居民委员会组织法》

第三条　居民委员会的任务：

（一）宣传宪法、法律、法规和国家的政策，维护居民的合法权益，教育居民履行依法应尽的义务，爱护公共财产，开展多种形式的社会主义精神文明建设活动；

（二）办理本居住地区居民的公共事务的公益事业；

（三）调解民间纠纷；

（四）协助维护社会治安；

（五）协助人民政府或者它的派出机关做好与居民利益有关的公共卫生、计划生育、优抚救济、青少年教育等项工作；

（六）向人民政府或者它的派出机关反映居民的意见，要求和提出建议。

4.《全国人大常委会法制工作委员会对关于村民委员会和村经济合作社的权利和关系划分的请示的答复》（1992年1月31日）

福建省人大常委会：

你委农村经济委员会1991年9月19日的《关于村民委员会和村经济合作社的权利和关系划分的请示报告》收悉，现答复如下：

民法通则第七十四条第二款和土地管理法第八条第一款规定，"集体所有的土地依照法律属于村农民集体所有，由村农业生产合作社等农业集体经济组织或者村民委员会经营、管理"。村民委员会组织法第四条第三款规定，"村民委员会依照法律规定，管理本村属于村农民集体所有的土地和其他财产。"同意省农委的意见，即依照上述规定，集体所有的土地依照法律规定属于村农民集体所有的，应当由村农业生产合作社等农业集体经济组织经营、管理，没有村农业集体经济组织的，由村民委员会经营、管理。

5.《中华人民共和国物权法》

第六十条　对于集体所有的土地和森林、山岭、草原、荒地、滩涂等，依照下列规定行使所有权：

（一）属于村农民集体所有的，由村集体经济组织或者村民委员会代表集体行使所有权；

（二）分别属于村内两个以上农民集体所有的，由村内各该集体经济组织或者村民小组代表集体行使所有权；

（三）属于乡镇农民集体所有的，由乡镇集体经济组织代表集体行使所有权。

【相关观点】

一、条文概述与解读

基层群众性自治组织是我国特色的基层组织，半行政体制、半企业模式，是适应计划经济向市场经济转轨的产物，既包括城镇居民委员会，也包括农村村民委员会，具有准基层政权的性质。它所具有的自治性、群众性、民主性、法制性、自律性和基层性的特点，使它与国家政权机关和其他社会组织区别开来。但是，一直以来基层群众性自治组织的法律地位并不清晰，因其缺乏独立法人地位而面临许多问题，阻碍了基层组织的发展和群众的进步愿望。《民法总则》第101条规定明确赋予了居民委员会和村民委员会以独立法人地位，解决了两者在民事活动中主体地位不清的问题。

从法律的角度而言，村民委员会是村民选举执行村民自治的常设机构，村集体经济组织的经营不属于村民自治的范畴。《村民委员会组织法》第5条规定："村民委员会应当尊重集体经济组织依法独立进行经济活动的自主权，维护以家庭承包经营为基础、统分结合的双层经营体制，保障集体经济组织和村民、承包经营户、联户或者合伙的合法的财产权和其他合法的权益和利益。"这条规定将村民委员会与村集体经济组织并列。

——沈德咏主编：《〈中华人民共和国民法总则〉条文理解与适用》，人民法院出版社2017年版。

二、居民委员会的设置和主要任务

《城市居民委员会组织法》规定：居民委员会根据居民居住状况，按照便于居民自治的原则，一般在100户至700户的范围内设立。居民委员会的设立、撤销、规模调整，由不设区的市、市辖区的人民政府决定。

根据本法和有关法律的规定，居民委员会的主要任务是：（1）宣传宪法、法律、法规和国家的政策，维护居民的合法权益，教育居民履行依法应尽的义务，爱护公共财产，开展多种形式的社会主义精神文明建设活动；（2）办理本居住地区居民的公共事务和公益事业；（3）调解民间纠纷；（4）协助维护社区治安；（5）协助人民政府或者它的派出机关做好与居民利益有关的公共卫生、计划生育、优抚救济、青少年教育等项工作；（6）向人民政府或者它的派出机关反映居民的意见、要求和提出建议；（7）开展便民利民的社区服务活动、兴办有关服务业；（8）管理本居民委员会的财产；（9）多民族聚居地区的居民委员会，应当教育居民互相帮助，互相尊重，加强民族团结。

——唐德华主编：《宪法及配套规定新释新解》，人民法院出版社2003年版。

三、村民委员会的设置和主要任务

根据《村民委员会组织法》第8条第1款的规定，村民委员会根据村民居住状况、人口多少、便于群众自治的原则设置。村民的居住状况和人口多少是设立村民委员会的客观条件和依据，只有从这些客观条件出发，才能使村民委员会的设置符合农村社会的实际情况；便于群众自治是村民委员会设置的目的。所谓便于群众自治，即是要方便群众参与村民委员会所属范围内的公共事务和公益事业的管理，方便群众与村民委员会加强联系，方便群众享受村民委员会提供的公共服务。此外，根据该条第2款的规定，村民委员会的设置还应遵守经村民会议讨论同意的原则。村民委员会的设置虽然是有关国家机关的职权，但由于村民委员会是一个群众性的自治组织，其目的是要实行群众自治，所以只有经过村民会议同意后依法设置，它才有广泛的群众基础，才能真正成为群众自治的组织形式。根据本条的有关规定，村民委员会组织法对村民委员会的任务作了规定，概括如下：（1）宣传宪法、法律、法规和国家政策，教育和推动村民履行依法应尽的义务，爱护公共财产，维护村民的合法权利和利益，促进村和村之间的团结、互助，开展多种形式的社会主义精神文明建设活动；（2）办理本村的公共事务和公益事业，调解民间纠纷，协助维护社会治安，向人民政府反映村民的意见、要求和提出建议；（3）协助乡、民族乡、镇的人民政府开展工作；（4）支持和组织村民发展生产、供销、信用、消费等各种形式的合作经济，承担本村生产的服务和协调工作，促进农村生产和经济的发展；（5）尊重集体经济组织依照法律规定独立进行经济活动的自主权，维护集体经济组织和村民、承包经营户、联营或者合伙的合法的财产权利和其他合法的权利和利益；（6）依照法律规定，管理本村属于村民集体所有的土地和其他财产，教育村民合理利用自然资源，保护和改善生态环境；（7）多民族居住的村，村民委员会应当教育村民加强民族团结，互相帮助，互相尊重。

——唐德华主编：《宪法及配套规定新释新解》，人民法院出版社2003年版。

四、村民委员会的经济职能

村民委员会作为基层群众性自治组织，应当管理好本村集体资产，支持和组织村民努力发展经济。根据本条规定，村民委员会的经济职能有以下几项：

（1）支持和组织村民依法发展各种形式的合作经济和其他经济。（2）承担本村生产的服务和协调工作。（3）依法管理本村土地和其他财产。（4）引导村民合理利用自然资源，保护和改善生态环境。（5）尊重并支持集体经济组织依法享有的经营自主权，保障集体经济组织和村民合法的财产权和其他合法权益。（6）维护以家庭承包经营为基础、统分结合的双层经营体制。

——全国人大常委会法制工作委员会国家法室编著：《中华人民共和国村民委员会组织法解读》，中国法制出版社2010年版。

【相关案例】

1. 居民委员会擅自与他人签订的涉及本居民集体组织重大利益的合同无效

——温县温泉镇建设街居民委员会诉温县天盛商务管理有限公司确认合同无效案

案例要旨：居民议定原则是居民委员会在行使权力时应当遵守的一项重要原则，对于涉及居民利益的重大事项和居民会议认为应当有居民会议讨论决定的涉及居民利益的其他事项，居民委员会必须提请居民会议讨论决定后方可办理。未经居民会议讨论决定，居民委员会擅自与他人签订合同，涉及本居民集体组织重大利益的，违反了法律的强制性规定，应认定为无效合同。

案号：（2013）焦民三终字第220号

审理法院：河南省焦作市中级人民法院

来源：《河南审判研究》2014年第11期（总第46期）

2. 村民委员会经依法召集村民会议讨论决定后与他人订立的协议合法有效

——浙江省乐清市乐城镇石马村村民委员会与浙江顺益房地产开发有限公司合作开发房地产合同纠纷案

案例要旨：根据《中华人民共和国村民委员会组织法》第十八条、第十九条的规定，村民会议由村民委员会召集，对于涉及村民利益的事项和村民会议认为应当由村民会议讨论决定的涉及村民利益的其他事项，村民委员会必须提请村民会议讨论决定后方可办理。村民委员会经依法召集村民会议讨论决定后与他人订立的协议，应当认定为合法有效。

案号：（2006）民一终字第59号

审理法院：最高人民法院

来源：《最高人民法院公报》2008年第9期

3. 在未成立合作经济组织的情况下，村委会有权代表村集体对外签订承包协议

——吴希碧诉广东省湛江市霞山区人民政府侵犯其经营自主权纠纷案

案例要旨：村镇对外签订承包协议，在有合作经济组织的情况下由该组织对外签订合同；未成立合作经济组织，村中一切事务均由村民委员会负责。因此，在未成立合作经济组织的情况下，村委

会有权代表村集体对外签订承包协议。

审理法院: 广东省高级人民法院

来源:《人民法院案例选》总第 4 辑 (1993.2)

第四章 非法人组织

第一百零二条 非法人组织的定义和类型

非法人组织是不具有法人资格,但是能够依法以自己的名义从事民事活动的组织。

非法人组织包括个人独资企业、合伙企业、不具有法人资格的专业服务机构等。

【相关规定】

1. 《中华人民共和国个人独资企业法》

第二条 本法所称个人独资企业,是指依照本法在中国境内设立,由一个自然人投资,财产为投资人个人所有,投资人以其个人财产对企业债务承担无限责任的经营实体。

2. 《中华人民共和国合伙企业法》

第二条 本法所称合伙企业,是指自然人、法人和其他组织依照本法在中国境内设立的普通合伙企业和有限合伙企业。

普通合伙企业由普通合伙人组成,合伙人对合伙企业债务承担无限连带责任。本法对普通合伙人承担责任的形式有特别规定的,从其规定。

有限合伙企业由普通合伙人和有限合伙人组成,普通合伙人对合伙企业债务承担无限连带责任,有限合伙人以其认缴的出资额为限对合伙企业债务承担责任。

3. 《中华人民共和国律师法》

第十四条 律师事务所是律师的执业机构。设立律师事务所应当具备下列条件:

(一)有自己的名称、住所和章程;

(二)有符合本法规定的律师;

(三)设立人应当是具有一定的执业经历,且三年内未受过停止执业处罚的律师;

(四)有符合国务院司法行政部门规定数额的资产。

4. 《律师事务所管理办法》

第二条 律师事务所是律师的执业机构。律师事务所应当依法设立并取得执业许可证。

律师事务所的设立和发展，应当根据国家和地方经济社会发展的需要，实现合理分布、均衡发展。

5.《中华人民共和国注册会计师法》

第二十三条　会计师事务所可以由注册会计师合伙设立。

合伙设立的会计师事务所的债务，由合伙人按照出资比例或者协议的约定，以各自的财产承担责任。合伙人对会计师事务所的债务承担连带责任。

【相关观点】

一、关于非法人组织

随着我国经济社会的发展，在实际生活中，大量不具有法人资格的组织以自己的名义从事各种民事活动。赋予这些组织民事主体地位有利于其开展民事活动，也与其他法律的规定相衔接。据此，草案规定：非法人组织是不具有法人资格，但是能够依法以自己的名义从事民事活动的组织，包括个人独资企业、合伙企业、不具有法人资格的专业服务机构等（草案第一百零五条）。草案还规定：非法人组织的财产不足以清偿债务的，其出资人或者设立人承担无限责任。法律另有规定的，依照其规定（草案第一百零七条）。

——2017年3月8日在第十二届全国人民代表大会第五次会议上，全国人民代表大会常务委员会副委员长李建国：《关于〈中华人民共和国民法总则（草案）〉的说明》，载新华网，最后访问时间：2017年3月9日。

二、"非法人组织"非"其他组织"，主要包括独资企业和合伙企业

首先需明确，此处所谓"非法人组织"，并非以前《合同法》或《民事诉讼法》中规定的"其他组织"。"其他组织"与"非法人组织"有重合之处（如业主委员会），但多数情况下，"其他组织"指法人的分支机构，尤其是金融机构的分支机构，如银行、保险公司、证券公司等。

以中国工商银行为例，无论其在全国开设多少网点，法人只有一个，分支机构可以进行民事活动，签订并履行合同，作为原告、被告参与诉讼，资金不足时向总行划扣。

过去我们将金融机构的分支机构称为"其他组织"，但《民法总则》并未将其规定于第四章，而是将其作为营利法人的分支机构规定在第三章第二节"营利法人"中。

本章所规定的"非法人组织"包括两个主要类型——独资企业和合伙企业。独资企业和合伙企业具有较高水平的组织体形态，两者在外观上较难区分。《合伙企业法》《独资企业法》的颁布为其设立提供了法律依据。在法律层面，其与法人的根本区别如下：

合伙企业、独资企业的财产独立性不足，即与出资人财产之间并未完全

独立。例如，某个家庭经营一家餐馆，家人在店内消费可不记账。又如，合伙企业在经营中资金短缺，出资人可能先用自己的财产垫付。法人不可采取前述做法，法人财产必须与出资人财产相独立。独资企业和合伙企业也可按照此种方式管理，但法律并不强制要求。

合伙企业、独资企业给市场经济带来更大活力，帮助更多的人参与市场经济，《民法总则》将其作为一类民事主体加以规定，既回应了已有《独资企业法》《合伙企业法》的法律规定，更是民法理论上的重大突破。尽管欧洲许多国家如德国、法国一直承认合伙企业和独资企业是商人，但并未在民法典上承认其为独立形态、独立类别的"人"。《民法总则》承认独资企业、合伙企业为民法上的"人"，明确了民法上的"人"包括三种，即自然人、法人和非法人组织。

——张新宝：《〈民法总则〉各章重点条文解读》，载民商法前沿论坛——中国民商法律网，最后访问时间：2017年4月8日。

三、个人独资企业的性质

根据《民法通则》第36条规定，法人是具有民事权利能力和民事行为能力，依法独立享有民事权利和承担民事义务的组织；该法第37条又规定了法人的"四要件"，其中之一就是能够独立承担民事责任。笔者认为，应当承认个人独资企业的商事主体地位。个人独资企业是独立于自然人而存在的一种企业组织，其在工商行政部门注册登记完成即具有商人资格，并具有了一定的能力，可依法享有权利、承担义务，并具有自己的利益。①

——陈莉：《个人独资企业投资人变更后的债务承担》，载《人民司法·案例》2014年第22期。

四、个人独资企业的特点

个人独资企业概念应当把握以下几点：

1. 个人独资企业是由一个自然人投资设立的。个人独资企业的投资人（或出资人）单一。个人独资企业是一个经营实体，在经营活动中，个人独资企业应当以企业的名义开展经营活动。作为一个经营实体，个人独资企业是以营利为目的，它具有从事经营活动的资格。个人独资企业是由一个自然人投资设立，这个自然人必须是具有完全民事行为能力的中国公民。

2. 个人独资企业不具有法人资格。我国《民法通则》上规定的民事主体只有自然人（公民）和法人两种。

自然人自出生之日起便具有民事权利能力，随着年龄的增长，到法定年龄如无意外即可获得民事行为能力，自然人理所当然是民事主体。

---

① 王保树：《中国商法》，人民法院出版社2010年版，第57页。

法人是指依法设立的，具有自己的名称、组织机构和场所，有自己所有或经营管理的财产，能够以自己的名义从事民事活动，独立享有民事权利和承担民事义务的组织。法人依法成立后便具有民事权利能力和民事行为能力，能够依法独立享有民事权利，承担民事义务，法人也是当然的民事主体。

根据《个人独资企业法》的规定，个人独资企业是自然人从事生产经营的一种组织形式，但这种组织本身却不能独立成为法律主体，没有自己的法律人格，其民事活动都是以个人独资企业投资人的个人人格或主体身份进行的。由此决定，在财产关系上，个人独资企业所使用的财产由个人独资企业投资人一人投资，也由其一人所有，企业本身没有所有权。虽然个人独资企业一般都设置单独的财产目录和业务账簿，用于记载投入企业经营的财产情况和企业业务状况，但其目的是为了填写纳税账表和使投资人了解、掌握企业的经营状况。在经营管理上，个人独资企业投资人享有决定企业一切事项、管理企业业务的权力，虽然实践中投资人常把这种管理权通过委托关系而交由代理人或雇员行使，但其权力本身仍在于投资人；在利益分配上，企业盈利由投资人独自享有和自由处分；在财产责任上，企业负债等于投资人个人负债，并由其个人承担，如发生资不抵债的情况，投资人应以其个人的全部财产而不是仅以其投资于该企业的财产对债务负责，这就是无限责任，其中包括对其雇员在执行事务的过程中所产生的损害赔偿责任负责。

应当注意的是，尽管个人独资企业在本质上属自然人主体，但由于它依赖雇工经营，以雇佣劳动为基础，并有一定的规模，在社会经济活动中具有独特的作用，因此，法律赋予个人独资企业具有相对独立的权利能力和行为能力，表现在：

（1）可以有自己的名称和字号，并以自己的名义进行经营。

（2）可以有自己的财产。投资人投入企业的财产以及所有以个人独资企业名义取得的财产均为企业的财产，这为个人独资企业独立承担民事责任提供了一定的保障。

（3）可以自己的名义进行诉讼。

（4）拥有进行生产经营活动的权利。如可以委托或聘用他人负责企业的事务管理；招用职工；申请贷款；取得土地使用权；开立账户；法律、行政法规规定的其他权利。

总之，个人独资企业虽不具有独立的法律人格，但这并不妨碍它作为一类独立的市场主体和企业主体从事民事活动，其在生产经营活动中享有的权利同样受到法律的保护。

3. 个人独资企业的财产为投资人个人所有。即投资人对个人独资企业的财产依法享有所有权。因此，个人独资企业本身不是一个独立的财产权主体，这种产权关系是个人独资企业区别于其他企业形态的重要特点之一。个人独资企业的独资,意味着没有资本的联合,企业发展的规模会受到相应的限制,个人独资企业一般属于中小型企业。同时也正是由于"独资",投资人对个人独资企业具有完全的控制权,而且法律没有强制规定企业所有权和企业经营权分离的机制,投资人可以视企业的情况自主选择经营管理的方式。

4. 个人独资企业没有最低注册资本金的限制。按照鼓励发展、方便设立的原则,《个人独资企业法》第8条在规定个人独资企业的设立条件时,没有规定最低注册资本金要求,仅要求投资人有自己申报的出资。因为个人独资企业只有一个投资人,是一种比较简单的企业组织形式,而且投资人要以个人的全部财产对企业债务承担无限责任,不规定独资企业的最低注册资本金,既体现了设立简便的原则,又解决了企业交易相对人的利益保护问题,有利于促进个人独资企业的迅速发展,符合我国现阶段经济发展的实际。同时,规定设立个人独资企业必须有投资人申报的出资,并对投资者虚假出资,损害他人利益的行为作了必要的处罚规定。这不仅能防止投资人无资金或虚报资金设立企业,又可以避免片面强调出资额,限制和影响资金不足的投资者投资的积极性。

5. 投资人以其个人财产对个人独资企业的债务承担无限责任。由于个人独资企业的投资人以其个人财产对企业债务承担无限责任,因此,个人独资企业的债权人债权的实现在很大程度上依赖于投资人的信用和偿债能力。企业债务,是指企业应为一定行为或不为一定行为的约束。无限责任,是指个人独资企业投资人以其个人所有的全部财产对企业债务承担民事责任。

由上可见,个人独资企业独特的产权结构和责任承担方式,使得个人独资企业具有了自身的特点。例如,个人独资企业的设立条件、注册资本、登记程序以及内部管理方式的选择等方面也比较灵活。因此,在立法方面,采取了鼓励投资设立各类个人独资企业的政策取向。其具体表现为:设立条件放宽、设立程序从简,对于企业的注册资本以及投资人的出资数量和方式没有做任何强制性规定,可以视企业的情况,自主选择经营管理方式。这种鼓励设立个人独资企业的立法态度对于繁荣我国经济、吸纳剩余劳动力都是有利的。

——回沪明、孙秀君主编:《个人独资企业法及配套规定新释新解》,人民法院出版社2003年版。

五、合伙企业的概念与分类

合伙企业是指在中国境内成立的,由合伙人订立合伙协议,并依据合伙协议共同出资、共担风险、共享经济收益,对合伙企业债务依照本法规定承担责任的经营性组织。

《合伙企业法》第2条规定:合伙企业是指自然人、法人、和其他组织依照《合伙企业法》设立的普通合伙企业和有限合伙企业。普通合伙企业是由普通合伙人组成，合伙人对合伙企业债务承担无限连带责任。有限合伙企业是由普通合伙人和有限合伙人组成，普通合伙人对合伙企业承担无限连带责任，有限合伙人以其认缴的出资额为限对合伙企业债务承担责任。

——沈德咏主编：《〈中华人民共和国民法总则〉条文理解与适用》，人民法院出版社2017年版。

六、个人独资企业与合伙企业的异同

个人独资企业与合伙企业两者具有以下共同特点：

1. 投资人个人责任相同。在我国，个人独资企业投资人为一个自然人，投资人对个人独资企业承担无限责任；合伙企业投资人为两个以上自然人，投资人之间承担连带责任，投资人个人对合伙企业承担无限责任。

2. 企业经营管理方式相同。在个人独资企业和合伙企业，投资人通常对企业有直接经营管理权。投资人的投资、占有、管理、经营各项职能往往合一，并且，两者均可以委托或者聘请他人从事经营管理。

3. 税收待遇相同。个人独资企业和合伙企业都只缴纳个人所得税，而不需缴纳企业所得税。

个人独资企业与合伙企业相比较，有下列不同之处：

（1）企业成员数额不同。个人独资企业的投资人只有一个，而合伙企业的成员必须在两个以上。个人独资企业的设立属于单方行为，而合伙企业的设立往往属于多方合意，属于合同行为。

（2）企业责任形态和对债权人的保护程度不同。个人独资企业的对外债务由投资人个人承担无限责任；而合伙企业的对外债务由参与合伙企业的各自然人承担无限连带责任。由此可见，合伙企业的制度安排对债权人的保护程度较高。

——回沪明、孙秀君主编：《个人独资企业法及配套规定新释新解》，人民法院出版社2003年版。

七、审判实践中应注意的问题

司法实践中，应当注意区分非法人组织与非经登记的组织、非法组织的概念。非法人组织所表征的是该组织不具有独立法人资格和地位，并不涉及其政治的正确性、组织或行为的合法性；非经登记的组织是未履行登记程序的组织，仅仅是揭示该组织设立或成立没有履行法定的或必要的注册登记程序，不能简单地认为其所从事的或实施的行为违反法律；非法组织则是指该组织所从事的事业或实施的行为违反法律；非法组织则是指该组织所从事的事业或所实施的行为违反法律、行政法规的规定，危害国家政权、社会秩序或公共利益的组织，具有违法性。①

还应当注意将非法人组织这一民事主体区别于民事诉讼主体。根据第一百零二条规定，非法人组织在民事实体法上即具有了主体地位，从而改变了以往因《民法通则》没有规定引发的司法实践中的混乱，实现了非法人组织民事主体地位与民事诉讼主体地位的一致，意义重大。

——沈德咏主编：《〈中华人民共和国民法总则〉条文理解与适用》，人民法院出版社 2017 年版。

【相关文献】

1. 李适时：《民法总则是确立并完善民事基本制度的基本法律》，载中国人大网，最后访问时间：2017 年 4 月 14 日。

2. 谭启平：《中国民法典法人分类和非法人组织的立法构建》，载《现代法学》2017 年 1 月（第 39 卷第 1 期）。

【相关案例】

1. 合伙经营企业仍使用个人独资企业营业执照，但实际以合伙方式经营企业的情况下，应据实认定企业的性质为合伙经营

——南通双盈贸易有限公司诉镇江市丹徒区联达机械厂、魏恒聂等买卖合同纠纷案

案例要旨：合伙经营企业仍使用个人独资企业营业执照，但实际以合伙方式经营企业的情况下，应据实认定企业的性质为合伙经营。各合伙人对企业的债务应承担连带责任。合伙债务第一顺序的债务承担人是合伙企业，第二顺序的债务承担人是全体合伙人，合伙人在第二顺序的责任承担中相互之间承担连带责任，合伙人与合伙企业之间的不存在连带责任。

审理法院：江苏省高级人民法院

来源：江苏法院网

2. 个人独资企业投资人变更后的债务承担应分情况处理

——甲公司诉乙养猪场、张某合同纠纷案

案例要旨：个人独资企业投资人变更后，债权人以个人独资企业、债务转让前的投资人以及转让后的投资人为共同被告，要求承

---

① 参见肖海军：《非法人组织在民法典中的主体定位及其发现》，载《法商研究》2016 年第 2 期（总第 172 期）。

担债务的,应该分为两种情况区别对待:第一种是对于善意受让人来说,应由个人独资企业与原投资人来承担债务。第二种是对于恶意受让人来说,应由原投资人与现投资人承担连带补充责任。

来源:《人民司法·案例》2014年第22期

第一百零三条 非法人组织的设立

非法人组织应当依照法律的规定登记。

设立非法人组织，法律、行政法规规定须经有关机关批准的，依照其规定。

【相关规定】

1. 《中华人民共和国个人独资企业法》

第八条 设立个人独资企业应当具备下列条件：
（一）投资人为一个自然人；
（二）有合法的企业名称；
（三）有投资人申报的出资；
（四）有固定的生产经营场所和必要的生产经营条件；
（五）有必要的从业人员。

第十条 个人独资企业设立申请书应当载明下列事项：
（一）企业的名称和住所；
（二）投资人的姓名和居所；
（三）投资人的出资额和出资方式；
（四）经营范围。

第十四条 个人独资企业设立分支机构，应当由投资人或者其委托的代理人向分支机构所在地的登记机关申请登记，领取营业执照。

分支机构经核准登记后，应将登记情况报该分支机构隶属的个人独资企业的登记机关备案。

分支机构的民事责任由设立该分支机构的个人独资企业承担。

第十五条 个人独资企业存续期间登记事项发生变更的，应当在作出变更决定之日起的十五日内依法向登记机关申请办理变更登记。

2. 《个人独资企业登记管理办法》

第三条 个人独资企业经登记机关依法核准登记，领取营业执照后，方可从事经营活动。

个人独资企业应当在登记机关核准的登记事项内依法从事经营活动。

第四条 工商行政管理机关是个人独资企业的登记机关。

国家工商行政管理总局主管全国个人独资企业的登记工作。

省、自治区、直辖市工商行政管理局负责本地区个人独资企业的登记工作。

市、县工商行政管理局以及大中城市工商行政管理分局负责本辖区内的个人独资企业登记。

3.《国家工商行政管理总局关于贯彻实施〈个人独资企业登记管理办法〉有关问题的通知》

各省、自治区、直辖市及计划单列市工商行政管理局：

为了贯彻落实《中华人民共和国个人独资企业法》（以下简称《个人独资企业法》）和《个人独资企业登记管理办法》（以下简称《办法》），做好个人独资企业的登记管理工作，现就有关问题通知如下：

一、《办法》四条四款规定："市、县工商行政管理局以及大中城市工商行政管理分局负责本辖区内的个人独资企业登记。"其中的"市"是指县级市。

二、根据《个人独资企业法》八条四项和《办法》五条的规定，从事临时经营、季节性经营、流动经营和没有固定门面的摆摊经营，不得登记为个人独资企业。

三、《办法》十条规定，个人独资企业设立申请书载明的事项包括投资人的出资额和出资方式。出资额是指投资人以货币出资的数额，以及采取实物、土地使用权、知识产权或者其他财产权利出资的作价数额。投资人申报的出资额应当与企业的生产经营规模相适应。出资方式是指投资人以个人财产出资，或者以家庭共有财产作为个人出资。以家庭共有财产作为个人出资的，投资人应当在设立（变更）登记申请书上予以注明。

四、《办法》十三条规定，个人独资企业变更企业住所以及投资人姓名，应当向原登记机关申请变更登记。

（一）个人独资企业申请变更企业住所，应当提交新住所证明。个人独资企业分支机构申请变更经营场所，应当提交新经营场所证明。

（二）变更投资人姓名是指投资人的姓名发生改变，或者因转让、继承致使投资人变化。个人独资企业申请变更投资人姓名，应当提交居民身份证或者户籍证明。变更负责人姓名是指个人独资企业分支机构负责人姓名改变，或者更换负责人。个人独资企业分支机构申请变更负责人姓名，应当提交负责人的居民身份证或者户籍证明。

（三）个人独资企业和个人独资企业分支机构申请变更的登记事项涉及营业执照内容的，应当提交营业执照副本。登记机关核准变更登记，核发新营业执照时，应当收缴原营业执照正本及其他副本。

五、个人独资企业异地设立分支机构的，分支机构所在地的登记机关在核准分支机构设立（变更、注销）登记后，应当开具《个人独资企业分支机构登记备案书》，通知个人独资企业的登记机关。

4.《中华人民共和国合伙企业法》

第九条 申请设立合伙企业,应当向企业登记机关提交登记申请书、合伙协议书、合伙人身份证明等文件。

合伙企业的经营范围中有属于法律、行政法规规定在登记前须经批准的项目的,该项经营业务应当依法经过批准,并在登记时提交批准文件。

第十条 申请人提交的登记申请材料齐全、符合法定形式,企业登记机关能够当场登记的,应予当场登记,发给营业执照。

除前款规定情形外,企业登记机关应当自受理申请之日起二十日内,作出是否登记的决定。予以登记的,发给营业执照;不予登记的,应当给予书面答复,并说明理由。

第十一条 合伙企业的营业执照签发日期,为合伙企业成立日期。

合伙企业领取营业执照前,合伙人不得以合伙企业名义从事合伙业务。

第十二条 合伙企业设立分支机构,应当向分支机构所在地的企业登记机关申请登记,领取营业执照。

第十三条 合伙企业登记事项发生变更的,执行合伙事务的合伙人应当自作出变更决定或者发生变更事由之日起十五日内,向企业登记机关申请办理变更登记。

5.《中华人民共和国合伙企业登记管理办法》

第二条 合伙企业的设立、变更、注销,应当依照合伙企业法和本办法的规定办理企业登记。

申请办理合伙企业登记,申请人应当对申请材料的真实性负责。

第三条 合伙企业经依法登记,领取合伙企业营业执照后,方可从事经营活动。

第四条 工商行政管理部门是合伙企业登记机关(以下简称企业登记机关)。

国务院工商行政管理部门负责全国的合伙企业登记管理工作。

市、县工商行政管理部门负责本辖区内的合伙企业登记。

国务院工商行政管理部门对特殊的普通合伙企业和有限合伙企业的登记管辖可以作出特别规定。

法律、行政法规对合伙企业登记管辖另有规定的,从其规定。

6.《中华人民共和国律师法》

第十七条 申请设立律师事务所,应当提交下列材料:

(一)申请书;

(二)律师事务所的名称、章程;

(三)律师的名单、简历、身份证明、律师执业证书;

（四）住所证明；

（五）资产证明。

设立合伙律师事务所，还应当提交合伙协议。

第十八条　设立律师事务所，应当向设区的市级或者直辖市的区人民政府司法行政部门提出申请，受理申请的部门应当自受理之日起二十日内予以审查，并将审查意见和全部申请材料报送省、自治区、直辖市人民政府司法行政部门。省、自治区、直辖市人民政府司法行政部门应当自收到报送材料之日起十日内予以审核，作出是否准予设立的决定。准予设立的，向申请人颁发律师事务所执业证书；不准予设立的，向申请人书面说明理由。

第二十一条　律师事务所变更名称、负责人、章程、合伙协议的，应当报原审核部门批准。

律师事务所变更住所、合伙人的，应当自变更之日起十五日内报原审核部门备案。

7.《律师事务所管理办法》（司法部令第133号）

第十八条　律师事务所的设立许可，由设区的市级或者直辖市的区（县）司法行政机关受理设立申请并进行初审，报省、自治区、直辖市司法行政机关进行审核，作出是否准予设立的决定。

8.《中华人民共和国注册会计师法》

第二十三条　会计师事务所可以由注册会计师合伙设立。

合伙设立的会计师事务所的债务，由合伙人按照出资比例或者协议的约定，以各自的财产承担责任。合伙人对会计师事务所的债务承担连带责任。

第二十四条　会计师事务所符合下列条件的，可以是负有限责任的法人：

（一）不少于三十万元的注册资本；

（二）有一定数量的专职从业人员，其中至少有五名注册会计师；

（三）国务院财政部门规定的业务范围和其他条件。

负有限责任的会计师事务所以其全部资产对其债务承担责任。

第二十六条　审批机关应当自收到申请文件之日起三十日内决定批准或者不批准。

省、自治区、直辖市人民政府财政部门批准的会计师事务所，应当报国务院财政部门备案。国务院财政部门发现批准不当的，应当自收到备案报告之日起三十日内通知原审批机关重新审查。

第二十七条　会计师事务所设立分支机构，须经分支机构所在地的省、自治区、直辖市人民政府财政部门批准。

【相关观点】

一、个人独资企业的登记机关和登记管辖

（一）个人独资企业的登记机关

根据《个人独资企业登记管理办法》第4条的规定，个人独资企业的登记机关是工商行政管理机关。工商行政管理机关由国家工商行政管理局、省级工商行政管理局、市级工商行政管理局和县级工商行政管理局四级组成。

值得注意的是，按照法律、行政法规规定，设立个人独资企业须经有关部门审批的，还应当报经有关部门审批。这些部门是个人独资企业的审批部门，而不是个人独资企业的登记机关。

（二）个人独资企业的登记管辖

根据本条规定，个人独资企业由企业所在地的登记机关管辖。登记管辖一般分为级别管辖、属地管辖和委托管辖。级别管辖是指按照不同的行政级别实施登记管辖，工商行政管理机关按照上述四级机关分工来管辖企业登记。属地管辖是指按照地域划分来实施登记管辖，属于同一地域的企业由同一地域的登记机关管辖。委托管辖是指上级登记机关委托下级登记机关负责自己管辖的企业的登记。

按照《个人独资企业登记管理办法》第4条的规定，我国个人独资企业的登记管辖采取了级别管辖和属地管辖相结合的原则。国家工商行政管理局主管全国个人独资企业的登记工作，主要是制定有关个人独资企业登记管理规定。省级工商行政管理局负责本辖区个人独资企业的登记指导。市、县工商行政管理局和大中城市工商行政管理分局负责本辖区内的个人独资企业登记。根据《国家工商行政管理局关于贯彻实施〈个人独资企业登记管理办法〉有关问题的通知》第1条的规定，这里的市工商行政管理局是指县级市工商行政管理局。这样规定主要是考虑到个人独资企业基本上是中小企业，放在市、县工商行政管理局登记，比较方便。

——回沪明、孙秀君主编：《个人独资企业法及配套规定新释新解》，人民法院出版社2003年版。

二、合伙企业设立登记

根据《中华人民共和国合伙企业登记管理办法》的规定，申请设立合伙企业，应当向企业登记机关提交下列文件：全体合伙人签署的设立登记申请书；各类不同合伙人的身份或资格证明；全体合伙人指定的代表或者共同委托的代理人的委托书；合伙协议书；出资权属证明；经营场所证明以及登记机关要求的其他文件。

根据法律、行政法规的规定，合伙企业经营的项目需要在登记前审批的，应办理行政许可手续，并向登记机关提交批准文件。属于国家管制的

项目，未经事前审批，不得从事经营，即没有批准文件，企业登记机关不予登记。包括企业设立阶段的审批及登记，以及在经营过程中因经营范围变化涉及国家管制项目，应当经过审批，取得批准文件后到企业登记机关进行变更登记的情形。

三、审判实践中应注意的问题

非法人组织所表征的只是该组织不具有独立法人资格和地位；未经登记的组织是指该组织的设立或成立没有经过法定的必要的注册登记程序，并非指其所从事的目的事业或实施的行为违反法律规定；而非法组织则系指所从事的目的事业或所实施的具体行为违反法律、行政法规，危害国家政权、社会秩序或公共利益的组织，此类组织既包括在形式上已经过登记但实质上从事违法活动的组织，也包括法律规定必须履行许可、登记程序但未经许可、登记的组织。

——沈德咏主编：《〈中华人民共和国民法总则〉条文理解与适用》，人民法院出版社2017年版。

【相关案例】

1. 个人独资企业转让未办理变更登记不影响转让的效力

——王见刚与王永安侵犯出资人权益纠纷案

案例要旨： 个人独资企业的投资人发生变更的，应向工商登记机关申请办理变更登记，但该变更登记不属于转让行为有效的前提条件，未办理变更登记，依照法律规定应当受到相应的行政处罚，但并不影响转让的效力。《个人独资企业法》第十五条的规定应视为管理性的强制性规范而非效力性的强制性规范。

案号：（2012）民一终字第65号

审理法院： 最高人民法院

案例来源：《最高人民法院公报》2013年第5期

2. 设立合伙企业应当依照法律的规定登记，未经登记不享有企业经营权

——王燕等诉如皋市工商局为卢德美颁发个体工商户营业执照行为侵权案

案例要旨： 申请合伙企业设立登记，应当向企业登记机关提交申请书、合伙协议书、合伙人身份证明等文件，企业登记机关对符合条件的予以登记，发给营业执照，不符合条件的不予登记。若申请人未向工商局提交过有效证明材料申请合伙企业登记的，不享有对企业的经营权。

审理法院： 江苏省南通市中级人民法院

来源：《人民法院案例选》总第39辑（2002.1）

第一百零四条 非法人组织的责任承担

非法人组织的财产不足以清偿债务的,其出资人或者设立人承担无限责任。法律另有规定的,依照其规定。

【相关规定】

1. 《中华人民共和国个人独资企业法》

第十八条 个人独资企业投资人在申请企业设立登记时明确以其家庭共有财产作为个人出资的,应当依法以家庭共有财产对企业债务承担无限责任。

第三十一条 个人独资企业财产不足以清偿债务的,投资人应当以其个人的其他财产予以清偿。

2. 《中华人民共和国合伙企业法》

第三十八条 合伙企业对其债务,应先以其全部财产进行清偿。

第三十九条 合伙企业不能清偿到期债务的,合伙人承担无限连带责任。

3. 《中华人民共和国律师法》

第十九条 成立三年以上并具有二十名以上执业律师的合伙律师事务所,可以设立分所。设立分所,须经拟设立分所所在地的省、自治区、直辖市人民政府司法行政部门审核。申请设立分所的,依照本法第十八条规定的程序办理。

合伙律师事务所对其分所的债务承担责任。

第二十条 国家出资设立的律师事务所,依法自主开展律师业务,以该律师事务所的全部资产对其债务承担责任。

4. 《中华人民共和国注册会计师法》

第二十三条 会计师事务所可以由注册会计师合伙设立。

合伙设立的会计师事务所的债务,由合伙人按照出资比例或者协议的约定,以各自的财产承担责任。合伙人对会计师事务所的债务承担连带责任。

【相关观点】

一、以家庭共有财产投资个人独资企业的,应当依法以家庭共有财产对企业债务承担无限责任

个人独资企业投资人在申请企业设立登记时明确以其家庭共有财产作为个人投资的出资的,应当依法以家庭共有财产对企业债务承担无限责任。所谓无限责任即无限清偿责任,指投资人对个人独资企业债务不以其投入的资

本为限，当个人独资企业负债超过投资人投入的资本时，他除以原投入的资本承担债务外，还要以自己的其他财产继续承担债务。如一个人投入个人独资企业的资本为10万元，而当个人独资企业债务达到15万元时，他除以其投入企业的10万元投资承担债务外，还须另外拿出5万来清偿债务。如果投资人申请个人独资企业设立登记时明确以其家庭共有财产作为个人出资的，则意味着这种共有财产为投资人承担无限责任的财产基础，因而当他投资于个人独资企业的财产不足以清偿债务时，则应当以家庭共有财产对其债务承担无限责任，即不能以投资人是个人名义投资为由，强调只以个人在家庭中的财产份额承担无限责任。当然，在以家庭共有财产承担无限责任时，执法机关或其债权人也应当照顾到其家庭成员的生活，要给其家人留下必需的生活费用。

——回沪明、孙秀君主编：《个人独资企业法及配套规定新释新解》，人民法院出版社2003年版。

二、投资人对个人独资企业债务的无限清偿责任

在现实经济生活中，由于企业规模和投资者经营才能等方面的制约，个人独资企业的经营能力是有限的。因此，企业可能由于经营上的失误，或者由于宏观经济形势的不利影响，从而陷入经营困难，结果出现资不抵债。这种现象，在个人独资企业中应当说还是比较常见的。在这种情况下，既然个人独资企业的投资人对企业的债务承担无限责任，所以，如果企业解散清算时的财产不足以清偿企业的债务，那么，投资人还应当以个人的其他财产予以清偿。

投资人因出资而直接构成的个人独资企业财产可能仅占其个人全部财产的一部分，如果投资人仅以出资直接构成的个人独资企业财产作履行债务的担保，那么企业交易相对人即债权人所承担的风险就太大了。一旦个人独资企业债务超过个人独资企业财产，债权人的利益会受到明显损害而又无法得到补救，而投资人却可利用这种局面搞无本经营，并把经营风险转嫁于他人。这显然是正常的市场经济关系和交易秩序所不允许的。为了维护债权人的利益，客观上要求投资人承担无限责任，也就是要投资人面临一种潜在的危险或财产责任的制约，如果债务超过个人独资企业财产，投资人必须以个人的其他财产来承担责任，投资人不愿以个人独资企业财产以外的个人财产来承担责任，就应把个人独资企业债务控制在个人独资企业财产能够承受的限度内。如果债务超过个人独资企业财产和投资人个人的其他财产，投资人将要赔光辛勤积累的全部个人财产，成为一贫如洗的破产者。显然，个人独资企业法规定个人独资企业财产不足以清偿债务的，投资人应当以其个人的其他财产予以清偿，正是体现了责任自负的法律原则，也就是要投资人对自己的经营行为负责。

应当注意的是，个人独资企业债务超过个人独资企业财产的情况，实际上就是"资不抵债"，它作为企业宣告破产的实质要件是导致企业破产的根本原因。由于我国尚未建立起自然人破产的法律制度，因此对自然人的破产能力并不承认，所以个人独资企业法也回避了个人独资企业破产的概念。可是实践中确实又存在个人独资企业财产不足以清偿个人独资企业债务的情况，这时应该如何处理呢？按照本法的规定，投资人应当以其个人的其他财产予以清偿。

此外，根据《个人独资企业法》第18条的规定，个人独资企业在申请企业设立登记时明确以其家庭共有财产作为个人出资的，应当依法以其家庭共有财产对企业债务承担无限责任。由此可见，如果个人独资企业在设立登记时明确指出，以投资人的家庭共有财产作为个人出资，并且，在企业解散清算时企业的财产又不足以清偿企业所欠债务，那么，就应当以投资人的家庭共有财产，来承担清偿企业债务的责任。

——回沪明、孙秀君主编：《个人独资企业法及配套规定新释新解》，人民法院出版社2003年版。

三、合伙企业对其债务，应先以其全部财产进行清偿

合伙企业对其债务，应先以其全部财产进行清偿。当企业债务发生后，合伙企业应先以合伙共有的财产承担债务。与此相应，其债权人也只能先向合伙企业提出求偿要求，在合伙企业财产偿还完毕前，债权人不得就其债权直接向合伙企业的任一或多个合伙人求偿。

我国立法所支持的观点认为：第一，合伙人在投资合伙企业，按协议履行出资义务后，他就将其投资和由此产生的一般风险转移给了企业，此后，直到企业资不抵债的情况下，他对企业债务可以不承担责任；第二，各合伙人的财产集中起来后形成合伙企业财产，这种财产及由此产生的债务已与合伙人相分离，企业应以这一财产直接对债权人承担偿付债务的义务，直到企业财产不抵债务；第三，交易相对人与之交易的是合伙企业而不是某一合伙人，在企业财产未发生资不抵债的情况下，合伙人的无限连带责任只是债务履行的一种保证而不是债务本身，债权人不应直接向合伙人追索；第四，当企业无现金周转不能及时偿债时，合伙企业可以将财产变现用于偿债，也可以要求合伙人增加出资用以偿还债务，如合伙人不愿意追加出资，则意味他们不愿意使企业继续经营下去，还可以对合伙企业进行清算处理；第五，这次修改合伙企业法，增加了法人可以成为合伙人的规定，这一制度对保全作为合伙人的法人的财产也是有益的。

四、合伙企业不能清偿到期债务时，应由各合伙人承担无限连带责任

合伙企业不能清偿到期债务，是指合伙企业在生产经营中产生的到期债务，以合伙企业的现有资产不能完全予以清偿的情形。根据《合伙企业法》

规定，合伙人将其财产投入企业后即形成合伙企业财产，直到合伙人退伙或散伙，这种财产不能分割。

实际生活中，企业发生经营困难，不能偿付到期债务的现象较多。合伙企业的普通合伙人对企业债务承担无限连带责任，是指当合伙企业的全部财产不足以清偿所欠债务时，可以追究合伙人的无限连带责任。如果合伙协议规定按出资比例分担债务的，应将其所剩债务按出资比例分成若干份额，各合伙人按其比例所分担的份额以自己的在合伙企业以外的其他财产偿付债务；如果合伙协议规定有其他亏损分担办法的，可按规定的办法执行；协议未规定亏损分担办法的，应依本法将所剩债务按合伙人人数平均分为若干份额，每个合伙人分别承担自己的债务份额。

合伙人对合伙债务承担无限连带责任，是合伙企业最基本的法律特征，也是合伙企业与有限责任公司的根本区别。虽然通过本法规定的程序，使合伙企业获得相对独立的法律地位，但它仍没有像法人企业那样形成完全人格化的主体。合伙人共同经营管理合伙企业仍然是合伙的一般原则，合伙人对合伙企业拥有较大的共同控制权。因此，合伙人对合伙企业承担责任的方式上也不像公司股东那样仅以其出资额为限承担责任。

五、审判实践中应注意的问题

当同时存在非法人组织债务和非法人组织设立人、负责人或内部成员之个人债务时处理原则。在非法人组织存续期间，当同时存在非法人组织债务和非法人组织设立人、负责人或内部成员之个人债务时，原则上非法人组织的债务应优先以非法人组织的财产予以清偿；非法人组织设立人、负责人或内部成员的个人债务应优先以其个人财产予以清偿；但非法人组织设立人、负责人或内部成员自愿以个人财产优先清偿非法人组织债务的在所不限。

——沈德咏主编：《〈中华人民共和国民法总则〉条文理解与适用》，人民法院出版社2017年版。

【相关案例】

1. 个人独资企业财产不足以清偿债务的，投资人应当以其个人的其他财产予以清偿

——吴志定诉新昌县福灵羊毛衫厂等借款合同案

案例要旨： 由于债权人无法完全掌握个人独资企业的投资人的行为，投资人转让企业完全可以在债权人不知情的情况下进行，其可以在抽走企业财产的情况下，把企业转让给没有偿债能力的第三人，由没有偿债能力的企业和第三人承担责任，而自己免于债权人的追索，从而达到逃债的目的。因此，法院判决由原投资人对个人独资企业承担连带清偿责任,符合促进交易、保护交易安全的市场经济法制原则和立法精神。

案号:(2009)浙绍商终字第 11 号

审理法院: 浙江省绍兴市中级人民法院

来源:《中国审判案例要览》(2009 年商事审判案例卷)

2. 个人独资企业名称及投资人变更前的债务由企业先承担,现投资人补充承担

——杨爱普与江苏省昆山市成山物资有限公司买卖合同纠纷上诉案

案例要旨: 个人独资企业财产不足以清偿债务的,投资人应当以其个人的其他财产予以清偿。个人独资企业投资人变更后,对于变更前产生的个人独资企业的债务首先应由企业承担,不足部分应当由现投资人承担。

案号:(2012)苏中商终字第 0770 号

审理法院: 江苏省苏州市中级人民法院

来源:《人民司法·案例》2013 年第 16 期

第一百零五条　非法人组织的代表人

非法人组织可以确定一人或者数人代表该组织从事民事活动。

【相关规定】

1. 《中华人民共和国个人独资企业法》

第十九条　个人独资企业投资人可以自行管理企业事务，也可以委托或者聘用其他具有民事行为能力的人负责企业的事务管理。

投资人委托或者聘用他人管理个人独资企业事务，应当与受托人或者被聘用的人签订书面合同，明确委托的具体内容和授予的权利范围。

受托人或者被聘用的人员应当履行诚信、勤勉义务，按照与投资人签订的合同负责个人独资企业的事务管理。

投资人对受托人或者被聘用的人员职权的限制，不得对抗善意第三人。

2. 《中华人民共和国合伙企业法》

第二十六条　合伙人对执行合伙事务享有同等的权利。

按照合伙协议的约定或者经全体合伙人决定，可以委托一个或者数个合伙人对外代表合伙企业，执行合伙事务。

作为合伙人的法人、其他组织执行合伙事务的，由其委派的代表执行。

第二十七条　依照本法第二十六条第二款规定委托一个或者数个合伙人执行合伙事务的，其他合伙人不再执行合伙事务。

不执行合伙事务的合伙人有权监督执行事务合伙人执行合伙事务的情况。

【相关观点】

一、个人独资企业投资人有权选择企业事务管理形式

《个人独资企业法》第1款规定："个人独资企业投资人可以自行管理企业事务，也可以委托或者聘用其他具有民事行为能力的人负责企业的事务管理。"这一规定表明了以下含义：一是个人独资企业的事务可以由投资人自己直接管理，也可以由其他人代为管理，个人独资企业的投资人在法律许可的范围内，有权自主决定以什么方式来管理个人独资企业的事务。二是其他人经投资人以委托或者聘用的方式授予权利，也可以负责个人独资企业的事务管理。委托和聘用都是个人独资企业投资人的授权行为，投资人的这种授权行为可以向被委托或者被聘用的人进行，也可以向与个人独资企业进行交易的相对人进行。投资人不论是向前者还是向后者进行授予权利的意思表示，都会产生同等的法律效力，即受委托或者被聘用的人取得企业的经营管理权，

可以负责管理个人独资企业的事务。三是受委托或者被聘用管理个人独资企业事务的人，应当是具有民事行为能力的人。民事行为能力，是指民事主体通过自己的行为取得民事权利或设定民事义务的能力，包括主体为合法行为的能力和对其违法行为应承担责任的能力。民事主体只有具有民事行为能力才能以自己的行为参与民事活动，为自己取得民事权利，设定民事义务，从而代理他人为法律行为。

尽管个人独资企业作为业主制企业，投资人一般都亲自参与企业的日常事务管理，但在现代市场经济和科学技术迅猛发展的社会条件下，企业管理越来越专业化、职业化，投资人聘用他人担任企业的事务管理，能够充分利用先进的管理手段，摒弃企业管理中的人治现象，并随着企业规模的扩大而合理构造个人独资企业的内部管理机构，以提高企业的经营管理水平，更好地适应社会需要。

——回沪明、孙秀君主编：《个人独资企业法及配套规定新释新解》，人民法院出版社 2003 年版。

二、合伙企业事务既可以由全体合伙人共同执行，也可以根据协议委托个别合伙人单独执行

合伙企业事务重要程度不同，一般来说，合伙企业会通过合伙协议规定，涉及重要事务必须由全体合伙人一致同意，合伙人在执行合伙事务时必须按照合伙人一致同意的决定行事。执行合伙事务既可以由全体合伙人共同执行，也可以根据协议委托个别合伙人单独执行。委托他人执行合伙事务是指在实际生活中，也有合伙人不愿直接参与合伙事务的执行，愿意采用委托他人代为行使执行合伙事务的办法。法律要求委托部分合伙人执行合伙事务须由全体合伙人共同决定。委托部分合伙人执行合伙事务，合伙协议可以约定执行事务合伙人的报酬或费用处理方法，但通常应与劳务提供量、业绩和难易程度挂钩。如果合伙协议没有规定，则合伙人无权因参加了合伙事务的执行而要求报酬。当然，为了体现公平原则，保护对合伙企业作出更多贡献的合伙人的积极性及合法权益，应当允许其从合伙经营利润中获得补偿。

合伙企业作为一个经营性组织，也有谁来对外代表企业的问题。从本质上说，全体合伙人互为代理关系，如果全体合伙人共同执行合伙事务，则对外均有代表权。如果全体合伙人委托一个或数个合伙人执行合伙事务，则由受委托人对外代表合伙企业。当然，在实际经营活动中，根据需要，不执行事务的合伙人有时也会就某一事项对外代表企业，但应有合伙企业协议或其他合伙人的授权。未经合伙人授权擅自对外代表合伙企业的，对内应承担相应的责任。但这一行为对外不能对抗不知情的善意交易相对人。

三、审判实践中应注意的问题

关于非法人组织的雇员与非法人组织的责任关系。对于合伙组织等非法人组织中的雇员这类准成员在进行职务行为或授权行为时，其产生的相应民事责任也应当由非法人组织承担。对于非法人组织而言，无论属何种类型，组织雇员的相关责任实际上最终都由组织承担。至于组织为准成员代负责任后，还要不要向其追偿，或者组织财产不足以承担相应责任时，是否应当追究准成员的连带责任，根据《最高人民法院关于审理人身损害赔偿案件适用法律若干问题的解释》第9条的规定，对工作人员或雇员的外部连带责任和内部责任的追究制度应当同时存在，缺一不可，因此雇主或雇主和雇员都可成为赔偿义务主体。

——沈德咏主编：《〈中华人民共和国民法总则〉条文理解与适用》，人民法院出版社2017年版。

【相关案例】

1. 合伙事务执行人必须在其他合伙人授权范围内根据全体合伙人的决定执行合伙事务

——褚树立等诉陈凯合伙协议纠纷案

案例要旨：合伙事务执行人如果超越其他合伙人授权范围或违背全体合伙人决定，擅自处理诸如分割合伙财产之类的重大合伙事务，其结果对其他合伙人不产生法律效力。如果因此损害了其他合伙人的利益，行为人则承担赔偿责任，但合伙人不得以此对抗全体合伙人外部的善意第三人。

审理法院：河北省廊坊市中级人民法院

来源：《人民法院案例选》总第39辑（2002.1）

2. 合伙事务的执行人所作出的未经全体合伙人协商一致的重大处分事项对外有效

——马招祥与辛玉平侵权责任纠纷案

案例要旨：合伙企业可以委托一个或者数个合伙人对外代表合伙企业，执行合伙事务。委托一个或者数个合伙人执行合伙事务的，其他合伙人不再执行合伙事务。合伙企业营业执照上明确载明的合伙企业事务执行人依法有权对外代表合伙企业执行合伙事务。其在执行合伙企业事务的过程中，代表合伙企业作出的重大处分行为，法律效力及于全体合伙人。

案号：（2015）黔高民申字第922号

审理法院：贵州市高级人民法院

来源：中国裁判文书网

第一百零六条　非法人组织的解散情形

有下列情形之一的，非法人组织解散：
（一）章程规定的存续期间届满或者章程规定的其他解散事由出现；
（二）出资人或者设立人决定解散；
（三）法律规定的其他情形。

【相关规定】

1. 《中华人民共和国个人独资企业法》

第二十六条　个人独资企业有下列情形之一时，应当解散：
（一）投资人决定解散；
（二）投资人死亡或者被宣告死亡，无继承人或者继承人决定放弃继承；
（三）被依法吊销营业执照；
（四）法律、行政法规规定的其他情形。

2. 《中华人民共和国合伙企业法》

第八十五条　合伙企业有下列情形之一的，应当解散：
（一）合伙期限届满，合伙人决定不再经营；
（二）合伙协议约定的解散事由出现；
（三）全体合伙人决定解散；
（四）合伙人已不具备法定人数满三十天；
（五）合伙协议约定的合伙目的已经实现或者无法实现；
（六）依法被吊销营业执照、责令关闭或者被撤销；
（七）法律、行政法规规定的其他原因。

3. 《中华人民共和国律师法》

第二十二条　律师事务所有下列情形之一的，应当终止：
（一）不能保持法定设立条件，经限期整改仍不符合条件的；
（二）律师事务所执业证书被依法吊销的；
（三）自行决定解散的；
（四）法律、行政法规规定应当终止的其他情形。
律师事务所终止的，由颁发执业证书的部门注销该律师事务所的执业证书。

4. 《律师事务所管理办法》

第三十一条　律师事务所有下列情形之一的，应当终止：

（一）不能保持法定设立条件，经限期整改仍不符合条件的；
（二）执业许可证被依法吊销的；
（三）自行决定解散的；
（四）法律、行政法规规定应当终止的其他情形。

律师事务所在取得设立许可后，六个月内未开业或者无正当理由停止业务活动满一年的，视为自行停办，应当终止。

律师事务所在受到停业整顿处罚期限未满前，不得自行决定解散。

【相关观点】

一、非法人组织解散的法律特征

非法人组织解散是出现需要消灭该组织的民事主体资格的原因，而逐渐终止其权利义务的法律行为。它具有以下几个法律特征：一是原因特定。存在消灭特定非法人组织民事主体资格的原因，包括法律特定的原因或者当事人约定的原因，其中约定原因可以通过当事人协商变更（如修改章程）使非法人组织不在原设定的解散条件出现后解散而仍然保持存续。二是程序效果特定。宣布解散后，应当启动终止非法人组织权利义务的程序。三是实体效果特定。解散原因发生后，特定非法人组织的民事主体资格并不随即消灭，其独立的民事主体资格至清算结束前依然存在，只不过其权利能力受到一定的限制，不得从事积极的营利性或公益性（非营利性）活动。

——沈德咏主编：《〈中华人民共和国民法总则〉条文理解与适用》，人民法院出版社 2017 年版。

二、个人独资企业的解散及其具体情形

个人独资企业的解散是相对于个人独资企业的设立而言的，是指个人独资企业因某些法律事由的发生而使其经营资格归于消灭的行为。个人独资企业因设立而取得经营资格，因解散而终止其经营资格。个人独资企业解散后，其经营资格随即丧失，原投资人不得再以个人独资企业名义对外从事生产经营活动。

由于个人独资企业的解散直接影响到企业债权人和债务人的切身利益，因此必须具备法定事由或原因。按照本条的规定，个人独资企业有下列情形之一时，应当解散：

（一）投资人决定解散

个人独资企业是由投资人一人所有的业主制企业，既然允许投资人自愿设立个人独资企业，也就应当允许投资人在不违反法律规定的前提下自主决定是否解散企业。因此，法律确认投资人决定解散企业是个人独资企业解散的法定情形之一，一旦投资人做出解散的决定，即具有法律效力。一般而言，投资人决定解散个人独资企业，可能是由于以下原因：

1. 个人独资企业设立的目的已经实现。设立个人独资企业的目的实现,是指个人独资企业设立时原定的具体事业已经完成。例如,如果是一次性经营某事业或为某事业服务,则该项事业结束,设立个人独资企业的目的即达到。个人独资企业设立的目的既已达到,个人独资企业就无存在的必要,投资人自然会决定解散。当然,个人独资企业的目的各不相同,应由投资人自行确定。通常,这里所说的目的只能是特定的,既可能是一项特定的事项,如完成特定的加工任务,也可能是为了实现一定的经济目的,如获利10万元即解散企业等。当然,更多的投资人在设立企业时并不确定营利目的达到即解散企业,因为营利是无止境的,一般的企业不可能一获利就宣告解散。

2. 个人独资企业设立的目的无法实现。这种现象包括自始不能完成或中途不能完成。不能完成可能是因为主观预测错误或者客观情况变化,而使其经营的目的不能实现。所谓不能实现,不仅仅指事实上不能实现,而且也包括法律上不能实现的情况。比如,因为国家政策调整,个人独资企业所从事的业务为国家法律、行政法规所禁止。个人独资企业的目的无法达到,企业即失去存在价值,自然归于解散。

3. 因其他原因使投资人决定解散。如投资人准备将个人独资企业解散后所得的全部资产投入到股票、期货市场;也可能投资人感觉年事已高,不想再从事营业;或者经营规模扩大后投资人决定解散后设立有限责任公司或其他经营组织等等。

(二) 投资人死亡或被宣告死亡,无继承人或继承人决定放弃继承

个人独资企业由投资人一人所有,所以投资人死亡或者被宣告死亡,无继承人或者继承人决定放弃继承,也将导致个人独资企业解散。投资人死亡是指投资人自然死亡;投资人被宣告死亡是指投资人下落不明满4年或因意外事故下落不明从事故发生之日起满2年的,利害关系人可以向人民法院申请宣告投资人死亡。《个人独资企业法》第17条规定:"个人独资企业投资人对本企业的财产依法享有所有权,其有关权利可以依法进行转让或继承。"这种情形又可以具体划分为下面4种情况:(1)投资人死亡后,没有继承人继承;(2)投资人被宣告死亡后,没有继承人继承;(3)投资人死亡后虽有继承人,但继承人放弃继承;(4)投资人被依法宣告死亡后虽有继承人,但继承人放弃继承。

继承人不愿意继承的原因也是多种多样的,有的继承人自己工作繁忙,没有时间和精力从事个人独资企业的经营活动;有的继承人自己可能无力经营个人独资企业的业务,又不放心或者不愿意让他人代为经营;有的继承人不愿意承担个人独资企业的无限责任等。在特殊情况下,如果个人独资企业的债务超过企业财产的,投资人也可以放弃继承。

在上述四种情况下,投资人死亡或者被宣告死亡后,没有人依法继承,

所以,个人独资企业只能依法解散,清偿企业的债务。

应当注意的是,我国《继承法》第33条规定:"继承遗产应当清偿被继承人依法应当缴纳的税款和债务,缴纳税款和清偿债务以他的遗产实际价值为限。超过遗产实际价值部分,继承人自愿偿还的不在此限。继承人放弃继承的,对被继承人依法应当缴纳的税款和债务可以不负偿还责任。"因此,在前述的后两种情况下,个人独资企业的投资人死亡或者被依法宣告死亡的,如果企业的债务可能超过资产,投资人的继承人可以继承,即通常所说的"父债子还";也可以放弃继承,即不接受企业的资产,同时对企业的债务依法也不承担偿还的责任。不过,根据《继承法》第25条的规定:"继承开始后,继承人放弃继承的,应当在遗产处理前作出放弃继承的表示,没有表示的,视为接受继承。"所以,投资人的继承人决定放弃继承的,应当在遗产处理前表示自己放弃继承。在遗产处理后得知企业资产不足以抵债才表示放弃继承的,则没有法律效力。

(三)被依法吊销营业执照

吊销营业执照是对个人独资企业违法行为的一种严厉的行政处罚措施,一旦个人独资企业被依法吊销营业执照,表明个人独资企业作为经营主体的资格已经丧失,应当解散。这属于在个人独资企业进行违法活动时被强制解散的情形。

根据我国法律、行政法规的规定,多种违法行为均可导致企业被吊销营业执照。例如,根据我国《消费者权益保护法》第56条的规定,对商品或服务作引人误解的虚假宣传、拖延或无理拒绝消费者的索赔要求、侵犯消费者人格尊严等,情节严重的,均可由登记机关依法吊销其营业执照。《个人独资企业法》也规定了在下列3种情况下,工商行政管理机关可以吊销个人独资企业的营业执照,从而依法解散企业:

1. 根据《个人独资企业法》第33条的规定,提交虚假文件或者采取其他欺骗手段取得企业登记的,责令改正,处以5000元以下的罚款;情节严重的,并处吊销营业执照;

2. 根据《个人独资企业法》第35条的规定,涂改、出租、转让营业执照的,责令改正,没收违法所得,处以3000元以下的罚款;情节严重的,吊销营业执照;

3. 根据《个人独资企业法》第36条的规定,个人独资企业成立后无正当理由超过6个月未开业的,或者开业后自行停业连续6个月以上的,吊销营业执照。

此外,在一定情况下,工商管理机关也可以依据工商管理等其他有关法律、行政法规,吊销个人独资企业的营业执照。

(四)法律、行政法规规定的其他情形

这是一个兜底条款,主要是允许今后制定的工商管理等有关法律、行政法规可以另行规定,在一定情况下,可以依法解散个人独资企业。

——回沪明、孙秀君主编:《个人独资企业法及配套规定新释新解》,人民法院出版社2003年版。

三、合伙企业的解散及其解散事由

合伙企业解散是指由于法律规定的原因或者当事人约定的原因,而使合伙人之间的合伙协议终止,合伙企业的事业终结,全体合伙人的合伙关系归于消灭。合伙企业从宣布解散到最终消灭是一个过程,在合伙企业清算期间,合伙企业的性质、职能发生一定的变化。此时合伙企业的法律地位,本法采用人格存续说,即合伙企业虽已宣布解散,但其独立的民事主体资格至清算结束前依然存在;只是合伙企业的权利能力受到一定的限制,合伙企业的活动范围限于与清算有关的事务,不得从事积极营业活动。①

我国《合伙企业法》第85条规定了合伙企业的7种解散事由:(1)合伙期限届满,合伙人决定不再经营;(2)合伙协议约定的解散事由出现;(3)全体合伙人决定解散;(4)合伙人已不具备法定人数满30天;(5)合伙协议约定的合伙目的已经实现或者无法实现;(6)依法被吊销营业执照、责令关闭或者被撤销;(7)法律、行政法规规定的其他原因。

——沈德咏主编:《〈中华人民共和国民法总则〉条文理解与适用》,人民法院出版社2017年版。

【相关案例】

1. 合伙企业仍在经营,合伙人之一认为出现矛盾导致人合性丧失的,应首先选择退伙,而无需解散合伙企业

——江苏徐州中院判决渠文姗诉支点事务所等合伙企业解散纠纷案

案例要旨:合伙企业协议约定"以长期经营为目的",且正在正常经营期间的,不能因合伙人内部之间出现矛盾而视为"合伙目的不能实现";合伙企业仍在经营,合伙人之一认为出现矛盾导致人合性丧失的,应首先选择退伙,而无需合伙企业解散。

案号:(2015)徐商终字第0807号
审理法院:江苏省徐州市中级人民法院
来源:《人民法院报》2016年6月23日

---

① 参见李飞主编:《中华人民共和国企业法释义》,法律出版社2006年版。

2. 投资人决定解散个人独资企业后,对个人独资企业存续期间的债务仍应承担偿还责任

——芜湖华宇小额贷款股份有限公司与万甫银、繁昌县草山铁矿有限公司等企业借贷纠纷再审案

案例要旨: 投资人决定解散企业并办理了工商注销登记,其个人独资企业解散,原投资人对个人独资企业存续期间的债务仍应承担偿还责任。

案号:(2014)民申字第 2244 号
审理法院: 最高人民法院
来源: 中国裁判文书网

第一百零七条　非法人组织解散清算

非法人组织解散的，应当依法进行清算。

【相关规定】

1. 《中华人民共和国个人独资企业法》

第二十七条　个人独资企业解散，由投资人自行清算或者由债权人申请人民法院指定清算人进行清算。

投资人自行清算的，应当在清算前十五日内书面通知债权人，无法通知的，应当予以公告。债权人应当在接到通知之日起三十日内，未接到通知的应当在公告之日起六十日内，向投资人申报其债权。

第三十二条　个人独资企业清算结束后，投资人或者人民法院指定的清算人应当编制清算报告，并于十五日内到登记机关办理注销登记。

2. 《中华人民共和国合伙企业法》

第八十六条　合伙企业解散，应当由清算人进行清算。

清算人由全体合伙人担任；经全体合伙人过半数同意，可以自合伙企业解散事由出现后十五日内指定一个或者数个合伙人，或者委托第三人，担任清算人。

自合伙企业解散事由出现之日起十五日内未确定清算人的，合伙人或者其他利害关系人可以申请人民法院指定清算人。

第八十七条　清算人在清算期间执行下列事务：

（一）清理合伙企业财产，分别编制资产负债表和财产清单；

（二）处理与清算有关的合伙企业未了结事务；

（三）清缴所欠税款；

（四）清理债权、债务；

（五）处理合伙企业清偿债务后的剩余财产；

（六）代表合伙企业参加诉讼或者仲裁活动。

第九十条　清算结束，清算人应当编制清算报告，经全体合伙人签名、盖章后，在十五日内向企业登记机关报送清算报告，申请办理合伙企业注销登记。

3. 《律师事务所管理办法》

第三十二条　律师事务所在终止事由发生后，不得受理新的业务。

律师事务所在终止事由发生后，应当向社会公告，依照有关规定进行清算，依法处置资产分割、债务清偿等事务。

律师事务所应当在清算结束后十五日内向所在地设区的市级或者直辖市的区（县）司法行政机关提交注销申请书、清算报告、本所执业许可证以及其他有关材料，由其出具审查意见后连同全部注销申请材料报原审核机关审核，办理注销手续。

律师事务所拒不履行公告、清算义务的，由设区的市级或者直辖市的区（县）司法行政机关向社会公告后，可以直接报原审核机关办理注销手续。律师事务所被注销后的债权、债务由律师事务所的设立人、合伙人承担。

律师事务所被注销的，其业务档案、财务账簿、本所印章的移管、处置，按照有关规定办理。

【相关观点】

一、个人独资企业解散时的清算

清算，是指个人独资企业因出现法定的解散事由而宣告解散后，对个人独资企业的资产、债权债务进行清理处分，了结个人独资企业所有法律关系，以终结个人独资企业的行为。个人独资企业宣布解散或被宣布解散后，为了终结个人独资企业现存的各种法律关系，必须依法对个人独资企业的财产进行清理，收回债权，清偿债务，所以个人独资企业清算就是依法清理个人独资企业债权债务的行为。按照《个人独资企业法》第27条第1款的规定，个人独资企业解散，由投资人自行清算或者由债权人申请人民法院指定清算人进行清算。这样规定主要是考虑到个人独资企业解散的原因不同，清算的主体也就应当不同。投资人自行决定解散时，应由投资人自行负责清算；投资人死亡或者被依法吊销营业执照而解散时，则应由债权人申请人民法院指定清算人进行清算。个人独资企业一经宣告解散，要及时公告并及时通报债权债务人进行清算。

通常，个人独资企业的清算主要包括以下程序：确定清算人、通告债权人、清理财产并编制文件、处理未了结的事务、清缴所欠职工工资和税款、清理债权与债务、处理剩余财产、办理注销登记等。清算中，个人独资企业权利能力受到限制，个人独资企业不得从事与清算无关的积极经营活动，而只能从事与清算有关的活动（《个人独资企业法》第30条）。无论是自行进行清算的投资人还是人民法院指定的清算人，在个人独资企业清算期间都应享有以下职权：清理企业财产，分别编制资产负债表和财产清单；通知或者公告债权人；处理和清算企业有关的未了结的业务；清缴所欠职工工资和税款；清理债权、债务；处理企业清算债务后的剩余财产；代表企业参与民事诉讼活动等。

个人独资企业清算的具体内容是，投资人或者清算人必须对个人独资企业的固定资产、流动资金、各项专项基金和债权、债务进行全面清理。

对个人独资企业的固定资产进行全面的清理和登记，并对其进行评估和作价。对折旧完毕的固定资产，要合理地结算其残值。对流动资金要按货币形态和实物形态分别清理、登记，对实物形态的流动资金如已购买的原材料、备品配件、成品或半成品要合理变价。对个人独资企业的债权和投资应依法收回，无法收回的，可依法转让。对个人独资企业债务则要依法定的清偿顺序进行清偿。清算终结后，必须编造资产明细表，债权债务清册及其他会计表册并据此编制清算报告。经过清算，使个人独资企业的一切法律关系终结，并办理个人独资企业注销登记，个人独资企业即丧失经营主体资格。[1]

——回沪明、孙秀君主编：《个人独资企业法及配套规定新释新解》，人民法院出版社 2003 年版。

二、个人独资企业清算的方式

个人独资企业清算的方式有两种：

(一) 投资人自行清算

投资人自行清算就是个人独资企业的投资人自己对企业进行清算。本条作出这样的规定，是因为个人独资企业是投资人一人投资，财产为投资人个人所有，不存在其他投资人的问题。不像公司、合伙企业那样，由若干股东或者合伙人组成，清算会涉及其他股东或者合伙人的利益，因而其清算也要由全体股东、合伙人或者股东、合伙人指定的第三人进行清算。本条关于个人独资企业投资人自行清算的规定与公司法、合伙企业法关于全体股东、合伙人进行清算的规定在性质上是一样的，区别只是在于个人独资企业的投资人是一个人，因此规定由投资人清算。

(二) 债权人申请人民法院指定清算人进行清算

个人独资企业解散清算，直接关系到债权人的利益。债权人出于各种考虑，可以不由投资人自行清算，而要求由法院指定清算人进行清算。本条对于清算人的资格未作规定，清算人一般可以是注册会计师、律师等专业人员。

应当注意的是，本条没有对个人独资企业自行解散与强制解散的清算作分别规定。而且，针对个人独资企业的规模一般都比较小的情况，本条只规定了投资人一人或者法院指定的清算人进行清算。不像公司法那样规定成立清算组进行清算。这样的规定是可以理解的，个人独资企业是投资人一人所有的业主制企业，对外承担无限责任，而且，企业规模相对来讲比较小，因此，清算对于个人独资企业而言，不像对于公司、合伙企业那样重要。所以，本法关于个人独资企业清算的规定都比较笼统、比较简单。

---

[1] 李建中、贾俊玲主编：《个人独资企业法与个人独资企业管理》，国家行政学院出版社 2000 年版。

——回沪明、孙秀君主编：《个人独资企业法及配套规定新释新解》，人民法院出版社2003年版。

三、个人独资企业清算的通知与申报债权

（一）个人独资企业清算的通知

清算通知是在清算开始前，投资人或者清算人以电话、信件、电报、传真、在报纸上公告等形式通知债权人，在规定的时间内向投资人或者清算人申报债权。本条对通知债权人作出特别规定，主要是强调保护企业债权人的合法利益，要求个人独资企业解散时必须及时通知债权人，促使债权人申报债权。

清算通知的方式主要有以下几种：

1. 投资人自行清算的，可以采取两种通知方式。

投资人应当在清算前15日内书面通知债权人。投资人在经营活动中经常联系的债权人，一般都留有联系地址和电话，可以直接打电话、写信或者发电报予以通知。电话通知的，要做好电话记录；写信通知的，要采用挂号信，并注意保存签收人的签收字据。随着现代科学技术的发展，投资者也可以利用传真甚至电子邮件等通讯方式予以通知。但是，不管采取哪种通知方式，都要注意保留作出通知的证据。

对于投资人无法通知的债权人，投资人应当予以公告，通过公告，请债权人申报债权。公告一般通过报纸发布，投资人或者法院指定的清算人选择刊登公告的报纸，应当是发行量较大、企业的债权人经常看或者通常能看到的报纸，而且，公告最好在报纸上登载3次以上，以防特定的债权人不能看到某一日刊登公告的报纸。

2. 由人民法院指定清算人的，本法没有规定具体的通知方式，清算人可以参照有关法律的规定办理。通常的办法，也是通过公告的方式予以通知，具体办法如前所述。

（二）债权人申报债权

债权人申报债权应当有时间限制。根据《个人独资企业法》第2款规定，投资人或者法院指定的清算人依法通知债权人或者发布公告后，债权人接到通知的，应当在通知之日起30日内，向投资人或者清算人申报债权；债权人未接到通知的，也应当在最后一次公告之日起60日内，向投资人或清算人申报其债权。

应当注意的是，个人独资企业解散时，债权人的未到期债权，视为已经到期，但应当减去未到期的那段时间的利息。这是因为，个人独资企业一旦决定解散，就不能继续从事正常的经营活动，未到期的债权也不能按照正常的偿还日期等待清偿了。在这种情况下，投资人应当像对其他债权一样，有义务偿还未到期债务，但应当扣除未到期的利息，因为投资人等于提前偿还了债务。

(三)债权人未按期申报债权的后果

根据我国《企业破产法(试行)》《民事诉讼法》《公司法》的规定,法人企业清算时,债权人未在法定期限内按期申报债权的,即被视为放弃债权。但是,个人独资企业的投资人承担的是无限责任,企业的债权人未按期申报债权的,虽然其债权在企业清算时得不到及时清偿,但最终不能实现其债权的风险较小。因为根据《个人独资企业法》第28条的规定,债权人在清算期间未按期申报债权的,只要在5年内提出清偿的要求,企业的投资人就仍然还有义务予以清偿。

——回沪明、孙秀君主编:《个人独资企业法及配套规定新释新解》,人民法院出版社2003年版。

四、合伙企业解散时清算人的确定

合伙企业清算人是指在合伙企业解散过程中依法产生的专门负责合伙企业清算事务的执行人。需要强调的是,清算人应当作为整体行使职权,而非每个清算人可以单独行使职权。

清算人的产生办法如下:(1)如果合伙人无特别约定,由全体合伙人担任清算人。合伙人是合伙企业的财产所有者,合伙人有权在法律允许的范围内对合伙企业的财产和债权债务关系作出最后的安排。(2)经全体合伙人过半数同意,可以自合伙企业解散事由出现后15日内指定一个或者数个合伙人,或者委托第三人担任清算人。(3)自合伙企业解散事由出现之日起15日内未确定清算人的,合伙人或者其他利害关系人可以申请人民法院指定清算人。

五、合伙企业清算人的职责

根据《合伙企业法》规定,合伙企业清算人的职责包括以下六个方面:(1)清理合伙企业财产,分别编制资产负债表和财产清单。(2)处理与清算有关的合伙企业未了结事务。与清算有关的合伙企业未了结事务,主要是指合伙企业宣布解散之前已经订立但尚未履行的合同事宜。清算人可以根据实际情况决定继续履行或者终止履行。(3)清缴所欠税款。合伙企业解散,清算人应当查清合伙企业的纳税事项,发现应当缴纳的税款未缴纳的,应当报请税务机关查实,并依法缴纳所欠的税款。合伙企业在清算过程中产生的税款,清算人也应当依法缴纳。(4)清理债权、债务。(5)处理合伙企业清偿债务后的剩余财产。剩余财产应当依照《合伙企业法》第33条的规定分配:即首先按照合伙协议的约定办理;合伙协议未约定或者约定不明确的,由合伙人协商解决;协商不成的,由合伙人按照实缴的出资比例分配;无法确定出资比例的,由合伙人平均分配。合伙协议不得约定将全部剩余财产分配给部分所有人。(6)代表合伙企业参加诉讼或者仲裁活动。清算人在其职权范围内代表合伙企业参加民事诉讼或者仲裁活动受法律保护。

六、合伙企业债权申报程序

合伙企业清算的目的和重要内容之一，是清理和了结合伙企业的对外债务，因此，清算人确定后，应当通知合伙企业的债权人尽快申报债权，以便顺利清偿债务。清算人应当自被确定之日起的10日内以书面方式通知债权人申报债权，并应当在60日内在报纸公告合伙企业解散事项和债权申报期限，催促债权人及时申报债权。公告的载体应该是合伙企业债权人可能居住的地域范围内可能见到的媒体或者其他传播方式。

合伙企业的债权人应当自接到通知书之日起30日内，未接到通知书的应当自公告之日起45日内，向合伙企业的清算人申报债权。合伙企业的债权人向清算人申报债权时，应当说明债权的有关事项，特别应当说明债权产生的日期、性质、数额和到期日等事项，并提供诸如合同、借据和其他债权凭证之类的证明材料。清算人应当对申报的债权逐项登记。债权人未提供合法、有效的证明材料的，清算人有权不予登记。

七、审判实践中应注意的问题

审判实践中，非法人组织解散需要注意三方面的问题：首先，应当明确现行法律和行政法规下非法人组织的范围，准确识别非法人组织；其次，要注意法人解散清算与破产清算适用和参照适用的法律不同；第三，本法和各种非法人组织单行法对非法人组织解散清算规则基本上没有具体规定，应当结合每种或者每个非法人组织的具体情况，合理参照借鉴公司法及其司法解释有关清算的规定确定非法人组织清算的实体和程序规则。

——沈德咏主编：《〈中华人民共和国民法总则〉条文理解与适用》，人民法院出版社2017年版。

【相关案例】

1. 合伙企业解散后，十五日内未确定清算人的，合伙人或者其他利害关系人可以申请人民法院指定清算人

——吕信铁与合伙企业指定清算人合伙协议纠纷案

案例要旨：合伙人就散伙达成协议后，未能就清算问题达成一致，无法成立清算人，企业内外债权债务及剩余财产均得不到解决。根据法律规定，可以请求法院依法指定清算人。

审理法院：福建省泉州市丰泽区人民法院

来源：《人民法院案例选》总第45辑（2003.3）

2. 未经清算阻却合伙人追偿权的行使

——陈文章诉谢宗良等合伙协议纠纷案

案例要旨：合伙组织被吊销营业执照后，必须依法组织清算。合伙人垫付部分合伙企业债务的，应由合伙企业财产先行清偿，不足部分再由其他合伙人按出资比例分担。合伙企业清算前，合伙人不得对其他合伙人行使追偿权。

案号：（2009）浙甬商终字第790号

审理法院：浙江省宁波市中级人民法院

来源：《人民法院案例选》总第71辑（2010.1）

第一百零八条　非法人组织参照适用法人规则

非法人组织除适用本章规定外，参照适用本法第三章第一节的有关规定。

【相关规定】

《中华人民共和国民法总则》

第五十七条　法人是具有民事权利能力和民事行为能力，依法独立享有民事权利和承担民事义务的组织。

第五十八条　法人应当依法成立。

法人应当有自己的名称、组织机构、住所、财产或者经费。法人成立的具体条件和程序，依照法律、行政法规的规定。

设立法人，法律、行政法规规定须经有关机关批准的，依照其规定。

第五十九条　法人的民事权利能力和民事行为能力，从法人成立时产生，到法人终止时消灭。

第六十条　法人以其全部财产独立承担民事责任。

第六十一条　依照法律或者法人章程的规定，代表法人从事民事活动的负责人，为法人的法定代表人。

法定代表人以法人名义从事的民事活动，其法律后果由法人承受。

法人章程或者法人权力机构对法定代表人代表权的限制，不得对抗善意相对人。

第六十二条　法定代表人因执行职务造成他人损害的，由法人承担民事责任。

法人承担民事责任后，依照法律或者法人章程的规定，可以向有过错的法定代表人追偿。

第六十三条　法人以其主要办事机构所在地为住所。依法需要办理法人登记的，应当将主要办事机构所在地登记为住所。

第六十四条　法人存续期间登记事项发生变化的，应当依法向登记机关申请变更登记。

第六十五条　法人的实际情况与登记的事项不一致的，不得对抗善意相对人。

第六十六条　登记机关应当依法及时公示法人登记的有关信息。

第六十七条　法人合并的，其权利和义务由合并后的法人享有和承担。

法人分立的，其权利和义务由分立后的法人享有连带债权，承担连带债务,但是债权人和债务人另有约定的除外。

第六十八条 有下列原因之一并依法完成清算、注销登记的,法人终止:
(一)法人解散;
(二)法人被宣告破产;
(三)法律规定的其他原因。
法人终止,法律、行政法规规定须经有关机关批准的,依照其规定。

第六十九条 有下列情形之一的,法人解散:
(一)法人章程规定的存续期间届满或者法人章程规定的其他解散事由出现;
(二)法人的权力机构决议解散;
(三)因法人合并或者分立需要解散;
(四)法人依法被吊销营业执照、登记证书,被责令关闭或者被撤销;
(五)法律规定的其他情形。

第七十条 法人解散的,除合并或者分立的情形外,清算义务人应当及时组成清算组进行清算。
法人的董事、理事等执行机构或者决策机构的成员为清算义务人。法律、行政法规另有规定的,依照其规定。
清算义务人未及时履行清算义务,造成损害的,应当承担民事责任;主管机关或者利害关系人可以申请人民法院指定有关人员组成清算组进行清算。

第七十一条 法人的清算程序和清算组职权,依照有关法律的规定;没有规定的,参照适用公司法的有关规定。

第七十二条 清算期间法人存续,但是不得从事与清算无关的活动。
法人清算后的剩余财产,根据法人章程的规定或者法人权力机构的决议处理。法律另有规定的,依照其规定。
清算结束并完成法人注销登记时,法人终止;依法不需要办理法人登记的,清算结束时,法人终止。

第七十三条 法人被宣告破产的,依法进行破产清算并完成法人注销登记时,法人终止。

第七十四条 法人可以依法设立分支机构。法律、行政法规规定分支机构应当登记的,依照其规定。
分支机构以自己的名义从事民事活动,产生的民事责任由法人承担;也可以先以该分支机构管理的财产承担,不足以承担的,由法人承担。

第七十五条 设立人为设立法人从事的民事活动,其法律后果由法人承受;法人未成立的,其法律后果由设立人承受,设立人为二人以上的,享有连带债权,承担连带债务。
设立人为设立法人以自己的名义从事民事活动产生的民事责任,第三人有权选择请求法人或者设立人承担。

【相关观点】

首先,要整体上厘清非法人组织与法人在本质属性和制度设置上的区别与关联。法的关系根源于物质生活关系,民事主体的法律地位是法律赋予的。从人类社会民事主体制度由"人到废人"进步至"非人到人"的历史演变看,民事主体资格的法律确认,源于现实社会的生活逻辑或功能性需求,取决于作为价值评价主体的统治阶级所赖以生存的物质生活条件。非法人组织作为一种社会组织形态,是社会成员进行活动的载体,随着社会经济的发展,非法人组织越来越多地参与民商事交往,并发挥日益重要的作用,为适应这种客观需要,法律赋予其独立平等的民事主体地位,构建起以自然人、法人与非法人组织架构的三元主体结构,遵循了民事主体制度发展的逻辑和规律。理论上,非法人组织与法人的本质区别是:法人原则上有独立的法律人格、独立的权利能力和独立的责任承担;而非法人组织欠缺法律人格的独立性,不能独立享有财产权利,也不能独立承担财产责任。

其次,要具体分析本法关于法人一般规定对非法人组织适用的范围或者边界。清晰、准确把握这个范围或者边界,需要在抓住非法人组织与法人的本质区别的基础上,根据每种非法人组织的特殊情形分析法人一般规定对非法人组织的可适用性。初步分析,本法第三章第一节中可以明确不适用于非法人组织的规定有:第57条与第60条(关于独立承担民事义务、民事责任的规定);第71条(关于破产清算的规定)除法律另行规定适用特定非法人组织(合伙企业)外,原则上也不适用于非法人组织;第74条(关于法人分支机构的规定)对非法人的民办非企业单位也不具有参照适用性,因为《民办非企业单位登记管理暂行条例》第13条规定民办非企业单位不得设立分支机构。其他规定均有不同程度参照适用的可能性,特别是关于负责人、住所、登记、主体资格终止、清算等规定。

——沈德咏主编:《〈中华人民共和国民法总则〉条文理解与适用》,人民法院出版社2017年版。

第五章 民事权利

第一百零九条 自然人的人身自由、人格尊严受法律保护

自然人的人身自由、人格尊严受法律保护。

【相关规定】

《中华人民共和国宪法》

第三十七条 中华人民共和国公民的人身自由不受侵犯。任何公民，非经人民检察院批准或者决定或者人民法院决定，并由公安机关执行，不受逮捕。禁止非法拘禁和以其他方法非法剥夺或者限制公民的人身自由，禁止非法搜查公民的身体。

第三十八条 中华人民共和国公民的人格尊严不受侵犯。禁止用任何方法对公民进行侮辱、诽谤和诬告陷害。

【相关观点】

一、人身权利受法律保护

《民法总则（草案）》根据《宪法》第37条、第38条关于公民的人身自由和人格尊严不受侵犯的规定，并综合各方面意见，明确规定自然人的人身自由、人格尊严受法律保护（草案第99条）；草案还规定：自然人享有生命权、健康权、身体权、姓名权、肖像权、名誉权、荣誉权、隐私权、婚姻自主权等权利（草案第100条第1款）。草案同时规定法人、非法人组织享有名称权、名誉权、荣誉权等权利（草案第100条第2款）。

——2017年3月8日在第十二届全国人民代表大会第五次会议上，全国人民代表大会常务委员会副委员长李建国：《关于〈中华人民共和国民法总则（草案）〉的说明》，载新华网，最后访问时间：2017年3月9日。

二、人格尊严的内容

人格尊严在性质上与人格独立、人格自由并不相同。人格独立是人的客观地位，人格自由是人的主观状态。而人格尊严则是一种主观认识与客观评价的结合。

1. 人格尊严是一种人的观念。人格尊严是自然人、法人对自身价值的认识。这种认识基于自己的社会地位和自身价值，它来源于自身的本质属性，并表现为自己的观念认识。因而，人格尊严具有主观的因素。

2. 人格尊严具有客观的因素。这种客观的因素是他人、社会对特定主体

作为人的尊重。这种客观因素是一种对人的价值的评价,但与名誉这种社会评价不同,是对人的最起码的做人的资格的评价,评价的内容不是褒贬,而是对人的最起码的尊重,是把人真正作为一个人所应具有的尊重。因而无论人的各种属性、状态有何不同,但其尊严的评价却无任何不同之处。

3. 人格尊严是人的主观认识和客观评价的结合。人格尊严既包括自我认识的主观因素,也包括社会和他人评价的客观评价和尊重,这两种因素结合在一起,才构成完整的人格尊严。

——杨立新:《人身权法论》,人民法院出版社2006年版。

三、人身自由权的基本内容

人身自由权在性质上属于何种权利,存有三种不同学说。一是"政治权利说",认为人身自由权是《宪法》的概念,是自然人的政治权利,并非民事权利,不能由民法来调整;二是"一般人格权说",认为人身自由权是一般人格权,人身自由的内容包含各项权利,是一种集合性的权利;三是"具体人格权说",认为人身自由权是一种具体的人格权,是与名誉权、身体权等并列的具体人格权。此说为通说,也是世界各国民事立法的通例。

《宪法》规定了人身自由权的基本内容:公民的人身自由不受侵犯。任何公民,非经人民检察院批准或决定或者人民法院的决定,并由公安机关执行,不受逮捕。禁止非法拘禁或以其他方法非法剥夺或者限制公民的人身自由,禁止非法搜查公民的身体。《宪法》这一规定实际上确立了人身自由的宪法地位,使之成为基本权利体系的基础。基于当时的立法背景,我国《民法通则》在"民事权利"一章并未规定人身自由权。1995年1月1日起施行的《国家赔偿法》作出了明确规定。《消费者权益保护法》也作出了明确规定,该法第25条规定:经营者不得对消费者进行侮辱、诽谤,不得搜查消费者的身体及其携带的物品,不得侵犯消费者的人身自由。其第43条规定了相应的民事责任:侵害消费者的人格尊严或者侵犯消费者人身自由的,应当停止侵害、恢复名誉、消除影响、赔礼道歉,并赔偿损失。

最高人民法院《关于确定民事侵权精神损害赔偿责任若干问题的解释》第1条第1款第(3)项明确规定了人民法院应当受理自然人因"人身自由权"受到非法侵害而提起的民事诉讼。该司法解释将上述法律规定的立法精神发展到了普遍适用的范围,为当事人提供直接的司法保护。人民法院可以直接按照司法解释的规定作出判决,而不必类推单行法的规定。根据上述法律和司法解释规定,《规定》将"人身自由权纠纷"列为第三级案由。

——最高人民法院民事案件案由规定课题组:《最高人民法院民事案件案由规定理解与适用》,人民法院出版社2011年版。

四、人身自由权的具体内容

侵害自由权所侵害的客体,为人身自由权,包括公民身体自由权和公民精神自由权。我国《宪法》第 37 条规定："中华人民共和国公民的人身自由不受侵犯。"这里规定的人身自由权，即包含这两种具体的自由权。

（一）身体自由权

身体自由权也称作运动的自由权，是指公民按照自己的意志和利益，在法律规定的范围内作为和不作为的权利。身体自由权所包含的，是公民自由支配自己外在身体运动的权利。非法限制或剥夺公民的身体自由，即为侵权行为。如下文所提案例，就是法人以非法强制治疗的方法，限制受害人的身体自由。这是因为身体自由为公民的基本民事权利，一经非法剥夺和限制，即属侵害他人行动的自由，自应负侵权责任。

（二）精神自由权

精神自由权，也称作决定意思的自由。在现代社会，公民按照自己的意志和利益从事正当的思维活动，观察社会现象，是进行正确的民事活动的前提，法律应当予以保障。因而，精神自由权是公民按照自己的意志和利益，在法律规定的范围内，自主思维的权利，是公民自由支配自己内在思维活动的权利。非法限制、妨碍公民的精神自由，即为侵权行为。

对此，《民法通则意见》第 149 条规定："盗用、假冒他人名义，以函、电等方式进行欺骗或者愚弄他人，并使其财产、名誉受到损害的，侵权人应当承担民事责任。"这一司法解释所述情形，正是以诈欺方法侵害他人意志自由权。但是，该司法解释在立法思想上，是将其作为侵害名誉权来对待的。按照客观解释原则，实质上指的是侵害公民意志自由权。何孝元先生指出：诈欺者，乃故意以使人陷于错误为目的之行为也。诈欺之成立，须诈欺人有虚构事实之行为。诈欺乃故意侵害观念纯正之行为。因此，只需有使被诈欺人陷于错误之故意、胁迫者，乃故意以不当之目的或手段，预告祸害，使人心生恐怖之行为也。各国立法对于诈欺胁迫，虽无明文规定为侵权行为，然通说则承认之，认为诈欺胁迫均系侵害自由权，盖其所侵害者，乃被害人之精神的自由故也。可见，确认此种行为为侵害精神自由权，是有充分根据的。

——杨立新：《人身权法论》，人民法院出版社 2006 年版。

五、审判实践中应注意的问题

本条是对人格权具有基本指导意义的规定，但在明确了一般人格权的具体内容后，还需要进一步明确的是，哪些基本权利遭受侵害后可以通过一般人格权条文主张权利。我们认为，在本法已经明确人格权包含的诸多权利的基础上，如果尚无其他法律可以援引，在发生侵害人身自由和人格尊严的情形时，可以考虑援引本条规定，保护自然人的基本权利免受侵害。虽然在司法实践中运用较少，但仍要注意该条作为统领人格权下属各条文的重要性。该条文是总括性、包容性条文，在案件审理过程中，尤其是法律解释过程中，注意相关人格权法律条文使用和解释时是否与该条文一致。尤其是侵权类案件中，如果相关侵权行为没有具体条文可以适用，为了发挥一般性人格权条文的补充功能，人民法院法院可以参照适用本条，据此直接作出侵害自然人人身自由和人格尊严的行为为侵权行为，保护自然人的一般人格权。

——沈德咏主编：《〈中华人民共和国民法总则〉条文理解与适用》，人民法院出版社 2017 年版。

【相关文献】

1. 邓洪：《浅析宪法赋予我国公民"人身自由"的基本内容》，载《政法学刊》2002 年第 1 期。

2. 王学章：《针对我国人格权民法保护的相关研究》，载《楚天法治》2015 年第 3 期。

3. 李适时：《民法总则是确立并完善民事基本制度的基本法律》，载中国人大网，最后访问时间：2017 年 4 月 14 日。

【相关案例】

1. 人格尊严应当受到尊重和保护，否则构成侵害一般人格权

——江苏省泗阳县来安初级中学与董瑞等侵权纠纷上诉案

案例要旨：学生人格尊严应当受到教师的尊重和保护。教师以学生生理缺陷称呼学生，导致学生发生精神疾病，应根据教师言行对学生发生精神疾病原因力的大小、教师的过错程度来确定学校应承担的损害赔偿责任和精神抚慰金数额。

案号：（2009）宿中民一终字第 1081 号

审理法院：江苏省宿迁市中级人民法院

来源：《人民司法·案例》2010 年第 8 期

2. 无正当理由的差别对待，构成对人格尊严的侵害

——陈钢与康泰公司、新加坡航空公司侵犯人格权益纠纷上诉案

案例要旨：航空公司只收取特定乘客的证件，并未收取一同乘机的其他乘客的机票、护照等证件，而其收取行为又缺乏正当性与合法性，这种差别对待特定乘客的行为存在歧视性，构成对人格尊严的侵害。

案号：（2005）粤高法民四终字第 318 号

审理法院：广东省高级人民法院

来源：《人民司法·案例》2007 年第 16 期

第一百一十条 自然人、法人、非法人组织的人格权

自然人享有生命权、身体权、健康权、姓名权、肖像权、名誉权、荣誉权、隐私权、婚姻自主权等权利。

法人、非法人组织享有名称权、名誉权、荣誉权等权利。

【新旧法条对比】

《中华人民共和国民法通则》

第九十八条　公民享有生命健康权。

第九十九条　公民享有姓名权，有权决定、使用和依照规定改变自己的姓名，禁止他人干涉、盗用、假冒。

法人、个体工商户、个人合伙享有名称权。企业法人、个体工商户、个人合伙有权使用、依法转让自己的名称。

第一百条　公民享有肖像权，未经本人同意，不得以营利为目的使用公民的肖像。

第一百零一条　公民、法人享有名誉权，公民的人格尊严受法律保护，禁止用侮辱、诽谤等方式损害公民、法人的名誉。

第一百零二条　公民、法人享有荣誉权，禁止非法剥夺公民、法人的荣誉称号。

第一百零三条　公民享有婚姻自主权，禁止买卖、包办婚姻和其他干涉婚姻自由的行为。

【相关规定】

1.《最高人民法院关于贯彻执行〈中华人民共和国民法通则〉若干问题的意见（试行）》

第一百四十条　以书面、口头等形式宣扬他人的隐私，或者捏造事实公然丑化他人人格，以及用侮辱、诽谤等方式损害他人名誉，造成一定影响的，应当认定为侵害公民名誉权的行为。

以书面、口头等形式诋毁、诽谤法人名誉，给法人造成损害的，应当认定为侵害法人名誉权的行为。

第一百四十一条　盗用、假冒他人姓名、名称造成损害的，应当认定为侵犯姓名权、名称权的行为。

第一百四十二条　以营利为目的，未经公民同意利用其肖像做广告、商标、装饰橱窗等，应当认定为侵犯公民肖像权的行为。

2. 《中华人民共和国侵权责任法》

第二条 侵害民事权益，应当依照本法承担侵权责任。

本法所称民事权益，包括生命权、健康权、姓名权、名誉权、荣誉权、肖像权、隐私权、婚姻自主权、监护权、所有权、用益物权、担保物权、著作权、专利权、商标专用权、发现权、股权、继承权等人身、财产权益。

第六十二条 医疗机构及其医务人员应当对患者的隐私保密。泄露患者隐私或者未经患者同意公开其病历资料，造成患者损害的，应当承担侵权责任。

3. 《中华人民共和国婚姻法》

第五条 结婚必须男女双方完全自愿，不许任何一方对他方加以强迫或任何第三者加以干涉。

第十四条 夫妻双方都有各用自己姓名的权利。

第二十二条 子女可以随父姓，可以随母姓。

第三十一条 男女双方自愿离婚的，准予离婚。双方必须到婚姻登记机关申请离婚。婚姻登记机关查明双方确实是自愿并对子女和财产问题已有适当处理时，发给离婚证。

4. 《全国人大常委会关于〈中华人民共和国民法通则〉第九十九条第一款、〈中华人民共和国婚姻法〉第二十二条的解释》

最高人民法院向全国人民代表大会常务委员会提出，为使人民法院正确理解和适用法律，请求对民法通则第九十九条第一款"公民享有姓名权，有权决定、使用和依照规定改变自己的姓名"和婚姻法第二十二条"子女可以随父姓，可以随母姓"的规定作法律解释，明确公民在父姓和母姓之外选取姓氏如何适用法律。

全国人民代表大会常务委员会讨论了上述规定的含义，认为：公民依法享有姓名权。公民行使姓名权属于民事活动，既应当依照民法通则第九十九条第一款和婚姻法第二十二条的规定，还应当遵守民法通则第七条的规定，即应当尊重社会公德，不得损害社会公共利益。在中华传统文化中，"姓名"中的"姓"，即姓氏，体现着血缘传承、伦理秩序和文化传统，公民选取姓氏涉及公序良俗。公民原则上随父姓或者母姓符合中华传统文化和伦理观念，符合绝大多数公民的意愿和实际做法。同时，考虑到社会实际情况，公民有正当理由的也可以选取其他姓氏。基于此，对民法通则第九十九条第一款、婚姻法第二十二条解释如下：

公民依法享有姓名权。公民行使姓名权，还应当尊重社会公德，不得损害社会公共利益。

公民原则上应当随父姓或者母姓。有下列情形之一的，可以在父姓和母姓之外选取姓氏：

（一）选取其他直系长辈血亲的姓氏；

（二）因由法定扶养人以外的人扶养而选取扶养人姓氏；

（三）有不违反公序良俗的其他正当理由。

少数民族公民的姓氏可以从本民族的文化传统和风俗习惯。

5.《最高人民法院关于确定民事侵权精神损害赔偿责任若干问题的解释》

第一条 自然人因下列人格权利遭受非法侵害，向人民法院起诉请求赔偿精神损害的，人民法院应当依法予以受理：

（一）生命权、健康权、身体权；

（二）姓名权、肖像权、名誉权、荣誉权；

（三）人格尊严权、人身自由权。

违反社会公共利益、社会公德侵害他人隐私或者其他人格利益，受害人以侵权为由向人民法院起诉请求赔偿精神损害的，人民法院应当依法予以受理。

6.《中华人民共和国妇女权益保障法》

第三十七条 妇女的人身自由不受侵犯。禁止非法拘禁和以其他非法手段剥夺或者限制妇女的人身自由；禁止非法搜查妇女的身体。

第四十二条 妇女的名誉权、荣誉权、隐私权、肖像权等人格权受法律保护。

禁止用侮辱、诽谤等方式损害妇女的人格尊严。禁止通过大众传播媒介或者其他方式贬低损害妇女人格。未经本人同意，不得以营利为目的，通过广告、商标、展览橱窗、报纸、期刊、图书、音像制品、电子出版物、网络等形式使用妇女肖像。

第四十四条 国家保护妇女的婚姻自主权。禁止干涉妇女的结婚、离婚自由。

7.《最高人民法院关于审理名誉权案件若干问题的解释》

1993年我院印发《关于审理名誉权案件若干问题的解答》以来，各地人民法院在审理名誉权案件中，又提出一些如何适用法律的问题，现解释如下：

一、问：名誉权案件如何确定侵权结果发生地？

答：人民法院受理这类案件时，受侵权的公民、法人和其他组织的住所地，可以认定为侵权结果发生地。

二、问：有关机关和组织编印的仅供领导部门内部参阅的刊物、资料等刊登来信或者文章引起的名誉权纠纷，以及机关、社会团体、学术机构、企事业单位分发本单位、本系统或者其他一定范围内的一般内部刊物和内部资料所载内容引起的名誉权纠纷，人民法院是否受理？

答：有关机关和组织编印的仅供领导部门内部参阅的刊物、资料等刊登的来信或者文章，当事人以其内容侵害名誉权向人民法院提起诉讼的，人民法院不予受理。

机关、社会团体、学术机构、企事业单位分发本单位、本系统或者其他一定范围内的内部刊物和内部资料，所载内容引起名誉权纠纷的，人民法院应当受理。

三、问：新闻媒介和出版机构转载作品引起的名誉纠纷，人民法院是否受理？

答：新闻媒介和出版机构转载作品，当事人以转载者侵害其名誉权向人民法院提起诉讼的，人民法院应当受理。

四、问：国家机关、社会团体、企事业单位等部门依职权对其管理的人员作出的结论引起的名誉权纠纷，人民法院是否受理？

答：国家机关、社会团体、企事业单位等部门对其管理的人员作出的结论或者处理决定，当事人以其侵害名誉权向人民法院提起诉讼的，人民法院不予受理。

五、问：因检举、控告引起的名誉权纠纷，人民法院是否受理？

答：公民依法向有关部门检举、控告他人的违法违纪行为，他人以检举、控告侵害其名誉权向人民法院提起诉讼的，人民法院不予受理。如果借检举、控告之名侮辱、诽谤他人，造成他人名誉损害，当事人以其名誉权受到侵害向人民法院提起诉讼的，人民法院应当受理。

六、问：新闻单位报道国家机关的公开的文书和职权行为引起的名誉权纠纷，是否认定为构成侵权？

答：新闻单位根据国家机关依职权制作的公开的文书和实施的公开的职权行为所作的报道，其报道客观准确的，不应当认定为侵害他人名誉权；其报道失实，或者前述文书和职权行为已公开纠正而拒绝更正报道，致使他人名誉受到损害的，应当认定为侵害他人名誉权。

七、问：因提供新闻材料引起的名誉权纠纷，如何认定是否构成侵权？

答：因提供新闻材料引起的名誉权纠纷，认定是否构成侵权，应区分以下两种情况：

（一）主动提供新闻材料，致使他人名誉受到损害的，应当认定为侵害他人名誉权。

（二）因被动采访而提供新闻材料，且未经提供者同意公开，新闻单位擅自发表，致使他人名誉受到损害的，对提供者一般不应当认定为侵害名誉权；虽系被动提供新闻材料，但发表时得到提供者同意或者默许，致使他人名誉受到损害的，应当认定为侵害名誉权。

八、问：因医疗卫生单位公开患者患有淋病、梅毒、麻风病、艾滋病等病情引起的名誉权纠纷，如何认定是否构成侵权？

答：医疗卫生单位的工作人员擅自公开患者患有淋病、麻风病、梅毒、艾滋病等病情，致使患者名誉受到损害的，应当认定为侵害患者名誉权。

医疗卫生单位向患者或其家属通报病情，不应当认定为侵害患者名誉权。

九、问：对产品质量、服务质量进行批评、评论引起的名誉权纠纷，如何认定是否构成侵权？

答：消费者对生产者、经营者、销售者的产品质量或者服务质量进行批评、评论，不应当认定为侵害他人名誉权。但借机诽谤、诋毁，损害其名誉的，应当认定为侵害名誉权。

新闻单位对生产者、经营者、销售者的产品质量或者服务质量进行批评、评论，内容基本属实，没有侮辱内容的，不应当认定为侵害其名誉权；主要内容失实，损害其名誉的，应当认定为侵害名誉权。

十、问：因名誉权受到侵害使生产、经营、销售遭受损失予以赔偿的范围和数额如何确定？

答：因名誉权受到侵害使生产、经营、销售遭受损失予以赔偿的范围和数额，可以按照确因侵权而造成客户退货、解除合同等损失程度来适当确定。

十一、问：名誉权纠纷与其他民事纠纷交织在一起的，人民法院应如何审理？

答：名誉权纠纷与其他民事纠纷交织在一起的，人民法院应当按当事人自己选择的请求予以审理。发生适用数种请求的，人民法院应当根据《中华人民共和国民事诉讼法》的有关规定和案件的实际情况，可以合并审理的合并审理；不能合并审理的，可以告知当事人另行起诉。

8.《中华人民共和国精神卫生法》

第二十三条　心理咨询人员应当提高业务素质，遵守执业规范，为社会公众提供专业化的心理咨询服务。

心理咨询人员不得从事心理治疗或者精神障碍的诊断、治疗。

心理咨询人员发现接受咨询的人员可能患有精神障碍的，应当建议其到符合本法规定的医疗机构就诊。

心理咨询人员应当尊重接受咨询人员的隐私，并为其保守秘密。

9.《中华人民共和国律师法》

第三十八条　律师应当保守在执业活动中知悉的国家秘密、商业秘密，不得泄露当事人的隐私。

律师对在执业活动中知悉的委托人和其他人不愿泄露的有关情况和信息，应当予以保密。但是，委托人或者其他人准备或者正在实施危害国家安全、公共安全以及严重危害他人人身安全的犯罪事实和信息除外。

10. 《中华人民共和国未成年人保护法》

第十五条 父母或者其他监护人不得允许或者迫使未成年人结婚,不得为未成年人订立婚约。

第三十九条 任何组织或者个人不得披露未成年人的个人隐私。

对未成年人的信件、日记、电子邮件,任何组织或者个人不得隐匿、毁弃;除因追查犯罪的需要,由公安机关或者人民检察院依法进行检查,或者对无行为能力的未成年人的信件、日记、电子邮件由其父母或者其他监护人代为开拆、查阅外,任何组织或者个人不得开拆、查阅。

11. 《中华人民共和国治安管理处罚法》

第八十条 公安机关及其人民警察在办理治安案件时,对涉及的国家秘密、商业秘密或者个人隐私,应当予以保密。

12. 《全国人大常委会关于加强网络信息保护的决定》

八、公民发现泄露个人身份、散布个人隐私等侵害其合法权益的网络信息,或者受到商业性电子信息侵扰的,有权要求网络服务提供者删除有关信息或者采取其他必要措施予以制止。

13. 《中华人民共和国老年人权益保障法》

第二十一条 老年人的婚姻自由受法律保护。子女或者其他亲属不得干涉老年人离婚、再婚及婚后的生活。

赡养人的赡养义务不因老年人的婚姻关系变化而消除。

14. 《民政部办公厅关于印发〈婚姻登记管理人员守则〉的通知》

各省、自治区、直辖市民政厅(局),各计划单列市民政局:

为加强婚姻登记管理,提高婚姻登记管理人员素质,保证婚姻登记依法办事,特制定《婚姻登记管理人员守则》。现印发给你们,望遵照执行。

附:婚姻登记管理人员守则

一、坚持四项基本原则,拥护党的方针、政策,努力学习马列主义、毛泽东思想,不断提高政治素质。

二、认真学习婚姻法律、法规及政策,钻研业务,熟悉掌握婚姻登记管理知识,做到情况明、统计数字准确,不断提高业务素质。

三、坚持原则,严格依法办理婚姻登记,清正廉明、秉公办事,不收礼不受请,不徇私情,不弄虚作假,不刁难群众,不违法办理登记。

四、积极宣传婚姻法律,做好结婚当事人的晚婚晚育、婚事新办的宣传教育工作。

五、积极防治违法婚姻,保障公民婚姻自主,保护妇女儿童的合法权益。

六、努力探索婚俗改革,积极开展婚姻教育和婚姻系列服务,指导群众健康、文明办婚事。

七、认真填写各种婚姻文书，做到整洁、规范、无遗漏项目，及时整理婚姻档案并按要求立卷、保管和使用。

八、树立全心全意为人民服务的思想，热爱本职工作，忠于职守，文明礼貌，讲究职业道德。

九、严格执行婚姻登记收费标准和经费管理的规定，自觉抵制各种不正之风和借婚姻登记搭车收费等现象。

十、严格遵守国家保密规定，做好婚姻管理方面的保密工作。

15.《中华人民共和国消费者权益保护法》

第二十七条 经营者不得对消费者进行侮辱、诽谤，不得搜查消费者的身体及其携带的物品，不得侵犯消费者的人身自由。

【相关观点】

一、条文概述与解读

民法在本质上是权利法，民事主体的民事权利是民法所要保护的重点。人格权是民事主体的法定权利，是民法将各种人格利益类型化的确认。无论是自然人还是法人，抑或非法人组织，天然拥有存在的基本人格权，这些人格权伴随这些民事主体产生、发展和消亡。这些人格权不仅包含物质性的权利，还包含精神性的权利。

——沈德咏主编：《〈中华人民共和国民法总则〉条文理解与适用》，人民法院出版社2017年版。

二、生命权的内容及法律特征

生命权是以公民的生命安全利益为内容的人格权。生命是人之所以成为人并进而成为法律主体的根本，生命安全是公民从事民事活动和其他一切活动的物质前提和基本要求。因此，法律赋予公民以生命权，任何机关、单位和个人不得非法剥夺他人的生命。

生命权是公民享有其他人身权的前提和基础，也是公民行使其他民事权利的基础。生命权因公民出生而取得，死亡而丧失，与权利人之生命相始终。生命权具有如下法律特征：第一，生命权的客体为公民的生命安全，只能为公民所独享；第二，生命权以维护人的生命活动延续与排除非法侵害为其基本内容；第三，生命权保护的对象是人的生命活动能力；第四，生命权一旦遭受侵害，很难得到有效救济，同质救济尤为不可能。因此，生命权具有救济不充分的特点。

——唐德华、高圣平主编：《民法通则及配套规定新释新解（下）》，人民法院出版社2003年版。

三、身体权的内容及法律特征

身体权是以公民保持其身体组织器官的完整性为内容的人格权。将身体权作为一种独立的人格权,是世界上很多国家的立法例。《德国民法典》第823条,将身体权规定为与生命权、健康权、自由权等人格权相并列的一种人格权。英美法上的"人身伤害"就是指"侵权行为中,人的身体所遭受的伤害,如断肢等"。本法虽未将身体权单列为一项人格权,但绝大多数学者认为,虽然本法仅规定有"生命""健康"而无"身体",但从立法意图来看,这里的健康实际上包括了身体权和健康权两项权利,而且从司法实践看,对身体权的重视程度远甚于对健康权的重视程度。因此,身体权和健康权应作为并列的两种人格权,应在立法中完善对公民身体权的保护。仅从学理和司法解释中扩大对健康权概念的解释,将身体权纳于其内,势必引起逻辑上的混乱,也不利于立法的发展和完善。

身体权与生命权既相互联系,又有严格区别。生命是公民身体的活动能力,只有在具有生命的前提下,公民的身体才成其为身体,没有生命的躯体称为尸体;而身体则是生命的物质载体,没有身体,生命也就无法存在。因此,身体权与生命权有着极为密切的联系。但二者又是两项彼此独立的权利。身体权因创伤而受到侵害,生命权因死亡而受到侵害,两种权利界限分明,不可混淆。

身体权不应也不能包括在健康权内。身体是指公民的躯体构造,健康则指生理机能的完整和心理的持续、稳定的良好状态。对身体的侵害一般是外部的,如肢体的残缺;对健康的侵害则表现为对身体的内部机能和正常心理状态的侵害,如违反《食品卫生法》规定,出售变质食品造成对公民生理机能的损害,再如以恐吓手段造成公民心理健康的损害等。侵犯公民身体权的,不一定侵犯健康权,如非法剪人头发;侵犯健康权的,也不一定侵犯身体权,如致人患病。因此,身体权与健康权的区别是很明显的,不能将身体权视为健康权的一种。

身体权具有三个法律特征:第一,身体权以公民之身体为客体,身体是指公民的躯体,包括脏器、体液、四肢、五官及毛发、指甲等。公民之身体不是精神的而是肉体的,是肉体的整个构成附属于身体的所有部分。假肢、假牙等已构成肢体不可分离的一部分的,亦应属于身体,但可以自由装卸的则不属于身体。第二,身体权以维护公民身体完整性为基本内容。人体各组成部分完整地运转,是维持生命和安全的前提,不允许肢体残缺、器官丢失等情况发生。任何人非法破坏公民身体的完整性,就构成对公民身体权的损害。第三,身体权也是本人对自己身体部分的肢体、器官和其他组织的支配权。如器官移植、义务输血等。即是在合法条件下由本人对自己身体的表意支配。对于公民身体的器官、组织的支配权,只有公民本人才享有,任何其他人都无权决定其转让。如果他人违反本人意志,强行支配使用公民身体的组成部分,即侵害了公民对其身体组成部分的支配权。

总之，生命健康权是公民最基本、最重要的权利，保护生命权、身体权、健康权是民法和刑法等法律部门共同的任务。对非法侵害生命健康权的行为构成犯罪的，应追究刑事责任及附带的民事责任，对不构成犯罪的，行为人也要负民事责任。

——唐德华、高圣平主编：《民法通则及配套规定新释新解（下）》，人民法院出版社2003年版。

四、健康权的内容及法律特征

健康权包括生理健康和心理健康权两项具体的人格权利。生理健康权是指公民对其身体的生理机能的健康所享有的权利。侵害他人生理健康，是指使他人身体内部的生理机能受到损坏，如发生强烈震撼的噪音致他人耳鼓膜破裂而导致耳聋，故意或过失致使他人感染传染病等。心理健康权则是指公民以维护其心理状态的健康所享有的权利。侵害他人心理健康权，如毁损他人名誉、辱骂、恐吓、误传亲人噩耗等，可致使他人蒙受精神上的痛苦，或造成他人神经衰弱等等，必然受到法律的制裁。

健康权的法律特征是：第一，健康权以人体的生理、心理机能正常运作和功能的正常发挥为具体内容，且仅为公民独享；第二，健康权以维护人体的正常活动为根本利益；第三，健康权保护的是公民身体功能的正常发挥，使其运动自主。我国民法学界在较长时期里对健康权往往仅从生理方面加以解释，认为健康权是公民以保护身体各器官、机能的安全为内容的权利，只包括身体外部的四肢、五官等，也包括身体内部的肝脏、器官等。而在现代立法中确认心理健康权并予以充分保护，符合现代世界健康标准和国际法的要求，符合现代科学的健康观念，也是我国司法实践的迫切要求。现代世界和国际法上健康标准包含了生理健康和心理健康两方面，1978年国际初级卫生保健大会发表的《阿拉木图宣言》中申明："健康不仅是疾病和体弱的匿迹，而是身心健康、社会幸福的完美状态。"同时，当代系统论、信息论、控制论以及心理学、心理医学等学科的研究成果已经揭示出心理活动和生理活动相互联系、相互影响的统一性特征。即生理健康是心理健康的基础，心理健康是生理健康的必要条件，只有生理健康而没有心理健康，不是真正的健康。我国民法学界在本法颁布以来，日益认识到精神损害赔偿的重要性，并就精神赔偿问题展开了热烈的讨论，很多学者认为应扩大精神损害赔偿的范围，但未将精神损害扩展到对心理健康权的损害。而精神损害是侵权行为直接作用于被害人的视觉、听觉和其他感觉、知觉体验，通过被害人的大脑的心理过程产生的。精神损害作为一种损害的形式，表明其某种侵权行为造成了精神上的痛苦、忧郁、悲伤等损害结果，但并不能揭示这种精神上的损害后果究竟是侵犯了何种权利所造成的。心理健康的损害不应是侵犯其他权利的后果，而应是一种独立的侵权行为。如果不将心理健康权作为健康权的一种加以保护，势必会陷入不断扩大精神损害赔偿范围，却又无法弄清这种精神损害究竟缘于侵犯了何种权利的困惑之中。

——唐德华、高圣平主编：《民法通则及配套规定新释新解（下）》，人民法院出版社2003年版。

五、姓名权的内容及法律特征

公民的姓名权是公民依法享有的决定、使用和变更自己姓名，并要求他人尊重其姓名的权利。

姓名的法律意义在于：第一，直接表明公民为独立的权利主体，依法参加各种活动，是民事权利的享有者和民事义务与民事责任的承担者；第二，显示不同民事主体的公民间的区别，使其从社会群体中特定化，明确权利与义务的归属，有利于社会经济的稳定和民事活动的有序进行；第三，它是特定公民之间具有亲属关系的一种标识，即它是确定亲属关系的标识之一，从而保障由此而产生的各种民事权利。

公民姓名权的内容主要包括：

1. 命名权。即公民有权决定自己的姓名。依照我国有关规定，公民出生后，由父母或亲属确定其姓名并在户籍机关登记，弃婴则由收养人或育婴机关向户口登记机关申请登记，但公民在成年后，有权自行决定其姓名，只要合乎有关规定，不是滥用姓名权，就可以改变自己的姓名，任何人无权干涉。

2. 使用权。即每个公民都有权使用其姓名从事各种活动，并可以允许他人使用自己的姓名从事活动。凡是规定使用本名（又称真名，即在户籍管理机关登记入册并公开使用的名字）的，公民应以本名为其姓名；如使用别名，应一并表明其本名。姓名具有强烈的人身依附性，它的使用权是排他的。这种排他性表现在，未经权利人的事先同意，任何人无权非法使用他人姓名。不过权利人可以同意其他人在一定的场合使用自己的姓名。

3. 变更权。即公民享有改变更动自己姓名的权利。公民姓名一旦决定，并非不可改变。公民无论何种原因，只要符合规定，向户籍管理部门提出申请，办理改名手续，即可改变自己的姓名。变更本名之外的姓名可以自行决定，不需办理法定的改名手续。

侵害姓名权的行为，一般有以下特征：一是加害行为以某种作为方式表现出来，不作为不能构成对姓名权的侵害；二是加害人在主观上一般是故意的。因为公民之间的同姓同名情况颇多，已成为被人们普遍接受的客观事实，如果重名人主观上没有侵权的故意，那么就不构成侵犯姓名权。

侵犯姓名权的方式，在实践中主要有三种：一是干涉他人决定、使用和变更姓名，如养父母要求养子女改变姓氏；强迫和自己同名的人改名等；二是盗用他人姓名，这是指未经他人同意或授权，擅自以他人的名义实施有害于他人和社会的行为。三是假冒他人姓名，也就是通常所说的冒名顶替。

——唐德华、高圣平主编：《民法通则及配套规定新释新解（下）》，人民法院出版社2003年版。

六、名称权的内容及法律特征

法人的名称权是指法人依法享有的决定、使用、变更或转让自己的名称，并不受他人侵犯的一项人格权。

法人的名称是法人成立登记必须具备的条件之一，也是它作为民事主体而存在的重要条件。每个法人各自有自己的名称，这使它一方面与公民相区别，一方面与其他法人相区别。法人的名称通常应反映其营业性质、业务活动范围、隶属关系等，且只能使用一个名称。

个体工商户、个人合伙近年来被看做是特殊民事主体和第三民事主体，法律规定它们可以起字号。这里所说的字号，从其性质、用途和民事立法的针对性来看，实际上相当于法人的名称。

根据我国有关法律、法规的规定，法人的名称权要受到一定限制，这与公民的姓名权略有不同：

1. 企业法人、个体工商户、个人合伙的名称，必须向工商行政管理部门申报登记，经批准方得使用；公民的姓名不需审批，只要向户籍机关登记即可，这种登记也并非公民享有姓名权的要件。

2. 法人、个体工商户和个人合伙只准登记、使用一个名称；公民的本名虽只有一个，但还可以使用乳名、艺名、笔名等。

3. 在同一县、市的境内，对同行业的工商企业、个体工商户、个人合伙只准登记注册一个名称，不得使用他人已登记注册的名称；公民就没有这种限制，同名同姓一般情况下是完全可以的。

4. 法人、个体工商户和个人合伙在改变名称时，必须按有关规定，经其主管部门批准并向县、市工商行政管理部门办理变更登记手续；公民变更本名，也需履行法定手续，但不必经批准，变更其他的姓名，如笔名等，则没有任何限制。

法人的名称权还有一点与公民的姓名权不同，即由于企业法人、个体工商户、个人合伙等民事主体都是商品生产者、经营者，其名称本身又具有一定的财产性，故其对名称有依法转让的登记注册，最终通过设定债权的方式得以完成。转让名称权，是人身权不能转让的一个例外，也是法人名称权与公民姓名权区别的显著表现。

侵害名称权的构成，同侵害他人姓名权的构成一样。侵害名称权的行为主要有：剥夺他人的名称或禁止他人享有某一合法名称；破坏他人的排他性使用权而非法使用与他人名称相同的名称；非法禁止或限制他人部分或全部转让名称的使用，或接受使用转让后不支付相应的费用；非法干涉或限制他人起名、改名；干涉、盗用、假冒、歪曲使用、侮辱使用他人名称等。

侵害他人名称权,直接侵害的是当事人的人身权,但由于当事人多为营利性的企业法人、个体工商户、个人合伙,其名称受到侵害,往往导致财产上的损失。因此,加害人必须赔偿由此而产生的经济损失。

——唐德华、高圣平主编:《民法通则及配套规定新释新解(下)》,人民法院出版社2003年版。

七、肖像权的概念及法律特征

肖像权是指公民对于自己的肖像在制作和使用上所享有的专属和排他的权利。肖像是公民真实形象的艺术再现物。在社会交往中,肖像可以成为公民的形象标志,正如姓名是公民的文字标志一样。同时,肖像的使用与公民的人格尊严密切相关,因此,肖像权也是一种重要的人格权。

笔者认为,肖像是指公民个人形象通过照相、摄影、雕塑等各种形式在客观上的再现,它反映肖像权的真实形象和特征,与公民的人格不可分离。作为法律上的概念,肖像具有如下特点:

1. 肖像是肖像人外部形象的客观反映,具有客观性。

2. 肖像必须通过造型艺术手段反映人的外部形象。只要能够真实地反映肖像人的形象,不论采用哪一种造型艺术形式,比如绘画、雕塑、摄影、录像等,都应视为法律意义上的肖像。

3. 肖像必须以反映人的外部形象为主题。所谓主题,就是艺术作品所要反映的中心内容。肖像作品虽然不排除采用一定的背景(包括自然景观或道具)作陪衬,但必须以表现特定人物形象作为画面的中心内容。

4. 肖像具有社会学上的价值和美学上的价值。肖像的社会学上的价值是指肖像可以在社会上被传播、利用,并产生一定的社会影响;肖像的美学上的价值是指肖像具有审美价值,可供人收藏、鉴赏,给人以美的视觉和心理感觉。肖像的这两方面价值构成了肖像的人格利益。一方面,肖像作为一种人格标识,可以在复杂的社会关系中把肖像人和其他人区别开来,同时还在一定程度上体现着肖像权人的人格尊严;另一方面,对肖像的利用可以带来一定的财产利益。

因此,只要符合以上几个法律特征,能够真实地反映公民的主要生理特征,使之区别于其他人,就可以认定这种真实形象属于该公民的肖像。肖像虽然是公民自身真实形象的再现,但并不是说必须是对其形象一点也无改动地再现。由此看来,笔者认为,虽然漫画是将人的主要生理特征加以艺术夸张,但漫画所保留的五官特征仍能让公众识别出这是特定的某人,那么该漫画就应属于某人的肖像,推而广之,绘画、雕塑都是如此。

——唐德华、高圣平主编:《民法通则及配套规定新释新解(下)》,人民法院出版社2003年版。

八、肖像权的内容及合理使用行为

1. 制作专有权。这一权利是指公民有权根据自己的合法需要，通过任何形式制作自己的肖像，他人不得干涉，并且公民有权禁止他人非法制作自己的肖像。

2. 使用专有权。肖像不仅对肖像人本人有可利用的价值，对其他人乃至社会也同样具有可利用的价值，但享有使用专有权的只能是肖像人本人。使用专有权包括三个方面的内容：一是公民有权以任何方式使用自己的肖像，并通过使用取得精神上的满足和财产上的收益，他人不得干涉；二是公民有权禁止他人非法使用自己的肖像；三是公民有权无偿或者有偿地允许他人使用自己的肖像。

公民享有肖像权并不意味着任何未经授权制作和使用公民肖像的行为都是侵犯公民肖像权的行为。如果是为了国家利益和社会公共利益或为了公民自身利益而必须制作或使用公民肖像的，那么虽未经本人同意，也不属于侵犯肖像权。这属于法律允许的合理使用行为（因为要使用肖像应该先有肖像的制作，所以使用的合理性决定了制作的合理性，制作的合理性为使用的合理性所吸收，所以统称为合理使用），是对肖像权的一种法律上的限制。目前，我国立法中尚无合理使用他人肖像的明确规定，根据世界各国的立法通则和我国民事立法的原则，下述行为属于合理使用行为：（1）为司法目的而强制制作和使用公民肖像的行为；（2）为了国家利益和社会公共利益而对公民肖像的有限使用；（3）对公众人物肖像的合理使用；（4）对公开场合或公众关注的事件中的人的肖像的合理使用；（5）基于肖像作品著作权的使用；（6）为维护肖像权人自身利益的使用。

——唐德华、高圣平主编：《民法通则及配套规定新释新解（下）》，人民法院出版社2003年版。

九、名誉权的概念和特征

名誉权是公民和法人对自己在社会生活中所获得的社会评价即自己的名誉，依法所享有的不可侵犯的权利。根据本法的规定，名誉权主要包括公民的名誉权和法人的名誉权两种。

名誉权具有各类人格权所共有的法定性、人身专有性和与财产相关联的特征。当然，名誉权所具有的这些特征与其他权利相比似有一些区别。如名誉权的专属性很强，民事主体在生存和存续期间都应享有名誉权；法人的名誉权与法人组织不可分离，不可能像名称权那样可以转让。因此，名誉权还是具有其本身的特殊性，表现出与其他权利不同的特征。

（一）名誉权的主体是特定公民和法人

名誉权可以是公民享有，也可以是法人所享有，但不管是公民还是法人享有，权利主体总是特定的公民和法人。

享有名誉权的主体虽然既可以是公民,也可以是法人,两类主体所享有的名誉权有许多共同之处,但是,公民的名誉权和法人的名誉权,二者之间仍然存在不少区别。具体表现在:(1)名誉的内容不同。公民的名誉主要是对公民的能力、品行、作风、思想、才干等方面的社会评价;而法人的名誉则是对法人的商业信用、资产经营活动、成果等方面的评价。法人的名誉是在其整个活动过程中逐渐形成的,反映了社会对它全部活动的总评价。(2)侵害名誉权的方式不同。对公民的名誉权的侵害主要采用侮辱、诽谤等方式,其中侮辱既包括以暴力方式贬低他人人格(如强迫他人从其胯下爬过等),也包括以语言文字的方式贬低他人。而侮辱诽谤的方式也主要是针对公民性格、品德、思想等人格内容。而对法人名誉权的侵害一般不会出现暴力侮辱等只能作用于公民的侵害方式。由于法人并无性格、品德等公民的属性,因此侵害行为也不可能针对这方面的内容。对法人名誉权的侵害通常采用的方式是捏造、散布虚假事实,损害竞争对手的商业信誉、商品声誉,或者在大众传播媒体上发表的作品因内容不实或评论失当而损害法人名誉等。侵害法人名誉的行为有可能因违反反不正当竞争法的规定,而构成不正当竞争行为,并依反不正当竞争法的规定,承担相应责任。如《反不正当竞争法》第14条规定:"经营者不得捏造、散布虚伪事实,损害竞争对手的商业信誉、商品声誉。"否则,将构成不正当竞争行为,受到法律制裁。(3)法人的名誉权与公民的名誉权相比,与财产权的联系更为密切,权利本身的财产性更为明显。对法人而言,好的名誉本身就是一笔财产,能够为其产品打开销路,为交易带来伙伴,从而使其具有很强的竞争力。法人名誉一旦受到损害,必然给其经营活动造成重大损失。因此,侵害法人名誉权的后果主要是财产损失而非精神损失,因为法人毕竟不像公民那样具有精神痛苦。

(二)名誉权的客体是公民、法人享有的名誉

作为名誉权客体的名誉或名誉利益,是公民、法人就其自身的人格价值所获得的社会评价。由于名誉是一种良好的社会评价,因此它体现了民事主体重要的精神利益,并且与财产利益也有一定联系。一旦名誉权受到侵害,其社会评价降低,会极大地妨害受害人与他人的交往,从而使其遭受财产损失。名誉通常是民事主体从事正常经济活动,并与他人广泛发生经济联系的前提。一个有良好信誉的人就能取信于他人,一个没有信誉或信誉受到损害的人,是很难从事广泛的民事活动的。正是由于名誉权是以名誉作为客体的,因此决定了名誉权的本质在于权利人有权要求他人对其进行客观公正的评价,有权排除他人对其名誉权的侵害。

(三)名誉权的内容是保护其名誉,并排除他人对名誉的损害

名誉权人所享有的权利即名誉权的内容较为复杂多样,但概括起来,主

要是以下两方面：其一，权利人有权维护其名誉，要求他人对其进行客观公正的评价。名誉权与肖像权等权利不同，这些权利都包括了使用其权利的内容，权利人可以行使或转让使用权；而名誉权的内容一般不在于使用，而在于保有和维护其名誉，保护名声不受侵害，使权利人在社会中获得应有的尊敬和评价。其二，权利受到侵害时，名誉权人有权请求司法保护。任何权利都是受法律保护的，具有不可侵犯性，当这种权利遭受非法侵害时，有权通过司法等途径排除这种侵害。就名誉权而言，如果他人以侮辱、诽谤等方式损害其名誉，导致权利人的社会评价降低，权利人可以通过司法等手段，基于其享有的名誉权请求他人停止侵害并承担相应的民事责任，从而维护其名誉不受侵害。

（四）名誉权是一种自我价值的保护权利

名誉权是一种身上权，每个人都享有不容他人侵犯的人身权利。这种权利体现了每个人自我价值受到社会公众的认可和法律的保护。法律保护每个人在社会生活中的自我价值和自我尊严。公民不分地位高低，不论财富多少，都可以自重、自尊、自爱地生活于社会之中。社会中存在着的以势压人，以权欺人，轻贫重富等现象，是蔑视他人自我价值的体现，损害了他人的自尊感情，因而也是一种侵犯他人人格、不尊重别人名誉权的表现。

名誉权尽管是一种自我价值的保护权利，但并不是自我价值一旦被他人贬低，就构成侵害名誉权。这涉及贬低名誉和自我名誉感的问题。名誉权是对名誉的保护，而不是对名誉感的保护。名誉是一种客观的社会评价，是客观的东西，而名誉感是公民的一种内心的情感，是主观的东西。在社会现实生活中，伤害他人名誉感，并不一定影响到对其进行的社会评价，而法律对名誉权的保护目的在于使对受害人的社会评价不因他人的非法行为而降低，以维护公民和法人在社会生活中的地位和尊严，保持人与人之间的正常交往和秩序。

（五）名誉权是一种绝对权利

名誉权是一种人身权，因而具有绝对的排他性。它的存在就构成一个法律关系，任何一个人都不得妨碍和侵害他人行使其人身权，也就是说，名誉权的义务主体是一切人。但是，公民是具有思维和意识活动的公民，即使是法人，也是由众多个有思维有意识活动的公民所组成。在现实生活中，公民和法人的自身表现并不是静止的，一成不变的。人们的社会评价随着公民或法人的自身表现变化而发生变化。以社会评价为根据的名誉权，必然随着公民或法人的才能、素质、信誉等内容的变化而发生这样或那样的变化。有可能社会评价提高，如某公司产品获国家评比优质奖；某公民通过努力对国家做出重大贡献获得"五·一"劳动奖章等；也有可能社会评价降低，如某市委书记因贪污受贿被判刑坐牢，人们叫他"贪污犯""犯罪分子"，对他的社会评价降低了。这并不构成侵害名誉权,这种社会评价的变化,正是体现了名誉权的可变性,是符合一个人的自身的客观表现的。

——唐德华、高圣平主编:《民法通则及配套规定新释新解(下)》,人民法院出版社2003年版。

十、荣誉权和名誉权的区别

1. 权利的主体范围不同。名誉权是每个公民、法人普遍享有的权利;荣誉权则不同,只有实际获得和享有某项荣誉,才能成为荣誉权的主体。

2. 权利发生的时间不同。公民自出生时、法人自成立时起便享有名誉权;荣誉权则必须在公民获得了某种荣誉称号才得以发生。

3. 权利取得的方式不同。名誉权是法律赋予每个公民、法人对自己的名誉依法享有的不可侵犯的权利,该权利的取得,不需任何其他条件;而荣誉权虽为每一个公民、法人可能取得的权利,但又不是每个公民、法人都能享有的,它的享有需要具备有关条件,必须是通过自己的劳动,对社会作出重大贡献并受到国家机关或社会组织的表彰授予荣誉称号时才能取得。

4. 权利的内容不同。名誉权是公民、法人享有的获得社会公正评价的权利;荣誉权则是公民、法人享有的维护其荣誉称号不被非法剥夺并享受其利益的权利。名誉权所要保护的是公民、法人与社会的正常交往,不因他人的行为而被社会不公正地疏远、隔膜和歧视;荣誉权所要保护的则是公民、法人的努力成果在得到特定组织的承认和嘉奖后,能够持续地享有。

5. 权利与主体联系的密切程度不同。公民、法人的名誉权与权利主体不可分离,不得转让且不能以任何形式予以剥夺或撤销。公民、法人的荣誉权虽也具有与主体不可分离和不得转让的特点,但是可以在某些特殊情况下,如查实某公民、法人荣誉称号是通过欺骗手段取得的,或某公民、法人有犯罪行为或其他违法乱纪行为,与所获称号显然不相称时,有关部门可以通过合法的手续,撤销或剥夺这一荣誉称号。

荣誉权的这些特点使得它不同于一般的人格权,于是有的学者认为它属于身份权,有的学者认为它不应独立存在,应归入名誉权。我们认为,荣誉权和名誉权存在巨大的差别,如果将荣誉归入名誉权的保护范围,将会使名誉权变得更加复杂和难以理清。

——唐德华、高圣平主编:《民法通则及配套规定新释新解(下)》,人民法院出版社2003年版。

十一、婚姻自主权的概念及法律特征

婚姻自主权,也即婚姻自由权,是指公民按照法律规定,自主决定其婚姻的缔结和解除,不受其他任何人强迫或干涉的人格权。婚姻自由权是公民的固有权利,生而有之,资产阶级思想家提出的婚姻自由权是"天赋人权"正是从一定意义上说明了婚姻自由权的固有性。婚姻自由权是公民的专属权,与其人身不可分离，只能自己行使，不允许其他任何人代为行使，既不能转让，也不能继承。婚姻自由权包含有意志自由的属性，即依自己的意志而缔结婚姻或解除婚姻。

婚姻自由权具有以下法律特征：

第一，婚姻自由权的客体是权利主体自主决定婚姻关系的人格利益。婚姻自由权的人格利益，表现为权利主体自主决定自己的婚姻大事，包括自主决定婚姻缔结、自主决定婚姻的解除。

第二，婚姻自由权的行使，须取得相对方的同意，单方不能独立行使。婚姻是男女两性结合的法律形式，男女一方单凭自己的意志而一厢情愿，不能决定婚姻之事。同理，婚姻自由权，只有经过双方的合意，即双方自愿，才能缔结婚姻关系。因为，欲缔结婚姻的双方当事人各自均有婚姻自由权，双方当事人自由达成一致的意思表示，才不违背相对人的意志自由，干涉相对人婚姻自由权的行使。在解除婚姻关系上，一方不能干涉相对人离婚自由决定权，另一方也不能干涉相对人不同意离婚的自主权。如双方协商一致，取得合意，则因意思表示一致而解除婚姻关系；如双方无法经过协商取得一致意思表示，只能诉诸法院，由法院依法裁判，任何一方不得强制相对人接受自己的意见。

第三，婚姻自由权具有意志自由的性质。缔结婚姻或解除婚姻关系，必须体现婚姻当事人的意志，婚姻自由权的行使，完全是权利主体自由决定，他人不得干涉，不得强迫，不得包办。无行为能力或限制行为能力人结婚无效，同样，其自己决定离婚的表示也无法律效力；无行为能力人或限制行为能力当事人要求离婚的，应由其法定代理人（父母等）代为进行。

第四，婚姻自由权的行使，其权利主体应具完全的婚姻行为能力。根据民事法律的规定，民事主体行使民事权利，应具备相应的民事行为能力，如不具备相应民事行为能力，只能由其法定代理人代为行使。婚姻自由权也是一种民事权利，所以婚姻自由权，须具备完全的婚姻行为能力方可行使。

——唐德华、高圣平主编：《民法通则及配套规定新释新解（下）》，人民法院出版社 2003 年版。

【相关案例】

1. 打赌致人损害应承担责任

——刘光海诉杨关明等健康权纠纷案

案例要旨：打赌作为人们休闲娱乐的一种方式，在社会中大量存在。由于打赌项目众多，人们在打赌过程中难免会造成人身损害，过错责任原则是确认打赌引起的人身损害责任承担的主要

根据。

案号：（2003）彭州民初字第 991 号
审理法院：四川省彭州市人民法院
来源：《人民司法·案例》2007 年第 10 期

2. 冒充他人姓名写举报信构成侵害姓名权
——王训钿诉胡家祥姓名权案

案例要旨：行为人冒充他人姓名写举报信，给他人生活带来困扰并使其产生精神压力的，符合一般侵权行为的构成要件，构成对他人姓名权的侵犯，法院应结合案情判定行为人承担停止侵害、消除影响、赔礼道歉等责任，并根据侵权人的过错承担和侵权后果等因素确定赔偿数额。

审理法院：浙江省宁波市慈溪市人民法院
案号：（2010）雨慈浒民初字第 25 号
来源：《中国审判案例要览》（2011 年民事审判案例卷）

3. 在封面使用名人的肖像时与其他广告信息产生了关联性，引起消费者误解的，构成侵害肖像权
——刘翔诉《精品购物指南》报社等侵害肖像权案

案例要旨：报纸等新闻媒体发布广告，除广告本身应当具有可识别性外，还必须使广告与其他非广告信息之间具有不使消费者产生误解之标记区别。因此，期刊内容虽涉及有关名人的新闻报道，但其在封面使用该名人的肖像时与其他广告信息产生了关联性，引起消费者误解的，该期刊社违反了上述法律的规定，构成了对他人肖像权的侵害。

案号：（2005）一中民终字第 8144 号
审理法院：北京市第一中级人民法院
来源：《中国审判案例要览》（2006 年民事审判案例卷）

4. 网站在网络上不当披露他人个人信息的行为，构成对个人隐私权和名誉权的侵犯
——王菲诉北京凌云互动信息技术有限公司侵犯隐私权、名誉权纠纷案

案例要旨：新闻自由不能超过界限，造成对他人隐私权、名誉权等人格权的侵犯。网站在网络上不当披露他人婚姻不忠行为、姓名、工作单位、家庭住址等个人信息的行为，构成对个人隐私权的侵犯，由此造成网民对隐私被披露人的谩骂、侮辱，构成对个人名誉权的侵害，这种侵害不因被披露人的不道德行为而免责。本案清晰界定了网络上的

言论自由与公民隐私权、名誉权的关系，从道德与法律的关系、新闻自由及其界限、网络管理者的责任及其范围等角度入手进行案例分析，对司法实践中如何处理网络侵权案件具有一定的借鉴意义。

审理法院：北京市朝阳区人民法院

案号：（2008）朝民初字第29276号

来源：《人民司法·案例》2009年第6期

第一百一十一条　自然人的个人信息受法律保护

自然人的个人信息受法律保护。任何组织和个人需要获取他人个人信息的，应当依法取得并确保信息安全，不得非法收集、使用、加工、传输他人个人信息，不得非法买卖、提供或者公开他人个人信息。

【相关规定】

1. 《最高人民法院关于贯彻执行〈中华人民共和国民法通则〉若干问题的意见（试行）》

第一百四十二条　以营利为目的，未经公民同意利用其肖像做广告、商标、装饰橱窗等，应当认定为侵犯公民肖像权的行为。

2. 《电信和互联网用户个人信息保护规定》

第九条　未经用户同意，电信业务经营者、互联网信息服务提供者不得收集、使用用户个人信息。

电信业务经营者、互联网信息服务提供者收集、使用用户个人信息的，应当明确告知用户收集、使用信息的目的、方式和范围，查询、更正信息的渠道以及拒绝提供信息的后果等事项。

电信业务经营者、互联网信息服务提供者不得收集其提供服务所必需以外的用户个人信息或者将信息用于提供服务之外的目的，不得以欺骗、误导或者强迫等方式或者违反法律、行政法规以及双方的约定收集、使用信息。

电信业务经营者、互联网信息服务提供者在用户终止使用电信服务或者互联网信息服务后，应当停止对用户个人信息的收集和使用，并为用户提供注销号码或者账号的服务。

法律、行政法规对本条第一款至第四款规定的情形另有规定的，从其规定。

第十条　电信业务经营者、互联网信息服务提供者及其工作人员对在提供服务过程中收集、使用的用户个人信息应当严格保密，不得泄露、篡改或者毁损，不得出售或者非法向他人提供。

3. 《全国人大常委会关于加强网络信息保护的决定》（2012年12月28日第十一届全国人民代表大会常务委员会第三十次会议通过）

为了保护网络信息安全，保障公民、法人和其他组织的合法权益，维护国家安全和社会公共利益，特作如下决定：

一、国家保护能够识别公民个人身份和涉及公民个人隐私的电子信息。

任何组织和个人不得窃取或者以其他非法方式获取公民个人电子信息，不得出售或者非法向他人提供公民个人电子信息。

二、网络服务提供者和其他企业事业单位在业务活动中收集、使用公民个人电子信息，应当遵循合法、正当、必要的原则，明示收集、使用信息的目的、方式和范围，并经被收集者同意，不得违反法律、法规的规定和双方的约定收集、使用信息。

网络服务提供者和其他企业事业单位收集、使用公民个人电子信息，应当公开其收集、使用规则。

三、网络服务提供者和其他企业事业单位及其工作人员对在业务活动中收集的公民个人电子信息必须严格保密，不得泄露、篡改、毁损，不得出售或者非法向他人提供。

四、网络服务提供者和其他企业事业单位应当采取技术措施和其他必要措施，确保信息安全，防止在业务活动中收集的公民个人电子信息泄露、毁损、丢失。在发生或者可能发生信息泄露、毁损、丢失的情况时，应当立即采取补救措施。

五、网络服务提供者应当加强对其用户发布的信息的管理，发现法律、法规禁止发布或者传输的信息的，应当立即停止传输该信息，采取消除等处置措施，保存有关记录，并向有关主管部门报告。

六、网络服务提供者为用户办理网站接入服务，办理固定电话、移动电话等入网手续，或者为用户提供信息发布服务，应当在与用户签订协议或者确认提供服务时，要求用户提供真实身份信息。

七、任何组织和个人未经电子信息接收者同意或者请求，或者电子信息接收者明确表示拒绝的，不得向其固定电话、移动电话或者个人电子邮箱发送商业性电子信息。

八、公民发现泄露个人身份、散布个人隐私等侵害其合法权益的网络信息，或者受到商业性电子信息侵扰的，有权要求网络服务提供者删除有关信息或者采取其他必要措施予以制止。

九、任何组织和个人对窃取或者以其他非法方式获取、出售或者非法向他人提供公民个人电子信息的违法犯罪行为以及其他网络信息违法犯罪行为，有权向有关主管部门举报、控告；接到举报、控告的部门应当依法及时处理。被侵权人可以依法提起诉讼。

十、有关主管部门应当在各自职权范围内依法履行职责，采取技术措施和其他必要措施，防范、制止和查处窃取或者以其他非法方式获取、出售或者非法向他人提供公民个人电子信息的违法犯罪行为以及其他网络信息违法犯罪行为。有关主管部门依法履行职责时，网络服务提供者应当予以配合，提供技术支持。

国家机关及其工作人员对在履行职责中知悉的公民个人电子信息应当予以保密,不得泄露、篡改、毁损,不得出售或者非法向他人提供。

十一、对有违反本决定行为的,依法给予警告、罚款、没收违法所得、吊销许可证或者取消备案、关闭网站、禁止有关责任人员从事网络服务业务等处罚,记入社会信用档案并予以公布;构成违反治安管理行为的,依法给予治安管理处罚。构成犯罪的,依法追究刑事责任。侵害他人民事权益的,依法承担民事责任。

十二、本决定自公布之日起施行。

4.《网络交易服务规范》

保证账户和资金安全

网络支付平台提供商应根据网络交易的特点,采取合理有力的措施保证用户身份信息、账户以及密码的安全,保证交易资金的安全。

网络支付平台提供商不得以任何方式恶意占压资金、非法套现、挪用或转移资金以及非法融资等。

5.《网络交易管理办法》

第十八条 网络商品经营者、有关服务经营者在经营活动中收集、使用消费者或者经营者信息,应当遵循合法、正当、必要的原则,明示收集、使用信息的目的、方式和范围,并经被收集者同意。网络商品经营者、有关服务经营者收集、使用消费者或者经营者信息,应当公开其收集、使用规则,不得违反法律、法规的规定和双方的约定收集、使用信息。

网络商品经营者、有关服务经营者及其工作人员对收集的消费者个人信息或者经营者商业秘密的数据信息必须严格保密,不得泄露、出售或者非法向他人提供。网络商品经营者、有关服务经营者应当采取技术措施和其他必要措施,确保信息安全,防止信息泄露、丢失。在发生或者可能发生信息泄露、丢失的情况时,应当立即采取补救措施。

网络商品经营者、有关服务经营者未经消费者同意或者请求,或者消费者明确表示拒绝的,不得向其发送商业性电子信息。

6.《中华人民共和国网络安全法》

第四十条 网络运营者应当对其收集的用户信息严格保密,并建立健全用户信息保护制度。

第四十一条 网络运营者收集、使用个人信息,应当遵循合法、正当、必要的原则,公开收集、使用规则,明示收集、使用信息的目的、方式和范围,并经被收集者同意。

网络运营者不得收集与其提供的服务无关的个人信息,不得违反法律、行政法规的规定和双方的约定收集、使用个人信息,并应当依照法律、行政法规的规定和与用户的约定，处理其保存的个人信息。

第四十二条 网络运营者不得泄露、篡改、毁损其收集的个人信息；未经被收集者同意，不得向他人提供个人信息。但是，经过处理无法识别特定个人且不能复原的除外。

网络运营者应当采取技术措施和其他必要措施，确保其收集的个人信息安全，防止信息泄露、毁损、丢失。在发生或者可能发生个人信息泄露、毁损、丢失的情况时，应当立即采取补救措施，按照规定及时告知用户并向有关主管部门报告。

【相关观点】

一、《民法总则》第一百一十一条条文理解

自然人对其特定关系体的地位或身份的权利，为身份权。[①] 关于身份权的制度大都存于亲属法中，身份权制度确立的目的是人们身份利益的圆满实现以及家庭秩序的和谐稳定，并最终实现整个社会的和谐稳定，这既是社会个体的现实需求也是社会整体的发展需要。身份权请求权的构建是法律良知在社会现实需求下正义的价值取向，是法律在社会不断进步过程中的必然选择，此制度的构建对于现代身份权的保护具有重要的理论价值和现实价值，必将为身份权的保护起到基础性的作用。

——沈德咏主编：《〈中华人民共和国民法总则〉条文理解与适用》，人民法院出版社 2017 年版。

二、个人信息的法律属性及其保护

所谓个人信息，一般是指与公共利益没有直接关系但与个人相关的、并且能够借此识别自然人的身份的信息。所谓"识别"，就是指个人信息与信息主体存在某一客观确定的可能性，简单说就是通过这些个人信息能够把信息主体直接或间接"认出来"。识别包括直接识别和间接识别，直接识别，是指通过直接确认本人身份的个人信息来识别，比如身份证号码、基因等；间接识别，是指现有信息虽然不能直接确认当事人的身份，但借助其他信息或者对信息进行综合分析，仍可以确定当事人的身份。一般而言，姓名可以构成"直接识别"，但在有几个相同姓名的人的情况下，还要依靠生日、地址、职业、身高等信息才能识别。[②] 其主要内容包括：（1）姓名、年龄、体重、身高；（2）医疗记录；（3）收入及消费和购买习惯；（4）种族、血统、肤色；（5）血型、DNA、手印；（6）婚姻状况和宗教信仰；（7）教育背景；（8）家庭住址与电话号码等。由上可见，个人信息内容广泛。这也直接导致

---

① 龙卫球：《民法总论（第二版）》，中国法制出版社 2002 年版，第 311 页。
② 齐爱民：《界定法律意义上的信息》，载《社会科学家》2009 年第 3 期。

了理论上对其法律属性认识并不一致。具体而言,学界对个人信息的法律属性主要有三种典型观点:

1. 隐私权客体说。该学说主张个人信息是一种隐私利益,个人信息保护立法可适用隐私权保护模式。这里将不愿意他人知悉的个人信息归为隐私范畴。只要未经许可或违反主体意愿擅自刺探、公布主体个人信息的行为,都是一种侵犯隐私权的行为。在这种观点看来,判断是否构成隐私的关键就是主体的主观愿望。凡是主体不愿意让他人知悉的个人信息都是隐私。因此,如果其他人未经主体许可擅自公布其个人信息的,仍然构成隐私侵权。由此,未经允许擅自买卖、公布或知悉他人的姓名、肖像、住址、手机号码、工作单位等个人信息的行为都是一种侵犯隐私权的行为。从个人信息角度而言,隐私不仅是保障私密,而是人们应该有控制其个人信息的权利。信息隐私权的出现,代表着隐私权的发展进入另一个时代。随着现代信息处理技术的进步,信息隐私权渐渐显现出自己的特点,其中心思想在于:个人不仅是个人资料产出的最初来源,也是其正确性、完整性的最后审查者,以及该个人数据使用范围的最后决定者。其保护客体可分为四个方面:个人属性的隐私权;个人资料的隐私权;通讯内容的隐私权;匿名的隐私权。①

2. 所有权客体说。在个人信息的属性界定方面,"所有权客体说"认为,个人信息是一种财产利益。关于个人信息的保护应该采取所有权模式。这种观点认为,"在市场经济条件下,个人资料采集者将成千上万的个人资料采集起来的目的并不是为了了解个体,而是要把整个具有某种共同特征的主体的个人资料按一定的方式组成资料库,以该资料库所反映的某种群体的共性来满足其自身或其他资料库使用人的需要",并且"对于资料采集者来说,获得个人资料不是目的,而是一种手段,是建立和扩展财源的一种途径。并由此得出结论:"根据所有权原理,只要不与法律和公共利益相抵触,所有权人均享有对个人资料的占有、使用、收益、处分权";并认为"个人资料的所有者是该资料的生成体个人,无论他人对主体个人资料的获取方式与知悉程度如何,都不能改变个人资料的所有权归属"。②

3. 人格权客体说。"人格权客体说"认为,个人信息体现的是一般人格利益,个人信息的保护应该采取人格权的保护模式。

法律保护个人信息,很大程度上是对个人信息中蕴涵的人格利益的保护,该人格利益是个人信息保护的终极目标和核心价值取向。个人信息所承载的人格利益内涵丰富,泄露或不当公开个人信息以致侵害人格利益也有多种

---

① 王洪:《信息隐私权与个人信息保护》,载《重庆社会科学》2009年第9期。
② 汤擎:《试论个人资料与相关法律关系》,载《华东政法学院学报》2000年第5期。

表现。

比如，对个人信息的不当公开，可能侵害隐私权；对个人信息的不当更改或歪曲，可能损害人格之形象；对个人信息的非法商业利用，使人格商品化，将对人格造成侮辱；删除个人信息，可能侵害信息权利人对其个人信息的支配和控制权；对个人肖像资料的利用，可能会侵害肖像权。由此可见，个人信息保护涉及多方面的人格利益，与传统某种单一的具体人格权保护的人格利益不一致。根据具体人格权的构建方式，应当以一般人格权为依据，赋予信息主体以新的具体人格权，从而全面直接地保护信息主体的人格利益。如此构建的个人信息权利，一方面能够顺应社会的发展需要；另一方面也体现了一般人格权所包括的人格独立，人格自由、人格尊严等内涵。[①]

比较上述三种观点，各有其不足之处。隐私权客体说虽将个人信息归入隐私范畴，但事实上并非所有信息均为隐私权保护的对象。首先，虽然隐私权的内容和范围目前仍是学术争议的焦点，但将"不愿为他人所知晓"作为隐私的基本特征已成通说，而个人信息则无需具备此特征。例如，个人身份证号码、学号等作为识别性信息是个人信息，但却不是隐私。其次，保护方法不完全相同。隐私权的法律保护以事后救济为主，如消除影响、赔礼道歉、停止损害和赔偿损失等，但个人信息保护则以事前救济为主，其中删除、封存、变更等均是事前救济方法。再次，从比较法角度而言，尽管英美法体系中隐私权是个人信息保护的权利依据，但在大陆法系观念来看，美国法上的隐私权不但包括生命、身体、生育等物质性人格权的部分内容，而且包括姓名、肖像、隐私、知识产权中的人格权等精神性人格权的内容，甚至包括大陆法系部分身份权的内容。大陆法系的隐私则仅为人格权利益的一部分，仅限于不愿他人知道或他人不便知道的个人信息。因此，大陆法系中的隐私权法律制度只能保护个人信息上的一部分利益。故如将个人信息作为隐私权客体将可能导致隐私范畴的无限扩大。而就所有权客体说而言，虽然部分个人信息可以流通和交易，具有一定财产价值，但其与所有权仍有不同。第一，两者权能不同。所有权的权能以所有权人对物的可支配性为前提，包括占有、使用、收益和处分四种权能。而个人信息的不易控制性决定了个人对其个人信息的权能主要表现为知悉权、更正权、删除权、封锁权等积极性权能。第二，两者客体不同。所有权的客体为物，既可以是有体物也可以是无体物，但不具有人身属性；而个人信息权的客体是个人信息，个人的肖像、姓名、信用卡账号等均为无体物，而其中姓名、肖像、身份证号码等具有一定的人身性。第三，两者救济方法有所不同。尽管损害赔偿是二者的共同救济方法，但所有权的物权救济方法还包括所有物返还请求权、所有权妨害除去请求权

[①] 洪海林：《个人信息的民法保护研究》，西南政法大学博士毕业论文2007年。

和所有权妨害预防请求权等。而个人信息权的救济方法则包括消除影响、赔礼道歉等,并无所有权的上述权能。

至于人格权客体说,虽然从各国立法上看,个人信息保护所保护的法律利益主要是信息主体的人格利益。但这并不表示二者可以等同。事实上,两者之间仍有不同。(1)客体不完全相同。一般人格权既包括物质性人格利益又包括精神性人格利益,但不包括财产利益。在个人信息中,银行卡号码、个人缴纳税款额和存款数额等明显具有财产属性的内容不是人格利益,但却是个人信息。(2)保护方法不同。一般人格权的保护方法以事后救济为主,如消除影响、赔礼道歉、停止损害和赔偿损失等。但个人信息权则以事前救济为主,其中删除、封存、变更等均是事前救济方法。

虽然上述三种学说均有不足,但从周全保护旅游者合法权益和现行法律制度出发,我们最终采用"隐私权客体说"作为起草本条文的理论基础。这是因为,首先,将个人信息归类为隐私权客体可以在专门法律规范阙如的情形下,使个人信息的保护从《侵权责任法》角度得到支持。我国《侵权责任法》第2条第2款规定:"本法所称民事权益,包括生命权、健康权、姓名权、名誉权、荣誉权、肖像权、隐私权、婚姻自主权、监护权、所有权、用益物权、担保物权、著作权、专利权、商标专用权、发现权、股权、继承权等人身、财产权益。"其次,个人信息收集、处理或利用得当与否与个人隐私权直接相关。一般认为,隐私权的客体包括:(1)身体秘密,指身体隐秘部位,即生殖器官和性敏感器官、身高、体重、健康状况、身体缺陷等;(2)私人空间,即个人住宅及周围居住环境、私人专用箱包、日记等;(3)个人事实,指个人生活经历、生活习惯、性格爱好、社会关系、学历、婚恋状况、家庭住址、电话、收入情况等;(4)私人生活,指一切与社会无关的个人生活,如日常生活、社交、性生活等。而个人信息的内容则主要属于隐私权的一部分,具体说主要就是本人的身体秘密、个人事实等。如果在涉及隐私的个人信息收集、处理或利用等问题上出现不当,将严重侵犯个人的隐私权。再次,将个人信息归类为人格权客体可为旅游者合法权益提供更全面的保护。现实生活中,个人信息的泄露虽然不一定会招致个人财产权益的损害,但因个人信息外泄带来的精神损害则经常发生。因此,如果仅从财产权角度保护个人信息将难免有失周之处。

目前,我国关于个人信息保护的立法仍采用的是分别立法模式,仅仅针对姓名、肖像、隐私等部分个人信息分别进行立法,该类立法的主要特点是只对那些对于维护人格尊严有直接关系的个人信息给予人格权保护,基本上不承认主体对这些个人信息的财产利益。目前我国直接对"个人信息"加以保护的法律、法规、规章及司法解释的数量非常之少。其中,法律层面的仅有《护照法》《身份证法》直接规定了"个人信息"的保护问题。① 行政法规、部门规章和司法解释直接提及"个人信息"保护问题的主要有以下几项②：（1）《互联网电子公告服务管理规定》（2000年10月8日通过，同日起施行）；（2）最高人民法院、最高人民检察院《关于切实保障司法人员依法履行职务的紧急通知》（2005年8月25日颁布，同日起施行）。另外，地方性法规中也有涉及个人信息保护的直接规定，例如，2003年修正的《北京市未成年人保护条例》第49条的规定。③

——最高人民法院民事审判第一庭编著：《最高人民法院审理旅游纠纷案件司法解释理解与适用》，人民法院出版社2010年版。

三、个人隐私信息的保护范围

我国《侵权责任法》第2条明确将隐私权规定为一种人格权，但并未对隐私概念及其范围作出界定。多数观点认为，隐私，是私人生活安宁和个人信息的秘密，或者就是自然人的私生活秘密和私生活安宁。④ 但是，要看到，隐私信息这一概念具有价值判断的意蕴：一是隐私信息的标准会随着社会变迁而发生变化，以前被认为是隐私信息，随着社会的发展，从一般的标准看，已经不再是隐私。二是隐私信息的范围会随着主体的不同而变化。但是，无

---

① 《中华人民共和国护照法》第12条第3款规定："护照签发机关及其工作人员对因制作、签发护照而知悉的公民个人信息，应当予以保密。"第20条规定："护照签发机关工作人员在办理护照过程中有下列行为之一的，依法给予行政处分；构成犯罪的，依法追究刑事责任：……（五）泄露因制作、签发护照而知悉的公民个人信息，侵害公民合法权益的；……"《中华人民共和国身份证法》第6条第3款规定："公安机关及其人民警察对因制作、发放、查验、扣押居民身份证而知悉的公民的个人信息，应当予以保密。"第19条规定："人民警察有下列行为之一的，根据情节轻重，依法给予行政处分；构成犯罪的，依法追究刑事责任：……（五）泄露因制作、发放、查验、扣押居民身份证而知悉的公民个人信息，侵害公民合法权益的。"

② 《互联网电子公告服务管理规定》第12条规定："电子公告服务提供者应当对上网用户的个人信息保密，未经上网用户同意不得向他人泄露，但法律另有规定的除外。"最高人民法院、最高人民检察院《关于切实保障司法人员依法履行职务的紧急通知》第6条"加强司法警察队伍建设和保密工作，做好宣传教育工作"指出："……强化案件保密工作，严禁违反规定泄露案情以及办案人员的通讯方式、住址等个人信息，对于泄密行为，应当依照《人民法院审判纪律处分办法》《检察人员纪律处分条例》的有关规定严肃惩处……"

③ 2003年修正的《北京市未成年人保护条例》第49条规定："……任何组织和个人未经未成年人的监护人同意，不得在互联网上收集、使用、公布未成年人的个人信息。"

④ 程啸：《侵权责任法》，法律出版社2011年版，第105页；朱岩：《侵权责任法通论·总论》，法律出版社2011年版，第148页；王利明：《侵权责任法研究》（上），中国人民大学出版社2010年版，第79页。

论怎样，要为个人隐私信息确定一个明确的范围，仍然比较困难。

——最高人民法院民事审判第一庭编：《最高人民法院利用网络侵害人身权益司法解释理解与适用》，人民法院出版社2014年版。

【相关文献】

1. 王利明：《论个人信息权的法律保护——以个人信息权与隐私权的界分为中心》，载《现代法学》2013年第4期。

2. 谢远扬：《信息论视角下个人信息的价值——兼对隐私权保护模式的检讨》，载《清华法学》2015年第3期。

3. 王伟：《个人信息保护被写入民法总则草案二审稿》，载中国人大网，最后访问时间：2016年11月1日。

4. 蒲晓磊：《个人信息权拟被确立为基本民事权利》，载中国人大网，最后访问时间：2016年11月1日。

【相关案例】

电信局经当事人同意印制电话号簿并发放的，其行为不构成对当事人隐私权的侵害

——冒凤军诉中国电信集团黄页信息有限公司南通分公司等隐私权纠纷案

案例要旨：隐私是一种与公共利益、群体利益无关，当事人不愿他人知道或他人不便知道的个人信息，当事人不愿他人干涉或他人不便干涉的个人私事，以及当事人不愿他人侵入或他人不便侵入的个人领域。隐私权作为一种基本人格权利，是指公民"享有的私人生活安宁与私人信息依法受到保护，不被他人非法侵扰、知悉、搜集、利用和公开的一种人格权。"我国相关法律规定，对未经他人同意，擅自公布他人的隐私材料或者以书面、口头形式宣扬他人隐私，致他人名誉受到损害的，按照侵害他人名誉权处理。认定行为构成侵权应当同时具备行为的不法性、损害结果、不法行为和损害结果之间的因果关系以及过错四要件。电信局经当事人同意印制电话号簿并发放的，不符合上述之四个要件，故其行为不构成对当事人隐私权的侵害。

案号：（2011）通中民终字第0952号

审理法院：江苏省南通市中级人民法院

来源：《人民法院案例选》2011第4辑（总第78辑）

第一百一十二条　基于婚姻、家庭等亲属关系产生的身份权

自然人因婚姻、家庭关系等产生的人身权利受法律保护。

【相关规定】

1.《中华人民共和国未成年人保护法》

第十一条　父母或者其他监护人应当关注未成年人的生理、心理状况和行为习惯，以健康的思想、良好的品行和适当的方法教育和影响未成年人，引导未成年人进行有益身心健康的活动，预防和制止未成年人吸烟、酗酒、流浪、沉迷网络以及赌博、吸毒、卖淫等行为。

2.《中华人民共和国婚姻法》

第三条　禁止包办、买卖婚姻和其他干涉婚姻自由的行为。禁止借婚姻索取财物。禁止重婚。禁止有配偶者与他人同居。禁止家庭暴力。禁止家庭成员间的虐待和遗弃。

第四条　夫妻应当互相忠实，互相尊重；家庭成员间应当敬老爱幼，互相帮助，维护平等、和睦、文明的婚姻家庭关系。

第五条　结婚必须男女双方完全自愿，不许任何一方对他方加以强迫或任何第三者加以干涉。

第十三条　夫妻在家庭中地位平等。

第十四条　夫妻双方都有各用自己姓名的权利。

第十五条　夫妻双方都有参加生产、工作、学习和社会活动的自由，一方不得对他方加以限制或干涉。

第二十一条　父母对子女有抚养教育的义务；子女对父母有赡养扶助的义务。

父母不履行抚养义务时，未成年的或不能独立生活的子女，有要求父母付给抚养费的权利。

子女不履行赡养义务时，无劳动能力的或生活困难的父母，有要求子女付给赡养费的权利。

禁止溺婴、弃婴和其他残害婴儿的行为。

第二十二条　子女可以随父姓，可以随母姓。

第二十五条　非婚生子女享有与婚生子女同等的权利，任何人不得加以危害和歧视。

不直接抚养非婚生子女的生父或生母，应当负担子女的生活费和教育费，直至子女能独立生活为止。

第二十六条　国家保护合法的收养关系。养父母和养子女间的权利和义务，适用本法对父母子女关系的有关规定。

养子女和生父母间的权利和义务，因收养关系的成立而消除。

第二十七条　继父母与继子女间，不得虐待或歧视。

继父或继母和受其抚养教育的继子女间的权利和义务，适用本法对父母子女关系的有关规定。

第三十条　子女应当尊重父母的婚姻权利，不得干涉父母再婚以及婚后的生活。子女对父母的赡养义务，不因父母的婚姻关系变化而终止。

第三十一条　男女双方自愿离婚的，准予离婚。双方必须到婚姻登记机关申请离婚。婚姻登记机关查明双方确实是自愿并对子女和财产问题已有适当处理时，发给离婚证。

第三十四条　女方在怀孕期间、分娩后一年内或中止妊娠后六个月内，男方不得提出离婚。女方提出离婚的，或人民法院认为确有必要受理男第三十五条　离婚后，男女双方自愿恢复夫妻关系的，必须到婚姻登记机关进行复婚登记。

第三十六条　父母与子女间的关系，不因父母离婚而消除。离婚后，子女无论由父或母直接抚养，仍是父母双方的子女。

离婚后，父母对于子女仍有抚养和教育的权利和义务。

离婚后，哺乳期内的子女，以随哺乳的母亲抚养为原则。哺乳期后的子女，如双方因抚养问题发生争执不能达成协议时，由人民法院根据子女的权益和双方的具体情况判决。

第四十三条　实施家庭暴力或虐待家庭成员，受害人有权提出请求，居民委员会、村民委员会以及所在单位应当予以劝阻、调解。

对正在实施的家庭暴力，受害人有权提出请求，居民委员会、村民委员会应当予以劝阻；公安机关应当予以制止。

实施家庭暴力或虐待家庭成员，受害人提出请求的，公安机关应当依照治安管理处罚的法律规定予以行政处罚。

第四十四条　对遗弃家庭成员，受害人有权提出请求，居民委员会、村民委员会以及所在单位应当予以劝阻、调解。

对遗弃家庭成员，受害人提出请求的，人民法院应当依法作出支付扶养费、抚养费、赡养费的判决。

3.《最高人民法院关于适用〈中华人民共和国婚姻法〉若干问题的解释（一）》

第一条　婚姻法第三条、第三十二条、第四十三条、第四十五条、第四十六条所称的"家庭暴力"，是指行为人以殴打、捆绑、残害、强行限制人身自由或者其他手段，给其家庭成员的身体、精神等方面造成一定伤害后果的行为。持续性、经常性的家庭暴力，构成虐待。

第十条　婚姻法第十一条所称的"胁迫"，是指行为人以给另一方当事人或者其近亲属的生命、身体健康、名誉、财产等方面造成损害为要挟，迫使另一方当事人违背真实意愿结婚的情况。

因受胁迫而请求撤销婚姻的，只能是受胁迫一方的婚姻关系当事人本人。

第三十二条　婚姻法第四十八条关于对拒不执行有关探望子女等判决和裁定的，由人民法院依法强制执行的规定，是指对拒不履行协助另一方行使探望权的有关个人和单位采取拘留、罚款等强制措施，不能对子女的人身、探望行为进行强制执行。

4.《中华人民共和国妇女权益保障法》

第四十三条　国家保障妇女享有与男子平等的婚姻家庭权利。

第四十四条　国家保护妇女的婚姻自主权。禁止干涉妇女的结婚、离婚自由。

第四十五条　女方在怀孕期间、分娩后一年内或者终止妊娠后六个月内，男方不得提出离婚。女方提出离婚的，或者人民法院认为确有必要受理男方离婚请求的，不在此限。

第四十六条　禁止对妇女实施家庭暴力。

国家采取措施，预防和制止家庭暴力。

公安、民政、司法行政等部门以及城乡基层群众性自治组织、社会团体，应当在各自的职责范围内预防和制止家庭暴力，依法为受害妇女提供救助。

第四十九条　父母双方对未成年子女享有平等的监护权。

父亲死亡、丧失行为能力或者有其他情形不能担任未成年子女的监护人的，母亲的监护权任何人不得干涉。

第五十条　离婚时，女方因实施绝育手术或者其他原因丧失生育能力的，处理子女抚养问题，应在有利子女权益的条件下，照顾女方的合理要求。

第五十一条　妇女有按照国家有关规定生育子女的权利，也有不生育的自由。

育龄夫妻双方按照国家有关规定计划生育，有关部门应当提供安全、有效的避孕药具和技术，保障实施节育手术的妇女的健康和安全。

国家实行婚前保健、孕产期保健制度，发展母婴保健事业。各级人民政府应当采取措施，保障妇女享有计划生育技术服务，提高妇女的生殖健康水平。

【相关观点】

一、夫妻间侵权行为的救济及方式

现代社会中，夫妻是两个享有独立人格的平等主体以永久生活为目的的两性结合，它们对外具有整体性质，对内夫妻双方并不因为婚姻关系的建立而使各自丧失独立的人格。婚姻关系中平等主体的特性使其属于私法调整的范围，平等主体之间的权利义务不能由当事人任意创设，任意改动。破坏法定的权利义务，就必定承担相应的责任。法律上的权利，要在现实生活中得到实施，必定要伴有相应的救济方式，使其在受到损害时得以诉诸法律寻求保护，否则没有救济就没有权利。

1. 夫妻间侵权行为需要救济的权利主要有两种，第一种是基于婚姻产生的权利，主要是配偶权，第二是一般民事主体的权利。

配偶权的概念是由英美法等国家率先提出并使其日臻完善的，在英美法国家看来，配偶之间有要求对方陪伴、钟爱和帮助的权利。[①] 配偶权的内容是权利主体享有和相对方平等的人格。具体地说，任何关系到家庭和配偶双方共同权益的事情，必须由双方在法律的范围内协商解决，任何一方不得把自己的意志强加于对方。它主要包括以下内容：冠配偶姓氏决定权；住所决定权；同居权；贞操义务；职业学习和社会活动自由权；夫妻相互代理权；相互扶养、扶助权；相互继承权；对未成年子女的平等的监护权。而侵害配偶权的侵权行为，主要对配偶权中的贞操义务的侵害，即第三人与配偶方一方通奸，而使对方配偶的身份利益受到损害，还包括一方不尽扶养扶助义务等等。

基于一般民事主体所享有的权利有二类，一类是夫妻的共有财产，二类是夫妻间基于一般民事主体所有的权利。

夫妻的共有财产，即夫妻双方具有共同所有权，是共同共有。对于共有财产而言，夫妻双方具有共同所有权，是共同共有人。我国《民法通则》第78条第2款规定："共同共有人对共有财产享有权利，承担义务。"夫妻的共有财产，无论是配偶任何一方都不能擅自对其进行处分。我国最高人民法院《关于贯彻执行〈中华人民共和国民法通则〉若干问题的意见》第89条规定："在共同共有关系存续期间，部分共有人擅自处分共有财产的，一般认定无效。但第三人善意，有偿取得财产的，应当维护第三人的合法权益，对其他共有人的损失，由擅自处分共有财产的人赔偿。"笔者认为，这一条规定不仅仅是适用于合伙共有财产，对夫妻共有财产也同样适用，这就意味着对于夫妻双方而言，如果一方擅自对夫妻共有财产进行处分，另一方有权请求侵权的损害赔偿，在这种情况下，成立夫妻间侵权行为。

夫妻间基于一般民事主体所有的权利主要有：生命权、身体权、健康权、肖像权、名誉权、隐私权、荣誉权。关于上述人身权利，日常生活中主要表现夫妻一方对另一方施暴侵害其生命健康权等等。

---

① 戴维·M·沃克：《牛津法律大辞典》，光明日报出版社1988年版，第199页。

对夫妻间侵权行为的救济，还要厘清下列两个问题：

首先，不能将夫妻间的侵权救济等同于离婚时的损害赔偿，因为夫妻间的侵权行为并非一定要以离婚为前提，不离婚也可以救济，这也是本文写作的目的。例如，一方恶意侵害另一方的名誉权、隐私权，或一方对另一方人身造成损害等，在婚姻存续期间，受害配偶方可对加害配偶方提出民事诉讼。

其二，民事救济不等于损害赔偿，也可以采取非赔偿的方式，如赔礼道歉，恢复原状，停止侵害等。还可以由法庭对侵权方予民事制裁，包括训诫和具结悔过，责令其不再犯。在此民事制裁具有强制性，当事人不能进行和解。当事人如果不接受民事制裁，法院可以以藐视法庭为由追究其法律责任。

2. 民事救济的方式。

首先，要承认夫妻间侵权行为的诉权，即作为侵权行为的一方受害者，有权向法院以损害赔偿之诉提出侵权诉讼，请求加害配偶赔偿其损失或赔礼道歉，为夫妻间受害一方提供一个合法有效的救济途径，从而使受害配偶的人身和财产得到较好的保护。不承认夫妻间相互之间享有诉权，民事救济成为无本之源。

其次，民事救济不以诉讼为唯一手段，可提倡多种可行的方式进行

第一种方式，自行和解、容忍、克制。例如，当夫或妻对另一方辱骂、或非法干涉、限制地方职业学习和社会活动自由权时，受害方可选择夫妻间自行和解，或自愿的容忍、克制态度，以达到化解矛盾，解决纠纷的目的；

第二种方式，找有关机构调解或处理，如要求亲朋好友、单位、妇联、村委会、居委会、公安派出机关予以劝阻、调解或处理，以达到纠纷解决的目的。

第三种方式，正当防卫，当受害配偶方正遭受加害配偶方不法侵害时，有权采取相应的措施保护自己的合法行为，如一方有权对施暴方采取必要的手段予以的制止，以保护其合法权利免遭不法侵害，但不能超过必要的限度，否则，对其超过必要的限度损害亦应承担民事责任。

第四种方式，自助行为，当受害配偶方为保护自己的合法权益，在情况紧急而又不能及时请求公力救济的情况下，所采取的自力救济措施。例如，在配偶一方生活困难或患病时，需要配偶另一方履行扶助义务，而对方拒绝履行扶助、抚养义务并有隐匿、转移、变卖、毁损其个人财产或夫妻共同财产时，在情况紧急而又不能及时请求公力救济，可扣押配偶另一方的财产或夫妻共同财产，或对其人身限制，并及时交有关当局处理。自助行为的手段不得超过法律、道德所允许的范围，也不得超过必要的限度。

毕竟夫妻之间以存在永久生活为目的，动辄诉讼难免会影响夫妻感情，加之，侵权行为是以承担民事责任为前提，当事人可行使该权利，也可不行使其权利，当事人当然享有自由处分其权利。

3. 夫妻间侵权行为承担的方式。

《民法通则》第 134 条规定民事责任的方式一共有 10 种，除支付违约金、修理、重作、更换形式属于典型的合同责任形式外，其他各种形式均可适用于夫妻间的侵权行为。其中最引起人争论和关注的是损害赔偿使得赔偿更加金钱化、利益化，从而使夫妻间财产的属性凸性出矛盾。

在我国，夫妻婚后财产制有两种方式：一种是共同财产制，另一种是约定财产制，如果夫妻间双方对财产有明确约定，当一方需要负担侵权损害赔偿责任，其责任是清晰的，只需将以约定属于己方的财产进行赔偿即可，在执行中也是可行的，但如果夫妻双方采取共同财产制，败诉方如何执行生效的法律文书所确定的给付义务就摆在执行法官的面前？这又分两种情形：

一是如果用加害方的（专属）个人财产赔偿受害方损失已经足够，这也不会引起争议；

二是如果加害方的个人财产不足以赔偿受害方的损失或加害方除共同财产之外再无其他可供执行的财产负担赔偿责任时，如何执行便显现出来。

因为按目前我国的民法理论，夫妻间共同财产共同共有，是基于夫妻间这一特殊身份而产生，随其终止而分割，因此在婚姻存续期间不可能将该共同财产进行分割以承担损害赔偿，所以受害方所享有的损害赔偿权只能成为空头支票，为此，建议立法机关今后在制定民法典时，建立以下的方式可解决上述问题：

（1）如在夫妻关系仍然存续的情况下，此时可为受害方的申请执行权设定一个期限，但不可太短，太短达不到民事救济的效果，也不可太长，太长则难免引起婚姻家庭的不稳定。如 3 年、5 年。在这个请求期限内如果加害配偶方一旦拥有个人财产受害方可申请执行，但超过期限，该损害赔偿之债就转为自然之债不受法律保护；或者婚姻存续期间承担民事赔偿的判决作为附加条件的债务可以在将来离婚时执行，不离婚就不执行。

（2）可借鉴《瑞士民法典》的规定，采纳夫妻共同财产的强制终结制度。《瑞士民法典》第 185 条第 1 款规定："应配偶一方之申请，如确有成立夫妻分别财产制之理由，法官应命令设定之。"[①] 夫妻间发生侵权行为，双方又无离婚的意图，但又要加害方对他方进行损害赔偿，可先裁定终止现行的共同财产关系，改分别财产制并对共同财产进行分割，然后作出赔偿判决。

（3）如果夫妻间侵权严重，已严重伤害夫妻感情，一方可以即时提出离婚，而对于侵权损害之诉的判决，可一并处理或在离婚判决作出后再审理，加害方以其分得的财产承担损害赔偿责任。

——万鄂湘主编：《婚姻法理论与适用》，人民法院出版社 2005 年版。

[①] 殷生根、王燕译：《瑞士民法典》，中国政法大学出版社 1998 年版，第 50 页。

二、国家保障妇女享有与男子平等的婚姻家庭权利

我国保障妇女婚姻家庭权利的法律主要有：《妇女权益保障法》和《婚姻法》。《婚姻法》调整人们的婚姻关系和家庭关系。婚姻关系包括婚姻的成立、婚姻的效力和婚姻的解除等；家庭关系包括夫妻之间、父母子女之间以及其他家庭成员之间的权利义务关系等。《婚姻法》所调整的婚姻关系和家庭关系，又包括人身关系和财产关系两个方面的内容。《妇女权益保障法》侧重从妇女权益方面规定婚姻家庭权益的保障。本法对妇女家庭权益的保护的规定主要有：国家保障妇女享有与男子平等的婚姻家庭权利；国家保护妇女的婚姻自主权；国家保护离婚妇女的房屋所有权，以及在离婚程序中的特殊保护；国家保障妇女对依法规定的夫妻共同财产的享有；保障妇女对未成年子女的监护权；保障妇女有依法生育子女的权利，也有不生育的自由等等。

妇女的婚姻家庭权利是否与男子平等，取决于男女两性在整个社会中的地位是否平等。在私有制社会，男女两性始终处于不平等的地位。奴隶社会和封建社会公开主张男尊女卑，实行夫权统治，妇女被视为家庭奴隶和生儿育女的工具；到了资本主义社会，虽然妇女对男子的人身依附关系较前大为削弱，社会地位和家庭地位明显提高，已逐渐实现了法律形式上的男女平等，但是由于妇女行使权利受到来自社会制度的种种障碍，使男女平等的实现具有极大的局限性。社会主义制度的建立，铲除了妇女受压迫的社会根源，为妇女解放开辟了广阔道路。在婚姻家庭领域，我国彻底废除了一切压迫、歧视和束缚妇女的旧法律，男女平等不仅成为我国《宪法》《婚姻法》和其他法律的原则，也必然为妇女权益保障法所遵循。

根据我国法律规定，妇女在婚姻家庭权利方面与男子平等，主要表现在以下几方面：

（1）在婚姻关系方面权利义务平等。根据我国《婚姻法》的规定，男女有同等的缔结婚姻和请求离婚的权利，结婚后，男女任何一方都可成为对方的家庭成员；对债务的清偿和离婚时经济上的互相帮助，男女也是同等的。

（2）在家庭关系方面，男女地位平等。夫妻关系平等，包括人身权利的平等和财产关系的平等。在人身权利方面，各自有独立的姓名权，人身自由权；参加社会生产和社会活动的自由权；夫妻双方抚养和教育子女的权利义务平等；计划生育的义务平等。在财产权利方面：对夫妻的财产有平等的所有权；平等的住房权；平等的扶养权；平等的继承权。

（3）父母子女关系的平等。表现在：父母抚养教育子女的权利义务平等；接受子女赡养扶助的权利平等；子、女接受抚养教育的权利平等；子、女有继承父母遗产的权利，父、母也都有权继承子女的遗产，他们的继承权是平等的。

（4）其他家庭成员关系的平等。例如，祖父、外祖父和祖母、外祖母在

一定条件下都有抚养孙子女、外孙子女的义务,都有受孙子女、外孙子女赡养的权利;孙、外孙和孙女、外孙女在一定条件下都有受祖父母、外祖父母抚养的权利,都有赡养祖父母、外祖父母的义务。兄和姐在一定条件下都有扶养弟、妹的义务,都有受弟、妹赡养的权利;弟和妹在一定条件下都有接受兄、姐扶养的权利,都有赡养兄、姐的义务。祖父、外祖父和祖母、外祖母的继承权平等,孙、外孙和孙女、外孙女的继承权平等,兄和姐、弟和妹的继承权亦平等。

但是必须看到在现实生活中,我国妇女所享受到的婚姻家庭权利与男子相比还有一定差别,要彻底消除这种差别,还需要全社会付出巨大的努力。从根本上说,男女平等的完全实现,有赖于社会主义物质文明和精神文明建设的发展。目前在现有的条件下,正确贯彻执行本法,必须加速实现男女从法律地位上的平等到实际生活中的完全平等。

——汪琼枝编著:《妇女权益保障法条文释义》,人民法院出版社2006年版。

三、我国婚姻法上的夫妻人身关系

夫妻关系不仅是重要的伦理关系,而且是重要的法律关系。夫妻关系的内容十分广泛,仅就法律关系而言,夫妻关系是指夫妻双方在人身方面和财产方面享有的权利与承担的义务。① 男女平等以及夫妻在家庭中地位平等是我国《婚姻法》所确立的夫妻关系基本原则。我国《婚姻法》规定的夫妻人身关系包括夫妻姓名权、夫妻人身自由权、夫妻住所决定权、计划生育义务四个方面的内容,也有观点认为我国《婚姻法》第3条关于"禁止重婚,禁止有配偶者与他人同居"的规定和第4条关于"夫妻应当互相忠实"的规定,实质上规定了夫妻的同居义务和忠实义务。

【相关案例】

1. 婚姻关系存续期间配偶一方侵害另一方健康权,侵权人应承担侵权责任

——逄某诉孙某人身损害赔偿纠纷案

案例要旨:公民的生命权、健康权、身体权不因侵害人身份不同、不因侵害人有无财产而得不到保护。不管是谁,侵害公民生命权、健康权、身体权都要承担法律责任,都应受到法律制裁。夫妻之间财产权利可以共享,但生命权、健康权、身体权却相互独立。婚内侵权与一般侵权在构成要件和法律特征上是相通的,并无本质区别。婚姻关系存

---

① 马忆南:《婚姻家庭法新论》,北京大学出版社2002年版,第135页。

续期间配偶一方侵害另一方健康权,侵权人应承担侵权责任。

审理法院: 山东省潍坊市高密市人民法院

来源: 山西省高级人民法院网

2."亲子鉴定"涉及婚姻、家庭、子女人身权利和财产权益,法院不能强制作鉴定

——喻某某诉喻某与自己无血缘关系请求否认父子关系案

案例要旨: 因亲子鉴定关系到当事人的隐私权等重要民事权利,须尊重当事人的真实意思表示。现当事人已成人且明确表示不同意进行亲子鉴定的,法院不能强制作鉴定。

审理法院: 江苏省淮安市中级人民法院

来源:《人民法院案例选》2002年第2期(总第40期)

第一百一十三条　财产权利受法律平等保护

民事主体的财产权利受法律平等保护。

【新旧法条对比】

《中华人民共和国民法通则》

第五条　公民、法人的合法的民事权益受法律保护，任何组织和个人不得侵犯。

第二十八条　个体工商户、农村承包经营户的合法权益，受法律保护。

第七十五条　公民的个人财产，包括公民的合法收入、房屋、储蓄、生活用品、文物、图书资料、林木、牲畜和法律允许公民所有的生产资料以及其他合法财产。

公民的合法财产受法律保护，禁止任何组织或者个人侵占、哄抢、破坏或者非法查封、扣押、冻结、没收。

第七十七条　社会团体包括宗教团体的合法财产受法律保护。

【相关规定】

1.《中华人民共和国宪法》

第十三条　公民的合法的私有财产不受侵犯。

国家依照法律规定保护公民的私有财产权和继承权。

国家为了公共利益的需要，可以依照法律规定对公民的私有财产实行征收或者征用并给予补偿。

2.《中华人民共和国合同法》

第五十一条　无处分权的人处分他人财产，经权利人追认或者无处分权的人订立合同后取得处分权的，该合同有效。

第五十三条　合同中的下列免责条款无效：

（一）造成对方人身伤害的；

（二）因故意或者重大过失造成对方财产损失的。

第五十九条　当事人恶意串通，损害国家、集体或者第三人利益的，因此取得的财产收归国家所有或者返还集体、第三人。

第一百二十二条　因当事人一方的违约行为，侵害对方人身、财产权益的，受损害方有权选择依照本法要求其承担违约责任或者依照其他法律要求其承担侵权责任。

第二百八十二条　因承包人的原因致使建设工程在合理使用期限内造成

人身和财产损害的，承包人应当承担损害赔偿责任。

3.《中华人民共和国继承法》

第三条 遗产是公民死亡时遗留的个人合法财产，包括：

（一）公民的收入；

（二）公民的房屋、储蓄和生活用品；

（三）公民的林木、牲畜和家禽；

（四）公民的文物、图书资料；

（五）法律允许公民所有的生产资料；

（六）公民的著作权、专利权中的财产权利；

（七）公民的其他合法财产。

第六条 无行为能力人的继承权、受遗赠权，由他的法定代理人代为行使。

限制行为能力人的继承权、受遗赠权，由他的法定代理人代为行使，或者征得法定代理人同意后行使。

第九条 继承权男女平等。

第十三条 同一顺序继承人继承遗产的份额，一般应当均等。

对生活有特殊困难的缺乏劳动能力的继承人，分配遗产时，应当予以照顾。

对被继承人尽了主要扶养义务或者与被继承人共同生活的继承人，分配遗产时，可以多分。

有扶养能力和有扶养条件的继承人，不尽扶养义务的，分配遗产时，应当不分或者少分。

继承人协商同意的，也可以不均等。

第十四条 对继承人以外的依靠被继承人扶养的缺乏劳动能力又没有生活来源的人，或者继承人以外的对被继承人扶养较多的人，可以分配给他们适当的遗产。

第二十六条 夫妻在婚姻关系存续期间所得的共同所有的财产，除有约定以外，如果分割遗产，应当先将共同所有的财产的一半分出为配偶所有，其余的为被继承人的遗产。

遗产在家庭共有财产之中的，遗产分割时，应当先分出他人的财产。

第二十八条 遗产分割时，应当保留胎儿的继承份额。胎儿出生时是死体的，保留的份额按照法定继承办理。

第三十条 夫妻一方死亡后另一方再婚的，有权处分所继承的财产，任何人不得干涉。

第三十一条 公民可以与扶养人签订遗赠扶养协议。按照协议，扶养人承担该公民生养死葬的义务，享有受遗赠的权利。

公民可以与集体所有制组织签订遗赠扶养协议。按照协议，集体所有制组织承担该公民生养死葬的义务，享有受遗赠的权利。

4.《中华人民共和国著作权法》

第十条　著作权包括下列人身权和财产权：

（一）发表权，即决定作品是否公之于众的权利；

（二）署名权，即表明作者身份，在作品上署名的权利；

（三）修改权，即修改或者授权他人修改作品的权利；

（四）保护作品完整权，即保护作品不受歪曲、篡改的权利；

（五）复制权，即以印刷、复印、拓印、录音、录像、翻录、翻拍等方式将作品制作一份或者多份的权利；

（六）发行权，即以出售或者赠与方式向公众提供作品的原件或者复制件的权利；

（七）出租权，即有偿许可他人临时使用电影作品和以类似摄制电影的方法创作的作品、计算机软件的权利，计算机软件不是出租的主要标的的除外；

（八）展览权，即公开陈列美术作品、摄影作品的原件或者复制件的权利；

（九）表演权，即公开表演作品，以及用各种手段公开播送作品的表演的权利；

（十）放映权，即通过放映机、幻灯机等技术设备公开再现美术、摄影、电影和以类似摄制电影的方法创作的作品等的权利；

（十一）广播权，即以无线方式公开广播或者传播作品，以有线传播或者转播的方式向公众传播广播的作品，以及通过扩音器或者其他传送符号、声音、图像的类似工具向公众传播广播的作品的权利；

（十二）信息网络传播权，即以有线或者无线方式向公众提供作品，使公众可以在其个人选定的时间和地点获得作品的权利；

（十三）摄制权，即以摄制电影或者以类似摄制电影的方法将作品固定在载体上的权利；

（十四）改编权，即改变作品，创作出具有独创性的新作品的权利；

（十五）翻译权，即将作品从一种语言文字转换成另一种语言文字的权利；

（十六）汇编权，即将作品或者作品的片段通过选择或者编排，汇集成新作品的权利；

（十七）应当由著作权人享有的其他权利。

著作权人可以许可他人行使前款第（五）项至第（十七）项规定的权利，并依照约定或者本法有关规定获得报酬。

著作权人可以全部或者部分转让本条第一款第（五）项至第（十七）项规定的权利，并依照约定或者本法有关规定获得报酬。

第二十九条 出版者、表演者、录音录像制作者、广播电台、电视台等依照本法有关规定使用他人作品的，不得侵犯作者的署名权、修改权、保护作品完整权和获得报酬的权利。

第三十七条 使用他人作品演出，表演者（演员、演出单位）应当取得著作权人许可，并支付报酬。演出组织者组织演出，由该组织者取得著作权人许可，并支付报酬。

使用改编、翻译、注释、整理已有作品而产生的作品进行演出，应当取得改编、翻译、注释、整理作品的著作权人和原作品的著作权人许可，并支付报酬。

第三十八条 表演者对其表演享有下列权利：

（一）表明表演者身份；
（二）保护表演形象不受歪曲；
（三）许可他人从现场直播和公开传送其现场表演，并获得报酬；
（四）许可他人录音录像，并获得报酬；
（五）许可他人复制、发行录有其表演的录音录像制品，并获得报酬；
（六）许可他人通过信息网络向公众传播其表演，并获得报酬。

被许可人以前款第（三）项至第（六）项规定的方式使用作品，还应当取得著作权人许可，并支付报酬。

第四十条 录音录像制作者使用他人作品制作录音录像制品，应当取得著作权人许可，并支付报酬。

录音录像制作者使用改编、翻译、注释、整理已有作品而产生的作品，应当取得改编、翻译、注释、整理作品的著作权人和原作品著作权人许可，并支付报酬。

录音制作者使用他人已经合法录制为录音制品的音乐作品制作录音制品，可以不经著作权人许可，但应当按照规定支付报酬；著作权人声明不许使用的不得使用。

第四十三条 广播电台、电视台播放他人未发表的作品，应当取得著作权人许可，并支付报酬。

广播电台、电视台播放他人已发表的作品，可以不经著作权人许可，但应当支付报酬。

5. 《中华人民共和国专利法》

第十一条 发明和实用新型专利权被授予后，除本法另有规定的以外，任何单位或者个人未经专利权人许可，都不得实施其专利，即不得为生产经营目的制造、使用、许诺销售、销售、进口其专利产品，或者使用其专利方法以及使用、许诺销售、销售、进口依照该专利方法直接获得的产品。

外观设计专利权被授予后，任何单位或者个人未经专利权人许可，都不得实施其专利，即不得为生产经营目的制造、许诺销售、销售、进口其外观设计专利产品。

6.《中华人民共和国商标法》

第五十六条　注册商标的专用权，以核准注册的商标和核定使用的商品为限。

第五十七条　有下列行为之一的，均属侵犯注册商标专用权：

（一）未经商标注册人的许可，在同一种商品上使用与其注册商标相同的商标的；

（二）未经商标注册人的许可，在同一种商品上使用与其注册商标近似的商标，或者在类似商品上使用与其注册商标相同或者近似的商标，容易导致混淆的；

（三）销售侵犯注册商标专用权的商品的；

（四）伪造、擅自制造他人注册商标标识或者销售伪造、擅自制造的注册商标标识的；

（五）未经商标注册人同意，更换其注册商标并将该更换商标的商品又投入市场的；

（六）故意为侵犯他人商标专用权行为提供便利条件，帮助他人实施侵犯商标专用权行为的；

（七）给他人的注册商标专用权造成其他损害的。

7.《中华人民共和国侵权责任法》

第二条　侵害民事权益，应当依照本法承担侵权责任。

本法所称民事权益，包括生命权、健康权、姓名权、名誉权、荣誉权、肖像权、隐私权、婚姻自主权、监护权、所有权、用益物权、担保物权、著作权、专利权、商标专用权、发现权、股权、继承权等人身、财产权益。

8.《中华人民共和国物权法》

第四条　国家、集体、私人的物权和其他权利人的物权受法律保护，任何单位和个人不得侵犯。

【相关观点】

一、财产权利受法律保护

保护自然人、法人等民事主体的财产权利是民法典的重要任务，也是民法总则的应有之义。草案规定：民事主体依法享有的收入、储蓄、房屋、生活用品、生产工具、投资及其他财产权利受法律保护（草案第一百零二条）；

民事主体依法享有物权。物权是权利人依法对特定物享有直接支配和排他的权利，包括所有权、用益物权、担保物权（草案第一百零三条）；民事主体依法享有债权。债权是因合同、单方允诺、侵权行为、无因管理、不当得利以及法律的其他规定，权利人请求特定义务人为一定行为的权利（草案第一百零五条）。

——2017年3月8日在第十二届全国人民代表大会第五次会议上，全国人民代表大会常务委员会副委员长李建国：《关于〈中华人民共和国民法总则（草案）〉的说明》，载新华网，最后访问时间：2017年3月9日。

二、物权法平等保护公私财产权利

虽然对物权的保护上升到了宪法的层次，但是宪法的规定如何落实到具体的制度上，则是每一个国家都必须面对的问题。根据1982年宪法关于社会主义公有财产神圣不可侵犯的规定以及公民合法财产受法律保护的规定，1986年实施的《民法通则》于第73条和第75条分别规定："国家财产神圣不可侵犯，禁止任何组织或者个人侵占、哄抢、私分、截留、破坏"，"公民的合法财产受法律保护，禁止任何组织或者个人侵占、哄抢、破坏或者非法查封、扣押、冻结、没收"。由于宪法和民法通则在对待公有财产上采取"神圣"不可侵犯的态度，似乎没有将"神圣"用于私有财产的保护，由此引发物权法制定过程中"区别对待"和"平等保护"之争，2005年发生的"物权法草案违宪"风波更是发端于此。[1] 一种观点认为，具体的法律制度在落实宪法关于财产权利的保护时，应当区分公有财产和私有财产分别予以保护，也就是说，对公有财产应当进行特殊保护，而对私有财产则进行一般保护；另一种观点认为，既然是搞市场经济，一切市场主体的法律地位就应该平等，不能厚此薄彼，尤其是物权法作为私法，更应体现当事人之间平等的法律地位，否则就谈不上搞市场经济，因此物权法对财产权利的保护应该采取"平等保护"的原则，即凡是合法取得的财产，都一体进行保护，不应区分公有还是私有。[2]

最终通过的《物权法》对公私财产权利的保护采取平等保护的原则。就总则部分而言，不仅于第3条明确规定："国家在社会主义初级阶段，坚持公有制为主体、多种所有制经济共同发展的基本经济制度。国家巩固和发展公有制经济，鼓励、支持和引导非公有制经济的发展。国家实行社会主义市场经济，保障一切市场主体的平等法律地位和发展权利"，而且于第4条并列式地进行规定："国家、集体、私人的物权和其他权利人的物权受法律保护，

---

[1] 梁慧星：《制定和实施物权法的若干问题》，载中国法学网。
[2] 梁慧星：《物权法草案的几个问题》，载《清华法学》（第6辑），清华大学出版社2005年版。

任何单位和个人不得侵犯"。此外，物权法还在"所有权"一编中，就各类财产的保护根据权利主体作了列举式地规定（参见《物权法》第56条、第63条、第66条、第68条、第69条）。

由此可见，物权法并未区分公有财产和私有财产而采取不同的保护措施，而是对合法财产进行一体保护，这符合一切市场主体地位平等的原则，也符合民法调整平等主体之间法律关系的规范要旨，自不待言。但值得注意的是，物权法对公私财产进行平等保护，仅仅意味着在私法上，公私财产的地位是平等的，并不意味着公有财产不能受到公法的特别保护，事实上，公法对公私财产保护的力度是有相当大的差别的，例如刑法中的很多罪名就是专门针对侵犯公有财产而言的。因此物权法的规定不但没有违反宪法的规定，而且还向我们提出一个亟待解决的问题，就是要尽快制定相关法律，如"国有资产管理法"等公法性的规范加强对公有财产的保护。

本质上说，"区别对待"和"平等保护"之争是社会主义制度下"计划经济"与"市场经济"之争的延续。改革开放以来，我们突破了姓"资"和姓"社"的观念禁锢，认识到社会主义与市场经济之间并非对立和冲突的关系，"计划"和"市场"都只是经济手段，可以为资本主义所用，也可以为社会主义所用。在此基础上，我国宪法明确规定国家实行社会主义市场经济。在我看来，既然是搞市场经济，那么承认非公有制经济的法律地位，保障私有财产权利就是必然的选择，因而"平等保护"原则也是实行市场经济的必然要求。物权法明确规定"平等保护"原则，无论是对于私有财产权的保护，还是对于进一步解放思想和深化改革，都具有极为重要的意义。

——吴光荣：《物权诉讼：原理与实务》，人民法院出版社2009年版。

三、私人合法储蓄、投资和财产继承权等合法权益受法律保护

私有财产不仅仅包括不动产和动产，也包括私人合法储蓄、投资及其收益的财产权以及上述财产的继承权等其他合法权益。

这里的储蓄主要是指日常生活中所讲的存款储蓄，即指公民个人将合法拥有的、暂时不用的货币存入银行、信用合作社、邮政储蓄机构等信用机构，当存款到期或客户随时兑付时，由信用机构保证支付利息和归还本金的一种信用行为。对个人来说，储蓄存款作为一种金融资产，是私人财富的一种存在形式。个人将货币存放到信用机构，一方面可以保障现金的安全，另一方面通过信用机构支付利息和归还本金，可以增加财富，改善生活。储蓄已经成为私有财产的重要组成部分。需要强调的是，只有合法的储蓄才受法律保护。所谓合法的储蓄，一是要求存款的来源合法，二是要求信用机构是依法批准可以从事储蓄业务的机构。

投资是指将现有的资金或者可用于消费的价值投入到未来可以获取更大价值的经济活动。投资已经成为个人财富增长的重要手段。因此，依法保护

合法的投资及其收益是保护私人财产的重要内容。需要强调的是，违反国家法律、政策规定的投资行为以及以此获得的投资收益不受法律保护。

继承权是指在自然人死亡后，根据遗嘱或者法律规定而承受死者遗留财产（遗产）的权利。继承遗产也是私人获得财富的重要手段之一。继承权的主体只能是自然人。继承权发生的根据是法律规定或者合法有效的遗嘱的指定。根据《继承法》第2条的规定，遗产是自然人死亡时遗留的个人合法财产，包括：（1）公民的收入；（2）公民的房屋、储蓄和生活用品；（3）公民的林木、牲畜和家禽；（4）公民的文物、图书资料；（5）法律允许公民所有的生产资料；（6）公民的著作权、专利权中的财产权利；（7）公民的其他合法财产。根据本法的规定，私人所有的合法财产都可以作为遗产。因此，私人所有的一切合法的不动产、动产以及金钱、投资收益等都可以作为遗产。

四、审判实践中应注意的问题

法律面前人人平等是我国宪法确立的基本原则。审判实践中，应当秉承平等保护原则要求，对于国家、集体、私人以及其他民事主体的财产权利予以平等保护，充分保护。既要高度关注国有资产和集体财产的依法保护，防止国家利益和社会公共利益受损，也要高度关注公民、法人私有财产的保护，依法平等保护各种所有制经济共同发展。非公有制经济与公有制经济一样，是社会主义市场经济的重要组成部分，都是我国经济社会发展的重要基础。人民法院在依法保障公有制经济发展，不断增强国有经济活力、控制力和影响力的同时，要依法平等保护非公有制经济的合法权益，坚持各类市场主体的诉讼地位平等、法律适用平等、法律责任平等，为各种所有制经济提供平等司法保障。[①]

——沈德咏主编：《〈中华人民共和国民法总则〉条文理解与适用》，人民法院出版社2017年版。

【相关文献】

1. 张美红：《论〈物权法〉对公、私财产的平等保护原则》，载《法制与社会》2008年第16期。

2. 刘思萌、纪然、陈莹莹：《论我国私有财产的宪法保护》，载《法制与社会》2009年第36期。

[①] 参见《最高人民法院关于依法平等保护非公有制经济促进非公有制经济健康发展的意见》（法发〔2014〕27号）。

3. 李适时：《民法总则是确立并完善民事基本制度的基本法律》，载中国人大网，最后访问时间：2017年4月14日。

【相关案例】

1. 公民的合法财产受法律保护，损坏他人财产，当事人有过错的，应当承担财产损害赔偿责任

——袁某某与陈某等财产损害赔偿纠纷上诉案

案例要旨：公民的私有房屋受法律保护。由于建造高层楼房造成对房屋损坏，加害方应当承担民事责任。加害方在诉讼前已经对房屋进行过修理，当修理不能完全弥补特定物的损害，权利人可同时提起赔偿损失。

案号：（2008）沪二中民一（民）终字第756号

审理法院：上海市第二中级人民法院

来源：《人民司法·案例》2009年第4期

2. 承揽人在履行合同中因过错致第三人财产损失应赔偿

——方新民诉乌鲁木齐市美阳家居装饰有限公司在履行其与孙燕签订的房屋装修合同中造成其财产损失要求赔偿纠纷案

案例要旨：承揽人在履行与他人签订的承揽合同义务过程中，因过错致使合同以外的第三人的财产受到损失，该第三人直接以该承揽人为被告起诉要求赔偿损失，人民法院应当给予支持。

案号：（2005）乌中民一终字第977号

审理法院：新疆维吾尔自治区乌鲁木齐市中级人民法院

来源：《人民法院案例选》2007年第1辑（总第59辑）

第一百一十四条 民事主体依法享有物权

民事主体依法享有物权。

物权是权利人依法对特定的物享有直接支配和排他的权利,包括所有权、用益物权和担保物权。

【相关规定】

《中华人民共和国物权法》

第三十九条 所有权人对自己的不动产或者动产,依法享有占有、使用、收益和处分的权利。

第四十条 所有权人有权在自己的不动产或者动产上设立用益物权和担保物权。用益物权人、担保物权人行使权利,不得损害所有权人的权益。

第一百一十七条 用益物权人对他人所有的不动产或者动产,依法享有占有、使用和收益的权利。

第一百七十条 担保物权人在债务人不履行到期债务或者发生当事人约定的实现担保物权的情形,依法享有就担保财产优先受偿的权利,但法律另有规定的除外。

【相关观点】

一、物权的概念

物权是一种重要的财产权,是权利人在法律规定的范围内对一定的物享有直接支配并排除他人干涉的权利。[①]"物权"一词起源于罗马法。罗马法曾经确认了所有权、役权、永佃权、抵押权、质权等物权形式并创设了对物之诉的程序,以对物权进行保护。物权,是物之归属权、物之利用权。物权的归属性和排他性集中体现了其在本质上是人与人的关系,即物权的权利主体与所有不特定人之间的关系。我国《物权法》第2条第3款规定"本法所称物权,是指权利人依法对特定的物享有直接支配和排他的权利,包括所有权、用益物权和担保物权。"本条沿用了《物权法》第2条的规定。

——沈德咏主编:《〈中华人民共和国民法总则〉条文理解与适用》,人民法院出版社2017年版。

二、物权的设立

物权的设立,也称物权的发生,是指当事人依据法律规定的条件,通过

---

① 胡康生主编:《中华人民共和国物权法释义》,法律出版社2007年版,第25页。

法律行为或其他方式创设某项法定物权。从权利人角度看，物权的设立也可以称为物权的取得。物权的取得既包括原始取得，如无主物占有；又包括继受取得，即就他人的权利而取得物权，而继受取得又可分为移转取得和创设取得。[①] 从权利类型来看，物权的设立包括所有权的取得和他物权的设立，它们都具有一些共同适用的规则。

需要强调的是，物权的设立是物权从无到有的运动过程，已经设立的物权在事后得到确认，该确认行为并不发生设立物权的法律效果，因为物权在经确认之前已经存在，而不是经确认才设立。

——最高人民法院民事审判第一庭编著：《最高人民法院物权法司法解释（一）理解与适用》，人民法院出版社2016年版。

三、物权的排他效力

所谓物权的排他效力，指在同一标的物上不能同时存在两个所有权或者不相容的物权。如前所述，物权为权利人对标的物进行排他性支配的权利，因此在同一标的物上不能成立两个以上的物权，否则权利人对物进行直接支配而享有的利益就无从实现。物权的排他效力与债权的相容性形成鲜明的对比，债权的相容性允许数个债权同时存在于一个标的物上，即使出卖人就同一标的物分别与数个买受人订立买卖合同，由于买卖合同并不直接针对标的物，仅表明出卖人负有交付标的物并移转所有权的义务，因此在同一标的物上可以分别成立数个有效的债权。在一物数卖的场合，如果出卖人与数个买受人之间订立的合同均为有效，则各个买受人都能获得有效的债权，但根据物权的排他效力，只能有一个买受人最终取得对标的物的所有权。需要指出的是，物权的排他效力有强弱之分，所有权为完全物权，是对标的物的全面支配，因此排他效力最强，同一标的物上不能存在两个以上的所有权；以占有标的物为内容的用益物权和担保物权的排他效力次之，一般情形下，同一标的物上不能成立两个以上以占有为内容的用益物权或者担保物权；不以占有标的物为内容的担保物权的排他效力更次之，如抵押权，同一标的物上可成立数个抵押权，或者同时设立用益物权和抵押权，其效力依设立的先后次序而定。

——吴庆宝主编：《物权担保裁判原理与实务》，人民法院出版社2007年版。

四、物权的优先效力

所谓物权的优先效力，是指就同一标的物先后发生的物权，先成立的物权优先于后成立的物权；就同一标的物发生的物权和债权，物权的效力优先

[①] 参见王利明：《物权法研究》（上卷），中国人民大学出版社2007年版，第252页。

于债权的效力。此与债权的平等性形成鲜明对比，根据债权的平等性，先后成立的数个债权之间并无谁优先谁的问题。

物权为排他性对标的物进行支配的权利，具有对抗任何第三人的效力，因此先成立的物权应优先后成立的物权受到法律的保护，才能确保先成立的物权得以实现，此为物权相互间的优先效力。但需要注意的是，先成立的物权优先后成立虽为原则，但亦有例外：其一，定限物权优先于所有权。定限物权一方面的含义是指对标的物某一方面的支配，从而与所有权对标的物全面的支配相对立；另一方面的含义则是指对所有权的限制，限制所有权的行使，因定限物权虽然成立于所有权之后，但应优先于所有权的效力，否则不能实现定限物权的目的。其二，法律基于特定目的，可以赋予特定权利虽然成立在后，却具有优先的效力，如根据《海商法》的规定，海商法上的优先权优先于船舶抵押权的效力。

同一标的物上既有物权，又有债权时，无论物权成立于债权之前还是成立于债权之后，物权具有优先于债权的效力，这主要表现在一物数卖以及债务人破产的场合。在一物数卖的场合，即使是后与出卖人订立买卖合同的买受人，只要已经就标的物进行交付或者登记而取得标的物的所有权，就可以优先于先与出卖人订立买卖合同但未取得标的物所有权的买受人而受到保护；在债务人发生破产时，对标的物享有所有权或者担保物权的当事人，即可行使取回权或者别除权优先于债权人受到保护。值得注意的是，物权优先于债权的效力尚有以下例外：其一，买卖不破租赁。租赁权虽为债权，但根据法律的规定，先成立的租赁权优先于后成立的物权，租赁权成立之后，即使标的物已经转让给他人，租赁权也具有对抗新的所有权人的效力；其二，预告登记的债权。《物权法》第20条规定："当事人签订买卖房屋或者其他不动产物权的协议，为保障将来实现物权，按照约定可以向登记机构申请预告登记。预告登记后，未经预告登记的权利人同意，处分该不动产的，不发生物权效力。"因此，预告登记的债权具有对抗第三人的效力，成立在先的经预告登记的债权优先于后成立的物权而受到保护。

——吴庆宝主编：《物权担保裁判原理与实务》，人民法院出版社2007年版。

【相关案例】

1. 因物权的归属、内容产生争议的，利害关系人可以请求确认权利

——姜某诉郭某请求确认所有权纠纷案

案例要旨： 因物权的归属、内容产生争议的，利害关系人可以请求确认权利。对于房屋借名登记纠纷的，应当从以下几个方面予以考察判断真正权利人：一是涉诉房屋产权证登记为谁，由谁保

管；二是涉诉房屋的购房款及相关税费由谁支付；三是涉诉房屋由谁长期支配使用；四是房屋出卖方的证明。

来源：《人民法院报》

2. 擅自拆除他人房屋并用其地基新建房屋，是侵害他人物权的行为，应当承担民事责任

——袁某某与陈某等财产损害赔偿纠纷上诉案

案例要旨：我国法律上一直未明确承认添附制度，司法实践中，法院常以侵权责任取代添附制度，从而造成一般社会认知水平普遍感觉的不公平不效率。该案系典型的由添附引发的财产损害赔偿纠纷，一、二审法官分别运用侵权责任、添附制度进行处理，产生了截然不同的社会效果。二审法官在法无明确规定添附制度的情况下，采取迂回方式，通过做当事人工作，使其放弃恢复原状之侵权诉请，并运用添附制度原理对案件进行了改判。

案号：（2008）沪二中民一（民）终字第756号

审理法院：上海市第二中级人民法院

来源：《人民司法·案例》2009年第4期

3. 妨碍物权，权利人可以请求排除妨害

——伍海胜与伍海平排除妨害纠纷上诉案

案例要旨：禁止权利滥用是私法的一项基本原则。当事人在行使自身权利时，不得以损害他人为主要目的，否则构成权利滥用，当事人滥用权利之诉求，自不应得到支持，但法律限制其权利同时，仍应保护其合理诉求，当事人合理权利可通过备位诉请的方式得以实现。

案号：（2011）浙湖民终字第392号

审理法院：浙江省湖州市中级人民法院

来源：《人民司法·案例》2013年第14期

第一百一十五条　物权的客体

物包括不动产和动产。法律规定权利作为物权客体的，依照其规定。

【相关规定】

1. 《中华人民共和国物权法》

第二条　因物的归属和利用而产生的民事关系，适用本法。本法所称物，包括不动产和动产。法律规定权利作为物权客体的，依照其规定。本法所称物权，是指权利人依法对特定的物享有直接支配和排他的权利，包括所有权、用益物权和担保物权。

第一百一十七条　用益物权人对他人所有的不动产或者动产，依法享有占有、使用和收益的权利。

第二百二十三条　债务人或者第三人有权处分的下列权利可以出质：

（一）汇票、支票、本票；

（二）债券、存款单；

（三）仓单、提单；

（四）可以转让的基金份额、股权；

（五）可以转让的注册商标专用权、专利权、著作权等知识产权中的财产权；

（六）应收账款；

（七）法律、行政法规规定可以出质的其他财产权利。

2. 《中华人民共和国票据法》

第四条　票据出票人制作票据，应当按照法定条件在票据上签章，并按照所记载的事项承担票据责任。

持票人行使票据权利，应当按照法定程序在票据上签章，并出示票据。

其他票据债务人在票据上签章的，按照票据所记载的事项承担票据责任。

本法所称票据权利，是指持票人向票据债务人请求支付票据金额的权利，包括付款请求权和追索权。

本法所称票据责任，是指票据债务人向持票人支付票据金额的义务。

3. 《中华人民共和国担保法》

第七十五条　下列权利可以质押：

（一）汇票、支票、本票、债券、存款单、仓单、提单；

（二）依法可以转让的股份、股票；

（三）依法可以转让的商标专用权，专利权、著作权中的财产权；

（四）依法可以质押的其他权利。

4.《中华人民共和国公司法》

第七十一条　有限责任公司的股东之间可以相互转让其全部或者部分股权。

股东向股东以外的人转让股权，应当经其他股东过半数同意。股东应就其股权转让事项书面通知其他股东征求同意，其他股东自接到书面通知之日起满三十日未答复的，视为同意转让。其他股东半数以上不同意转让的，不同意的股东应当购买该转让的股权；不购买的，视为同意转让。

经股东同意转让的股权，在同等条件下，其他股东有优先购买权。两个以上股东主张行使优先购买权的，协商确定各自的购买比例；协商不成的，按照转让时各自的出资比例行使优先购买权。

公司章程对股权转让另有规定的，从其规定。

第七十二条　人民法院依照法律规定的强制执行程序转让股东的股权时，应当通知公司及全体股东，其他股东在同等条件下有优先购买权。其他股东自人民法院通知之日起满二十日不行使优先购买权的，视为放弃优先购买权。

5.《中华人民共和国专利法》

第十条　专利申请权和专利权可以转让。

中国单位或者个人向外国人、外国企业或者外国其他组织转让专利申请权或者专利权的，应当依照有关法律、行政法规的规定办理手续。

转让专利申请权或者专利权的，当事人应当订立书面合同，并向国务院专利行政部门登记，由国务院专利行政部门予以公告。专利申请权或者专利权的转让自登记之日起生效。

6.《中华人民共和国商标法》

第四十二条　转让注册商标的，转让人和受让人应当签订转让协议，并共同向商标局提出申请。受让人应当保证使用该注册商标的商品质量。

转让注册商标的，商标注册人对其在同一种商品上注册的近似的商标，或者在类似商品上注册的相同或者近似的商标，应当一并转让。

对容易导致混淆或者有其他不良影响的转让，商标局不予核准，书面通知申请人并说明理由。

转让注册商标经核准后，予以公告。受让人自公告之日起享有商标专用权。

7.《中华人民共和国著作权法》

第九条 著作权人包括:
(一) 作者;
(二) 其他依照本法享有著作权的公民、法人或者其他组织。

第十条 著作权包括下列人身权和财产权:
(一) 发表权,即决定作品是否公之于众的权利;
(二) 署名权,即表明作者身份,在作品上署名的权利;
(三) 修改权,即修改或者授权他人修改作品的权利;
(四) 保护作品完整权,即保护作品不受歪曲、篡改的权利;
(五) 复制权,即以印刷、复印、拓印、录音、录像、翻录、翻拍等方式将作品制作一份或者多份的权利;
(六) 发行权,即以出售或者赠与方式向公众提供作品的原件或者复制件的权利;
(七) 出租权,即有偿许可他人临时使用电影作品和以类似摄制电影的方法创作的作品、计算机软件的权利,计算机软件不是出租的主要标的的除外;
(八) 展览权,即公开陈列美术作品、摄影作品的原件或者复制件的权利;
(九) 表演权,即公开表演作品,以及用各种手段公开播送作品的表演的权利;
(十) 放映权,即通过放映机、幻灯机等技术设备公开再现美术、摄影、电影和以类似摄制电影的方法创作的作品等的权利;
(十一) 广播权,即以无线方式公开广播或者传播作品,以有线传播或者转播的方式向公众传播广播的作品,以及通过扩音器或者其他传送符号、声音、图像的类似工具向公众传播广播的作品的权利;
(十二) 信息网络传播权,即以有线或者无线方式向公众提供作品,使公众可以在其个人选定的时间和地点获得作品的权利;
(十三) 摄制权,即以摄制电影或者以类似摄制电影的方法将作品固定在载体上的权利;
(十四) 改编权,即改变作品,创作出具有独创性的新作品的权利;
(十五) 翻译权,即将作品从一种语言文字转换成另一种语言文字的权利;
(十六) 汇编权,即将作品或者作品的片段通过选择或者编排,汇集成新作品的权利;
(十七) 应当由著作权人享有的其他权利。

著作权人可以许可他人行使前款第(五)项至第(十七)项规定的权

利,并依照约定或者本法有关规定获得报酬。

著作权人可以全部或者部分转让本条第一款第（五）项至第（十七）项规定的权利,并依照约定或者本法有关规定获得报酬。

【相关观点】

一、物权的客体

物,可以从不同的角度加以分类：从权利主体的性质方面,可以分为公物和私物；从有无形体、可否触及方面,可以分为有体物和无体物；从财产的移动性和是否附着于土地方面,可以分为不动产和动产。[①] 我国《物权法》所称的物,包括不动产和动产。可是,对于什么是动产,什么是不动产,我国《物权法》并没有进一步界定。从外国立法例看,德国、瑞士、日本等大陆法系国家一般认为土地及其定着物为不动产,其余为动产。英国法将财产分为不动产和动产,不动产（realty）是指不包括租赁保有地的土地上的权益,动产（personalty）是指可移动的财产以及租赁保有地。[②] 从我国其他法律看,我国《担保法》第92条规定："本法所称不动产是指土地以及房屋、林本等地上定着物。本法所称动产是指不动产以外的物。"我们认为,我国《物权法》所称的不动产和动产,应当作相同理解。

一般而言,我国《物权法》所称的物,与德国民法的规定相同,无论是不动产还是动产,均为有体物,[③] 看不见、摸不着的抽象权利不属于我国《物权法》所称的物。但是,本条第2款规定了例外："法律规定权利作为物权客体的,依照其规定。"这里的法律,既包括我国《物权法》（第223～228条）,也包括其他法律,譬如《票据法》《担保法》《公司法》《专利法》《商标法》《著作权法》,等等。梁慧星教授负责的《中国物权法草案建议稿》第10条规定："本法所称物,指能够为人力控制并具有价值的有体物。能够为人力控制并有价值的特定空间视为物。人力控制之下的电气,亦视为物。"[④] 这里的物更宽泛一些。罗马法中的有体物,是指"实体存在于自然界之物质,而为人之五官所可觉及者也。如土地、房屋等。"[⑤]

《物权法》中的物包括不动产和动产。桥梁、房产等建筑设施,耕地、

---

① 参见《法国民法典》第516条：一切财产,无论是有体物还是权利,都可以分为不动产和动产。
② [英]F·H·劳森、B·拉登：《财产法》,中国大百科全书出版社1998年版,第18页。
③ 参见《德国民法典》第90条。
④ 梁慧星：《中国物权法草案建议稿》,社会科学文献出版社2000年版,第6页。
⑤ 陈朝壁：《罗马法原理》,商务印书馆1936年版,第81页。

草原、滩涂、矿产等自然资源都是不动产。不动产还包括道路、通讯、电力、天然气等基础设施。动产的概念非常宽，汽车、轮船、工厂的机器设备、家具、衣服等都属于动产。

——最高人民法院物权法研究小组编著：《〈中华人民共和国物权法〉条文理解与适用》，人民法院出版社2007年版。

二、物权客体必须特定化

物权是权利主体在法律规定的范围内直接支配一定物的财产权利，标的物不特定化，权利人就无从支配，并且物权的变动要采取登记或交付的方式，如果标的物不是特定的，登记或交付就无法进行，更何况标的物不特定的登记或交付是没有任何意义的。

物权客体的特定性，即要求物权支配的客体必须特定化，必须与其他物有明确肯定的区分，与其他的物没有法律上的联系，即物的一部分或者全部不存在与他人的物权在法律上不可以分割的情形。比如，移转给他人的所有权的标的物，不得有一部分或者全部无法与出让人或者第三人的所有权区分的情形。这样，即使是在一幢住宅内，如果一个个房间是可以特定化的，则在这些房间上就可以成立单独的所有权。因此，权利人支配的客体与其他物发生事实上的关联时，也不妨害物权的设定与取得。比如一栋楼房，各个居住单元之间有着事实上的关联，但是因为各个居住的单元可以特定化，物权的设定和取得就没有障碍。

物的特定，不以物的自然形态的完成作为必要条件。这也就是说，未完成的物，只要可以与他物明确区分时，也可以成为物权的客体。比如未建造完成的房屋、未建造完成的船舶、未制造完成的机器等等，在法律上和事实上均可以特定化，均可以成为物权的客体。

当特定的可以移转的财产权利如债权、知识产权中的财产权成为物权法的客体时，该项权利也必须符合物权的特定性要求，才能成为真正的物权支配的对象。比如，如果要在一项商标专用权上设定一项权利质权，则该项商标专用权必须具有"物"的外观，即成为一项可以由外观认知的权利，比如有物化的权利证书或者在登记簿记载。只有这样，才能成立权利质押。设立在无法"支配"的权利上的权利质押，无法满足债权人优先受偿要求，对"质押权人"并无意义，也无存在的必要。[①]

——屈茂辉主编：《物权法原理精要与实务指南》，人民法院出版社2008年版。

[①] 孙宪忠：《中国物权法总论》，法律出版社2003年版，第193页。

【相关案例】

1. 基于房屋所有权的延伸，房屋所有权人对该房屋前的土地享有排他的优先使用的权利

——吕华民诉蔺得胜在自己门面房前摆摊经营侵权案

案例要旨：所有权人通过合法受让取得门面房的所有权和合法经营权，其虽对该门面房前面的土地不享有合法的使用权，但基于房屋所有权的延伸，其对门前的土地有优先使用的权利，亦系对他人占有使用权的权利限制。他人在所有权人优先使用的范围内搭设摊点，严重侵犯了房屋所有权人的优先使用权，房屋所有权人有权要求其停止侵权、排除妨碍。

审理法院：河南省鹤壁市中级人民法院

来源：《人民法院案例选》2004年民事专辑（总第48辑）

2. 患者家属享有人体医疗废物支配权

——章心花等5人诉宁海县公安局、宁海县卫生局、王德尚、宁波市第一医院尸检纠纷案

案例要旨：人体医疗废物的法律属性是物，其所有权归原来的身体权人即患者所享有，若患者去世，则尸体包括从尸体上分离出来的脏器、血液、毛发及至尸体火化后的骨灰，均成为患者家属的合法继承的物，由患者家属享有支配权。鉴定机构擅自销毁脏器标本构成侵权，应承担侵权责任。

案号：（2006）甬民一终字第1517号

审理法院：浙江省宁波市中级人民法院

来源：《人民法院案例选》2008年第2辑（总第64辑）

第一百一十六条 物权法定原则

物权的种类和内容，由法律规定。

【相关规定】

《中华人民共和国物权法》

第五条 物权的种类和内容，由法律规定。

【相关观点】

一、物权法定原则的基本含义

物权法定原则，是指物权的种类、内容应由法律明确规定，而不能由法律之外的其他规范性文件确定，或由当事人通过合同任意设定。这里的法应作狭义理解，是指法律，不包括法规、司法解释和习惯法。

物权法定发端于罗马法，并为韩国、日本、荷兰、奥地利等多国民法所沿袭、借鉴。物权法定是大陆法系各国物权法所普遍承认的基本原则，对于准确界定物权、定纷止争、确立物权设立和变动规则、建立物权的秩序都具有十分重要的意义。[①] 我国《物权法》第5条即规定了物权法定原则，本条在民法总则中予以规定，体现了物权法定原则在物权法体系中的基础地位。物权法定原则集中体现了物权法规范的强制性，即当事人不得创设与法定物权种类和内容不符的物权，从而与允许当事人自由约定内容的债权显著区分开来。由法律限定物权权利的类型和内容，是因为物权是一种绝对权，具有对世效力，明确权利的类型和内容，有利于使他人对物权权利有清楚的认识，使相关权利义务关系内容清晰，减少交易成本，维护交易安全。

——沈德咏主编：《〈中华人民共和国民法总则〉条文理解与适用》，人民法院出版社2017年版。

二、物权法定原则的内容

物权法定主要包括两个方面的内容：

所谓物权的种类法定，是指哪些权利属于物权，哪些不是物权，要由物权法和其他法律规定。物权种类法定包含了下述两层含义：一方面，物权的具体类型必须要由法律明确确认，法律之外的规范性文件（如行政规章、地

[①] 王利明：《物权法研究》（修订版上卷），中国人民大学出版社2007年版，第158页。

方性法规）不得创设物权，当事人不得创设法律所不承认的新类型的物权。另一方面，种类法定既不允许当事人任意创设法定物权之外的新种类物权，也不允许当事人通过约定改变现有的法律规定的物权类型。理论上也将此种情况称为排除形成自由（Gestaltungsfreiheit）。[1] 当事人之间的协议不发生创设物权的效力，这与合同法的规则不同，合同法实行合同自由，因此存在着所谓有名合同和无名合同的区分。无名合同只要不违反强行法的规定，都是有效的。但物权法因为实行物权法定原则，当事人不能享有创设无名物权的权利。当事人在其协议中不得明确规定其通过合同设定的权利为物权，也不得设定与法定的物权不相符合的物权。

物权的内容法定包括两个方面：一方面，物权的内容必须要由法律规定，当事人不得创设与法定物权内容不符的物权，也不得基于其合意自由决定物权的内容。[2] 当然，这里的内容法定是指内质内核无法透过当事人的约定来扩展或者变更。例如，依据法律的规定，农村土地承包经营权的内容中的使用权能限于农业生产，则当事人不能通过合同约定更多的权能，例如不能在土地上进行建设。另一方面，内容法定就是强调当事人不得作出与物权法关于物权内容的强行性规定不符的约定。例如，当事人在设定不动产抵押权时，不能约定不需要办理抵押登记手续，债权人就能够取得抵押权。

三、违反物权法定原则的民事后果是物权设定无效

违反物权法定的行为只是不产生物权的效力。但是，其合同内容如果并没有违反某一个具体强行法的规定，就不能认定该合同无效，而只是不承认其创设物权的效力。物权法定原则包括两层含义：第一层含义是类型固定。类型固定是当事人不能创设现行法律上没有规定的物权类型；第二层含义是内容固定。在移转或设定物权的时候，不能够做出与现行法上针对某种类型的物权所设置的强行性规定不一样的约定。《物权法》其他地方并没有设置过多的强行性的规定。因为在市场经济的条件下，严格来讲，只有直接涉及到国家利益和公共利益的地方，只有在直接涉及到对国家利益和公共利益进行维护的地方，才有必要设置强行性规定。有学者认为，《物权法》所调整的不少物权关系并不直接涉及国家利益和公共利益，就应该给民事主体留出做出自主约定的空间。我们认为，这种观点是不符合物权法定原则的。

——最高人民法院物权法研究小组编著：《〈中华人民共和国物权法〉条文理解与适用》，人民法院出版社2007年版。

---

[1] 参见［德］曼弗雷德·沃尔夫：《物权法》，吴越、李大雪译，法律出版社2002年版，第11页。

[2] MuechKomm Gaier, Einleitung des Sachenrechts, Rn11

【相关文献】

1. 杨永清:《物权法总则若干问题理解》,载《人民司法·应用》2007年第19期。

2. 林志农:《物权法定原则及其缓和》,载《人民司法·应用》2007年第3期。

【相关案例】

1. 物权的种类和内容,由法律规定

——王启志诉郭懋愚等人房屋所有权纠纷案

案例要旨:物权的种类和内容,由法律规定。当事人之间依合同创设的法律未作规定的物权,不产生物权效力。

来源:江平、李国光主编:《物权法典型案例评析》,人民法院出版社2008年版。

2. 物权的种类和内容由法律规定,当事人自行约定创立的物权无效

——神农架阳日矿产公司诉神农架阳日镇政府用益物权确认纠纷案

案例要旨:用益物权,是物权的一种,是指非所有人对他人之物所享有的占有、使用、收益的排他性的权利。我国《物权法》第5条规定:物权的种类和内容,由法律规定。根据物权法定原则,自然人和法人只能依据法律的规定取得物权、行使物权请求权和行使物权的权利内容,不得创设物权的种类和内容。鉴于我国法律关于"不动产物权的取得需经权力部门审批和登记"的规定以及公路的公益属性,公路建设项目当事人双方约定公路建成后由投资方享有公路的用益物权的,该约定违反了物权法定原则,为无效约定。

案号:(2010)宜中民一终字第00201号

审理法院:湖北省宜昌市中级人民法院

来源:《中国审判案例要览》(2011年民事审判案例卷)

第一百一十七条 征收、征用

为了公共利益的需要,依照法律规定的权限和程序征收、征用不动产或者动产的,应当给予公平、合理的补偿。

【相关规定】

1. 《中华人民共和国物权法》

第四十二条 为了公共利益的需要,依照法律规定的权限和程序可以征收集体所有的土地和单位、个人的房屋及其他不动产。

征收集体所有的土地,应当依法足额支付土地补偿费、安置补助费、地上附着物和青苗的补偿费等费用,安排被征地农民的社会保障费用,保障被征地农民的生活,维护被征地农民的合法权益。

征收单位、个人的房屋及其他不动产,应当依法给予拆迁补偿,维护被征收人的合法权益;征收个人住宅的,还应当保障被征收人的居住条件。

任何单位和个人不得贪污、挪用、私分、截留、拖欠征收补偿费等费用。

第四十四条 因抢险、救灾等紧急需要,依照法律规定的权限和程序可以征用单位、个人的不动产或者动产。被征用的不动产或者动产使用后,应当返还被征用人。单位、个人的不动产或者动产被征用或者征用后毁损、灭失的,应当给予补偿。

第一百二十一条 因不动产或者动产被征收、征用致使用益物权消灭或者影响用益物权行使的,用益物权人有权依照本法第四十二条、第四十四条的规定获得相应补偿。

2. 《中华人民共和国土地管理法》

第二条 中华人民共和国实行土地的社会主义公有制,即全民所有制和劳动群众集体所有制。

全民所有,即国家所有土地的所有权由国务院代表国家行使。

任何单位和个人不得侵占、买卖或者以其他形式非法转让土地。土地使用权可以依法转让。

国家为了公共利益的需要,可以依法对土地实行征收或者征用并给予补偿。

国家依法实行国有土地有偿使用制度。但是,国家在法律规定的范围内划拨国有土地使用权的除外。

3.《国有土地上房屋征收与补偿条例》

第二条 为了公共利益的需要，征收国有土地上单位、个人的房屋，应当对被征收房屋所有权人（以下称被征收人）给予公平补偿。

第三条 房屋征收与补偿应当遵循决策民主、程序正当、结果公开的原则。

第八条 为了保障国家安全、促进国民经济和社会发展等公共利益的需要，有下列情形之一，确需征收房屋的，由市、县级人民政府作出房屋征收决定：

（一）国防和外交的需要；

（二）由政府组织实施的能源、交通、水利等基础设施建设的需要；

（三）由政府组织实施的科技、教育、文化、卫生、体育、环境和资源保护、防灾减灾、文物保护、社会福利、市政公用等公共事业的需要；

（四）由政府组织实施的保障性安居工程建设的需要；

（五）由政府依照城乡规划法有关规定组织实施的对危房集中、基础设施落后等地段进行旧城区改建的需要；

（六）法律、行政法规规定的其他公共利益的需要。

第十七条 作出房屋征收决定的市、县级人民政府对被征收人给予的补偿包括：

（一）被征收房屋价值的补偿；

（二）因征收房屋造成的搬迁、临时安置的补偿；

（三）因征收房屋造成的停产停业损失的补偿。

市、县级人民政府应当制定补助和奖励办法，对被征收人给予补助和奖励。

4.《建设部关于印发〈城市房屋拆迁工作规程〉的通知》

第二条 在城市规划区内国有土地上实施房屋拆迁，并需要对被拆迁人补偿安置的，适用本规程。

第三条 城市房屋拆迁管理工作程序是：拆迁计划管理、拆迁许可审批、拆迁补偿安置；必要时还应当依法进行行政裁决或者强制拆迁。城市房屋拆迁管理应当严格按照上述程序进行，前一程序未进行或者未达到规定要求的，不得进入后一程序。

第十二条 拆迁当事人应当按照《城市房屋拆迁管理条例》等有关法律法规规定，就补偿方式和补偿金额、安置用房面积和安置地点、搬迁期限、搬迁过渡方式和过渡期限等事项进行协商，订立拆迁补偿安置协议。

【相关观点】

一、在国家对土地、房屋或其他不动产进行征收，或者对不动产或者动产进行征用时，用益物权人也有权获得相应的补偿

根据《物权法》第42条、第44条的规定，为了公共利益的需要，人民政府依照法律规定的权限和程序可以征收集体所有的土地和单位、个人的房屋以及其他不动产，并给予相应的补偿。尽管上述规定只要是针对国家征收或征用集体、单位和个人所有的土地、房屋等不动产或者动产所作出的，其对象是"所有权"，但在实际生活中，对于土地、建筑物所有权的征收或者征用，往往会涉及到建设用地使用权、宅基地使用权、土地承包经营权等用益物权的提前消灭，因此，对于用益物权的征收、征用的补偿，乃征收、征用补偿的题中之意。《物权法》第121条是要解决国家征收、征用行为导致用益物权消灭或者影响用益物权行使的情形。在国家对土地、房屋或其他不动产进行征收，或者对不动产或者动产进行征用时，不仅物的所有权人的所有权会受到影响，也必然给用益物权人带来影响，因此，用益物权人也有权获得相应的补偿。

对于土地承包经营权而言，当承包地的所有权被征收时，附着于其上的土地承包经营权也当然消灭，此时，土地承包经营权人有权按照《物权法》第42条第2款的规定获得相应的补偿，包括土地补偿费、安置补助费、地上附着物和青苗的补偿费等费用。对于建设用地使用权而言，由于建设用地是附着于国家所有的土地所有权之上的，从法理上讲不存在所有权的征收问题。但建设用地上的建筑物、构筑物的所有权被征收时，根据"房地一体"的原则，该用益物权人对该建设用地享有的使用权也将消灭，因此，建设用地使用权人有权就建设用地使用权和地上附着物所有权要求补偿。

——屈茂辉主编：《物权法原理精要与实务指南》，人民法院出版社2008年版。

二、对房屋及其他不动产进行征收的补偿

《物权法》中明确征收单位、个人的房屋及其他不动产，应当依法给予拆迁补偿，维护被征收人的合法权益；征收个人住宅的，还应当保障被征收人的居住条件。

按照《城市房屋拆迁管理条例》的规定，拆迁人与被拆迁人应当就补偿方式和补偿金额、安置用房面积和安置地点、搬迁期限、搬迁过渡方式和过渡期限等事项，订立拆迁补偿安置协议。拆迁租赁房屋的，拆迁人应当与被拆迁人、房屋承租人订立拆迁补偿安置协议。拆迁补偿的方式可以实行货币补偿，也可以实行房屋产权调换。被拆迁人可以选择拆迁补偿方式，但有两种情形除外：一是，依据该条例第 25 条第 2 款规定，拆迁非公益事业房屋的附属物，不作产权调换，由拆迁人给予货币补偿。二是，依据该条例第 27 条规定，拆迁租赁房屋，被拆迁人与房屋承租人解除租赁关系的，或者被拆迁人对房屋承租人进行安置的，拆迁人对被拆迁人给予补偿。该补偿可以是货币补偿或房屋产权调换。一旦被拆迁人与房屋承租人对解除租赁关系达不成协议的，拆迁人应当对被拆迁人实行房屋产权调换。产权调换的房屋由原房屋承租人承租，被拆迁人应当与原房屋承租人重新订立房屋租赁合同。①2007 年通过的《物权法》已经明确地将征收补偿的范围扩及用益物权人的范围：因不动产或者动产被征收、征用致使用益物权消灭或者影响用益物权行使的，用益物权人有权依照《物权法》第 42 条、第 44 条的规定获得相应补偿。这就意味着承租人也可以因承租房屋被征收而获得相应的补偿费用，但相关补偿费用的标准等问题仍属欠缺。

【相关案例】

1. 房屋拆迁安置权益属房屋所有权的综合性权能

——胡田云与汤锦勤等房屋所有权纠纷上诉案

案例要旨：房屋拆迁安置权益属房屋所有权的综合性权能，一般包括被拆房屋补偿款、搬迁费用、新建房补贴、新建房屋土地使用权等。应以被拆迁房屋的所有权权属决定拆迁安置权益的归属，共有人之间可通过协议予以分割。在他人享有使用权之土地上建造房屋而形成附和的，房屋所有权一般归属于土地使用权人。对实施房屋建造的非土地使用权人所进行的补偿不仅包括金钱给付，在特定身份关系下亦应包括居住使用权益。

审理法院：浙江省金华市中级人民法院

来源：《人民司法·案例》2012 年第 10 期

2. 国家为了公共利益的需要，可以依法对土地实行征收或者征用并给予补偿

——某县断江镇白岩村诉某县人民政府行政复议案

案例要旨：依据法律法规规定，土地所有权和使用权争议，由当事人协商解决；协商不成的，由人民政府处理。单位之间的争议，由县级以上人民政府处理；当事人对有关人民政府的处理决定不服的，可以自接到处理决定通知之日起 30 日内，向人民法院起诉。国家为了公共利益的需要，可以依法对土地实行征收或者征用并给予补偿。县人民

---

① 《城市房屋拆迁管理条例》第 27 条。

政府作为适格主体作出的土地权属决定是合法的。

来源：黄蓓：《行政复议案例评析与思考》，人民法院出版社 2014 年版

3. 在不影响被征收人依法获得公平补偿的情况下，征收人可以按征收进度及时分批补足征收补偿费用

——顾玉龙诉江苏省常州市天宁区人民政府房屋征收决定纠纷案

案例要旨：房屋征收决定作出前，征收补偿费用虽未足额到位，但政府同级财政部门就此作出专项说明，确保财政资金用于该征收项目补偿安置。而且，在案件审理过程中，该征收项目进展顺  利，绝大部分被征收人已经签约并补偿结算完毕。据此，在不影响被征收人依法获得公平补偿的情况下，征收人按征收进度及时分批补足征收补偿费用的行为符合实际，再行对征收决定作出撤销或确认违法的判决已无实际意义，而且不利于社会秩序的稳定。

案号：（2011）常行初字第 8 号

审理法院：江苏省常州市中级人民法院

来源：《人民司法·案例》2012 年第 10 期

第一百一十八条 债权

民事主体依法享有债权。

债权是因合同、侵权行为、无因管理、不当得利以及法律的其他规定，权利人请求特定义务人为或者不为一定行为的权利。

【新旧法条对比】

《中华人民共和国民法通则》

第八十四条 债是按照合同的约定或者依照法律的规定，在当事人之间产生的特定的权利和义务关系。享有权利的人是债权人，负有义务的人是债务人。

【相关规定】

1. 《中华人民共和国合同法》

第二条 为了保护合同当事人的合法权益，维护社会经济秩序，促进社会主义现代化建设，制定本法。

2. 《中华人民共和国侵权责任法》

第二条 侵害民事权益，应当依照本法承担侵权责任。

本法所称民事权益，包括生命权、健康权、姓名权、名誉权、荣誉权、肖像权、隐私权、婚姻自主权、监护权、所有权、用益物权、担保物权、著作权、专利权、商标专用权、发现权、股权、继承权等人身、财产权益。

第三条 被侵权人有权请求侵权人承担侵权责任。

【相关观点】

一、债的概念

债是民法上的一个基本概念，源于罗马法。我国《民法通则》第84条规定："债是按照合同的约定或者依照法律的规定，在当事人之间产生的特定的权利和义务关系。享有权利的人是债权人；负有义务的人是债务人。债权人有权要求债务人按照合同约定或者按照法律的规定履行义务。"

债作为一种民事法律关系，应当由主体、客体和内容三个基本要素组成：(1) 债的主体。即指参与债的法律关系的当事人，包括债权人和债务人。债的主体必须特定化，以此决定债权债务关系为特定当事人之间的法律关系。(2) 债的客体。债的客体又称之为债的标的，是指债权债务关系所指向的对象,一般认为包括物、行为、精神成果、权利等。(3)债的内容。即指在当事人之间存在的权利和义务,即债权和债务。债权和债务互相对立,二者相依存而不得彼此单独存在。

债因为一定的法律事实而发生。能够引起债的发生的法律事实,为债的发生原因,实际上,债的发生原因亦为债权的发生原因。立法例一般规定,债因为契约、侵权行为、不当得利、无因管理而发生。我国民法规定债的发生原因有如下五类:(1)合同之债,又称为契约之债。即指依据有效合同所产生的债。(2)侵权行为之债。一般认为,因侵权行为受到损害的人有请求加害人赔偿损害的权利,加害人有赔偿的义务,这种因侵权行为而产生的权利义务关系即为侵权行为之债。(3)不当得利之债。即指因债务人的不当得利而引起的债权债务关系。(4)无因管理之债。即指没有法律规定或约定的义务而为他人管理事务的行为所支出的必要费用而引起的债权债务关系。(5)因缔约过失所生之债。即指当事人缔结合同过程中具有过失,从而导致相对人遭受损害而产生的债权债务关系。

——何志:《物权法判解研究与适用》,人民法院出版社2004年版。

二、债权的法律特征

债权,是指请求特定人为特定行为的民事权利;与债权相对应的是债务,债务是应特定人的请求为特定行为的义务。享有债权的人即为债权人,负有债务的人即为债务人。

债权是债的内容的一方面,要了解债权的概念必须先弄清债的涵义。债是特定人与特定人之间请求为特定行为的财产性民事法律关系。我国《民法通则》第84条规定:"债是按照合同的约定或者依照法律的规定,在当事人之间产生的特定的权利和义务关系。"

债权有下述法律特征:

(一)债权为相对权

相对权的效力仅及于特定的义务主体,因而债权人只能向特定人请求为某种给付,不得对抗第三人。债权效力的相对性由其内容决定。债权以义务人为特定之积极或消极给付为内容,因而只能向特定人主张权利。在这一点上与物权迥然不同。物权以对物的直接支配为内容,且具有独占性,他人不得再为相同的支配行为,因而物权为绝对权。需要指出的是,权利效力的绝对性和权利本身的不可侵性截然不同。两者的义务人范围及义务内容虽相似(前者都为不特定的任何人,后者都为不作为),但两者效力有明显区别:首先,前者的效力为排除他人在同一客体上为相同内容的支配;后者为排除他人妨害其权利的行使。其次,前者仅限于物权、人身权、知识产权等支配权;后者及于任何权利,属权利之共性。物权有绝对权效力的属性,又有权利不可侵的属性。债权虽无绝对权的效力,但仍有不可侵性。因而一般人仍负有不侵害他人债权的消极义务。若第三人不法加害他人债权，应负债权行为之责。例如，第三人明知出卖方已将某特定物卖与他人，仍与出卖方签订该特定物之买卖合同，并受领该物，使他人债权利益受到侵害，则该他人可请求撤销第三人与出卖方的买卖行为，维护自己的债权利益。

（二）债权为请求权

请求权，即要求他人为一定行为或不为一定行为之权利。债权的本质内容为受领权，权利的实现需义务人的积极行为，但如消极坐待义务人自动给付，债权人有蒙受损害之虞，所以法律赋予债权人请求权，使其可积极地主张权利。请求权往往使债权利益圆满实现。因此，以权能的功能与作用观之，与债权中请求权相比，债权中的受领权要相形见绌了。就此意义而言，认为债权是请求权的不乏其人。但请求权不以债权为限。物权有直接支配物的积极效力，同时也有排除他人干涉的消极效力，因而权利人在物权失其圆满状态时也有请求权，称物上请求权。诸如，原状恢复请求权、妨害排除请求权、原物返还请求权等。亲属权为他人妨害时则有亲属权上的请求权。

（三）债权为财产权

债权为权利人请求相对人为一定给付，受领该给付之权利。相对人之给付无论为何种形式，均有财产属性，或为有形财产，或为无形财产。有些债权，如作品的许可使用权、委托、技术服务等以信托为本的债权，虽有人身和精神属性，但又有经济属性。这些权利在交换关系中法律更注重其经济利益的一面。总之，债形成于财产的交换、分配关系中，债之给付均可给予经济评价，一般而言，债权可转让或继承，非专属于某特定主体。

——刘家琛主编：《国家赔偿法及配套规定新释新解》，人民法院出版社2006年版。

三、无因管理中的必要费用偿还请求权

无因管理人的权利主要就是请求本人偿付由管理事务所支出的必要费用。管理人有权要求受益人偿付由此而支付的必要费用。本人应偿还管理人为管理本人事务所支出的必要费用，并应同时偿还自支出时起的利息。该费用是否为必要，依支出时的客观情况判定，而不以管理人的主观认识为准。必要费用不包括管理人的报酬。管理人对本人不享有因从事无因管理而收取任何报酬的权利。但本人自愿支付报酬的除外。

四、不当得利的请求权与侵权责任的请求权的竞合

原权利人基于债权上请求权要求转让人承担合同责任、侵权责任或不当得利的返还责任。具体而言：（1）合同责任。如果原权利人与转让人之间事先存在着租赁、保管等合同关系，而转让人擅自处分原权利人的财产，则原权利人可以以违约为由，请求其承担违约责任。（2）侵权责任。转让人对原权利人的标的物不享有处分权，而仍然将该标的物转让给他人，在此情况下，将构成对原权利人财产所有权的侵害,应当承担侵权责任。如果转让人和原权利人之间事先存在合同关系,在此情况下,转让人的行为将发生责任的竞合,即其无权处分行为既构成其与原权利人之间合同的违反,又构成侵权行为。原权利人可以选择一种对其最为有利的请求权提出主张或提起诉讼。(3)不当得利返还责任。如果转让人与受让人之间发生的是一种有偿的合同关系,转让人作出的是一种有偿的处分行为,并因此而获得一定的利益,则原权利人有权请求转让人返还不当得利。但这种不当得利的请求权与侵权责任的请求权也可能发生一种竞合现象,原权利人可以选择一种对其最为有利的请求权对其提出主张或提起诉讼。

——最高人民法院物权法研究小组编著:《〈中华人民共和国物权法〉条文理解与适用》,人民法院出版社2007年版。

五、债权的相对性与平等性

1. 必须明确债权具有平等性。《中华人民共和国担保法》(以下简称《担保法》)第54条规定,以同一财产向两个债权人抵押的,如果抵押权均未登记的,应该按照合同生效时间的先后顺序清偿。实际上是赋予了合同生效在前的债权人以优先受偿的效力,与债权的平等性不符。《最高人民法院关于适用〈中华人民共和国担保法〉若干问题的解释》第76条(以下简称《担保法司法解释》)与《物权法》第199条都规定,抵押权均未登记的,按照债权比例清偿。改变了《担保法》的规定,也更具合理性。

2. 必须明确债权具有相容性。如在一物二卖这种典型情形中,两个买卖关系均可有效成立,即使第二个受让人在签订合同时明知前一个合同存在,只要他不是以违背善良风俗的方式恶意侵害在先债权人的利益,而且率先完成登记或占有等公示,就能取得标的物的所有权。但在先债权也并不因此无效,而是可以转化为违约金请求权或者损害赔偿请求权。

3. 明确债的担保的主要作用在于弥补债的效力的不足。根据《民法通则》第84条规定:"债是按照合同的约定或者依照法律的规定,在当事人之间产生的特定的权利和义务关系。"则合同之债、不当得利之债、无因管理之债和侵权损害赔偿之债均可成为担保的对象。而《担保法》第2条仅规定,在借贷、买卖、货物运输、加工承揽等经济活动中,债权人需要以担保方式保障其债权实现的,可以依照本法规定设定担保。虽然这体现了当时制定《担保法》的主要目的,但限定的适用范围明显较窄。《担保法司法解释》第1条作了扩展,即"由民事关系产生的债权,在不违反法律、法规强制性规定的情况下,以担保法规定的方式设定担保的,可以认定为有效。"但需要注意的是,非民事债权仍然被排除在担保范围之外。

4. 债的担保要与司法担保区分开来,后者如民事程序中当事人申请财产保全时,法院要求其提供的担保,其在价值、功能与适用规则上与前者有较大差别，不可混淆。

——刘保玉主编：《担保法原理精要与实务指南》，人民法院出版社2008年版。

【相关案例】

1. 合同一方因第三人原因违约的，应承担违约责任

——四海公司诉袁明生等委托合同纠纷因四海公司未行使委托人介入权由袁明生承担违约责任案

案例要旨：当事人一方因第三人的原因造成违约的，应当向对方承担违约责任。当事人一方和第三人之间的纠纷，依照法律规定或按约定解决。此条规定了违约责任具有相对性，它来源于合同的相对性，是指违约责任仅仅发生于特定的当事人之间，合同关系以外的人不负违约责任。

审理法院：江苏省高级人民法院

来源：《人民法院案例选》（2004年商事·知识产权专辑）（总第49辑）

2. 认定言语行为构成侵权，应符合侵权责任的构成要件并提供相应的证据证明

——李老太诉王女士其他侵权责任纠纷案

案例要旨：言语行为是否承担法律责任，应看是否符合侵权责任的构成要件，同时当事人应提供相关的证据证明行为是否符合侵权责任构成。若符合侵权责任构成，言语行为可能会承担相应的法律责任；若未提供相关证据予以证明的，其诉讼请求也有可能会得不到法院的支持。

来源：北京法院网

第一百一十九条 合同的约束力

依法成立的合同，对当事人具有法律约束力。

【新旧法条对比】

《中华人民共和国民法通则》

第八十五条 合同是当事人之间设立、变更、终止民事关系的协议。依法成立的合同，受法律保护。

【相关规定】

《中华人民共和国合同法》

第二条 本法所称合同是平等主体的自然人、法人、其他组织之间设立、变更、终止民事权利义务关系的协议。

婚姻、收养、监护等有关身份关系的协议，适用其他法律的规定。

第八条 依法成立的合同，对当事人具有法律约束力。当事人应当按照约定履行自己的义务，不得擅自变更或者解除合同。

依法成立的合同，受法律保护。

【相关观点】

一、合同的法律效力

《合同法》第8条规定："依法成立的合同，受法律保护。"这说明合同虽是当事人之间设立、变更、终止民事关系的协议，不是法律，但是它不同于一般的协议，它依法成立后，即具有法律效力。合同的法律效力的内容和表现是多方面的，主要有以下三个方面：

（一）合同当事人之间发生合同中约定的民事权利义务

这是合同的基本法律效力。合同依法成立后，当事人即享有合同中约定的权利和负担合同中约定的义务。尽管合同当事人的权利义务是自行约定的，但由于是依法约定的，同样是法律上的权利义务。合同债权人的债权受法律的保护，合同债务人必须履行自己的义务。

（二）合同具有法律上的强制约束力

合同依法成立即具有法律上的强制力，当事人各方都须按照合同的约定，全面地正确地履行合同之债。任何一方不履行或不适当履行合同之债，都应依法承担相应的民事责任；任何一方都不得擅自变更或解除合同。当事人变更或解除合同的，必须有法定事由并经法定程序。

(三)合同是处理双方纠纷的依据

合同是确立当事人之间权利义务关系的法律事实,是明确当事人的权利和义务的法律证据。在当事人就其权利发生争议时,合同是最有力的证据。当事人主张自己权利的,要以合同中的约定来证明;人民法院或者仲裁机关裁决当事人争议的,也须以合同为依据,而不能任意以其他的事实来裁判。

然而,必须注意,并非所有的合同都具有法律效力。法律明确规定,依法成立的合同才受法律的保护。不是依法成立的合同,不能具有上述法律效力。换句话说,只有依法成立的合同才能发生法律效力。

——唐德华、高圣平主编:《民法通则及配套规定新释新解(中)》,人民法院出版社2003年版。

二、合同的法律效力在审判实际中应注意的问题

合同的法律效力,或者说合同对当事人的拘束力具体体现在权利和义务两个方面。从权利方面来说,合同当事人依照法律和合同的规定所产生的权利依法受到法律保护。合同的权利包括请求和接受债务人履行债务的权利,包括请求权、抗辩权、代位权和撤销权,以及在一方不履行合同时获得补救的权利、诉请强制执行的权利等,当事人因正当行使这些权利而获得的利益,也受到法律的保障。就义务方面而言,合同对当事人的拘束力表现在两个方面:一方面,当事人根据合同所产生的义务具有法律强制性。《合同法》第60条规定:"当事人应当按照约定全面履行自己的义务。当事人应当遵循诚实信用原则,根据合同的性质、目的和交易习惯履行通知、协助、保密等义务。"当事人拒绝履行和不适当履行义务,随意变更和解除合同的,都是不符合法律规定的行为,应当承担相应的责任。因此,责任是合同之债的担保,失去了法律责任,合同将难以产生拘束力。

同时,根据合同相对性原理,只有合同当事人才享有基于合同所产生的权利并承担根据合同所产生的义务,而当事人一方只能向对方行使合同权利,并要求其履行合同义务,不能请求第三人承担合同义务。还需要注意的是,我国司法实践中还存在对合同成立要件和生效要件不加区分的部分情形,以合同生效要件去判断合同是否成立等。按照通说,合同成立与是否属于事实判断问题,合同是否成立是合同生效的前提。合同是否生效属于价值判断问题,例如对于侵权行为造成的损害能否事先约定的问题,在侵权责任法中明确了损害填补的原则,如果允许当事人就此进行约定,就违反了该原则,会出现侵害人恣意损害他人权利的不法后果,这样的约定显然不能赋予其法律强制力。对于合同效力的判断,需要结合民事法律行为的效力加以准确认定,包括合同生效的条件、效力待定合同、可撤销合同、无效合同,均为民事法律行为效力理论的具体化。具体的法律理解和适用的依据,不仅有才通过的《民法总则》"民事法律行为的效力"专节的规定,还有《合同法》《最高人

民法院关于适用〈中华人民共和国合同法〉若干问题的解释（二）》关于合同效力的有关规定。

——沈德咏主编：《〈中华人民共和国民法总则〉条文理解与适用》，人民法院出版社2017年版。

【相关案例】

"假一赔十"是一种合同行为，该承诺连同合同其他条款对经营者具有法律约束力

——王卫文诉孙云才买卖合同纠纷案

案例要旨：诚实信用是民法通则规定的一项基本原则，商家为促销商品而承诺"假一赔十"是一种合同行为消费者决定购买该商品，买卖合同成立，该承诺连同合同其他条款对经营者即具有法律约束力。如果产品确为假货，商家应对"假一赔十"的承诺依约履行。

审理法院：北京市东城区人民法院

来源：《最高人民法院公报案例》2014年第9期

第一百二十条　侵权责任承担

民事权益受到侵害的，被侵权人有权请求侵权人承担侵权责任。

【相关规定】

《中华人民共和国侵权责任法》

第二条　侵害民事权益，应当依照本法承担侵权责任。

本法所称民事权益，包括生命权、健康权、姓名权、名誉权、荣誉权、肖像权、隐私权、婚姻自主权、监护权、所有权、用益物权、担保物权、著作权、专利权、商标专用权、发现权、股权、继承权等人身、财产权益。

第三条　被侵权人有权请求侵权人承担侵权责任。

【相关观点】

一、侵权责任承担的具体方式及其适用条件

《侵权责任法》第15条规定的八种侵权责任承担方式，按其性质和功能的不同可以分为以下四类：制止型、预防型的责任方式；恢复型的责任方式；补偿型的责任方式；人身型的责任方式。

（一）制止型、预防型的责任方式

我国已有的法律、司法解释对停止侵害、排除妨碍、消除危险等责任形式已有规定，[1] 这些规定是《侵权责任法》的立法基础。《侵权责任法》第21条规定："侵权行为危及他人人身、财产安全的，被侵权人可以请求侵权人承担停止侵害、排除妨碍、消除危险等侵权责任。"这里的"危及"应当是：第一，侵权行为正在实施和持续而非已经结束；第二，侵权行为已经危及被侵权人的人身、财产安全而非不可能危及；第三，是侵权人所为的侵权行为而非自然原因。对正在危及他人的人身、财产安全的侵权行为发生的情况下，赋予被侵权人请求停止侵害、排除妨碍、消除危险等责任方式，目的在于防止损害后果的扩大，维护被侵权人的合法权益。[2]

停止侵害、排除妨碍、消除危险等责任方式的功能，在于制止已发生的侵权行为和预防可能发生的侵权行为，故被称为制止型、预防型责任方式。

---

[1] 参见《民法通则》第83条，《物权法》第35条、第83条，《民法通则意见》第97条、第98条、第154条等。

[2] 王胜明：《中华人民共和国侵权责任法释义》，法律出版社2010年版，第105页。

1. 停止侵害。所谓停止侵害，是指侵权行为人根据权利人的请求或主管机关的命令，立即停止其侵权行为，以防止损害发生或扩大的责任方式。停止侵害的适用条件是：侵害正在进行或仍在延续之中。这种责任形式可以有效防止损害的扩大，是除损害赔偿外最重要的一种责任形式。停止侵害可以适用于侵害人身权、物权、知识产权和占有的侵权行为。特别在侵害知识产权和人身权的纠纷中，停止侵害责任的适用具有十分重要的意义。[1] 有些情况下，政府部门可能作出责令停止侵害的命令，但这不妨碍受害人要求法院判决侵害人停止侵害。

2. 排除妨碍。排除妨碍，又称为排除妨害，是指实施侵权行为妨碍或可能妨碍他人正常行使民事权利时，侵权行为人应根据权利人的请求或法院的裁判，除去其已经造成的妨碍或者停止其可能造成妨碍的行为。排除妨碍的适用条件是：（1）妨碍行为是不正当的；（2）因妨碍而导致已经存在某种危险。有些情况下，政府部门可能作出责令排除妨害的命令，但这不妨碍受害人要求法院判决侵害人排除妨害。

3. 消除危险。消除危险是指当人的行为或人管理的动产、不动产对他人人身及公私财产存在某种危险隐患时，有关责任人应依法消除危险隐患的责任方式。消除危险的适用条件是：须损害尚未实际发生，也没有妨碍他人民事权利的行使，但行为人的行为又确有可能造成损害的后果，对他人构成威胁。

制止型、预防型的责任方式的适用，并不以过错为前提。如就物权保护而言，最高人民法院的法官就指出：权利人请求消除危险或排除妨害，不需要证明相对人有过错，只需要证明其享有物权的特定的物被他人妨害或遭受危险即可。危险或妨害不是实际损害的结果，而是某种行为或事实状态，权利人必须举证证明这种事实状态和行为达到一定的程度，使权利人难以忍受且阻碍了权利的正当行使，而无需就相对人的过错和是否造成损害举证。[2]

停止侵害、排除妨碍、消除危险这三种责任形式的适用，可以在判决中作出，也可以先行裁定。对此，《民法通则意见》第 162 条第 1 款规定，在诉讼中遇有需要停止侵害、排除妨碍、消除危险的情况时，人民法院可以根据当事人的申请或者依职权先行作出裁定。《最高人民法院关于诉前停止侵犯专利权行为适用法律问题的若干规定》（法释〔2001〕20 号）第 1 条也有相关规定。

---

[1] 张玉敏：《民法》，高等教育出版社 2007 年版，第 578 页。
[2] 最高人民法院物权法研究小组：《〈中华人民共和国物权法〉条文理解与适用》，人民法院出版社 2007 年版，第 144 页。

(二) 恢复型的责任方式

此类责任承担方式包括返还财产与恢复原状两种方式，其功能在恢复权利之原状，故又被称之为权利保全型的责任方式。

1. 返还财产。返还财产是指财产的非法占有人，应将其非法占有的财产返还给财产权利人。返还财产的请求权人常常是所有权人，但也可能是他物权人或占有人。对此，《物权法》第243条和第245条已作出了明确规定。

关于返还财产这一责任方式，在适用时应遵循的规则有以下几点：（1）负返还原物责任的主体须是不法占有人。合法占有人在其合法占有期间不负返还原物的责任。（2）请求返还原物的主体须是物的所有人或其他合法占有人。不法占有人的占有只受占有之诉的保护，不受物权之诉的保护。（3）适用返还财产责任方式的前提是该财产还存在。如果原物已经灭失，返还原物在客观上已不可能，权利人只能要求赔偿损失，而不能要求返还原物。如果物虽然存在，但已经遭受毁损坏，则原物权利人可以根据其利益需要，请求返还财产、赔偿损失以及修理等等责任方式。[①] 此外，如占有人已将该财产转让给第三人，则只有在第三人不构成善意取得的情况下，才能请求返还财产。在第三人善意取得财产所有权的情况下，原权利人只能向无权处分人请求赔偿损失（也可能发生侵权责任与违约责任的竞合）。（4）根据《物权法》第243条的规定，负返还原物责任的主体，在返还原物时应同时返还原物的孳息。

返还财产时，占有人可否主张对该财产曾经支出的费用？《侵权责任法》未作明确规定。《物权法》第243条规定："不动产或者动产被占有人占有的，权利人可以请求返还原物及其孳息，但应当支付善意占有人因维护该不动产或者动产支出的必要费用。"据此可知，对于善意占有人的返还必要费用的主张，应当予以支持。

无权占有他人之物的返还，还应根据占有的性质，适用相关的法律。有关盗窃、抢夺、抢劫等犯罪行为取得的物，其性质属于犯罪物证，在公诉案件中，权利人无需提起返还之诉，而应当在作为证据采证之后，由司法机关交还权利人；在刑事自诉案件中，权利人则可以提起附带民事诉讼，请求返还原物。对于非（违）法侵占物的返还，救济途径也应具体分析确定。对于一般主体（自然人、法人和非法人团体）的非法占侵占，没有构成犯罪的，一般可以通过返还之诉等方式解决。而对于特殊主体的违法侵占，如交通管理部门将扣留违法机动车逾期占有，工商、海关等执法部门逾期扣留货物、物品、交通工具不返还等情况，一般不能通过返还之诉的民事诉讼程序请求

[①] 最高人民法院物权法研究小组：《〈中华人民共和国物权法〉条文理解与适用》，人民法院出版社2007年版，第138~139页。

返还原物，而应当首先申请行政程序，请求实施具体行政行为的行政机关作出返还原物的决定，如果行政机关不作为，或决定不返还，权利人可以就不作为或（经复议后的）行政决定提起行政诉讼，请求判令行政机关作为（返还扣押物），或撤销不返还的决定，判令重新作出决定（返还扣押物）。①

2. 恢复原状。关于恢复原状，在民法上有不同的理解。此处作为与返还原物并列的恢复原状，只能为狭义理解，即通过修理等手段恢复被损坏的有形财产的原状。

对"恢复原状"既然作狭义理解，那么其构成条件自应按物权法有关恢复原状请求权的规定或原理来确定。按《物权法》有关恢复原状请求权的规定或原理，恢复原状责任的构成应具备以下条件：（1）须有恢复的可能；（2）恢复原状有必要，即受害人认为恢复原状是必要的且具有经济上的合理性；（3）财产损坏须出于责任人的违法行为。合法使用他人所有物产生的磨损，不构成恢复原状责任。

在我国，恢复原状和损害赔偿都是独立的侵权责任方式，但这不意味着这二者在实际适用中存在某种特殊的联系。尽管《侵权责任法》对恢复原状与损害赔偿的适用关系未设明文，但最高人民法院侵权责任法研究小组认为："在所有人的财产遭受毁损后，如果经过修理仍不足以弥补受害人的损失，受害人可以额外要求赔偿，法院也可以同时判令赔偿损失。"②

3. 返还财产与恢复原状的关系。返还财产与恢复原状虽然都具有恢复权利（物权）的功能，而且在特殊情况下还可能并存——对损坏的财产进行恢复原状的处理仍不能达到其受损前的价值的，受害人还可要求对减损的价值进行赔偿。但是，二者在责任构成条件上与责任内容上并不相同：（1）在责任构成上，作为返还财产责任构成重要条件的违法加害行为是非法占有他人财产的违法行为；而作为恢复原状责任构成重要条件的违法加害行为是非法损坏他人财产的违法行为。（2）在责任内容上，即责任人依法应当履行的给付义务上，返还财产的责任人应当履行的给付义务是向权利人返还原物的义务；而恢复原状的责任人应当履行的给付义务是通过修理恢复财产原状的义务。

（三）补偿型的责任方式

补偿型的责任方式即损害赔偿或赔偿损失。赔偿损失，是指责任人向受害人支付一定数额的金钱以弥补其损失的责任方式。赔偿损失是实现侵权法

---

① 最高人民法院物权法研究小组：《〈中华人民共和国物权法〉条文理解与适用》，人民法院出版社2007年版，第140~141页。

② 最高人民法院物权法研究小组：《〈中华人民共和国物权法〉条文理解与适用》，人民法院出版社2007年版，第148页。

弥补损害之立法目的的最基本的责任方式，也是运用最为广泛的责任方式。如前所述，在国外民法上恢复原状是损害赔偿的方法之一。但在我国，恢复原状与赔偿损失是两种不同的责任形式。

在侵权案件中，被告侵权损害赔偿责任之是否构成，一般要考虑以下三类因素：（1）客观构成条件。包括原告损害事实的存在、被告行为与原告所受损害之间具有因果关系、被告之加害行为具有违法性。（2）主观归责理由。被告的过错、被告行为具有的危险性、平衡原被告利益之要求，都可成为责令被告承担赔偿责任的理由。（3）免责事由。被告可基于"正当理由"或"外来原因"，主张免除或减轻责任。

（四）人身型的责任方式

此类责任方式包括消除影响、恢复名誉与赔礼道歉两种责任方式。《侵权责任法》所规定的赔礼道歉、消除影响、恢复名誉等责任形式也主要是针对侵害名誉权、隐私权、姓名权、肖像权等人格权益的情形。赔礼道歉这种责任形式，在侵害人身权的情况下，常常被适用。实际上，在一些侵权案件中，原告所期待的并非金钱赔偿，而是要"讨个说法"，或者恢复自己的名誉，消除侵权行为造成的不良影响。在另一些侵权案件中，受害人可能并没有遭受财产方面的损失，此时也只能要求赔礼道歉或精神损害赔偿。《最高人民法院公报》所载卓小红诉孙德西、重庆市乳品公司侵犯肖像权纠纷案指出：

未经本人同意，以营利为目的，擅自出售、印刷他人肖像作商标，是侵犯他人肖像权的行为。依照《民法通则》第120条关于公民的肖像权受到侵害的，有权要求停止侵害，恢复名誉，消除影响，赔礼道歉，并可以要求赔偿损失的规定，侵权人应当承担侵权的民事责任。[①]

——何志、侯国跃主编：《侵权责任纠纷裁判依据新释新解》，人民法院出版社2014年版。

二、侵权责任保护的权益

（一）侵权责任保护的权利

侵权责任保护的权利包括人身权和财产权。人身权是指自然人依法享有的与其人身不可分离、无直接财产内容的民事权利。其中，人格权是指民事主体给予其法律人格而享有的、以人格利益为客体、为维护其独立人格所必需的权利。身份权是指民事主体依一定行为或相互之间关系所发生的一种民事权利。

财产权是以财产利益为内容，直接体现财产利益的民事权利。其中，侵权责任保护的范围应为绝对权，侵犯相对权原则上不属于侵权责任的保护范

---

① 《最高人民法院公报》1987年第1期（总第9期）。

围。所谓绝对权，是指无需通过义务人实施一定的行为即可实现并能对抗不特定人的权利，包括所有权、生命权、健康权等。绝对权可以对抗权利人之外的任何第三人，这种对抗性来源于绝对权，通常具有一定的公示方式，能够为权利人之外的第三人知晓，且绝对权有明确的内容和界限，第三人可以确定不侵犯他人绝对权的方式。

（二）侵权责任保护的利益

随着侵权责任保护范围的扩大，受保护的对象除了财产权、人身权等绝对权利之外，还包括一些合法的人身利益和财产利益。一般而言，这些利益因缺乏必需的构成要件而尚未上升为权利。但它们是权利的渊源，是对权利的补充，应为法律所保护。这些利益主要包括人格利益、死者人格利益、经济利益以及环境利益等。

——沈德咏主编：《〈中华人民共和国民法总则〉条文理解与适用》，人民法院出版社 2017 年版。

【相关案例】

1. 被派遣的工作人员因执行劳务派遣工作任务致人损害的，由接受劳务派遣的用工单位承担侵权责任

——何某诉某服装市场劳务派遣工作人员侵权责任纠纷案

案例要旨：劳务派遣责任，是指在劳务派遣期间，被派遣的工作人员在工作过程中造成他人损害的，由接受劳务派遣的用工单位承担责任，劳务派遣单位承担补充责任的特殊侵权责任。

来源：杨立新主编：《〈中华人民共和国侵权责任法〉案例解析》，人民法院出版社 2010 年版

2. 行为人侵害技术成果完成人的署名权和荣誉权，应承担侵权责任

——西安近代化学研究所与吴光志侵害署名权和获得奖励、报酬的权利纠纷上诉案

案例要旨：当事人因科技成果的署名权及荣誉权发生争议属于民事争议，人民法院依法应予受理；技术成果完成人依法享有署名权和获得荣誉权；技术成果完成者的署名权和获得荣誉权与技术成果完成者的人身和创造性劳动不可分离，他人不得侵夺或者剽窃，否则应向完成技术成果的个人赔偿经济损失和精神损失。

案号：（2009）陕民三终字第 33 号

审理法院：陕西省高级人民法院

来源：《人民司法·案例》2014 年第 12 期

3. 承揽人的留置权受侵害时可要求侵害留置权的第三人承担侵权责任

——海宁市金程汽车修理有限公司诉管雄飞、上汽通用汽车金融有限责任公司修理合同纠纷案

案例要旨：承揽人的留置权受侵害致使债权难以实现时，承揽人可同时要求定作人承担违约责任及侵害留置权的第三人承担侵权责任，应先由被留置人向留置权人承担违约责任，如果被留置人不能清偿债权，则由第三人在不能清偿的范围内承担补充赔偿责任。

审理法院：浙江省嘉兴市中级人民法院

案号：浙嘉商终字第436号

来源：《人民法院案例选》2013年第1辑（总第83辑）

4. 学校对因教师言语不当致学生精神分裂的责任应根据教师言语对发病原因力大小、教师过错程度确定

——董瑞诉江苏省泗阳县来安初级中学、张浩洋侵权责任纠纷案

案例要旨：学生人格尊严应当受到教师的尊重和保护。教师以学生生理缺陷称呼学生，导致学生发生精神疾病，应根据教师言行对学生发生精神疾病原因力的大小、教师的过错程度来确定学校应承担的损害赔偿责任和精神抚慰金数额。

审理法院：江苏省宿迁市中级人民法院

来源：《人民司法·案例》2010年第24期

第一百二十一条 无因管理

没有法定的或者约定的义务，为避免他人利益受损失而进行管理的人，有权请求受益人偿还由此支出的必要费用。

【新旧法条对比】

《中华人民共和国民法通则》

第九十三条 没有法定的或者约定的义务，为避免他人利益受损失进行管理或者服务的，有权要求受益人偿付由此而支付的必要费用。

【相关规定】

1.《最高人民法院关于贯彻执行〈中华人民共和国民法通则〉若干问题的意见（试行）》

第一百三十二条 民法通则第九十三条规定的管理人或者服务人可以要求受益人偿付的必要费用，包括在管理或者服务活动中直接支出的费用，以及在该活动中受到的实际损失。

2.《中华人民共和国涉外民事关系法律适用法》

第四十七条 不当得利、无因管理，适用当事人协议选择适用的法律。当事人没有选择的，适用当事人共同经常居所地法律；没有共同经常居所地的，适用不当得利、无因管理发生地法律。

【相关观点】

一、无因管理的概念

无因管理是指没有法定或者约定的义务，为避免他人利益受到损失，自觉自愿地为他人的利益所进行的管理或服务的行为。其中对他人事务进行管理的人称无因管理人，接受他人管理事务的人称本人（即受益人），因无因管理行为而在管理人和本人之间所产生的民事权利义务关系即为无因管理所生之债。一旦无因管理行为发生且引起了财产支出，则管理人作为债权人有权要求本人偿还因管理或服务行为而支出的费用，或补偿因其管理行为而遭受的损失；本人作为债务人，有义务向管理人偿付该项费用。

无因管理作为管理他人事务的行为，与代理制度极为相似，因为代理也是代理人管理被代理人（本人）事务的行为。但二者仍有许多不同之处：（1）代理人须是基于法律的直接规定或是经有权指定单位的指定，或是根据被代理人的委托，才能进行有效的代理行为；而无因管理中的管理人在管理他人事务时既非基于本人的委托，也非基于法律的规定，而是出于管理人自己的自觉自愿。(2) 无因管理就其性质来说是一种事实行为，而非民事法律行为。因此无因管理不以行为人的有效意思表示作为构成要件。只要管理人有管理他人事务的事实，就可发生无因管理，并不要求管理人必须有管理他人事务的明确意思表示。不仅如此，无因管理作为事实行为，也不要求管理人必须具备完全的民事行为能力，未成年人管理他人事务同样可以构成无因管理。而代理行为作为意思行为，必须以行为人的意思表示为构成条件，代理人本人也必须具有相应的行为能力。

——唐德华、高圣平主编：《民法通则及配套规定新释新解（中）》，人民法院出版社 2003 年版。

二、无因管理的构成要件

管理人管理他人事务的行为必须具备以下几个条件才能构成无因管理：

（一）必须有为他人进行管理或者服务的客观事实

为他人管理事务或进行服务是构成无因管理的前提，这里的管理或者服务的事实是指为他人利益免遭损害所进行的有效活动。这里的活动既包括保存、利用、改良等管理行为，也包括对易腐烂物品的处分行为，还包括设定权利义务的行为以及其他服务行为。管理的事务既可以是具有直接经济内容的，也可以是没有经济内容的；可以是一次性的行为，也可以是连续性的行为。但一般认为下列管理行为不能构成无因管理行为：（1）法律规定必须经本人授权才能实施的行为。如放弃继承权；（2）与特定人的身份密切相连的行为，如代为放弃或变更抚养费用、擅自替他人解除演出合同；（3）不能成为债的标的的事务，如纯道德的、友谊的或宗教的事项。

管理他人的事务中的他人事务，必须在客观上可以确定为属于他人事务，是否属于他人的事务，不以管理人的主观认识为依据。管理人只要在事实上是在管理他人的事务，即或管理人当时并不能确切地知道该项事务的实际收益人，仍可成立无因管理。另外管理人在将他人的事务进行管理时虽然自己也得到了一定利益，但对于属于他人利益的部分仍可构成无因管理。

（二）须有为避免他人利益受损而进行管理或服务的目的

管理人为他人利益而管理其事务是构成无因管理的另一个必要条件。如果是为了自己的利益而利用他人财产，或是在他人利益毫无受损之虞时，为了自己谋求某种特定利益而为管理或服务行为的，则不构成无因管理。

所谓为他人利益管理事务，是指管理人在主观上或在管理的目的上是为了避免他人利益遭受损失，并有使基于管理行为所生利益归于本人的意思；

在客观上该管理行为达到了使他人财产少受损失或取得利益的实际结果。因此即使管理人在进行管理时是以自己的名义与第三人实施民事行为，只要有使基于该行为而生之利益归于本人的意思，无因管理仍可成立。至于是否为了他人利益，要结合主客观进行考虑，主要考虑管理行为的客观后果，即是否给本人带来了实际利益。这里的利益既可以是直接的利益的增加，也可以是避免或减少了损失的发生。

（三）须无法律上或合同上的义务

所谓无法律上或合同上的义务，是指管理人没有法定的或约定的为他人管理事务或进行服务的义务，无法律上或合同上的义务是构成无因管理的又一要件。反之，如果管理人系根据法律的直接规定对本人的事务进行管理的，如父母对未成年子女、监护人对被监护人事务的管理，由于系其履行自己法定义务的行为，故不能构成无因管理。另外依照合同的约定为他人事先进行管理的行为，属于义务人履行义务的行为，也不能构成无因管理。这里的管理人对于他人事务有无管理的义务，应以客观上管理人是否具备这一义务为标准加以确定，而不应以管理人的主观认识为标准。

（四）必须是不为法律所禁止的行为

无因管理人所为的管理他人事务的行为，应当是合法的行为，至少应当是不为法律所禁止的行为。之所以作此要求的主要原因在于，无因管理行为作为一种可以获得某种经济补偿的行为，不能损害国家利益和社会利益，也不能损害当事人利益。如果承认不合法行为也可以构成无因管理的话，无疑是纵容违法行为，这显然与我国的社会主义立法原则相矛盾，因此，内容违法的行为，如窝赃行为等不能构成无因管理行为。

——唐德华、高圣平主编：《民法通则及配套规定新释新解（中）》，人民法院出版社2003年版。

三、无因管理之债的效力

无因管理行为一经产生，即会发生一定的法律效力，可以在管理人与本人之间产生特定的债权债务法律关系。在这种债的关系中，双方互为权利义务主体，都享有一定的权利，同时也都负有一定的义务。

（一）管理人的义务

管理人的义务主要体现在以下几个方面：

1. 管理人对于管理事务必须尽一个"善良管理人"的注意义务。即管理人应像管理自己的事务一样尽心尽力，以适当的方式认真负责地进行管理。具体说来管理人要依本人的明示或可推知的意思进行管理。所谓明示的意思是指本人明确表示过的意思，只不过这种表示并不是向管理人直接进行的委托授权。所谓可推知的意思是指虽然本人并未明示，但从维护本人的利益起见可以推知管理人的管理行为并不违背本人的意志。

2. 管理人应以适当的方法对本人的事务进行管理。所谓适当的方法是指在客观上对本人会带来利益的方法。如果管理人主观上认为其管理方法有利于本人但实际上却给本人造成不应有的损失的，管理人应负赔偿责任。

3. 管理人应将管理的事实及时通知本人。管理开始后，如有可能管理人的应及时将管理的事实通知本人。管理人进行通知后，除有紧急情况外，对管理事务应听候本人处置。

4. 管理人应将管理事务的有关情况完整地告诉本人，并将管理结果归属于本人。在管理事务结束后，管理人应将管理事务的进行情况和结果报告给本人，并将在管理行为所获得的利益交给本人。

（二）本人的义务

本人的义务主要包括以下几种：

1. 偿还管理人为管理事务而花费的必要费用，以及基于支出这些费用所产生的利息。判断该项费用的支出是否为必要，应根据支出时的具体情况加以认定。

2. 负担因管理事务所设定的债务。管理人为本人进行管理而负担债务时，本人应直接向债权人进行清偿。

3. 补偿管理人的损失。管理人因管理本人事务而受到损害时，本人对其必要损害应尽补偿义务。值得注意的是，管理人所管理的事务如属于为本人履行法定义务的行为，则无论该管理是否违背了本人的意志，本人都负有偿还或补偿的义务。

——唐德华、高圣平主编：《民法通则及配套规定新释新解（中）》，人民法院出版社 2003 年版。

【相关文献】

1. 周华：《无因管理的法律适用与管理人权利之保障》，载《甘肃政法学院学报》2015 年第 1 期。

2. 徐同远：《无因管理价值证成的追寻》，载《国家检察官学院学报》2011 年第 3 期。

3. 胡小林：《论无因管理的司法适用及立法完善》，载《法律适用》1999 年第 4 期。

【相关案例】

1. 管理人既为了被管理人的利益也兼为自己利益进行管理，符合无因管理的主观要件，构成无因管理

——宁波市鄞州润兴服饰有限责任公司诉郑明华无因管理纠纷案

案例要旨：无因管理是管理人没有法定的或者约定的义务，为避免他人利益受损失进行管理或者服务。其主观要件是为避免他人利益受损失，即管理人是为了本人（被管理人）的利益进行管理。如果管理既为了本人利益也同时为管理人自己的利益进行管理，在这种情况也应当符合无因管理的主观要件。无因管理的管理应当不违反明示的或者可推知的本人的意思，才能构成适法的无因管理。但其管理系为本人尽公益上的义务或为履行法定抚养义务，或本人之意思违反公共秩序、善良风俗的，即使其管理与本人的意思相左，仍成立适法的无因管理。

案号：（2009）浙甬商终字第1054号

审理法院：浙江省宁波市中级人民法院

来源：《民事审判指导与参考》2011年第4期（总第48期）

2. 为避免他人利益受到损失对他人财物进行管理的，有权要求受益人偿付由此而支付必要费用

——陈安明诉李佃香等返还耕牛案

案例要旨：没有合法根据，取得不当利益，造成他人损失的，应当将取得的不当利益返还受损失的人。没有法定的或者是约定的义务，为避免他人利益受到损失，进行管理或提供服务的，有权要求受益人偿付由此而支付必要费用。

案号：（2002）章民初字第653号

审理法院：山东省济南市章丘市人民法院

来源：《中国审判案例要览》（2003年民事审判案例卷）

第一百二十二条 不当得利

因他人没有法律根据，取得不当利益，受损失的人有权请求其返还不当利益。

【新旧法条对比】

《中华人民共和国民法通则》

第九十二条 没有合法根据，取得不当利益，造成他人损失的，应当将取得的不当利益返还受损失的人。

【相关规定】

1.《最高人民法院关于贯彻执行〈中华人民共和国民法通则〉若干问题的意见（试行）》

第一百三十一条 返还的不当利益，应当包括原物和原物所生的孳息。利用不当得利所取得的其他利益，扣除劳务管理费用后，应当予以收缴。

2.《最高人民法院关于审理民事案件适用诉讼时效制度若干问题的规定》

第八条 返还不当得利请求权的诉讼时效期间，从当事人一方知道或者应当知道不当得利事实及对方当事人之日起计算。

3.《中华人民共和国涉外民事关系法律适用法》

第四十七条 不当得利、无因管理，适用当事人协议选择适用的法律。当事人没有选择的，适用当事人共同经常居所地法律；没有共同经常居所地的，适用不当得利、无因管理发生地法律。

【相关观点】

一、不当得利的概念

不当得利是指没有法律上或合同上的根据，以他人受到损失为代价而获得的利益。没有合法根据，取得不当利益，造成他人损失的，应当将取得的不当利益返还受损失的人。即一旦发生不当得利，即在得利人和利益受损人之间产生了一种债的法律关系，因他人的不当得利而利益受损的人为债权人，不当得利人则为债务人；债权人有权要求债务人退还所得的不当利益。因不当利益所发生的债权债务关系被称之为不当得利之债。

——唐德华、高圣平主编：《民法通则及配套规定新释新解（中）》，人民法院出版社 2003 年版。

二、不当得利的构成要件

构成法律上的不当得利，必须同时具备以下 5 个条件：

（一）必须是一方获得了某种不当利益

不当得利就其本质含义来说是无任何根据而取得了意外的利益，故一方取得不当利益是构成不当得利的一个重要标志。如果某人的行为虽然给他人造成了损失，但并没给自己带来利益的，行为人即使要承担其他责任但并不构成不当得利。值得注意的是这里的利益既包括积极的利益，也包括消极的利益，如行为人债务责任的减轻。

（二）必须是在一方受益的同时他方同时受到了损失

在一方当事人获得利益的同时他方当事人受到了实际损失，是构成不当得利的另一个必要条件。换言之，如果在一方获益的时候他方并未受到任何损失，则不构成不当得利，最为典型的如拣拾他人的废弃物。

（三）必须是一方得利和他方受损之间有直接的因果联系

一方得利和另一方受损，二者是基于同一法律事实所产生的相关权利义务，即得利和受损之间有直接因果关系。换言之，一方得利正是基于他方的利益遭受损失；同样，一方之所以利益受损也正是因为他方获得了不当利益。如果在一方获益和另一方利益受损之间并不存在因果联系的话，该种获益就不能构成不当得利。

（四）必须是受益和受损均无法律上的依据

没有法律上的根据是指没有法律上的原因和权利，包括既无法律上的规定也无双方的约定。如果一方受益和另一方利益受损是基于合法根据，则应受到法律保护，对其也不能称为不当得利。只有受益和受损都无法律依据，即一方为不法所得，另一方为无辜受损时，才能构成不当得利。

（五）必须是一方得利时无积极的违法行为

不当得利中的受益人得到的利益，并非是基于自己的违法行为而非法占有的他人的财物，而是由于受害人自己的过错或误解，或是基于第三人的过错或误解而产生的。这是不当得利之债与侵权行为之债的主要区别之所在。侵权行为之债只能因侵害人的违法行为而产生；而不当得利之债却不是因得利人自身的违法行为所产生的。事实上，不当得利人获得不当利益的原因有各种各样，既可能是因受害人自己的原因造成的，也可能是因第三人的错误所造成的，还可能是因自然事件所造成的，较为典型的如因洪水所造成的漂流物拾得。

——唐德华、高圣平主编：《民法通则及配套规定新释新解（中）》，人民法院出版社 2003 年版。

三、不当得利之债的效力

不当得利形成后,即在受益人和受损害人之间产生了一个债的关系。对于这一债中的权利义务关系的确定,一般原则是:受益人应将全部的不当得利返还给利益受损人。在具体的处理上,又因受益人主观心理状态的不同而有所不同。

1. 当受益人是善意时,返还的部分一般以现存的利益部分为限;如果有部分利益不存在的,受益人对于该不存在的部分或意外受损的部分通常不负赔偿的责任。

2. 如若受益人是恶意的,受益人应返还全部的不当得利,包括利益及其孳息和意外损失部分。

3. 受益人先为善意后为恶意的,则应以恶意发生之时(即受益人知情时)为限分别按善意和恶意进行处理。

——唐德华、高圣平主编:《民法通则及配套规定新释新解(中)》,人民法院出版社2003年版。

四、不当得利请求权的主体、客体和返还范围

(一)不当得利请求权的主体

不当得利之债的主体包括债权人和债务人。债权人指遭受损失的一方,债务人是指造成债权人损失并受益的一方。不当得利的主体,尤其是义务主体为多数人时,一般各义务主体不承担连带责任。但在契约无效或被撤销的情况下,关于受领给付的不当得利返还义务人为多数人,且当事人之间有连带责任的约定时,应支持由多数义务主体承担连带责任。[①]

(二)不当得利请求权的客体

不当得利债权人就不当得利返还提出请求时,返还的客体应为所受之利益及本于该利益而更有所取得。[②] 所受之利益,即受领人因给付或非给付所受利益本身,如某种权利、物的占有使用、土地登记、债务免除等。本于该利益而更有所取得包括原物的用益,孳息和使用利益;基于权利的所得,如受偿的债权,彩券中奖;原物的代价,因原物毁损取得的赔偿或保险金,征收的补偿费等。[③] 如果得利人所受之利益为代替物而灭失、部分毁损或已转移所有权的,造成原物不能返还的,此时所应返还的应为该同种类物的相应之价额。

[①] 参见王泽鉴:《债法原理·不当得利》,北京大学出版社2002年版,第237~241页。

[②] 王泽鉴:《债法原理·不当得利》,北京大学出版社2002年版,第201页。

[③] 王泽鉴:《债法原理·不当得利》,北京大学出版社2002年版,第202页。

（三）不当得利请求返还范围

对于不当得利的返还范围，理论上普遍认为，当损害大于利益时，应以利益为限，当利益大于损害时，则以损害为限，反映了不当得利的利益去除功能。由于不当得利的功能在于不当利益的取回，是否构成不当得利与得利人有无主观过错无关，正是从此意义上，传统理论上有所谓不当得利不考虑主观过错的说法。但应明确的是：此所谓不当得利与主观过错无关，仅从构成要件的角度来考量，在具体的返还范围上面，当事人的主观状态，仍是一个必须重点考量的因素。

【相关文献】

1. 潘运华：《对不当得利返还范围的再思考》，载《天津法学》2012年第4期。

2. 白子健：《论不当得利之请求权》，载《法制博览》2015年第12期。

3. 刘新晓爱：《不当得利及其利益之返还》，载《法制与社会》2011年第17期。

4. 秦芮：《不当得利制度之理论研究》，载《法制博览》2014年第8期。

【相关案例】

1. 违反约定取得本属于他人的利益，造成他人损失，构成不当得利，应予返还

——北海市人民政府与北海银海房地产开发有限公司、北海金虹房地产开发有限公司补偿合同纠纷上诉案

案例要旨： 违背了与他人关于债权份额的约定，违反了民事活动中应严格遵循的公平、诚实信用原则，取得利益已经构成不当得利，该行为直接导致他人的权益受到损害，应当予以返还。

审理法院： 最高人民法院

来源：《商事审判指导》2004年第2辑（总第6辑）

2. 当事人因清偿行为而成为不当得利行为的继起受害人，具有不当得利请求权

——马晓会诉朱洪杰不当得利纠纷案

案例要旨： 根据债权让与理论，在不改变债的内容的情况下，当事人承担了债务，成为新的债权人，构成债权让与。当事人作为不当得利新的债权人，依法享有代位权，有请求不当利益的受益人履行返还不当得利义务的权利。

审理法院： 黑龙江省伊春市伊春区人民法院

来源：《人民法院案例选》2002年第2辑（总第40辑）

第一百二十三条 知识产权

民事主体依法享有知识产权。

知识产权是权利人依法就下列客体享有的专有的权利：

（一）作品；
（二）发明、实用新型、外观设计；
（三）商标；
（四）地理标志；
（五）商业秘密；
（六）集成电路布图设计；
（七）植物新品种；
（八）法律规定的其他客体。

【新旧法条对比】

《中华人民共和国民法通则》

第九十四条 公民、法人享有著作权（版权），依法有署名、发表、出版、获得报酬等权利。

第九十五条 公民、法人依法取得的专利权受法律保护。

第九十六条 法人、个体工商户、个人合伙依法取得的商标专用权受法律保护。

【相关规定】

1. 《中华人民共和国著作权法》

第二条 中国公民、法人或者其他组织的作品，不论是否发表，依照本法享有著作权。

外国人、无国籍人的作品根据其作者所属国或者经常居住地国同中国签订的协议或者共同参加的国际条约享有的著作权，受本法保护。

外国人、无国籍人的作品首先在中国境内出版的，依照本法享有著作权。

未与中国签订协议或者共同参加国际条约的国家的作者以及无国籍人的作品首次在中国参加的国际条约的成员国出版的，或者在成员国和非成员国同时出版的，受本法保护。

第三条 本法所称的作品，包括以下列形式创作的文学、艺术和自然科学、社会科学、工程技术等作品：

（一）文字作品；

（二）口述作品；

（三）音乐、戏剧、曲艺、舞蹈、杂技艺术作品；

（四）美术、建筑作品；

（五）摄影作品；

（六）电影作品和以类似摄制电影的方法创作的作品；

（七）工程设计图、产品设计图、地图、示意图等图形作品和模型作品；

（八）计算机软件；

（九）法律、行政法规规定的其他作品。

2. 《中华人民共和国商标法》

第三条 经商标局核准注册的商标为注册商标，包括商品商标、服务商标和集体商标、证明商标；商标注册人享有商标专用权，受法律保护。

本法所称集体商标，是指以团体、协会或者其他组织名义注册，供该组织成员在商事活动中使用，以表明使用者在该组织中的成员资格的标志。

本法所称证明商标，是指由对某种商品或者服务具有监督能力的组织所控制，而由该组织以外的单位或者个人使用于其商品或者服务，用以证明该商品或者服务的原产地、原料、制造方法、质量或者其他特定品质的标志。

集体商标、证明商标注册和管理的特殊事项，由国务院工商行政管理部门规定。

第八条 任何能够将自然人、法人或者其他组织的商品与他人的商品区别开的标志，包括文字、图形、字母、数字、三维标志、颜色组合和声音等，以及上述要素的组合，均可以作为商标申请注册。

3. 《中华人民共和国专利法》

第二条 本法所称的发明创造是指发明、实用新型和外观设计。

发明，是指对产品、方法或者其改进所提出的新的技术方案。

实用新型，是指对产品的形状、构造或者其结合所提出的适于实用的新的技术方案。

外观设计，是指对产品的形状、图案或者其结合以及色彩与形状、图案的结合所作出的富有美感并适于工业应用的新设计。

第十七条 发明人或者设计人有权在专利文件中写明自己是发明人或者设计人。

专利权人有权在其专利产品或者该产品的包装上标明专利标识。

【相关观点】

一、明确知识产权的法律保护

为了加强对知识产权的保护，促进科技创新，建设创新型国家，有必要在民法总则中对知识产权作概括性规定，以统领各知识产权单行法律行政法规。据此，草案规定，民事主体对作品、专利、商标、地理标识、商业秘密、集成电路布图设计、植物新品种等智力成果依法享有知识产权（草案第一百零八条）。

——全国人民代表大会常务委员长李建国：《关于〈中华人民共和国民法总则（草案）〉的说明》，载新华网，最后访问时间：2017年3月9日。

二、商标权的客体

商标权的客体是指经过国家商标主管机构核准注册的商标，即注册商标。它分别包括经核准注册的商品商标和服务商标。根据我国《商标法》的规定，申请注册的商标必须具备商标的构成要素和便于识别的显著特征等法定条件，否则，商标申请人不能获得批准注册，即不能取得商标专用权。我国《商标法》第8条规定："任何能够将自然人、法人或者其他组织的商品与他人的商品区别开的可视性标志，包括文字、图形、字母、数字、三维标志和颜色组合，以及上述要素的组合，均可以作为商标申请注册。"商标的显著特征是指商标使用的文字、图形或其组合的标记与其他标记相比，具有明显突出的特点，使人一看便知，易于识别和记忆。我国《商标法》第9条规定："申请注册的商标，应当有显著特征，便于识别，并不得与他人在先取得的合法权利相冲突。商标注册人有权标明'注册商标'或者注册标记。"第11条规定："下列标志不得作为商标注册：（一）仅有本商品的通用名称、图形、型号的；（二）仅仅直接表示商品的质量、主要原料、功能、用途、重量、数量及其他特点的；（三）缺乏显著特征的。前款所列标志经过使用取得显著特征，并便于识别的，可以作为商标注册。"

各国商标法都作出规定，商标使用的文字、图形或其组合必须不是禁用标记，即不得违背禁用条款，否则，将会造成损害国家、社会以及他人利益的后果。我国修改后的《商标法》第10条规定禁止下列文字、图形作为商标使用。

1. 同中华人民共和国的国家名称、国旗、国徽、军旗、勋章相同或者近似的，以及同中央国家机关所在地特定地点的名称或者标志性建筑物的名称、图形相同的；

2. 同外国的国家名称、国旗、国徽、军旗相同或者近似的，但该国政府同意的除外；

3. 同政府间国际组织的名称、旗帜、徽记相同或者近似的，但经该组织同意或者不易误导公众的除外；

4. 与表明实施控制、予以保证的官方标志、检验印记相同或者近似的，但经授权的除外；

5. 同"红十字""红新月"的名称、标志相同或者近似的；

6. 带有民族歧视性的；

7. 夸大宣传并带有欺骗性的；

8. 有害于社会主义道德风尚或者有其他不良影响的。

——唐德华、高圣平主编：《民法通则及配套规定新释新解（中）》，人民法院出版社2003年版。

三、专利权保护范围的确定依据

权利人可以在一审法庭辩论终结前选择具体一项或多项权利要求，以确定其诉称的被诉侵权技术方案所落入的专利权保护范围。之所以如此规定，是因为每一项权利要求都是一个完整的技术方案，权利人选择何项权利要求作为其主张的专利权保护范围的依据，是权利人对自己权利的处分。具体地说，《专利法实施细则》第21条第1款规定，权利要求书应当有独立权利要求，也可以有从属权利要求。因《专利法》第59条第1款规定的"权利要求"没有仅限定为"独立权利要求"，故也可以包括"从属权利要求"。因此，权利人选择从属权利要求作为确定专利权保护范围的依据，并不违反法律；又因从属权利要求所限定的专利权保护范围小于独立权利要求或者被引用的权利要求所限定的专利权保护范围，故权利人选择从属权利要求主张权利，也不损害社会公众利益。

四、著作权的内容

依照《著作权法》第10条的规定，著作权的内容包括著作人身权和著作财产权两部分。

（一）著作人身权

著作人身权是指作者因从事作品的创作活动而产生的与其人身利益紧密相连的权利，具体包括发表权、署名权、修改权、保护作品完整权四类。

1. 发表权。即决定作品是否公之于众、何时公之于众、以何种方式公之于众的权利。作品是作者意志的反映，因此作者有权通过各种合法方式自由发表作品。在著作人身权中，发表权与著作财产权的联系最为密切。发表权往往是行使使用权的基础，行使发表权又通常是为了行使使用权，作品发表的方式也取决于作品的使用方式。因而，很难想象脱离使用权仅仅行使发表权的可能性。作品一旦发表使用，又会自然涉及获取报酬权的问题。在司法实践中，一般来说，作者虽未将作品公之于众，但将其作品的使用权让与他人的，应推定作者已同意发表其作品。

2. 署名权。署名权是作者的又一项重要人身权，它是指表明作者身份，在作品上署名的权利。可见，署名权与作者要求确认自己基于创作事实而具备的身份密切相关。作者身份与作者密不可分，作者身份同署名是实质与形式的关系。从理论上说，只有作者才能享有署名权。如无相反证明，在作品上署名的人为作者。署名权的内容，包含了作者有决定署名的权利；有决定在作品上如何署名的权利,即是署本名、还是署笔名、别名或艺名等;有要求公开利用自己作品的人在其作品上指示其姓名的权利,同时,也有权禁止他人未参加作品创作而在作品上署名。但是,在特殊情况下,作者有时须放弃署名权。一是当作品的利用不损害作者利益和公平习惯时,可省略作者的姓名,如在广告上使用美术作品或摄影作品,多半以不署名方式出现。二是依据有关合同而省略作者的姓名,如根据委托创作合同,作品的作者不能署名,而必须署委托人的姓名。

3. 修改权。修改或者授权他人修改作品的权利即是修改权。所谓修改,是指在已完成的作品上,增添新的内容或删除不必要的内容等所进行的改动。在出版行业中,编辑对作品中存在的错、漏字句加以更正或补充,对明显错误的事实部分加以纠正不属于行使修改权。因此,我国法律中的修改权,必须是由作者本人来行使,具有对作品支配的意义,他人未经授权,不得擅自修改作品。在司法实践中,作者行使修改权受到限制的特殊情况是存在的。《著作权法》第34条规定:"报社、期刊社可以对作品作文字性修改、删节,对内容的修改,应当经作者许可。"这就表明,报刊、杂志稿件在利用上具有的特殊性,如时间性强、版面有限等因素,使得作者在行使修改权时受到限制。此外,作品如果已经许可给他人使用,作者的修改权也会受到一定限制,如美术作品原件被出售,其作品产权发生了变化,作者欲修改原作,只能事先取得产权所有人的许可后方可进行。但是此种情况下,并不表明非作者身份的产权所有人可以擅自修改作品。

4. 保护作品完整权。保护作品完整权是指禁止他人违背作者意志对作品进行歪曲、篡改的权利。所谓歪曲,是指一切曲解作品本意,有意或无意损伤了作品表现形式的行为;所谓篡改,是指一切擅自通过增补、删节或实质变更作品的行为。保护作品完整权,本旨在于维护作品的纯正与创作原意,保护作者的人格权益不受侵犯。

(二) 著作财产权

著作财产权是指作者自己使用或许可他人使用其作品而获取报酬的权利。这种权利是因使用作品而取得,本法称之为使用权和获得报酬权。与著作人身权相比,财产权可以脱离作者而由他人行使,表明其与人身的联系较为松散。依照法律,著作财产权具体包括复制、表演、播放、展览、发行、摄制电影、电视、录像和改编、翻译、注释、编辑等权利;以及通过自己或他人行使上述权利而获取报酬的权利。

1. 复制权。复制权是指以印刷、复印、临摹、拓印、录音、录像、翻录、翻拍等方式将作品制作一份或多份的权利。这是最基本的著作权财产权。作品广泛传播和利用的主要形式即为复制,作者行使著作权集中体现在对复制权的行使上,并由此产生财产上的利益。复制有多种方式,可以分为手工复制和机械复制、改变作品载体的复制和不改变作品载体的复制以及立体复制和平面复制等。从著作权理论上看，复制的实质不在于表现方式如何，而在于能否客观上将作品制作一份或多份。复制权往往又与出版权联系在一起，作者只有将其作品交给出版单位以印刷等方式复制时，才能获取经济利益，此时的复制权即表现为出版权，也就意味着著作权人将复制权许可他人行使。

2. 发行权。发行权是指著作权人为满足公众的合理需要，向公众提供作品原件或一定数量复制件的权利。发行权虽是著作权中一项独立权利，但与复制权联系紧密。一般来说，作品复制后，不向社会发行，既不能满足社会的合理需求，也无法实现复制品所追求的财产利益，因此，当他人请求著作权人许可使用复制权时，双方往往也要就作品的发行问题进行协议。发行权的内容包括作品发行的方式、范围以及有权选择发行者等。

3. 出租权。即有偿许可他人临时使用电影作品和以类似摄制电影的方法创作的作品、计算机软件的权利，计算机软件不是出租的主要标的的除外。

4. 展览权。展览权是指著作权人享有将自己的美术作品、摄影作品原件或复印件公开陈列的权利。著作权法理论上所指的展览权应是针对各类作品的作者而言，但从立法含义上看，展览权主要是趋向于美术作品和摄影作品，个别文字作品的手稿及复制品也涉及展览权。展览权既具有发表权的性质，又是一种财产权，即通过展览享有经济权利。展览权与展览作品原件的产权关系非常密切。《著作权法》第18条明确规定："美术等作品原件所有权转移，不视为作品著作权转移，但美术作品原件的展览权由原件所有人享有。"除此之外，他人未经著作权人的许可擅自展出作者的作品均构成侵权。

5. 表演权。根据《著作权法》第10条的规定，著作权人享有表演自己创作的作品的权利和许可他人表演其创作的作品的权利。所谓表演是指直接或者借助技术设备以声音、表情、动作公开再现作品，例如演奏乐曲、上演剧本、朗诵诗词等。表演应该是可以直接看到或听到，将表演者的表演录制成音像制品然后予以播放或广播，不属于表演。但是，当著作权人允许他人表演其创作作品时，表演权就构成了邻接权中表演权的基础。这表现在两个方面：（1）表演者使用他人未发表的作品演出，应当取得著作权人的许可，并支付报酬；（2）表演者使用他人已发表的作品进行营业性演出，可以不经著作权人的许可，但应当按照规定支付报酬，著作权人声明不许使用的不得使用，在此种情况下，著作权人失去了表演许可权，只有获得报酬的权利。

6. 放映权、广播权、信息网络传播权。放映权，即通过放映机、幻灯机等技术设备公开再现美术、摄影、电影和以类似摄制电影的方法创作的作品等的权利；广播权，即以无线方式公开广播或者传播作品，以有线传播或者转播的方式向公众传播广播的作品，以及通过扩音器或者其他传送符号、声音、图像的类似工具向公众传播广播的作品的权利；信息网络传播权，即以有线或者无线方式向公众提供作品，使公众可以在其个人选定的时间和地点获得作品的权利。这些权利不是广播组织的权利，而是体现了著作权人对其作品的传播的控制，即著作权人有权禁止或许可将作品通过播放形式进行传播。广播组织的权利是受作者的播放权制约的，按照《著作权法》第40条规定，使用作者未发表的作品，制作广播、电视节目，应当取得著作权人的许可并支付报酬；使用已发表的作品制作广播、电视，可不经著作权人许可，但应按规定支付报酬。

7. 摄制权。摄制权就是摄制电影、电视、录像权，即将已完成的作品拍摄成电影、电视以及录像作品的权利。在现代社会中，摄制权是作者行使著作权和广泛传播作品的重要方式。根据《著作权法》的规定，他人使用作者作品拍摄影视节目必须依法或依照双方协议进行。作者对许可他人使用的作品拍摄成影视作品后，只能享有署名的权利，其他权利归影视制作人享有。但作者对自己创作的部分，如剧本、歌词等，仍享有独立的著作权。

8. 改编权、翻译权、汇编权。改编权，即改变作品，创作出具有独创性的新作品的权利；翻译权，即将作品从一种语言文字转换成另一种语言文字的权利；汇编权，即将作品或者作品的片段通过选择或者编排，汇集成新作品的权利。由于作品是作者思想和情感的反映，那么作者就可以用不同的形式去再表现这种思想和情感，通过演绎作品而获得经济利益，这也是作者进行创作所追求的目的之一，因此，演绎权被归入著作财产权。

——唐德华、孙秀君主编：《著作权法及配套规定新释新解》，人民法院出版社2003年版。

【相关文献】

李适时：《民法总则是确立并完善民事基本制度的基本法律》，载中国人大网，最后访问时间：2017年4月14日。

【相关案例】

1. **出版社在侵权图书出版后，故意避开著作权人向相关机构申请授权的，其行为构成侵权**

——程宏明与上海世纪教育出版社、天津图书大厦知识产权纠纷案

案例要旨：出版社在出版图书时，既未获得著作权人的授权，也未从相关机构处获得授权，主观过错明显，已构成侵权。在著作权人进行明确告知并提出侵权主张的情况下，出版社对权利人的主张视而不见，并通过避开著作权人向相关机构申请使用的方式意图另行获得授权，其主观恶意明显，应当认定为侵权行为。

来源：《人民法院报》2015年7月2日，第7版

2. 外文企业名称中文译名中的字号如果具有对应性、唯一性及固定性，在我国境内经过商业使用，具有一定的知名度，为相关公众所知悉，可以视为企业名称受到保护

——WOODHEAD IN－TERNATIONAL PTY. LTD 诉刘力、上海五合国际建筑设计咨询有限公司等知识产权纠纷案

案例要旨：外文企业名称中文译名中的字号如果具有对应性、唯一性及固定性，在我国境内经过商业使用，具有一定的知名度，为相关公众所知悉，可以视为企业名称受到保护。这符合反不正当竞争法的立法宗旨，符合权利人以及消费者的利益保护诉求。在使用人的使用行为具有主观恶意，并且可能导致消费者混淆的情况下，人民法院应当认定擅自使用外文企业名称中文译名中字号的行为构成不正当竞争。

审理法院：上海市第二中级人民法院

来源：《人民司法·案例》2011 年第 12 期

3. 研制人未就其中药处方申请专利保护的，研制人不享有该中药处方的专有使用权

——印会何与安药公司知识产权纠纷上诉案

案例要旨：公民享有科技成果权，并不能使其对该科技成果享有专有使用权，而主体不享有科技成果权，也有可能对该科技成果享有专有使用权。主体对科技成果享有专用使用权，不是通过科技成果权来实现的，而是通过专利、商业秘密等现代意义上的知识产权制度来实现的。

案号：（2007）粤高法立民初字第 285 号

审理法院：广东省高级人民法院

来源：《人民司法·案例》2008 年第 4 期

第一百二十四条 继承权

自然人依法享有继承权。

自然人合法的私有财产，可以依法继承。

【新旧法条对比】

《中华人民共和国民法通则》

第七十六条 公民依法享有财产继承权。

【相关规定】

1. 《中华人民共和国继承法》

第二条 继承从被继承人死亡时开始。

第三条 遗产是公民死亡时遗留的个人合法财产，包括：

（一）公民的收入；

（二）公民的房屋、储蓄和生活用品；

（三）公民的林木、牲畜和家禽；

（四）公民的文物、图书资料；

（五）法律允许公民所有的生产资料；

（六）公民的著作权、专利权中的财产权利；

（七）公民的其他合法财产。

第四条 个人承包应得的个人收益，依照本法规定继承。个人承包，依照法律允许由继承人继续承包的，按照承包合同办理。

2. 《最高人民法院关于贯彻执行〈中华人民共和国继承法〉若干问题的意见》

第一条 继承从被继承人生理死亡或被宣告死亡时开始。

失踪人被宣告死亡的，以法院判决中确定的失踪人的死亡日期，为继承开始的时间。

第二条 公民可继承的其他合法财产包括有价证券和履行标的为财物的债权等。

第四条 承包人死亡时尚未取得承包收益的，可把死者生前对承包所投入的资金和所付出的劳动及其增值和孳息，由发包单位或者接续承包合同的人合理折价、补偿。其价额作为遗产。

3. 《中华人民共和国婚姻法》

第二十四条 夫妻有相互继承遗产的权利。

父母和子女有相互继承遗产的权利。

第二十五条 非婚生子女享有与婚生子女同等的权利,任何人不得加以危害和歧视。

不直接抚养非婚生子女的生父或生母,应当负担子女的生活费和教育费,直至子女能独立生活为止。

第二十六条 国家保护合法的收养关系。养父母和养子女间的权利和义务,适用本法对父母子女关系的有关规定。

养子女和生父母间的权利和义务,因收养关系的成立而消除。

【相关观点】

一、继承权的概念

继承权是指民事权利主体,依照法律规定或被继承人生前所立下的合法有效遗嘱,承受被继承人遗产的权利。遗留遗产的死者,称为被继承人;死者的财产,称为遗产;取得遗产的人,称为继承人。

继承权可以分为客观和主观意义上的继承权两种。客观意义上的继承权,发生于继承开始之前,是指继承人按照法律规定或遗嘱的指定,接受被继承人遗产的资格,属于权利能力范畴。只有当出现了继承开始的法律事实时,才有可能给继承人带来实际的财产利益。因此,它又被称为"继承期待权"。享有这种继承权的继承人称为推定继承人。主观意义上的继承权,是指继承开始后,在继承人没有丧失继承权、并且被继承人留有遗产的情况下,继承人依照法定或遗嘱指定而实际取得遗产的权利。这种权利是现实的实体权利,又称"继承既得权"。享有这种继承权的继承人称为实质继承人。继承期待权和既得权有着不可分割的联系。

二、保护公民的私有财产的继承权是继承法的基本原则之一

《继承法》第1条规定:"根据《中华人民共和国宪法》规定,为保护公民的私有财产的继承权,制定本法。"

保护公民私有财产继承权具体体现在如下几个方面:(1)凡是公民死亡时遗留的个人合法财产,继承人都可以依法继承。(2)法定继承和遗嘱继承都力求反映财产所有人处分其死后财产的意志,尊重被继承人生前的意愿。(3)继承人的继承权不得被非法剥夺。它符合实现家庭职能的客观需要。只有发生法定事由时,继承人才丧失继承权。只要继承人不明确表示放弃继承权,即视为接受继承。(4)继承人享有继承权不受有无民事行为能力的限制。(5)公民的继承权受到他人不法侵害时,有权在法定诉讼时效期间内请求人民法院依法给予法律保护。

【相关案例】

1. 养子女与血亲子女具有平等的继承权

——张先生诉李女士、王甲、王乙继承权纠纷案

案例要旨：养子女与血亲子女具有平等的继承权。当事人作为被继承人的养子属于第一顺序继承人,应当对遗产依法享有继承权。

审理法院：北京市海淀区人民法院

来源：北京法院网

2. 农村宅基地房屋属于公民合法财产,可以作为遗产进行继承

——张乙诉张丙、张丁继承权纠纷案

案例要旨：农村宅基地房屋属于公民合法财产,可以作为遗产进行继承;遗产分割应当有利于生产和生活需要,不损害遗产的效用;不宜分割的遗产,可以采取折价、适当补偿或者共有等方法处理。

来源：倪金龙主编：《农村婚姻家庭纠纷审理指引》,人民法院出版社2014年版。

第一百二十五条 股权和其他投资性权利

民事主体依法享有股权和其他投资性权利。

【相关规定】

1. 《中华人民共和国物权法》

第六十五条 私人合法的储蓄、投资及其收益受法律保护。
国家依照法律规定保护私人的继承权及其他合法权益。

2. 《中华人民共和国公司法》

第四条 公司股东依法享有资产收益、参与重大决策和选择管理者等权利。

第二十条 公司股东应当遵守法律、行政法规和公司章程，依法行使股东权利，不得滥用股东权利损害公司或者其他股东的利益；不得滥用公司法人独立地位和股东有限责任损害公司债权人的利益。

公司股东滥用股东权利给公司或者其他股东造成损失的，应当依法承担赔偿责任。

公司股东滥用公司法人独立地位和股东有限责任，逃避债务，严重损害公司债权人利益的，应当对公司债务承担连带责任。

第一百三十七条 股东持有的股份可以依法转让。

第一百五十九条 公司债券可以转让，转让价格由转让人与受让人约定。
公司债券在证券交易所上市交易的，按照证券交易所的交易规则转让。

3. 《中华人民共和国证券法》

第四条 证券发行、交易活动的当事人具有平等的法律地位，应当遵守自愿、有偿、诚实信用的原则。

第三十七条 证券交易当事人依法买卖的证券，必须是依法发行并交付的证券。

非依法发行的证券，不得买卖。

第四十一条 证券交易当事人买卖的证券可以采用纸面形式或者国务院证券监督管理机构规定的其他形式。

第四十二条 证券交易以现货和国务院规定的其他方式进行交易。

第八十五条 投资者可以采取要约收购、协议收购及其他合法方式收购上市公司。

4. 《中华人民共和国国库券条例》

第八条 国库券可以用于抵押，但是不得作为货币流通。

第九条 国库券可以转让，但是应当在国家批准的交易场所办理。

5.《中华人民共和国信托法》

第五条 信托当事人进行信托活动，必须遵守法律、行政法规，遵循自愿、公平和诚实信用原则，不得损害国家利益和社会公共利益。

第十四条 受托人因承诺信托而取得的财产是信托财产。

受托人因信托财产的管理运用、处分或者其他情形而取得的财产，也归入信托财产。

法律、行政法规禁止流通的财产，不得作为信托财产。

法律、行政法规限制流通的财产，依法经有关主管部门批准后，可以作为信托财产。

【相关观点】

一、取得股权的认定标准

享有股权应以出资、认缴出资或者支付股权转让款为标准。《〈中华人民共和国公司法〉若干问题的规定（三）》（以下简称《公司法解释（三）》）第23条规定："当事人之间对股权归属发生争议，一方请求人民法院确认其享有股权的，应当证明以下事实之一：（1）已经依法向公司出资或者认缴出资，且不违反法律法规强制性规定；（2）已经受让或者以其他形式继受公司股权，且不违反法律法规强制性规定"。根据该司法解释可得出两点结论：第一，在原始取得股权情况下，享有股权的认定标准应是向公司出资或者认缴出资，且不违反法律法规强制性规定；第二，在继受取得股权情况下，享有股权的认定标准应是已经受让或者以其他形式继受公司股权，且不违反法律法规强制性规定。

二、可以设定质权的股权种类

股权就是指股东因向公司直接投资，依据法律和章程的规定所享有的各种权利。《物权法》第226条第1款规定，以股权出质的，当事人应当订立书面合同。以证券登记结算机构登记的股权出质的，质权自证券登记结算机构办理出质登记时设立；以其他股权出质的，质权自工商行政管理部门办理出质登记时设立。据此，可以设定质权的股权应当分为两种：

（一）以在证券登记结算机构登记的股权出质

此类股权主要是指上市公司的可流通股权。以在证券登记结算机构登记的股权设定质权的，应当在证券登记结算机构办理出质登记。此类股权也可以分为两类，一类是上市的流通股，另一类是上市的非流通股或者限售股。这两类股权都必须要在证券登记机关进行登记、存管或结算，但可以质押的主要是流通股，因为非流通股在转让上仍受到限制，因此不能作为质押的标的。

以在证券登记结算机构结算的股权设定质押时,应办理登记手续。由于上市公司的股票流通在我国只能以记名方式集中在证券交易所内进行,采取无纸化的电子交易系统,一般不存在股东私下移转有形股票的可能,所以上市公司的股票出质的公示方法是在证券登记机构办理出质登记①,当事人虽无须实际交付股票或采取背书方式,但登记具有替代交付的功能。因此,以证券登记结算机构登记的股权出质的,质权自证券登记结算机构办理出质登记时设立。

(二)以其他股权出质

此类股权主要是指可以转让的有限责任公司的股权、非上市的股份有限公司的股权等。《物权法》第226条规定:"以其他股权出质的,质权自工商行政管理部门办理出质登记时设立。"由此可见,以有限责任公司的股权、非上市股份有限公司的股份设定质权时,必须在工商行政管理部门办理出质登记,否则不发生设定质权的效力。值得注意的是,依据《物权法》的规定,可以质押的股权必须是可以转让的股权,不能转让的股权则不能出质。②根据我国《公司法》的规定,发起人持有的的本公司股份自公司设立之日起一年内不得转让,此处所说的"不能转让"应当是指质权实现时股份不得转让,如果在实现时股份已经可以转让,就应当可以质押。

【相关案例】

1. 夫妻一方转让夫妻共有股权,另一方不得以不同意或不知道为由对抗善意第三人

——蔡月红与李炳等股权转让纠纷申请再审案

案例要旨: 夫妻一方向第三人转让夫妻公司全部股权是对夫妻共同财产的处分,他人有理由相信其为夫妻双方共同意思表示的,另一方不得以不同意或不知道为由对抗善意第三人。

案号:(2008)粤高法民二终字第86号
审理法院: 广东省高级人民法院
来源:《人民司法·案例》2011年第22期

---

① 姚红主编:《中华人民共和国物权法精解》,人民出版社2007年版,第391页。
② 王胜明主编:《中华人民共和国物权法解读》,中国法制出版社2007年版,第480页。

2. 股权转让方因其自身债务而被查封其拥有的股权，导致其在解封前无法完成股权过户义务，应承担违约责任

——中建集团有限公司与湖北省和济投资有限公司、湖北三星贸易发展实业总公司瑞华置业有限公司股权转让纠纷案

案例要旨：当事人作为股权出让方负有权利瑕疵担保义务，股权转让方因其自身债务而被查封其拥有的股权，导致其在解封前无法完成股权过户义务，应承担违约责任，股权受让方有拒绝继续付款的先履行抗辩权。

案号：（2013）民申字第431号

审理法院：最高人民法院

来源：中国裁判文书网

3. 当事人不得以信托财产上存在权利负担或者他人就该财产享有购买权益主张信托无效

——世欣荣和投资管理股份有限公司与长安国际信托股份有限公司等信托合同纠纷案

案例要旨：（1）有限合伙企业中，如果执行事务合伙人怠于行使诉讼权利时，不执行合伙事务的有限合伙人可以为了合伙企业的利益以自己的名义提起诉讼。（2）资金信托设立时，受托人因承诺信托而从委托人处取得的资金是信托财产；资金信托设立后，受托人管理运用、处分该资金而取得的财产也属于信托财产。（3）信托财产的确定体现为该财产明确且特定。信托财产的确定要求其从委托人的自有财产中隔离和指定出来，而且在数量和边界上应当明确，以便受托人为实现信托目的对其进行管理运用、处分；信托财产上存在权利负担或者他人就该财产享有购买权益，与信托财产的确定属不同的法律问题，也不当然影响信托财产的确定。四、当事人以信托财产上存在权利负担或者他人就该财产享有购买权益，主张信托无效的，不能成立。

审理法院：最高人民法院

案号：（2016）最高法民终19号

来源：《最高人民法院公报》2016年第12期

第一百二十六条　其他民事权益受法律保护

民事主体享有法律规定的其他民事权利和利益。

【相关规定】

1. 《中华人民共和国公司法》

第四条　公司股东依法享有资产收益、参与重大决策和选择管理者等权利。

2. 《中华人民共和国票据法》

第四条　票据出票人制作票据，应当按照法定条件在票据上签章，并按照所记载的事项承担票据责任。

持票人行使票据权利，应当按照法定程序在票据上签章，并出示票据。

其他票据债务人在票据上签章的，按照票据所记载的事项承担票据责任。

本法所称票据权利，是指持票人向票据债务人请求支付票据金额的权利，包括付款请求权和追索权。

本法所称票据责任，是指票据债务人向持票人支付票据金额的义务。

第十六条　持票人对票据债务人行使票据权利，或者保全票据权利，应当在票据当事人的营业场所和营业时间内进行，票据当事人无营业场所的，应当在其住所进行。

第二十七条　持票人可以将汇票权利转让给他人或者将一定的汇票权利授予他人行使。

出票人在汇票上记载"不得转让"字样的，汇票不得转让。

持票人行使第一款规定的权利时，应当背书并交付汇票。

背书是指在票据背面或者粘单上记载有关事项并签章的票据行为。

第六十二条　持票人行使追索权时，应当提供被拒绝承兑或者被拒绝付款的有关证明。

持票人提示承兑或者提示付款被拒绝的，承兑人或者付款人必须出具拒绝证明，或者出具退票理由书。未出具拒绝证明或者退票理由书的，应当承担由此产生的民事责任。

3. 《中华人民共和国保险法》

第十二条　人身保险的投保人在保险合同订立时，对被保险人应当具有保险利益。

财产保险的被保险人在保险事故发生时，对保险标的应当具有保险利益。

人身保险是以人的寿命和身体为保险标的的保险。

财产保险是以财产及其有关利益为保险标的的保险。

被保险人是指其财产或者人身受保险合同保障,享有保险金请求权的人。投保人可以为被保险人。

保险利益是指投保人或者被保险人对保险标的具有的法律上承认的利益。

第三十一条　投保人对下列人员具有保险利益:

(一) 本人;

(二) 配偶、子女、父母;

(三) 前项以外与投保人有抚养、赡养或者扶养关系的家庭其他成员、近亲属;

(四) 与投保人有劳动关系的劳动者。

除前款规定外,被保险人同意投保人为其订立合同的,视为投保人对被保险人具有保险利益。

订立合同时,投保人对被保险人不具有保险利益的,合同无效。

第四十九条　保险标的转让的,保险标的的受让人承继被保险人的权利和义务。

保险标的转让的,被保险人或者受让人应当及时通知保险人,但货物运输保险合同和另有约定的合同除外。

因保险标的转让导致危险程度显著增加的,保险人自收到前款规定的通知之日起三十日内,可以按照合同约定增加保险费或者解除合同。保险人解除合同的,应当将已收取的保险费,按照合同约定扣除自保险责任开始之日起至合同解除之日止应收的部分后,退还投保人。

被保险人、受让人未履行本条第二款规定的通知义务的,因转让导致保险标的的危险程度显著增加而发生的保险事故,保险人不承担赔偿保险金的责任。

4.《中华人民共和国证券法》

第一条　为了规范证券发行和交易行为,保护投资者的合法权益,维护社会经济秩序和社会公共利益,促进社会主义市场经济的发展,制定本法。

5.《中华人民共和国商业银行法》

第三条　商业银行可以经营下列部分或者全部业务:

(一) 吸收公众存款;

(二) 发放短期、中期和长期贷款;

(三) 办理国内外结算;

(四) 办理票据承兑与贴现;

(五) 发行金融债券;

(六) 代理发行、代理兑付、承销政府债券;

(七) 买卖政府债券、金融债券;

（八）从事同业拆借；

（九）买卖、代理买卖外汇；

（十）从事银行卡业务；

（十一）提供信用证服务及担保；

（十二）代理收付款项及代理保险业务；

（十三）提供保管箱服务；

（十四）经国务院银行业监督管理机构批准的其他业务。

经营范围由商业银行章程规定，报国务院银行业监督管理机构批准。

商业银行经中国人民银行批准，可以经营结汇、售汇业务。

6.《中华人民共和国反垄断法》

第五条 经营者可以通过公平竞争、自愿联合，依法实施集中，扩大经营规模，提高市场竞争能力。

第十二条 本法所称经营者，是指从事商品生产、经营或者提供服务的自然人、法人和其他组织。

本法所称相关市场，是指经营者在一定时期内就特定商品或者服务（以下统称商品）进行竞争的商品范围和地域范围。

7.《中华人民共和国反不正当竞争法》

第一条 为保障社会主义市场经济健康发展，鼓励和保护公平竞争，制止不正当竞争行为，保护经营者和消费者的合法权益，制定本法。

第二条 经营者在市场交易中，应当遵循自愿、平等、公平、诚实信用的原则，遵守公认的商业道德。

本法所称的不正当竞争，是指经营者违反本法规定，损害其他经营者的合法权益，扰乱社会经济秩序的行为。

本法所称的经营者，是指从事商品经营或者营利性服务（以下所称商品包括服务）的法人、其他经济组织和个人。

8.《中华人民共和国劳动合同法》

第四条 用人单位应当依法建立和完善劳动规章制度，保障劳动者享有劳动权利、履行劳动义务。

用人单位在制定、修改或者决定有关劳动报酬、工作时间、休息休假、劳动安全卫生、保险福利、职工培训、劳动纪律以及劳动定额管理等直接涉及劳动者切身利益的规章制度或者重大事项时，应当经职工代表大会或者全体职工讨论，提出方案和意见，与工会或者职工代表平等协商确定。

在规章制度和重大事项决定实施过程中，工会或者职工认为不适当的，有权向用人单位提出，通过协商予以修改完善。

用人单位应当将直接涉及劳动者切身利益的规章制度和重大事项决定公

示，或者告知劳动者。

【相关观点】

民事权益包括民事权利和利益。权利是指为了保护主体和某种利益而赋予的法律上的力，它是利益与法律治理的结合。而民事利益则是指因由民法保护的，因缺乏必需的构成要件而尚未上升为权利的利益。总体而言，法律明确规定的民事权益可以分为人身权益和财产权益。

一、人身权益

（一）人身权利

人身权是指自然人依法享有的与其人身不可分离、无直接财产内容的民事权利。[①] 人身权包括人格权与身份权。

1. 人格权。人格权是指民事主体给予其法律人格而享有的、以人格利益为客体、为维护其独立人格所必需的权利。主要包括自然人的生命权、健康权、身体权、姓名权、肖像权、名誉权、隐私权、婚姻自主权等。需要特别之处的是，《民法总则》在第109条规定了法人和非法人组织享有名称权、名誉权、荣誉权等权利。这表明法人和非法人足以亦享有人格权。

2. 身份权。身份权，是指民事主体依一定行为或相互之间的关系所发生的一种民事权利。包括自然人荣誉权，因婚姻、家庭关系产生的监护权、亲属权、配偶权，法人和非法人组织名称权、荣誉权、名誉权等。

（二）人格利益

随着侵权责任保护范围的扩大，受保护的对象除了特定的人身权等外，还包括一些合法的人格利益。一般而言，这些利益因缺乏必需的构成要件而尚未上升为权利。但它们是人权的渊源，是对权利的补充，应为法律所保护。对于这些人格利益，学理上一般称之为"一般人格权"。同时，最高人民法院《民事案件案由规定》亦在人格权纠纷项下将"一般人格权纠纷"作为独立的案件受理事由。《民法总则》第109条规定，自然人的人身自由、人格尊严受法律保护。此即为对一般人格权的规定。其中，人身自由广义是指公民在法律规定的范围内有人身不受侵犯和自主行为的自由，包括结社自由、住宅自由、通讯自由和通信秘密受法律保护、婚姻自主等；人格尊严是指公民基于自己所处的社会环境、地位、声望、工作环境、家庭关系等各种客观条件而对自己或他人的人格价值和社会价值的认识和尊重。[②] 除此以外，《民法总则》第111条规定的对自然人个人信息的保护，亦属于一般人格权的规定。

---

① 马俊驹、余延满：《民法原论》，法律出版社2004年版，第101页。
② 王利明、杨立新、姚辉：《人格权法》，法律出版社1997年版，第35页。

二、财产权益

财产权利主要包括所有权、用益物权、担保物权、知识产权、股权、继承权等权利。其中,所有权是对标的物充分的占有、使用、收益、处分的权利。用益物权,是对他人所有的物在一定范围内使用、收益的权利。根据物权法的规定,我国用益物权种类包括建设用地使用权、土地承包经营权、宅基地使用权、地役权、海域使用权、矿业权等等。担保物权,是指为了担保债务的履行,在债务人或第三人特定的物或权利上所设定的物权。知识产权,是指权利人对其智力劳动所创作的成果享有的财产性权利,包括著作权、专利权、商标专用权等。股权,是股东基于其股东资格而享有的,从公司获取经济利益并参与公司经营管理的权利。继承权,是自然人依照法律的规定或被继承人生前立下的合法遗嘱承受被继承人遗产的权利。需要指出的是,知识产权、继承权除了具备财产权的属性,还具备一定的人身权属性。

三、法律规定的其他权利和利益

(一) 死者人格利益

自然人死亡后,尽管不再享有权利,但其名誉、姓名、肖像中的社会性利益因素仍应当予以保护。《最高人民法院关于适用〈中华人民共和国民事诉讼法〉的解释》第69条规定,"对侵害死者遗体、遗骨以及姓名、肖像、名誉、荣誉、隐私等行为提起诉讼的,死者的近亲属为当事人。"特别需要指出的是,对于英雄人物名誉的保护,已经涉及国家和民族优秀文化、社会主义核心价值观的保护范畴。

(二) 经济利益

主要包括纯粹经济损失利益。所谓纯粹经济损失,是指除了因对人身的损害和对财产的有形损害而造成的损失以外的其他经济上的损失。[①] 例如,因某人违章驾驶导致交通堵塞,后车司机因此耽误航班造成的财产损失。由于纯粹经济损失往往不能为侵害人所遇见,实际受害人的范围难以确定,损失大小难以认定。因此在多数情况下,侵权责任对这类财产利益难以确定,损失大小难以认定。因此在多数情况下,侵权责任对这类财产利益损害不予保护,以维护社会主体的行为自由。但在行为人能够预见乃至故意导致纯粹经济损失或是法律明文规定的情况下,行为人仍应当承担侵权责任。除了纯粹经济损失利益外,占有利益亦疏于应当保护的经济利益。根据物权法的规定,对于侵害因合同关系产生的占有,占有人有权请求侵害人承担侵权损害赔偿责任。

(三) 环境权益

环境是公民作为生物个体生存的基本物质条件和空间,是人类生存的必

---

① Robbey Bernstein. Economic Loss. 2nd ed., Sweet & Maxwell Limited, 1998.

要条件。从有关国际组织宣言和域外立法来看，普遍强调人类有权享有良好的生活环境，负有保护和改善环境的庄严责任。目前，世界各国均广泛接受了环境保护的理念，逐渐实现环境权益的法定化，并规定相应的程序保障机制。所谓环境权益，就是指民事主体对良好环境品质享有的权益。

关于环境权益的法律依据。环境权益的法律依据主要包括《民法通则》第124条"违反国家保护环境防止污染的规定，污染环境造成他人损害的，应当依法承担民事责任"的规定；《侵权责任法》第65条"因环境污染造成损害的，污染者应当承担侵权责任"的规定；《环境保护法》第64条"因污染环境和破坏生态造成损害的，应当依照《中华人民共和国侵权责任法》的有关规定承担侵权责任"的规定以及《民法总则》第133条"民事主体行使民事权利，应当节约资源、保护生态环境"的规定。

——沈德咏主编：《〈中华人民共和国民法总则〉条文理解与适用》，人民法院出版社2017年版。

【相关案例】

1. 票据利益返还请求权不以存在基础关系为必要

——广东省深圳市龙岗区龙东龙达家私厂与何鹏立票据利益返还请求权纠纷上诉案

案例要旨： 行使票据利益返还请求权并不以存在基础关系为必要条件，如果票据债务人欲以持票人不履行约定义务作为抗辩理由，则其须证明与持票人之间有直接的基础关系。

案号： （2012）深中法涉外终字第163号

审理法院： 广东省深圳市中级人民法院

来源： 《人民司法·案例》2013年第18期

2. 根据"谁投资、谁受益"的原则，实际出资人出资认购的公司员工股产生的收益应全部归实际出资人所有

——陈秋林等诉胡刚军等证券权利确认纠纷案

案例要旨： 根据"谁投资、谁受益"的原则，实际出资人出资认购的公司员工股产生的收益应全部归实际出资人所有。但显名股东因其身份的特殊性对实际出资人取得诉争股权的收益提供了一定帮助，根据公平原则应给予显名股东适当补偿，补偿款从显名股东应支付给实际出资人的款项中核减。

案号： （2013）衡中法民二终字第111号

审理法院： 湖南省衡阳市中级人民法院

来源： 法信网

第一百二十七条 数据、网络虚拟财产

法律对数据、网络虚拟财产的保护有规定的，依照其规定。

【相关规定】

1.《中华人民共和国证券法》

第一百六十一条 证券登记结算机构应当采取下列措施保证业务的正常进行：（一）具有必备的服务设备和完善的数据安全保护措施；（二）建立完善的业务、财务和安全防范等管理制度；（三）建立完善的风险管理系统。

2.《中国互联网络信息中心域名注册实施细则》

第四十条 域名注册管理机构、域名注册服务机构等接收用户数据信息的机构应妥善保存存储有用户数据信息纸质资料、电子介质等。

3.《中华人民共和国网络安全法》

第一条 为了保障网络安全，维护网络空间主权和国家安全、社会公共利益，保护公民、法人和其他组织的合法权益，促进经济社会信息化健康发展，制定本法。

第十二条 国家保护公民、法人和其他组织依法使用网络的权利，促进网络接入普及，提升网络服务水平，为社会提供安全、便利的网络服务，保障网络信息依法有序自由流动。

任何个人和组织使用网络应当遵守宪法法律，遵守公共秩序，尊重社会公德，不得危害网络安全，不得利用网络从事危害国家安全、荣誉和利益，煽动颠覆国家政权、推翻社会主义制度，煽动分裂国家、破坏国家统一，宣扬恐怖主义、极端主义，宣扬民族仇恨、民族歧视，传播暴力、淫秽色情信息，编造、传播虚假信息扰乱经济秩序和社会秩序，以及侵害他人名誉、隐私、知识产权和其他合法权益等活动。

4.《文化部、商务部关于加强网络游戏虚拟货币管理工作的通知》

各省、自治区、直辖市文化厅（局）、商务厅（局），新疆生产建设兵团文化局、商务局，北京市、天津市、上海市、重庆市、宁夏回族自治区文化市场行政执法总队：

近年来，随着网络游戏的迅速发展，网络游戏虚拟货币广泛应用于网络游戏经营服务之中。网络游戏虚拟货币在促进网络游戏产业发展的同时，也带来了新的经济和社会问题。主要体现在：一是用户权益缺乏保障；二是市

场行为缺乏监管；三是网络游戏虚拟货币在使用中引发的纠纷不断。

为规范网络游戏市场经营秩序，根据《互联网文化管理暂行规定》《关于进一步加强网吧及网络游戏管理工作的通知》（文市发［2007］10号）和《关于规范网络游戏经营秩序查禁利用网络游戏赌博的通知》（公通字［2007］3号）等文件精神，经商中国人民银行等部门同意，现就加强网络游戏虚拟货币管理工作通知如下。

一、严格市场准入，加强主体管理

二、规范发行和交易行为，防范市场风险

三、加强市场监管，严厉打击利用虚拟货币从事赌博等违法犯罪行为

5.《网络游戏管理暂行办法》

第二条 从事网络游戏研发生产、网络游戏上网运营、网络游戏虚拟货币发行、网络游戏虚拟货币交易服务等形式的经营活动，适用本办法。

本办法所称网络游戏是指由软件程序和信息数据构成，通过互联网、移动通信网等信息网络提供的游戏产品和服务。

网络游戏上网运营是指通过信息网络，使用用户系统或者收费系统向公众提供游戏产品和服务的经营行为。

网络游戏虚拟货币是指由网络游戏经营单位发行，网络游戏用户使用法定货币按一定比例直接或者间接购买，存在于游戏程序之外，以电磁记录方式存储于服务器内，并以特定数字单位表现的虚拟兑换工具。

第三条 国务院文化行政部门是网络游戏的主管部门，县级以上人民政府文化行政部门依照职责分工负责本行政区域内网络游戏的监督管理。

第四条 从事网络游戏经营活动应当遵守宪法、法律、行政法规，坚持社会效益优先，保护未成年人优先，弘扬体现时代发展和社会进步的思想文化和道德规范，遵循有利于保护公众健康及适度游戏的原则，依法维护网络游戏用户的合法权益，促进人的全面发展与社会和谐。

6.《江西省高级人民法院关于审理网络侵权纠纷案件适用法律若干问题的指导意见》

为维护公民、法人和其他组织合法权益，规范网络侵权纠纷案件的审理和法律适用，根据《中华人民共和国民法通则》《中华人民共和国侵权责任法》等有关法律及司法解释，结合本省审判实践，制定本指导意见。

第一条 利用网络侵害他人合法权益的实施者、网络服务提供者，应当承担法律责任。

第二条 网络服务提供者包括网络内容服务提供商、信息平台服务（含电子公告服务、博客服务）提供商、信息通道服务提供商、搜索引擎服务提供商、电子商务服务提供商、网络游戏服务提供商、为特定网络用户提供群

发、飞信、视频等特定增值服务的网络服务提供者以及其他网络服务提供者。

第三条 网络侵权对象包括侵犯姓名权、名誉权、荣誉权、肖像权、隐私权、所有权、用益物权、担保物权、著作权、专利权、商标专用权、发现权、股权、继承权等可以折射在网络上的传统人身、财产权益；同时包括侵犯个人网上信息财产权、虚拟物品和私有虚拟空间财产权、非独创性数据库财产权等网络财产权益。

【相关观点】

一、网络虚拟财产的概念

对于网络虚拟财产，不应当仅仅从对"虚拟"一词的某一个方面的理解出发去确定它的具体含义，而应当在结合和借鉴"虚拟"一词多个方面含义的基础上，对网络虚拟财产的含义作出符合时代意义的阐释。我们认为，对网络虚拟财产的概念可以从以下几个方面来理解：

第一，网络虚拟财产是虚拟的网络本身以及存在于网络上的具有财产性的电磁记录。关于网络虚拟财产是否具有财产性，无论是学术界还是司法界都有争议，但是，承认网络虚拟财产的财产性是一种必然的趋势。美国、中国大陆及台湾地区的判例也都承认网络虚拟财产的财产性。计算机、计算机之间传递数据的各种连线以及运营于网络的各种软件共同营造了一个虚拟的网络世界，这个虚拟的网络本身就是一种虚拟财产，如黑客对网站的攻击造成网站的访问障碍，就是对权利人虚拟财产权的一种侵害。从外延上来讲，虚拟财产包含虚拟网络，又不限于虚拟网络，也包括存在于虚拟网络上的具有财产性的电磁记录。电子信箱、OICQ号码网络游戏中的"武器装备"等，都是一种以电磁记录的形式存在于网络的虚拟财产，它们以网络为载体，存在于网络上，但又不同于网络本身，从类型上来看，它们是区别于网络本身的一种虚拟财产。

第二，网络虚拟财产是现实世界中人类劳动和财富的异化，这种异化主要特征是数字化。虚拟财产的一个本质特征就是数字化，无论是网络本身，还是网络游戏中的高级"武器装备""稀世珍宝"，还是一些论坛上的分值根据不同的论坛而有所不同，如有的是生命力分值很高，有的是信誉度很高，如著名的个人商品交易网站易趣（http：//www.eachnet.com/cooperate.htm）对用户按照信用度的高低进行分级。很高的高级账户，它们在本质上都是存在于服务器上的由0和1组成的二进制数据。但是这些数据并不仅仅是单纯的数据，在它们身上凝聚着网络运营商和网络用户的劳动，消耗着网络运营商和网络用户的金钱。比如说，在北大"一塌糊涂"论坛网址为：http：//ytht.org/. 上拥有一个很高生命力值的账号，一般都要花费很多的时间在论坛上挂着，并且要发大量的回复率很高的帖子。在论坛上挂着就要支付相当的电话费或上网费，发帖同样也是一种劳动，尤其是发表一些原创性的帖子更是一种艰辛的劳动过程。对于网络游戏而言，不但游戏开发商研发网络游戏中的"武器装备"需要消耗大量的人力、物力和财力，而且游戏玩家要想使用这些"武器装备"也要经过不断的斗智斗勇的拼杀或者直接购买。登录、利用网络更是如此，无论通过何种方式，都需要缴付一定的金钱。因为网络本身作为一种虚拟财产，如果利用它，就必须付出对价。可见，虽然虚拟财产在本质上是存在于服务器上的二进制数据，但是运营商和用户的劳动和金钱的付出，毋庸置疑地赋予了它以财产的属性。

第三，网络虚拟财产在价值上能够用现有的度量标准来衡量。网络虚拟财产虽然在使用上与现实世界具有一定的隔离性，即只能在虚拟世界中才能够体现其使用价值，但是，由于网络虚拟财产体现了人类劳动和金钱的付出，所以其价值也可以用现有的度量标准来衡量。比如，网站作为一种信息的平台，有自己的价值，但是对网站的估价中，除了要对存于其中的知识产权等估价外，自然还包含对存于其中的虚拟财产进行衡量。再如，现在的很多电子信箱都是收费信箱，特别是提供的服务比较好的信箱更是如此。如SINA（新浪）的电子邮箱就分了好几种收费标准，不同的收费标准提供不同内容和水平的服务。在这些服务商的系统上注册的信箱需要用户通过支付金钱购买后才可以使用，而这些信箱的价值显然就包含用户购买信箱所支付的金钱，当然又不限于支付的金钱数额，因为，用户使用其所注册的电子信箱，还需要支付上网费等其他费用，否则便不可能使用其信箱。如果他人向这些信箱发送垃圾邮件妨碍了用户的使用，垃圾邮件发送者应当赔偿因其发送垃圾邮件而给用户造成的损失，具体赔偿数额在网络发展比较早的国家已经有所规定。如美国弗吉尼亚州通过的《电脑刑法》修正案，对不经允许向他人发送垃圾邮件的行为作出了如下惩罚规定：因为大量电子邮件的传输而遭受损害的电子信箱用户和ISP，可以在律师费和实际损失、每封邮件10美元或每天2.5万美元三者择其一而请求赔偿。

综上所述，网络虚拟财产是指虚拟的网络本身以及存在于网络上的具有财产性的电磁记录，是一种能够用现有的度量标准度量其价值的数字化的新型财产。

——杨立新：《杨立新民法讲义（民法总则）》，人民法院出版社2009年版。

二、网络虚拟财产的类型

网络虚拟财产可以分为以下两大类型：其一是虚拟网络本身，其二是存在于网络上的虚拟财产。虚拟网络本身是一种重要的虚拟财产。第二种类型的虚拟财产又可以分为以下三种形式：第一种为网络游戏中的网络虚拟财产。这包括网络游戏中的账号（ID）及积累的"货币""装备""宠物"等"财产"。第二种为虚拟社区中的网络虚拟财产。这包括网络虚拟社区中的账号、货币、积分、用户级别等。第三种为其他存于网络的虚拟财产。这包括 OICQ 号码、电子信箱及其他网络虚拟财产等，第三种是一个包容性、兜底类型，只要非虚拟网络本身，也不属于上述两种形式的虚拟财产以外的网络虚拟财产，均可以归属于第三种。

需要特别强调的是，网络虚拟财产并不等同于网络中的财产。网络中的财产类型有很多，如网页中的著作权、商标权等，而网络虚拟财产如上所述，包含两种类型，第二种类型的虚拟财产属于网络中的财产，而第一种类型的虚拟财产——网络本身则不同于网络中的财产，所以，网络中的财产和网络虚拟财产既有重合之处，又有所不同。

——杨立新：《杨立新民法讲义（民法总则）》，人民法院出版社 2009 年版。

三、网络虚拟财产的物权法规则

在《物权法》第 2 条第 2 款关于物的规定中，尽管没有明文规定虚拟财产，但应包含在该条规定的"物"的概念之中。但是，法律还缺少对网络虚拟财产的具体规定。在网络虚拟财产的立法中，应当着重解决以下三个方面的问题。

（一）网络虚拟财产的归属规则

在网络虚拟财产的归属权上，无论是学术界还是实务界意见分歧都很大，总结起来，主要有两种观点：一种观点认为，网络虚拟财产应当归用户所有，如 OICQ 号码应当归用户所有，网络游戏中的"武器装备"等应当归玩家（用户）所有。韩国已经有了相关立法明确规定网络游戏中的虚拟角色和虚拟物品独立于服务商而具有财产价值。服务商只是为玩家的这些私有财产提供一个存放的场所，而无权对其作肆意的修改或删除，这种网络财产的性质与银行账号中的钱财并无本质的区别。另一种观点认为，网络虚拟财产应当归属于网络服务运营商，即无论是网络游戏中的"武器装备"还是电子信箱、OICQ 号码等，都归网络服务提供商（ICP）所有，而玩家（用户）仅仅享有对网络虚拟财产的使用权。如亚联游戏的总经理邱治国认为："虚拟物品不是玩家享有的财产，而是一种使用权，对于厂商而言则是一种服务义务，受运营商和玩家之间的电子合同约束。玩家玩游戏的行为只是一种享受服务的行为，玩家请求返还虚拟物品的实质也是要求运营商提供继续服务的要求。"我们赞同后一种观点，认为把网络虚拟财产归属于网络运营服务商（ICP）较为合适，这样可以更加有利于平衡用户和网络服务运营商之间的利益。原因如下：

1. 从用户和网络服务运营商之间的关系来看，他们之间是一种双方自愿的合同关系，双方的行为受电子合同的约束，网络服务运营商的义务就是按照合同的约定提供网络服务，如电子信箱服务、网络游戏服务等，而用户就是在享受服务的同时，按照合同的约定遵守相关的义务。无论是虚拟网络本身，还是电子信箱、OICQ号码等网络虚拟财产都归网络运营商所有，客户拥有的不是所有权，而是使用权，相对于网络运营商的是一种服务的义务，运营商利用这些网络虚拟财产向用户提供服务，用户使用这些网络虚拟财产的过程，也是运营商提供服务的过程。用户的电子信箱因为网络运营商的原因被盗后请求恢复，或者网络游戏中的虚拟财产丢失后请求运营商返还等，其实质上是用户要求运营商继续提供同等"程度"或"级别"的服务，并不是在行使自己的所有权。

2. 网络虚拟财产是网络运营商提供的服务内容的一部分，是运营商提供服务的一种工具和手段，用户仅仅是按照合同的约定享受运营商提供的服务，并在享受这种服务的过程中使用这些网络虚拟财产，并不拥有对网络虚拟财产的所有权。就第一类虚拟财产——虚拟网络本身来说，这种表现尤为明显，因为虚拟的网络不可能归一个个分散的网络用户所有，而只能归网络运营商所有。另外一个争议比较大的例子是网络游戏中的虚拟财产，网络游戏中的虚拟财产是由玩家在游戏中取得的，但是其取得的方式和状态由游戏的规则所确定，属于游戏内容的一部分，所以，网络游戏中的"武器装备"等网络虚拟财产作为网络游戏不可分割的一部分，当然归网络游戏运营商所有。用户所拥有的仅仅是对"武器装备"等网络虚拟财产的使用权。我国台湾地区为了解决游戏运营中虚拟财产的问题，已经拟定了《线上游戏服务定型化契约模板草案》作为游戏服务商的参考文本。该文本对游戏中的网络虚拟财产作了规定：在本游戏中所有的电磁记录均属服务商所有。但游戏服务商需保障玩家相关游戏历程电磁记录完整不受他人侵害，并负有在一定期间内保存相关游戏电磁记录的义务，且于玩家因游戏与第三人涉讼时，向司法机关提供诉讼所需之电磁记录。但是，该文本对相关电磁记录的内容和保管期限以及游戏管理规则并没有规定，我们认为应由各游戏运营商根据游戏运营特点和玩家的要求，平等协商后制定。

即便是通过离线交易所获得的网络虚拟财产，或者通过购买点数所获得的网络虚拟财产，以及新近出现的随时可以兑换为现实财产的网络虚拟财产，玩家所交易的客体也仅仅是网络虚拟财产的使用权，其所有权仍归游戏服务提供者。

3. 用户付出的金钱或劳动并不能成为其拥有网络虚拟财产所有权的充分理由。认为用户对网络虚拟财产拥有所有权的一个重要理由就是用户付出了金钱或劳动，金钱或劳动的付出是用户取得网络虚拟财产所有权的一个正当的理由。我们认为这种看法并不恰当：

（1）用户付出金钱仅仅换取的是网络虚拟财产在一定期限内的使用权，

或者理解为用户租用运营商网络虚拟财产的租金。一个很容易理解的例子就是虚拟的网络本身,并不能因为用户登录网络,浏览网站就获得其中的虚拟财产,用户付出的金钱仅仅是使用网络运营商所拥有的虚拟财产的对价,付出的劳动也是享受服务、使用虚拟财产的必要手段,如在虚拟社区中通过发帖子、抓盗贼获得较高级别的账号等,这也正是网络用户的乐趣所在。很多电子信箱也是如此,现在很多电子信箱的获得都需要用户交纳一定的费用。也就是说,用户交纳一定数量的金钱所得到的是电子邮箱的使用权。在付费期间内,用户并未取得邮箱的所有权,也没有取得被动存储区的所有权,用户换取的仅仅是网络公司的网络服务和一定的被动储存空间的使用权,而所有权仍由运营商保留。

(2)运营商与用户之间是服务的提供者与接受者的关系,用户在网络运营商所创造的虚拟世界中的行为就是享受服务的过程。如网络用户登录网络,在网上冲浪就是网络用户享受网络服务的过程,玩家在网络游戏中厮杀滚打、斗智斗勇本就是享受游戏服务商提供的游戏服务的过程,这个过程虽然也有脑力和体力的付出,但是,正如在篮球运动中也需要脑力和体力的付出一样,这些付出是享受游戏的乐趣所必需的,所以,这些付出本身并不算劳动。有人把玩家在网络游戏中的享受的这个过程说成是"游戏劳动",这种说法本身就是不恰当的。有一点要说明的是,这些脑力和体力的付出并不是没有任何意义,就拿网络游戏来说,游戏玩家通过这些付出可以得到更多的"武器装备"、更高的生命力值,而这些恰恰是玩家享受更好更高层次的游戏服务所必需的。另外,玩家所在乎的是在使用这些"武器装备"的过程中的快感和乐趣,也就是享受游戏服务的快感和乐趣,只要运营商能够继续提供服务并不阻碍玩家用自己所使用的网络虚拟财产进行交易,让玩家拥有网络虚拟财产的所有权并没有什么意义。

4. 确认所有权归网络运营商而不是归用户,能够更好地平衡用户和网络运营服务商之间的利益。就第一种虚拟财产——虚拟的网络本身——来说,其所有权归网络运营商的观点,学界几乎没有争议,争议较大的是第二类网络虚拟财产的权利归属。这一类网络虚拟财产在本质上仅仅是存储在网络运营商服务器上的电子数据,如果网络游戏运营停止,那么这些以电子数据形式存在的网络虚拟财产对用户来说也就没有任何意义,如果这些网络虚拟财产归用户所有,网络运营商就可能采取以下两种措施来处理存储在自己服务器上的网络虚拟财产:一是把这些(数据)虚拟财产原封不动地保存在自己的服务器上;二是服务商不再保存这些数据,而是让玩家把这些数据(虚拟财产)复制到玩家自己的介质(如电脑硬盘)上。但是,无论采用何种处理方式,对双方都没有任何现实意义。相反,如果网络运营商对数据(虚拟财产)拥有所有权,而网络用户可以根据合同的约定拥有使用权,约定的使用权优先于网络游戏服务商的所有权,游戏服务商负有保证玩家能够正常使用其在虚拟世界中的各种虚拟财产的义务。只要网络运营商妨碍了网络对其在虚拟世界中虚拟财产的使用,网络用户就可以要求网络运营商承担责任,赔偿损失。这种做法也有利于保护玩家的利益。

5. 如果将网络虚拟财产归属于网络用户所有,则会产生一系列复杂问题:(1) 对于虚拟的网络本身来说,如果把其所有权归属于网络用户,网络运营商所投入的开发和运营费用将不能得到回报,网络运营商的利益将会得不到保护,同时,在目前的条件下,虚拟网络的运营又不能靠所有网络用户共同投资、共同管理,这种做法带来的不仅是投资上的混乱,更多的是管理上的混乱,必然会对新兴的网络业以毁灭性的打击。(2) 对于网络游戏而言,一旦游戏投入市场,则游戏服务商就不能停止该游戏的运行。因为一旦游戏投入市场,就会有玩家参与游戏,也就会有网络虚拟财产的产生。但是,如果这些网络虚拟财产归玩家所有,那么只要网络游戏运营商停止运营游戏,即使是正常的终止游戏,也必须保存这些毫无意义的网络虚拟财产,否则,就会造成对玩家利益的侵害。(3) 对电子信箱而言,若电子信箱的所有权归用户所有,那么,相应的,网络运营商的硬盘上用来存储用户邮件和其他信息的被动存储区被动存储区是电子邮件系统服务提供商向用户提供的用来存储用户邮件信息的网络空间。不同邮件系统的存储区空间大小有所不同,现在号称最大的免费邮件是网易提供的 126.COM 邮件,存储空间是 260M。一般来说,免费邮件的存储区空间较小,收费邮件的则较大。也就归用户所有,如此纵然用户长期甚至是永久不用这个邮箱,该邮箱账号与被动存储区也都归用户所有,运营商不能冻结、删除用户的账号,很多电子邮件系统服务商的服务条款都有关于冻结、删除电子信箱账号的规定。如网易公司免费电子邮箱服务条款第 19 条规定:用户如果连续 90 天内没有登录邮箱,邮箱将被冻结;邮箱的冻结期为 30 天,被冻结的邮箱将不能正常的收发邮件;在 30 天的冻结期内,如果用户没有将邮箱解冻,则冻结期后,邮箱账号、用户信息及相关的邮件将被全部删除,且不可恢复。也不能收回供用户使用的被动存储区,这样就会造成资源的极大浪费。同时,还造成另外一个滑稽的结果:运营商所有的磁盘被所有用户按份共有,这会造成很多问题,显然也是不符合实际的。

(二) 网络虚拟财产的利用规则

网络虚拟财产虽然有自己的特殊性,但是,作为一种物,其所有权也分为占有、使用、收益和处分的权能。对网络虚拟财产的利用的特殊性,主要体现在以下几个方面:

1. 网络虚拟财产占有的双重性。除了虚拟的网络本身完全由网络运营商占有控制以外,无论是 OICQ 号码、电子信箱,还是网络游戏中的武器装备,它们都存在于网络运营商搭建的平台中，运营商控制和管理着这些财产。同时，用户又可以通过自己的账号和密码实际操作和控制这些网络虚拟财产。所以说，网络虚拟财产的占有既有网络运营商的占有，又有网络用户的占有，具有双重性。

2. 网络用户可以根据合同的约定，享有网络虚拟财产的使用权。网络虚拟财产的所有权虽然归属于运营商，但是用户可以根据合同的约定拥有对网络虚拟财产的使用权，如网络用户缴纳一定的费用就可以登录网络；游戏玩家通过自己的账号和密码可以进入网络游戏，具体支配游戏中的网络虚拟财产，从而获得乐趣和快感；对于电子信箱，用户可以通过电子信箱发送和接受电子邮件，另外通过OICQ号码聊天和传送文件等。

3. 用户不拥有对网络虚拟财产的处分权，但是却可以处分自己对虚拟财产的使用权，即转让其根据合同约定所享有的服务，如用户可以在市场上买卖网络游戏中的"武器装备"、OICQ号码等。这种交易行为不是所有权的交易，而是对虚拟财产使用权的交易，在性质上是对其所享受的合同权利义务的转让。

4. 由于用户和网络运营商之间是服务合同关系，所以用户对网络虚拟财产的使用必须符合合同的约定，不能对网络虚拟财产进行合同禁止的利用，如网络游戏中不能使用外挂、私服；不能利用电子信箱和OICQ传播病毒等。

（三）网络虚拟财产的权利保护规则

网络虚拟财产的权利保护，就是明确网络运营商和用户之间的权利义务，以及违反这些义务的责任。同时，对第三人侵害网络虚拟财产的责任作出规定。应当解决的问题有以下几点：

1. 网络运营商和用户之间的义务分配。运营商拥有对网络虚拟财产的所有权，用户可以根据合同的约定享有网络虚拟财产的使用权，即享受各种网络服务。运营商和用户之间是服务合同关系，对网络虚拟财产的保护，最根本的也就是对用户的使用权的保护，使用户的使用权不受侵害，这就要求运营商认真履行合同义务，保证用户的合法权益不受侵害，当由于网络运营商的原因而使用户的利益遭受损失时，运营商应当对用户的损失给予补偿，例如，当因为运营商的过失而使用户账号中的数据被修改，用户有权要求运营商恢复原状，赔偿损失。

2. 第三人侵害网络虚拟财产责任。第三方对网络虚拟财产的侵害主要表现在对用户使用权的妨碍，由于网络虚拟财产的双重占有性，第三人对网络虚拟财产的使用权的侵害也是对用户占有权的侵害，如非法袭击网站使用户无法登录、窃取用户的电子信箱的密码使之无法使用其邮箱，盗窃OICQ用户的OICQ号码使之无法登录，非法登录他人游戏账号，对他人账号中的数据进行非法修改等等，这些行为既侵害了用户对网络虚拟财产的使用权，也侵害了用户对网络虚拟财产的占有。由于合同的相对性和运营商一方相对于用户处于绝对优势的地位,所以,当出现这些情况时,只要用户能够证明自己的利益受损,运营商就应当对用户的损失进行补偿,如恢复用户的游戏数据,归还用户的邮箱密码和 OICQ 密码等。为了公平保护运营商的利益,如果因为第三人的侵害而使损失发生,运营商享有对该第三人的追偿权。

——杨立新:《杨立新民法讲义(民法总则)》,人民法院出版社 2009 年版。

四、本条规定的数据与个人信息的区别

本条规定的数据与本法第 114 条规定的个人信息有区别。本条所述数据是指具有可分析性、可统计性、有使用价值的信息的总和。不仅包括原生数据,即计算机直接产生的数据,也包括这些数据被记录、储存、编辑、计算后形成了具有使用价值的衍生数据,比如购物喜好、信用记录等。自然人个人信息主要指,据以识别特定自然人身份的任何生物性、物理性的数据、文件、档案等资料。本法所保护的个人信息是依法受到保护,不可交易的可识别性的数据的总和。而本条规定的数据则是不涉及个人信息的可统计、非识别性的数据,这些数据的收集、处理是在保护自然人隐私权和信息权为基础上,对原始数据进行受理、加密等方式后使用的。数据的使用也是有一定规则和审批流程,需要符合合法和合理的基本原则。

——沈德咏主编:《〈中华人民共和国民法总则〉条文理解与适用》,人民法院出版社 2017 年版。

五、虚拟财产损失的分类与归责

造成虚拟财产利益损失的原因很多,大致可归纳为四类:第一,网络游戏经营者实施的行为导致虚拟财产损失。网络游戏经营者为维持游戏秩序,认为游戏用户可能有私服、外挂、非法装备等行为,而采取冻结、删除虚拟物品甚至游戏账户的行为。第二,网络游戏经营者未尽到安全注意义务导致虚拟财产损失。网络游戏经营者未保证网络系统、服务器和程序的安全性能,从而使其安全环境低于一般安全技术保障水平或服务合同约定水平,从而使游戏用户的虚拟财产受到损失。第三,网络用户对自己的虚拟财产未尽到安全保护义务。第四,利用网络技术非法入侵导致虚拟财产损失。他人利用网络技术非法入侵,在此情况下造成网络游戏经营者难以防范,最终虚拟财产损失。在上述情况中,第一种情况网络游戏经营者需要证明自己采取冻结、删除虚拟财产等行为有正当性,系发现有外挂等行为,为维持网络秩序采取的必要措施,否则应承担侵权责任。第二种情况系因网络游戏经营者未尽到安全注意义务,故而应承担相应责任。第三、第四种情况系游戏用户自身原因和他人利用技术侵权而经营者无法防范,此时,经营者应当免责。

——沈德咏主编:《〈中华人民共和国民法总则〉条文理解与适用》,人民法院出版社 2017 年版。

【相关文献】

1. 黄求新：《论虚拟财产的法律保护》，载《科技与法律》2007年5期。

2. 宋旭东：《网络虚拟财产的性质认定及其民法保护》，载《网络法律评论》2005年第1期。

3. 李适时：《民法总则是确立并完善民事基本制度的基本法律》，载中国人大网，最后访问时间：2017年4月14日。

4. 蒲晓磊：《为"互联网+"发展奠定法律基础》，载中国人大网，最后访问时间：2016年7月19日。

5. 刘婷：《互联网时代背景下关于离婚案件中网店分割的法律问题研究》，载《法律适用》2016年第1期。

【相关案例】

1. 游戏运营商对虚拟财产准占有负有保障协助义务

——刘波诉上海盛大网络发展有限公司虚拟财产被盗案

案例要旨： 虚拟财产是一种玩家基于游戏服务合同对游戏运营商的债权凭证；玩家对虚拟财产的支配是一种准占有；运营商应当对准占有事实给予保护，但当准占有与本权发生冲突时，要保障本权的行使。运营商有权根据失窃人的报案及公安机关的协查函，对有盗脏嫌疑的虚拟财产进行冻结。

审理法院： 上海市浦东新区人民法院

来源：《人民司法·案例》2009年第8期

2. 网络虚拟财产具有独立的经济价值

——某互联网公司与徐某网络侵权纠纷上诉案

案例要旨： 目前，网络游戏虚拟财产已基本被法学界和审判实践认同。如网络运营商投资开发网络、提供电子邮件系统服务、游戏商开发游戏等等，都需要付出大量的金钱和劳动，而游戏玩家通过设立游戏账号，以金钱获取游戏账号内的虚拟人物、装备及等级，这些金钱的支付和劳动的付出，使网络虚拟财产具有财产性，当网络虚拟财产同现实中的货币价值挂钩时，其经济价值就突显出来，所以从网络虚拟财产的获得方式上看，网络虚拟财产具有独立的经济价值。

审理法院： 湖北省武汉市中级人民法院

来源：《人民司法·案例》2009 年第 18 期

3. 法院对玩家与玩家之间出于自愿所进行交易行为的合法性应当予以确认

——于静诉孙江泰虚拟财产买卖合同纠纷案

案例要旨： 虚拟财产具有法学意义上的财产权性质，并在现实社会生活中在玩家与运营商之间或玩家与玩家之间等较为广泛地通过交易体现其货币价值。玩家与玩家之间出于自愿所进行交易行为具有合法性。卖方按照协议将虚拟财产交付买方后，买方应按照协议向卖方支付价款，不得以游戏账户被盗为由不同意支付价款。

案号： （2009）二中民终字第 18570 号

审理法院： 北京市第二中级人民法院

来源： 《中国审判案例要览》（2010 年民事审判案例卷）

第一百二十八条 弱势群体的民事权利保护

法律对未成年人、老年人、残疾人、妇女、消费者等的民事权利保护有特别规定的,依照其规定。

【相关规定】

1.《中华人民共和国未成年人保护法》

第一条 为了保护未成年人的身心健康,保障未成年人的合法权益,促进未成年人在品德、智力、体质等方面全面发展,培养有理想、有道德、有文化、有纪律的社会主义建设者和接班人,根据宪法,制定本法。

第二条 本法所称未成年人是指未满十八周岁的公民。

第三条 未成年人享有生存权、发展权、受保护权、参与权等权利,国家根据未成年人身心发展特点给予特殊、优先保护,保障未成年人的合法权益不受侵犯。

未成年人享有受教育权,国家、社会、学校和家庭尊重和保障未成年人的受教育权。

未成年人不分性别、民族、种族、家庭财产状况、宗教信仰等,依法平等地享有权利。

2.《中华人民共和国老年人权益保障法》

第一条 为了保障老年人合法权益,发展老龄事业,弘扬中华民族敬老、养老、助老的美德,根据宪法,制定本法。

第二条 本法所称老年人是指六十周岁以上的公民。

第三条 国家保障老年人依法享有的权益。

老年人有从国家和社会获得物质帮助的权利,有享受社会服务和社会优待的权利,有参与社会发展和共享发展成果的权利。

禁止歧视、侮辱、虐待或者遗弃老年人。

第四条 积极应对人口老龄化是国家的一项长期战略任务。

国家和社会应当采取措施,健全保障老年人权益的各项制度,逐步改善保障老年人生活、健康、安全以及参与社会发展的条件,实现老有所养、老有所医、老有所为、老有所学、老有所乐。

第五条 国家建立多层次的社会保障体系,逐步提高对老年人的保障水平。

国家建立和完善以居家为基础、社区为依托、机构为支撑的社会养老服务体系。

倡导全社会优待老年人。

3.《中华人民共和国残疾人保障法》

第一条 为了维护残疾人的合法权益，发展残疾人事业，保障残疾人平等地充分参与社会生活，共享社会物质文化成果，根据宪法，制定本法。

第二条 残疾人是指在心理、生理、人体结构上，某种组织、功能丧失或者不正常，全部或者部分丧失以正常方式从事某种活动能力的人。

残疾人包括视力残疾、听力残疾、言语残疾、肢体残疾、智力残疾、精神残疾、多重残疾和其他残疾的人。

残疾标准由国务院规定。

第三条 残疾人在政治、经济、文化、社会和家庭生活等方面享有同其他公民平等的权利。

残疾人的公民权利和人格尊严受法律保护。

禁止基于残疾的歧视。禁止侮辱、侵害残疾人。禁止通过大众传播媒介或者其他方式贬低损害残疾人人格。

第四条 国家采取辅助方法和扶持措施，对残疾人给予特别扶助，减轻或者消除残疾影响和外界障碍，保障残疾人权利的实现。

4.《中华人民共和国妇女权益保障法》

第一条 为了保障妇女的合法权益，促进男女平等，充分发挥妇女在社会主义现代化建设中的作用，根据宪法和我国的实际情况，制定本法。

第二条 妇女在政治的、经济的、文化的、社会的和家庭的生活等各方面享有同男子平等的权利。

实行男女平等是国家的基本国策。国家采取必要措施，逐步完善保障妇女权益的各项制度，消除对妇女一切形式的歧视。

国家保护妇女依法享有的特殊权益。

禁止歧视、虐待、遗弃、残害妇女。

第三条 国务院制定中国妇女发展纲要，并将其纳入国民经济和社会发展规划。

县级以上地方各级人民政府根据中国妇女发展纲要，制定本行政区域的妇女发展规划，并将其纳入国民经济和社会发展计划。

第四条 保障妇女的合法权益是全社会的共同责任。国家机关、社会团体、企业事业单位、城乡基层群众性自治组织，应当依照本法和有关法律的规定，保障妇女的权益。

国家采取有效措施，为妇女依法行使权利提供必要的条件。

第五条 国家鼓励妇女自尊、自信、自立、自强，运用法律维护自身合法权益。

妇女应当遵守国家法律，尊重社会公德，履行法律所规定的义务。

5.《中华人民共和国消费者权益保护法》

第一条 为保护消费者的合法权益，维护社会经济秩序，促进社会主义市场经济健康发展，制定本法。

第五条 国家保护消费者的合法权益不受侵害。

国家采取措施，保障消费者依法行使权利，维护消费者的合法权益。

国家倡导文明、健康、节约资源和保护环境的消费方式，反对浪费。

第七条 消费者在购买、使用商品和接受服务时享有人身、财产安全不受损害的权利。

消费者有权要求经营者提供的商品和服务，符合保障人身、财产安全的要求。

第八条 消费者享有知悉其购买、使用的商品或者接受的服务的真实情况的权利。

消费者有权根据商品或者服务的不同情况，要求经营者提供商品的价格、产地、生产者、用途、性能、规格、等级、主要成分、生产日期、有效期限、检验合格证明、使用方法说明书、售后服务，或者服务的内容、规格、费用等有关情况。

第九条 消费者享有自主选择商品或者服务的权利。

消费者有权自主选择提供商品或者服务的经营者，自主选择商品品种或者服务方式，自主决定购买或者不购买任何一种商品、接受或者不接受任何一项服务。

消费者在自主选择商品或者服务时，有权进行比较、鉴别和挑选。

第十条 消费者享有公平交易的权利。

消费者在购买商品或者接受服务时，有权获得质量保障、价格合理、计量正确等公平交易条件，有权拒绝经营者的强制交易行为。

第十一条 消费者因购买、使用商品或者接受服务受到人身、财产损害的，享有依法获得赔偿的权利。

第十二条 消费者享有依法成立维护自身合法权益的社会组织的权利。

第十三条 消费者享有获得有关消费和消费者权益保护方面的知识的权利。

消费者应当努力掌握所需商品或者服务的知识和使用技能，正确使用商品，提高自我保护意识。

第十四条 消费者在购买、使用商品和接受服务时，享有人格尊严、民族风俗习惯得到尊重的权利，享有个人信息依法得到保护的权利。

第十五条 消费者享有对商品和服务以及保护消费者权益工作进行监督的权利。

消费者有权检举、控告侵害消费者权益的行为和国家机关及其工作人员在保护消费者权益工作中的违法失职行为，有权对保护消费者权益工作提出批评、建议。

【相关观点】

一、条文概述与解读

未成年人、老年人、残废人、妇女、消费者等民事主体，由于其心理、生理或者市场交易地位原因，可能在民事活动中处于弱势地位。为保护整体上处于弱势地位的民事主体的民事合法权益，法律对未成年人、老年人、残疾人、妇女、消费者等的民事权利有特别保护规定。本条是对弱势群体民事权利的特别保护的衔接性规定。根据本条规定，法律有特别规定的，依照其规定。

——参见贾东明主编：《〈中华人民共和国民法总则〉解释与适用》，人民法院出版社 2017 年版。

二、审判实践中应注意的问题

民法基于现代社会关系在特定领域新的发展所引起的调整方式的改变，并没有突破抽象人格和意思自治的框架，作为现代社会的"弱势权益保护"的立法技术思路，仍在遵循近代民法确立的决定自由——结果公平这一个人利益公平实现的模型。审判实践中认定某一特定主体是否处于弱者地位、是否受特殊保护，一个实质的标准是考察其决定是否自由，基于自由意志的自我选择，尽管结果可能有失公平，仍应受自我责任的限制。

【相关案例】

1. 对于未成年人在父母离婚后要求分割其与监护人之一的共有财产的，要从保护未成年人财产的角度加以限制

——谢甲与谢乙共有财产分割纠纷上诉案

案例要旨：财产共有人要求分割财产是行使其所有权的表现。依据《物权法》第 99 条规定，共有人没有约定或者约定不明确的，按份共有人可以随时请求分割，共同共有人在共有的基础丧失或者有重大理由需要分割时可以请求分割。但对于未成年人在父母离婚后要求分割其与监护人之一的共有财产的，则要加以限制，以体现对未成年人财产权的特别保护。

案号：（2008）沪一中民一（民）终字第 861 号

审理法院：上海市第一中级人民法院

来源：《人民司法·案例》2008 年第 18 期

2. 人民法院在审理赡养纠纷案件中,应当判决未尽护理照料职责的子女对年老体弱、生活自理受限的老年人给付护理费用

——单云珍诉何金来赡养纠纷案

案例要旨: 子女对父母有赡养扶助的义务,赡养人应当履行对老年人经济上供养、生活上照料和精神上慰藉的义务、照顾老年人的特殊需求。对生活不能自理的老年人,赡养人应当承担照料责任;不能亲自照料的,可以按照老年人的意愿委托他人或者养老机构等照料。

案号:(2014)淮法民初字第 0954 号

审理法院: 江苏省淮安市淮安区人民法院(原江苏省淮安市楚州区人民法院)

来源:《人民法院报》2014 年 10 月 9 日,第 6 版

第一百二十九条　民事权利取得方式

民事权利可以依据民事法律行为、事实行为、法律规定的事件或者法律规定的其他方式取得。

【新旧法条对比】

《中华人民共和国民法通则》

第四十一条　全民所有制企业、集体所有制企业有符合国家规定的资金数额，有组织章程、组织机构和场所，能够独立承担民事责任，经主管机关核准登记，取得法人资格。

在中华人民共和国领域内设立的中外合资经营企业，中外合作经营企业和外资企业，具备法人条件的，依法经工商行政管理机关核准登记，取得中国法人资格。

第五十条　有独立经费的机关从成立之日起，具有法人资格。

具备法人条件的事业单位、社会团体，依法不需要办理法人登记的，从成立之日起，具有法人资格；依法需要办理法人登记的，经核准登记，取得法人资格。

第五十一条　企业之间或者企业、事业单位之间联营，组成新的经济实体，独立承担民事责任，具备法人条件的，经主管机关核准登记，取得法人资格。

第五十四条　民事法律行为是公民或者法人设立、变更、终止民事权利和民事义务的合法行为。

第七十二条　财产所有权的取得，不得违反法律规定。

按照合同或者其他合法方式取得财产的，财产所有权从财产交付时起转移，法律另有规定或者当事人另有约定的除外。

第八十四条　债是按照合同的约定或者依照法律的规定，在当事人之间产生的特定的权利和义务关系。享有权利的人是债权人，负有义务的人是债务人。

债权人有权要求债务人按照合同的约定或者依照法律的规定履行义务。

第八十五条　合同是当事人之间设立、变更、终止民事关系的协议。依法成立的合同，受法律保护。

第八十六条　债权人为二人以上的，按照确定的份额分享权利。债务人为二人以上的，按照确定的份额分担义务。

第八十七条　债权人或者债务人一方人数为二人以上的，依照法律的规定或者当事人的约定,享有连带权利的每个债权人,都有权要求债务人履行义务;负有连带义务的每个债务人,都负有清偿全部债务的义务,履行了义务的人,有权要求其他负有连带义务的人偿付他应当承担的份额。

第八十九条 依照法律的规定或者按照当事人的约定,可以采用下列方式担保债务的履行:

(一)保证人向债权人保证债务人履行债务,债务人不履行债务的,按照约定由保证人履行或者承担连带责任;保证人履行债务后,有权向债务人追偿。

(二)债务人或者第三人可以提供一定的财产作为抵押物。债务人不履行债务的,债权人有权依照法律的规定以抵押物折价或者以变卖抵押物的价款优先得到偿还。

(三)当事人一方在法律规定的范围内可以向对方给付定金。债务人履行债务后,定金应当抵作价款或者收回。给付定金的一方不履行债务的,无权要求返还定金;接受定金的一方不履行债务的,应当双倍返还定金。

(四)按照合同约定一方占有对方的财产,对方不按照合同给付应付款项超过约定期限的,占有人有权留置该财产,依照法律的规定以留置财产折价或者以变卖该财产的价款优先得到偿还。

第九十一条 合同一方将合同的权利、义务全部或者部分转让给第三人的,应当取得合同另一方的同意,并不得牟利。依照法律规定应当由国家批准的合同,需经原批准机关批准。但是,法律另有规定或者原合同另有约定的除外。

第九十四条 公民、法人享有著作权(版权),依法有署名、发表、出版、获得报酬等权利。

第九十五条 公民、法人依法取得的专利权受法律保护。

第九十六条 法人、个体工商户、个人合伙依法取得的商标专用权受法律保护。

第九十七条 公民对自己的发现享有发现权。发现人有权申请领取发现证书、奖金或者其他奖励。

公民对自己的发明或者其他科技成果,有权申请领取荣誉证书、奖金或者其他奖励。

【相关规定】

1. 《中华人民共和国物权法》

第七条 物权的取得和行使,应当遵守法律,尊重社会公德,不得损害公共利益和他人合法权益。

2.《中华人民共和国合同法》

第二条 本法所称合同是平等主体的自然人、法人、其他组织之间设立、变更、终止民事权利义务关系的协议。

婚姻、收养、监护等有关身份关系的协议，适用其他法律的规定。

第五十四条 民事法律行为是公民或者法人设立、变更、终止民事权利和民事义务的合法行为。

第七十九条 债权人可以将合同的权利全部或者部分转让给第三人，但有下列情形之一的除外：

（一）根据合同性质不得转让；

（二）按照当事人约定不得转让；

（三）依照法律规定不得转让。

3.《中华人民共和国破产法》

第四十条 债权人在破产申请受理前对债务人负有债务的，可以向管理人主张抵销。但是，有下列情形之一的，不得抵销：

（一）债务人的债务人在破产申请受理后取得他人对债务人的债权的；

（二）债权人已知债务人有不能清偿到期债务或者破产申请的事实，对债务人负担债务的；但是，债权人因为法律规定或者有破产申请一年前所发生的原因而负担债务的除外；

（三）债务人的债务人已知债务人有不能清偿到期债务或者破产申请的事实，对债务人取得债权的；但是，债务人的债务人因为法律规定或者有破产申请一年前所发生的原因而取得债权的除外。

【相关观点】

一、法律事实的种类

依是否以人们的意志转移为标准，可以将法律事实大体上分为两类，即法律事件和法律行为。①

（一）法律事件

法律事件是由法律规范规定的、不以当事人的意志为转移而引起法律关系形成、变更或消灭的客观事实。法律事件又分成社会事件和自然事件两种。前者如社会革命、战争等，后者如人的生老病死、自然灾害等。但由于这些

---

① 除了上述分类外，似乎还可以有其他一些分类。例如，按照后果，法律事实可以分为构成权利的、变更权利的和终止权利的法律事实；按照表现形式，可以分为肯定的法律事实和否定的法律事实；按照作用的性质，可以分为一次性作用的事实和具有连续性法律作用的事实（法律状态）。〔前苏联〕C. C. 阿列克谢耶夫：《法的一般理论》（下），黄良平、丁文琪译，法律出版社1991年版，第550~553页。

事件的出现，法律关系主体之间的权利与义务关系就有可能产生，也有可能发生变更，甚至完全归于消灭。

（二）法律行为

法律行为可以作为法律事实而存在，能够引起法律关系形成、变更和消灭。因为人们的意志有善意与恶意、合法与违法之分，故其行为也可以分为善意行为和合法行为、恶意行为和违法行为。

在研究法律事实问题，我们还应当看到这样两种复杂的现象：（1）同一个法律事实（事件或者行为）可以引起多种法律关系的产生、变更和消灭。例如，工伤致死，不仅可以导致劳动关系、婚姻关系的消灭，而且也导致劳动保险合同关系、继承关系的产生。（2）两个或两个以上的法律事实引起同一个法律关系的产生、变更或消灭。例如，房屋的买卖，除了双方当事人签订买卖协议外，还须向房管部门办理登记过户手续方有效力，相互之间的关系才能够成立。

二、民事权利的取得方式

民事权利的取得方式为两种，一是原始取得，二是继受取得。①

（一）原始取得

民事权利的原始取得，也称民事权利的最初取得，是指不以他人已有的所有权和意志为根据，直接依照法律的规定，通过某种方式或行为取得所有权。

身份权的取得都是原始取得，分别基于两种法律事实而取得：一是基于自然人出生的事实而取得身份权，亲权和亲属权基本上是基于出生的事实而取得。二是基于法律行为而取得，配偶权是基于结婚的事实而取得，收养是基于收养的法律行为而取得亲权或者亲属权。

继承权依据身份关系而取得，实际上是依据出生或者法律行为而原始取得继承权的期待权。

物权的原始取得，主要是劳动生产、天然孳息和法定孳息、添附、没收、先占等方式，都是基于法律事实和行为而取得。

知识产权的原始取得，是基于创造性的智力劳动，依据智力成果的法律事实，原始取得著作权、商标权、专利权以及其他智力成果权。

债权的原始取得，主要是依据法律行为取得，是通过双方当事人的法律行为订立合同，原始取得合同债权。在其他债权的取得，主要依据法律事实，例如无因管理、不当得利、单方允诺以及侵权行为，都原始取得债权。

（二）继受取得

民事权利的继受取得，也称为民事权利的传来取得，是指权利人通过某

---

① 苏号朋：《民法总论》，法律出版社2006年版，第82页。

种法律事实，从原权利人处取得民事权利。

物权、债权、知识产权都存在权利的继受取得，可以通过法律行为的方式，转让物权、债权和知识产权。买卖、赠与、互易等，都是物权的继受取得。知识产权的转让的后果，也发生知识产权的继受取得。债的转移，包括债权转让和债权债务概括转移，实际上的后果都是发生债的继受取得，受让人继受取得债权。

人格权、身份权以及继承权原则上不得继受取得，因为这些权利具有强烈的人身性。但其中有特例。例如，人格权中的有些权利内容可以转让，他人通过转让继受取得这些权利内容，例如肖像权、隐私权等的部分使用权通过转让而继受取得；最为特殊的是名称权，尽管它是人格权，但它可以转让，使受转让人继受取得名称权。

三、所有权的取得

所有权的取得是指具体的民事主体（公民、法人）依一定法律事实发生而获得某一项财产的所有权。"财产所有权的取得，不得违反法律的规定。"因此，取得某项财产权，必须要合法。此外，还要有一定的法律事实作为依据。

合法取得财产所有权的法律事实或取得方式多是针对动产所有权。在各国立法规定和理论主张中所有权取得方式包括原始取得（最初取得）和继受取得（传来取得）。原始取得是指第一次或不以他人已有的所有权和意志为根据，直接依照法律通过某种方式或行为取得物的所有权。继受取得是指根据原所有人的意思和权利即基于权利移转的方式获得所有权。传来取得与原始取得是将是否以原所有人的所有权与意志取得所有权作为区别标准的。所有权的取得方法不同会产生相异的后果，例如，原始取得发生后一般不会有补偿问题，但传来取得发生后则一般会依据权利义务一致的法律原则给移转权利者一定补偿。又例如，有些西方国家的学理和实践把国有化列为继受方式，这样在法律上便可用以论证国有化客体的所有人向国家提出要求给予"公平合理的"财产补偿。

（一）原始取得的主要方式

1. 物的生产。

物的生产是人们使用工具来创造各种生产资料和生活资料的过程，由于通过付出体力或脑力，改造、加工或利用原材料而制造出来的产品，无论从形体，还是从使用价值和价值上都是生产劳动前的产品不可比拟的，这种新产品（新物）的所有权当然也属于创造出产品的人。

2. 孳息。

孳息是指由原物滋生、增殖、繁衍而来的能与原物相分离的财产。孳息是一种收益，但其产生一般应以不改变原物的性质为限，如改变原物的性质而产生凝聚原物价值的新物，就不是孳息，而是其他通过劳动生产而产生的收益。因孳息产生的原因不同，孳息分为天然孳息和法定孳息。按照原物的自然规律而自然滋生或繁衍的新的独立的物为天然孳息，如从羊身上剪下的羊毛，牲畜或家禽所产下的幼畜或禽蛋等。天然孳息的特点是：孳息的产生无损于原物；孳息能与原物通过人工方式或自然分离而成为独立的物。按照法律规定，通过建立民事法律关系由他人利用原物所产生的收益为法定孳息，如通过出租房屋所得的租金，通过有偿借贷而取得的合法利息等都是法定孳息。该孳息是财产交由他人使用而产生，如财产由所有人自己运用而产生收益不是法定孳息。

孳息是第一次在物上产生所有权，因而是原始取得。孳息所有权的归属，根据我国的司法实践，有以下几种处理原则：孳息的所有权一般应归原物所有人享有，法律另有规定和当事人有约定时，由产生孳息时的合法占有人享有孳息的所有权。孳息在没有与原物分离以前，由原物所有人享有，原物所有权转移后，孳息的所有权随之转移。恶意占有时产生的孳息，原则上随原物一并归还所有人，在善意占有时所得孳息原则上可由善意占有人取得，如返还财产，仅返还原物而不必返还孳息。

3. 国家强制。

国家强制是指在法律规定的特定场合下，国家从社会公共利益出发，不顾及所有人的意志和权利，直接采用没收、国有化、征收、税收等强制手段取得所有权的方式。

4. 无主财产的国家取得。

（1）埋藏物和隐藏物。埋藏物是指藏附于土地中的财产，隐藏物是指隐匿于动产或土地之外的不动产中的财产。这两种物均具有所有人不明、埋藏或隐藏于他物之中而非显而易见等特征。"所有人不明的埋藏物、隐藏物，归国家所有。"因此，埋藏物、隐藏物属于无主财产，发现后不得据为己有，应上交国家。对此大多数大陆法系的国家，如《德国民法典》第976条、我国台湾地区亦有类似规定，认为无主财产，包括无人认领的遗失物，应属国库所有。一般情况，法律规定有关部门应对发现并上交埋藏物、隐藏物的单位或个人予以精神和物质奖励。

（2）无人继承的财产。无人继承的财产是公民死亡后遗留下来且无人继承又无人接受遗赠的财产。根据我国继承法的规定，无人继承的财产，如死者生前为集体所有制组织成员的，归集体所有，其他情况的归国家所有。因此，无人继承的财产，亦属无主财产，国家或集体依法取得该项财产是原始取得。

5. 遗失物。

遗失物是所有人和合法占有人不慎丢失，不为任何人占有的财产。所以，遗失物只能是动产，不动产不存在遗失问题。遗失物既不是基于所有人抛弃的意思，也不是因他人侵夺所至，亦不是无主财产，只是所有人或合法占有人偶尔丧失了占有，现在又不为任何人占有的动产。

拾得遗失物的法律后果，各国有不同立法。现代大多数国家的民法都沿袭日耳曼法，规定拾得遗失物应向有关机关呈报，否则构成隐匿遗失物罪。有关机关收到呈报后催告遗失人在一定时间内认领，将原物交还遗失人，此时遗失人要向拾得人支付一定报酬；如果遗失人在一定期间内不认领，则遗失物归国库所有，拾得人依法仍可按比例分享一定利益。

《民法通则》第79条第2款规定："拾得遗失物、漂流物或者失散的饲养动物，应当归还失主，因此而支出的费用由失主偿还。"这里，已视遗失物、漂流物以及失散的动物为同一法律地位，并且拾得人有将遗失物等交还失主的义务和费用求偿权，而不承认拾得人有报酬请求权。实践中的具体做法通常是，知道失主的直接交还失主，失主不明的，视情况交给有关单位或国家公安机关，该遗失物经有关单位或公安机关公告招领届满6个月无人认领时，即作为无主财产，收归国有，此时方属于原始取得。

6. 先占。

先占是指先占者以所有的意思，占有无主动产，而取得该财产的所有权的事实。世界大多数国家均承认先占是所有权原始取得的方式之一。因先占取得动产的所有权须具备下列条件：（1）先占的标的物须为动产，不动产如土地等，不能因先占而取得所有权。（2）被占有物应是法律不禁止占有的物品。凡违反法律法规的规定而先占的，该占有无效，不能取得占有物的所有权。例如在禁猎区狩猎占有禁猎物、占有被遗失的枪支、弹药或占有埋藏物、隐藏物等，则不能因先占取得所有权。（3）须以所有的意思占有。该所有的意思并非取得所有权的意思，而是指先占人在占有物品时有客观上足以使他人认为先占人有据为己有的表示，而不必具备行为能力。（4）须为无主物。无主物指现为无主物，不论该物过去是否曾有主，例如原所有人抛弃之物，可作为先占的标的。先占一般具备了上述要件后，先占人就可以取得该标的物的所有权。

我国民事立法虽没有设立先占制度，但多数学者根据《民事诉讼法》79条、《继承法》第32条的规定认为无主财产在我国法定为国有，因此也对先占取得持否定态度。实际上，无论是民事基本法的民法通则还是民事单行法的继承法，既没有规定先占制度，也没有规定凡无主财产均归国家所有，法律仅规定了在几种特别情况下的无主财产收归国有，而在法律调整范围外还存在无主财产，只是其范围和价值不大，主要是一些废弃物，对此，又主要是废（旧）物利用的问题，作为民事主体的国家也不必去强调其所有权。所以，实际生活中，对已抛弃的不属法律调整的无主财产，取得所有权，必须要建立先占原则，由先占者取得利用无主财产的所有权。因此，从实际出发，确认完善先占制度，有利于社会经济的发展、社会经济秩序的稳定和对社会物之效用的充分发挥。

7. 善意取得。

善意取得又称善意受让或即时取得，指原物由无权转让的占有人转让给不知情的（善意）第三人占有时，第三人一般可依法取得占有物的所有权，所有权人不得请求该第三人返还原物，而只能请求转让人赔偿损失。这是动产所有权的一种特殊取得原因。善意取得制度是为适应商品交换、保障民事主体在通常情况下交易之安全的需要而产生的。它虽然限制了所有人的一些权利，从某种意义上看牺牲了所有人的利益，但从维护整个市场经济秩序出发，这种牺牲又是必要和必须的。所以，世界大多数国家民法都确认了善意取得制度。我国司法实践，也肯定在法律无特别规定情况下的善意取得。《最高人民法院关于贯彻〈中华人民共和国民法通则〉若干问题的意见（试行）》第89条中指出，第三人善意、有偿取得该财产的，应当维护第三人的合法权益。但是，对于赃物、走私物、遗失物等财产，我国法律以及司法实践则认为不适用善意取得，买受人即使出于善意，也不能取得该财产的所有权。由于善意取得旨在解决善意第三人与所有人间的关系，所以，相关的其他人间的关系该适用何种制度依然不因善意取得的发生而改变。例如，乙将甲存于乙处的古画卖给了丙，丙为善意取得，甲不得从丙处追回古画。但乙已构成对甲所有权的侵犯或违约行为，对此应承担相应民事责任。同时根据我国司法实践，如果第三人是无偿取得某项财产，则不论取得时是善意还是恶意，所有权人均对此有追及权，可请求第三人返还原物。

我国民法理论和司法实践表明，对善意取得问题，既要保护所有人的合法权益，又要注意维护第三人的利益，保证商品交易安全，稳定市场经济秩序。因此，对善意取得应规定如下要件：其一，占有人非法转让的应为动产，不动产适用登记制，不发生善意取得。其二，非法转让人的占有是所有人自由意志的结果，即善意第三人不能取得非法转让人采用非法手段而占有的财产，如赃物。其三，第三人须为有偿地善意占有。

8. 添附。

添附，是附合、混合和加工三者的总称，指不同所有人的财产或劳动成果结合在一起而形成一种新的财产，借此确定新的所有权归属。在这里，数个不同所有人之物由加工人结合成新物是与其他原始取得方法相区别的特征。之所以需要从法律上确认添附财产的归属，主要是添附后的财产恢复原状在事实上不可能或经济上不合理使然。在理论上添附的基本特征有：（1）添附而形成的新物是由不同所有人的原有财产形成的。（2）添附所有权的形成总是基于一定的法律事实，即数个不同所有人的财产或劳动成果混杂合为一体而无法分离。(3) 添附财产所有权的取得是基于法律规定的原始取得。(4) 添附的法律规定通常是强行规定，目的在于使添附物服从于社会经济利益，当事人之间回复原状的约定无效。我国对添附法无明文，但司法实践及理论上是予以肯定的。

添附的主要内容及处理原则如下：

第一，附合，指两物本分别属于不同所有人，但其中一物附合于他物，成为他物的重要成分而无法分离或分离后会大大降低其价值的财产结合状态。附合物一旦形成，即具备物品存在的独立性，如砖、木之附合构建成房屋，畜皮与丝织面料的附合制成皮褛。因此，在附合的情况下，各原所有人的财产仍能识别，只是不便和不值得分离。附合财产的归属一般应视财产结合的情况而定，根据财产性质分为动产附合与不动产附合。如动产因附合成为不动产的重要成分时，不动产人取得动产所有权，即附合后新财产归属于不动产人，原动产所有人则可取得与其动产相当的补偿。如动产相互间的附合，在能够区分主从物时，则主物所有人取得附合物所有权，同时给对方以价值上的补偿；在没有主从物区别时，由各动产所有人共有附合物。

第二，混合，指属于不同所有者的动产相混杂，以致不能识别且难以分离的物的结合状态。例如大米、矿石、砂粒等固体物的混合，酒精、汽油等液体物的混合，都使所有人不能或者难以识别原属于自己的物，此时便会有两种结果，一是原财产价值相当的，可取得混合物的财产共有权，或者一方取得混合物，同时给另一方以相当补偿；二是原财产价值大的一方取得混合财产的所有权，仍应给另一方支付相当价金的补偿。

第三，加工，指对属于他人的动产进行加工改造，形成具有更高价值的新的财产。如使用他人拥有的玉石材料制作成玉雕工艺品。加工后的财产包括原财产价值和加工人的加工价值。加工须具备几个要件：加工对象必须是他人所有的财物；所加工的财物必须是动产；加工人必须附加自己有价值的劳动。加工产生如下法律效果：如当事人对加工物的归属有约定的依约定处理；如无约定，加工所增价值未超过原材料价值，则加工物仍归原材料所有人；如果加工后的物品与原材料相比，其加工价值大于原材料价值，加工物应归加工人所有；如果加工价值与原材料价值相比，难以确定主从关系，就产生原材料所有人和加工人对加工物的共有。除共有外，不论哪种情况，取得加工物所有权一方应对对方的加工劳动或原材料价值予以补偿。

总之，所有权的添附取得，是原始取得方法，即使以后添附物再发生分离，已经消灭的原物所有权也不得再行恢复。至于附于原所有物之上的他物权是否一并消灭，则有不同主张。如台湾民法第815条规定，因附合使动产所有权消灭的，该动产上其他权利，同时消灭。《日本民法典》第247条则规定，原物所有人原则上因添附而消灭其所有权，但因添附取得全部单独所有权，或与他人共享其所有权时，原物上设定的他物权不消灭。此说称例外不消灭说。

9. 时效取得。

时效取得是指依取得时效的法律规定取得所有权。取得时效与消灭（诉讼）时效并列，是时效的一种，是指非财产所有人以所有的意思善意地、公然地占有他人财产的事实状态，持续不断地达到法律规定的一定期间，即可取得该项财产所有权的法律制度。该项制度在罗马《十二表法》中已有规定，以后经各国民法修改、补充，迄今已十分完备。在我国，本法只规定了诉讼时效制度而未规定取得时效，并且多年来对取得时效持否定态度，司法解释也不是十分明确，但近几年改革开放与市场经济发展的实践以及民法理论研究成果表明，取得时效与消灭时效是两种并行不悖的时效制度，既不应相互排斥，也不应相互取代。因为一方面，日常生活中除所有人之外的他人占有财产所有人不明的财产的情形不在少数，另一方面，取得时效是相对所有权而言，是针对占有人而规定，立法重点在于保护诚实占有人的合法权益，即用以解决财产权归属取得问题，而消灭时效则相对债权而言，解决债的转变问题。所以，取得时效的功能价值在于对长久形成的事实秩序的尊重，以利于确定财产归属，维护交易安全和社会经济秩序的稳定，并且还可以督促权利人关心自己的财产，适时地行使自己的权利，以充分发挥社会物质财富的经济效益；同时有利于人民法院正确及时处理民事纠纷。

根据各国的立法和实践，取得时效以不背离社会的公序良俗为出发点，其成立须符合如下要件：

第一，须为自主占有，即占有人以自己所有的意思占有该物。这是取得时效的核心要件。以所有的意思占有应该贯彻占有时效的始终，否则也不成立取得时效。

第二，须为和平占有，即不是以暴力、胁迫取得或维持占有。

第三，须为公然占有，即占有事实对社会公开，不加隐瞒。它是一种不带隐秘瑕疵的占有。公然占有不能回避对占有物有利害关系的人，否则为秘密占有。公然占有是自主占有和和平占有的合乎逻辑的发展与表现，是完成取得时效的重要条件。

第四，须为持续占有，即不间断地占有。取得时效可以由于法定事由的出现而导致中断，中断使已经过的时效归于无效，占有人因此不能取得所有权。

第五，须为善意占有，即不知而且不应该知道物的权利上有瑕疵的占有。

第六，持续占有须达法定期间。取得时效期间的长短应该根据财产权利的种类和性质来确定，而且各国规定不一，有的国家规定动产与不动产均可适用取得时效，如日本；有的国家只规定动产可适用之，如德国；还有的规定不动产可适用之,如法国、美国等。法定期间多数国家为10年至20年间。

据上所述,我国民事立法应立足于社会主义市场经济发展的具体情况,借鉴国外有益的立法经验,建立符合本国实际的取得时效制度。

(二) 继受取得的主要方式

由于继受取得是财产所有人通过某种法律事实,从原所有人处取得所有权,因此,继受取得方式主要特点表现在所有权在时间上的对接关系,即后者权利是前者权利直接转让的结果。这种转让通常通过合同或继承等合法行为和事实予以实现。例如买卖、赠与、互易、继承与遗赠、设定抵押权等等均属于继受取得的方式。

——唐德华、高圣平主编:《民法通则及配套规定新释新解(上)》,人民法院出版社2003年版。

四、法律事实类型划分之意义

对民事法律事实进行类型划分的一个重要价值在于揭示,民法对于事件、事实行为以及表示行为中的准法律行为等的调整采取法定主义的调控方式,只要符合法律认可的事实构成,法律会直接对冲突的利益关系作出决定;但民法对于表示行为中的民事法律行为的调整采取意定主义的调控方式,主要依据民事主体的意思安排当事人之间的利益关系。实践中,应注意区分法律行为、准法律行为和没有法律约束力的情谊行为,尤其在情谊行为产生损害场合是否必然会导致侵权责任的减轻的问题上,应当结合双方当事人的利益状态,依据诚实信用原则并考虑双方之间的交易习惯对是否存在法律义务作出认定,不可一概而论。

——沈德咏主编:《〈中华人民共和国民法总则〉条文理解与适用》,人民法院出版社2017年版。

【相关案例】

1. 依据善意取得制度第三人取得物权,发生物权变动

——王帆、方慧诉李亮生、苏来英所有权纠纷案

案例要旨:未经共有人同意擅自处分共有财产,如果受让人受让该财产时是善意的,且支付了合理的对价,办理了房屋过户登记手续且在办理过户登记手续时不知道争讼房屋上有其他共有人的事
实,就应当依据善意取得制度的规定保护第三人的利益,认定合同有效,发生物权变动。

案号:(2011)万民初字第267号

审理法院:山西省太原市万柏林区人民法院

来源:《中国审判案例要览》(2012年民事审判案例卷)

2. 安置房利益作为赠与财产，受赠人可依据赠与合同继受取得基于拆迁安置协议所享有的债权，但其并未取得作为被拆迁人所享有的优先取得权

——洪润舫等与洪瑞英赠与合同纠纷上诉案

案例要旨：在未办理安置房过户登记手续前，被拆迁人享有其基于拆迁安置补偿协议所获得的利益。赠与的财产亦指财产性利益，包括积极财产利益、消极财产利益、无形财产利益。在赠与关系中，被拆迁人享有的拆迁安置补偿协议项下的利益属于赠与人的消极财产利益。赠与人享有处分权。被拆迁人享有对安置房的优先取得权，这一权利是基于被拆迁人的特殊身份所获得的，是优先于一般债权的特殊债权，因而除被拆迁人之外的其他人不应享有该权利。

案号：（2011）浙甬民二终字第704号

审理法院：浙江省宁波市中级人民法院

来源：《人民司法·案例》2012年第10期

3. 抵押权合法设立并登记，原债权人将债权转让给受让人，并履行告知债务人的义务，受让人可依法取得对债权的抵押权

——中国长城资产管理公司南京办事处诉盐城市华丰化工有限公司等金融不良债权转让合同纠纷案

案例要旨：抵押权合法设立并登记，原债权人将债权转让给受让人，并履行告知债务人的义务，受让人可依法取得对债权的抵押权。

案号：（2012）盐商初字第0094号

审理法院：江苏省盐城市中级人民法院

来源：法信网

第一百三十条　民事权利行使的自愿原则

民事主体按照自己的意愿依法行使民事权利，不受干涉。

【新旧法条对比】

《中华人民共和国民法通则》

第五条　公民、法人的合法的民事权益受法律保护，任何组织和个人不得侵犯。

第九条　公民从出生时起到死亡时止，具有民事权利能力，依法享有民事权利，承担民事义务。

第三十六条　法人是具有民事权利能力和民事行为能力，依法独立享有民事权利和承担民事义务的组织。

法人的民事权利能力和民事行为能力，从法人成立时产生，到法人终止时消灭。

【相关规定】

1. 《中华人民共和国合同法》

第四条　当事人依法享有自愿订立合同的权利，任何单位和个人不得非法干预。

2. 《中华人民共和国民事诉讼法》

第二条　中华人民共和国民事诉讼法的任务，是保护当事人行使诉讼权利，保证人民法院查明事实，分清是非，正确适用法律，及时审理民事案件，确认民事权利义务关系，制裁民事违法行为，保护当事人的合法权益，教育公民自觉遵守法律，维护社会秩序、经济秩序，保障社会主义建设事业顺利进行。

第八条　民事诉讼当事人有平等的诉讼权利。人民法院审理民事案件，应当保障和便利当事人行使诉讼权利，对当事人在适用法律上一律平等。

第十三条　民事诉讼应当遵循诚实信用原则。

当事人有权在法律规定的范围内处分自己的民事权利和诉讼权利。

3. 《中华人民共和国票据法》

第十八条　持票人因超过票据权利时效或者因票据记载事项欠缺而丧失票据权利的，仍享有民事权利，可以请求出票人或者承兑人返还其与未支付的票据金额相当的利益。

4.《中华人民共和国侵权责任法》

第二条 侵害民事权益，应当依照本法承担侵权责任。

本法所称民事权益，包括生命权、健康权、姓名权、名誉权、荣誉权、肖像权、隐私权、婚姻自主权、监护权、所有权、用益物权、担保物权、著作权、专利权、商标专用权、发现权、股权、继承权等人身、财产权益。

5.《中华人民共和国专利法》

第四十四条 有下列情形之一的，专利权在期限届满前终止：

（一）没有按照规定缴纳年费的；

（二）专利权人以书面声明放弃其专利权的。

专利权在期限届满前终止的，由国务院专利行政部门登记和公告。

【相关观点】

一、民事权利的概念

民事权利是民事主体实现其特定利益的法律手段。以下简要阐释民事权利的含义：

1. 民事权利是民事主体享有的特定利益。民事权利有许多类型，有不同的名称，内涵各有不同，总的来说都体现为民事主体的特定利益。自然人、法人的合法的民事权益受法律保护。这里说的"权益"包括权利和利益。人们在社会生活中有各种利益，有些利益不是法律调整的范围；有些利益受民法的保护，但是没有权利之名，学理上称之为"法益"。

2. 民事权利通常是指宪法和民法确认的权利。但权利的内容既可以来源于法律规定，也可以在私法自治的范围内来源于当事人约定。

3. 民事权利受国家强制力保障。根据自愿原则和私法自治的原理，义务人不履行义务或者民事权利受到侵害时，民事责任的承担一般可以由当事人可以协商解决，也可以请求有关国家机关采取强制措施保障权利人的权利。

二、民事权利行使的自由

意思自治的出发点为个人自由，其所强调者，系意思自主，即法律赋予最大可能的自由，任由当事人自行创造规律彼此权利义务关系的规范。基于权利行使的自由，个人得依其意思形成私法上的权利义务关系，自主决定地创造相互间的私法关系。还应注意得是，意思自治原则在赋予主体以各种自由，使其可以依自己意思谋求自身利益的同时，也要求主体对自己行为负责，即"自己责任"。

三、民事权利行使自由的边界

民事主体可以自由地依照其意志行使权利，但并不意味着不受任何限制：（1）民事权利的行使不得违反法律、行政法规的强制性规定。（2）民事权利的行使不得违反该民事权利本身的固有的性质。（3）民事权利的行使不得违背公序良俗。

——沈德咏主编：《〈中华人民共和国民法总则〉条文理解与适用》，人民法院出版社2017年版。

【相关案例】

1. 委托人的民事权利不因委托关系的存在被剥夺或者受到限制，委托人有权处分自己的民事权利

——江苏南京天宪律师事务所诉江苏金马房地产有限公司诉讼代理合同纠纷案

案例要旨： 诉讼代理合同中，委托人与受托人均未对委托人与相对当事人之间是否可以直接和解作出特别约定，所以，委托人是可以自由行使此项权利的，委托人行使此项权利时不需要向受托人承担违约责任。但是，由于受托人已经履行了委托合同中的全部或者部分义务，其应当获得相应的报酬或者由委托人支付相应的费用。

审理法院： 江苏省无锡市中级人民法院

来源：《中国审判案例要览》（2004年商事审判案例卷）

2. 持票人向法院主张权利超过了票据权利时效，可以要求承兑人返还其与未支付的票据金额相当的利益

——寿光市农机总公司诉中国银行股份有限公司绍兴市分行票据利益返还请求权案

案例要旨： 我国《票据法》规定的票据时效是票据权利的消灭时效，即票据权利人如果在一定的期限内不行使其票据权利，票据义务人就可以票据权利人超过票据时效为由拒绝履行票据义务，权利人丧失的是实体权利。持票人虽因超过票据权利时效而丧失票据权利，但仍享有民事权利，民事权利的享有是一种票据权利丧失后的利益救济，它是一种独立的请求权。根据《票据法》第十八条规定："持票人因超过票据权利时效或者因票据记载事项欠缺而丧失票据权利的，仍享有民事权利，可以请求出票人或者承兑人返还其与未支付的票据金额相当的利益。

案号：（2005）越民二初字第1421号

审理法院： 浙江省绍兴市越城区人民法院

来源：《中国审判案例要览》（2006年商事审判案例卷）

3. 除权判决后持票人仍有权依据基础合同主张民事权利

——长治市达洋电器有限公司诉博西家用电器（中国）有限公司买卖合同纠纷案

案例要旨：人民法院就票据作出的除权判决系对权利的重新确认，票据自除权判决公告之日起即丧失效力，持票人即丧失票据权利，使原来结合于票据中的权利人从票据中分离出来，公示催告申请人即有权依据除权判决请求票据付款人付款。但是，持票人丧失票据权利，并不意味着基础民事权利丧失，其仍有权依据基础合同主张民事权利，行使基础合同履行中的债务抵销权，并不损害基础合同相对方的合法权益。

审理法院：江苏省南京市鼓楼区人民法院（原下关区法院）

来源：《最高人民法院公报案例》2011年第11期（总第181期）

第一百三十一条　民事主体行使权利应当履行义务

民事主体行使权利时，应当履行法律规定的和当事人约定的义务。

【新旧法条对比】

《中华人民共和国民法通则》

第六条　民事活动必须遵守法律，法律没有规定的，应当遵守国家政策。

第七十二条　财产所有权的取得，不得违反法律规定。按照合同或者其他合法方式取得财产的，财产所有权从财产交付时起转移，法律另有规定或者当事人另有约定的除外。

第八十四条　债是按照合同的约定或者依照法律的规定，在当事人之间产生的特定的权利和义务关系。享有权利的人是债权人，负有义务的人是债务人。

债权人有权要求债务人按照合同的约定或者依照法律的规定履行义务。

第八十八条　合同的当事人应当按照合同的约定，全部履行自己的义务。

合同中有关质量、期限、地点或者价款约定不明确，按照合同有关条款内容不能确定，当事人又不能通过协商达成协议的，适用下列规定：

（一）质量要求不明确的，按照国家质量标准履行，没有国家质量标准的，按照通常标准履行。

（二）履行期限不明确的，债务人可以随时向债权人履行义务，债权人也可以随时要求债务人履行义务，但应当给对方必要的准备时间。

（三）履行地点不明确，给付货币的，在接受给付一方的所在地履行，其他标的在履行义务一方的所在地履行。

（四）价格约定不明确，按照国家规定的价格履行；没有国家规定价格的，参照市场价格或者同类物品的价格或者同类劳务的报酬标准履行。

合同对专利申请权没有约定的，完成发明创造的当事人享有申请权。

合同对科技成果的使用权没有约定的，当事人都有使用的权利。

【相关规定】

1. 《中华人民共和国合同法》

第九十一条　有下列情形之一的，合同的权利义务终止：

（一）债务已经按照约定履行；

（二）合同解除；

（三）债务相互抵销；

（四）债务人依法将标的物提存；
（五）债权人免除债务；
（六）债权债务同归于一人；
（七）法律规定或者当事人约定终止的其他情形。

第九十四条 有下列情形之一的，当事人可以解除合同：
（一）因不可抗力致使不能实现合同目的；
（二）在履行期限届满之前，当事人一方明确表示或者以自己的行为表明不履行主要债务；
（三）当事人一方迟延履行主要债务，经催告后在合理期限内仍未履行；
（四）当事人一方迟延履行债务或者有其他违约行为致使不能实现合同目的；
（五）法律规定的其他情形。

第一百零七条 当事人一方不履行合同义务或者履行合同义务不符合约定的，应当承担继续履行、采取补救措施或者赔偿损失等违约责任。

第一百一十七条 因不可抗力不能履行合同的，根据不可抗力的影响，部分或者全部免除责任，但法律另有规定的除外。当事人迟延履行后发生不可抗力的，不能免除责任。

本法所称不可抗力，是指不能预见、不能避免并不能克服的客观情况。

第一百二十一条 当事人一方因第三人的原因造成违约的，应当向对方承担违约责任。当事人一方和第三人之间的纠纷，依照法律规定或者按照约定解决。

2.《中华人民共和国物权法》

第六条 不动产物权的设立、变更、转让和消灭，应当依照法律规定登记。动产物权的设立和转让，应当依照法律规定交付。

第七条 物权的取得和行使，应当遵守法律，尊重社会公德，不得损害公共利益和他人合法权益。

3.《最高人民法院关于审理民间借贷案件适用法律若干问题的规定》

第十条 除自然人之间的借款合同外，当事人主张民间借贷合同自合同成立时生效的，人民法院应予支持，但当事人另有约定或者法律、行政法规另有规定的除外。

【相关观点】

一、当事人对于借贷合同生效的时间另有约定或者法律、行政法规另有规定的，依双方的约定或法律、行政法规的规定处理

《最高人民法院关于审理民间借贷案件适用法律若干问题的规定》第10

条但书规定，对当事人另行约定与法律法规另行规定的，合同生效时间依当事人约定或者法律法规的规定处理。首先，是当事人约定。如当事人在合同中对合同生效时间有另行约定，应当依当事人的约定处理。例如，如果当事人在合同中另行约定了附生效条件或者附生效期限的，应依照当事人的约定，根据《合同法》第45条或者第46条处理。其次，是法律、行政法规的规定。目前我国法律、行政法规对于借贷合同生效的时间并没有另行规定。但是，银监会、商务部、中国人民银行正在分别酝酿制定《融资性担保条例》《典当管理条例》和《非存款类放贷组织条例》，如这些行政法规或规章出台后，对于民间借贷合同的生效时间有另行规定的，即可以作为人民法院审理相关案件的法律依据，应当根据这些行政法规的规定处理。

——杜万华主编：《最高人民法院民间借贷司法解释理解与适用》，人民法院出版社2015年版。

二、对于当事人有明确且内容不违反法律规定的约定，应当优先按照合同约定处理双方的纠纷

人民法院审理相关纠纷时，应当首先对当事人的合同约定进行审查，只有就相关问题没有约定或者约定不明的，才能够在法律框架下寻求解决问题方案。这是因为，契约责任的基础是建立在当事人自由约定的基础之上的，契约效力与产生效力的契约责任均来源于当事人的主观意志，而不是法律的强行规定。当事人承担什么样的责任，主要取决于当事人的自由约定，而不是法律的强行规定。由于当事的意志是自由的，其在不同的情境下为自己设定何种程度的义务或责任也就各不相同。[①]

因此，应当充分尊重双方当事人的合意，当事人对相关问题有明确约定时，要严格按照约定内容审查双方合同义务的履行情况。由于国家对房地产市场进行调控已经持续了一段时期，双方当事人在进行房屋买卖时，有的对于政策早有预期，事先已经考虑到政策变动等因素，在签订合同时对于未来一些诸如贷款不能如期获批、购房资格未获通过等，合同后续如何处理，都进行明确约定。比如，2013年初，"国五条"出台后，各地细则尚未推出前，由于涉及严格执行售房差额部分征收20%所得税及购房资格从紧，各地纷纷掀起了赶在新政实行前买卖、过户。当时，许多当事人在合同中明确约定，因政府或银行政策等发生变化，买受人届时不能取得贷款或贷款额度不够，应自行筹措资金缴纳房款，否则按已交房款（房屋总价）的一定比例承担违约责任的，那么房产新政的实施就无法成为当事人解除合同、免除约定义务的事由。再比如，双方当事人约定，如果双方未能在新政实施前办理完过户手续，合同自动解除，互不追究违约责任，

---

① 王林清：《违约责任归责原则之再检讨》，载《法治研究》2012年第12期。

等等。对于当事人有诸如此类的明确约定且内容不违反法律规定的，我们认为，本着民有所约、视同法律的理念，应当优先按照合同约定处理双方的纠纷，有些地方不对双方合同的具体内容详细审查就随意作出支持解除合同的判决，有欠妥当。

——韩延斌、王林清：《房地产纠纷裁判思路与规范指引（下）》，人民法院出版社 2014 年版。

【相关案例】

1. 基于真实意思表示所形成的且不违反法律强制性规定的合同，当事人负有全面履行合同的义务

——蓝家风诉林松武互易土地使用权纠纷案

案例要旨：当事人基于真实意思表示所形成的合同，且不违反法律的强制性规定，对于合同所赋予的义务应当全面及时履行，否则构成违约，应承担相应的法律责任。

案号：（2008）连民一初字第 30 号

审理法院：广东省河源市连平县人民法院

来源：法信网

2. 法律规定子女对父母有赡养扶助的义务，子女不得以任何理由拒绝履行赡养义务

——刘跃兵诉袁丙赡养费纠纷案

案例要旨：法律规定子女有对父母赡养扶助的义务，父母经济困难时有权利要求子女支付赡养费，但这并不意味着，父母经济水平良好时，子女就不需赡养父母，赡养义务是不附加任何条件的，子女不得以任何理由拒绝履行赡养义务。

审理法院：河南省郑州市惠济区人民法院（原河南省郑州市邙山区人民法院）

案号：（2012）惠民一初字第 197 号

来源：最高人民法院公布案例

3. 企业行使价格自主权时未履行法定义务而损害消费者合法权益的，应承担民事责任

——姜士民诉成都红天鹅火锅文化有限责任公司返还酒水服务费并赔礼道歉案

案例要旨：收取酒水服务费属于企业的经营自主权内容之一，即企业的价格行为权。但企业的价格行为权不是没有任何限制的。消费者的知情权和自主选择权，是企业在进行价格行为时必须充分

尊重的。如果企业在行使价格自主权时没有履行法律规定的义务，损害了消费者的合法权益，应当承担相应的民事责任。

案号：（2004）高新民一初字第381号
审理法院： 四川省成都市高新技术产业开发区人民法院
来源：《人民法院案例选》2007年第1辑（总第59辑）

第一百三十二条　民事主体不得滥用民事权利

民事主体不得滥用民事权利损害国家利益、社会公共利益或者他人合法权益。

【新旧法条对比】

《中华人民共和国民法通则》

第七条　民事活动应当尊重社会公德，不得损害社会公共利益，扰乱社会经济秩序。

第五十八条　下列民事行为无效：

（一）无民事行为能力人实施的；

（二）限制民事行为能力人依法不能独立实施的；

（三）一方以欺诈、胁迫的手段或者乘人之危，使对方在违背真实意思的情况下所为的；

（四）恶意串通，损害国家、集体或者第三人利益的；

（五）违反法律或者社会公共利益的；

（六）以合法形式掩盖非法目的的。

无效的民事行为，从行为开始起就没有法律约束力。

【相关规定】

1. 《中华人民共和国宪法》

第五十一条　中华人民共和国公民在行使自由和权利的时候，不得损害国家的、社会的、集体的利益和其他公民的合法的自由和权利。

2. 《中华人民共和国合同法》

第五十二条　有下列情形之一的，合同无效：

（一）一方以欺诈、胁迫的手段订立合同，损害国家利益；

（二）恶意串通，损害国家、集体或者第三人利益；

（三）以合法形式掩盖非法目的；

（四）损害社会公共利益；

（五）违反法律、行政法规的强制性规定。

3. 《中华人民共和国物权法》

第七条　物权的取得和行使，应当遵守法律，尊重社会公德，不得损害公共利益和他人合法权益。

4.《中华人民共和国侵权责任法》

第六条 行为人因过错侵害他人民事权益,应当承担侵权责任。

根据法律规定推定行为人有过错,行为人不能证明自己没有过错的,应当承担侵权责任。

第七条 行为人损害他人民事权益,不论行为人有无过错,法律规定应当承担侵权责任的,依照其规定。

5.《中华人民共和国慈善法》

第四条 开展慈善活动,应当遵循合法、自愿、诚信、非营利的原则,不得违背社会公德,不得危害国家安全、损害社会公共利益和他人合法权益。

6.《中华人民共和国公共文化服务保障法》

第四十四条 任何组织和个人不得利用公共文化设施、文化产品、文化活动以及其他相关服务,从事危害国家安全、损害社会公共利益和其他违反法律法规的活动。

7.《中华人民共和国信托法》

第五条 信托当事人进行信托活动,必须遵守法律、行政法规,遵循自愿、公平和诚实信用原则,不得损害国家利益和社会公共利益。

8.《中华人民共和国保险法》

第四条 从事保险活动必须遵守法律、行政法规,尊重社会公德,不得损害社会公共利益。

9.《中华人民共和国科学技术进步法》

第二十九条 国家禁止危害国家安全、损害社会公共利益、危害人体健康、违反伦理道德的科学技术研究开发活动。

10.《全国人大常委会关于〈中华人民共和国民法通则〉第九十九条第一款、〈中华人民共和国婚姻法〉第二十二条的解释》

最高人民法院向全国人民代表大会常务委员会提出,为使人民法院正确理解和适用法律,请求对民法通则第九十九条第一款"公民享有姓名权,有权决定、使用和依照规定改变自己的姓名"和婚姻法第二十二条"子女可以随父姓,可以随母姓"的规定作法律解释,明确公民在父姓和母姓之外选取姓氏如何适用法律。

全国人民代表大会常务委员会讨论了上述规定的含义,认为:公民依法享有姓名权。公民行使姓名权属于民事活动,既应当依照民法通则第九十九条第一款和婚姻法第二十二条的规定,还应当遵守民法通则第七条的规定,即应当尊重社会公德,不得损害社会公共利益。在中华传统文化中,"姓名"中的"姓",即姓氏,体现着血缘传承、伦理秩序和文化传统,公民选取姓氏涉及公序良俗。公民原则上随父姓或者母姓符合中华传统文化和伦理观念，符合绝大多数公民的意愿和实际做法。同时，考虑到社会实际情况，公民有正当理由的也可以选取其他姓氏。基于此，对民法通则第九十九条第一款、婚姻法第二十二条解释如下：

公民依法享有姓名权。公民行使姓名权，还应当尊重社会公德，不得损害社会公共利益。

公民原则上应当随父姓或者母姓。有下列情形之一的，可以在父姓和母姓之外选取姓氏：

（一）选取其他直系长辈血亲的姓氏；

（二）因由法定扶养人以外的人扶养而选取扶养人姓氏；

（三）有不违反公序良俗的其他正当理由。

少数民族公民的姓氏可以从本民族的文化传统和风俗习惯。

现予公告。

11.《中华人民共和国企业破产法》

第五条　依照本法开始的破产程序，对债务人在中华人民共和国领域外的财产发生效力。

对外国法院作出的发生法律效力的破产案件的判决、裁定，涉及债务人在中华人民共和国领域内的财产，申请或者请求人民法院承认和执行的，人民法院依照中华人民共和国缔结或者参加的国际条约，或者按照互惠原则进行审查，认为不违反中华人民共和国法律的基本原则，不损害国家主权、安全和社会公共利益，不损害中华人民共和国领域内债权人的合法权益的，裁定承认和执行。

【相关观点】

一、权利滥用之禁止原则

所谓权利滥用之禁止原则，指一切民事权利之行使，不得超过其正当界限，行使权利超过其正当界限，则构成权利滥用，应承担侵权责任或其他法律后果。

禁止权利滥用是我国宪法上的一项基本原则。权利滥用之禁止原则在现行法上的根据是《宪法》第51条，中华人民共和国公民在行使自由和权利的时候，不得损害国家的、社会的、集体的利益和其他公民的合法的自由和权利。禁止权利滥用也当然是中国民法的一项基本原则，唯其内容与效果，有别于宪法上的基本原则。

按照权利滥用之禁止原则，一切自然人和法人在行使民事权利时，均负有不得超过其正当界限，即不得滥用其权利的义务。违反这一义务，即构成权利滥用，应承担损害赔偿责任或其他法律后果。

二、物权的取得和行使,应当遵守法律,尊重社会公德,不得损害公共利益和他人合法权益

在我国现行政治法律制度下,个人权利的行使不得损害社会公共利益和他人合法权益。我国物权法作为新时代的立法,当然应当采纳物权的取得和行使应当遵守法律和维护社会公共利益的原则。

首先,《物权法》第7条的内容与现行《宪法》和相关法律一致。《物权法》第7条的规定与《宪法》第51条和第53条的有关规定相一致。《宪法》规定,公民在行使权利的时候,不得损害国家的、社会的、集体的利益和其他公民的合法的权利;宪法还规定,公民必须遵守宪法和法律,遵守公共秩序,尊重社会公德。除《宪法》外,我国已制定的其他法律中,对物权的取得和行使也有限制,物权法本条的规定,实际上是在已有法律规定的基础上,对物权的取得和行使的限制作出的原则性、概括性的规定。对物权的取得和行使有限制的规定的法律包括《民法通则》《环境保护法》《城市规划法》《土地管理法》《矿产资源法》《海域使用管理法》等等。如《民法通则》第72条规定,财产所有权的取得,不得违反法律的规定。

其次,物权的民事权利属性决定了其取得和行使应受到一定的限制。任何民事权利的取得必须有法律依据,并遵守法律规定的方式和程序,否则就不被法律所承认,更不受法律保护。物权也不例外。任何人如想取得对物的所有权或者其他物权,不遵守法律规定的方式和程序是不可能达到目的的,如不动产物权的设立、变更、转让和消灭,通常情形下只有经依法登记才能发生法律效力。取得物权后,物权人行使权利时还必须遵守法律的规定。虽然权利意味着在法律规定范围的意志自由,但这种自由是有一定限度的。人们必须在法律规定的限度内行使自己的权利,只有在这个限度内,人们才可能具有依自己的意志从事一定行为的自由。法律并不允许权利人以任何方式随心所欲地行使自己的权利。物权也是如此。尽管对于物权而言,物权人对物享有直接的支配权,可以在法律规定的范围内行使自己的各项权利。但是这种支配并非绝对无限制的。即使对所有权人来说,也只能在法律规定的范围内享有所有权的各项权能,而不能享有所谓绝对无限制的权利。在物权的行使方面,《物权法》要求当事人正当地行使自己的权利。也就是说,物权的行使必须要有合理的界限。这个界限就是不得损害国家利益、社会公共利益和他人的合法权益。

遵守法律和维护社会公共利益的原则适用于物权的取得和行使两方面。传统民法理论和国外的立法例更多的是强调物权的行使要遵循守法和维护社会公共利益的原则,即强调物权的排他性的限制。本条首先要求物权的取得遵循守法和维护社会公共利益的原则,其次才是对物权行使的排他性的限制。

在司法实践中,判断物权的取得是否遵循守法和维护社会公共利益的原

则，除了依照物权法的规定外，还要注意其他相关法律的规定。例如，农村土地的承包经营权问题，《物权法》只作了概括性规定，其他许多内容依照《农村土地承包法》的规定。例如，《农村土地承包法》对承包的原则、程序，承包合同应具备的主要条款等都有详细而具体的规定。只有遵守这些规定签订的承包合同，承包人才可能取得农村土地的承包经营权。

在理解对物权排他性的限制的规定时，应当注意的是法律并不是使物权具有"相对性"，而只是要求物权人行使权利必须尊重社会公共利益和他人利益，不得滥用其权利，不得妨害他人利益和公共利益的发展，对物权绝对主义进行修正，并赋予其个人利益与社会公共利益及他人利益相协调发展的新精神。在实践中有以下几点值得注意：

其一，物权有强烈的排他性，如果对物权的排他性不加限制，则必然导致物权人滥用其权利、妨害社会公共利益和他人利益发展的结果。这一点已被历史的发展所证明。

其二，对物权绝对主义予以适当修正，并不是放弃物权的绝对性原则。物权，特别是所有权，作为绝对权利，决定物权人根据自己的意志依法行使其权利的本质没有改变。作为一项重要的民事权利，物权应当永远保留其绝对权的特性。这是物权和债权的基本区别。

其三，对物权排他性的限制只是要求物权人行使权利时必须遵守法律，尊重社会公共利益和他人利益，不得滥用其权利，但并不是要求物权人牺牲自己的权利或者不主张其权利。《物权法》的规定不存在任何他人为了自己的利益而限制物权人行使其权利的意思，更不存在任何公共权力机构无端以公共利益为借口而限制甚至剥夺物权人权利的意思。

——最高人民法院物权法研究小组编著：《〈中华人民共和国物权法〉条文理解与适用》，人民法院出版社2007年版。

【相关文献】

李适时：《民法总则是确立并完善民事基本制度的基本法律》，载中国人大网，最后访问时间：2017年4月14日。

【相关案例】

1. 权利的行使不得损害他人合法权益

——郑仕兴诉林松汉、汕头市森达塑胶厂有限公司财产所有权纠纷案

案例要旨：由于相邻房产登记面积与实际不符，如果房产所有权人要求返还相应房产面积造成无过错占有人自有财产价值的重大贬损，则这种重大贬损可以作为阻却返还财产的正当事由。如果所

有权返还请求权的行使构成滥用，则以标的物量化为货币形式的替代性救济方式平衡各方利益。

案号：（2006）汕中民一终第 153 号

审理法院：广东省汕头市中级人民法院

来源：《人民法院案例选》2008 年第 2 辑（总第 64 辑）

2. 未取得诉讼代理执业资格之公民，代理他人进行诉讼并约定收取诉讼代理报酬的，该委托代理合同无效

——韩亚定诉任忠辉诉讼代理合同纠纷案

案例要旨：《中华人民共和国律师法》第 13 条规定："没有取得律师执业证书的人员，不得以律师名义从事法律服务业务；除法律另有规定外，不得从事诉讼代理或者辩护业务。"因此，诉讼代理业务属于特许经营业务范围，未取得诉讼代理执业资格之公民，不得从事收取报酬的诉讼代理业务。行为人未取得诉讼代理之执业资格，代理他人进行诉讼并约定收取诉讼代理报酬，其行为扰乱社会秩序，损害社会公共利益，当事人双方之间的委托代理合同应认定无效。

案号：（2012）甬鄞望民初字第 251 号

审理法院：浙江省宁波市鄞州区人民法院（原浙江省鄞县人民法院）

来源：《人民法院案例选》2013 年第 2 辑（总第 84 辑）

第六章　民事法律行为

第一节　一般规定

第一百三十三条　民事法律行为的定义

民事法律行为是民事主体通过意思表示设立、变更、终止民事法律关系的行为。

【新旧法条对比】

《中华人民共和国民法通则》

第五十四条　民事法律行为是公民或者法人设立、变更、终止民事权利和民事义务的合法行为。

【相关观点】

一、民事法律行为的内涵

一些意见提出，《民法通则》规定的"民事法律行为"和"民事行为"都是有法律意义的行为，建议将二者统一规定为"民事法律行为"，使其既包括合法行为，也包括无效行为、可撤销行为和效力待定行为。据此，草案规定，民事法律行为是指自然人、法人或者非法人组织通过意思表示设立、变更、终止民事权利和民事义务的行为。这样规定既尊重民事主体按照自己的意愿设立、变更、终止民事权利义务关系，也强调了民事主体在从事民事活动时，应当预见到自己的行为将产生的法律后果，对自己的行为负责，有利于提升民事主体的规则意识和责任意识，具有更强的实践性（草案第一百一十二条）。

——2017年3月8日在第十二届全国人民代表大会第五次会议上，全国人民代表大会常务委员会副委员长李建国：《关于〈中华人民共和国民法总则（草案）〉的说明》，载新华网，最后访问时间：2017年3月9日。

二、民事法律行为的概念

民事法律行为制度是一种高度抽象的法律制度，在理论和实践中，具有重大意义。公民、法人在财产关系和人身关系的彼此交往过程中，可以从一定的行为取得预期的民事法律后果。这些行为性质复杂，形式千变万化，以有偿行为为例就有买卖、租赁、互易、借贷、承揽、运送等许多种，不胜枚举。即使民法对各种行为规定再细不过,也难免有失于挂一漏万,致使一些行为关系无法加以调整。为防止这种流弊出现,德国法学家发明了一种科学方法,用以将民法中各类行为进行高度的理论抽象,概括出众多具体的、以意思表示为构成要素的行为的共通的构成要素和构成要件,并且用"法律行为"这一术语,概括这类行为。《德国民法典》吸收了这一科学成果。该法典第三章,用了59个条文规定了民事法律行为制度。后来各国民法典相继都采用了这一立法技术。本法也不例外。立法采用这一手段的明显好处是,用法律行为统一说明基于意思表示而致民事权利得、失、变更的规律,完成了具体行为特征到一般行为性质的抽象。这种抽象具有高度的理论价值和实践意义。

首先,民事法律行为制度使民事法律制度更富于逻辑性、更为博大精深。它由不同程序的抽象概念构成不同层次的行为制度。例如:买卖合同→有偿合同→合同→民事法律行为,在这种层次递进的制度关系中,民法的规定变更既具体又概括,既特定又抽象,买卖合同的一般性可以抽象到有偿合同,有偿合同的一般性可以抽象到合同,合同的一般性又可以抽象到民事法律行为中去规定。这样使法律本身变得简洁、有力、富于思辨色彩。

再者,这样一种思辨制度富有磅礴的实践意义,即:弥补法律具体规定的空白。民事法律行为制度是由一层层具体的行为制度递进而形成。在具体实践活动中,特别制度规定当然优于普通制度规定,具体制度规定优于抽象制度规定。然而不尽如人意的是,具体的行为往往又找不到具体的制度来规定、调整。这就需要有原则性的法律制度,从高处走到低处,居高临下地去弥补具体法律规定的不足之处。这种做法被大陆法系许多国家的司法实践采用。《民法通则》只有156条,许多规定不明确,有明显缺陷。沿用民事法律行为制度去弥补具体规定的漏洞就显得更加重要了。这种作用,目前,在我国的司法实践中越来越突出,越来越广泛了。如:《最高人民法院关于王福祥与刘永久等债务纠纷案的复函》(1990年3月6日〔1989〕民他字第19号)就是一个实例。该案是由于当事人双方因矿井承包转让合同,以及坑口转让协议而引起的诉讼,查民法通则,虽然找不出对此具体问题的处理规定,该批复就是援引民事法律行为制度中的有关规定,从而作出的答复。

《德国民法典》首创了法律行为制度,这为以后的大陆法系国家民法典所承袭,这些国家民法中所称的"法律行为",就是本法所指的民事法律行为。民事法律行为概念系本法之独创。这一创举保留了"法律行为"概念的原有涵义,又将其他具有法律意义的行为,如行政行为、刑事行为排除开。但与此同时,它又造出了个"民事行为"的概念,引起了理论上的纷争。有人认为,民事行为就是民事法律行为;有人认为,那些无效的,不能产生预期效果的民事法律行为是民事行为;有人认为民事行为与民事法律行为相互包含，民事行为概念的外延比民事法律行为宽广，这样，民事行为概念就成为统率民法中所有行为的总概念。上述观点大体分作两派：一派认为民事行为就是民事法律行为，民事行为相对要比民事法律行为概念的外延要小；一派认为民事法律行为是民事行为，民事行为相对要比民事行为概念的外延要大。我们认为：民事行为如果缺乏应当具备的有效条件，就不是民事法律行为，因此，法律也就不确认它所产生的民事法律后果，行为人就不能实现其预期的目的，根据欠缺有效条件的民事行为的不同情况，可将它们分为"无效民事行为"和"可撤销民事行为"两种。前者又称绝对无效的民事行为，后者又称相对无效的民事行为。我们认为将民事法律行为和民事行为从概念上分开，比较符合本法的立法本意。

——唐德华、高圣平主编：《民法通则及配套规定新释新解（上）》，人民法院出版社 2003 年版。

三、民事法律行为成立的要件

1. 法律行为须含有设立、变更或终止民事法律关系的意图。成立法律行为，行为人在其意思表示中必须含有设立、变更或者终止民事法律关系的意图。换言之，法律行为必须包含追求一定法律效果的意思，没有这种效果意思就不能成立法律行为。

2. 法律行为须内容表达完整。成立法律行为，其行为人的意思表示必须完整地表达设立、变更或者终止民事法律关系所必需的内容。意思表示表达不完整的，不能成立法律行为。

3. 法律行为须将内心意思表达于外部。行为人必须以一定的方式将自己的内心意思表现于外部，能够由他人客观地加以识别。仅仅存在于内心的意思而未表达于外部的，不能成立法律行为。

在合同行为、要物行为和要式行为中，除具备一般的成立要件外，还必须具备特别要件。

四、区分法律行为与情谊行为

好意施惠行为，又称情谊行为，是指当事人因社交、帮助、道义等原因发生的，没有民法上权利义务内容的行为。区分的意义在于，好意施惠行为当事人无受其行为约束的意思，不能由之产生法律上的权利或义务。基于意思自治原则，判断好意施惠行为的关键在于施惠者是否具有建立法律关系的意图，通常会结合主客观主客观情况来判断施慧人的意图。首先，法律关系是在民法调整范围内的权利义务关系，朋友间的社交、互助关系等均不在民法调整范围之内，属于典型的好意施惠行为。其次，意图建立民法调整领域内的有偿关系，一般都构成民事法律行为。有偿并不一定表现为金钱给付，也可能是其它形式的给付义务。再次，意图建立民法调整领域内的无偿关系，大多为好意施惠行为。例外为商业性经营活动中的无偿服务、无偿有名合同等，例如营运车辆的无偿搭载，课程培训中免费试听，赠与合同，无偿保管合同等。

——沈德咏主编：《〈中华人民共和国民法总则〉条文理解与适用》，人民法院出版社2017年版。

【相关文献】

1. 魏海群：《民事法律行为制度的再认识》，载《法制与社会》2014年第35期。

2. 李适时：《民法总则是确立并完善民事基本制度的基本法律》，载中国人大网，最后访问时间：2017年4月15日。

【相关案例】

1. 行为人不得擅自变更民事法律行为

——黄某某诉屠振某等法定继承纠纷案

案例要旨：民事法律行为从成立时起具有法律约束力，行为人非依法律规定或者取得对方同意，不得擅自变更或者解除。签订调解协议书对家庭共同财产分割和遗产继承进行合并处分，双方均应依法履行，一方当事人认为协议无效的理由及要求重新依法分割继承相关财产的诉讼请求，如缺乏相应的事实和法律依据，法院将不予以采信和支持。

案号：（2014）沪一中民一（民）终字第2966号

审理法院：上海市第一中级人民法院

来源：上海法院网

2. 多名未成年人共同参与实施了购买彩票的行为并中奖，对奖金应享有共有权利

——何荣、何建荣诉周剑锋、陈文艳、周长生彩票案

案例要旨：民事法律行为是公民或者法人设立、变更、终止民事权利和民事义务的合法行为。两个以上的多方当事人共同意思表示一致成立的行为属多方民事法律行为，该行为能够设立共同共有法律关系。多名未成年人共同参与实施了购买彩票的行为并中奖，对奖金应享有共有权利。

审理法院：云南省玉溪市中级人民法院

案号：（2009）玉中民一终字第465号

来源：《中国审判案例要览》（2010年民事审判案例卷）

第一百三十四条 民事法律行为的成立

民事法律行为可以基于双方或者多方的意思表示一致成立，也可以基于单方的意思表示成立。

法人、非法人组织依照法律或者章程规定的议事方式和表决程序作出决议的，该决议行为成立。

【相关规定】

1. 《中华人民共和国合同法》

第二条 本法所称合同是平等主体的自然人、法人、其他组织之间设立、变更、终止民事权利义务关系的协议。

婚姻、收养、监护等有关身份关系的协议，适用其他法律的规定。

第十三条 当事人订立合同，采取要约、承诺方式。

第十四条 要约是希望和他人订立合同的意思表示，该意思表示应当符合下列规定：

（一）内容具体确定；

（二）表明经受要约人承诺，要约人即受该意思表示约束。

第二十一条 承诺是受要约人同意要约的意思表示。

2. 《中华人民共和国继承法》

第十六条 公民可以依照本法规定立遗嘱处分个人财产，并可以指定遗嘱执行人。

公民可以立遗嘱将个人财产指定由法定继承人的一人或者数人继承。

公民可以立遗嘱将个人财产赠给国家、集体或者法定继承人以外的人。

3. 《中华人民共和国公司法》

第三十七条 股东会行使下列职权：

（一）决定公司的经营方针和投资计划；

（二）选举和更换非由职工代表担任的董事、监事，决定有关董事、监事的报酬事项；

（三）审议批准董事会的报告；

（四）审议批准监事会或者监事的报告；

（五）审议批准公司的年度财务预算方案、决算方案；

（六）审议批准公司的利润分配方案和弥补亏损方案；

（七）对公司增加或者减少注册资本作出决议；

（八）对发行公司债券作出决议；

（九）对公司合并、分立、解散、清算或者变更公司形式作出决议；

（十）修改公司章程；

（十一）公司章程规定的其他职权。

对前款所列事项股东以书面形式一致表示同意的，可以不召开股东会会议，直接作出决定，并由全体股东在决定文件上签名、盖章。

第四十二条　股东会会议由股东按照出资比例行使表决权；但是，公司章程另有规定的除外。

第四十三条　股东会的议事方式和表决程序，除本法有规定的外，由公司章程规定。

股东会会议作出修改公司章程、增加或者减少注册资本的决议，以及公司合并、分立、解散或者变更公司形式的决议，必须经代表三分之二以上表决权的股东通过。

【相关观点】

一、民事法律行为可分为单方民事法律行为、双方民事法律行为和多方民事法律行为

单方民事法律行为、双方民事法律行为和多方民事法律行为，这是根据民事法律行为的主体多数量所进行的分类。

单方法律行为是根据一方当事人的意思表示就可以成立的法律行为，这种行为无需他方当事人的同意就可以发生法律效力。订立遗嘱、放弃继承权、撤销委托代理、免除债务、追认无权代理等行为，都属于单方民事法律行为。凡是这样的民事法律行为，一经实施，就立即发生法律效果。

双方民事法律行为，是指双方当事人对应的意思表示达成一致才能成立的法律行为，合同行为是最为典型的双方法律行为。

多方民事法律行为是指两个以上的当事人并行的意思表示达成一致才能成立的法律行为。三个以上的合伙人订立合伙合同的行为，为多方法律行为。

——杨立新：《杨立新民法讲义（民法总则）》，人民法院出版社2009年版。

二、单方法律行为

单方法律行为是指根据一方当事人的意思表示就能够成立的行为。换言之，是指某个人依据其意志而从事的能够发生法律效果的行为。单方法律行为大致可以分为两种：一是因行使个人权利而实施的单方行为，且该行为仅仅发生个人的权利变动，如无主物先占、抛弃所有权和其他物权等；二是该行为涉及他人权利的产生、变更或消灭等，如授予代理权、授予处分权、立

遗嘱和抛弃继承、委托代理的撤销，以及行使解除合同权、选择权、择定权等。比如，张某立下一份遗嘱并经公证，将其唯一的房产由儿子继承。张某的女儿提出异议，认为公证遗嘱没有反映张某的真实意思表示，要求与张某的儿子一起继承房产，双方为此发生争议，可以依据本条规定向人民法院提起民事诉讼。

——胡云腾、孙佑海主编：《最高人民法院审理涉公证民事案件司法解释理解与适用》，人民法院出版社2014年版。

三、双方法律行为

双方法律行为。是指双方当事人意思表示一致才能成立的法律行为。双方法律行为的典型形式是合同。《合同法》规定了买卖合同、赠与合同、借款合同等十五类合同，除此之外，还有大量的《合同法》上没有明确规定的"无名合同"。另外，公证事项中还有一些是非商事合同，如收养合同、夫妻约定分别财产制的合同、家庭财产分割协议、遗赠扶养协议等。以上这些合同在经过公证后，当事人、公证事项的利害关系人之间可能还会产生实体权利义务的争议。此时，当事人、公证事项的利害关系人可以依据本条规定向人民法院提起民事诉讼。

——胡云腾、孙佑海主编：《最高人民法院审理涉公证民事案件司法解释理解与适用》，人民法院出版社2014年版。

四、共同法律行为

共同法律行为又称为协议行为，是基于两个或两个以上共同的意思表示一致而成立的法律行为，共同法律行为与双方法律行为的区别在于：一方面，在实施共同法律行为时，当事人所追求的利益是共同的，而在双方法律行为中，当事人的利益是相对的；另一方面，在实施共同法律行为时，共同的意思表示的达成需要遵循一定的程序，而双方法律行为一般不适用此种程序。比如，设立公司的章程行为、订立合伙协议行为，均属于典型的共同法律行为。当事人订立公司章程或者合伙协议并经公证后，在执行章程或者履行协议的过程中，如果对各股东或者合伙人对出资、管理、利润分配等产生争议，可以依据本条规定向人民法院提起民事诉讼。

——胡云腾、孙佑海主编：《最高人民法院审理涉公证民事案件司法解释理解与适用》，人民法院出版社2014年版。

【相关文献】

1. 宋炳庸、朴兴镇：《民事法律行为成立要件与有效要件区别论》，载《当代法学》2001年第4期。

2. 尹广甜：《对民事法律行为本质的思考》，载《法制与社会》2008 年第 16 期。

3. 陈醇：《论单方法律行为、合同和决议之间的区别——以意思互动为视角》，载《环球法律评论》2010 年第 1 期。

【相关案例】

1. 合同双方签订两份内容不一致的合同应以表示双方真实意思的为有效合同

——山西嘉和泰房地产开发有限公司与太原重型机械（集团）有限公司土地使用权转让合同纠纷上诉案

案例要旨：（1）根据最高人民法院《关于审理涉及国有土地使用权合同纠纷案件适用法律问题的解释》第 9 条的规定，转让方未取得出让土地使用权证书与受让方订立合同转让土地使用权，起诉前转让方已经取得出让土地使用权证书或者有批准权的人民政府同意转让的，应当认定合同有效。（2）虽然我国税收管理方面的法律、法规对于各种税收的征收均明确规定了纳税义务人，但是并未禁止纳税义务人与合同相对人约定由合同相对人或者第三人缴纳税款，即对于实际由谁缴纳税款并未作出强制性或禁止性规定。因此，当事人在合同中约定由纳税义务人以外的人承担转让土地使用权税费的，并不违反相关法律、法规的强制性规定，应认定为合法有效。（3）根据《中华人民共和国合同法》第 114 条的规定，对于当事人在合同中约定的违约金数额，只有在当事人请求调整、且合同约定的违约金数额确实低于或者过分高于违约行为给当事人造成的损失时，人民法院才能进行调整。

案号：（2007）民一终字第 62 号

审理法院：最高人民法院

来源：《最高人民法院公报》2008 年第 3 期

2. 虚构股东会议形成的股东会决议自始不成立

——申保生、郭秀凤、王太平诉泰和公司、王献忠确认股东会决议无效案

案例要旨：股东通过股东会议行使股东权利，股东实际参与股东会会议并作出真实意思表示，是股东会议及决议有效的必要条件。股东会决议并未实际召开股东会，该决议系虚构股东会议形成，自始不存在，因此不存在是否无效或可撤销的情形，对于虚构的股东会议决议只能是尚未成立，故法院应依法判决股东会议决议不成立。

审理法院：河南省安阳市龙安区人民法院

来源：《人民法院报》2010年8月5日，第7版

3. 遗嘱人死亡前变更遗嘱行为有效
——车英诉万某等遗嘱继承纠纷案

案例要旨： 遗嘱人在生前按照法律规定对自己的财产予以处分及安排，在其死亡后才发生继承效力的行为符合遗嘱的构成要件。故在遗嘱人并未死亡的情况下，该遗嘱并未生效，遗嘱人有权对该遗嘱予以变更或撤销。

案号： （2009）南民一初字第1627号

审理法院： 江苏省无锡市南长区人民法院

来源： 《人民司法·案例》2011年第2期

第一百三十五条　民事法律行为的形式

民事法律行为可以采用书面形式、口头形式或者其他形式；法律、行政法律规定或者当事人约定采用特定形式的，应当采用特定形式。

【新旧法条对比】

《中华人民共和国民法通则》

第五十六条　民事法律行为可以采取书面形式、口头形式或者其他形式。法律规定用特定形式的，应当依照法律规定。

【相关规定】

1. 《中华人民共和国合同法》

第十条　当事人订立合同，有书面形式、口头形式和其他形式。

法律、行政法规规定采用书面形式的，应当采用书面形式。当事人约定采用书面形式的，应当采用书面形式。

第一百九十七条　借款合同采用书面形式，但自然人之间借款另有约定的除外。

借款合同的内容包括借款种类、币种、用途、数额、利率、期限和还款方式等条款。

第二百一十五条　租赁期限六个月以上的，应当采用书面形式。当事人未采用书面形式的，视为不定期租赁。

第二百三十八条　融资租赁合同的内容包括租赁物名称、数量、规格、技术性能、检验方法、租赁期限、租金构成及其支付期限和方式、币种、租赁期间届满租赁物的归属等条款。

融资租赁合同应当采用书面形式。

第二百七十条　建设工程合同应当采用书面形式。

第二百七十六条　建设工程实行监理的，发包人应当与监理人采用书面形式订立委托监理合同。发包人与监理人的权利和义务以及法律责任，应当依照本法委托合同以及其他有关法律、行政法规的规定。

第三百三十条　技术开发合同是指当事人之间就新技术、新产品、新工艺或者新材料及其系统的研究开发所订立的合同。

技术开发合同包括委托开发合同和合作开发合同。

技术开发合同应当采用书面形式。

当事人之间就具有产业应用价值的科技成果实施转化订立的合同，参照技术开发合同的规定。

第三百四十二条　技术转让合同包括专利权转让、专利申请权转让、技术秘密转让、专利实施许可合同。

技术转让合同应当采用书面形式。

2.《最高人民法院关于适用〈中华人民共和国合同法〉若干问题的解释（二）》

第二条　当事人未以书面形式或者口头形式订立合同，但从双方从事的民事行为能够推定双方有订立合同意愿的，人民法院可以认定是以合同法第十条第一款中的"其他形式"订立的合同。但法律另有规定的除外。

3.《最高人民法院关于贯彻执行〈中华人民共和国民法通则〉若干问题的意见（试行）》

第六十五条　当事人以录音、录像等视听资料形式实施的民事行为，如有两个以上无利害关系人作为证人或者有其他证据证明该民事行为符合民法通则第五十五条的规定，可以认定有效。

第六十六条　一方当事人向对方当事人提出民事权利的要求，对方未用语言或者文字明确表示意见，但其行为表明已接受的，可以认定为默示。不作为的默示只有在法律有规定或者当事人双方有约定的情况下，才可以视为意思表示。

4.《中华人民共和国担保法》

第十三条　保证人与债权人应当以书面形式订立保证合同。

第三十八条　抵押人和抵押权人应当以书面形式订立抵押合同。

第六十四条　出质人和质权人应当以书面形式订立质押合同。

质押合同自质物移交于质权人占有时生效。

第九十条　定金应当以书面形式约定。当事人在定金合同中应当约定交付定金的期限。定金合同从实际交付定金之日起生效。

5.《中华人民共和国收养法》

第十五条　收养应当向县级以上人民政府民政部门登记。收养关系自登记之日起成立。

收养查找不到生父母的弃婴和儿童的，办理登记的民政部门应当在登记前予以公告。

收养关系当事人愿意订立收养协议的，可以订立收养协议。

收养关系当事人各方或者一方要求办理收养公证的，应当办理收养公证。

6.《中华人民共和国专利法》

第十条　专利申请权和专利权可以转让。

中国单位或者个人向外国人、外国企业或者外国其他组织转让专利申请权或者专利权的，应当依照有关法律、行政法规的规定办理手续。

转让专利申请权或者专利权的，当事人应当订立书面合同，并向国务院专利行政部门登记，由国务院专利行政部门予以公告。专利申请权或者专利权的转让自登记之日起生效。

7.《中华人民共和国城市房地产管理法》

第十五条　土地使用权出让，应当签订书面出让合同。

第四十一条　房地产转让，应当签订书面转让合同，合同中应当载明土地使用权取得的方式。

第五十条　房地产抵押，抵押人和抵押权人应当签订书面抵押合同。

第五十四条　房屋租赁，出租人和承租人应当签订书面租赁合同，约定租赁期限、租赁用途、租赁价格、修缮责任等条款，以及双方的其他权利和义务，并向房产管理部门登记备案。

【相关观点】

一、民事法律行为的形式要件

民事法律行为应当具备下列形式要件：

（一）口头形式

用说话的方式进行意思表示，称为口头法律行为，包括当面交谈和电话接洽。凡是法律不要求必须以书面形式进行的法律行为，都可以采用口头形式进行。这种形式广泛、常见、简便易行、直接迅速。缺点是没有文字根据，发生争议时，不容易取得确切的证据。因此，口头形式一般适用在价额不大或者是当时即可清结的法律行为。而对于价额较大，内容复杂，不是即时清结的法律行为，一般不宜采用口头形式。

（二）书面形式

用文字写成书面文件进行意思表示的法律行为称为书面法律行为。因为这种法律行为采取书面形式，根据确凿，查证容易，对于稳定经济关系，防止争议和正确解决纠纷都有积极作用。所以社会组织间的法律行为，凡不是即时清结者都应采取书面形式。

按照《合同法》第11条规定，书面形式是指合同书、信件以及数据电文（包括电报、电传、传真、电子数据交换和电子邮件）等可以有形地表现所载内容的形式。有传统的书面形式，也有书面形式的新发展。分述如下：

1. 合同书。

合同的书面形式有多种，最通常的是当事人双方对合同有关内容进行协商订立的并由双方签字（或者同时盖章）的合同文本，也称作合同书或者书面合同。通常合同书中明确地记载合同的双方当事人的权利义务、解决争议的方法等具体内容。因此，发生争议可以按照合同的规定进行处理，比较容易解决纠纷，摆脱了"口说无凭"的状况。所以，除即时清结的合同以外，最好采用签订合同书的形式。合同书有多种多样，有政府有关部门或行业协会制定的标准合同文本、示范性合同文本，国际上也有通行的某种行业的标准文本，也有营业者提供的由营业者制订的格式合同文本，大量的还有双方当事人自己签订的合同文本。因此，合同书可以是很正式、印刷精美、项目齐全的合同文本，也可以是一张便条。但一般来说，作为合同书应当符合如下条件：（1）必须以某种文字、符号书写，意思必须表达清楚。（2）必须有双方当事人（或者代理人）的签字（或者盖章）。合同的当事人必须是确定的，表明合同是由谁与谁订立的。（3）必须规定当事人的权利义务，无论规定得多么简单，只要内容足以构成一个合同即可。

2. 信件。

合同也可以信件订立，也就是平时我们所说的书信。通过书信不仅可以叙事问候，也可以签订合同。书信有平信、邮政快件、挂号信以及特快专递等多种形式。

3. 电报、电传、传真。

电报、电传、传真也是传统的通讯方式，大量的合同通过这三种形式订立。一般法律均将其作为合同的书面形式。

4. 电子数据交换和电子邮件。

通过计算机网络系统订立合同，近年来在国外发展迅速，我国也已出现网上交易形式并且发展很快。通过计算机网络系统订立合同，主要形式有电子数据交换（EDI）和电子邮件（E-mail）。

电子邮件（E-mail），又称电子信箱，电子邮件与我们平时寄信差不多，一般我们将信件投入邮箱，邮政系统进行分拣、运输、投递，将信件交给收信人。所不同的是，电子邮件的传递是通过电子计算机系统来完成的。它要求发信人与收信人都有计算机终端，与计算机网络系统连接并登记注册，网络系统为每一个注册用户分配一个信箱，也就是在计算机的存储空间内划分出区域并确定相应的用户名及口令，用户可以随时随地通过计算机使用口令开启信箱，进行写作和收发信件。电子信箱系统中传递的信件与传统的信件不同，它是电子信件，其内容可以是文本文件，数据文件以及传真、语音和图像文件等。电子信箱是一种新型的快速、经济、安全可靠的信息交换方式，是实现办公自动化的重要手段，不仅可用于个人间、办公室间的通讯，而且还可用于各种贸易活动。

电子数据交换（EDI），又称"电子资料通联"，是一种在公司、企业间传输订单、发票等商业文件，进行贸易的电子化手段。它通过计算机通信网络，将贸易、运输、保险、银行和海关等行业信息，用一种国际公认的标准格式，完成各有关部门或者公司、企业之间的数据交换与处理，实现以贸易为中心的全部过程。EDI 的处理过程是：企业收到 EDI 订单，EDI 系统就会自动处理该订单，检查订单是否符合要求；通知安排生产；向供应商订购零配件；向运输部门预订集装箱；向海关、商检等部门申请许可证，通知银行并给订货方开出 EDI 发票；向保险公司申请保险单等，使整个交易过程在最短时间内准确完成。

通过电子数据交换和电子邮件方式订立的合同称为电子合同、电子商业合同或者电子商务合同。特别是：（1）电子合同为无纸合同，只是通过电讯讯号表示，没有书面，没有原件。（2）有些情况下，电子计算机系统自动撮合，可以不通过人订立合同。什么时间发出要约，什么时间承诺，难以弄清楚。（3）电子合同与一般合同在签署、生效的条件上不同，传统的方式是签字、盖章，而电子合同只是电子识别，既无法签字也无法盖章。（4）传统的合同签订只是合同的双方，而电子合同则有第三方即网络经营者的参与。电子信息先发给网络经营者，网络经营者再发给收件人，因此一切电子交易均与其有关。

1996 年，联合国国际贸易法委员会第二十九届会议通过《贸易法委员会电子商业示范法》，并于同年 12 月发布了该示范法的说明指南。示范法将以电子方式进行的贸易称作"电子商业"，将各种通过电子方式传达信息的手段称作"数据电文"，指"经由电子手段、光学手段或类似手段生成、储存或传递的信息，这些手段包括但不限于电子数据交换（EDI）、电子邮件、电报、电传或传真。"示范法对电子合同的有关问题作了规定，核心内容是：（1）确认电子合同的有效性。（2）确定电子合同符合法律对书面、签字、原件的要求。（3）确定电子合同的证据效力。

统一合同立法，电子商务合同是个不可回避的问题。一些部门、单位和专家建议合同法中应当确认采用电子数据交换和电子邮件等形式订立的合同的有效性。因此，合同法借鉴了联合国国际贸易法委员会制定的电子商务示范法的有关规定，针对我国实践中需要解决而又较有把握的问题作出规定。合同法明确规定了电子数据交换和电子邮件作为合同的形式，并且该条文的表述也表明并不限于此两种形式。

5. 其他可以有形地表现所载内容的形式。

前述合同书、信件和数据电文，是"可以有形地表现所载内容的形式"，但也不限于明确规定的这几类。凡是"可以有形地表现所载内容的形式"都可以作为合同的书面形式。对于合同的审查批准、登记是否作为合同的形式，存在不同认识，如果认为属于合同的形式，也在合同法所包括的范围之中。联合国国际贸易法委员会的《电子商业示范法》对数据电文的规定就是"包括但不限于"电报、电传、传真、EDI 和电子邮件。表明数据电文尚有其他形式。合同法亦不排斥其他形式的数据电文。所以，合同的书面形式包括一切可以有形地表现所载内容的形式。

此外还有：

公证的书面形式，指当事人的书面法律行为（如合同、遗嘱等）由国家公证机关予以公证，以取得最强的证明力。法律规定必须进行公证的书面法律行为，如涉外继承等，只有取得公证文书的形式才能有效。法律没有规定必须进行公证的书面法律行为，是否采取公证形式，则由当事人自己选择。

签证的书面形式，指当事人的书面法律行为，一般指书面合同行为，由工商行政管理机关对其真实性和合法性进行审查而给予签证证明的形式。除法律规定必须依法进行签证的外，法律行为是否进行鉴证，则由当事人自由选择。

审核、登记的书面形式，指当事人的书面法律行为，依照法律的规定，必须经由主管机关进行审核、登记的形式。如某些涉外的合同行为必须将书面合同呈报主管机关审核批准。又如买卖房屋，必须经过房屋管理部门审核、登记，不经过审核、登记，即使有书面形式，也不能承认有效。再如企业法人的成立，必须经主管机关批准，而且要经工商行政管理机关登记，等等。

我国民法或者合同法著作在解释书面形式时，往往将其区分为一般书面形式和特殊书面形式，而特殊书面形式是指公证、鉴证、核准登记等形式。例如，对特殊书面形式的典型表述如"书面形式分为一般书面形式和特殊书面形式。以公证、鉴证、登记、批准等形式进行的意思表示，其形式为特殊书面形式。特殊书面形式以外的书面形式是一般的书面形式。""特殊书面形式是指除用文字进行意思表示以外，还必须对书面的法律行为采取公证、鉴证核准登记等形式"。

上述特殊形式是否属于书面形式的范畴是值得研究的。从性质上说，不应将其作为特殊的书面形式。这些形式主要有下列情况：（1）当事人约定将公证或者签证作为合同成立或者有效的条件，此时公证或者签证成为书面合同的一部分，也即是一般的书面形式的具体内容而不是一种特殊的书面形式。（2）核准登记之类的批准形式，都是合同成立时或者成立后影响合同效力的因素，不是合同内容的表现形式，因而也不属于合同形式的范畴。因此，所谓的特殊书面形式不是书面形式的一种特殊类型，而属于影响合同成立或者效力的实体因素，或者已经成立的合同需要履行的程序。合同法未将其纳入到合同形式的规定之中，道理就在于此。

（三）其他形式

1. 默示形式与推定形式。

合同的其他形式主要是民法理论所称的推定形式与默示形式。但是，理论和有关规定对于推定形式和默示形式的界定不尽一致。

有些著述作出推定形式和默示形式的划分。按照这种划分，推定形式是指当事人并不直接用口头和书面形式进行意思表示，而通过实施某种行为进行意思表示。换句话说，当事人虽然没有通过语言文字表示其意思，但实施了积极行为（即作为），从该作为中完全可以知悉（推知）其主观意思，也即其主观意思在其作为中已经暴露无遗，昭然若揭。例如，房屋租赁合同约定的租赁期限已届满，双方并未通过口头或者书面形式延长租赁期限，但承租人继续交付租金，出租人依然接受租金，从双方交付和接受租金的积极行为中就可以推论出双方有延长租赁期限的意思。其作为即为意思表示的方式。默示形式是指当事人用沉默的方式进行意思表示，即从当事人的不作为（即沉默）中可以推断其意思表示。

有些著述只承认默示形式，其默示形式涵盖了上述推定形式的内容，而未再将推定形式作为一种专门的形式。按照这种解释，本条规定的"其他形式"是指默示形式，"默示形式又可以分为两种：一种是行为人通过某种'作为'进行的，人们可以从其'作为'中用逻辑推理和实际生活的习惯原则来推知其意思表示。……另一种是当事人以特定的'不作为'进行的意思表示，即沉默。"

《最高人民法院关于贯彻执行〈中华人民共和国民法通则〉若干问题的意见（试行）》第66条"一方当事人向对方当事人提出民事权利的要求，对方未用语言或者文字明确表示意见，但其行为表明已接受的，可以认定为默示。不作为的默示只有在法律有规定或者当事人双方有约定的情况下，才可以视为意思表示。"本条显然是关于默示形式的规定，而此处规定的默示形式包括作为的默示和不作为的默示。但是，仅仅规定"一方当事人向对方当事人提出民事权利的要求"，不能涵盖所有的相关情况，不如将表述此前提条件的这句话改为"一方当事人向对方作出意思表示"。

在合同当事人没有通过语言或者文字表达其意思的情况下，不论根据其作为还是不作为推断其意思，都是一种推定的方式。如果从这种角度而言，根据作为或者不作为的不同划分出推定形式和默示形式，似乎不太准确，而将其通称为默示形式更为准确些。当然，无论采取哪一种称谓都没有本质的不同。本书采纳包括作为的默示和不作为的默示的默示形式概念。

作为的默示形式与不作为的默示形式在法律效果的认定上有着重大的不同。由于作为的默示是一种积极的意思表示方式，其主张权利或者接受义务的意思表示明确，可以直接根据其行为认定其意思，而不作为的默示形式就截然不同。由于当事人一方不自行给对方强加义务，原则上不作意思表示的不作为沉默不构成意思表示，不因此而给沉默人带来不利的后果，除非法律另有规定或者当事人另有约定。就是说，法律规定或者当事人约定沉默会产生某种法律后果的情况下，沉默才构成意思表示的形式，产生相应的法律后果。《最高人民法院关于贯彻执行〈中华人民共和国民法通则〉若干问题的意见（试行）》第66条的规定就体现这种意图，即在一方当事人向对方当事人提出民事权利的要求时，对方未用语言或者文字明确表示意见，但其行为表明已接受的，可以认定为默示。不作为的默示只有在法律有规定或者当事人双方有约定的情况下，才可以视为意思表示。

2. 视听形式。

视听形式是指以录音、录像之类的视听手段记载合同内容的形式。《最高人民法院关于贯彻执行〈中华人民共和国民法通则〉若干问题的意见（试行）》第65条对此种形式进行了肯定，即"当事人以录音、录像等视听资料形式实施的民事行为，如有两个以上无利害关系人作为证人或者有其他证据证明该民事行为符合民法通则第五十五条的规定，可以认定有效。"

从最高人民法院的司法解释来看，视听形式在证据上有特殊的要求，即当事人以录音、录像等视听资料形式实施的民事行为，只有在有两个以上无利害关系人作为证人或者其他证据证明该民事行为符合本法第55条的规定时，才可以认定有效，言外之意，不符合这些证据条件，就不认定有效。但是，如果当事人对以录音、录像等视听资料形式实施的民事行为内容并无争议，应当认定有效。

视听形式无疑也是通过记载语言或者文字的方式传达当事人的意思表示的，如录音记载的是当事人的语言，录像既可能记载语言，又可能记载文字（如将合同内容打成字幕），但是，其最终都是通过视听材料的方式承载当事人的意思表示的，从这种意义上说，可以将其认定为一种合同形式。

（四）关于法律规定的形式和当事人约定的形式

1. 法律规定的形式。

法律规定合同应当采用书面形式的，当事人必须采用书面形式订立合同。法律规定的形式并不限于书面形式，可能仅要求以书面形式订立，可能还要求经过批准、登记、公证，也可能要求某些特定财产的转让采用拍卖、招标投标等方式。例如，《对外合作开采陆上石油资源条例》规定，与外国企业签订合作开采陆上石油资源合同，经外贸部批准后"成立"。而《对外合作开采海洋石油资源条例》规定，与外国企业签订合作开采石油资源的合同，经我国外国投资管理委员会批准后"有效"。我国技术引进合同管理条例规定，技术引进合同由外贸部或者外贸部授权机关审批，经批准的合同自批准之日起生效。在规定的审批期限内，如果审批机关没有作出决定，即视同获得批准，合同自动生效。

大致说来，法律规定的特定形式，有四种效力：一是证据效力，即法定形式作为合同的证明；二是为合同成立效力，即法定形式作为合同的成立要件；二是生效效力，即法定形式作为合同的生效要件；四是为对抗第三人效力。一般而言，法律规定要经过批准的，如不经过批准，合同不能成立生效。如按照《专利法》第10条的规定，全民所有制单位转让专利申请权、专利权的或者中国人向外国人转让专利申请权或者专利权的，必须经批准，如不经批准，转让合同不生效力。法律规定要经过登记的，有两种情况，一是不登记合同不生效。如按照《专利法》第10条第4款的规定，一般转让专利申请权或者专利权的，不需要经过批准，但当事人也必须订立书面合同，经专利局登记和公告后生效。二是不登记合同成立，但不能对抗第三人。如《海商法》规定，船舶所有权的取得、转让以及设定船舶抵押权，应当向船舶登记机关登记；未经登记的，不得对抗第三人。

如果法律仅仅要求采用书面形式而未作进一步要求，当事人订立合同未采用书面形式是否有效？《合同法》第36条规定，法律行政法规规定采用书面形式订立合同，当事人未采用书面形式但一方已经履行主要义务，对方接受的，该合同成立。《合同法》第37条还规定了采用合同书这一特定书面形式订立合同时，如果没有签字或者盖章的情况下，合同怎样成立的问题。该条规定，采用合同书形式订立合同，在签字或者盖章之前，当事人一方已经履行主要义务，对方接受的，该合同成立。

2. 当事人约定的形式。

根据订立合同的自愿原则，当事人如果约定其合同须用一定方式的，则要尊重当事人的意愿，在该特定方式未完成前，应当推定合同未成立。但当事人已履行合同的，情形有所不同。《合同法》第36条规定，当事人约定采用书面形式订立合同，当事人未采用书面形式但一方已经履行主要义务，对方接受的，该合同成立。因此，如果当事人约定采用书面形式而未采用，原则上推定合同不成立。

——唐德华、高圣平主编：《民法通则及配套规定新释新解（上）》，人民法院出版社2003年版。

二、合同的"其他形式"与默示合同、事实合同

书面的、口头的合同是比较好理解的，应当解释的是其他形式。其他形式指的是什么呢？《合同法》第10条讲的其他的形式，也称为默示合同，最高人民法院《关于贯彻执行〈中华人民共和国民法通则〉若干问题的意见（试行）》第66条规定：一方当事人向对方当事人提出民事权利的要求，对方未用语言或者文字明确表示意见，但其行为表明已接受的，可以认定为默示。当事人没有用语言明确表示订立合同的合意，而是根据当事人的行为或者特定情形推定合同成立的。《合同法》第36、37条的规定与此有关，就是当事人用他们实际履行合同的行为来订立合同，就是以履行行为的方式来订约。一般来说，首先必须是双方都作出了行为，而不是单方的履行。法律为

什么这么规定呢？就是要从双方的行为来推定当事人之间具有一种合意，这样就必须要求当事人双方都从事了某种行为，假如只有一方的行为，那就根本没有办法来解释双方有一种合意存在，这点很重要。我们在认定合同形式的时候，绝对不能因为只有一方履行了，就说合同成立了，这是不够的，必须还要求另一方接受。其次，还要履行主要义务，必须是履行了主要义务，才能认定合同成立。如果双方只是履行了次要义务，那还不能说合同成立。因为合同成立就是双方当事人就主要条款达成了合意。所以如果当事人仅仅只是履行了次要义务，还不能解释为双方已就主要条款达成了协议。

其他形式，也称为默示形式、事实契约、事实合同，从法官审判的角度是一种推定形式。王利明教授认为，所谓其他形式，主要指推定形式。德国有一个很著名的案例：在汉堡有一个人在一个汽车停车场停车，停车人说这是一个公共场所，我在这里停车应该是免费的。但是停车场说不行，我们在这里立了一个停车收费的牌子，我们是收费的。双方诉诸法院，最高人民法院的法官在判决中说：即使你没有意思表示要订立这个停车合同，但是你是看到了这个牌子又停车的，这是一个事实契约。因此应当付费。这里，虽然双方没有书面合同或者口头停车合同，德国法官是从停车场树立停车收费的牌子与驾车人进场停车的行为推定合同成立的。

意思表示的成立，须有外部的"表示"。表示一般称为表示行为，也就是通过一定行为使内心意思被外部认识。而默示对于意思表示来说缺乏明确性，须从表示人作为与不作为的行为去推定判断。默示的积极行为实际上较为准确地反映了当事人的内心效果意思，因为行为是受意思支配的，所以从当事人积极的行为可以推测出其行为背后的意思。

——沈德咏主编：《最高人民法院关于合同法司法解释（二）理解与适用》，人民法院出版社2015年版。

三、其他形式的合同也是行为人的意思，是通过行为来表达的，也存在要约与承诺

1. 其他形式的合同体现的也是行为人的意思。其他形式，即默示形式与书面明示、口头明示一样，体现的是合同主体的意思，并非如有的学者所说与合同主体的意思无关。著名民法学者谢怀栻先生认为，通过一定事实而成立合同关系的情形，看来似乎与当事人的意思表示无关，但究其实际，在这些事实（行为）的背后，莫不仍存在着当事人的意思表示[①]。合同主体意思表示的方式有明示与默示两种，明示是指意思表示的行为人用语言与文字明确地表达其内心的效果意思，而默示是指意思表示的行为人以其行为表达其内心的效果意思。在审判实践中对于默示的认定比明示相

---

① 王家福、谢怀栻等：《合同法原理》，法律出版社2000年版，第37页。

对困难，这是因为默示的隐蔽性与不确定性，需要通过其行为或法律的规定、交易的经验习惯等等外部环境来判断其意思表示。但是因为默示的不确定性，所以并非所有的默示均适用推定。然而立法对于默示问题的规定是比较原则的。

2. 其他形式的合同，即默示的民事行为是通过行为来表达的，行为可分为积极的作为与消极的不作为两种。合同主体以积极的行为接受相对方提出或从事的民事意思表示。而消极的行为即是不作为，对相对方提出或从事的民事意思表示不反对也不同意。对于默示的积极行为，最高人民法院《关于贯彻执行〈中华人民共和国民法通则〉若干问题的意见（试行）》第66条规定：一方当事人向对方当事人提出民事权利的要求，对方未用语言或者文字明确表示意见，但其行为表明已接受的，可以认定为默示。《合同法》第22条规定：承诺应当以通知的方式作出，但根据交易习惯或者要约表明可以通过行为作出承诺的除外。《合同法》第37条规定：采用合同书形式订立合同，在签字或者盖章之前，当事人一方已经履行主要义务，对方接受的，该合同成立。这里对于默示的积极行为的适用范围是一方当事人向对方当事人提出民事权利的要求，或者是以行为作出承诺及接受一方履行主要义务。对于默示的消极行为，《民法通则》第66条规定，本人知道他人以本人名义实施民事行为而不作否认表示的，视为同意。《合同法》第47条、第48条规定了限制民事行为能力人订立的合同之效力与无权代理而订立的合同之效力，其中对相对人规定了催告权，即相对人可以催告被代理人在一个月内予以追认，被代理人未作表示的，视为拒绝追认。

3. 其他形式的合同也存在要约与承诺。当事人未用语言、文字表达其意思表示，仅用行为向对方发出要约，对方接受该要约，做出一定或指定的行为作为承诺，合同成立。例如顾客将一定数额的货币投入自动售货机内，买卖合同即成立；顾客将一定数额的货币投入自动存款机（ATM）内，储蓄存款合同即成立。不少人认为，合同只能通过书面或口头形式成立，而行为是不可能形成意思表示的。事实上，这种情况在生活中，无论是订立合同，还是变更合同，并不少见。例如，当事人租赁合同到期后，未就延期问题达成书面或口头协议，但一方当事人给付租金，另一方当事人受领租金的行为，则可认为双方达成租赁合同延期的意思表示。在即时清结的交易中，这种情形则更为常见。此外，当事人通过履行行为改变合同约定也时有发生。例如，当事人约定合同经公证以后生效，但事实上双方当事人在没有送去公证的情况下已经开始履行合同。此时，双方当事人即以履行行为改变了合同约定。

——沈德咏主编：《最高人民法院关于合同法司法解释（二）理解与适用》，人民法院出版社2015年版。

【相关案例】

1. 单方书面承诺对出具方具有约束力，持有人单方添加的内容除有证据支持外对出具方没有约束力

——付某某诉毕某某互易合同纠纷案

案例要旨：当事人单方出具的书面承诺具有约束性，实质是其应履行的义务，对于相对方来说是享有相应权利的凭证。相对方持有书面承诺后单方添加的对出具者不利的内容，因有违通常逻辑和一般生活常识，又无其他相关证据予以证实，对其添加内容的效力应不予认定。

案号：（2009）秦民一终字第 448 号

审理法院：河北省秦皇岛市中级人民法院

来源：《人民法院案例选》2012 年第 3 辑（总第 82 辑）

2. 以书面或口头形式以外的其他形式订立买卖合同的，也可以认定存在买卖合同关系

——A 公司诉 B 管理局合同纠纷案

案例要旨：根据《最高人民法院关于适用〈中华人民共和国合同法〉若干问题的解释（二）》第 2 条规定：当事人未以书面形式或口头形式订立合同，但从双方从事的民事行为能够推定双方有订立合同意愿的，人民法院可以认定是以"其他形式"订立的合同。因此根据已形成的客观事实，买卖合同双方虽未签订书面买卖合同，也可以认定形成事实上的买卖合同关系。

来源：《人民法院报》2010 年 10 月 14 日，第 7 版

3. 双方未按照约定以书面形式订立合同，但一方已履行主要义务，对方接受的，合同成立

——刘道琳诉南京航空瑞华置业有限公司等房屋买卖合同案

案例要旨：若签订房屋订购单系双方的真实意思表示，且订购单具备房屋买卖合同的主要条款。若双方虽未按照约定以书面形式订立合同，但一方已履行主要义务，对方接受的，合同成立。若一方未与另一方解除买卖合同，未经对方同意擅自而将争议房屋卖给第三人的，构成违约。合同解除后的损害赔偿不包括对因房屋增值带来的可得利益损失的赔偿。

案号：（2010）宁民终字第 3975 号

审理法院：江苏省南京市中级人民法院

来源：《中国审判案例要览》（2011 年民事审判案例卷）

第一百三十六条　民事法律行为的法律约束力

民事法律行为自成立时生效，但是法律另有规定或者当事人另有约定的除外。

行为人非依法律规定或者未经对方同意，不得擅自变更或者解除民事法律行为。

【新旧法条对比】

《中华人民共和国民法通则》

第五十七条　民事法律行为从成立时起具有法律约束力。行为人非依法律规定或者取得对方同意，不得擅自变更或者解除。

【相关规定】

1.《中华人民共和国合同法》

第八条　依法成立的合同，对当事人具有法律约束力。当事人应当按照约定履行自己的义务，不得擅自变更或者解除合同。

第四十四条　依法成立的合同，自成立时生效。

法律、行政法规规定应当办理批准、登记等手续生效的，依照其规定。

第四十五条　当事人对合同的效力可以约定附条件。附生效条件的合同，自条件成就时生效。附解除条件的合同，自条件成就时失效。

当事人为自己的利益不正当地阻止条件成就的，视为条件已成就；不正当地促成条件成就的，视为条件不成就。

第四十六条　当事人对合同的效力可以约定附期限。附生效期限的合同，自期限届至时生效。附终止期限的合同，自期限届满时失效。

第四十七条　限制民事行为能力人订立的合同，经法定代理人追认后，该合同有效，但纯获利益的合同或者与其年龄、智力、精神健康状况相适应而订立的合同，不必经法定代理人追认。

相对人可以催告法定代理人在一个月内予以追认。法定代理人未作表示的，视为拒绝追认。合同被追认之前，善意相对人有撤销的权利。撤销应当以通知的方式作出。

第四十八条　行为人没有代理权、超越代理权或者代理权终止后以被代理人名义订立的合同，未经被代理人追认，对被代理人不发生效力，由行为人承担责任。

相对人可以催告被代理人在一个月内予以追认。被代理人未作表示的，视为拒绝追认。合同被追认之前，善意相对人有撤销的权利。撤销应当以通知的方式作出。

第七十七条 当事人协商一致，可以变更合同。

法律、行政法规规定变更合同应当办理批准、登记等手续的，依照其规定。

第九十三条 当事人协商一致，可以解除合同。

当事人可以约定一方解除合同的条件。解除合同的条件成就时，解除权人可以解除合同。

2.《中华人民共和国物权法》

第九条 不动产物权的设立、变更、转让和消灭，经依法登记，发生效力；未经登记，不发生效力，但法律另有规定的除外。

依法属于国家所有的自然资源，所有权可以不登记。

第十四条 不动产物权的设立、变更、转让和消灭，依照法律规定应当登记的，自记载于不动产登记簿时发生效力。

第十五条 当事人之间订立有关设立、变更、转让和消灭不动产物权的合同，除法律另有规定或者合同另有约定外，自合同成立时生效；未办理物权登记的，不影响合同效力。

第二十三条 动产物权的设立和转让，自交付时发生效力，但法律另有规定的除外。

第二十八条 因人民法院、仲裁委员会的法律文书或者人民政府的征收决定等，导致物权设立、变更、转让或者消灭的，自法律文书或者人民政府的征收决定等生效时发生效力。

第二十九条 因继承或者受遗赠取得物权的，自继承或者受遗赠开始时发生效力。

第三十条 因合法建造、拆除房屋等事实行为设立或者消灭物权的，自事实行为成就时发生效力。

第三十一条 依照本法第二十八条至第三十条规定享有不动产物权的，处分该物权时，依照法律规定需要办理登记的，未经登记，不发生物权效力。

【相关观点】

一、合同生效时间的确定方式

合同的生效时间是指合同产生法律约束力的起始时间。合同生效后，当事人应当依合同的规定，享受权利，承担义务。当事人依法受合同的拘束，且任何单位或个人都不得侵犯当事人的合同权利，不得非法阻挠当事人履行义务。当事人违反合同的，将依法承担民事责任，必要时人民法院也可以采取强制措施使当事人依合同的规定承担责任、履行义务，对另一方当事人进行补救。

1. 依法成立的合同，自成立时生效。合同的生效，原则上是与合同的成立一致的，合同成立就产生效力。根据《合同法》第25条的规定："承诺生效时合同成立。"例如，买卖合同，如果双方当事人对合同的生效没有特别约定，那么双方当事人就买卖合同的主要内容达成一致时，合同就成立并且生效。

2. 法律、行政法规规定应当办理批准、登记等手续生效的，自批准、登记时生效。根据《最高人民法院关于适用〈中华人民共和国合同法〉若干问题的解释（一）》（法释〔1999〕19号）第9条的规定，法律、行政法规规定合同应当办理批准手续，或者办理批准、登记等手续才生效，在一审法庭辩论终结前当事人仍未办理批准手续的，或者仍未办理批准、登记等手续的，人民法院应当认定该合同未生效；法律、行政法规规定合同应当办理登记手续，但未规定登记后生效的，当事人未办理登记手续不影响合同的效力，合同标的物所有权及其他物权不能转移。

二、民事法律行为的法律约束力

民事法律行为是合法行为，受到法律保护。民事法律行为一经成立，就具有法律约束力，当事人应当遵循诚实信用的原则，认真履行，在未依法律规定或取得对方当事人的同意，不能擅自变更或者解除。民事法律行为的效力，是根据行为人的意思表示，法律赋予它以设立、变更、终止民事权利、民事义务的效力。这种效力从民事法律行为成立之时起，就对行为人双方发生法律约束力，双方当事人从而依该法律行为所设定的内容，取得民事权利，承担民事义务，或者是变更、终止已有的民事权利和民事义务关系。民事法律行为之所以具有法律约束力，是因为：

1. 法律行为的这种效力是由法律赋予的。没有法律的规定，行为人是无权、也不能随意赋予其行为效力的，并用来约束行为的当事人。

2. 赋予法律行为以法律约束力，是基于当事人的意思表示。赋予当事人意欲设立、变更、终止民事法律关系的意思表示以效力，这种效力一旦发生，当事人应当受其效力的约束，应当认真行使权利，履行义务。

3. 法律行为的效力是按照当事人意思表示所期望的效力赋予的。只要当事人所表示的意思表示符合法律的规定，法律行为一成立，法律约束力就当然产生，行为人应受其约束，不能随意变更、解除民事法律行为。否则，会破坏社会生产，损害对方当事人的利益，给国家、集体和个人带来损失。

当然，我们也要看到，民事法律行为成立之后，由于情况的变化或者发生自然灾害等不可抗力的因素，或者由于民事法律行为的原定内容已不合时宜，成为无必要，需要加以改变或解除的，法律也是允许的。但是，民事法律行为的变更或者解除，也是有条件的，即应当依照法律的规定或者取得对方的同意。

——唐德华、高圣平主编：《民法通则及配套规定新释新解（上）》，人民法院出版社 2003 年版。

三、区分民事法律行为的成立与生效

司法实践中，应当严格区分民事法律行为的成立与生效，民事法律行为的成立是一种事实判断，而民事法律行为的生效则是一种法律评价。

首先，从法律性质上，法律行为的成立只涉及当事人个人的意思问题，成立与否完全看当事人是否完成了相应的意思，与国家意志无关。而法律行为的生效与否则取决于当事人的意思是否符合法定的标准。法律行为的生效制度集中体现了国家以管理者和统治者的身份对当事人已成立的法律行为进行的法律评价。

其次，在逻辑体系上，只有区分成立与生效，才能进一步区分法律行为的不成立、可撤销及无效。如果法律行为尚未成立，则不存在效力的判断问题；如果法律行为已成立，但不符合或不完全符合法定生效要件，则可能会出现无效、可撤销或效力待定的法律行为。需要注意的是，法律行为的无效并不等同于效力待定或可撤销。法律行为无效是指法律按照一定的标准对于已经成立的法律行为进行评价后所得的否定性结论；效力待定是指待定的条件出现或者经同意或追认后可以生效的法律行为；而可撤销则是反映了法律将法律行为的命运交给有撤销权的一方来决定。司法实践中应严格区分。

最后，在法律后果上来看，一般来讲，法律行为的生效与否，时间均溯及至合同成立之时。已成立并生效的法律行为，自成立时生效。无效法律行为自成立时无效。此处要注意一个例外情况，即附条件的法律行为与须经批准的法律行为，这两种法律行为的成立与生效将可能存在阶段差别。

——沈德咏主编：《〈中华人民共和国民法总则〉条文理解与适用》，人民法院出版社 2017 年版。

【相关案例】

1. 民事法律行为从成立时起具有法律约束力

——李太泉诉黄德芳证券交易案

案例要旨：债券交易行为是双方当事人的真实意思表示。双方是在平等自愿、协商一致的基础上自愿达成的转让债券行为，符合国家政策、法规规定，双方所发生的民事法律行为自成立起具有法律约束力。债券可以在证券公司进行转让的，买券人只须持有卖券人身份证及保管单即可取券。

审理法院：四川省成都市锦江区人民法院

案号：（1992）锦经初字第 238 号
来源： 中国审判案例要览

2. 民事法律行为从成立时起具有法律约束力，行为人非依法律规定或者取得对方同意，不得擅自变更或者解除

——马占平诉孟学义、王秀琴相邻权纠纷案

案例要旨： 民事法律行为可以采取书面形式、口头形式或者其他形式。民事法律行为从成立时起具有法律约束力。行为人非依法律规定或者取得对方同意，不得擅自变更或者解除。不动产的相邻各方，应当按照有利生产、方便生活、团结互助、公平合理的精神，正确处理截水、排水、通行、通风、采光等方面的相邻关系。给相邻方造成妨碍或者损失的，应当停止侵害，排除妨碍，赔偿损失。

案号：（1992）渭中法民上字第 676 号
审理法院： 陕西省渭南市中级人民法院
来源：《中国审判案例要览》（1993 年民事审判案例卷）

第二节 意思表示

第一百三十七条 有相对人的意思表示的生效时间

以对话方式作出的意思表示,相对人知道其内容时生效。

以非对话方式作出的意思表示,到达相对人时生效。以非对话方式作出的采用数据电文形式的意思表示,相对人指定特定系统接收数据电文的,该数据电文进入该特定系统时生效;未指定特定系统的,相对人知道或者应当知道该数据电文进入其系统时生效。当事人对采用数据电文形式的意思表示的生效时间另有约定的,按照其约定。

【相关规定】

1.《中华人民共和国合同法》

第十六条 要约到达受要约人时生效。

采用数据电文形式订立合同,收件人指定特定系统接收数据电文的,该数据电文进入该特定系统的时间,视为到达时间;未指定特定系统的,该数据电文进入收件人的任何系统的首次时间,视为到达时间。

第十七条 要约可以撤回。撤回要约的通知应当在要约到达受要约人之前或者与要约同时到达受要约人。

第十八条 要约可以撤销。撤销要约的通知应当在受要约人发出承诺通知之前到达受要约人。

第二十三条 承诺应当在要约确定的期限内到达要约人。

要约没有确定承诺期限的,承诺应当依照下列规定到达:

(一)要约以对话方式作出的,应当即时作出承诺,但当事人另有约定的除外;

(二)要约以非对话方式作出的,承诺应当在合理期限内到达。

第二十六条 承诺通知到达要约人时生效。承诺不需要通知的,根据交易习惯或者要约的要求作出承诺的行为时生效。

采用数据电文形式订立合同的,承诺到达的时间适用本法第十六条第二款的规定。

第二十七条 承诺可以撤回。撤回承诺的通知应当在承诺通知到达要约人之前或者与承诺通知同时到达要约人。

第八十条 债权人转让权利的,应当通知债务人。未经通知,该转让对债务人不发生效力。

债权人转让权利的通知不得撤销,但经受让人同意的除外。

第九十六条　当事人一方依照本法第九十三条第二款、第九十四条的规定主张解除合同的，应当通知对方。合同自通知到达对方时解除。对方有异议的，可以请求人民法院或者仲裁机构确认解除合同的效力。

法律、行政法规规定解除合同应当办理批准、登记等手续的，依照其规定。

第九十九条　当事人互负到期债务，该债务的标的物种类、品质相同的，任何一方可以将自己的债务与对方的债务抵销，但依照法律规定或者按照合同性质不得抵销的除外。

当事人主张抵销的，应当通知对方。通知自到达对方时生效。抵销不得附条件或者附期限。

2.《最高人民法院关于适用〈中华人民共和国合同法〉若干问题的解释（二）》

第十一条　根据合同法第四十七条、第四十八条的规定，追认的意思表示自到达相对人时生效，合同自订立时起生效。

3.《中华人民共和国电子签名法》

第十条　法律、行政法规规定或者当事人约定数据电文需要确认收讫的，应当确认收讫。发件人收到收件人的收讫确认时，数据电文视为已经收到。

第十一条　数据电文进入发件人控制之外的某个信息系统的时间，视为该数据电文的发送时间。

收件人指定特定系统接收数据电文的，数据电文进入该特定系统的时间，视为该数据电文的接收时间；未指定特定系统的，数据电文进入收件人的任何系统的首次时间，视为该数据电文的接收时间。

当事人对数据电文的发送时间、接收时间另有约定的，从其约定。

4.《最高人民法院关于适用〈中华人民共和国保险法〉若干问题的解释（三）》

第十条　投保人或者被保险人变更受益人，当事人主张变更行为自变更意思表示发出时生效的，人民法院应予支持。

投保人或者被保险人变更受益人未通知保险人，保险人主张变更对其不发生效力的，人民法院应予支持。

投保人变更受益人未经被保险人同意，人民法院应认定变更行为无效。

【相关观点】

一、意思表示的概念

意思表示，是指民事主体向外部表明意欲发生一定的民法上法律效果的意思行为。换言之，意思表示就是行为人进行的民事法律行为的内心意愿，以一定的方式表达于外部的行为。

——杨立新：《杨立新民法讲义（民法总则）》，人民法院出版社 2009 年版。

二、有相对人的意思表示的分类及生效时间

1. 对话的意思表示与非对话的意思表示。有对方当事人的意思表示，分为对话的意思表示与非对话的意思表示。表意人与相对人对面交谈，或以电话直接为意思表示，属于对话的意思表示；表意人与相对人以信函、电报、传真、电子邮件（E-mail）等，间接表示其意思，属于非对话的意思表示。

2. 对话的意思表示的效力发生。对话人间之意思表示，其效力何时发生？通说认为应与非对话人间之意思表示同采到达主义，即意思表示已置于客观上可能了解之状态，即发生效力。

3. 非对话的意思表示的效力发生。非对话的意思表示，其效力于何时发生，因意思表示属于要约或承诺而有不同。各国民法关于要约的生效，均规定为自要约达到受要约人时生效。我国《合同法》第 16 条规定，要约到达受要约人时生效。① 关于承诺的生效，各国立法例有发信主义与到达主义之别。

三、试用买卖中买受人同意购买推定的生效

根据意思表示是否向相对人作出，可以区分为有相对人的意思表示和无相对人的意思表示。无相对人的意思表示，为无须向一定对象作出表示的意思表示，表示人作出意思表示时，意思表示即告完成并生效。有相对人的意思表示，是向一定的对象作出的意思表示。由于其涉及相对人，意思表示要向相对人表示并由相对人受领才生效。试用买卖的同意购买显然属于具有相对人的意思表示，必须买受人向出卖人作出，并经出卖人受领方能生效。买受人以非对话方式作出的表示同意购买的，在该意思表示到达出卖人时生效。

至于以"可推断行为"作出的意思表示何时生效，拉伦茨认为，这种行为目的虽然不是为了表达某种法律行为意思，但是行为人必须向间接表示的

---

① 《合同法》第 16 条第 2 款规定：采用数据电文形式订立合同，收件人指定特定系统接收数据电文的，该数据电文进入该特定系统的时间，视为到达时间；未指定特定系统的，该数据电文进入收件人的任何系统的首次时间，视为到达时间。《电子签名法》第 11 条第 3 款规定，当事人对数据电文的发送时间、接收时间另有约定的，从其约定。（2）在不撤回要约的允诺已加盖印章、受要约人已为此允诺给付对价或者受要约人已经基于对该允诺的信赖而改变自己的处境三种情形下，不撤回要约的允诺对要约人具有法律约束力。参见 Arthur L. Corbin, Corbin on Contracts § 38 (1951)。

相对人表明这种行为。① 也就是说,"可推断行为"作出的表示也必须"到达"相对人才生效。在试用买卖中,买受人在试用期内已经支付一部分价款的,或者就标的物为出卖、出租、设定担保物权等非试用行为的,只有在出卖人知道或者应当知道的情况下,才对出卖人产生效力。

——最高人民法院民事审判第二庭编著:《最高人民法院关于买卖合同司法解释理解与适用》,人民法院出版社2012年版。

四、非对话意思表示在审判实践中应注意的问题

第一,非对话意思表示的生效采到达主义,从意思表示作出到生效之间,有一段时间的经过。如表意人在意思表示作出之时具备权利能力和行为能力,但是在意思表示作出一后死亡或丧失行为能力的,对意思表示的效力并不发生影响。

第二,数据电文如果是私人系统,例如私人电子邮箱,则界定数据电文意思表示的生效时间不能按照商务邮箱以营业时间作为检索收取时间并推定为生效时点,因为每个人使用电子邮件的习惯不同,有的人虽有电子邮箱,但数日甚至一段时间均不登录使用。此时应根据具体情形,例如以个人登录电子邮箱的实际情况以及习惯等判断其是否知道或应当知道数据电文进入其邮箱,从而确定数据电文意思表示的生效时间。

——沈德咏主编:《〈中华人民共和国民法总则〉条文理解与适用》,人民法院出版社2017年版。

【相关案例】

1. 以数据电文为表现形式的网络服务合同其要约和承诺的生效以数据到达时发生效力

——易趣网络信息服务(上海)有限公司诉刘松亭支付网络平台使用费案

案例要旨: 网络服务合同的成立与传统的合同成立条件有区别:(1) 网络服务合同的要约以电子形式出现,具有传统合同要约同等的效力;(2) 数据电文要约和承诺的生效时间均采用到达主义,即收件人指定特定系统接受数据电文的,该数据电文进入该特定系统的时间,视为到达时间;未指定特定系统的,该数据电文进入收件人的任何系

---

① [德]卡尔·拉伦茨:《德国民法通论(下册)》,王晓晔、邵建东、程建英、徐国建、谢怀拭译,法律出版社2003年版,第488页。拉伦茨举了以下例子:如果债权人想免除债务人的债务,因此在债务人面前一言不发地撕毁了债务证书,那么即可以认为他的行为是一项旨在订立债务免除合同的要约;但如果债权人是在债务人不在现场的情况下撕毁债务证书,则其行为不具有该要约的性质。

统的首次时间,视为到达时间。

审理法院: 上海市静安区人民法院

来源: 《人民法院案例选》总第45辑(2003.3)

2. 当事人的一方作出债权债务抵销的意思表示,待该抵销的意思表示通知到对方后生效

——李某诉张某房屋拆迁安置补偿纠纷案

案例要旨: 当事人双方互负同种类的债务,且已届履行期限,当事人的一方可以主张以其债权充抵债务的履行。抵销是一种单方法律行为,其效力的发生须由一方当事人将抵销的意思表示通知对方。该意思表示一经抵销权人作出,则发生法律效力,不需要对方当事人的同意,也不以诉讼上的裁判为必要。

来源: 重庆法院网

3. 当事人之间采用电话方式做出要约和承诺,且均已及时到达对方,可认定其口头合同成立并生效

——某公司诉李某及父母、姑姑旅游合同纠纷案

案例要旨: 当事人之间采用电话方式做出要约和承诺,且均已及时到达对方,可认定其口头合同成立并生效。依法成立的合同,对当事人具有法律约束力,当事人应当按照约定履行自已的义务,不得擅自变更或解除合同。

来源: 河南法院网

第一百三十八条　无相对人的意思表示的生效时间

无相对人的意思表示，表示完成时生效。法律另有规定的，依照其规定。

【相关规定】

1.《中华人民共和国继承法》

第二条　继承从被继承人死亡时开始。

第五条　继承开始后，按照法定继承办理；有遗嘱的，按照遗嘱继承或者遗赠办理；有遗赠扶养协议的，按照协议办理。

第十六条　公民可以依照本法规定立遗嘱处分个人财产，并可以指定遗嘱执行人。

公民可以立遗嘱将个人财产指定由法定继承人的一人或者数人继承。

公民可以立遗嘱将个人财产赠给国家、集体或者法定继承人以外的人。

第十七条　公证遗嘱由遗嘱人经公证机关办理。

自书遗嘱由遗嘱人亲笔书写，签名，注明年、月、日。

代书遗嘱应当有两个以上见证人在场见证，由其中一人代书，注明年、月、日，并由代书人、其他见证人和遗嘱人签名。

以录音形式立的遗嘱，应当有两个以上见证人在场见证。

遗嘱人在危急情况下，可以立口头遗嘱。口头遗嘱应当有两个以上见证人在场见证。危急情况解除后，遗嘱人能够用书面或者录音形式立遗嘱的，所立的口头遗嘱无效。

第二十条　遗嘱人可以撤销、变更自己所立的遗嘱。

立有数份遗嘱，内容相抵触的，以最后的遗嘱为准。

自书、代书、录音、口头遗嘱，不得撤销、变更公证遗嘱。

2.《最高人民法院关于审理专利纠纷案件适用法律问题的若干规定》

第二十四条　专利法第十一条、第六十九条所称的许诺销售，是指以做广告、在商店橱窗中陈列或者在展销会上展出等方式作出销售商品的意思表示。

3.《中华人民共和国农村土地承包法》

第二十九条　承包期内，承包方可以自愿将承包地交回发包方。承包方自愿交回承包地的，应当提前半年以书面形式通知发包方。承包方在承包期内交回承包地的，在承包期内不得再要求承包土地。

【相关观点】

一、无相对人的意思表示的生效时间

无相对人的意思表示，即所谓单方行为，例如悬赏广告、抛弃、遗嘱等。无相对人的意思表示，其效力何时发生，现行法未有规定。无相对人的意思表示，应于其意思表示成立同时发生效力，此为原则，如法律有特别规定则属于例外。因此，悬赏广告、抛弃行为，于其行为成立时即发生效力。但按照《继承法》的规定，遗嘱应当至遗嘱人死亡时才发生效力。

二、许诺销售是一种无相对人的意思表示

《专利纠纷规定》第24条规定："许诺销售指以做广告、在商店橱窗中陈列或者在展销会上展出等方式作出销售产品的意思表示。"据此，许诺销售有以下两个特点：

（1）许诺销售是一种"销售产品"的意思表示，即以销售为目的的意思表示。是否以销售为目的，可以根据客观行为进行推断，如广告、橱窗陈列、展销等行为显然都是以销售为目的。

（2）许诺销售是一种单方行为。许诺销售行为不需要向特定的当事人作出，因此是一种无相对人的意思表示，行为人单独的行为就可以成立许诺销售。

——徐杰主编：《知识产权审判实务技能》，人民法院出版社2013年版。

三、土地承包经营权的抛弃需提前半年通知发包方

《农村土地承包法》第29条规定："承包期内，承包方可以自愿将承包地交回发包方。承包方自愿交回承包地的，应当提前半年以书面形式通知发包方。承包方在承包期内交回承包地的，在承包期内不得再要求承包土地。"这里自愿交回实质上就是指承包经营权人主动抛弃其承包经营权，该土地上的承包经营权消灭，复归为土地所有权人。从法理上讲，用益物权人自动抛弃其物权，只需要作出抛弃的意思表示，该抛弃行为就发生效力，无需再履行其他的手续或行为，也无需告知所有权人。但是根据《农村土地承包法》，承包方自愿交回承包地的，应当提前半年以书面形式通知发包方。根据该规定，用益物权人抛弃其物权还需要对所有权人履行提前告知的义务。这主要是考虑到农业生产有很强的季节性，为发包人预留一定的期间，这有利于发包人作出下一步的安排，以防止发生撂荒现象。

——屈茂辉主编：《物权法原理精要与实务指南》，人民法院出版社2008年版。

四、审判实践中应注意的问题

第一，审判实践中应注意不能将单方行为等同于无相对人的意思表示。

实践中，较多单方行为都是有相对人的意思表示，像撤销、解除等形成权的行使、代理权的授予等单方行为，都需要向相对人作出。例如《合同法》第96条第1款规定，当事人一方依照本法第93条第2款、第94条的规定主张解除合同的，应当通知对方。合同自通知到达对方时解除。对方有异议的，可以请求人民法院或者仲裁机构确认解除合同的效力。即享有约定解除权或者法定解除权的当事人可以单方面行使解除权，但在行使解除权时，必须向对方作出意思表示，通知到达对方时才发生解除合同的效果。第二，审判实践中应注意区分意思表示的生效和法律行为的效力。无相对人的意思表示一经作出即可发生效力。但意思表示发生效力后，并不一定产生法律行为的效力。能否产生法律行为的效力，还要看该意思表示是否符合法律行为的生效要件。例如根据我国《继承法》的规定，一份有效的遗嘱必须具备法定的形式要件和实质要件，遗嘱要采取法定的形式；遗嘱人应具遗嘱能力；遗嘱的内容应该合法；遗嘱必须是遗嘱人的真实意思表示。有效的遗嘱必须要有遗嘱人的生效遗嘱意思表示，但即使遗嘱人遗嘱意思表示生效，也可能因为遗嘱内容不合法，而使得遗嘱无效，未实现遗嘱人所希望的法律效果。

——沈德咏主编：《〈中华人民共和国民法总则〉条文理解与适用》，人民法院出版社2017年版。

【相关案例】

互为遗嘱继承人的一方死亡后另一方无权撤销遗嘱已生效的部分

——山东日照中院判决牟乃分与卢振林等遗嘱继承纠纷案

案例要旨：遗嘱人生前可变更、撤销其原来所立遗嘱。当遗嘱人死亡，遗嘱生效，遗嘱继承人只能接受继承或放弃继承，而不能撤销、变更已生效的遗嘱。夫妻双方共立遗嘱，约定互为继承人，此时一方死亡，在世的另一方即为遗嘱继承人，其无权撤销、变更共同遗嘱中已生效部分。

案号：（2011）日民一终字第553号

审理法院：山东省日照市中级人民法院

来源：《人民法院报》2012年8月2日，第6版

第一百三十九条 以公告方式作出的意思表示的生效时间

以公告方式作出的意思表示，公告发布时生效。

【相关规定】

1.《中华人民共和国合同法》

第十五条 要约邀请是希望他人向自己发出要约的意思表示。寄送的价目表、拍卖公告、招标公告、招股说明书、商业广告等为要约邀请。

商业广告的内容符合要约规定的，视为要约。

2.《中华人民共和国拍卖法》

第四十五条 拍卖人应当于拍卖日七日前发布拍卖公告。

第四十六条 拍卖公告应当载明下列事项：

（一）拍卖的时间、地点；

（二）拍卖标的；

（三）拍卖标的展示时间、地点；

（四）参与竞买应当办理的手续；

（五）需要公告的其他事项。

第四十七条 拍卖公告应当通过报纸或者其他新闻媒介发布。

第四十八条 拍卖人应当在拍卖前展示拍卖标的，并提供查看拍卖标的的条件及有关资料。拍卖标的的展示时间不得少于两日。

3.《中华人民共和国招标投标法》

第十条 招标分为公开招标和邀请招标。

公开招标，是指招标人以招标公告的方式邀请不特定的法人或者其他组织投标。

邀请招标，是指招标人以投标邀请书的方式邀请特定的法人或者其他组织投标。

第十六条 招标人采用公开招标方式的，应当发布招标公告。依法必须进行招标的项目的招标公告，应当通过国家指定的报刊、信息网络或者其他媒介发布。

招标公告应当载明招标人的名称和地址、招标项目的性质、数量、实施地点和时间以及获取招标文件的办法等事项。

4.《最高人民法院关于适用〈中华人民共和国合同法〉若干问题的解释（二）》

第三条 悬赏人以公开方式声明对完成一定行为的人支付报酬，完成特定行为的人请求悬赏人支付报酬的，人民法院依法予以支持。但悬赏有合同法第五十二条规定情形的除外。

【相关观点】

一、条文概述与解读

本条对以公告形式作出的意思表示采取发布生效原则。

公告方式，是指通过在报纸刊登、广告栏张贴、广播电视传播以及互联网发布等公共媒介形式发布意思表示。以公告方式发布意思表示，不特定人均可以通过公共媒介知晓。因此，通过公告发布意思表示后，法律视为已经到达了相对人的支配范围，处于相对人随时可以了解的状态，故采用发布生效原则。公告通常没有特定、明确的相对人，例如拍卖公告、招标公告、招领公告、各类悬赏广告等，不可能采取到达生效的做法。相对人是否知道该意思表示，不影响意思表示的生效。

——沈德咏主编：《〈中华人民共和国民法总则〉条文理解与适用》，人民法院出版社2017年版。

二、招标公告

招标投标是一种特殊的签订合同的方式，广泛应用于货物买卖、建设工程、土地使用权出让与转让、租赁、技术转让等领域。招标投标的优点是，能够在最接近公平、合理的价格上达成交易、签订合同。所谓招标是指招标人采取招标通知或者招标公告的方式，向不特定的人发出，以吸引投标人投标的意思表示。所谓投标是指投标人按照招标人的要求，在规定的期限内向招标人发出的包括合同全部条款的意思表示。对于招标公告或者招标通知，一般都认为属于要约邀请，不是要约。而投标是要约，招标人选定中标人，为承诺。英美法也认为招标属于要约邀请，但认为招标有一定的法律意义，因为招标中对有关合同条件的说明，对达成协议的双方都有拘束力。

三、收购要约公告后即生效

收购要约公告后，收购要约便开始生效。关于要约何时生效，有四种理论：一是表达说，即表意人的意思决定一旦具备外在形态，要约就应当生效；二是发出说，即意思表示已经做成，并且发出，要约开始生效；三是到达说，即以要约到达相对人为意思表示生效的时间；四是了解说，即相对人必须通过感官交接意思表示，意思表示才能生效。我国《合同法》关于要约何时生效采到达说，但收购要约采发出说。

【相关案例】

1. 国有土地使用权出让公告属要约邀请，竞买人提出报价并支付保证金行为属于要约

——时间集团公司诉浙江省玉环县国土局土地使用权出让合同纠纷案

案例要旨：根据合同法第十五条第一款的规定，国有土地使用权出让公告属于要约邀请，竞买人在竞买申请中提出报价，并按要约邀请支付保证金的行为，属于要约，双方当事人尚未形成土地使用权出让合同关系。国有土地使用权出让方因出让公告违反法律的禁止性规定，撤销公告后，造成竞买人在缔约阶段发生信赖利益损失的，应对竞买人的实际损失承担缔约过失责任。

案号：（2003）民一终字第 82 号

审理法院：最高人民法院

来源：《最高人民法院公报》2005 年第 5 期

2. 商品房销售广告和宣传材料中的说明和允诺具体确定，并对合同的订立以及房屋价格的确定有重大影响，视为要约，该说明和允诺即使未载入商品房买卖合同，亦应当视为合同内容

——上海南都白马房地产开发有限公司与赵晓宽商品房预售合同纠纷上诉案

案例要旨：商品房的销售广告和宣传资料中，出卖人就商品房开发规划范围内的房屋及相关设施所作的说明和允诺具体确定，并对商品房买卖合同的订立以及房屋价格的确定有重大影响的，应当视为要约。该说明和允诺即使未载入商品房买卖合同，亦应当视为合同内容，当事人违反的，应当承担违约责任。

案号：（2013）沪一中民二（民）终字第 3499 号

审理法院：上海市第一中级人民法院

来源：法信网

3. 企业产权转让中的挂牌信息公告应认定为要约邀请

——周益民与上海联合产权交易所等与公司有关的纠纷上诉案

案例要旨：企业产权转让中的挂牌信息公告应认定为要约邀请，这种通过产权交易所向不特定主体公开发布的特殊要约邀请对产权转让人具有一定的法律拘束力。在产权交易机构未收到正式受让意向申请之前，如果不实质性损害意向受让人的权益，可适度保护产权转让人的交易自由；在产权交易机构收到正式意向申请之后，涉及实质要件变

更的，应予以严格限制，否则，因此而致使意向受让人信赖利益损失的，应承担缔约过失责任。

案号：（2010）沪二中民四（商）终字第842号
审理法院：上海市第二中级人民法院
来源：《人民司法·案例》2011年第2期

第一百四十条 作出意思表示的方式

行为人可以明示或者默示作出意思表示。

沉默只有在有法律规定、当事人约定或者符合当事人之间的交易习惯时,才可以视为意思表示。

【相关规定】

1.《中华人民共和国合同法》

第十九条 有下列情形之一的,要约不得撤销:
(一)要约人确定了承诺期限或者以其他形式明示要约不可撤销的;
(二)受要约人有理由认为要约是不可撤销的,并已经为履行合同作了准备工作。

第二十二条 承诺应当以通知的方式作出,但根据交易习惯或者要约表明可以通过行为作出承诺的除外。

第五十五条 有下列情形之一的,撤销权消灭:
(一)具有撤销权的当事人自知道或者应当知道撤销事由之日起一年内没有行使撤销权;
(二)具有撤销权的当事人知道撤销事由后明确表示或者以自己的行为放弃撤销权。

第一百七十一条 试用买卖的买受人在试用期内可以购买标的物,也可以拒绝购买。试用期间届满,买受人对是否购买标的物未作表示的,视为购买。

2.《最高人民法院关于贯彻执行〈中华人民共和国民法通则〉若干问题的意见(试行)》

第六十六条 一方当事人向对方当事人提出民事权利的要求,对方未用语言或者文字明确表示意见,但其行为表明已接受的,可以认定为默示。不作为的默示只有在法律有规定或者当事人双方有约定的情况下,才可以视为意思表示。

3.《最高人民法院关于审理买卖合同纠纷案件适用法律问题的解释》

第四十一条 试用买卖的买受人在试用期内已经支付一部分价款的,人民法院应当认定买受人同意购买,但合同另有约定的除外。

在试用期内,买受人对标的物实施了出卖、出租、设定担保物权等非试用行为的,人民法院应当认定买受人同意购买。

4. 《最高人民法院关于适用〈中华人民共和国合同法〉若干问题的解释（二）》

第七条 下列情形，不违反法律、行政法规强制性规定的，人民法院可以认定为合同法所称"交易习惯"：

（一）在交易行为当地或者某一领域、某一行业通常采用并为交易对方订立合同时所知道或者应当知道的做法；

（二）当事人双方经常使用的习惯做法。

对于交易习惯，由提出主张的一方当事人承担举证责任。

【相关观点】

一、条文概述与解读

意思表示由表示和意思两词组合而成，相应地，意思表示的构成可分为外部要素与内部要素。意思表示的外部要素即是表示行为，根据表示方式的不同，一般可分为明示与默示，特定情况下沉默构成意思表示。

——沈德咏主编：《〈中华人民共和国民法总则〉条文理解与适用》，人民法院出版社2017年版，第933页。

二、意思表示的方式

表示行为的方式，就是民事法律行为的方式，即明示方式、默示方式。

明示方式，是指行为人以语言、文字或者其他直接表意方法表示内在意思的表意形式。明示具有表意直接、明确的特点，不易产生纠纷，具有广泛的适用性。对于特别需要采用明示方式的法律行为，应当明确规定明示方式，默示方式无效。

默示方式，是指行为人以使人推知的方式间接表示其内在意思的表意形式。分为意思实现和特定沉默两种形式。意思实现，是指行为人以某种表明法律意图的行为间接表示其内在意思的默示，又称为行为默示或者推定行为，即作为的默示和不作为的默示。例如在收费停车场停放车辆，登乘公共汽车等行为，就是意思实现，就是行为默示或者推定行为。特定沉默，是指行为人以不作为或者有特定意义的沉默间接表示其内在意思的沉默。只有在法律规定或者当事人有约定的情况下，才能将特定沉默视为默示。"不作为的默示只有在法律规定或者当事人双方约定的情况下，才可视为意思表示。"最高法院的这一司法解释，说得是完全正确的。例如，承租人至租赁期满后，仍占有租赁物，而出租人沉默的情况，认为是默示的租赁合同续展。

——杨立新：《杨立新民法讲义（民法总则）》，人民法院出版社2009年版。

三、对缄默是否是承诺方式的认定

缄默是不作任何表示,即不行为,与默示不同。默示不是明示但仍然是表示的一种方法,而缄默与不行为是没有任何表示,所以不构成承诺。但是,如果当事人约定或者按照当事人之间的习惯做法,承诺以缄默与不行为来表示,则缄默与不行为又成为一种表达承诺的方式。但是,如果没有事先的约定,也没有习惯做法,而仅仅由要约人在要约中规定如果不答复就视为承诺是不可以的。

四、民事法律行为的形式是意思表示的方式

民事法律行为的形式是意思表示的方式。主要有以下几类:

1. 口头形式。口头形式是以谈话的方式进行的意思表示。广而言之,电话交谈、托人带口信、当众宣布自己的意思等,都是口头形式。口头形式具有简便迅速的优点,但发生纠纷时举证困难。因此适用于即时清结或者标的数额较小的交易。

2. 书面形式。书面形式是以书面文字进行的意思表示。又分为一般书面形式和特殊书面形式。一般书面形式是采用一般性的文字记载的形式,特殊书面形式是获得国家机关或者其他职能部门认可的形式。电子数据、电报信件、传真等等,都是特殊的书面形式。

书面形式可以促使当事人在深思熟虑后实施法律行为,使权利义务关系明确化,并方便证据保存。主要适用于不能即时清结、数额较大的民事法律行为。

3. 推定形式。推定形式是以有目的、有意识的积极行为表示其意思的形式。换言之,行为人虽然没有口头或者书面的表示,但可以通过其积极行为推定其内在的意思。如租期届满后,承租人继续缴纳租金而出租人接受的行为,可以据此推知当事人延长了租赁期限。在推定问题上,应当注意区分证据法意义上的推定和实体法意义上的推定。推定过错,推定因果关系,都是证据法上的推定,是根据已经证明的事实推定待证事实,作为认定案件法律责任的基础事实。民事法律行为的推定形式,是指实体法上关于当事人通过有目的、有意义的积极行为将其内在意思表现于外部,使他人可以根据常识、交易习惯或者相互间的默契,推知当事人已经作出了某种意思表示,从而使法律行为成立。

4. 沉默形式。沉默形式是将沉默不表示赋予成立法律行为的意义的形式,是指既无语言表示又无行为表示的消极行为,在法律有特别规定的情况下,视为当事人的沉默已经构成了意思表示,因此而使法律行为成立。在通常情况下,沉默不作为意思表示的方式,内部的意思表示必须借助于积极的表示行为,沉默并不是表示行为;只有在法律另有规定时,沉默的消极行为才被赋予一定的表示意义,并产生成立法律行为的效果。

——杨立新：《杨立新民法讲义（民法总则）》，人民法院出版社2009年版。

【相关案例】

1. 试用期间届满，买受人对是否购买货物未作出表示的，视为同意购买

——泰惠公司诉润丰公司试用买卖合同纠纷案

案例要旨：试用期间届满，买方未明示是否购买，也未表示退还货物，在出卖方向其发出催款通知后，仍未作出明确表示的，买卖合同生效，买方应支货物的付价款

来源：法信网

2. 不能擅自扩大法定默示情形的外延，肖像权作为公民的专有民事权利，不在法定适用默示方式表示的范围内

——人体模特缪燕诉徐芒耀、辽宁美术出版社侵犯其肖像权案

案例要旨：对于默示方式行使民事行为的范围，法律规定任何人不能擅自扩大法定默示情形的外延。肖像权作为公民的专有民事权利，并未在法定适用默示的方式表示的范围之内。故侵权方在未经他人许可的情况下使用其肖像，主张已以默示的方法来确认对该权利的放弃的，法院不予支持。

来源：《人民法院案例选》2004年民事专辑（总第48辑）

第一百四十一条　意思表示的撤回

行为人可以撤回意思表示。撤回意思表示的通知应当在意思表示到达相对人前或者与意思表示同时到达相对人。

【相关规定】

1. 《中华人民共和国合同法》

第十七条　要约可以撤回。撤回要约的通知应当在要约到达受要约人之前或者与要约同时到达受要约人。

第二十七条　承诺可以撤回。撤回承诺的通知应当在承诺通知到达要约人之前或者与承诺通知同时到达要约人。

2. 《中华人民共和国招标投标法实施条例》

第三十五条　投标人撤回已提交的投标文件，应当在投标截止时间前书面通知招标人。招标人已收取投标保证金的，应当自收到投标人书面撤回通知之日起5日内退还。

投标截止后投标人撤销投标文件的，招标人可以不退还投标保证金。

3. 《最高人民法院关于适用〈中华人民共和国民事诉讼法〉的解释》

第四百三十九条　人民法院作出终结督促程序或者驳回异议裁定前，债务人请求撤回异议的，应当裁定准许。

债务人对撤回异议反悔的，人民法院不予支持。

第四百五十五条　公示催告申请人撤回申请，应在公示催告前提出；公示催告期间申请撤回的，人民法院可以径行裁定终结公示催告程序。

4. 《中华人民共和国企业破产法》

第九条　人民法院受理破产申请前，申请人可以请求撤回申请。

5. 《最高人民法院印发〈关于审理公司强制清算案件工作座谈会纪要〉的通知》

第十七条　人民法院裁定受理公司强制清算申请前，申请人请求撤回其申请的，人民法院应予准许。

第十八条　公司因公司章程规定的营业期限届满或者公司章程规定的其他解散事由出现，或者股东会、股东大会决议自愿解散的，人民法院受理强制清算申请后，清算组对股东进行剩余财产分配前，申请人以公司修改章程，或者股东会、股东大会决议公司继续存续为由，请求撤回强制清算申请的，人民法院应予准许。

第十九条　公司因依法被吊销营业执照、责令关闭或者被撤销，或者被人民法院判决强制解散的，人民法院受理强制清算申请后，清算组对股东进行剩余财产分配前，申请人向人民法院申请撤回强制清算申请的，人民法院应不予准许。但申请人有证据证明相关行政决定被撤销，或者人民法院作出解散公司判决后当事人又达成公司存续和解协议的除外。

6.《不动产登记暂行条例》

第十五条　当事人或者其代理人应当到不动产登记机构办公场所申请不动产登记。不动产登记机构将申请登记事项记载于不动产登记簿前，申请人可以撤回登记申请。

7.《不动产登记暂行条例实施细则》

第十三条　申请登记的事项记载于不动产登记簿前，全体申请人提出撤回登记申请的，登记机构应当将登记申请书以及相关材料退还申请人。

【相关观点】

一、条文概述与解读

行为人可能在作出意思表示后，感到后悔，如出卖人以某价格发出要约，但不久就有第三人愿以更高价成交，承租人找到价格更为合适的房屋等。此时，法律在一定条件下允许行为人撤回意思表示，条件是可撤回的通知应当在意思表示到达相对人前或者与意思表示同时到达相对人。意思表示根据是否向相对人作出，区分为无相对人的意思表示和有相对人的意思表示。

——沈德咏主编：《〈中华人民共和国民法总则〉条文理解与适用》，人民法院出版社2017年版。

二、撤回要约的通知在要约到达受要约人之前或者与要约同时到达受要约人

撤回要约的条件是撤回要约的通知在要约到达受要约人之前或者同时到达受要约人，如果撤回要约的通知在要约到达受要约人以后到达，则要约已经生效，是否能够使要约失效，就需看是否符合撤销的条件。因此，要约人如欲撤回要约，必须选择快于要约的方式向受要约人发出撤回的通知，使之能在要约到达之前到达受要约人。如果要约人在发出要约以后立即又以比发出要约更快的方式发出撤回的通知，按照通常情况，撤回的通知应当先于或最迟与要约同时到达受要约人。但如果因为其他原因致使撤回的通知在要约到达之后才到达受要约人。在这种情况下，受要约人应当及时向要约人发出通知，告知其撤回的通知已经迟到，要约已经生效。如果受要约人怠于通知时，要约人撤回要约的通知视为未迟到，仍发生撤回要约的效力。

三、要约撤销与要约撤回的区别

要约撤回与要约撤销不同：第一，发出意思表示的时间不同。要约撤回的意思是在要约生效之前发出，要约撤销的意思表示是在要约生效之后发出。第二，意思表示的内容不同。要约撤回的意思表示的内容是收回未生效的要约，要约撤销的意思表示是取消已经生效的要约。第三，意思表示的自由度不同。要约撤回可以在要约生效之前自由发出，要约撤销在要约规定了承诺期限等法律限制撤销的情况下不能发出。第四，法律责任不同。要约发出人撤回要约，不承担任何法律责任，要约发出人在法律限制撤销要约情况下撤销要约，应当承担相应的法律责任。

【相关案例】

1. 委托人在拍卖开始前可以以口头或书面方式撤回拍卖标的

——王瓒诉周维权、江苏省拍卖总行有限公司连云港分公司拍卖合同纠纷案

案例要旨：委托人在拍卖开始前可以撤回拍卖标的。由于法律没有对委托人撤回拍卖标的的形式作出限制性规定，如果有证据证明委托人在拍卖开始前以口头形式撤回了拍卖标的，其撤回效力应当予以认可。如果当事人在委托拍卖合同中明确约定不得以口头形式撤回拍卖标的，则应以合同约定为准。

审理法院：江苏省高级人民法院

来源：江苏法院网

2. 撤回承诺晚于承诺到达，承诺撤回无效，合同成立

——某民族中学诉某制衣有限责任公司合同纠纷案

案例要旨：撤回承诺的函电晚于承诺函电到达，因此撤回承诺无效，当事人之间的合同成立，当事人应按约履行合同。

来源：法信网

第一百四十二条　意思表示的解释

有相对人的意思表示的解释，应当按照所使用的词句，结合相关条款、行为的性质和目的、习惯以及诚信原则，确定意思表示的含义。

无相对人的意思表示的解释，不能完全拘泥于所使用的词句，而应当结合相关条款、行为的性质和目的、习惯以及诚信原则，确定行为人的真实意思。

【相关规定】

1. 《中华人民共和国合同法》

第一百二十五条　当事人对合同条款的理解有争议的，应当按照合同所使用的词句、合同的有关条款、合同的目的、交易习惯以及诚实信用原则，确定该条款的真实意思。

合同文本采用两种以上文字订立并约定具有同等效力的，对各文本使用的词句推定具有相同含义。各文本使用的词句不一致的，应当根据合同的目的予以解释。

第四十一条　对格式条款的理解发生争议的，应当按照通常理解予以解释。对格式条款有两种以上解释的，应当作出不利于提供格式条款一方的解释。格式条款和非格式条款不一致的，应当采用非格式条款。

2. 《中华人民共和国保险法》

第三十条　采用保险人提供的格式条款订立的保险合同，保险人与投保人、被保险人或者受益人对合同条款有争议的，应当按照通常理解予以解释。对合同条款有两种以上解释的，人民法院或者仲裁机构应当作出有利于被保险人和受益人的解释。

第四十一条　被保险人或者投保人可以变更受益人并书面通知保险人。保险人收到变更受益人的书面通知后，应当在保险单或者其他保险凭证上批注或者附贴批单。投保人变更受益人时须经被保险人同意。

3. 《浙江省高级人民法院关于审理财产保险合同纠纷案件若干问题的指导意见》

第三十条　对保险人提供的保险合同格式条款存在争议时，应从保险合同的用词、相关条款的文义、投保人的合理期待、合同目的、交易习惯以及诚实信用原则，认定条款的真实意思；按照上述方法仍有两种以上解释的，应作出不利于保险人的解释。保险合同当事人通过协商确定的个别保险合同的特约条款，对保险人不适用"不利解释原则"。

4.《北京市高级人民法院关于印发〈北京市高级人民法院关于审理保险纠纷案件若干问题的指导意见（试行）〉的通知》

第十五条　保险监督管理机构制定的强制性保险条款不属于保险合同的格式条款，保险合同当事人对其内容发生争议时，对保险人不应当适用"不利解释原则"。

第十六条　保险人对保险监督管理机构制定的示范性保险条款决定使用或者经过变更使用的，应当视为保险人自行制定的条款，具有格式条款的性质，在保险合同当事人对条款内容发生争议且已穷尽其他解释原则的情况下，对保险人应当适用"不利解释原则"。

第十七条　保险人自行制定的保险合同条款，具有格式条款的性质，在保险合同当事人对条款内容发生争议且已穷尽其他解释原则的情况下，对保险人应当适用"不利解释原则"。

第十八条　保险合同当事人通过协商确定的个别保险合同的特殊条款，不具有格式条款的性质，对保险人不适用"不利解释原则"。

【相关观点】

一、条文概述与解读

法律要求意思表示必须到达，说明法律以相对人知悉意思表示的可能性为准。相对人一旦可以知悉意思表示，表意人就不得再撤回其意思表示。换言之，表意人受其意思表示约束，相对人的信赖利益受到保护。有相对人的意思表示的内容，应当考虑到相对人在意思表示的意义。例如，如果相对人知道表意人是一个外国人，则在存在相应迹象时，相对人须将翻译错误的风险考虑进去，如是否混淆了"10亿"和"万亿"。

表意人在作出意思表示时行使了自我决定的权利，其在作出意思表示时有能力以对方能正确理解的方式表达，如果在自我决定中出现错误，作出不恰当的、令人误解的表达，理应自己承担责任；另一方面，相对人在理解意思表示时主观上也可能出现错误，此类错误同样不被保护。因此，有相对人的意思表示应以客观上的表示价值作为认定意思表示内容的准据。

——沈德咏主编：《〈中华人民共和国民法总则〉条文理解与适用》，人民法院出版社2017年版。

二、补充协议中当事人真实意思的确定

补充协议是对原合同没有约定或约定不明确的内容予以明确，但是，鉴于社会生活的多样性与语言的丰富性，补充协议的内容仍有可能存在歧义，或者可能出现补充协议仍不能填补原合同全部漏洞的情况，此时，如何确定

合同当事人的真实意思?

1. 意思表示的解释对象。一般情形下,意思表示的解释应以当事人表示出来的意思为对象。在原合同与补充协议仍约定不明,或没有约定时,以及补充协议本身存在歧义的情况下,应综合多种方法解释合同当事人表示出来的真实意思。

2. 协议或补充协议不明解释方法的确定。对于协议或补充协议不明的内容,应根据《合同法》关于合同的解释方法方面的规定予以确定。具体来说,对于补充协议的解释也应有以下几种方法:第一,文义解释。即按照一个理性人的标准进行解释。具体而言,先应当按照当事人双方共同接受的含义进行解释,如果双方理解不一致,应当按照一个理性人在相同地位下可能产生的理解进行解释,如果词句是专业用语,就应当按照专业上的特殊含义来进行解释。第二,体系解释,即将全部合同的各项条款以及各个构成部分作为一个完整的整体,根据各个条款以及各个部分的相互关联性、争议的条款与整个合同的关系,在合同中所处的地位等各方面因素考虑,来确定所争议的合同条款的含义。[①] 第三,目的解释。当事人对协议条款发生争议时,应做符合合同目的的解释。第四,习惯解释。《合同法解释(二)》第7条规定:"下列情形,不违反法律、行政法规强制性规定的,人民法院可以认定为合同法所称:'交易习惯':(1)在交易行为当地或者某一领域、某一行业通常采用并为交易对方订立合同时所知道或者应当知道的做法;(2)当事人双方经常使用的习惯做法。对于交易习惯,由提出主张的一方当事人承担举证责任。"对于当事人约定不明之处,可以根据交易习惯解释。第五,诚信解释。诚实信用原则是民事活动中必须遵循的原则,对合同条款的任何解释均不得违背诚实信用原则。

3. 补充协议解释的特殊之处。不论是原合同,还是补充合同,均可以适用上述解释方法进行解释。鉴于补充协议是原合同的补充,故补充协议不应完全脱离原合同的内容而存在,因此对补充协议的解释也应一定程度上受限于原合同。具体而言,对补充协议的理解,首先应明确补充协议是否对原合同的内容进行了变更,如果补充协议没有提及的部分,应以原合同约定为准,补充协议与原合同不一致的地方,则考虑补充协议是对原合同内容的增加,还是对原合同内容的变更。增加或者变更的内容如发生歧义,在文义解释、体系解释、目的解释上都得考虑原合同的约定,如果原合同对词句的含义有确定的理解,则应以该含义为准,且对补充协议理解应考虑与原合同内容的整体性,并不得违背原合同的目的。

---

① 王利明:《合同法》,中国人民大学出版社2002年版,第305页。

三、合同条款发生争议的解释

合同的条款应当是双方当事人意思表示一致达成的协议，但在实践中由于种种原因对某些条款的含义发生争议。对发生争议的条款应当本着什么原则进行解释才能符合当事人真实的意思表示，合同法对这个问题专门作了规定。

合同的条款用语言文字构成。解释合同必须先由词句的含义入手。

合同条款是合同整体的一部分，与其他条款有着密切的联系。因此，不仅要从词句的含义去解释，还要与合同中相关条款联系起来分析判断。

合同目的包括了整个合同的真实意图。因此，对条款的解释还应当从符合合同目的原则剖析。依合同目的原则解释要求，当条款表达意见含混不清或相互矛盾时，作出与合同目的协调一致的解释。

按照交易习惯确立合同条款的含义是国际贸易中普遍承认的原则。《联合国国际货物销售合同公约》和《国际商事合同通则》对此都有规定。依照交易习惯解释合同条款，是十分必要的。

诚实信用原则是合同法的基本原则之一，诚实信用原则贯穿合同从订立到终止的整个过程。在解释合同条款时也应遵从诚实信用的原则。诚实信用原则要求实事求是地考虑各种因素，包括上述从有关条款、合同目的、交易习惯来认定争议条款或者发生歧义的词句的准确含义。并以公平原则平衡当事人之间的利益冲突。

【相关案例】

1. 对合同中约定的"合同无效条款"效力，应根据当事人的真实意思表示来确定

——天意船务有限公司诉兆丰化工有限公司船舶经营管理合同纠纷案

案例要旨：无效合同的基本特征是具有违法性，合同无效的情形只能由法律规定，不能由当事人自行约定。合同中约定有合同无效条款，但该条款内容不属于《中华人民共和国合同法》第52条规定的合同无效情形，当事人据以主张合同无效的，法院不能直接认定该类条款无效，而是应当探寻当事人的真实意思表示。

案号：（2011）津高民四终字第33号

审理法院：天津市高级人民法院

来源：法信网

2. 合同的性质应当根据当事人在合同中真实意思表示确定

——万嘉融资咨询私人有限公司、叶顺安与中宇建材集团有限公司居间合同纠纷案

案例要旨：合同的性质应当根据当事人在合同中真实意思确定。虽名为《融资协议》，但根据合同的主要内容，合同的主要目的是由一方当事人为另一方当事人提供订立合同的媒介服务，并获得相应报酬。该合同符合居间合同的特征，应认定为居间合同。

案号：（2014）民四终字第14号

审理法院：最高人民法院

来源：法信网

3. 当事人对合同条款的理解有争议的应按照合同使用的词句、合同条款、合同的目的等因素确定条款的真实意思

——广州珠江铜厂有限公司与佛山市南海区中兴五金冶炼厂、李烈芬加工合同纠纷案

案例要旨：当事人对合同条款的理解有争议的，应当按照合同所使用的词句、合同的有关条款、合同的目的、交易习惯以及诚实信用原则，确定该条款的真实意思。当事人基于实际交易需要而签
订合同，在特定条件下会作出特定的意思表示，只要其意思表示是真实的，且不违背法律的强制性或者禁止性规定，即应当予以保护。

案号：（2012）民提字第153号

审理法院：最高人民法院

来源：《最高人民法院公报》2014年第10期

第三节　民事法律行为的效力

第一百四十三条　民事法律行为有效要件

具备下列条件的民事法律行为有效：
（一）行为人具有相应的民事行为能力；
（二）意思表示真实；
（三）不违反法律、行政法律的强制性规定，不违背公序良俗。

【新旧法条对比】

《中华人民共和国民法通则》

第五十五条　民事法律行为应当具备下列条件：
（一）行为人具有相应的民事行为能力；
（二）意思表示真实；
（三）不违反法律或者社会公共利益

【相关规定】

《中华人民共和国合同法》

第四十七条　限制民事行为能力人订立的合同，经法定代理人追认后，该合同有效，但纯获利益的合同或者与其年龄、智力、精神健康状况相适应而订立的合同，不必经法定代理人追认。

相对人可以催告法定代理人在一个月内予以追认。法定代理人未作表示的，视为拒绝追认。合同被追认之前，善意相对人有撤销的权利。撤销应当以通知的方式作出。

第四十八条　行为人没有代理权、超越代理权或者代理权终止后以被代理人名义订立的合同，未经被代理人追认，对被代理人不发生效力，由行为人承担责任。

相对人可以催告被代理人在一个月内予以追认。被代理人未作表示的，视为拒绝追认。合同被追认之前，善意相对人有撤销的权利。撤销应当以通知的方式作出。

第四十九条　行为人没有代理权、超越代理权或者代理权终止后以被代理人名义订立合同，相对人有理由相信行为人有代理权的，该代理行为有效。

第五十条　法人或者其他组织的法定代表人、负责人超越权限订立的合同，除相对人知道或者应当知道其超越权限的以外，该代表行为有效。

【相关观点】

一、条文概述与解读

一般而言，当民事法律行为同时具备条文所述的三个要件时，其为有效。但特殊情形下，民事法律行为除具备本条所述的三个要件外，尚需满足其他条件，方为有效，如附条件民事法律行为、附期限民事法律行为等。因此，本条所规定的，仅为民事法律行为一般有效要件，或曰民事法律行为有效的必要条件。

1. 行为人具有相应的民事行为能力。《民法总则》以民事行为能力为标尺对自然人予以分类，将其分为完全民事行为能力人、限制民事行为能力人和无民事行为能力人，赋予其以自己的意志独立实施民事法律行为而取得权利或者承担义务的不同资格；完全民事行为能力人一概构成民事法律行为的适格主体，无民事行为能力人一概不得构成民事法律行为的适格主体，限制民事行为能力人则分而论之，在其民事行为能力范围内构成民事法律行为的适格主体，在其民事行为能力范围外不构成民事法律行为的适格主体。至于法人的民事行为能力，尽管在学理上尚有不同见解，但依据《民法总则》第57条关于法人定义之规定，其均具有完全民事行为能力。

2. 意思表示真实。关于民事法律行为有效的意思表示要件是否已得满足的判断，就是关于民事法律行为所涉各个意思表示的意思和表示是否相一致的判断。仅当各意思表示中的意思与表示均相一致，各意思表示皆为真实时，该民事法律行为方满足民事法律行为有效之意思表示要件；但凡有一个意思表示的意思与表示不一致，则即便其他所有意思表示皆为真实，该民事法律行为也不满足民事法律行为有效的意思表示要件。

3. 不违反法律、行政法规的强制性规定，不违背公序良俗。本条所规定的"负面清单"主要包括两方面内容，一是法律、行政法规的强制性规定，二是公序良俗。既不违反法律、行政法规的强制性规定，也不违反公序良俗的民事法律行为，即满足民事法律行为有效之内容要件。

本条一般仅作为认定民事法律行为有效之条文援引。当民事法律行为缺少本条所述要件时，依据本条仅能得出该民事法律行为不能归于有效的结论。但因有效之外，民事法律行为尚有无效、效力待定、可撤销等多种法律效力状态，故当不能认定民事法律行为系属有效时，原则上不应再引用本条以认定效力，而需援引民法总则的其他条文，方可准确确定该行为的法律效力状态。例如，若民事法律行为违背公序良俗，依照本条仅能认定该行为不能归于有效，须援引《民法总则》第153条，方可确知，其应为无效。

——沈德咏主编：《〈中华人民共和国民法总则〉条文理解与适用》，人民法院出版社2017年版。

二、民事法律行为有效的概念

民事法律行为的有效，是指民事行为因符合法律规定而能够引起民事法律关系的设立、变更或者终止的法律效力。由于民事法律行为都是合法行为，民事法律行为的有效实际上是民事行为的有效问题。

——杨立新：《杨立新民法讲义（民法总则）》，人民法院出版社2009年版。

三、法律行为的成立要件和生效要件

1. 法律行为的成立要件。

其一，一般成立要件。指一般法律行为所共同的成立要件。按照通说，法律行为的一般成立要件有三项：当事人；标的；意思表示。

其二，特别成立要件。指特定的法律行为所特有的成立要件。如在要式行为，一定方式之履行为特别成立要件；在要物行为，物之交付为特别成立要件。

2. 法律行为的生效要件。

其一，一般生效要件。指一般法律行为所共同的生效要件。一般生效要件有四项：当事人须有相应的行为能力；须意思表示真实；标的须合法；标的须确定。

其二，特别生效要件。指特定法律行为所特有的生效要件。例如，死因行为，以行为人死亡为特别生效要件；附停止条件的法律行为，以约定条件之成就为特别生效要件；附始期的法律行为，以该约定期限之到来为特别生效要件。

【相关案例】

划拨取得的土地上所建房屋的转让合同有效

——于存库诉董成斌、董成珍房屋买卖纠纷案

案例要旨：房屋系当事人私有财产，房屋占用的土地虽然是划拨取得的，但当地有批准权的人民政府允许在办理了土地使用权出让手续后，可以转让该土地上的房产。故当事人通过签订协议转让房屋，签订协议时双方都具有相应的民事行为能力，意思表示真实，且对办理土地出让手续作了约定，不存在损害国家和社会公共利益的情况，双方所签协议应认定为有效。

审理法院：四川省德阳市中级人民法院

来源：《最高人民法院公报》2001年第4期

第一百四十四条　无民事行为能力人实施的法律行为的效力

无民事行为能力人实施的民事法律行为无效。

【新旧法条对比】

《中华人民共和国民法通则》

第五十八条　下列民事行为无效：
（一）无民事行为能力人实施的；
（二）限制民事行为能力人依法不能独立实施的；
（三）一方以欺诈、胁迫的手段或者乘人之危，使对方在违背真实意思的情况下所为的；
（四）恶意串通，损害国家、集体或者第三人利益的；
（五）违反法律或者社会公共利益的；
（六）以合法形式掩盖非法目的的。
无效的民事行为，从行为开始起就没有法律约束力。

【相关规定】

1. 《中华人民共和国票据法》

第六条　无民事行为能力人或者限制民事行为能力人在票据上签章的，其签章无效，但是不影响其他签章的效力。

2. 《最高人民法院关于审理票据纠纷案件若干问题的规定》

第四十六条　票据的背书人、承兑人、保证人在票据上的签章不符合票据法以及《票据管理实施办法》规定的，或者无民事行为能力人、限制民事行为能力人在票据上签章的，其签章无效，但不影响人民法院对票据上其他签章效力的认定。

第六十六条　具有下列情形之一的票据，未经背书转让的，票据债务人不承担票据责任；已经背书转让的，票据无效不影响其他真实签章的效力：
（一）出票人签章不真实的；
（二）出票人为无民事行为能力人的；
（三）出票人为限制民事行为能力人的。

3. 《中华人民共和国仲裁法》

第十七条　有下列情形之一的，仲裁协议无效：
（一）约定的仲裁事项超出法律规定的仲裁范围的；

(二)无民事行为能力人或者限制民事行为能力人订立的仲裁协议;
(三)一方采取胁迫手段,迫使对方订立仲裁协议的。

【相关观点】

一、条文概述与解读

本条规定,无民事行为能力人所实施的民事法律行为无效。条文中并无但书,亦未附条件。其意应为,凡无民事行为能力人所实施的民事法律行为均应无条件、无例外地归于无效。故只要能够认定实施民事法律行为的民事主体构成无民事行为能力人,即可认定其民事法律行为无效。概言之,要构成此类无效民事法律行为仅需满足主体要件即可,即行为人构成无民事行为能力人。

——沈德咏主编:《〈中华人民共和国民法总则〉条文理解与适用》,人民法院出版社2017年版。

二、无民事行为能力人实施的民事行为无效

民事法律行为以意思表示为要件。无民事行为能力人,不能预见行为的法律后果,因此不具有意思能力;不能辨认和控制自己的行为,因此不具有表示能力。不具有意思表示能力,则相应行为中即当然不具有意思表示构成要件,在这种情况下,应视为民事法律行为不成立,而不是不生效。由于本法没有将民事法律行为的成立与生效相区别,相应地便把无民事行为能力人实施的民事行为,视为无效。

——唐德华、高圣平主编:《民法通则及配套规定新释新解(上)》,人民法院出版社2003年版。

三、无民事行为能力人或者限制民事行为能力人订立的仲裁协议无效

任何民事主体都有签订仲裁协议的民事权利能力。法人的民事权利能力和民事行为能力是一致的,而公民的民事权利能力与民事行为能力的不是完全一致的。公民从出生时起到死亡时止,就具有民事权利能力,公民的民事行为能力则与此不同,只有当公民智力发育成熟,能够理智地判断自己行为的后果,知道自己的行为会给自己产生有利或不利的法律后果的时候,才算具备了行为能力,才能独立地进行民事活动。仲裁协议的签订是一项重要的民事法律行为,它关系到当事人之间的民事权利和义务之争能不能以仲裁的方式有效地加以解决,从而保障当事人的合法权益,维护社会经济秩序的稳定。因此,仲裁协议作为一种如此重要的民事法律行为,当然要求行为人具有相应的民事行为能力,否则,该仲裁协议是无效的。

——唐德华、孙秀君主编:《仲裁法及配套规定新释新解》,人民法院出版社2002年版。

【相关案例】

1. 代理人超越代理权限签订的合同或以被代理人的名义同自己签订的合同无效

——连云港市海州区粮油总公司经营部诉哈尔滨工业大学等购销合同不能履行案

案例要旨：代理人超越代理权限签订的合同或以被代理人的名义同自己签订的合同无效，被代理人对此不承担民事责任。

案号：（1995）连经终字第 246 号

审理法院：江苏省连云港市中级人民法院

来源：《中国审判案例要览》（1996 年经济审判暨行政审判卷）

2. 无民事行为能力人实施的民事行为无效，其与第三人的婚姻关系解除只能通过诉讼程序

——周某杰不服许昌县人民政府、许昌县民政局婚姻登记案

案例要旨：经民事特别程序宣告为无民事行为能力人与第三人婚姻关系的解除只能通过诉讼程序，不适用协议离婚程序。民政局所实施的行政行为虽然程序合法，但无民事行为能力人与第三人所实施的是无效的民事行为，具有依法可撤销性。

审理法院：河南省许昌市中级人民法院

来源：法信网

第一百四十五条　限制民事行为能力人实施的法律行为的效力

限制民事行为能力人实施的纯获利益的民事法律行为或者与其年龄、智力、精神健康状况相适应的民事法律行为有效；实施的其他民事法律行为经法定代理人同意或者追认后有效。

相对人可以催告法定代理人自收到通知之日起一个月内予以追认。法定代理人未作表示的，视为拒绝追认。民事法律行为被追认前，善意相对人有撤销的权利。撤销应当以通知的方式作出。

【新旧法条对比】

《中华人民共和国民法通则》

第五十八条　下列民事行为无效：
（一）无民事行为能力人实施的；
（二）限制民事行为能力人依法不能独立实施的；
（三）一方以欺诈、胁迫的手段或者乘人之危，使对方在违背真实意思的情况下所为的；
（四）恶意串通，损害国家、集体或者第三人利益的；
（五）违反法律或者社会公共利益的；
（六）以合法形式掩盖非法目的的。
无效的民事行为，从行为开始起就没有法律约束力。

【相关规定】

1. 《中华人民共和国合同法》

第四十七条　限制民事行为能力人订立的合同，经法定代理人追认后，该合同有效，但纯获利益的合同或者与其年龄、智力、精神健康状况相适应而订立的合同，不必经法定代理人追认。

相对人可以催告法定代理人在一个月内予以追认。法定代理人未作表示的，视为拒绝追认。合同被追认之前，善意相对人有撤销的权利。撤销应当以通知的方式作出。

2. 《最高人民法院关于贯彻执行〈中华人民共和国民法通则〉若干问题的意见（试行）》

第六条　无民事行为能力人、限制民事行为能力人接受奖励、赠与、报酬，他人不得以行为人无民事行为能力、限制民事行为能力为由，主张以上行为无效。

第六十七条　间歇性精神病人的民事行为，确能证明是在发病期间实施的，应当认定无效。

行为人在神志不清的状态下所实施的民事行为，应当认定无效。

3.《最高人民法院关于审理票据纠纷案件若干问题的规定》

第六十六条　具有下列情形之一的票据，未经背书转让的，票据债务人不承担票据责任；已经背书转让的，票据无效不影响其他真实签章的效力：

（一）出票人签章不真实的；

（二）出票人为无民事行为能力人的；

（三）出票人为限制民事行为能力人的。

4.《中华人民共和国票据法》

第六条　无民事行为能力人或者限制民事行为能力人在票据上签章的，其签章无效，但是不影响其他签章的效力。

5.《中华人民共和国仲裁法》

第十七条　有下列情形之一的，仲裁协议无效：

（一）约定的仲裁事项超出法律规定的仲裁范围的；

（二）无民事行为能力人或者限制民事行为能力人订立的仲裁协议；

（三）一方采取胁迫手段，迫使对方订立仲裁协议的。

【相关观点】

一、条文概述与解读

限制民事行为能力人所实施的民事法律行为可能存在两种效力状态：一是直接归于有效，二是效力待定，即须经法定代理人同意或追认后方为有效。《民法总则》对直接归于有效的民事法律行为又予细分，规定限制民事行为能力人两种类型的民事法律行为可以直接归于有效：一是纯获利益的民事法律行为，二是与其年龄、智力、精神健康状况相适应的民事法律行为；并规定限制民事行为能力人所实施的除此之外的其他民事法律行为皆属效力待定，须经法定代理人同意或追认后有效。

——沈德咏主编：《〈中华人民共和国民法总则〉条文理解与适用》，人民法院出版社2017年版。

二、限制民事行为能力人依法不能独立实施的民事行为无效

限制民事行为能力人，独立实施的超出其行为能力范围的民事行为，其无效原因与无民事行为能力人实施的民事行为相同，《民法通则》第12条第1款和第13条第2款规定，10周岁以上的未成年人和不能完全辨认自己行为的精神病人（包括这类情况的痴呆症人），是限制民事行为能力人，可以进

行与他的年龄、智力、精神健康状况相适应的民事活动,其他民事活动由他的法定代理人代理,或者征得他的法定代理人的同意。根据这些规定,限制行为能力人进行了与他的年龄、智力、精神健康状况不相适应的民事行为,而又没有征得其法定代理人的同意或认可,便属于无效民事行为,不能发生法律效力。《民法通则》第11条第2款规定:"十六周岁以下不满十八周岁的公民,以自己的劳动收入的主要生活来源的,视为完全民事行为能力人。"由于劳动是最基础的社会经济活动,年满16周岁以上不满18周岁、以自己的劳动收入为主要生活来源的未成年人,既然承认他们所进行的与劳动收入有关的民事活动有效,就应当承认他们所进行的其他民事活动有效。

适用本项认定无效民事行为时应满足以下条件:

1. 该行为在性质上属于限制行为能力人依法不能独立实施的行为,亦即与限制行为能力人的年龄、智力以及精神健康状况不相适应的行为。是否相适应并无绝对的标准,司法实践中是从行为与行为人本人生活相关联的程度、本人的智力、精神状态能否理解其行为性质与后果以及行为标的的数额等方面来认定。

2. 该行为是由限制行为能力的公民实施的。这里说明此行为之行为人是限制行为能力的公民这样特定的人,他既不属于无行为能力人,同时法人一般不存在限制行为能力问题,因此也不包括法人。

3. 行为是由限制行为能力人独立实施的。这是指其在未征得其法定代理人的同意的条件下实施的,即事先未征得其许可,事后也未得到追认的。

值得注意的是,我国《合同法》将限制民事行为能力人订立的合同不是规定为无效合同,而是规定为效力待定合同,按照《合同法》第47条第1款的规定,限制民事行为能力人订立的合同,经法定代理人追认后,该合同有效,但纯获利益的合同或者与其年龄、智力、精神健康状况相适应而订立的合同,不必经法定代理人追认。

除纯获利益的合同或者与其年龄、智力、精神健康状况相适应的合同外,限制民事行为能力人未经法定代理人代理或者同意所订立的合同,其效力因行为人不具有相应的民事行为能力而受到影响。确切地说,构成效力未定的合同或者可撤销的合同。从《合同法》第47条规定来看,此种合同并非因为欠缺《民法通则》第55条第(1)项所规定的民事法律行为的有效条件而当然无效,其效力处于未确定的状态。从理论上说,由于限制行为能力人受其行为能力的限制,在订立非纯获利益的合同或者与其年龄、智力、精神健康状况不相适应的合同时,其行为即为须经第三人(法定代理人)同意而生效的法律行为,即依照法律对行为能力的规定,其行为须以第三人同意为生效要件,第三人的同意具有使限制民事行为能力人的行为发生效力的效果,学理上认为该同意为补助的法律行为。第三人的同意只是补助的法律行为,而不是法律行为的成立要件，法定代理人是否同意不影响合同的成立，只影响合同是否生效。

法定代理人的同意可以理解为包括事前允许与事后追认。合同法第47条所规定的法定代理人的追认是指事后同意。在民事法律行为的分类上，追认属于一方行为。所谓一方行为，是指只需有一方当事人的意思表示就能够成立的法律行为，又称为单独行为。一方行为又分为两种：一种是有相对人的一方行为，即一方的意思表示要想发生法律效力，必须向特定的人表示；另一种是严格的一方行为，即只须一方的意思表示就可以发生法律效力，如遗嘱、悬赏广告。追认属于有相对人的一方行为，即追认的表示必须向特定的相对人作出。《合同法》第47条所规定的追认，应当由法定代理人向与限制民事行为能力人签订合同的对方作出，一经作出就产生合同有效的法律效力。限制民事行为能力人订立合同时虽未经代理或者未经同意，但订立合同后经法定代理人追认的，合同有效。

《合同法》第47条第2款规定：相对人可以催告法定代理人在1个月内予以追认。法定代理人未作表示的，视为拒绝追认。合同被经追认之前，善意相对人有撤销的权利。撤销应当以通知的方式作出。该条为相对人规定了催告权，并限定了追认的1个月期间，该期间可视为除斥期间。在此期间内合同处于效力未定的状态，既可能因法定代理人的追认而有效，又可能因不予追认而无效。同时，还对相对人的利益予以平衡，即不但赋予其催告权，而且赋予善意第三人撤销权。

与追认的性质相同，催告也属于有相对人的一方行为，即相对人向法定代理人作出催告的意思表示（通知）后，即产生一个月内予以追认的除斥期间，超过该期间，法定代理人即丧失追认权。

——唐德华、高圣平主编：《民法通则及配套规定新释新解（上）》，人民法院出版社2003年版。

【相关案例】

1. 限制民事行为能力人签订《房屋产权协议》放弃产权的行为与其精神健康状况不相适应的，该行为应属无效

——范世贵诉范春等法定继承案

案例要旨：作为限制民事行为能力人签订《房屋产权协议》，其并不知道自己行为的性质，不能预见其后果，也不知道其放弃继承的房屋系价值较大的财产，故行为人在所签订的《房屋产权协议》中放弃产权的行为与其精神健康状况不相适应，该行为应属无效。

案号：（2011）永民初字第02862号
审理法院：重庆市永川区人民法院

来源:《中国审判案例要览》(2012年民事审判案例卷)

2. 限制民事行为能力人订立的借款合同的效力认定

——徐高生诉限制民事行为能力人葛荣明偿还读初中时写下欠条的欠款案

案例要旨:限制民事行为能力人的行为是否属于依法不能独立实施的行为,可以从行为与本人生活相关联的程度,本人的智力能否理解其行为,并预见相应的行为后果,以及行为标的额等方面认定。

审理法院:江苏省宿迁市中级人民法院

来源:《人民法院案例选》2000年第3辑(总第33辑)

第一百四十六条　以虚假意思表示实施的法律行为的效力及隐藏行为的效力

行为人与相对人以虚假的意思表示实施的民事法律行为无效。

以虚假的意思表示隐藏的民事法律行为的效力，依照有关法律规定处理。

【新旧法条对比】

《中华人民共和国民法通则》

第五十八条　下列民事行为无效：
（一）无民事行为能力人实施的；
（二）限制民事行为能力人依法不能独立实施的；
（三）一方以欺诈、胁迫的手段或者乘人之危，使对方在违背真实意思的情况下所为的；
（四）恶意串通，损害国家、集体或者第三人利益的；
（五）违反法律或者社会公共利益的；
（六）以合法形式掩盖非法目的的。
无效的民事行为，从行为开始起就没有法律约束力。

【相关规定】

《中华人民共和国合同法》

第五十二条　有下列情形之一的，合同无效：
（一）一方以欺诈、胁迫的手段订立合同，损害国家利益；
（二）恶意串通，损害国家、集体或者第三人利益；
（三）以合法形式掩盖非法目的；
（四）损害社会公共利益；
（五）违反法律、行政法规的强制性规定。

【相关观点】

一、条文概述与解读

通谋虚伪行为，即行为人与相对人通谋以虚假的意思表示实施的民事法律行为。该行为意在以假意掩盖真意，例如为躲避债务而虚假让与财产；又如碍于情面的名为买卖实为赠予等等。通谋虚伪行为包含两个行为：一是伪装行为，即行为人和相对人通谋表示虚假意思的行为；二是隐藏行为，即被伪装行为所掩盖的，代表行为人和相对人真实意思的行为。本条第1款规定了伪装行为的法律效力，第2款规定了隐藏行为的法律效力。

——沈德咏主编：《〈中华人民共和国民法总则〉条文理解与适用》，人民法院出版社2017年版。

二、以合法形式掩盖非法目的的行为无效

这是一种伪装的民事行为，或称规避法律的行为，是指当事人通常实施合法的行为而掩盖其非法的目的；或其从事的行为在形式上是合法的，而在内容上是非法的。当事人故意表现出来的形式或故意实施的行为并不是其达到的目的，也不是其真实意志，而只是希望通过这种形式和行为而掩盖和达到非法的目的。如以赠与或低价出售的方式转移财产，以逃避法院的强制执行。以合法形式掩盖非法目的的民事行为有以下几个法律特征：

1. 行为有表面的合法形式。如上述低价出售财产的行为各条款都齐全、明确，表面上不违法。

2. 行为有隐蔽的非法目的。如赠与或低价出售财产的目的并不是为了转移所有权，而是为了逃避债务。

3. 行为的非法目的被合法形式所掩盖。由于行为人采用了合法形式，使人们不易发现行为的非法目的，这就为非法目的的实现提供了有利条件。

这种行为外表的合法形式只是达到行为人非法目的的手段，由于被掩盖的目的将造成对国家、社会或他人的损害，所以这种行为是无效的。

——唐德华、高圣平主编：《民法通则及配套规定新释新解（上）》，人民法院出版社2003年版。

三、以合法形式掩盖非法目的的概念及判断标准

以合法形式掩盖非法目的，也称为藏匿行为，是指当事人通过实施合法的行为来掩盖其真实的非法目的，或者实施的行为在形式上是合法的但是在内容上是非法的行为。

当事人实施以合法形式掩盖非法目的的行为，当事人在行为的外在表现形式上，并不是违反法律的，但是这个形式并不是当事人所要达到的目的，不是当事人的真实意图，而是通过这样的合法形式，来掩盖和达到其真实的非法目的。因此，对于这种藏匿行为，应当区分其外在形式与真实意图，准确认定当事人所实施的民事行为的效力。

判断这种以合法形式掩盖非法目的的行为的基本标准，就是行为的外表是合法的，合法的形式只是为达到非法目的的手段，合法形式掩盖的正是非法的目的。如果当事人订立民事行为的形式并不是所追求的真实目的，但是追求的真实目的并不违法，这样的民事行为不是无效民事行为，而是有效民事行为。

隐匿行为是否要求具备损害国家、集体或个人的利益的要件，通说认为不必如此，原因是隐匿行为强调的不是其损害后果，而是行为的本身。但是，隐匿行为往往是损害国家、集体或者第三人的利益的，这其实是违法行为的必然后果，只是不论而已。

——杨立新：《杨立新民法讲义（民法总则）》，人民法院出版社 2009 年版。

四、行为人、相对人能否以隐藏行为的效力对抗善意第三人

这一问题实质上与伪装行为的效力是否可以对抗善意第三人，是同一问题的不同侧面。隐藏行为因为伪装行为所掩盖，行为人和相对人的真实合意并未表示于外，故其效力只应及于该行为的当事人之间。行为人和相对人亦不能以隐藏行为的有效去对抗善意第三人，否则亦不利于信赖利益的保护和交易安全的维护。这与行为人和相对人不能以伪装行为的无效去对抗善意第三人，无论是在初衷上还是效果上都是相通的。例如甲有一台机器，其与乙通谋而实施名为买卖实为出租之行为，后乙将该机器卖给不知此中实情的丙，甲不得以作为隐藏行为的出租行为有效而向丙主张其仍系机器的所有人。

——沈德咏主编：《〈中华人民共和国民法总则〉条文理解与适用》，人民法院出版社 2017 年版。

【相关案例】

1. 合同当事人无买卖房屋的真实意思表示相互串通签订虚假合同的，该合同无效

——王学英诉吴世宇、张健所有权确认纠纷案

案例要旨：意思表示真实是民事法律行为应当具备的基本条件之一。双方当事人没有买卖标的物的真实意思，而为实现其他目的，在没有恶意、没有非法目的的情况下，相互串通签订虚假买卖合同的，应当认定合同无效。

审理法院：天津市河北区人民法院

来源：《天津市高级人民法院公报》2010 年第 2 辑（总第 3 辑）

2. 受赠人以合法形式掩盖非法目的而使赠与人做出违背其真实意愿的赠与行为，即使赠与合同已经实际履行的，也应认定无效并返还赠与财产

——王某诉李某确认赠与合同无效纠纷案

案例要旨：行为人以非法获取他人房产为目的，通过与受害人登记结婚的形式骗取受害人签订房产赠与合同，该行为违反了社会公德和善良风俗，属于以合法形式掩盖非法目的的行为。为了充分

保障受害者的财产权益，维护市场交易秩序，即便该赠与合同已经履行完毕，亦应认定为无效，受赠人应当返还赠与财产。

案号：（2010）新民初字第 01032 号

审理法院：江苏省无锡市高新技术开发区人民法院

来源：《人民法院案例选》2012 年第 1 辑（总第 79 辑）

3. 合同约定双方共同投资，但同时还约定了保底条款的，应认定该协议名为联营实为借贷

——武汉物业集团股份有限公司与南方证券有限公司武汉分公司等债务纠纷案

案例要旨：合同虽然约定双方共同投资，但同时还约定了保底条款，违背了联营活动中应当遵循的共负盈亏、共担风险的原则，应认定该协议名为联营实为借贷。

案号：（2001）民一终字第 1 号

审理法院：最高人民法院

来源：法信网

4. 以买卖之名行借贷之实按借贷处理

——厦门夏商贸易有限公司诉常熟科弘材料科技有限公司等企业借贷纠纷案

案例要旨：当事人采用签订循环代理采购协议，以高买低卖的方式实现借款目的，是假买卖、真借贷，应按借贷关系定性。

案号：（2011）厦民初字第 71 号

审理法院：福建省厦门市中级人民法院

来源：陈国猛主编：《民间借贷：司法实践及法理重述》，人民法院出版社 2015 年版。

第一百四十七条　基于重大误解实施的法律行为的效力

基于重大误解实施的民事法律行为，行为人有权请求人民法院或者仲裁机构予以撤销。

【新旧法条对比】

《中华人民共和国民法通则》

第五十九条　下列民事行为，一方有权请求人民法院或者仲裁机关予以变更或者撤销：
（一）行为人对行为内容有重大误解的；
（二）显失公平的。
被撤销的民事行为从行为开始起无效。

【相关规定】

1.《中华人民共和国合同法》

第五十四条　下列合同，当事人一方有权请求人民法院或者仲裁机构变更或者撤销：
（一）因重大误解订立的；
（二）在订立合同时显失公平的。
一方以欺诈、胁迫的手段或者乘人之危，使对方在违背真实意思的情况下订立的合同，受损害方有权请求人民法院或者仲裁机构变更或者撤销。
当事人请求变更的，人民法院或者仲裁机构不得撤销。

2.《最高人民法院关于贯彻执行〈中华人民共和国民法通则〉若干问题的意见（试行）》

第七十一条　行为人因为对行为的性质、对方当事人、标的物的品种、质量、规格和数量等的错误认识，使行为的后果与自己的意思相悖，并造成较大损失的，可以认定为重大误解。

第七十三条　对于重大误解或者显失公平的民事行为，当事人请求变更的，人民法院应当予以变更；当事人请求撤销的，人民法院可以酌情予以变更或者撤销。
可变更或者可撤销的民事行为，自行为成立时起超过一年当事人才请求变更或者撤销的，人民法院不予保护。

3.《最高人民法院关于审理涉及人民调解协议的民事案件的若干规定》

第六条 下列调解协议，当事人一方有权请求人民法院变更或者撤销：

（一）因重大误解订立的；

（二）在订立调解协议时显失公平的；

一方以欺诈、胁迫的手段或者乘人之危，使对方在违背真实意思的情况下订立的调解协议，受损害方有权请求人民法院变更或者撤销。

当事人请求变更的，人民法院不得撤销。

4.《最高人民法院关于审理劳动争议案件适用法律若干问题的解释（三）》

第十条 劳动者与用人单位就解除或者终止劳动合同办理相关手续、支付工资报酬、加班费、经济补偿或者赔偿金等达成的协议，不违反法律、行政法规的强制性规定，且不存在欺诈、胁迫或者乘人之危情形的，应当认定有效。

前款协议存在重大误解或者显失公平情形，当事人请求撤销的，人民法院应予支持。

【相关观点】

一、条文概述与解读

意思自治是民法的核心原则。一方面，自己对自己的行为负责本系意思自治题中之义，故如表意人的错误是由其自身原因造成，理应由其自行承担错误所带来的后果。但另一方面，意思自治以真实意思的表达为实现法律效力的前提，如强令并非出于真意的表达产生法律约束力，则不仅有违意思自治的本来精神，且亦有苛求民事主体拥有永不犯错的极致理性之嫌。因而民法为因自己原因造成但并非出于故意的意思与表达不一致提供了救济的机会。但与此同时，为了维护市场交易秩序，保护善意相对人，避免善意相对人因他人过失承担过于繁重的纠错成本，又对上述救济加以限制。故"基于重大误解实施的民事法律行为，行为人有权请求人民法院或者仲裁机构予以撤销"，但亦只有"误解"这"重大"之程度者，方可申请撤销。

——沈德咏主编：《〈中华人民共和国民法总则〉条文理解与适用》，人民法院出版社2017年版。

二、重大误解的概念

根据《民法通则》第59条的规定，行为人对行为内容有重大误解的，可以变更或撤销民事行为。所谓重大误解，是指一方因自己的过错而对合同的内容等发生误解，而从事了民事行为。误解直接影响到当事人所应享受的权利和承担的义务。误解既可以是单方面的误解（如出卖人误将某一标的物当作另一物），也可以是双方的误解（如买卖双方误将本为复制品的油画当成真品买卖）。

——唐德华、高圣平主编：《民法通则及配套规定新释新解（上）》，人民法院出版社2003年版。

三、重大误解的构成

重大误解必须符合一定的条件才能构成并产生使民事行为变更或撤销的法律后果。重大误解由以下要件构成：

1. 必须是表意人因为误解作出了意思表示。

首先，表意人要将其意思表示表达出来，否则无从评价其是否存在着误解问题。其次，表意人作出的意思表示必须是因为误解所造成的，即表意人的错误认识与其作出的意思表示之间具有因果关系。

2. 必须对民事行为的内容等发生了重大误解。

在法律上，一般的误解并不都能使民事行为撤销。我国司法实践认为，必须是对民事行为的主要内容发生误解才构成重大误解。因为在对民事行为的主要内容发生误解的情况下才可能影响当事人的权利和义务并可能使误解的一方的民事行为目的不能达到。若仅仅是民事行为的非主要内容发生误解且不影响当事人的权利义务，就不应作为重大误解。根据《最高人民法院关于贯彻执行〈中华人民共和国民法通则〉若干问题的意见（试行）》第71条规定：行为人因为行为的性质，对方当事人，标的物的品种、质量、规格和数量等的错误认识，使行为的后果与自己的意思相悖，并造成较大损失的，可以认定为重大误解。一般来说，重大误解包括如下几种情况：

第一，对行为的性质发生误解。在行为性质发生误解的情况下，当事人的权利义务将发生重大变化。例如，误将买卖作为赠与或将赠与作为买卖，则当事人将承担完全不同的权利和义务，而且发生此误解也完全违背了当事人在订约时所追求的目的，因此应作为重大误解。

第二，对对方当事人发生误解，对对方当事人的选择自由是合同自由的重要内容。在许多情况下，对对方当事人的选择发生错误不会对合同的权利义务内容发生重大影响，只要对方同意订立合同，自愿承担合同的权利义务，就应当依约履行。但在特殊情况下，对对方当事人的错误也可构成重大误解。主要是在一些基于当事人的信任关系和注重相对人的特定身份的合同中，当事人的身份对合同的订立与履行具有重要意义。例如在承揽、委托、演出、约稿等合同中都十分注重相对人的技能、信用、资历、身份等情况。如果对对方发生误解，则应构成重大误解。

第三，对标的物质量的误解。关于标的物质量的误解，许多国家的立法都有限制性规定。例如《德国民法典》第119条规定：在质量发生误解的情况下，只有在"交易上认为重要者"才构成重大误解。我们认为如果标的物的质量直接关涉到当事人订约目的或重大的利益，则对质量发生误解可以构成重大误解。例如误将赝品当作真迹出售或购买，误将钻石当作普通石头出售，则可以认为构成重大误解。但是对质量本身没有发生误解，而只是对标的物的非主要功能或效用产生了误解的，不应该当作重大误解处理。

第四，对标的物品种的误解。如误将粒粒橙汁当作蛋蜜汁购买，误将茅台酒当作二锅头购买，这实际上是对当事人权利义务的指向对象即标的本身发生了误解，应属于重大误解。在实践中对标的物规格的误解，如误将千吨水压机当作万吨水压机也应属于对标的物品种的误解。

第五，对价金和费用的误解。例如误将仅值1000元的标的物当作10 000元的商品。在实践中当事人在订约时对价金没有发生误解，但在履约时一方因为过失而向另一方多交付价款和酬金，此种情况因并非是对合同本身发生误解，因此不应按重大误解撤销合同，而应当按给付的不当得利处理。

除对上述情况发生误解以外，对标的物的数量、包装、履行方式、履行地点、履行期限等内容的误解，如果并未影响当事人的权利义务或影响订约目的的实现，则一般不应作为重大误解。在实践中，具体确定重大误解，要分别当事人所误解的不同情况，考虑当事人的状况、活动性质、交易习惯等各方面的因素来确定。比如对履行地点的误解，在绝大多数情况下不能称为重大误解。但是由于对履行地的误解使一方支付的费用过大，此时，履行地点误解应视为重大误解。

3. 误解是由误解方自己的过错造成的，而不是因为受到他人的欺骗或不正当影响造成的。在通常情况下，都是由表意人的过失行为造成的，即由其不注意、不谨慎造成的。如果表意人具有故意或重大过失，例如表意人对于对方提交的合同草案根本不看就签字盖章，则行为人无权请求撤销。法律不允许当事人在自己具有故意或者重大过失的情况下，借口其实施的行为对自己不利，而随时提出撤销。

误解完全是由误解一方自己的行为所造成的，在这一点上，它与误传是不同的。在误传的情况下，表意人所作出的意思表示是真实的，只是由于传达人或传达机关的错误造成了误传。而误解完全是由自己的原因造成的。如果是因他人故意捏造虚假事实使一方陷入错误，则属于欺诈而不是重大误解。

4. 误解是误解的一方的非故意的行为。如果表意人在订约时故意保留其真实的意志，或者明知自己已对合同发生误解而仍然与对方订立合同，均表明表意人希望追求其意思表示所产生的效果。在此情况下并不存在意思表示不真实的问题，因此不能按重大误解处理。

——唐德华、高圣平主编：《民法通则及配套规定新释新解（上）》，人民法院出版社2003年版。

四、重大误解的构成要件

重大误解的构成要件是：（1）须是当事人因为误解作出了意思表示。意思表示是外在的表现，支配这种意思表示的是误解。（2）重大误解的对象应当是民事行为的内容。对重大误解的要求是"重大"，非重大的、一般的误解不能认为是重大误解。重大误解的对象主要是民事行为的主要条款，对非主要条款发生误解的，只有关系到当事人的重大利益，才认为是重大误解。（3）误解是由当事人自己的过错造成的。重大误解是一种认识错误。这种认识错误由于当事人自己的过失造成的，而不是对方当事人的过失造成的。

——杨立新：《杨立新民法讲义（民法总则）》，人民法院出版社2009年版。

【相关案例】

造成当事人重大误解致协议未能履行的，该协议应予撤销
——蒋守林诉义乌市粮食局运输公司承包合同案

案例要旨：根据法律规定或按合同性质必须具备的条款以及当事人一方要求必须规定的条款，是合同的主要条款。缺失合同主要条款造成当事人重大误解致协议未能履行的，该协议应予撤销。

案号：（1995）金中法经终字第60号

审理法院：浙江省金华市中级人民法院

来源：《中国审判案例要览》（1996年民事审判卷）

第一百四十八条　欺诈情形下，表意人实施的法律行为的效力

一方以欺诈手段，使对方在违背真实意思的情况下实施的民事法律行为，受欺诈方有权请求人民法院或者仲裁机构予以撤销。

【新旧法条对比】

《中华人民共和国民法通则》

第五十八条　下列民事行为无效：

（一）无民事行为能力人实施的；

（二）限制民事行为能力人依法不能独立实施的；

（三）一方以欺诈、胁迫的手段或者乘人之危，使对方在违背真实意思的情况下所为的；

（四）恶意串通，损害国家、集体或者第三人利益的；

（五）违反法律或者社会公共利益的；

（六）以合法形式掩盖非法目的的。

无效的民事行为，从行为开始起就没有法律约束力。

【相关规定】

1.《中华人民共和国合同法》

第五十四条　下列合同，当事人一方有权请求人民法院或者仲裁机构变更或者撤销：

（一）因重大误解订立的；

（二）在订立合同时显失公平的。

一方以欺诈、胁迫的手段或者乘人之危，使对方在违背真实意思的情况下订立的合同，受损害方有权请求人民法院或者仲裁机构变更或者撤销。

当事人请求变更的，人民法院或者仲裁机构不得撤销。

2.《最高人民法院关于贯彻执行〈中华人民共和国民法通则〉若干问题的意见（试行）》

第六十八条　一方当事人故意告知对方虚假情况，或者故意隐瞒真实情况，诱使对方当事人作出错误意思表示的，可以认定为欺诈行为。

3.《最高人民法院关于适用〈中华人民共和国物权法〉若干问题的解释（一）》

第二十一条　具有下列情形之一，受让人主张根据物权法第一百零六条

规定取得所有权的，不予支持：

（一）转让合同因违反合同法第五十二条规定被认定无效；

（二）转让合同因受让人存在欺诈、胁迫或者乘人之危等法定事由被撤销。

4.《最高人民法院关于审理涉及人民调解协议的民事案件的若干规定》

第六条　下列调解协议，当事人一方有权请求人民法院变更或者撤销：

（一）因重大误解订立的；

（二）在订立调解协议时显失公平的；

一方以欺诈、胁迫的手段或者乘人之危，使对方在违背真实意思的情况下订立的调解协议，受损害方有权请求人民法院变更或者撤销。

当事人请求变更的，人民法院不得撤销。

5.《最高人民法院关于审理信用证纠纷案件若干问题的规定》

第八条　凡有下列情形之一的，应当认定存在信用证欺诈：

（一）受益人伪造单据或者提交记载内容虚假的单据；

（二）受益人恶意不交付货物或者交付的货物无价值；

（三）受益人和开证申请人或者其他第三方串通提交假单据，而没有真实的基础交易；

（四）其他进行信用证欺诈的情形。

6.《最高人民法院关于审理独立保函纠纷案件若干问题的规定》

第十二条　具有下列情形之一的，人民法院应当认定构成独立保函欺诈：

（一）受益人与保函申请人或其他人串通，虚构基础交易的；

（二）受益人提交的第三方单据系伪造或内容虚假的；

（三）法院判决或仲裁裁决认定基础交易债务人没有付款或赔偿责任的；

（四）受益人确认基础交易债务已得到完全履行或者确认独立保函载明的付款到期事件并未发生的；

（五）受益人明知其没有付款请求权仍滥用该权利的其他情形。

7.《最高人民法院关于审理技术合同纠纷案件适用法律若干问题的解释》

第九条　当事人一方采取欺诈手段，就其现有技术成果作为研究开发标的与他人订立委托开发合同收取研究开发费用，或者就同一研究开发课题先后与两个或者两个以上的委托人分别订立委托开发合同重复收取研究开发费用的，受损害方依照合同法第五十四条第二款规定请求变更或者撤销合同的，人民法院应当予以支持。

【相关观点】

一、条文概述与解读

要构成本条所规定的可得撤销的受欺诈行为，须具备以下要件：一是欺诈方须有欺诈行为；二是欺诈方须有欺诈故意；三是被欺诈方须因欺诈行为而陷于错误认知，并基于错误认知作出意思表示；四是被欺诈方的意思表示违背其真实意思。

二、撤销权的行使

本条规定，受欺诈方有权请求人民法院或仲裁机构撤销该民事法律行为。可见，民法总则一方面赋予受欺诈方以撤销权，但另一方面也严格限制了撤销权的行使方式，要求其须以诉讼或仲裁的方式行权，以避免撤销权的滥用。

——沈德咏主编：《〈中华人民共和国民法总则〉条文理解与适用》，人民法院出版社2017年版。

【相关案例】

1. 保险人故意隐瞒被保险人可以获得保险赔偿的重要事实，与对方达成销案协议，构成保险合同欺诈，被保险人有权请求予以撤销

——刘向前诉安邦财产保险公司保险合同纠纷案

案例要旨：保险事故发生后，保险公司作为专业理赔机构，基于专业经验及对保险合同的理解，其明知或应知保险事故属于赔偿范围，而在无法律和合同依据的情况下，故意隐瞒被保险人可以获得保险赔偿的重要事实，对被保险人进行诱导，在此基础上双方达成销案协议的，应认定被保险人作出了不真实的意思表示，保险公司的行为违背诚信原则构成保险合同欺诈。被保险人请求撤销该销案协议的，人民法院应予支持。

审理法院：江苏省宿迁市中级人民法院

来源：《最高人民法院公报》2013年第8期（总第202期）

2. 合同当事人分别持有的合同内容不一致，不能直接认定某一方存在故意欺诈的情形

——中国农业银行长沙市先锋支行诉长沙金霞开发建设有限公司等借款合同纠纷案

案例要旨：构成欺诈需要同时具备以下要件：具有欺诈的故意；实施了欺诈行为；使被欺诈方产生错误认识；被欺诈人基于错

误认识作出的意思表示与内心效果意思不一致。合同当事人分别持有的合同文本内容有出入的原因复杂多样，不能据此简单地认定合同某一方当事人存在故意欺诈的情形。合同一方当事人如果据此主张对方当事人恶意欺诈，还应当提供其他证据予以证明。

审理法院：最高人民法院
来源：法信网

第一百四十九条 第三人欺诈，表意人实施的法律行为的效力

第三人实施欺诈行为，使一方在违背真实意思的情况下实施的民事法律行为，对方知道或者应当知道该欺诈行为的，受欺诈方有权请求人民法院或者仲裁机构予以撤销。

【新旧法条对比】

《中华人民共和国民法通则》

第五十八条 下列民事行为无效：
（一）无民事行为能力人实施的；
（二）限制民事行为能力人依法不能独立实施的；
（三）一方以欺诈、胁迫的手段或者乘人之危，使对方在违背真实意思的情况下所为的；
（四）恶意串通，损害国家、集体或者第三人利益的；
（五）违反法律或者社会公共利益的；
（六）以合法形式掩盖非法目的的。
无效的民事行为，从行为开始起就没有法律约束力。

【相关规定】

1.《中华人民共和国合同法》

第五十四条 下列合同，当事人一方有权请求人民法院或者仲裁机构变更或者撤销：
（一）因重大误解订立的；
（二）在订立合同时显失公平的。
一方以欺诈、胁迫的手段或者乘人之危，使对方在违背真实意思的情况下订立的合同，受损害方有权请求人民法院或者仲裁机构变更或者撤销。
当事人请求变更的，人民法院或者仲裁机构不得撤销。

2.《最高人民法院关于贯彻执行〈中华人民共和国民法通则〉若干问题的意见（试行）》

第六十八条 一方当事人故意告知对方虚假情况，或者故意隐瞒真实情况，诱使对方当事人作出错误意思表示的，可以认定为欺诈行为。

3.《最高人民法院关于适用〈中华人民共和国担保法〉若干问题的解释》

第四十条 主合同债务人采取欺诈、胁迫等手段，使保证人在违背真实

意思的情况下提供保证的,债权人知道或者应当知道欺诈、胁迫事实的,按照担保法第三十条的规定处理。

【相关观点】

一、条文概述与解读

要构成本条所规定的可得撤销的受欺诈行为,须具备以下要件:一是第三人须有欺诈行为;二是第三人须有欺诈故意;三是行为人须因欺诈行为而陷于错误认知,并基于错误认知作出意思表示;四是行为人的意思表示违背其真实意思;五是相对人知道或者应当知道第三人的欺诈行为。

——沈德咏主编:《〈中华人民共和国民法总则〉条文理解与适用》,人民法院出版社2017年版。

二、第三人欺诈可以构成合同欺诈的民事行为

第三人的欺诈行为是指,独立于合同当事人之外的第三人所实施的欺诈行为。关于因为第三人的欺诈行为订立的合同,被欺诈方是否可以请求撤销,我国合同法未作明确规定。

在特殊情况下,第三人实施的欺诈行为可能成为合同无效或可撤销的原因,即合同当事人为第三人实施的欺诈行为承担责任。究竟在何种情况下第三人的欺诈行为成为合同无效或可撤销的原因呢?有学者认为,由于现实生活中交易一方常常使用第三人对交易对方进行欺诈,而且使用第三人欺诈较之本人欺诈更能使交易对手受骗上当,因此,第三人对民事行为一方当事人进行欺诈,只要相对人知道或者应当知道第三人的欺诈,即视同相对人本人的欺诈,就构成欺诈的民事行为。① 该观点认为,相对人是否知道第三人的欺诈,是判断第三人欺诈是否构成欺诈的民事行为的标准。我国相关法律亦体现了这一原则,如《担保法解释》第40条规定,在主合同债务人采取欺诈、胁迫手段,使保证人在违背真实意思的情况下提供保证的,债权人知道或者应当知道欺诈胁迫事实的,保证人不再承担保证责任。综上,本文认为,第三人实施的欺诈行为属于欺诈的民事行为构成要件中的客观行为,如果该行为同时符合欺诈的其他构成要件,该行为可导致民事行为无效或者可撤销。

---

① 魏振瀛:《民法》,北京大学出版社2000年版,第164页。

【相关案例】

1. 借款的实际用途与借条约定不一违背了保证人的真实意思表示而债权人对此应为明知的，保证人不承担保证责任

——李战坤诉陈佳等民间借贷因资金循环回转及欺诈保证人杜丙坤、孙常法不承担保证责任案

案例要旨：《最高人民法院关于适用〈中华人民共和国担保法〉若干问题的解释》第40条规定："主合同债务人采取欺诈、胁迫等手段，使保证人在违背真实意思的情况下提供保证的，债权人知道或者应当知道欺诈、胁迫事实的，按照《担保法》第30条的规定处理"，保证人在此情况下不承担保证责任。本案中，借款的实际用途与借条约定不一，违背了保证人的真实意思表示，而债权人对此应为明知，因此，保证人不承担保证责任。基于本案中资金循环流转回到源头的现象，在民法上应当由资金的出借人和收款人共同证实借贷行为的真实、合法及正当性；在刑法上"借款合同"当事人或有诈骗保证人钱财之嫌疑，民法上对保证责任的判决否认，不影响刑法上对罪嫌的侦查和追究；如果在民事审判中能够认定属于犯罪的，应当移交公安机关侦查处理。

案号：（2012）苏民终字第0029号

审理法院：江苏省高级人民法院

来源：《江苏省高级人民法院公报》2013年第2辑（总第26辑）

2. 主合同债务人采取欺骗手段使担保人在违背真实意思的情况下提供担保的，担保人仍应承担担保责任

——陈某某诉尹某某、王某某保证合同纠纷案

案例要旨：主合同债权人采取欺诈、胁迫等手段使担保人在违背真实意思的情况下提供担保的，担保人仍应承担担保责任。

来源：河南法院网

第一百五十条 当事人或第三人胁迫，表意人实施的法律行为的效力

一方或者第三人以胁迫手段，使对方在违背真实意思的情况下实施的民事法律行为，受胁迫方有权请求人民法院或者仲裁机构予以撤销。

【新旧法条对比】

《中华人民共和国民法通则》

第五十八条　下列民事行为无效：
（一）无民事行为能力人实施的；
（二）限制民事行为能力人依法不能独立实施的；
（三）一方以欺诈、胁迫的手段或者乘人之危，使对方在违背真实意思的情况下所为的；
（四）恶意串通，损害国家、集体或者第三人利益的；
（五）违反法律或者社会公共利益的；
（六）以合法形式掩盖非法目的的。
无效的民事行为，从行为开始起就没有法律约束力。

【相关规定】

1.《中华人民共和国合同法》

第五十四条　下列合同，当事人一方有权请求人民法院或者仲裁机构变更或者撤销：
（一）因重大误解订立的；
（二）在订立合同时显失公平的。
一方以欺诈、胁迫的手段或者乘人之危，使对方在违背真实意思的情况下订立的合同，受损害方有权请求人民法院或者仲裁机构变更或者撤销。
当事人请求变更的，人民法院或者仲裁机构不得撤销。

2.《最高人民法院关于贯彻执行〈中华人民共和国民法通则〉若干问题的意见（试行）》

第六十九条　以给公民及其亲友的生命健康、荣誉、名誉、财产等造成损害或者以给法人的荣誉、名誉、财产等造成损害为要挟，迫使对方作出违背真实的意思表示的，可以认定为胁迫行为。

3.《中华人民共和国婚姻法》

第十一条　因胁迫结婚的，受胁迫的一方可以向婚姻登记机关或人民法

院请求撤销该婚姻。受胁迫的一方撤销婚姻的请求,应当自结婚登记之日起一年内提出。被非法限制人身自由的当事人请求撤销婚姻的,应当自恢复人身自由之日起一年内提出。

4.《最高人民法院关于适用〈中华人民共和国婚姻法〉若干问题的解释(一)》

第十条 婚姻法第十一条所称的"胁迫",是指行为人以给另一方当事人或者其近亲属的生命、身体健康、名誉、财产等方面造成损害为要挟,迫使另一方当事人违背真实意愿结婚的情况。

因受胁迫而请求撤销婚姻的,只能是受胁迫一方的婚姻关系当事人本人。

5.《最高人民法院关于审理涉及人民调解协议的民事案件的若干规定》

第六条 下列调解协议,当事人一方有权请求人民法院变更或者撤销:
(一)因重大误解订立的;
(二)在订立调解协议时显失公平的;

一方以欺诈、胁迫的手段或者乘人之危,使对方在违背真实意思的情况下订立的调解协议,受损害方有权请求人民法院变更或者撤销。

当事人请求变更的,人民法院不得撤销。

【相关观点】

一、条文概述与解读

要构成本条所规定的可得撤销的受胁迫行为,须具备以下要件:一是须有胁迫行为;二是须有胁迫故意;三是胁迫须为非法;四是须被胁迫人因胁迫而陷于恐惧,并因恐惧而为意思表示;五是被胁迫人所作意思表示违背其真实意思。

——沈德咏主编:《〈中华人民共和国民法总则〉条文理解与适用》,人民法院出版社2017年版。

二、商事交易中"胁迫订立合同"的认定

所谓胁迫,是指不法地向相对人表示施加压力,使之恐惧,并且基于此种恐惧而为一定意思表示的行为。一般情况下,商事交易的主体被认为在相关领域具有平等的专业知识和谈判地位,因此推定双方缔结的合同即真实意思表示,不存在受欺诈、重大误解、显失公平等瑕疵,但这并不排除商事交易中的意思表示不自由的存在。

《合同法》第54条规定:胁迫订立的合同可请求法院或仲裁机构变更、撤销。《最高人民法院关于贯彻执行〈中华人民共和国民法通则〉若干问题的意见》(试行)(以下简称《意见》)第69条规定:"以给公民及其亲

友的生命健康、荣誉、名誉、财产等造成损害，或者以给法人的荣誉、名誉、财产等造成损害为要挟，迫使对方作出违背真实的意思表示的，可以认定为胁迫行为。"根据该条规定，胁迫主要是对公民及其亲属或法人之人格权、财产权等绝对权的现实威胁，类似《侵权责任法》第2条所保护的"法益"，而对于合同债权或期待利益的侵害威胁是否包括在内，上述定义并未明确。例如本案中，途易旅游公司所要挟的是不履行双方之间的主要合同义务，谷歌旅行社所面临的急迫威胁也不是财产权受侵害，而是合同债权无法实现以及对于第三人的违约责任，该类威胁严格意义上并非以侵权行为作为手段的胁迫，而仅仅是一种将会发生的经济损害，这在英美法系称之为"经济胁迫"。国内有观点认为，从鼓励交易的立场出发，交易中的经济强制一般不宜认定为胁迫。但笔者认为，一方面，在交易速度不断加快、商家信誉日益重要的今天，经济胁迫所产生的意志上的强制力绝不亚于对于财产权的侵害威胁；另一方面，《意见》中的定义"以给法人的……财产造成损害为要挟"并不必然限定在物权、知识产权等绝对权范畴，"财产"一词的扩大解释完全可以涵盖债权等经济利益。因此，经济胁迫也应当视为胁迫之一种。

上述胁迫手段从性质上分析，一为侵权，一为违约，均具有违法性，大陆法系通常也要求胁迫必须具有"违法性"。但实践中还存在一种合法手段的胁迫，如一方以起诉追究对方以往的违约责任相要挟，或者以告发对方公司存在的偷税、漏税行为相要挟。起诉与检举等均属于公民的合法权利，行使上述权利本身并不违法，但若以上述权利为要挟来强迫对方订立合同，则无异于以上述权利的"不行使"来谋取不当利益，且使另一方产生心理上的恐惧并作出意思表示。但该种"胁迫"却难以认定为《意见》第69条规定的"给公民……法人……名誉、财产等造成损害"。德国等大陆法系国家将"不法胁迫"区分为：手段违法、目的违法、手段与目的相结合的违法。以揭发犯罪要挟对方清偿到期债务，即属于手段、目的分别都合法，但两者相结合却不合法。然而值得注意的是，无论是德国民法典还是中国台湾民法，其所定义的"胁迫"都是在民法总则部分，即针对的是意思表示的不自由而言；而我国合同法规定的胁迫则是针对合同订立这样一个具体的"合同行为"而言，不涉及单方意思表示（撤销权的行使）、处分行为（债务的免除）等其他类型意思表示。更为准确地说，《合同法》第52条规定的胁迫是针对受胁迫人的"承诺"，胁迫的目的固定为"使对方做出承诺、订立合同的意思表示"。因此，我国《合同法》上的胁迫原则上不涉及目的违法的情形，但会涉及胁迫手段与订立合同之目的相结合构成违法的情形。至于何种结合可以构成违法、可以认定为胁迫，目前尚无明确标准。王泽鉴先生认为，倘使手段与目的"失其平衡者"，即具有不法性。笔者认为，不妨以胁迫人是否有权处分其所恃的法益来判断是否存在违法性。例如，以起诉对方对自己的侵权或违约行为来要挟对方订立合同，则不应认定为违法，因为胁迫一方有权处分自己的侵权损害赔偿请求权或违约金请求权，并决定是否行使、何时行使或是否抛弃，以此作为条件来要挟对方订立合同实际上等同于以迟延或放弃行使上述权利为条件来订立合同；若以揭发犯罪为要挟则具有违法性，因为惩罚犯罪为国家检察权的职权范畴，即使是作为犯罪行为的受害人也不得自行处分（自诉案件除外），所以以此要挟对方订立合同仍然构成胁迫。

综上，商事交易中以经济胁迫订立合同的不乏其例，对此类合同应当认定为可变更、可撤销。但对于以起诉、举报等为要挟订立合同的，则应根据胁迫人是否有权处分其所要挟的权利来确定合同之效力。

——翟寅生、颜倩：《商事交易中"胁迫订立合同"的认定》，载《人民法院报》2013年6月20日，第7版。

三、撤销权的行使主体是受胁迫的一方

可撤销婚姻不能自动失效，只有受胁迫的一方（撤销权人）向婚姻登记机关或者人民法院主张，才会导致可撤销婚姻自始无效。

撤销权人是可以行使撤销可撤销婚姻的权利的人。根据《婚姻法》第11条之规定，撤销权人是"受胁迫的一方"。《婚姻法解释（一）》第10条第二款之规定，因受胁迫而请求撤销婚姻的，只能是受胁迫一方的婚姻关系当事人本人。这是由于尽管受胁迫者包括婚姻当事人本人和近亲属，但因胁迫结婚的，主要违背的是受胁迫的婚姻关系当事人的意愿，损害的是婚姻关系当事人的个人利益，与无效婚姻在程度和范围上对其亲友和社会各方面的影响也不尽相同。因此，因受胁迫请求撤销婚姻的，只能由受胁迫一方的婚姻当事人提出，其近亲属及其他组织和个人均没有权利提出。

因胁迫而结婚，受胁迫的一方在缔结婚姻关系时，不能真实地表达自己的意愿，婚姻关系有可能是违背受胁迫方意志的。为了贯彻婚姻自由原则，保护当事人的合法权益，让受胁迫方能充分地表达自己的婚姻意志，按婚姻法第十一条规定，尽管胁迫的婚姻已经成立，但是受胁迫方仍可以在胁迫的婚姻成立后向婚姻登记机关或者人民法院提出撤销其婚姻效力的申请。由于胁迫婚姻的另一方当事人在缔结婚姻关系时，并没有违背自己的真实的婚姻意思，也就是说，他（她）在结婚时已经明确知道自己将与被胁迫方结婚，且愿意与其结婚，因此胁迫婚姻的这方当事人在婚姻关系成立后，没有提出撤销婚姻效力的请求权。

——何志：《婚姻案件审理要点精释》，人民法院出版社2013年版。

【相关案例】

1. 当事人被胁迫作出的民事法律行为属于可撤销的民事法律行为

——胡琨诉成亚军等保证合同纠纷案

案例要旨：在婚礼现场采取非正常手段向婚礼主办方索要债务的行为，属于违反公序良俗强迫他人作出违背真实的意思表示的胁迫行为。为了婚礼顺利进行而当场作出的民事法律行为属于可撤销的民事法律行为。

案号：（2015）三民终字第412号

审理法院：河南省三门峡市中级人民法院

来源：《人民法院报》2015年7月16日，第6版

2. 受胁迫出具的借据行为可以申请撤销

——刘君诉王明借款合同纠纷案

案例要旨：以欺诈、胁迫手段订立合同，损害国家利益的，为无效；除此之外，均为可撤销合同。胁迫，是以给公民及其亲友的生命健康、荣誉、名誉、财产等造成损害或者以给法人的荣誉、名誉、财产等造成损害为要挟，迫使相对方作出违背真实意思表示的行为。

来源：何志：《借款合同判例与实务》，人民法院出版社2005年版

第一百五十一条　显失公平时成立的法律行为的效力

一方利用对方处于危困状态、缺乏判断能力等情形，致使民事法律行为成立时显失公平的，受损害方有权请求人民法院或者仲裁机构予以撤销。

【新旧法条对比】

《中华人民共和国民法通则》

第五十八条　下列民事行为无效：
（一）无民事行为能力人实施的；
（二）限制民事行为能力人依法不能独立实施的；
（三）一方以欺诈、胁迫的手段或者乘人之危，使对方在违背真实意思的情况下所为的；
（四）恶意串通，损害国家、集体或者第三人利益的；
（五）违反法律或者社会公共利益的；
（六）以合法形式掩盖非法目的的。
无效的民事行为，从行为开始起就没有法律约束力。

第五十九条　下列民事行为，一方有权请求人民法院或者仲裁机关予以变更或者撤销：
（一）行为人对行为内容有重大误解的；
（二）显失公平的。
被撤销的民事行为从行为开始起无效。

【相关规定】

1. 《中华人民共和国合同法》

第五十四条　下列合同，当事人一方有权请求人民法院或者仲裁机构变更或者撤销：
（一）因重大误解订立的；
（二）在订立合同时显失公平的。
一方以欺诈、胁迫的手段或者乘人之危，使对方在违背真实意思的情况下订立的合同，受损害方有权请求人民法院或者仲裁机构变更或者撤销。
当事人请求变更的，人民法院或者仲裁机构不得撤销。

2. 《最高人民法院关于贯彻执行〈中华人民共和国民法通则〉若干问题的意见（试行）》

第七十条 一方当事人乘对方处于危难之机，为牟取不正当利益，迫使对方作出不真实的意思表示，严重损害对方利益的，可以认定为乘人之危。

第七十二条 一方当事人利用优势或者利用对方没有经验，致使双方的权利与义务明显违反公平、等价有偿原则的，可以认定为显失公平。

3. 《中华人民共和国海商法》

第一百七十六条 有下列情形之一，经一方当事人起诉或者双方当事人协议仲裁的，受理争议的法院或者仲裁机构可以判决或者裁决变更救助合同：

（一）合同在不正当的或者危险情况的影响下订立，合同条款显失公平的；

（二）根据合同支付的救助款项明显过高或者过低于实际提供的救助服务的。

4. 《最高人民法院关于审理涉及人民调解协议的民事案件的若干规定》

第六条 下列调解协议，当事人一方有权请求人民法院变更或者撤销：

（一）因重大误解订立的；

（二）在订立调解协议时显失公平的；

一方以欺诈、胁迫的手段或者乘人之危，使对方在违背真实意思的情况下订立的调解协议，受损害方有权请求人民法院变更或者撤销。

当事人请求变更的，人民法院不得撤销。

【相关观点】

一、条文概述与解读

《民法总则》在《民法通则》规定的基础上，部分吸纳了《合同法》关于该类民事法律行为效力的规定，亦部分吸纳了《民法通则》司法解释关于乘人之危、显失公平认定标准的规定，在充分尊重意思自治和切实保障交易安全之间作出了新的平衡，最终形成了本条规定。

——沈德咏主编：《〈中华人民共和国民法总则〉条文理解与适用》，人民法院出版社2017年版。

二、显失公平的概念及特征

显失公平，是指一方当事人在情况紧迫或缺乏经验的情况下，订立的对自己明显有重大不利的民事行为。因显失公平订立的民事行为，是相对无效的民事行为，当事人有权变更或者撤销。

显失公平行为的特点是：民事行为的内容对双方当事人明显不公平，一方承担较多的义务而享有较少的权利，而另一方享有较多的权利而承担较少的义务；获得利益的一方当事人所获利益为法律所允许的程度；受显失公平伤害的一方是在缺乏经验或紧迫的情况下实施的订立民事行为的行为。

——杨立新：《杨立新民法讲义（民法总则）》，人民法院出版社2009年版。

三、显示公平的构成要件

显失公平的构成要件是：（1）民事行为的内容在客观上利益失衡或者不平衡。显失公平的民事行为是有偿民事行为，有给付或者对待给付的义务，在双方当事人的经济利益的平衡上，出现不公平的结果。这种不公平的结果，不是一般的不公平，而是显著的不公平。（2）受有过高利益的当事人在主观上具有利用对方的故意。在显失公平的民事行为中，承担不利后果的一方当事人存在轻率、无经验等不利的因素，对民事行为的内容在认识上有不准确的问题。享有过高利益的一方当事人，在订立这种民事行为的时候，具有利用对方当事人轻率、无经验而与其订立内容显失公平的民事行为，诸如利用自己的优势，使对方难以拒绝对其明显不公平的民事行为条件；当事人在订约的过程中没有尽到应尽的告知义务，使对方对自己不利的问题不知晓；利用对方的经验欠缺和轻率，使对方对不利于自己的方面不知情，而与自己订约。

——杨立新：《杨立新民法讲义（民法总则）》，人民法院出版社2009年版。

四、合同法中显失公平与乘人之危的区别

显失公平与乘人之危关系密切。乘人之危的行为常常导致显失公平的后果，显失公平的行为也可能是由于乘人之危造成的，但两者并不是等同的。一方面，乘人之危并不必然导致显失公平的结果。因为，给付与对待给付的不平衡或者说双方当事人的利益不平衡，是以双方所获得的利益可以计算为前提的，在某种情况下，如果利益本身难以计算或计量，则很难确定是否存在显失公平的问题。如某人趁他人急迫心态购买他家的"传家宝"，由于此种标的难以用价格衡量，故无从判断当事人之间是否存在显失公平的问题，但是行为人的行为已经构成了乘人之危。另一方面，显失公平的行为并非都是乘人之危造成的。可见乘人之危较之利用他人的轻率、无经验等订立的显失公平的合同，行为人的主观恶性大，过错程度也较重，因而《民法通则》将乘人之危与显失公平分别规定是有道理的。

——孙应征主编：《买卖合同法律原理与实证解析》，人民法院出版社2005年版。

【相关案例】

1. 当事人以签订合同时存在乘人之危的情形为由要求人民法院撤销，但未提供证据证明的，人民法院不应支持其诉讼请求

——西乌珠穆沁旗道伦达坝铜矿开发有限公司与西乌珠穆沁旗鑫源矿业开发有限责任公司探矿权转让合同纠纷案

案例要旨：依据《合同法》第8条及第54条的规定，依法成立的合同，对当事人具有法律约束力。当事人应当按照约定履行自己的义务，不得擅自变更或者解除合同。一方以欺诈、胁迫的手段或者乘人之危，使对方在违背真实意思的情况下订立的合同，受损害方有权请求人民法院或者仲裁机构变更或者撤销。由此可知，若签订合同时存在乘人之危的情形，当事人可依法要求人民法院予以撤销，但须提供存在乘人之危情形的证据。当事人不能提供证据证明的，根据《最高人民法院关于民事诉讼证据的若干规定》第2条的规定，由负有举证责任的当事人承担不利后果。因此，人民法院不应支持其诉讼请求。

案号：（2007）民二终字第157号
审理法院：最高人民法院
来源：法信网

2. 劳动者对显失公平的工伤赔偿协议享有撤销权

——黄仲华诉刘三明债权人撤销权纠纷案

案例要旨：用人单位与劳动者就工伤事故达成赔偿协议，但约定的赔偿金额明显低于劳动者应当享受的工伤保险待遇的，应当认定为显失公平。劳动者请求撤销该赔偿协议的，人民法院应予支持。

审理法院：四川省德阳市中级人民法院
来源：《最高人民法院公报》2013年第1期

第一百五十二条 撤销权的消灭

有下列情形之一的,撤销权消灭:

(一) 当事人自知道或者应当知道撤销事由之日起一年内、重大误解的当事人自知道或者应当知道撤销事由之日起三个月内没有行使撤销权;

(二) 当事人受胁迫,自胁迫行为终止之日起一年内没有行使撤销权;

(三) 当事人知道撤销事由后明确表示或者以自己的行为表明放弃撤销权。

当事人自民事法律行为发生之日起五年内没有行使撤销权的,撤销权消灭。

【相关规定】

1. 《中华人民共和国合同法》

第五十五条 有下列情形之一的,撤销权消灭:

(一) 具有撤销权的当事人自知道或者应当知道撤销事由之日起一年内没有行使撤销权;

(二) 具有撤销权的当事人知道撤销事由后明确表示或者以自己的行为放弃撤销权。

第七十五条 撤销权自债权人知道或者应当知道撤销事由之日起一年内行使。自债务人的行为发生之日起五年内没有行使撤销权的,该撤销权消灭。

2. 《最高人民法院关于审理涉及人民调解协议的民事案件的若干规定》

第七条 有下列情形之一的,撤销权消灭:

(一) 具有撤销权的当事人自知道或者应当知道撤销事由之日起一年内没有行使撤销权;

(二) 具有撤销权的当事人知道撤销事由后明确表示或者以自己的行为放弃撤销权。

【相关观点】

一、条文概述与解读

撤销权的性质是形成权,其存在影响着撤销权人与相对人之间法律关系的稳定性。为尽早明确存在被撤销可能的民事法律行为的效力,本条明确规定了撤销权的消灭事由。撤销权的消灭主要有两种情形：一是因除斥期间经过而消灭；二是因权利人抛弃而消灭。本条规定与之前的《合同法》规定最大的不同，就是区分不同情形分别规定了除斥期间的起算时间和经过时间，且限定了撤销权行使的最长保护期，因而更为具体合理，方便法律适用。

——沈德咏主编：《〈中华人民共和国民法总则〉条文理解与适用》，人民法院出版社2017年版。

二、撤销权人自知道撤销事由后放弃撤销权，撤销权消灭

撤销权是具有撤销权的当事人的一种权利，因此当事人可以行使撤销权，也可以放弃撤销权。《合同法》第55条第2项对具有撤销权的当事人放弃撤销权的方式作出了规定，当事人可以以两种方式放弃撤销权：第一种是具有撤销权的当事人知道撤销事由后明确表示放弃撤销权。以明示的方式放弃撤销权的行为是很典型的对权利的处分的方式。放弃撤销权的明确表示可以是用口头的方法明确表示，也可以是用书面的方法明确表示。任何默示的方式都不构成对撤销权的放弃。第二种是具有撤销权的当事人以自己的行为放弃了撤销权。具有撤销权的当事人在放弃其具有的撤销权时，并不一定要向当事人明确表示，也可以以自己的行为来放弃该撤销权。当事人以自己的行为表明了其愿意接受合同的约束，放弃了按法律应当享有的撤销权。

三、撤销权人在除斥期间未行使撤销权，撤销权消灭

在可撤销合同中，具有撤销权的当事人有权撤销合同，但是撤销权人必须在规定的期间内行使撤销权。因为，可撤销的合同往往只涉及当事人一方意思表示不真实的问题，如果当事人自愿接受此种合同的后果，则此种合同有效。然而，如果撤销权人长期不行使其权利，不主张撤销合同，就会让合同长期处于不稳定的状态，这既不利于社会经济秩序的稳定，也不利于加快交易的发展；同时还可能使法院或者仲裁机构在判断是否准予撤销时，由于时间太长无法作出正确的判断。正是基于此种考虑，各国的立法往往都明确规定撤销权必须在规定的期限内行使，如果超过了此期限还不行使，撤销权人就会失去撤销合同的权利，该合同有效。民法通则虽然对可撤销的民事行为作出了规定，但是对撤销的期限并没有作出明确的规定。《合同法》在借鉴国外的规定和总结我国司法实践经验的基础上，对我国的可撤销合同的行使期限作了规定。

撤销权人行使撤销权的期限为1年，也就是说，在这1年期限内，具有撤销权的当事人必须行使其撤销权；否则，该当事人就失去了撤销合同的权利，那么当事人就必须接受合同的约束，履行合同中规定的义务。对于何时起算该期限，《合同法》规定当事人自知道或者应当知道撤销事由之日起1年为可撤销合同的撤销期限。

规定中的"1年"是除斥期间，而不是诉讼时效。也就是说，在此期间

内，不存在期间的中断或者中止的问题，这"1年"是一个不变的期间，具有撤销权的当事人不能要求延长该期间。

四、撤销权的消灭

其一，因除斥期间经过而消灭。撤销权属于形成权，有溯及地使可撤销的法律行为归于消灭的效力，则应有除斥期间的限制。除斥期间的作用，在促使撤销权人尽快地行使权利，并保护相对人利益，有利于交易安全。除斥期间经过，撤销权即归消灭，可撤销的法律行为因而成为完全有效的法律行为。依据《合同法》第55条规定，具有撤销权的当事人自知道或者应当知道撤销事由之日起1年内未行使撤销权的，撤销权消灭。此1年期间，属于除斥期间。须注意的是，因受胁迫而具有撤销权者，其撤销权的除斥期间应自胁迫终止之时起算为合理。在胁迫持续期间，撤销权人虽明知撤销事由，却无从行使撤销权，若胁迫持续1年以上，依上述规定即丧失撤销权，则撤销权的规定对受胁迫人形同虚设，显然有悖立法目的。

其二，因权利人抛弃而消灭。撤销权既属于民事权利，其是否行使取决于权利人的意思，权利人当然可以抛弃其撤销权。依解释，撤销权人抛弃撤销权，有两种方式：一是以明示意思表示向相对人为之；二是以自己的行为为默示意思表示。撤销权人在除斥期间经过前将标的物消费、转卖或将权利转让，应当解释为属于"以自己的行为放弃撤销权"。

【相关案例】

1. 可撤销的合同中，撤销权人知道撤销事由后仍继续履行合同的，撤销权消灭

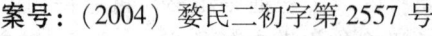——王勇强、王炜诉金华华丰拍卖有限公司、陈叶梅拍卖合同纠纷案

案例要旨：撤销权人知道撤销事由后仍继续履行合同的，应当视为放弃了撤销权。而撤销权一旦消灭便不可恢复。

案号：（2004）婺民二初字第2557号

审理法院：浙江省金华市婺城区人民法院

来源：《中国审判案例要览》（2005年民事审判案例卷）

2. 提起撤销之诉后又撤回诉求的其撤销权因放弃而归于消灭

——湖北工建集团宜昌经理部对宜昌光明公司和汪家林之间低价转让财产行为行使撤销权被驳回案

案例要旨：债务人实施了有害于债权人债权的行为，从该行为成立或者生效时起，债权人就可以行使撤销权。具有撤销权的当事人知道或者应当知道撤销事由后明确表示或者以自己的行为放弃撤

销权的撤销权因放弃而归于消灭。

案号：（2004）宜民终字第 494 号

审理法院：湖北省宜昌市中级人民法院

来源：《人民法院案例选》2005 年第 3 辑（总第 53 辑）

3. 债权人应自债务人对债权人造成损害之行为发生之日起 5 年内行使，逾期不行使的，撤销权消灭

——王庆凤与北京伟士特开发咨询有限公司、北京草桥实业总公司债权人撤销权纠纷再审审查案

案例要旨：（1）《合同法》第 75 条规定债权人的撤销权自债务人对债权人造成损害之行为发生之日起 5 年内不行使时归于消灭。该 5 年期间是撤销权存续的最长期间。债权人超过 5 年才行使撤销权的，人民法院不应支持。该 5 年期间实际上是法律拟制的债务人责任财产恢复期间，法律认为超过该期间的债务人责任财产一般都有所恢复，债权人利益也有所保障，不必再用债权人撤销权的方式来保护债权人。（2）上述 5 年期间的起算应以债务人之损害行为发生为准，而不以债权人是否知道自己权利受损为要件。债务人低价转让财产的合同签订时一般就应认为对债权人存在损害，此时债权人的撤销权就已产生，故应当开始起算上述的 5 年期间。

案号：（2012）民申字第 676-1 号

审理法院：最高人民法院

来源：《商事审判指导》2012 年第 4 辑（总第 32 辑）

第一百五十三条 违反强制性规定或违背公序良俗的法律行为的效力

违反法律、行政法律的强制性规定的民事法律行为无效，但是该强制性规定不导致该民事法律行为无效的除外。

违背公序良俗的民事法律行为无效。

【新旧法条对比】

《中华人民共和国民法通则》

第五十八条 下列民事行为无效：

（一）无民事行为能力人实施的；

（二）限制民事行为能力人依法不能独立实施的；

（三）一方以欺诈、胁迫的手段或者乘人之危，使对方在违背真实意思的情况下所为的；

（四）恶意串通，损害国家、集体或者第三人利益的；

（五）违反法律或者社会公共利益的；

（六）以合法形式掩盖非法目的的。

无效的民事行为，从行为开始起就没有法律约束力。

【相关规定】

1. 《中华人民共和国合同法》

第五十二条 有下列情形之一的，合同无效：

（一）一方以欺诈、胁迫的手段订立合同，损害国家利益；

（二）恶意串通，损害国家、集体或者第三人利益；

（三）以合法形式掩盖非法目的；

（四）损害社会公共利益；

（五）违反法律、行政法规的强制性规定。

2. 《最高人民法院关于适用〈中华人民共和国合同法〉若干问题的解释（二）》

第十四条 合同法第五十二条第（五）项规定的"强制性规定"，是指效力性强制性规定。

3. 《中华人民共和国劳动法》

第十八条 下列劳动合同无效：

（一）违反法律、行政法规的劳动合同；

（二）采取欺诈、威胁等手段订立的劳动合同。

无效的劳动合同，从订立的时候起，就没有法律约束力。确认劳动合同部分无效的，如果不影响其余部分的效力，其余部分仍然有效。

劳动合同的无效，由劳动争议仲裁委员会或者人民法院确认。

4.《最高人民法院关于审理涉及人民调解协议的民事案件的若干规定》

第五条　有下列情形之一的，调解协议无效：

（一）损害国家、集体或者第三人利益；

（二）以合法形式掩盖非法目的；

（三）损害社会公共利益；

（四）违反法律、行政法规的强制性规定。

人民调解委员会强迫调解的，调解协议无效。

5.《最高人民法院关于审理民间借贷案件适用法律若干问题的规定》

第十四条　具有下列情形之一，人民法院应当认定民间借贷合同无效：

（一）套取金融机构信贷资金又高利转贷给借款人，且借款人事先知道或者应当知道的；

（二）以向其他企业借贷或者向本单位职工集资取得的资金又转贷给借款人牟利，且借款人事先知道或者应当知道的；

（三）出借人事先知道或者应当知道借款人借款用于违法犯罪活动仍然提供借款的；

（四）违背社会公序良俗的；

（五）其他违反法律、行政法规效力性强制性规定的。

【相关观点】

一、条文概述与解读

本条规定基本延续了《合同法》第52条第5项和《最高人民法院关于适用〈中华人民共和国合同法〉若干问题的解释（二）》第14条的规定，将导致合同无效的法律形式的范围限定在全国人民代表大会及其常委会制定的法律和国务院制定的行政法规中的强制性规定，不过以除外的方式明确了不是所有法律和行政法规的强制性规定的违反都会导致合同无效，但没有吸纳《最高人民法院关于适用〈中华人民共和国合同法〉若干问题的解释（二）》中提出的效力性强制规定概念。此外，用"公序良俗"的概念取代了《民法通则》和《合同法》中的"社会公共利益"概念，明确了违反公序良俗的民事法律行为无效。

——沈德咏主编：《〈中华人民共和国民法总则〉条文理解与适用》，人民法院出版社2017年版。

二、效力性强制性规定的认定

我国参照各国通例，将强制性规定区分为效力性强制性规定和禁止性强制性规定，民事行为违反这两类强制性规定的后果并不相同。在区分效力性强制性规定和管理性强制性规定时，应当考虑以下因素。

1. 从强制性规定的内容进行分析判断。如果强制性规定直接规定了民事行为效力问题，则属于效力性强制性规定；如果强制性规定仅规定某一民事行为的后果是受到行政或刑事处罚，但不涉及民事行为效力问题，通常属于管理性强制性规定；如果强制性规定只规定了行为模式，没有规定行为后果，则应根据具体情况判定。如果对某一违反强制性规定的行为，已经有相应的救济途径，或者当事人可以通过一定的方式补救，通常为管理性强制性规定。

2. 在区分效力性强制性规定和管理性强制性规定时，既要考虑民事行为所损害的公共利益、公序良俗，也要尊重当事人意思自治，考虑诚实信用、交易安全和效率，在不直接损害重大公共利益的前提下，应尽量维持民事行为效力，尊重当事人意思自治，实现当事人利益和社会利益最大化。当前当事人以违反管理性强制性规定为由，否认民事行为效力的情况比较突出，实际上是为其恶意违约寻找借口。《合同法解释（二）》在《合同法》的基础上，明确规定只有违反效力性强制性规定的合同才无效，进一步限缩无效合同的范围，具有积极意义。

三、违背社会公序良俗的借贷合同无效

法律上的公序良俗，是指法律行为的内容及目的不得违反社会的公共秩序或善良风俗。公序良俗是民事法律的一项基本原则。这一原则在现行法上的依据是《民法通则》第7条及第58条，其次是《合同法》第7条和第52条。虽然《合同法》第52条第（4）项中所用的用语是"社会公共利益"，但一般认为，我国法上的公序良俗包含"社会公共利益"及"社会公德"，"社会公共利益"相当于"公共秩序"，"社会公德"相当于"善良风俗"。①

法律行为违反公共秩序和善良风俗者无效，是罗马法以来公认的规范。②即人不可通过其法律行为降低为保护公共利益而实施的法律的重要性，任何降低此类法律的重要性的行为都是绝对无效的。损害社会利益的合同，例如，以从事犯罪或帮助犯罪作为内容的合同，规避课税的合同，危害社会秩序的合同，赌博合同等非法射幸合同，违反人格和人格尊严的合同等，均属违背

---

① 梁慧星：《民法总论》（第三版），法律出版社2007年版，第49页。
② 王卫国主编：《民法》，中国政法大学出版社2012年版，第394页。

公序良俗而无效的合同。① 公序良俗在现代市场经济条件下，有维护国家利益、社会公共利益及一般道德观念的功能。因立法者不可能预见一切损害国家利益、社会公共利益和道德秩序的行为而作出详尽的禁止性规定，故设立公序良俗原则，以弥补禁止性规范的不足。需要注意的是，因公序良俗原则性质上为授权性规定，目的是在遇有损害国家利益、社会公益和社会道德秩序的行为，而又缺乏相应的禁止性法律规定时，法院得直接适用公序良俗原则判决该行为无效。② 因此，本款规定，既是对《合同法》第7条有关公序良俗原则规定的强调，也是《合同法》第52条第（4）项有关"损害社会公共利益"的合同无效在民间借贷合同中的具体体现。因民间借贷属民事主体间纯粹的民事交往活动，本身即形式多样，种类繁多，加之目前我国社会处于经济、科技高速发展的阶段，如互联网等新型交往工具和交易载体不断冲击着传统的民事交往方式，立法及司法解释难以穷尽民间借贷合同的无效情况，也难以预测未来出现的新情况，因此，裁判者在判定民间借贷合同效力时有遵行公序良俗进行司法审查的义务。当然，公序良俗作为民法基本原则本身具有较大的解释空间，人民法院据此裁判时应审慎适用，不宜作不合法理的扩张解释和不合逻辑的牵强解释。目前，我国有学者参考国外判例学说，将违反公序良俗的行为类型化为10种，具有较强的参考价值，简列如下：③（1）危害国家公序型，比如以从事犯罪或帮助犯罪行为为内容的合同［如《合同法》第52条第（3）项之情形］；（2）危害家庭关系型，如约定断绝亲子关系的协议；（3）违反道德型，如妓馆之开设、转让合同，对婚外同居人所作遗赠等（亦如实践中出现的以性行为为对价获得借款的情形）；（4）射幸行为型，如赌博、巨奖销售变相赌博等；（5）违反人权和人格尊重行为型，比如实践中出现的以家人人身为抵押借贷的情形，过分限制人身自由以换取借款等情形；（6）限制经济自由型，比如利用互相借款扩大资金实力以分割市场、封锁市场的协议；（7）违反公正竞争型；（8）违反消费者保护型；（9）违反劳动者保护型；（10）暴利行为型。上述类型基本概括了目前民事审判活动中遇到的违反公序良俗原则的类型，实值参考。当然，在实际审判中可能遇到其他情况，以上观点并非对违反公序良俗所有情况的概括，人民法院得依具体情况加以判断。

——最高人民法院民事审判第一庭编著：《最高人民法院民间借贷司法解释理解与适用》，人民法院出版社2015年版。

---

① 崔建远：《合同法》，北京大学出版社2012年版，第87页。
② 梁慧星：《民法总论》（第三版），法律出版社2007年版，第49页。
③ 梁慧星：《民法学说判例与立法研究》（第2册），国家行政学院出版社1999年版，第16页以下。

【相关案例】

1. 应以合同是否违反法律、行政法规的强制性规定为标准判断合同的效力

——海南康力元药业有限公司、海南通用康力制药有限公司与海口奇力制药股份有限公司技术转让合同纠纷再审案

案例要旨： 在合同效力的认定中，应该以合同是否违反法律、行政法规的强制性规定为判断标准，而不宜以合同违反行政规章的规定为由认定合同无效。在技术合同纠纷案件中，如果技术合同涉及的生产产品或提供服务依法须经行政部门审批或者许可而未经审批或者许可的，不影响当事人订立的相关技术合同的效力。

案号：（2011）民提字第 307 号

审理法院： 最高人民法院

来源：《最高人民法院公报》2013 年第 2 期

2. 保险合同的约定违反保险法强制性规定，应属无效

——罗有维等诉中国平安财产保险股份有限公司江门中心支公司保险合同案

案例要旨： 保险法规定的被保险人享有二年索赔时效是被保险人的法定权利，任何机关、单位和个人均不得剥夺，在索赔时效期间予以理赔是保险人的法定义务，保险合同关于"在事故处理结案之日起 10 天内向保险人提交相关单证，否则保险人有权拒赔或解除合同"的约定，违反了前述法律强制性规定，该项约定应属无效，保险公司不能依此为据拒赔。

案号：（2004）江中法民三终字第 223 号

审理法院： 广东省江门市中级人民法院

来源：《中国审判案例要览》（2005 年商事审判案例卷）

3. 合同目的本身违反法律或违背公序良俗，则该法律行为是无效的法律行为

——刘某诉陈某民间借贷纠纷案

案例要旨： 以合法的债替换本来赌债的，虽具有合法形式，但是其实质上是一种违法行为，此类行为法律不予以保护，认定为无效法律行为。

来源： 北京法院网

4. 违反管理性强制性规定并不导致合同无效

——七天快捷酒店管理（北京）有限公司等诉上海松瓯实业有限公司等房屋租赁合同纠纷案

案例要旨：若强制性规定的意旨是加强行政管理，而非否定私法行为的效力；所规制的是合同履行前提条件，而非合同本身，则该强制性规定为管理性强制性规定，而非效力性强制性规定。据此，《建筑法》第61条第2款关于"建筑工程未经竣工验收或者验收不合格，不得交付使用"的规定应为管理性强制性规定。租赁房屋未经竣工验收并不导致租赁合同无效；如承租人因此无法使用房屋的，承租人有合同解除权。

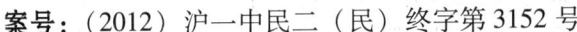

案号：（2012）沪一中民二（民）终字第3152号

审理法院：上海市第一中级人民法院

来源：《上海市参阅案例》（2013年度）

第一百五十四条 恶意串通的法律行为的效力

行为人与相对人恶意串通，损害他人合法权益的民事法律行为无效。

【新旧法条对比】

《中华人民共和国民法通则》

第五十八条 下列民事行为无效：
（一）无民事行为能力人实施的；
（二）限制民事行为能力人依法不能独立实施的；
（三）一方以欺诈、胁迫的手段或者乘人之危，使对方在违背真实意思的情况下所为的；
（四）恶意串通，损害国家、集体或者第三人利益的；
（五）违反法律或者社会公共利益的；
（六）以合法形式掩盖非法目的的。
无效的民事行为，从行为开始起就没有法律约束力。

【相关规定】

1. 《中华人民共和国民法通则》

第六十一条 民事行为被确认为无效或者被撤销后，当事人因该行为取得的财产，应当返还给受损失的一方。有过错的一方应当赔偿对方因此所受的损失，双方都有过错的，应当各自承担相应的责任。

双方恶意串通，实施民事行为损害国家的、集体的或者第三人的利益的，应当追缴双方取得的财产，收归国家、集体所有或者返还第三人。

2. 《中华人民共和国合同法》

第五十二条 有下列情形之一的，合同无效：
（一）一方以欺诈、胁迫的手段订立合同，损害国家利益；
（二）恶意串通，损害国家、集体或者第三人利益；
（三）以合法形式掩盖非法目的；
（四）损害社会公共利益；
（五）违反法律、行政法规的强制性规定。

3. 《最高人民法院关于上海三泷房地产开发有限公司与中国建设银行上海市浦东分行、上海申浦对外技术投资总公司借款合同纠纷一案的复函》

本案浦东分行和申浦公司签订《外汇借款合同》，是双方真实意思表示，不违背法律、法规的禁止性规定，可认定为有效。申浦公司以开展进出口业务为名，骗取三泷公司为其借款担保，将短期外汇借款用于向浦东分行偿还为案外人巨龙公司的担保之债；浦东分行明知该项贷款的实际用途，但其签订担保合同时没有告知保证人三泷公司，亦不能举证三泷公司明知借贷双方"以贷还债"，应认定主合同双方当事人恶意串通，欺骗保证人。根据《担保法》第三十条第一款的规定，三泷公司对申浦公司偿还浦东分行的担保债务部分，不承担民事责任。

4.《最高人民法院关于中国工商银行湘潭市板塘支行与中国建筑材料科学研究院湘潭中间试验所及湘潭市有机化工厂的借款合同纠纷一案的复函》

湖南省高级人民法院：

你院《关于中国工商银行湘潭市板塘支行与中国建筑材料科学研究院湘潭中间试验所及湘潭市有机化工厂借款合同纠纷一案的请示》报告收悉。经研究，答复如下：

一、中国建筑材料科学研究院湘潭中间试验所（以下简称中试所）向法院主张权利时，诉讼请求是返还借款本金和利息。中试所与湘潭市有机化工厂（以下简称有机化工厂）之间系因借款产生的纠纷，故该案应定性为借款合同纠纷。

二、有机化工厂与中试所签订的借款协议，违反了企业之间不能相互借贷的有关规定，原审认定协议无效是正确的。中国工商银行湘潭市板塘支行（以下简称板塘支行）明知企业之间不能相互借贷，与有机化工厂已根本无能力还款的状况下，为了下属公司能收回贷款，自己又不承担民事责任，利用中试所对其的信任，与有机化工厂恶意串通，向中试所故意隐瞒借款的真实目的，并积极促成有机化工厂与中试所签订了不具有真实意思表示的借款协议，将到期不能收回借款的风险转嫁给了中试所。板塘支行和有机化工厂的行为，已对中试所构成欺诈。由此造成借款协议无效的后果，有机化工厂与板塘支行应承担连带赔偿责任。

以上意见，供参考。

5.《最高人民法院关于人民法院在审理企业破产和改制案件中切实防止债务人逃废债务的紧急通知》

八、人民法院审理国有企业改制案件，凡是改制行为发生时国务院有关主管部门的规范性文件明确规定须履行审批手续，对未履行审批手续，且事后又未补办审批手续的，或者当事人双方恶意串通，损害国家或债权人利益的，应当依法确认有关协议无效；在小型企业出售中，出售方借出售企业逃废债务，受让人知情的，对债权人撤销企业出售合同的主张，应当依法予以支持。

6.《中华人民共和国企业国有资产法》

第七十二条 在涉及关联方交易、国有资产转让等交易活动中，当事人恶意串通，损害国有资产权益的，该交易行为无效。

7.《中华人民共和国海事诉讼特别程序法》

第四十一条 竞买人之间恶意串通的，拍卖无效。参与恶意串通的竞买人应当承担拍卖船舶费用并赔偿有关损失。海事法院可以对参与恶意串通的竞买人处最高应价百分之十以上百分之三十以下的罚款。

【相关观点】

一、条文概述与解读

本条规定与之前的《民法通则》和《合同法》的规定基本相同，唯一区别是将之前的"损害国家、集体、第三人利益"改成了"损害他人合法权益"，而"他人合法权益"应可理解为包括了国家、集体和第三人利益；也就是说，本条规定与之前《民法通则》和《合同法》的规定并无实质不同。

——沈德咏主编：《〈中华人民共和国民法总则〉条文理解与适用》，人民法院出版社2017年版。

二、恶意串通的概念及构成要件

恶意串通，是指当事人为实现某种目的，串通一气，共同实施某种民事行为，造成国家、集体或者第三人的损害违法行为。

恶意串通的构成要件是：（1）当事人在主观上具有恶意。构成恶意串通，当事人在主观上必须具有恶意，参加该民事行为的当事人都要具有恶意，恶意的内容是当事人对于牟取非法利益的恶意。恶意串通不能由过失构成。（2）当事人之间互相串通。可以是经过串通，双方当事人共同达成一项协议，也可以是一方当事人提出某种实现非法目的的意思表示，另一方当事人明知其恶意而默示予以接受。（3）双方当事人串通实施的行为损害国家、集体或者第三人的利益。损害国家、集体或者第三人的利益，应当是恶意串通的结果，二者之间具有因果关系。

恶意串通所订立的民事行为，是绝对无效的民事行为，不能按照一般的无效民事行为的原则处理，而是按照《合同法》第59条的规定，将双方当事人因该民事行为所取得的财产，收归国有或者返还集体或者个人。

——杨立新：《杨立新民法讲义（民法总则）》，人民法院出版社2009年版。

三、恶意串通，损害国家、集体或者第三人利益的民事行为无效

恶意串通，损害国家、集体或者第三人利益的民事行为是指双方或多方

当事人的故意合谋、弄虚作假所实施的有损于国家利益、集体利益或者第三人利益的民事行为。

1. 当事人具有主观上的恶意。恶意是指知道某种事实，如日本学者对恶意的解释是："指知道某种事实。是善意的对称，不是道德上所谓恶的意思。但作为另外，也有指有意侵害他人的意思的场合。因善意、恶意，法律上的效果不同，这种情况私法上是很多的"。台湾地区学者史尚宽认为："民法于故意之外，有时用恶意二字，例如恶意或者重大过失（民法175条——指旧中国及后来的台湾地区"民法"，下同，引者注），恶意占有人（台湾地区"民法"第953条、第958条），恶意遗弃（台湾地区"民法"第1052条第5款、第1081条第2款）。如《票据法》第11条亦有以恶意或重大过失取得票据者，不得享有票据上之权利之规定。所谓恶意，有时仅为善意之反面，即知其情势。有时与故意同用。有时指动机不良之故意，例如恶意遗弃，此时不仅认识其结果，并有希望其结果发生之意思"。罗马法、德国法、法国法等大体上都是如此解释恶意和善意的。就是说，一般而言，恶意不过是知道某种事实或者情势的主观状态，至于其动机如何并不探究，但例外的情况下，除要求知道外，还需要具有希望结果或者事实发生的主观状态，这种要求比一般的恶意为高。善意则是"指不知某种事实（不知情）。是相对于恶意的用语。因为认为可疑的不能说成是积极地知情，所以一般地相当于善意。不是道德上善良的意思。例如台湾地区"民法"第194条的所谓善意的买主是指不知为盗赃或遗失而购买的人"。

我国民法中的善意也应该作此种解释，本条所称的恶意，是指当事人明知（或者说知道）其民事行为将会对国家、集体或者第三人造成损害的主观状态，而不知道这种损害时就是善意的。至于此处的恶意是否还须具有希望损害他人的主观状态，也即是否还有动机上的要求，则无关紧要。因为，在此类行为的构成上，本条在规定"恶意串通"之后即为"损害国家、集体或者第三人利益"，也即后者是作为客观要件规定的，就是说，其行为只要在客观上"损害国家、集体或者第三人利益，而双方当事人对此都有认知或者知道，就足以符合适用本项规定的条件，不要求探究双方是否希望发生此种后果。

2. 有串通行为。串通是当事人之间的相互的意思联络和沟通。这种意思联络不是指双方从事民事行为本身的意思联络，而是对其民事行为损害国家、集体或者第三人的意思联络。当然，不但积极进行损害他人的沟通行为构成双方意思联络，而且，知道其行为的损害后果而心照不宣，达成默契，同样可以构成意思联络。

3. 对国家、集体或者第三人利益具有损害性。这种损害既可以是因民事行为的履行而已经产生，又可以是随着在将来的履行而可能发生。

——唐德华、高圣平主编：《民法通则及配套规定新释新解（上）》，人民法院出版社2003年版。

【相关案例】

1. 债务人与受让人恶意串通规避债务履行的协议因损害债权人合法权益而无效

——晋敏明、中平公司诉沈琪、汤金荣、富宏房地产公司虚假转移资产撤销权纠纷案

案例要旨：债务人与债权人有关债务纠纷在人民法院作出终审判决前，债务人以抵债为名转让巨额房产给受让人的，如受让人不能举证证明其与债务人之间存在真实债务，也未支付合理对价，可以认定债务人与受让人恶意串通，虚构债务转移财产，故意规避债务履行，该行为损害了他人合法权益，应当认定无效。本案中虽然债权人的诉讼请求是要求撤销该转让协议，但其最终目的为了实现其债权，法院经审查认定该协议无效的，可不以债权人撤销权之诉的请求为限，对该协议的效力可直接作出认定。

案号：（2012）苏民终字第0084号

审理法院：江苏省高级人民法院

来源：《江苏省高级人民法院公报》2012年第5辑（总第23辑）

2. 当事人恶意串通签订的损害他人合法权益的股权转让补偿协议是无效的

——莫仁胜诉灵川县莲花旅游度假有限公司股权转让纠纷案

案例要旨：公司股东明知签订的协议有损公司和其他股东利益而为之，又未经股东大会通过或追认，属于假借公司名义恶意串通，该股权转让补偿协议应当是无效协议。

审理法院：广西壮族自治区灵川县人民法院

来源：广西法院网

3. 债务人以明显不合理低价转让财产给关联公司属恶意串通的无效合同，因此取得的财产应返还原财产所有人

——瑞士嘉吉国际公司诉福建金石制油有限公司等确认合同无效纠纷案

案例要旨：（1）债务人将主要财产以明显不合理低价转让给其关联公司，关联公司在明知债务人欠债的情况下，未实际支付对价的，可以认定债务人与其关联公司恶意串通、损害债权人利益，与此相关的财产转让合同应当认定为无效。（2）《合同法》第59条规定适用于

第三人为财产所有权人的情形,在债权人对债务人享有普通债权的情况下,应当根据《合同法》第58条的规定,判令因无效合同取得的财产返还给原财产所有人,而不能根据第59条规定直接判令债务人的关联公司因"恶意串通,损害第三人利益"的合同而取得的债务人的财产返还给债权人。

审理法院:最高人民法院
来源:最高人民法院第八批指导性案例

第一百五十五条　无效或可撤销的法律行为自始无效

无效的或者被撤销的民事法律行为自始没有法律约束力。

【新旧法条对比】

《中华人民共和国民法通则》

第五十八条　下列民事行为无效：
（一）无民事行为能力人实施的；
（二）限制民事行为能力人依法不能独立实施的；
（三）一方以欺诈、胁迫的手段或者乘人之危，使对方在违背真实意思的情况下所为的；
（四）恶意串通，损害国家、集体或者第三人利益的；
（五）违反法律或者社会公共利益的；
（六）以合法形式掩盖非法目的的。
无效的民事行为，从行为开始起就没有法律约束力。

第五十九条　下列民事行为，一方有权请求人民法院或者仲裁机关予以变更或者撤销：
（一）行为人对行为内容有重大误解的；
（二）显失公平的。
被撤销的民事行为从行为开始起无效。

【相关规定】

1.《中华人民共和国合同法》

第五十六条　无效的合同或者被撤销的合同自始没有法律约束力。合同部分无效，不影响其他部分效力的，其他部分仍然有效。

2.《最高人民法院关于审理涉及人民调解协议的民事案件的若干规定》

第八条　无效的调解协议或者被撤销的调解协议自始没有法律约束力。调解协议部分无效，不影响其他部分效力的，其他部分仍然有效。

3.《上海市高级人民法院关于审理房地产买卖与抵押、租赁反叉纠纷若干问题的意见》

一、房屋买卖合同效力对房屋抵押权的影响

房屋买受人在购买房屋后，以该房屋认定抵押进行借贷的，通常产生三层法律关系，即房屋买卖合同、借贷合同、房屋抵押合同。一般而言，借贷合同与提供的房屋抵押合同之间构成主从合同关系，而房屋买卖合同与房屋抵押合同之间不形成主从合同关系。房屋买卖合同被确认有效、房屋抵押合同不存在其他无效因素，一般应认定有效。

房屋买卖合同被确认无效，则无效合同自始没有法律约束力，买受人若认定房屋抵押权，则成为无处分权人。无处分权人认定的房屋抵押权，抵押权人可基于《物权法》第106条的规定取得。审理实践中，适用不动产抵押权善意取得制度，须注意把握抵押权人认定抵押权时的善意、合理价以及办理不动产抵押权登记等法律要件。其中抵押权人对不动产登记的信赖，一般情况下可构成善意，但有证据证明抵押权人知道或应当知道抵押物的权利存在瑕疵的除外。法官可结合抵押权人是否知道抵押人对抵押物无权处分、交通是否符合习惯等方面进行综合判断。

【相关观点】

本条规定与民法通则和合同法除了个别词变化外，实质内容完全一致。无效法律行为绝对无效，自法律行为成立之日起就不发生任何法律效力，无须经过任何法定程序判决或裁定其为无效，也无须当事人之间相互主张无效。也就是说，基于对社会公共利益的保护，法律规定无效法律行为的瑕疵具有不可治愈性。可撤销法律行为可因撤销权人撤销权的行使而归于无效，但在撤销权人行使撤销权之前是确定有效的；可一旦撤销权人行使撤销权，则成为无效法律行为，且无效的起算时间不是从撤销之日起算，而是可追溯到法律行为成立之时。也就是说，无效法律行为和可撤销法律行为虽然有效的时间不同（无效法律行为从来没有有效过，而可撤销合同在撤销之前确定有效），但无效的起算时间是完全一样的，都是自成立之日起无效。

——沈德咏主编：《〈中华人民共和国民法总则〉条文理解与适用》，人民法院出版社2017年版。

【相关案例】

违背社会公序良俗且侵害第三人利益的补偿协议自始无效

——王女士诉张先生同居关系纠纷案

案例要旨：夫妻一方在婚姻关系存续期间与他人长期保持不正当的两性关系，违背人伦道德及公序良俗，后当事人双方就解除该不正当关系所签订的补偿协议损害了社会公共利益及其配偶的利益，应属无效，无效的协议自始没有法律约束力。

审理法院：北京市海淀区人民法院

来源：北京法院网

第一百五十六条　法律行为部分无效

民事法律行为部分无效，不影响其他部分效力的，其他部分仍然有效。

【新旧法条对比】

《中华人民共和国民法通则》

第六十条　民事行为部分无效，不影响其他部分的效力的，其他部分仍然有效。

【相关规定】

1.《中华人民共和国合同法》

第五十六条　无效的合同或者被撤销的合同自始没有法律约束力。合同部分无效，不影响其他部分效力的，其他部分仍然有效。

第五十七条　合同无效、被撤销或者终止的，不影响合同中独立存在的有关解决争议方法的条款的效力。

2.《最高人民法院关于审理涉及人民调解协议的民事案件的若干规定》（法释〔2002〕29号）

第八条　无效的调解协议或者被撤销的调解协议自始没有法律约束力。调解协议部分无效，不影响其他部分效力的，其他部分仍然有效。

3.《最高人民法院关于印发全国法院知识产权审判工作会议关于审理技术合同纠纷案件若干问题的纪要的通知》（法〔2001〕84号）

第十二条　技术合同内容有下列情形的，属于合同法第三百二十九条所称侵害他人技术成果：

（1）侵害他人专利权、专利申请权、专利实施权的；

（2）侵害他人技术秘密成果使用权、转让权的；

（3）侵害他人植物新品种权、植物新品种申请权、植物新品种实施权的；

（4）侵害他人计算机软件著作权、集成电路电路布图设计权、新药成果权等技术成果权的；

（5）侵害他人发明权、发现权以及其他科技成果权的。

侵害他人发明权、发现权以及其他科技成果权等技术成果完成人人身权利的合同，合同部分无效，不影响其他部分效力的，其他部分仍然有效。

4. 《中华人民共和国劳动合同法》

第二十七条 劳动合同部分无效，不影响其他部分效力的，其他部分仍然有效。

5. 《最高人民法院关于适用〈中华人民共和国担保法〉若干问题的解释》（法释〔2000〕44号）

第五十七条 当事人在抵押合同中约定，债务履行期届满抵押权人未受清偿时，抵押物的所有权转移为债权人所有的内容无效。该内容的无效不影响抵押合同其他部分内容的效力。

债务履行期届满后抵押权人未受清偿时，抵押权人和抵押人可以协议以抵押物折价取得抵押物。但是，损害顺序在后的担保物权人和其他债权人利益的，人民法院可以适用合同法第七十四条、第七十五条的有关规定。

【相关观点】

一、民事行为部分无效不影响其他部分效力的情形

1. 法律行为标的之数量超过法律许可范围。例如借贷合同约定利息超过国家规定的最高利率，其他高于国家规定的最高利率的部分无效。又如，遗嘱将全部财产遗赠他人而剥夺了法定继承人的应继份额，违反继承法关于应继份额的规定，则剥夺法定继承人应继的遗赠部分因违反法律的强制性规定而无效。

2. 法律行为之标的，由数种不同事项拼合而成，其中一项或数项无效。例如买卖合同标的物有数个，其中之一为法律禁止流通物，则该买卖中仅买卖禁止流通物部分无效，其他部分仍可有效。

3. 法律行为非主要条款，因违反法律禁止性规定或公序良俗而无效。例如劳动合同约定"工伤概不负责"，该约定因违反法律而应认定无效，但合同其他条款有效。

——沈德咏主编：《〈中华人民共和国民法总则〉条文理解与适用》，人民法院出版社2017年版。

二、合同部分无效不影响其他部分的效力

1. 如果认定合同的某些条款无效，该部分内容与合同的其他内容相比较，应当是相对独立的，该部分与合同的其他部分具有可分性，也就是本条所说的，合同的无效部分不影响其他部分的效力。如果部分无效的条款与其他条款具有不可分性，或者当事人约定某合同条款为合同成立生效的必要条款，那么该合同的部分无效就会导致整个合同的无效，而不能确认该部分无效时，另一部分合同内容又保持其效力。

2. 如果合同的目的是违法的，或者根据交易习惯或者诚实信用和公平原

则，剩余部分的合同内容的效力对当事人已没有任何意义或者不公平合理的，合同应全部确认为无效。

【相关案例】

1. 双方意思表示真实的合同，未损害国家、集体和第三人的合法权益，且经过公证的合同成立，自成立时候生效，合同部分内容无效，不影响其他部分的效力

——青岛市国土资源和房屋管理局崂山国土资源分局与青岛乾坤木业有限公司土地使用权出让合同纠纷案

案例要旨：（1）对于双方当事人意思表示真实，约定内容不损害国家、集体和第三人的合法权益，且已经过公证的合同，应认定已经成立。（2）根据合同法的相关规定，依法成立的合同，自成立时生效。法律、行政法规规定应当办理批准、登记等手续生效的，依照其规定。（3）合同部分内容无效，但不影响其他部分效力的，应当认定合同其他部分内容有效。

案号：（2007）民一终字第84号

审理法院：最高人民法院

来源：《最高人民法院公报》2008年第5期

2. 合同部分无效不影响其他部分的效力

——南阳市迪天缘旅游开发公司诉杜克华经营权转让合同纠纷案

案例要旨：当事人签订合同处置转让包括国家文物保护单位在内的风景区，该合同是有效的，但其中涉及文物保护单位转让的内容无效。即合同部分无效，不影响其他部分的效力，其他部分仍然有效。

案号：（2008）浙民商初字第18号

审理法院：河南省淅川县人民法院

来源：《审判研究专刊》第2期

第一百五十七条　法律行为无效、被撤销或确定不发生效力后的法律后果

民事法律行为无效、被撤销或者确定不发生效力后，行为人因该行为取得的财产，应当予以返还；不能返还或者没有必要返还的，应当折价补偿。有过错的一方应当赔偿对方由此所受到的损失；各方都有过错的，应当各自承担相应的责任。法律另有规定的，依照其规定。

【新旧法条对比】

《中华人民共和国民法通则》

第六十一条　民事行为被确认为无效或者被撤销后，当事人因该行为取得的财产，应当返还给受损失的一方。有过错的一方应当赔偿对方因此所受的损失，双方都有过错的，应当各自承担相应的责任。

双方恶意串通，实施民事行为损害国家的、集体的或者第三人的利益的，应当追缴双方取得的财产，收归国家、集体所有或者返还第三人。

【相关规定】

1.《中华人民共和国合同法》

第五十八条　合同无效或者被撤销后，因该合同取得的财产，应当予以返还；不能返还或者没有必要返还的，应当折价补偿。有过错的一方应当赔偿对方因此所受的损失，双方都有过错的，应当各自承担相应的责任。

第五十九条　当事人恶意串通，损害国家、集体或者第三人利益的，因此取得的财产收归国家所有或者返还集体、第三人。

2.《最高人民法院关于贯彻执行〈中华人民共和国民法通则〉若干问题的意见（试行）》

第七十四条　民法通则第六十一条第二款中的"双方取得的财产"，应当包括双方当事人已经取得和约定取得的财产。

3.《最高人民法院关于审理期货纠纷案件若干问题的规定》

第七十四条　因期货经纪合同无效给客户造成经济损失的，应当根据无效行为与损失之间的因果关系确定责任的承担。一方的损失系对方行为所致，应当由对方赔偿损失；双方有过错的，根据过错大小各自承担相应的民事责任。

4.《最高人民法院关于印发全国法院知识产权审判工作会议关于审理技术合同纠纷案件若干问题的纪要的通知》

21. 人民法院在裁决前条规定的使用费时,可以根据权利人善意对外转让该技术秘密的费用并考虑使用人的使用规模和经济效益等因素来确定;也可以依据使用人取得该技术秘密所支付的费用并考虑该技术秘密的研究开发成本、成果转化和应用程度和使用人的使用规模和经济效益等因素来确定。

人民法院应当对已使用期间的使用费和以后使用的付费标准一并作出裁决。

合同被确认无效后,使用人不论是否继续使用该技术秘密,均应当向权利人支付其已使用期间的使用费,其已向无效合同的让与人支付的费用应当由让与人负责返还,该费用中已由让与人作为侵权损害的赔偿直接给付权利人的部分,在计算使用人向权利人支付的使用费时相应扣除。

5.《最高人民法院关于审理城镇房屋租赁合同纠纷案件具体应用法律若干问题的解释》

第九条 承租人经出租人同意装饰装修,租赁合同无效时,未形成附合的装饰装修物,出租人同意利用的,可折价归出租人所有;不同意利用的,可由承租人拆除。因拆除造成房屋毁损的,承租人应当恢复原状。

已形成附合的装饰装修物,出租人同意利用的,可折价归出租人所有;不同意利用的,由双方各自按照导致合同无效的过错分担现值损失。

当事人请求赔偿因合同无效受到的损失,人民法院依照合同法的有关规定和本司法解释第九条、第十三条、第十四条的规定处理。

6.《江苏省高级人民法院关于印发〈关于审理城镇房屋租赁合同纠纷案件若干问题的意见〉的通知》

第三十条 房屋租赁合同被确认无效后,承租人应将租赁房屋返还给出租人。出租人请求承租人参照合同约定的租金标准支付其使用房屋期间的费用的,人民法院应予支持。有过错的一方应当赔偿对方因此而受的损失;双方都有过错的,应当各自承担相应的责任。

7.《最高人民法院关于审理融资租赁合同纠纷案件适用法律问题的解释》

第四条 融资租赁合同被认定无效,当事人就合同无效情形下租赁物归属有约定的,从其约定;未约定或者约定不明,且当事人协商不成的,租赁物应当返还出租人。但因承租人原因导致合同无效,出租人不要求返还租赁物,或者租赁物正在使用,返还出租人后会显著降低租赁物价值和效用的,人民法院可以判决租赁物所有权归承租人,并根据合同履行情况和租金支付情况,由承租人就租赁物进行折价补偿。

8.《最高人民法院关于审理商品房买卖合同纠纷案件适用法律若干问题的解释》

第九条 出卖人订立商品房买卖合同时,具有下列情形之一,导致合同无效或者被撤销、解除的,买受人可以请求返还已付购房款及利息、赔偿损失,并可以请求出卖人承担不超过已付购房款一倍的赔偿责任:

(一) 故意隐瞒没有取得商品房预售许可证明的事实或者提供虚假商品房预售许可证明;

(二) 故意隐瞒所售房屋已经抵押的事实;

(三) 故意隐瞒所售房屋已经出卖给第三人或者为拆迁补偿安置房屋的事实。

9.《最高人民法院关于审理技术合同纠纷案件适用法律若干问题的解释》

第十一条 技术合同无效或者被撤销后,技术开发合同研究开发人、技术转让合同让与人、技术咨询合同和技术服务合同的受托人已经履行或者部分履行了约定的义务,并且造成合同无效或者被撤销的过错在对方的,对其已履行部分应当收取的研究开发经费、技术使用费、提供咨询服务的报酬,人民法院可以认定为因对方原因导致合同无效或者被撤销给其造成的损失。

技术合同无效或者被撤销后,因履行合同所完成新的技术成果或者在他人技术成果基础上完成后续改进技术成果的权利归属和利益分享,当事人不能重新协议确定的,人民法院可以判决由完成技术成果的一方享有。

10.《江苏省南京市中级人民法院关于审理民间借贷纠纷案件若干问题的指导意见》

第十条 民间借贷被认定无效后,借款人应当返还出借人借款本金。无过错的出借人要求借款人赔偿资金占用期间的损失的,人民法院可参照中国人民银行公布的同期同类存款利率予以支持。

11.《浙江省高级人民法院关于审理民间借贷纠纷案件若干问题的指导意见》

第十二条 民间借贷被认定无效后,借款人应当返还出借人借款本金。无过错的出借人要求借款人赔偿资金占用期间的损失的,法院可参照中国人民银行公布的同期同档次贷款基准利率予以支持。

12.《中华人民共和国劳动合同法》

第八十六条 劳动合同依照本法第二十六条规定被确认无效,给对方造成损害的,有过错的一方应当承担赔偿责任。

13.《中华人民共和国劳动法》

第九十七条　由于用人单位的原因订立的无效合同，对劳动者造成损害的，应当承担赔偿责任。

【相关观点】

《民法总则》第157条规定与《民法通则》和《合同法》的规定基本一致，只是在条文的最后增加了"法律另有规定的，依照其规定"。被宣告无效、被撤销或确定不发生法律效力的法律行为，只是不能发生当事人希望发生的法律后果，即使当事人在法律行为中规定的产生、变更或消灭民事权利义务的意图不能得以实现，但并不是不发生任何法律后果。也就是说，法律行为无效不等于没有法律后果，而只是不产生当事人追求或期待的法律后果。无效法律行为、可撤销法律行为、效力待定的法律行为三者虽然在是否可以有效上有所不同（无效法律行为从来没有有效过，可撤销法律行为在撤销之前是确定有效的，而效力待定的法律行为在追认之前效力处于未定状态），但可撤销法律行为一旦行使撤销权、效力待定法律行为一旦拒绝追认，则其效力都会追溯到法律行为成立之时，产生与无效法律行为一样的法律后果，都是从法律行为成立之时起就没有法律效力，且一般都可能会产生返还财产、折价补偿、赔偿损失等法律后果。

（一）返还财产

民事法律行为无效时，为自始、确定、当然的无效，因此当事人若根据无效的民事行为变付财产，则其交付财产的基础也自始、当然、确定地不存在，因而受领人从接受财产开始时就欠缺受领的法律依据，理所当然应当返还。给付人对受领人享有物的返还请求权，在给付的标的物还存在的情况下，如果给付物为动产，给付人则有权请求受领人转移该动产的占有给自己，使得自己对该动产的支配恢复圆满状态；在给付的标的物为不动产的情况下，给付人除了有权请求受领人将该不动产转移自己占有外，如果该不动产已办理过户登记手续，给付人还有权请求受领人将该不动产登记于自己名下。

（二）赔偿损失

这种赔偿损失一般发生在双方法律行为之中，且应当满足四个条件：第一，损失的存在。即当事人因法律行为无效而遭受了损失，这种损失必须是实际发生的损失。第二，赔偿义务人有过错。过错的表现有多种，如违反了法律强制性规定，采用欺诈、胁迫等手段订立合同等。第三，接受赔偿损失一方无故意违法而致法律行为无效的情况。如果当事人故意违法或者违反公序良俗而给自己造成财产损失，应由自己承担损失。第四，损失与过错之间有因果关系，即一方或双方遭受的损失是由另一方或者双方的过错造成的。如果双方都有过错，由双方根据各自过错的程度和性质，向对方承担相应的责任。

——沈德咏主编：《〈中华人民共和国民法总则〉条文理解与适用》，人民法院出版社 2017 年版。

【相关案例】

1. 无效借款合同的借用方实际占用资金，出借方受有一定损失的，借用方应支付相应利息

——潮州正龙电池工业有限公司与广州尚衡商贸有限公司借款合同纠纷上诉案

案例要旨：公司之间签订《借款合同》虽然因违反了国家法律的强制性规定而无效，但借用方实际占用了资金，出借方确实有一定的损失，借用方应支付按银行同期贷款利率计算的利息。

案号：（2012）穗中法民二终字第 1247 号

审理法院：广东省广州市中级人民法院

来源：法信网

2. 以监狱土地设定抵押担保，合同无效，导致合同无效的过错责任人应承担相应的法律责任

——中国建设银行股份有限公司汉中某支行诉某钢管厂、陕西省某机械厂借款抵押合同纠纷案

案例要旨：监狱土地是国家无偿划拨、供监狱执行刑罚和组织罪犯劳动使用的土地，监狱应当严格按照国家规定的用途使用土地，将监狱土地用作抵押物，不符合国家土地用途管制制度。违反法律规定以监狱土地提供抵押担保的，合同无效。债权人无过错的，担保人与债务人对主合同债权人的经济损失，承担连带赔偿责任。

案号：（2005）陕民再终字第 20 号

审理法院：陕西省高级人民法院

来源：陕西法院网

第四节　民事法律行为的附条件和附期限

第一百五十八条　附条件的法律行为

民事法律行为可以附条件，但是按照其性质不得附条件的除外。附生效条件的民事法律行为，自条件成就时生效。附解除条件的民事法律行为，自条件成就时失效。

【新旧法条对比】

《中华人民共和国民法通则》

第六十二条　民事法律行为可以附条件，附条件的民事法律行为在符合所附条件时生效。

【相关规定】

1.《中华人民共和国合同法》

第四十五条　当事人对合同的效力可以约定附条件。附生效条件的合同，自条件成就时生效。附解除条件的合同，自条件成就时失效。

当事人为自己的利益不正当地阻止条件成就的，视为条件已成就；不正当地促成条件成就的，视为条件不成就。

2.《最高人民法院关于审理商品房买卖合同纠纷案件适用法律若干问题的解释》

第六条　当事人以商品房预售合同未按照法律、行政法规规定办理登记备案手续为由，请求确认合同无效的，不予支持。

当事人约定以办理登记备案手续为商品房预售合同生效条件的，从其约定，但当事人一方已经履行主要义务，对方接受的除外。

3.《中华人民共和国保险法》

第十三条　投保人提出保险要求，经保险人同意承保，保险合同成立。保险人应当及时向投保人签发保险单或者其他保险凭证。

保险单或者其他保险凭证应当载明当事人双方约定的合同内容。当事人也可以约定采用其他书面形式载明合同内容。

依法成立的保险合同，自成立时生效。投保人和保险人可以对合同的效力约定附条件或者附期限。

4.《中华人民共和国票据法》

第三十三条　背书不得附有条件。背书时附有条件的，所附条件不具有汇票上的效力。

将汇票金额的一部分转让的背书或者将汇票金额分别转让给二人以上的背书无效。

第四十三条　付款人承兑汇票，不得附有条件；承兑附有条件的，视为拒绝承兑。

5.《中华人民共和国反不正当竞争法》

第十二条　经营者销售商品，不得违背购买者的意愿搭售商品或者附加其他不合理的条件。

6.《中华人民共和国合同法》

第九十三条　当事人协商一致，可以解除合同。

当事人可以约定一方解除合同的条件。解除合同的条件成就时，解除权人可以解除合同。

第九十九条　当事人互负到期债务，该债务的标的物种类、品质相同的，任何一方可以将自己的债务与对方的债务抵销，但依照法律规定或者按照合同性质不得抵销的除外。

当事人主张抵销的，应当通知对方。通知自到达对方时生效。抵销不得附条件或者附期限。

第一百七十条　试用买卖的当事人可以约定标的物的试用期间。对试用期间没有约定或者约定不明确，依照本法第六十一条的规定仍不能确定的，由出卖人确定。

7.《最高人民法院关于审理买卖合同纠纷案件适用法律问题的解释》

第四十一条　试用买卖的买受人在试用期内已经支付一部分价款的，人民法院应当认定买受人同意购买，但合同另有约定的除外。

在试用期内，买受人对标的物实施了出卖、出租、设定担保物权等非试用行为的，人民法院应当认定买受人同意购买。

8.《中华人民共和国企业破产法》

第四十七条　附条件、附期限的债权和诉讼、仲裁未决的债权，债权人可以申报。

【相关观点】

一、附条件民事法律行为的概念及特征

附条件的民事法律行为是指民事主体为民事法律行为设定一定的条件，把条件的成就与否作为民事法律行为效力发生或者消灭依据的民事法律行为。

附条件的法律行为具有以下特征：

1. 民事法律行为所附条件对民事法律行为的效力有直接的限制作用，条件的成就与否，可以决定民事法律行为效力的发生或消灭。

2. 民事法律行为所附条件能够使行为的动机具有法律意义，或使行为人能够避免因难以预见的未来事件的发生或不发生所导致的不利后果。

3. 民事法律行为所附条件是行为人同一意思表示的内容之一，是该民事法律行为整体的一部分。因此，条件的无效，往往会导致民事行为本身的无效。

在附条件的民事法律行为中，条件是决定民事法律行为效力发生或消灭的事实，属于民事法律行为生效或失效的特别要件，同时它又是一种附属性要件，只有在具备成立要件和一般生效要件的情况下，才能对民事法律行为的效力发生影响。附条件的民事法律行为是当事人意思自治原则的体现，它能够充分尊重当事人的意思，使民事法律行为更好地满足当事人的具体需要。有时当事人由于某些特殊原因并不希望让民事法律行为一经成立就产生效力，如当事人估计其经济状况、生产经营条件、生活和工作情况等经过一段时期后可能会发生变化，而使原来所需要进行的民事法律行为失去意义，这时，当事人就可以对其实施的民事法律行为附加生效或消灭的条件，在条件成就后才使民事法律行为生效或使民事法律行为效力消灭，这样就能够尽量减少当事人可能的风险和损失，使民事法律行为更好地达到当事人的预期的效果。现代各国民法都承认除了法律规定限制的之外，民事法律行为原则上均可附条件。我国亦是如此。

——唐德华、高圣平主编：《民法通则及配套规定新释新解（上）》，人民法院出版社2003年版。

二、附条件民事法律行为的法律后果

附条件的民事法律行为一旦成立就对当事人具有法律上的约束力，应当遵守民事法律行为的约定，无论是生效条件还是解除条件，都必须按照事实发生或者不发生的客观规律，任其自然的发生或者不发生，由此来确定民事法律行为的生效或者解除，不得人为地加以干预。

人为地干预民事法律行为所附条件的发生或者不发生，违背了民事法律行为所附条件的意义，使所附条件的成就或者不成就加入了人的意志的因素，而且是一方当事人的意志因素，因而使民事法律行为的生效或者解除，就由一方当事人加以控制，使民事法律行为的双方当事人的利益平衡发生动摇，违背民法的公平原则和诚实信用原则，因此，必须禁止这种恶意的行为。凡是当事人不正当地阻止所附条件成就的，应当视为条件已经成就，民事法律行为应当按照原来的约定，生效或者解除；凡是当事人不正当地促成所附条件成就的视为条件不成就，应当按照民事法律行为原来的约定，确认民事法律行为不生效或者不解除。这样规定，有利于保护非恶意的一方当事人的利益，制裁恶意的民事法律行为当事人，维护交易秩序，保护交易安全。

——杨立新：《杨立新民法讲义（民法总则）》，人民法院出版社2009年版。

三、民事法律行为所附条件的成就

附条件法律行为成立后，条件成就与否未确定以前，法律行为效力的发生或者消灭，还不能预料，这时当事人的权利虽然还没有取得，但是当事人在实际上有一种可以取得权利的希望，这种希望实际上具有权利的性质，学说上称它为"期待权"。这种"期待权"应受法律保护，不允许加以侵害。例如甲许诺乙考上大学以后将自己用的电视机送给乙，但在乙没有报考时就把那台电视机出卖了，乙将来即使考上大学，也得不到那个预期的利益。在这种情况下，乙考取大学后可以要求甲赔偿。

附条件法律行为一经成立，对于条件的成就和不成就，应让事实在客观上自然的发展，任何当事人都不得为自己的利益，以不正当的手段促成或阻止条件的成就或不成就，即不允许当事人用不正当的行为加以左右。当事人为自己的利益不正当地促成条件成就的，应该视为条件不成就；当事人为自己的利益不正当地阻止条件成就的，应该视为条件已经成就。当事人一方在条件成就与否未定的情况下，如果因自己的过错致使对方的附条件的权利受到损害时，应负赔偿责任。法律上的这种要求，目的在于保护当事人的合法权益，发挥附条件法律行为在民事流转中的积极作用。

法律行为以允许附条件为原则，但是，并不是一切法律行为都可以附条件。有些法律行为，如结婚、离婚、非婚生子女的认领、行使解除权、撤销权、选择权等法律行为，一般认为都不许附条件；如果附条件，则那个法律行为无效。

此外，附条件的民事行为如果所附条件是违背法律规定或者不可能发生的，应当认定该民事行为无效。

——唐德华、高圣平主编：《民法通则及配套规定新释新解（上）》，人民法院出版社2003年版。

四、审判实践中应注意的问题

民事法律行为所附条件，既可以是自然现象、事件，也可以是人的行为。但它应当具备以下条件：（1）必须是将来发生的事实；（2）必须是将来不确定的事实，否则为期限；（3）条件应当是双方当事人约定的，并以意思表示的形式表现出来，"法定条件"不属于此处所谓的条件；（4）条件必须合法，不得违反现行法律的规定；（5）条件必须决定整个民事法律行为的效力，如果条件不是决定民事法律行为的效力，而只是决定其他内容，则不属于附条件的民事法律行为；（6）条件不得与民事法律行为的主要内容相矛盾。

——沈德咏主编：《〈中华人民共和国民法总则〉条文理解与适用》，人民法院出版社2017年版。

【相关案例】

1. 当事人对合同的效力可以约定附条件，附生效条件的合同，自条件成就时生效，附解除条件的合同，自条件成就时失效

——甲某诉乙公司代理合同纠纷案

案例要旨：第一，风险代理是指委托人与受托人约定的由委托人根据受托人处理受托事务的结果确定受托人于处理受托事务中发生的有关费用或处理受托事务报酬的承担与给付的一种特殊的委托合同，其风险性主要在受托人完成受托事务的效果决定了依照合同受托人是否有权就有关费用与报酬要求委托人承担与支付，以及应支付数额的多少。合同法规定的一般委托合同中委托人有预付或偿还受托人处理受托事务费用及按约定给付受托人报酬的义务。第二，《民法通则》第62条规定："民事法律行为可以附条件，附条件的民事法律行为在符合所附条件时生效。"《合同法》第45条规定：当事人对合同的效力可以约定附条件。附生效条件的合同，自条件成就时生效。附解除条件的合同，自条件成就时失效。

审理法院：江苏省泰州市中级人民法院

来源：江苏法院网

2. 附生效条件的合同，自条件成就时生效，未生效合同，当事人只能主张缔约过失责任

——太平洋保险公司天津分公司诉中国拆船总公司签订拖航保险合同后即不提供适拖证书也不交纳保险费要求交纳保险费案

案例要旨：当事人对合同的效力可以约定附条件。附生效条件的合同，自条件成就时生效。条件不成就的，合同不生效，这就意味着当事人只能向相对方主张依缔约过失责任赔偿其信赖利益的损失，而不享有不当得利返还的请求权。

审理法院：天津市高级人民法院

来源：《人民法院案例选》2001年第4辑（总第38辑）

3. 民事法律行为可以附条件，附条件的民事法律行为在符合所附条件时生效

——中国工商银行郴州市支行诉湖南省郴州制药原料厂等借款合同案

案例要旨：当事人就合同生效约定了条件，当合同所附条件成就时，合同生效，负有义务的一方应依约履行合同义务。

审理法院：湖南省郴州市中级人民法院

案号：（1993）郴中法经终字第156号

来源：《中国审判案例要览》（1995年综合卷）

4. 条件成就与否并不影响民事法律行为所产生的后果的,不视为为合同效力所约定的条件

——北京中远国际货运有限公司诉中国国际文化艺术公司、北京世纪弘扬文化艺术有限公司货运代理合同案

案例要旨: "附条件"的目的在于影响民事法律行为的效力,使其在条件成就的时候生效或者失效。条件是不确定的偶然性事实,在约定附某种条件的时候,该条件是否能够成就是不确定的,因而条件成就与不成就所产生的法律后果也是不一致的。条件成就与否将导致不同法律后果的,应视为为合同效力所附的条件,条件成就与否并不影响民事法律行为所产生的后果的,不视为为合同效力所约定的条件。

案号: (2006)津高法民四终字第0030号

审理法院: 天津市高级人民法院

来源: 中国审判案例要览(2007年民事审判案例卷)

第一百五十九条 条件成就或不成就的拟制

附条件的民事法律行为,当事人为自己的利益不正当地阻止条件成就的,视为条件已成就;不正当地促成条件成就的,视为条件不成就。

【相关规定】

《中华人民共和国合同法》

第四十五条 当事人对合同的效力可以约定附条件。附生效条件的合同,自条件成就时生效。附解除条件的合同,自条件成就时失效。

当事人为自己的利益不正当地阻止条件成就的,视为条件已成就;不正当地促成条件成就的,视为条件不成就。

【相关观点】

一、《民法总则》第 159 条条文理解

按照本条规定,附条件的民事法律行为成立后条件成就前,当事人负有必须顺应条件的自然发展而不是加以不正当地干预的义务,亦即不作为。在附停止条件下,当事人不得为自己的利益不正当地阻止条件的成就,否则视为条件已成就;在附解除的条件下,当事人不得为自己的利益不正当地促成条件的成就,否则视为条件不成就。《法国民法典》《德国民法典》《日本民法典》等均规定了条件成就或者不成就的拟制效力。本条的立法理由,在于制裁不正当行为,保护因条件成就或者不成就而受利益的当事人。

——沈德咏主编:《〈中华人民共和国民法总则〉条文理解与适用》,人民法院出版社 2017 年版。

二、预售商品房未按规定登记备案的不影响合同的效力

如果预售人为自己的利益不正当阻止条件成就时,应当视为条件已成就。比如本来双方当事人约定以办理登记备案手续为商品房预售合同生效的条件,但由于在建的商品房附近新修了高速公路,房价飘升。开发商见状就一直拖着不去办理预售登记备案手续,实际是想阻止条件成就,故对这种情况应当视为条件已成就。这里要认定预售人不正当阻止合同所附条件成就,预购人要有相应的证据证明。当事人对合同的效力可以约定附一定的条件,附条件的合同成立后条件成就前,当事人对于所约定的条件是否成就,应听其自然发展,而不能为了自己的利益,恶意地促使或阻碍条件成就。为此,《法国民法典》《德国民法典》《日本民法典》中都有相关条款规定,因条件成就而受不利益的当事人,如果以不正当行为阻止条件成就者,视为条件已成就。

此即所谓条件成就之拟制。其立法理由，在于制裁不正当行为，保护因条件成就而受利益的当事人，充分发挥附条件民事法律行为在民事交往中的积极作用，维护民事法律行为制度的严肃性。在当事人一方基于对合同的信赖而实施了有利于他方合同利益的一定行为，付出了一定代价的情况下，法律尤其应当本着公平正义的精神，依据诚实信用原则，保护善意当事人的合法权益。因此，应当达成的共识是：登记备案属于预售人的义务，而不是商品房合同生效的条件，预售未按规定登记备案，仅预售人受行政处罚，而不影响合同的效力。

——韩延斌、王林清：《房地产纠纷裁判思路与规范指引（下）》，人民法院出版社 2014 年版。

三、条件成就与不成就的拟制

条件是否成就，对当事人利益影响巨大，双方当事人在订立附条件的合同后可能会后悔，不愿意合同发生效力或者希望合同尽快发生效力，违反双方约定附条件合同的初衷，不当阻碍条件成就或不当促使条件成就，有违诚实信用原则，应予否定。为此，立法上专设有条件成就与不成就之拟制制度，防止当事人不当阻碍条件成就或不当促成条件成就。条件成就或不成就之拟制包括两个构成要件：一是阻止或促使条件成就者为因条件不成就或成就而受利益的当事人。如果阻止或促使条件成就者为因此而利益受损的一方当事人或者为无利益关系的第三人，则不构成拟制。二是当事人以不当行为阻止或促使条件成就。当事人之行为是否得当，应以其行为是否违反诚实信用原则为标准，如果当事人之行为专为阻止条件成就或促使条件成就，则为不当；如果当事人为其他正当行为，客观上造成了条件成就或不成就的后果，或者行为人之目的系为其他正当目的，则不属于不当行为。

【相关案例】

1. 国际航空货物运输代理纠纷发生后，双方签订《备忘录承诺书》约定支付剩余运费条件，若当事人为自己的利益不正当地阻止条件成就的，视为条件已成就

——上海某国际贸易有限公司与上海某国际航空服务有限公司航空运输销售代理合同纠纷上诉案

案例要旨：当事人所签的《国际航空货物运输代理协议》系双方真实意思表示，合法、有效，法院予以确认。货损纠纷发生后，双方签订了《备忘录承诺书》，将"赔偿处理事宜得到共同认可"作为委托人支付剩余运费的条件。双方当事人均有义务按约促使解决争议的条件成就，以便妥善解决纠纷。但自该备忘录签订后两年来，双方始终未就赔偿事宜达成一致，委托人亦从未以诉讼方式要求汇金公司承担赔偿责任，致使备忘录中约定的条件始终不能成就。我国法律规定，当事人为自己的利益不正当地阻止条件成就的，视为条件已成就。故委托人应当向受托人支付拖欠的运费。

案号：（2010）沪一中民四（商）终字第597号

来源：法信网

2. 一方当事人为促成条件成就消极履行合同义务的，视为条件不成就

——迦南科技集团有限公司与苏州市华芯微电子有限公司技术委托开发合同纠纷上诉案

案例要旨：从合同约定的双方权利义务内容看，当事人一方负责产品研发费用及生产资金，另一方负责产品研发设计及生产技术指导，该合同为技术委托开发合同。附解除条件的合同，自条件成就时失效，但一方当事人为促成条件成就消极履行合同义务的，视为条件不成就。

案号：（2008）苏民三终字第0115号

来源：法信网

第一百六十条　附期限的法律行为

民事法律行为可以附期限，但是按照其性质不得附期限的除外。附生效期限的民事法律行为，自期限届至时生效。附终止期限的民事法律行为，自期限届满时失效。

【相关规定】

1.《中华人民共和国合同法》

第四十六条　当事人对合同的效力可以约定附期限。附生效期限的合同，自期限届至时生效。附终止期限的合同，自期限届满时失效。

第九十九条　当事人互负到期债务，该债务的标的物种类、品质相同的，任何一方可以将自己的债务与对方的债务抵销，但依照法律规定或者按照合同性质不得抵销的除外。

当事人主张抵销的，应当通知对方。通知自到达对方时生效。抵销不得附条件或者附期限。

2.《最高人民法院关于贯彻执行〈中华人民共和国民法通则〉若干问题的意见（试行）》

第七十六条　附期限的民事法律行为，在所附期限到来时生效或者解除。

3.《中华人民共和国保险法》

第十三条　投保人提出保险要求，经保险人同意承保，保险合同成立。保险人应当及时向投保人签发保险单或者其他保险凭证。

保险单或者其他保险凭证应当载明当事人双方约定的合同内容。当事人也可以约定采用其他书面形式载明合同内容。

依法成立的保险合同，自成立时生效。投保人和保险人可以对合同的效力约定附条件或者附期限。

4.《中华人民共和国企业破产法》

第四十七条　附条件、附期限的债权和诉讼、仲裁未决的债权，债权人可以申报。

【相关观点】

一、附期限民事法律行为的概念

附期限的民事法律行为，是指在民事法律行为中附一定的期限，并把该期限的到来作为当事人的民事权利和民事义务发生或者消灭前提的民事法律行为。例如，在房屋租赁民事法律行为中约定，在民事法律行为成立的1个月内，将房屋租赁给承租人，这里的1个月，就是所附的期限。

附期限的民事法律行为，在民事法律行为的内容上，并没有与一般的民事法律行为有严格的不同，只是在民事法律行为中约定一定的期限，并且将这个期限作为民事法律行为生效或者失效的条件，在这个期限届至时，民事法律行为生效或者失效。

——杨立新：《杨立新民法讲义（民法总则）》，人民法院出版社2009年版。

二、附期限法律行为的效力

附期限的法律行为是指法律行为效力的发生或者终止以一定期限的到来为根据。法律行为中所附的期限是指限制各该法律行为生效或者失效的时间，可以是一定日期，也可以是一段时间。

期限与条件虽然都由当事人约定的限制法律行为效力的一种方式，但是，二者是有区别的。期限是将来一定会发生的事实，例如2001年5月1日、死亡等等，都是期限，因为这些事实确定会发生。人老了一定会死亡，所以死亡是期限而不是条件；2001年5月1日一定会到来。因此，期限是可知的；而条件是将来可能发生也可能不发生的事实，能否实现，不能确定、不可知。例如某项实验的成功、考上大学、出国进修等，都不是一定会成为事实的。

期限是当事人约定的，而不是法律规定的，也不是主管部门或者人民法院所规定的期限。

期限按其对法律行为效力所起的作用来看，可分为"延缓期限"和"解除期限"。

（一）延缓期限

延缓期限，又称停止期限，或称始期，其含义各国法律规定并不一致。有的规定是停止法律行为效力的发生，即期限未到来之前，法律行为的效力不发生，待期限到来之时，法律行为才发生效力；有的规定是停止法律行为履行效力的发生，而不是停止法律行为效力的发生，即法律行为的效力已经发生，只是期限到来时，法律行为的履行效力才发生。合同法第8条规定："依法成立的合同，对当事人具有法律约束力。"根据这一规定的精神，我国附期限的合同的延缓期限，应当是指停止合同的履行的期限，而不是停止合同生效的期限。例如，甲与乙于1986年12月1日前是履行合同的停止期限，到期后即发生合同的履行效力。

（二）解除期限

解除期限，又称终期，是指使法律行为效力终止的期限。附终期的法律行为，在成立时即生效力，但在终期届满时，效力就终止。例如甲、乙订立房屋租赁合同，约定租期为6年。6年到了，租赁合同就终止了，租赁关系也就不存在了。

应当把解除期限与履行期限届满区别开来。履行期限届满后，法律行为并不一定立即失效，并不一定立即免除当事人履行义务。例如购销合同的交货期为10月1日至31日，到了10月31日供方仍未交货，需方可能请求继续交货，并支付逾期违约金或者赔偿损失；如果是附解除期限的供货合同，规定在10月31日为解除期限，超过10月31日合同即失效，并发生合同失效的法律后果。

期限也同条件一样，有"期待权"的问题。例如甲、乙约定，甲于明年5月1日交付乙一幅古画，但甲在期限届满以前把这张画故意烧掉了。这种情况也应认为侵害了乙的期待权，甲应当在期限到来时赔偿乙的损失。

法律行为以允许附期限为原则，但是，有一些法律行为因其性质所决定，不能附期限，例如结婚、离婚、撤销、选择、解除、承认等法律行为，都不许附期限。

——唐德华、高圣平主编：《民法通则及配套规定新释新解（上）》，人民法院出版社2003年版。

【相关案例】

1. 附生效期限的合同，自期限届至时生效，期限届满前，合同对当事人无法律拘束力

——邱太洪诉阿新劳务合同案

案例要旨：附生效期限的合同，自期限届至时生效。期限届满前，合同对当事人无法律拘束力，合同一方当事人无权要求对方履行合同义务。

审理法院：新疆生产建设兵团第四师中级人民法院

案号：（2001）农四民再字第1号

来源：《中国审判案例要览》

2. 附服务期限的购房合同中，关于服务期限的条款有违公平原则的应当视为无效

——江苏曙光光电有限责任公司与王平房屋买卖合同纠纷上诉案

案例要旨：用人单位按照房改政策将公房出售给劳动者，并与职工签订了购房者服务期限的约定。对于该约定的效力，应审查约定的内容是否违反房改政策和法律规定。对于服务期限的确定，应当遵循合法、公平、平等自愿、协商一致、诚实信用的原则。

案号：（2007）扬民一终字第0089号

审理法院：江苏省扬州市中级人民法院

来源：《人民司法·案例》2007年第11期

第七章 代 理

第一节 一般规定

第一百六十一条 代理制度的适用范围

民事主体可以通过代理人实施民事法律行为。

依照法律规定、当事人约定或者民事法律行为的性质,应当由本人亲自实施的民事法律行为,不得代理。

【新旧法条对比】

《中华人民共和国民法通则》

第六十三条 公民、法人可以通过代理人实施民事法律行为。

代理人在代理权限内,以被代理人的名义实施民事法律行为。被代理人对代理人的代理行为,承担民事责任。

依照法律规定或者按照双方当事人约定,应当由本人实施的民事法律行为,不得代理。

【相关规定】

《最高人民法院关于贯彻〈中华人民共和国民法通则〉若干问题的意见(试行)》

第七十八条 凡是依法或者依双方的约定必须由本人亲自实施的民事行为,本人未亲自实施的,应当认定行为无效。

【相关观点】

从《民法总则》现有规定出发,代理是指代理人在代理权范围内,以被代理人的名义独立与第三人实施民事法律行为,由此产生的法律效果归属于被代理人的民事法律制度。关于代理行为的归属,学说上有争论,有采本人行为说,认为法律系将代理人行为,拟制为本人行为。有采共同行为说,认为其发生效力系基于本人对于代理人之意思,及代理人对相对人之意思的相互结合。从法律关系角度考虑,代理也是一种法律关系。

依据《民法总则》第 161 条规定,民事法律行为的实施可以作为代理范围的一般原则,凡是民事主体之间有关民事权利义务的设立、变更、消灭的民事法律行为,都可以适用代理制度。对于代理进行的民事法律行为,在法律适用尤其是法律后果上,对于外部关系要适用关于直接代理与间接代理的规定,如果存在委托合同,则要按照委托合同的规定,遵循约定优先的规则。

——沈德咏主编:《〈中华人民共和国民法总则〉条文理解与适用》,人民法院出版社2017年版。

【相关案例】

通过QQ委托彩票销售人员购买彩票的行为构成委托代理关系
——李亮诉重庆市体彩中心等彩票纠纷案

案例要旨:通过QQ聊天工具委托彩票竞彩店工作人员购买彩票,属于彩民与工作人员个人间的委托关系,要证明委托关系的存在,除QQ聊天记录外,还需存在与之形成强有力证据链的其他证据。

案号:(2011)中区民初字第03148号
审理法院:重庆市渝中区人民法院(原重庆市中区人民法院)
来源:人民法院报2012年5月31日,第6版

第一百六十二条 代理的效力

代理人在代理权限内,以被代理人名义实施的民事法律行为,对被代理人发生效力。

【新旧法条对比】

《中华人民共和国民法通则》

第六十三条 公民、法人可以通过代理人实施民事法律行为。

代理人在代理权限内,以被代理人的名义实施民事法律行为。被代理人对代理人的代理行为,承担民事责任。

依照法律规定或者按照双方当事人约定,应当由本人实施的民事法律行为,不得代理。

【相关规定】

《最高人民法院关于贯彻执行〈中华人民共和国民法通则〉若干问题的意见(试行)》

第七十七条 意思表示由第三人义务转达,而第三人由于过失转达错误或者没有转达,使他人造成损失的,一般可由意思表示人负赔偿责任。但法律另有规定或者双方另有约定的除外。

【相关观点】

一、《民法总则》第162条条文理解

代理是以扩张及补充私法自治为目的,依他人行为而取得权利或承担义务之制度。据代理权的取得方式,有委托代理与法定代理之分。通过委托代理,被代理人可以不亲自参与民事活动而直接与第三人产生法律关系,极大地扩大了被代理人的活动领域。而对于行为能力有缺陷的人,法定代理则弥补了其不能通过自身活动从事民事法律行为的不足。

——沈德咏主编:《〈中华人民共和国民法总则〉条文理解与适用》,人民法院出版社2017年版。

二、代理的特点

自然人、法人进行民事活动,一是亲自实施某种民事法律行为;二是通过代理人实施某种民事法律行为。通过代理人实施民事法律行为,就涉及民法中的代理。代理人在代理权限内,以被代理人的名义实施民事法律行为。

被代理人对代理人的代理行为，承担民事责任。代理的特点为：（1）代理人在代理权限内进行代理活动。（2）代理人以被代理人的名义进行代理活动。（3）代理人的代理活动是实施某种民事法律行为。（4）代理人代理活动产生的法律后果由被代理人承担。

【相关文献】

1. 殷秋实：《论代理中的显名原则及其例外》，载《政治与法律》2016年第1期。

2. 赵秀梅：《〈民法典总则〉代理制度立法建议》，载《法律适用》2016年第8期。

【相关案例】

1. 代理人在代理权限内，以被代理人的名义实施民事法律行为，被代理人对代理人的行为，承担民事责任

——常州现代混凝土有限公司诉金坛市儒林建筑安装工程有限公司、徐国华承揽合同价款纠纷案

案例要旨：代理人在代理权限内，以被代理人的名义实施民事法律行为。被代理人对代理人的行为，承担民事责任。项目经理部在建设工程施工上对外进行买卖、租赁、借贷等民事行为引发的诉讼，其民事行为效力和民事责任主体以及应承担民事责任的认定，应当区分项目经理部与建筑企业内部和外部行为及合同性质，是否构成表见代理等综合作出认定。

案号：（2011）常商再终字第0012号

审理法院：江苏省常州市中级人民法院

来源：《人民法院案例选》2013年第3辑（总第85辑）

2. 代理人受到刑事追究的不免除被代理人应承担的合同责任

——洋浦中合石油化工有限公司诉包头市云通煤炭运销有限责任公司买卖合同纠纷案

案例要旨：代理人在代理权限内以被代理人的名义与第三人签订的合同具有法律效力，即使代理人受到刑事追究，也不因此而免除被代理人应当承担的合同责任。

案号：（2010）浦民初字第9号

审理法院：海南省洋浦经济开发区人民法院

来源：《人民法院案例选》2011年第2辑（总第76辑）

3. 代理人在代理权限内完成委托事项，准确、全面地履行委托合同的义务，是有权代理

——苏建孙诉上海中银证券公司无锡经营部委托合同案

案例要旨：委托代理合同成立，双方当事人应根据合同享有相应的权利，承担相应的义务。代理人在代理权限内完成了委托事项，准确、全面地履行了委托合同的义务，是有权代理，且没有超越代理权限，则其行为对被代理人有效。

案号：(1995) 锡民终字第 164 号

审理法院：江苏省无锡市中级人民法院

来源：《中国审判案例要览》(1996 年民事审判卷)

第一百六十三条　代理的类型

代理包括委托代理和法定代理。

委托代理人按照被代理人的委托行使代理权。法定代理人依照法律的规定行使代理权。

【新旧法条对比】

《中华人民共和国民法通则》

第六十四条　代理包括委托代理、法定代理和指定代理。

委托代理人按照被代理人的委托行使代理权，法定代理人依照法律的规定行使代理权，指定代理人按照人民法院或者指定单位的指定行使代理权。

【相关规定】

1. 《中华人民共和国民法总则》

第十九条　八周岁以上的未成年人为限制民事行为能力人，实施民事法律行为由其法定代理人代理或者经其法定代理人同意、追认，但是可以独立实施纯获利益的民事法律行为或者与其年龄、智力相适应的民事法律行为。

第二十条　不满八周岁的未成年人为无民事行为能力人，由其法定代理人代理实施民事法律行为。

第二十一条　不能辨认自己行为的成年人为无民事行为能力人，由其法定代理人代理实施民事法律行为。

八周岁以上的未成年人不能辨认自己行为的，适用前款规定。

第二十二条　不能完全辨认自己行为的成年人为限制民事行为能力人，实施民事法律行为由其法定代理人代理或者经其法定代理人同意、追认，但是可以独立实施纯获利益的民事法律行为或者与其智力、精神健康状况相适应的民事法律行为。

第二十三条　无民事行为能力人、限制民事行为能力人的监护人是其法定代理人。

2. 《中华人民共和国合同法》

第三百九十七条　委托人可以特别委托受托人处理一项或者数项事务，也可以概括委托受托人处理一切事务。

第四百条　受托人应当亲自处理委托事务。经委托人同意，受托人可以转委托。转委托经同意的，委托人可以就委托事务直接指示转委托的第三人，受托人仅就第三人的选任及其对第三人的指示承担责任。转委托未经同意的，受托人应当对转委托的第三人的行为承担责任，但在紧急情况下受托人为维护委托人的利益需要转委托的除外。

第四百零二条 受托人以自己的名义，在委托人的授权范围内与第三人订立的合同，第三人在订立合同时知道受托人与委托人之间的代理关系的，该合同直接约束委托人和第三人，但有确切证据证明该合同只约束受托人和第三人的除外。

第四百零三条 受托人以自己的名义与第三人订立合同时，第三人不知道受托人与委托人之间的代理关系的，受托人因第三人的原因对委托人不履行义务，受托人应当向委托人披露第三人，委托人因此可以行使受托人对第三人的权利，但第三人与受托人订立合同时如果知道该委托人就不会订立合同的除外。

受托人因委托人的原因对第三人不履行义务，受托人应当向第三人披露委托人，第三人因此可以选择受托人或者委托人作为相对人主张其权利，但第三人不得变更选定的相对人。

委托人行使受托人对第三人的权利的，第三人可以向委托人主张其对受托人的抗辩。第三人选定委托人作为其相对人的，委托人可以向第三人主张其对受托人的抗辩以及受托人对第三人的抗辩。

3. 《中华人民共和国民事诉讼法》

第五十七条 无诉讼行为能力人由他的监护人作为法定代理人代为诉讼。法定代理人之间互相推诿代理责任的，由人民法院指定其中一人代为诉讼。

第五十八条 当事人、法定代理人可以委托一至二人作为诉讼代理人。

下列人员可以被委托为诉讼代理人：

（一）律师、基层法律服务工作者；

（二）当事人的近亲属或者工作人员；

（三）当事人所在社区、单位以及有关社会团体推荐的公民。

【相关观点】

一、《民法总则》第163条条文理解

根据代理产生原因不同，代理可以分为委托代理和法定代理。本条明确规定了这一代理的基本分类，同时对于这两种类型的代理权形式作了一般规定。

——沈德咏主编：《〈中华人民共和国民法总则〉条文理解与适用》，人民法院出版社2017年版。

二、代理的形式

1. 法定代理。基于法律的直接规定而产生的代理为法定代理。无民事行为能力人、限制民事行为能力人的法定代理人是其监护人。未成年人的父母是未成年人的监护人,如果没有父母或者父母没有监护能力,依法由祖父母、外祖父母、兄、姐以及依法确定的其他人、单位担任监护人。无民事行为能力人的精神病人、限制民事行为能力的精神病人,由配偶、父母、成年子女、其他近亲属以及依法确定的其他人、单位担任监护人。

2. 委托代理。委托代理是按照委托人的委托而产生的代理。委托代理是代理中适用最广泛、最普遍的一种形式,除具有人身关系性质的民事活动外,一般民事活动都可以实行委托代理。委托代理可以采用口头形式,也可以采用书面形式。法律规定用书面形式的,应当用书面形式。如果是书面形式的委托代理,应当签发授权委托书。授权委托书属单方法律行为,一经被代理人签发,立即生效。授权委托书是产生委托代理的根据。在民事活动中,如果第三人要求证明委托代理的资格,委托代理人应当出示授权委托书。在委托代理中,委托代理人必要时可能将受委托的一部分或者全部事项再委托给其他人办理,这叫转委托。委托代理人为被代理人的利益需要转委托他人代理的,应当事先取得被代理人的同意。事先没有取得被代理人同意的,应当在事后及时告诉被代理人,如果被代理人不同意,由代理人对自己所转托的人的行为负民事责任,但在紧急情况下,为了保护被代理人的利益而转委托他人代理的除外。

三、代理的种类

(一)法定代理

即依照法律规定而直接发生的代理。《民法通则》第14条规定:"无民事行为能力人、限制行为能力人的监护人是他的法定代理人。"第16条规定:"关系密切"的朋友愿意承担监护责任,并经未成年父母所在单位或者未成年人住所地所在的居民委员会、村民委员会同意后,可以成为监护人,从而也就成为未成年人的法定代理人。第16条、第17条规定,未成年人或精神病人的"近亲属"因被指定担任监护人而成为法定代理人。法定代理的代理权及其范围由法律直接规定。法律对于享有监护地位的人授予代理权,除法律有特别规定的某些民事法律行为,法定代理权无权代理外,未成年人的一切民事活动,限制行为能力人除与其相适应的或征得其同意外,由法定代理人代为实施。

(二)委托代理

即基于被代理人的委托而发生的代理关系。被代理人以委托的意思表示将代理权授予代理人。此种授予代理权的行为称为授权行为。它属于单方行为,仅凭被代理人一方授权的意思表示,代理人就取得代理权,故委托代理又称为意定代理。委托代理一般产生于代理人与被代理人之间存在的基础法律关系之上,如根据委托合同关系、合伙合同关系、劳动或雇佣关系中的职务。被代理人的授权行为,可以向代理人进行,也可以向代理行为的相对人进行。

——唐得华、高圣平主编:《民法通则及配套规定新释新解(上)》,人民法院出版社 2003 年版。

【相关案例】

1. 委托代理授权行为不能单独证明委托合同关系成立

——屈云诉山东省枣庄市道桥工程有限公司、重庆建工投资控股有限责任公司履行债务纠纷案

案例要旨: 委托代理权发生的原因是代理权授予行为。代理权授予行为的基础法律关系可能是委托合同关系,也可能是其他法律关系。代理权授予行为本身具有一定的独立性,仅有委托代理权授予行为,并不能证明存在委托合同关系。

案号:(2015)渝高法民终字第 00072 号
审理法院: 重庆市高级人民法院
来源:《人民司法·案例》2016 年第 2 期

2. 受托人完成委托事务的,委托人应当向其支付报酬

——大连佳期置业代理有限公司诉大连德享房地产开发有限公司委托合同纠纷案

案例要旨: 委托代理人按被代理人的委托,在代理权限内以被代理人的名义实施民事法律行为,在完成代理事项后按照约定收取代理费用。委托代理事项未违反法律规定,应为有效委托合同,受托方按约定完成委托事项的,委托方应支付代理费用。

案号:(2013)民抗字第 18 号
审理法院: 最高人民法院
来源: 杜万华主编:《最高人民法院民商事案件审判指导(第 4 卷)》,人民法院出版社 2016 年版。

3. 无民事行为能力人的其他近亲属在取得监护资格后可以无民事行为能力人的法定代理人身份提起离婚诉讼

——张高峰诉曹克芳离婚纠纷案

案例要旨: 根据我国《民法通则》规定,具有人身性质的行为不能代理,离婚诉讼作为一种身份法律行为,一般而言,只能由婚姻当事人自己实施,他人不能代理。但是在特殊情况下,如夫妻一

方在婚后成为无民事行为能力人，而其配偶又不尽监护义务和夫妻扶助义务时，无民事行为能力人的其他近亲属在取得监护资格后，可以无民事行为能力人的法定代理人身份提起离婚诉讼。

案号：(2009) 宝民初字第 160 号
审理法院：河南省宝丰县人民法院
来源：《审判研究专刊》第 1 期

第一百六十四条 代理人违反代理职责的法律后果

代理人不履行或者不完全履行职责，造成被代理人损害的，应当承担民事责任。

代理人和相对人恶意串通，损害被代理人合法权益的，代理人和相对人应当承担连带责任。

【新旧法条对比】

《中华人民共和国民法通则》

第六十六条　没有代理权、超越代理权或者代理权终止后的行为，只有经过被代理人的追认，被代理人才承担民事责任。未经追认的行为，由行为人承担民事责任。本人知道他人以本人名义实施民事行为而不作否认表示的，视为同意。

代理人不履行职责而给被代理人造成损害的，应当承担民事责任。

代理人和第三人串通，损害被代理人的利益的，由代理人和第三人负连带责任。

第三人知道行为人没有代理权、超越代理权或者代理权已终止还与行为人实施民事行为给他人造成损害的，由第三人和行为人负连带责任。

【相关观点】

一、《民法总则》第164条条文理解

关于代理人的责任，《民法总则》对比《民法通则》作的修改主要有四处：其一是在本条第1款增加规定了代理人不完全履行职责的情形，以使条文内容更加全面准确；其二是在本条第2款中将原来的"串通"修改为"恶意串通"，以顺应时代发展与合同法第52条等规定术语保持一致；其三是将"利益"修改为"合法权益"，更加符合当前民事法律术语的规范表述；其四是将原有《民法通则》第66条的第2、3款规定在内容上予以修改后独立为一条，在体系上更加科学合理，《民法通则》第66条的规定内容既包含无权代理的民事法律行为效力的规定（第1款），还有第三人即相对人承担责任的规定（第4款），结构思路不够清晰。

——沈德咏主编：《〈中华人民共和国民法总则〉条文理解与适用》，人民法院出版社2017年版。

二、代理人不履行职责而给被代理人造成损害的，应当承担民事责任

代理人的职责是以被代理人的名义向相对人表示意思或受领来自相对人

的意思表示。如果代理人不履行职责，就会使应该发生的代理行为没有发生；被代理人可以通过代理关系得到的利益没有得到，被代理人可以通过代理关系避免的损失没有避免。代理人应当承担该民事责任。

数个委托代理人共同行使代理权的，如果其中一人或者数人未与其他委托代理人协商，所实施的行为侵害被代理人权益的，由实施行为的委托代理人承担民事责任。

被代理人为数人时，其中一人或数人未经其他被代理人同意而提出解除代理关系，因此，造成损害的，由提出解除代理关系的被代理人承担。

——唐德华、商圣平主编：《民法通则及配套规定新释新解（上）》，人民法院出版社2003年版。

三、代理人和第三人恶意串通，损害被代理人的利益的，由代理人和第三人负连带责任

"代理人和第三人串通"，是指代理人和第三人通谋进行有非法的不正当目的的意思表示，因此，"串通"的一个显著特征是：双方都意识到意思表示有着不正当目的，由于代理人处于以被代理人名义来进行民事活动的特殊地位，代理人与第三人之间的串通，更容易使被代理人遭受损害。因此，代理人与第三人之间的串通是不具有代理行为性质的共同侵权行为，共同侵权人理应向被代理人连带承担损害赔偿责任。

——唐得华、高圣平主编：《民法通则及配套规定新释新解（上）》，人民法院出版社2003年版。

【相关案例】

代理人不履行职责，并恶意串通第三人损害被代理人利益的，由代理人和第三人负连带责任

——华埠经济贸易公司与中国外运山东威海公司等船舶进口代理合同、废钢船买卖合同纠纷案

案例要旨：进出口代理企业从委托人手中接受了为进口报关所需的易货贸易合同、批准减免关税证明、提单等全部单证文件，有义务履行受委托的全部船舶代理和办理货物进口手续等事项，在办理完毕各种手续或者在委托人要求退还有关文件时，除依法应当留存在海关、港监等有关部门的文件外，应当交还全部文件。代理人在履行代理义务时，维护委托人的合法权益是其默示的基本义务，对于其不履行职责给被代理人造成损害的，应当承担民事责任。第三人对其恶意行为给委托人造成损失的，应当承担相应的民事责任。代理人和第三人串通、损害被代理人的利益的，

由代理人和第三人负连带责任。
案号：(2000) 交提字第 3 号
审理法院：最高人民法院
来源：《最高人民法院公报》2002 年第 3 期

第二节 委托代理

第一百六十五条 授权委托书

委托代理授权采用书面形式的,授权委托书应当载明代理人的姓名或者名称、代理事项、权限和期间,并由被代理人签名或者盖章。

【新旧法条对比】

《中华人民共和国民法通则》

第六十五条 民事法律行为的委托代理,可以用书面形式,也可以用口头形式。法律规定用书面形式的,应当用书面形式。

书面委托代理的授权委托书应当载明代理人的姓名或者名称、代理事项、权限和期间,并由委托人签名或者盖章。

委托书授权不明的,被代理人应当向第三人承担民事责任,代理人负连带责任。

【相关规定】

1. 《中华人民共和国合同法》

第十一条 书面形式是指合同书、信件和数据电文(包括电报、电传、传真、电子数据交换和电子邮件)等可以有形地表现所载内容的形式。

第三百九十七条 委托人可以特别委托受托人处理一项或者数项事务,也可以概括委托受托人处理一切事务。

2. 《中华人民共和国民事诉讼法》

第五十九条 委托他人代为诉讼,必须向人民法院提交由委托人签名或者盖章的授权委托书。

授权委托书必须记明委托事项和权限。诉讼代理人代为承认、放弃、变更诉讼请求,进行和解,提起反诉或者上诉,必须有委托人的特别授权。

侨居在国外的中华人民共和国公民从国外寄交或者托交的授权委托书,必须经中华人民共和国驻该国的使领馆证明;没有使领馆的,由与中华人民共和国有外交关系的第三国驻该国的使领馆证明,再转由中华人民共和国驻该第三国使领馆证明,或者由当地的爱国华侨团体证明。

3. 《最高人民法院关于适用〈中华人民共和国民事诉讼法〉的解释》

第八十九条 当事人向人民法院提交的授权委托书,应当在开庭审理前送交人民法院。授权委托书仅写"全权代理"而无具体授权的,诉讼代理人无权代为承认、放弃、变更诉讼请求，进行和解，提出反诉或者提起上诉。

适用简易程序审的案件，双方当事人同时到庭并径行开庭审理的，可以当场口头委托诉讼代理人，由人民法院记入笔录。

4.《最高人民法院关于民事诉讼委托代理人在执行程序中的代理权限问题的批复》

陕西省高级人民法院：

你院陕高法【1996】78号《关于诉讼委托代理人的代理权限是否包括执行程序的请示》收悉。经研究，答复如下：

根据民事诉讼法的规定，当事人在民事诉讼中有权委托代理人。当事人委托代理人时，应当依法向人民法院提交记明委托事项和代理人具体代理权限的授权委托书。如果当事人在授权委托书中没有写明代理人在执行程序中有代理权及具体的代理事项，代理人在执行程序中没有代理权，不能代理当事人直接领取或者处分标的物。

此复

【相关观点】

《民法总则》第165条条文理解

（一）关于委托授权的要式性问题

本条规定虽然删除了《民法通则》第65条规定的口头形式的内容，但在解释上并非禁止委托代理适用口头形式，只是在行为导向上鼓励当事人更多的选择书面形式订立授权委托书。应该说，委托代理的授权委托可以采取口头、书面或者其他形式。授权的形式既可以明示授权也可以默示授权（比如职务授权行为）。

（二）关于授权委托书的记载事项

对此，本款内容与《民法通则》原有规定大致相同，主要包括代理人的姓名或者名称、代理事项、权限和期间，以及被代理人的签名或者盖章。这些内容已为实践所普遍接受，《民法总则》的学者建议稿也都作了基本相同的规定。比如王利明教授所拟建议稿第207条［授权书］规定"代理权授予采用书面形式的，授权书应当载明代理人的姓名或者名称、代理事项、权限和期间，并由委托人签字或者盖章。"杨立新教授所拟建议稿第156条［代理权的授予］第2款规定："代理权授予采用书面形式的，授权书应当载明代理人姓名或者名称、代理事项、权限和期间，并由被代理人签字或者签章。"

对于本款规定的授权委托书记载事项属于列举式规定，但按照意思自治原则的要求，实践中授权委托书的记载事项应当是可以包括上述记载事项，但也不限于上述事项。关于上述事项是否属于必须记载的事项问题,我们认为,从行文规范的角度讲,是导向甚至要求当事人进行代理权授权时,应当在书面授权授权书中记载上述内容,这样可以使得代理权授权法律关系比较清晰,从而有效防范法律风险,避免不必要的纠纷。

——沈德咏主编:《〈中华人民共和国民法总则〉条文理解与适用》,人民法院出版社 2017 年版。

【相关文献】

杨德桥:《自然人书面契约取信方式研究》,载《北方法学》2012 年第 2 期。

【相关案例】

1. 代理权限应根据授权委托书详细载明的情况加以确定

——孙银享诉王振林、郭明芝确认合同无效纠纷案

案例要旨: 委托代理关系中,授权范围虽措辞含义概括,但授权委托书详细载明了相关人员之身份、关系、住址等细节情况,系合理谨慎之行为,不应以法律专业标准苛求。结合事发当时情势,能够解释授权人真实意思表示的,应以此为据,判断代理是否有效。表见代理系广义无权代理之一种,被代理人实际未授权却造成授权外观,引起了善意第三人对无权代理人有代理权的合理信赖,此时无权代理产生与有权代理相同的结果。

案号:(2014)三中民终字第 08061 号

审理法院: 北京市第三中级人民法院

来源:《人民司法·案例》2016 年第 17 期

2. 代理人的代理权限依照授权委托书的授权范围确定

——保定新兴化工涂料有限公司诉北京市兴航律师事务所诉讼代理合同案

案例要旨: 委托代理合同中规定的代理服务内容有结案包括执行完结的字样,但授权委托书的授权范围并无在执行程序中具有代理权的授权,代理人在执行程序中并无代理权。

案号:(2005)二中民终字第 4145 号

审理法院: 北京市第二中级人民法院

来源:《中国审判案例要览》(2006 年商事审判案例卷)

第一百六十六条 共同代理

数人为同一代理事项的代理人的,应当共同行使代理权,但是当事人另有约定的除外。

【相关规定】

1. 《中华人民共和国合同法》

第四百零九条 两个以上的受托人共同处理委托事务的,对委托人承担连带责任。

2. 《最高人民法院关于贯彻执行〈中华人民共和国民法通则〉若干问题的意见（试行）》

第七十九条 数个委托代理人共同行使代理权的,如果其中一人或者数人未与其他委托代理人协商,所实施的行为侵害被代理人权益的,由实施行为的委托代理人承担民事责任。

被代理人为数人时,其中一人或者数人未经其他被代理人同意而提出解除代理关系,因此,造成损害的,由提出解除代理关系的被代理人承担。

【相关观点】

一、共同代理概述

共同代理是指代理权属于两人以上的代理。共同代理权的行使,应当由代理人共同行使,责任共同承担。如果一人未与其他代理人协商而为代理行为,其所实施的行为侵害被代理人权益的,由实施行为的委托代理人承担民事责任。被代理人为数人时,其中一人或者数人未经其他被代理人同意而提出解除代理关系,因此,造成损害的,由提出解除代理关系的被代理人承担。

二、关于违反共同代理权行使规则时的责任承担问题

《最高人民法院关于贯彻执行〈中华人民共和国民法通则〉若干问题的意见（试行）》第79条第1款规定:"数个委托代理人共同行使代理权的,如果其中一人或者数人未与其他委托代理人协商,所实施的行为侵害被代理人权益的,由实施行为的委托代理人承担民事责任。"这一规定与民法总则的规定并不冲突,应当继续适用。在第三人明知代理为共同代理时,个别代理人发出的意思表示因缺乏共同意思表示的要件而未成立;只有第三人善意且符合表见代理时,才存在个别代理人实施共同代理损害本人利益的责任承担问题。至于数个代理人共同实施的代理行为,侵害被代理人合法权益的,

基于其行为的共同性,这时是个代理人之间应当承担连带责任,至于他们之间如何协调分工则在所不问。但对于数人中单个代理人实施的行为是否无效的问题,则需要具体问题具体判断,在符合无权代理或者表见代理构成要件的情况下,应当适用相应的法律规则,而不能一概认定为代理行为无效。

——沈德咏主编:《〈中华人民共和国民法总则〉条文理解与适用》,人民法院出版社2017年版。

【相关案例】

没有故意或重大过失的行为的共同受托人对其他受托人的行为所造成的损失也承担连带赔偿责任

——苏新奎诉刘树标、刘章云委托合同赔偿纠纷案

案例要旨:两个以上受托人在履行委托合同中,给委托人造成损失的,即使其中某个受托人没有故意或重大过失的行为,也应对其他受托人的行为所造成的损失负连带赔偿责任。

案号:(2003)衡民二终字第96号

审理法院:河北省衡水市中级人民法院

来源:《中国审判案例要览》(2004年民事审判案例卷)

第一百六十七条　代理事项或代理行为违法的责任承担

代理人知道或者应当知道代理事项违法仍然实施代理行为，或者被代理人知道或者应当知道代理人的代理行为违法未作反对表示的，被代理人和代理人应当承担连带责任。

【新旧法条对比】

《中华人民共和国民法通则》

第六十七条　代理人知道被委托代理的事项违法仍然进行代理活动的，或者被代理人知道代理人的代理行为违法不表示反对的，由被代理人和代理人负连带责任。

【相关规定】

1.《最高人民法院关于贯彻〈中华人民共和国民法通则〉若干问题的意见（试行）》

第八十三条　代理人和被代理人对已实施的民事行为负连带责任的，在民事诉讼中，可以列为共同诉讼人

2.《最高人民法院关于适用〈中华人民共和国民事诉讼法〉的解释》

第七十一条　原告起诉被代理人和代理人，要求承担连带责任的，被代理人和代理人为共同被告。

【相关观点】

代理中的违法行为及其责任承担

代理行为是代理民事法律行为，而合法性是民事法律行为的重要属性，所以违法行为均不得代理。本法对违法行为规定了两种情况：一种是被委托代理的事项违法，另一种是委托代理的事项本身并不违法而是代理人的代理行为违法。第一种情况，代理人应当拒绝代理，如果代理人知道被委托代理的事项违法仍然进行代理活动，由被代理人与代理人负连带责任。第二种情况被代理人应予以制止或者取消委托，终止他们之间的代理关系，如果被代理人知道代理人的代理行为违法而不表示反对的，亦由被代理人与代理人负连带责任。在这两种情况中，代理人与被代理人均属"知道"违法而故犯，在主观上均有故意违法存在；反之，如果代理人不知道被委托代理的事项违法而进行代理活动，或者被代理人不知道代理人的代理行为违法或者知道而

加以制止的,可推知代理人或被代理人均不承担由此而产生的民事责任。另外,上述民事责任,应该理解为第三人既可以要求被代理人承担责任,也可以向代理人主张其权利,其顺序由第三人自己决定。

——唐得华、高圣平主编:《民法通则及配套规定新释新解(上)》,人民法院出版社2003年版。

【相关案例】

违法集资的主体承担连带责任

——中国建设银行三峡分行城区支行与钟云先、钟林江等1257人、湖北省宜昌市西陵房地产开发公司、宜昌市西陵建设集团公司返还集资款纠纷上诉案

案例要旨:代理人明知代理事项违法,仍然进行代理活动的,或被代理人知道代理人行为违法而不表示反对的,由代理人和被代理人承担连带责任。任何公民、法人、组织未经金融行政管理机关批准,向社会发行购房奖券,属于非法集资的性质。而金融机构明知该行为未经批准,代理发行该类奖券的行为,亦属于违法行为。根据《民法通则》的相关规定,代理人明知被代理人的事项违法仍然进行代理活动,或者被代理人知道代理人的代理行为违法不表示反对的,应由被代理人和代理人负担连带责任。

案号:(1998)民终字第193号

审理法院:最高人民法院

来源:《民事审判指导与参考》(2000年第3卷)(总第3卷)

第一百六十八条 禁止自己代理和双方代理

代理人不得以被代理人的名义与自己实施民事法律行为,但是被代理人同意或者追认的除外。

代理人不得以被代理人的名义与自己同时代理的其他人实施民事法律行为,但是被代理的双方同意或者追认的除外。

【相关规定】

1. 《中华人民共和国律师法》

第三十九条 律师不得在同一案件中为双方当事人担任代理人,不得代理与本人或者其近亲属有利益冲突的法律事务。

2. 《律师职业道德和执业纪律规范》

第二十八条 律师不得在同一案件中为双方当事人担任代理人。

同一律师事务所不得代理诉讼案件的双方当事人,偏远地区只有一律师事务所的除外。

【相关观点】

一、自己代理的禁止

自己代理是指代理人在代理权限内与自己为法律行为。在这种情况下,代理人同时为代理关系的代理人和第三人,交易双方的意思表示实际上是由一个人作出的,或者说交易行为是由一个人实施的。由于交易都是以对方利益为代价追求自身利益的最大化,自己代理具有发生代理人为自己的利益牺牲被代理人的利益的极大危险。因此,为防止滥用代理权,除非事前得到被代理人的同意或者事后得到追认,法律不承认自己代理的效力。

二、双方代理的禁止

双方代理又称为同时代理,是指一个代理人同时代理双方当事人实施法律行为。由于交易双方当事人的利益总是相互冲突的,通过讨价还价,才能使双方的利益达到平衡,而由同一个人同时代表两种利益,难免顾此失彼,最终倾向于一方利益。而且,同一个人代表两种利益,无法实现讨价还价的过程,两种利益难以达到平衡。因此,除非事前得到被代理人的同意或者事后得到追认,法律不承认双方代理的效力。

——杨立新:《杨立新民法讲义(民法总则)》,人民法院出版社2009年版。

【相关文献】

1. 耿林、崔建远：《民法总则应当如何设计代理制度》，载《法律适用》2016 年第 5 期。

2. 谢鸿飞：《代理部分立法的基本理念和重要制度》，载《华东政法大学学报》2016 年第 5 期。

【相关案例】

1. 双方代理的行为无效

——上海宏都企业（集团）有限公司诉上海市发展律师事务所委托合同纠纷案

案例要旨： 代理人同时代理双方当事人为同一民事行为的双方代理行为不符合民法诚实信用原则，应认定为无效，代理人实施该代理行为签订的委托协议应认定为无效协议。

案号： （2000）沪二中民终字第 455 号

审理法院： 上海市第二中级人民法院

来源： 《中国审判案例要览》（2001 年民事审判案例卷）

2. 货运代理人以自己代理的方式完成了海上货物运输合同项下的义务，行为可认定为有效

——上海威鸿国际货运有限公司与厦门贝品儿童用品有限公司海上货物运输合同纠纷上诉案

案例要旨： 双方当事人的本意是订立货运代理合同，但货运代理人在接受委托后，却以自己为承运人与委托人订立海上货物运输合同，该行为已构成自己代理。但鉴于本案货物运输为运费到付，并未加重委托人的负担，且货物实际上已经按照委托人的要求运抵目的港，货运代理人以自己代理的方式完成了海上货物运输合同项下的义务，该行为仍可认定为有效，委托人无权以欺诈为由撤销海上货物运输合同。

案号： （2009）闽民终字第 745 号

审理法院： 福建省高级人民法院

来源： 《人民司法·案例》2012 年第 2 期

第一百六十九条 复代理

代理人需要转委托第三人代理的,应当取得被代理人的同意或者追认。

转委托代理经被代理人同意或者追认的,被代理人可以就代理事务直接指示转委托的第三人,代理人仅就第三人的选任以及对第三人的指示承担责任。

转委托代理未经被代理人同意或者追认的,代理人应当对转委托的第三人的行为承担责任,但是在紧急情况下代理人为了维护被代理人的利益需要转委托第三人代理的除外。

【新旧法条对比】

《中华人民共和国民法通则》

第六十八条 委托代理人为被代理人的利益需要转托他人代理的,应当事先取得被代理人的同意。事先没有取得被代理人同意的,应当在事后及时告诉被代理人,如果被代理人不同意,由代理人对自己所转托的人的行为负民事责任,但在紧急情况下,为了保护被代理人的利益而转托他人代理的除外。

【相关规定】

1. 《最高人民法院关于贯彻执行〈中华人民共和国民法通则〉若干问题的意见(试行)》

第八十条 由于急病、通讯联络中断等特殊原因,委托代理人自己不能办理代理事项,又不能与被代理人及时取得联系,如不及时转托他人代理,会给被代理人的利益造成损失或者扩大损失的,属于民法通则第六十八条中的"紧急情况"。

第八十一条 委托代理人转托他人代理的,比照民法通则第六十五条规定的条件办理转托手续。因委托代理人转托不明,给第三人造成损失的,第三人可以直接要求被代理人赔偿损失;被代理人承担民事责任后,可以要求委托代理人赔偿损失,转托代理人有过错的,应当负连带责任。

2. 《中华人民共和国合同法》

第四百条 受托人应当亲自处理委托事务。经委托人同意,受托人可以转委托。转委托经同意的,委托人可以就委托事务直接指示转委托的第三人,受托人仅就第三人的选任及其对第三人的指示承担责任。转委托未经同意的，受托人应当对转委托的第三人的行为承担责任，但在紧急情况下受托人为维护委托人的利益需要转委托的除外。

【相关观点】

一、转委托的内涵、条件以及复代理权的特征

转委托在委托代理中经常出现。委托代理关系基于被代理人对代理人的信任而确立，一般情况下，代理人负有亲自代理的义务，自当亲自行使代理权，积极负责地依据委托授权完成代理任务，不得无故把代理权转托给他人，违背委托代理的信任前提及基础。但并不是严禁转托他人从事代理行为，即在不违背代理的宗旨，以维护被代理人利益为目的的前提下，法律也允许转移代理人的代理权，这对于在具体代理关系中保护被代理人的合法权益的实现是十分必要的。《民法通则》第68条规定："委托代理人为被代理人的利益需要转托他人代理的，应当事先取得被代理人的同意。事先没有取得被代理人同意的，应当事后告诉被代理人，如果被代理人不同意，由代理人对自己所转托的人的行为负民事责任，但在紧急情况下，为了维护被代理人的利益而转托他人代理的除外。"因此，法律上的转委托，是指委托代理人为了被代理人利益的需要，将其所享有的代理权的一部分或者全部转托他人，受转托从事代理行为的人的代理行为的后果依然归于被代理人的现象。转委托也称复代理或再代理。因转委托而享有代理权的人为复代理人，或称再代理人。

转委托是法律允许的，也是有条件的，其核心是为被代理人的利益。又因为委托代理是意定代理，由被代理人的意志决定并授权而产生的，在转委托时也应当尊重被代理人的意志，从而构成了转委托的条件：（1）转委托的目的必须是为维护被代理人的利益。（2）转委托应当符合被代理人的意志。转委托应当征得被代理人的同意，在被代理人的意志控制下进行涉及被代理人利益的转委托活动。脱离被代理人意志，只有在紧急情况下，为其利益着想而转委托，方得免除责任。

与代理权相比，基于代理人的转委托而取得的复代理权具有如下特征：

1. 基于转委托，复代理人享有的代理权，不是被代理人直接授予的，是代理人转委托而取得的。即复代理人并非被代理人基于信任直接委托选择的，而是由代理人确定的，代理人基于对被代理人的义务和责任，对复代理人的代理活动有监督之权，对复代理人的代理权有权予以解除。

2. 由于复代理人的代理权是代理人基于自身的代理权，依照法律规定转至取得的，必须以原代理人的代理权限为限度，不能超越原代理人的代理权的范围。

3. 复代理人的代理权的基础，仍然是被代理人的利益与意志，因此，在转委托的情况下，复代理人仍是被代理人的代理，而非原代理人的代理。复代理人应当以被代理人的名义从事代理活动，为民事法律行为，由此行为而设定的民事权利和民事义务直接归属于被代理人，而不能归于原代理人。

另外，需明确，复代理只适用于委托代理，法定代理人或指定代理的委托代理人，从事被代理人之事务仍属于一般的委托代理，而非转委托所确立的复代理。

——唐得华、高圣平主编：《民法通则及配套规定新释新解（上）》，人民法院出版社2003年版。

二、复代理人的本质与责任

《民法总则》规定了代理人的责任范围，即仅就其选任和对复代理人的指示范围内承担民事责任。通常而言，这一责任应当属于过错责任的范畴，代理人按照本人指定选任的不担责，但代理人明知复代理人不能胜任代理事务而怠于通知被代理人的仍应承担相应的责任。关于复代理人的义务，由于其本质上就是本人的代理人，因此复代理人对本人及第三人，有与代理人同一的权利义务，即同样负有勤勉、忠实地在其代理权限范围内实施民事法律行为，对被代理人按照诚实信用原则的要求履行报告义务和保密义务。除此之外，复代理人还负有接受代理人的指示而进行代理行为的义务。

——沈德咏主编：《〈中华人民共和国民法总则〉条文理解与适用》，人民法院出版社2017年版。

【相关文献】

1. 徐海燕：《复代理》，载《当代法学》2002年第8期。

2. 张驰：《复代理初探》，载《法学》1989年第6期。

【相关案例】

1. 复代理人在其代理权限内所为的代理行为产生的法律后果直接由被代理人承担

——宋长锁诉罗晏返还股票案

案例要旨：复代理是指代理人为被代理人的利益将其所享有的代理权转托他人而产生的代理。复代理人在原代理人的代理权限内所为民事法律行为以及由这行为而设定的民事权利和民事义务直接

归属于被代理人，那么复代理人在其代理权限内所为的代理行为产生的法律后果直接由被代理人承担。

案号：（1993）沧民初字第460号

审理法院：江苏省苏州市姑苏区人民法院（原沧浪区、平江区、金阊区法院合并）

来源：《中国审判案例要览》（1994年综合本）

2. 司机出于为雇主谋利，情急之下请第三人驾驶的，构成转委托

——谢平生诉邓央生等交通事故损害赔偿案

案例要旨：司机受雇主的雇用为其担任司机，其相互间已构成一种雇用关系，是合法有效的。司机要完成其合同义务，就必须享有处分某些事务的权利，如驾车、修车、装卸货物、接受监管等权利。当然这些权利的行使必须以为雇主谋利为前提，雇主才能对行为承担一定的法律责任。这种权利的行使，对司机来说是一种职务行为，是应该的，但对雇主和其他人而言，则司机只是雇主的代理，所以说他们之间实际上是一种代理关系。若司机在负伤无法驾车的情况下请第三人帮忙开车的行为，应理解为转托他人代理行为。

案号：（1997）耒民初第4号

审理法院：湖南省耒阳市人民法院

来源：《中国审判案例要览》

3. 转委托应严格以委托人明示同意为要件

——嘉宏航运（天津）有限公司等与临沂裕隆食品有限公司货运代理纠纷上诉案

案例要旨：法院在审理货运代理合同下委托人主张受托人给其造成损失时，适用过错推定责任原则，由作为受托人的货运代理企业对其没有过错负举证责任。转委托应严格以委托人明示同意为要件，知道而未表示反对的不予认定为明示同意。

案号：（2013）鲁民四终字第58号

审理法院：山东省高级人民法院

来源：《人民司法·案例》2013年第18期

4. 未经委托合同原委托人的同意，受托人转委托给第三人的，转委托受托人不能直接向原委托人主张权利而主张报酬

——厦门好来翔国际货运代理有限公司诉青岛莱西进出口公司货运代理合同纠纷案

案例要旨：转委托受托人与原委托人不存在直接的权利义务关系，未经委托合同原委托人的同意，受托人转委托给第三人的，转

委托受托人不能直接向原委托人主张权利而主张报酬。

案号：（2006）厦海法商初字第 224 号

审理法院：厦门海事法院

来源：《人民法院案例选》2008 年第 2 辑（总第 64 辑）

第一百七十条　职务代理

执行法人或者非法人组织工作任务的人员，就其职权范围内的事项，以法人或者非法人组织的名义实施民事法律行为，对法人或者非法人组织发生效力。

法人或者非法人组织对执行其工作任务的人员职权范围的限制，不得对抗善意相对人。

【新旧法条对比】

《中华人民共和国民法通则》

第四十三条　企业法人对它的法定代表人和其他工作人员的经营活动，承担民事责任。

第一百二十一条　国家机关或者国家机关工作人员在执行职务中，侵犯公民、法人的合法权益造成损害的，应当承担民事责任。

【相关规定】

1.《最高人民法院关于贯彻执行〈中华人民共和国民法通则〉若干问题的意见（试行）》

第五十八条　企业法人的法定代表人和其他工作人员，以法人名义从事的经营活动，给他人造成经济损失的，企业法人应当承担民事责任。

2.《中华人民共和国侵权责任法》

第三十四条　用人单位的工作人员因执行工作任务造成他人损害的，由用人单位承担侵权责任。

劳务派遣期间，被派遣的工作人员因执行工作任务造成他人损害的，由接受劳务派遣的用工单位承担侵权责任；劳务派遣单位有过错的，承担相应的补充责任。

【相关观点】

一、工作人员履行职务的行为为代理行为

《民法通则》第43条是关于法人对其法定代表人和其他工作人员职务行为的民事责任的规定。

法定代表人是法人的负责人，代表法人行使职权，是法人的机关，由法律或法人组织章程予以确定，与法人间是代表关系；法人的其他工作人员代表法人从事活动，其与法人之间是代理关系，因此，法定代表人和其他工作人员的职务行为的法律后果由法人承担。

（一）法定代表人的范围、其职务行为的性质及企业法人对其职务行为所承担的民事责任的性质

对法定代表人的范围有三种不同的理解。其一，认为法定代表人仅为法人的正职领导人，没有正职领导人的，为主持法人工作的副职领导人。其二，认为法定代表人依法人领导体制的不同而有所不同：实行首长负责制的法人，为其正职领导人；实行集体领导体制的，为其执行机关的全体成员，如董事会的董事，理事会的理事。其三，认为凡依法人章程而享有一定职权的人，在其职权范围内都代表法人。对企业法人而言，依其工商登记资料上载明的法定代表人确定法定代表人。

法定代表人代表法人进行活动，因此其职务上的行为直接就是法人的行为。因此，法人对其法定代表人的职务行为所承担的民事责任，是直接的代表责任，而非间接的代理责任或对他人行为的民事责任。

（二）其他工作人员的范围、其职务行为的性质及法人对其职务行为所承担的民事责任的性质

对"其他工作人员"的范围，也有三种不同的理解。其一，认为是指法人机关中除正职领导人外的其他成员。其二，认为是除法定代表人外，根据法人章程而享有一定职权的人，包括法人任命的管理人员，但不包括工人。其三，认为是除法定代表人外的其他一切根据聘任或劳动合同关系而为法人工作的一切人员。

对法定代表人外的其他工作人员的职务行为的性质，有一种观点认为，是工作人员自己的行为，而非法人的行为。当工作人员履行职务的事实行为致他人损害时，法人所承担的民事责任为雇主责任，即雇主对雇员的间接责任。这种理论对资本主义私营企业法人是说得通的；因为在资本主义企业法人——有限责任公司或股份公司中，一般管理人员和工人并非公司的成员——股东，而只是公司的雇佣劳动者。而在社会主义公有企业中，职员和工人并非企业的雇佣劳动者，而是企业的主人，雇主责任理论是否还说得通，是值得考虑的。笔者认为，如果工作人员履行职务的行为为法律行为，那么该行为属于代理行为，也不是法人的本人行为，法人应按代理制度的规定承担被代理人的责任，此种责任仍然是本人对他人行为的责任。可能有更多的人不同意这种观点。

——唐得华、高圣平主编：《民法通则及配套规定新释新解（上）》，人民法院出版社2003年版。

二、职务代理的构成要件与法律后果

职务代理的构成必须满足：其一，代理人是法人或者非法人组织的工作

人员，如果代理人不是该法人或非法人组织的工作人员，其按照被代理人的授权从事代理行为，属于一般的委托代理，比如保险公司正式员工不属于保险代理人，其展业行为系职务行为，视为保险人的行为，而保险代理人所从事的保险代理活动就属于一般的委托代理范畴。其二，代理人实施的必须是其职权范围内的事项，若非职权范围内的事项，则要区分情形适用本条第2款的规定等。这一职权范围内的事项，可以理解为该法人或者非法人组织对该工作人员（即代理人）的一揽子授权，无须在每次与第三人交易时都要提交有关书面授权书，其职务、职权本身就是委托授权的证明。其三，必须以该法人或者非法人组织的名义实施民事法律行为，这也是代理的一般构成要件。

至于职务代理的法律后果，发生与一般委托代理相同的后果，即其与代理实施的民事法律行为对该法人或非法人组织发生效力。在此需要注意的是，本条规定的职务代理的被代理人仅是法人或者非法人组织，在对他们进行界定时要适用民法总则的有关规定。同时，本条虽然没有包括个体工商户经营活动中的工作人员实施的行为是否属于职务代理的问题，但按照职务代理制度的基本内涵，其本质在于依据其职务或者职权而以被代理人的名义实施民事法律行为，因此本条规定的职务代理及有关法律后果对于个体工商户作为被代理人的情形可以类推适用。

——沈德咏主编：《〈中华人民共和国民法总则〉条文理解与适用》，人民法院出版社2017年版。

三、越权职务代理的法律后果

目前学界和实务界对于越权职务代理的法律后果基本上形成了一致意见，即本着维护交易安全的要求，注重对善意相对人利益的保护。本条第2款即按照这一思路确立了"法人或者非法人组织对执行其工作任务的人员职权范围的限制，不得对抗善意相对人"的规则。从法律后果来看，本条明确了"职权限制不得对抗善意相对人"的规则，也就是说只要交易相对人对该职权限制不知情，即产生本条第1款规定的合法有效职务代理的法律后果。在此需注意的是，在本款规定情形下，该代理人所实施的行为如果超出其职权范围，即超出了被代理人的授权范围，因此应当属于无权代理的情形，同样在符合民法总则第172条规定的情形下，也可以构成表见代理。这时对相对人而言，应当构成了请求权竞合，可以允许其选择适用不同条文规范维护其合法权益。此外，如果该工作人员实施职务代理行为超越了该法人或者非法人组织的经营范围，这时就产超范围经营行为效力认定问题。这一条已非本条第2款所能涵盖，而应一并适用《最高人民法院关于适用〈中华人民共和国合同法〉若干问题的解释（一）》第10条的规定，即"当事人超越经营范围订立合同，人民法院不因此认定合同无效。但违反国家限制经营、特许经营以及法律、行政法规禁止经营规定的除外。"

——沈德咏主编：《〈中华人民共和国民法总则〉条文理解与适用》，人民法院出版社 2017 年版。

【相关文献】

1. 徐唐炼：《浅析职务行为与代理》，载《法制与社会》2010 年第 15 期。

2. 陈景先：《对民法通则几个问题的浅识》，载《云南大学学报法学版》1988 年第 2 期。

3. 耿林、崔建远：《民法总则应当如何设计代理制度》，载《法律适用》2016 年第 5 期。

【相关案例】

1. 工作人员擅自提供担保的企业不能免责

——某商业银行与某信托投资公司证券业务部等确认担保效力纠纷案

案例要旨： 内部工作人员利用管理的便利，未经企业法人同意，私自提供担保的，是企业法人内部管理问题，不属于盗盖公章的行为，企业法人不能免责。

案号：（1999）民终字第 52 号

审理法院： 最高人民法院

来源：《民事审判指导与参考》2000 年第 2 辑（总第 2 辑）

2. 银行工作人员采用遮盖印章的手段开出存单并转贷存款，银行应承担民事责任

——中国建设银行大连西岗支行与上海中期期货经纪有限公司储蓄存款合同纠纷案

案例要旨： 银行工作人员采用遮盖印章的手段开出存单，并将尚留存于该储蓄机构的存款转贷给他人使用，银行应承担民事责任。

案号：（1997）经终字第 129 号

审理法院： 最高人民法院

来源：《中华人民共和国最高人民法院判案大系》（民商事卷 1997 年卷）

3. 存款交点后复核阶段差款,工作人员在工作中存在严重失误,银行应承担举证责任

——闻桂银诉中国人民建设银行江都县支行赔偿纠纷案

案例要旨:存款交点后复核阶段差款,工作人员未按规定操作,在工作中存在严重失误,银行应承担举证责任。

案号:(1992)法民上字第603号

审理法院:江苏省扬州市中级人民法院

来源:《中国审判案例要览》(1993年民事审判案例卷)

第一百七十一条 无权代理

行为人没有代理权、超越代理权或者代理权终止后,仍然实施代理行为,未经被代理人追认的,对被代理人不发生效力。

相对人可以催告被代理人自收到通知之日起一个月内予以追认。被代理人未作表示的,视为拒绝追认。行为人实施的行为被追认前,善意相对人有撤销的权利。撤销应当以通知的方式作出。

行为人实施的行为未被追认的,善意相对人有权请求行为人履行债务或者就其受到的损害请求行为人赔偿,但是赔偿的范围不得超过被代理人追认时相对人所能获得的利益。

相对人知道或者应当知道行为人无权代理的,相对人和行为人按照各自的过错承担责任。

【新旧法条对比】

《中华人民共和国民法通则》

第六十六条 没有代理权、超越代理权或者代理权终止后的行为,只有经过被代理人的追认,被代理人才承担民事责任。未经追认的行为,由行为人承担民事责任。本人知道他人以本人名义实施民事行为而不作否认表示的,视为同意。

代理人不履行职责而给被代理人造成损害的,应当承担民事责任。

代理人和第三人串通,损害被代理人的利益的,由代理人和第三人负连带责任。

第三人知道行为人没有代理权、超越代理权或者代理权已终止还与行为人实施民事行为给他人造成损害的,由第三人和行为人负连带责任。

【相关规定】

《中华人民共和国合同法》

第四十八条 行为人没有代理权、超越代理权或者代理权终止后以被代理人名义订立的合同,未经被代理人追认,对被代理人不发生效力,由行为人承担责任。

相对人可以催告被代理人在一个月内予以追认。被代理人未作表示的,视为拒绝追认。合同被追认之前,善意相对人有撤销的权利。撤销应当以通知的方式作出。

第四十九条 行为人没有代理权、超越代理权或者代理权终止后以被代理人名义订立合同，相对人有理由相信行为人有代理权的，该代理行为有效。

第五十条 法人或者其他组织的法定代表人、负责人超越权限订立的合同，除相对人知道或者应当知道其超越权限的以外，该代表行为有效。

第五十一条 无处分权的人处分他人财产，经权利人追认或者无处分权的人订立合同后取得处分权的，该合同有效。

【相关观点】

一、无权代理的特征

所谓无权代理，是指行为人无代理权而以他人名义为法律行为。由于大陆法系国家对无权代理的规定只着眼于代理人无代理权一点上，因此无权代理既不同于代理人有代理权而未明示成立代理行为的隐名代理，也不同于代理行为不具备法律行为一般有效要件或者被代理人不存在、不确定、不合格的无效代理。它是代理行为其他要件都已具备而只是代理人欠缺代理权的代理，具有以下特征：

（一）无权代理的代理人以被代理人的名义为法律行为，代理行为已经成立

如果代理行为不成立，也就不发生有权代理或无权代理的问题。无权代理的这一特征，使无权代理区别于行为人有代理权，而在为法律行为时不表明自己代理人地位的隐名代理。按照大陆法系国家代理法关于代理行为成立要件的规定，于隐名代理时，代理行为不成立。代理行为不成立，也就无代理效力可言。于无权代理时，由于代理行为已经成立，在一定条件下（如被代理人追认）还可能产生代理的效力。

（二）无权代理行为是具备法律行为一般有效要件的行为

无权代理行为如不能对"被代理人"发生代理的效力，则可能对无权代理人自己发生本人行为的效力。这就是说，无权代理行为如果得不到被代理人的追认，无权代理人将自负履行无权代理行为或者向相对人赔偿损失的责任。在这种情况下，无权代理行为如同相对人享有撤销权的本人行为，将依相对人是否撤销的选择，在无权代理人与相对人之间产生法律行为有效或无效的法律后果。无权代理行为的这一特征，使无权代理行为区别于代理行为不具备法律行为一般有效要件的情况。在后一种情况下，代理行为将产生无效或被撤销的法律后果。其无效或被撤销的法律后果，将依代理人是否享有代理权而为区别：如代理人享有代理权，其无效或被撤销的法律后果归属于被代理人；如代理人无代理权，其无效或被撤销的法律后果则归属于行为人（无权代理人）。

(三) 在代理行为的特殊有效要件上，无权代理只欠缺代理权这一有效要件，并不欠缺被代理人存在、确定、合格等有效要件

无权代理的这一特征，使无权代理区别于被代理人不存在、不确定、不合格的无效代理。在后一种情况下，代理行为将因无合格的被代理人承受其法律效果，而绝对不能发生代理的法律效力。而无权代理，因行为人所指称的"被代理人"确实存在，如该人为追认行为，还可以发生代理的效力。

二、无权代理的效力

《民法通则》第66条第1款规定："没有代理权、超越代理权或者代理权终止后的行为，只有经被代理人的追认，被代理人才承担责任。未经追认的行为，由行为人承担民事责任。"《合同法》第48条第1款规定："行为人没有代理权、超越代理权或者代理权终止后以被代理人名义订立的合同，未经被代理人追认，对被代理人不发生效力，由行为人承担责任。"

无权代理所实施的民事行为可能产生下列三种后果：

(一) 未经追认而由行为人承担责任

按照《民法通则》第66条第1款、《合同法》的第48条第1款的规定，无权代理所实施的民事行为，未经被代理人追认，对被代理人不发生效力，由行为人承担责任。就是说，由于行为人没有代理权，其以他人名义实施的行为实质上是冒用他人的名义，有代理的实质而不具有代理的形式，由此产生的后果当然应当由行为人承担（法律称其为行为人而不是代理人，就是因为不是真正的代理人）。在此种情况下，行为人承担责任的要件是：

1. 须有无权代理行为，即行为人没有代理权、超越代理权或者代理权已终止，而仍然代理他人实施行为。

2. 相对人为善意，即相对人并不知道行为人没有代理权。如果相对人知道行为人没有代理权而仍然与其实施民事行为，则没有特别保护的必要。

3. 须被代理人未予追认。

国外法律对无权代理法律责任的内容的规定不尽一致。例如，有的国家明确规定无权代理人应当承担履行或者损害赔偿责任，而由相对人进行选择，德国、日本的民法采此立法例；有的国家规定无权代理人应当承担损害赔偿义务，法国、瑞士民法典采此立法例。合同法第48条第1款只是笼统地规定"由行为人承担责任"，对责任性质和内容并未规定，需要加以研究。

从以前的规定来看，无权代理所实施的民事行为是无效民事行为。例如，《经济合同法》第7条第1款第3项规定，"代理人超越代理权限签订的合同或以被代理人的名义同自己或者自己所代理的其他人所签订的合同"为无效合同。《最高人民法院关于贯彻执行〈中华人民共和国经济合同法〉若干问

题的意见》第1部分规定："在审查法人资格时，还应注意审查合同签订人的代理人资格及其代理权限。其中，（1）盗用、冒用单位名义签订合同的，其所签订的合同无效；（2）超越代理权限的，其越权部分无效，但在发生纠纷前经被代理人追认的除外"。《最高人民法院关于适用〈中华人民共和国涉外经济合同法〉若干问题的解答》第三部分第4项将下列事项规定为无效涉外合同的事由之一："没有代理权、超越代理权或者代理权终止后以被代理人名义订立合同，未给被代理人追认的，但被代理人在知道上述情况后未及时作否认表示的除外"。但这两项司法解释均已废止，由及有关新的司法解释所取代。

《民法通则》《合同法》对于无权代理所实施的民事行为的效力未作规定，只是规定未经追认就由行为人承担责任，这种责任是有效合同责任还是无效合同责任，并不清楚。《合同法》第52条、第53条和第54条对无效合同和可撤销合同的事由的规定，并未将无权代理作为合同无效或者可撤销的独立的事由之一。那么，认定如何理解无权代理而又未被追认的合同的效力？应当作如下的理解：

1. 被代理人拒绝追认的，可以认定为有欺诈行为。因为，没有代理权而以被代理人的名义订立合同，就是告诉对方虚假的合同主体，构成欺诈行为。根据《合同法》第52条第1项和第54条第2款的规定，以欺诈手段订立合同，除损害国家利益而无效外，属于可撤销的合同，合同当事人为行为人与相对人，行为人承担合同被撤销所产生的民事责任。在这种情况下，《合同法》第48条第1款所规定的"对被代理人不发生效力，由行为人承担责任"，就是由行为人承担合同被撤销的民事责任。但是，如不属于损害国家利益的可撤销合同，当事人不行使撤销权的，合同不因无权代理而无效。

2. 订立合同时相对人知道无权代理事实的，不构成欺诈，视为相对人与行为人订立的合同。该合同如无其他无效情形，不因无权代理而无效，由行为人承担履行责任或者违约责任。如因其他违法情形导致合同无效的，也由行为人承担合同无效的责任。

（二）经追认而成为有权代理

此类民事行为因无权代理而存在着瑕疵，如果被代理人予以追认，就相当于授予行为人代理权，无权代理就变成了有权代理，该代理以及由该代理所实施的民事行为因代理权瑕疵的消除而归于有效，被代理人由此承担民事责任。

（三）经善意相对人撤销而合同归于无效

《合同法》第48条第2款后段规定，合同未经追认之前，善意相对人有撤销的权利。撤销应当以通知的方式作出。就是说，在合同未经被代理人追认之前，在订立合同时不知行为人没有代理权的相对人，即善意相对人，可以以通知的方式撤销该合同。该合同因被撤销而归于无效。

从无权代理的上述后果来看，尽管行为人没有代理权，但并不当然导致其代理行为以及代理实施的民事行为无效，而是处于效力未定的状态，即其效力取决于被代理人是否追认以及善意相对人是否撤销。在是否追认以及是否撤销确定以后，代理行为以及代理的效力才能够确定。法律之所以对无权代理行为的效力持此种态度，主要理由是维护交易安全。因为交易一旦发生，如果发生变动，可能对各方当事人都不利，也不利于经济生活的安定。而且，有关当事人对无权代理所持的态度也会不确定。例如，无权代理对被代理人未必不利，被代理人可能因为代理行为对其有利而乐于接受，此时法律没必要强制其接受或者不接受，而完全可以为其留下判断的余地，而一旦为被代理人所追认，也正好符合相对人的预期，达到了实施民事行为的目的。当事人态度的不确定性以及维护交易安全的需要，使得采取效力未定的方式处理代理权瑕疵问题成为一种最佳的选择。

（四）催告、追认和撤销及其效力

《合同法》第48条第2款规定，相对人可以催告被代理人在1个月内予以追认。被代理人未作表示的，视为拒绝追认。合同未经追认之前，善意相对人有撤销的权利。撤销应当以通知的方式作出。

1. 催告权。既然无权代理所订立的合同处于效力未定的状态，尽早确定其效力对当事人尤其是相对人是有利的，也便于稳定交易关系，因而合同法为相对人规定了催告权，并限定了追认的1个月期间，该期间可视为除斥期间。在此期间内合同处于效力未定的状态，既可能因法定代理人的追认而有效，又可能因不予追认而无效。1个月的期间是由法律设定的，相对人行使催告权时不能改变此期间。

相对人行使催告权的条件是：（1）无权代理行为是否对被代理人发生效力，还处于没有确定的状态。这种状态发生于被代理人既未追认，也未拒绝，善意相对人也没有撤销的期间。（2）须按照法律规定确定回答期限，即合同法规定了1个月的催告回答期限，相对人在此期限内行使催告权。（3）催告的受领人须为被代理人。

催告也属于有相对人的一方行为，即相对人向被代理人作出催告的意思表示后，就产生1个月内予以追认的除斥期间，超过该期间未予追认的，视为拒绝追认，被代理人即丧失追认权。催告是由相对人向被代理人作出催告的意思表示。

2. 追认权。

（1）追认的性质。追认是代理人事后对被代理人的代理行为予以认可的行为，是被代理人的单方行为，在性质上属于事后授予代理权的行为。

由于无权代理人所订立的合同因追认而对被代理人具有效力，在性质上追认是不可撤回的。追认的意思表示一经告知相对人，即使无权代理成为有权代理，追认效力溯及到代理行为发生之时。但是，民法理论也认为，追认向相对人表示时，经相对人同意也可以废止追认；向无权代理人表示时，经其同意也不能废止。

（2）追认的方式。从民法理论以及国外的判例来看，追认的方式既可以是明示，也可以是默示。例如，日本判例认为，被代理人对无权代理人所订立的合同主张权利，诉请相对人履行合同的，可以认为属于默示承认，于诉状送达相对人时，为已对相对人作出了追认的意思表示。德国法院认为，接受合同书而未提出异议，或者，某商人对相对人请求确认与商人的店员的订立的契约的信件未提出异议，如果被代理人未为明确的表示，而相对人也不知无代理权的情况，可以认为构成默示承认。

合同法只是规定相对人催告而被代理人未作明示表示的，视为拒绝追认，对于追认的表示方式并未规定。既然合同法对于追认的表示方式未作规定，口头形式或者书面形式均可。默示是否可以构成追认的表示方式，值得研究。由于追认是被代理人的权利和自由，被代理人既有明示表示的自由，又有沉默的自由，其沉默不应当视为追认的意思表示。但是，作为是一种表示意思的积极方式，如果被代理人以其作为表示追认的，可以认定为追认的意思表示。例如，《最高人民法院关于在审理经济合同纠纷案件中具体适用〈中华人民共和国经济合同法〉的若干问题的解答》（已废止）第一部分曾规定："合同签订人未持委托单位出具的任何授权委托证明签订合同的，如果委托单位未予盖章，合同不能成立，责任由签订人自负；如果委托单位已经开始履行，应视为对合同签订人的行为已予追认，因而对该项合同应当承担责任，需要继续履行的应当补办盖章等手续"。在此履行合同的行为被认定为追认行为，这种认定是正确的。此外，被代理人接受无权代理人代理订立的合同书而未提出异议，或者向法院起诉请求相对人履行合同，都可以认定为追认行为。

（3）追认的范围。追认是指对无权代理人所订立的合同的全部承认，如果承认一部分而拒绝或者变更另外一部分，而又未得到相对人的同意，可以视为拒绝追认。民法理论认为，如果合同的内容是可分的，也可以例外地承认追认一部分有效。

（4）追认的效力。对于被代理人与相对人而言，在追认之后，代理行为所带来的权利和义务、利益和不利后果都由被代理人承担，且其效力溯及到法律行为成立之时。

对于被代理人与无权代理人而言，一旦追认，如果被代理人与无权代理人之间不存在委任、雇佣等关系，在追认之后产生无因管理关系，无权代理人可以主张无因管理上的权利。

3. 撤销权。尽管存在着无权代理行为，但在该行为的效力不确定的情况下，相对人仍然受其意思表示的约束，如一旦相对人追认即可确定其效力。为使相对人不至于因所受拘束而长期处于不安的状态，法律遂规定了相对人的撤回权。

在无权代理的情况下，在相对人撤回其意思表示之前，合同可以因被代理人的追认而有效，此时的合同相当于附停止条件的合同。在此期限内，即使相对人与无权代理人达成合意，也不得变更合同的内容或者消灭其效力。该合同只有经被代理人的追认，才能确定为有效，因被代理人的拒绝而确定为无效。

为对相对人的利益予以平衡，《合同法》第 48 条第 2 款还赋予善意第三人撤销权，该撤销权应当解释为，一旦善意第三人作出撤销的意思表示，代理行为以及由该代理所订立的合同即归于确定的无效。

撤销权是使不确定的法律关系变得确定的形成权。撤销行为是一种有相对人的单方行为，可以以意思表示向无权代理人或者相对人作出。撤销权因被代理人作出追认的意思表示而消灭，因被代理人拒绝追认而失去存在意义。当然，在追认或者拒绝的意思表示到达之前，相对人仍然可以享有撤销权。

相对人享有撤销权是以其善意为条件的，即在订立合同时相对人不知代理人没有代理权，至于对其不知是否具有过失，在所不问。也即法律只要求是善意第三人，而不是善意且无过失的第三人。知道代理人没有代理权而仍然订立合同，就可以认为，在被代理人是否追认尚未确定之前，相对人放弃了撤销权，只能以催告的方式确定无权代理行为的效力。

三、无权代理的三种情况以及责任承担

无权代理是一种没有代理权而以他人名义实施的民事行为，一种有瑕疵的民事行为，但这种瑕疵不足以构成民事行为无效，可能通过事后的补全措施"治愈"，所以，无权代理是一种效力未定的民事行为，介于无效民事行为和有效民事行为之间。《民法通则》第 66 条规定无权代理包括以下三种情况。

1. 没有代理权，即行为人与本人之间从未发生过代理关系。

2. 超越代理权，即行为人与本人之间虽然存在代理权关系，但行为人的行为超过了代理权限。

3. 行为人与本人曾经存在代理权关系，但行为发生时，代理权关系已终止。

在上述任何一种情况下，行为人以本人的名义向相对人进行意思表示，或接受来自相对人的意思表示，都是无权代理行为。

本法对无效代理责任的承担做了如下的规定：

1. 无权代理行为只有经过被代理人的追认，被代理人才承担民事责任。"追认"是指在无权代理行为发生之后，被代理人向无权代理人或相对人进行单方的意思表示，确认该行为自始对自己具有拘束力的一种补救措施，是一种单方法律行为，既可明示也可默示，但对某一项无权代理行为的追认应当是概括的，不能只追认其利益的方面而不追认不利益的方面，一旦追认，该无权代理行为自始有效。

从法理上，此时相对第三人享有催告权和撤回权。撤回权指第三人还可在被代理人追认代理权之前撤回其意思表示；催告权指由于法律规定无权代理行为处于效力未定状态，在被代理人追认之前，第三人便可依自己的意志请求被代理人对是否追认代理权作出明确的意思表示。

2. 无权代理行为未经追认，由行为人承担民事责任，如果被代理人对无权行为拒绝追认，他应当向无权代理人或相对人做出明确的否认表示。因为本法同时规定，本人知道他人以本人名义实施民事行为而不作否认表示的，视为同意。这里赋予本人对无权代理行为有否认权，但是，否认表示不能像追认表示一样采用默示的行为方式，因为本法第66条规定，默示可以被认为是"不作否认表示"而视为同意。

3. 第三人知道行为人没有代理权、超越代理权或者代理权已终止还与行为人实施民事行为给他人造成损害的，由第三人和行为人负连带责任。

如果第三人知道行为人自称代理人而实无代理权，仍然与行为人进行民事活动，那么，他就是明知行为有瑕疵而有意利用瑕疵，并企图借瑕疵行为产生对他人有拘束力的法律后果。这显然违反了民事活动所应遵循的诚实信用原则。如果他人因为这一行为而遭受损害，第三人与无权代理人应作为共同侵权人连带承担损害赔偿责任。

——唐得华、高圣平主编：《民法通则及配套规定新释新解（上）》，人民法院出版社2003年版。

【相关文献】

1. 董学立：《重新审视和设计无权代理》，载《法学》2006年第2期。

2. 赵秀梅：《〈民法典总则〉代理制度立法建议》，载《法律适用》2016年第8期。

3. 殷秋实：《论无权代理人的赔偿责任》，载《法律适用》2016年第1期。

【相关案例】

1. 夫妻中一人将另一人财产以夫妻共同名义出售的行为,构成无权代理

——尚斌诉卢成爱、高雁伟、北京润邦房地产经纪有限责任公司房屋买卖案

案例要旨:无权代理是指在没有代理权的情况下以他人名义实施的民事行为。没有代理权,超越代理权或者代理权终止后的行为,只有经过被代理人的追认,被代理人才承担民事责任。未经追认的行为,由行为人承担民事责任。本人知道他人以本人名义实施民事行为而不作否认表示的,视为同意。夫妻一方在未得到配偶授权的情况下以配偶名义处置配偶名下的房产构成无权代理,事后未得到配偶的追认,其与第三人签订的房屋买卖合同无效。

案号:(2009)丰民初字第 22999 号

审理法院:北京市丰台区人民法院

来源:《中国审判案例要览》(2011 年民事审判案例卷)

2. 当事人未经公司同意而使用其印章,擅自以公司名义对外签订股权转让协议的行为应属无权代理

——海南虹艳贸易有限公司与海南金泰房地产开发公司股权转让纠纷案

案例要旨:行为人提供的授权委托书上虽盖有公司的印章,但无法证明公司作出了授权委托的真实意思表示。当事人未经公司同意而使用其印章,擅自以公司名义对外签订股权转让协议的行为应属无权代理。

案号:(2012)民提字第 35 号

审理法院:最高人民法院

来源:法信网

3. 行为人没有代理权而以被代理人的名义订立合同,且不存在视为被代理人同意的情况,应当认定为无权代理

——重庆市城投混凝土有限公司与福建省来宝建设工程有限公司买卖合同纠纷案

案例要旨:行为人没有代理权而以被代理人的名义订立合同,未经被代理人追认,且不存在视为被代理人同意的情况,应当认定为无权代理,对被代理人不发生效力,由行为人承担责任。

案号:(2015)渝五中法民终字第 06331 号

审理法院： 重庆市第五中级人民法院
来源： 《人民司法·案例》2016 年第 26 期

4. 行为人没有代理权，在离职后以被代理人的名义出具赔偿函的行为，构成无权代理

——江苏高院判决华祥织布厂诉金商公司承揽合同价款纠纷案

案例要旨： 行为人没有代理权，在离职后以被代理人的名义出具赔偿函的行为，构成无权代理。相对人没有理由相信行为人有代理权，行为人出具的赔偿函对被代理人不具有约束力。

案号： （2009）苏民二终字第 0158 号
审理法院： 江苏省高级人民法院
来源： 《人民法院报》2010 年 12 月 16 日，第 6 版

5. 行为人的行为超越代理权限，损害他人的合法权益，应承担民事赔偿责任

——广西壮族自治区柳州市机电设备有限责任公司城站分公司诉忻城糖业有限责任公司等委托结算货款损失案

案例要旨： 行为人的行为超越代理权限，损害他人的合法权益，应承担相应的民事赔偿责任。第三人明知行为人超越代理权限仍与行为人实施民事行为，应与受托人承担连带责任。

案号： （2000）柳地经终字第 95 号
审理法院： 广西壮族自治区柳州地区中级人民法院
来源： 《中国审判案例要览》（2001 年商事审判暨行政审判案例卷）

第一百七十二条 表见代理

行为人没有代理权、超越代理权或者代理权终止后，仍然实施代理行为，相对人有理由相信行为人有代理权的，代理行为有效。

【相关规定】

1. 《中华人民共和国合同法》

第四十九条 行为人没有代理权、超越代理权或者代理权终止后以被代理人名义订立合同，相对人有理由相信行为人有代理权的，该代理行为有效。

2. 《中华人民共和国合伙企业法》

第三十八条 合伙企业对合伙人执行合伙企业事务以及对外代表合伙企业权利的限制，不得对抗不知情的善意第三人。

3. 《最高人民法院关于适用〈中华人民共和国婚姻法〉若干问题的解释（一）》

第十七条 婚姻法第十七条关于"夫或妻对夫妻共同所有的财产，有平等的处理权"的规定，应当理解为：

（一）夫或妻在处理夫妻共同财产上的权利是平等的。因日常生活需要而处理夫妻共同财产的，任何一方均有权决定。

（二）夫或妻非因日常生活需要对夫妻共同财产做重要处理决定，夫妻双方应当平等协商，取得一致意见。他人有理由相信其为夫妻双方共同意思表示的，另一方不得以不同意或不知道为由对抗善意第三人。

【相关观点】

一、表见代理

表见代理，是指代理人之代理虽无代理权，但有可使相对人误信其有代理权的事由，因而法律强使本人（名义上的被代理人）对于无过失的相对人承担被代理人责任的无权代理。法律以代理人有代理权的表象，而不顾代理人无代理权的实质，强使本人为无权代理人的代理行为承担被代理人的责任，似乎有悖常理。但是，表见代理制度也并非无合理性的法律制度。它的合理性在于：事物的现象不反映事物的实质是常有的事情；虽然对事物的认识应当要求人们透过现象看本质，但是要透过现象的层层迷雾看清事物的本质，也非易事。在人与人的相互关系中，某人对某人是否享有代理权，其代理权的范围如何，由于法律没有责成被代理人公示其代理人及其权限的义务，相对人往往只能凭代理人持有的授权委托书或被代理人的某些行为来判断。如相对人判断失误，就存在一个无过失的相对人的信赖利益应否受法律保护的问题。如果善意相对人的利益不受法律的保护，与代理人进行民事活动的相对人就会失去安全感，从而影响代理制度的信用和效益。因此，通过保护善意相对人的利益来维护代理制度的信用，增强代理制度的社会效益，就是代理制度价值之所在，合理性之所在。同时，使相对人相信无权代理人有代理权的事由，往往是由被代理人的过失行为引起的，如解除委任后没有收回授权委托书，对代理人原来的代理权加以限制后没有通知相对人等等。因此，为维护无过失的相对人的利益，让有过失的被代理人为表见代理人的无权代理承担责任，也是合理的。

二、表见代理与无权代理的关系

表见代理和狭义的无权代理既有联系，又有区别。其联系主要是：（1）都属于无权代理的范畴。两者都是以被代理人的名义实施行为，但都没有代理权。（2）两者可以相互转换。例如，善意第三人享有选择权，如果放弃表见代理而转向狭义的无权代理，可以直接向代理人主张权利。其区别是：（1）制度的功能不同。狭义的无权代理立足于保护被代理人的利益，纯粹是为了维护静的安全；表见代理的立足点是保护动的安全即交易安全，首先保护的是善意第三人的利益。（2）构成要件不同。表见代理的构成以代理人具有代理权的表象为必要，该表象足以使第三人信其具有代理权；狭义的无权代理没有这种表象。（3）法律后果不同。表代理的法律后果是代理行为有效，代理人负授权人责任；狭义的无权代理处于效力未定的状态，非经本人追认对本人不发生法律效力。

——唐德华、高圣平主编：《民法通则及配套规定新释新解（上）》，人民法院出版社2003年版。

【相关文献】

1. 贾纯：《论表见代理》，载《当代法学》1994年第1期。

2. 杨代雄：《表见代理的特别构成要件》，载《法学》2013年第2期。

3. 尹田：《论"表见代理"》，载《政治与法律》1988年第6期。

【相关案例】

1. 保险合同中第三方持有被保险人证件的理赔行为构成表见代理，该代理行为有效

——张志坚诉中华联合财产保险股份有限公司喀什分公司财产保险合同纠纷案

案例要旨： 表见代理的认定是对案件事实中出现的无权民事代理行为的定性。对保险合同中第三方持有被保险人证件的理赔行为，受现行合同法表见代理规则制约进行法律推定，得出的案件裁判结果是符合现行法律规范化要求的。

案号： （2008）农三法民终字第 2 号

审理法院： 新疆生产建设兵团农三师中级人民法院

来源： 《人民司法·案例》2008 年第 12 期

2. 应以审查被代理人行为与代理权外观是否具有关联性作为表见代理构成的事实基础，综合考量构成关联的各项客观事由是否足以引起善意第三人信赖的因素，以判断是否成立表见代理

——刘汉清与上海玲慧文化传播有限公司买卖合同纠纷上诉案

案例要旨： 合同法第四十九条关于表见代理的构成只提到"相对人有理由相信行为人有代理权"，是否以被代理人的过错为要件，仅凭条文文义难以断定。在商事案件审理时，从安全与效率的商事活动价值博弈入手，对照民事表见代理与商事表见代理的区别，不能以被代理人过错作为表见代理的构成要件，而应以审查被代理人行为与代理权外观是否具有关联性作为表见代理构成的事实基础。完成对这一关联性的审查之后，还应综合考量构成关联的各项客观事由是否足以引起善意第三人信赖的因素，以判断是否成立表见代理。

案号： （2013）沪一中民一（民）终字第 1005 号

审理法院： 上海市第一中级人民法院

来源： 《人民司法·案例》2013 年第 24 期

3. 确定委托代理人的代理权限是区别表见代理与有权代理的重要条件

——俄罗斯国际贸易服务有限公司诉沈阳贝特贸易有限公司国际货物买卖合同案

案例要旨： 表见代理是指行为人没有代理权，但因被代理人的原因使善意第三人相信他有代理权而与之实施民事法律行为，因此构成表见代理的前提是行为人没有代理权。而有权代理委托代理人有代理权限。买卖合同中有关于委托代理人有更改、补充合同权限的内容，

则委托代理人的变更行为属有权代理。

案号：（2009）沈中民四初字第98号
审理法院：辽宁省沈阳市中级人民法院
来源：《中国审判案例要览》（2010年商事审判案例卷）

4. 表见代理行为可以根据交易习惯认定
——王忠东诉张健全买卖合同纠纷案

案例要旨：买卖合同中，买方基于长期交易往来形成的合理信赖，依据交易习惯将货物支付给卖方此前一直负责收取款项的人员，该付款行为有效，卖方应承担表见代理的后果。

案号：（2009）厦民终字第2005号
审理法院：福建省厦门市中级人民法院
来源：《人民法院案例选》2010年第1辑（总第71辑）

第三节 代理终止

第一百七十三条 委托代理的终止

有下列情形之一的，委托代理终止：
（一）代理期间届满或者代理事务完成；
（二）被代理人取消委托或者代理人辞去委托；
（三）代理人丧失民事行为能力；
（四）代理人或者被代理人死亡；
（五）作为代理人或者被代理人的法人、非法人组织终止。

【新旧法条对比】

《中华人民共和国民法通则》

第六十九条 有下列情形之一的，委托代理终止：
（一）代理期间届满或者代理事务完成；
（二）被代理人取消委托或者代理人辞去委托；
（三）代理人死亡；
（四）代理人丧失民事行为能力；
（五）作为被代理人或者代理人的法人终止。

【相关规定】

《中华人民共和国合同法》

第四百一十一条 委托人或者受托人死亡、丧失民事行为能力或者破产的，委托合同终止，但当事人另有约定或者根据委托事务的性质不宜终止的除外。

【相关观点】

委托代理终止的五种情形

《民法通则》第69条是关于委托代理的终止的规定。依本条规定，有下列情况之一时，委托代理终止：

1. 代理事务完成或者代理期限届满。委托代理，如果是以完成一定事务为委托内容的，当代理人完成了代理事务后，被代理人直接承受代理人为其取得的民事权利义务后果，代理人与被代理人之间的代理关系则因委托事务的完成，代理目的的实现而自然归于终止。

委托代理若是有期限的，当代理的期限届满后，被代理人又没有继续委托授权行为时，代理权便丧失效力，而代理关系即归于终止。

2. 被代理人取消委托或者代理人辞去委托。委托代理是在代理人与被代理人之间，基于相互信赖而自愿设立的代理关系，如果双方或其中任何一方的信赖基础发生动摇，任何一方都可以终止这种委托代理关系。

被代理人取消委托授权，或者代理人辞去委托，都是一种单方民事法律行为，只要通知对方即发生解除代理关系的法律效力。然而，任何一方要求解除委托关系，都应当提前通知对方，以免造成对方损失，若因通知不及时，造成对方损失时，应负赔偿责任。

由于委托代理常常涉及第三人利益，基于第三人利益的需要，对于解除委托关系之前的代理人与第三人所实施的民事行为，被代理人不能因解除委托而拒绝承担责任。若被代理人取消委托，而对第三人未尽及时通知之责，致使第三人不知代理人丧失代理权而仍与之进行民事活动，从而构成表见代理的，被代理人当按表见代理关系承担法律后果。

3. 代理人死亡。代理人死亡，便当然导致代理权终止的法律后果。代理权不能由代理人的继承人因继而发生转移承受的法律效果。

本条规定代理人死亡是引起委托代理关系终止的原因之一，而并没有规定被代理人死亡能引起委托代理的终止。主要因为：其一，代理行为通常具有连续性，若因被代理人死亡而致代理关系终止，往往是阻断了正在进行的民事活动，也常常会给被代理人的继承人带来较大的财产利益损失，同时也会给第三人造成财产上损害。其二，委托代理关系是基于代理人与被代理人之间的相互信任而确立的。若被代理人的继承人与代理人之间在被代理人死亡后，也存在信任，则原代理活动不必停止，这对各方均有益处。若代理人与被代理人继承人之间不信任，或不愿意继续代理关系，同样可以辞去委托或取消代理权，单方解除代理关系。可见，被代理人死亡，并不必然导致代理关系的终止，法律也没有作终止原因的确定，这既有利于各方当事人的利益需要，也不影响委托代理关系的信任基础。

4. 代理人丧失民事行为能力。在代理关系中代理人的职责是以被代理人的名义进行民事法律行为，并在行为中独立为意思表示，从而要求代理人必须具有民事行为能力。若代理人丧失了民事行为能力，便丧失了代理他人为民事法律行为的资格，从而导致代理权的丧失和代理关系的消灭。

5. 作为被代理人或者代理人的法人终止。法人既可以作为被代理人，由他人代理其为民事法律行为；也可以作为代理人，代理他人为民事法律行为。法人的终止，是法人的资格在法律上不再存在，是民事权利主体资格的终止。而终止的法人在代理关系上若是被代理人，就会使通过代理行为设定的权利和义务无人承担；如果该法人是代理人，将会使代理行为无人进行，妨碍被代理人的利益的实现。因此，法人的终止，无论是作为被代理人或者是作为代理人，都使代理关系归于消灭。

——唐得华、高圣平主编：《民法通则及配套规定新释新解（上）》，人民法院出版社 2003 年版。

【相关案例】

1. 诉讼代理人的代理权限始于当事人的授权，终于案件审结，未另行办理授权委托书为无权代理

——谭志弘以原告在已终结的前案中的委托书复印件为据再次以原告名义起诉无权代理诉讼案

案例要旨：民事诉讼委托代理人基于民事诉讼当事人的委托产生，其代理权限也基于当事人的委托授权范围确定。一般情况下，当事人的诉讼代理授权委托书中如未特别授权可以代为上诉、申请再审等，代理人的代理期限即应理解为到本审级中的终结。本审级终结后，当事人如需委托同一代理人再为诉讼代理（无论是再次起诉、上诉或申请再审），仍需再办委托代理手续，否则，法院不认可该代理人的代理权。

案号：（2000）鼓民初字第 97 号

审理法院：福建省厦门市思明区人民法院（原厦门市思明区、鼓浪屿区、开元区合并）

来源：《人民法院案例选》2002 年第 3 辑（总第 41 辑）

2. 被代理人、代理人均已死亡的，双方的委托代理终止

——叶朝根诉周炳强返还房屋案

案例要旨：被代理人、代理人均已死亡的，委托代理终止，代理人的继承人没有取得被代理人继承人的委托的，无权处分被代理人的财产。

案号：（1996）厦民再字第 04 号

审理法院：福建省厦门市中级人民法院

来源：《中国审判案例要览》（1997 年民事审判案例卷）

3. 被代理人取消委托的，委托代理终止

——云南省宣威市建筑建材公司诉云泰律师事务所案

案例要旨：委托合同中，委托人可随时解除合同。委托人与受托人就非诉事务订立委托合同，履行完毕后，委托人又委托其他人代为诉讼的，视为与受托人取消委托，委托代理终止。

案号：（2000）昆民终字第 277 号

审理法院：云南省昆明市中级人民法院

来源：《中国审判案例要览》（2001 年民事审判案例卷）

第一百七十四条 被代理人死亡后,代理行为有效的情形

被代理人死亡后,有下列情形之一的,委托代理人实施的代理行为有效:

(一) 代理人不知道并且不应当知道被代理人死亡;
(二) 被代理人的继承人予以承认;
(三) 授权中明确代理权在代理事务完成时终止;
(四) 被代理人死亡前已经实施,为了被代理人的继承人的利益继续代理。

作为被代理人的法人、非法人组织终止的,参照适用前款规定。

【相关规定】

1. 《最高人民法院关于贯彻执行〈中华人民共和国民法通则〉若干问题的意见(试行)》

第八十二条 被代理人死亡后有下列情况之一的,委托代理人实施的代理行为有效:(1) 代理人不知道被代理人死亡的;(2) 被代理人的继承人均予承认的;(3) 被代理人与代理人约定到代理事项完成时代理权终止的;(4) 在被代理人死亡前已经进行、而在被代理人死亡后为了被代理人的继承人的利益继续完成的。

2. 《中华人民共和国合同法》

第四百一十一条 委托人或者受托人死亡、丧失民事行为能力或者破产的,委托合同终止,但当事人另有约定或者根据委托事务的性质不宜终止的除外。

第四百一十二条 因委托人死亡、丧失民事行为能力或者破产,致使委托合同终止将损害委托人利益的,在委托人的继承人、法定代理人或者清算组织承受委托事务之前,受托人应当继续处理委托事务。释义引用统计

第四百一十三条 因受托人死亡、丧失民事行为能力或者破产,致使委托合同终止的,受托人的继承人、法定代理人或者清算组织应当及时通知委托人。因委托合同终止将损害委托人利益的,在委托人作出善后处理之前,受托人的继承人、法定代理人或者清算组织应当采取必要措施。

【相关观点】

一、被代理人死亡，委托代理关系不一定中止，这与民事法律关系中一方当事人死亡，法律关系中止的原理是否矛盾

作为民事法律关系，是双方或者多方的关系，如果只剩下了一方，就构不成这个关系。所以，被代理人死亡，委托代理关系不一定中止，这与民事法律关系一方当事人死亡，法律关系中止的原理确实有矛盾。被代理人死亡，代理关系是否消灭呢？民法通则未规定，这很可能是从保护继承人利益和稳定经济秩序考虑的。例如被代理人委托他人为一定的民事法律行为，这个行为可能很重要，全过程时间很长，在这个过程中被代理人死亡了，而这个贸易或其他经济活动还在继续谈判或继续进行，如果突然停顿下来，就会造成经济损失，因为被代理人无法参与，他已死了，也无所谓权利与义务了。但是被代理人的合法继承人和第三人的利益可能因此受到损害。立法者为保护他们的利益，所以并未把被代理人死亡作为委托代理终止的原因。被代理人死亡，他的一切权利已变成他的合法继承人的权利了。合法继承人有权辞去他的代理人的职务，如果不辞去，即可以认为此时继承人已经取得原被代理人的地位。

——佟柔：《关于民法学习中的几个问题》，载《法律适用》1987年11期。

二、不可合理期待代理人知晓代理权欠缺，阻却无权代理人责任

在可以合理期待代理人知晓代理权欠缺时，过失责任和无过失责任并没有区别。但是，在代理人不被合理期待能够知道代理权地缺乏时，过失责任和无过失责任似有分野：在过失责任下，代理人此时没有行为义务，自然不必承担责任；在无过失责任下，代理人仍然需要承担责任。

然而，这种区分是表面的。考虑到代理权产生的方式，代理人不被合理期待能够知晓代理权欠缺的事由其实大多来自本人突发或者隐蔽的能力瑕疵，如本人突然死亡、丧失行为能力等导致代理权消灭，或者是本人在授权时有他人并不知晓的精神疾病而导致授权无效等。这些情况都有特别的处理规则。如在本人死亡、丧失行为能力的场合，法律设有明文规定。《最高人民法院关于贯彻执行〈中华人民共和国民法通则〉若干问题的意见》（以下简称《民通意见》）第82条规定："代理人不知道被代理人死亡的，代理人实施的代理行为有效"。《合同法》第411条规定："委托人或者受托人死亡、丧失民事行为能力或者破产的，委托合同终止，但当事人另有约定或者根据委托事务的性质不宜终止的除外"。因此，如果本人意外死亡或者丧失行为能力，且代理人并不知道时，代理行为继续有效。既然代理行为有效，自然也就没有无权代理人赔偿责任的问题。如果本人授权时因有他人不知的精神疾病而没有完全行为能力,虽然构成无权代理,但此时也不应让代理人承担赔偿责任。这是因为,依据代理法的原理,第三人从被代理人处都无法得到的利益,也不能从代理人处获得。① 在民法中,对欠缺行为能力人的保护要优于对交易安全的保护,即使当事人不知道对方当事人能力的欠缺,也不能主张损害赔偿。② 如果无完全能力的本人亲自和第三人交易,第三人都不能获得赔偿,无完全能力的本人使用代理人这一情况也不应该改变这一规则。

因此,即使以无过失责任为前提,在代理人不被合理期待能够知晓代理权欠缺的情况下,法律的例外规定也会阻却无权代理人的责任。事实上,在采纳无过失责任的立法例中,代理人无法知道或认识到自己没有代理权时,代理人是否要承担责任有很大争论,③ 也有不少立法例通过特别规定的方法缓和了无过失责任的严苛。④ 此时,由于无过失责任需要创设例外,实际效果和过失责任类似。因此,结合相关法律规定来看,无过失责任和过失责任的结果并没有什么实质差别,两者的对立只是一种形式化的解读。相比而言,通过合理设定行为义务标准,过失责任是更合乎逻辑和法律体系的解释。无权代理人的赔偿责任应该以代理人过失为要件。

——殷秋实:《论无权代理人的赔偿责任》,载《法律适用》2016 年第 1 期。

三、被代理人死亡后审判实践中的问题

被代理人死亡后,基于本条所列举的情形,委托代理人实施的代理行为被认定为有效的,将产生有权代理的法律效果。需要注意的是,此种情形下,法律直接认定其为有权代理,而非表见代理。这一法律效果将直接归属于被代理人的继承人。即代理行为的法律效果是在被代理人的继承人和第三人之间发生,代理人与第三人之间并无法律关系。即第三人有权以代理行为当事人地位,请求被代理人的继承人承受代理行为效果、履行代理行为所生义务。如果被代理人的继承人不履行义务的,第三人有权依法向法院起诉,请求被代理人的继承人承担违约责任。

——沈德咏主编:《〈中华人民共和国民法总则〉条文理解与适用》,人民法院出版社 2017 年版。

---

① 参见李永军:《民法总论》,法律出版社 2009 年版,第 653 页。
② 参见王利明:《合同法新问题研究》,中国社会科学出版社 2011 年版,第 290 页。
③ 参见[德]维尔纳·弗卢梅:《法律行为论》,迟颖译,法律出版社 2013 年版,第 963 页;[德]卡尔·拉伦茨:《德国民法通论》(下册),王晓晔等译,法律出版社 2004 年版,第 878 页。
④ 参见普通法对本人突然无能力的处理方式,Restatement of the Law, Third, Agency, §6.10, comment b.

【相关案例】

被代理人死亡，代理人未得到被代理人继承人的承认，代理行为无效
——程启良与徐金保、程启昆、李淑华、程辉买卖合同纠纷案

案例要旨： 委托书未明确约定代理人在被代理人死亡后可继续履行合同且被代理人的继承人也对代理人的行为不予承认的，代理人继续履行委托书的行为无效。

案号： （2011）南铁中民终字第 6 号
审理法院： 南昌铁路运输中级法院
来源： 中国裁判文书网

第一百七十五条　法定代理的终止

有下列情形之一的，法定代理终止：
（一）被代理人取得或者恢复完全民事行为能力；
（二）代理人丧失民事行为能力；
（三）代理人或者被代理人死亡；
（四）法律规定的其他情形。

【新旧法条对比】

《中华人民共和国民法通则》

第七十条　有下列情形之一的，法定代理或者指定代理终止：
（一）被代理人取得或者恢复民事行为能力；
（二）被代理人或者代理人死亡；
（三）代理人丧失民事行为能力；
（四）指定代理的人民法院或者指定单位取消指定；
（五）由其他原因引起的被代理人和代理人之间的监护关系消灭。

【相关规定】

《中华人民共和国民法总则》

第三十九条　有下列情形之一的，监护关系终止：
（一）被监护人取得或者恢复完全民事行为能力；
（二）监护人丧失监护能力；
（三）被监护人或者监护人死亡；
（四）人民法院认定监护关系终止的其他情形。
监护关系终止后，被监护人仍然需要监护的，应当依法另行确定监护人。

【相关观点】

一、法定代理终止的情形

有下列情形之一时，法定代理终止：

1. 被代理人取得或者恢复民事行为能力。由于法定代理或指定代理中被代理人均为无民事行为能力人或者限制民事行为能力人，即法定代理或指定代理是以被代理人无民事行为能力或者限制民事行为能力为前提条件的，当被代理人取得了民事行为能力（未成年人年满18周岁），或者恢复了民事行为能力（如精神病人经治疗已经痊愈），作为设立法定代理及指定代理的原因已经消失，理所当然地应当引起法定代理权或者指定代理权的丧失，相互之间的代理关系终止。

2. 被代理人或者代理人死亡。代理关系是一种民事法律关系，以主体作为最基本的要素，作为被代理人或者代理人的公民死亡，致使代理关系的一方主体消失，因而将引起代理关系的终止。无论法定代理，还是指定代理，均将因此而终止。

3. 代理人丧失民事行为能力。同委托代理一样，法定代理或指定代理的代理人的职责，是代理无民事行为能力人或限制民事行为能力人为民事法律行为，从而要求代理人必须具有民事行为能力。如果代理人丧失了民事行为能力，他便丧失了作为代理人的资格，必然会引起法定代理权或指定代理权的终止。

——唐得华、高圣平主编：《民法通则及配套规定新释新解（上）》，人民法院出版社2003年版。

二、代理权消灭的效果

代理权消灭的效果是：第一，代理关系消灭后，代理权消灭，代理人不得再以被代理人的代理人身份进行活动，否则为无权代理。第二，代理权消灭后，代理人在必要和可能的情况下，应当向被代理人或者其继承人、遗嘱执行人、清算人、新代理人等，就其代理事务及有关财产事项作出报告或者移交。第三，委托代理人应向被代理人交回代理证书及其他证明代理权的凭证。

三、代理关系终止后代理人应履行的义务

代理关系一旦终止，代理人应当依据法律规定和诚实信用原则履行以下义务：第一，及时报告代理事宜和移交财产的义务。代理人应当及时向被代理人以及其继承人、清算人等就有关代理的事务和财产事宜，及时报告和移交，妥善处理善后事宜。第二，及时交回代理证书的义务。第三，履行忠实、保护等附随义务。代理人应当按照诚信原则履行后契约义务，即忠实、保密等义务。代理人不得向他人泄露有关被代理人的秘密，不得利用被代理人的有关文件从事不正当行为等。

代理关系终止以后，第三人可能并不知道代理终止的事由的发生，如果代理人仍然从事代理行为，善意第三人仍与代理人从事民事行为，则依据表见代理，此种代理行为依然有效。

第八章　民事责任

第一百七十六条　民事主体依法承担民事责任

民事主体依照法律规定和当事人约定，履行民事义务，承担民事责任。

【新旧法条对比】

《中华人民共和国民法通则》

第一百零六条　公民、法人违反合同或者不履行其他义务的，应当承担民事责任。

公民、法人由于过错侵害国家的、集体的财产，侵害他人财产、人身的，应当承担民事责任。

没有过错，但法律规定应当承担民事责任的，应当承担民事责任。

【相关规定】

1.《中华人民共和国合同法》

第一百零七条　当事人一方不履行合同义务或者履行合同义务不符合约定的，应当承担继续履行、采取补救措施或者赔偿损失等违约责任。

第一百二十条　当事人双方都违反合同的，应当各自承担相应的责任。

2.《中华人民共和国侵权责任法》

第二条　侵害民事权益，应当依照本法承担侵权责任。

本法所称民事权益，包括生命权、健康权、姓名权、名誉权、荣誉权、肖像权、隐私权、婚姻自主权、监护权、所有权、用益物权、担保物权、著作权、专利权、商标专用权、发现权、股权、继承权等人身、财产权益。

第六条　行为人因过错侵害他人民事权益，应当承担侵权责任。

根据法律规定推定行为人有过错，行为人不能证明自己没有过错的，应当承担侵权责任。

第七条　行为人损害他人民事权益，不论行为人有无过错，法律规定应当承担侵权责任的，依照其规定。

【相关观点】

一、民事责任的一般构成要件

民事责任的一般构成要件，是指行为人在一般情况下承担民事责任的条件。也就是说，除非法律另有规定，不具备这些条件，行为人则不应承担民事责任。所谓法律另有规定是指，法律对某些情况下民事责任的承担规定了特殊的条件，比如违约责任和特殊侵权责任都有其特殊的构成要件。

民事责任的一般构成要件为以下4个，这四个要件必须同时具备，缺一不可。

（一）损害事实

损害事实是构成民事责任的要件之一。没有财产或者人身的损害，也就失去了承担民事责任的前提。

损害是指利益的减少、丧失。损害包括财产损害和非财产损害。财产损害是指财产利益的减少、丧失。如财产被侵占、毁损，承包经营权受侵犯等。这里的财产利益即包括物、货币、有价证券，也包括财产性权利。非财产损害是指非财产利益的减少、丧失或者伤害。例如对他人名誉权、肖像权的侵犯。这里的非财产利益即包括名誉、尊严、荣誉、姓名等，也包括人的情感。

损害与损失不同，损失一般是指损害的财产价值表现形式，而损害不仅仅指财产的损失，在某些情况下，例如侵害他人的名誉，尽管可能不发生损失，却不能否认损害的存在。根据本法的规定，无论是损失还是损失之外的损害，均可适用损害赔偿责任。

财产损失可分为直接损失和间接损失。直接损失又称积极损失、实际损失，是指既得利益的减少或丧失。间接损失又称消极损失，是指可得利益的减少或丧失。例如，人身受伤害后的医疗费用的支出，是直接损失；受害人因身体受到伤害而失去的工资或其他劳动收入是间接损失。一般情况下，侵权人不仅应对其所造成的直接损失赔偿责任，对间接损失也要承担赔偿责任。

（二）须有违法行为

违法行为是构成民事责任的又一必要条件。一个人的行为，如果不构成违法行为，即便造成损害，也不应承担民事责任。

判断一个人的行为是否为违法行为的标准就是看行为人的行为是否违反法律规范。因为法律规范是用以确定当事人的权利和义务的行为规则。民事主体对权利规范所规定的权利和行使有选择权，但对义务规范所确定的义务的履行无选择权，民事主体必须履行义务，如果民事主体不履行民事义务，就是违法。这里所说的违反法律规范包括违反宪法、民法、行政法规范等。

违法行为包括违法的作为和违法的不作为。违法的作为是指行为人实施了法律禁止实施的行为，也就是行为人违反了法律规定的不作为义务。例如，法律禁止用侮辱、诽谤等方式损害公民、法人的名誉，而行为人却实施了损害公民、法人名誉权的行为，就是违法的作为。违法的不作为是指行为人不实施法律所要求实施的行为，即行为人违反了法律规定的作为义务，例如，法律要求在公共场所、道旁或者通道上挖坑、修缮、安装地下设施等，应该设置明显标志和采取安全措施，而施工单位却不采取安全措施，因而造成行为人伤亡，就是违法的不作为。

（三）损害事实与行为之间有因果关系

所谓因果关系，是客观事物及现象之间的前因后果的关联性。若一现象的出现，是由另一现象的存在所必然引起的，则两现象间就有因果关系。损害事实与行为之间有因果关系，是指损害事实是由行为所引起的，损害是行为的结果，行为是损害的原因。这也就是说，若某一损害事实是由某人的行为引起的，那么这个人的行为就与损害事实之间有因果关系。损害事实与行为之间有因果关系是行为人承担民事责任的必要条件，因为任何人只应对自己行为所造成的损害后果负责。

如果确定损害事实与行业之间的因果关系呢？我们应根据因果关系的特点来确定。因果关系具有客观性，即原因和结果的存在以及它们之间的联系是独立于人的主观意识之外，不以人们的意志为转移的，但这种客观存在的客观联系又是可被人们所认识的，这就要求我们必须实事求是地分析与损害事实有关的全部事实，客观地找出损害事实与行为之间的因果关系。此外，因果关系还具有时间上的前后连续性，即原因在前，结果在后。因此，我们在具体确定损害事实与行为之间的因果关系时，应以某一特定损害事实的结果为起点，往前去寻找引起该结果发生的客观原因。凡是对损害事实的发生起作用的客观事实，就为原因，不起作用的就不是原因。如果某一行为是对某一损害事实起作用的原因，那么二者之间就有因果关系。

（四）过错

一般情况下，行为人只有在主观上对自己的行为及其损害后果确有过错时，才承担民事责任。可见，过错是行为人承担民事责任的主观条件。

所谓过错，是指行为人对自己行为的损害后果的心理状态，分为故意和过失两种形式。故意是指行为人预见到自己行为的损害后果，仍然希望或放任其发生的心理状态；过失是指行为人对自己的行为后果应当预见或者能够预见而没有预见，或者已经预见却轻信这种结果不会发生的心理状态。

在审判实践中，判断行为人是否故意比较容易。因为行为人是否故意从其行为的性质、程度、损害后果等方面即可判断。而行为人是否过失，较难确定。我们一般以行为人是否应当注意和能够注意为依据来判断。如果行为人应当注意和能够注意而没有注意就为有过失。行为人应当注意和能够注意的程度因其年龄、文化技术水平、专业知识、工作经验、职务、生活经验的不同各有差异，另外，这些影响注意程度的各种因素也会随着时间、地点、环境的变化而不断变化，因此，我们应客观地、具体地认定应当注意和能够注意的程度。

由于民事责任的主要功能是补偿损害，因而确实行为人民事责任的范围仅以过错的有无和损害大小而定，一般与行为人的过错程度无关。但这并不是说在民法上区分过错的程度没有意义。在某些特定情况下，行为人的过错大小却又是确定民事责任的重要依据。这些特定情况是：

1. 混合过错。混合过错是指损害事实的发生与致害人和受害人的过错都有关系。根据本法规定，双方都有过错的，应当分别承担各自应负的责任，各自应负责任的大小依各自的过错程度而定。

2. 共同过错。共同过错，也叫共同致人损害，指两个或两个以上的人共同实施违法行为造成他人损害。其特点是共同侵权人相互间在主观上有共同致人损害的意思联络，同时各个行为人的违法行为在客观上是造成损害的不可分割的原因。因此，共同侵权人应对受害人的实际损失承担连带责任。如果共同侵权人之一全部赔偿以后，则在共同侵权人内部应根据各自的过错程度，分别按比例承担各自相应的赔偿责任。

3. 受害人的故意。受害人的故意是指损害事实的发生完全是由受害人的故意造成的。受害人的故意可以免除行为人的责任。

——唐得华、高圣平主编：《民法通则及配套规定新释新解（下）》，人民法院出版社2003年版。

二、违约责任、侵权责任的概念及区别

根据民事违法行为违反的民事义务性质不同，行为人承担的民事责任划分为违反合同的民事责任与侵权的民事责任，即违约责任与侵权责任。

违约责任即合同责任，是指合同当事人对自己违反合同约定义务所引起的法律后果应当承担的民事法律责任。例如：买卖合同中出卖人提供的产品质量不符合合同约定的；建设工程承包合同中承包人未按合同约定的时间将工程交付验收、使用等等，都是合同当事人违反合同约定义务的行为，违约行为人要承担违约的民事责任。

侵权的民事责任即侵权责任，是指违法行为人对侵害他人的财产权、人身权等所造成的法律后果应当承担的民事法律责任。侵犯财产所有权、侵犯知识产权、侵犯生命健康权等都是民法上的侵权行为。在侵权行为中行为人违反法定义务，侵犯了他人财产、人身权利，应承担侵权的民事法律责任。侵权民事责任中，由于责任构成要件和归责原则的不同，又可分为一般侵权行为的民事责任与特殊侵权行为的民事责任。一般侵权民事责任是指行为人由于过错，侵犯他人财产、人身权利，致人损害而应承担的民事责任。一般侵权责任之构成要件包括四个方面：损害事实的存在、行为的违法性（违反法律规范的行为）、侵权行为与损害事实之间有因果关系、行为人主观上有过错。按照一般侵权行为的民事责任，行为人由于自己的过错，不法侵犯他人财产或人身权利造成了后果，应由行为人本人承担法律责任。而特殊侵权民事责任，不必具备一般侵权责任的四方面要件，在某些特殊情况下，法律

规定了民事主体要承担民事责任的责任情况。其特殊性在于指明法律的规定不需要全部具备民事责任一般构成要件，其责任也不限于由行为人本人承担。例如：本法规定的无民事行为能力人、限制民事行为能力人致人损害的民事责任，由其监护人承担的情形；动物致人损害的民事责任等均为特殊侵权民事责任。

违约责任与侵权责任虽然都是民事责任，但两者之间有着重要的区别，主要表现为：

1. 责任所保护的权利性质不同。违反合同的民事责任保护的是当事人自己设定的债权，是约定权利；侵权民事责任中，法律保护的是物权、知识产权、人身权等。

2. 责任发生的前提或依据不同。违约责任是依照合同双方依法订立的合同条款和本法等法律中有关违约责任的规定来确定的，是以合同债务为前提的，先有合同之债而后发生合同责任。如《民法通则》第112条规定："当事人可以在合同中约定，一方违反合同时，向另一方支付一定数额的违约金，也可以在合同中约定对于违反合同而产生的损失赔偿额的计算方法。"而侵权责任主要是根据本法等法律中有关侵权行为的条款予以追究处理，侵权的民事责任发生前主体间不存在债务，是由于侵权行为先发生责任，而后产生侵权损害之债。

3. 责任的后果和承担方式不同。违约责任的后果可以依据法律确定，也可以由当事人事先约定责任的范围和承担方式，通常情况下为赔偿损失、支付违约金等以财产为内容的责任形式，并且在没有给对方造成损失的情况下，仍可追究违约责任。侵权责任则不同，它不能由当事人事先约定，而是由法律确认责任后果，侵权责任的承担方式不能适用违约金，并且行为人如果没有给他人造成损害，一般不承担民事责任，侵权责任除可以采取赔偿损失等财产性承担方式外，还可以采用消除影响、恢复名誉等非财产性承担责任的方式。

4. 归责原则不同。违约责任依循严格责任原则，只要当事人违反合同，即应承担违约责任，而不问其是否有过错。对于侵权责任而言，一般的侵权行为则要有过错要件。

——唐得华、高圣平主编：《民法通则及配套规定新释新解（下）》，人民法院出版社2003年版。

【相关文献】

梁慧星：《关于民事责任的若干问题》，载《法律学习与研究》1986年第2期。

【相关案例】

1. 房产新政影响下的违约行为导致合同无法履行的，违约方仍需承担违约责任

——李威诉黄晓玲房屋买卖合同纠纷案

案例要旨： 房产新政影响下的违约行为导致合同无法履行的，违约方仍需承担违约责任。违约行为发生在房产新政施行之前，房产新政不能成为免责事由，合同解除后，不履行合同义务或者履行合同义务不符合约定一方仍应承担违约责任。

案号：（2011）浙甬民二终字第692号民事判决书

审理法院： 宁波市中级人民法院

来源：《人民法院案例选》2012年第3辑（总第81辑）

2. 银行未能对银行卡信息进行有效保护，导致储户存款被盗刷，构成违约，银行应承担违约责任

——陈某某诉中国工商银行广州某某支行储蓄存款合同纠纷案

案例要旨： 银行向储户核发信用卡，但未能保障信用卡的安全性能，对伪卡交易未能识别避免，导致信用卡账户资金被盗刷，构成违约，银行应承担违约责任。

案号：（2012）穗越法民二初字第1502号

审理法院： 广东省广州市越秀区人民法院（原广州市东山区人民法院并入）

来源：《人民司法·案例》2012年第24期

3. 游乐场没有尽到合理安全保障义务导致未成年人受到人身伤害的，应当承担侵权责任

——魏某某诉北京石景山游乐园生命权、健康权、身体权案

案例要旨： 游乐场应承担安全保障义务，对于乘坐游戏项目的未成年人应当充分注意该娱乐设施的特点。已设置的游客须知不能成为免责理由，没有尽到合理的照顾及安全保障义务导致未成年人受到人身伤害的，应当承担侵权责任。

案号：（2013）石少民初字第1380号

审理法院： 北京市石景山区人民法院

来源：《中国少年司法》2016年第1辑（总第27辑）

4. 完全民事行为能力人非受到教育机构以外的人员人身损害的，应按照一般侵权责任认定教育机构是否承担责任

——郑祥瑞与中山大学教育机构责任纠纷案

案例要旨： 完全民事行为能力人，并非受到幼儿园、学校或者其他教育机构以外的人员人身损害的，应当按照一般侵权责任来认定教育机构是否应当承担责任，由受害方对教育机构存在过错承担举证责任。教育机构侵权责任的责任范围在于教育机构是否尽到教育、管理职责，如尽到教育、管理职责，则不需要承担责任，否则应承担相应的责任。

案号：（2014）穗中法民一终字第3046号

审理法院： 广东省广州市中级人民法院

来源：《人民法院案例选》2016年第4辑（总第98辑）

第一百七十七条　按份责任

二人以上依法承担按份责任，能够确定责任大小的，各自承担相应的责任；难以确定责任大小的，平均承担责任。

【新旧法条对比】

《中华人民共和国民法通则》

第八十六条　债权人为二人以上的，按照确定的份额分享权利。债务人为二人以上的，按照确定的份额分担义务。

【相关规定】

1. 《中华人民共和国侵权责任法》

第十二条　二人以上分别实施侵权行为造成同一损害，能够确定责任大小的，各自承担相应的责任；难以确定责任大小的，平均承担赔偿责任。

2. 《中华人民共和国合同法》

第五十八条　合同无效或者被撤销后，因该合同取得的财产，应当予以返还；不能返还或者没有必要返还的，应当折价补偿。有过错的一方应当赔偿对方因此所受到的损失，双方都有过错的，应当各自承担相应的责任。

3. 《最高人民法院关于审理环境侵权责任纠纷案件适用法律若干问题的解释》

第三条　两个以上污染者分别实施污染行为造成同一损害，每一个污染者的污染行为都足以造成全部损害，被侵权人根据侵权责任法第十一条规定请求污染者承担连带责任的，人民法院应予支持。

两个以上污染者分别实施污染行为造成同一损害，每一个污染者的污染行为都不足以造成全部损害，被侵权人根据侵权责任法第十二条规定请求污染者承担责任的，人民法院应予支持。

两个以上污染者分别实施污染行为造成同一损害，部分污染者的污染行为足以造成全部损害，部分污染者的污染行为只造成部分损害，被侵权人根据侵权责任法第十一条规定请求足以造成全部损害的污染者与其他污染者就共同造成的损害部分承担连带责任，并对全部损害承担责任的，人民法院应予支持。

4.《最高人民法院关于审理道路交通事故损害赔偿案件适用法律若干问题的解释》

第十三条 多辆机动车发生交通事故造成第三人损害，当事人请求多个侵权人承担赔偿责任的，人民法院应当区分不同情况，依照侵权责任法第十条、第十一条或者第十二条的规定，确定侵权人承担连带责任或者按份责任。

【相关观点】

一、按份之债的含义

按份之债是指债权人债务人各自按一定份额（等份或不等份）享有债权或承担债务之债。《民法通则》第86条规定："债权人为二人以上的，按照确定的份额分享权利。债务人为二人以上的，按照确定的份额分担义务。"几个债权人只对自己的债权份额享有请求权，这就是按份债权；几个债务人只对自己的债务份额承担清偿的义务，就是按份债务。所谓按份就是在债权债务中存在着一定的份额或比例，债权人或债务人按照这一份额或比例享有权利、承担义务。按份债权人无权就整个债权受偿，也不得未经其他债权人委托代替他人受偿。按份债务人也只就自己的债负清偿责任，没有代替其他债务人履行的义务。现实生活中，按份之债是常见的。例如，甲乙二人各出资10000元共同购买，一所房屋计12间，租给丙、丁两户居住，各住6间。每月房租100元，甲、乙二人各收取50元。丙、丁二人各交付50元，对于房屋修缮和缴纳房产税，甲、乙二人均各自承担二分之一的费用，他们各自的权利义务都有确定的份额，这就是典型的按份之债。甲、乙为按份债权人，丙、丁则为按份债务人。在多数人之债中，除法律或合同另有规定的以外，一般多属按份之债。

按份之债，又有按份债权和按份债务之分。数债权人只能就各自的份额请求债务人为给付的，是按份债权。数债务人仅就各自的份额向债权人负给付义务的，是按份债务。按份之债以给付标的可分为前提。若为不可分，如耕牛、汽车等不可分物，则不能设定按份之债。法律和合同未确定某个多数主体之债为连带之债的，应认定为按份之债。若法律规定或当事人约定某多数主体之债为连带之债的，即使该债之标的为可分物，亦不得为按份之债。按份之债的发生往往基于同一事由，如数人共同将货币借与一人。但非以此为限。将债之一部分转让他人的，亦发生按份之债。

按份之债当事人虽各自按份享有权利或承担义务，但彼此并非全无关系。主要表现如下：（1）一方欲解除合同，须全体进行或向相对方全体进行。（2）债务清偿时债务人之一超出其应承担的份额而替其他债务人清偿债务的，并非无效，但性质上仍属第三人清偿。（3）债权人之一受领给付时超出其应接受的份额而替其他债权人受偿的也无不可，但性质上属无因管理。倘若该债权人无为其他债权人管理事务的目的，超份额受偿又非基于其他债权人的委托，该受偿超额部分属不当得利，债务人对其他债权人的债务不因此消灭。（4）数债权人或数债务人在诉讼中可成为共同原告或共同被告。（5）双务合同中债务人之一不履行债务的，债权人是否可对其他债务人行使同时履行抗辩权，学者见解不一。有的认为可以。有的则认为：只有当债权人所负对待给付义务的标的为不可分时，或者只有以债务人一方的全部给付才能换取债权人某一给付时，债权人才可对其他债务人行使同时履行抗辩权，否则只能对不履行义务的债务人行使此抗辩权。

——唐德华、高圣平主编：《民法通则及配套规定新释新解（中）》，人民法院出版社2003年版。

二、共同责任中的按份责任

对于无过错联系的共同加害的赔偿责任应当如何承担，有不同的主张。一种主张认为，"数人主观上无意思联络，仅因行为偶合导致损害后果发生，若各人的加害部分无法单独确定，则应以共同侵权论，各人对损害应承担连带赔偿责任"。① 这就是说，对无过错联系的数人致害，首先，能确定各人的损害部分的，就单独承担责任；其次，如果各人的加害部分无法单独确定，则承担连带责任。另一种主张同意各人的损害部分能够单独确定行为人的，只对自己行为的后果负责的意见；但是，如果各行为人的加害部分无法单独确定，则应按公平原则，由法院根据案件的具体情况，令行为人分担适当的责任。②

我认为，无过错联系的共同加害行为的责任形态，是按份责任。原因是，无过错联系的各行为人没有共同过错，不具备共同侵权行为的本质特征，因而也就不应当承担共同侵权行为的责任，而共同侵权行为的责任以连带责任为特点。如果令无过错联系的共同加害行为的行为人承担连带责任，则将其作为共同侵权行为处理了。反之，依照按份责任处理各行为人加害部分无法确定的具体责任承担，则既考虑了这种行为与共同侵权行为的区别，也体现了这种行为本身对其责任形态的要求。

因而，确定无过错联系的共同加害行为人的责任，应当依照以下规则处理：

1. 各行为人对各自的行为所造成的后果承担责任。无过错联系的共同加害行为属于单独侵权而非共同侵权，各行为人的行为只是单独的行为，只能

---

① 蓝承烈：《连带侵权责任及其内部求偿权》，载《法学实践》1991年第1期。
② 王利明：《侵权行为法归责原则研究》，中国政法大学出版社1992年版，第296页。

对其行为所造成的损害后果负责。在损害结果可以单独确定的前提下，法官应当责令各行为人就其行为的损害承担赔偿责任。这是按份责任的体现。

2. 依照各自行为的原因力确定责任份额。各行为人在共同损害结果无法分割的情况下，按照各行为人所实施行为的原因力，按份额各自承担责任。无过错联系的共同加害行为多数情况是有一个共同的损害结果，且无法区分个人的损害后果。在这种情况下，应当将赔偿责任确定为一个整体责任，依据各行为人的行为对损害后果的原因力，划分责任的份额，由各行为人按照自己的份额承担责任。因而，这种民事责任的形式是典型的按份责任。

3. 对于无法区分原因力的，应按照公平原则，区分各行为人的责任份额。对此，一是按照等额分配份额，二是考虑各行为人的经济负担能力，适当分割份额，仍按份额承担责任。

4. 对无过错联系的共同加害行为人不实行连带责任。无论在以上何种情况下，各行为人都只对自己应承担的份额承担责任，既不能使各行为人负连带责任，也不得令某个行为人负全部赔偿责任，同时，也不存在行为人内部的求偿关系。

——杨立新：《侵权法论（第 4 版）》，人民法院出版社 2011 年版。

【相关案例】

1. 违反法律法规强制性规定导致约定无效，双方应按照过错的大小各自承担相应的民事责任，不能确定过错大小的双方平均分担交易损失

——谭新耀诉新疆汇和期货经纪公司、王怀栋期货交易纠纷案

案例要旨：期货经纪公司不得向客户作获利保证或者与客户约定分享利益或者共担风险。期货经纪公司和客户明知前述法律法规的禁止性规定仍作获利保证的约定，是违反法律法规强制性规定的行为；以此约定进行交易造成损失的，双方应按照过错的大小各自承担相应的民事责任，不能确定过错大小的双方平均分担交易损失

案号：（2005）新民二终字第 9 号

审理法院：新疆维吾尔自治区高级人民法院

来源：《人民法院案例选》2005 年第 3 辑（总第 53 辑）

2. 合同双方当事人对合同的解除均有过错的，责任由双方各自承担

——晓星物产香港有限公司诉海林国际有限公司购销合同案

案例要旨：由于合同对货款支付方式约定不明而产生争议，双方事后又未就此达成一致的意见，并最终导致合同无法履行。对此，合同双方当事人均有过错，由此给双方造成的损失，由双方各自承担。

案号：（1997）粤法经二上字第 128 号
审理法院： 广东省高级人民法院
来源：《最高人民法院公报》2000 年第 5 期（总第 67 期）

3. 对码头作业事故导致的人身伤亡，码头方、船方、受害人各方不存在共同侵权意思联络的，承担按份责任

——蒋永祥诉宁波海运集团有限公司等通海水域人身损害责任纠纷案

案例要旨： 对码头作业事故导致的人身伤亡，码头方、船方、受害人各方不存在共同侵权意思联络的，承担按份责任而非连带责任。

案号：（2013）甬海法事初字第 84 号
审理法院： 宁波海事法院
来源：《人民法院案例选》2015 年第 1 辑（总第 91 辑）

4. 雇主乘坐自有车辆在正常情形下下车被雇员致伤，雇员与被挂靠者应当按照各自的过错承担按份责任

——游国兵与李达文等机动车交通事故纠纷上诉案

案例要旨： 在道路交通事故中，雇主乘坐自有车辆在正常情况下下车后被雇员致伤，雇员与被挂靠者应当按照各自的过错程度承担按份责任；保险人应当按照保险法规定和保险合同约定，向既是挂靠者又是雇主的受害人承担第三者责任险的赔偿责任。

案号：（2010）渝一中法民终字第 2122 号
审理法院： 重庆市第一中级人民法院（原四川省重庆市中级人民法院）
来源：《人民司法·案例》2011 年第 4 期

第一百七十八条　连带责任

二人以上依法承担连带责任的，权利人有权请求部分或者全部连带责任人承担责任。

连带责任人的责任份额根据各自责任大小确定；难以确定责任大小的，平均承担责任。实际承担责任超过自己责任份额的连带责任人，有权向其他连带责任人追偿。

连带责任，由法律规定或者当事人约定。

【新旧法条对比】

《中华人民共和国民法通则》

第八十七条　债权人或者债务人一方人数为二人以上的，依照法律的规定或者当事人的约定，享有连带权利的每个债权人，都有权要求债务人履行义务；负有连带义务的每个债务人，都负有清偿全部债务的义务，履行了义务的人，有权要求其他负有连带义务的人偿付他应当承担的份额。

第一百三十条　二人以上共同侵权造成他人损害的，应当承担连带责任。

【相关规定】

1.《中华人民共和国侵权责任法》

第八条　二人以上共同实施侵权行为，造成他人损害的，应当承担连带责任。

第九条　教唆、帮助他人实施侵权行为的，应当与行为人承担连带责任。

教唆、帮助无民事行为能力人、限制民事行为能力人实施侵权行为的，应当承担侵权责任；该无民事行为能力人、限制民事行为能力人的监护人未尽到监护责任的，应当承担相应的责任。

第十条　二人以上实施危及他人人身、财产安全的行为，其中一人或者数人的行为造成他人损害，能够确定具体侵权人的，由侵权人承担责任；不能确定具体侵权人的，行为人承担连带责任。

第十一条　二人以上分别实施侵权行为造成同一损害，每个人的侵权行为都足以造成全部损害的，行、为人承担连带责任。

第十三条　法律规定承担连带责任的，被侵权人有权请求部分或者全部连带责任人承担责任。

第十四条　连带责任人根据各自责任大小确定相应的赔偿数额；难以确

定责任大小的，平均承担赔偿责任。

支付超出自己赔偿数额的连带责任人，有权向其他连带责任人追偿。

2.《最高人民法院关于贯彻执行〈中华人民共和国民法通则〉若干问题的意见（试行）》

第一百四十八条　教唆、帮助他人实施侵权行为的人，为共同侵权人，应当承担连带民事责任。

教唆、帮助无民事行为能力人实施侵权行为的人，为侵权人，应当承担民事责任。

教唆、帮助限制民事行为能力人实施侵权行为的人，为共同侵权人，应当承担主要民事责任。

【相关观点】

一、连带责任的特征和具体情形

连带责任的特征主要表现在：一是连带责任对于侵权人而言是一种比较严重的责任方式。连带责任对外是一个整体的责任。连带责任中的每个人都需要对被侵权人承担全部责任。二是连带责任对被侵权人的保护更为充分。被侵权人可以请求一个或者数个连带责任人承担全部或者部分的赔偿责任。而且，被侵权人的举证责任较轻。三是连带责任是法定责任，侵权人不能约定改变责任的性质，对于内部责任份额的约定对外不发生效力。

依照《侵权责任法》规定，以下情形侵权人承担连带责任：

（1）共同侵权人的连带责任。《侵权责任法》第8条规定，二人以上共同实施侵权行为，造成他人损害的，应当承担连带责任。

（2）教唆人、帮助人与行为人的连带责任。《侵权责任法》第9条规定，教唆、帮助他人实施侵权行为的，应当与行为人承担连带责任。

（3）共同危险行为人的连带责任。《侵权责任法》第10条规定，二人以上实施危及他人人身、财产安全的行为，其中一人或者数人的行为造成他人损害，能够确定具体侵权人的，由侵权人承担责任；不能确定具体侵权人的，行为人承担连带责任。

（4）分别实施的行为足以造成全部损害行为人的连带责任。《侵权责任法》第11条规定，二人以上分别实施侵权行为造成同一损害，每个人的侵权行为都足以造成全部损害的，行为人承担连带责任。

（5）网络服务提供者与网络用户的连带责任。《侵权责任法》第36条中规定，网络用户利用网络服务实施侵权行为的，被侵权人有权通知网络服务提供者采取删除、屏蔽、断开链接等必要措施。网络服务提供者接到通知后未及时采取必要措施的,对损害的扩大部分与该网络用户承担连带责任。网络服务提供者知道网络用户利用其网络服务侵害他人民事权益,未采取必要措施的,与该网络用户承担连带责任。

(6) 高度危险物所有人与管理人、非法占有人的连带责任。《侵权责任法》第74条规定,遗失、抛弃高度危险物造成他人损害的,由所有人承担侵权责任。所有人将高度危险物交由他人管理的,由管理人承担侵权责任;所有人有过错的,与管理人承担连带责任。《侵权责任法》第75条规定,非法占有高度危险物造成他人损害的,由非法占有人承担侵权责任。所有人、管理人不能证明对防止他人非法占有尽到高度注意义务的,与非法占有人承担连带责任。

(7) 建设单位与施工单位的连带责任。《侵权责任法》第86条规定,建筑物、构筑物或者其他设施倒塌造成他人损害的,由建设单位与施工单位承担连带责任。

二、侵权责任法中连带责任人内部责任的分担

责任的大小一般依据以下原则来确定:

(一) 根据各自的过错

大多数侵权行为以过错为构成要件,将过错程度作为确定连带责任人之间责任的,能够体现公平的原则,也是我国司法实践的通常做法。

(二) 对原因力进行比较

原因力是确定连带责任人赔偿数额的一个重要方面,特别是在无过错责任的情况下,需要对各责任主体在实施侵权行为时所起作用进行比较,所起的作用较大的,应当承担较大的赔偿数额;所起的作用较小的,可以分担较小的赔偿数额。

(三) 平均分担赔偿数额

如果根据过错和原因力难以确定连带责任人责任大小的,可以视为各连带责任人的过错程度和原因力大小是相当的,在这种情况下应当由连带责任人平均承担赔偿责任。

在一个或者数个连带责任人清偿了全部赔偿数额后,支付了赔偿费用的连带责任人有权向其他连带责任人追偿。追偿权在连带责任的内部关系中处于重要的地位,能保障连带责任人内部合理分担风险。通过行使追偿权,承担赔偿责任的连带责任人也完成了角色的转化,从对外以债务人身份承担赔偿责任,转化为对内以债权人的身份请求公平分担损失。行使追偿权的前提是连带责任人支付了超出自己的赔偿数额,没有超出自己的赔偿数额,不能行使追偿权。

三、连带债务内部、外部的效力

连带债务是多数人之债,因而存在债务人与债权人之间以及债务人与债务人之间内外两方面的关系。连带债务的效力包括外部、内部两种。

(一)连带债务的外部效力

1. 债权人有权请求债务人中的一人、数人或全体,同时或先后履行债之一部或全部。一人或数人履行全部债务的,该连带之债因此消灭,债权人不得再向其他债务人请求履行债务。连带之债消灭前,债务人一人、数人或全体破产时,债权人能否就债权全额对各破产财产行使权利,要求分配受偿,各国立法不尽一致。我国《破产法》无明文规定。从维护连带债务人的债权人利益考虑,应持肯定的意见。但受偿总额超过债权全额的,为不当得利,应退还破产财产。

2. 就连带债务人之一人或数人所生之法律事实,其效力原则上仅及于该人或该数人。债权人向一债务人为履行之请求、连带责任之免除等行为对其他债务人不发生效力,但下列情形例外:(1)债务人之一人或数人因债之清偿、代物清偿、抵销、混同、判决、裁决或与债权人达成调整协议所生债之消灭的效力,及于全体债务人。但债务人内部因此而发生求偿关系。(2)债权人对债务人之一人或数人有迟延受领事实的,该法律事实所生后果亦及于全体债务人。(3)债权的一部分因时效而丧失请求权的,债权人不得就该部分债权依诉讼程序强制其他债务人履行债务。比如,连带债务人甲、乙、丙三人各自应向丁清偿一千元债务,因丁怠于向甲行使权利,致丁对甲的胜诉权消灭。此时,丁不得以甲、乙、丙为连带债务人为由,要求乙、丙清偿甲的一千元债务。(4)债权人向债务人之一为债之免除,而无消灭全部债务意思的,其他债务人就免除部分不再承担连带责任。

(二)连带债务的内部效力

1. 债务人一人或数人因清偿、抵销等财产给付行为或其他法律事实使其他债务人的债务全部或部分消灭的,可就超出自己负担部分的给付额向其他债务人追偿。此项权利为"求偿权"。以求偿权为内容的法律关系为"求偿关系"。需要指出的是,债务因债权人免除而消灭,或因时效期间届满使债权人丧失胜诉权,或因其他无任何财产给付之事实而无需履行的,不发生求偿关系。求偿权的范围包括三方面:(1)超出求偿人应负担部分的财产上之给付。(2)负担时起的法定利息及所支付的必要费用。如运费等。(3)因非基于求偿权人单独负责的事由而生之损害。如因受强制执行而支出的强制执行费等。

在确定求偿权范围时,应注意如下两个问题:(1)债务人一人或数人所为给付之数额与整个债务的负担额相同时,履行债务的人可就超出其应负担份额的部分向其他债务人按比例分别求偿。比如，甲、乙、丙为连带债务人，每人应向债权人丁清偿债款 100 元，如果甲偿付了 300 元后，可向乙、丙分别求偿 100 元；如果甲偿付了 200 元，可向乙、丙分别追偿 50 元。（2）在代物清偿、有偿免责（如劳务抵债）等情况下，实际给付的价值高于免责额的，履行债务的债务人只能以免责额为限求偿，损失由求偿权人自负；实际给付的价值低于免责额的，所获利益由全体债务人分享，比如，以 100 元物品抵销 200 元债务的，所得 100 元利益大家分享。

2. 求偿不能的分担。所谓求偿不能，指因被求偿人无偿还能力等事由，使求偿权人未获得或未全部获得受偿的情况。求偿之债虽非连带之债，但基于公平观念被求偿人中一人不能偿还应分担份额的，该不能偿还部分由求偿权人与其他债务人按比例分担。如果求偿不能因求偿权人的过错所致，求偿权人无权要求其他债务人分担该未偿还部分。需要指出的是，求偿不能的分担并不意味免除求偿之债的被求偿人之债务。分担人与被求偿人之债权债务关系依然存在。

3. 连带债务人之一人或数人被宣告破产的，求偿权人得就破产人应承担的债务份额主张权利，加入破产债权。若宣告破产时连带之债尚未消灭的，其他债务人得以将来的求偿权为破产债权行使权利。但债权人已以债权额为破产债权行使权利的，其他债务人不得再行使此权。

——唐德华、高圣平主编：《民法通则及配套规定新释新解（中）》，人民法院出版社 2003 年版。

【相关案例】

1. 机动车所有者将其车号牌出借他人套牌使用并收取套牌费，发生交通事故后，套牌双方应当承担连带责任

——赵春明等诉烟台市福山区汽车运输公司、卫德平等机动车交通事故责任纠纷案

案例要旨：机动车所有人或者管理人将机动车号牌出借他人套牌使用，或者明知他人套牌使用其机动车号牌不予制止，套牌机动车发生交通事故造成他人损害的，机动车所有人或者管理人应当与套牌机动车所有人或者管理人承担连带责任。

案号：（2010）沪二中民一（民）终字第 1353 号

审理法院：上海市第二中级人民法院

来源：最高人民法院第六批指导性案例

2. 合作建房的公司承担连带责任应当以有约定或是成立合伙企业为前提

——大连渤海建筑工程总公司与大连金世纪房屋开发有限公司、大连宝玉房地产开发有限公司、大连宝玉集团有限公司建设工程施工合同纠纷上诉案

案例要旨：连带责任的适用必须有法律依据或当事人的约定。如果合作建房的公司没有成立合伙企业，或者没有约定承担连带责任，不应当承担连带责任，而由签订建设工程合同的公司承担工程款支付责任。

案号：（2007）民一终字第 39 号

审理法院：最高人民法院

来源：《最高人民法院公报》2008 年第 11 期（总第 145 期）

3. 被免除债务的连带责任人对剩余全部债务仍应当承担连带责任

——安昭宇与包义柱合伙协议纠纷上诉案

案例要旨：合伙人一方在从事合伙事务中侵犯他人合法权益的，其他合伙人应共同承担连带责任。被侵权人单方免除一方合伙人部分债务的，被免除债务的合伙人对剩余全部债务仍应当承担连带责任。其他合伙人偿还剩余债务以后，可根据合伙人内部约定的按份责任向被免除债务的合伙人追偿，该合伙人不得以被侵权人已免除其债务为由对抗其他连带债务人向其行使追偿权。

案号：（2012）淮中民终字第 0841 号

审理法院：江苏省淮安市中级人民法院（原江苏省淮阴市中级人民法院）

来源：《人民司法·案例》2013 年第 22 期

4. 网络服务提供者知道网络用户利用其网络服务侵害他人民事权益而未采取必要措施的，与该网络用户承担连带责任

——迪桑特株式会社诉深圳走秀网络科技有限公司等侵害商标权纠纷案

案例要旨：网络服务提供者知道网络用户利用其网络服务侵害他人民事权益，未采取必要措施的，与该网络用户承担连带责任。如果网络服务提供者直接从特定的团购行为中获得经济利益，其应当在交易信息公开传播前审查交易信息及相应交易行为的知识产权合法性，如果未尽注意义务而导致侵权的交易信息的公开传播，应当认定其知道侵权行为而未采取必要措施，具有过错。

案号：（2012）高民终字第 3969 号

审理法院： 北京市高级人民法院

来源：《人民法院案例选》2016 年第 4 辑（总第 98 辑）

5. 施工单位排放噪声超过国家规定标准，建设单位未依法进行环境评价或采取有效保护措施，承担连带责任

——吴某诉正轩公司等噪声污染责任纠纷案

案例要旨： 在噪声污染责任纠纷中，施工单位排放噪声超过国家规定标准，建设单位未依法进行环境影响评价或采取有效保护措施，属于以不作为的方式侵权；造成他人身体健康受损的，与施工单位构成共同侵权，应承担连带责任。

案号：（2016）渝 04 民终 587 号

审理法院： 重庆市第四中级人民法院

来源：《人民法院报》2017 年 1 月 5 日，第 6 版

第一百七十九条　承担民事责任的方式

承担民事责任的方式主要有：

（一）停止侵害；

（二）排除妨碍；

（三）消除危险；

（四）返还财产；

（五）恢复原状；

（六）修理、重作、更换；

（七）继续履行；

（八）赔偿损失；

（九）支付违约金；

（十）消除影响、恢复名誉；

（十一）赔礼道歉。

法律规定惩罚性赔偿的，依照其规定。

本条规定的承担民事责任的方式，可以单独适用，也可以合并适用。

【新旧法条对比】

《中华人民共和国民法通则》

第一百三十四条　承担民事责任的方式主要有：

（一）停止侵害；

（二）排除妨碍；

（三）消除危险；

（四）返还财产；

（五）恢复原状；

（六）修理、重作、更换；

（七）赔偿损失；

（八）支付违约金；

（九）消除影响、恢复名誉；

（十）赔礼道歉。

以上承担民事责任的方式，可以单独适用，也可以合并适用。

人民法院审理民事案件，除适用上述规定外，还可以予以训诫、责令具结悔过、收缴进行非法活动的财物和非法所得，并可以依照法律规定处以罚款、拘留。

【相关规定】

1.《中华人民共和国物权法》

第三十四条 无权占有不动产或者动产的，权利人可以请求返还原物。

第三十五条 妨害物权或者可能妨害物权的，权利人可以请求排除妨害或者消除危险。

第三十六条 造成不动产或者动产毁损的，权利人可以请求修理、重作、更换或者恢复原状。

第三十八条 本章规定的物权保护方式，可以单独适用，也可以根据权利被侵害的情形合并适用。

侵害物权，除承担民事责任外，违反行政管理规定的，依法承担行政责任；构成犯罪的，依法追究刑事责任。

2.《中华人民共和国侵权责任法》

第十五条 承担侵权责任的方式主要有：

（一）停止侵害；

（二）排除妨碍；

（三）消除危险；

（四）返还财产；

（五）恢复原状；

（六）赔偿损失；

（七）赔礼道歉；

（八）消除影响、恢复名誉。

以上承担侵权责任的方式，可以单独适用，也可以合并适用。

第二十一条 侵权行为危及他人人身、财产安全的，被侵权人可以请求侵权人承担停止侵害、排除妨碍、消除危险等侵权责任。

3.《最高人民法院关于贯彻执行〈中华人民共和国民法通则〉若干问题的意见（试行）》

第一百六十二条 在诉讼中遇有需要停止侵害、排除妨碍、消除危险的情况时，人民法院可以根据当事人的申请或者依职权先行作出裁定。

当事人在诉讼中用赔礼道歉方式承担了民事责任的，应当在判决中叙明。

第一百六十三条 在诉讼中发现与本案有关的违法行为需要给予制裁的，可适用民法通则第一百三十四条第三款规定，予以训诫、责令具结悔过、收缴进行非法活动的财物和非法所得，或者依照法律规定处以罚款、拘留。

采用收缴、罚款、拘留制裁措施，必须经院长批准，另行制作民事制裁决定书。被制裁人对决定不服的，在收到决定书的次日起十日内向上一级人民法院申请复议一次。复议期间，决定暂不执行。

第一百六十四条　适用民法通则第一百三十四条第三款对公民处以罚款的数额为五百元以下，拘留为十五日以下。

依法对法定代表人处以拘留制裁措施，为十五日以下。

以上两款，法律另有规定的除外。

4.《中华人民共和国消费者权益保护法》

第五十五条　经营者提供商品或者服务有欺诈行为的，应当按照消费者的要求增加赔偿其受到的损失，增加赔偿的金额为消费者购买商品的价款或者接受服务的费用的三倍；增加赔偿的金额不足五百元的，为五百元。法律另有规定的，依照其规定。

经营者明知商品或者服务存在缺陷，仍然向消费者提供，造成消费者或者其他受害人死亡或者健康严重损害的，受害人有权要求经营者依照本法第四十九条、第五十一条等法律规定赔偿损失，并有权要求所受损失二倍以下的惩罚性赔偿。

5.《中华人民共和国食品安全法》

第一百四十八条　消费者因不符合食品安全标准的食品受到损害的，可以向经营者要求赔偿损失，也可以向生产者要求赔偿损失。接到消费者赔偿要求的生产经营者，应当实行首负责任制，先行赔付，不得推诿；属于生产者责任的，经营者赔偿后有权向生产者追偿；属于经营者责任的，生产者赔偿后有权向经营者追偿。

生产不符合食品安全标准的食品或者经营明知是不符合食品安全标准的食品，消费者除要求赔偿损失外，还可以向生产者或者经营者要求支付价款十倍或者损失三倍的赔偿金；增加赔偿的金额不足一千元的，为一千元。但是，食品的标签、说明书存在不影响食品安全且不会对消费者造成误导的瑕疵的除外。

6.《最高人民法院关于审理环境民事公益诉讼案件适用法律若干问题的解释》

第十八条　对污染环境、破坏生态，已经损害社会公共利益或者具有损害社会公共利益重大风险的行为，原告可以请求被告承担停止侵害、排除妨碍、消除危险、恢复原状、赔偿损失、赔礼道歉等民事责任。

7.《最高人民法院关于如何适用〈中华人民共和国民法通则〉第一百三十四条第三款的复函》

四川省高级人民法院：

你院关于如何适用《中华人民共和国民法通则》第一百三十四条第三款的请示报告收悉。经研究并征求有关部门意见，答复如下：

《中华人民共和国民法通则》第一百三十四条第三款"依照法律规定处以罚款、拘留"的含义，是指人民法院审理民事案件，国家法律规定人民法院对违反民事法律的当事人可以处以罚款、拘留的，人民法院才可以处以罚款、拘留；法律规定由有关行政部门处以罚款、拘留的，应由有关行政部门予以处罚。

8.《最高人民法院关于审理建设工程施工合同纠纷案件适用法律问题的解释》

第四条　承包人非法转包、违法分包建设工程或者没有资质的实际施工人借用有资质的建筑施工企业名义与他人签订建设工程施工合同的行为无效。人民法院可以根据民法通则第一百三十四条规定，收缴当事人已经取得的非法所得。

9.《最高人民法院关于审理著作权民事纠纷案件适用法律若干问题的解释》

第二十九条　对著作权法第四十七条规定的侵权行为，人民法院根据当事人的请求除追究行为人民事责任外，还可以依据民法通则第一百三十四条第三款的规定给予民事制裁，罚款数额可以参照《中华人民共和国著作权法实施条例》的有关规定确定。

著作权行政管理部门对相同的侵权行为已经给予行政处罚的，人民法院不再予以民事制裁。

10.《最高人民法院关于审理商标民事纠纷案件适用法律若干问题的解释》

第二十一条　人民法院在审理侵犯注册商标专用权纠纷案件中，依据民法通则第一百三十四条、商标法第五十三条的规定和案件具体情况，可以判决侵权人承担停止侵害、排除妨碍、消除危险、赔偿损失、消除影响等民事责任，还可以作出罚款，收缴侵权商品、伪造的商标标识和专门用于生产侵权商品的材料、工具、设备等财物的民事制裁决定。罚款数额可以参照《中华人民共和国商标法实施条例》的有关规定确定。

工商行政管理部门对同一侵犯注册商标专用权行为已经给予行政处罚的，人民法院不再予以民事制裁。

11.《最高人民法院关于审理专利纠纷案件适用法律问题的若干规定》

第十九条　假冒他人专利的，人民法院可以依照专利法第六十三条的规定确定其民事责任。管理专利工作的部门未给予行政处罚的，人民法院可以依照民法通则第一百三十四条第三款的规定给予民事制裁，适用民事罚款数额可以参照专利法第六十三条的规定确定。

【相关观点】

承担民事责任的形式

民事责任的形式即是违反民事义务人承担民事责任的方式，也是人民法院用以保护权利人权利的具体民事方法。

根据《中华人民共和国民法通则》第134条规定，承担民事责任的方式主要有如下十种：

1. 停止侵害。这是适用于各种侵权行为的一种基本的侵权民事责任形式，是防止扩大侵害后果的有效措施。停止侵害亦即责令侵害人停止其侵害行为。任何正在实施侵害国家、集体的财产或者侵害他人人身、财产的违法行为人，都应当停止其违法行为，不论这种侵害行为持续多久，也不论他是否知道或应当知道其行为是违法的侵权行为。例如，滥伐森林的，应立即停止滥伐；污染环境的，应立即停止排放"三废"；使用他人注册商标的，应立即停止使用；非法翻印发行他人作品的，应立即停止翻印发行；传播有损他人名誉言论的，应停止传播等等，都是承担停止侵害的责任。这种责任形式主要是发挥民事责任的预防职能的。

2. 排除妨碍。违法行为人的行为使受害人无法行使或不能正常行使自己的财产权利、人身权利时，受害人有权要求排除妨碍。不论侵害人的妨碍有无故意或过失，侵害人应立即排除对受害人行使权利的妨碍。例如，在通道上施工、设置障碍影响路人通行的，就将障碍除去；在他人窗前堆放物品，妨碍其采光、通风的，应当将物品搬走；制造噪声震动影响邻人工作、休息的，应排除声源等等。如果违法行为人自己不排除妨碍，受害人可以向人民法院提起排除妨碍的诉讼。只要妨碍存在，人民法院即应责令违法行为人排除。这种诉讼不受时效限制。

3. 消除危险。消除危险是指消除对国家、集体财产或者他人人身、财产确有造成损害或再次造成损害的危险来源。这是保护公共财产和公民人身、财产安全的重要方法。当行为人的行为（作为或不作为）造成发生损害危险的隐患时，他即应采取措施，消除该危险来源，以防止造成财产或人身的损害。例如，房屋的所有人或管理人不修缮房屋，致使房屋处于随时可能倒塌、危及他人人身、财产安全时，他就应当承担消除危险的民事责任。排放"三废"超过规定标准的，不仅要停止排放，而且要根治污染来源。根治污染来源，也是消除危险的一种措施。

4. 返还财产。返还财产适用于对财产权利的保护，是侵害财产权益承担的民事责任方式。返还财产主要指三种情况：一是返还不当得利。"没有合法根据，取得不当利益，造成他人损失的，应当将取得的不当利益返还受损失的人"。若不当得利人不予返还，受损失者可以请求人民法院责令其返还；

二是返还按照民事行为已作的给付。"民事行为被确认无效或者被撤销后，当事人因该行为取得的财产，应当返还给受损失的一方"；三是指"侵占国家的、集体的财产或他人的财产的，应当返还财产"。这里指的返还财产是指第三种情况，又称为返还原物。因返还原物提起的诉讼称作返还之诉。

返还之诉的成立须具备如下几个条件：

第一，原告须是财产所有人或经营人。财产所有人或经营人基于所有权或经营权要求非法占有人返还财产。例如，集体企业法人作为财产所有人有权请求返还非法侵占的他的财产。国有企业法人以合法经营者的身份请求返还非法侵占的由其经营管理的国家财产。房管局有权要求返还被非法强占的公房。第二，被告须是非法占有人。返还之诉是保护所有权或经营权的方法，被告只能是非法占有他人财产的非法占有人，他与原告之间没有合同关系。对于合法占有人，不能提起返还之诉。第三，原物须存在。如果被非法侵占的财产已不存在，则不能让非法占有人承担返还财产的责任，而应当折价赔偿。第四，须在诉讼时效期间内提起。超过诉讼时效期间的，人民法院对于原告的请求权利不予保护。

在适用返还财产的责任时，如果原物已由非法占有人转让给第三人，应当根据不同情况分别处理。如果第三人是有偿的取得该财产，则应注意保护善意第三人，以维护交易的安全。

5. 恢复原状。恢复原状，在各国立法上有不同的含义。恢复原状有广义和狭义之分。广义的恢复原状是指恢复权利被侵犯前的原来的状态，如返还财产，恢复名誉都可说是恢复原状。狭义的恢复原状是指将损坏的财产修复。这里的恢复原状即是指狭义而言的。损坏公私财物的违法行为人，首先应当承担恢复原状的民事责任。但恢复原状应当具备两个条件：第一，须有修复的可能；第二，须有修复的必要。如果财产被破坏得已无法修复，或者虽可修复，但从经济效益上讲是不合算的或所有人已不需要，则不能适用恢复原状的民事责任，而应当折价赔偿。恢复原状对于满足权利人的利益需要有着重要的意义。例如，在施工中损坏电缆、下水道等的，应当修复，惟有如此，才能保护权利人的合法权益，满足其需要。

6. 修理、重作、更换。这主要是违反合同应承担的民事责任，是违反合同后所采取的补救措施。例如，修建的房屋不合要求，即应无偿地进行修理；加工制作的定作物不合约定标准，虽经修理也不能用的，即应重作。修理、重作、更换不是恢复原状。如果违法行为将损坏的他人财产修理复原，则是承担的恢复原状的责任。

7. 赔偿损失。赔偿损失是最常见的最基本的民事责任形式，适用于各种违反民事义务的场合。如前所述，不仅违反合同须赔偿损失；侵害他人权利的，无论是造成财产损害，还是非财产损害，也都应当赔偿损失。损坏他人财物、侵占他人财物的,不能恢复原状、返还原物时,应当折价赔偿,同时还应当赔偿因此而给受害人造成的其他损失。赔偿损失要坚持完全赔偿的原则,凡属应由侵害人赔偿的损失,侵害人都应赔偿;同时,又要坚持公平合理的原则,法院可以考虑当事人的经济状况,酌情确定具体的赔偿数额,以保证赔偿损失后责任人能维持正常生活。

8. 支付违约金。这是违反合同所承担的民事责任方式,它只适用于合同当事人有违约金约定或者法律规定违反合同应支付违约金的场合。关于违约金的性质和数额、支付办法已在违反合同的民事责任中述及,此不赘述。

9. 消除影响、恢复名誉。这主要是侵害公民、法人的人身权所承担的民事责任方式。违法行为人侵害他人人身权利,损害其名誉、荣誉等人格的,应当为受害人消除影响,恢复名誉。一般说来,在什么范围内损害的,就应当在什么范围内消除影响。例如某记者无中生有的捏造事实,在报纸上报道某演员道德败坏,他就应当在报上声明他以前的报道纯属子虚乌有,为人格受到损害的演员恢复名誉,挽回影响。为受到非法迫害的人平反,也是消除影响,恢复名誉。

10. 赔礼道歉。赔礼道歉是指责令违法行为人向受害人公开认错、赔不是。赔礼道歉也是一种承担民事责任的方式,它与一般道义上的赔礼道歉不同,是在国家强制力的威胁下实施的。单纯的赔礼道歉虽不会给侵害人的财产带来什么影响,但反映了国家、社会对该人的不法行为的强烈谴责。这种责任方式的适用,往往可以缓和矛盾,有利于促进当事人双方的团结,体现了社会主义法律的公正。

——唐德华、高圣平主编:《民法通则及配套规定新释新解(下)》,人民法院出版社 2003 年版。

【相关文献】

魏振瀛:《〈民法通则〉规定的民事责任从物权法到民法典的规定》,载《现代法学》2006 年第 3 期。

【相关案例】

1. 造成环境污染者应停止侵害,承担生态环境修复责任,并向社会公开赔礼道歉

——中华环保联合会诉山东德州晶华集团振华有限公司大气污染民事公益诉讼案

案例要旨: 造成环境污染者应停止侵害,依法承担生态环境修复责任,赔偿生态环境受到损害至恢复原状期间服务功能损失。同

时，向大气排放污染物的行为侵害了社会公众的精神性环境权益，还应承担赔礼道歉的民事责任。

案号：（2015）德环公民初字第 1 号
审理法院： 山东省德州市中级人民法院
来源： 最高法发布十件环境公益诉讼典型案例

2. 相邻一方使用公巷上并非唯一通道必要且会对相邻另一方造成影响的，应承担停止侵害，排除妨碍，赔偿损失等民事责任

——蔡松枝诉吴圳和巷地使用权、相邻关系案

案例要旨： 基于相邻关系中含有对所有权的必要限制，如果相邻一方对公巷的利用并非其唯一通道的，并且会对相邻另一方生活造成影响的，应承担停止侵害、排除妨碍、赔偿损失等民事责任。

案号：（1996）漳民终字第 38 号
审理法院： 福建省漳州市中级人民法院
来源：《中国审判案例要览》（1997 年民事审判案例卷）

3. 判决前已经消除影响、恢复名誉的行为，不能免除侵权人所应承担的赔礼道歉的法律责任

——四川省眉山美琪乐食品有限公司诉内蒙古伊利实业股份有限公司侵害名誉权案

案例要旨： 赔礼道歉是侵权行为人对其侵害他人人身权的不法行为向受害人承认错误，表示歉意，并请求予以原谅。赔礼道歉可以起到在道义上弥补受害人心理上受到的无形损害，这是财产性的责任方式所不能替代的。认为没有造成经济损失就不构成侵害法人名誉权，已经消除影响、恢复名誉就不承担赔礼道歉的民事责任的观点是不符合立法原意的，但仍不能免除伊利公司向美琪乐公司所承担的赔礼道歉的法律责任。

案号：（1999）眉中民终字第 4 号
审理法院： 四川省眉山市中级人民法院
来源：《中国审判案例要览案例》（2000 年民事审判案例卷）

4. 业主违法实施妨害物业服务和管理的行为，物业服务企业有权请求业主承担恢复原状、停止侵害、排除妨碍等民事责任

——顾然地诉上海巨星物业有限公司财产损害赔偿案

案例要旨： 业主违法实施妨害物业服务和管理的行为，物业服务企业有权请求业主承担恢复原状、停止侵害、排除妨碍等民事责任。

案号：（2003）二中民终字第 05574 号
审理法院： 上海市第二中级人民法院

来源：《最高人民法院公报》2003年第6期（总第92期）

5. 涉案双方作品构成实质性相似的侵害改编权案件，适用赔礼道歉、消除影响的民事责任

——陈喆诉余征等侵害著作权纠纷案

案例要旨：对于侵害改编权的行为而言，在涉案双方作品构成实质性相似的情况下，实质上暗含了对于涉案作品著作人身权的侵害，比如署名权，因此，适用赔礼道歉、消除影响的民事责任。

案号：（2015）高民（知）终字第1039号

审理法院：北京市高级人民法院

来源：《人民法院案例选》2016年第7辑（总第101辑）

第一百八十条 不可抗力

因不可抗力不能履行民事义务的,不承担民事责任。法律另有规定的,依照其规定。

不可抗力是指不能预见、不能避免且不能克服的客观情况。

【新旧法条对比】

《中华人民共和国民法通则》

第一百零七条 因不可抗力不能履行合同或者造成他人损害的,不承担民事责任,法律另有规定的除外。

第一百五十三条 本法所称的"不可抗力",是指不能预见、不能避免并不能克服的客观情况。

【相关规定】

1.《中华人民共和国侵权责任法》

第二十九条 因不可抗力造成他人损害的,不承担责任。法律另有规定的,依照其规定。

2.《中华人民共和国合同法》

第一百一十七条 因不可抗力不能履行合同的,根据不可抗力的影响,部分或者全部免除责任,但法律另有规定的除外。当事人迟延履行后发生不可抗力的,不能免除责任。

本法所称不可抗力,是指不能预见、不能避免并不能克服的客观情况。

第一百一十八条 当事人一方因不可抗力不能履行合同的,应当及时通知对方,以减轻可能给对方造成的损失,并应当在合理期限内提供证明。

【相关观点】

一、不可抗力的含义和范围

(一)不可抗力的含义

不可抗力是指人力所不能预见、不能避免、不能克服的客观情况,是一种不可抗拒的力量。

"不可预见",是指根据现有的技术水平,一般对某事件的发生没有预知的能力。人们对某种事件发生的预知能力取决于当代的科学技术水平。另外,人们对某事件发生的预知能力因人而异,有些人能预见到,也有些人预见不到。所以应当以一般人的预知能力作为标准。

"不可避免并不能克服",是指当事人已经尽到最大努力和采取一切可以采取的措施,仍不能避免某种事件的发生并克服事件所造成的损害结果。"不可避免并不能克服"表明某种事件的发生和事件所造成的损害后果具有必然性。

(二)关于不可抗力的因素

不可抗力的因素主要有以下几个方面:

1. 战争、暴乱、罢工等是否作为不可抗力。我国理论界的通说认为,不可抗力主要是指不能预见、不能避免且不能克服的自然现象,如地震、洪水、台风、海啸等。也有一些学者认为,不可抗力还包括某些社会现象,如战争、暴乱、罢工等。从国内外的立法来看,如果战争、暴乱、罢工等需要被列为免责事由的,则与不可抗力等并列规定。因此,战争、暴乱、罢工等具有不可抗力的性质,但不属于不可抗力的范围。例如,我国《海洋环境保护法》第92条规定,完全属于下列情形之一,经过及时采取合理措施,仍然不能避免对海洋环境造成污染损害的,造成污染损害的有关责任者免予承担责任:(1)战争;(2)不可抗拒的自然灾害。

2. 政府命令是否作为不可抗力。我国有一些学者认为,不能预见、不能抗拒的政府命令或者政府行为也属于不可抗力的范围。例如,某水库根据政府的命令,紧急泄洪的行为造成他人损害,该水库能否以政府的命令为由进行抗辩?对这个问题,也是仁者见仁,智者见智。

二、不可抗力的效力

依据《合同法》第117条规定,因不可抗力不能履行合同的,根据不可抗力的影响,部分或者全部地免除责任。

具体来说,因不可抗力事件发生,导致合同不能履行时,发生如下法律效果:

(一)合同的解除

一般来说,全部免除责任意味着合同的解除。当不可抗力事件发生,而导致合同全部义务不能履行时,则应允许当事人解除合同。由于不可抗力的合同解除的法定事由,不管当事人是否在合同中将不可抗力作为解除合同的事由对待,均可导致合同的解除。

(二)免除未履行合同的责任

不可抗力事件的出现,应免除当事人的履行责任,但是并不是所有情况下都全部免除当事人履行责任。正如《合同法》第117条所规定的,"依不可抗力的影响,部分或全部免除责任。"因有时不可抗力事件的发生,仅导致部分合同义务无法履行,且无履行的必要与可能。那么,此时不可抗力事件的出现,就只能产生免除未履行合同的责任的法律效果。

（三）合同的变更

这适用于不可抗力事件的出现导致合同义务部分无履行的情形。另外一种情形是，虽合同义务无法按约定方式履行，但仍有履行的必要与可能。故此时，不可抗力事件的发生，仅导致合同变更的法律效果。

（四）延长合同义务的履行期间

不可抗力的发生常常会导致履行义务期限的延长。因为许多情况下，不可抗力事件只是暂时地阻止了合同的履行，而并不是导致合同完全、永远地不能履行，在此时，解除合同确实不如维持合同效力，并延长履行期的方式好。故合同法规定部分免除责任是非常合理的。

——唐德华、高圣平主编：《民法通则及配套规定新释新解（下）》，人民法院出版社2003年版。

【相关案例】

1. 沿海货物运输中援引不可抗力免责要综合考虑船舶的适航性、适货性、是否连续收听气象预报等情况

——温州市京华燃料有限公司诉天津市金业物流有限公司等航次租船合同纠纷案

案例要旨：法律上所讲的"不能预见"，应当以该行业中通常的行为标准和经验来判断某一情况是否能被预见，对于行为人在进行"预见"的过程中是否存在过错应当以其作出预判时的客观条件来分析，而不应在事后以是否出现不良后果为标准来认定。在沿海货物运输中援引不可抗力免责要综合考虑船舶的适航性、适货性、是否连续收听气象预报、是否采用良好的船艺进行恰当操作。

案号：（2014）津高民四终字第121号

审理法院：天津市高级人民法院

来源：天津海事法院网

2. 当事人迟延履行后发生不可抗力的，不能免除责任

——张雪娇诉李林房屋租赁合同纠纷案

案例要旨：因不可抗力不能履行合同的，根据不可抗力的影响，部分或者全部免除责任，但法律另有规定的除外。当事人迟延履行后发生不可抗力的，不能免除责任。

案号：（2013）雨城民初字第2057号

审理法院：四川省雅安市雨城区人民法院

来源：《中国审判案例要览》（2014年民事审判案例卷）

3. **在委托拍卖合同履行过程中，人民法院查封拍卖标的，致使合同目的无法实现属不可抗力，合同应予解除**

——武汉市农村信用合作社联合营业部与武汉市新世纪拍卖有限公司拍卖合同纠纷上诉案

案例要旨：在委托拍卖合同履行过程中，人民法院查封了拍卖标的，致使合同目的无法实现，该合同应予解除。该委托拍卖合同的目的无法实现而予以解除的原因系人民法院对该拍卖标的查封行为，因该司法行为显属双方当事人不能预见、不可避免并不能克服之情形，故属不可抗力。由于解除合同的原因系不可抗力，故各方当事人均无过错。

案号：（2007）宜中民二终字第00015号

审理法院：湖北省宜昌市中级人民法院

来源：《人民法院案例选》2009年第4辑（总第70辑）

4. **合同当事人的死亡构成不可抗力，双方因此造成的违约行为可部分或全部免除责任**

——远中公司诉杨碧辉等商品房预售合同纠纷案

案例要旨：合同当事人的死亡是一种客观事件，如果符合不可抗力的构成要件又具备其适用的前提条件，也可构成不可抗力，双方因此造成的违约行为可部分或全部免除责任。

案号：（2012）沪二中民二（民）终字第1430号

审理法院：上海市第二中级人民法院

来源：《人民法院报》

5. **堵车属不可抗力**

——江阴市友好旅行社有限公司诉韩秀全等公路旅客运输合同案

案例要旨：就堵车而言，虽然在一定程度上可以预见，但是不能准确、及时地预见其发生的确切时间、地点、延续期间，所以在构成要件上，堵车是符合"不能预见"的主观判断标准，堵车属不可抗力。

案号：（2006）锡民二终字第304号

审理法院：江苏省无锡市中级人民法院

来源：《中国审判案例要览》（2007年商事审判案例卷）

第一百八十一条 正当防卫

因正当防卫造成损害的,不承担民事责任。

正当防卫超过必要的限度,造成不应有的损害的,正当防卫人应当承担适当的民事责任。

【新旧法条对比】

《中华人民共和国民法通则》

第一百二十八条 因正当防卫造成损害的,不承担民事责任。正当防卫超过必要的限度,造成不应有的损害的,应当承担适当的民事责任。

【相关规定】

1. 《中华人民共和国侵权责任法》

第三十条 因正当防卫造成损害的,不承担责任。正当防卫超过必要的限度,造成不应有的损害的,正当防卫人应当承担适当的责任。

2. 《中华人民共和国刑法》

第十七条 为了使公共利益、本人或者他人的人身和其他权利免受正在进行的不法侵害,而采取的正当防卫行为,不负刑事责任。

正当防卫超过必要限度造成不应有的危害的,应当负刑事责任;但是应当酌情减轻或者免除处罚。

【相关观点】

一、正当防卫的构成要件

构成正当防卫应当符合下列条件:

(一)必须是针对实际存在的、正在进行的不法侵害

正当防卫所针对的不法侵害必须是客观存在的,而非凭主观想象或主观推测的,如果防卫人由于主观认识错误而针对实际并不存在的不法侵害实施了所为的防卫行为,则构成假想防卫,防卫人对因此而造成的损害应承担侵权责任。正当防卫所针对的不法侵害必须是正在进行的,也就是说,针对的是现实的侵害,即侵害行为已经开始,正在进行,但尚未结束。如果行为人对尚未发生的侵害或已经结束的侵害实施所谓的防卫行为的,则构成防卫不适时,防卫不适时包括的两种情况分别可称之为事前防卫和事后防卫,行为人对因此而造成的损害应承担侵权责任。

（二）具有必要性和紧迫性

即防卫必须是针对非法的、非进行防卫而不能排除的侵害行为实施的。这里要注意民法和刑法对"必要性和紧迫性"判断标准的不同。由于民法针对的是一般违法行为，而刑法则针对犯罪行为，两者的社会危害程度不同，故民法上对"必要性和紧迫性"的判定一般遵循"不得已"标准，也就是说，防卫必须是不得已的，如果有条件、有能力通过非防卫的合法方式制止侵权行为，则不得实施防卫行为。如果在并非不得已的情况下，受害人亦可实施正当防卫，将不利于法律意识的养成和社会秩序的稳定，例如名誉权受到侵害，虽然也可能造成严重后果，但对于这种侵害完全可以通过其他合法途径予以制止。而刑法上对"必要性和紧迫性"的判定一般遵循"必要"标准，因为如果非要在迫不得已的情况下才能实施正当防卫的话，不仅合法权益会受到损害，而且将会纵容犯罪，因此，刑法上的正当防卫，并不要求非在不得已之情况下才能实施，即使有其他方法可以避免不法侵害，防卫人也可实施防卫行为，只须其防卫行为出自必要即可。

（三）必须针对不法侵害者本人实施

正当防卫的目的在于排除和制止不法侵害，故只能针对实施不法侵害行为的行为人即加害人本人实施，而不能针对第三人。如果在防卫过程中给第三人造成损害，并且又不符合紧急避险条件的，防卫人应承担对第三人的侵权责任。正当防卫可以针对加害人的人身，如束缚加害人的身体、造成加害人伤亡等；也可以针对加害人的财产进行，但这里的财产必须是加害人用于实施不法侵害的财产以及有助于直接制止不法侵害行为的财产，如果能够通过毁损其这些财产达到制止不法侵害、保护合法权利的目的，则毁损其这些财产属于正当防卫，无需承担侵权责任，但防卫人不能以侵害和破坏加害人的其他合法财产作为防卫手段，间接迫使加害人停止实施侵害，防卫人对于由此造成的损失应承担侵权责任。

（四）具有保护合法权益的目的性

这是正当防卫的主观要件，是正当防卫作为侵权责任抗辩事由的根据和正当防卫权利存在的基础，因此，这就要求防卫人在进行防卫时，不仅应当意识到不法侵害现实存在，而且应当意识到其防卫行为的目的是为了保护本人或他人的合法权益以及公共利益免受不法侵害。故意报复、防卫挑拨、相互斗殴等因其不具备保护合法权益的目的性，均不构成正当防卫。

（五）不得超过必要限度

必要限度是为了制止不法侵害所必须具有的、足以有效制止侵害行为的应有强度。对于如何判断必要限度，在法学界以及司法实践中主要存在以下三种观点：一是基本相适应说。认为所谓正当防卫的必要限度，就是防卫行为与不法侵害行为在性质、手段、强度和后果上要基本相适应；二是需要说。

认为所谓正当防卫的必要限度，就是防卫人制止不法侵害所必需的限度只要所造成的损害是制止不法侵害所必需，不如此就不足以制止不法侵害，即使防卫在强度、后果等方面超过对方可能造成的侵害，也不能认为是超出了正当防卫的必要限度；三是折中说。认为正当防卫的必要限度在原则上应以制止不法侵害所必需为标准，同时要求防卫行为与不法侵害行为在手段、强度等方面，不存在过于悬殊的差异。在审判实践中，如何把握防卫是否超过必要限度非常关键，通常应当综合考虑正当防卫和不法侵害的手段与强度以及所保护的权益的性质等因素加以判定。

二、防卫过当的判断标准

正当防卫超过必要限度的，就属于防卫过当。对于正当防卫是否在必要的限度内，应结合具体案件的具体情况，主要通过两方面加以判断：一方面，要综合分析双方的强弱、手段、强度、在现场所处的客观环境和形势等因素，防卫行为应具有足以制止不法侵害行为所必需的手段和强度，凡是侵害行为本身强度不大，只需要用较为缓和的手段就足以制止或排除不法侵害，但却采用较为激烈和强硬的手段排除侵害的，就属于超过了必要限度；另一方面，要衡量防卫行为所保护的权益与防卫行为所造成的损害后果之间是否基本适应或相当，正当防卫行为给加害人造成的损害应与不法侵害行为在一般情况下可能造成的损害后果相适应，而不得超过一般情况下不法侵害行为可能造成的损害后果，如果为了保护较轻的权益而给加害人造成严重的损害后果，则防卫就超过了必要限度。总之，在审判实践中，审判人员应当从案件实际出发，坚持主客观相一致的原则，设身处地地进行分析，从而对防卫人正当防卫是否超过必要限度加以准确认定。

防卫过当给他人造成不应有的损害的，应当承担适当的民事责任。对这种适当的民事责任，可以从以下三个方面加以把握：一是防卫过当不能免除民事责任；二是防卫过当造成的损害一般应当根据防卫过当造成的损害后果和案件的具体情况减轻承担民事责任；三是在防卫过程中故意对加害人采取加害行为的，对其超出必要限度的损害应当承担全部赔偿责任，因为在这种情况下，其超出必要限度的部分属于故意侵权行为，理应承担全部侵权责任。防卫过当的赔偿范围是超出防卫限度的那部分损害，即"不应有"的那部分损害。[①]

三、正当防卫与自助行为、无因管理的区别

（一）正当防卫与自助行为

自助行为，是指权利人为保护自己的权利，在情事紧迫而又不能及时请

[①] 杨立新：《侵权责任法原理与案例教程》，中国人民大学出版社2008年版，第120页。

求国家机关予以救助的情形下，对他人的财产或人身施加扣押、约束或其他措施，而为法律或社会公德所认可的行为。① 自助行为以必要为前提，并不得超过必要限度，必须于事后及时提请有关机关处理。关于自助行为的合法性，许多国家都作出了肯定性的规定。如《德国民法典》第 229 条规定："处于自助的目的而扣押、毁灭或损坏他人财物者，或处于自助的目的而扣留有逃亡嫌疑的债务人，或制止债务人对有义务容忍的行为进行抵抗者，如来不及请求官署援助，而且若非及时处理则请求权有无法行使或其行使显然有困难时，其行为不认为违法。"我国现行立法尚未明文规定自助行为，但在司法实践中一般均予以承认。

作为保护民事权利的两种私力救济方法，正当防卫与自助行为颇为相似，如两者都可以针对正在发生的侵害民事权利的行为而实施，但两者也存在明显区别，主要有：首先，正当防卫侧重于消极的防御，而自助行为常常是主动而为，侧重的是对权利的主动救济。其次，正当防卫可以是为了保护自己、他人的合法权益以及公共利益，而自助行为只能是为了保护自己的权利。再次，自助行为限于情事紧迫而又不能及时请求国家机关予以救助的情形，而正当防卫则不以此为要件。在司法实践中曾有法院对此认识错误而作出了错误的裁判，例如，张某没有经过申请建窑烧砖，李某因张某烧砖伤害到其种植的荔枝树而将冷水泼入正在烧砖的砖窑中。法院认为张某未经申请而建窑烧砖的经营行为违反了有关行政法规，应当由有关行政机关给予相应处罚；李某在其种植的荔枝树受到张某烧砖行为的侵害时可以找到有关组织或提起诉讼来解决问题，不存在迫不得已而无其他方法可以防止侵害的问题。因此认定李某的行为不属于正当防卫，应当赔偿张某的损失。这无疑是混淆了正当防卫与自助行为的界限。最后，针对已经结束的侵害不能采取正当防卫，而自助行为在有些情况下可以针对已经结束的侵害而进行。

（二）正当防卫与无因管理

所谓无因管理，没有法律规定或者约定的义务而为他人管理事务的行为。② "由于无因管理的发生，在管理人与被管理人（本人）之间产生债权债务关系，故无因管理是债的发生原因。"③ 正当防卫中也有为国家、集体或他人合法权益而为的正当防卫。两者之间有许多相似之处：行为人都是没有法定或约定义务的人，都是为了维护他人利益而实施必要的行为，都因此使自己的利益受到一定的损害。但两者也存在明显区别，主要有：第一，正当防

---

① 王利明、杨立新：《侵权行为法》，法律出版社 1996 年版，第 85 页。
② 江平主编：《民法学》，中国政法大学出版社 2000 年版，第 470 页。
③ 张俊浩：《民法学原理》（修订第三版）上册，中国政法大学出版社 2000 年版，第 650 页。

卫发生的前提条件是现实的、正在进行的不法侵害，对假想的、没有发生的侵害，则不能实施正当防卫；无因管理发生的前提条件是本人对自己的事务或财物一时失去控制、不能进行管理，这种状态继续下去就可能出现利益丧失的危险。第二，在无因管理中，受益人必须承担管理人为管理而支出的必要费用；在正当防卫中，如果能够确定加害人，且其有赔偿能力的，则受益人不承担赔偿责任，如果不能确定加害人或者其没有赔偿能力的，则受益人在受益范围内承担补充责任。

四、审判实践中判断正当防卫的注意事项

审判实践中应注意以下几点：

1. 在审判实践中，如何正确认定不法侵害是否属于"正在进行"对于判断是否属于正当防卫十分重要。正当防卫所针对的不法侵害必须是正在进行的，也就是说，针对的是现实的侵害，即侵害行为已经开始，正在进行，但尚未结束。一般而言，以加害人已经"着手"实施不法侵害的时间作为开始的时间，但在不法侵害的现实威胁十分明显、紧迫，待其着手实行后来不及减轻或避免合法权益损害时，则需根据具体案情具体分析，即使加害人尚未着手，也可根据当时的具体情势认为不法侵害已经开始。判断不法侵害是否已经结束主要看合法权益是否还处于紧迫、现实的侵害或威胁之中，不法侵害是否还可能继续侵害或者威胁合法权益。不法侵害尚未结束，可以是不法侵害行为正在进行中，也可以是行为已经结束而其导致的危险状态尚在继续中，如在某些财产性侵害中，不法侵害行为可能已经实施完毕，但在现场还来得及挽回损失的，就应当认为不法侵害尚未结束，可以实施正当防卫。但在有些情况下，虽然不法侵害所导致的危险状态尚在继续中，但正当防卫行为并不能将其排除，则应视为不法侵害已经结束。

2. 在审判实践中，正确区分正当防卫与防卫挑拨、互殴行为是十分必要的。防卫人主观上必须出于维护国家、公共利益、本人或者他人的人身、财产和其他权利免受不法侵害的目的，这是正当防卫的主观条件。而防卫挑拨，是指行为人出于侵害的目的，以故意挑衅、引诱等促使对方进行不法侵害，尔后借口防卫加害对方的行为。在防卫挑拨中，挑拨人也实施了针对不法侵害的行为，这使得防卫挑拨在外观上与正当防卫相似，但是挑拨人是故意诱发不法侵害，其主观上具有借机伤害对方的不法意图，因此，其不符合正当防卫主观条件，不能成立正当防卫。互殴行为，又称为相互的非法侵害行为，是指双方都出于侵害对方的非法意图而发生的相互侵害行为。行为人在互相斗殴中并没有防卫的意图和目的，其行为也不得视为自卫，因此，也不符合正当防卫主观条件，不能成立正当防卫。至于双方发生口角后，一方先动手殴打另一方，导致双方厮打在一起，后动手的一方的行为也不构成正当防卫。这里需要注意的是，这并不排除在斗殴过程中或结束后可能出现正当防卫的

情形,如在斗殴中,如果一方求饶或逃走,而另一方继续实施侵害行为的,前者可以出于防卫的目的进行正当防卫。

3. 关于针对动物的侵袭能否构成正当防卫的问题。正当防卫所针对的不法侵害须是人的行为,对于动物的侵害,防卫人进行反击的行为是否属于正当防卫不能一概而论,应当区分不同情况加以处理:如果动物的所有人或饲养人故意驱使动物去实施不法侵害,则防卫人对于动物的攻击进行反击,相当于对加害人用于实施不法侵害的工具进行损毁,从而通过毁损用于实施不法侵害的工具达到制止不法侵害、保护合法权利的目的,应当属于正当防卫。如果是第三人驱使动物实施不法侵害,防卫人对动物的防卫,如用木棒击打扑向自己的猛犬,一般认为是紧急避险,而不属于正当防卫的范畴。

4. 对于对无侵权责任能力人的不法侵害能否构成正当防卫的问题。一般认为,不法侵害的不法仅指客观的不法,加害人是否故意或过失,或有无责任能力,在所不问,因为加害行为中的"不法性"构成了正当防卫的充分原因,故对无侵权责任能力的未成年人和精神病人也可实施正当防卫。但在防卫人明知加害人是未成年人或精神病人的情况下,一般应首先选择其他方法躲避侵害,只有在迫不得已的情况下才允许实施正当防卫,并且其防卫的方式应受到严格限制,仅以制止侵害行为为限。

——最高人民法院侵权责任法研究小组编著:《〈中华人民共和国侵权责任法〉条文理解与适用》,人民法院出版社 2010 年版。

【相关案例】

1. 相互斗殴不构成正当防卫

——郭伟诉王正运身体权纠纷案

案例要旨: 防卫人在进行防卫时,不仅应当意识到不法侵害现实存在,而且应当意识到其防卫行为的目的是为了保护本人或他人的合法权益以及公共利益免受不法侵害。方为人主观上存在相互斗殴的故意的,不构成正当防卫。

案号: (2011)吉民初字第 180 号

审理法院: 新疆维吾尔自治区阿勒泰地区吉木乃县人民法院

来源: 《新疆审判指导与调研参考》2012 年第 4 期(总第 66 期)

2. 正当防卫要求满足其时间条件与限度条件

——唐建生诉王利侵犯人身权纠纷案

案例要旨: 就时间条件而言,应根据侵权行为所针对的财产权、人身权而有所区分,针对人身权的侵权行为一旦实施终结,受害人不得再采取防卫措施;针对财产权的侵权行为虽然实施终结,

但受害人当场采取一定措施可以挽回损失的,应当允许受害人实施正当防卫。就限度条件而言,应结合具体案情,综合分析防卫的紧迫性、防卫手段与强度的必需性、裁判的社会效果三个因素。

案号:(2011)沙法民初字第 02402 号
审理法院:重庆市沙坪坝区人民法院
来源:《人民司法·案例》2012 年第 14 期

第一百八十二条 紧急避险

因紧急避险造成损害的，由引起险情发生的人承担民事责任。

危险由自然原因引起的，紧急避险人不承担民事责任，可以给予适当补偿。

紧急避险采取措施不当或者超过必要的限度，造成不应有的损害的，紧急避险人应当承担适当的民事责任。

【新旧法条对比】

《中华人民共和国民法通则》

第一百二十九条　因紧急避险造成损害的，由引起险情发生的人承担民事责任。如果危险是由自然原因引起的，紧急避险人不承担民事责任或者承担适当的民事责任。因紧急避险采取措施不当或者超过必要的限度，造成不应有的损害的，紧急避险人应当承担适当的民事责任。

【相关规定】

1. 《中华人民共和国侵权责任法》

第三十一条　因紧急避险造成损害的，由引起险情发生的人承担责任。如果危险是由自然原因引起的，紧急避险人不承担责任或者给予适当补偿。紧急避险采取措施不当或者超过必要的限度，造成不应有的损害的，紧急避险人应当承担适当的责任。

2. 《最高人民法院关于贯彻执行〈中华人民共和国民法通则〉若干问题的意见（试行）》

第一百五十六条　因紧急避险造成他人损失的，如果险情是由自然原因引起，行为人采取的措施又无不当，则行为人不承担民事责任。受害人要求补偿的，可以责令受益人适当补偿。

【相关观点】

一、紧急避险的概念

所谓紧急避险，是指为了使社会公共利益、本人或他人的合法权益免受更大的损害，在迫不得已的情况下采取的牺牲其中较轻的利益，保全较重利益的行为。

紧急避险的正当性最早源于中世纪教会法中"紧急时无法律"这句古老

的法律格言，意为在紧急情况下可以实施法律在通常情况下禁止的某些行为，以避免紧急情况下所带来的危险。① 在古代西方人的远洋活动中，紧急避险制度逐渐得以广泛应用。由于当时造船技术的落后和海洋气候的复杂多变，航行中船、船员、货物经常受到自然因素带来的巨大危险，在紧急情况下，船长拥有绝对的权威决定最大限度地施挽救生命和财产的一切措施，包括丢弃全部的货物等，而为了保证这种特权的行使，货主和船员们一般不能在事后要求船长承担责任。②

紧急避险与正当防卫有一定的相似性，都是通过对一定人身或财产的损害来达到保护本人、他人或社会利益的目的，但两者也存在明显的区别，主要有：第一，危险的来源不同。在正当防卫的情况下，危险只能来源于人的行为；而在紧急避险的情况下，危险除了可能来源于人的行为外，还可能来源于自然力。第二，对危险的要求不同。在正当防卫的情况下，危险必须是现实的危险，即实际存在的、正在进行的不法侵害；而紧急避险所面临的危险是紧急危险，这种危险可以是已经发生，也可以是迫在眉睫、不采取措施就必将发生的危险。第三，行为针对的对象不同。正当防卫只能针对实施不法侵害的行为人实施，而不能针对未从事侵害行为的第三人实施，但紧急避险行为一般只是对第三人造成损害，而不会损害非法侵害者本人。

——最高人民法院侵权责任法研究小组编著：《〈中华人民共和国侵权责任法〉条文理解与适用》，人民法院出版社2010年版。

二、紧急避险的构成要件

构成紧急避险应当符合下列条件：

（一）必须有合法的权益会受到损害的紧急危险

避险行为成立的危险要求是"急迫的""现实的"的危险。"急迫的"危险侧重的是对危险的紧急性的要求。"现实的"危险指危险已经发生而尚未终了或者危险虽然现在不存在，但是随时可以转换为危险，侧重要求是真实存在的，而不是虚幻、想象中的危险。一般来讲，非现实的危险不可以构成紧急避险，但是在特定情况下，即使危险不是真实、确实存在的，但由于该危险发生的可能性较大，或避险行为人有确切的证据表明可以相信该危险的发生的情况下，也有可能成立紧急避险。例如，在当今科技高度发达的今天，人类对海上风暴等灾害仍然往往难以准确预测。如果轮船在海上航行时，行为人听见广播通知即将有大风暴来临，又见天气突变，而实施了紧急避险行为，但最终风暴并没有来临，在这种情况下，由于具有使具有航海经验的

---

① 张明楷：《刑法格言的展开》，法律出版社1999年版，第231页。
② 李响：《美国侵权法原理及案例研究》，中国政法大学出版社2004年版，第156页。

人相信风暴即将来临的天气情形，又有天气预报加以佐证，因此当事人有理由相信若不及时进行紧急避险，就会发生无可挽回的后果，故应当承认此时当事人避险行为的正当性。当然，在审判实践中对此应当加以严格限定，对非现实的危险采取的措施一般不宜认定为紧急避险。

关于所保护的合法权益的范围问题，在法学界和司法实践中存在分歧，主要是应该把合法权益限制为生命、身体、自由、财产四大项，防止紧急避险的滥用，还是不应对合法权益进行限制，以应对现实中各种情况。我们认为，对合法权益的严格限定制约了紧急避险制度的功能发挥，也不适应日益发展的现实要求。如环境权是一种新型的权利类型，随着人们对生存环境的重视和环保运动的兴起而被人们所重视，在普通公民与对环境造成严重污染的企业抗争的过程中，往往会损害相关企业的经营权等权利，紧急避险制度正是赋予普通公民在紧急情况下保护其基本权益的有力工具。因此，对紧急避险所保护的合法权益的范围不必加以刻意限制，只要是属于民事主体的基础性权益的，均可在符合条件的情况下适用紧急避险制度。

（二）采取避险措施必须为不得已

所谓不得已的情况，是指不采取紧急避险措施就不能保全更大的法益。不得已是指必须采取避险措施，而不是强调避险手段的唯一性，不是指避险人只能采取某一种而不能采取另一种措施避险。也就是说，可能存在多种保全更大法益的手段，紧急避险措施是这些手段的统称。例如火灾时，避险人可以拿邻居的水桶救火，也可以拿邻居的毛毯扑火。因为在紧急情况下，人们往往没有充足的时间去权衡判断是否别无他法或用其他方法造成的损害是否更大；因此，如果强调限制避险措施的唯一性，无疑会大为削弱紧急避险制度的功能和价值。只要避险人的避险行为所造成的损害小于可能发生的损害，避险措施就是适当的。

（三）具有避险意识

避险意识由避险认识和避险意志构成。避险认识是避险人认识到社会公共利益、本人或者他人的人身、财产和其他权利面临正在发生的危险，认识到只有损害另一较小法益才能保护较大法益，认识到其实施的避险行为是保护法益的正当合法行为。避险意志是避险人出于保护社会公共利益、本人或者他人的人身、财产和其他权利免受正在发生危险的目的。如果根本没有避险意识，其损害较小利益的行为巧合符合紧急避险的其他要件的，则不能构成紧急避险。

（四）避险行为不得超过必要的限度

所谓紧急避险的必要限度，是指紧急避险行为所引起的损害明显小于所避免的损害，即尽可能小的损害保全较大的法益。至于如何权衡权益的大小，则应当具体分析。一般而言，人身权利大于财产权利，人身权利中的生命权重于其他人身权利，财产权利的大小应以财产价值的大小加以衡量。如果避险行为不仅没有减少损害，反而使造成的损害大于或等于可能发生的损害，避险行为就超过了必要的限度。

此外，需要注意的是，紧急避险的适用应当排除在职务上、业务上负有特定责任的人。"职务上、业务上负有特定责任"，是指担任的职务或者从事的业务要求其对一定的危险负有排除的职责，例如船长、医生、警察、消防队员等。由于这些对正在发生的危险负有特定职责的人负有同特定危险做斗争的法律上的义务，故其不能为了使自己避免这种危险而采取紧急避险。否则，就是不履行法律义务的渎职行为，造成严重后果构成犯罪的，甚至要追究其刑事责任。

——最高人民法院侵权责任法研究小组编著：《〈中华人民共和国侵权责任法〉条文理解与适用》，人民法院出版社2010年版。

三、避险过当的概念和内涵

所谓避险过当，是指避险人的避险措施不当或超出必要限度。避险措施不当指在险情发生时明知能够采取其他可能减少或避免损害的措施而未采取，或者避险人所采取的措施并非排除险情所必需。[①] 避险措施不当还应该包括避险手段不符合一般社会道德要求，如非法取用尸体部位救人的行为。超过必要限度是避险人造成的损失大于或等于其所保护的价值。避险过当具有两面性，一方面，基于情境体谅、保证避险的积极性和果断性而应肯定避险行为的部分合理性；另一方面，为了保护合法权益、防止紧急避险的滥用而应对避险行为不合理的部分加以否定评价。要注意对由于某些意料之外的因素导致实际损害大于所保护的法益的情况，不应认定为避险过当。避险过当的，避险人应当承担适当的责任。所谓适当责任，首先是不能免除责任，其次是可以减轻责任，也可以对过当部分承担全部责任。在确定避险人所应负的责任时，应综合考虑避险效果、避险人的主观意识等情况加以判定。在造成危险的行为人与受害人是同一人时，一般应当减轻避险人的责任；在对受害人无过错而遭避险行为侵害的，一般应由避险人对过当的部分承担全部责任。

——最高人民法院侵权责任法研究小组编著：《〈中华人民共和国侵权责任法〉条文理解与适用》，人民法院出版社2010年版。

四、紧急避险的免责效果

紧急避险行为是在迫不得已的情况下采取的行为，并且行为的目的是以损害较小的利益的手段以保全较大的利益，因此，只要避险人采取的避险措

[①] 王利明：《侵权行为法规则原则研究》，中国政法大学出版社2004年版，第586页。

施适当、没有超出必要限度，避险行为本身就具有正当性，避险人无须对由此给他人造成的损害承担赔偿责任。但这并不意味着在任何情况下任何人都不对由此造成的损害承担责任，本条就对因紧急避险而招致损害的责任承担问题进行了规定。

（一）人为原因引起的紧急避险的责任承担

如果险情是由人为原因引起的，则由引起险情发生的人承担责任。一般认为，引起险情发生的人可以是避险人、受益人、受害人或者第三人，他们对于险情的发生在主观上具有错过，故应当对由此给他人造成的损害承担赔偿责任。此外，动物、物品的所有人或管理人因过错致使其所有或管理的动物或物品引起险情发生的，所有人或管理人应当被视为引起险情发生的人。

（二）自然原因引起的紧急避险的责任承担

自然原因，是指与人的行为无关的外界客观原因，如地震、海啸、山洪暴发等。根据本法规定，如果危险是由自然原因引起的，紧急避险人不承担民事责任或者给予适当补偿。赔偿是行为人基于过错对受害人的损失所承担的民事责任，行为人具有可非难性，采取完全赔偿原则；补偿是指行为人和受害人都没有过错，在损害事实已经发生的情况下，以公平考虑作为价值判断标准，根据实际情况和可能，由双方当事人公平地分担损失。在此情况下，行为人不具有可非难性，其仅根据自己的经济状况，对受害人的损失给予一定的救助。一般情况下，如果险情是由自然原因引起，避险人采取的措施又无不当，则避险人不承担民事责任。如果受害人要求补偿，避险人在一定情形下应给予适当的补偿，在审判实践中应根据公平原则，综合考虑避险人和受害人的经济状况、受害人所遭受的损害、避险人因避险而受益的状况等因素加以裁判。

——最高人民法院侵权责任法研究小组编著：《〈中华人民共和国侵权责任法〉条文理解与适用》，人民法院出版社2010年版。

五、紧急避险在审判实践中应注意的问题

（一）紧急避险所损害的权益是否包括避险人自身的合法权益的问题

对此，在学术界和审判实践中存在一定的争议。有人认为，紧急避险应仅限于给他人造成损害，而不包括给自己造成损害，因为在险情由人为原因引起的情况下，避险人（受害人）的损害是由于加害人的过错造成的，加害人理应承担侵权责任。我们认为，紧急避险行为一般仅造成第三人的损害，但在特殊情况下，因加害人的不法行为，被害人为摆脱其面临的极大危险，不得已而采取某种避险措施而使自己遭受损害，符合紧急避险的条件，也应属于紧急避险。如某甲因违规使用电器引发某乙等人居住的某幢楼房发生火灾，某乙居住在二楼，其所在的单元的楼梯被大火和浓烟封锁，致使某乙无法从楼梯逃生。在这种情况下，为避免因火灾而给自身带来损害，某乙从窗户跳下逃生，导致身体多处严重跌伤，受害人在此进退维谷之际采取的造成自身损害的行为符合紧急避险的条件，有权要求引发险情的人承担赔偿责任。此外，紧急避险应当包括避险行为导致本人合法权益损害的情形，也会更有利于对良好社会道德风尚的倡导，尤其是在因自然原因引发危险时，避险人为了使公共利益、他人合法权益免受危险而实施紧急避险导致自身受到损害的，避险人的这种损害自身较小的权益而保护国家、集体或他人更大的权益的行为有利于全社会顾全大局、互助友爱的良好道德风尚的形成，法律对此应当加以鼓励和支持。因此，在这种情况下，避险人有权依据紧急避险制度从受益人处获得适当的补偿。

（二）如何判断紧急避险行为所引起的损害明显小于所避免的损害

也就是保护利益和牺牲利益之间的法益应当如何权衡的问题。这一问题又可以分解为两个小问题。一是可牺牲的利益的范围，即紧急避险的客体。有学者认为，应当将紧急避险行为损害的利益范围限定为财产利益。如果损害了他人的人身利益则属于避险过当行为，只有在特殊情况下，即这种伤害不可避免时，才允许在采取紧急避险行为时对险情引发人或第三人造成人身伤害。紧急避险的合法性根源之一在于利益之衡量，即保全之利益必大于受害之利益。由于人身损害难以量化比较，若得损害他人之人身，恐无法衡量其利益之大小。二是权益位阶问题。我国法律未对权益的价值次序作出规定。但一般而言，人身权利高于财产权利，人身权利中的生命权重于其他人身权利。避险行为所保护法益的价值要求远大于避险行为所侵害的价值。明知道同位阶同价值的利益，而损害其一保全另一利益的，属于单纯的风险转移，应属于避险过当。

——最高人民法院侵权责任法研究小组编著：《〈中华人民共和国侵权责任法〉条文理解与适用》，人民法院出版社2010年版。

【相关案例】

1. 紧急避险应由引起险情的人承担民事责任

——田宝志诉北京青龙缝纫制品有限公司紧急避险损害赔偿案

案例要旨：紧急避险是为了公共利益、本人或者他人合法权益免受正在发生的危险，不得已而采取的损害他人一定利益的救险行为。因紧急避险造成损害的，由引起险情的人承担民事责任。

案号：（2004）二中民终字第3145号

审理法院：北京市第二中级人民法院

来源：《中国审判案例要览》（2005年民事审判案例卷）

2. 因紧急避险造成的损害，应由引起险情的人承担责任，紧急避险人采取措施不当的应自行承担一部分责任

——姜东新诉蒋远星等紧急避险损害赔偿案

案例要旨： 紧急避险人为避免因火灾而给自身造成损害，在别无他法的紧急情况下，采取从窗户跳下的方式逃生，符合紧急避险的条件，造成损失的，应由引起险情发生的人承担民事责任。雇工在从事雇用合同规定的生产经营活动中造成他人损害的，雇主应当承担民事责任。紧急避险人因避险不当加重损失的，应适当承担相应责任。

案号：（2001）泉民终字第1867号

审理法院： 福建省泉州市中级人民法院

来源：《中国审判案例要览》（2003年民事审判案例卷）

3. 紧急避险不以险情实际发生为成立标准

——许海涛诉无锡市海鸿客运有限公司等公路旅客运输合同纠纷案

案例要旨： 紧急避险应当以社会正常的、一般人的观点加以判断，而不以险情的实际发生为构成要件。因公共交通运输工具自身故障引起险情的，乘客有权选择最迅速、最便捷的方式紧急避险，即使险情未实际发生或者被排除，对于乘客在避险过程中所受的人身、财产损害，营运人应当承担赔偿责任。

案号：（2014）滨民初字第0853号

审理法院： 江苏省滨海县人民法院

来源：《人民司法·案例》2016年第8期

4. 紧急避险的跳车自救行为可由保险公司承担责任

——安邦财产保险股份有限公司绍兴中心支公司与王建伟紧急避险损害赔偿纠纷上诉案

案例要旨： 在机动车刹车失灵发生故障的情况下，乘客跳车自救属于紧急避险行为范畴，由此产生的损害由险情引发人即驾驶员承担责任。乘客跳车后其身份即发生变化，已由"车内人员"转化为"车外人员"，属于交强险赔付对象。

案号：（2011）浙甬民二终字第789号

审理法院： 浙江省宁波市中级人民法院

来源：《人民司法·案例》2012年第8期

第一百八十三条　受益人对见义勇为者的适当补偿义务

因保护他人民事权益使自己受到损害的，由侵权人承担民事责任，受益人可以给予适当补偿。没有侵权人、侵权人逃逸或者无力承担民事责任，受害人请求补偿的，受益人应当给予适当补偿。

【新旧法条对比】

《中华人民共和国民法通则》

第一百零九条　因防止、制止国家的、集体的财产或者他人的财产、人身遭受侵害而使自己受到损害的，由侵害人承担赔偿责任，受益人也可以给予适当的补偿。

【相关规定】

1. 《中华人民共和国侵权责任法》

第二十三条　因防止、制止他人民事权益被侵害而使自己受到损害的，由侵权人承担责任。侵权人逃逸或者无力承担责任，被侵权人请求补偿的，受益人应当给予适当补偿。

2. 《最高人民法院关于贯彻执行〈中华人民共和国民法通则〉若干问题的意见（试行）》

第一百四十二条　为了维护国家、集体或者他人合法权益而使自己受到损害，在侵害人无力赔偿或者没有侵害人的情况下，如果受害人提出请求的，人民法院可以根据受益人受益的多少及其经济状况，责令受益人给予适当补偿。

3. 《最高人民法院关于审理人身损害赔偿案件适用法律若干问题的解释》

第十五条　为维护国家、集体或者他人的合法权益而使自己受到人身损害，因没有侵权人，不能确定侵权人或者侵权人没有赔偿能力，赔偿权利人请求受益人在受益范围内予以适当补偿的，人民法院应予支持。

【相关观点】

一、见义勇为的构成要件

第一，是在危急或危险的情况下实施的。这是见义勇为行为构成的首要条件。所谓危难救助，是指国家、集体、他人的财产安全或者公民的人身安全正处于危难境地，行为人为使其利益免受危害或者减少其损害而主动进行的救助行为。该行为的表现形式必须是积极的作为，消极的不作为不能构成危难救助。实践中危难救助行为主要是发生在维护社会治安的问题上，大量地表现为公民积极、主动地与各种侵犯人身权利和财产权利的违法犯罪行为作斗争，表现为不顾个人安危，积极采取措施以及时制止各种治安灾害事故或将该灾害减少到最低限度。见义勇为行为并非仅涉及社会治安问题，还涉及自然灾害、意外事件等方面。例如抗洪救灾、救助因意外事故而落水的儿童等。见义勇为与一般的助人为乐行为相比较，体现出了一种更为高尚的思想境界，立法上应予以正确区别和界定。与此相联系，我们认为，只要行为人不顾个人安危而主动实施了危难救助行为，就已经难能可贵，无需像有的地方法规所要求的，还必须是事迹突出的才可界定为见义勇为。事迹是否突出，只应成为奖励等级问题上所应考虑的因素。

第二，对国家、集体的财产或他人的财产、人身造成损害的违法行为或危险情况是现实的。这是见义勇为本质的另一方面的表现，是勇之所在。没有现实的紧急与危险的存在就无以为"勇"，一个人为社会、为他人做点好事并不难，难的是直接面临本人可能遭受重大损害，甚至牺牲生命的危险，仍义无反顾，挺身而出，救人于水火，其崇高精神品质正是千百年来为社会所讴歌、倡导的。正是基于见义勇为的无私奉献，社会就应当以法律的形式保障其行为得到特别的奖励，其人身得到特别的保护。

第三，行为人实施了防止、制止损害发生或扩大的行为。行为人在客观上必须挺身而出，实施了利他的具体行为。见义勇为不应以"正在发生"为要件。与"正在发生"的违法犯罪行为作斗争的行为，肯定是见义勇为行为；在别人面对违法犯罪行为袖手旁观或退缩时，在违法犯罪行为停止后敢于冒着各种风险，当场指证犯罪嫌疑人，抓捕犯罪嫌疑人、扭送犯罪嫌疑人到当地执法机关，都是难能可贵的正义之举，应视为见义勇为。

行为人做出了自身利益的付出，不应问其实际效果如何，或者由此受益人的利益得到相应的保护，或者受益人的利益未能得到保护。见义勇为所欲保护的利益主体（国家、集体组织、公民），是受益人，至于受益人的利益（合法权益和正当利益）是否实际得到了保护以及获得了何种程度的维护，应不影响见义勇为行为的成立，也不影响其成为受益人，而仅仅成为其补偿义务范围的一个要素。

凡符合以上特征和这些构成要件的，就可以成立见义勇为行为，从而适用受益人对见义勇为者的损害补偿规范，对见义勇为行为进行保护、救济和奖励。

——王利明主编：《侵权责任法裁判要旨与审判实务》，人民法院出版社2010年版。

二、见义勇为与无因管理的区别

无因管理,是指没有法定的或者约定的义务,为避免他人利益受损失,自愿管理他人事务或为他人提供服务的行为。管理他人事物的人称为管理人;受管理事物之人,称为本人。就其法律性质而言,见义勇为行为应属于无因管理的范围,但它是一种特殊的无因管理。见义勇为与一般无因管理行为相比较,有以下区别:

1. 实施见义勇为行为的主体须为自然人。做出见义勇为行为的主体必然是自然人,而不是法人或其他组织。因为法律需要规定的是见义勇为者遭受人身损害赔偿时的赔偿责任,法人或其他组织不存在人身损害赔偿问题。而依传统的无因管理概念,一般认为自然人或法人均可为管理人。

2. 见义勇为行为范围的广泛性。无因管理作用的对象一般是自然人的财产和人身权益,不涉及对国家财产或安全利益,而见义勇为行为作用的对象,不仅仅是指对自然人财产权利和人身权利的保护和求助,在紧急情况下,协助公安、司法机关追捕嫌疑人、被告人或者在逃的罪犯等等,这都属于见义勇为行为涉及的领域。

3. 见义勇为行为须在紧急与危险情况下实施。一般无因管理中的管理行为所涉及的管理事务,基本是在平常状态下由管理人做出的,也无危险可言。"无险"则无以为"勇",如代邻居交纳房租、水电费;收留了他人走失的牲畜等等,付出的只是劳务或金钱等,不存在危及身体健康及至生命之险。而见义勇为行为一般在紧急和危险的情况下做出的,行为人必须面对灾害、歹徒,不怕牺牲自己的健康、甚至生命,挺身而出阻止不法行为与灾难的发生或损害的扩大,以保护他人的人身或财产权利,例如救助被大火围困的人,同犯罪分子搏斗等。

4. 二者行为的价值取向不同。见义勇为行为主要是出于"正义",为了维护社会"正义"而奋勇地去做,即行为人出自内心的正义感和道义上的责任感,面对"义"与"利"的抉择时,勇敢选择了"义"而放弃了自己的"利",它是一种高尚道德行为,是人类共同利益和共同生活准则在道德领域上的反映,它所追求的价值目标是社会整体利益。因此,见义勇为在法律上源自于无因管理行为的范围,但超出了一般的无因管理行为,升华为一种高尚道德范畴的行为。相比之下,无因管理往往是在相对于另一方当事人切身的财产利益或人身利益而实施的,其在社会的道德感召力和影响力相对较小,是管理人为了维护本人的利益免受损失,而进行一定的善良管理事务行为,它客观上主要是为了被管理人的"利",并不一定体现"义"的价值目标。

5. 见义勇为给行为者造成的损害后果不同。由于见义勇为行为是在突发的灾害、人为事故和不法行为情况下实施的,如火灾、山洪暴发、他人落水或被大火围困，犯罪分子实施杀人、抢劫等人身和财产面临危险的紧急的情况下实施的，往往给见义勇为者造成财产和人身双重损害，而无因管理行为一般是在平常的情况下实施的，一般不会造成人身损害，即使在财产上和劳务上有所付出，管理人也可以凭自己的意志控制。

6. 见义勇为者的财产或人身损害的社会救济性。见义勇为者的财产或人身损害在一定情况下可由国家和社会负相应的救济责任，由国家和社会对其予以补偿。但在无因管理中对管理人所造成的财产损失，如果是由第三人引起的，根据不真正连带、让与请求权理论，一般应由本人承担，政府和非政府组织不承担补偿责任。

——王利明主编：《侵权责任法裁判要旨与审判实务》，人民法院出版社2010年版。

【相关案例】

1. 见义勇为的受益人应对施救者因此受到的人身损害给予其亲属适当的经济补偿

——郑花阁诉张鹏等见义勇为补偿案

案例要旨：见义勇为的施救者实施的救助行为系没有法定的或者约定义务的无因管理行为，按照我国民法通则的规定，受益人应对行为人因此而付出生命代价给其亲属造成的损失给予适当的经济补偿。

案号：（2004）南民一终字第75号

审理法院：河南省南阳市中级人民法院

来源：《中国审判案例要览》（2005年民事审判案例卷）

2. 见义勇为案件应根据公平原则和利益平衡原则确定赔偿数额

——曹桂华等诉间志华损害赔偿案

案例要旨：在没有能够确切涵摄见义勇为这一特定案件事实的法律规则的情况下，为个案正义，将平等保护或公平原则确定为适用于本案个案的法律原则。依据公平原则进行思考，确认适用法律公平原则较之具体法律规则具有更强理由。考量案件实际情况，将公平及兼顾各方利益平衡原则在个案中进行解释，最终确定见义勇为的补偿份额。

案号：（2009）安曲民一初字第0333号

审理法院：江苏省海安县人民法院

来源：《中国审判案例要览》（2010年民事审判案例卷）

3. 管理人因见义勇为行为引起人身损害，由此造成的医疗费、误工费、护理费、营养费、交通费等损失，属于无因管理行为支出的费用，有权要求受益人偿付

——施洪权诉顾伟等案

案例要旨：行为人见义勇为救助他人，与被救者之间形成无因管理关系。因救助他人而导致身体受损，为此造成的医疗费、误工费、护理费、营养费、交通费等损失，属于无因管理行为支出的费用，有权要求受益人偿付。管理人救助行为的受益人，应当偿付管理人因伤造成的损失。

案号：（2001）通中民终字第1521号

审理法院：江苏省南通市中级人民法院

来源：《中国审判案例要览》（2002年民事审判案例卷）

4. 行为人见义勇为导致自身财产受到损害的，可以要求受益人给予适当补偿

——骆新山诉新疆战友天缘机械化工程有限公司、中国石油天然气股份有限公司财产损害赔偿案

案例要旨：为维护国家、集体或者他人合法权益而使自己受到损害，在侵害人无力赔偿或者没有侵害人的情况下，如果受害人提出请求的，人民法院可以根据受益人受益的多少及其经济状况，责令受益人给予适当补偿。

案号：（2011）乌中民一终字第993号

审理法院：新疆维吾尔自治区乌鲁木齐市中级人民法院

来源：《新疆审判指导与调研参考》2012年第4期（总第66期）

第一百八十四条　紧急救助行为人的豁免规则

因自愿实施紧急救助行为造成受助人损害的，救助人不承担民事责任。

【相关观点】

本条为《民法总则》编纂过程中的新增条文。本条文第三次审议稿时的原条文为：实施紧急救助行为造成受助人损害的，除有重大过失外，救助人不承担民事责任。在审议过程中，针对该条文的主要意见集中在："重大过失"除外的条款，不利于弘扬社会主义核心价值观，也不利于救助人积极实施救助行为，同时在实践中也不好界定。最终通过的条文增加了"因自愿"实施紧急救助行为，并删除了重大过失除外的条款。

——沈德咏主编：《〈中华人民共和国民法总则〉条文理解与适用》，人民法院出版社2017年版。

【相关文献】

《见义勇为后顾之忧待彻底消除》，载中国人大网，最后访问时间：2017年3月13日。

【相关案例】

不具备抢救和急救能力的卫生室对病人实施紧急救助行为造成的损害不承担责任

——耿玉兰、徐永梅、徐英梅、徐彩梅、徐东华与关更民、西安市长安区太乙宫街道关家村卫生室、西安市长安区太乙宫街道关家村村民委员会医疗服务合同纠纷案

案例要旨：病人与卫生室在未建立医疗合同的情形下，不具备抢救、急救能力的卫生室对病人实施的紧急救助行为所造成的损失，不承担赔偿责任。

案号：（2015）陕赔民申字第01222号
审理法院：陕西省高级人民法院
来源：中国裁判文书网

第一百八十五条　英雄烈士等的人格利益保护

侵害英雄烈士等的姓名、肖像、名誉、荣誉，损害社会公共利益的，应当承担民事责任。

【相关观点】

一、对英雄烈士等的人格权益进行特别保护的意义

第一，对于英雄烈士等的人格权益进行特别保护具有鲜明的政治意义。本条是在大会审议阶段新增加的一个条文。本条规定体现了民法总则鲜明的政治导向，也是弘扬社会主义核心价值观的具体体现。《民法总则》在本条特别规定英雄烈士人格权益的保护，有利于弘扬烈士精神，缅怀烈士功绩，培养公民的爱国主义、集体主义精神和社会主义道德风尚，培育和践行社会主义核心价值观，增强中华民族的凝聚力，激发实现中华民族伟大复兴中国梦的强大精神力量。

第二，弥补现行法及司法解释的规定的不足。

第三，从保护的必要性上看，由于英雄烈士的人格利益，不仅是个人权益的重要内容，更是社会利益的典型体现。因此，有必要对其作出规定。

二、"英雄烈士等"的范围

第一，在现行法中，并无关于英雄的概念。通常来看，英雄是指为了他人利益、公共利益、国家利益，不畏艰辛、不怕牺牲，英雄奋斗并有重大贡献的人。而烈士则是在执行公务活动等特定情形下牺牲并经法定程序评定为烈士称号的人。

第二，"英雄烈士等"中的"等"的含义。这里的"等"具有特定指向，是指在我国近现代历史上，为争取民族独立和人民自由幸福、国家繁荣富强作出了突出贡献的楷模，例如我国近现代史上的伟人、革命领袖等。只要是能够作为民族精神的代表、民族文化的旗帜的人，都可以纳入本条保护的主体范围。

三、侵害英雄烈士等的人格权益的民事责任的构成

第一，只要是侵害了英雄烈士等的姓名、肖像、名誉、荣誉的，即应承担民事责任。是否构成对于姓名、肖像、名誉、荣誉的损害，依据侵权责任法的规定判断。在判断加害人的侵权行为是否侵害了英雄烈士等的姓名、肖像、名誉、荣誉时，判断标准与一般自然人相同，都应该按照侵权责任法的规定予以判断。

第二，侵害英雄烈士等的姓名、肖像、名誉、荣誉，损害社会公共利益

的，国家公权机关可以介入提起民事公益诉讼，要求加害人承担民事责任。当侵害英雄烈士等的人格权益已经严重到损害社会公共利益时，国家公权机关为了维护社会公共利益，也应当提起民事公益诉讼。尤其是在没有民事主体对此依法提起诉讼时，公权机关更应该主动介入。

【相关案例】

1. 法院审理诋毁、侮辱、诽谤革命烈士、民族英雄案件，在保护烈士英雄权益的同时也要维持平衡公民的学术自由、言论自由

——葛长生、宋福宝分别诉洪振快名誉权侵权纠纷系列案

案例要旨：法院在审理诋毁、侮辱、诽谤革命烈士、民族英雄案件时，主体的确定应同时具备程序法上的主体资格和实体法上的请求权，综合考量损害行为的主观目的，损害结果的影响范围，平衡学术自由、言论自由与烈士英雄权益之间的关系。

案号：（2016）京02民终6272号

审理法院：北京市第二中级人民法院

来源：人民法院依法保护"狼牙山五壮士"等英雄人物人格权益典型案例

2. 当事人发表评价和批评历史英雄人物及其历史事件的文章，应对文章引发的言论具有较高的容忍义务

——黄钟、洪振快诉梅新育名誉权侵权纠纷案

案例要旨：当事人发表评价和批评历史英雄人物及其历史事件的文章，应对于该文章所引发的言论具有较高的容忍义务，他人对文章发表言论的，法院应从主观动机以及言论所批评的对象、受众从其言论中获得信息的方式以及受众由此对当事人所作出的社会评价等方面判断他人是否侵权。

审理法院：北京市第二中级人民法院

来源：人民法院依法保护"狼牙山五壮士"等英雄人物人格权益典型案例

3. 商业公司以侮辱、诋毁民族英雄和革命先烈的人格为手段，恶意商业炒作获得不法利益的应承担侵权责任

——邱少华诉孙杰、加多宝（中国）饮料有限公司一般人格权纠纷案

案例要旨：网络名人在微博等社交工具上对民族英雄进行恶意丑化、侮辱，商业公司借助网络名人不法言论恶意炒作获得商业推广效果，严重侵害民族英雄的名誉权，应根据不法言论发布者的语

境及不法言论的传播和舆论反应、主观恶意及损害结果确定侵权责任的承担方式。

案号：（2015）大民初字第 10012 号

审理法院：北京市大兴区人民法院

来源：人民法院依法保护"狼牙山五壮士"等英雄人物人格权益典型案例

第一百八十六条　违约责任与侵权责任的竞合

因当事人一方的违约行为，损害对方人身权益、财产权益的，受损害方有权选择请求其承担违约责任或者侵权责任。

【相关规定】

1. 《中华人民共和国合同法》

第一百二十二条　因当事人一方的违约行为，侵害对方人身、财产权益的，受损害方有权选择依照本法要求其承担违约责任或者依照其他法律要求其承担侵权责任。

2. 《中华人民共和国物权法》

第三十七条　侵害物权，造成权利人损害的，权利人可以请求损害赔偿，也可以请求承担其他民事责任。

【相关观点】

一、违约责任与侵权责任竞合的特征

侵权责任与违约责任竞合是指同一个行为既符合侵权行为的构成要件，也符合违约责任的构成要件，因此产生了侵权的民事责任与违约的民事责任相互冲突的现象。违约责任与侵权责任竞合的主要特征为：

（一）存在着一个违法行为

这种责任竞合的前提是产生侵权责任和违约责任的违法行为是一个，而不是两个。但是，法律对该违法行为又有着不同的评价，即合同法认为构成违约行为，侵权法认为构成侵权行为。这种现象是由不同法律领域（包括同一法律部门的不同法域）在调整社会关系中具有交叉关系的结果。例如，承租人与出租人订立了房屋租赁合同，出租人因为过失损坏了房屋，其损坏房屋的行为既违反了租赁合同的约定，又侵犯了房屋所有权，分别产生违约责任和侵权责任，但损害行为只是一个，产生两种法律责任的原因是合同法调整租赁合同关系，侵权法调整侵犯财产权的关系。

（二）产生了两个请求权和两种民事责任

同一违法行为分别符合了侵权责任和违约责任的法律要件，即从合同法角度来看，构成违约行为而产生违约责任；从侵权法角度来看，构成侵权行为而产生侵权责任。如前述承租人损害房屋的情况，从合同法角度其行为违反了妥善保护租赁物的义务，从侵权法角度其行为侵害了出租人的房屋所有权。

（三）两种责任具有排斥关系

所谓排斥关系，是指其中的任何一个责任都是针对整个违法行为的全面救济，同时并用会造成责任上的重叠和重复，违背法律规定的本意，因而两者是不能并用的。换一个角度说，两种责任既不能包容，即一种责任大于另一种责任而将后者吸收，如违约金可以包容损害赔偿，又不能并存，像责任聚合就可以相互并存。如上述承租人损害房屋的情况，无论承租人承担违约责任还是承担赔偿责任，赔偿范围都是损害房屋所造成的损害，承担其一即可使出租人的利益得到保护，而若同时让承租人承担违约责任和赔偿责任，就无异于两次赔偿。

（四）须为同一民事主体

引起违约责任与侵权责任同时发生的同一违法行为，是由同一个民事主体实施的。这一违法行为同时符合违约责任与侵权责任的构成要件，因而，其可能承担双重责任的主体是同一人，其可能享有双重请求权的主体也是同一人。

二、违约责任与侵权责任竞合的原因

违约责任与侵权责任竞合的主要原因，表现在如下几个方面：

1. 合同当事人的违约行为同时侵犯了法律规定的强行性义务，或一方当事人违反法定义务的行为同时违反了合同附随义务。具体而言，就是指不履行或不适当履行（有称为加害履行、瑕疵履行）合同义务的行为，不仅违反了合同法的规定，同时也侵害了他人的法定权益，违反了法定的强行性义务。最典型的案例就是产品责任案件，生产或销售缺陷产品致他人损害的，依《产品质量法》的规定，构成侵权责任；如果生产者或销售者与受害人之间事先存在合同关系，则其行为又为违约行为，依《合同法》的规定，构成违约责任。

2. 侵权行为直接构成违约的原因，即"侵权性的违约行为"；或者违约行为也可能造成侵权的后果，即"违约性的侵权行为"。前者的典型案例如仓储或保管合同的保管人或者运输合同的承运人或租赁合同的承租人非法侵占、使用对方的财产，造成财产毁损灭失；后者的典型案例如供电部门违约中止供电或建设施工单位不按约定施工而致建筑物倒塌，从而造成相对一方的财产或人身受到损害的。

3. 一种违法行为虽然只符合一种责任要件，但是从保护受害人的利益出发，要求合同当事人根据侵权行为制度提出诉求，或者将侵权责任纳入合同责任的适用范围。《合同法》第60条第2款规定："当事人应当遵循诚实信用原则，根据合同的性质、目的和交易习惯履行通知、协助、保密等义务"，为合同附随义务。违反了合同附随的义务，也是造成责任竞合的根本原因之一。

4. 不法行为人实施故意侵犯他人权利并造成对他人侵害的侵权行为时，在加害人与受害人之间事先存在着一种合同关系，使得加害人的行为既可构成侵权行为，又可构成违约行为。

三、违约责任与侵权责任竞合区分的标准

在现实生活中，时常出现违约责任与侵权责任的竞合，确有必要将两者加以区别，从而使当事人作出以何种诉由起诉及可能获得的结果的明智选择。违约责任与侵权责任的区别主要表现在如下方面：

（一）构成要件不同

我国《合同法》第107条规定"当事人一方不履行合同义务或者履行合同义务不符合约定的，应当承担继续履行、采取补救措施或者赔偿损失等违约责任。"从该规定来看，违约责任的归责原则是严格责任原则，即无过错责任，而侵权行为一般是过错责任。仅产品责任、危险责任、环境污染责任、相邻关系中的责任为无过错责任。因此，当事人以违约责任为诉由的，无需举证对方有过错；如以侵权责任为诉由的，常需证明对方有过错。另外，一般情况下，只有存在损害后果才能构成侵权行为，所引起的侵权责任也自然以损害为构成要件。与此不同，违约行为不以损害为构成要素，违约责任的成立不一定以损害为要件，只有赔偿损失以损害为成立要件，而违约金责任、强制实际履行责任均不以损害为构成要件。

（二）赔偿范围不同

违约责任的赔偿损失额可以由当事人在合同中约定，如果没有这种约定，依《合同法》的规定，赔偿损失额应当相当于受害人因违约而受的损失，一般包括直接损失和间接损失。我国学者有不同见解：合同法不宜对精神损害提供补救，但并不排斥当事人在合同中约定精神损害赔偿。在特殊情况下，合同当事人也可能在合同中约定，由一方提供一定的服务或者劳务，利益方支付报酬，一旦因一方提供一定的服务或者劳务有瑕疵，导致另一方某种精神损害，另一方有权请求精神损害赔偿。甚至约定在出现违约行为与侵权行为竞合的情况下，也只能基于违约主张赔偿，包括精神损害赔偿。根据合同自愿原则，这些约定也是有效的。在此情况下，一方基于违约向另一方主张权利，并不是依据法律的规定，而是依据当事人的约定而提出请求的。此种情况已经表明，当事人已经在合同中改变了法律的任意性规定。但是如果当事人在合同中不存在上述规定，则原则上不能基于单纯的违约行为或者违约责任而请求精神损害赔偿。①

（三）责任方式不同

侵权责任既包括财产责任，如赔偿损失；也包括非财产责任，如消除影

---

① 王利明：《违约责任与侵权责任的区分标准》，载《法学》，2002年第5期。

响、恢复名誉、赔礼道歉。违约责任主要是财产责任,有强制实际履行、支付违约金、赔偿损失、价格制裁,仅有合同解除为非财产责任。

(四)诉讼管辖不同

按照《民事诉讼法》第24条、第26条、第27条和第28条的规定,因合同纠纷提起的诉讼,由被告住所地或者合同履行地人民法院管辖;合同的双方当事人可以在书面合同中协议选择被告住所地、合同履行地、合同签订地、原告住所地、标的物所在地人民法院管辖,但不得违反级别管辖和专属管辖的规定;因保险合同纠纷提起的诉讼,由被告住所地或者保险标的物所在地人民法院管辖;因铁路、公路、水上、航空运输和联合运输合同纠纷提起的诉讼,由运输始发地、目的地或者被告住所地人民法院管辖。按照《民事诉讼法》第29条规定,因侵权行为提起的诉讼,由侵权行为地或者被告住所地人民法院管辖,此外还对特殊的侵权之诉的管辖作出了专门规定。

(五)诉讼时效不尽相同

因侵权行为所产生的请求权,按《民法通则》第135条规定,诉讼时效期间一般为2年;但因身体受到伤害而产生的赔偿损失的请求权,按《民法通则》第136条第1款规定,诉讼时效期间为1年;环境污染损害赔偿的诉讼时效为3年。因违约而产生的请求违约方承担违约责任的权利,按《民法通则》第135条规定,诉讼时效期间一般为2年;但在延付或拒付租金、寄存财物被丢失或者损毁的情况下,按《民法通则》第136条第2款至第4款规定,诉讼时效期间为1年。《合同法》第129条规定:"因国际货物买卖合同和技术进口合同争议提起诉讼或者申请仲裁的期限为四年,自当事人知道或者应当知道其权利受到侵害之日起计算……"

(六)第三人的责任不同

在合同责任中,即使由于第三人的责任造成合同不能履行,未履行合同的一方也应首先向合同相对人承担违约责任,其次,再向第三人追偿。由于合同当事人的代理人的故意或者过失造成合同不能履行,同样由合同当事人向合同相对人承担责任。而在侵权责任中,损害后果只能由行为人本人负责。

(七)归责原则不同

按照我国法律规定,违约责任适用严格责任原则,对侵权责任采用过错责任原则、推定过错责任原则、无过错责任原则或者公平责任原则,实际上是采用了多重归责原则。在侵权之诉中,只有受害人具有重大过失时,侵权人的赔偿责任才可以减轻,而在合同之诉中,只要受害人具有轻微过失,违约人的责任就可能被减轻。

(八)举证责任不同

根据大多数国家的民法规定,在合同之诉中,受害人不负举证责任,而违约方必须证明其没有过错，否则，将推定其有过错。在侵权之诉中，侵权行为人通常不负举证责任，受害人必须就其主张举证。当然在某些侵权行为中，也实行举证责任倒置，但这毕竟只是特殊现象。根据我国民法规定，在一般侵权责任中，受害人有义务就加害人的过错问题举证，而在特殊的侵权责任案件中，应由加害人反证证明自己没有过错。在合同责任中，违约方应当证明自己没有过错，否则，将被判定承担违约责任。

——何志：《侵权责任判解研究与适用》，人民法院出版社2009年版。

四、责任竞合时，权利人选择请求权需考虑的内容

选择请求权时，应当基本考虑的侵权损害赔偿和违约损害赔偿的区别主要有：

（一）诉讼管辖的不同

根据《民事诉讼法》规定，因合同纠纷提起的诉讼，由被告住所地或者合同履行地人民法院管辖，合同的双方当事人可以在书面合同中协议选择被告住所地、合同履行地、合同签订地、原告住所地、标的物所在地人民法院管辖。而因侵权行为提起的诉讼，由侵权行为实施地、侵权结果发生地或者被告住所地人民法院管辖。受害人在起诉时应注意侵权责任与违约责任管辖规定的不同，究竟怎样选择对自己有利。

（二）损害赔偿法律关系发生之前双方当事人之间有无特定的权利义务关系

侵权损害赔偿在发生之前，双方当事人之间没有特定的权利义务关系，受害人在此之前的财产权利、人身权利都是对世权，其义务人并非特定的个人。违约损害赔偿发生之前，双方当事人存在特定的债权债务关系，债权人的权利是对人权，其债务人是特定合同的一方当事人。合同的义务内容是根据合同当事人的意志和利益关系确定的。所以，一个民事违法行为依据侵权法已经构成违法，但依据合同法却可能尚未达到违约的程度，例如债务人对产品声誉进行毁损，但未违约，如认为购买的奔驰车质量不好，用马拉着奔驰车招摇过市，并未违约，但可能构成侵权争议。如果当事人提起合同之诉将不能依法受偿。对此，受害人应当仔细斟酌。

（三）赔偿范围的不同

侵犯财产权利的侵权赔偿，应当用相当的实物或现金赔偿，如果受害人因此而遭受其他重大损失的，加害人也应赔偿这些损失；如果侵害的是具有人格利益因素的特定纪念物品，则还可以请求赔偿精神损害抚慰金。非法侵害他人身体健康权、生命权、身体权的，应当赔偿由此造成的财产损失，同时还可以赔偿精神损害抚慰金。非法侵害自然人、法人的姓名权、名称权、肖像权、名誉权、荣誉权、信用权、隐私权、人身自由权等精神性人格权，虽未造成财产损失的，也可以要求赔偿精神损害。在违约损害赔偿中，通常依当事人的事先约定,虽然赔偿范围应当相当于另一方因此所受到的损失,但是不得超过订立合同时应当预见到的因违反合同可能造成的损失。如《合同法》第113条第1款规定:"当事人一方不履行合同义务或者履行合同义务不符合约定,给对方造成损失的,损失赔偿额应当相当于因违约所造成的损失,包括合同履行后可以获得的利益,但不得超过违反合同一方订立合同时预见到或者应当预见到的因违反合同可能造成的损失。"但对于侵权责任来说,损害赔偿不仅包括财产损失的赔偿,而且包括精神损害的赔偿。侵权责任的赔偿范围不仅应包括直接损失,还应包括间接损失。如果选择违约损害赔偿责任,有可能不能请求精神损害赔偿。

(四) 举证责任的不同

侵权损害赔偿的举证责任通常在受害人,由受害人举证证明加害人的过错,加害人在一般情况下不负举证责任。违约损害赔偿的举证责任在于债务人,债务人不履行债务致对方损害,就推定债务人有过错,因此,债务人负有举证证明自己无过错的责任,债权人即违约行为的受害人不负举证责任。在这一点上,受害人选择违约责任较为有利。

(五) 诉讼时效期间的区别

从《民法通则》的规定来看,因侵权行为所产生的损害赔偿请求权一般适用2年的时效规定,但因身体受到伤害而产生的损害赔偿请求权,其诉讼时效期间为1年;《产品质量法》规定的时效是2年;《环境保护法》规定的时效为3年;《国家赔偿法》规定的时效为2年。违约责任的时效,一般为2年,但在出售质量不合格的商品未声明、延付或者拒付租金以及寄存财物被丢失或者损毁的情况下,则适用1年的诉讼时效规定。《合同法》第129条规定:"因国际货物买卖合同和技术进出口合同争议提起诉讼或者申请仲裁的期限为4年,自当事人知道或者应当知道其权利受到侵害之日起计算。"可见,两类责任适用的诉讼时效期间是有区别的。受害人在选择的时候,应当注意这样的不同规定,从有利于自己的利益的角度,选择应当选择的请求权。

(六) 责任构成要件和免责条件不同

在违约责任中,行为人只要实施了违约行为,且不具有有效的抗辩事由,就应当承担违约责任。一般来说,违约是否造成损害后果并不影响违约金责任的成立。但在侵权责任中,损害事实是侵权损害赔偿责任成立的前提条件,无损害事实便无侵权责任的产生。在违约责任中,除了法定的免责条件(如不可抗力)以外,合同当事人还可以事先约定不承担责任的条件,但当事人不得预先免除故意或重大过失的责任。即使就不可抗力来说,当事人也可以就不可抗力的范围事先约定。在侵权责任中,免责条件或原因一般只能是法定的,当事人不能事先约定免责条件,也不能对不可抗力的范围事先约定。

在造成损害的情况下，如果受害人认为对方可能有法定的抗辩事由能够对抗侵权责任的构成时，则可以选择违约责任请求权行使，提出请求，使自己的赔偿请求能够实现。

由于侵权责任和违约责任存在以上重要的区别，在责任竞合的情况下，不法行为人承担何种责任，将导致不同法律后果的产生，并严重影响到如何保护受害人的利益和制裁不法行为人的问题。因此，赔偿权利人应当认真斟酌，选择对自己最有利的请求权行使。

——杨立新编：《侵权法论》（第4版），人民法院出版社2011年版。

【相关案例】

1. 客户账户被证券营业部挪用后，客户有权选择违约或侵权诉由提起诉讼

——世纪证券有限责任公司与天津市住房公积金管理中心、世纪证券有限责任公司天津世纪大道营业部、中国旅游国际信托投资有限公司天津证券交易营业部、中国旅游国际信托投资有限公司侵权纠纷案

案例要旨： 客户在证券公司开户投资，证券公司及其营业部对客户账户内的资金和证券既负有合同约定的妥善保管义务，同时还负有法定的妥善保管义务。证券公司营业部挪用客户账户内资金或证券的，既构成违约，又构成侵权，客户有权选择要求证券营业部承担违约责任或者侵权责任。客户以侵权为由对证券营业部提起民事诉讼的，应按照民事诉讼法第二十九条的规定，由侵权行为地或者被告住所地人民法院管辖。

案号：（2005）民二终字第207号

审理法院： 最高人民法院

来源：《最高人民法院公报》 2006年第5期

2. 民事责任竞合时，权利人从多个角度主张权利的，法院只能从对权利人最有利的角度支持其中一个请求权

——庞某诉广州铁路集团长沙铁路总公司等铁路旅客损害赔偿案

案例要旨： 在涉诉争端指向的民事责任发生竞合时，法院应当尊重当事人的请求权，义务人也必须尊重、服从权利人的合法选择。即使权利人从多个角度主张权利，法院只能从对权利人最有利的角度支持其中一个请求权。

案号：（2001）沪铁中经字第66号

审理法院： 上海铁路运输中级法院

来源：《中国审判案例要览》

3. 公司监事违反忠实义务给公司造成损失，公司可依据侵权或违约责任主张损害赔偿

——施某某与F公司等损害公司利益责任纠纷案

案例要旨：公司监事制度的设立，其主旨系监督约束公司经营管理层的行为，以实现公司的最大利益。监事应恪尽职守，忠实、勤勉履行职责。一旦监事违反忠实、勤勉义务，给公司造成损失，公司可依据侵权或违约责任主张损害赔偿，并对监事因违规履职行为获得的收益行使归入权。确定损害赔偿数额时，法院应综合全案情况，审慎认定。

案号：（2012）沪一中民四（商）再终字第33号

审理法院：上海市第一中级人民法院

来源：2013年上海市第一中级人民法院案例精选

4. 不正当竞争侵权与违约责任竞合时应允许当事人选择有利的诉由提起诉讼

——深圳迈瑞公司诉马西莫公司不正当竞争纠纷案

案例要旨：我国的民事法律并不禁止发生不正当竞争侵权与违约责任竞合时，当事人只能以特定的不正当竞争侵权或违约为诉由提起诉讼，因此，当事人有权依据自己的意志选择其中一个有利的诉由起诉。

案号：（2014）民提字第218号

审理法院：最高人民法院

来源：《人民法院报》2015年4月30日，第7版

第一百八十七条　法律责任的聚合与民事责任优先原则

民事主体因同一行为应当承担民事责任、行政责任和刑事责任的，承担行政责任或者刑事责任不影响承担民事责任；民事主体的财产不足以支付的，优先用于承担民事责任。

【新旧法条对比】

《中华人民共和国民法通则》

第一百一十条　对承担民事责任的公民、法人需要追究行政责任的，应当追究行政责任；构成犯罪的，对公民、法人的法定代表人应当依法追究刑事责任。

【相关规定】

1. 《中华人民共和国侵权责任法》

第四条　侵权人因同一行为应当承担行政责任或者刑事责任的，不影响依法承担侵权责任。

因同一行为应当承担侵权责任和行政责任、刑事责任，侵权人的财产不足以支付的，先承担侵权责任。

2. 《中华人民共和国刑法》

第三十六条　由于犯罪行为而使被害人遭受经济损失的，对犯罪分子除依法给予刑事处罚外，并应根据情况判处赔偿经济损失。

承担民事赔偿责任的犯罪分子，同时被判处罚金，其财产不足以全部支付的，或者被判处没收财产的，应当先承担对被害人的民事赔偿责任。

3. 《中华人民共和国消费者权益保护法》

第五十八条　经营者违反本法规定，应当承担民事赔偿责任和缴纳罚款、罚金，其财产不足以同时支付的，先承担民事赔偿责任。

4. 《中华人民共和国食品安全法》

第一百四十七条　违反本法规定，造成人身、财产或者其他损害的，依法承担赔偿责任。生产经营者财产不足以同时承担民事赔偿责任和缴纳罚款、罚金时，先承担民事赔偿责任。

5. 《最高人民法院关于适用〈中华人民共和国刑事诉讼法〉的解释》

第四百四十一条　被判处财产刑，同时又承担附带民事赔偿责任的被执行人,应当先履行民事赔偿责任。

判处财产刑之前被执行人所负正当债务,需要以被执行的财产偿还的,经债权人请求,应当偿还。

6.《最高人民法院关于刑事裁判涉财产部分执行的若干规定》

第十三条 被执行人在执行中同时承担刑事责任、民事责任,其财产不足以支付的,按照下列顺序执行:

(一)人身损害赔偿中的医疗费用;
(二)退赔被害人的损失;
(三)其他民事债务;
(四)罚金;
(五)没收财产。

债权人对执行标的依法享有优先受偿权,其主张优先受偿的,人民法院应当在前款第(一)项规定的医疗费用受偿后,予以支持。

7.《中华人民共和国物权法》

第三十八条 本章规定的物权保护方式,可以单独适用,也可以根据权利被侵害的情形合并适用。

侵害物权,除承担民事责任外,违反行政管理规定的,依法承担行政责任;构成犯罪的,依法追究刑事责任。

8.《最高人民法院关于审理环境民事公益诉讼案件适用法律若干问题的解释》

第三十一条 被告因污染环境、破坏生态在环境民事公益诉讼和其他民事诉讼中均承担责任,其财产不足以履行全部义务的,应当先履行其他民事诉讼生效裁判所确定的义务,但法律另有规定的除外。

【相关观点】

一、侵权责任和行政责任、刑事责任的竞合

法律责任竞合,是指行为人的同一行为符合两个或两个以上不同性质的法律责任之构成要件,依法应当承担多种不同性质的法律责任的制度。民事责任、行政责任和刑事责任虽然是三种性质的不同法律责任,却可能一因为同一法律行为而同时产生。一个行为既违反了民法又违反了行政法或者刑法,由此同时产生民事责任、行政责任或者刑事责任,即发生责任竞合。

民事责任、行政责任和刑事责任作为三种不同性质的法律责任,各自有其不同的发生根据和特定的适用范围。一般情况下,三者各自独立存在,并行不悖。侵权责任是民事责任的一种,因此,侵权人因同一行为应当承担行政责任或者刑事责任的,不影响依法承担侵权责任。其他法律对责任竞合问

题也有类似规定。《物权法》第 38 条第 2 款规定："侵害物权，除承担民事责任外，违反行政管理规定的，依法承担行政责任；构成犯罪的，依法追究刑事责任。"

二、在财产赔偿与处罚上民事责任优先

一般情况下，民事责任、行政责任和刑事责任独立存在，并行不悖，但是在特定的情况下，如一责任主体的财产不足以同时满足承担民事赔偿责任和承担罚款、罚金及没收财产等行政或刑事责任时，三种责任就发生了冲突，难以同时适用，必然会产生哪一种责任优先适用的问题。民事责任优先原则就是解决这类责任竞合时的法律原则，即一责任主体的财产不足以同时满足民事责任、行政责任或者刑事责任时，优先承担民事责任。如一企业生产伪劣产品，造成消费者人身、财产损害，并构成生产伪劣产品罪，其需同时承担对消费者的侵权责任以及生产伪劣产品罪的刑事责任，如果刑事责任其被判处罚金，其财产不足以同时支付对受害人的赔偿以及罚金时，对受害人的侵权责任优先于罚金承担。

三、民事责任优先原则确立的原因

一是民事责任优先是实现法的价值的需要。在同一责任主体的财产不足以同时承担民事责任和缴纳罚款、罚金及没收财产等．行政、刑事责任时，如果先执行罚款、罚金或没收财产，债权人的合法权益就难以得到有效的保护。民事责任优先原则，体现了三个法律部门在保护公民、法人合法权益方面的一致性。在这些责任无法兼顾时，民事责任优先可以取得良好的社会效益，也更能体现法律的人道和正义，人道和正义是法的社会功能的体现，也是法所追求的主要价值所在。

二是民事责任优先是维护市场经济秩序和交易安全的需要。民事主体在民事活动中依法取得的权利，应具有法律的保障性。如果一方当事人对另一方当事人依法享有债权，但却因其承担财产性的行政、刑事责任后丧失清偿债务的能力而无法实现，必然造成当事人在以后的民事活动中投入一定注意查对该当事人是否存在违法或犯罪行为，这样必然影响当事人之间进行交易的信心和速度，也不符合市场经济秩序和交易安全应具有法律保障性的要求。民事责任优先，可以有效地克服这种弊端。

三是罚款、罚金及没收财产等行政责任、刑事责任体现了国家对行为人的惩罚。民事责任的目的在于弥补权利人因他人的民事违法行为而给其造成的经济损失，补偿性是民事责任的显著特征。这种补偿性的责任一旦遭到破坏，权利人的权利则难以实现。

四是民事责任和行政责任、刑事责任的目的和功能不同。民事责任主要目的是给受害人以补偿损失、恢复权利；行政责任和刑事责任具有惩罚行为人、维护社会秩序的目的。在责任人的财产不足以承担两种以上的责任时，

不承担民事责任,民事责任的目的就无法实现。行政责任、刑事责任的责任形式涉及人身和财产,除了财产性的罚款、罚金及没收财产外,还可以对责任主体进行人身制裁。在三者发生竞合时,即使民事责任优先适用,结果可能造成财产性的罚款、罚金及没收财产等行政制裁或刑事制裁难以实施,并不影响责任人承担人身方面的行政责任、刑事责任。在一定程度上,行政责任、刑事责任还可以在对责任人人身制裁和财产制裁上进行选择,以达到制裁责任人的最终目的。

【相关文献】

范加庆:《执行中民事优先规定的适用》,载《人民司法·应用》2016年第10期。

【相关案例】

侵权人因同一行为已经承担行政责任或者刑事责任的,不影响承担民事侵权责任

——检例第28号:许建惠、许玉仙民事公益诉讼案

案例要旨:污染环境肇事人因损害社会公共利益受过行政或刑事处罚的,不影响检察机关再对其提起民事公益诉讼。罚款或罚金均不属于民事侵权责任范畴,不能抵销损害社会公共利益的侵权损害赔偿金额。

审理法院:江苏省常州市中级人民法院
来源:最高人民检察院第八批指导性案例

第九章 诉讼时效

第一百八十八条 普通诉讼时效期间及起算规则、最长权利保护期间

向人民法院请求保护民事权利的诉讼时效期间为三年。法律另有规定的，依照其规定。

诉讼时效期间自权利人知道或者应当知道权利受到损害以及义务人之日起计算。法律另有规定的，依照其规定。但是自权利受到损害之日起超过二十年的，人民法院不予保护；有特殊情况的，人民法院可以根据权利人的申请决定延长。

【新旧法条对比】

《中华人民共和国民法通则》

第一百三十五条 向人民法院请求保护民事权利的诉讼时效期间为二年，法律另有规定的除外。

第一百三十六条 下列的诉讼时效期间为一年：

（一）身体受到伤害要求赔偿的；

（二）出售质量不合格的商品未声明的；

（三）延付或者拒付租金的；

（四）寄存财物被丢失或者损毁的。

第一百三十七条 诉讼时效期间从知道或者应当知道权利被侵害时起计算。但是，从权利被侵害之日起超过二十年的，人民法院不予保护。有特殊情况的，人民法院可以延长诉讼时效期间。

第一百四十一条 法律对诉讼时效另有规定的，依照法律规定。

【相关规定】

1.《最高人民法院关于审理民事案件适用诉讼时效制度若干问题的规定》

第六条 未约定履行期限的合同，依照合同法第六十一条、第六十二条的规定，可以确定履行期限的，诉讼时效期间从履行期限届满之日起计算；不能确定履行期限的，诉讼时效期间从债权人要求债务人履行义务的宽限期届满之日起计算，但债务人在债权人第一次向其主张权利之时明确表示不履

行义务的，诉讼时效期间从债务人明确表示不履行义务之日起计算。

第七条　享有撤销权的当事人一方请求撤销合同的，应适用合同法第五十五条关于一年除斥期间的规定。对方当事人对撤销合同请求权提出诉讼时效抗辩的，人民法院不予支持。

合同被撤销，返还财产、赔偿损失请求权的诉讼时效期间从合同被撤销之日起计算。

第八条　返还不当得利请求权的诉讼时效期间，从当事人一方知道或者应当知道不当得利事实及对方当事人之日起计算。

第九条　管理人因无因管理行为产生的给付必要管理费用、赔偿损失请求权的诉讼时效期间，从无因管理行为结束并且管理人知道或者应当知道本人之日起计算。

本人因不当无因管理行为产生的赔偿损失请求权的诉讼时效期间，从其知道或者应当知道管理人及损害事实之日起计算。

2.《最高人民法院关于贯彻执行〈中华人民共和国民法通则〉若干问题的意见（试行）》

第一百六十七条　民法通则实施后，属于民法通则第一百三十五条规定的二年诉讼时效期间，权利人自权利被侵害时起的第十八年后至第二十年期间才知道自己的权利被侵害的，或者属于民法通则第一百三十六条规定的一年诉讼时效期间，权利人自权利被侵害时起的第十九年后至二十年期间才知道自己的权利被侵害的，提起诉讼请求的权利，应当在权利被侵害之日起的二十年内行使；超过二十年的，不予保护。

第一百六十八条　人身损害赔偿的诉讼时效期间，伤害明显的，从受伤害之日起算；伤害当时未曾发现，后经检查确诊并能证明是由侵害引起的，从伤势确诊之日起算。

第一百六十九条　权利人由于客观的障碍在法定诉讼时效期间不能行使请求权的，属于民法通则第一百三十七条规定的"特殊情况"。

第一百七十五条　民法通则第一百三十五条、第一百三十六条规定的诉讼时效期间，可以适用民法通则有关中止、中断和延长的规定。

民法通则第一百三十七条规定的"二十年"诉讼时效期间，可以适用民法通则有关延长的规定，不适用中止、中断的规定。

第一百七十六条　法律、法规对索赔时间和对产品质量等提出异议的时间有特殊规定的，按特殊规定办理。

第一百七十七条　继承的诉讼时效按继承法的规定执行。但继承开始后，继承人未明确表示放弃继承的，视为接受继承，遗产未分割的，即为共同共有。诉讼时效的中止、中断、延长，均适用民法通则的有关规定。

3.《中华人民共和国环境保护法》

第六十六条 提起环境损害赔偿诉讼的时效期间为三年，从当事人知道或者应当知道其受到损害时起计算。

4.《中华人民共和国合同法》

第一百二十九条 因国际货物买卖合同和技术进出口合同争议提起诉讼或者申请仲裁的期限为四年，自当事人知道或者应当知道其权利受到侵害之日起计算。因其他合同争议提起诉讼或者申请仲裁的期限，依照有关法律的规定。

5.《中华人民共和国产品质量法》

第四十五条 因产品存在缺陷造成损害要求赔偿的诉讼时效期间为二年，自当事人知道或者应当知道其权益受到损害时起计算。

因产品存在缺陷造成损害要求赔偿的请求权，在造成损害的缺陷产品交付最初消费者满十年丧失；但是，尚未超过明示的安全使用期的除外。

6.《中华人民共和国保险法》

第二十六条 人寿保险以外的其他保险的被保险人或者受益人，向保险人请求赔偿或者给付保险金的诉讼时效期间为二年，自其知道或者应当知道保险事故发生之日起计算。

人寿保险的被保险人或者受益人向保险人请求给付保险金的诉讼时效期间为五年，自其知道或者应当知道保险事故发生之日起计算。

7.《中华人民共和国海商法》

第二百五十七条 就海上货物运输向承运人要求赔偿的请求权，时效期间为一年，自承运人交付或者应当交付货物之日起计算；在时效期间内或者时效期间届满后，被认定为负有责任的人向第三人提起追偿请求的，时效期间为九十日，自追偿请求人解决原赔偿请求之日起或者收到受理对其本人提起诉讼的法院的起诉状副本之日起计算。

有关航次租船合同的请求权，时效期间为二年，自知道或者应当知道权利被侵害之日起计算。

第二百五十八条 就海上旅客运输向承运人要求赔偿的请求权，时效期间为二年，分别依照下列规定计算：

（一）有关旅客人身伤害的请求权，自旅客离船或者应当离船之日起计算；

（二）有关旅客死亡的请求权，发生在运送期间的，自旅客应当离船之日起计算；因运送期间内的伤害而导致旅客离船后死亡的，自旅客死亡之日起计算，但是此期限自离船之日起不得超过三年；

（三）有关行李灭失或者损坏的请求权，自旅客离船或者应当离船之日起计算。

第二百五十九条　有关船舶租用合同的请求权,时效期间为二年,自知道或者应当知道权利被侵害之日起计算。

第二百六十条　有关海上拖航合同的请求权,时效期间为一年,自知道或者应当知道权利被侵害之日起计算。

第二百六十一条　有关船舶碰撞的请求权,时效期间为二年,自碰撞事故发生之日起计算;本法第一百六十九条第三款规定的追偿请求权,时效期间为一年,自当事人连带支付损害赔偿之日起计算。

第二百六十二条　有关海难救助的请求权,时效期间为二年,自救助作业终止之日起计算。

第二百六十三条　有关共同海损分摊的请求权,时效期间为一年,自理算结束之日起计算。

第二百六十四条　根据海上保险合同向保险人要求保险赔偿的请求权,时效期间为二年,自保险事故发生之日起计算。

第二百六十五条　有关船舶发生油污损害的请求权,时效期间为三年,自损害发生之日起计算;但是,在任何情况下时效期间不得超过从造成损害的事故发生之日起六年。

8.《中华人民共和国继承法》

第八条　继承权纠纷提起诉讼的期限为二年,自继承人知道或者应当知道其权利被侵犯之日起计算。但是,自继承开始之日起超过二十年的,不得再提起诉讼。

9.《最高人民法院关于审理证券市场因虚假陈述引发的民事赔偿案件的若干规定》

第五条　投资人对虚假陈述行为人提起民事赔偿的诉讼时效期间,适用民法通则第一百三十五条的规定,根据下列不同情况分别起算:

(一)中国证券监督管理委员会或其派出机构公布对虚假陈述行为人作出处罚决定之日;

(二)中华人民共和国财政部、其他行政机关以及有权作出行政处罚的机构公布对虚假陈述行为人作出处罚决定之日;

(三)虚假陈述行为人未受行政处罚,但已被人民法院认定有罪的,作出刑事判决生效之日。

因同一虚假陈述行为,对不同虚假陈述行为人作出两个以上行政处罚;或者既有行政处罚,又有刑事处罚的,以最先作出的行政处罚决定公告之日或者作出的刑事判决生效之日,为诉讼时效起算之日。

10.《最高人民法院关于在民事审判工作中适用〈中华人民共和国工会法〉若干问题的解释》

第七条 对于企业、事业单位无正当理由拖延或者拒不拨缴工会经费的,工会组织向人民法院请求保护其权利的诉讼时效期间,适用民法通则第一百三十五条的规定。

【相关观点】

一、《民法总则》中关于诉讼时效的修改

诉讼时效是权利人在法定期间内不行使权利,权利不受保护的法律制度。关于诉讼时效,《民法总则》将现行《民法通则》规定的2年一般诉讼时效期间延长为3年,以适应社会生活中新的情况不断出现,交易方式与类型不断创新,权利义务关系更趋复杂的现实情况与司法实践,有利于建设诚信社会,更好地保护债权人合法权益。

二、普通诉讼时效期间

《民法总则》第188条第1款规定了普通诉讼时效期间。在《民法总则》起草过程中,关于普通诉讼时效期间究竟规定多长比较合适,一直存在不同的观点和认识。有的认为,为了保持法律的稳定性和持续性,建议维持《民法通则》第135条普通诉讼时效期间为2年的规定不变,主要理由有以下几点:一是现代社会中,信息技术高度发展,个人与组织的身份、资格都很明确,财产变化与流转速度加快,2年的期间已经能够保障权利人实现权利。二是《民法通则》实施30多年来,社会公众对《民法通则》规定的2年普通诉讼时效期间已经比较熟悉,实践中没有发现大的问题。三是诉讼时效制度应有利于稳定相关法律关系和社会秩序,减少法院诉累,延长普通诉讼时效期间不符合已经形成的法律观念和诉讼时效制度的价值目标,2年的普通诉讼时效期间能够督促权利人及时行使权利。

有的认为,考虑到我国的实际情况,应将诉讼时效期间延长至5年。主要理由是:《民法总则》草案一审稿至三审稿均规定普通诉讼时效期间为3年,这一规定具有进步性,但与实际需要相比还是较短。现在社会关系很复杂,诉讼时效期间的长短对权利人行使权利非常重要。时间太短,比较复杂的法律关系的权利人没有办法切实保护自己的合法权益,也不利于维护社会和谐稳定。有的认为,应当将普通诉讼时效期间延长到10年或者更长。主要理由有:一是中国是熟人社会,实践中老百姓发现权利被侵害,往往不会马上到法院起诉。到决定起诉时,可能已经经过一两年,再请律师准备诉讼材料又需要一段时间,3年的普通诉讼时效期间太短了;二是诉讼时效期间过短会造成权益人的合法权利得不到充分保护,被义务人或者侵权者钻了法律

的空子；也与我们提倡的"风正气顺"社会风气要求不相符，不利于人与人之间的相互信任。

经研究认为，诉讼时效是权利人在法定期间内不行使权利，该期间届满后，发生义务人可以拒绝履行其给付义务效果的法律制度。该制度有利于促使权利人及时行使权利，维护交易秩序和安全。任何一种法律制度都需要符合一国的传统，考虑社会百姓的可接受程度，都要具体地、历史地进行分析。中国社会几千年的传统是避诉的，当事人为了亲情和友情，为了社会关系的维持，往往不愿提起诉讼，在婉转表达的权利要求不能实现时，才提起诉讼，因此时间上常常比较晚。此外，近年来，社会生活发生深刻变化，交易方式与类型也不断创新，权利义务关系更趋复杂，要求权利人在2年的普通诉讼时效期间内行使权利，已不适应中国社会现状与司法实践，不利于保护债权人合法权益，不利于建立诚信社会，因此，适当延长普通诉讼时效期间是必要的。

但是，同样应当看到，除了督促权利人在合理期间内行使权利，公平分配权利义务关系等也是诉讼时效制度的重要功能。诉讼时效期间过长，可能使权利人主观上产生错误认识，出现"躺在权利上睡大觉"的情况。在整个社会的宏观面上降低解决纠纷的效率，使得权利义务关系较长时间地处于不稳定状态，对社会经济的健康发展是不利的。从其他国家和地区的相关规定看，大多数国家和地区规定的一般诉讼时效期间往往都比较长。如法国规定诉讼时效期间一般为违法行为发生时起算30年；瑞士、意大利、墨西哥规定为10年；日本规定为5年；德国规定为3年，但允许当事人在3年至30年之间自行约定；俄罗斯规定为3年。我国台湾地区、澳门特别行政区规定为15年。应当看到的是，这些国家和地区的规定制定于18、19世纪，其时代背景是自由资本主义发展时期。当时的立法理念和对经济生活的判断是从自由主义出发，强调当事人对自己权利的行使和行为后果的承担，不太关注对债务人的保护。此后的一百年间，西方国家的民事立法在坚持自由主义的同时更加注重社会义务。经过反复研究和调研论证，《民法总则》将《民法通则》规定的普通诉讼时效期间从2年延长为3年，大部分全国人大代表、司法机关、法律专家学者等对此表示赞同。

"法律另有规定的，依照其规定"，是允许特别法对诉讼时效作出不同于普通诉讼时效期间的规定。市场经济要求加快经济流转，通讯手段和交易方式的创新使得行使权利更加便利。因此，在商事领域可能存在需要短于普通诉讼时效期间的情形。在法律另有规定时，根据特别规定优于一般规定的原则，优先适用特别规定。

三、普通诉讼时效期间的起算

《民法总则》第188条第2款规定了普通诉讼时效期间的起算。普通诉讼时效期间的起算规则，主要有两种规定模式：一种是客观主义起算规则，即从请求权可以行使时，诉讼时效期间开始起算。例如，《意大利民法典》第2935条规定，消灭时效自权利得主张时起算。我国台湾地区"民法"第128条规定，消灭时效，自请求权可行使时起算。以不行为为目的之请求权，自行为时起算。我国《澳门特别行政区民法典》第299条第1款规定，催告后时效受益人经过一段时间才须履行义务的，则诉讼时效期间在该段时间经过后起算。另一种是主观主义起算规则，即从权利人知道或者应当知道权利受侵害时，诉讼时效期间开始起算。例如，《德国民法典》第199条规定，普通消灭时效自满足下列两个情形时起算：（1）请求权产生的当年结束之时起；（2）债权人知道或在不具有重大过失的情形下应当知道产生请求权的事由及债务人时起。《俄罗斯联邦民法典》第200条第1款规定，诉讼时效期间自当事人获悉或者应该获悉自己的权利被侵犯之日起起算。

《民法通则》第137条规定，诉讼时效期间从知道或者应当知道权利被侵害时起计算。可见，《民法通则》采取了主观主义的起算模式。本款规定延续了《民法通则》的立法模式，亦采取普通诉讼时效期间的主观主义起算模式，主要有以下两点考虑：

一是在立法技术上，诉讼时效期间与期间起算点相互影响，二者互为牵制，突出了诉讼时效制度的正当性和各价值目标的平衡。客观主义起算点可以实现诉讼时效制度追求经济效率和社会安定性的价值目标，但在权利人不知道其权利受到损害、不知道向谁主张权利时，即开始时效的进行，不能为社会公众所接受，也有悖于诉讼时效制度督促权利人及时行使权利的目的。主观主义起算点权利人考虑权利人行使权利的可能性，能更好地保护权利人，但也存在权利义务双方的关系与法律地位过多依赖权利人的担忧，可能会削弱诉讼时效制度的可预期性与安定性。因此，各国在立法上往往采取两种组合，即采用较长普通诉讼时效期间的，配合以客观主义起算点；采用较短普通诉讼时效期间的，配合以主观主义起算点。这样能够最大程度实现诉讼时效制度的各项目标。《民法总则》起草过程中，有的意见认为，3年普通诉讼时效期间仍不够长。采取主观主义的起算模式，可以在一定程度上延长这一期间。

二是"知道或者应当知道"是一种主观状态，很多情况下，当权利受到侵害时，受害人不一定能够马上知情。我国幅员广阔，人口众多，各地区社会经济生活差异较大。立法应当从中国的实际国情出发。采取主观主义起算点是较为公平的。因此，本款规定，诉讼时效期间自权利人知道或者应当知道权利受到损害以及义务人之日起计算。这里"知道或者应当知道权利受到损害"和"知道或者应当知道义务人"两个条件应当同时具备。

四、最长权利保护期间

采用较短普通诉讼时效期间并配合以主观主义起算点的诉讼时效制度立法模式中，考虑到如果权利人知悉权利受到损害较晚，以致诉讼时效过分迟延地不能完成，会影响到制度的稳定性和宗旨。极端情况下，可能发生从权利被侵害的事实出现到权利人知道这一事实，超过普通诉讼时效期间的情况。因此，有必要配套规定客观主义起算点的最长权利保护期间加以限制。应当指出，这种最长权利保护期间并非一种独立的期间类型，是制度设计上的一种补足，在性质上是不变期间。本款规定的"自权利受到损害之日"即为客观主义的起算标准。"二十年"的最长权利保护期间，在《民法通则》第137条中已经有规定。考虑到一是《民法通则》颁布实施30多年来，出现适用20年最长权利保护期间的情况极少；二是从《民法总则》规定的普通诉讼时效期间长度、我国社会生活的实际及诉讼程序的客观情况，规定20年已经足够；三是规定了20年期间仍不够用的，"人民法院可以根据权利人的申请决定延长"，仍然延续了《民法通则》的规定，将最长权利保护期规定为20年。适用最长权利保护期间时，需要根据当事人的申请，人民法院才能决定。

——贾东明主编：《〈中华人民共和国民法总则〉释解与适用》，人民法院出版社2017年版。

【相关文献】

李适时：《民法总则是确立并完善民事基本制度的基本法律》，载中国人大网，最后访问时间：2017年4月14日。

【相关案例】

1. 没有约定履行期限的合同，期诉讼时效应从主张权利方起诉之时起算

——梁某诉王某借款合同纠纷案

案例要旨：由于双方并未签订书面买卖合同，原告出具给被告的欠条并未约定还款期限，债权人在催收过程中也未明确还款期限，无证据证明双方对合同的履行期限进行过约定。因此，双方的买卖合同应属于没有约定履行期限的合同。故违反了诚实信用基本原则的该起债务合同纠纷，诉讼时效期间未届满时，其诉讼时效，人民法院应从原告梁某向被告王某主张权利时，即起诉之时起算。

案号：（2015）北民二初字第85号
审理法院：广西壮族自治区柳州市柳北区人民法院
来源：《人民司法·案例》2016年第29期

2. 未明确约定办理股权变更手续的时间，股权受让人向法院提起诉讼前一个月要求转让人协助办理的，其主张转让人协助办理股权变更手续的诉讼请求未超过诉讼时效期间

——温州市太平洋石油化工有限公司诉陈小林、黄炉光、温州市港口石化仓储有限公司股权转让纠纷案

案例要旨：在各方当事人没有明确约定办理股权变更手续的时间的情况下，根据合同法规定，股权受让人有权随时要求转让人履行协助办理股权变更手续的合同义务。股权受让人向法院提起诉讼的前一个月曾要求转让人协助办理股权变更手续，股权受让人主张转让人协助办理股权变更手续的诉讼请求并未超过诉讼时效期间。

案号：（2013）浙温商终字第881号

审理法院：浙江省温州市中级人民法院

来源：《中国审判案例要览案例》（2014年商事审判案例卷）

3. 亲子鉴定结果正式作出后才确切知道婚姻关系存续期间的子女不是婚生子女的，以鉴定作出时间作为确知自己权利被侵害时间开始计算诉讼时效

——罗某诉周某抚养纠纷案

案例要旨：一般侵权损害赔偿，诉讼时效期间从知道或应当知道权利被侵害时起算。无过错方虽在离婚时就知道婚姻关系存续期间的子女并非其亲生子女的，但亲子鉴定报告才是判断其配偶权利被侵犯的有力证据，即应以报告作出时间作为确知自己权利被侵害时间开始计算诉讼时效。即使是离婚后数年才作出的亲子鉴定依然以作出亲子鉴定的时间作为知道权利被侵害之日的开始时间。

来源：《人民法院报》2013年05月22日，第7版

4. 提单持有人对承运代理人、报关代理人及担保银行的无单放货行为的侵权赔偿主张不适用《海商法》规定的一年特殊诉讼时效期间

——晓星香港有限公司诉中国船务代理公司防城港公司等提单侵权纠纷上诉案

案例要旨：《海商法》第二百五十七条规定的特殊诉讼时效期间适用的是海上货物运输中对承运人的赔偿请求权。提单持有人对承运人的代理人在未经承运人授权时的无单放货行为以及报关代理人和担保银行在无单放货中的行为主张侵权赔偿，不适用该特殊诉讼时效期间，而应适用《民法通则》关于普通诉讼时效期间的规定。

案号：（2002）民四终字第27号

审理法院：最高人民法院

来源：《最高人民法院公报》2003年第2期

5. 有限公司股东清算责任诉讼时效应从债权人知道或应当知道股东怠于履行义务，导致公司财产贬损、灭失、或无法清算之日起计算

——上海文盛投资管理有限公司诉中科实业集团（控股）有限公司等清算责任纠纷案

案例要旨：1. 有限公司清算义务人承担清算责任，应符合怠于履行清算义务、公司无法清算、存在因果关系等条件。其中，对于"怠于"和因果关系的认定上，还需采取举证责任倒置和因果关系推定的方式。有限公司的股东作为公司的清算义务人，其持有股权比例的大小、是否实际参与公司经营等情形均非有效的免责事由。2. 在诉讼时效方面，应从债权人知道或者应当知道公司股东怠于履行清算义务，导致公司财产贬损、灭失、或者无法清算之日起计算。

案号：（2015）一中民（商）终字第2997号

审理法院：北京市第一中级人民法院

来源：《人民法院案例选》2016年第5辑（总第99辑）

6. 合同未约定出卖人逾期交房违约金支付期限的，针对违约金的诉讼时效应当从权利人主张权利而遭义务人拒绝履行之日起算

——泛华工程有限公司西南公司与中国人寿保险（集团）公司商品房预售合同纠纷案

案例要旨：商品房预售合同中没有约定违约金支付期限的，针对违约金的诉讼时效应当从权利人主张权利而遭义务人拒绝履行之日起算，即权利人知道权利被侵害时起计算。违约方关于违约金债权应当按照违约时间分别计算诉讼时效的抗辩理由，因无现行法律、司法解释明文规定的支持，不予采纳。

案号：（2005）民一终字第85号

审理法院：最高人民法院

来源：《最高人民法院公报》2008年第2期（总第136期）

第一百八十九条 同一笔债务约定分期履行的诉讼时效期间的起算规则

当事人约定同一债务分期履行的,诉讼时效期间自最后一期履行期限届满之日起计算。

【相关规定】

《最高人民法院关于审理民事案件适用诉讼时效制度若干问题的规定》

第五条 当事人约定同一债务分期履行的,诉讼时效期间从最后一期履行期限届满之日起计算。

【相关观点】

一、《民法总则》第189条内容分析与解读

对于本条的理解,应注意以下两点:

第一,其适用的情形是当事人约定同一笔债务分期履行。当事人约定的债务分期履行的,该约定对当事人发生约束力,但该约定有效与否、是否具有强制执行力,则需法院判决确定,故其与经法院判决确定的具有强制执行力的分期履行的债务并不完全相同。

第二,其是对同一笔债务约定分期履行。如前所述,在同一合同项下约定的分期履行之债,既包括同一笔债务,也包括不同笔债务,这里,规定诉讼时效期间应从最后一期履行期限起算的债务为同一笔债务。所谓同一笔债务,是指该债务在合同订立之时即已经确定,债权的内容和范围不随着时间的经过而变化,受到时间因素影响的只是履行的方式。该类债务的典型表现形式为约定分期还款、分期交货的借款之债、买卖之债等。详言之,在借款合同法律关系中,借款合同多约定:贷款人一次性给付借款人全部款项后,借款人分期偿还。在买卖合同法律关系中,当事人约定:卖方一次性交付所有货款,卖方分批交货。在司法实践中,分期偿还的约定主要有两种形式:一种是明确约定总的债务履行期限和数额以及分期偿还的数额、期限,甚至约定担保责任;另一种是只约定了总的履行期限,而对分期履行的期限和数额未作具体约定。对于该两类分期履行合同,相关判决均认定诉讼时效期间应从最后一笔履行期限届满之日起算。

二、《民法总则》第189条的制定原因

第一,符合分期履行债务的特征。从债法法理分析,当事人约定同一笔

债务分期履行的，其订立合同的目的是对同一笔债务分期履行，该债务为一个单一的整体，具有整体性和唯一性。其在当事人签订合同之时即已确定，只不过对于债务的履行当事人约定了分期履行而非一次性履行而已，尽管对整体债务分别约定了分期履行的期限和数额，使其具有一定的独立性，但该独立性不足以否定整体性，整体性和唯一性是分期履行债务的根本特征。履行每一期债务请求权的诉讼时效期间从最后一期履行期限届满之日起算是同一笔债务具有唯一性和整体性的根本要求。

第二，符合诉讼时效制度的立法目的。诉讼时效制度的立法目的是为了稳定交易秩序，而非偏于限制甚至剥夺权利人的权利。因此，在权利人有证据证明其权利存在的情形下，在诉讼时效问题的认定上，应倾向于作有利于债权人的规定，关于诉讼时效起算点的确认问题也不例外。显然，从最后一期履行期限届满之日起算诉讼时效期间更有利于保护权利人的权利。而且，权利人没有在每一期履行期限届满后主张权利，并非其怠于行使权利，而系其基于债务具有整体性的合理信赖，为促进双方的友好合作关系而不愿或者不想在部分债权受到侵害后就立刻主张权利，因此，诉讼时效期间不应从每一期债务履行期限届满之日起算。

第三，有利于解决举证困难问题。尽管从学理上分析，认为因不履行分期履行债务所产生的请求权的诉讼时效期间应从每一期履行期限届满之日起算，由于权利人可以通过不断向义务人主张权利的方式使诉讼时效中断而不会导致诉讼时效期间经过，从而保护权利人的权利，但在司法实务中，由于权利人主张权利难以取证，故从每一期履行期限届满之日起算诉讼时效期间并不利于保护权利人的利益，而从最后履行期限届满之日起算诉讼时效期间有利于减轻权利人的举证责任、保护权利人的权利。

第四，有利于节约司法资源，减少诉累、提高诉讼效率。诉讼时效期间从最后一期履行期限届满之日起算，有利于避免当事人频繁主张权利，仅由于部分债权被侵害而频繁起诉，节约司法资源，减少诉累、提高诉讼效率。

第五，符合司法现实和民众的一般认识。正如前文所述，在司法实务中，当事人基于对同一债务具有整体性的合理信赖，通常都会把每一次的履行行为看作是一个完整的合同关系的一部分，认为其可以从最后一期履行期限届满之日主张权利。而且，在司法实务中，存在当事人只约定总的合同履行期限和数额并约定分期给付，而未约定明确的分期履行的期限和数额的情形。在该情形下，债务人在履行过程中具有随意性，履行期限和履行数额随时确定。由于并未明确约定的分期履行期限，故不易从每一期履行期限起算诉讼时效期间，而应从最后一期履行期限起算诉讼时效期间。

第六，符合订约目的，有利于促进商业交易，增加社会财富。当事人之间签订分期履行债务合同的目的在于全面履行合同约定的义务，因此，尽量维持双方的债权债务关系和信任关系是解决履行障碍的基本态度。规定诉讼时效期间从最后一期履行期限届满之日起算可以避免当事人频繁主张权利、恶化矛盾,有利于市场交易关系的健康发展,增加社会财富。

【相关文献】

1. 宋晓明、刘竹梅、张雪楳:《〈最高人民法院关于审理民事案件适用诉讼时效制度若干问题的规定〉的理解与适用》,载《法律适用》2008年第11期。

2. 吴庆宝:《准确起算诉讼时效维护当事人合法权益》,载《法律适用》2008年第11期。

【相关案例】

分期履行债务诉讼时效期间,从最后一期履行期限届满之日起计算
——郑文红诉魏峰债权纠纷案

案例要旨: 同一债务分期履行指某一笔债务发生后,当事人依照约定的时间分期履行,债务的内容和范围在债务发生时即已确定,不因分期偿还而发生变化,债权人之于债务人的债权是不可分割的整体,分期履行债务诉讼时效期间从最后一期履行期限届满之日起计算

案号:(2011)浙甬民二终字第472号

审理法院: 浙江省宁波市中级人民法院

来源:《人民法院报》2012年5月17日,第6版

第一百九十条　行为能力欠缺者基于法定代理所产生的请求权诉讼时效期间的起算规则

无民事行为能力人或者限制民事行为能力人对其法定代理人的请求权的诉讼时效期间，自该法定代理终止之日起计算。

【相关观点】

无民事行为能力人或者限制民事行为能力人，须由法定代理人代为实施法律行为及行使权利。无民事行为能力人或者限制民事行为能力人在代理关系存续期间，对于其法定代理人的权利主张存在的障碍有：第一，无民事行为能力人、限制民事行为能力人的行为能力不完全，向其法定代理人主张权利缺乏行为能力基础；第二，法定代理关系存续期间，无民事行为能力人、限制民事行为能力人的权利需要由法定代理人代理行使，由此可能会出现基于代理向自己主张权利的情形；第三，通常情况下，无民事行为能力人、限制民事行为能力人与他的法定代理人存在一定的身份关系，其请求权的行使会因监护、亲缘、血缘关系受阻。为避免上述向法定代理人主张请求权的障碍，本条对无民事行为能力人、限制民事行为能力人对其法定代理人的请求权设置了特殊的起算点规定，即自法定代理终止之日起计算。

——沈德咏主编：《〈中华人民共和国民法总则〉条文理解与适用》，人民法院出版社2017年版。

第一百九十一条 未成年人遭受性侵害所产生的损害赔偿请求权诉讼时效期间的起算规则

未成年人遭受性侵害的损害赔偿请求权的诉讼时效期间，自受害人年满十八周岁之日起计算。

【相关观点】

一、对《民法总则》第 191 条的理解

未成年人无性权利意识或性权利意识有限，遭受性侵害后可能因心智不成熟害怕或羞于告知其法定代理人；且由于性侵害的隐蔽性，其法定代理人可能不能及时发现侵害事实，本条规定对于未成年人就性侵害损害赔偿权设置特别的诉讼时效起算点，有助于受害人成年后排除意识及行为能力障碍，充分行使自身权利，保护自身合法权益。本条是对诉讼时效起算的特殊规定，而非对于权利形成时间的规定。通常情况下，损害事实的发生时间，就是侵权损害赔偿请求权的产生时间。《民法总则》规定的诉讼时效起算的一般原则是"自权利人知道或应当知道权利受到损害以及义务人之日起"计算，如上所述，鉴于未成年人性意识的缺乏及性侵害的隐蔽性，对未成年人遭受性侵害赋予本条规定的特殊时效利益，该起算点的特殊规定与实体请求权的形成无关，并非对请求权行使的限制。当未成年人或其法定代理人在受害人未满十八岁前，就性侵害主张损害赔偿的，该请求权不受本条诉讼时效特殊起算点规定的限制。

——沈德咏主编：《〈中华人民共和国民法总则〉条文理解与适用》，人民法院出版社 2017 年版。

二、增设本条规定的专家意见

理由：预防和惩戒性侵未成年人犯罪是当今世界各国共同面对的重大课题。我国性侵未成年人案件数量多，犯罪形势严峻。

鉴于对未成年人的性侵害行为的特殊性，受害人自己属于限制行为能力人或者无行为能力人，不可能自己寻求法律保护。由于监护人疏于履行监护职责甚至监护人就是加害人的情形，受害人往往得不到法律保护。受害人成年之后自己寻求法律保护，却因诉讼时效期间超过被法院拒绝受理或者予以驳回。为了给受性侵未成年人预留其成年之后寻求法律保护之机会。

考虑到中国社会传统观念，遭受性侵害未成年人的家庭、监护人（家长）往往不敢、不愿寻求法律保护，长期隐瞒子女受侵害的事实，甚至有的案件的加害人就是该受害未成年人的监护人，导致这类案件的加害人往往能

够逃脱法律惩罚。受害人成年之后,寻求法律保护,却因诉讼时效期间早已届满,被人民法院依据《民法通则》诉讼时效规则裁定驳回起诉或者判决败诉。可见中国传统观念及《民法通则》诉讼时效制度,不利于遭受性侵害未成年人的法律保护。因而有必要创设未成年人受性侵损害赔偿请求权诉讼时效期间起算的特别规则。

——梁慧星:《〈中华人民共和国民法总则(草案)〉:解读、评论和修改建议》》,载《华东政法大学学报》2016年第5期。

【相关文献】

1. 杨立新:《民法总则给予未成年人诉讼时效特别保护》,载《检察日报》,最后访问时期:2017年4月5日。

第一百九十二条　诉讼时效期间届满的法律后果

诉讼时效期间届满的，义务人可以提出不履行义务的抗辩。

诉讼时效期间届满后，义务人同意履行的，不得以诉讼时效期间届满为由抗辩；义务人已自愿履行的，不得请求返还。

【新旧法条对比】

《中华人民共和国民法通则》

第一百三十八条　超过诉讼时效期间，当事人自愿履行的，不受诉讼时效限制。

【相关规定】

1.《最高人民法院关于审理民事案件适用诉讼时效制度若干问题的规定》

第四条　当事人在一审期间未提出诉讼时效抗辩，在二审期间提出的，人民法院不予支持，但其基于新的证据能够证明对方当事人的请求权已过诉讼时效期间的情形除外。

当事人未按照前款规定提出诉讼时效抗辩，以诉讼时效期间届满为由申请再审或者提出再审抗辩的，人民法院不予支持。

第二十二条　诉讼时效期间届满，当事人一方向对方当事人作出同意履行义务的意思表示或者自愿履行义务后，又以诉讼时效期间届满为由进行抗辩的，人民法院不予支持。

2.《最高人民法院关于贯彻执行〈中华人民共和国民法通则〉若干问题的意见（试行）》

第一百七十一条　过了诉讼时效期间，义务人履行义务后，又以超过诉讼时效为由翻悔的，不予支持。

3.《最高人民法院关于超过诉讼时效期间借款人在催款通知单上签字或者盖章的法律效力问题的批复》

河北省高级人民法院：

你院［1988］冀经一请字第38号《关于超过诉讼时效期间信用社向借款人发出的"催收到期贷款通知单"是否受法律保护的请示》收悉。经研究，答复如下：

根据《中华人民共和国民法通则》第四条、第九十条规定的精神，对于超过诉讼时效期间，信用社向借款人发出催收到期贷款通知单，债务人在该通知单上签字或者盖章的，应当视为对原债务的重新确认，该债权债务关系应受法律保护。

此复

4.《最高人民法院关于超过诉讼时效期间后债务人向债权人发出确认债务的询证函的行为是否构成新的债务的请示的答复》

重庆市高级人民法院：

你院渝高法［2003］232号请示收悉。经研究，答复如下：

根据你院请示的中国农业银行重庆市渝中区支行与重庆包装技术研究所、重庆嘉陵企业公司华西国际贸易公司借款合同纠纷案有关事实，重庆嘉陵企业公司华西国际贸易公司于诉讼时效期间届满后主动向中国农业银行重庆市渝中区支行发出询证函核对贷款本息的行为，与本院法释［1999］7号《关于超过诉讼时效期间借款人在催款通知单上签字或盖章的法律效力问题的批复》所规定的超过诉讼时效期间后借款人在信用社发出的催款通知单上签字或盖章的行为类似，因此，对债务人于诉讼时效期间届满后主动向债权人发出询证函核对贷款本息行为的法律后果问题可参照本院上述《关于超过诉讼时效期间借款人在催款通知单上签字或盖章的法律效力问题的批复》的规定进行认定和处理。

此复

【相关观点】

一、义务人自愿履行的概念、构成要件

所谓义务人自愿履行，是指无论义务人是否知道诉讼时效期间已过的事实，只要其出于自愿履行诉讼时效期间已过的债务，就应认定该履行行为有效，其不得以诉讼时效期间已过为由主张撤销其自愿履行行为。其法理依据是诉讼时效的效力以及债的效力。无论是对诉讼时效的效力是采抗辩权产生说还是胜诉权丧失说，均可得出这样的结论，即在义务人提出诉讼时效抗辩时，债权人的债权即不再受法院保护，其债务丧失了请求法院强制执行其债务的效力。根据债法原理，债的效力包括请求力、受领保持力、强制实现力，其中，请求力包括其以私力方式请求义务人履行义务的效力和以公力救济的方式请求义务人履行义务的效力。在诉讼时效完成的情形下，如义务人抗辩，则其请求力减弱、强制实现执行力丧失，但受领保持力仍然存在，仍然可依其享有的自然债权受领义务人的给付。因此，在义务人自愿履行的情形下，其受领债务人的给付并非不当得利，而无论义务人在给付时是否知道诉讼时效期间已过的事实。

义务人自愿履行的构成要件：

第一，需为义务人本人或其代理人自愿履行。该行为为民事法律行为，故同样要求行为主体具有权利能力和行为能力。由于债的法律关系发生在特定当事人之间，故对于诉讼时效期间已过，债务的自愿履行应由义务人本人或其授权的代理人所为，其他非授权主体的自愿履行行为并不能认定为原债务人的行为。当然，义务人事后追认的情形除外。根据行为主体需具有权利能力和行为能力的认定要件，如果该给付行为是无行为能力人所为，则该给付行为因给付人无民事行为能力而归于无效，故可主张返还。

第二，需以义务人本人或其代理人已实际履行义务且权利人接受为要件。这是义务人自愿履行行为与诉讼时效抗辩权的放弃的主要区别。义务人自愿履行后之所以不能再主张诉讼时效抗辩权，是因为其非基于放弃诉讼时效抗辩权的法理，而是基于债权人对自然债务仍享有受领力的法理。"债务人为履行之给付，非无法律上之原因，乃为债之清偿，故不得以不当得利为理由，请求返还，虽不知时效之完成而为给付，仍不失为债之清偿，故仍不得请求返还。"① 因此，其实际履行后，不能再以诉讼时效期间届满、认识错误为由请求撤销履行行为。

第三，不以义务人知道或者应当知道其享有诉讼时效抗辩权为要件。"当事人自愿履行时，对'超过时效'无需知道。"② 正如前文所述，由于该行为的有效性并非系基于其构成义务人放弃诉讼时效抗辩权，故其不以义务人具有放弃诉讼时效利益的内心效力意思为要件。

第四，该履行行为应为义务人的自愿行为。义务人的自愿履行行为应是义务人主观自愿行为，如果在其受到胁迫，本不愿履行债务而被迫履行债务的情形下，则不符合义务人自愿履行的构成要件。

二、认定义务人同意履行诉讼时效期间届满的债务的情形

在司法实务中，下列情形可认定义务人同意履行诉讼时效期间届满的债务：

第一，债务人以口头方式向权利人明确表示其愿意履行诉讼时效期间届满的债务。

第二，债务人向债权人出具还款计划或者债务人与债权人达成还款协议。《最高人民法院关于超过诉讼时效期间借款人在催款通知单上签字或者盖章的法律效力问题的批复》规定，超过诉讼时效期间，信用社向借款人发出催收到期贷款通知，债务人在该通知单上签字或者盖章的，应当视为对原债务的重新确认。其实质是义务人放弃了诉讼时效抗辩权，使效力不完全的债务回复为效力完全的原债务。

---

① 史尚宽：《民法总论》，中国政法大学出版社2000年版，第708页。
② 王利明：《我国民法典重大疑难问题之研究》，法律出版社2006年版，第156页。

第三，债务人为诉讼时效期间届满的债务提供担保。债务人为诉讼时效期间届满的债务提供担保，自然可理解为其愿意履行诉讼时效期间届满的债务，故应认定其放弃诉讼时效抗辩权。该担保既可以是债务人本人提供担保，也可以是第三人为债务人提供担保（但在认定债务人放弃诉讼时效抗辩权的情形下，该担保应为债务人同意的担保）；既可以是人保也可以是物保方式。

第四，债务人委托第三人代为履行诉讼时效期间届满的债务。在该情形下，履行债务的后果当然由委托人即债务人承担，故该情形应认定为债务人同意履行诉讼时效期间届满的债务。

第五，债务人履行诉讼时效期间届满的债务。当然，此以义务人知道或者应当知道诉讼时效期间届满的债务为条件，如不构成该要件，则为义务人自愿履行行为。

第六，债务人自愿用未过诉讼时效期间的债务抵销债权人已过诉讼时效期间的债务。诉讼时效期间已经届满的债务为自然债务。自然债务可否进行抵销，观点不一。有的观点认为，已罹于时效的债权不能用于抵销，其理由为不得强制执行的债权不得用于抵销。也有观点认为，当事人一方自愿用未过诉讼时效期间的债务抵销自然债务，属当事人自愿放弃诉讼时效利益，应认可其效力。我们认为，尽管自然债务不具有强制执行力，但在义务人放弃其诉讼时效利益的情形下，该自然债务的强制执行力恢复，成为完全债权，故义务人自愿用其未届诉讼时效期间的债权进行抵销的，应认定其放弃了诉讼时效利益，该放弃诉讼时效利益的行为并不违反法律、法规的强制性规定，应认定有效。

——最高人民法院民事审判第二庭编著：《最高人民法院关于民事案件诉讼时效司法解释理解与适用》，人民法院出版社2008年版。

【相关案例】

1. 债务人对已过诉讼时效的债务作出同意履行的意思表示，即转化为法定之债

——广东融通投资有限公司诉何伯昌、何伯顺股东损害公司债权人利益责任纠纷案

案例要旨：债务人对已过诉讼时效的债务作出同意履行的意思表示，即产生债务重新确认的法律效果，自然之债转化为法定之债。附条件履行不影响债务性质的转化，债务人履行债务与否不再是道义问题。

案号：（2013）穗中法民二终字第395号
审理法院：广东省广州市中级人民法院
来源：《人民司法·案例》2014年第20期

2. 债务人自愿履行部分自然债务，债权人请求人民法院判令其支付剩余债务应不予支持

——中国农业银行股份有限公司许昌县支行与许昌金盾汽车贸易有限公司借款纠纷申请再审案

案例要旨：债权人在诉讼时效期间未主张债权，债务人之后自愿履行部分债务的，债权人不能以此主张剩余债权，请求人民法院判令债务人履行剩余债务。

案号：（2007）豫法民二终字第 201 号

审理法院：河南省高级人民法院

来源：《立案工作指导与参考》2012 年第 2 辑（总第 33 辑）

3. 在诉讼时效期间届满后债务人对部分债务的履行属于债务人的自愿履行行为，不构成诉讼时效中断的法定事由

——浙江 W 建设有限公司与上海 Y 电气成套有限公司定做合同纠纷上诉案

案例要旨：债权人在起诉状中陈述的债务人归还欠款的事实在对方否认的情形下不构成自认，不能作为诉讼时效中断的法定事由。在诉讼时效期间届满后债务人对部分债务的履行属于债务人的自愿履行行为，不构成诉讼时效中断的法定事由。债务人的部分履行行为不能作为其放弃全部债务的诉讼时效抗辩权的事由，而只能认定其只放弃已履行部分债务的诉讼时效抗辩权。

案号：（2014）沪一中民四（商）终字第 551 号

审理法院：上海市第一中级人民法院

来源：2014 年上海市第一中级人民法院案例精选

4. 诉讼时效期间届满，当事人一方作出同意履行义务的意思表示或者自愿履行义务后，不得又以诉讼时效期间届满为由进行抗辩

——曹德顺与齐齐哈尔市酿酒厂金融不良债权转让合同纠纷再审案

案例要旨：诉讼时效期间届满，当事人一方向对方当事人作出同意履行义务的意思表示或者自愿履行义务后，不得又以诉讼时效期间届满为由进行抗辩。

案号：（2012）黑监民再字第 129 号

审理法院：黑龙江省高级人民法院

来源：法信网

第一百九十三条　诉讼时效的援引

人民法院不得主动适用诉讼时效的规定。

【相关规定】

1. 《最高人民法院关于审理民事案件适用诉讼时效制度若干问题的规定》

第三条　当事人未提出诉讼时效抗辩，人民法院不应对诉讼时效问题进行释明及主动适用诉讼时效的规定进行裁判。

2. 《最高人民法院关于适用〈中华人民共和国民事诉讼法〉的解释》

第二百一十九条　当事人超过诉讼时效期间起诉的，人民法院应予受理。受理后对方当事人提出诉讼时效抗辩，人民法院经审理认为抗辩事由成立的，判决驳回原告的诉讼请求。

【相关观点】

"人民法院不得主动适用诉讼时效的规定"主要涉及对诉讼时效抗辩权的确定性和对民事诉讼处分原则的正确运用问题。

诉讼时效抗辩权本质上是义务人的一项民事权利，作为一项私权利，依据私法意思自治的基本原则，私主体拥有依其自主意志从事民事法律行为的权利，司法不应过多干预。当事人一方根据实体法上的诉讼时效抗辩权在诉讼中提起的诉讼时效抗辩是实体权利的抗辩，是需由当事人主张的抗辩，当事人是否主张，属于其自由处分的范畴，司法不应过多干涉，这是民事诉讼处分原则的应有之意。诉讼时效抗辩权是颠覆性权利，义务人在法院释明后行使该权利的，将会使裁判结果较之其不行使该权利的情形发生根本性变化，即导致权利人的权利不能得到法院保护。而即使义务人不行使诉讼时效抗辩权、在权利人有充分证据证明其享有权利的情形下，义务人依法依约履行合同义务是诚实信用原则的根本要求，并不会给义务人造成不公平的后果，反而有利于鼓励义务人的诚实履约行为，有利于我国社会诚信体系的建立。在当事人无行使诉讼时效抗辩权的意思表示的情形下，如果人民法院主动对诉讼时效问题进行释明，则无异于提醒和帮助义务人逃债，有违诚实信用的基本原则，也有违法院居中裁判的中立地位。

在司法实务中应予注意的是，《民法总则》第193条的规定应适用于民事诉讼的各个审理阶段，而非只适用于某一审理阶段。

——张卫平主编：《最新民事诉讼法理解与适用丛书：民事诉讼规则适用指引》，人民法院出版社2012年版。

【相关案例】

人民法院不应主动适用诉讼时效的规定进行裁判
——韦明明诉韦师师民间借贷纠纷案

案例要旨：当事人未提出诉讼时效抗辩，人民法院不应对诉讼时效问题进行释明及主动适用诉讼时效的规定进行裁判。

审理法院：广西壮族自治区河池市（地区）中级人民法院

来源：广西法院网

第一百九十四条　诉讼时效的中止

在诉讼时效期间的最后六个月内，因下列障碍，不能行使请求权的，诉讼时效中止：

（一）不可抗力；

（二）无民事行为能力人或者限制民事行为能力人没有法定代理人，或者法定代理人死亡、丧失民事行为能力、丧失代理权；

（三）继承开始后未确定继承人或者遗产管理人；

（四）权利人被义务人或者其他人控制；

（五）其他导致权利人不能行使请求权的障碍。

自中止时效的原因消除之日起满六个月，诉讼时效期间届满。

【新旧法条对比】

《中华人民共和国民法通则》

第一百三十九条　在诉讼时效期间的最后六个月内，因不可抗力或者其他障碍不能行使请求权的，诉讼时效中止。从中止时效的原因消除之日起，诉讼时效期间继续计算。

【相关规定】

1.《最高人民法院关于贯彻执行〈中华人民共和国民法通则〉若干问题的意见（试行）》

第一百七十二条　在诉讼时效期间的最后六个月内，权利被侵害的无民事行为能力人、限制民事行为能力人没有法定代理人，或者法定代理人死亡、丧失代理权，或者法定代理人本人丧失行为能力的，可以认定为因其他障碍不能行使请求权，适用诉讼时效中止。

2.《最高人民法院关于审理民事案件适用诉讼时效制度若干问题的规定》

第二十条　有下列情形之一的，应当认定为民法通则第一百三十九条规定的"其他障碍"，诉讼时效中止：

（一）权利被侵害的无民事行为能力人、限制民事行为能力人没有法定代理人，或者法定代理人死亡、丧失代理权、丧失行为能力；

（二）继承开始后未确定继承人或者遗产管理人；

（三）权利人被义务人或者其他人控制无法主张权利；

（四）其他导致权利人不能主张权利的客观情形。

3. 《中华人民共和国海商法》

第二百六十六条 在时效期间的最后六个月内，因不可抗力或者其他障碍不能行使请求权的，时效中止。自中止时效的原因消除之日起，时效期间继续计算。

4. 《最高人民法院关于处理涉及汶川地震相关案件适用法律问题的意见（一）》

七、对民法通则第一百三十九条规定的"中止时效的原因消除"、民事诉讼法第七十六条规定的"障碍消除"、第一百三十六条规定的"中止诉讼的原因消除"以及第二百三十二条规定的"中止的情形消失"，《最高人民法院关于执行〈中华人民共和国行政诉讼法〉若干问题的解释》第五十一条规定的"中止诉讼的原因消除"之日的确定，要区别灾区不同情况，坚持从宽掌握的原则，结合个案具体情况具体分析。

人民法院在确定时可以考虑以下因素：1. 人民法院恢复正常工作的情况；2. 当地恢复重建进展的情况；3. 失踪当事人重新出现、财产代管人经依法确定、被有关部门确定死亡或被人民法院宣告死亡明确继承人的情况；4. 作为法人或其他组织的当事人恢复经营能力或者已经确立权利义务承受人的情况。

5. 《最高人民法院关于审理经济合同纠纷案件有关保证的若干问题的规定》

第三十条 依照《中华人民共和国民法通则》第一百三十九条的规定，主债务诉讼时效中止的，保证债务的诉讼时效同时中止。

【相关观点】

诉讼时效的中止是指在时效进行中，因出现了法定事由，致使权利人不能行使权利，所以，法律规定暂时停止时效期间的进行，已经经过的时效期间仍然有效，待阻碍诉讼时效进行的事由消除后，时效继续进行，其中时效暂停的一段时间不计入诉讼时效期间之内。简明地说，诉讼时效的中止就是在诉讼时效期间内，权利人无过错又无法行使请求权时，时效期间暂停计算。

法律关于诉讼时效中止的规定是为了保证权利人遇到特殊情况时仍然有行使权利的必要时间。

在实践中，适用关于时效中止的规定，应当注意两个问题：

（一）诉讼时效的中止，必须在诉讼时效的最后6个月内

关于诉讼时效何时能够中止的问题，一种观点认为，在时效期间内的任何一段时间出现了法定事由，都可以引起时效的中止；另一种观点认为，只

有法定事由出现在时效期间的最后6个月内,才能引起时效的中止。法律采用了后一种观点。这是因为,在时效期间的最后6个月以前发生中止时效的事由,虽然会减少权利人的诉讼时效期间,但中止时效事由消除以后,权利人仍有6个月的诉讼时效期间。根据我国目前交通、通讯和法院设置情况,这6个月时间是足够权利人向法院起诉用的,所以不必使时效中止进行。法律规定中止事由只有发生或存续于时效期间最后6个月之内,才能发生中止,这既有利于保护权利人的合法权利,也有利于督促权利人积极行使权利,符合设立时效制度的目的。

法定事由只有发生或存在于时效期间的最后6个月之内,才能引起诉讼时效中止的法律后果。这里包括两种情况:第一种是法定事由发生在最后6个月内;第二种是法定事由发生在最后6个月之前,但延续到最后6个月内。比如,权利人于诉讼时效开始一年之前参加战争,因而不能行使权利,这种状况一直延续到时效期间的最后6个月内,同样可以引起诉讼时效的中止。在这种情况下,诉讼时效的中止从诉讼时效期间的最后6个月开始。

(二)时效中止后的计算

自中止诉讼时效的原因消除之日起满六个月,诉讼时效期间届满。应注意,六个月的起点是中止时效的原因消除之日而非发生之日。

——唐德华、高圣平主编:《民法通则及配套规定新释新解(下)》,人民法院出版社2003年版。

【相关案例】

当事人发生违法违规拆借资金案,被中国人民银行专案组接管的事实,构成诉讼时效中止

——河南省融资中心与河南省证券有限责任公司资金拆借合同纠纷案

案例要旨: 在诉讼时效到期的最后六个月,当事人的正常业务工作仍被专案组接管,不可能提起诉讼,这种情况属于"其他障碍不能行使请求权"的情形,构成诉讼时效中止。

审理法院: 最高人民法院

来源: 法信网

第一百九十五条　诉讼时效的中断

有下列情形之一的，诉讼时效中断，从中断、有关程序终结时起，诉讼时效期间重新计算：

（一）权利人向义务人提出履行请求；

（二）义务人同意履行义务；

（三）权利人提起诉讼或者申请仲裁；

（四）与提起诉讼或者申请仲裁具有同等效力的其他情形。

【新旧法条对比】

《中华人民共和国民法通则》

第一百四十条　诉讼时效因提起诉讼、当事人一方提出要求或者同意履行义务而中断。从中断时起，诉讼时效期间重新计算。

【相关规定】

1. 《最高人民法院关于贯彻执行〈中华人民共和国民法通则〉若干问题的意见（试行）》

第一百七十三条　诉讼时效因权利人主张权利或者义务人同意履行义务而中断后，权利人在新的诉讼时效期间内，再次主张权利或者义务人再次同意履行义务的，可以认定为诉讼时效再次中断。

权利人向债务保证人、债务人的代理人或者财产代管人主张权利的，可以认定诉讼时效中断。

第一百七十四条　权利人向人民调解委员会或者有关单位提出保护民事权利的请求，从提出请求时起，诉讼时效中断。经调处达不成协议的，诉讼时效期间即重新起算；如调处达成协议，义务人未按协议所定期限履行义务的，诉讼时效期间应从期限届满时重新起算。

2. 《最高人民法院关于审理民事案件适用诉讼时效制度若干问题的规定》

第十条　具有下列情形之一的，应当认定为民法通则第一百四十条规定的"当事人一方提出要求"，产生诉讼时效中断的效力：

（一）当事人一方直接向对方当事人送交主张权利文书，对方当事人在文书上签字、盖章或者虽未签字、盖章但能够以其他方式证明该文书到达对方当事人的；

（二）当事人一方以发送信件或者数据电文方式主张权利，信件或者数据电文到达或者应当到达对方当事人的；

（三）当事人一方为金融机构，依照法律规定或者当事人约定从对方当事人账户中扣收欠款本息的；

（四）当事人一方下落不明，对方当事人在国家级或者下落不明的当事人一方住所地的省级有影响的媒体上刊登具有主张权利内容的公告的，但法律和司法解释另有特别规定的，适用其规定。

前款第（一）项情形中，对方当事人为法人或者其他组织的，签收人可以是其法定代表人、主要负责人、负责收发信件的部门或者被授权主体；对方当事人为自然人的，签收人可以是自然人本人、同住的具有完全行为能力的亲属或者被授权主体。

第十一条　权利人对同一债权中的部分债权主张权利，诉讼时效中断的效力及于剩余债权，但权利人明确表示放弃剩余债权的情形除外。

第十二条　当事人一方向人民法院提交起诉状或者口头起诉的，诉讼时效从提交起诉状或者口头起诉之日起中断。

第十三条　下列事项之一，人民法院应当认定与提起诉讼具有同等诉讼时效中断的效力：

（一）申请仲裁；

（二）申请支付令；

（三）申请破产、申报破产债权；

（四）为主张权利而申请宣告义务人失踪或死亡；

（五）申请诉前财产保全、诉前临时禁令等诉前措施；

（六）申请强制执行；

（七）申请追加当事人或者被通知参加诉讼；

（八）在诉讼中主张抵销；

（九）其他与提起诉讼具有同等诉讼时效中断效力的事项。

第十四条　权利人向人民调解委员会以及其他依法有权解决相关民事纠纷的国家机关、事业单位、社会团体等社会组织提出保护相应民事权利的请求，诉讼时效从提出请求之日起中断。

第十五条　权利人向公安机关、人民检察院、人民法院报案或者控告，请求保护其民事权利的，诉讼时效从其报案或者控告之日起中断。

上述机关决定不立案、撤销案件、不起诉的，诉讼时效期间从权利人知道或者应当知道不立案、撤销案件或者不起诉之日起重新计算；刑事案件进入审理阶段，诉讼时效期间从刑事裁判文书生效之日起重新计算。

第十六条　义务人作出分期履行、部分履行、提供担保、请求延期履行、制定清偿债务计划等承诺或者行为的，应当认定为民法通则第一百四十条规定的当事人一方"同意履行义务。"

第十七条　对于连带债权人中的一人发生诉讼时效中断效力的事由，应当认定对其他连带债权人也发生诉讼时效中断的效力。

对于连带债务人中的一人发生诉讼时效中断效力的事由，应当认定对其他连带债务人也发生诉讼时效中断的效力。

第十八条　债权人提起代位权诉讼的，应当认定对债权人的债权和债务人的债权均发生诉讼时效中断的效力。

第十九条　债权转让的，应当认定诉讼时效从债权转让通知到达债务人之日起中断。

债务承担情形下，构成原债务人对债务承认的，应当认定诉讼时效从债务承担意思表示到达债权人之日起中断。

3.《最高人民法院关于审理企业破产案件若干问题的规定》

第七十四条　债务人享有的债权，其诉讼时效自人民法院受理债务人的破产申请之日起，适用《中华人民共和国民法通则》第一百四十条关于诉讼时效中断的规定。债务人与债权人达成和解协议，中止破产程序的，诉讼时效自人民法院中止破产程序裁定之日起重新计算。

4.《中华人民共和国海商法》

第二百六十七条　时效因请求人提起诉讼、提交仲裁或者被请求人同意履行义务而中断。但是，请求人撤回起诉、撤回仲裁或者起诉被裁定驳回的，时效不中断。

请求人申请扣船的，时效自申请扣船之日起中断。

自中断时起，时效期间重新计算。

【相关观点】

一、诉讼时效中断的概念

诉讼时效的中断是指在诉讼时效期间进行中，因为法定事由的出现而导致原已经过的诉讼时效期间无效，自中断事由终结时起，诉讼时效期间重新计算。

二、诉讼时效中断的法定事由

（一）权利人向义务人提出履行请求

权利人提出请求是权利人行使权利的方式，表明权利人并未怠于行使权利，应引起诉讼时效中断。

1. 请求的方式。请求可以采用书面形式提出，也可采用口头方式提出，但是请求应当到达债务人。

2. 请求主体及请求相对人。民法的相关理论及有关法律规定，请求主体应当包括债权人本人、债权人的法定代理人、指定代理人、委托代理人等，且连带债权人之一提出请求应当对其他连带债权人具有同样的效力。同时，请求相对人则应当包括债务人本人、债务人的代理人、保证人、财产代管人等。

3. 其他情形的认定。根据有关司法解释，以下情形应认定为"当事人一方提出请求"，产生诉讼时效中断的效力：第一，当事人一方直接向对方当事人送交主张权利文书，对方当事人在文书上签字、盖章或者虽未签字、盖章但能够以其他方式证明该文书到达对方当事人的；第二，当事人一方以发送信件或者数据电文方式主张权利，信件或者数据电文到达或者应当到达对方当事人的；第三，当事人一方为金融机构，依照法律规定或者当事人约定从对方当事人账户中扣收欠款本息的；第四，当事人一方下落不明，对方当事人在国家级或者下落不明的当事人一方住所地的省级有影响的媒体上刊登具有主张权利内容的公告的，但法律和司法解释另有特别规定的，适用其规定。①

（二）义务人同意履行义务

义务人同意履行义务是引起诉讼时效中断的事由之一。义务人同意履行义务的举证责任同样归于权利人，因为权利人主张权利，如果义务人提出诉讼时效抗辩，则权利人必须证明其权利未经过诉讼时效期间，如其主张义务人同意履行义务，诉讼时效应中断，也应由其承担举证责任。

此外，根据有关司法解释，义务人同意履行义务，包括义务人作出分期履行、部分履行、提供担保、请求延期履行、制定清偿债务计划等承诺或行为等情形。②

（三）权利人提起诉讼或者申请仲裁

权利人通过向人民法院提出诉讼或向仲裁机构申请仲裁的方式请求义务人履行义务，希望有权机关在其权力范围内确认和保护其权利，表明了权利人以最有效的方式积极主张其权利，应导致诉讼时效中断。

三、诉讼时效中断的法律效力

诉讼时效因法定事由中断的，以前经过的诉讼时效归于无效，从中断之时起重新计算诉讼时效。此外，对于连带债权人中的一人发生诉讼时效中断效力的事由，应当认定对其他连带债权人也发生诉讼时效中断的效力；对于连带债务人中的一人发生诉讼时效中断效力的事由，应当认定对其他连带债务人也发生诉讼时效中断的效力。

---

① 参见《最高人民法院关于审理民事案件适用诉讼时效制度若干问题的规定》第10条第1款。

② 《最高人民法院关于审理民事案件适用诉讼时效若干问题的规定》第16条。

【相关案例】

1. 债权转让通知能够引起诉讼时效的中断，但认定诉讼时效中断的前提是原债权诉讼时效期间尚未届满

——农行南召支行诉华龙辛夷公司借款合同纠纷案

案例要旨： 债权转让通知能够引起诉讼时效的中断，但认定诉讼时效中断的前提是原债权诉讼时效期间尚未届满。如果签订债权转让协议时，债权已超过了法律规定的两年诉讼时效期间，则不产生时效中断的法律后果。

案号： （2012）豫法民三终字第36号

审理法院： 河南省高级人民法院

来源： 《人民法院报》2012年05月31日第6版

2. 诉讼时效中断的，诉讼时效期间应当从发生中断的事由消除以后重新起算

——四川成都绕城（东段）高速公路有限责任公司诉徐大霞等保险合同纠纷案

案例要旨： 人寿保险以外的其他保险的被保险人或者受益人，向保险人请求赔偿或者给付保险金的诉讼时效期间为二年，自其知道或者应当知道保险事故发生之日起计算。诉讼时效中断的，从待该事由消除以后，诉讼时效期间重新计算。

案号： （2013）高新民初字第3214号

审理法院： 四川省成都市高新技术产业开发区人民法院

来源： 《中国审判案例要览》（2014年商事审判案例卷）

3. 对于连带债务人中的一人发生诉讼时效中断效力的事由，应当认定对其他连带债务人也发生诉讼时效中断的效力

——中信信托有限责任公司与被申请人天津市粮油集团有限公司、天津市油脂（集团）有限公司、天津市油脂公司新港油脂库借款合同纠纷申请再审案

案例要旨： 在连带共同保证中，债权人既可以向全部保证人主张全部保证责任，也可以向其中的一个或数个保证人主张全部保证责任。也就是说，债权人在主张权利时享有选择权。对于连带债务人中的一人发生诉讼时效中断效力的事由，应当认定对其他连带债务人也发生诉讼时效中断的效力。

审理法院： 最高人民法院

来源： 《商事审判指导》2012年第3辑（总第31辑）

4. 超出诉讼时效期间的履行行为不引起诉讼时效的中断，也不就此推定诉讼时效重新确认

——杨国明诉陈新强等借款合同纠纷案

案例要旨：诉讼时效的中断，只能发生在诉讼时效期间内，超过了诉讼时效期间的履行行为则不引起诉讼时效的中断，也不能就此推定为诉讼时效的重新确认。

案号：（2013）莱中民四终字第 81 号

审理法院：山东省莱芜市中级人民法院

来源：《人民司法·案例》2015 年第 2 期

5. 当事人因选择诉由及被告不当而二次提起诉讼的，前一次的错诉应构成诉讼时效中断的正当事由

——盛富仙诉叶俊杰等侵权纠纷案

案例要旨：当事人基于某一法律事实可能产生多种请求权。当其以其中一种请求权为基础起诉被法院驳回后，再以另外一种请求权为基础起诉时，前一次的"错诉"行为应视为"当事人主张权利"，构成诉讼时效中断的正当事由。

案号：（2012）浙杭民终字第 1974 号

审理法院：浙江省杭州市中级人民法院

来源：《浙江省高级人民法院案例指导》2011 年第 6 期（总第 22 期）

6. 当事人就部分债权起诉至人民法院，诉讼时效中断应及于剩余债权

——广西融海房地产开发有限公司与广西壮族自治区德保县糖厂借款担保合同纠纷再审案

案例要旨：诉讼时效制度应在保护社会公共利益的基础上注重社会公共利益与当事人利益以及当事人之间利益的衡量。既要督促权利人及时行使权利，对"眠于权利之上"的权利人不予保护，又要依据诚实信用的原则避免这一制度的不当适用，成为义务人故意逃避债务的工具。当事人就部分债权起诉至人民法院，诉讼时效中断应及于剩余债权；当事人起诉后又撤诉，应视为诉讼时效中断，诉讼时效期间应从撤诉之日起重新计算。

审理法院：最高人民法院

来源：《民事审判指导与参考》2011 年第 3 期（总第 247 期）

第一百九十六条　不适用诉讼时效制度的请求权类型

下列请求权不适用诉讼时效的规定：
（一）请求停止侵害、排除妨碍、消除危险；
（二）不动产物权和登记的动产物权的权利人请求返还财产；
（三）请求支付抚养费、赡养费或者扶养费；
（四）依法不适用诉讼时效的其他请求权。

【相关规定】

1.《最高人民法院关于审理民事案件适用诉讼时效制度若干问题的规定》

第一条　当事人可以对债权请求权提出诉讼时效抗辩，但对下列债权请求权提出诉讼时效抗辩的，人民法院不予支持：
（一）支付存款本金及利息请求权；
（二）兑付国债、金融债券以及向不特定对象发行的企业债券本息请求权；
（三）基于投资关系产生的缴付出资请求权；
（四）其他依法不适用诉讼时效规定的债权请求权。

2.《最高人民法院关于贯彻执行〈中华人民共和国民法通则〉若干问题的意见（试行）》

第一百七十条　未授权给公民、法人经营、管理的国家财产受到侵害的，不受诉讼时效期间的限制。

【相关观点】

诉讼时效的客体或适用范围曾经在我国学界引起巨大的争议，学界对适用诉讼时效的请求权的范围存在不同意见。① 严格来说，诉讼时效适用的请求权是实体法上的请求权，即法律规定的，权利人可以要求义务人为一定行为或不为一定行为的权利，包括法定的请求权和基于法律行为发生的请求权。程序上诉权不适用诉讼时效，比如提起确认之诉的权利、请求作出形成判决的权利。也就是说，适用诉讼时效的请求权必须是存在于双方关系的请求权，它包括财产性的请求权和非财产性的请求权。形成权、绝对权、抗辩权不属

---

① 参见尹田：《论诉讼时效的适用范围》，载《法学杂志》2011年第3期。

于诉讼时效的适用范围。

一、请求停止侵害、排除妨碍与消除危险

这三个请求权之所以不适用诉讼时效制度，其原因在于，这三种类型的请求权都是指向现实存在的对权益的妨害和危险，并非值得尊重的社会交往现状，在通常情形下排除了向不特定第三人呈现此类请求权不存在状态的可能，不特定第三人也就无法产生相应类型的请求权不存在的信赖，因此不存在保护不特定第三人信赖利益的问题，诉讼时效制度的核心功能对于这些类型的请求权就不存在发挥作用的可能性。

值得注意的是，停止侵害、排除妨碍、消除危险请求权不适用诉讼时效的需求可能不大，因为停止侵害、排除妨碍、消除危险请求权的产生，以违法行为的存在为前提。每一项违法行为都会导致新的停止侵害、排除妨碍、消除危险请求权的发生。何况，诉讼时效的起算标准是主观标准，从权利人知道或应当知道权利受损害时开始计算请求权诉讼时效，因此，排除妨碍、消除危险请求权的权利人能够获得足够的保护。

二、不动产物权和登记的动产物权的权利人请求返还财产

就登记效力采生效要件主义的不动产物权，如不动产所有权、建设用地使用权等而言，权利人享有的返还原物请求权不应适用诉讼时效制度。原因在于，只要登记簿上仍然显示不动产的权属状况，就会排除向不特定第三人呈现权利不存在状态的可能。不特定第三人仅仅基于加害人对于不动产的占有就相信加害人无须向任何人负担返还财产的义务缺乏正当依据，因此不存在保护不特定第三人信赖利益的必要。可见诉讼时效制度的核心功能对于此种类型的请求权不存在发挥作用的可能性。

就登记效力采对抗要件主义的不动产物权，如土地承包经营权、地役权而言，登记簿记载的权利人所享有的返还财产请求权，也不应适用诉讼时效制度。因为登记对抗要件主义之下，法律保护交易关系中善意第三人对登记所公示的权利状态产生的消极信赖。这就意味着凡是登记簿上没有显示的权利变动，善意第三人可以相信从未发生过权利变动。但任何人不得因民事主体对不动产的占有就相信该民事主体对不动产享有土地承包经营权或地役权等。因此，不特定第三人相信占有不动产的民事主体无须向任何人负担返还财产的义务，缺乏依据和理由，不存在保护不特定第三人信赖利益的问题。

就船舶、航空器和机动车等动产而言，这些动产的物权变动方式采登记对抗要件主义，只有经过登记的物权变动才具有对抗善意第三人的效力，未经登记，不得对抗善意第三人。登记簿上的船舶、航空器以及机动车的所有权人享有的返还财产请求权，之所以不适用诉讼时效制度，原因在于，在登记对抗要件主义之下，法律保护交易关系中善意第三人对登记所公示的权利状态产生的消极信赖。

存在较大争议的是，动产返还原物请求权、未登记的不动产物权返还原物请求权是否适用诉讼时效。《民法总则》第196条第1项和第2项对此似乎采纳了肯定说，即返还原物罹于诉讼时效，因此，动产和未登记不动产的返还原物物权请求权均适用诉讼时效。① 当然，返还原物请求权适用诉讼时效不代表不对物权进行保护。因为如果返还原物请求权的诉讼时效过短，那么作为返还原物请求权原权的物权在权利实现上可能会存在疑问，物权可能会沦为"不完全权利"。

三、请求支付赡养费、抚养费或者扶养费的权利

这三种类型的请求权属于债权请求权，具有浓重的财产色彩，本来满足诉讼时效制度的适用条件，但其并不适用于诉讼时效制度，其原因在于，权利人一般是年幼、年老或其他缺乏劳动能力的人，抚养费、扶养费、赡养费是这些人生活的来源，这涉及人的基本生存问题，如果因为时效届满而无法得到法律支持的话，有违社会道德。

这种基于身份关系产生的请求权，对应的法定义务具有较高的道德性。比如在婚姻关系存续期间，夫妻分居后，妻子独自抚养孩子的，得向丈夫主张抚养费，这一请求权不罹于诉讼时效；同样的，夫妻离婚后，妻子独自抚养孩子的，针对丈夫的抚养费请求权也不罹于诉讼时效。

确认请求支付赡养费、抚养费以及扶养费的权利不适用诉讼时效制度，说明我国民法典的编纂高度重视家庭关系在民法典中的地位，以及"家"在社会秩序组织中的独特功能。家庭是人最为基本的存在形式，是家庭成员彼此协同合作、容忍尊重的生活单元，是每个人的存在之根，对中国人具有异乎寻常的意义和价值。民法典所有的规则设计都应是服务于提升家庭的凝聚力，而非鼓励利字当头、锱铢必较，造成家庭分崩离析。确认请求支付赡养费、抚养费以及扶养费的权利不适用诉讼时效制度，就是这一价值判断的具体体现。

四、不适用诉讼时效的其他请求权

根据《最高人民法院关于审理民事案件适用诉讼时效制度若干问题的规定》第1条，以下几种请求权是不适用诉讼时效的：

1. 支付存款本金及利息请求权。居民存款的目的是将钱款进行储备，以备以后使用，并不一定在短期内行使这种债权。相对于银行而言，储户属于弱者，基于对储户特殊保护的要求，不应将支付存款本金及利息请求权纳入诉讼时效的适用范围。

2. 兑付国债、金融债券以及向不特定对象发行的企业债券本息请求权。

---

① 参见《德国民法典》第197条、第901~902条。

国债是国家为筹措资金而向投资者出具的,承诺在一定的时期内按期支付利息和到期归还本金的借款凭证;金融债券,是指银行及非银行金融机构依照法定程序发行并约定在一定期限内还本付息的有价证券;企业债券通常又称为公司债券,是企业依照法定程序发行,约定在一定期限内还本付息的债券。为了保护投资者的利益,对于其国债、金融债券以及向不特定对象发行的企业债券的本息请求权给予特别保护,不应当适用诉讼时效制度。

3. 基于投资关系产生的缴付出资请求权。和投资关系与储蓄关系一样,基于投资关系产生的缴付出资请求权形成的都是继续性的法律关系,只要这种关系存续,其派生的请求权也因之存续,不应受时效限制。①

"依法不适用诉讼时效的其他请求权"还包括消除影响、恢复名誉以及赔礼道歉。这些请求权事关人身权益的保障,即使请求权人长期不行使权力,也不存在不特定第三人对义务人的财产状态和经济实力产生错误判断的问题,因此这些类型的请求权没有适用诉讼时效制度的正当性,另一方面,不适用诉讼时效制度,也更能体现对人身权益的高度尊重,符合民法典应当重视人文关怀的价值取向。②

——王利明主编:《〈中华人民共和国民法总则〉条文释义》,人民法院出版社 2017 年版。

【相关文献】

朱晓喆:《诉讼时效制度的立法评论》,载《东方法学》2016 年第 5 期。

【相关案例】

1. 请求分割遗产不适用诉讼时效

——罗芙蓉、罗福玉诉王昌雅等法定继承纠纷案

案例要旨: 继承开始后,在继承人均未表示放弃继承且遗产也未进行分割的情况下,不存在继承人权利被侵犯的问题,遗产归全体继承人共有,任何共有人随时都可以提出分割共有物的请求,该权利实质为形成权而非请求权,不适用诉讼时效的规定。

案号:(2009)锦江民初字第 3298 号

审理法院: 四川省成都市锦江区人民法院

来源:《人民法院案例选》2011 年第 2 辑(总第 76 辑)

---

① 参见王利明:《民法总论》,中国人民大学出版社 2015 年版,第 342~343 页。
② 王轶:《民法总则之期间立法研究》,载《法学家》2016 年第 5 期。

2. 房屋买受人请求出卖人为其办理权属转移登记不适用诉讼时效的规定

——深圳发展银行股份有限公司诉深圳市国泰联合广场投资有限公司房屋登记纠纷案

案例要旨： 在房屋买卖合同中，房屋交付后，买受人请求出卖人办理权属转移登记，该项请求权具有物权性质，不适用诉讼时效的规定。

案号：（2007）粤高法民一终字第278号

审理法院： 广东省高级人民法院

来源：《人民司法·案例》2009年第18期

3. 离婚后财产纠纷中，请求分割具有物权属性的共有物，不适用诉讼时效制度

——吴桂林诉鲁良山分割夫妻共同财产纠纷案

案例要旨： 离婚时双方未就夫妻关系存续期间购买的公司股票进行分割，离婚后一方持有股票并经过数次转化和投资，最终股票大幅增值，另一方发现并起诉分割股票收益的，基本原则是将股票
的原始价值及产生的自然增值、孳息认定为共同财产，这涉及分割节点的选择与自然增值、孳息、投资性收益等概念的辨析，并根据分割节点相应地调整财产范围。同时，若请求分割具有物权属性的共有物，则不适用诉讼时效制度。

案号：（2013）常民一终字第102号

审理法院： 湖南省常德市中级人民法院

来源：《人民司法·案例》2014年第18期

4. 基于债券公开发行认购民事法律关系产生的债券兑付请求权不适用诉讼时效

——中国建银投资有限责任公司诉江西省投资集团公司证券包销协议纠纷案

案例要旨： 根据2008最高人民法院《关于审理民事案件适用诉讼时效制度若干问题的规定》第一条的规定，当事人可以对债权请求权提出诉讼时效抗辩，但对于兑付国债、金融债券以及向不特
定对象发行的企业债券本息请求权提出诉讼时效抗辩的，人民法院不予支持。债券兑付请求权是基于债券发行和认购而产生的法律关系，其具有自身的特殊性。发行人在债券到期后应足额向债券持有人兑付债券本息，若债券持有人在兑付期限内未主动进行兑付，发行人可以将应兑付的债券本息进行提存，未提存的视为发行人持续占有和使用债券持有人的资本金，对此法院应认定

为事实的持续发生，不能适用诉讼时效。所以，无论是在最高人民法院的上述规定出台后还是出台前，基于债券公开发行认购民事法律关系产生的债券兑付请求权都不适用诉讼时效。

案号：（2006）民二终字第 224 号

审理法院：最高人民法院

来源：《人民法院案例选》2009 年第 3 辑（总第 69 辑）

第一百九十七条 诉讼时效法定性及时效利益不得预先放弃

诉讼时效的期间、计算方法以及中止、中断的事由由法律规定，当事人约定无效。

当事人对诉讼时效利益的预先放弃无效。

【相关规定】

《最高人民法院关于审理民事案件适用诉讼时效制度若干问题的规定》

第二条 当事人违反法律规定，约定延长或者缩短诉讼时效期间、预先放弃诉讼时效利益的，人民法院不予认可。

【相关观点】

一、当事人不得约定诉讼时效期间

诉讼时效制度虽属私法制度，但由于该制度的立法目的在于保护社会公益，维护社会交易秩序、平衡权利人与义务人利益，因此，关于诉讼时效的规定应为强行性规定，不允许当事人自由变更诉讼时效期间。如果当事人协议延长诉讼时效期间，在对债务人不利，将危及现在及将来的在债务人周围形成的财产秩序，有害于公益，因为潜在的第三人并不知晓也不可能知晓延长时效事宜而合理地信赖债务人的财产状况。而且，不利于督促权利人积极行使权利。如果允许当事人协议缩短诉讼时效期间，则过于督促权利人行使权利，对权利人的权利保护不利。

二、当事人不得预先放弃诉讼时效利益

法律之所以赋予诉讼时效规定强行法的效力，是因为诉讼时效制度的设定本意在于保障一种"秩序"。如果允许当事人预先抛弃时效利益，则因在订立合同之初、义务人处于弱势地位，则可能出现权利人利用其强势地位强迫义务人放弃其诉讼时效利益、损害义务人权利问题的发生。而且，允许当事人预先放弃时效，无异于允许权利人无限期地怠于主张权利，不利于维护稳定的市场交易秩序，背离了诉讼时效制度的设定宗旨。

应注意正确把握"预先放弃"的涵义。所谓"预先放弃"，是指权利人对尚未取得的诉讼时效利益进行放弃，详言之，在合同订立之时，诉讼时效期间尚未起算、义务人尚未取得诉讼时效利益，义务人就对之后产生的诉讼时效利益进行放弃的，为预先放弃诉讼时效利益。在司法实务中，诉讼时效

利益的预先放弃的表现形式多样：如义务人在合同履行期限届满之前即在债权人的空白催收通知单上加盖公章，默许债权人填写催收日期，以使请求权未过诉讼时效期间；在订立合同之初即承诺不进行诉讼时效抗辩等。

应注意正确理解当事人约定变更履行期限是否属于变相延长或者缩短诉讼时效期间问题。履行期限是当事人约定的履行合同义务的期限。换言之，履行期限是权利人的权利能够通过义务人履行的方式得以实现的合理预期。而诉讼时效期间是法院保护权利人请求权的期间，其是请求权能否得到法院保护的合理预期。无论履行期限如何变更，均不能导致普通诉讼时效期间或者特殊诉讼时效期间这一法定期间的变更，只不过由于基于诉讼时效期间起算点以及诉讼时效期间中断的规定，变更履行期限可导致诉讼时效期间较之未变更履行期限之前而被延长或者缩短的，但这并不属于所禁止的诉讼时效期间的变更。详言之，所禁止的不允许当事人约定诉讼时效期间是指不允许当事人直接约定将普通诉讼时效期间的二年或者特殊诉讼时效期间的一年变更为三年或者半年。如当事人约定合同的履行期限为2007年5月5日，则由于义务人在2007年5月5日未履行合同义务，则按照两年普通诉讼时效期间的规定，其诉讼时效期间期满日为2009年的5月6日。但当事人约定，诉讼时效期间届满日为2010年的5月6日。该约定属于违反诉讼时效法定性的约定。但如果当事人原约定合同的履行期限为2007年5月5日，后在履行期限届满前将履行期限变更为2008年5月5日，则因义务人在2008年5月5日履行期限届满时未履行合同义务，诉讼时效期间应从2008年5月6日开始起算，依据两年普通诉讼时效期间的规定，其诉讼时效期间届满为2010年的5月6日。从表面上分析，由于履行期限的变更，诉讼时效期间延长了一年，但这是由于诉讼时效起算点的合法变更而进行的合法延长，并不属于我们这里所禁止的当事人协议将法定的诉讼时效期间进行延长。

当事人不能预先抛弃诉讼时效利益，并非意味着时效利益不能事后放弃。如关于诉讼时效抗辩权的放弃与义务人的自愿履行的情形。

三、当事人关于诉讼时效计算方法以及中断、中止事由的约定无效

诉讼时效中断、中止制度均属法定的诉讼时效障碍制度，法律规定了法定的诉讼时效中断、中止事由。诉讼时效的计算方法要依法确定，当事人自由约定无效。关于诉讼时效期间从何时起算，必须依据《民法总则》第188条的规定进行。诉讼时效中止事由应按照《民法总则》第194条的规定认定，当事人自由约定无效。《民法总则》第195条对诉讼时效中断的事由进行了规定，除该条规定的诉讼时效中断事由之外，当事人自由约定的诉讼时效中断事由无效。

——最高人民法院民事审判第二庭编著：《最高人民法院关于民事案件诉讼时效司法解释理解与适用》，人民法院出版社2008年版。

【相关案例】

当事人有关不适用诉讼时效的约定无效

——重庆益嘉物业经营管理有限公司与重庆渝庆旧城改造有限公司欠款纠纷申请再审案

案例要旨：当事人在协议中约定当事人之间不受诉讼时效制度约束的内容，即使是当事人真实意思的表示，也应因其违反法律的强制性规定而无效。

案号：（2008）民申字第593号

审理法院：最高人民法院

来源：《立案工作指导》2009年第2辑（总第21辑）

第一百九十八条　仲裁时效

法律对仲裁时效有规定的，依照其规定；没有规定的，适用诉讼时效的规定。

【相关规定】

1. 《中华人民共和国仲裁法》

第七十四条　法律对仲裁时效有规定的，适用该规定。法律对仲裁时效没有规定的，适用诉讼时效的规定。

2. 《中华人民共和国劳动争议调解仲裁法》

第二十七条　劳动争议申请仲裁的时效期间为一年。仲裁时效期间从当事人知道或者应当知道其权利被侵害之日起计算。

前款规定的仲裁时效，因当事人一方向对方当事人主张权利，或者向有关部门请求权利救济，或者对方当事人同意履行义务而中断。从中断时起，仲裁时效期间重新计算。

因不可抗力或者有其他正当理由，当事人不能在本条第一款规定的仲裁时效期间申请仲裁的，仲裁时效中止。从中止时效的原因消除之日起，仲裁时效期间继续计算。

劳动关系存续期间因拖欠劳动报酬发生争议的，劳动者申请仲裁不受本条第一款规定的仲裁时效期间的限制；但是，劳动关系终止的，应当自劳动关系终止之日起一年内提出。

3. 《中华人民共和国合同法》

第一百二十九条　因国际货物买卖合同和技术进出口合同争议提起诉讼或者申请仲裁的期限为四年，自当事人知道或者应当知道其权利受到侵害之日起计算。因其他合同争议提起诉讼或者申请仲裁的期限，依照有关法律的规定。

4. 《最高人民法院关于人事争议申请仲裁的时效期间如何计算的批复》

四川省高级人民法院：

你院《关于事业单位人事争议仲裁时效如何计算的请示》（川高法〔2012〕430号）收悉。经研究，批复如下：

依据《中华人民共和国劳动争议调解仲裁法》第二十七条第一款、第五十二条的规定，当事人自知道或者应当知道其权利被侵害之日起一年内申请仲裁，仲裁机构予以受理的，人民法院应予认可。

5.《中华人民共和国农村土地承包经营纠纷调解仲裁法》

第十八条 农村土地承包经营纠纷申请仲裁的时效期间为二年，自当事人知道或者应当知道其权利被侵害之日起计算。

6.《农村土地承包经营纠纷仲裁规则》

第十一条 当事人申请农村土地承包经营纠纷仲裁的时效期间为二年，自当事人知道或者应当知道其权利被侵害之日起计算。

仲裁时效因申请调解、申请仲裁、当事人一方提出要求或者同意履行义务而中断。从中断时起，仲裁时效重新计算。

在仲裁时效期间的最后六个月内，因不可抗力或者其他事由，当事人不能申请仲裁的，仲裁时效中止。从中止时效的原因消除之日起，仲裁时效期间继续计算。

侵害农村土地承包经营权行为持续发生的，仲裁时效从侵权行为终了时计算。

【相关观点】

仲裁时效是指法律规定的允许当事人为维护自己的合法权益，向仲裁机构申请仲裁的法定期间。诉讼时效适用于诉讼程序，仲裁时效适用于仲裁程序，两者虽然是不同的法律制度，但仲裁时效与诉讼时效在本质上有共通之处，作为权利行使尤其是救济权行使期间的一种，都与当事人的实体权利密切相关。一般而言，仲裁时效与诉讼时效相一致，适用诉讼时效的规定；但如果特别法有关于仲裁时效的规定时，按照特别法优先于普通法的原则，在适用上应当优先适用仲裁时效的相关规定。仲裁时效与诉讼时效在具体方式和具体程序上亦可以互相借鉴。由于诉讼存在的时间长，其程序更为成熟和完备，因而仲裁时效没有规定的，可以借鉴适用诉讼时效。

——沈德咏主编：《〈中华人民共和国民法总则〉条文理解与适用》，人民法院出版社 2017 年版。

【相关案例】

1. 工作期间患有职业病，离职后发现的，从确诊之日起计算仲裁时效

——张厚俊诉红旗煤矿有限责任公司劳动争议案

案例要旨： 劳动争议仲裁时效应当从当事人知道或者应当知道其权利被侵害之日起计算。在工作期间患有职业病，离开用人单位后才发现的，应从确诊之日起开始计算仲裁时效。

案号：（2014）鄂宜昌中民三终字第 206 号

审理法院： 湖北省宜昌市中级人民法院
来源：《人民法院案例选》2015年第3辑（总第93辑）

2. 申请劳动仲裁的时效期间为一年
——江苏徐州中院判决王中美诉淮海公司劳动争议纠纷案

案例要旨： 双倍工资差额不属于劳动报酬，属于对用人单位的惩罚性赔偿。劳动争议申请仲裁的时效期间为一年，从当事人知道或者应当知道其权利被侵害之日起计算。

案号：（2011）徐民终字第893号
审理法院： 江苏省徐州市中级人民法院
来源：《人民法院报》2011年06月16日第6版

第一百九十九条　除斥期间不适用诉讼时效制度

法律规定或者当事人约定的撤销权、解除权等权利的存续期间，除法律另有规定外，自权利人知道或者应当知道权利产生之日起计算，不适用有关诉讼时效中止、中断和延长的规定。存续期间届满，撤销权、解除权等权利消灭。

【相关规定】

1.《最高人民法院关于审理民事案件适用诉讼时效制度若干问题的规定》

第七条　享有撤销权的当事人一方请求撤销合同的，应适用合同法第五十五条关于一年除斥期间的规定。对方当事人对撤销合同请求权提出诉讼时效抗辩的，人民法院不予支持。

合同被撤销，返还财产、赔偿损失请求权的诉讼时效期间从合同被撤销之日起计算。

2.《中华人民共和国合同法》

第四十七条　限制民事行为能力人订立的合同，经法定代理人追认后，该合同有效，但纯获利益的合同或者与其年龄、智力、精神健康状况相适应而订立的合同，不必经法定代理人追认。

相对人可以催告法定代理人在一个月内予以追认。法定代理人未作表示的，视为拒绝追认。合同被追认之前，善意相对人有撤销的权利。撤销应当以通知的方式作出。

第四十八条　行为人没有代理权、超越代理权或者代理权终止后以被代理人名义订立的合同，未经被代理人追认，对被代理人不发生效力，由行为人承担责任。

相对人可以催告被代理人在一个月内予以追认。被代理人未作表示的，视为拒绝追认。合同被追认之前，善意相对人有撤销的权利。撤销应当以通知的方式作出。

第五十五条　有下列情形之一的，撤销权消灭：

（一）具有撤销权的当事人自知道或者应当知道撤销事由之日起一年内没有行使撤销权；

（二）具有撤销权的当事人知道撤销事由后明确表示或者以自己的行为放弃撤销权。

第七十五条　撤销权自债权人知道或者应当知道撤销事由之日起一年内

行使。自债务人的行为发生之日起五年内没有行使撤销权的,该撤销权消灭。

第九十五条 法律规定或者当事人约定解除权行使期限,期限届满当事人不行使的,该权利消灭。

法律没有规定或者当事人没有约定解除权行使期限,经对方催告后在合理期限内不行使的,该权利消灭。

第一百零四条 债权人可以随时领取提存物,但债权人对债务人负有到期债务的,在债权人未履行债务或者提供担保之前,提存部门根据债务人的要求应当拒绝其领取提存物。

债权人领取提存物的权利,自提存之日起五年内不行使而消灭,提存物扣除提存费用后归国家所有。

第一百五十八条 当事人约定检验期间的,买受人应当在检验期间内将标的物的数量或者质量不符合约定的情形通知出卖人。买受人怠于通知的,视为标的物的数量或者质量符合约定。

当事人没有约定检验期间的,买受人应当在发现或者应当发现标的物的数量或者质量不符合约定的合理期间内通知出卖人。买受人在合理期间内未通知或者自标的物收到之日起两年内未通知出卖人的,视为标的物的数量或者质量符合约定,但对标的物有质量保证期的,适用质量保证期,不适用该两年的规定。

出卖人知道或者应当知道提供的标的物不符合约定的,买受人不受前两款规定的通知时间的限制

第一百九十二条 受赠人有下列情形之一的,赠与人可以撤销赠与:

(一)严重侵害赠与人或者赠与人的近亲属;

(二)对赠与人有扶养义务而不履行;

(三)不履行赠与合同约定的义务。

赠与人的撤销权,自知道或者应当知道撤销原因之日起一年内行使。

第一百九十三条 因受赠人的违法行为致使赠与人死亡或者丧失民事行为能力的,赠与人的继承人或者法定代理人可以撤销赠与。

赠与人的继承人或者法定代理人的撤销权,自知道或者应当知道撤销原因之日起六个月内行使。

3.《最高人民法院关于适用〈中华人民共和国合同法〉若干问题的解释(一)》

第八条 合同法第五十五条规定的"一年"、第七十五条和第一百零四条第二款规定的"五年"为不变期间,不适用诉讼时效中止、中断或者延长的规定。

4.《中华人民共和国物权法》

第二百四十五条 占有的不动产或者动产被侵占的,占有人有权请求返

还原物；对妨害占有的行为，占有人有权请求排除妨害或者消除危险；因侵占或者妨害造成损害的，占有人有权请求损害赔偿。

占有人返还原物的请求权，自侵占发生之日起一年内未行使的，该请求权消灭。

5.《中华人民共和国继承法》

第二十五条 继承开始后，继承人放弃继承的，应当在遗产处理前，作出放弃继承的表示。没有表示的，视为接受继承。

受遗赠人应当在知道受遗赠后两个月内，作出接受或者放弃受遗赠的表示。到期没有表示的，视为放弃受遗赠。

6.《中华人民共和国海商法》

第二十九条 船舶优先权，除本法第二十六条规定的外，因下列原因之一而消灭：

（一）具有船舶优先权的海事请求，自优先权产生之日起满一年不行使；

（二）船舶经法院强制出售；

（三）船舶灭失。

前款第（一）项的一年期限，不得中止或者中断。

7.《最高人民法院关于适用〈中华人民共和国物权法〉若干问题的解释（一）》

第十一条 优先购买权的行使期间，按份共有人之间有约定的，按照约定处理；没有约定或者约定不明的，按照下列情形确定：

（一）转让人向其他按份共有人发出的包含同等条件内容的通知中载明行使期间的，以该期间为准；

（二）通知中未载明行使期间，或者载明的期间短于通知送达之日起十五日的，为十五日；

（三）转让人未通知的，为其他按份共有人知道或者应当知道最终确定的同等条件之日起十五日；

（四）转让人未通知，且无法确定其他按份共有人知道或者应当知道最终确定的同等条件的，为共有份额权属转移之日起六个月。

第十二条 按份共有人向共有人之外的人转让其份额，其他按份共有人根据法律、司法解释规定，请求按照同等条件购买该共有份额的，应予支持。其他按份共有人的请求具有下列情形之一的，不予支持：

（一）未在本解释第十一条规定的期间内主张优先购买，或者虽主张优先购买，但提出减少转让价款、增加转让人负担等实质性变更要求；

（二）以其优先购买权受到侵害为由，仅请求撤销共有份额转让合同或者认定该合同无效。

8.《最高人民法院关于审理建筑物区分所有权纠纷案件具体应用法律若干问题的解释》

第十二条 业主以业主大会或者业主委员会作出的决定侵害其合法权益或者违反了法律规定的程序为由，依据物权法第七十八条第二款的规定请求人民法院撤销该决定的，应当在知道或者应当知道业主大会或者业主委员会作出决定之日起一年内行使。

9.《中华人民共和国保险法》

第十六条 订立保险合同，保险人就保险标的或者被保险人的有关情况提出询问的，投保人应当如实告知。

投保人故意或者因重大过失未履行前款规定的如实告知义务，足以影响保险人决定是否同意承保或者提高保险费率的，保险人有权解除合同。

前款规定的合同解除权，自保险人知道有解除事由之日起，超过三十日不行使而消灭。自合同成立之日起超过二年的，保险人不得解除合同；发生保险事故的，保险人应当承担赔偿或者给付保险金的责任。

投保人故意不履行如实告知义务的，保险人对于合同解除前发生的保险事故，不承担赔偿或者给付保险金的责任，并不退还保险费。

投保人因重大过失未履行如实告知义务，对保险事故的发生有严重影响的，保险人对于合同解除前发生的保险事故，不承担赔偿或者给付保险金的责任，但应当退还保险费。

保险人在合同订立时已经知道投保人未如实告知的情况的，保险人不得解除合同；发生保险事故的，保险人应当承担赔偿或者给付保险金的责任。

保险事故是指保险合同约定的保险责任范围内的事故。

10.《最高人民法院关于适用〈中华人民共和国婚姻法〉若干问题的解释（二）》

第九条 男女双方协议离婚后一年内就财产分割问题反悔，请求变更或者撤销财产分割协议的，人民法院应当受理。

人民法院审理后，未发现订立财产分割协议时存在欺诈、胁迫等情形的，应当依法驳回当事人的诉讼请求。

11.《中华人民共和国产品质量法》

第四十五条 因产品存在缺陷造成损害要求赔偿的诉讼时效期间为二年，自当事人知道或者应当知道其权益受到损害时起计算。

因产品存在缺陷造成损害要求赔偿的请求权，在造成损害的缺陷产品交付最初消费者满十年丧失；但是，尚未超过明示的安全使用期的除外。

12.《中华人民共和国婚姻法》

第十一条 因胁迫结婚的，受胁迫的一方可以向婚姻登记机关或人民法院请求撤销该婚姻。受胁迫的一方撤销婚姻的请求，应当自结婚登记之日起一年内提出。被非法限制人身自由的当事人请求撤销婚姻的，应当自恢复人身自由之日起一年内提出。

13.《最高人民法院关于贯彻执行〈中华人民共和国民法通则〉若干问题的意见（试行）》

第七十三条 对于重大误解或者显失公平的民事行为，当事人请求变更的，人民法院应当予以变更；当事人请求撤销的，人民法院可以酌情予以变更或者撤销。

可变更或者可撤销的民事行为，自行为成立时起超过一年当事人才请求变更或撤销的，人民法院不予保护。

14.《最高人民法院关于审理商品房买卖合同纠纷案件适用法律若干问题的解释》

第十五条 根据《合同法》第九十四条的规定，出卖人迟延交付房屋或者买受人迟延支付购房款，经催告后在三个月的合理期限内仍未履行，当事人一方请求解除合同的，应予支持，但当事人另有约定的除外。

法律没有规定或者当事人没有约定，经对方当事人催告后，解除权行使的合理期限为三个月。对方当事人没有催告的，解除权应当在解除权发生之日起一年内行使；逾期不行使的，解除权消灭。

【相关观点】

一、撤销合同请求权为形成权、不适用诉讼时效的规定，但适用除斥期间的规定

撤销合同请求权（也有观点将其直接称为合同撤销权）虽名义上称为请求权，但其本质为实体法上的形成权。形成权应受除斥期间的约束而非诉讼时效的约束。

由于撤销权的存在，使得在双方当事人之间所确立的合同关系一直处于"或存续或消灭"的不确定状态。可撤销合同主要关涉当事人利益的保护问题，不影响国家利益和社会公共利益，为了限制或缩短这种"不确定状态"的存在时间，合同法为其设定了权利存续期间制度，学术上称之为"除斥期间"，我国《合同法》第55条规定："具有撤销权的当事人自知道或者应当知道撤销事由之日起一年内没有行使合同撤销请求权，该期间经过，其权利消灭。"上述"一年时间"为除斥期间。自权利人"知道或者应当知道"时起算。"除斥期间"不适用有关诉讼时效"中止""中断"及"延长"的

规定。

——最高人民法院民事审判第二庭编著:《最高人民法院关于民事案件诉讼时效司法解释理解与适用》,人民法院出版社2008年版。

二、诉讼时效与除斥期间的区别

除斥期间,指法律对某种权利所规定的存续期间。比如我国《合同法》第55条规定,具有撤销权的当事人自知道或者应当知道撤销事由之日起1年内没有行使撤销权的,撤销权消灭。这种规定不是时效的规定,而是除斥期间的规定。

为了早日结束某些法律关系的不确定状态,各国民事立法在民事时效期间之外,还另订除斥期间。就除斥期间的及时确定法律关系这一目的来说,它和诉讼时效(或消灭时效)是相同的。但是,二者有以下不同:(1)法律后果不同。除斥期间既然是权利预定存在的期间,因此,除斥期间届满的法律后果是使该项实体权利消灭。这与诉讼时效期间届满并非消灭实体权利的法律后果不同。(2)适用条件不同。既然除斥期间届满发生实体权利消灭的后果,因此,法院可依职权主动适用有关规定,而无需当事人提出主张,但诉讼时效的完成,实体权利未消灭,债务人自愿履行者亦受法律保护,因此,非依义务人主张,法院不得主动适用。(3)期间不同。二者除期间的起算时间不同外,除斥期间一般为不变期间,除个别国家有特殊规定外,一般不因任何事由而中止、中断或延长。诉讼时效期长则适用中止、中断或延长的规定。(4)法条书写方式不同。正由于除斥期间与诉讼时效有相似之处,所以,各国关于时效的立法多在条文中明示"时效"。如某项请求权时效因多年不行使而消灭的规定时,即指诉讼时效;如仅规定权利存在期间的,则为除斥期间。二者的区别,可从法条文字中看出来。

——唐德华、高圣平主编:《民法通则及配套规定新释新解(上、中、下)》,人民法院出版社2003年版。

【相关案例】

1. 国有企业集团与所属关联公司各自为独立企业法人,不能推定企业集团知道其所属关联公司放弃到期债权,其行使撤销权未超过法定一年除斥期间

——青岛市城阳区物资集团总公司与山东华港房地产开发有限公司、青岛市城阳物资贸易中心撤销权纠纷再审案

案例要旨:企业集团是对关联企业的一种描述,本质上是企业联合体,或者说,企业集团,是指在统一管理之下,由法律上独立的若干企业或公司联合组成的团体。由于企业集团该种法律地位,

决定了其不具有国有资产监督管理的职能。在我国，国有资产监督管理机构履行对国有企业资产监督管理的职能。因此，人民法院审理涉及国有企业集团与关联公司，关联公司与第三人的相关纠纷案件，不能简单以国有企业集团与所属关联公司的隶属关系，认定关联公司负有向国有企业集团申报重大资产处置事项的义务。因此，不能推定企业集团知道其所属关联公司放弃到期债权，其行使撤销权未超过法定一年除斥期间。

案号：（2011）民提定第 25 号

审理法院： 最高人民法院

来源：《民事审判指导与参考》2011 年第 3 辑（总第 47 辑）

2. 房屋买卖合同解除权的行使期限应在结合案情所确定的合理期限内行使

——天津市滨海商贸大世界有限公司与天津市天益工贸有限公司、王锡锋财产权属纠纷申请再审案

案例要旨： 最高人民法院《关于审理商品房买卖合同纠纷案件适用法律若干问题的解释》第十五条关于解除权行使期限的规定仅适用于该解释所称的商品房买卖合同纠纷案件。对于其他房屋买卖合同解除权的行使期限，法律没有规定或者当事人没有约定的，应当根据《中华人民共和国合同法》九十五条的规定，在合理期限内行使。何为"合理期限"，由人民法院结合具体案情予以认定。

案号：（2012）民再申字第 310 号

审理法院： 最高人民法院

来源：《最高人民法院公报》2013 年第 10 期（总第 204 期）

3. 股东对于公司新增资本的优先认缴权要在合理期间内行使

——绵阳市红日实业有限公司、蒋洋诉绵阳高新区科创实业有限公司股东会决议效力及公司增资纠纷案

案例要旨： 根据《中华人民共和国公司法》第三十五条的规定，公司新增资本时，股东有权优先按照实缴的出资比例认缴出资。从权利性质上来看，股东对于新增资本的优先认缴权应属形成权。现行法律并未明确规定该项权利的行使期限，但从维护交易安全和稳定经济秩序的角度出发，结合商事行为的规则和特点，人民法院在处理相关案件时应限定该项权利行使的合理期间，对于超出合理期间行使优先认缴权的主张不予支持。

案号：（2010）民提字第 48 号

审理法院： 最高人民法院

来源：《最高人民法院公报》2011 年第 3 期（总第 173 期）

4. 解除权人要求相对方继续履行合同应视为放弃解除权

——国泰世华商业银行股份有限公司诉盈达电子商务软件系统（上海）有限公司买卖合同纠纷案

案例要旨：在合同约定的解除条件成就后，解除权人应当就解除合同还是继续履行合同择其一行使。若解除权人又要求相对方继续履行合同的，应视为其以自己的行为放弃解除权，该解除权消灭。

案号：（2010）沪一中民四（商）终字第1509号

审理法院：上海市第一中级人民法院

来源：《人民法院案例选》2011年第4辑（总第78辑）

5. 出租人未履行告知义务的，自出卖人出卖房屋届满1年的，承租人优先购买权亦应归于消灭

——刘绪国诉万战、第三人李冬梅承租人优先购买权纠纷案

案例要旨：承租人优先购买权是一种法定缔约优先购买的请求权。承租人的优先购买权须在合理期限内行使，充分考虑承租人居住安全利益、出租人稳定财产占有关系以及善意第三人交易安全保护三者之间的价值衡量原则。在接到出租人履行通知义务后15日内，承租人未行使优先购买权的，视为放弃优先购买权。审判实践中，出租人未履行告知义务的，自出卖人出卖房屋届满1年的，承租人优先购买权亦应归于消灭。

案号：（2010）一中民终字第20855号

审理法院：北京市第一中级人民法院

来源：《人民法院案例选》2012年第4辑（总第82辑）

第十章 期间计算

第二百条 期间的计算单位

民法所称的期间按照公历年、月、日、小时计算。

【新旧法条对比】

《中华人民共和国民法通则》

第一百五十四条 民法所称的期间按照公历年、月、日、小时计算。

规定按照小时计算期间的,从规定时开始计算。规定按照日、月、年计算期间的,开始的当天不算入,从下一天开始计算。

期间的最后一天是星期日或者其他法定休假日的,以休假日的次日为期间的最后一天。

期间的最后一天的截止时间为二十四点。有业务时间的,到停止业务活动的时间截止。

【相关观点】

法律关系是人为的拟制,创设法律关系的意图是法律行为重要的隐含构成要件,尤其是在没有对价制度的法域。它要求法律行为必须具有"法律意义",目的在于界定法律介入社会生活的限度,排除对家族、社交等行为的法律调整。法律关系存在于时间结构之中,因此必须通过一定的手段将时间固定下来,否则法律关系便会无所依存、无法量度,所以必须确定度量时间的单位。期间是一段被界定的、确定或至少可以被确定的时间。期日是一个特定的时刻,在这一时刻将发生某个事实或产生某种法律后果。编纂民法典,既要适应当年经济社会发展的客观要求,也要尊重民事立法的历史延续性。对于实路证明正确、可行的,应当予以继承,以维护法律的稳定性。本条延续民法通则的相关规定,继续使用公历年、月、日、小时作为计算期间的基本单位。

——沈德咏主编:《〈中华人民共和国民法总则〉条文理解与适用》,人民法院出版社2017年版。

第二百零一条　期间起算

按照年、月、日计算期间的，开始的当日不计入，自下一日开始计算。

按照小时计算期间的，自法律规定或者当事人约定的时间开始计算。

【新旧法条对比】

《中华人民共和国民法通则》

第一百五十四条　民法所称的期间按照公历年、月、日、小时计算。

规定按照小时计算期间的，从规定时开始计算。规定按照日、月、年计算期间的，开始的当天不算入，从下一天开始计算。

期间的最后一天是星期日或者其他法定休假日的，以休假日的次日为期间的最后一天。

期间的最后一天的截止时间为二十四点。有业务时间的，到停止业务活动的时间截止。

第二百零二条、第二百零三条　期间截止日的计算方法及特殊规定

第二百零二条　按照年、月计算期间的，到期月的对应日为期间的最后一日；没有对应日的，月末日为期间的最后一日。

第二百零三条　期间的最后一日是法定休假日的，以法定休假日结束的次日为期间的最后一日。

期间的最后一日的截止时间为二十四时；有业务时间的，停止业务活动的时间为截止时间。

【新旧法条对比】

《中华人民共和国民法通则》

第一百五十四条　民法所称的期间按照公历年、月、日、小时计算。

规定按照小时计算期间的，从规定时开始计算。规定按照日、月、年计算期间的，开始的当天不算入，从下一天开始计算。

期间的最后一天是星期日或者其他法定休假日的，以休假日的次日为期间的最后一天。

期间的最后一天的截止时间为二十四点。有业务时间的，到停止业务活动的时间截止。

【相关规定】

《最高人民法院关于贯彻执行〈中华人民共和国民法通则〉若干问题的意见（试行）》

第一百九十八条　当事人约定的期间不是以月、年第一天起算的，一个月为三十日，一年为三百六十五日。

期间的最后一天是星期日或者其他法定休假日，而星期日或者其他法定休假日有变通的，以实际休假日的次日为期间的最后一天。

第二百零四条 期间可以法定或约定

期间的计算方法依照本法的规定,但是法律另有规定或者当事人另有约定的除外。

【相关规定】

《最高人民法院关于贯彻执行〈中华人民共和国民法通则〉若干问题的意见(试行)》

第一百九十九条 按照日、月、年计算期间,当事人对起算时间有约定的,按约定办。

第十一章 附 则

第二百零五条 法律术语的含义

民法所称的"以上""以下""以内""届满",包括本数;所称的"不满""超过""以外",不包括本数。

【新旧法条对比】

《中华人民共和国民法通则》

第一百五十五条 民法所称的"以上""以下""以内""届满",包括本数;所称的"不满""以外",不包括本数。

【相关案例】

当事人合同约定的某期日之前履行应包括该期日当天履行,因此当事人履行了合同付款义务,不构成逾期违约

——魏利生与李云龙股权转让纠纷上诉案

案例要旨:对于期限的计算,对于"以前"是否包括本数,民事法律和司法解释没有明文规定。从民事判决通常所确定的履行期限的解释来看,在某期日前履行也包括在该期日当天履行。当事人该日期当天将转账支票交付银行的行为,即为履行付款义务,不构成逾期违约。

案号:(2005)民一终字第39号

审理法院:最高人民法院

来源:《民事审判指导与参考》2006年第3辑(总第27辑)

第二百零六条 生效施行时间

本法自 2017 年 10 月 1 日起施行。

附　录

参考图书推荐

1.《〈中华人民共和国民法总则〉条文理解与适用》(上下)

主编：沈德咏

出版社：人民法院出版社2017年5月出版

内容简介：本书由最高人民法院沈德咏常务副院长主编，最高人民法院各民事审判庭、研究室参与民法总则起草、研究工作的法官联合撰写，全书采用"条文对照+条文主旨+条文理解+审判实务"四段式结构，对民法总则各个条文在审判实践中的适用进行了深入的阐述，是民法总则实务类图书的精品力作，是学习、研究和适用民法总则权威参考指导用书。

2.《〈中华人民共和国民法总则〉条文释义》

主编：王利明

出版社：人民法院出版社2017年5月出版

内容简介：本书由民法学界泰斗王利明教授主编，准确解释民法总则法律条文含义，同时注重介绍相关立法背景、制定过程中讨论的情况以及相关的法学理论观点、新制度设计等。本书在深入探究理论的基础上，依据民法总则的相关条文，对司法实务适用中应当注意的重点、难点问题作出权威的点评，实现先进法学理念与现实司法适用的科学结合。

3.《〈中华人民共和国民法总则〉释解与适用》

主编：贾东明

出版社：人民法院出版社2017年4月出版

内容简介：本书由全国人大法工委《民法总则》相关起草者对其条文进行全面、深入、精心阐释。书中立足民事司法实践，从立法角度对《民法总则》条文逐一进行了权威、精准、详细的解读，深入阐释条文背后的立法宗旨、价值考量。同时，区别于其他同类书籍一般只对条文进行单纯释义的做法，本书专门就法律适用的标准、司法解释的范围作出特别说明，凸显其对司法实践的指导性与实务操作性。

本书是帮助广大民事法律工作者学习《民法总则》的精神和内容、掌握立法宗旨、准确理解和适用条文的培训用书和办案实务用书。

4.《民法总则与民法通则条文对照表》

编著：杜涛

出版社：人民法院出版社 2017 年 3 月出版

内容简介：本书用简单直观的表格形式，对《民法总则》与《民法通则》的条文一一进行对照编排，尤其为方便读者查阅对比，快速掌握条文变化之处，特在字体等细节上有所区别，以帮助读者更准确适用《民法总则》。此外本书还收录全国人大法工委对《民法总则》起草情况的解读文章。

5. 《中华人民共和国民法总则释义》

主编：李适时；**副主编**：张荣顺
出版社：法律出版社 2017 年 4 月出版
内容简介：本书由全国人大常委会法工委主任李适时主编、副主任张荣顺副主编，人大法工委民法室组织编写，根据《中华人民共和国民法总则》撰写释义，详细讲解我国民事法律制度的相关问题，并附有该法草案、历次审议报告等立法资料，是国家立法机关法律释义的标准、权威文本。

6.《中华人民共和国民法总则要义与案例解读》

主编：杨立新
出版社：中国法制出版社2017年3月出版
内容简介：本书分为上下两篇。上篇为"《民法总则》总体说明"，作者结合自己多年研究及参与立法的情况，对民法总则的立法背景、过程，其在我国民法典中的地位及其通过的重大意义，民法总则的基本框架和主要内容等进行总体性说明。下篇为"《民法总则》逐条释义"，从立法背景和目的、条文含义、适用要点、法理基础等方面对民法总则逐条进行深入解读。同时，选取司法实践中的200余个经典案例附于相关法条之下，结合民法总则及相关法律规范进行点评分析，为民法总则条文的具体适用提供指导。此外，附有《关于〈中华人民共和国民法总则（草案）的说明〉——2017年3月8日在第十二届全国人民代表大会第五次会议上》和《民法总则与民法通则等相关条文对照表》。

7. 《〈民法总则〉条文理解与司法适用》

编著：中国审判理论研究会民商事专业委员会
出版社：法律出版社 2017 年 4 月出版
内容简介：本书由中国审判理论研究会民商事专业委员会编著，对《民法总则》的条文从立法背景、主要内容、注意事项、司法适用以及司法案例进行逐条解析，针对民商事审判中出现的问题，进行全面的阐述，具有较强的针对性和实践指导意义。

专家文章摘要

1. 《论民法典中民事权益受法律保护原则的立法设计》

作者：许中缘、王崇敏

来源：《河南财经政法大学学报》2012 年 3 期

摘要：民事权益受法律保护原则应该成为我国民法的基本原则。该原则具有理论存在的基础与独立的功能。该原则是民事立法所需要遵循的指导思想，也是司法适用的指导性原则。该原则如同其他民法基本原则一样，只有在穷尽其他原则的时候才能适用。我国未来民法典应该规定此原则。

2. 《民法基本原则司法适用问题研究》

作者：赵秀梅

来源：《法律适用》2014 年第 11 期

摘要：民法的基本原则具有指导民事立法和司法活动的功能。在司法实务中，有些案件直接援引民法的诚实信用、公平原则裁判案件。本文以实务中若干典型判决为基础，研究民法基本原则在司法适用过程中存在的问题：在有具体法律规定的情形下，直接适用民法公平原则裁判案件是否属于适用法律错误？直接适用民法基本原则原则裁判案件将会对法律的适用产生何种不利的影响？本文的研究期待能够解决上述问题，并对相关立法和司法实践的完善有所助益。

3. 《民法总则立法的若干理论问题》

作者：梁慧星

来源：《暨南学报（哲学社会科学版）》，2016 年第 1 期（总第 204 期）

摘要：2015 年 9 月 14—16 日法工委召开民法总则草案专家讨论会，讨论《民法总则草案（2015 年 8 月 28 日民法室室内稿）》。室内稿规定民法地域效力；用"法律行为"概念，代替民法通则中的"民事法律行为"；统一规定欺诈、胁迫的法律效果为可撤销；维持"重大误解"概念不变；规定法律行为一般有效要件；坚持现行合同法和物权法不承认物权行为独立性、无因性的立法思想，符合民法法理和我国社会现实，应予坚持。此外，建议将室内稿关于法律适用原则的规定合并为一个条文。建议保持民法通则第一百四十二条内容不变，纳入民法总则。建议删去室内稿第十条。建议沿袭民法通则的基本思路，采用"营利法人"与"非营利法人"的分类。建议以合同法第五十条为根据，明文规定对法定代表人代表权限制的规制。建议用"禁止性规定"取代"效力性强制规定"。建议增加关于虚伪表示与隐藏行为的规定。建议将室内稿乘人之危和显失公平两个条文加以合并，仍称显失公平。建议采纳广义的代理概念，规定间接代理。建议在总则编规定诉讼时效制度，普通诉讼时效期间为三年，长期时效期间为十年，另在物权编规定取得时效制度。诉讼时效期间的规定属于强行性规定，不得变更，建议增加关于未成年人受性侵害的请求权的特别规定。

4.《论习惯作为民法渊源》

作者： 王利明

来源：《法学杂志》2016 年第 11 期

摘要： 我国正在制定民法总则，我们有必要确认习惯是重要的民法渊源，这有利于丰富民法规则的内容，保持民法规则体系的开放性和有效实施。习惯要成为民法渊源，其应当具有长期性、恒定性、内心确信性以及具体行为规则属性，且不违反法律的强制性规定和公序良俗。在法律适用方面，习惯应当优先于民法的基本原则而适用，但其适用顺序应当在具体法律规则之后。

5.《民法总则中的法源及其类型》

作者： 姚辉、梁展欣

来源：《法律适用》2016 年第 7 期

摘要： 法源问题可以视作民法总则乃至全部民法问题的起点。我国民法的法源类型，应包括法律、国际条约、司法解释、习惯法和法理。其中，法律的范围，与立法法意义上的"法"不尽一致；国际条约理应被纳入到民法学视野之中；司法解释应相对独立于立法法意义上的"法"；习惯法不应与一般习惯混为一谈；法理作为法源，系基于对司法功能实现的方法论认知。从法的实现的角度来看，立法与司法应当是"合体"的。

6.《论习惯在民事司法中的运用》

作者： 钱炜江

来源：《法律适用》2016 年第 3 期

摘要： 研究习惯的适用问题应当一方面重视对于司法实际案例的研究，另一方面则应当重视法学方法的指导作用，将前述司法案例通过法学方法的思考加以理论化、系统化。具体而言，这种研究主要可以基于拉伦茨的对于法律解释与法律续造的区别加以分类认识。其中法律解释可以根据实际情况进一步区别为制定法指示适用习惯、作为制定法规范组成部分的习惯、对规范性概念与其他不确定概念的解释以及对于法律行为的解释等几种情况。而在法律续造中，则应当注意习惯究竟起主要作用还是辅助作用。

7.《习惯在司法过程中的适用——以厦门法院的司法调解与判决为分析样本》

作者： 陈国猛、黄鸣鹤

来源：《法律适用》2015 年第 11 期

摘要： 本文引用厦门地区法院司法实践的 4 个案例，说明在纠纷解决过程中，习惯对法律空白填补、当事人利益衡平、接近正义等司法目标的实现，与制定法互为补充、相得益彰，可以在纠纷解决上积极促成法律效果与社会效果的双统一。

8.《民法基本原则与调整对象立法研究》

作者：尹田

来源：《法学家》2016年第5期

摘要：《民法总则草案》对民法基本原则的规定具有科学性，但其增设的"自觉维护交易安全"和"环境资源保护"两项基本原则均涉及公共利益保护，该两种利益的保护只能通过法律的强制性规范才能实现。交易安全保护不可能成为民事主体的行为规范，而环境资源保护则被公序良俗原则所包含，故这两者均不应成为民法的基本原则。《民法总则草案》在有关民法调整对象的规定中，将"非法人组织"纳入民事主体范围值得商榷，在立法表述中，改变民法调整的"财产关系"和"人身关系"的表述先后顺序，既没有根据，也没有必要。

9.《〈民法总则草案（征求意见稿）〉：解读、评论与修改建议》

作者：梁慧星

来源：《华东政法大学学报》2016年第5期

摘要：民法总则草案在法律结构合理性、概念准确性、制度目的性、体系逻辑性及法律规范可操作性等方面确有很大提高，基本上体现了民法的时代精神和中国特色，但尚有进一步修改完善的余地。建议删除草案第6条第2款"民事主体从事民事活动，应当自觉维护交易安全"。建议保留《民法通则》第142条第2款适用国际条约的规定和第3款适用国际惯例的规定。建议恢复室内稿关于营利性法人决议无效及撤销的规定，并相应增加关于捐助法人决议无效的规定。债权发生原因中，建议删除单方允诺。建议将普通诉讼时效期间规定为5年，增设人身损害赔偿请求权10年诉讼时效期间，并增设未成年人受性侵害的请求权诉讼时效期间起算的特别规则。

10.《公序良俗在我国的司法适用研究》

作者：蔡唱

来源：《中国法学（文摘）》2016年第6期

摘要：公序良俗在裁判中的运用自2013年起增加迅速，涉及法律行为、侵权行为和不当得利等领域。司法适用中存在以一般道德标准替代公序良俗、概念混用和割裂公共秩序与善良风俗等公序良俗界定问题，也包括判断对象错误、向一般条款逃逸等适用不规范问题。公序良俗司法适用问题之应对策略包括两大方面：一是要实现民法外部与内部价值有效沟通，具体包括界定公序良俗原则以增加确定性、充分发挥其引致作用、加强原则在民法内部区分控制。二是保障公序良俗原则之科学适用，具体包括明确适用条件、采取类型化适用方法、总结裁判中成熟类型和关注债务人超出自己预计给付能力、基本权利维护等我国裁判中尚未涉及之类型。

11.《我国民法典编纂中绿色理念的植入与建构》

作者： 岳红强

来源：《河南大学学报（社会科学版）》2016年第4期

摘要： 自然环境和生态文明是人类社会发展的基础条件与必然要求。我国民法典编纂中植入绿色理念既是对马克思主义生态哲学观与中国传统哲学思想的传承，又是对现代社会绿色发展时代精神的彰显，而且有利于弥补环境公法治理手段的不足和强化公众环境安全的私法保护。与公法治理模式相比，私法对环境的保护更具持久力，但绿色理念在民法典中植入不能突破私法本质属性和调整手段的限度。民法典编纂中绿色理念的建构应主要从四个方面展开：一是明确将保护生态环境确立为一项独立的民法基本原则；二是在人格权体系中纳入环境安全权；三是分层次对动物进行保护与适度细化水权、采矿权等准用益物权；四是完善环境污染责任制度与环境侵权预防机制。

12.《劳动成年制的理论与实证分析》

作者： 戴孟勇

来源：《中外法学》2012年第3期

摘要： 我国法上的劳动成年制属于成年缓冲制度的一种，具有独特的构成要件和法律效果。它能够缓和单纯以年龄界限来划分行为能力的做法所带来的僵硬性弊端，满足16岁以上未成年人独立生活、自由发展的现实需求。在司法实践中，法院对劳动成年制的理解和适用已较为成熟。我国未来立法应当保留劳动成年制，并在具体的规范设计上略加改进。

13.《未成年人监护制度中的监护人范围及监护类型》

作者： 尹志强

来源：《华东政法大学学报》2016年第5期

摘要： 我国未来民法典中的未成年人监护制度在监护人范围方面应当与亲属法编相协调，区分亲权与监护，对未成年人的监护应限定在丧失亲权保护范围中；未成年父母所在单位不宜承担监护人职责；居民委员会和村民委员会也不具备担任未成年人监护人的条件；民政部门承担国家监护职责并不意味着由其自身担任监护人，而在于建立足够的设施完善、人员完整的救助机构，在不能由自然人担任监护人时，由这些机构组织担任未成年人的监护人。应当对一定范围的监护人施行有偿监护制度，建立遗嘱监护。

14.《〈民法总则（草案）〉自然人制度规定的进展与改进》

作者： 杨立新

来源：《法治研究》2016 年第 5 期

摘要：《民法总则（草案）》第二章规定的自然人民事主体制度，与《民法通则》的规定相比，有三个较大的进展，即胎儿的民事权利能力，将无民事行为能力人的上限改变为不满 6 周岁，规定全面的成年监护制度。《民法总则（草案）》规定这三个问题的进展，都具有重大的理论意义和实践价值，是我国民法总则制度的重大进步，但也存在一些缺陷，需要进一步改进。本文围绕这三个问题进行讨论，对其进展进行理论说明，并针对存在的问题提出改进意见。

15.《论我国老年人监护制度的完善——以〈老年人权益保障法〉第 26 条为中心》

作者：李涛

来源：《江汉论坛》2016 年第 12 期

摘要：我国《老年人权益保障法》第 26 条规定了老年人监护制度，实现了我国成年监护制度的立法突破。但第 26 条的规定比较简单，不能满足快速变化的老年社会的现实需求，也与完善的成年监护制度存在一定差距。以美国为代表的普通法系国家创设的持续性代理权制度，以日本为代表的大陆法系国家创设的任意监护制度，均是对传统成年监护制度的改革与创新。鉴于我国现有成年监护制度本身的局限、老龄社会的急切需求以及《老年人权益保障法》的不健全，我国老年人监护制度的完善应主要借鉴美国统一代理权法和日本成年任意监护法的相关规定，在《老年人权益保障法》第 26 条的基础上，从立法或司法解释上对老年人监护制度补充配套规则，加强具体的可操作性规则的制定，从而构建一个完善的老年人监护体系以保障老年人的合法权益。

16.《我国〈民法通则〉人身监护责任的缺失与完善》

作者：王中伟、王伯文

来源：《法律适用》2009 年第 9 期

摘要：监护乃督察、督管和监督保护。作为一项民事法律制度，监护是依法对未成年人的人身、财产及其他合法权益进行监督、保护的制度。鉴于未成年人的年龄、智力发展状况，不具有完全民事行为能力，不能自我保护民事权益，不能独立实施法律行为以设立、变更、终止民事法律关系，我国现行《民法通则》在学界的"监护权利说"和"监护职责说"中确认了后者，使得监护这项古老而又年轻的法律制度，在我国现代化建设中发挥着十分独特的功能和价值。然而，我国《民法通则》有关人身监护责任的规定尚存诸多立法缺陷，致使司法活动无法可依的情况亟待改变。以下笔者试图对我国《民法通则》人身监护责任的缺失与完善作出探讨。

17.《论监护关系中不当财产管理行为的救济》

作者： 解亘

来源：《比较法研究》2017年第1期

摘要： 在监护人不当管理被监护人财产之情形，存在着被监护人利益、交易安全以及监护人自由裁量之尊重三种价值之间的冲突。如何兼顾才是问题的核心。我国《民法通则》第18条第1款是限制监护人法定代理权的一般条款。违反该条款的行为，或构成无权代理或构成代理权滥用。引入基于形式判断基准的利益相反概念，有利于明晰论证负担的分配。未来的监护制度中需要为形式上构成利益相反实质上却有利于被监护人的财产管理行为预留具有实效的通道。

18.《论〈民法总则（草案）〉监护资格恢复制度的完善》

作者： 齐凯悦

来源：《中国青年社会科学》2017年第2期

摘要： 2016年6月公布的《民法总则（草案）》规定了监护资格恢复制度，引起了学界及公众的争议。2016年10月31日提交审议的二审稿尽管已作出不少修改，但仍存争议。同年12月19日提交审议的三审稿，则对该制度的适用增加了新的限制条件，一定程度上完善了该制度规定，但核心的问题还未解决，"确有悔改表现"还是缺乏具体的判断标准。监护资格恢复制度的制定，一方面补充及完善了监护资格撤销制度；另一方面则与现有的法律规定相一致，具有制定的合理性，不少外国民法典同样对该制度的适用作出了明确规定。然而，目前三审稿中的规定有待商榷；需要通过细化"确有悔改情形"的判断标准及增加对监护资格恢复申请的时间限制来进一步补充与完善该规定，才能真正达到对未成年人权益进行保护的目的。

19.《民法总则"自然人"立法研究》

作者： 杨震

来源：《法学家》2016年第5期

摘要：《民法总则草案》以概括模式保护胎儿利益，比现行规则更加全面有力，但相关规则还应修改。《民法总则草案》不仅将亲权与监护合二为一，而且将赡养义务也纳入其中，虽然简化了制度设计，但却抹杀了监护与亲权、赡养的区别。《民法总则草案》仍将监护对象的行为能力作为唯一的判断标准，有欠妥当。成年人监护对象应不仅包括无民事行为能力人或限制民事行为能力人，还包括因身体残障不便自行处理事务的人和老年人。《民法总则草案》无差别地规定了财产代管人的权利和义务，忽略了财产代管人的产生方式与身份上的区别，过分强调财产代管人的注意义务和职责，不利于财产代管人的"权责明确"。将个体工商户、农村承包经营户视为自然人仍然存在理论与现实困境，应再作考量。

20.《民法典如何对待个体工商户》

作者：曹兴权

来源：《环球法律评论》2016年第6期

摘要：个体工商户的私法需求逻辑已从针对特权赋予与财产保护转向基于发展支持的特殊私法义务的豁免。对于赋予私法资格、确立民事主体身份、给予财产权保障以及解决内部外部财产关系等规则，由民法典供给的必要性已不存在；对于商个人特殊私法义务豁免机制，民法典不宜直接供给。民法典延续《民法通则》的立场而单独规定个体工商的处理模式，不仅导致立法与现实脱节，而且将因明文规定个体工商户的商人身份而强化该豁免机制需求的必要性，其中的所有制特色与强制登记体制的管制隐喻会消减民法典内在的自由与平等理念，个体工商户内涵界定难题以及规范体系架构模式的选择困惑给立法技术带来难以有效解决的挑战。因此，建议民法典总则回避个体工商户制度，删除《民法总则（草案）》中的相关内容。

21.《民法典中宗教组织的法人化类型》

作者：吴才毓

来源：《政治与法律》2015年第10期

摘要：在社会转型的背景下，关于宗教组织的法人化类型的制度设计需要具有前瞻性，以功能划分为主干提供宗教组织参与民事交往的登记与运行模式。基于宗教法人机制是本土化问题，更适宜的做法是模糊登记分类，在民法典总则中避免将宗教法人归入任何一类明确的法人类型中，以免传统宗教活动相关的习惯与财团法人或社团法人的运行特征相悖，导致司法审判过程中之解释疑难。依非营利法人、营利法人和中间法人的分类，宗教组织归属于宗教非营利法人，宜使用非营利法人的制度逻辑解释宗教法人问题。如果非营利法人制度尚未成熟，应设置多元化的法人类型供不同管理模式的宗教组织采纳。

22.《论捐助法人在民法中的地位》

作者：赵旭东

来源：《法学》1991年第6期

摘要：本文所称捐助法人，即西方民法中之财团法人。财团法人在西方法律中，与社团法人对称，是指以实现一定公益目的，以捐助财产为基础而设立的法人，此与以人的、即成员的联合为基础而设立的社团法人迥然不同。

财团法人，自古至今，多以慈善、文化、教育、医疗等事业为本，其进步的社会意义世所公认。它为社会个别成员对社会进行的无私奉献提供了便利的法律途径，同时也使许多社会公益事业的兴办获得了广泛有力的财产支持。甚至现在，西方国家许多医院、学校、图书馆、博物馆、科学研究院、慈善机构等，都是财团法人性质的组织。尽管马克思主义法学者常常透过财团法人制度的表象，对其服务于阶级统治制度的本质作了深刻的揭露，但无论如何，都不能否认这种最大限度地超脱特定社会集团利益而服务于社会公众的法律形式在人类文明发展中的进步作用。

然而，财团法人并非西方各国通用的法律概念和普遍的法律形式，而只是以德国、瑞士、日本为代表的大陆法国家的概念。在英美法国家，财团法人的职能是由占重要地位的信托制度完成的。信托制度源于英国，盛于美国，实行于许多英美法系国家。它是指一人（信托人）将他的财产（动产或不动产）及其所有权交给另一人（受托人），受托人为了他人（受益人）的利益，按照信托人的委托，依照法律对该项财产进行管理、处分的一种法律制度。按信托目的划分，信托分为公益信托和私益信托，所谓公益信托即为增进社会公共利益为目的的信托，其实际内容和作用与大陆法中的财团法人一致。

23.《论我国宗教组织的法律地位》

作者：莫纪宏

来源：《金陵法律评论》2009年第1期

摘要：目前，世界各国宪法和法律在确认宗教组织与国家之间关系方面的几种模式，包括政教合一模式、政教分离模式、国教模式、政教合作模式、国家控制或主导模式。从我国目前宪法、法律、法规关于宗教组织的规定来看，我国目前宗教组织与国家之间的关系大致上属于国家主导模式。在这种模式下，宗教组织可以依法设立并且必须依法活动，国家对宗教组织的活动可以实行依法监督，同时在必要时对宗教组织的生存和发展给予关注和必要的支持。就相关的法律规定而言，我国宪法所规定的公民享有的宗教信仰自由得到了比较可靠的制度和法律保障。但在一些地方性立法中仍存在一些问题，必须高度关注。

24.《基金会法人内部组织结构制度的完善》

作者：李凤、来文彬、黄伟萍

来源：《法制博览》，2015年第15期

摘要：2004年《基金会管理条例》（以下简称《条例》）规定基金会是指利用自然人、法人或者其他组织捐赠的财产，以从事公益事业为目的，按照本条例的规定成立的非营利性法人。基金会法人的组织结构制度是指基金会在现有的法律制度下理事会、监事会或者不设监事会的监事和执行机构间的设置和运行制度，其组织结构的完善，就是针对基金会内部出现的问题提出完善建议。使基金会的决策机构、监督机构和执行机构有效合理运行，保障基金会法人公益宗旨的实现。基金会作为非营利性法人，其组织机构不同于企业、政府和其他社会组织，其应当符合其自身特点的组织结构制度。由

于过去我国立法对基金会法人性质的定位不准确,并基于当时的定位管理基金会,导致基金会法人没有按照应有的组织结构有效运行并引发了公信力危机,阻碍了基金会的发展。现行立法虽然逐步改善,但立法粗糙笼统操作困难也没有完全解决基金会发展中的问题。因此笔者第一部分首先分析基金会的性质,不同法系中基金会的理事会、监事会和执行机构的组织结构模式以及我国立法选择的模式。第二部分是我国基金会的发展现状、内部机构运行出现的问题与原因。第三部分基于问题分析立法原因并借鉴国外基金会的管理经验提出相关的建议。

25.《论捐赠人慈善信息知情权的保护》

作者: 邹世允、关静文

来源:《行政与法》2014 第 6 期

摘要: 慈善信息知情权是捐赠人获取慈善信息的依据。也是我国慈善事业健康发展的重要保障。目前,由于我国缺少与知情权相关的法律制度。加之慈善组织信息公开透明度不高。导致捐赠人的慈善信息知情权难以得到有效保护。因此。应采取完善相关立法、化解组织内部的道德风险以及构建监管体制等措施加强对慈善信息知情权的保护。

26.《合作社立法与欠发达地区农村社会经济发展》

作者: 张永丽、柳建平

来源:《甘肃政法学院学报》2005 年第 6 期

摘要: 合作社作为弱者的组织,起源于个体劳动者经济联合的需要,是市场经济发展的必然产物。对于我国广大的欠发达地区农村来说,合作社是小农家庭进入市场的桥梁和纽带;是农业产业组织的主体;是农村参与式发展模式的组织载体;是农村治理结构改革的组织基础;是提高农民社会经济地位的主要途径。合作社立法是合作社发展的必然要求,只有通过合作社立法,明确界定农业合作社的内涵与外延,确立农业合作社的法人资格和法律地位,规范合作制度,才能促进农业合作社的健康发展。

27.《民法总则中非法人组织的制度设计》

作者: 郭明瑞

来源:《法学家》2016 年第 5 期

摘要: 非法人组织不同于自然人个人,是不具有法人资格的社会组织,具有相应的民事权利能力和民事行为能力。《民法总则草案》以专章规定非法人组织,从法典上确认非法人组织为与自然人、法人并列的另一类民事主体。这不仅使民事法律的规定相互协调,顺应了社会需求,也代表了现代民事主体制度的发展方向。非法人组织可有不同的分类,《民法总则草案》列举了个人独资企业、合伙企业和法人分支机构,此外还应包括非营利性的合伙组织、不具有法人资格的村委会、业主共同体、家庭农场、个体工商户、农村承包经营户以及筹建中的法人等。非法人组织可以自己的名义享受民事权利和负担民事义务，也可以自己的名义进行必要的民事活动，但非法人组织不具有完全民事责任能力，其成员或设立人对非法人组织的债务承担无限责任。非法人组织依法成立，发生法定事由时终止，须经必要程序而消灭。非法人组织消灭后，其原成员或设立人对原组织未清偿的债务在法定期间内仍负清偿责任。

28. 《中国民法典法人分类和非法人组织的立法构建》

作者： 谭启平

来源： 《现代法学》2017年1月（第39卷第1期）

摘要： 《民法总则（草案）》采取的营利法人与非营利法人基本分类方法存在分类标准不清晰、立法体系衔接难度大、规范效果存疑、价值理念定位偏差等不足；新增"特别法人"一节在科学性、合理性及合法性上值得商榷，尤其是赋予农村集体经济组织法人地位存在明显问题。民法典中的法人分类应从法人本质出发，依据意思自治程度与方式分为公法人和私法人，私法人可分为社团法人与财团法人（或捐助法人），社团法人可以再区分为营利法人和非营利法人。《民法总则（草案）》将非法人组织作为第三类民事主体专章规定值得肯定，但在名称表述上应继续使用"其他组织"。其他组织经登记或批准均可成立，对其应采取概念加列举的方式进行定义，并在尊重现实的基础上进行类型化。

29. 《浅析宪法赋予我国公民"人身自由"的基本内容》

作者： 邓洪

来源： 《政法学刊》2002年第1期

摘要： 在建设社会主义法治国家的过程中，人身自由理其法律保护制度已为世人所关注。作为人民民主专政的社会主义国家，公民的人身自由不受侵犯，公民的人格尊严不受侵犯，公民的住宅不受侵犯，公民的通信自由不受侵犯。

30. 《针对我国人格权民法保护的相关研究》

作者： 王学章

来源： 《楚天法治》2015年第3期

摘要： 从民法学的角度来分析，人格权不单单是道德方面的权利，同时更是政治上和公法上所谓的人权，其主要内容是自然人的人格尊严，其实质是确保自然人的人格尊严得到神圣不可侵犯的私权。中国宪法和法律意义上的人格尊严、人身自由、生命、健康、

姓名、肖像、名誉、婚姻自主等等权利，全部是一个人在社会中作为人

的最基本的权利,更是社会中与人协调生存所必不可少的权利,更是人和社会连接在一起开始交往活动的基础。民法将此种权利实施了详细的规定与保护,使得人格权得到了保障。

31.《论个人信息权的法律保护——以个人信息权与隐私权的界分为中心》

作者:王利明

来源:《现代法学》2013年第4期

摘要:就整体而言,个人信息这一概念远远超出了隐私权的范畴,正因为隐私与个人信息之间存在的诸多差别,所以,在我国未来的民法典中,应当将个人信息权单独规定,而非附属于隐私权之下。即应以私权保护为中心,将个人信息权作为一种具体的人格权加以保护,并制定个人信息保护法。

32.《信息论视角下个人信息的价值——兼对隐私权保护模式的检讨》

作者:谢远扬

来源:《清华法学》2015年第3期

摘要:本文试图从信息的角度而非传统的隐私角度重新阐释个人信息的价值。个人信息是社会交往的重要内容,人们通过个人信息的交流相互影响,通过对个人信息的自主使用而实现人格的自由发展。因此,为了保护人格的自由发展,就应当保护个人信息的自主使用。另一方面,交往关系的双方也可能由于占有信息的不对等而处于不平等的地位,信息劣势一方的自由意志和自由发展很可能会受到信息优势一方的影响,并最终导致损害。从这个意义上说,个人信息的价值包括自主价值和使用价值两个方面,以在保障个人信息的自主使用,防止个人信息扩散和实现个人信息的使用预期几个方面实现对人格权益的保护。而相应的法律规范也应当以实现这两种价值为目标。因此,单纯从隐私权的角度对个人信息进行保护,虽然可以实现一定的价值目标,但仍然有需要检讨的空间。

33.《无因管理的法律适用与管理人权利之保障》

作者:周华

来源:《甘肃政法学院学报》2015年第1期

摘要:无因管理人无义务而为他人利益管理,彰显社会主体间互帮互助的道德品质;立法肯定其无权利而干涉他人事务,则表明法律对该合乎良好道德之行为的提倡。近年来我国各地频发无因管理者反被诬告的事例,反映出管理人权利保障上的不足。从无因管理法律适用的路径选择出发,在实体法上应完善管理人之积极权利和消极权利,程序规则上应明晰举证责任之分配,而司法及执法部门则应审慎处理无因管理纠纷,使裁判结果起到对社会道德的引导作用。

34.《不当得利及其利益之返还》

作者：刘新晓爱

来源：《法制与社会》2011年第17期

摘要：通过介绍不当得利的含义与起源，从不当得利之获利返还的法学界现存争议出发，深入分析不当得利获利返还方式，提出创设性观点和具体实施措施。

35.《不当得利制度之理论研究》

作者：秦芮

来源：《法制博览》2014年第8期

摘要：不当得利是债法的重要组成部分，是一种法律事实。其源于公平，价值在于公正正义。本文从基础理论，效力和制度完善三方面分析探讨，使之更充分发挥法律效力。

36.《论虚拟财产的法律保护》

作者：黄求新

来源：《科技与法律》2007年第5期

摘要：随着网络游戏的出现和发展，针对网络游戏出现的纠纷频繁发生，特别是网络游戏中的虚拟财产成为纠纷的焦点之一。而我国现行法律并没有针对此问题作出明确的法律规定。加快进行相关的法律制度建设以保护具有中国特色的网络游戏业的健康发展，已成为网络游戏产业发展的重要课题。笔者在文中首先探讨了虚拟财产的财产属性，随后简要介绍在我国目前的法律体系下如何对保护虚拟财产进行有效保护，最后对完善保护虚拟财产的法律制度提出了若干建议，希望对虚拟财产的法律研究以及相关立法有所裨益。

37.《网络虚拟财产的性质认定及其民法保护》

作者：宋旭东

来源：《网络法律评论》2005年第1期

摘要：随着互联网技术的应用和发展，一系列的与网络有关的问题和纠纷也相伴而生，尤其是与网络游戏有关的案件，在近两年来一度成为法律界讨论的热点。在网络游戏中获得的"武器""宝物"等虚拟财产是否能成为法律意义上的财产？在发生丢失、被盗以及其他侵害时能否像普通财产一样获得司法救济？这些问题目前国内已有学者撰文述及，但在对其的性质认定上鲜有深入者，在对其的保护尤其是民法的保护上也多限于原则性的讨论，缺乏对具体问题的分析。本文拟从民法的角度对虚拟财产的属性进行认真地分析研究，以期能对现实的这类纠纷的解决有所裨益。

38.《互联网时代背景下关于离婚案件中网店分割的法律问题研究》

作者：刘婷

来源：《法律适用》2016 年第 1 期

摘要：离婚案件中涉网店分割问题是近年来司法实践中出现的新型纠纷，由于目前尚缺乏相应的法律明文规定，导致此类纠纷成为司法审判实务中的难点。除了网店本身的虚拟财产法律属性在立法上仍处于空白外，网店的资产价值衡量在司法实践中亦存在很大的技术障碍。本文主要针对该类型纠纷从现行法律框架内研究可行的法律处理方式，总结网店归属的判断标准，分析了网店资产价值的构成要素，其中网店的信用价值应予以合理考虑，具体价值确认可适当参考同行业内同等销售规模的实体店铺经营权转让价值，同时需根据具体案件情况进行各方面综合考量。然而随着今后此类型纠纷数量逐渐上升，建议有关部门及早进行相关立法工作的完善以及相关行业内的价值评估标准设立，以适应社会发展的需要。

39.《民事法律行为制度的再认识》

作者：魏海群

来源：《法制与社会》2014 年 35 期

摘要：德国民法将法律行为界定为能够产生、变更和消灭民事关系的行为。德国民法不强调法律行为的合法性。我国《民法通则》规定：民事法律行为是公民或者法人设立、变更、终止民事权利和民事义务的合法行为。我国将合法性作为民事法律行为得以成立的前提条件。民事法律行为制度已经成为我国民法领域的一项重要制度，影响着我们的生活。我国正在制定民法典，有必要对民事法律行为的内容进行梳理。

40.《论单方法律行为、合同和决议之间的区别——以意思互动为视角》

作者：陈醇

来源：《环球法律评论》2010 年第 1 期

摘要：单方法律行为、合同和决议都由一定的意思表示组成，但后两者是复数意思表示的互动（意思互动）而形成的"化合物"，三者在成分、结构和功能上各不相同，其中决议体现了意思民主，而不是意思自治。合同和决议的形成过程必须分别遵守缔约程序和决议程序，这些程序本质上是意思互动的法定程序，它们的有效必须满足与意思互动有关的两个特殊要件：意思互动的过程合法（遵守法定程序）及其"化合物"的存在。法律行为理论忽视了意思互动，因而忽视了上述法律问题。

41.《论代理中的显名原则及其例外》

作者：殷秋实

来源：《政治与法律》，2016 年第 1 期

摘要：当代，代理法中的显名原则在内容和表示方式上都已缓和。内容

上,代理人只需表现出被代理人的存在即可;方式上,尤其是在商事领域中,代理人通过各种形式能够让合理谨慎的相对人相信代理人是在为被代理人进行交易即可。综观两大法系主要国家立法,其不仅显名原则有所缓和,而且对显名原则都设有例外规定,允许特定情况下代理人以自己的名义行为能够对被代理人产生直接效果。这是为了满足商业交易的快捷性和简便性,主要是为了让委托人能够及时获得合同项下的权利,特别是物权。我国《合同法》第402条和第403条虽然也是代理人以自己名义行为的规定,但是它们都不是显名原则的例外:第402条只是显名原则的缓和,并不是真正的代理人以自己名义行为的情形;第403条虽然是受托人(代理人)以自己名义的行为,但法律效果是债权让与和债务承担制度的特别适用,没有直接效果的产生。在我国代理立法中,只有显名原则,而没有该原则的例外,直接效果的发生均需要以被代理人名义的显名为要件。

42.《自然人书面契约取信方式研究》

作者:杨德桥

来源:《北方法学》2012年第2期

摘要:印章文化在我国源远流长,其中公章自古至今为实用而治,私章则经历了一个从实用到艺术的转变过程。我国古代书面契约的取信方式历经变化,但私章迄未成为公认的取信手段。西方国家在法律史上曾有盖印取信的制度,但当今通行的法定取信手段则是签名。我国现行法上的书面契约取信方式兼采签名和盖章。私章自身的内在局限及签名取信的多维优势,决定了签名取代私章的必然。自然人主体书面契约的取信方式统一于签名,是法律体系内部相协调的需要,并可以获得法律解释理论上的有力支撑。

43.《代理部分立法的基本理念和重要制度》

作者:谢鸿飞

来源:《华东政法大学学报》2016年第5期

摘要:《民法总则》代理部分立法涉及私法自治与信赖保护两种价值,亦涉及立法者对当下中国社会民商关系的基本判断。《民法总则》应采代理显名主义,不宜规定商事代理;应承认代理权授予行为的独立性,而否定其无因性;为规范代理权的行使,可专门规定代理权人行使代理权时的信义义务;自己代理与双方代理的效力宜规定为可撤销,并列举例外情形;无权代理制度应详细规定代理人与相对人之间的法律效力,并确认代理人的无过错责任;表见代理应纳入容忍代理类型,法律文本无需表述"本人与因"要件,但在解释上应予肯定。

44.《民法总则应当如何设计代理制度》

作者:耿林、崔建远

来源：《法律适用》2016 年第 5 期

摘要：间接代理与直接代理存在着本质上的差异，正在制定的民法总则应该只设置直接代理制度，而将间接代理留给民法分则的相应编章。自己代理与双方代理应被民法总则所规范，并区分情况而异其法律后果。对于民法通则第 43 条的规定也应承继和完善。越权行为系中外法律界和法学界熟知的概念，应被继续使用，不应在新创一个表见代表的概念，何况表见代表的称谓存在许多缺陷！

45.《〈民法典总则〉代理制度立法建议》

作者：赵秀梅

来源：《法律适用》2016 年第 8 期

摘要：《民法典总则专家建议稿》（提交稿）关于代理的规定应进行体系化的修改为隐名代理留下了立法空间。关于无权代理人的赔偿责任应删掉履行责任，其赔偿额不得超过相对人在契约有效时可得到的利益，而非代理行为有效所能获得的利益。

46.《论无权代理人的赔偿责任》

作者：殷秋实

来源：《法律适用》2016 年第 1 期

摘要：在构成要件和法律效果上，无权代理人的赔偿责任存在三个需要确定的问题：代理人是否要有过失，相对人善意的主观标准以及代理人赔偿责任的范围。在可以合理期待代理人知晓代理权欠缺的情况中，过错的客观化能够有效保护相对人；在代理人并不被合理期待能够知晓代理权欠缺的情形中，无过失代理人并不应承担责任，代理人的赔偿责任应以过失为要件。为了防止架空表见代理制度，无权代理人赔偿责任中相对人的信赖应以无重大过失的善意为标准，赔偿范围应以信赖利益为标准。

47.《表见代理的特别构成要件》

作者：杨代雄

来源：《法学》2013 年第 2 期

摘要：应当以风险原则为基础构造表见代理的特别构成要件，其包括存在代理权表象，该代理权表象是被代理人风险范围内的因素导致的，以及相对人是善意的这三个要件。就第二个要件而言，风险分配应考虑被代理人是否制造了不必要的风险，哪一方更容易控制风险以及公平原则等因素。相对人善意之判定应以法律行为成立的时间为准，而不是以意思表示到达的时间为准。善意与否的证明责任应由被代理人承担。

48.《论民法总则之民事责任的规定》

作者：刘士国

来源：《法学家》2016年第5期

摘要：《民法总则草案》民事责任一章提取了违约责任、侵权责任的共同规则并可适用于其他民事责任，适当对《民法通则》相关规定进行取舍，增加了环境责任规定和对见义勇为者利益保护的规定。鉴于民事责任为民事法律关系之要素，该章应规定于民事权利之后和法律事实规定之前；应删除司法不能适用的纯教义学条款并对按份责任和连带责任条款作相应修改；应增加归责原则这一根本性规定；"恢复生态环境"应修改为"修复环境、恢复生态"；责任竞合的前提应修改为"当事人一方的行为既构成违约、又构成侵权"；应增加规定民事责任优先不限于同一行为引起的行政、刑事和民事责任。

49.《民法总则规定民事责任的必要性及内容调整》

作者：杨立新

来源：《法学论坛》2017年第1期

摘要：《民法总则（草案）》第八章规定"民事责任"是必要的，并非由于《民法通则》统一规定民事责任规则不成功而否定民法总则规定民事责任的必要性，而是对于民法分则各编均须规定各自的民事责任而抽象规定民事责任的一般规则，且为民事法律关系内容"权利－义务－责任"逻辑关系的必然体现。草案规定民事责任的11个条文基本上是好的，逻辑关系清楚，多数条文的设计适当，但也存在较多问题，需要进一步进行内容上的调整。

50.《〈民法通则〉规定的民事责任从物权法到民法典的规定》

作者：魏振瀛

来源：《现代法学》2006年第3期

摘要：权利、义务、责任是法律的基石，法律的内容是在权利、义务、责任的基础上展开的，民法也不例外。我国《民法通则》关于民事责任的规定值得重视，物权法和未来的民法典应当继受《民法通则》创立的民事责任制度。未来我国民法典应当借鉴《德国民法典》和旧中国民国时期的民法典，设立物权编和债权编，但是不必规定物权请求权，可将物权请求权转变为侵权责任，规定在民法典的侵权责任编中。将物权请求权转变为侵权责任，不仅不会破坏物权与债权的科学体系，而且会使物权与债权的区分更加明晰，使债与责任的区分更加明晰。

51.《我国民法领域赔礼道歉的法律化》

作者：扈艳

来源：中国民商法律网，2016-01-19

摘要：自《中华人民共和国民法通则》（以下简称《民法通则》）1986年颁布实施以来，赔礼道歉正式成为民事责任的承担方式在我国已经历了近

30年的实践洗礼。赔礼道歉的法律化自《民法通则》制定之初就一直经受争议,第五次民法典编纂的浪潮席卷而来,赔礼道歉应否作为民事责任的承担方式继续存留于民法典之中,再次引发了学界的讨论。

52.《〈最高人民法院关于审理民事案件适用诉讼时效制度若干问题的规定〉的理解与适用》

作者：宋晓明、刘竹梅、张雪楳

来源：《法律适用》2008年第11期

摘要：《最高人民法院关于审理民事案件适用诉讼时效制度若干问题的规定》已于2008年8月11日由最高人民法院审判委员会第1450次会议通过,并自2008年9月1日起施行。本期特约参加司法解释起草工作的法官、专家联系审判实践就有关问题展开加以研讨,希望有助于读者进一步了解在审理民事案件时如何正确适用诉讼时效制度。

53.《准确起算诉讼时效维护当事人合法权益》

作者：吴庆宝

来源：《法律适用》2008年第11期

摘要：当前司法实践中有关诉讼时效期间起算问题的争议,主要源自于对我国法律关于诉讼时效期间起算规定的不同认识。我国《民法通则》第137条规定："诉讼时效期间从知道或者应当知道权利被侵害时起计算。但是,从权利被侵害之日起超过二十年的,人民法院不予保护"。从这一规定可以看出,《民法通则》关于诉讼时效起算问题的立法实际采用了主观标准与客观标准相结合的混合标准。申言之,"知道或应当知道"为权利人的主观认知,属于主观标准,以该标准起算的诉讼时效期间为两年,可以充分发挥督促权利人积极行使权利的作用。而"权利被侵害"为客观事实,属于客观标准,该标准虽然没有考虑权利人主观上是否知悉其权利受到侵害,但规定了20年诉讼时效期间,在给予权利人的权利足够长的保护期限的同时,也使债务人免受陈年旧债的困扰。两种标准的结合使用较好地平衡了债权人与债务人的利益,更具合理性。应当说,我国《民法通则》关于诉讼期间的起算总体上是明确的,但由于现实生活的复杂多变,对于几种特殊情形下的诉讼时效的起算,法学理论界和实务界的观点和做法仍多有分歧。2008年8月11日最高人民法院审判委员会讨论通过并于9月1日实施的《关于审理民事案件适用诉讼时效制度若干问题的规定》（以下简称《诉讼时效司法解释》）第5条至第9条,对诉讼时效的起算问题作出明确规定,其中,第5条和第6条规定在实践中具有典型意义,且将有关争议化解。现结合相关问题进行有针对性的论证,希望对于各类民事案件的正确处理起到指导和规范作用。

54.《民法总则给予未成年人诉讼时效特别保护》

作者：杨立新

来源：《检察日报》，2017-04-05

摘要：3月15日，十二届全国人大五次会议审议通过的《中华人民共和国民法总则》（下称"民法总则"）第191条对未成年人受到性侵害的诉讼时效作了特别保护规定，即"未成年人遭受性侵害的损害赔偿请求权的诉讼时效期间，自受害人年满十八周岁之日起计算。"该规定在社会上引起了一定反响，本篇文章对此作简要解读。

55.《诉讼时效制度的立法评论》

作者：朱晓喆

来源：《东方法学》2016年第5期

摘要：就诉讼时效制度而言，《中华人民共和国民法总则（草案）》（以下简称《民总草案》有得有失。在总体方向上，《民总草案》所设定的诉讼时效制度价值及相应的重要路径选择值得肯定，但在具体的规则设计、立法技术、逻辑体系和价值权衡方面仍有改进之余地。应体现请求权的差异性，尤其是突出特别的长期诉讼时效期间。原则上应允许当事人约定诉讼时效，同时设置最短和最长的期间限制。由此既实现诉讼时效的制度价值，又给予当事人进行意思自治调整的空间。从内部视角看，《民总草案》第九章诉讼时效的一些规则仍需进一步理顺和调整；从外部视角看，立法者应周密考虑诉讼时效制度所涉及的其他民法制度，并妥当协调它们相互之间的关系。确定司法程序作为何种诉讼时效障碍制度（中止或中断），应全面考虑司法程序结果的各种可能性，合理做好实体法与程序法的协调安排。

56.《关于民法总则中时效制度立法的思考》

作者：郭明瑞

来源：《法学论坛》2017年第1期

摘要：时效制度是民法总则的重要内容。各种时效制度在性质和功能上有同一性，应于总则中统一规定。这也是有立法例的。时效制度的设计，应考虑相互间的协调、衔接。民法总则草案规定了诉讼时效和除斥期间，还应当规定取得时效和权利失效期间。时效制度的构建应注意内部规则的协调。诉讼时效期间是权利人请求法律保护的法定期间，权利人提起诉讼或者申请仲裁经受理进入诉讼程序或仲裁程序的，不发生诉讼时效期间的重新开始，而发生诉讼时效期间的终结。权利人保护权利的请求并非全受诉讼时效限制。人身权的保护不应受诉讼时效的限制，权利人请求保护的权利有关基本生存利益以及涉及他人利益的，权利人的请求也不应受诉讼时效的限制。

57.《诉讼时效效力模式之选择及立法完善》

作者：杨巍

来源：《法学》2016年第6期

摘要：各种诉讼时效效力立法模式的差异主要体现在法律规范所采概念用语和时效援引规则的配置两个方面。各种立法模式的共性大于差异，对于诉讼时效届满的直接效力，各种立法模式均规定由义务人取得抗辩权或援引权；对于行使抗辩权或援引权的效力，各种立法模式的规定基本一致，具体体现为强制执行力的丧失、自愿履行不得要求返还、抵销的适用和对从权利的影响等。我国"民法总则"应立足于各种诉讼时效效力立法模式的共性，参酌本国相关理论和实务经验作出相应的规定。

58.《民法总则之期间立法研究》

作者：王轶

来源：《法学家》2016年第5期

摘要：《民法总则草案》第九章"诉讼时效和除斥期间"，自第167条至第179条，共13个条文，分为诉讼时效和除斥期间两节。就诉讼时效制度而言，《民法总则草案》相较于《民法通则》，基本的价值取向和制度框架并没有根本性改变，但在具体的价值判断结论以及立法技术安排上仍有一些值得关注的调整。出于建构未来民法典完善的期间制度的考虑，我国民法总则应当增设或有期间制度。

59.《诉讼时效强制性之反思——兼论时效利益自由处分的边界》

作者：金印

来源：《法学》2016年第7期

摘要：诉讼时效的强制性存在四个方面的问题。首先，诉讼时效追求的公益性属于法律保护位阶较低的公益性，难以成为诉讼时效强制性的理论基础。其次，诉讼时效的强制性会将整个诉讼时效法塑造为不可变更的规范群，这与诉讼时效的具体法律制度之间存在不可调和的矛盾。再次，相关司法实践显示，当事人有关诉讼时效的约定难以直接触及诉讼时效的公益性。而诉讼时效的强制性不仅会挫败当事人的正当期待，还会诱使背信行为的大量发生，引发社会信任危机。最后，比较法立法例不仅不能为我国《最高人民法院关于审理民事案件适用诉讼时效制度若干问题的规定》第2条提供旁证，反而揭示了诉讼时效强制性立法的危机。在肯认诉讼时效法为任意性规范的思路下，为满足特殊当事人的特殊利益需求，可以为当事人的意思自治设置一定的边界。

60.《论除斥期间》

作者：耿林

来源：《中外法学》2016年第3期

摘要：除斥期间在我国理论及实务中通常被理解为权利存在的预定期间，与诉讼时效相比，它具有适用对象唯一性（形成权）与期间不变性（不适用中止与中断规定）等特征。这些继受来的结论不够完整与准确，且缺乏理论证成。本文认为，广义的权利期间才是权利存在的预定期间，包括除斥期间与狭义的权利期间。除斥期间是须行使的权利的存在期间，属于特殊的权利期间，狭义权利期间无须关注权利行使。因为在除斥期间中，权利不行使常常影响特定的利益状况，造成利益关系的不稳定、不清晰，故须对行使行为予以特别规制。诉讼时效也属于限制权利行使的情形，但其后果却非限制权利本身。在受时间影响的权利制度中，根据影响强度差异，可由强到弱依次区分为一个制度序列，即权利期间、除斥期间、失权与时效。其中，时间对除斥期间的限制强度大于时效。除斥期间与诉讼时效在本质上即体现为限制强度的不同。影响强度的因素又取决于对相关利益状况保护的不同需求，即立法者须对权利人利益、相对人利益以及透过保护相对人所体现出来的法律安定等社会公共利益作出利益衡量，而具体的衡量尺度则属于立法政策问题。判断不同制度的根本标准在于利益分析，外在标准仅为初步标准。除斥期间与时效所保护的利益时有交叉，因此，仅从外部特征上对二者作出清晰区分，是困难的。